U0935356

后浪

海洋与文明

The Sea and Civilization

A Maritime History of the World

Lincoln Paine

[美] 林肯·佩恩——著
陈建军　罗燚英——译

天津出版传媒集团
天津人民出版社

媒体推荐

尽管地球表面的70%都被水覆盖，历史叙述却一直是陆地中心论的。作者试图改变这一现状，将重心从陆地转向水域，带领读者通过海洋来纵观历史。无论对于资深的水手还是航海的门外汉来说，作者提供的资料都是十分宝贵的。

——《出版人周刊》星级推荐

有感于海洋世界的重要性在大众认知层面日益衰减，作者为我们带来了这部宏大的全球海洋史。这样一部内容全面而丰富的著作，必将构成海洋史研究这一领域的坚实基础。

——美国图书馆协会《书单》杂志

该书引人入胜，文采斐然，作者富有说服力地论证了海洋如何构成了一条通向现代世界的路径。

——美国《外交》杂志

该书包含丰富的史实与细节，从我们与海洋、湖泊、河流、运河之间关系的角度，讲述了人类历史的故事。

——《亚洲书评》

该书展现了出色的问题意识、优雅的文笔和百科全书式的视野。作者有力地提醒我们，人类“乘船走向海洋”的冲动塑造了一切世代的全部文明。

——《华尔街日报》

毫无疑问，该书是目前为止最全面的一部海洋史。作者满怀激情地向我们讲述了海洋的故事，在当今的历史著作中，这种激情是十分少见的。

——《泰晤士报》

这是一部壮丽而全面的世界史，将我们从大洋洲原始居民的生活带入了集装箱时代。

——英国《每日电讯报》

这是一部最可读、最新鲜、最刺激、最全面、最敏锐、最富洞见而且最新的——简而言之是最好的——世界海洋史。

——菲利普·费尔南多–阿梅斯托

伦敦大学玛丽皇后学院历史学教授

该书对全球史进行了全新的审视。借助关于船只、风帆、风向、海流、航海技术及海洋法的大量知识，作者向我们呈现了一部从吃水线视角观察的生动的世界史。

——卡伦·魏根

斯坦福大学东亚研究中心主任

这是一个视角崭新且严谨有据的故事，阅读该书仿佛亲历一段令人欣喜的旅程。

——《达拉斯晨报》

献给艾莉森

某天，当我正与阿布阿里·本·哈泽姆一起坐在亚丁湾海滨观赏海景时，他对我说："是什么让你看起来如此心事重重？"

我说："真主支持谢赫！对于阿拉伯海，我的心情是复杂的，关于这里发生的冲突有着大量记载。现在，谢赫是最了解大海的人，因为他是商人的首领，他的船只继续向着最远处航行。他是否愿意提供一些我可以依靠的关于阿拉伯海的描述，让我不再感到疑惑？也许他会的。"

他说："你已经遇到了一位精通阿拉伯海的专家！"他用手心抚平沙子，在上面画出了阿拉伯海的形状。

——穆卡达西,《诸国知识的最好分类》

（回历 375 年 / 公元 985 年）

目　录

中文版序

《海洋与文明》是一部跨国界、跨学科的历史著作，主要关注各块大陆之间的海上联系，并揭示其中重大的跨文化影响和变化。尽管书中并不缺乏关于帝国、王国和城邦的故事，但沿海地区与海上航路也占据着同样重要的位置，来自不同地区的人们在那里不仅交换商品，也交换着语言、思想和宗教，并接触到其他地区的商业、法律、审美乃至饮食。

得益于最近的一项发展，撰写一部全球海洋史变得越来越容易了，那就是海上贸易本身的日益全球化，中国等国家正在逐步夺回其自 16、17 世纪以来主导全球航路的地位。尤其对于中国而言，这种复兴伴随着一种很自然的好奇心，那就是在古代以及晚近的历史上，在漫长而宽阔的亚洲海岸上，海上商业和移民活动在商品与文化的传播过程中究竟扮演了怎样的角色。海上交流（以及这种活动的偶尔中断）在中国文化的形成过程中起到了重要的塑造作用，同时，它也使中国的文化和观念得以通过亚洲的海上航路广为传播。

对于中国和世界其他国家的读者而言，这段历史所提供的知识都是同样重要的。直到最近，除了中国广州的“行商”之外，大多数西方人对海洋中国的历史仍然所知甚少。其结果便是，18 至 19 世纪的“行商”制度就像商业超新星散发出的耀眼光芒——辉煌而短暂，而且完全出乎人们的意料。于是，这很自然地导致了人们误解和低估了中国商业活动的海洋取向，这一取向的突出表现就是中国“无政权保护的商人”（历史学家王赓武以此描述福建商人）在海外的商业领地（如新加坡、雅加达、马尼拉等）。正是这种古老的海上活动传统，帮助中国的航海业从 20 世纪 60 年代初的不到 30 艘国际贸易船只发展到今天世界上最庞大的国有船队。

在人们与全球海洋的互动关系中，最显著的一个特征可能就是其普遍性，甚至影响到那些对航海活动持消极态度的人。这一点在古希腊和古代中国并无不同，在世界其他国家的漫长历史上亦是如此。那些以海上贸易为生的人尽管常常遭遇反对和阻力，却以饱满的热情开创了自己的事业，并在此过程中丰富了自身及互动对象的文化内涵。

与此同时，任何地方的水手都知道，海洋是一个无情的对手，对其应该怀有敬畏，而不是一意将其征服。孔子在《论语》中说："四海之内皆兄弟也。"正如本书所展示的，如果说为我们所共享的全球海洋的历史有什么可以告诉我们的，那便是这句简单的真理。

林肯·佩恩

致 谢

如果没有众多的同事和亲朋好友的支持与建议，任何人都不可能写出一部世界历史。约翰·赖特是我最信任的人，我们既是朋友和同事，也都是骑马爱好者、歌剧迷和出版经纪人。如果没有他的支持，这本书将依然只是一个有趣的想法。从写作计划开始时起，他就一直鼓励我坚持下去，而我却始终漂浮不定。在此，我向他致以最诚挚的感谢！

在本书写作过程的不同阶段中，许多人慷慨地花费时间来阅读大部分原稿并提出了意见，他们包括：世界历史协会的阿尔·安德里娅、我的博士导师，莱顿大学的雷纳德·布鲁塞和费米·加斯特拉、塔尔萨大学的凯利·沙维斯、南缅因社区学院的马丁娜·邓肯、现任圣母大学兼职教师的费利佩·费尔南德斯·阿梅斯托、海军战争学院的约翰·哈滕多夫、美国商船学院的乔舒亚·史密斯和史蒂芬学院的吉姆·特里。

其他曾对本书不同章节提出建议者包括：尼克·伯宁汉、美国商船学院的亚瑟·多诺万、南缅因大学奥舍地图图书馆的马休·埃德尼、H-World网站的编辑大卫·卡利瓦斯等人及其用户、杜兰大学的克里斯·莱恩、已故的肯·麦克弗森、缅因州海事博物馆的内森·利普弗特、塔夫斯大学的约翰·C.佩里、莱顿大学的路易斯·西金、内森·史密斯、汤姆·沃斯墨、阿姆斯特丹博物馆的洛德韦克·瓦赫纳尔、卡罗来纳海岸大学的谢丽尔·沃德以及MARHST-L网站的用户等。

这本书中的许多想法，之前曾在一些会议上和文章中发表。我要感谢为我提供这些机会的机构和个人，包括组织会议的国际海洋经济史协会

（弗里曼特尔和格林威治）、世界历史协会（伦敦）、北美海洋史协会（马尼托沃克和诺福克）以及位于缅因州巴斯的海事博物馆。此外还有《国际海洋史杂志》（*International Journal of Maritime History*）的刘易斯·R.“斯基普”·费希尔，以及《北方海运》（*Le Marin du Nord*）的费伊·克尔特。

图书馆员在许多方面都发挥着不可或缺的作用。我十分幸运地得到了下列人士的帮助，包括：鲍登学院霍索恩－朗弗罗图书馆的菲莉斯·麦奎德，南缅因大学格利克曼图书馆的洛兰·洛厄尔、约翰·普兰特、马特·拉茹瓦和诺厄·伯奇，南缅因大学奥舍地图图书馆的约兰达·特尼桑，普罗维登斯约翰·卡特·布朗图书馆的诺曼·菲林，荷兰皇家东南亚及加勒比海研究所（KITLV）的凯瑟琳·韦伦，以及哥伦比亚大学图书馆和莱顿大学图书馆的工作人员。

图像研究是一件不同寻常的工作。我得到了许多机构和个人的帮助，尤其是奥舍地图图书馆的大卫·尼柯克、阿迪娜·巴尼特和罗恩·利弗，加拿大航海档案馆的保罗·亚当思韦特，纽约艺术资源库的奇普·安杰尔、詹尼弗·贝尔特和彼得·罗霍夫斯基，阿南达约提·比克胡，《贸易杂志》（*Journal of Commerce*）的乔·邦尼和芭芭拉·维科，美中贸易全国委员会的郝素，约翰·哈兰，穆拉里·杰哈，南缅因大学的齐普·凯洛格，弗里尔艺术画廊和亚瑟·M.萨克勒画廊的贝齐·科胡特，帕梅拉·朗，安东尼·纳哈斯，航海家出版社的金·古莱·诺顿和亚历克斯·阿格纽，绳结和水手结绳术博物馆的大英帝国勋章获得者德斯·波森，麻省理工学院出版社的鲍勃·普尔和帕梅拉·奎克，乌尔里克·鲁道夫斯凯，果阿国家海洋研究所海上考古中心的西拉·特里帕提，安德烈亚斯·韦伯，北京故宫博物院的张颖，以及赫维希·扎霍卡。

参考书目更加完整地记录了我在学术上所得到的恩惠，但书中所有的事实性和观点性错误皆由我本人负责。这些错误就像钻进本书这一脆弱船体的蛀虫。

在本书的写作过程中，我深刻意识到自己极大地受益于从小学到大学阶段遇到的诸位师长。我已经忘记的老师比我仍有记忆的还要多，其中，我要对以下 3 位老师表达格外的感谢，他们是艾伦－史蒂文森学校的约翰·帕里希奥、菲利普艾斯特中学的艾伦·伍利和哥伦比亚大学已故的斯蒂尔·康马杰。

为了完成本书，我曾多次前往纽约。在那里，我受到了乔治娜·沃克和哈尔·费森登夫妇、马德琳·特拉姆和菲利普·纽厄尔夫妇的热情招待。我也非常感激伦敦的卡罗琳·克拉克和吉姆·克拉克夫妇，以及阿姆斯特丹令人敬畏的加尔尼布鲁塞宾馆。

除了以上提到的诸位，我与下面将要提到的几位之间都保持着深厚的友谊，他们是：温德尔·拉奇和索兹厄·拉奇、南森·史密斯和埃莉诺·史密斯、伊丽莎白·米切尔和亚历克斯·克里克豪斯。瓦伦蒂娜·冯·克伦克在从科隆被短暂“劫持”到美因茨古代船舶博物馆后获救，我为她喝彩，并对帮助她逃离的尼科尔·冯·克伦克表示感谢。

在本书签约时，已故的阿什贝尔·格林出于对我的信任而冒了巨大的风险。我不但亏欠于他，而且亏欠于他的继任者安德鲁·米勒，尤其是安德鲁·卡尔森，一位极富耐心、机智、友好、美丽而直率的编辑。此外，尼科尔·佩德森指出了书中无数个大大小小的错误，并无私地为本书的最后完工付出了大量心血。

我的父母曾多次阅读并评论本书的初稿。如果我的女儿卡伊和马德琳没有自己去写一部世界历史而是要求我去写，我会十分感激，感谢她们以一贯的良好心情始终支持我的工作。

在本书的写作过程中，艾莉森在各个方面为我提供支持。书中的错误与她无关，其成就则完全归功于她。

林肯·佩恩

于缅因州波特兰，2012 年 7 月—10 月

计量单位

本书使用海里表示海上距离，使用公制表示陆上距离。按照惯例，美国的河流长度以法定英里表示。

海里	千米	法定英里
1	1.85	1.15
0.54	1	0.62
0.87	1.61	1

米	英尺
1	3.28
0.3	1

厘米	英寸
1	0.39
2.54	1

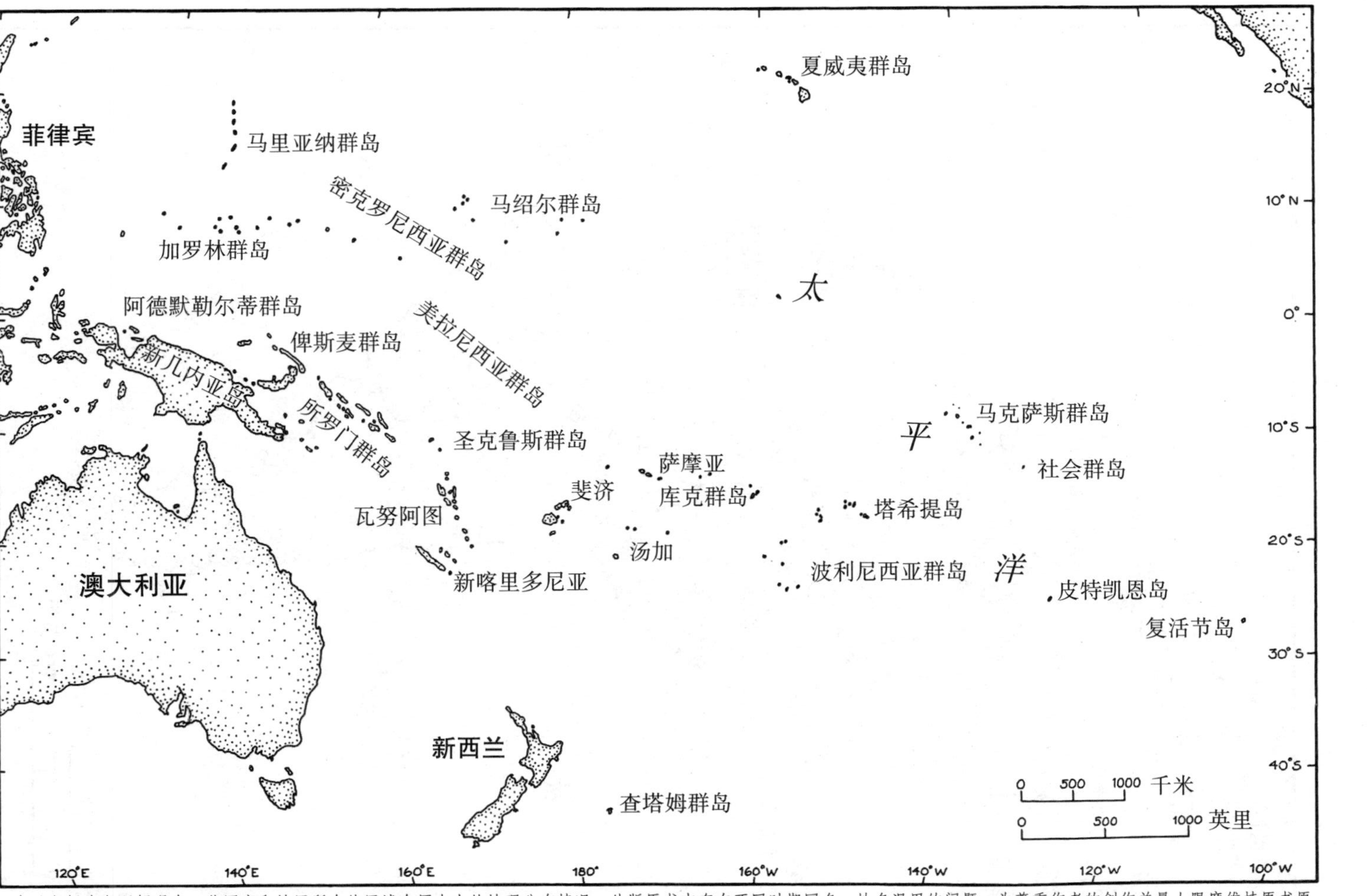

* 为了方便读者理解现在一些国家和地区所在的区域在历史上的地理分布情况，外版原书中存在不同时期国名、地名混用的问题，为尊重作者的创作并最大限度维持原书原貌，中文版未作修改。注：在此书中适当位置注明此书中插图是原书插图。

大 洋 洲

前哥伦布时代的南美洲和加勒比海

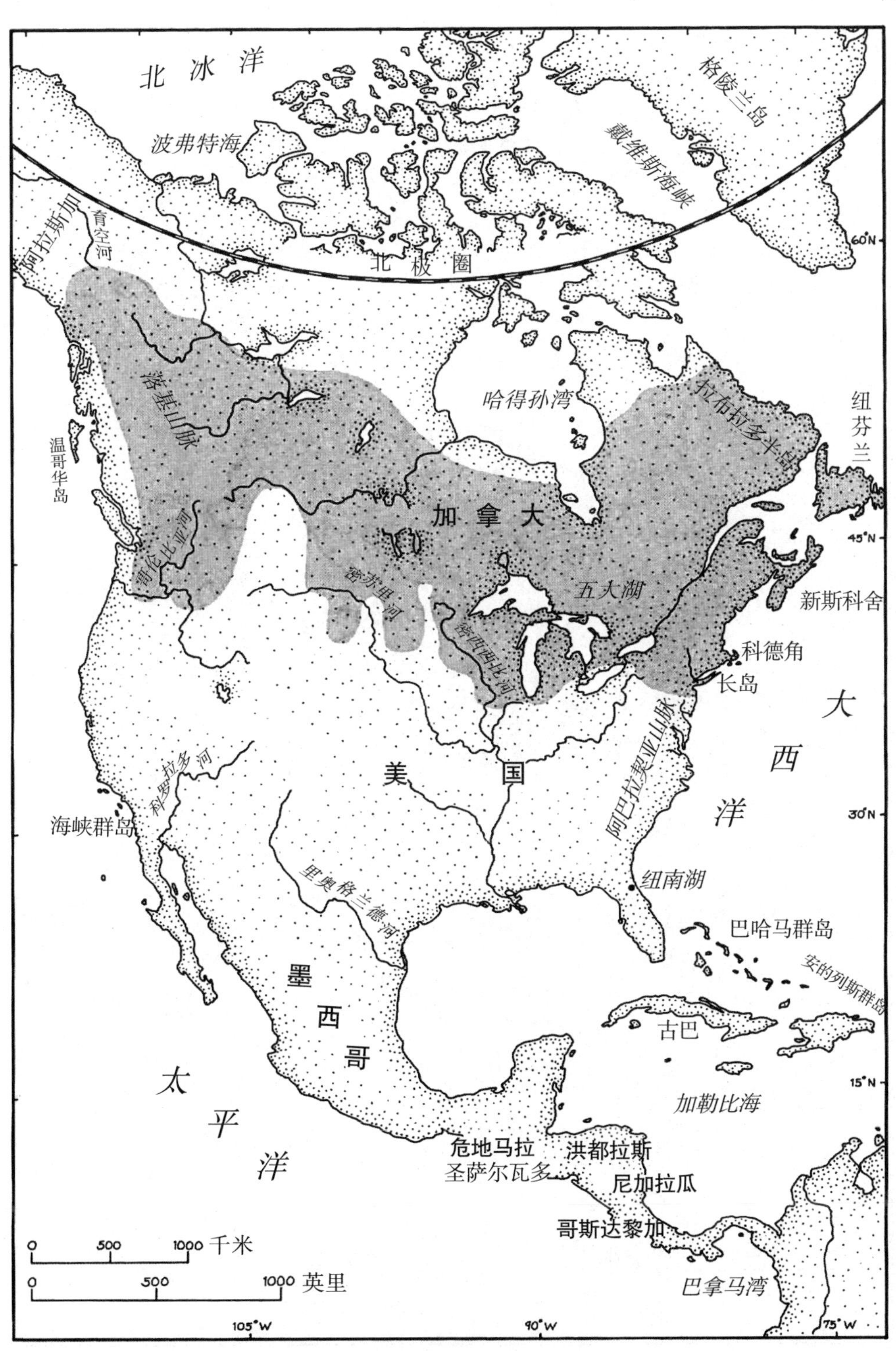

前哥伦布时代的中北美洲

阴影部分表示纸皮桦的分布范围，进而成为制造桦皮独木舟的区域。

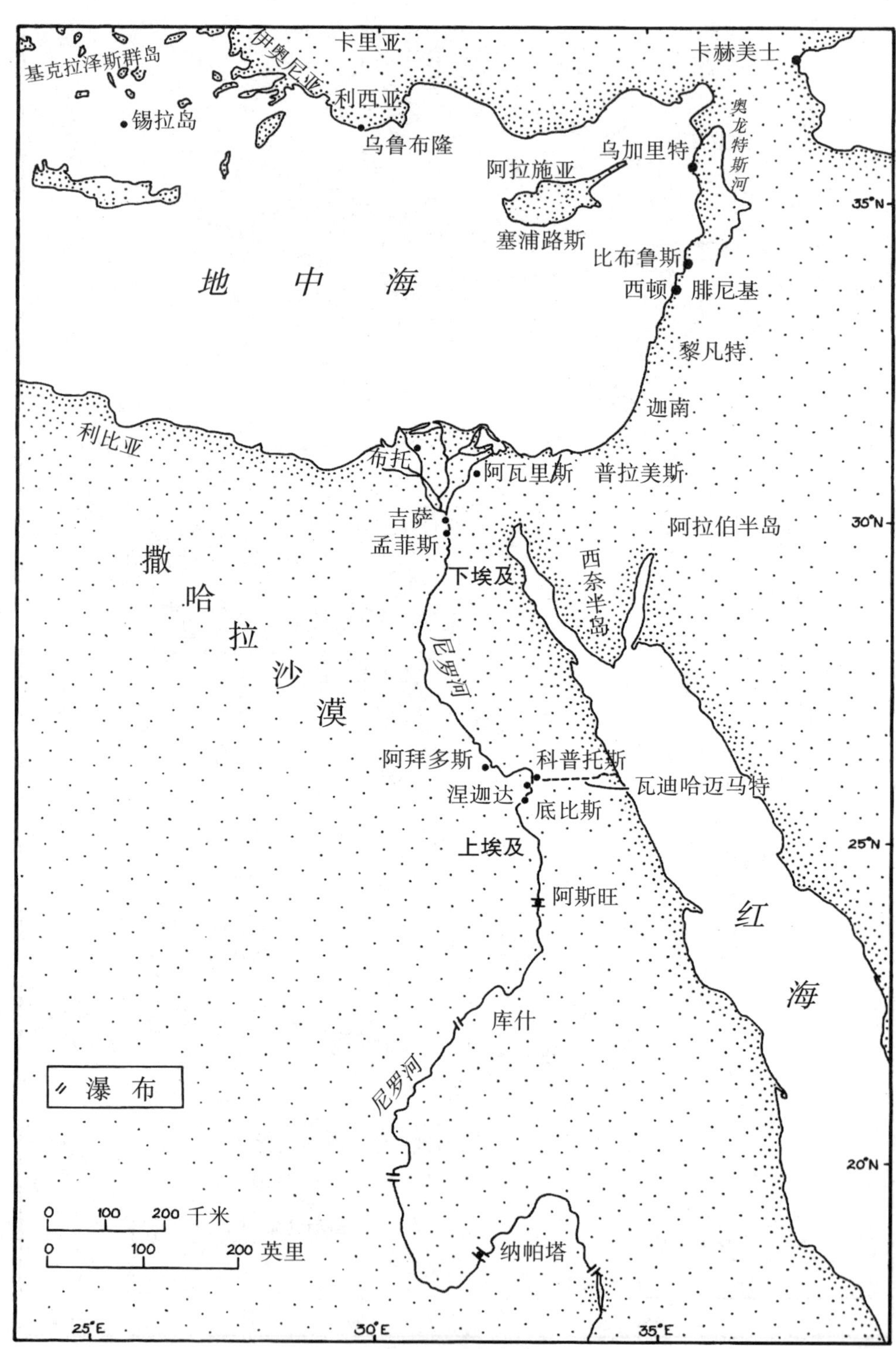

卡里亚
卡赫美士
基克拉泽斯群岛
伊奥尼亚
利西亚
锡拉岛
乌鲁布隆
奥龙特斯河
乌加里特
阿拉施亚
35°N
塞浦路斯
比布鲁斯
地 中 海
西顿
腓尼基
黎凡特
迦南
利比亚
布托
阿瓦里斯
普拉美斯
吉萨
30°N
阿拉伯半岛
孟菲斯
撒
西奈半岛
下埃及
哈
拉
沙
尼罗河
漠
阿拜多斯
科普托斯
涅迦达
瓦迪哈迈马特
底比斯
25°N
上埃及
阿斯旺
红
海
库什
瀑布
尼罗河
20°N
0 100 200 千米
0 100 200 英里
纳帕塔
25°E
30°E
35°E

青铜时代的埃及

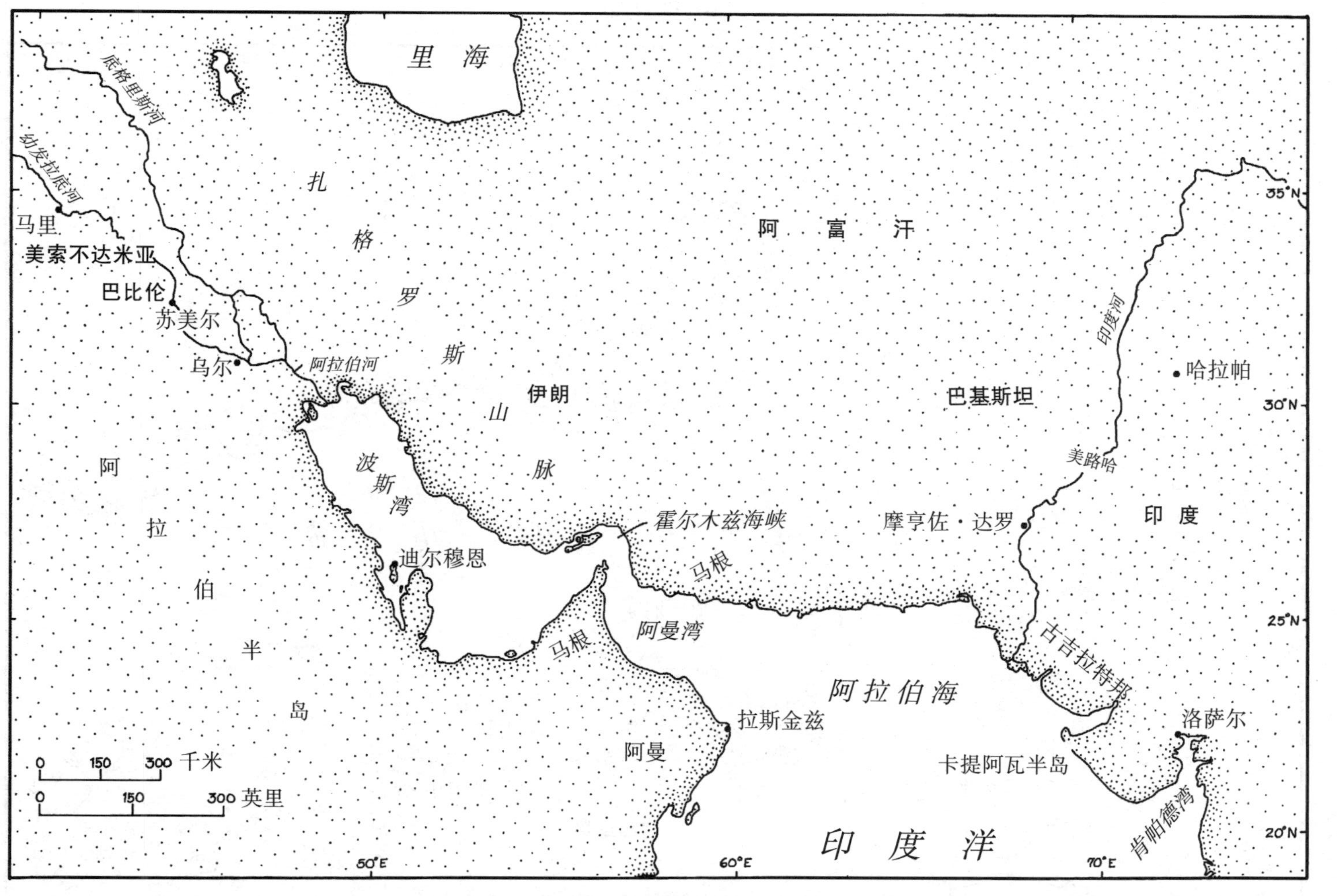

美索不达米亚至印度河流域

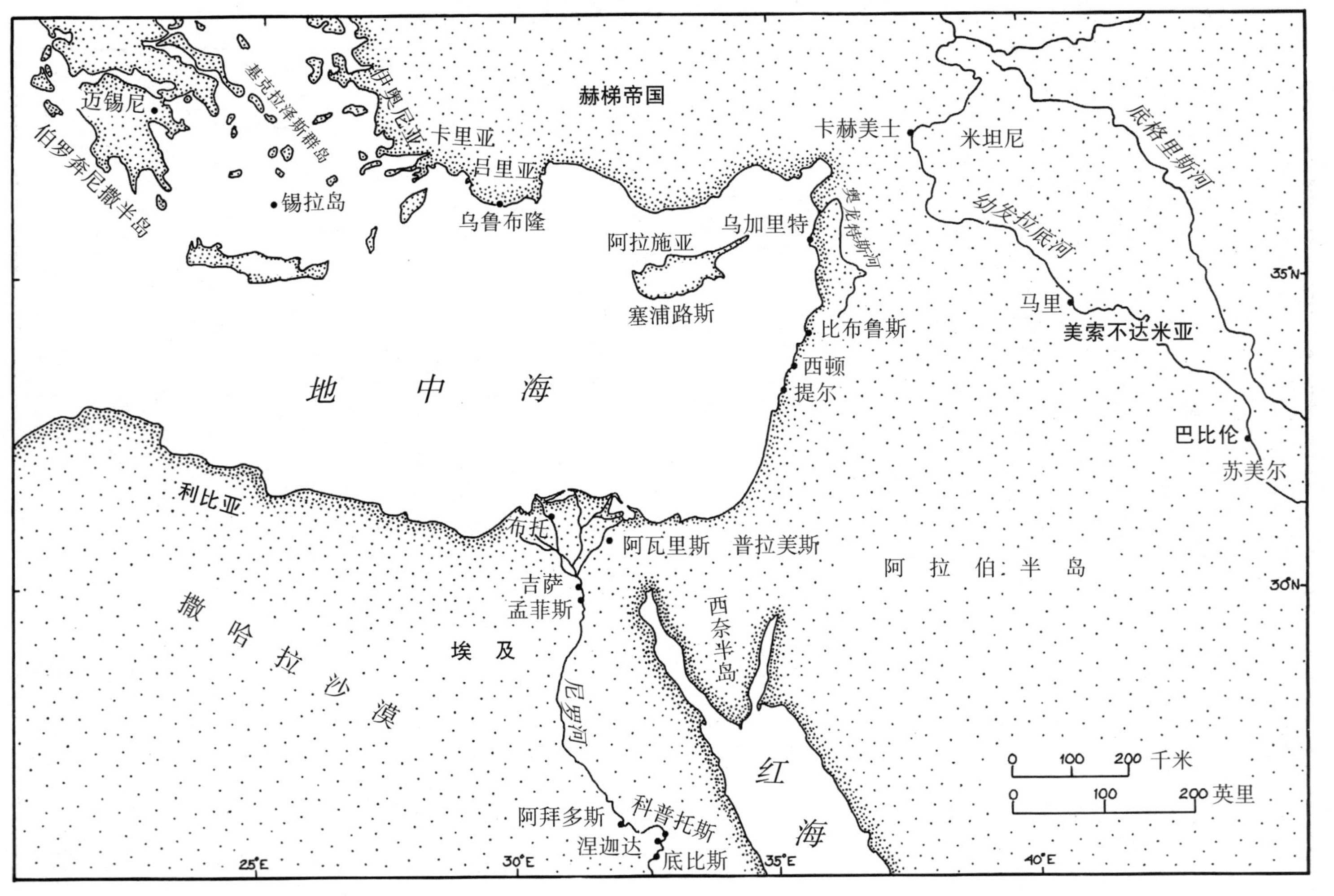

迈锡尼
伯罗奔尼撒半岛
基克拉泽斯群岛
锡拉岛
伊奥尼亚
卡里亚
吕里亚
乌鲁布隆
赫梯帝国
卡赫美士
米坦尼
底格里斯河
幼发拉底河
奥龙特斯河
乌加里特
阿拉施亚
塞浦路斯
35°N
马里
美索不达米亚
比布鲁斯
西顿
提尔
地中海
巴比伦
苏美尔
利比亚
布托
阿瓦里斯
普拉美斯
阿拉伯半岛
吉萨
孟菲斯
30°N
西奈半岛
撒哈拉沙漠
埃及
尼罗河
红海
0 100 200 千米
0 100 200 英里
阿拜多斯
科普托斯
涅迦达
底比斯
25°E
30°E
35°E
40°E

古代近东

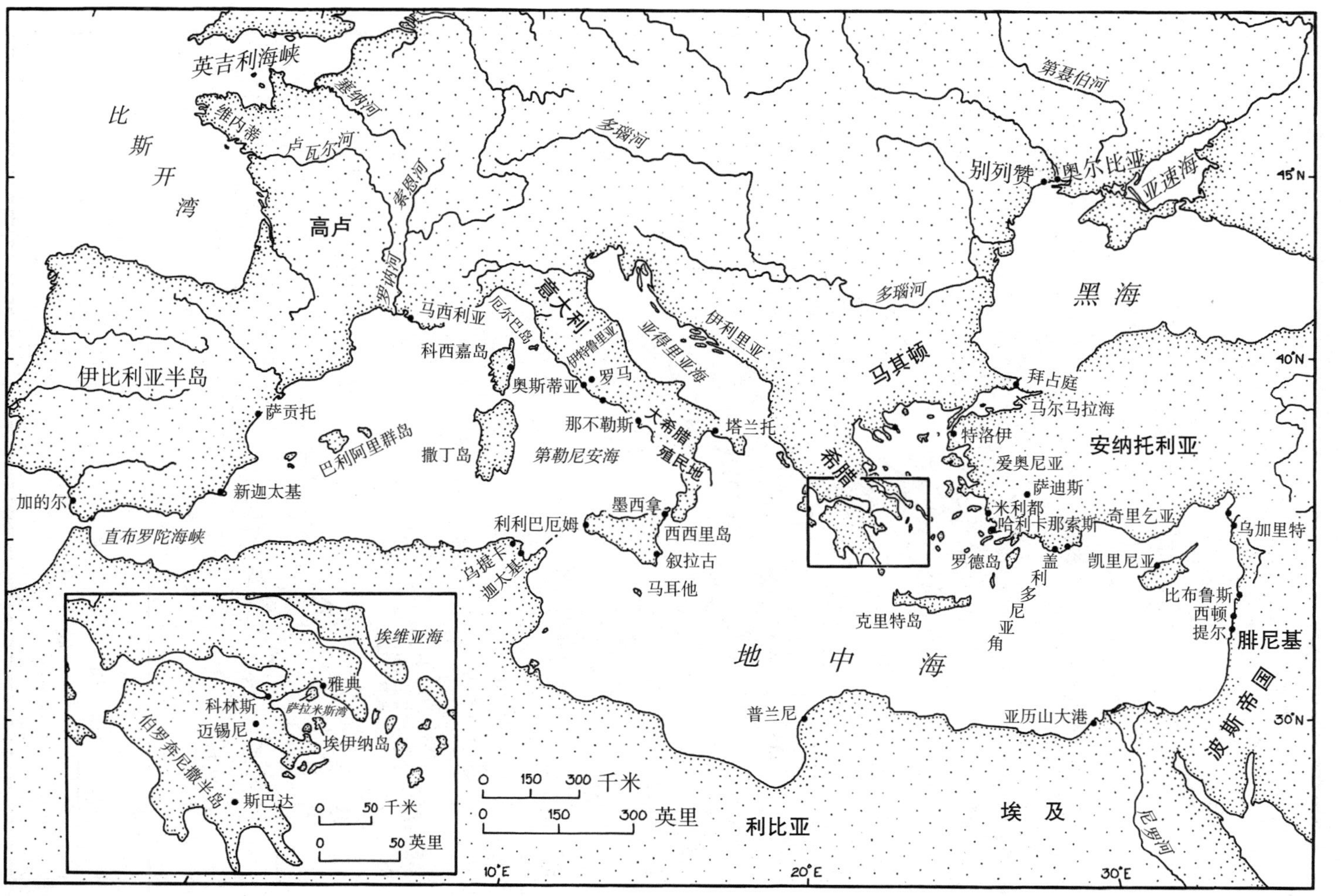

英吉利海峡
比斯开湾
维内蒂
塞纳河
卢瓦尔河
索恩河
高卢
罗讷河
马西利亚
伊比利亚半岛
萨贡托
巴利阿里群岛
加的尔
新迦太基
直布罗陀海峡
科西嘉岛
厄尔巴岛
奥斯蒂亚
撒丁岛
意大利
伊特鲁里亚
罗马
那不勒斯
第勒尼安海
大希腊
殖民地
亚得里亚海
伊利里亚
塔兰托
墨西拿
利利巴厄姆
西西里岛
叙拉古
马耳他
乌提卡
迦太基
多瑙河
第聂伯河
别列赞
奥尔比亚
亚速海
黑海
马其顿
希腊
拜占庭
马尔马拉海
特洛伊
安纳托利亚
爱奥尼亚
萨迪斯
米利都
哈利卡那索斯
奇里乞亚
乌加里特
罗德岛
盖利多尼亚角
凯里尼亚
克里特岛
比布鲁斯
西顿
提尔
腓尼基
波斯帝国
地中海
普兰尼
亚历山大港
埃及
利比亚
尼罗河
45°N
40°N
30°N
10°E
20°E
30°E
0 150 300 千米
0 150 300 英里
埃维亚海
雅典
科林斯
萨拉米斯湾
迈锡尼
埃伊纳岛
伯罗奔尼撒半岛
斯巴达
0 50 千米
0 50 英里

古典时代的地中海

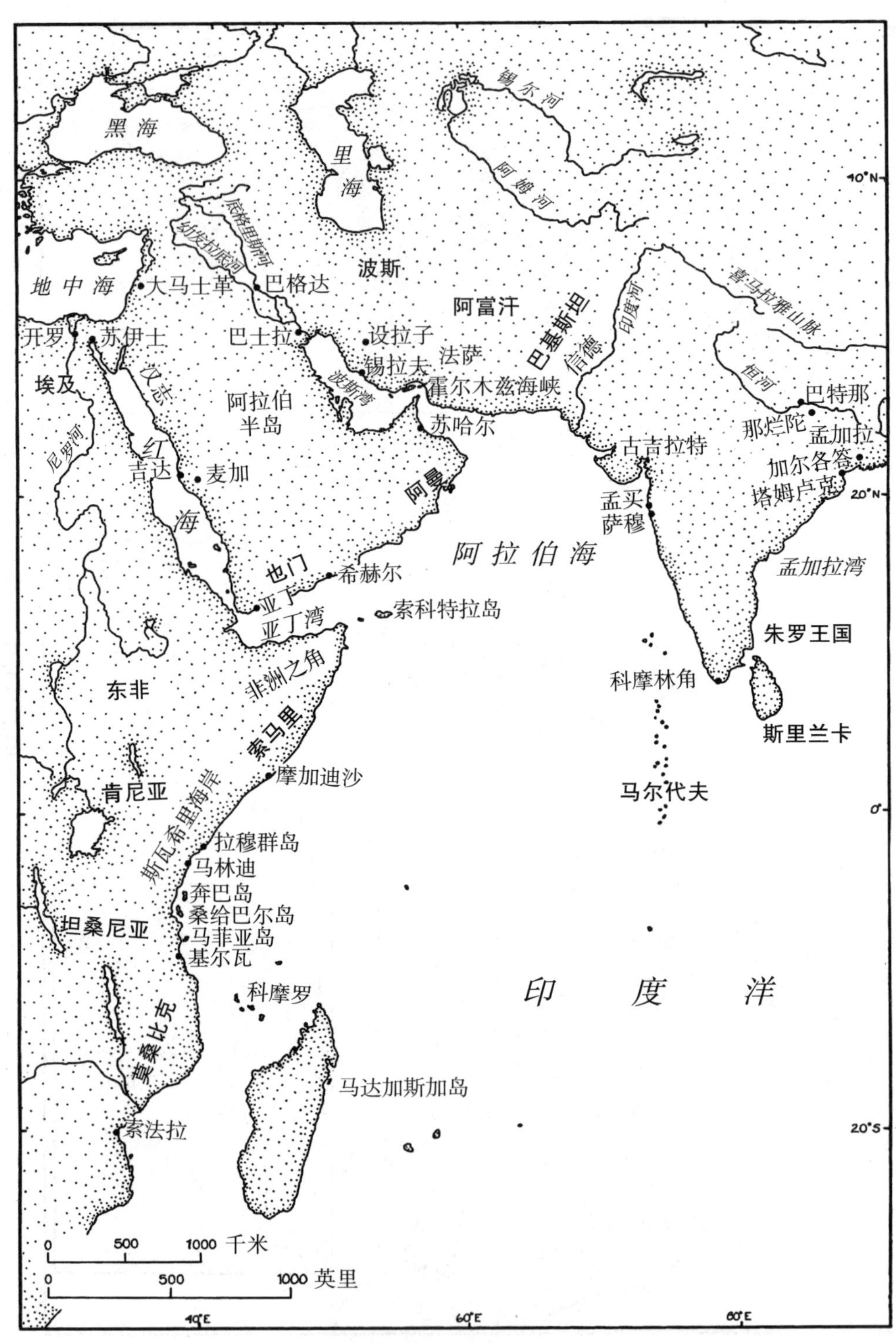

黑海
里海
锡尔河
阿姆河
40°N
底格里斯河
幼发拉底河
地中海
大马士革
巴格达
波斯
阿富汗
巴基斯坦
信德
印度河
喜马拉雅山脉
开罗
苏伊士
巴士拉
设拉子
法萨
锡拉夫
霍尔木兹海峡
恒河
埃及
汉志
波斯湾
阿拉伯
半岛
巴特那
那烂陀
孟加拉
苏哈尔
古吉拉特
加尔各答
尼罗河
红
吉达
麦加
阿曼
塔姆卢克
20°N
孟买
萨穆
海
阿拉伯海
孟加拉湾
也门
希赫尔
亚丁
索科特拉岛
亚丁湾
朱罗王国
非洲之角
东非
科摩林角
索马里
斯里兰卡
摩加迪沙
马尔代夫
肯尼亚
0°
斯瓦希里海岸
拉穆群岛
马林迪
奔巴岛
桑给巴尔岛
坦桑尼亚
马菲亚岛
基尔瓦
科摩罗
印度洋
莫桑比克
马达加斯加岛
索法拉
20°S
0
500
1000 千米
0
500
1000 英里
40°E
60°E
80°E

穆斯林活动的印度洋

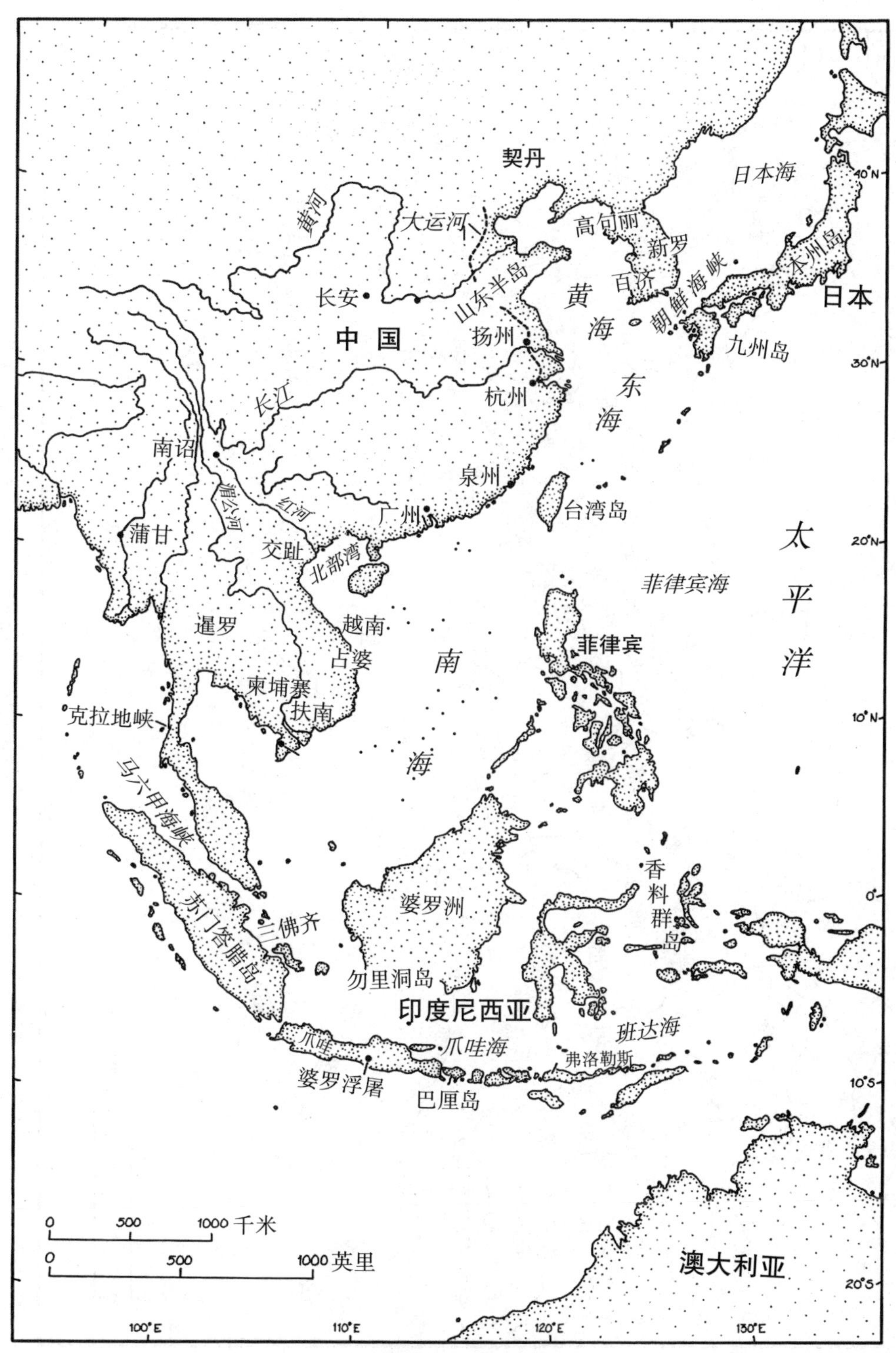
契丹
日本海
黄河
大运河
高句丽
新罗
百济
朝鲜海峡
本州岛
日本
长安
山东半岛
黄
海
中国
扬州
九州岛
长江
杭州
东
海
南诏
泉州
湄公河
红河
广州
台湾岛
蒲甘
交趾
北部湾
太
平
洋
菲律宾海
暹罗
越南
菲律宾
占婆
南
柬埔寨
克拉地峡
扶南
海
马六甲海峡
香
料
群
岛
婆罗洲
苏门答腊岛
三佛齐
勿里洞岛
印度尼西亚
班达海
爪哇
爪哇海
弗洛勒斯
婆罗浮屠
巴厘岛
0 500 1000 千米
0 500 1000 英里
澳大利亚
40°N
30°N
20°N
10°N
0°
10°S
20°S
100°E
110°E
120°E
130°E
东亚和东南亚

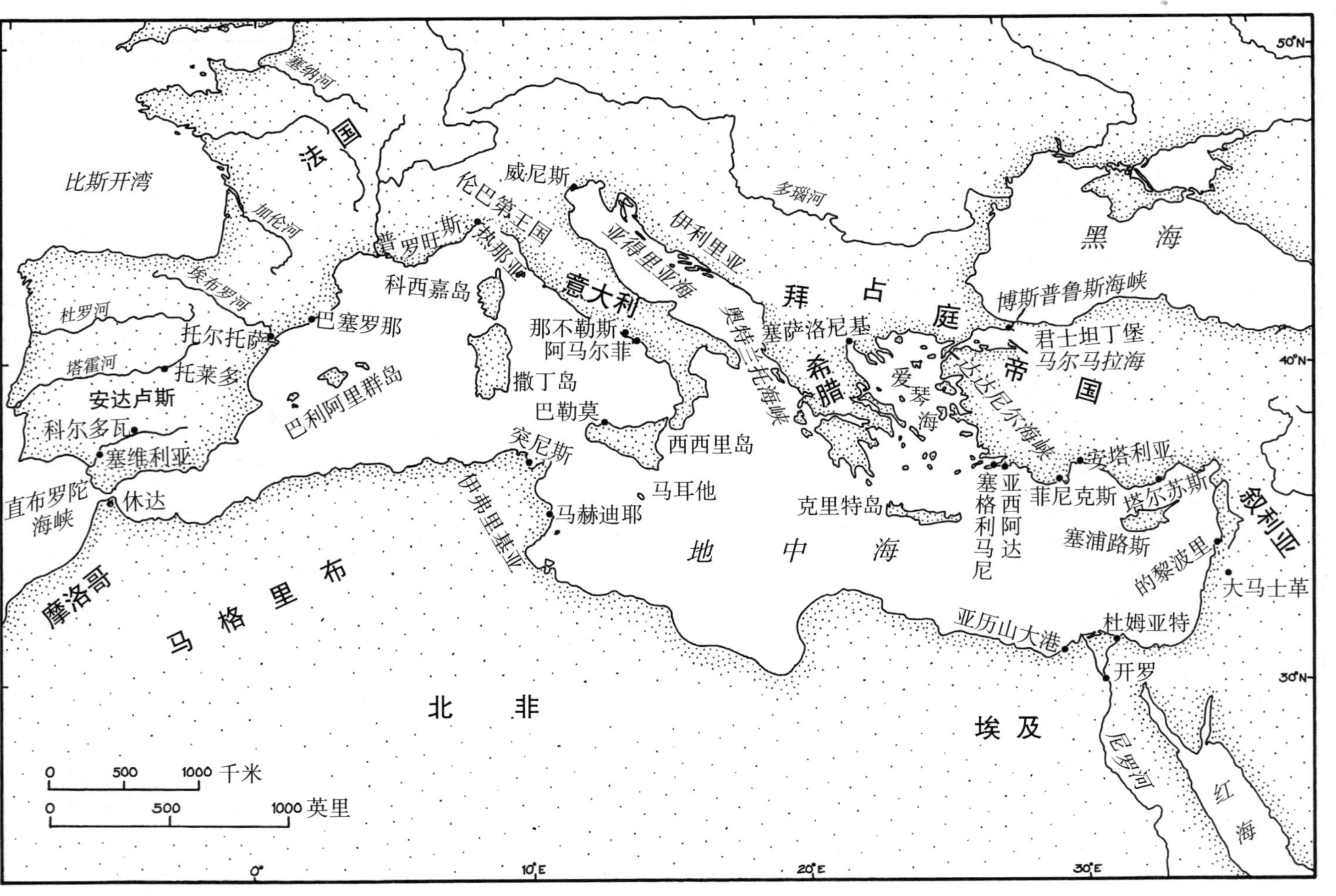
50°N
40°N
30°N
0°
10°E
20°E
30°E
塞纳河
法国
比斯开湾
加伦河
埃布罗河
杜罗河
塔霍河
托尔托萨
托莱多
安达卢斯
科尔多瓦
塞维利亚
直布罗陀海峡
休达
摩洛哥
马格里布
巴塞罗那
巴利阿里群岛
普罗旺斯
伦巴第王国
热那亚
科西嘉岛
撒丁岛
威尼斯
意大利
那不勒斯
阿马尔菲
巴勒莫
西西里岛
突尼斯
伊弗里基亚
马赫迪耶
马耳他
亚得里亚海
伊利里亚
多瑙河
奥特兰托海峡
拜占庭帝国
塞萨洛尼基
希腊
爱琴海
克里特岛
地中海
黑海
博斯普鲁斯海峡
君士坦丁堡
马尔马拉海
达达尼尔海峡
亚西阿达
塞格利马尼
安塔利亚
菲尼克斯
塔尔苏斯
塞浦路斯
叙利亚
的黎波里
大马士革
杜姆亚特
亚历山大港
开罗
埃及
尼罗河
红海
北非
0
500
1000 千米
0
500
1000 英里

中世纪的地中海

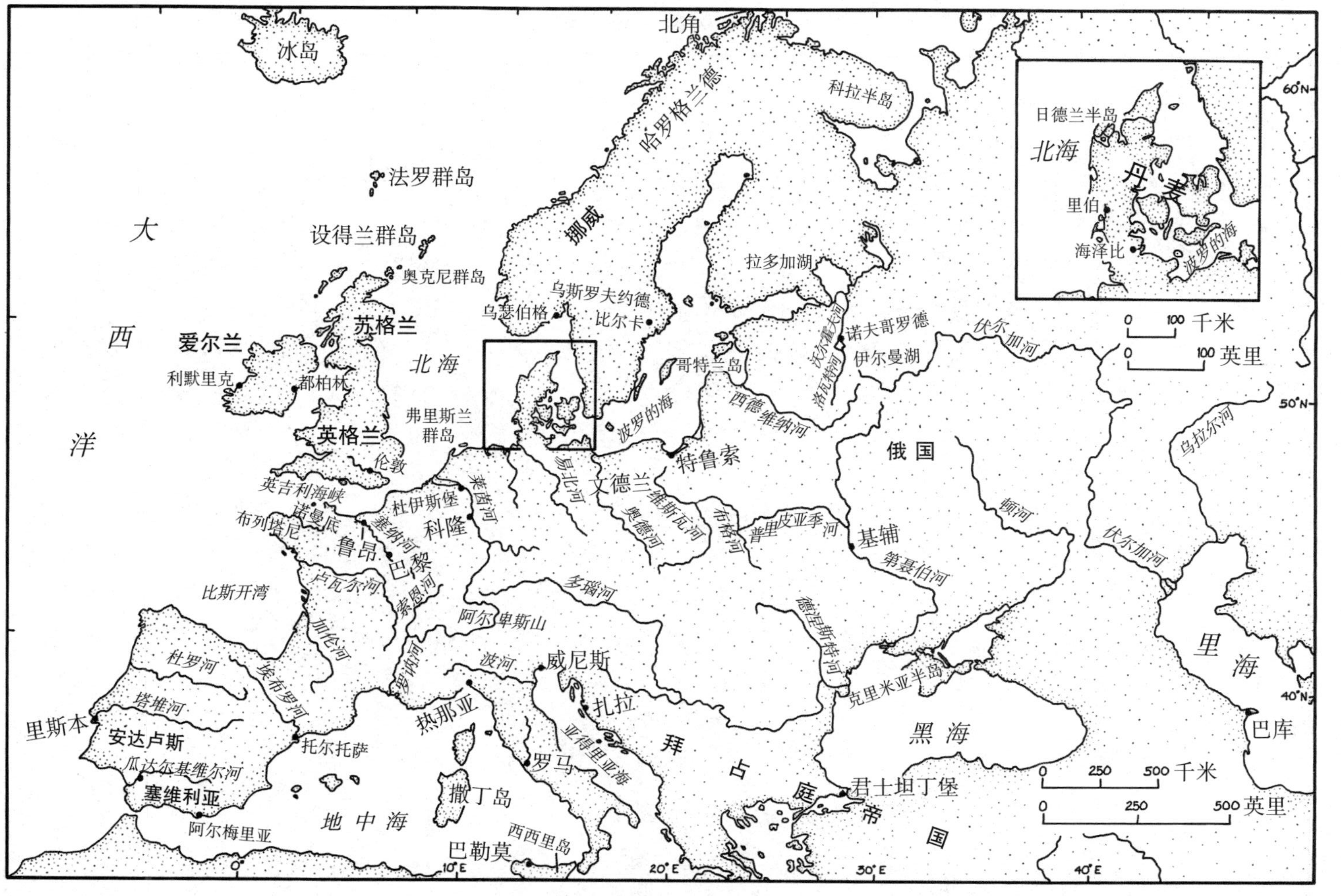
冰岛
北角
哈罗格兰德
科拉半岛
法罗群岛
大
西
洋
设得兰群岛
挪威
拉多加湖
奥克尼群岛
苏格兰
爱尔兰
乌斯罗夫约德
乌瑟伯格
比尔卡
诺夫哥罗德
沃尔霍夫河
洛瓦特河
伊尔曼湖
伏尔加河
北海
哥特兰岛
利默里克
都柏林
弗里斯兰
群岛
波罗的海
西德维纳河
英格兰
伦敦
易北河
特鲁索
俄国
乌拉尔河
英吉利海峡
文德兰
维斯瓦河
布格河
普里皮亚季河
基辅
顿河
伏尔加河
诺曼底
布列塔尼
杜伊斯堡
莱茵河
奥德河
塞纳河
科隆
鲁昂
巴黎
第聂伯河
卢瓦尔河
索恩河
多瑙河
比斯开湾
德涅斯特河
阿尔卑斯山
加伦河
杜罗河
罗讷河
波河
威尼斯
里
海
埃布罗河
塔霍河
扎拉
克里米亚半岛
里斯本
安达卢斯
热那亚
托尔托萨
亚得里亚海
拜
占
庭
帝
国
黑海
巴库
瓜达尔基维尔河
罗马
君士坦丁堡
塞维利亚
撒丁岛
地中海
阿尔梅里亚
西西里岛
巴勒莫
0°
10°E
20°E
30°E
40°E
60°N
50°N
40°N
0 250 500 千米
0 250 500 英里
日德兰半岛
北海
丹麦
里伯
海泽比
波罗的海
0 100 千米
0 100 英里

维京时代的欧洲

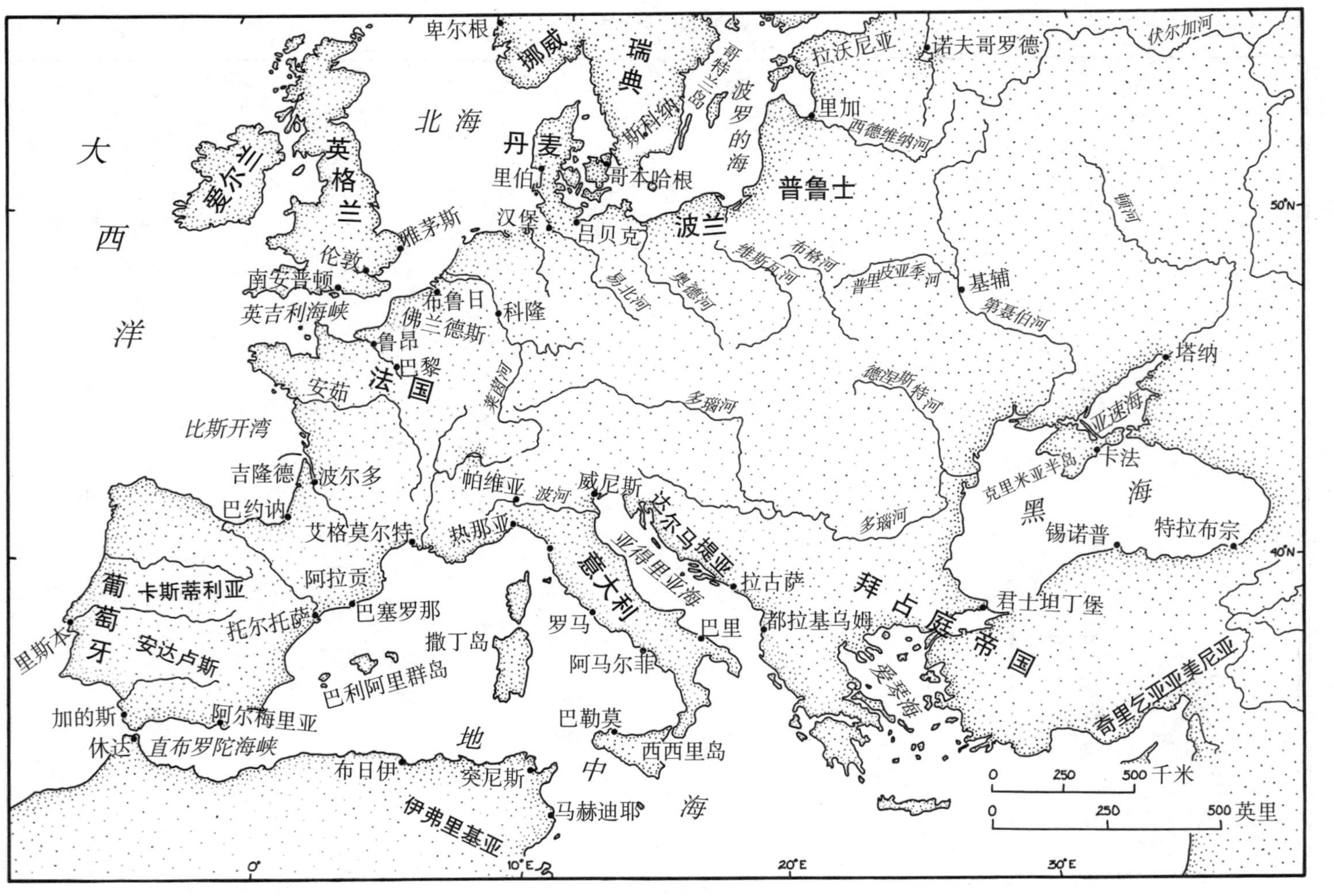
大西洋
北海
挪威
瑞典
丹麦
英格兰
爱尔兰
卑尔根
哥特兰岛
斯科纳
波罗的海
拉沃尼亚
诺夫哥罗德
伏尔加河
里加
西德维纳河
普鲁士
顿河
里伯
哥本哈根
汉堡
吕贝克
波兰
雅茅斯
伦敦
南安普顿
英吉利海峡
维斯瓦河
布格河
易北河
奥德河
普里皮亚季河
基辅
第聂伯河
布鲁日
佛兰德斯
科隆
鲁昂
巴黎
法国
安茹
莱茵河
塔纳
德涅斯特河
多瑙河
亚速海
比斯开湾
克里米亚半岛
卡法
吉隆德
波尔多
帕维亚
波河
威尼斯
达尔马提亚
黑海
巴约讷
艾格莫尔特
热那亚
多瑙河
锡诺普
特拉布宗
亚得里亚海
葡萄牙
卡斯蒂利亚
阿拉贡
意大利
拉古萨
拜占庭帝国
巴塞罗那
君士坦丁堡
里斯本
托尔托萨
罗马
撒丁岛
巴里
都拉基乌姆
安达卢斯
阿马尔菲
爱琴海
巴利阿里群岛
奇里乞亚亚美尼亚
加的斯
阿尔梅里亚
巴勒莫
休达
直布罗陀海峡
地中海
西西里岛
布日伊
突尼斯
伊弗里基亚
马赫迪耶
0
250
500 千米
0
250
500 英里
0°
10°E
20°E
30°E
50°N
40°N
中世纪晚期的欧洲

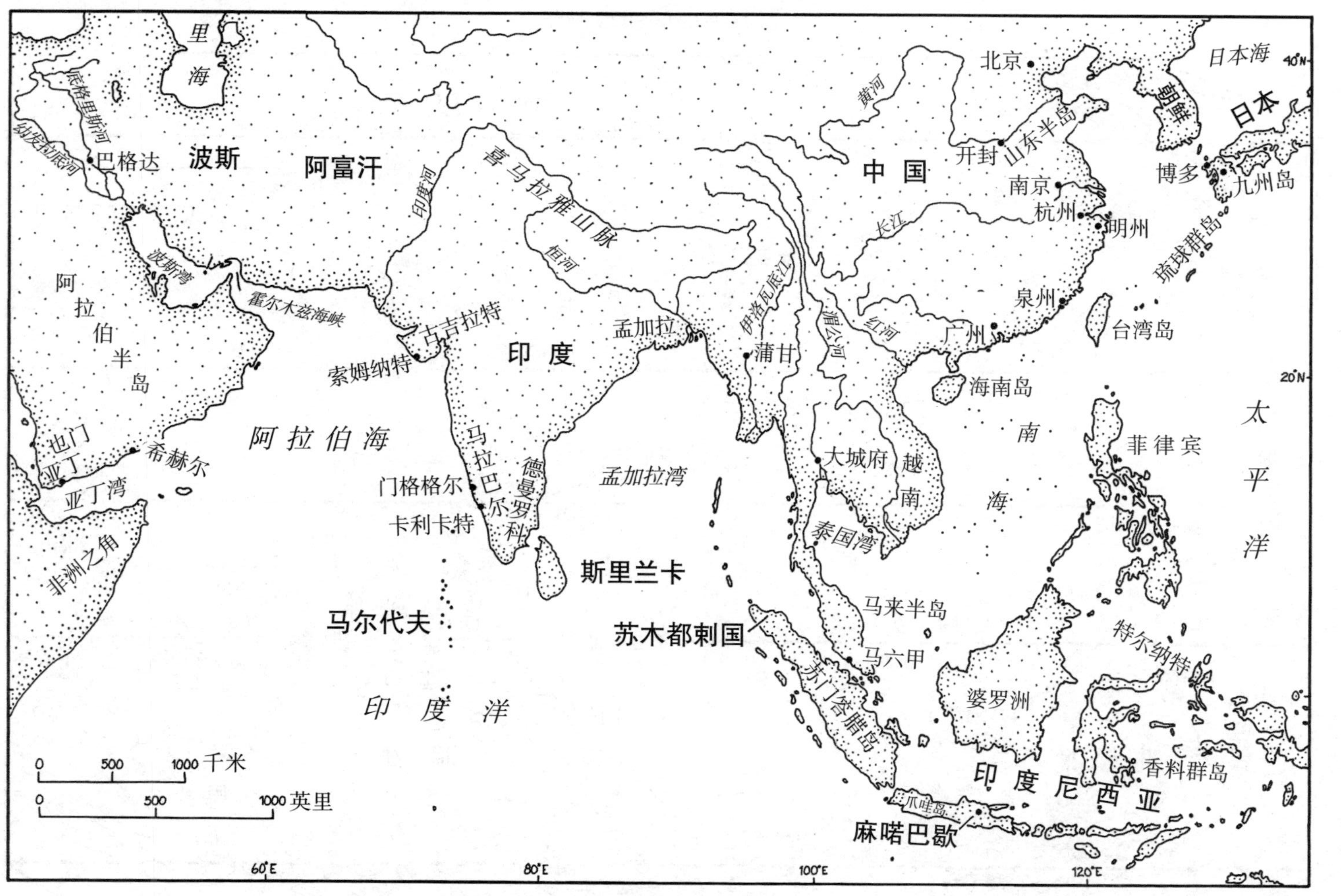
里海
底格里斯河
幼发拉底河
巴格达
波斯
阿富汗
印度河
喜马拉雅山脉
恒河
黄河
北京
日本海
40°N
朝鲜
日本
山东半岛
开封
中国
南京
博多
九州岛
杭州
明州
长江
琉球群岛
波斯湾
阿拉伯半岛
霍尔木兹海峡
古吉拉特
印度
孟加拉
伊洛瓦底江
湄公河
红河
泉州
广州
台湾岛
索姆纳特
蒲甘
海南岛
20°N
太平洋
南海
菲律宾
也门
亚丁
希赫尔
阿拉伯海
马拉巴尔
德曼罗科
孟加拉湾
大城府
越南
亚丁湾
门格格尔
卡利卡特
泰国湾
非洲之角
斯里兰卡
马来半岛
马尔代夫
苏木都剌国
特尔纳特
马六甲
苏门答腊岛
婆罗洲
印度洋
香料群岛
印度尼西亚
爪哇岛
麻喏巴歇
0 500 1000 千米
0 500 1000 英里
60°E
80°E
100°E
120°E
季风海洋

北极圈
圣彼得堡
西伯利亚
俄国
亚洲
里海
波斯湾
霍尔木兹
古吉拉特
孟加拉
埃及
红海
苏拉特
果阿
印度
卡利卡特
亚丁
非洲
马林迪
蒙巴萨
莫桑比克
马达加斯加岛
好望角
印度洋
南回归线
巴达维亚
马六甲
柔佛
马尼拉
菲律宾
中国
广州
澳门
长崎
日本
鄂霍次克海
阿拉斯加
努特卡湾
北美洲
蒙特雷
纽约
弗吉尼亚
北回归线
夏威夷群岛
阿卡普尔科
马绍尔群岛
太平洋
香料群岛
赤道
加拉帕哥斯群岛
南美洲
卡亚俄
斐济
塔希提岛
澳大利亚
复活节岛
新西兰
麦哲伦海峡
合恩角
南极圈
南极洲
60°N
20°N
20°S
60°S
0°
40°E
80°E
120°E
160°E
160°W
120°W
80°W
40°W
0 1500 3000 千米
0 1500 3000 英里

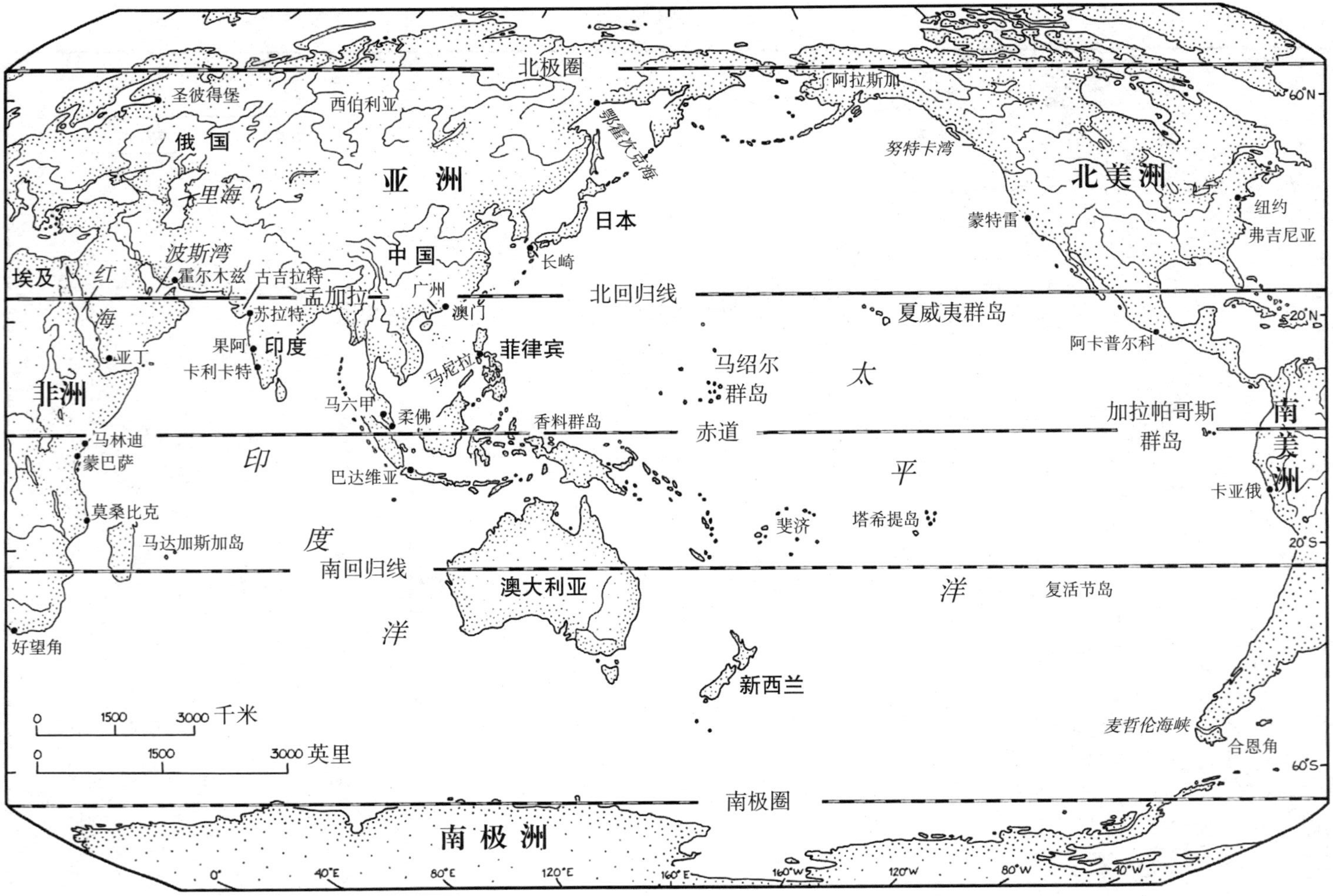

现代早期的亚太地区

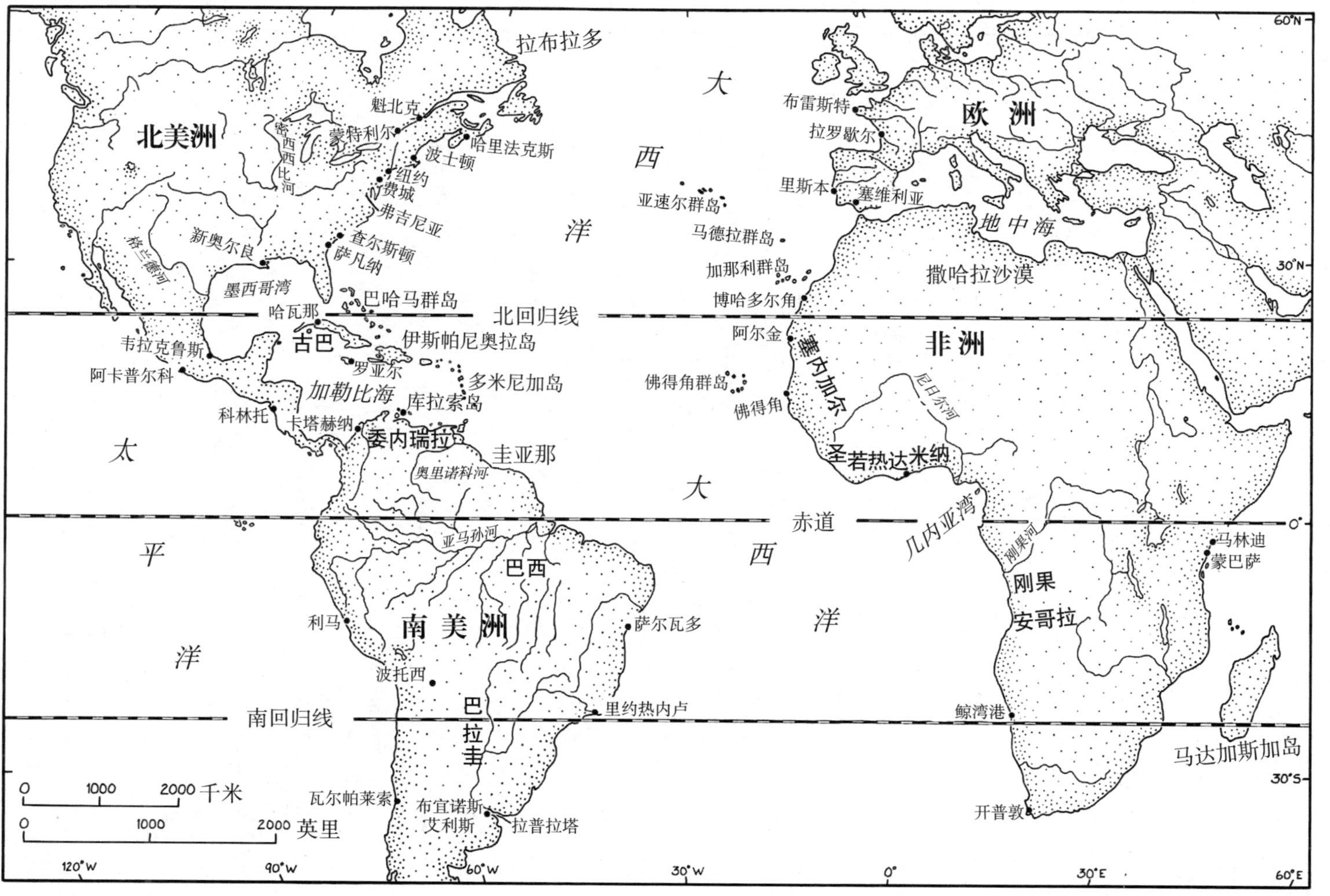
60°N
30°N
0°
30°S
120°W
90°W
60°W
30°W
0°
30°E
60°E
北美洲
欧洲
非洲
南美洲
大西洋
大西洋
太平洋
地中海
撒哈拉沙漠
北回归线
赤道
南回归线
拉布拉多
魁北克
蒙特利尔
哈里法克斯
波士顿
纽约
费城
弗吉尼亚
查尔斯顿
萨凡纳
密西西比河
新奥尔良
格兰德河
墨西哥湾
巴哈马群岛
哈瓦那
古巴
伊斯帕尼奥拉岛
韦拉克鲁斯
阿卡普尔科
罗亚尔
多米尼加岛
加勒比海
库拉索岛
科林托
卡塔赫纳
委内瑞拉
圭亚那
奥里诺科河
亚马孙河
巴西
利马
萨尔瓦多
波托西
巴拉圭
里约热内卢
瓦尔帕莱索
布宜诺斯艾利斯
拉普拉塔
布雷斯特
拉罗歇尔
里斯本
塞维利亚
亚速尔群岛
马德拉群岛
加那利群岛
博哈多尔角
阿尔金
塞内加尔
佛得角群岛
佛得角
尼日尔河
圣若热达米纳
几内亚湾
刚果河
刚果
安哥拉
马林迪
蒙巴萨
鲸湾港
马达加斯加岛
开普敦
0 1000 2000 千米
0 1000 2000 英里

大西洋世界

格陵兰岛
巴伦支海
70°N
挪威海
拉普兰
冰岛
白海
阿尔汉格尔斯克
拉多加湖
法罗群岛
挪威
芬兰
60°N
大
赫尔辛基
设得兰群岛
圣彼得堡
瑞典
汉科
斯德哥尔摩
苏格兰
西
北海
立陶宛
英国
爱尔兰
利物浦
吕贝克
格但斯克
不莱梅
汉堡
皇后镇
英格兰
荷兰
波兰
布里斯托尔
伦敦
阿姆斯特丹
50°N
查塔姆
洋
安特卫普
英吉利海峡
德意志
韦桑岛
布雷斯特
布列塔尼
莱茵河
奥匈帝国
拉罗谢尔
萨瓦河
比斯开湾
多瑙河
威尼斯
菲尼斯特雷
拉科鲁尼亚
波尔多
奥斯曼帝国
热那亚
维哥
马赛
亚得里亚海
拉古萨
土伦
卡斯蒂利亚
意大利
40°N
葡萄牙
里斯本
西班牙
马略卡岛
勒班陀
塞维利亚
圣文森特角
加的斯
地
西西里岛
特拉法尔加角
休达
中
马耳他
海
摩洛哥
0 250 500 千米
0 250 500 英里
0°
10°E
20°E

现代早期的欧洲

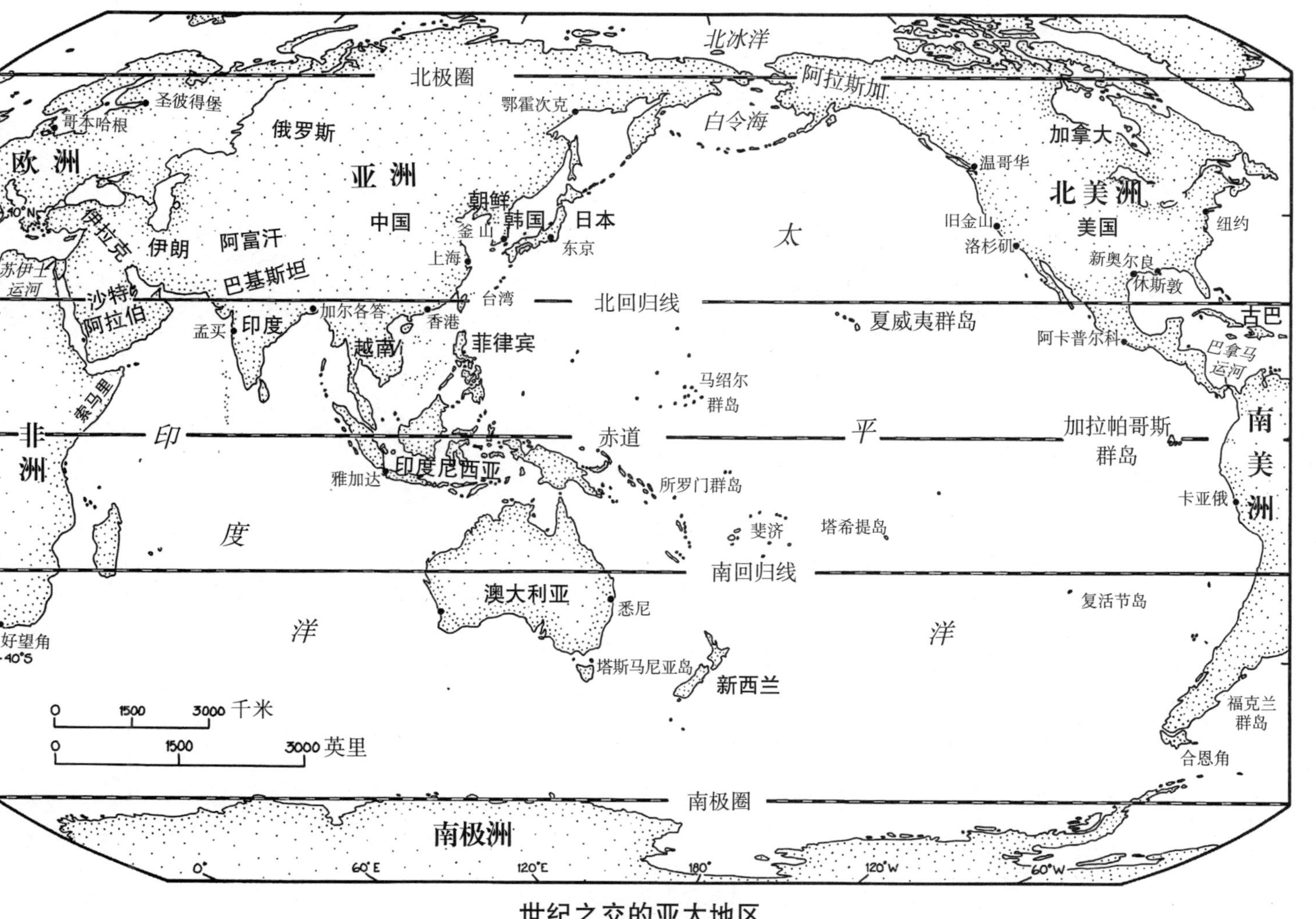
北冰洋
北极圈
阿拉斯加
圣彼得堡
哥本哈根
俄罗斯
鄂霍次克
白令海
加拿大
温哥华
欧洲
亚洲
北美洲
朝鲜
韩国
日本
中国
伊拉克
伊朗
阿富汗
金山
东京
旧金山
洛杉矶
美国
纽约
太
上海
新奥尔良
休斯敦
苏伊士运河
巴基斯坦
沙特阿拉伯
台湾
北回归线
加尔各答
香港
夏威夷群岛
古巴
孟买
印度
阿卡普尔科
菲律宾
越南
巴拿马运河
索马里
马绍尔群岛
非洲
印
赤道
平
加拉帕哥斯群岛
南美洲
雅加达
印度尼西亚
所罗门群岛
卡亚俄
度
斐济
塔希提岛
南回归线
澳大利亚
悉尼
复活节岛
好望角
洋
洋
40°N
40°S
塔斯马尼亚岛
新西兰
0 1500 3000 千米
0 1500 3000 英里
福克兰群岛
合恩角
南极圈
南极洲
0°
60°E
120°E
180°
120°W
60°W
世纪之交的亚太地区

引　言

我想要改变你观察世界的方式。确切来说，我想要改变你观察世界地图的方式：让你将注意力集中在覆盖了画面 70% 的蓝色部分，让陆地的色调变暗。这种将关注点从陆地到海洋的转变，令世界历史的许多趋势和模式以不同的方式显现出来。在船用蒸汽机于 19 世纪获得发展之前，文化、贸易、传染病和战争通过海洋比通过陆地的传播、影响速度快。海上航线的开辟有时会立即带来巨大的变化，但更为常见的，是为日后被误以为是突变的变化奠定基础。这方面的最佳例证就是印度洋的贸易网络，其中一个最古老的贸易网络，是在至少 4,000 年以前，由航行于美索不达米亚和印度河河口之间的航海者们开辟的。在 2,000 年前的公元之初，印度次大陆是穿梭于阿拉伯海和孟加拉湾之间的商人和托钵僧的一个出发地和目的地。但这在书面记录中几乎不引人注意，书面记录在意的是像吉尔伽美什或奥德修斯那样的伟大人物。尽管考古证据在不断地增加，但这些活动仍基本未得到认可。因此，当来自印度次大陆和亚洲西南部的穆斯林商人、持各种信仰的中国商人和信奉基督教的葡萄牙人后来来到东南亚，这看起来是一个个历史上的奇迹。只有最后提及的葡萄牙人是季风海域——这片海域从东非海岸一直延伸到韩国和日本沿海地区——绝对的新来者。其他人则都是古老的、相互关联的航海和贸易传统的继承者，这些传统在很久以前将东非海岸与东北亚海岸连在了一起。本书揭示了大量发生在某些海域的类似例子，在被一些事件合力推到历史的聚光灯下之前，这些海域一直在不张扬地被开发着。

在以作者或读者的身份阅读世界海洋历史之前，有两个问题值得考虑：什么是海洋历史？什么是世界历史？这两个问题的答案既与主题有关，也与视角有关。世界历史涉及对不同背景和取向之人之间的复杂互动的综合调查。因此，世界历史超越了历史学家对政治、宗教或文化上存在差异的诸多社区的更传统的关注，这些社区之前主要是在一个地方、国家或地区层面上用其自己的角度被看待的。作为跨学科和跨地区研究的学科，海洋史是世界史的一个分支，涵盖造船、海上贸易、海洋探索、人类迁徙和海军历史等主题。然而，作为一种视角，海洋史的前提是，对发生在水上或与水有关的事件的研究，为看待人类事务提供了独特角度。因此，海洋历史学家利用上了艺术、宗教、语言、法律和政治经济学等学科。

在解决“什么是海洋史？”这一问题时，一个替代性而且也许更加简单的方式，是解决它无人问过的孪生问题：“什么是陆地史？”——从陆地上看，是我们的默认视角。让我们想象一个人们被束缚在陆地上的世界。如果没有船只将埃维厄岛人、米利都人和雅典人运送到新市场并维持殖民地与母邦之间的联系，古希腊大移民将会呈现出不同的特征，被迫走向不同的方向。假如没有海上贸易，印度人和中国人都不会在东南亚发挥那么重要的影响，那个区域也不会有“印度支那”（Indo-China）和“印度尼西亚”（Indonesia，意为“印度群岛”）这样的文化绰号了——事实上，后者将仍会是一片无人之地。中世纪时斯堪的纳维亚半岛上的维京人也不会那么迅速、广泛地扩散，从而改变中世纪欧洲的政治局面了。而且如果没有水手们，过去5个世纪的历史必将从整体上重新构想。西欧扩张的时代是海洋事业发展的结果，如果没有海洋事业，欧洲可能仍旧只是欧亚大陆上一个边缘化的角落，背靠着拉丁欧洲所称的“特内布罗姆海”（Mare Tenebrosum），亦即阿拉伯人所谓的“黑暗之海”（Bahr al-Zulamat）；莫卧儿帝国、中国和奥斯曼帝国将令四分五裂的各个欧洲政治体黯然失色，这些政治体日后就不会殖民、征服美洲，进行跨大西洋的奴隶贸易，在亚洲建立帝国主义据点了。

过去的一个世纪见证了海洋史研究路径的巨大变化。海洋史曾是古代文物爱好者的专属领域，他们花费了大量精力研究“古代的船只、船只模型、图像、民族志以及辞典编纂和书目的资料、指引卡”[1]。海洋史过去主要集中于保存和解释那些便于获得的材料。这引导历史学家们关注欧洲、地中海和现代北美的航海和海军史。航海成就几乎一直被视作欧洲独有的现象，只有在哥伦布 1492 年划时代的美洲之行才获得真正的重要性。这个故事直接、专门地解释了欧洲人是如何利用他们先进的航海和海军技术将其影响力施加到世界其他地区的。

将 16 至 18 世纪欧洲的“古典航海时代”（classic age of sail）当作航海史其余部分的一个范例，是一种诱人但并不可取的做法。[2] 尽管水手们带来的全球性变化和沿海欧洲的活力对于正确理解 1500 年以后的世界确实非常重要，但是航海方面的成就传播得更加广阔，其影响也比这种叙述所表明的更为复杂。欧洲的优越地位远非不可避免。更重要的是，对欧洲过去 5 个世纪的关注，扭曲了我们对其他时期和其他地区的海上活动记载的解释，也扭曲了我们对其与人类进步相关性的认识。在商业政策和海军政策之间近乎共生的关系——我们可以称之为“海军 - 商业复合体”（naval-commercial complex），这是欧洲海上扩张的特征——是没有与之类似事物的。在古代，在亚洲，在文艺复兴之前的欧洲，并不存在此类事物，到了 21 世纪，在这个时期盛行的国家海军政策与海上贸易之间的紧密关系几乎已经消失了。西欧处于海上优势地位的时代是极为重要的，但用这个标准来衡量其他时代是有误导性的。

这种“欧洲中心论”的世界观被在西方史学家中广泛流传的一个信条强化了，这个信条即是，种族足以解释“现存的各个人类社会之间的不平等”。[3] 在 19 世纪和 20 世纪初，种族优越论最清晰的物质表现就是海上力量和欧洲人将自己的霸权延伸到海外，从而在半个地球之外创造并维持殖民帝国的能力。这带来了一种非历史性的概括：有像希腊人和英国人这样的海洋民族，也有像罗马人和中国人这样的非海洋民族。这样的设想掩盖了复杂的现实情况。换句话说，不同民族在多大程度上依赖汽车或者飞机，取决于经济、工业化和地理等多方面的因素，任何人都不会将对汽车或者飞机的使用与种族或民族秉性联系起来。为了回应欧洲人和北美人在海上天生具有优势这种设想，许多作者试图通过撰写关于非欧洲人的种族中心主义海洋史或民族主义海洋史来加以平衡。[4] 虽然这些有价值的纠正引入了之前未被利用的当地文献和此前被认为几无或毫无海洋遗产的民族的其他证据，但它们往往创造出了自己的海洋例外论。

正当这种趋势发展之际，费尔南·布罗代尔（Fernand Braudel）的权威著作《菲利普二世时代的地中海和地中海世界》（*The Mediterranean and the Mediterranean World in the Age of Philip II*，1949 年）为海洋史研究提供了全新的路径。受他对地理、经济、政治、军事和文化史之间相互作用的出色分析的启发，回望旧有的民族主义范式的海洋史学家们接受了把大海和洋盆视作完整的研究单位，而且在过去的半个世纪中，考察单个大洋或海域的著作过多地出现了。[5] 这是一种具有启发性的实践，它使我们可以考虑跨文化和跨国的联系，而不必不断关照政治边界的变化无常。同时，我们冒险用对世界大洋同样随意的划分，来取代一系列对陆地边界的随意划分。如何将世界诸海域划分成分立的、有名字的海湾、海峡、海、大洋，人们尚未达成一致；事实上，水手们很难辨认出这种从远处编设出来的区别。一首古希腊的讽刺诗朴素承认了地球上大洋的一体性：

> 所有的海洋都是海洋……
> 如果你想愉快地返航回家，就请祈祷，
> 但是，被埋葬于此的阿里斯塔格拉斯发现，
> 大洋自有其存在的方式。[6]

本书试图考察人们是如何通过海洋和河流而彼此之间产生联系的，又是如何将其农作物、产品和社会制度（从语言到经济到宗教）从一个地方传播到另一个地方的。虽然我并没有忽视海洋史中的高潮时刻，但我试图将其置于更为广阔的背景之下，以展示向海洋体系的路径转变为什么可以被视作超越海洋的更广阔变化的标志。我集中探讨了下列主题：海洋事业是如何扩大了共享某种知识（包括市场和商业实践知识，或航海和造船业知识）的贸易区域的；语言、宗教和法律的海外传播是如何便利了区域间的联系的；统治者和政府是如何通过税收、贸易保护等机制开拓海洋事

业并以此来巩固和强化其权力的。

我以叙述的形式勾勒出这段历史，以逐个地区地展示世界上各个海洋地区得以精心编织在一起的过程。但是，这并不单单是一个关于咸水水域的故事。航行活动既包括外海和近海航行，也包括内河航行。*岛屿居民或许理所当然地会走向大海，而对于拥有大片陆地领土的国家的发展来说，对河流、湖泊和运河的开发利用是至关重要的。例如北美中部地区经济上的成功，便是因为圣劳伦斯河、韦兰河、五大湖以及密西西比河及其众多支流让这个地区易于到达。如果没有航行技术的发展，如密西西比河上的蒸汽动力与五大湖区的水闸和水坝，这两个走廊都无法发挥其潜能。

如果说水、风和土地等地理因素以明显的方式塑造了海洋世界，那么只有当经济、人口和技术条件妥当结合时，海洋活动才能成为历史上的决定性力量。很少有 15 世纪的观察者会把西班牙和葡萄牙的繁荣归结为两国航海家在大西洋东部航行的结果。他们在寻找亚洲香料产地的航行路线时遇到了美洲，那是一个有着数不清的金银的宝库，是欧洲市场的原材料产地，是欧洲制造商的新市场，也是一片种植新发现或新移植的农作物（如烟草和甘蔗）的土地——在欧洲人眼中，那里是一块“处女地”。教皇对于葡萄牙人和西班牙人领地争端的干涉，带来了一系列教皇诏书和条约，这些文件划分了葡萄牙和西班牙在非基督教的大西洋和印度洋的航海活动范围，这也有助于解释为什么中美洲、南美洲的绝大多数人是讲西班牙语或葡萄牙语的天主教徒。

如果从海洋的视角出发，我们在理解美国的“西进运动”时就面临着更为复杂的问题了。加利福尼亚在 1851 年成了美国的一个州，在此 2 年前，人们在萨特的锯木厂发现了金矿，那时，这个地区对于东海岸的美国人来说几乎是一片未知区域，而居住在太平洋沿岸的美国公民仅有几千人。由于当时美国商船超强的运输能力，数以万计的人乘船到达旧金山。当时，乘船是一种比横穿北美大陆更快捷、更廉价、更安全的交通方式，

* 有些人可能会问，“maritime”（来自拉丁语，意为“海洋”）一词是否适用于淡水运输。值得指出的是，五大湖海洋史协会在美国和加拿大共有 75 名成员，其中有 10 名成员的名称中包含“maritime”一词，另外有 13 名成员则使用“marine”一词。密歇根的萨顿湾是内海教育协会的所在地。

尽管海路的距离是陆路的 4 倍多。美国征服了北美的内陆地区——也就是今天人们所说的“飞越州”，但是在当时这些地方应该被称作“环航区域”，这是一次东西海岸之间的钳形移动，而不是始于东部的单向陆上移动。

然而在大多数情况下，如果存在船只、水手、港口和贸易，多数作家的默认做法要么是把这些事物与岸上世界隔离开来，要么是仅仅在解释某些事件时才承认这些事物，这类事件包括：在意大利北部出现的黑死病；维京人到达里海和黑海（通过河流），抵达西欧和北美（通过海洋）；13 世纪时蒙古人远征日本和爪哇；以及其他众多的人群和动植物群的移动迁徙。但是，如果把我们同海洋、湖泊、河流与运河的总体关系置于历史叙事的中心，我们就可以看到，人类历史的相当一部分是由人们是否拥有可通航的水域塑造的。例如，虽然非穆斯林的西方人根深蒂固地认为伊斯兰教是一种沙漠游牧者的宗教，但值得注意的是，拥有最多穆斯林人口的国家实际上位于世界上最大的群岛上。印度尼西亚没有骆驼，但既有穆斯林，也有印度教徒（尤其是在巴厘岛）——考虑到印度教禁止人们出海，这种现象其实非常奇特。如果这两种宗教和陆地如此紧密地联系在一起，那么它们是怎样成功跨过大洋的呢？它们是否已随时间的流逝而有所改变？或者，我们对这些宗教的本质的认识是错误的吗？正如《古兰经》所云：“难道你不知道吗？船舶在海中带着真主的恩惠而航行，以便他指示你们他的一部分迹象，对于每个坚忍的、感谢的人，此中确有许多迹象。”[7]

这些“迹象”表明，人类对水上生活——不管是出于商业、战争、探险还是移民的目的——在技术和社会层面上的不断适应，一直是人类历史上的一种动力。然而，许多主流的历史著作不愿意接受这一点。贾雷德·戴蒙德（Jared Diamond）在其《枪炮、病菌与钢铁：人类社会的命运》（*Guns, Germs, and Steel: The Fates of Human Societies*）一书中仅以不到 1 页的篇幅来描述“海洋技术”，而他指的仅仅是水运工具，而没有论及航行能力或其他与之相关的能力。[8] 令人感到奇怪的是，海上交通是多种技术、思想、植物和动物的传播的中心，而戴蒙德在书中富有启发性的细节阐述了这种传播，不仅是大陆之间的传播，还有大陆内部及其周边的传播。除了在他的故事中忽视了海洋这个方面，他从根本上就忽略了传播的手段，在涉及一些非常重要的发明时，还忽略了被传播的事物。

再举一个例子，根据 J. M. 罗伯茨（J. M. Roberts）的《世界历史》（*History of the World*），世界历史就是“将人类从不确定、危险的原始生活与野蛮生活的状态，带到复杂得多、极度不确定且十分危险的今天的进程的故事……因此，纳入真实资料的标准是其历史重要性，也就是其对历史主要进程所起的实际重要作用，而不是内在的利益或者任何形式的价值”。[9] 罗伯茨认可了内陆航行和海洋航行，并更强调前者的重要性，例如在俄国 17 世纪向东向着西伯利亚地区的扩张过程中。然而他并没有提及手段和过程，就直接跳到了结果。他指出，从托博尔斯克到鄂霍次克海的太平洋港口之间的 3,000 英里，仅有 3 条运输通道；但他并没有讨论作为在其间的定居点的基础的船只，也没有讨论内河贸易对西伯利亚发展的影响。他甚至没有提及各条河流的名字，这就像讨论从匹兹堡到新奥尔良的水路而没有提及俄亥俄河和密西西比河一样。

如果戴蒙德和罗伯茨的著作是在一个世纪之前写成的，那它们就会包含更多的海洋相关内容。而实际上这两本书并没有包含更多的海洋相关内容，这反映了海洋世界在大众观念中的变化，因为商船贸易和海军服役不再像从前那样吸引人了，而以前，远洋班轮和货轮密集地停靠在曼哈顿、汉堡、悉尼和香港的码头。在 21 世纪初，轮船和海运航线是全球化的经纬线。轮船承载了世界贸易总量的约 90%，在过去的半个世纪中，远洋轮船的数量增加为原来的 3 倍。但是，航运的性质导致货物装卸设备的地点迁移到远离传统港口城市的地方，与此同时，比例越来越多的商船悬挂“方便旗”（flags of convenience），即为了寻求较少管制和较低关税，船主将他们的船登记在其他国家而不是自己的国家。结果，船只不再如同 19 世纪和 20 世纪初那样是国家进步和威信的象征了。

尽管在几条非常长的客运路线上，如跨大西洋的、在欧洲与“苏伊士运河以东”的港口之间的以及跨太平洋的路线，飞机已经取代了轮船，但现在每年仍有超过 1,400 万人使用海上交通。这远远超过客机于 20 世纪 50 年代淘汰远洋客轮以前的远洋客轮载客量，那时，轮船公司的名字就如同今天的航空公司的名字那样为人熟悉（而且要受尊重得多）。即使在 150 年之前，为了游玩而出海的想法也几乎是不可想象的。游轮业的发展，更不用说休闲帆船和游艇业的发展，是因为经济和技术上的变化、社会改革运动（这些运动改善了乘客和船员在海上出行时经常会遇到的不适状况）、对海洋自然环境态度的转变。这些变化也带来了在绘画、音乐和文学作品中对海洋和航海的一种有意识欣赏，并为人们有兴趣将海洋作为一个通过博物馆、电影和书籍来解读的历史空间创造了条件。

事实上，我们生活在一个深受海洋事业影响的时代，但是我们对海洋事业重要性的认识在仅仅两三代人的时间里出现了差不多 180 度的大转变。今天，我们在先辈认为有危险的地方看到了乐趣；我们能够品尝海上贸易带来的成果，却根本意识不到海上贸易的存在，即便我们生活在最初因海洋贸易而兴起的城市中。在思考海洋史的过程中，我们必须对这一变化做出解释，并记住我们与海洋事业的总体关系在仅仅半个世纪的时间里经历了一场深刻的改变。

本书的构想最初形成于我在写作《世界船舶历史百科全书》（*Ships of the World: An Historical Encyclopedia*）之际。该书本质上是一部船只传记的汇编，它试图探索有些船拥有好名声、有些船拥有坏名声的原因，并试图将这些原因置于更广阔的历史背景之中。其中的某些故事在本书中有所体现。尽管船只是本书叙述中一个不可或缺的组成部分，但本书中讨论船只的内容较少，更多是在讨论船只运载的事物——人们及其文化、人们的物质创造物、人们的农作物和牲畜、人们的冲突与偏见、人们对未来的期望、人们对过去的记忆。在考虑这项任务的前景时，我一直被海军史学家尼古拉斯·罗杰（Nicholas Rodger）的话引导。他写道："一部海军通史著作会有巨大的价值；即便第一个尝试写作的人彻底失败了，他或许仍然能够激励其他更优秀的学者去完成这项工作。"[10] 本书的范围远远超出了海军史，因此也将面临着更大的风险，但是我还是希望它能够激励更多人来研究我们共享的历史的这个引人入胜的维度。

第 1 章

通向海洋

驯鹿善游，但水域并不是它们的天然生活环境，当它们游过河流、湖泊或者河口时，它们最容易受到攻击。人们在很早的时候就发现了这一点，而虽然人类和驯鹿在水中都不自在，但是我们拥有无法逾越的技术优势，那就是造船和航海的技术。捕猎四足动物并不是一项大多数人会与船只联系在一起的活动，但是人们有无数离开陆地的理由。一个典型的例证就是 6,000 年前描绘挪威人乘小船捕猎驯鹿的岩画。这是已知最古老的描绘船只的图像，[1] 但是，人类社群在世界上的分布证明，我们的祖先在此几万年之前就开始在水上活动了。

目前，我们无法得知最早在海洋或淡水中活动的是什么人，也无法得知其原因，但是，一旦迈出了这一步，我们的祖先就没有回头。使用船只进行打猎、捕鱼或者简单的运输有着巨大的优势，人们不可能无视这些优势。通常，与陆地上的旅行相比，水上旅行更快捷、更平稳、更有效率，在很多情况下也更为安全和方便。陆上旅行要面临野兽、人类、地形甚至岸上社会的习俗与制度所带来的障碍和威胁。这并不是说船上生活的危险就很小。风或水流的微小变化就能够导致航行者无法回到出发点，使其被迫登陆充满敌意的海岸。更糟糕的是，一个人可能会在航行过程中被冲卷着完全远离陆地。这类不幸的遭遇在海上航行中是不可避免的，找到克服它们的办法是实现远距离航行的一个必要先决条件。制造机动性强的船只能够部分地解决问题，但解决这个问题在很大程度上要依靠对海洋运作模式的理解——既包括对水流、潮汐和风的理解，也包括对海面的状况，陆

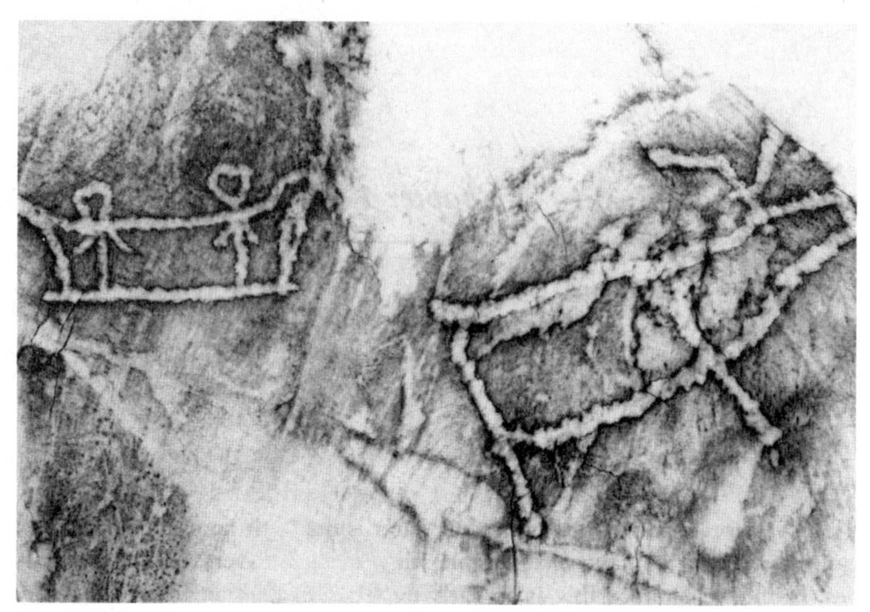

发现于挪威北部克瓦尔松的一幅青铜时代的岩画。画面显示，在一条小船上有2名驯鹿捕猎者以及他们的猎物（左）。这是在挪威芬马克地区发现的数千幅岩画中的一幅，这些岩画中最古老的可以追溯到公元前4200年。画中描绘了各种各样的小船，其中大多是较长且有多名桨手的船，与上图中方形的船十分不同，可能是一种皮筏。（Courtesy of the Deutsches Schiffahrtsmuseum, Bremen.）

地与海洋之间的相互作用以及鸟类、哺乳动物、鱼类与海洋环境产生关系的方式的理解。只有通过想象这一系列复杂的相互关系，我们才能开始领略5万年前或者说在我们的祖先开始驯养狗、种植农作物的4万年之前，最早的一批航海家所实现的成就之伟大。

这段历史从大洋洲和美洲开始，这些洲的居民跟海洋和海洋事业之间有着非常独特的联系，但是他们通向内陆、近海和深海的方式在许多其他文化中得到了呼应。太平洋提供了无与伦比的远距离航行的例子，也提供了无法解释的从海洋撤回的例子。同样，尽管美洲的大多数居民只在河流、湖泊和内海中经历淡水航行或者只受淡水航行的影响，但也有航海者不仅出现在太平洋、大西洋和加勒比海沿岸，也出现在环境极其恶劣的北极。没有哪两个民族的航行方法是一样的，即使他们的环境比加拿大北部和塔希提岛的环境有更多相似之处。但是，在开始概述大洋洲和美洲居民不同的航行方法之前，让我们来想象一下欧亚两洲居民的海洋史前史。欧亚两洲居民的船只通常比其他地区发现的船只体积更大，结构也更复杂，他们是本书的主要叙述对象。

大洋洲

大洋洲的岛屿是世界历史上最古老、最持久、可能也是最神秘的海洋探险和移民的所在地。它们分布在面积为大约 3,900 万平方千米（比非洲大陆还要大）的太平洋洋面上——从新几内亚岛以东的所罗门群岛向东 5,000 海里到复活节岛，从北面的夏威夷向南到新西兰。19 世纪 20 年代，法国探险家朱尔斯 · S. 杜蒙 · 德乌尔维尔（Jules S. Dumont d'Urville）依据地理和民族特征，把这些岛屿划分为 3 部分：最西面的也是最早有人定居的是美拉尼西亚群岛，这是一片位于新几内亚岛和斐济之间，大约在赤道以南的宽阔地带；东面的是波利尼西亚群岛，呈一个巨大的三角形，复活节岛、新西兰和夏威夷三地相连形成了三角形的 3 条边；密克罗尼西亚群岛位于美拉尼西亚群岛的北面，跨越从帕劳群岛到基里巴斯之间的太平洋洋面，包括马绍尔群岛、加罗林群岛和马里亚纳群岛。* 尽管许多细节尚不清楚，也有人提出了不同的设想，但是人们普遍认为，欧洲人最早遇到的太平洋岛民的远古祖先起源于所罗门群岛，跨美拉尼西亚群岛和波利尼西亚群岛的移民模式通常是自西向东的，这一过程大约开始于公元前 1500 年。

当欧洲的水手们在 16 世纪穿越太平洋之际，他们不但震惊于它的宽度——从厄瓜多尔到菲律宾之间大约有 10,000 英里，而且也震惊于小岛数量之多以及其中绝大多数都有人定居这个事实。太平洋上的水手征服远方、在这类又小又遥远的岛屿间保持联系的能力，自那以后一直是一个诱人的话题。1768 年，法国探险家路易斯 · 安托万 · 德 · 布干维尔（Louis Antoine de Bougainville）探险团队中的一名军官惊奇地看到了土阿莫土

---

* 后缀“nesia”来自希腊语中的“neisos”一词，意为“岛屿”。美拉尼西亚（Melanesia）意为“黑人群岛”（因其居民皮肤颜色相对较黑），密克罗尼西亚（Micronesia）意为“小岛”，波利尼西亚（Polynesia）意为“许多岛屿”。

群岛的居民，他十分好奇“是什么样的恶魔把他们安置在这样一个远离大陆的小沙丘上”。[2] 数年之后，英国的詹姆斯·库克船长（Captain James Cook）认为，他在社会群岛（塔希提岛）遇到的居民的祖先起源于西太平洋，而且从东印度群岛一路追溯他们的行进应该是可能的。[3]“太平洋航行”这一明确概念——是由欣赏其水手同伴的经验丰富的航海家们提出来的——于19世纪被取代了，当时的人们认为，这样的由非欧洲人进行的航海活动只能是“意外漂流”的结果，而非有目的的航行。[4] 一种理论认为，来自南美洲的水手们曾移居到西至新西兰的南太平洋岛屿上。但是，20世纪的考古学、语言学和航海方面的研究证明，大洋洲的移民定居是有目的的航行的结果；在3,500年前，太平洋上的航海家们是世界上最先进的。他们的船只和他们设计的用以穿越数千英里宽的大洋的造船技术，都是独一无二的。

人们在大洋洲的定居代表了人类全球流动的最后阶段之一。在大约90,000年前，我们的祖先跨过陆地，穿过西奈半岛（它将地中海与红海隔开），或者穿过厄立特里亚和也门之间位于红海口的宽13英里的曼德海峡而离开非洲。一些人从西南亚出发，沿着印度洋海岸前行。到了大约25,000年前，有人到达了中国南海一带。在最后一次大冰期时代，即从10万年前持续到9,500年前，大量海水变成冰川和冰河，致使东南亚地区的海平面比今天要低大约120米。今天广阔的浅海海床在那时都还是干旱地区。西印度尼西亚群岛的各个岛屿仍是昔日所谓的“巽他古陆”（今东南亚地区）的延伸地带，而澳大利亚、新几内亚岛和塔斯马尼亚岛则构成了被称为“萨胡尔”（Sahul）或“大澳大利亚”（Greater Australia）的大陆，它们之间则是一片广阔的海域和岛屿，这是一个被称作“华莱西亚”（Wallacea）的生物地理学区域。[5]大约开始于公元前5000年的海平面上升，仅仅创造了我们今天所知道的岛屿和群岛的轮廓。

考古研究显示，在大约50,000年前，人们穿过巽他古陆来到萨胡尔大陆。由于制造独木舟所需的一种不可或缺的古老石器工具只有20,000年的历史，因此这些航行将不得不借助由捆绑在一起的原木制成的木筏来完成。[6] 有现存证据的世界上最早的航行亦不会早于7,000年前，出现在美索不达米亚，更新世的航海家们则几乎完全是依靠木杆和船桨来推动自己的木筏前进的。虽然他们穿过了相当一段距离的海域，但是他们也没有必要航行到陆地的视线范围之外。看来，最早进行远距离航行的水手们所采取的策略，是在两个相互可见的岛屿之间航行。[7] 在巽他古陆和萨胡尔大陆之间，以及新几内亚岛东部穿过俾斯麦群岛的区域，有着一连串相互之间可见的岛屿。在 29,000 年前，水手们穿过俾斯麦群岛中的新爱尔兰岛，到达所罗门群岛中最西面的布卡岛。这在航行技术上带来了一个新的高难度问题。新爱尔兰岛和布卡岛之间并非相互可见，但是在两个岛屿之间有一个区域，在那里有可能同时看见这两个岛屿。更加大胆的一次行动则是对马努斯岛（属于新几内亚岛北部的阿德默勒尔蒂群岛）的占领，在完全脱离人的视线的情况下至少要航行 30 英里才能够到达。这发生在不晚于 13,000 年之前。

在之后的 10,000 年中，俾斯麦群岛和所罗门群岛依然限制着人们向东航行。虽然这里的古人显然在进行着岛际之间的珍品交易，如黑曜石(一种光滑的松脂石）就被频繁地买卖，但是这里的社会或科技的发展状况如何，人们目前还知之甚少。同样，该地区不是同一性的，而是多样性的。在 10,000 年前，新几内亚岛及其周围岛屿上的居民操着分别属于十几个语系的几百种语言，在其他任何面积相当的区域都不曾发现类似的情形。在大约公元前 3600 年，该地区的居民遭遇了新不列颠岛的威托里火山爆发的灾难。[8] 一场社会组织的巨大变化及科技创新接踵而至，并影响到了美拉尼西亚群岛。人们开始在更广阔的地区生活，制造陶器，饲养狗、猪和鸡，发展更先进的渔业，并捕捉海滨生物。这一时期持续了大约 2,000 年，此后，来自东南亚的居民开始了新一轮的远洋迁徙。

这些新来者是操南岛语的族群中的一支，其祖先一般认为来自中国南部，他们向东移居台湾岛、菲律宾和婆罗洲（加里曼丹岛），在返回前到达了东南亚。* 在东部，这些居民以被称作“拉皮塔”（Lapita）的陶器而闻名，这种陶器在菲律宾、印度尼西亚东北部及俾斯麦群岛都有所发

---

* 南岛语（Austronesian）是一个语系，分布在从大洋洲、东南亚部分地区向西直到马达加斯加岛之间的广大区域。

现。到公元前12世纪，他们开始与美拉尼西亚群岛上的居民进行初步融合，并在航行途中与拉皮塔文化的传播者不期而遇。[9]拉皮塔文化的传播者从所罗门群岛向东南航行到美拉尼西亚群岛，到达桑塔·克鲁兹群岛、瓦努阿图（新赫布里底群岛）、洛亚蒂群岛和新卡利多尼亚岛。其中一支从桑塔·克鲁兹群岛或瓦努阿图向东到达斐济，两地之间的距离长达约450海里。到大约公元前950年，他们的后代继续航行到达汤加和萨摩亚群岛，这是人类最早在波利尼西亚群岛西部定居的时间。虽然殖民地与宗主岛之间的亲属纽带和贸易关系在定居之后仍通过双向交流而得到保持，但岛际间的关系则逐渐地松散了。然而，波利尼西亚人通常把汤加和萨摩亚群岛视作自己的故乡夏威基（Hawaiki）。

在经历了大约7个世纪之后，波利尼西亚群岛西部的居民开始向东和向南航行，远洋探险活动随之复苏。一系列的相关事件已经得到揭示。[10]最近有学者指出，在大约公元前200年，萨摩亚人和汤加人到达社会群岛，而更东边和更北边的马克萨斯群岛上的居民则来自萨摩亚群岛。500年后，社会群岛和马克萨斯群岛的航海者到达复活节岛。复活节岛的面积不及曼哈顿的三分之一，是地球上最偏僻的岛屿，距离它最近的岛屿皮特克恩岛也位于1,000英里之外，距离南美洲则将近2,000英里。在大约公元前400年，社会群岛和马克萨斯群岛的航海者到达夏威夷。在大约1,000年前，波利尼西亚人在最后一波迁徙中从社会群岛向西南到达新西兰。

关于密克罗尼西亚人迁徙活动的记录不够清晰，但是我们可以确定，来自东南亚岛屿的居民、来自波利尼西亚群岛的拉皮塔人的北方后裔以及来自俾斯麦群岛的美拉尼西亚人已经到达了这片星罗棋布的岛屿（但来自台湾岛的居民则不太可能来到这里）。[11]关岛是密克罗尼西亚群岛中面积最大的也是位于最西边的一个岛屿，有证据表明，早在公元前1500年就有人类在此定居。简单的考古记录暗示着，人们开始到达距离关岛约1,000英里的马绍尔群岛，并在大约公元前1世纪时到达距离关岛较近的加罗林群岛。但是从那以后，更进一步的研究可能会揭示出一种不同的发展状况。

我们尚不清楚促使拉皮塔人兢兢业业地航行到太平洋远海区域的原因。[12]人口压力可能并不是一个因素。航行距离过长，货物的数量与价值也十分普通，因此他们不值得去这么做，至少从赚取差价的角度考虑是这样的。一种更大的可能性则在于拉皮塔人社会的性质，长幼次序和继承法则可能会迫使被剥夺继承权的一代人独自闯荡世界。也许仅仅是出于好奇心，但是如果波利尼西亚人的航行是一种个例，那么至少在持续的层面上，直到 19 世纪的极地探险之前没有人做过类似的事。如同在任何其他的探险过程中一样，无论他们的根据可能会是什么，关键的潜在因素是他们拥有能够回到出发点的信心。总的来说，人类在太平洋上的定居是慎重计划的结果，而不是意外或出于“卓越的鲁莽”，这是被大洋洲的口头传说所证实了的一个事实。[13]

捕鱼是波利尼西亚神话的一大主题，这些神话证明了许多岛屿的真实存在，以及人类发现了从夏威夷到新西兰之间的诸多地方。根据传说，最早到新西兰的探险是由一位来自夏威基的名叫库皮（Kupe）的渔民领导的。[14] 这次探险可能涉及社会群岛。这个故事讲述了夏威基渔民的鱼饵总是被一群章鱼吃掉，后来他们的领袖库皮决定进行追击，从而一路到达了新西兰。库皮显然参加过一次远距离航行，他的独木舟“马塔霍鲁阿号”（*Matahorua*）载有包括其妻子及 5 名子女在内的 67 个人。在库克海峡杀死章鱼之后，库皮以自己女儿的名字为海峡内的多个岛屿命名，并探访了南方的岛屿，然后从靠近今天的奥克兰港的被称作“Hokianga nui a Kupe”（意为“库皮伟大的返航地”）的地方返航回到夏威基。

库皮认为这些岛屿是无人居住的，但是其他的传说和考古证据表明，当第一批波利尼西亚人到达时，这些岛屿上已经有人居住了，可能是来自斐济的美拉尼西亚人。虽然新西兰比社会群岛或夏威夷更靠近所罗门群岛，但是其居民更难到达这里，随着时间的推移，美拉尼西亚群岛和波利尼西亚群岛的居民同自己的故乡失去了联系。[15] 在很久以前，南太平洋上最辽阔的、可见的且富饶的岛屿没有吸引水手们进行持续的远航，这主要归因于波利尼西亚人在其所处环境下所形成的航海模式。

大洋洲的航路开拓和造船业

在太平洋上航行，如果希望能够安全返回出发地点或在遥远的地方登陆，就必须要有高超的航海能力。新几内亚岛以东各岛屿的面积之和不到太平洋地区陆地面积的1%，包括大约21,000个岛屿和环状珊瑚岛，平均面积不足60平方千米，而其中大多数岛屿要更小。[16]正如大洋洲的探险和定居在世界历史上是独一无二的成就，其航海实践也同样是独一无二的。[17]从最基本的层面上来说，世界各地的航海者所共享的基本因素包括：观察天体（作为导航），研究风向和海水，跟踪鸟类、鱼群和鲸鱼的行动。太平洋上的船蛸之所以出名是由于其相对的重要性——它们与一些重要现象密切相关，在某种程度上，它们本身就在黏附到某个物体之上的同时进行着记录和观察。

在赤道和南纬15～25度之间的地区，航海依赖的是季节性的东南信风。“信风”（trade wind）这一名称的由来并不是因为它们被贸易船队所利用（事实上所有的风都是如此），而是取自“trade”一词在古代表示“稳定而有规律”的含义。[18]从所罗门群岛出发的水手们利用有规律的季风满怀信心地顺风航行。如果他们没有发现新的大陆，信风最终会送他们返回，使他们能够向西返回家中（14至15世纪时欧洲人在大西洋探险的过程中使用了一个与此相似的策略）。因此，探险是有目的的双向航行的产物中最重要的部分；新岛屿偶尔会被发现，这是船只在海上迷失方向的结果。从所罗门群岛向桑塔·克鲁兹群岛和位于东部及东南部的新喀里多尼亚岛的最初探险也证实了这一设想。在赤道和大约南纬20度之间的波利尼西亚群岛的其余地区，定居模式也是如此。

新西兰的定居活动则是个例外。虽然北岛的最北端位于南纬35度左右，距离所罗门群岛大约有2,000英里，但从波利尼西亚群岛中部出发进行探险的人们所面临的最大困难，其实是在变化不定的风带较远的一侧，他们很难抱有安全返回的期望。因此，与马克萨斯群岛相比，人们并不怎么重视这里。马克萨斯群岛位于所罗门群岛以东约4,000英里处，但是人们早在几个世纪之前就已到达那里。新西兰同样位于纬度更高（也更加寒冷）的地区，它与赤道间的距离要比夏威夷长900英里，位于一个更易遭受恶劣气候影响的地区。这些环境因素足以解释为什么最初的定居者最终放弃了海路（ara moana）而返回波利尼西亚群岛。即便如此，毛利人并没有完全背离大海。在大约 1500 年时，他们到达了位于新西兰以东 430 英里处的查塔姆岛，该岛可能是波利尼西亚水手们最后一个定居的岛屿。

人们之所以能够不断地发现如此多的小块陆地，是由于他们对大洋环境的熟悉，以及依靠与其目的地没有直接联系的现象，来“扩展”其有目的的登陆范围的能力。[19] 这些深奥的知识通过口授而世代相传，其中一些技术在其他的航海传统中同样存在。这些技术包括：跟随以海洋为生却在陆地上栖息的鸟类，留意不同于鱼类或海洋哺乳动物的物种，寻找因自然火而产生的烟火，以及识别礁体上海水颜色的变化。太平洋地区的水手们培养出一种能够通过观察海水的涨落，在通过岛屿时避免偏离航线的能力。[20] 天上的云能够通过颜色、移动速度和形状的变化，预告位于海平面以下的岛屿的出现。此外还有一种岛屿的“幻象”，是岛屿上方的一种微弱而让人产生错觉的柱形光束，在环状珊瑚岛与环礁湖上尤其明显。总之，这些现象扩展了水手们的观察范围，使之能够察觉到 30 英里外的陆地的存在，并极大提高了在海上发现哪怕最微小的地点的可能性。

但是，在一定的距离内寻找陆地与有目的地从一个岛屿向另一个岛屿航行是不同的。对于后者而言，大洋洲的水手们是通过观察海上的环境与天象来完成的。他们运用天体导航的方法，这要求熟记“从每一个已知岛屿前往另外一个岛屿的方向”。[21] 一个岛屿相对于另一个岛屿的方位是通过天上繁星的升降确定的，岛屿与观察者处于相对的位置。当水手们在两个岛屿之间航行时，就选择第三个岛屿作为参照物，即参照岛屿（etak）。[22] 航海者知道在星空下参照岛屿与出发点和目的地之间的关系，也知道在出发点与目的地之间，参照岛屿与它们之间存在几条不同的航道。因此，出发点与目的地之间就根据参照岛屿被划分成多段航道。对参照岛屿的利用，依赖于人们知道所有已知岛屿之间有着怎样的位置关系，因此在 2 个岛屿 —— 例如加罗林群岛中的沃莱艾和奥利马劳这 2 个环礁（相距 117 英里）——之间航行的航海者，便以法劳勒普岛（距离北面 70 英里）作为参照岛屿。如果从奥利马劳环礁向法劳勒普岛航行，则以沃莱艾环礁作为参照岛屿。

太平洋上不同区域的水手们会使用不同的航海方法，其中少数方法至今依然存在。马绍尔群岛的居民十分留意海水的涨落，而密克罗尼西亚联邦共和国的水手们则更多地依赖天上繁星的升降。从 20 世纪 70 年代起，研究者们开始走访掌握传统航海方法的水手们，并通过与他们一起航行来了解他们的秘诀，以此判断那些保持被辽阔海洋隔开的 2 个岛屿间联系的各种航海方法是否可靠。1976 年，波利尼西亚航海协会制造了“霍库勒阿号”（*Hokule'a*），这是一艘配有爪形帆的双体独木舟。[23] 它从夏威夷起航，途经土阿莫土群岛，最终到达塔希提岛，航行距离约为 2,400 英里。莫·皮爱鲁格（Mau Piailug）是一名来自加罗林群岛中的萨塔沃尔岛（面积为约 4 平方千米）的探路者。[24] 他驾驶“霍库勒阿号”从毛伊岛出发，穿过东北信风带和赤道，然后驶入东南信风带，之后到达塔希提岛，历时 34 天。1985 年，皮爱鲁格的学生中有一位名叫奈诺阿·汤普森（Nainoa Thompson）的夏威夷人，驾驶“霍库勒阿号”进行了另一次远航，途经了波利尼西亚地区包括库克岛、新西兰、汤加、萨摩亚、塔希提岛和土阿莫土群岛在内的众多传统的航路，航程长达 16,000 英里。1999 年，有人从夏威夷出发，经马克萨斯群岛到达复活节岛，完成了波利尼西亚三角形航线。这些成功的航行证实了，依靠口头传播的航海知识的早期水手们，的确能够有计划和有秩序地探索太平洋上那些遥远的岛屿。倘若有载重量足够大、速度足够快的船只，他们就能够轻松地载着人群和生活必需品到这些岛屿上生活，并保持岛屿间的联系。

当“霍库勒阿号”在 1999 年航行到复活节岛之际，它已经是至少 6 艘航行于深海的船中最老的一艘了。这些船制造于夏威夷、库克岛和新西兰。太平洋上的古老船只很少留下残骸，大洋洲的居民也没有书面语言。所以我们对于古人造船活动的了解，只能依赖 16 世纪欧洲的航海家们的书面描述及相关的图像，以及后来的航海实践。人们将一块块船板连成一体，造出心目中的船体形状，之后插上木架或船顶部的肋拱，并加固船体，这就是“先造船壳”（shell-first）的造船方法。单体船在汤加、土阿莫土群岛和社会群岛被用于捕鱼，而在新西兰则被用于搭载士兵进行战斗。但是对于在海洋上航行而言，这种船只不够稳定。造船者通过增加舷外支架或者通过给船体上轭的方法，在上面架上几根横梁，搭成一个可提

《友爱群岛（汤加）的小船》。作者约翰·韦伯（John Webber）曾陪同库克船长进行了第三次太平洋探险（1776—1780）。位于最前面的是一条带有舷外支架和可以容纳乘客的平台的小船。较远处是一艘更大的可以远距离航行的双体独木舟。“人们毫不怀疑，”一位 19 世纪的观察者写道，“汤加人制造的形状独特的卡利亚（kalia，即双体独木舟）及其单面叉形巨帆，在正常天气下有助于其飞速航行。”（引自 Paul Johnstone, *The Sea-Craft of Prehistory*, 205 页。）（Courtesy of the British Museum, London.）

供庇护的平台，以此弥补了船只不稳定的缺陷。舷外支架由放置在船体和船尾的一小片被称作“浮板”（float）的木头之间的 2 根以上的木杆组成。这种舷外支架不仅出现在大洋洲，在整个东南亚和印度洋地区都有所发现，其中东南亚的技术可能是最先进的。

双体独木舟（double canoe）是太平洋岛屿殖民开拓时期使用的体积最大也最为重要的船只。[25] 除了更加稳定，宽阔的甲板也为船员、乘客以及货物提供了更多的空间和保护。库克船长曾观察过能够搭载 50 ～ 120

人、长达21米、宽约4米的双体独木舟。定居在太平洋上的波利尼西亚人很可能就驾驶过长15～27米的双体独木舟，它载着人群及生活必需品，经过长达6周的航行到达无人居住的小岛，并在那里建立社区。[26]这些必需品包括白薯、芋头、椰子、香蕉和坚果树等可食用的植物，供饲养的狗、猪和鸡，以及生产工具和陶器。

大洋洲定居活动的编年史显示，远距离航行和迁徙范围的扩大与缩小经历着长时段的循环。当欧洲人在18世纪时开始绘制太平洋地形图时，就已经花了一些时日进行武力扩张，但是波利尼西亚人并没有放弃海洋，也没有失去远距离航行的能力。在库克船长首次航行期间，约瑟夫·班克斯（Joseph Banks）记录了以下事实：塔希提人图皮阿（Tupia）能够说出远方的大批岛屿的位置，将长达20天的航行视作家常便饭。但是，波利尼西亚群岛的心脏地带夏威基、复活节岛的两端、夏威夷和新西兰之间的联系已经中断。有时，人们会驾船再次驶向遥远的地平线。在他们这样做的时候，可能会开启一次与东面的大陆之间明确而持续的互动，并把他们创新的远航方法带给美洲居民。而事实上，美洲居民独立发展出了多样的航海传统，尽管他们从来没有像地球上其他地区的居民那样对海洋加以同等程度的利用。

南美洲和加勒比海的海上贸易

当克里斯托弗·哥伦布（Christopher Columbus）在1492年横渡大西洋时，他曾在佛罗里达半岛西南的巴哈马群岛登陆。他听从被他绑架的泰诺人的建议，穿过巴哈马浅滩航行到古巴。他通过在伊斯帕尼奥拉岛（今多米尼加和海地）遇到的阿拉瓦克人，了解到南部的其他族群，即加勒比人（西班牙人称之为Cariba或Caniba），“加勒比海”（Caribbean）和“食人族”（cannibal）等词汇便来源于此。人们对哥伦布的过分关注导致一些重要的问题被忽略了：泰诺人、阿拉瓦克人和加勒比人是什么人？他们来自哪里？什么时候来到这里？他们怎样旅行？哥伦布及其同时代人有他们自己的答案，其中一些关于这里人类的起源类型的答案充满着神学的甚至神秘的色彩。由于美洲土著居民的情况缺乏资料记载，第一批到访的欧洲人的当务之急，就是面临全美洲的人口因欧亚大陆疾病的传入而大幅减少的局面，在确保自身安全的同时，抢救那些将会随之一同消失的当地居民中流传的口头传说，从中也许能够找到这些问题的答案。追溯美洲人的起源与迁徙模式的工作已经落到古生物学家、考古学家、语言学家和遗传学家们的身上了。

原住民在此定居之后，分布在北到阿拉斯加和加拿大北部、东到格陵兰岛、南至南美洲的火地岛的广大区域内，我们很难梳理出海上航行和内河航行在这一过程中发挥了怎样的作用。关于人类是如何在南美洲定居的，共有 4 种假设，但没有哪一个是令人完全信服的。有 3 种假设都认为人类是通过海洋到达那里的——其中 2 种假设认为是通过太平洋而来的，第三种则认为是横渡大西洋而至；第四种假设则认为人类是通过东北亚的大陆桥迁徙到加拿大的。从另一个角度来看，有 3 种假设支持东南亚或东亚起源说，第四种则认为美洲的人类来自欧洲。有 2 种假设认为迁徙是通过亚洲的水路进行的，第三种则认为是跨大洋迁徙，这在 15,000 多年前确实是不可能的，第四种假设则提出了一条从西伯利亚到阿拉斯加和加拿大西部的沿海岸的路线。[27] 最后一种假设为较多人所接受，但是在这个问题上也没有必要就此止步。

在最后一次冰河时代，澳大利亚、新几内亚岛和塔斯马尼亚岛组成了萨胡尔大陆，而白令海峡在当时仍是陆地，它与毗邻的西伯利亚和阿拉斯加一起构成了著名的白令亚美大陆桥。持太平洋沿岸迁徙论者认为，来自亚洲的人类驾驶小船沿着海岸到达美洲。尽管有四处密布的冰块，北太平洋上向东的暖流能够改善沿岸地区的恶劣环境——正如今天墨西哥湾流造成了冰岛和西北欧的温暖气候那样，并将创造零散的无冰半岛和岛屿，以供人们补给水和食物。这些沿海移民在有机会返回内陆之前，将会沿着白令海的边缘远航至不列颠哥伦比亚附近的夏洛特皇后群岛（位于大冰原南端附近）。在大约 11,000 年前，上升的海平面开始淹没位于白令海峡下面的陆地，而现在的白令海峡的宽度已达 45 海里。

南加利福尼亚海流将加速移民到达下加利福尼亚的进程，但是美国西海岸以缺乏港口、岛屿和大河而著称，尤其是在华盛顿州与俄勒冈州之间的哥伦比亚河南部。[28] 在俄勒冈州和加利福尼亚州南部之间的海岸，尚未发现有人知道使用先进的船只以任何形式利用海洋资源。然而到了13,000 年前，人类已经在由 8 个岛屿构成的海峡群岛上定居，分布在圣巴巴拉海峡和加利福尼亚州南部附近的圣卡塔利娜湾之间方圆 140 英里的范围内。大约在同一时期，秘鲁、智利和中美洲沿海地区也开始有人类定居，这里有发源于安第斯山脉的众多东向的河流，它们将养育正在快速迁徙的人类。当时亚马孙河正在泛滥，顺流而下的河水可以在 1 天之内很轻松地行进 120 千米。[29]

关于这些事件发生的时间顺序，至今仍有着激烈的争论，但可以确定的是，人类在美洲定居的最早的且得到普遍认可的考古证据来自大约15,000 年前。不管人类是以什么方式、在什么时候到达美洲的，在大约5,000 年前，那里出现了第一批国家。大约在同一时期，美索不达米亚和埃及的文明也兴起了。前哥伦布时代的美洲文化的巅峰是安第斯文化和中美洲文化，而北美地区同样有独立发展且十分繁荣的文化，如东伍德兰的筑丘人的文化（在河畔地带有着众多的定居点）和西南的沙漠地区。其中有些文化是独立发展的，另一些则带有毗邻的文化或古代文明的痕迹。

令海洋史家尤其感兴趣的一个观点是：安第斯文明来自秘鲁沿海的以海洋为导向的社群，而且后来有可能通过海洋向北传播到中美洲。[30] 这个假说断言，第一批在秘鲁生活的居民联合组成了比家族更大的社群，他们主要是生活在河口的渔民。秘鲁的沿海地区是地球上最干旱的一片沙漠地带，滨海平原的降雨量极小，来自安第斯高原的雨水的 80% 都向东流入大西洋，世界上最多产的渔业区就位于这一滨海地区。来自南极洲的洪堡寒流向北横扫南美洲西海岸，由于来自太平洋的暖空气避开了沿海的冷水，失去了保存雨水及产生降雨的能力，遂导致智利和秘鲁出现了沿海沙漠地带。与此同时，由于冷水比温水富含更多的营养物质，洪堡寒流的不断上涌形成了众多相互毗邻的多产的渔业区。类似的气候过程也出现在大西洋，那里有丰富的渔业资源，本格拉寒流流经安哥拉、纳米比亚和南非的沿海沙漠地带。

南美洲纪念性建筑物的第一批建造者生活在 50 多个相互平行的河谷地区，这些河流镶嵌在秘鲁的海岸上。利马北部的苏佩河流域的阿斯佩罗遗址的发掘表明，这里的居民从大海中获取营养物，主要是海鸟、贝类、海鱼和海洋哺乳动物。他们对陆地的依赖主要在于获取淡水、芦苇、棉花和葫芦，用于制造鱼线、渔网和浮板以及作为粮食作物。[31] 公元前 3000 年时，阿斯佩罗人开始建造金字塔（其中已经确认的有 18 座），面积最大的达 1,500 平方米。在苏佩河流域的更远处，可以让阿斯佩罗人维持生存并拥有丰富海上资源的地方是卡拉尔，这是一个比阿斯佩罗大 3 倍多的地区，那里的金字塔高达 25 米。第三处遗址名为埃尔帕拉伊索，位于南面，距离大海约 2,000 米，大约在公元前 2000 年时开始有人居住。与这些遗址处于相同时期的安第斯山区的人类居住点以及那些精巧的建筑显然与海岸相连，那里有着丰富的贝壳和鱼骨。

公元前 11 世纪初，沿海地区的国家在衰落，其原因则尚不清楚，原因之一可能是该地区被一次严重的厄尔尼诺暖流所毁灭。这是一种海洋表面的暖流，阻止海岸附近的寒流上涌，这将导致沿海地区的鱼类绝迹，并产生汹涌的激流，造成雨水泛滥，迫使人们向内陆迁徙。无论原因如何，公元前 900 年至公元前 200 年间，这些高原地区（尤其是秘鲁中西部地区）一直保持着繁荣昌盛。这一地区在当时被称作“查文德万塔尔”（Chavín de Huantar），曾出现过一种泛安第斯文化，是印加文明的先驱。查文文化本身与海洋或内河的直接联系较少，但海洋史学家对其十分感兴趣。它似乎不仅仅是由秘鲁沿海的以海洋为中心的社会逐渐发展而来（或深受其影响），而且也连接了其他地区，这些地区在相当程度上依赖于从厄瓜多尔到亚马孙古陆之间的水上交通和相关技术。亚马孙古陆是一个有着大片雨林和无树平原的地区，由安第斯山脉、圭亚那高原和巴西高原组成。查文人最早的长途贸易是同生活在厄瓜多尔南部沿海地区的人们进行的，那里有多刺牡蛎和海螺等贝类。[32] 或许早在公元前 3000 年时，这些人就开始通过海洋进行贸易了。在他们之间的贸易物中，牡蛎和海螺的壳被制成工具和饰品，而在安第斯山脉和秘鲁沿海地区，它们在宗教仪式上拥有某种象征意义，被雕刻成空心珠子、耳坠和小雕像。[33] 最初，人们可能将其用来交换易于腐烂的货物，在考古记录中并没有相应的记载，但是到公元之初，他们可能一直在用铜和黑曜石进行交换。

最近几十年的研究已经推翻了一些长期以来流行的观点，如认为在亚马孙古陆居住着原始森林部落，他们依靠丛林果树结的果实为生。[34] 现在人们认为，生活在南美洲热带地区的主要河流（如亚马孙河和奥里诺科河及其支流）流经地区的人们，应该被视作当地的主人。他们种植热带作物，建造了宽度达 50 米的道路，修建河堤、桥梁和水库，并提高了农田的产量。这些建筑在从玻利维亚东部到马瑙斯的广阔陆地上都有所发现。里奥内格罗河在马托格罗索州境内的兴谷河上游与流经此处的亚马孙河和赤道附近的马拉若岛相汇。马拉若岛位于亚马孙河河口的贝伦附近，许多考古发现都可以追溯到公元一千纪，该地在美洲以最古老的陶器而著称，可以追溯到公元前 6000 年。

加斯帕·德·卡瓦加尔（Gaspar de Carvajal）最早以文字记录了在亚马孙河下游的旅行，他生动地描述了亚马孙河畔广阔且高度发达的诸多社会的发展状况。卡瓦加尔是弗朗西斯科·德·奥雷亚纳（Francisco de Orellana）的 57 名下属之一，后者于 1542 年用了 8 个月的时间，考察了纳波河、马拉诺河和亚马孙河。根据卡瓦加尔的描述，在马瑙斯以北的“马奇帕罗的伟大统治下”，有着一支由 50,000 人组成的军队，并占据了“超过 80 里格（约合 470 千米）以外的地方”。[35] 西班牙人惊叹于他们制作的陶器的尺寸与质量，包括可以容纳将近 400 升液体的罐子，以及稍小一些的与他们在西班牙所见到的相似的罐子。[36] 他记录了与亚马孙人之间的战斗，他们是由女性领导的部落，西班牙人在向东进发时，遇到了“200 艘大型独木舟，每艘可搭载 20 ～ 30 名印第安人，较大的可搭载 40 人”。[37] 这些勇士的队伍中有音乐家随行，“他们发出整齐划一的呼喊声，使我们大为惊讶”。从欧洲和非洲传入的疾病使亚马孙河畔的居民数量大幅减少，幸存者极少，以至于他们无法继续保持其祖辈们的生活水平。结果，此后关于前哥伦布时代南美洲情况的解释是基于对文化危机的观察，而不是基于由广阔的水上贸易和交通网络来连接的充满生机的社群之间的相互影响。

在欧洲人与外界建立联系的时候，美洲人很少有远距离的海洋贸易，在今天的拉丁美洲地区只有两三个中等规模的水路交通网络。其中一个位于厄瓜多尔与危地马拉和墨西哥之间的太平洋沿岸地区，其他的则位于加勒比海地区。研究人员发现这两个相距超过 1,800 海里的地区之间有许多相似的文化特征，随之开始对前者展开调查研究。[38] 但是，两地之间并没有任何陆地相连，因此陆上交通路线的可能性被排除了。两个地区之间在葬礼、陶器风格、冶金技术以及装饰图案等方面的相似性表明，早在公元前二千纪中叶，两地间可能已经开始进行海上贸易了。[39] 更确切地说，在公元前一千纪后期，断断续续的贸易就已经开始，并一直持续到欧洲人到达美洲之际。[40] 对海上资源的利用已经为渔民们进行长途贸易提供了充足的准备，并很可能推动了最初的远洋贸易。通往中美洲的海上航线可能是为了获得同安第斯山区居民交易所需的贝壳。当时，由于厄尔尼诺效应或者过度捕捞，本地的产品储量减少。除了拥有丰富而有价值的商品资源和直接的内陆贸易伙伴，厄瓜多尔还有许多其他的优势，从而成为美洲远距离海洋贸易的发祥地。厄瓜多尔所处的区域是季风与北半球和南半球洋流的汇合点，并拥有充足的木材和其他制造用于远洋航行的轻木木筏（balsa）所需的原材料。[41]

16 世纪的西班牙观察者对南美洲众多的船只进行了分类，它们大小不一，功能各异，材料、制造技术和航行方式都各不相同。在太平洋沿岸地区和山中的湖泊——如世界上海拔最高的湖泊的的喀喀湖（海拔 3,800 米）——以及包括阿根廷西部和玻利维亚在内的所有国家，都发现了由成捆的芦苇做成的浮板。在厄瓜多尔南部和北部地区都发现了用原木制成的独木舟。智利沙漠地带的土著居民制造了一种由海豹和海狮的皮做成的充气小船。唯一一种具有复杂结构的船只被称作“达尔加”（dalca），这是一种在位于智利的科罗纳多湾和泰陶半岛之间地区发现的由船板缝合而成的小船。而在泰陶半岛到美洲大陆的南端之间，人们则发现了由成块的树皮缝合而成的独木舟。

西班牙征服者和现代历史学家都只对轻木木筏最感兴趣，其制造方法是将 7 块、9 块或 11 块木板排列捆绑在一起，使最短处在两端而最长处在中间。一名 16 世纪的西班牙官员记录道：“它们与海平面相齐平，海水有时候会冲上来。因此，为了保障乘客的安全，需要将船板安装在横档上，以保持干燥。有时候，人们也会安装木桩和大梁，就像马车那样，防止船上的小孩坠入水中……为了遮挡阳光，人们搭了一个稻草小屋。”[42]轻木木筏借助短桨和一两个三角形（也有少数是方形）的纵置船帆向前航行。在这名西班牙人的描述中，最为独特的细节是其操舵原理，与欧亚两洲航海者的设计大不相同。轻木木筏不是通过单一的桨或船舵，而是依靠升降一连串被称作“瓜雷”（guare）的剑形船板来转向的，这些船板被安装在船首和船尾之间的原木上。“通过将其中一些浸到水里，并将另一些稍微升起来，他们成功地迎风航行，且能够改变航向或者将帆从一舷转至另一舷。”[43]这位西班牙海军军官对这种“活动船板式的船舵”的简单结构印象深刻，他因此提议将“瓜雷”应用到欧洲人的海外运输船上，但并没有成功。

气候因素有助于从厄瓜多尔向墨西哥的北向航行以及返回危地马拉的返程航行。计算机得出的航行路线模型表明，最快的北向航线（基本都在海岸视线之内）将花费 46 天，相比之下，向南的航线则要花费 93 天。[44]虽然我们不能忽视从厄瓜多尔出发的最长距离与最短距离的航线之间的季节差别，但是每年最佳的航行时间都大约是在 4 月。向南航行的最佳时间在 2 月到 4 月之间，但是相反的洋流和季风使得沿海岸的航行变得十分漫长。离开危地马拉后，轻木木筏需要航行 200 海里，随后转向东面的圣萨尔瓦多海岸，最终到达预定的目的地南部地区。下一段航程则是从巴拿马湾的北端到厄瓜多尔沿海地区，两地之间相距约 400 英里。

虽然内陆航行在中美洲十分常见，但是厄瓜多尔的航海者并没有效仿奥尔麦克人（公元前 1200—公元前 300）、玛雅人（公元前 300—公元 1000）和阿兹特克人（1200—1519），[45]这些人似乎都没有进行过任何离开海岸的或者使用帆船的小范围航行。[46]已知的在中美洲东海岸进行的唯一一次较大范围的海上贸易是由 13 至 15 世纪的普屯玛雅人进行的，这是玛雅文明古典时期（约 430—830）的高峰之后一次卓越的航行。[47]他们的交易物品包括盐、黑曜石、翡翠、铜、绿咬鹃羽毛、可可豆、棉花、奴隶和陶器等，这种贸易连接着尤卡坦半岛北部到洪都拉斯之间的沿海地区的诸多贸易中心。费迪南德 · 哥伦布（Ferdinand Columbus）描述了他的父亲在 1502 年的第四次航行即将结束时遇到的一幕：

> 幸运的是，在那时有一艘如大帆船般长的、宽约 4 英尺的独木舟到来。与其他印第安人的独木舟一样，它是由一根大树干制成的，从新西班牙（墨西哥）西部运载着商品而来。在船中间有一个用棕榈叶制成的雨篷，就像威尼斯狭长的小船一样装载着货物，完全挡住了雨水和海浪，小孩、妇女以及所有的行李和货物都存放在雨篷之下。船舷边有 25 名桨手。[48]

普屯玛雅水手可能袭击过在危地马拉和洪都拉斯沿海地区定居的居民，但是他们以及任何来自墨西哥或中美洲其他地区的人，似乎都没有向东航行到加勒比海地区的大小安德列斯群岛。*

虽然这些人在南美洲定居，但是在加勒比海诸岛发现的最早的考古遗迹（时间约为公元前四千纪中叶）并不在其南部，而是位于伊斯帕尼奥拉岛和古巴。除了在马提尼克岛高地有一些考古发现，在温沃群岛上并没有人类生活的证据。直到公元前 11 世纪后期，当时出现了一次大规模的人类迁徙，大概是从委内瑞拉的奥里诺科河三角洲穿过小安德列斯群岛，随后到达伊斯帕尼奥拉岛和古巴。在那里，新来者带来了制陶技术。尽管这次来自南美洲的迁徙活动可能主要缘于人口压力，但环境因素在 7 世纪或 8 世纪后期巴哈马群岛被殖民的过程中仍是不可忽视的。巴哈马群岛是一个盐资源丰富的地区，泰诺文化于 10 世纪末兴起。当西班牙殖民者于 15 世纪末到达这里时，泰诺人仍处于占据大安德列斯群岛的土著部落首领的统治之下。由于欧洲殖民者和非洲奴隶的到来，该群岛上的人口超过了承载负荷，大量美洲土著居民死于疾病和战争。他们的历史很快就消失了，前哥伦布时代的加勒比海地区居民的生活方式和生产工具都已经永久地消失了。

---

* 大安德列斯群岛包括牙买加、古巴、伊斯帕尼奥拉岛和波多黎各等大岛。小安德列斯群岛向南延伸的岛弧被分成北边的背风群岛（从维尔京群岛到多米尼加）和南边的向风群岛（从马提尼克岛到格林纳达）。

北美洲

令人感到奇怪的是，北美大陆与佛罗里达半岛以南 90 英里处的安德列斯群岛及其东面 50 英里处的巴哈马群岛之间鲜有联系。然而在 5,000 年前，佛罗里达半岛的古代居民已有航海的传统，随处都可以发现最古老的独木舟。2000 年，人们在盖恩斯维尔附近的纽南湖发现了一支由超过 100 艘船组成的船队，其中有 40 多艘船的历史可以追溯到公元前 3000 年至公元前 1000 年之间。其中有 22 艘船的长度能够被准确地测算出来，有 20 艘船的长度为 6 ～ 9 米。通常来说，最古老的独木舟的发明往往比金属工具更早。[49] 人们用火掏空树干，用石制刮器将烧焦的内部刮掉。当船壳完成后，插入船架以保持船舷不变形，同时附着在船侧的轮箍能够撑起船内的干舷。由于这个原因，独木舟通常被视作木板小船的前身。[50] 纽南湖上的船只显然是用于封闭水域的，其中许多是用篙而不是用桨来行进的。尽管已经出现了初步的迹象，但佛罗里达半岛上的水手们并没有进行开放水域上的航行。

西北太平洋上的原木小船

在北美的胡安·德富卡海峡与阿拉斯加东南部之间的太平洋沿岸一带，那里的居民将原木小船广泛地应用于海上航行。他们的贸易物品十分多样，包括动物的毛皮、鱼油蜡烛和奴隶等。[51] 盛产于不列颠哥伦比亚海滨地区的贝壳作为一种货币在当地流通。当欧洲人到来时，小船主几乎遍布这一带的部分地区。当 1805 年刘易斯和克拉克从哥伦比亚河到太平洋沿岸进行探险时，威廉·克拉克（William Clark）曾提到某个村庄有“大约 200 名斯基鲁特族男子”。[52]“我数了一下，在这个村庄前面的河岸上有 52 只独木舟，其中有一些很大，船首凸起。”[53] 温哥华岛上的努特卡人（Nuu-chah-nulth）和夏洛特皇后群岛北边的海达族人尤其以制造高质量的小船而著称，他们与邻近的部落进行贸易。

虽然各种各样笔直的树干都能够用来制造小船，但是西北太平洋沿岸地区的雪松是少数几种最适合造船的树木之一，宽阔的雪松树干能够制成航行平稳的船体。大型的独木舟用于远距离的海上贸易和捕猎鲸鱼。其中战船大概长 12 米，宽 2 米，能够容纳 20 ～ 30 人以及他们的货物和兵器，其他的船则长 18 米。在 19 世纪的文献中，记录了一艘长达 25 米的船。梅里韦瑟·刘易斯（Meriwether Lewis）惊叹于独木舟巨大的载重量，据他估计约有 3 ～ 4 吨。稍小一些的“家用独木舟”可以搭载 10 ～ 15 人，更常见的则是长 4 米的可搭载 1 ～ 2 人的小船。“在船首和船尾分别装有造型精美的熊和人物的木雕，高度与真人相仿。”[54] 到 19 世纪初刘易斯评论这些船只的制造技术时，欧洲贸易者已经将金属工具引入了这一地区。他写道：“在砍树或制造小船等方面，通常所使用的唯一工具就是由古老的锉刀改造而成的长约 1 英寸、宽半英寸的凿子……人们一般会认为用工具制造出这么大的一艘船需要花费好几年时间，但是这里的人们造船只需几周。他们为自己制造的独木舟深感自豪。”[55]

单人划子、木架蒙皮船和叉头捕鱼船[56]

虽然努特卡人和海达族人的原木舟享有盛誉，但是北美土著文化中最卓越的两种船只是桦皮舟和兽皮舟。与那种直接由一根树干凿成的独木舟不同，桦皮舟和兽皮舟是由多种原材料制成的小船，它们都是某种特殊环境下的产物——北美洲温带地区制造桦皮舟，寒带地区制造兽皮舟。在从西伯利亚东北部穿过北美到格陵兰岛的广大地区内，有 3 种类型的兽皮舟。除了单人划子(kayak)，还有一种仅能搭载 1 人的木架蒙皮船(umiak)，而较大的则可以运载多人，长度为 5 ～ 18 米，主要用于运载乘客和货物，以及捕猎海象和海狮。叉头捕鱼船（baidarka）与单人划子相类似，但有 2 个（或者 3 个）操舵舱。单人划子和叉头捕鱼船主要用于捕猎。

通常，这 3 种小船都是用浮木制成一个易弯曲的木质船体。人们将海豹、海象或北极熊的兽皮粘在船体上，通过腱肉和鲸须等富有弹性和韧性的部分来固定，使船体在碰撞到冰块受到震动时能够立即恢复。在必要时，这种轻型的平底结构使木架蒙皮船能够运输大宗的货物，轻松地拖着货物穿过冰面。单人划子和叉头捕鱼船的制造方式与此类似，但兽皮是被覆盖在船的甲板上。操舵舱处并没有覆盖兽皮，舵手坐在其中，通过双腿

在阿拉斯加西北部捕猎鲸鱼的木架蒙皮船（约 1905 年 5 月），是将一张去毛的兽皮拉长并覆盖在木制船体上制成的。这种船看起来是一种典型的小船，长约 10 米，宽 3 米，船的每一侧可以容纳 5～6 名桨手，船尾的左侧有 1 名舵手。（Courtesy of the Archives, University of Alaska Fairbanks, S. R. Bernardi Collection, UAF-1959-875-13.）

做伸展动作使船向前行进。尽管外观大体相同，但根据各个地区的不同情况，单人划子在设计上是多种多样的。

早在公元前 6000 年，北极圈和亚北极圈内的北美居民就是以海洋为导向的。在阿留申群岛上发现的最早的考古遗迹也属于这一时期。北极圈后来的历史带有阿拉斯加文化传统的特征，这种文化传统由他们向东传播到格陵兰岛。从大约公元前 2500 年时起，属于所谓“北极圈小型工具传统”的居民就开始捕猎海豹和北极熊等海洋动物了。他们依靠亚北极圈森林里的树木获得温暖和光明。在大约公元前 500 年时出现的多尔塞特文化的一个最重要的发明，就是以海象油或海豹油为燃料制成的石制油灯，这使得用单人划子捕猎海洋动物的重要性得到进一步提升。捕猎武器包括标枪和鱼镖等，那里的居民通过投掷梭镖或木棍进行捕猎。鱼镖上系有皮囊，以保持漂浮，从而使猎物筋疲力尽。为了捕获大型猎物，人们会用许多单人划子共同捕猎。在狂风暴雨出现时，单人划子上的猎手们通常会将他们的小船成对地捆绑在一起，以增强船只的稳定性。

多尔塞特文化后来被拥有图勒文化传统的人取代，后者是现代因纽特人的直系祖先。[57] 图勒文化于大约 1,000 年前出现在阿拉斯加，当时气候温和，利于挪威人跨越大西洋移民到冰岛、格陵兰岛和北美洲。图勒文化迅速向东传播，以致从阿拉斯加北部到格陵兰岛的居民都操同一种语言（尽管有着不同的方言），而阿拉斯加和相邻的西伯利亚则是不同语言的故乡。图勒人的单人划子比多尔塞特人的更大，他们也使用木架蒙皮船来捕猎白鲸。图勒人很好地利用了大约始于 1300 年的小冰川期这一机遇，他们成了比其祖先更优秀的季节性捕猎者。他们在夏季宿营捕猎鱼和驯鹿，在冬季扎营捕猎海豹，并一直在北极圈和亚北极圈地区活动。

桦皮独木舟

生活在森林中的造船者比北极圈内的居民拥有更多的原材料，以制造各式船只。从公元前 1000 年直到欧洲人到来的这段时期内，林地印第安人的定居点大多密布于几条大河的流域，主要是密西西比河、密苏里河、俄亥俄河、伊利诺伊河和田纳西河。这些大河拥有丰富的渔业资源，周围的土地十分肥沃，也为人们提供了相互交流的水道。我们不可能再去追溯林地印第安人船只的悠久历史，但是我们知道，在 16 世纪以前，桦皮独木舟的制造工艺已相当完美。生活在从纽芬兰岛和加拿大沿海地区及新英格兰，向西至圣劳伦斯河流域以及加拿大中部，再穿过阿巴拉契亚山脉进入美国中西部的广大地区的人们，都在广泛地使用桦皮独木舟。尽管在今天，独木舟几乎只用于内河航行，但米克马克人却能使用独木舟从新斯科舍穿过缅因湾到达科德角湾并运回铜块。

关于独木舟的最早描述虽然简短而缺乏细节，但是对其载重量、轻巧性和速度等方面的描述却出奇地一致，这些因素显然也给它们的制造者留下了深刻的印象。在佩诺布斯科特土语中，独木舟被称为“阿格维顿”（agwiden），意思是“轻快地浮动”。1603 年，英国探险家马丁·普林（Martin Pring）在马萨诸塞州沿海地区探险，他对不期而遇的独木舟十分敬畏，并将其中一艘带回英国。

> 它是用坚韧的柳条或柳树枝缠在一起制成的，缝隙用松脂油黏合……它与内河小船一样，两头尖尖的，船首略微有点向上弯曲。* 虽然它能搭载9名直立的男子，然而重量却不到60磅，至于它的大小和载重量则几乎令人难以置信。船桨末端是扁平的……由非常轻便而坚韧的梣木或枫木制成，长约2码。它们能够快速地划行。[58]

制造独木舟首选的树皮来自纸皮桦（有时也被称作独木舟松木），这种树木生长在北美洲辽阔的地区，向北到拉布拉多、育空河与阿拉斯加沿海地区，向南到长岛和华盛顿州北部的太平洋沿岸。[59] 至少八分之一英寸厚的树皮直接从树上被削下，一张张树皮与黑云杉的根部被缝在一起，然后用云杉树胶粘在缝合处使之具有防水的功能，如此就制成了独木舟的船壳。这些各式各样的独木舟在湖泊、溪流和急流中航行，用于运载货物、搭载乘客及作为战舰。由于单人划子的船架是先组合好再用兽皮在四周包上一圈，因此这种桦皮独木舟的制造过程是“先造外板”（skin-first）。约翰·麦克菲（John McPhee）在其经典著作《树皮独木舟的遗存》（*The Survival of the Bark Canoe*）中写道：“印第安人开始用树皮制造独木舟。他们把树皮卷着放在建造场地，里面朝上。他们就在那里制造独木舟。印第安人把树皮制成船舷上缘的框架，实际上是做了一个桦皮舟囊，并将其安装在船板上，然后一个一个地安装肋拱。最终制成的独木舟易弯曲、有弹性且十分结实。”[60] 一名独木舟制造者向麦克菲展示了小舟有多么结实：“他伸出手臂，手握一个打洞工具伸到独木舟的底部。这个打洞工具能够打伤一名拳击手……独木舟的底部完好无损。他说，白桦树皮是一种令人惊奇的原材料，它坚韧、富含树脂且防水。”[61]

在欧洲人到达后，桦皮独木舟是北美洲最重要的交通工具，尤其是为法国旅客及其印第安人同伴制造的大独木舟，用于在加拿大中部进行毛皮贸易。正如一名历史学家所写的：“在历史上，这些独木舟必须被视作

---

* 内河小船（wherry）是一种轻便的划艇，用于搭载乘客和运输货物。

具有加拿大民族特征的防水独木舟，它们远比运货马车、货车、火车或蒸汽轮船更能代表民族国家的扩张时代。”[62] 今天，人们很少再用传统的方式来制造独木舟和单人划子了。但是，世界上最流行的皮划艇仍是用玻璃纤维、帆布和铝依照土著居民的方法制造的。皮划艇运动是奥运会项目之一，这充分地证明了其形式和功能所固有的简易特性，但要想掌握其使用方法则需要娴熟的技术。

木板小船

尽管制造桦皮独木舟的过程十分复杂，但是其尺寸却受到限制，而且仍然依赖于人工动力。单人划子和其他皮艇也面临同样的问题。更大的船体要求刚性更强的结构，例如被发现的木板小船。西北太平洋和纽南湖的原木舟制造者并没有发展到这一步。除了智利南部的达尔加，在前哥伦布时代，美洲唯一的木板小船是“托莫尔”（tomol），由丘马什印第安人制造，他们生活在海峡群岛以及洛杉矶和圣巴巴拉西部的康塞普申角之间的沿海地区。加利福尼亚州南部本土的海上传统并不是很突出，海峡群岛看起来不像一个能够拥有顶尖船体制造技术的地方。在大约公元前 11000 年，第一批到达该群岛的先民们可能是用芦苇制造小船的，而不是制造原木舟。制造托莫尔所用的木料和其他材料必须四处寻找或通过贸易获得。人们将浮木制成一块块船板，其中最珍贵的红杉原木产自加利福尼亚海流以南 250 英里外的沿海地区。用于将船板连在一起的绳索是由从内陆运来的红乳液木材制成的。柏油被用来堵塞和防护船体。无疑，这些小船表明当时人们在资源、时间和技术方面有巨大的投入。一名十分了解托莫尔的丘马什人介绍说：“这种木板独木舟是海上的家，它比陆地上的房子更有价值，也更值钱。”[63] 根据这种船的复杂结构及其使用者的崇高地位，我们可以找到公元一千纪中叶关于其起源的线索。在这一时期，丘马什人社会经历了第一次分层的过程。

木板小船被证明是欧亚大陆深水船只发展过程中的一个重要阶段，加利福尼亚人的托莫尔和智利人的达尔加表明造船技术沉寂的状态结束了。为什么制造船体的综合性木工传统没有传播开来？为什么航海活动没有出现（至少没有广泛地出现）？为什么美洲的远距离海上交通网络没有得到更好的发展？这些问题都是难以回答的。我们考虑到了一些有限的环境因素，例如美洲地区的海域缺乏地中海、波罗的海或印度洋上那种可预测的季风，以及东南亚地区零星分散的群岛那种封闭的海洋环境。然而五大湖构成了一片封闭的水域，同时，加勒比海群岛构成了一条几乎没有断开的、相互可见的岛链。这条岛链从委内瑞拉开始，经过佛罗里达半岛一直到尤卡坦半岛。对自然资源的利用也不再成为一个问题。16 世纪以来，为了获取几乎无穷无尽的各种木材资源和海军补给，欧洲人开始热衷于开发新大陆。

对于欧亚大陆的海洋社群，我们也可以提出同样的问题，在那里，尽管存在着密集的跨文化接触交流网络，但相对先进的制造技术和推进手段在某些地方发展了起来，在另一些地方却没有。直到 7 世纪，波罗的海居民才开始使用帆，尽管他们一直使用小船打猎、捕鱼、运输，还与地中海的居民有来往，而在地中海地区，帆早在公元前三千纪就已经为人所知了。文化或社会政治方面的解释同样不够充分。中美洲地区出现了从奥尔梅克文化到阿兹特克文化的连续未中断的完善国家，但这些国家都没有大力利用其近海的优势。正如大洋洲的例子所显示的，拥有造船和贸易的丰富资源的人口稠密型中央集权国家，并不是走向海洋的先决条件。太平洋岛民的人数从来没有像同时代的欧亚大陆或美洲地区那样多，然而他们海上航行的范围超过其他任何地区的居民。但是，海洋史研究很少受到包罗万象的理论的影响。同样令人感到困惑的是以下这一事实：关于古代世界中海洋事业发展最全面的考古、文字及艺术证据来自埃及，而与这片土地更多是与沙漠而非海洋联系在一起。

第 2 章

古埃及的河流与海洋

在 5,000 年前，古埃及崛起为一个有巨大活力的区域性大国。文字、艺术及考古方面的发现清晰地表明，水上运输对古埃及人至关重要，他们与船只之间的紧密联系渗透到其生活的方方面面，从其来世观念、对太阳运行规律的认识，到其劳作组织方式和他们对国家的设想。我们不应该因为该地区干燥的气候，就忽视了古埃及人为了政治稳定、国内安宁、（通过地中海和红海）与远方的人们交往，而对河流和海上贸易产生的深刻依赖。阿斯旺与地中海之间这尼罗河最后的 1,000 千米，是海洋事业的发祥地，那里有无数运载着乘客和货物的船只，货物包括重达千吨的石头，它们一路从采石场运到了几百千米外的金字塔和其他纪念性建筑建造地点。公元前 2600 年时，水手们定期驾船航行到黎凡特，从那里运回大量雪松木等货物。古埃及人也会到红海一带搜寻香料、贵金属、珍禽异兽和其他来自蓬特的珍奇物品。公元前 12 世纪，地中海的海上航线第一次被证明是一把双刃剑：无国籍的劫掠者席卷了古老的近东地区，并加速了新王国的灭亡。同时，古埃及人对海上贸易的欣然接受，让他们与美索不达米亚及安纳托利亚地区主要国家保持着持续的联系，并帮助他们在地中海东部进行持续的远距离航行。

公元前 2500 年的沙漠之舟

1954 年春，埃及古文物机构的工作人员正在吉萨大金字塔基部清除杂物。这是一项例行的工作，在这个已被盗墓贼、寻宝人和考古学家探访了 4,500 年的地方，发现重大文物的概率已经很小了。工作人员在清理瓦砾时，无意中发现了南边边界墙的遗迹。这并没有什么特别的；金字塔北面和西面的边界墙此前也被发现了。不同寻常的是，这段边界墙比其他的更靠近金字塔。由于之前的考古发现已经揭示出古埃及人对精确测量和对称的严苛追求，考古学家卡迈尔 · 埃尔 – 马拉赫（Kamal el–Mallakh）猜测这段城墙下面有一处石坑，坑中有一条与法老胡夫（Khufu）——生活在胡夫的时代和我们的时代之间的古希腊人称他为奇阿普斯（Cheops）——葬礼有关的船。考古学家们已经在包括胡夫金字塔在内的多个金字塔建筑群的周围发现了这种石坑，但在他们发现时，这些坑中都是空的。进一步的考古发掘发现了一排共 41 块的石灰石，其间的缝隙用石灰泥抹平。埃尔 – 马拉赫在其中一块石头上凿出一个试验用的小孔，朝一个从基岩中挖出来的长方形石坑内部看去，只看到一片漆黑。由于什么也看不到，他就闭上了双眼。“随着我闭上双眼，我闻到了香味，一种非常非常神圣的味道。我感觉到了时间……我感觉到了许多个世纪……我感觉到了历史。然后，我确信这条船就在那里。”[1] 这就是胡夫御用船的发现过程。

这条已解体的、长 44 米的船已在其密闭的墓中完好地保存了大约 4,500 年。一名调查者指出，该船的木材“看起来又硬又新，仿佛是在 1 年前被放置在那里的”。[2] 我们基本可以确定，这条船是为第四王朝的第二位法老胡夫建造的。大金字塔就是他的坟墓，其子哈夫拉（Khafre）的象形文字花框在封住墓坑的几个石块上可以看到。一同被发现的还有 120 多块木料，从几厘米的木钉到 20 多米的木材都有。大约 95% 的木料都是雪松木，它们是经过海上航道从黎巴嫩运来的。其余的包括埃及本地产的金合欢木、司德木和无花果树。在一块块部件被记录并保护好之后，复杂的重建工程便开始了。各个部件原本被有序地放置在石坑中：船首在西端，船尾在东端，右舷在北面，左舷在南面，船体在石坑的底部和四周，上部结构在这堆材料的上面。古埃及僧侣体象形文字中记载着，木工们通过做标记来确定这些船板摆放的位置。即便如此，恢复工作仍花费了 13 年的时间。直到 1982 年，也就是在胡夫船被发现将近 30 年之后，金字塔旁边才有一座专门建立的博物馆向公众开放。

无论以什么标准来衡量，胡夫船都是一个惊人的发现。它是来自古代或者接下来 4,000 年中体积最大且保存最完好的船，与金字塔或者防腐和木乃伊化这样更神秘的工艺相比，它更密切、更易懂地展现了古埃及人的技术发达程度。与这些习俗一样，胡夫船的埋葬也明显与死亡仪式之间有着某种联系，而且没有什么比船在公元前三千纪的埃及的中心位置更清楚地表明船在来世圣礼中的荣耀地位。再结合考古学家迄今为止发现的其他 21 条古埃及船，更不必说几百种关于船的模型、墓画、文字描述以及关于河上与海上运输船的记录，胡夫船十分有力地表明了水运工具对于在非洲沙漠中一片肥沃狭长地带上发展起来的文明有多重要。

尼罗河——航海的摇篮

自大约公元前 3000 年起，古埃及进入了王朝时期。其中古王国时期（第三至第六王朝）从约公元前 2700 年持续到公元前 2200 年，吉萨金字塔便在此期间建成。中王国时期的第十二、十三王朝持续了大约 2 个世纪，结束于约公元前 1700 年。新王国时期始于约公元前 1550 年，并持续了 500 年的时间，此时是法老埃及最鼎盛的时期、对外交流最活跃的时期。此后，来自南面和东面的外族人开始统治埃及。与此同时，古埃及文化达到了世界上其他地方无法比拟的成熟程度。古埃及人是工程学、视觉艺术和医学以及宗教、政治和社会组织方面的大师，其作品以对细节的极端注重为特征。他们的文化保持了长达 2,000 多年的兴盛，和平与繁荣的局面只是偶尔被打断，在伟大的计划中是短暂的。吉萨和别处的金字塔可以追溯到埃及统一后的相对较早的时期，但是建造出这些纪念性建筑的社会既不是突然出现的，也不是突然终结的。虽然亚历山大大帝的征服在公元前 4 世纪结束了古埃及的王朝时期，但是凭借其横跨尼罗河（非洲最长的河流），并且处于非洲和亚洲的陆上交会点，以及地中海、红海及印度洋的陆上交会点这一优越的地理位置，埃及在其历史上一直是一个商业和文化中心。

尼罗河发源于非洲中东部的山脉，向北流入苏丹。喀土穆下游那 1,600

千米的河道分布有6处大瀑布。在古代，最北边的瀑布是位于阿斯旺的第一瀑布，这里是埃及和努比亚（今苏丹北部）之间的自然分界线，早期法老的象岛（Elephantine）要塞使这里成为通向南方的一个门户。这并不是一道绝对的分界线，新王国时期的法老们将分界线向南推进到第三、第四瀑布之间的库什的纳帕塔。在阿斯旺的北边，尼罗河河谷在其最后的1,000千米里略微变宽，两边都被撒哈拉沙漠包围。古埃及文明就是在这样一片土地上产生的，在上埃及宽度不超过20千米但每年都会被沉积物丰富的尼罗河洪水淹没（直到20世纪阿斯旺大坝建成）的地方。

西边是一些通过沙漠小道彼此连接且与尼罗河连接的偏僻绿洲，但是这些绿洲不够大，供养不了能对尼罗河河谷构成威胁的人口，除了最顽强的商人，这些绿洲对商人的吸引力也十分有限。东边的土地颇为荒凉，但是那些山中有着丰富的硅岩、雪花石膏和黄金，它们在前王朝时期就开始得到开采。在这些山脉以东是红海，人们可以通过由季节性河流开辟出的干燥而狭窄的河谷（被称作旱谷）到达红海。最重要的埃及城镇通常都分布在这些旱谷通向尼罗河的路径附近，在便于当地居民轻松掌控南北向和东西向（规模较小）贸易的战略位置。[3] 在早期，这些地方包括象岛、耶拉孔波利斯（今科姆·埃尔－艾哈迈尔）、涅伽达、科普托斯（今德尔巴赫里）以及在阿拜多斯的重要王室墓葬区。这些城镇中的大多数都分布在尼罗河西岸，而科普托斯位于哈马马特旱谷附近，在尼罗河河畔距离红海最近的地方。在今天开罗附近的三角洲的顶点，孟菲斯坐落在三角洲富饶的农业区与南部的传统权力中心区的交界处。孟菲斯也是地中海商贸通过尼罗河的多条支流和三角洲地区的港口（布托港很可能是前王朝时期最重要的港口）进出埃及会经过的城市。首都也设在通往西奈半岛（一个重要的铜和绿松石产地）、迦南（今巴勒斯坦）及更远处的主要陆上贸易路线的终点附近。底比斯（今卢克索）后来成为位于科普托斯附近的一个重要都城，而在尼罗河西岸有一个相应的丧葬场所。

上埃及和下埃及是不同的文化区域，上面提到的各个城镇，除了孟菲斯和布托，都位于上埃及。到大约公元前3000年时，上埃及似乎拥有了技术上的优势，耶拉孔波利斯、涅伽达和阿拜多斯的统治精英们显示出了神圣王权和中央集权的特质——这些特质将是在一个统一的埃及中法老政权的特征。为了确保这个完全依赖于尼罗河而存在的社会保持稳定，政府权威是必要的。虽然尼罗河一年一度的洪水泛滥是可以预测的，而且它在平时滋养着农民的耕地，但是其水量有时会不足，在丰年时储存谷物是应对干旱和饥荒之年得防范措施。埃及境内的交通大多也依赖尼罗河，部分是因为与尼罗河毗邻的陆地不是在水面下，就是每年都有几个月不能通行。同样，要跨过从尼罗河延伸出来的无数灌溉用运河，就必须使用大量渡船或桥梁。直到公元前 1 世纪的罗马统治时期，大型的道路修筑项目才出现。

象岛下游的尼罗河几乎是航行活动理想的发祥地。在尼罗河可预测的、向北流的河水中，驾船驶向地中海是十分容易的。虽然在第一瀑布和地中海之间的梯度比大约仅仅是 1 ∶ 13,000，也就是每 13 千米才下降 1 米，但逆水行船颇具挑战性，尤其是在每年 6 月至 9 月的泛滥期。不过，盛行风是从北面吹来的，逆着水流的方向从地中海吹来，所以逆流返航的人可以借助顺风航行。在帆发明以后，这个优势得到进一步利用；在古埃及文字中“航行”一词的含义也有“向南航行，逆流而上”，这也就不足为奇了。[4] 我们无法确定尼罗河船夫是什么时候第一次想到利用风的，但世界上已知最古老的船帆图像是在一个涅伽达文化 Ⅱ 期(亦称格尔塞时期) 的陶罐上发现的，它的年代大约在公元前 3300 年到公元前 3100 年之间。

在此后不久的第一王朝早期，上埃及的统治者们将首都向北移到孟菲斯，也就是所谓的“平衡两片土地”(即上埃及和下埃及)。[5] 因此，帆的发明和统一的埃及国家的出现看起来几乎是同时发生的，我们可以合理地推测，帆的发展让上埃及的人民拥有了技术上的优势，从而将下埃及纳入其政治和经济势力范围。如果是这样的话，这将不会是船舶优势最后一次产生如此决定性的结果。对于一个集权政府而言，将其统治的外部边界与自身联系起来的方法尤其重要。如果没有发展起来能够进行可靠且经济的往返的河船，上埃及和下埃及之间的贸易将是断断续续的，很可能仅限于少量的高价值的声望商品，就像在前王朝时期一样。船的发展——可以在桨 (或者橹，大约在公元前 3000 年以后) 的推动下顺流向北航行，并在帆的作用下返回南方——消除了将第一瀑布和地中海之间的尼罗河河谷统一起来的一个主要障碍。帆的使用确保了陆上的沟通、政府官员和军队的调遣以及从农产品到木材、石头等原材料及制成品的运输。反过来，可靠的运输系统也确保了处于法老统治之下的人民，也就是每一个人的幸福。

船只与造船业

古埃及各式各样的船只的证据来自古代的文献、墓画、浮雕、模型以及船只残骸。当时船只在政治和宗教仪式上具有某种作用，但其主要用途仍是日常的捕猎活动和客货运输。在胡夫时代的大约一个世纪之后，在古王国时期的一处墓葬的墙上的文字中有对 30 多种类型的船只的描述，这些船只是用纸莎草或木材制造而成的。我们也由此得知，古埃及大约有 100 种不同种类的档案文献。人们发现了 5 艘整体或部分完好的木制船，且分属不同的类型，其中只有 2 艘船的碎片与葬礼仪式上的船只或游艇有关。[6]

尼罗河上最早的船只是由一捆一捆的纸莎草制成的船或筏。如此普通的船只在全世界温带地区都是十分常见的，今天，在美索不达米亚、中非的乍得湖以及南美洲的的的喀喀湖等许多地方都有所发现。这种船在埃及的使用可以追溯到前王朝时期的绘画。在木制船发展起来之后，古埃及人仍在继续制造纸莎草船，并常常将其用于短途航行，如捕猎和运河航行。用于捕猎的体积更大的芦苇筏长约 8 ～ 10 米，如果在你脑海中出现的是一幅由 16 名桨手在船的一侧一起划桨的画面，那么这些船可能会更长。[7]船只的黏土模型表明，船的中央有时候会安放船板，以提供一个更舒适、更稳定的平台，更平均地将乘客和船员们的重量分散开来。由于芦苇船的两端容易下垂，因此造船者将船的两端设计成朝上的，把一根或多根支索系到船杆或船的其他部位，以确保安全。（在历史上，造船者通常采用以下方法为船体提供纵向支撑，一般称之为挠度架构，通过绳索或木制、钢制的直立框架提供支撑。）古埃及的造船者最后会沿着外层的一捆捆芦苇的上端用一根绳索将木筏绷紧。虽然纸莎草相对便宜，对技术的要求也不是很高，但是它有许多缺点。纸莎草船是一种筏，更多地依赖纸莎草本身的漂浮特性，而非船体的形状和结构，而且在吸水达到饱和后就会变形，并逐渐下沉或者散架，其使用寿命很少能超过 1 年。

而木材则是一种更加结实、用途也更多的原材料。用木材可以制造一个真正的排水船体，即一种能够漂浮的构造，在向下的重力和向上的浮力之间形成平衡。我们不清楚古埃及最早的木制船是什么时候出现的，但是在公元前四千纪中叶，亦即在描绘有帆船图案的格尔塞陶罐出现之前的几个世纪中，埃及人尚不可能发明铜制工具。由于木材的纵向强度比纸莎

已知最古老的帆船图像就在这个涅伽达文化 II 期（格尔塞时期）的陶罐上。该遗迹发现于埃及的格尔塞，格尔塞距离开罗约 80 千米，位于尼罗河西岸，那里有一片墓葬。其时间可以追溯到公元前四千纪后期，即王朝时期之初。这艘船的靠前部位安装了一面方形帆，船首和船尾则安装了许多小构件，其作用尚不清楚。（Courtesy of the British Museum, London.）

草和芦苇更强，因此在尼罗河的隐蔽水域，对于船只上扬的两端没有太多结构上的要求。尽管如此，木船的制造者们一开始仍保留了纸莎草船的形状。也许是由于对新的材料缺乏经验，但后来他们则有意识地模仿更早期的芦苇船的形状，尤其是像胡夫船那样用于仪式的船只。胡夫船是与葬礼和来世相关的。为了做出纸莎草船的形状，人们在船体上使用了奢侈的装饰，并在用一束束纸莎草叶制成的船体上雕刻出各种图案。

除了帆船，格尔塞陶罐上的船只图案最引人注目之处是高度风格化的船体造型，但我们无法确定工匠们描绘的究竟是一条芦苇船还是一条木船。船体的主体部分有一条明显的舷弧，桅杆和帆的位置很靠前。在船尾，有一个类似船舱结构的小空间。我们猜测格尔塞陶罐上描绘的是一条木制船，理由之一就是，船上安装的是单杆桅。而双脚桅（即有 2 只脚，呈一个细长的“A”字形）似乎更适合芦苇制的船体，因为单根桅杆施加的向下压力很容易遍及整个船体。[8] 在科威特发现的一个公元前六千纪的陶制圆盘上，绘有最古老的单杆桅的船体的透视图，图中显示的似乎就是这样的构造。[9] 双脚桅在世界上的许多地区都有所发现，直到今天，这些地方仍然在使用芦苇船。当然，这未必能够反映古埃及的实际情况。在古王国时期之前，古埃及人是驾着木制船远航的，而关于双脚桅或三脚桅的问题则缺乏相关证据。

正如以上证据所显示的，如果木制船体最早在公元前四千纪后期被制造出来，那么其后的发展则是十分迅速的。1991 年至 2000 年间，考古学家在距离上埃及尼罗河西部约 15 千米处的阿拜多斯陵墓从事发掘工作，在多处墓葬中发现了 14 艘长 15 ～ 24 米不等的船只的残骸，它们比 4,000 多年以后哥伦布在首次跨大西洋的航行中使用的 3 艘船中最长的一艘还要长 6 米。[10] 这些船体可以追溯到第一王朝时期，大约处于格尔塞陶罐上的船只图案和胡夫船所属时代的中间。尽管没有得到妥善的埋葬，但是由于干燥的气候，它们保存得非常完好。对这些发现的研究远远没有完成，但是，在王朝时期早期最重要的墓葬区发掘出来的船只残骸，证明了船只在关键的历史时刻对古埃及人的重要性。

其他的船只也许更为众人所知，但是在大小、完整性及外观方面都无法与胡夫船相比。虽然胡夫船的实际用途尚不清楚，但它显然是一种国家的象征，而不是普通的船只。人们对它的认真研究并没有白费，因为其制造过程是“先造船壳”，直到公元前1000年时，这种造船技术才在欧亚大陆、北非和东非流行开来。其制造过程是，造船者们先通过把两边的船板连接起来以制成船壳。在船壳完成后，再增加肋拱或与船体的中心线相垂直的船架，以绷紧船壳。胡夫船的船体是平底的，侧腹则是两块近乎对称的船板，构成了2个船舷。这些船板由绳索和插入几百个榫眼的榫舌连接在一起，榫舌嵌入船板的边缘处。船壳再用木板加固，并将弯曲的大雪松木绑到船底。

用绳索系牢船板的方法在世界各地是普遍存在的，这样有利于更长久地固定船板。以缝合法制造的船只固有的柔韧性，使其在遇到碰撞、装卸货物及乘客下船时不易受损。[11] 在泊船设施尚不存在的时候，这是一个很严重的问题。在古典时期之前的埃及，几乎没有发现船只能够在固定的泊船处停泊的证据。船只在停泊时，要么抛锚，要么被拖到岸上。缝合船的另一个优点则是能够相对容易地拆合，便于修理船上损坏的船板，或者把船体拆成一块块船板运到陆地上，对于历史上的贸易和军事行动而言，这是十分常见的。

在其他的造船传统中，人们将相邻的船板牢系在一起，形成一整块密闭的船板，以此加固缝合的船只，就像一个人将2块布缝合到一起那样。然而，古埃及的造船者使用的是横向绳索，垂直于从一个船舷上缘到另一个船舷上缘之间的中心线，也垂直于经过浅浅的河道以某一角度钻入船板的绳索，确保它们不会穿入船体。一块末端笔直的船板被捆绑在垂直的绳索上，由于船板会滑动，其间的缝合处很容易裂开。古埃及人通过制作各种不同形状的船板来克服这个问题，使其相互嵌套，就像魔方那样。不论是由于横向绳索是特意用来保护材料的还是别的什么原因，使用绳索比使用缝合的船板效果要好得多。胡夫船大概使用了总长5,000米的绳索，其中约五分之一的绳索被用于加固船体各处边缘的船板。[12] 共有276根绳索穿过船体，但都位于吃水线以上。船体没有任何缝隙，也不需要任何其他东西，因为入水后船板的体积会增大，粗的绳索会收缩而变得强劲且防水。[13] 作为一个并不十分恰当的对比，以缝合法制成的“苏哈尔号”(*Sohar*) 是一艘长约 26 米的独桅帆船，制造于 20 世纪 80 年代。[14] 制造过程中使用了大约长 65,000 米的用椰子树皮制成的绳索，共穿过约 20,000 个孔，然后用椰子壳与酸橙和树胶的混合物堵住这些孔。

胡夫船的甲板支撑着 3 个结构。由一个前厅和主要客舱组成的舱面船室位于船的中后部。舱面船室的前面是露天甲板，上面有一个由天篷覆盖的框架。而船首是一个小型的天篷，由 10 根细长的杆支撑起一块木制顶板构成。高高的船首和陡峭的斜船尾构成的外形，使这艘御用船具有纸莎草筏的轮廓。虽然古埃及的船只通常会涂抹颜料——在第十二王朝的一名官员的碑文中写有“我驾驶着神圣的三桅帆船工作，我为它涂上颜色”的文字，但没有任何证据表明胡夫船拥有这样的装饰。[15]

在古埃及文化中，葬礼船究竟在来世扮演什么样的角色，这是一个相当有争议性的话题。努比亚人可能是最早以船作为王室象征的。[16] 葬礼船及其模型（比真船的成本低一些）的制造持续了几千年。有学者认为，胡夫船与太阳神拉（Re）一道，将复活的法老送进永恒的天堂。[17] 根据古埃及的宇宙学说，拉神有 2 艘船，他在白天和黑夜分乘不同的船穿行天空。胡夫船被用作葬礼上的驳船，将已进行过防腐处理的法老尸体运送到孟菲斯以北约 25 千米处的吉萨。也许在胡夫在世时，他本人也曾乘这艘船访问过圣地，以宣布或恢复他的权威。

我们难以确定古埃及人是否严格区分仪式性的旅行和游乐性的旅行，他们对于二者当然都是了解的。在纸莎草筏上进行捕猎是许多故事的主题，猎人的社会地位取决于他的船筏的大小和船员的多少。船员并不都是男人。在一个关于胡夫的父亲斯尼夫鲁（Sneferu）的故事中，据说他把整天的时间都耗在由 20 名裸女划着的筏上，他称其为“最美丽的东西”。[18] 有一种解释认为，这种旅行是在模仿拉神在天空中的穿行，拉神有时会被描述为乘坐在由女神哈托尔（Hathor）划行的船上。这些故事描绘了在河上的无忧无虑的日子，这很有可能是最早关于行船游乐的记录。直到 19 世纪，这仍是只有那些最有权力和最富有的人才能享受到的。

与御用游艇和葬礼船相对的，是一种结实而实用的驳船，用来装运建造金字塔所需的石块。由于石块无法在墓地周围就地取材，古埃及人需要从孟菲斯和底比斯附近的采石场搬运数以万吨计的建筑材料，用于建造金字塔、神庙、雕像和石柱。花岗岩产自阿斯旺附近，石灰石则来自更北部的地区，石英岩要从孟菲斯和阿斯旺附近采掘。采掘的队伍需要高超的智慧，他们得到了后世的纪念。通过雕刻在许多花岗岩上的文字，我们才得以了解它们是如何被搬运的。

在通往乌纳斯金字塔（公元前 24 世纪）的道路上，有一幅绘有 3 艘驳船的透视图，在其中一幅上，我们能够看到 2 根首尾相连的柱子，上面有一行字："来自象岛的作坊，用于建造金字塔的花岗岩石柱，即'乌纳斯的美丽的宫殿'。"[19] 对搬运石块的最栩栩如生的描绘，来自新王国时期的哈特谢普苏特女王（Queen Hatshepsut）的神庙（公元前 15 世纪），画面中展示了 2 座用花岗岩建造的方尖石塔是怎样从阿斯旺附近的采石场被搬运到位于底比斯的神庙的。[20] 我们难以计算出哈特谢普苏特女王的驳船的尺寸，因为我们无法确定方尖石塔的尺寸以及它们是怎样被搬运至此的。长期以来，人们认为每一座方尖石塔高 30 米，重约 330 吨。这说明，用于搬运的首尾相连的船只长约 84 米，宽约 28 米，满载吃水线为 2 米。但是，由于古埃及人的多重视角的艺术传统，这两座方尖石塔可能是首尾相连地一起被运走的。在这种情况下，所需要的船只将稍小一些，长约 63 米，宽约 25 米，大约与当时一名官员的碑文中提到的一艘驳船相当。

在制造如此之大的船只和运输如此之重的货物的过程中，古埃及人都没有遇到任何特殊的困难。古埃及人并不是先将石块抬离地面再放到船上，而是借助巨浪将石块运到水边，然后在石块下面挖出一条水渠，再用小石块装满驳船，使驳船的总重量达到方尖石塔的 2 倍。"船只能够从方尖石塔下面通过，石塔的两端因被置于水渠的两岸而悬空。然后将堵塞物卸下来，船只便可以通畅地载着方尖石塔航行了。"[21] 古罗马地理学家老普林尼（Pliny the Elder）在公元前 1 世纪时曾给出这样的解释，我们没有理由认为在其所处时代的将近 3,000 年之前，金字塔的建造者不是这么做的。

如何移动这些装载重物的船只，便成了更为严峻的问题。哈特谢普苏特女王的驳船一直是由 4 个巨大的船舵掌控着方向，由 30 艘船组成的船队拖着前行。船队中的每艘船上都有 24 名桨手。我们用电脑分析了那些大约在哈特谢普苏特女王时期约一个世纪之后的船只的特征，它们曾搬运 2 座重达 720 吨的门农神巨像到达底比斯，并证实了这些图像的准确性。[22] 巨像由石英岩雕刻而成，原材料可能来自尼罗河下游对岸的孟菲斯（距离底比斯 675 千米）附近的采石场，也可能来自位于尼罗河同侧的阿斯旺（距离底比斯约 220 千米）附近的采石场。该分析认为，可能有一种长 70 米、宽 24 米的可自行推进的驳船，能够依靠 36 ～ 48 名桨手向上游划行到底比斯。正如哈特谢普苏特女王的方尖石塔浮雕上的图像所显示的，拖着驳船行进需要一支由 32 艘船组成的船队，每艘船需要 30 名桨手。

如果门农神巨像是从下游的阿斯旺搬运来的，那么问题就不是如何以强大的动力逆流移动驳船，而是如何控制船只，使其不会比拖船走得更快或者向河堤倾斜。为了防止出现这样的事故，人们用锚链将一只木筏系到驳船的前端（下游方向），并用沉重的石锚在船尾进行牵引。希罗多德（Herodotus）在公元前 5 世纪写道："木筏借助水流迅速地向前航行，拉着被称作'巴利斯'（baris）的船。同时，船尾拖着的石块就像检查员一样监督着舵的方向。"[23] 希罗多德所描述的方法，很有可能是由最初的金字塔建造者发明并经过后人改进的。虽然御用船使用了外来的雪松木，它又长又直，有香味而且防腐，但是用于制造普通船只的本土木材都很短，西克莫无花果树只能长到 10 ～ 12 米，而阿拉伯胶树连长到 6 米的都很罕见，而且所有的树都不是特别地直。人们十分依赖这种木材，希罗多德写道，"造船的方法就是将船板像砖块那样铺好"。[24] 他并没有提及船的大小，但是在第六王朝的一篇碑文中记载道："一艘由阿拉伯胶树制成的货船长 60 腕尺（合 31 米），宽 30 腕尺，仅需 7 天就可以制成一艘。"[25] 由于缺乏较长的木料，直到今天，传统的埃及造船者仍在使用类似"铺砖块"的造船技术。

日常生活中的航海活动

尽管从事普通贸易的船只没有留下任何残骸，但我们已经认识到船只在日常生活中的重要地位，正如我们能够从古王国时期以降的众多图像资料中发现大规模探险与王朝行为之间的区别。这些图像反映出尼罗河流域的居民持续上千年的生活方式。在许多场景中，男人们在船只和河岸之间搬运着装满谷粒和大麦的陶罐或麻袋。有时，储物罐在甲板上堆得高高的，或者被倒进更大的容器中，形成一堆。这些图像是一种宣传，表明了国家拥有高度集中的权力，几乎垄断了地区内部、地区间以及对外的贸易。牲畜也用船来运输，在第五王朝的一处墓葬中有一幅画，上面绘有一艘船，船上有 6 名船员和 4 头牛。在一幅最富有活力的画卷中，描绘了派拉姆西城的繁华景象。该城建造于公元前 13 世纪，是新王国时期的都城。作者赞美了这座城市丰富的物产，包括大麦、二粒小麦、洋葱、韭葱、莴苣、石榴、苹果、橄榄、无花果、葡萄酒、蜂蜜、鱼和盐。“（派拉姆西城的）船只陆续出航和返航，因此每天的补给都在城内进行，人们乐于在此居住。”[26] 在古埃及任何一个繁忙的港口，都能听到如此满怀自豪之情的言语。

古埃及人在生活的方方面面都离不开内河船只，这一事实能够在多大程度上得到证实呢？金字塔以及其他大大小小的建筑物的建造，都需要对劳动力进行完善的组织。同一工种的工人组成小组，其名称从航海活动中得来，按照资历顺序分别是“前右舷帮、前左舷帮、后右舷帮、后左舷帮和操舵帮（船舵帮）”。[27] 古埃及文学作品中有许多与船只相关的比喻，连那些并不在河畔生活的人们也能了解到船只航行的知识。在“雄辩的农夫”的故事（出现于约公元前 2100 年）中，农夫胡纳努普（Khunanup）从其位于孟菲斯东北大约 100 千米处的瓦迪阿纳特隆的家中“前往埃及”，在途中突然遇到法老的高级执事手下的一名佃农赖恩希（Rensi）指控他非法入侵，并抓住了他的 2 头骡子。[28] 胡纳努普控告赖恩希，并用船只的稳定性来比喻自己申诉的权利乃至王国自身的正当性：

> 如果你到马阿特湖中航行，
> 你将遇到荡漾的微波。
> 你的帆船上的短板（中间部分）不会被撕裂，
> 你的船也不会被驱赶到湖畔。

你的桅杆不会损坏，
你的帆桁也不会折断。
上岸时，你也不会发现，
波浪不会改变你的航线。
你不会体验到大河的危险。[29]

古埃及人关于国家和宇宙，或者是关于马阿特湖的秩序观念，取决于从农夫到法老的每一个人的道德行为。在这场控诉案中，胡纳努普告诉法老的执事，只有重视公正并以此来进行统治，才能够维持埃及的秩序。胡纳努普的演讲令法老高兴不已，他继续欣赏着这位农夫的雄辩。在9次会议中，胡纳努普反复运用船只的比喻："瞧！我无须用船就能够航行。"他对赖恩希说："对所有的溺水者而言，你是安全的港湾，营救船难中的幸存者。"后来，由于赖恩希一直"像一座没有管理者的城市，像一个没有统治者的人，像一只没有船长的小船"，胡纳努普严惩了他。5个世纪之后，一名新王国时期的官员在传记碑文中以一种类似的腔调，把哈特谢普苏特女王比作停泊安全线，使小船在尼罗河上遇到急流时能够保持稳定："她是南方的船首绳索，是南方人的停泊桩，是北方的卓越的尾缆。"[30]

这位雄辩的农夫把王国比喻成一条小船，在当时是十分常见的，* 而这大概是现存最古老的例子。[31] 我们总是容易掌握相似的东西，由于船只和国家都能被视作由一个中心权威管理的自我控制体，演讲的主题已经扩展到其他制度乃至地球本身了。

"经由神之土地的大海而来"

为了获得国内所需的自然资源，古埃及人并不拒绝对外贸易。阿斯旺上游的地区因其采石场而引人注目，而第一瀑布南面的安全地带也常年引人注意。在第六王朝的一名官员乌尼（Uni）的碑文中，记录了他

---

* "治理"（to govern）一词在希腊语中的原意是"掌舵"（to steer），后来又演变成拉丁语中的"gubernare"一词，意为"掌舵"和"治理"。

曾两次前往那里，获取建造梅连瑞金字塔所需的巨石。在他的第一次旅途中，他的护航船队包括 6 艘驳船、3 艘拖船、3 艘单桅帆船以及“唯一一艘战舰”，“在国王只有一艘战舰的时代，从来没有人探访过艾伯特和象岛”。[32] 在第二次旅行中，乌尼充分利用了和平的关系，他在第一瀑布周围开凿人工水道，从而大大改善了船只的航行状况。

古埃及人航行到阿斯旺以外的地方不仅是为了获取石块，也是为了获取仅在努比亚出产或经努比亚人之手而来的珍贵物品。在大约公元前 2300 年，一位名叫哈尔库夫（Harkhuf）的商人到阿斯旺南部进行了 4 次贸易之旅。其中最后一次是在佩皮二世（Pepy II）统治时期，当时佩皮二世已经 70 岁了。哈尔库夫的货物包括宗教仪式上用的香、黑檀、花豹和谷物，以及“象牙、投掷球棍等各种各样的好东西”。[33] 他的最后一次贸易值得纪念，因为他获得了一位“会跳舞的小矮人”，几乎可以确定是一名俾格米人。他还从当地给法老发出一封讨论小矮人的信，我们能够从法老的回信中感受到他的满心期待。佩皮二世命令哈尔库夫立即前往宫廷，并下令做好各项安保工作，确保小矮人安全抵达。“小心不要让他落入水中。当他在夜间睡觉的时候，要委派出色的人员到他的帐篷里睡在他的身后，一个晚上要检查 10 次。与西奈和蓬特送来的礼物相比，陛下更渴望看到这个小矮人。”这两样都是价值连城的稀罕物。

在红海的北端，西奈半岛构成了非洲和亚洲之间的天然分界线。沿着西奈半岛，货物贸易和文化交流在埃及与阿拉伯半岛、安纳托利亚、美索不达米亚及伊朗之间展开。埃及本土也有丰富的矿产资源。在美索不达米亚和埃及之间出土的文物表明，在格尔塞时期后期，经过迦南和叙利亚的陆上通道，已被布托与比布鲁斯（今黎巴嫩的朱拜勒）之间的海上通道所取代。[34] 从黎凡特进口的物品中最有价值的是雪松木，仅用船只就能将其轻松地运走。早在公元前三千纪，这种贸易就已经开始了。根据巴勒莫石碑（Palermo Stone）上的记载，斯尼夫鲁法老曾命令“40 艘船装满雪松原木”，其中一些用于制造长 53 米的船，比胡夫船还要长 11 米。[35]

与美索不达米亚之间贸易的最古老的文字记载便来自巴勒莫石碑。石碑只留下一些残片，上面刻有第五王朝的编年大事记。最早的古埃及远航船只的图像出现在几乎同属于第五王朝的2块浮雕上，一块位于阿布西尔的法老萨胡拉（Sahure）的神庙中，另一块位于塞加拉的法老乌尼斯（Unas）的官道上。[36] 萨胡拉神庙浮雕上的图像描绘了6艘古埃及船只载着船员起程前往黎凡特，另一幅图像描绘的则是8艘船载着船员和外国人归来的画面。这些外国人有着迦南人的服装和发式。在乌尼斯浮雕中的2艘船上，也出现了埃及人和迦南人。虽然这些商人来自黎凡特，但他们装运的货物并不仅限于他们的故乡制造或出产的物品。在斯尼夫鲁法老统治的土地上发现了产自克里特岛的物品，而在同一时期的克里特岛，也发现了明显产自埃及的大碗。最初，这些物品似乎都是经由来自黎凡特的中间商而进行贸易的。然而到了公元前三千纪后期，在克里特岛和埃及之间可能已经出现了直接的海上贸易。[37] 当时，古埃及人将克里特岛视为一个西方国家，人们通过辨别方向来了解周边地区的地理知识。地中海东部的季风使洋流自东向西流动，因此从克里特岛前往埃及最便捷的方式就是先向南航行到今天的利比亚海岸（可能需要3～4天的航程），然后再向东到达尼罗河三角洲。在返航时，可以顺着季风和洋流向东，沿着黎凡特和安纳托利亚半岛的南部海岸航行，然后向南到达克里特岛。

埃及与海外进行贸易的另一条水道是红海。红海是进入神秘的蓬特地区的通道，那里是佩皮二世提到的第二个地方，在他之前的法老们都十分喜爱来自蓬特的礼物。但是自古代以来，其确切位置令历史学家和地理学家们争论不休。学者们的共识是，它位于红海的南边，可能性最大的地方是位于非洲的厄立特里亚或者位于阿拉伯半岛上的也门，也可能位于红海南边和穿过“非洲之角”的亚丁湾之间。最后一个可能的地方就是今天索马里的拥有自治权的蓬特兰州。红海位于尼罗河以东150千米处，途经瓦迪哈马特。干旱的海岸生长着少量树木。船只必须先拆散再搬到海岸，以便重新组装和下水。在第十一王朝的一篇碑文（公元前2100年）中记录了这一过程，其中描述了人们在霍努（Henu）的带领下前往蓬特探险的经历。“霍努率领一支3,000人的队伍从科普托斯经陆路行进……我将道路变成了河流，将‘红色的土地’（指沙漠）变成了一片田野。为此，我给每人1个皮囊、1条扁担和2罐水，每天给每个人20块面包。”[38] 显然，霍努是通过沿着河流航行而“将道路变成了河流”的，尽管是断断续续的。

尽管对体力和后勤保障有很高的要求，但早在第五王朝时期，人们就开始前往蓬特进行探险了。“失事船只上的水手”的故事是现存最古老的船难记录，与霍努的探险属于同一时期，让人们明白了在贸易中可以获得财富。故事讲述了 120 名船员中唯一的幸存者在一个无人居住的岛上登陆，在那里，一条蟒蛇把他当作朋友并加以招待。为了感谢这条蟒蛇的帮助，水手想把“满载埃及货物”的船只送给它。[39] 蟒蛇笑着说：“你手中的没药并不多，先生，我是蓬特的王子，没药属于我。”蟒蛇向水手保证他一定会得救，并送给他一整船的“没药、油、岩蔷薇、香料、肉桂、芳香植物、涂眼胭脂粉、长颈鹿尾巴、大块焚香、象牙、猎犬、猿、狒狒以及所有的上等货物”。后来这名水手果然得救了，并带着给法老的礼物回国。

关于红海上的埃及商队的最完整记录，可以追溯到新王国时期的哈特谢普苏特女王统治时期。她以自己短命的哥哥图特摩斯二世（Thutmose II）的助手，以及他的外甥和女婿图特摩斯三世（Thutmose III）的摄政王的身份进行统治。在图特摩斯三世未成年时，她成为实际上的法老，并在法老的王冠上装上人造的胡须，在古埃及悠久的历史上，她是唯一一位这么做的女性。这次前往蓬特的航行的情况被极其详细地记录在底比斯的神庙（哈特谢普苏特女王便埋葬于此）中的 3 面墙上，时间大约为公元前 1470 年。[40] 描绘船只的艺术作品对于造船工艺的研究而言可能稍显不足，因为作者通常是缺乏相关技能的人（例如插画家）或者是对材料的准确性不感兴趣的人，他们对自己所描绘的船只并不熟悉。然而我们有证据认为，描绘蓬特探险的这些艺术家的作品是十分可靠的，因为他们雕刻鱼类的笔触非常精细，以至于现代的鱼类研究者能够以此辨别出它们的种属。[41]

前 5 幅图像分别描绘了船队起航、在蓬特受到热烈欢迎、交换商品、满载货物的船只和返航的场景。接下来的 2 幅图像是介绍献给哈特谢普苏特女王的贡品，以及她献给阿蒙神（Amon）的贡品。第 8 幅图像展现的是正在进行称重和测量的物品，而第 9 和第 10 幅图像则是哈特谢普苏特女王向宫廷和阿蒙神宣布探险圆满结束的场面。如果这些描绘是准确的，

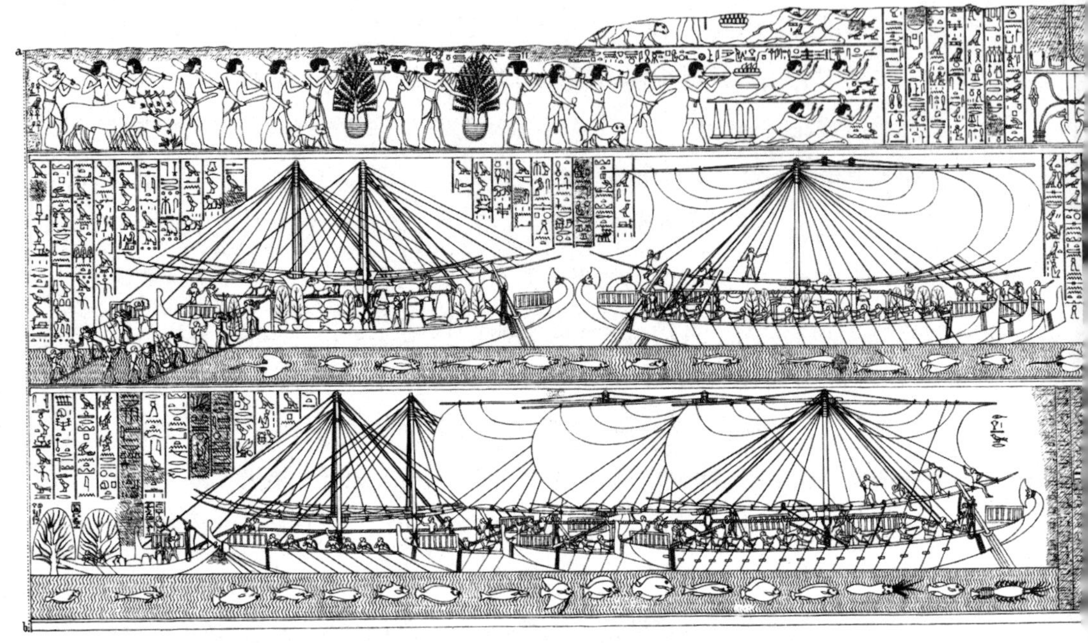

哈特谢普苏特女王的船队从蓬特经由红海返航，发现于埃及底比斯的法老神庙中。没药树是最重要的货物，悬挂在船员们肩膀上的扁担上。木制的船依靠桨手和单面横帆作为动力，依靠掌舵的船员来引航。（From Auguste Mariette's *Deir-el-Bahari: documents topographiques, historiques et ethnographiques recueillis dans ce temple* [Leipzig, 1877].）

那么共有 5 艘船参与这次探险。根据画面中桨手的人数（每侧 15 人）进行推算，船长约 23 米。到达蓬特后（那里的房屋是由柱子支撑起来的），古埃及人开设商店（其字面意思是“国王信使的帐篷”[42]）进行贸易，他们的商品包括项链、短柄小斧子和匕首，并提供“面包、啤酒、葡萄酒、肉、水果以及一切在埃及能够发现的物品”。在古埃及人看来，蓬特人无疑应向他们表示敬意和服从，他们问道：“既然他们祈祷和平……‘你们是经由天堂之路，还是通过水路，经由神之土地的大海而来的？瞧！说起埃及国王，我们是否能够获得国王陛下赐予的生命？’”

第 4 幅图像描绘了返航时带回的货物，这也是航行的真正目的。画面上显示的是 2 艘船，船员们正在搬运一袋袋的货物，将“新鲜的没药树”装进筐里，这些是最有价值的货物。在向宫廷宣布使命已成功完成后，哈特谢普苏特女王说，她已经遵循她的父亲（即阿蒙神）的命令，“为他在蓬特建造了一座宫殿，并在宫殿后面的花园中种了许多树”。乳香和没药是宗教仪式上最重要的用品，但在后面的几幅图像中描绘的是蓬特人的各种出口产品，包括“黑檀、纯正的象牙制品、绿金……及樟木”，与失事船只上唯一幸存的水手和蟒蛇王子的故事中所说的相似，还有“焚香、眼部化妆品、猿、猴子、狗、南方豹的毛皮以及当地人和他们的孩子（可能是奴隶）”，以及投掷木棍、牛、银币、青金石和孔雀石。

失事船只上的水手与蟒蛇之间的货物交换以及后来哈特谢普苏特女王的贸易使团共同表明，在古埃及和东方异国之间存在一种不平等的原材料交换。蓬特的王子拒绝了那名水手提供的“埃及的特产”，在他看来这是不重要的。同时，哈特谢普苏特女王时代的蓬特人被震慑并对埃及人卑躬屈膝。他们自己的产品比其与埃及之间进行贸易的任何物品都更有价值。对于法老而言这可能构成了小小的问题，但是自从古代晚期以来，对于东西方之间（分界线大体上穿过红海和亚洲西南部）贸易不平衡的抱怨，一直是作家笔下经常出现的主题，正如政治家们要求用禁止奢侈的法令来限制“珍贵物品”的进口。正如这些描述所显示的，西方的东方化趋势由来已久，西方人把异国的神秘光环带到东方，并把那里的居民描绘成西方统治者天生的臣民。

对于埃及人如何在红海上航行，我们知之甚少。[43] 直到今天，红海依然以其复杂的水流和无数的礁体而闻名。目测法将一直是主要的方法，但是在夜间航行似乎是不可能的。在远至北纬 19 度以南的红海（今埃及与苏丹的国界线以南），北风年复一年地盛行，但是当来自北方和西北方的季风稳定地达到 11 ～ 16 节的风速时，在北纬 19 度以南最适宜航行的季节是每年 6 月到 9 月。借助季风，前往厄立特里亚大约需要 2 周，而逆着季风与洋流向北航行则要花费更长时间。在干旱的环境下，船只必须携带充足的水、麦酒和葡萄酒。在炎热的气候下，这些物品很快就会变质。另外，食物、货物和船只本身必须要被搬运到出航的港口，而港口则是一个高度复杂而又富有经验的组织。如果霍努在红海的航行需要 3,000 人，那么哈特谢普苏特女王的探险可能至少需要比这多 5 倍的人。

新王国的复兴与扩张

虽然作为一名女法老，哈特谢普苏特女王是独一无二的，但是她的精力是新王国时期总体上的特征，而且尤其是第十八王朝（公元前1570—公元前1315）的特征。尽管埃及时不时地自尼罗河三角洲和阿斯旺以南向东、向西两个方向扩展其政治影响力，不过在新王国时期之前，法老们通常会避免明显的扩张政策。我们尚不清楚中王国灭亡的原因，但是到公元前17世纪，中埃及和下埃及的大部分地区仍处在喜克索斯人的统治之下，他们可能是源自迦南人的外来者。位于三角洲西北的喜克索斯王朝都城阿瓦里斯的壁画，在风格上与在克里特岛和锡拉岛上发现的壁画十分相似，这表明那里可能也有一个克里特移民社区。[44]

喜克索斯人似乎已经吸收了古埃及的传统，而不是将其消除，但是他们依然是外来精英，有别于在底比斯继续控制着上埃及的本土统治者。在公元前16世纪60年代，国王卡摩斯（Kamose）开展了一场河上战役，计划从喜克索斯人手中夺回阿瓦里斯。他的士兵将船作为移动的据点，他们从船上发动登陆作战，而不是进行船对船的作战。推翻喜克索斯人统治的目的之一，就是让他们不再充当上埃及与黎凡特贸易的中间商。在对一次胜仗的描述中，卡摩斯吹嘘道："我没有在几百艘由新雪松木制成的船下留一块木板，这些船载满了金、青金石、银、绿松石和无数把金属战斧……我将其全部缴获。我没有落下任何一件阿瓦里斯的物品，因为阿瓦里斯已经空了，那些亚细亚人也一同消失了。"[45] 这段话暗示了敌人的彻底失败，但最终驱逐喜克索斯人的是卡摩斯的继承者雅赫摩斯（Ahmose），他也是第十八王朝和新王国的第一位国王。

在洗劫了阿瓦里斯之后，埃及人追击着喜克索斯人进入迦南，这一举动标志着他们在该地区有了比之前更深的介入。近东地区当时正在经历政治剧变，这也缘于米坦尼王国从其美索不达米亚北部的故土向西的扩张。雅赫摩斯和他的历任继承者一直致力于控制该地区，后历经17次战役，图特摩斯三世将埃及的控制范围远扩至叙利亚南部。对该地区的远征与治理，依靠的是古埃及人对比布鲁斯、乌拉扎和阿达塔（今黎巴嫩的黎波里南部）等黎凡特港口的控制，图特摩斯三世在这些地方储备了其叙利亚战役所需的军备物资。巴加尔石碑（Barkal Stela）上的碑文记载道："现在，国王到访的每一个港口都有上等的面包、各式各样的面包、油、香、葡萄酒、蜂蜜、水果……应有尽有，远远超出陛下军队的想象。这丝毫也不夸张！"[46] 在第 18 次战役中，图特摩斯三世率领军队航行到比布鲁斯，那里的造船木材数量对于他之后的米坦尼远征有着重要的价值。这场入侵基本没有遭到阻挠，直到远征至幼发拉底河，在那里，埃及人在几次战斗中击败了米坦尼人。当米坦尼人撤往幼发拉底河东面时，图特摩斯三世命令分段建造的船驶入幼发拉底河并向下游进发，毁灭沿途的城镇和村庄，迫使米坦尼人躲进洞穴里。在把船从海岸运上来的过程中，埃及人利用了自己长期从尼罗河运送船只到红海的经验，而从尼罗河到红海是一段长得多的行程且要穿过更加不宜通行的地带。

在底比斯人向北部的喜克索斯人发起进攻的同时，他们也在对抗从努比亚向北扩张的库什王国。自古王国时期以降，埃及的南部边界一直在第一瀑布和第二瀑布之间来回移动，但是，新王国时期法老对库什王国的征服以其范围之大和持续之久而引人注目。记述了图特摩斯三世在叙利亚的功绩的巴加尔石碑，立于纳帕塔，该城位于第四瀑布下游 20 千米处，它作为埃及的南部边界长达 400 年之久。这个王国当时处于其扩张巅峰时期，其扩张范围从纳帕塔一直延伸到乌加里特（今叙利亚拉斯沙姆拉），达 2,200 千米。古埃及人与安纳托利亚的赫梯人以及美索不达米亚的亚述人、巴比伦人、米坦尼人结了盟。在地中海东部，埃及权威的巩固使其与黎凡特的各个港口以及克里特岛之间的贸易往来都增加了，穿着米诺斯服饰的商人的形象首次出现在图特摩斯三世的高级执事瑞克赫米尔（Rekhmire）的坟墓的画像中，在画中，他们被称为"大海中央的岛民"。[47] 在图特摩斯三世的继承者们统治时期，古埃及人对黎凡特的兴趣减弱了，但是在第十九王朝时期又有所恢复。然而，在公元前 13 世纪末，大量民众经由陆路和海路向南迁徙，移民活动破坏了近东地区青铜时代已确立的秩序，并威胁到了埃及自身的完整性。

法老埃及的诞生、扩张和持续，依靠的是将尼罗河用作一条内部交流的高速公路，而大海是一个埃及人民吸收外来物品和影响的过滤器，是一个抵御外敌入侵的缓冲带，也是一个展现政治和军事力量的大道。经由陆路与美索不达米亚的交流是可能的，但是海上航行与内河航行使埃及与该地区主要强国之间的交流更为便利，大部分路程是在地中海和（经过不到 100 英里的陆上转运之后）幼发拉底河上。古埃及的多种海上活动中最引人注目的，就是它们给予黎凡特和东地中海地区海上社区发展的推动力量，在近 4,000 年的时间里，这些社区一直是海上文化和商业的一个重要中心。

第3章

青铜时代的航海活动

西南亚是世界上最富生机的文化和商业十字路口之一。始于安纳托利亚和高加索山脉、中亚和南亚以及阿拉伯半岛和黎凡特的多条陆路通道都在那里相交。美索不达米亚位于波斯湾的顶端，它通过大海，与印度洋及其从红海到孟加拉湾的附属海周围的陆地连接起来。底格里斯河与幼发拉底河也提供了从波斯湾到西南亚心脏地带之间的直接联系。尽管这些河流比壮观的尼罗河更加反复无常，但它们是重要的交通干线，通过这些河流，印度洋的贸易北达安纳托利亚，西至地中海地区。横跨在这些道路和河流上的美索不达米亚人，在公元前三千纪后期发展出了一些文明成果，比如文字和城市居住，这比埃及王朝时期要早几个世纪。苏美尔人及其继承者的国家从来没有获得埃及人特有的那种政治连续性，但是美索不达米亚人是制定海洋法和商法的先驱，他们最古老的文献，包括萨尔贡国王起源的故事和史诗《吉尔伽美什》(*Gilgamesh*)，与后来希腊神话、犹太教-基督教经典、伊斯兰教经典以及波斯和阿拉伯的民间故事有呼应。这些故事通过幼发拉底河传播到黎凡特沿海地区，再从那里借助船只传播到地中海的其他地区。美索不达米亚与东方之间海上联系的历史更为悠久，人们经过波斯湾到达巴林岛、阿曼和伊朗南部地区，以及巴基斯坦和印度的哈拉帕文明（印度河文化，在公元前三千纪后期达到顶峰）的海上前哨。这些远距离交通——人们用由木材或绑起来的芦苇制造的船只实现这些交通——的踪迹微弱，但确实是存在的。

商人们主要经营贵重、有异域特色的物品，然而，针对上层客户的如此远距离的贸易，无法在公元前二千纪头几个世纪哈拉帕文明的衰落中幸存下来。难怪美索不达米亚的商人和统治者把目光转向地中海，这可能有助于解释米诺斯克里特文明在大约同一时期的巨大繁荣，那时，克里特岛的商人与希腊、黎凡特和埃及之间展开了贸易。克里特岛人又将其印记留给了位于大陆上的迈锡尼文化，后者模仿并最终接替成了爱琴海世界的主导文化。迈锡尼时代一直持续，直到“海上民族”（人们对那些来源不明的北方移民的称呼）在前往近东和埃及的途中横扫其领土为止。之后2个世纪，青铜时代的文化活力颇弱，但是海上联系持续存在，正是沿着这些联系，我们能够追溯始于10世纪的腓尼基人和希腊人的复兴。

公元前三千纪的河流与海洋

美索不达米亚位于长达550英里的波斯湾的顶端，是世界上最早拥有文字的族群苏美尔人的故乡，自大约公元前3200年起，苏美尔人就在这里定居。到公元前四千纪末期，生活在小城邦中的苏美尔人很可能从技术上来说在许多方面比埃及人要先进。如果说尼罗河是两片沙漠之间的大河，那么美索不达米亚（Mesopotamia）就是“两条大河之间”的土地——根据其希腊语名字。幼发拉底河和底格里斯河由安纳托利亚的托罗斯山脉和伊朗西部的扎格罗斯山脉的积雪融水形成，水流湍急，下游时常泛滥。在距离波斯湾约160千米的地方，两河相汇形成了阿拉伯河，这是一片将古代美索不达米亚最南端的城市与大海隔开的沼泽地。水位和水流的急剧变化使两条河蜿蜒前行；曾经位于两河河畔的一些城市今天离这两条大河很远，还有一些地方已经被夷为平地，因为水道像地质时代的花园软管一样扭动着穿过了它们。试图利用两河发展农业和交通的早期努力，带来了大规模的运河开凿行动，这项行动既需要亦培育出了复杂成熟的社会组织。这体现在从关于运河控制、利用和通航的法律到美索不达米亚众神的每一件事物上。苏美尔人最重要的神之一恩基（Enki）用自己的精液造出两条大河，并以运河进行交通运输，[1] 而阴谋用洪水来反对人类的恩奴基（Ennugi）是运河的巡查官。[2]

带有桅杆的船最古老的证据来自美索不达米亚南部和科威特，时间可以追溯到公元前六千纪。[3] 埃及的环境条件鼓励帆的使用，而美索不达米亚的环境条件不鼓励帆的使用。底格里斯河和幼发拉底河不仅水流比尼罗河湍急，要流经数不清的险滩和浅滩，它们的水流和自北向南的盛行风也让人们很难逆流航行。因此，美索不达米亚人发展了在适合顺流航行的河流系统中可以发挥最佳效果的船。船是一种基本的交通工具，但是船在美索不达米亚从来没获得像在埃及那样的地位。美索不达米亚的船是现世的物品，从未被抬升至可以充当神的交通工具这样的地位。

有证据保存下来的最早的船，是由芦苇或兽皮制造而成的轻型船，与较重的木船相比，它们在浅水区触底的风险较小，就算触底，也不太容易损坏，而且一旦卸下货，这些船可以很容易被拖向上游。美索不达米亚人也使用由充气的兽皮或密封的陶罐制成的一次性筏子。在到达目的地后，船上的货物被卸下来，木船板和货物一起被卖掉，浮囊则要么被卖掉，要么被搬到上游留待下次再用。这种设计简单的船一直用到 20 世纪，当时在底格里斯河与阿拉伯河的阿拉伯沼泽地区仍常可以看见“库法”(quffa)，这是一种用芦苇盘绕制成的圆形船，像一只用木肋拱加固、用沥青防水的巨大篮子。[4] 这些原材料可能让人觉得很脆弱，但一艘库法能够装载 3 匹马和它们的驯马人或者 5 吨重的货物。

美索不达米亚的航运成就的记录也与埃及的非常不同。尽管我们有诸如契约、货物订单、货物收据、商人印章和图像等经济方面的大量文本资料，但是唯一的船只遗存就是一堆用于船体防水的沥青碎片。[5] 船只的模型和图像十分稀少，几乎没有对船只与航行作用的描述留下。在确实打开了古代美索不达米亚人航行生活一扇窗的原始资料中，就包括与公元前 24 世纪萨尔贡诞生相关的传说和史诗《吉尔伽美什》。[6] 吉尔伽美什（ Gilgamesh ）是公元前三千纪一个带有历史性质的英雄人物，他的功绩在近东地区被传颂了 2,000 多年，在摩西和挪亚方舟的故事、希伯来圣经中的洪水故事、荷马的《奥德赛》和《天方夜谭》中都能找到类似的故事。

在苏美尔的国王名单中，有一位吉尔伽美什王，他的在位时间在大约公元前 2800 年至公元前 2500 年，而现存最古老的史诗《吉尔伽美什》

美索不达米亚的圆筒形印章（高 2.7 厘米），通过印在湿黏土上而留下印记。发现于伊拉克（古代的吉尔苏）的泰罗，距离今巴格达东南约 250 千米和纳西里耶以北 80 千米处的幼发拉底河畔。在这枚公元前三千纪的印章上刻有依亚神（可以通过他的山羊头辨认出来）以及 2 名河船上的人。（Courtesy of the Louvre Museum, France/Art Resource, New York.）

可追溯到公元前二千纪初期。这个故事包含 2 个主要部分，第一部分讲述了吉尔伽美什与恩奇都（Enkidu）之间的友谊及他们的冒险经历，第二部分叙述了洪水的故事。这个故事的不同版本在苏美尔语、阿卡德语、胡里安语和赫梯语文献中流传着，随着时间的流逝，为了迎合听众的期望和感受，故事的细节有所调整。吉尔伽美什和恩奇都的第一次冒险是杀死看守森林的怪兽洪巴巴（Humbaba）。在苏美尔语版本的故事中，洪巴巴生活在东部的扎格罗斯山脉。在大约 1,000 年后的阿卡德语版本的故事中，这两位英雄曾前往西部的黎巴嫩雪松森林和地中海沿海一带，这一变化与两种文化的不同地理方位有关。在这两个版本中，当恩奇都将死之时，害怕自己也终有一死的吉尔伽美什前去咨询乌特纳比西丁（Utnapishtim）——这是一个挺过了神用以毁灭人类的洪水并获得了永恒生命的人。

为了去见在迪尔穆恩岛的乌特纳比西丁，吉尔伽美什不得不与船夫一起划船，他为船夫割了 120 根带有沥青涂层的撑杆（运河船是用撑杆推动的，长达 6 米的木撑竿的订单保存至今）。经过 3 天的旅程，他们到达了“死亡水域”，在穿越浅滩时，吉尔伽美什折断了所有的撑杆。“然后吉尔伽美什脱下衣服做了一面帆，他把自己的兽皮衣挂了起来，小船随之在水面上航行。”[7] 这种推进方式有些类似在 4,000 年后发明的帆板运动。乌特纳比西丁了解到吉尔伽美什想知道自己是否会像恩奇都那样必然死去，便给出了一个关于人类必有一死的解释，这个解释听起来就像是《传道书》里的那种话：“在崩塌之前，建筑物能够挺立多久？一份契约能够维持多久？在爆发争吵之前，兄弟们能够共享遗产多久？从诞生之初起，没有什么事物能够永远存在。”[8] 然后，他告诉了吉尔伽美什自己是如何获得永生的故事。这是个早于挪亚和方舟的故事。

某天，诸神决定毁灭幼发拉底河畔的舒如帕克城——古代美索不达米亚人认为它是洪水之前就存在的 5 座城之一。依亚（Ea，阿卡德版的恩基）是一位对人类友好的智慧之神，他告诉乌特纳比西丁要建造一艘大船，大到能够装载所有生物的一份样品。这艘船十分巨大，宽度与长度相等（像一条庞大的库法），有 6 ～ 7 块甲板。乌特纳比西丁用油、树脂和沥青的混合物把船体里里外外做了防水处理。由于船太大，它必须在巨浪的帮助下才能起航，这也就意味着船底是平的。在一场持续 7 天的暴风雨之后，洪水覆盖了大地，但是这艘船停靠在了尼西尔山。1 周之后，乌特纳比西丁依次放出一只鸽子、一只燕子和一只乌鸦去寻找陆地，前两只鸟后来回到了船上，但是最后一只没有返回，这说明它已经发现了洪水正在退去的干燥之地。在献祭之后，乌特纳比西丁和他的妻子下了船，在迪尔穆恩（很可能就是巴林岛）获得了永生。

迪尔穆恩也出现在美索不达米亚早期的经济方面记录中。早在公元前五千纪，波斯湾就是金属、木材、宝石以及其他来自印度洋附近地区的物品的通道，而直到约公元前 2900 年，苏美尔人似乎才与安纳托利亚、黎凡特和埃及有了更多的联系，并对这些地区产生了更多的影响。因此，当他们认定永生之地位于波斯湾的某个角落，这可能反映了美索不达米亚人在公元前三千纪时关注点的变化。巴林岛位于波斯湾顶端和霍尔木兹海峡的中间，分布着大约 10 万处古坟以及一座重要城市的遗址，并拥有丰富的鱼类、海枣和淡水资源。在干旱的波斯湾地区，淡水资源是古代长距离贸易的润滑剂，就如同今天的石油。迪尔穆恩的自然资源并非不重要，但它在当时之所以地位突出，是由于当地的商人能够充分利用其地理优势，从而在两个富有的地区之间成为不可或缺的中间商。迪尔穆恩的商人在美索不达米亚的海外贸易中充当了中间商。为了建造神庙，一个国王“让迪尔穆恩的船从国外运来木材”；[9] 现有迪尔穆恩商人贩卖铜制品的大量收据存世；人们在乌尔的神庙中发现了作为贡品的迪尔穆恩船只模型。

在涉及美索不达米亚海外贸易的一份最著名的文献中，描述了在大约公元前 2300 年，阿卡德王朝的缔造者萨尔贡（Sargon）是怎样战胜敌人，从而使自己的城市成为区域商业中心的。“来自美路哈、马根和迪尔穆恩的船只都停泊在阿卡德的码头。”[10] 萨尔贡的都城所在尚无法完全确定，不过阿卡德很可能位于今天的巴格达附近，距离波斯湾大约 500 千米。而马根位于波斯湾南部地区，美路哈则可能是指印度河流域的文明。根据传统的说法，萨尔贡出生于幼发拉底河上游的高原地区，出身卑微，但他却像大约 800 年后的摩西那样，幼年时有着传奇的经历。“我的母亲恩图姆（entum）孕育了我，并秘密地生下我；她把我放在灯芯草做的篮子里，用柏油封住‘我的房门’（the lid）；她把我投入幼发拉底河，但河水并没有淹没我；幼发拉底河收留了我，把我带到以水作画的画家阿奇（Aqqi）那里。”[11] 在半个世纪的统治期中，萨尔贡继续执行扩张政策，以达到其先辈所未能实现的成就。其先辈统一了美索不达米亚的南部地区，为商人们“打开通道”，使之可以从波斯湾安全前往地中海，或者“经由底格里斯河与幼发拉底河从低海区到达高海区”，由此开阔了苏美尔人传统的世界观。[12] 然而随着历史的发展，阿卡德人的视线开始转向东方。

霍尔木兹海峡以东的东方贸易（公元前 2500—公元前 1700）

萨尔贡的统治在美索不达米亚的对外关系史上开启了一个生机勃勃的时期。美路哈是萨尔贡碑文中提到的第一个地方，位于美索不达米亚海外联系区域的最远处，包括今天巴基斯坦和印度西北部的沿海一带（波斯湾北端到印度河流域之间的距离是 1,150 海里）。因此，它包括印度河流域的港口城市，即哈拉帕文明的 2 个中心地区，一个是位于印度河上游 225 千米处的摩亨佐・达罗，另一个是摩亨佐・达罗东北方向 640 千米外的哈拉帕。印度文明在公元前 2500 年至公元前 1700 年间十分繁荣，并传播到今天的巴基斯坦、伊朗、阿富汗以及远至印度西北部的古吉拉特邦南部等地区。这是一片比早期的美索不达米亚城邦和第十八王朝之前的古埃及文明都要大得多的区域。哈拉帕文化的遗址展现了一个高度发达的社会组织，根据职业划分成不同街区。哈拉帕的陆上贸易网络直达中亚地区，海上贸易网络则向西穿过波斯到达波斯湾。

尽管印度文明拥有自己的文字，但是现存文本尚未被识读，连一个人名也没有保留下来。“美路哈”（Meluhha）是古老的阿卡德语词汇，用于人名和地名。在公元前三千纪后期的一篇碑文中，提到了位于美索不达米亚城市拉格什的一个名叫“美路罕斯”（Meluhhans）的村庄。[13] 在其他文献中曾提到此地向哈拉帕出口木材，但是涉及两地之间贸易往来的最充足的证据则来自考古发现。哈拉帕商人的印章已经在波斯湾出土，而印度河流域同样出土了美索不达米亚人的印章。我们也可以通过青金石和玛瑙，或锡、铜及贝壳制成的商品，以及箭头、玉器与火石制成的首饰的分布状况，来探寻哈拉帕与波斯湾之间的贸易路线。

印度与波斯湾之间的海岸绝大多数都十分干燥而不宜居住，但是考古学家们已经发现了包括距离印度河三角洲 270 英里的苏特克根多尔在内的多个哈拉帕文明的港口，在古吉拉特邦的卡提瓦半岛的周围也发现了一些港口。考古学家已经对洛萨尔古港进行了深入的研究，它位于印度河东南约 500 英里处，所处时代反映了整个印度文明的发展历程。[14] 洛萨尔位于艾哈迈达巴德西南 80 千米处，距离卡姆巴特湾（坎贝湾）约 10 千米，而在古代它们可能距离大海更近一些。除了摩亨佐・达罗与哈拉帕，当地发现的印章数量在印度河流域是最多的，其中大多数都发现于一处被认为是仓库的建筑废墟上。*

该建筑物是能够说明洛萨尔是古代港口的证据之一。其中最富争议的

---

* 印章就是一枚雕刻有字母或标示其主人的图案的图章（例如图章戒指），印章上面常见的图案包括人物、动物、船只和几何图形。封印就是用印章盖印后留下的痕迹。

是一个梯形池塘，长 214 米，宽 36 米，深 3.1 米，里面摆满了烧制好的砖块，为防止水溢出，在一端装有一个闸门。有学者认为，附近的两条河流的水通过一条水道注入其中，使之成为一个码头。有些人认为，这两条古老的河流无法灌满它。另一些人则认为，这个池塘能够在西南季风盛行时提供保护，如此复杂的建筑其筑造费用将是贸易收入所难以支撑的。此外，这也与该地区的远洋航行传统不相符，直到今天，印度和巴基斯坦的许多渔民和水手也是不依靠码头等人造建筑而将其船只拖上岸的。美索不达米亚的文献中频频提到码头，首先就是萨尔贡王朝的“阿卡德码头”，但是已知最古老的被认定为码头的建筑出现于 1,000 年之后。[15] 尽管如此，洛萨尔显然仍是区域间贸易的中心。无论其实际功能是什么，那些建筑毕竟代表着该地区曾经的繁荣。

波斯湾的造船业——“马根船”

萨尔贡碑文中提到的第二个地名是马根，位于波斯湾口和霍尔木兹海峡一侧的陆地上，霍尔木兹海峡位于伊朗南部与阿曼东部之间。美索不达米亚的文献中偶尔会提到“马根海”，该地区有丰富的木材、闪长岩和铜矿资源。在某些文献中提到了“迪尔穆恩的铜”，但是由于巴林岛及阿拉伯半岛东北部地区并没有铜矿，因此可能是由于船只来自迪尔穆恩，或者从阿曼运送铜矿石的船只曾在那里停靠。关于萨尔贡的继承者所指挥的 2 次战役（其中一次是以一支舰队对抗由马根的 32 座城市组成的同盟）的记录，证实了美索不达米亚的统治者认为马根具有重大的战略意义。这是历史上首次提到为纯粹的军事目的而建造的一支舰队。

直到 20 世纪八九十年代，在拉斯金兹的大量文物出土之后，人们才意识到马根与阿曼之间有着重要的联系。[16] 拉斯金兹位于阿曼最东端，在霍尔木兹海峡东南 300 多英里处。在一个被认为是造船厂的地点出土了 300 多片文物碎片，来自公元前 2500 年至公元前 2200 年间的一艘古代的船，这些碎片绝大多数都是涂有柏油的船板。当时的造船者把成捆的芦苇、绳索和垫子压在船板上，并涂上柏油，然后压紧涂有柏油的船板。在船板碎片的光滑外表上发现了附着的甲壳动物，这证明它们确实曾下过海。在一些被重新利用的柏油中，已经牢牢嵌入了甲壳动物的残骸。除了关于该地区古代造船业的明确文字记录，拉斯金兹的出土文物也提供了船只结构的详图，这既没有保存在文字记录中，也没有保存在图像资料中。令人尤其感兴趣的是，当时的人们是采取何种方法，用成捆的芦苇制造和组装成能够支撑船桅和运载货物的船只的。船体由直径为 4 ～ 12 米不等的捆紧的芦苇束制造而成。在组装好之后，将涂有一层柏油混合物的芦苇席垫或兽皮覆盖在上面。这个防水罩把芦苇漂浮物变成了一个排水船体，使一捆捆的芦苇构成流线型，以减小船体在水面行进时遇到的阻力。柏油也延长了芦苇的使用寿命，保护船体免于附着甲壳动物、蛀虫以及妨碍船只行进并破坏船体的海藻类生物。作为一种天然的油脂，柏油能够轻而易举地漂浮在波斯湾周边的水面上，在美索不达米亚人的造船业中是一种常见的原料。对柏油混合物的使用提出了一个技术难题，并不仅仅是将液态的柏油涂在船体上这么简单。在遇水时，柏油必须附着在船体上；当船只在海上航行时，它必须具有足够的柔韧性以保持船体的完整，但同时也必须足够结实，经得起船员们反复地往岸上拖拽。船体的重量不能太大。在拉斯金兹发现的船板，说明它们一直被贮藏起来，在需要时再回炉熔化，并重新用在一艘新船上。这一过程的复杂程度并不亚于刮树脂来制成新的柏油混合物。

在公元前 21 世纪的一块楔形泥板上，描绘了人们用芦苇和船板制造船体的宏大的劳作场面，包括 1,500 棵松树、棕榈树和柽柳树，8 吨棕榈纤维粗绳，1,200 捆芦苇，鱼油以及“用来涂在马根船上的柏油”等原材料。[17] 这些数字并不能说明制造一艘船需要哪些东西，不过，2005 年在阿曼的苏尔制造的一艘船的复制品则提供了一些答案。根据柏油船板提供的施工详图，以及对 217 个现存的船只模型和公元前三千纪的 186 枚印章和封印上的图案的研究，考古学家们制造了一系列的芦苇船，包括一件比例为 1∶20 的模型、一件长 5 米的原型和一艘长 12 米的“马根船”（Magan Boat）。[18] 这艘船的载重量为 30 库鲁（美索不达米亚船只的标准计量单位），约合 7.5 吨，这可能是木制船的平均大小，虽然已经接近芦苇船的上限。[19] 最常见的大船的载重量是 60 库鲁，在公元前三千纪后期，最大

制造于2005年的一艘马根船，是公元前三千纪后期在阿曼海上航行的船只的复制品。“A”字形桅杆通过构成船体的芦苇束分散了向下的压力，涂有柏油混合物的芦苇具有防水功能，其配方来自发现于拉斯金兹（位于阿拉伯海沿岸的阿曼最东端）附近的古老的护罩碎片。（Courtesy Tom Vosmer）

的船只的载重量能达到300库鲁（约合90吨）。

这艘现代的马根船的原材料列表中包括近3吨芦苇、长30千米的用枣树皮或山羊毛（后者极其结实且特别易握）制成的纤维粗绳、1吨多木材以及2吨混有剁碎的芦苇的柏油混合物。船的骨架和横跨在船舷上缘的横梁是木制的，而成对的芦苇束所构成的骨架则使船体更加坚固。在柏油和芦苇束之间有一张编织的席垫。船上装配有1根双脚桅，悬挂单桁的三角帆，2名掌舵人在船舷的后部驾船。柏油能够起到防水的作用，但是无法避免水溅到船的两侧。芦苇吸收了重达3吨的水，从而降低了载重量。但是事实证明这艘船是能够在海上航行的，不仅易操作而且速度很快，在和风状况下航速能达到5节左右。借助顺风和中途的数次停靠，一艘船只需大约1周就能从波斯湾航行到马根，而在返航时由于遇到西北风，航行速度会减慢。航行到哈拉帕所需的时间，则取决于印度洋季风的强度。

巴比伦帝国灭亡之前的海上贸易

我们很难评估远洋贸易中的不确定性会在多大程度上影响到商人与政治和宗教当权者（二者通常是合一的）之间的关系。美索不达米亚地区的贸易由个体商人把持，同时宗教势力也参与其中，神庙建筑也常充当仓库。在公元前三千纪后期的一份文献中，保存了一位名叫路－恩里拉（Lu–Enlilla）的商人的交易记录。[20] 这名商人从马根的一座神庙中提取了重达数千千克的木材和鱼、1,500 多升香油、服装和兽皮用来换取铜。私人投资者或者以固定的利息贷款给商人，这样风险很低但报酬也很少；或者以不固定的利息贷款给商人，以共享其利润，但如果商人遭受损失，投资者也要承担相应的风险。[21] 美索不达米亚人对利息的管理不像后来的犹太教、基督教和伊斯兰教的法律那么严格，僧侣和俗人按照规定可以索取 20% ～ 33% 的利息。商人并不依赖于神庙和国家，这有助于解释为什么当乌尔王朝在路－恩里拉所处时代的 25 年内崩溃之后，波斯湾的贸易活动仍在继续，尽管美索不达米亚商人与迪尔穆恩间的贸易已经大幅缩减。

在巴比伦第一王朝时期（公元前 19 世纪—公元前 17 世纪），美索不达米亚再度实现统一。在公元前 18 世纪，汉谟拉比（Hammurabi）统治着美索不达米亚的大部分地区，向西远至幼发拉底河上游的亚摩利人的贸易城市马里。（亚摩利人是一个操闪米特语的民族，在大约公元前三千纪末迁徙到阿拉伯半岛、叙利亚和美索不达米亚，可能刺激了一条横跨陆路并经过幼发拉底河的新的东西方贸易路线，或是受到了这条新路线的刺激。）汉谟拉比以其《法典》而闻名，这是古代美索不达米亚地区现存最完整的一部法典。该法典是在汉谟拉比统治末期颁布的，其中有许多条款涉及商人之间的关系和利息，有 7 个条款直接涉及航运。有 3 个条款规定了租赁载重量为 60 库鲁的船只所需要收取的利息及费用，其他条款则指出制造一艘载重量为 60 库鲁的船只所需的费用为 2 锡克尔，使用期为 1 年。* 水手的工资是固定的，为每年 6 库鲁谷物，

---

* 锡克尔（shekel）是一种重量为 9 ～ 17 克的银币，2 锡克尔相当于 12 天的租金。

但是水手们需要负担因自己的疏忽而造成的损失。该法典中也包括早期历史中十分罕见的“行驶规则”*，规定向下游航行的船只必须避开逆流航行的船只，如果船主因粗心大意而造成损失则需自行承担后果。[22] 我们由此可以追溯商法和船官与船员之间权利与责任的演变过程，但是在 19 世纪蒸汽轮船出现之前，航海规则很少具有法律效力。

苏美尔 – 阿卡德文化在美索不达米亚传播开来，但是政治统一既难以实现，更难以维持。尽管汉谟拉比取得了成功，也只是十分短暂的，在他的儿子统治时期，巴比伦帝国的衰亡就已经开始了。当时，苏美尔南部的城市再次宣布独立，在此后的一个世纪中，政治形势持续恶化（与古埃及的喜克索斯人统治时期相似）。在公元前 1595 年，来自安纳托利亚中部的赫梯人大举入侵，推翻了巴比伦人的统治。苏美尔北部被并入起源于伊朗的米坦尼王国，而美索不达米亚南部地区则落入海地王朝之手。在同一时期，印度文明也出现了衰落。位于东西方贸易路线两端的文明古国的衰落，导致巴基斯坦和印度与波斯湾之间的远距离海上贸易也出现了长达 1,000 年的中断。

从米诺斯到迈锡尼（公元前 2000—公元前 1100）

在现存的最后一份提到“迪尔穆恩的铜”的文献（公元前 1745 年）中，也首次提到了塞浦路斯的铜，“产自阿拉西亚（即塞浦路斯）和迪尔穆恩的 12 米纳斯（约合 360 千克）的精炼铜”，表明美索不达米亚重新开启了与地中海之间的贸易。[23] 在整个古代时期，塞浦路斯一直是重要的产铜区（其现代名称在希腊语中便是“铜”的意思）。铜与锡是构成青铜的 2 种主要元素，青铜在古代近东地区是最耐用的合金材料。约公元前 3000 年至公元前 1000 年间，近东地区处于青铜时代。塞浦路斯的铜大多可能是通过比布鲁斯或乌加里特的港口进入黎凡特的，再由商人经陆路运到幼发拉底河，顺流而下到达美索不达米亚。

---

*“行驶规则”应用于锚泊地或作为船只抛锚处的狭窄水域，在汽车发明之前就已经出现了。

在这件赤土“平底锅”的正面，绘有一条在翻滚的海浪中航行的有桨的船以及鱼群，可能被用作船首的装饰。该文物属于克里特文化早期（公元前2700—公元前2300），出土于基克拉迪群岛中的锡罗斯岛上的一处墓葬。尽管这一图案是高度程式化的，不过延长的船首预示了在1,500年后的锡拉岛上的壁画中所见的更接近真实的船首。（Photograph by Hermann Wagner, D-DAI-ATH-NM #3701. Courtesy of the Deutsche Archäologische Institut, Athens.）

比布鲁斯是世界上最古老的城市之一，是青铜时代早期黎凡特地区最重要的港口，位于贝鲁特以北约40千米处。这里是埃及人在近东地区最大的石料供应地。在阿马尔那的古埃及外交档案中，发现了大量来自比布鲁斯的信件，这充分证明了在公元前14世纪，埃及与这条通向近东地区的海上通道之间密切而持续的关系。而考古发现表明，当时比布鲁斯的水手与埃及之间的贸易已经持续了2,000年之久。比布鲁斯的繁荣长期依赖于埃及的繁荣，当美索不达米亚或埃及的先驱开拓出经过迦南的陆上通道时，港口可能就暂时被抛弃了。由于其内陆丛林密布，而埃及人需要大量木材，因此比布鲁斯在公元前三千纪初期再度成为一个重要的贸易中心。在公元前27世纪的斯尼夫鲁统治时期，有记载的最早的载有雪松木的船只可能就是经由比布鲁斯港到达埃及的。5个世纪后，到埃及古王国时期结束之际，比布鲁斯港遭到沉重打击，但是在公元前二千纪再度复兴。后来，这里成为埃及纸莎草贸易的一个重要港口，希腊人正是根据"比布鲁斯"（Byblos）一词创造了"纸莎草"（papyrus）、"书籍"（book）以及"圣经"（Bible）等词汇。

在大约公元前1600年，比布鲁斯的贸易开始向西拓展，尤其是向塞浦路斯岛和克里特岛，这些是西西里岛以东最大的岛屿。黎凡特和克里特岛之间的文化交流与物产交易促进了克里特文明的形成。克里特文明始于公元前三千纪后期，一直持续到公元前15世纪，并给希腊本土的迈锡尼留下了自己的印记。自公元前15世纪以来，以神话中的国王"米诺斯"（Minos）命名的古代克里特文明一直备受赞誉。[24]希罗多德和修昔底德（Thucydides）把米诺斯描述成爱琴海南部的征服者。修昔底德写道："根据传统的说法，米诺斯是第一个组织海军的人。他控制着现在被称为希腊海（即爱琴海）的海域的大部分，他统治着基克拉迪（群岛）……我们可以合理地猜测，他通过消除海盗活动以获得收入。"

关于克里特"海上帝国"的说法事实上是站不住脚的，尤其是考虑到米诺斯是神话传说中的人物而非真实的历史人物，克里特文明影响最大的时期比希罗多德和修昔底德所处时代要早1,000多年，而且这些历史学家记录的传统是口头流传的而非成文的。无疑，早在公元前三千纪，克里特岛民就曾航行到地中海东岸一带。但是，其在爱琴海的殖民开拓及其作为远海执法者的形象，在很大程度上来自修昔底德的阐释，他的阐释反映了他的雅典同胞对通过在地中海东部建立最强大的舰队来消除海盗活动和其他对其贸易的威胁的担忧。今天，人们之所以容易接受其思想，是因为受到了阿尔弗雷德·赛耶·马汉（Alfred Thayer Mahan）等军事学家所提出的现代海上强国和海权观念的影响。马汉推动了 19 世纪末英国皇家舰队的发展，当时大英帝国正处于巅峰时期。考古发现已经证明，修昔底德关于克里特人对基克拉迪群岛进行殖民的描述是有所夸大的。学者们一般认为是来自安纳托利亚的新石器时代的移民向西迁徙，最终在基克拉迪群岛和伯罗奔尼撒半岛定居。[25] 他们引进了新的农耕技术、橄榄等农作物及葡萄酒。我们很容易看到克里特岛与基克拉迪群岛之间的联系，但尚未发现前者对后者实行直接统治的证据。

克里特文明也没有在地中海地区的其他地方建立海上霸权，其水手只是众多的商人团体之一。在其权力与影响力处于巅峰时，克里特岛北与爱琴海群岛，西与希腊本土、西西里岛和撒丁岛，东与塞浦路斯、安纳托利亚和黎凡特，南与黎巴嫩和埃及之间开展贸易。斯尼夫鲁时代的埃及人通过与克里特商人及中间商之间的贸易往来获得克里特岛的陶器。在公元前 18 世纪的马里的石碑档案中，提到了来自克里特岛和卡里亚（位于安纳托利亚西部）的商人在乌加里特译员的帮助下收到了一船锡。[26] 同一时期的巴比伦的圆柱形印章已在克里特岛出土，它们可能是借道马里、乌加里特与塞浦路斯到达克里特岛的。此时，克里特文明的建筑文化正逐渐达到高峰，在克诺索斯和斐斯托斯等 20 多处遗址都发现了壮丽而复杂的宫殿、住宅和城镇。我们无法确定这些是否都归唯一的最高统治者所有。出于某种原因，克里特人并没有建造城墙，这说明他们依靠自己的舰队抵御入侵的外敌。不过尚没有证据表明，曾经有哪个海上强国能够发动一次入侵像克里特岛这么偏远的国家的战争。在这一时期，海洋将足以成为没有舰队的国家发展的障碍。

在克里特文明的考古发现和文献资料中，很少有关于当时船只的信息。其中最重要的资料是一组壁画，出土于克里特岛以北约 70 英里处的基克拉迪群岛中的锡拉岛上的阿克罗蒂里城。[27] 公元前 1628 年的一次火山爆发毁灭了锡拉岛，地震学家估计，那是之前 10,000 年中最猛烈的一次火山爆发。阿克罗蒂里城完全被掩埋在岩层以下，灰烬厚达 25 米。公元 79 年维苏威火山的爆发，使意大利半岛南部著名的庞贝城中的居民因窒息而死。与庞贝城的居民不同，阿克罗蒂里城的居民对火山活动十分警惕。在迄今为止发掘出的30座建筑遗址中没有发现一具尸体，只有少量个人财物，这说明居民们在火山爆发前已逃离该岛。

在一座被称为“西屋”的建筑中有一个二层房间，里面有2幅完整而美丽的壁画。其中一幅展现了由7艘大船和4艘小船组成的船队航行的场景。显然，这是一场宗教节日的狂欢，成群的民众聚集起来，乘着船从一个城镇航行到另一个城镇。这些船有着修长而优雅的船体，长长的船首从与水面几乎成45度角的位置开始，一直延伸到比桅杆还要高的地方。这些帆船在中间位置竖起一根单桅，其中一艘船上有一面成直角的帆，安装在帆的上桁与下桁之间。所有船只都由船后部的一对船舵控制航行方向，这对船舵与船的尾部连接在一起。在装饰得极其华丽的游行船只上，8个人坐在顶篷下方，花环从船首开始越过桅顶直到船尾。在这艘船和其他多艘船上都装有较低的船帆。第二幅画保存得不够完好，画中描绘了类似的船只，桨手在下面，一位持矛者站立在船首，穿过尸体遍布的海洋。有些人据此认为这是一个战斗场面，展现的或许是人们正在抵御其他岛民的突然袭击，作为背景的敌船大多在忙于追击。也有人将此视作一种祈求丰收的仪式，以牺牲的人类再现农神被溺死的场景，其依据来自与克里特人生活的其他方面的对比。

克里特文明的衰落与锡拉岛的火山爆发之间有直接的关系，不过此后仍延续了两个世纪。在克里特文明终结之际，其文化遗产传到了迈锡尼文明的手中。迈锡尼文明因伯罗奔尼撒半岛的迈锡尼城而得名，荷马以其作为阿伽门农（Agamemnon）的故乡。阿伽门农是希腊军队的统帅，曾包围土耳其西北部的特洛伊城长达10年。长期以来，人们一直认为迈锡尼和特洛伊是荷马想象出来的两座城，直到19世纪时海因里希·施利曼（Heinrich Schliemann）发现了2座城的遗址。他在迈锡尼城的遗址发掘出了许多珍宝和武器，皆归阿伽门农所有，时间可追溯到公元前15世纪，大概是在迈锡尼人开始占领克里特岛上的克诺索斯之时，却是在特洛伊战争发生时间（公元前1183年）的3个世纪之前。迈锡尼文明建立的贸易网络覆盖了爱琴海、安纳托利亚沿海地区、塞浦路斯、黎凡特和埃及，一直持续到公元前12世纪，当时其与海上民族间的联系遭到了破坏。随后，区域间的贸易和交流突然出现了衰落，但是由克里特文明和迈锡尼文明创立并维持的远距离联系则一直不绝如缕，并于公元前 8 世纪时再度恢复。

尽管与之前的克里特人相比，迈锡尼人的形象通常是粗鄙的，但是其关于船只的图像资料则十分丰富。许多装饰华丽的花瓶上都绘有带桨的帆船，携带武器的士兵站在甲板上，这证实了迈锡尼人好战的名声。这些桨帆船上也安装了单桅，上面有一面横帆，但是桨手和帆通常不会出现在同一幅画面中，因为两种动力很少同时使用。迈锡尼船只的船体通常比新月形船体更长一些。与阿克罗蒂里的船不同，这些帆船的船底不够牢固。尽管迈锡尼人偏爱展示其军事技艺，不过考古发现还是使我们更多地关注海上的和平状况。

有 2 艘船的残骸令人印象深刻，揭示了迈锡尼人与同时期的黎凡特商人之间规模巨大的海上贸易。公元前 1315 年的乌鲁博朗角船难，是迄今已知的青铜时代最悲壮的海上船难，尽管人们更多地惊叹于那些货物，而不是试图了解当时的造船业。[28] 保存在货物下面的残骸包括一部分龙骨、两端相连的船板以及用柳条编织成的船舷的碎片，但是据此尚不足以确定这艘船的大小。船只失事的地点在 20 世纪 80 年代由一名土耳其潜水员确认，这名潜水员在卡斯镇附近的乌鲁博朗角水下 40 多米处偶然发现了一堆铜块。该船可能运载了重约 15 吨的货物，此外还有重 4 吨的压舱物与 24 块石锚。现存的货物中包括大约 10 吨塞浦路斯铜块和 1 吨锡矿石，是此前在近东地区发现的青铜时代的铜块总量的 2 倍多，是该船沉没之前的 4 个世纪中已知最早的塞浦路斯铜块订单量的 13 倍。其他的物品包括产自迈锡尼和塞浦路斯的货物，其中最重要的是一块来自近东的象牙刻写板、一只黄金高脚酒杯、一件公羊头形状的彩陶饮水器以及大量珠宝。大宗的货物包括玻璃块（大多为深蓝色，可能产自黎凡特）、黑檀、雪松木、未完工的河马角和象牙制品、鸵鸟蛋、来自波罗的海的琥珀以及装有香与颜料混合物的双耳细颈椭圆土罐。船上的配件及水手与商人的个人物品（包括工具、武器、秤盘砝码和圆柱形印章）的产地，表明该船是从黎凡特驶向克里特岛或希腊本土的。

大约一个世纪之后，另一艘较小的商船在乌鲁博朗角以东的盖利多尼亚角沉没。这里的洋流强劲而变化无常，能够通过参差不齐的半露出水面的岩石形成漩涡，在古代被人们称为“给过往船只带来灾难”的地方。[29] 盖利多尼亚角沉船发现于20世纪50年代，是以陆地发掘为主的考古技术应用到水下发掘的首次尝试，也是在水下进行调查研究的一次重大进步。[30] 由于潜水员没有受过识别和移动船只及货物残骸的训练，导致许多对于了解海上文化、贸易与战争有重要作用的线索被忽略或者破坏。盖利多尼亚角沉船的船体残留部分很少，但是据估计，该船的长度可能为8～10米。船上的货物至少包括1吨青铜和锡，以及一些青铜农具、武器和家用物品，其中大多都已破碎，可能是在途中试图重复利用这些碎片。在失事地点也发现了许多金属工具，例如护身符、秤盘砝码和雕刻精致的铁制圆柱形印章等属于船主的物品。与乌鲁博朗角沉船一样，该船最有可能的航行路线也是沿着安纳托利亚海岸前往爱琴海，并于途中经过此地。其沿途停靠的最后一个港口可能是塞浦路斯，船只失事地点位于塞浦路斯东南150英里处，而塞浦路斯是古代重要的青铜生产中心。

乌鲁博朗角沉船和盖利多尼亚角沉船所载的数量庞大且种类多样的货物，不可能是运往某个港口或者是给某个商人的，不过乌鲁博朗角沉船上那些声名远扬的货物，有可能是作为贡品从某位统治者那里运送到另一位统治者那里的，或者是在进行一次商业冒险。许多古代文献中都提及了水运，而水运是以接受商家的订单为基础而形成的，正如古埃及法老订购雪松木的例子那样，这些船只可能被视作流动的市场，在各个港口之间运输货物。

海上民族与海战（公元前1200—公元前1100）

盖利多尼亚角沉船的失事发生在大约古希腊的“黑暗时代”（Dark Ages）之初，这是整个东地中海地区出现巨大变化的时期。埃及人把这种巨变归因于被其称为“海上民族”的入侵者。这是由一些起源不明的部落结合形成的群体，他们在公元前13世纪至公元前12世纪间横扫该地区，在拥有铁制工具和武器的人群从巴尔干半岛和黑海地区向南的陆上迁徙之前逃离。到海上民族的力量已经大大消耗掉时，地中海东部的政治版图已不可挽回地改变了。在希腊，皮洛斯和迈锡尼遭到洗劫；由于迈锡尼人在他们到来之前或者随着他们的到来而逃离，海上民族的队伍可能扩大了。位于安纳托利亚的内陆国家赫梯帝国被推翻，无数小一些的国家因饥荒或内战被严重削弱。在这个地区的几个大国中，只有埃及坚持了下来，尽管法老的权力已无法再扩展到迦南和叙利亚，法老对黎凡特诸港口的影响力也比以前大大减少了。

关于海上民族起源的仅有的同时代信息来自埃及人，他们共说出过 9 个不同的“国家”或群体。记录其相关信息的最早文献，是一段关于埃及人约公元前 1218 年成功抵御利比亚人入侵的记载，当时利比亚人得到了“来自各地的北方民族”和“海上国家”支持，其中 5 支力量现在可以确定位于安纳托利亚西南部、爱琴海及希腊大陆。[31] 40 年后，法老拉美西斯三世（Ramesses III）成功阻止了来自东北方向的一次入侵，入侵者包括一些相同的人。根据一座哈布城（位于底比斯）神庙中关于一场后来的争夺的记载，海上民族是造成“黑暗时代”（直到公元前 8 世纪，“黑暗时代”都严重影响该地区）开启的重要原因，但他们的迁徙可能既是当时普遍的经济、政治、人口混乱局面的一个原因，也是这种混乱局面的一个征候。

从关于帝国幸存和崩溃的记载中，我们可以很容易判断出这个巨大变化带来的更广阔的地区性影响，但在焚毁乌加里特城的大火中烧硬的泥版上隐藏的文字，让我们可以更直接地看到一个沿海小国最后的焦虑时日。乌加里特城坐落于比布鲁斯以北约 90 英里处，地处两大敌对帝国相争的边界，它在公元前 14 世纪时受赫梯帝国统治，但是其繁荣主要依赖于其在埃及、塞浦路斯与爱琴海之间的中间商角色。随着形势在公元前 12 世纪初日益危急，乌加里特城被要求提供军队，以保卫在安纳托利亚西部作战的赫梯人和卡赫美士（赫梯帝国在幼发拉底河畔的一个要塞，距离地中海约 200 千米）。考虑到乌加里特的居民只有 35,000 人，其经济适合农业与贸易，而非战斗，任何规模的征兵都必将在人力和士气方面付出高昂的代价。将这些士兵留在本国是否会使乌加里特足以自卫，这还有待商榷，但乌加里特末代国王阿穆拉比（Ammurapi）和阿拉希亚未具名统治者之间幸存的通信，暗示了入侵者打了就跑的战术和被围困者的绝望。

阿拉希亚统治者写信给阿穆拉比，向其介绍塞浦路斯的形势："20艘敌船在到达山岸之前就没有逗留，而是很快就出发了，我们不清楚他们在何处扎营。我写这封信是为了通知你，同时也是为了保护你。"[32] 阿拉希亚国王在另外一封信中建议阿穆拉比集结军队和战车，并加固城墙，"尽可能地使自己强大"。几乎是事后想起，他问道："你的军队和战车现在驻扎在哪里？他们没有与你在一起吗？若真是如此，要依靠谁把你从敌人手中解救出来呢？"在3,000多年后的今天，我们仍能感受到阿穆拉比在回信时所表现出的恐惧：

> 我的父亲，现在，敌船正在逼近，敌人烧毁了我的城镇。他们在此地行了不义之事！您不知道我父亲的所有军队驻扎在哈蒂（安纳托利亚中部），而我所有的船只都驻扎在卢卡（可能是利西亚？）。他们还没有到达，国家正四面受敌！现在，正在逼近的7艘敌船已经伤害了我们的国家。现在，如果还有其他敌船，请想方设法通知我，以便我能了解情况。[33]

这些信件是在乌加里特城废墟中发现的信件中的一部分，入侵者在抢劫时并没有将其带走。许多城邦都经历了类似的命运，然而，尽管有普遍的损毁，这场混乱的幸存者仍成功地维持了黎凡特与地中海东部、中部其他沿海地区间的海上联系。在随后而至的铁器时代的头3个世纪中，这些联系远没有之前牢固，但它们为公元前9世纪和前8世纪腓尼基人和希腊人的海外扩张提供了基础。

描述拉美西斯三世击退海上民族的哈布城铭文，提供了关于青铜时代海战的最完整的形象化记录。最早涉及这样一场海战的记载，出现于立在尼罗河三角洲的塔尼斯的石柱上，其中提到拉美西斯二世约公元前1280年战胜了"天生的反叛者夏达纳人"及"他们在海上的战船"。[34] 据记载，夏达纳人后来既为埃及人作战，又常常与埃及人交战，他们是公元前 1218 年埃及击败的利比亚人“北方”盟友中的一员。有历史记录的第二次海战的记载略为详细，这份记载保存在末代赫梯国王苏庇路里乌玛二世（Suppiluliumas II）的一封信中，时间大约是公元前 1210 年。“与我为敌的塞浦路斯战船排列成行，在海中与我交战三次。我消灭了它们，缴获了这些战船，并将其在海中烧毁。”[35] 无论这些以塞浦路斯为基地的水兵是谁，他们并没有因为这次失败失去士气，苏庇路里乌玛二世继续写道，后来他们“大批”登陆了。此后不久，赫梯帝国就灭亡了。

关于拉美西斯三世在约公元前 1176 年战胜海上民族的记录更加翔实，尽管战斗的发生地至今仍是个谜。[36] 传统的观点认为，这场战斗发生在尼罗河三角洲或其附近的某个地点，但是埃及人可能已经在迦南沿海的某个地方（可能是在阿什凯隆附近）拦截了敌军。至于那些在首次战斗中幸存的敌船，“那些出现在海上的船在尼罗河河口遭遇了熊熊燃烧的大火……它们被从海中拉上来并被包围，被扔到海岸上，被从头到尾地破坏”。[37] 在陆地上作战时，海上民族也许能够发挥铁制武器的优势，但在这次战斗中，他们选择的武器是长矛，而埃及人有射程很远的复合弓及近距离使用的抓钩。这意味着埃及人能够在远处攻击敌船，从而在相对毫发无损的情况下降低对方战斗力。当船只彼此靠得很近时，埃及人将抓钩掷到敌船的桅杆和绳索上，然后让自己的船向后退，从而使敌船倾覆。

关于苏庇路里乌玛二世与拉美西斯三世的记录合起来，在很大程度上揭示了当时船对船的战斗。其中提到了 3 种武器：火（在 2 份记录中都曾提到）、长矛（夏达纳人的武器）以及弓、投石机和抓钩（埃及人的武器）。失去控制的火是一艘船会遭遇的最可怕、最致命的灾难。如果借助顺风，火将是使敌人恐惧并摧毁敌船的一种有效手段，但是众所周知，火是不问青红皂白的，即便非常小心地用火，极微小的失误或者风向的轻微改变也会让火反过来伤害其使用者。由于这个缘故，火最好在尽可能远的距离使用。我们尚不清楚赫梯人和埃及人是怎样使用火的，但有可能是通过燃烧的箭。直到帆船时代末期的 19 世纪，大多数海战的胜负仍取决于登船作战，而船只是充当漂浮的战场。在舰炮发展之前，当船之间相距还有一定距离时，弓箭和长矛都能派上用场，但海战通常需要船之间缩小距离，这样各艘船之间可以紧挨着。像在哈布城展示的那样使用抓钩来掀翻敌船的情况十分少见。更为常见的情况是，抓钩被用来把船牢系在一起，这样攻向敌船甲板上的船员就不会掉到两船之间，不会被挤死或淹死。

在整个新王国时期，埃及人利用自己的船舶操纵能力及在沿海航道上的优势地位建立起一支有战斗力的海军，这支海军能为国内及海外的远距离战役提供后勤支援。他们也使用海军进行两栖作战，正如我们在埃及人在阿瓦里斯与喜克索斯人的战役和在幼发拉底河与米坦尼人的战役中所看到的那样。在对抗海上民族的过程中，他们有着组织、等级制指挥体系及军纪方面的优势。其敌人很可能不过是一支由不同的袭击者群体拼凑成的临时船队，非常适合在海盗式袭击中攻击较小的港口、海上商船队，但无法攻击更大的目标。直到下一个千年，拥有相当舰队、战略、战术的中央集权国家之间的海战才真正出现。

虽然拉美西斯三世击败了海上民族，但是在公元前 12 世纪，埃及对其亚洲领地的影响力削弱了。这一点在“温阿蒙的报告”（The Report of Wenamun）中得到了最好的说明。温阿蒙是位长期受苦的底比斯阿蒙神神庙代理人，他在约公元前 1050 年被派去购买雪松木，以建造“伟大而高贵的阿蒙神 – 拉神的河上驳船”。[38] 温阿蒙的叙述说明了埃及已失去了威望，也说明了政治和军事力量对保障贸易安全的重要性。温阿蒙从三角洲的塔尼斯港出发，在多尔停靠，他手下的一名船员在那里带着半千克黄金和超过 2 千克白银逃走了。当地统治者拒绝补偿温阿蒙的损失，于是温阿蒙便继续航行前往提尔，在那里，他从一艘很可能来自多尔的商船上夺走了大约 3 千克白银，然后继续驶往比布鲁斯。杰克巴尔王子（Prince Tjekerbaal）多次命令温阿蒙离开，但是温阿蒙拒绝离开。一个月后，两人开始谈判。在谈判期间，杰克巴尔提醒温阿蒙，当过去的法老向他的祖先索要木材时，他们会送上礼物和报酬。

但时代已经改变。杰克巴尔不再像他的祖先那样服从法老，他没有义务为温阿蒙砍伐树木。他指出，埃及的贸易甚至已经不像以前那样使用埃及船只，而是用黎凡特的船只。尽管温阿蒙严正声明自己的船只都是埃及的，船员也都是埃及人，但杰克巴尔认为这只是例外，而不是惯常做法。装载埃及货物的大部分船只都来自其贸易伙伴，其中来自比布鲁斯的有 20 艘，来自邻近的西顿的有 15 艘。情况可能一直是这样，但是在公元前 11 世纪，埃及船队的不足似乎是法老威望正在逐渐降低的象征。最后，杰克巴尔在获得购买其余木材的钱款后，允许温阿蒙运送 7 艘已完成的船的木材回埃及，以拿到预付款来支付剩余木材。不久之后，温阿蒙起航回国，因遇到暴风雨而偏离了航线，被迫在塞浦路斯登陆。在那里，他被误认为海盗，并被带到女王面前，他借助一名翻译为自己进行辩护。手稿的叙述到这里就戛然而止了，关于他后来遭遇的苦难，我们唯一知道的就是，温阿蒙最终活了下来，并留下了这个故事。温阿蒙的不幸遭遇反映了埃及政权在其传统边界之外势力日渐削弱。然而近东地区几个较大国家所遭受的不幸被黎凡特港口的相对繁荣抵消了。从与海上民族有关的这场动荡中幸存下来的地方统治者们夸口说，自己的船队的规模比埃及可用的船队要大得多——在埃及，在拉美西斯三世统治时期，阿蒙神 - 拉神的神庙有一支由 88 艘船组成的船队。

在地中海东部和红海海域，埃及人将继续发挥作用，但是主动权转移到了腓尼基人和希腊人的手中。他们在持续的海上殖民活动的第一阶段（对此有清楚的记录存留至今）分散到地中海各处，并试图发现大西洋和印度洋的秘密。

第 4 章

腓尼基人、希腊人与地中海

在青铜时代的近东地区遭受海上民族和其他入侵者破坏之后，接踵而至的是长达几个世纪的“黑暗时代”。而这一“黑暗时代”的终结，是以公元前 9 世纪黎凡特地区的腓尼基城邦的兴起及此后不久的希腊城邦的兴起为标志的。接着，地中海地区的海上活动之盛迅速超过了上一个千年中最繁荣的几个世纪。商人们在几乎没有或者完全没有内地贸易区和河流网络的小型自治港口城市中开展经营，他们沿着更远的海上航线往返，在整个地中海开拓越来越复杂的贸易网络。这些海上活动带来了商品、人员和文化持续不断的双向往来，不同于单向的人口迁徙或主要针对上层客户的声望商品贸易。

腓尼基人和希腊人是最早创造海上殖民帝国的民族，这些帝国的影响至今仍令模仿者受到鼓舞，使观察者为之着迷。在 500 多年的时间里，腓尼基水手和希腊水手建造或扶持了众多港口，其中许多港口在将近 3,000 年之后仍积极从事着贸易，例如提尔和西顿，迦太基（位于今突尼斯市郊）、加的斯、卡塔赫纳，比雷埃夫斯、科林斯、拜占庭（今伊斯坦布尔），马赛。他们既是最早建造专用于作战的船只并制定其使用战略的民族，也是最早建立港口综合设施以促进贸易的民族，还是最早在比地中海更远的水域进行系统性探险的民族。我们极大地受益于腓尼基人的贡献，然而尽管他们发明了后成为希腊字母与拉丁字母基础的腓尼基字母，却几乎没有留下他们自己的文字资料。希腊人对古代世界历史发展有着更明显的影响，这部分是由于他们写下了所有东西；但是他们也是从一个比腓尼基人地理分布更集中、人口更多的地方开始扩张的。单纯从海洋角度来说，他们也是最早清楚说明海洋群体与内陆群体之间的社会区别、最早意识到航海国家与内陆国家之间的严格区别的民族。

腓尼基人的地中海：提尔、迦太基与加的尔

海上民族的入侵导致地中海东部青铜时代繁荣的地区间贸易出现了长达约 200 年的近乎停滞。到公元前 7 世纪初，迦南人（腓尼基人的自称）的活动区域已缩小到一片大约相当于今天黎巴嫩的区域。南面是分别居住在巴勒斯坦的山脉地带和沿海地带的以色列人和非利士人，而阿拉姆人占据了今天的叙利亚一带。[1] 腓尼基是一片位于地中海和黎巴嫩山脉之间以及南部的阿卡（位于今以色列）和阿拉杜斯岛（今叙利亚的艾尔瓦德岛）之间的狭长地带，拥有一些极其优良的天然海港。在公元前 12 世纪和前 11 世纪的危机时，比布鲁斯和西顿保留了自己的身份特征，而提尔几乎从历史记录中消失了。然而在下一个世纪，它们的命运发生了颠倒，比布鲁斯和西顿进入了衰落期，而提尔在海勒姆一世（Hiram I）统治时期繁荣起来。[2]

提尔坐落在距离海岸半英里的一个岛上，先知以西结（Ezekiel）后来称其“位于地中海的入口”，它由一南一北两处海港和一片陆地上的农耕定居区组成。[3] 这种以港口作为城镇主要组成部分的布局十分少见。在犹大和以色列，多数港口都被认为是“女儿城”，是为向内地方向几千米处的城镇服务而建立的，这或者是因为沿海土地不适合发展农业，或者是因为沿海土地易受来自海上的袭击。[4] 修昔底德描述了希腊的类似情况，“由于海盗活动猖獗，古代城市……建立在距离海洋有一定距离的地方”。[5] 尽管提尔规模不大且依赖贸易，但提尔拥有大量有价值的资源和专门的产品、产业，包括造船所需且可供出口的松木和雪松木、金属加工业以及骨螺（可用于生产非常珍贵的淡红色染料的贝类）。同样重要的是提尔的战略位置，它坐落在几个富裕国家的边界附近，提尔商人为这几个国家提供服务。

尽管有种种优势，但提尔人依靠进口的谷物，正是因为考虑到这一状况，海勒姆一世通过谈判，为耶路撒冷的大卫（David）的宫殿和所罗门（Solomon）的神庙的建造提供原材料。[6] 海勒姆一世为大卫所做工作的细节存留很少，但是《列王纪》（Book of Kings）揭示了提尔必须提供的雪松和柏树木材，这些木材被制成木筏，然后被运到海岸。木材和小麦的交换量相当大。海勒姆一世允许所罗门 1 个月派遣 10 万人在黎巴嫩山脉砍伐树木、把木材运到海上，“每年”换回 4,500 吨小麦和 4,600 升上等油。

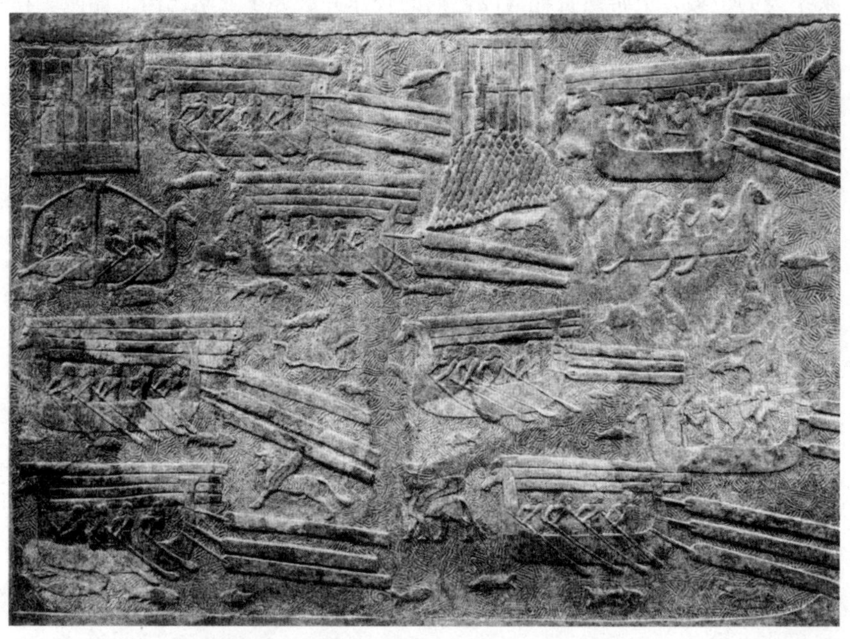

位于伊拉克杜尔舍鲁金的亚述国王萨尔贡（公元前 722—公元前 705 年在位）宫殿中的大理石浮雕，描绘了在腓尼基沿海运输雪松木的场景。这个场景使人回想起公元前 10 世纪时希伯来圣经中关于提尔的海勒姆一世运输木材给所罗门用于在耶路撒冷建造神庙的记载。船首被设计成马头形，可能类似欧多克索斯在公元前 5 世纪尝试周游非洲时发现的河马头的形状。（Photograph by Hervé Lewandowski; courtesy of the Louvre Museum, Paris/Art Resource, New York.）

20 年后，所罗门与海勒姆一世共同派遣一支船队前往俄斐和希巴购买乳香和没药，这些都是当时宗教仪式中的必需品。与埃及的蓬特一样，俄斐和希巴的确切位置都无法确定，学者们推测大概位于苏丹、也门与印度河流域之间。[7] 腓尼基人提供船只，这些船被拆散后搬运到亚喀巴湾，这支船队载着黄金、香料、象牙和宝石（令人想起迪尔穆恩、马根和美路哈的船队所载的货物）以及产自印度南部的檀香木从俄斐返航。在此后的几个世纪中，也门的亚丁港和穆哈港在东西方之间的贸易中占据了重要地位。俄斐与希巴有可能就位于也门。在所罗门死后，他的国家分裂成以色列王国与犹大王国，这些探险活动可能就随之停止了。公元前 9 世纪中叶，犹大王国的约沙法王（Jehoshaphat）试图恢复俄斐的贸易，但是根据希伯来圣经的记载，上帝谴责他与以色列的合作并破坏了亚喀巴湾的船队。在之后的几个世纪中，我们很少见到有关红海上的航运的情况，但是毫无疑问，埃及人仍像从前一样从这种贸易中获益（甚至有可能垄断了这种贸易）。尽管各国船队都十分需要腓尼基的水手，但是由于黎凡特诸城邦太小且远离红海，因而无法直接开展贸易。

提尔的繁荣在很大程度上归功于新亚述帝国（公元前 935—公元前 612）的兴起。底格里斯河上游的阿舒尔城是四方交通要道，以此为中心的亚述一度成为近东地区唯一的大国，尽管它并无直接的海洋入口及海上贸易。亚述通过征服巴比伦以打通通往波斯湾的路线，并于公元前 9 世纪 70 年代通过强迫提尔、西顿、比布鲁斯及阿瓦德等腓尼基城邦向其进贡来弥补这一不足。到公元前 8 世纪末，亚述人直接控制了叙利亚和黎凡特地区，他们已经包围了西顿和提尔，但尚未将其吞并。保持独立的代价是高昂的，在公元前 732 年，提尔人向他们进贡了多达 4,500 千克的黄金。而作为交换条件，提尔人保留了对亚述西部贸易的实际垄断权，并保持着在乌尔乌鲁克和巴比伦的代理商的地位。到公元前 8 世纪末，黎凡特诸城邦在埃及与亚述帝国的争斗中变成了一批小卒。法老鼓动提尔的卢里（Luli）发动起义，但随着提尔城的陷落，起义也失败了，卢里于公元前 707 年逃到了塞浦路斯。在之后的 2 个世纪中，提尔尽管在名义上仍然保持着独立，但是腓尼基人一直因亚述的控制而感到不安。

征服者的威胁与贸易者的需求共同决定了提尔的命运。先知以赛亚（Isaiah）在其神谕中曾提到提尔这座“充满欢乐的城市”，“人们通过双脚走到遥远的地方并定居下来”。[8] 考古发现和文献资料证实，腓尼基人是铁器时代第一批使其贸易网络跨越地中海的商人，这在很大程度上是公元前三千纪黎凡特航海传统的延续。海上民族的出现打断了地中海的贸易，远距离航线被航海家们划分成多条固定的短途航线，这些航海家在腓尼基与塞浦路斯之间以及塞浦路斯与爱琴海诸岛之间已缩小的贸易网络内航行。然而据传说，在大约公元前 1000 年时，腓尼基航海者在突尼斯的乌提卡、加的尔（今西班牙加的斯）及利克苏斯建立了殖民地。利克苏斯位于摩洛哥的大西洋沿岸，在丹吉尔以南约 90 千米处。尽管缺乏广为人知的关于早

一幅展现公元前 8 世纪时卢里从提尔逃往塞浦路斯的场景的浮雕。所有的单层甲板帆船都是双桨座战船（两侧都有桨），并装有可控制方向的橹，这些装有撞击器械和桅杆的船就是当时的战船。战士和妇女（在画面中显得更大）的出现支持了以下推断，即在亚述国王辛纳赫里布（公元前 705—公元前 681 年在位）的军队到来之前，许多人已离开提尔，这支军队来自亚述国王位于尼尼微的宫殿。（From Austen Henry Layard, *The Monuments of Nineveh: From Drawing Made on the Spot. . . During a Second Expedition to Assyria* [London: Murray, 1849], plate 81.）

期殖民活动的确切证据，但是提尔在公元前 9 世纪向西扩张的速度表明，它不只熟悉地中海中西部的海上贸易路线和市场，也熟悉欧洲与非洲的大西洋沿岸地区，腓尼基人在那里出现的时间至少可以追溯到公元前 8 世纪。

提尔人的向西扩张大多是出于贸易和商业目的，而我们可以确认的第一批殖民地，是随着艾莉莎（Elissa）和皮格马利翁（Pygmalion）对王位的争夺而建立起来的。艾莉莎（罗马人称之为狄多 [Dido]）在其丈夫死后，于约公元前 820 年逃到塞浦路斯的基蒂翁。六七年之后，艾莉莎在突尼斯湾建立了迦太基（在腓尼基语中被称作 Qart-hardesht，意为"新城"）。[9] 与其他腓尼基人的殖民地不同，迦太基似乎是真正以母邦为模板而建立的一块殖民地，也是除基蒂翁外唯一由王室成员和神职人员控制的海外殖民地。从其战略地位上看，它坐落在宽 70 英里的西西里海峡南面的海滨地带，东西方向上的航运大多都要经过西西里海峡。因此一些历史学家相信，迦太基从一开始就是腓尼基人有意建造的一个堡垒，以实现其在地中海中西部进行扩张的意图。我们很难把逃亡者艾莉莎选择了这样一个战略要地完全归结为纯粹的运气，该城的创建进一步证实了，在乌提卡附近确实曾经存在过一个古老的腓尼基人殖民地。艾莉莎逃亡的故事可能是伪造的，但建立迦太基可能是对提尔国内的紧张局势所做出的反应，抑或是为了保障地中海西部的贸易。直到公元前 6 世纪中叶，殖民地依然同母邦之间保持着密切的联系。

无疑，腓尼基人的向西扩张是为了寻找金属，尤其是撒丁岛的铁和西班牙的锡与银。到公元前 8 世纪 60 年代，提尔的商人在西班牙南部的大西洋沿岸的群岛上建立了据点。在腓尼基人到来之前，该地区一直被其他势力占领，而且很久之前沉积的淤泥已将这些岛屿与大陆连接了起来，因此该地区的文化遗存十分复杂。"加的尔"（Gadir）在腓尼基语中的意思是"城堡"或"要塞"，而罗马人称之为"加得斯"（Gades），后来演变为"加的斯"（Cádiz）。[10] 加的尔最引人注意的特点，就是它靠近瓜达尔基维尔河和里奥廷托，由此可以到达莫雷纳山脉和韦尔瓦的银矿区。自青铜时代以来，该地区一直都在开采银矿、金矿和锡矿，而韦尔瓦的矿冶业在大约公元前 7 世纪时大为发展，原因可能是腓尼基人对白银需求量的增加。正如一位历史学家所说，“只有极高的利润率才能解释加的尔偏离中心的位置”，所指的就是它距离提尔达 2,000 多英里，在大西洋海滨的直布罗陀海峡之外并没有其他的主要贸易伙伴。[11] 当然，用船运载橄榄油、香料、香油、纺织品和珠宝等腓尼基人和希腊人的出口商品是一个长久的办法，现存的证据可以证实这一点。到公元前 8 世纪末与公元前 7 世纪初，腓尼基人开始沿着西班牙东南部的安达卢斯沿海地区、巴利阿里群岛中的伊维萨岛和马耳他进行殖民。腓尼基人的船只也曾到达葡萄牙的沿海地区，而加的尔人则向南航行到毛里塔尼亚和卡纳里群岛之间鱼类资源丰富的海岸，那里距离加的尔有大约 4 天的航程。非洲沿海地区最重要的殖民据点是位于摩洛哥北部的卢克科斯河河口的利克苏斯，卢克科斯河的重要地位缘于其流经阿特拉斯山西部，那里盛产黄金、象牙、盐、铜和铅。腓尼基人更是到达了更南边的摩加多尔岛（位于摩洛哥的索维拉附近），距离直布罗陀海峡约 380 英里，那里的主要生产活动是捕鱼和捕鲸。

在公元前 7 世纪末衰落的新亚述帝国与正在兴起的新巴比伦帝国之间激烈的争斗之后，提尔人在近东的远洋贸易网络中依然扮演着重要角色。先知以西结在被囚禁于巴比伦时，用文字详细记录了提尔的进口商品。与 4 个世纪之前的海勒姆一世时期一样，以色列出产“小麦、粟、蜂蜜、油和香油”。[12] 但实际上，他提到的其他所有物品都是高价的奢侈品，包括产自塔尔施什（可能是提尔的一个海外殖民地）的银、铁、锡和铅，产自伊奥尼亚和安纳托利亚中部的奴隶和青铜雕像，产自亚美尼亚的马，由罗德岛商人带来的象牙和黑檀木，产自内盖夫沙漠的绿松石、亚麻布、刺绣服装、珊瑚和红宝石，产自叙利亚的葡萄酒和羊毛产品，产自阿拉伯半岛的桂皮、铁、鞍褥、羔羊和山羊，产自也门和非洲的香料、黄金和宝石等。以西结也描述了提尔人用来建造和装配船队的各种材料，包括从黎巴嫩和东黎巴嫩山搜集的雪松木、冷杉木和橡木，以及从埃及搜集的塞浦路斯松木和亚麻帆布，其船员和造船工匠则来自西顿、阿瓦德和比布鲁斯。总之，提尔人的贸易网络几乎覆盖了整个近东地区和地中海地区。

就其全部的贸易活动而言，腓尼基人并没有垄断地中海的贸易。关于希腊人（可能也包括塞浦路斯人）等其他商人的活动，最重要的证据来自阿尔米纳，它位于今叙利亚与土耳其边界线正北方的奥龙特斯河河口，是一个中立的贸易中心。[13] 这个港口可能是只能供人们登陆的一片海滩，在公元前 12 世纪时一直处于泛滥区，直到后来腓尼基人使之复兴。许多人相信，阿尔米纳是黎凡特地区第一个希腊人经常光顾的港口。因此人们也相信，东方的金属加工技术、宗教、文学和文字等是由此传入希腊世界的。在那里发现了最早的希腊陶器（公元前 800 年），似乎是希腊商人的一个汇聚之地，其中许多商人来自“以其船只而闻名”的埃维厄岛。[14] 同时，那里似乎也是铁器时代的希腊第一波海外扩张的起点。

荷马与希腊的海上扩张（公元前 8 世纪）

迈锡尼文明之后的希腊最古老的船只图像，来自埃维厄岛上发现的公元前 9 世纪末的一只罐子。虽然腓尼基人在当时以擅于航海而著称，但是这一证据表明，来自埃维厄岛的水手也参与了地中海的贸易。更令人信服的证据，也许是以腓尼基字母为基础而创造的希腊字母的迅速传播。在黎凡特以外的地区，一些最早的腓尼基文献在腓尼基人的贸易路线上被发现（如公元前 10 世纪的塞浦路斯和克里特岛、公元前 9 世纪的西西里岛和撒丁岛），已知的 2 件最古老的希腊文作品样本并非来自希腊内陆或岛屿，而是来自埃维厄岛的商人到访过的意大利南部地区。因此，希腊字母的传播必须要归功于公元前 9 世纪的埃维厄岛的商人，他们频繁地穿梭于地中海东部。可以说，希腊字母是古代希腊世界体积小、价值大且最富变化的产品。

在那不勒斯湾的皮色库塞岛（即伊斯基亚岛，埃维厄岛商人的一个转口港）上，发现了一只刻有文字的水杯，时间可追溯到大约公元前 775 年。上面的文字是：“涅斯托耳有一只上好的水杯，但是任何用这只水杯饮水的人，不久都将被渴望美丽的阿芙罗狄忒抓走。”[15] 这只水杯的有趣之处不仅在于它很古老，而且它类似于或者就是在暗指荷马在其史诗中所写的“涅斯托耳的水杯”。好几座希腊城市都宣称是荷马的故乡，其中大多位于安纳托利亚的伊奥尼亚。然而，对《伊利亚特》(*Iliad*）和《奥德赛》（*Odyssey*）的文本和语言分析表明，荷马来自埃维厄岛，生活在公元前 8 世纪初期。荷马史诗的背景是特洛伊战争。在公元前 12 世纪中叶发生了许多重大的变化，使迈锡尼、赫梯和黎凡特的宫廷经济出现了剧烈震荡。荷马史诗便是把更加繁荣的迈锡尼时代的遗产，错误地同那些反映公元前 8 世纪的现实生活的细节结合在一起，荷马时代的读者生活在人口减少、技术衰退且相对孤立的几个世纪中。

荷马笔下的腓尼基人（希腊人怀着嫉妒和不信任的心理看待他们），对于理解当时的航海活动尤其具有重要意义。当时埃维厄岛居民可能已经出局，腓尼基人便开始负责维持并复兴后迈锡尼时代黎凡特和希腊之间的贸易，并把希腊商人送到更西边的陆地。荷马对腓尼基人的描述，反映出对他们的成功及其与非希腊人为了控制地方贸易而进行的争斗的不满。与荷马几乎同时的先知以赛亚写下了关于提尔的故事，“它的商家是王子，生意人是世上尊贵的人”，但是在爱琴海沿岸，腓尼基人却是难对付的顾客，常常掠取奴隶。[16] 奥德修斯（Odysseus）在返回伊萨卡岛后，与自己的老侍从欧迈俄斯（Eumaeus）相互讲述各自的经历，他讲述了自己在埃及度过的 7 年时光。他从一个腓尼基人那里“积累了一些财富”，他称之为“一个恶棍和年老的骗子，他已经给世界造成了许多损失”。[17] 并说自己帮助他“装一船货物到那里贩卖，但实际上他却在那里把我给卖了，并发了大财”。[18] 欧迈俄斯则讲述道，他在年幼的时候被腓尼基人拐卖了，当他们在伊萨卡岛抛锚后，他从他们手中逃脱出来。为了获取奴隶，进行这种海盗式的袭击的并不仅仅是腓尼基人。甚至连穷困的猪倌欧迈俄斯都拥有一名奴隶，他“为自己购买了这名奴隶”，“从塔非海盗手中买来，用自己的货物与他们交换”。实际上，根据修昔底德的描述，海盗活动在古希腊“非但不被视为可耻的，反而被认为相当光荣”。[19]

尽管《伊利亚特》主要叙述在特洛伊进行的陆上战役，但其中仍描述了荷马时代相当数量的船只及其管理状况。通常，大型船只靠人力划动，船员们坐在放置于船体上的长凳上，荷马称之为“空心船”。通常来说，不同船只仅在运载的桨手数量上有所不同，荷马描写了拥有从 20 名、50 名到 100 名不等的桨手的船只，在公元前 12 世纪至公元前 8 世纪间的花瓶上也描绘有船只的图像。[20] 桨的数量大体上与船员总数相当，除此之外也载有其他人员。皮奥夏人的船队包括 50 艘船，每艘船上约有 120 名男子。我们从荷马的"船只目录"中可以了解到上述情况，其中记录了在特洛伊的 1,186 艘希腊船只上的船长和船员（按照其所属市镇或地区为序）。[21] 然而荷马史诗中既没有描写两船对战，也没有描写船队作战，因为在特洛伊的船只本质上是运兵船，由帆和桨交替推动。当他们的船只驶入海港时，荷马描述了全体船员的活动：

> 队伍进入深水港的时候，他们收帆，
> 把它放在黑色船中，又很快拉大索，
> 把桅杆放下，摆在支架上，再用桨把船
> 划到停泊处，他们随即把石锚扔下去，
> 把船尾索系紧，然后登上海岸。[22]

这是位于避风海湾中的一个简陋着陆点，当出现持续时间较长的恶劣天气时，船只需要被拖到岸上，用木材或石块来加以支撑。

尽管在特洛伊有大量的船只，但是当时的船只普遍较小，只需要少量船员，多以船帆（多数船只仅装配 1 面帆）而非桨手作为动力，与古希腊文学作品中关于最早的造船业的描述相似。当荷马开始创作《奥德赛》时，主人公是卡吕普索岛上一名真实存在的囚犯，他的船员全部牺牲了。在女神雅典娜的帮助下，奥德修斯自己砍树并制成船板，造出了一条小船。他在船板上钻孔，"把钉子敲进去，用钉子和关节把它们锁住"。[23] 这就是古代地中海地区的卯榫连接技术。[24] 我们尚未证实船板究竟是用卯榫加以连接，还是被缝合起来，抑或二者兼有。由于船体的外壳是完整的，奥德修斯通过闭合的船架使船体更加坚固，装配了 1 根桅杆，并用前后桅支索来支撑。奥德修斯在顶部固定了 1 根单帆桁，单横帆就安装在顶部，船只通过桨或边舵来改变航向。

荷马记述了奥德修斯从卡吕普索岛出发航行了 17 个昼夜，并简单介绍了一种当时的水手所应掌握的天文观测方法。奥德修斯飞速穿过夜色中的大海，通过参照昴宿星、牧夫星座尤其是大熊星座来保持正确的航线。“光明女神告诉他那些星星的位置，他穿过地中海奋力向港口前进。”[25] 由于当时希腊人的船只干舷低矮且缺乏甲板铺板，不免要经受风吹雨打。如果可能的话，水手们更愿意在夜间登陆，但白天长时间的航行是十分常见的。

自古代以来，学者们努力将奥德修斯的旅程与地中海上的实际路标进行匹配。但遇到的一个困难就是荷马作品中的不确定性，许多实际的地名（如特洛伊、雅典和西顿）与虚构的、未知的或仅凭其居住者（如以落拓枣为食的人、独眼巨人或女妖斯库拉与卡律布狄斯）进行识别的地点任意地混合在一起。荷马还使用了更早的故事中的地理格局，例如“伊阿宋和阿尔戈”的故事（他称之为“传唱于世”的故事，在当时已广为流传），情况因此而变得更加复杂。[26] 这个故事发生在黑海，在近东地区的史诗《吉尔伽美什》等作品中早已存在，只是将其移植到了西方。从奥德修斯的角度来看，这种重新定位是可以理解的，因为伊萨卡岛位于希腊的西海岸之外。[27] 这也与荷马在埃维厄岛的读者的新定位一致，包括地中海西部的海上贸易者，他们带回了对新发现的陆地和民族或真实或充满偏见的评价。

埃维厄岛西进先驱们的第一个殖民据点是皮色库塞岛。[28] 在那里，来自卡尔基斯的殖民者开展铁器贸易，从伊特鲁里亚人的厄尔巴岛进口矿石。皮色库塞岛并不是希腊人唯一的一块飞地，那里的腓尼基人大约占总人口的 15%。到大约公元前 740 年，殖民者与伊特鲁里亚人的关系一直十分友好，希腊人则定居在库迈（位于那不勒斯附近）的陆地上。不久，其他殖民者接踵而至，尤其是在意大利南部的雷吉翁（今勒佐卡拉布里亚）、塔拉斯（今塔兰托）及西西里岛。这些殖民地位于希腊与伊特鲁里亚之间的航线上，而不是在地中海西部，其建立者来自不同的城市，当时地中海西部是腓尼基人的势力范围（希腊人和腓尼基人分别占领了西西里岛东面和南面的沿海地区）。

公元前 8 世纪末，持续数十年的战争毁灭了卡尔基斯和埃雷特里亚等城市，希腊人扩张到了一批新生的城邦，尤其是位于连接伯罗奔尼撒半岛和希腊北部的地峡处的科林斯。为了避免绕道伯罗奔尼撒半岛，许多贸易者常常把地峡当作一条捷径，从萨罗尼克湾（又称埃伊那湾）经陆路到达科林斯湾。为此，科林斯的僭主佩里安德（Periander）建造了一条穿过地峡的长6千米的船道（diolkos），[29]可能是在原有水道的基础上加以改进的，并继续使用了上千年之久。9世纪时，拜占庭帝国的海军经由这条水道以100艘战船对穆斯林的拉古萨城进行围攻。事实上，佩里安德原本计划以此作为一条备用的运河，公元1世纪时罗马帝国皇帝尼禄（Nero）也曾尝试过，最终于1893年被切断。

走出地中海（公元前7世纪—公元前5世纪）

古代地中海水手的活动范围绝不仅仅局限于地中海。腓尼基人很早便穿过直布罗陀海峡，在从里斯本到利克苏斯之间的大西洋沿岸建立了一系列港口，其中有好几次环绕非洲或前往西北欧的航行留下了可信的记录。与腓尼基人只向东面扩张不同，希腊人也向北扩张到黑海，可能是以此作为其最后的据点。最初，他们把黑海称作"不友好的"或"不好客的"（Pontos Axeinos），但是后来则称之为"友好的"（Euxeinos）。[30]黑海南北长约290海里，东西长约540海里，在南面与东面，海岸延伸到希腊北部、土耳其和格鲁吉亚的山区，而北面和西面则是一望无际的干平原，以及俄罗斯、乌克兰、罗马尼亚和保加利亚广阔的下游平原，伏尔加河、顿河、第聂伯河和多瑙河成为北欧与东欧之间交流的通道。

在大约公元前700年，黑海沿海的当地部落把安纳托利亚拖入了混乱状态之中。公元前652年，这些部落洗劫了吕底亚王国的首都萨迪斯城，并袭击了伊奥尼亚众多的希腊人城市。在巨大的压力之下，伊奥尼亚的希腊人开始向外寻找可重新定居的安全地带。长期以来，伊奥尼亚各城市只对爱琴海北部、达达尼尔海峡和马尔马拉海感兴趣，而米利都人则于公元前7世纪在黑海建立了第一块永久性殖民地，位于今天乌克兰的第聂伯河与布格河河口的别列赞岛。[31]自古以来，人们一直认为这一波殖民大潮的动力是为了寻找谷物和黄金等金属。根据公元1世纪的地理学家斯特拉波（Strabo）的记载，在科尔基斯（今格鲁吉亚）有大量黄金。科尔基斯人从帕西斯河的水中获得黄金并用羊毛绑紧，“伊阿宋和金羊毛”的故事就是以此为基础产生的，许多学者反复强调这一点，这也是今天格鲁吉亚文化的一个组成部分。然而事实上，在科尔基斯并没有发现黄金。直到 3 个世纪之后，当米利都人在别列赞岛立足后，希腊的金匠才到达那里。当时，他们用进口的黄金制作饰品，这些手工艺品可能作为贡品献给当地的统治者，以换取他们在沿海地区定居的权利。米利都人在黑海建立了 17 块殖民地，成为重要的贸易中心。位于别列赞岛附近的奥尔比亚靠近中欧。据说，西奥多西亚（今乌克兰费奥多西亚）的港口可以容纳 100 艘船。[32] 蓬吉卡裴（今乌克兰刻赤）位于克里米亚半岛粮仓附近的亚速海，承担着米利都与希腊（尤其是雅典）之间长达 300 年之久的繁荣贸易。爱琴海各城市出口青铜制品、陶器、葡萄酒和橄榄油，以换取黑海的物产。

希腊人同时也向北非迁徙，尽管人数并不多。在大约公元前 630 年，人口压力迫使殖民者离开锡拉岛，并建立了昔兰尼殖民地，位于利比亚的班加西附近。昔兰尼逐渐发展壮大，从而遭到埃及人的入侵。埃及人的失败导致了国内战争的爆发，尽管拥有 30,000 名卡里亚和伊奥尼亚的希腊人雇佣兵，法老还是失败了。这些雇佣兵是在公元前 7 世纪首次被雇用的，公元前 620 年，法老普萨美提克（Psammetichus）命令他们驻扎在位于尼罗河三角洲的首都塞斯附近的瑙克拉提斯。瑙克拉提斯成为一个主要的谷物港口，但是一如往常，无形的东西也在传播着，其中最重要的是埃及人的宗教建筑、神庙情结和雕塑的影响，从而开启了希腊人始于公元前 6 世纪初期的相关实践。

埃及人依然像从前一样依赖大海，希罗多德记述了普萨美提克的继承者尼科二世（Necho II）所采取的 3 次海上行动，包括在尼罗河和红海之间开凿一条运河、建立一支红海舰队以及尝试环绕非洲的航行。[33] 开凿运河是为了方便红海与尼罗河（而非地中海）之间的贸易，但是直到一个世纪之后的波斯国王大流士一世（Darius I）统治期间才完成。尼科二世停止了这一项目，因为“一份神谕警告他，他的工程将只对野蛮人（即非埃及人）有利”。[34] 到那时，这项工程已经令 12 万名劳工丧命。希罗多德写道：“接着，他将注意力转向战争。他建造了三桨座战船，其中一些游弋在地中海，另一些则在阿拉伯湾（红海）巡航，那里的码头至今仍存。如有机会，他就会使用这支新舰队。”尼科二世很可能也试图保护红海上的航运免受海盗的袭击。这些船是否由希腊人、腓尼基人或埃及人建造并充当船员，我们尚不得而知。但毫无疑问的是，在瑙克拉提斯有可供使用的希腊船员和造船者。提尔人参与红海上的探险有很多先例，腓尼基商人对他们的邻居亚述人及巴比伦人的反感，可能让许多人相信他们可以在那里获得财富，就像他们的祖先那样。

希罗多德被指责轻信，尤其是他对在尼科二世的命令下进行的环绕非洲的航行的叙述。但是，他同时又是一名敏锐的观察者和忠实的记录者，他曾在黑海和爱琴海、美索不达米亚、黎凡特、埃及以及希腊和意大利的大陆旅行过数千英里。作为一名在安纳托利亚西南繁忙的卡里亚海港哈利卡纳苏斯（今土耳其博德鲁姆）出生的人，他在海上度过了大量的时间，完全了解当时的船只和水手能做什么。根据希罗多德的叙述，环绕非洲的航行需要花费 3 年的时间，在此期间，水手们每个秋天都要停下来种植庄稼，作为来年的粮食。他还难以置信地讲述了，在水手们从东到西的航行过程中，他们是如何让太阳在他们右侧的：

> 腓尼基人从红海出发，航行到南面的（印度）洋面。每年秋天，他们都在利比亚（非洲）海岸停靠，在那里开垦一片土地并播种，等待来年的丰收。在获得谷物后，他们再继续航行。整整 2 年后，到第三年的时候，他们在航行途中绕过赫拉克勒斯柱（直布罗陀海峡），返航到埃及。我本人不太相信这些人的陈述，但是有人可能会相信。他们向西航行，绕过利比亚的南端，太阳一直在他们的右手边，即他们的北面。[35]

最后的这一处细节使人们相信这个故事的真实性，因为当沿着非洲南部海岸从东向西航行时，太阳的确是在右侧，亦即北面。尽管许多人认为希罗多德的叙述是丰富想象的产物，但人们花费了 2,000 多年的时间才完成的另一次这样的航行，事实上可能并没有超出古代的范围。假设每年有 2 个丰收的季节（共计 4 个月），环绕非洲的航程共约 16,000 海里，因此每天的航行里程应不少于 20 英里。在这个故事之后，希罗多德又讲述了一个公元前 5 世纪时环绕非洲航行的失败的例子。波斯国王薛西斯（Xerxes）的表弟撒塔司佩斯（Sataspes）因强奸罪而被处以死刑，如果他能够逆时针环绕非洲航行一周（即从埃及出发，经过赫拉克勒斯柱然后向南航行），就可以获得缓刑。撒塔司佩斯沿着非洲的大西洋沿岸航行了好几个月，但是被迫返回，因为“他的船只搁浅，无法继续向前航行”。[36] 在如此简略的记述中，我们无法知道他已经航行了多远，但可以确定的是，几内亚湾的逆流和逆风必将成为古代方形帆船前行的障碍。我们几乎可以肯定，作为一名波斯贵族的撒塔司佩斯是缺乏航行的必要经验的，更不必说完成这次航行了。无论撒塔司佩斯为自己的失败找到了什么样的借口，薛西斯都无动于衷，而将他钉在了尖桩上。

其他的资料中也记载了类似的航海活动。在撒塔司佩斯所处时代的不久之前，一位名叫汉诺（Hanno）的迦太基商人曾航行到摩加多尔南部，甚至远至毛里塔尼亚的朱比角（27° 58′ N），更有可能到达了塞内加尔沿海的塞尔内岛（16° 45′ N），甚至是几内亚湾的喀麦隆沿岸。[37] 来自公元前 6 世纪的马西利亚（今马赛）的一本“水手指南”（periplus）意味着，有水手曾到达西班牙西北的菲尼斯特雷，其中也提到了阿尔比恩（即英格兰）。公元前 5 世纪的水手希米尔克（Himilco）在直布罗陀海峡北部航行了 4 个月，可能到达了布列塔尼或英格兰南部。[38] 公元前 4 世纪，一位名叫皮西亚斯（Pytheas）的马西利亚裔的希腊航海家，在不列颠群岛的比斯开湾进行了探险，他也许到达了更北方的未知陆地，这次航行将在第 9 章中进行讨论。然而，大多数地中海的水手仍然只在故乡周围的海域内航行，以使他们的贸易、航海技术尤其是船只日臻完美，柏拉图（Plato）称之为“就像池塘中的青蛙”。[39]

三桨座战船

关于公元前 1000 年至公元前 400 年间的商船的考古发现十分稀少，

尽管货物残骸能够提供关于贸易和商人的有价值的线索，但大多数船体已经消失，残存物对于我们了解造船技术的作用也不大。尽管当时的战船没有保留下来，但这些战船曾经是公元前一千纪中最大、最复杂的船只，在今天也是研究的热点。腓尼基人和希腊人最早对商船和战船加以严格区分，在战斗中不是将船只作为运输士兵的工具，而是由双方船只进行近距离水上作战的观念，在大约公元前 9 世纪就已经出现了。这一时期出现了最早的撞角的图像证据，可能是起源于向前延伸的船只龙骨，后来演化为覆盖一个沉重的青铜装置，从而在本质上相当于一枚极具力量、速度与打击力的鱼雷，能够击穿敌船。现存唯一的撞角发现于阿斯利特附近的以色列沿海，时间可追溯到公元前 2 世纪，长 2.25 米，安装了一个由雪松木、榆木和松木制成的支架。为了支撑撞角（在阿斯利特发现的撞角重达 465 千克），并防止装有撞角的船只在撞击其他船只时破碎，船体必须造得非常坚固。

这一时期最大的船只是五十桨帆船（penteconter），搭载有 50 名桨手。一侧有桨手的桨帆并用的战舰长 20 米（或者更长），这种笨重而难以移动的船只用作防卫，只能成为又一个袭击目标。因此，我们在同一时期发现了一种两侧都有桨手的船只——双桨座战船（bireme），也就不足为奇了。这种船的两侧各有一排人数相等的桨手，一排桨手的长度大约相当于船体的一半。这些更为坚固的船只能够支撑一块更高的甲板上的步兵、弓箭手和持矛者，他们可以保护桨手并进行攻击。在正常巡航时，桨手可能在更高的甲板上划船，而低处只在战斗时使用。公元前 8 世纪的图像中描绘了两侧都有桨手的船只，但是第一艘真正的双桨座战船出现在尼尼微的浮雕上，展现了提尔的卢里逃往塞浦路斯的场景。画中描绘了两侧的桨手，低处的桨伸出切入船体的左舷（皮套露出水面），而高处的桨则与船舷上缘齐平。桨手们并不是直接坐在其他人的上方，而是交错排列，以降低船只的重心。

到公元前 7 世纪，在双桨座战船的基础上，三桨座战船（trireme）很自然地诞生了，即在第三层甲板上增加了一排桨手。[40]（“trireme”一词源自拉丁语，意思是“三人划桨”，古希腊和古罗马的水手使用希腊语词汇“trieres”，意思是“三人配合”。[41]）当时最常见的战船是三十桨帆船（triaconter）和五十桨帆船，在公元前 6 世纪的图像中有所描绘。而三桨座战船所载的桨手数量大体上是固定的，桨手们以固定的队形排列，最低一排和中间一排每侧坐 27 名桨手，分别被称作下层桨手（thalamian）与中层桨手（zygian），最高一排每侧有 31 名桨手，被称作上层桨手（thranite），共计 170 人。与双桨座战船一样，桨手们交错而坐，中层桨手位于下层桨手的前上方，而上层桨手则位于中层桨手的前上方。为了留出水面以上的高度（约 1.5 米），下层桨手离水面只有 0.5 米，上层桨手则依靠舷外支架作为支撑。

在雅典，由最富有的公民担任三桨座战船的司令官，代表国家负责战船上的各种装备，并支付船员的报酬。同时，这个头衔意味着“三桨座战船的船长”，如果司令官缺乏航海经验，就由专业人员来操控。除了桨手，三桨座战船上还有吹笛者和击鼓者、瞭望员、水手长、掌舵人及一队步兵、弓箭手和持矛者，后者的人数根据可用的人力和首选的战术决定。在公元前 480 年的萨拉米斯战役中，雅典的战舰可运载大约 10 名水兵，而波斯的战舰可运载 30 名水兵。雅典水兵人数之少可能反映了舰队巨大的人力消耗，需要多达 34,000 名桨手，其中许多都是从同盟国招募来的。后来，雅典人把三桨座战船最上层的甲板加宽，以容纳更多的水兵，这是一个进步，在下层桨手的周围也安装了防护装置。

三桨座战船或者排成一字形航行（即从船首到船尾成一条直线），或者并排航行（即肩并肩）。前者是标准的巡航队形，后者则是准备投入战斗的队形。尽管三桨座战船上装有 1 根船桅（到公元前 5 世纪时已经出现了有 2 根船桅的船），但当船只一直向前划行时，可能并没有使用船帆。因为即使风从船只的正后方吹来，船只也会严重倾斜。在完全依靠桨手划行的情况下，船只能够拥有惊人的航速。[42] 修昔底德记录了一次从比雷埃夫斯到米蒂利尼的航行，一艘三桨座战船进行了长达约 24 小时的航行，航速达 7.5 节。色诺芬（Xenophon）则记录了从拜占庭到黑海上的赫拉克利亚之间的一段长达 129 英里的航程，平均航速约为 7 节。一艘名为“奥林匹亚号”（*Olympias*）的三桨座战船的仿造船在其处女航中的航速达到了 7 节。(三桨座战船比五十桨帆船的航速要快 30%，而五十桨帆船是那些缺乏原材料和人力的弱小城邦常用的战船。)

实际操作对于完善三桨座战船的战术是必不可少的，这不但要求每一艘船上桨手的动作要协调，而且要求不同船只之间的配合也要协调。[43] 作为一种防御措施，战船可以将其撞角朝外，排列成环形，而对此最佳的进攻方法，就是在敌船周围围成一圈，这种战术被称为“围攻”(periplous)。另一种“围攻”的形式，是在追击的敌船周围环绕，攻击其船首和船尾。此外还有一种特殊的战术，被称作“穿行而过”(diekplous)，即并排航行的战船排成一队穿过敌船的防线，以避免船尾受到攻击，因为船尾是三桨座战船最脆弱的部位。

与其他任何时代一样，古典时代的海上强国既依赖大量的自然资源和人力资源，也依赖在海上运用这些资源的理论基础。维持一支海军需要大量公民的支持，正如在公元前 460 年伯罗奔尼撒战争开始时，政治家伯里克利(Pericles)向雅典人略带夸张地提醒道：“与其他一切东西一样，航海技术也是一门艺术，不是人们在空闲时间里就能学会并精通的。实际上，它需要人们像对待其他事情一样，不遗余力地去做。”[44] 雅典人相当清楚这一点。在波斯人第二次入侵希腊的 20 年前，他们既有金钱和原材料，也有动机去打造一支地中海东部最强的、训练有素的舰队。叙拉古(又称锡拉库萨)和迦太基的海军可能与雅典人的海军实力相当或者略强，而波斯人的海军实力可能要令雅典人及其同盟相形见绌了，其船只是从不同等级的臣民那里征发而来的，并由外国军官进行指挥。但这并不能说明波斯入侵的结果永远是毋庸置疑的，因为它确实发动了入侵，而希腊的胜利则是由混乱的政治活动、波斯人在战略上过于自负以及巧妙设计的战术等多种因素共同促成的结果。

希波战争

公元前 559 年，新巴比伦帝国被阿契美尼德王朝(公元前 550—公元前 330)的建立者居鲁士大帝(Cyrus the Great)推翻。该王朝兴起于伊朗西南部一个名为“波西斯”（Persis）的部落，“波斯”（Persia）这一名称便来源于此。10 年后，居鲁士成为伊朗北部的米底人的国王，到公元前 525 年，他征服了埃及、吕底亚及伊奥尼亚的希腊城邦，直到公元前 499 年，伊奥尼亚人才接受了波斯人的统治。当时，居鲁士的继承者大流士一世正准备远征纳克索斯岛，它是基克拉迪群岛中最大的岛屿，大概位于伊奥尼亚与伯罗奔尼撒半岛的中间。米利都召集其他伊奥尼亚城邦共同反抗波斯人的统治，但是希腊本土各城邦的反应并不积极。斯巴达是实力最强的城邦，派出了一艘三桨座战船调查情况。雅典和埃雷特里亚是仅有的两个提供实质性帮助的城邦，分别派出 20 艘和 5 艘战船。用希罗多德简短的总结来说就是，每一艘战船“对于希腊人和野蛮人而言都是罪恶的开端”。[45]

雅典人穿过了爱琴海，进军到萨迪斯，并在仓皇撤退之前放火将其烧毁。伊奥尼亚人只有 353 艘三桨座战船，无法与拥有 600 艘战舰的波斯舰队抗衡。波斯人的舰队由腓尼基人、埃及人和卡帕多西亚人的三桨座战船组成，这支舰队曾经在公元前 494 年袭击过米利都。在一场发生在拉德岛附近的战役中，少数没有投降的米利都人的战船被摧毁或俘获，伊奥尼亚人的反抗实际上也宣告结束了。波斯人继续在达达尼尔海峡周边肃清残敌，征服了海峡两岸的多个希腊城市。尽管战事十分顺利，但由于萨迪斯被毁灭，大流士一世发誓要惩罚雅典人。“他命令一名仆人不断对自己说，‘主人，请记住雅典人’。无论大流士是坐着还是在进餐，仆人都要连说三遍。”[46]公元前 491 年，波斯人在大流士的女婿马铎尼斯（Mardonius）的指挥下第一次入侵希腊。马铎尼斯的军队在渡过达达尼尔海峡之后向南航行，决定拿下埃雷特里亚和雅典。军队在欧洲大陆登陆后，波斯舰队沿着海岸向南航行到阿陀斯半岛（阿克特半岛）附近令人生畏的海角。在这里，一场暴风雨造成 300 艘战船沉没，20,000 名水手被淹死。波斯人在色雷斯也遇到了阻碍，尽管他们最终仍处于有利地位，但马铎尼斯决定回国。

波斯人如果继续追逐其最初的目标，面对有组织的抵抗一路就会势如破竹。雅典和埃伊那岛是长期的对手，已经交战达 15 年之久。当时，埃伊那岛人刚刚挫败了由雅典人和科林斯人组成的舰队。正是在这一背景下，大流士发动了第二次远征。希罗多德提供了一些关于波斯人“海军部队”的构成的信息，它包括“所有的战船以及从不同族群的臣民中征发而来的士兵，包括大流士在1年前从附庸国征募的运输马匹”，“600艘坚固的三桨座战船以及船上的军队向伊奥尼亚进发”。[47] 这一次，波斯人直接穿过爱琴海，“可能是因为指挥官们对阿陀斯半岛周围的航道感到恐惧”。但是他们也有军事上和政治上的优势。在征服纳克索斯岛之后，波斯人在埃维厄岛登陆，准备袭击阿提卡。在距离雅典42千米的马拉松平原上，雅典人和普拉提亚人发起反击，俘获了7艘敌船。波斯人重新进行部署，试图由海路攻击雅典，但当时他们的船只在法勒隆海滩搁浅，而雅典军队已经从陆路返回，波斯人便撤退了。

大流士策划了对希腊新一轮的入侵，但是由于在埃及发生的起义和围绕继承人问题的争端（最终以他的儿子薛西斯的胜利而告终）而被迫推迟。在薛西斯镇压了埃及的起义之后，他的顾问们（包括生活在帝国都城苏萨的被流放的雅典人）鼓动他重新向雅典发动战争。薛西斯的叔叔阿尔达班（Artabanus）指出，国内的主战派低估了希腊人抵抗的能力和决心，但薛西斯不顾劝告，集结了一支由1,207艘三桨座战船和1,800艘运输船组成的军队。与往常一样，驾船工作大多是由腓尼基人、埃及人、伊奥尼亚人和希腊内陆人负责的。希腊内陆人更愿意同世界上最强的帝国结盟，以打击与他们相争的同族。人们估计，为波斯人战斗的希腊人可能与反抗入侵的希腊人数量相当。

舰队的规模证实了阿尔达班的忧虑，即波斯最强大的敌人并不是希腊，而是海洋和陆地。“因此，就我所知，没有足够大的港口能够容纳我们的舰队，使之在暴风雨到来的时候获得保护。实际上，这样的港口只有一个也是不够的，而是必须有许多个，我们可以由此起航。但是连一个也没有。”[48] 阿尔达班出色地完成了后勤准备工作，包括物资、战马和牲畜的调配以及两项巨大的工程。其中之一是在达达尼尔海峡用船只搭建起2座桥（完成于公元前480年5月），以便军队能够从亚洲前往欧洲。[49] 由于水流的速度至少有4节，因此在达达尼尔海峡用船建造一座桥是一项相当巨大的工程，不过这种想法倒并不新鲜。大流士在公元前 512 年攻打斯基泰人期间，便曾在达达尼尔海峡与多瑙河之间架起了一座桥。薛西斯的桥是由抛锚在达达尼尔海峡的三桨座战船和五十桨帆船组成的，根据希罗多德的描述，桥的北部由 360 艘三桨座战船和五十桨帆船组成，桥的南面由 314 艘三桨座战船和五十桨帆船组成，由 2 根亚麻缆绳和 4 根纸莎草缆绳连接在一起，从海峡的一侧连接到对岸。完成之后，用船板将船与船之间连接起来，船的两侧用于安置马匹和牲畜，以免其在遇到水的时候受惊。

另一项雄心勃勃的事业，便是开凿一条穿过阿陀斯半岛的运河，以避免公元前 491 年的灾难再次发生。尽管希罗多德记录的真实性受到人们的怀疑，但是在 20 世纪 90 年代的考古发掘中发现了一条长 2.5 千米、宽约 30 米的沟渠，"宽度足以让 2 艘三桨座战船并排航行"。[50] 希罗多德对这项工程十分不屑，并不是因为波斯人以此来寻求避开海上的危险，而是因为它是薛西斯炫耀权力的一种表现，"他想炫耀自己的权力，想留下一些能够被人们记住的东西"。希罗多德写道，"把船只运送到地峡旁的陆地上，这一点儿也不难"，就像在科林斯地峡所做的那样。

与此同时，雅典人也并没有闲着。在马拉松战役之后，重装步兵和主张进行海战的人之间产生了分歧。前者是在陆上作战的兵种，胜利自然归功于他们。而主张海战的最积极分子是地米斯托克利（Themistocles），他曾参加过马拉松战役，但他认为最好的防御方法是放弃雅典，在比雷埃夫斯寻求新的发达港口以避难，并建造一支强大的海军。准备以比雷埃夫斯作为防御据点的观点获得了一定的支持，但是当时缺乏建造一支舰队所需的资金，直到人们在劳利翁附近发现了丰富的银矿。尽管希腊人意识到薛西斯正在准备新一轮的入侵，但地米斯托克利却主张建造一支舰队来对抗埃伊那岛而非波斯，雅典与埃伊那岛之间再次处于交战状态。正如希罗多德所写的："这次（与埃伊那岛之间的）战争在那个时刻爆发，通过迫使雅典成为一个海上强国而拯救了希腊。"[51] 这个计划在地米斯托克利和海军至上主义者的努力下得以顺利进行，雅典人在之后的 3 年中，每个月建造 6 ～ 8 艘三桨座战船。

公元前 480 年的萨拉米斯

巧合的是，在波斯第二次入侵的前一年，德尔斐神庙的神谕宣称，雅典最佳的防御在于其“木墙”，并称“神圣的萨拉米斯……将把死亡带给母亲的儿子们”。[52] 雅典人在讨论这些话的含义时，地米斯托克利坚持认为“木墙”并不是指阿克罗波利斯周围的木制栅栏（这是最明显的解释），而是指雅典的三桨座战船，他坚持认为阿提卡正南方大岛屿上的“神圣的”萨拉米斯对希腊是有利的。地米斯托克利的观点在当时获得了支持，雅典人把妇女和儿童撤离到伯罗奔尼撒半岛，把成年男子和动产转移到萨拉米斯。雅典及其同盟（包括斯巴达、科林斯以及埃伊那岛）的成年男子被分派到战船上，其中半数战船航行到埃维厄岛北端的阿尔泰米斯翁。地米斯托克利建议先发制人，提前阻拦波斯人的舰队前往沿海的水道与其军队会合。他希望斯巴达能够守住阿尔泰米斯翁以西约 65 千米处的温泉关。8 月中旬的 2 场暴风雨，使薛西斯舰队中大约三分之一的船只沉没。此后发生了 2 场战役，一场是由地米斯托克利发动的旨在试探波斯人实力和决心的小规模战役，另一场是波斯人袭击阿尔泰米斯翁的战役。第二场战役十分激烈，半数雅典船只受损（但并不严重），地米斯托克利在听说 300 名斯巴达战士在温泉关全军覆没后，命令希腊军队退守到萨拉米斯。由于波斯人向南转移，斯巴达人选择放弃阿提卡和萨拉米斯，以便集中力量在科林斯地峡一带保卫伯罗奔尼撒半岛。地米斯托克利指出，在萨罗尼克湾的开阔水面上，实力更强的波斯舰队可以自由移动，敌人的优势会更明显。他同时宣称，如果伯罗奔尼撒人拒绝在萨拉米斯与敌人作战，雅典人将用 200 艘船载着他们的家眷，前往意大利的一处殖民地，剩下的人则只能依靠自己。

萨拉米斯海峡十分狭长且形状不规则，东边靠近受到普斯塔雷阿岛保护的地方。在通向萨拉米斯和内陆之间的依洛西斯湾之前，海峡的宽度只有大约 0.5 英里，而通向西边的“S”形的迈加利安海峡则更为狭窄。将希腊人拖入开阔水面对于波斯人而言十分有利，但是薛西斯已经没有兴趣继续拖延这次远征了。除了一位大臣，其他所有的大臣都赞成立即展开攻击。这位反对者是哈利卡那索斯的统治者阿尔泰米西娅（Artemisia），她直率地建议继续忍耐。她的理由是，由于缺乏补给，且担心伯罗奔尼撒人的袭击，希腊各盟国很快就会瓦解。她也注意到，波斯军队的后勤依赖于海军。她相当有远见地劝告，“如果您匆忙发动一次海上军事行动，我担心您的舰队的失败可能也会祸及陆军”，但薛西斯并没有听从她的建议。[53]

埃斯库罗斯（Aeschylus）是曾参加过萨拉米斯战役的一名老兵，他的悲剧《波斯人》（*The Persians*）是现存最早的以此次战役为题材的戏剧。根据他和希罗多德的描述，在战斗打响的前夜，一名希腊信差告诉波斯人，一些希腊人正打算从迈加利安海峡逃跑。庞大的波斯舰队停泊在普斯塔雷阿岛以东的海面上，为了拦截小股逃窜的敌人，波斯人派遣一支军队来守卫迈加利安海峡。在 9 月 25 日清晨太阳升起的时候，薛西斯和他的随从在陆地上眺望萨拉米斯海峡。当一支希腊军队进入依洛西斯湾的时候，薛西斯命令战舰提前驶入漏斗形的海峡，他认为希腊人正在逃往被封锁的迈加利安海峡，但当时腓尼基人和希腊人的舰队已经从萨拉米斯海峡出发。

随着排列整齐的波斯舰队驶入这个逐渐收窄的海峡，战斗全面打响了。当其他船只继续从普斯塔雷阿岛前往前线作战时，主力战舰却企图撤退。“希腊人的战舰正打算猛冲，把我们包围起来。”[54] 这场战役的结局似乎早就注定了，但是战斗仍进行了一整天，几千名士兵连同他们的战舰一起被消灭，水手们大多死在自己的位置上，士兵们被从高层甲板上扔下来，掩埋在沉重的武器和盔甲中。落入水中的人没有获救，他们“像马鲛鱼等被捕获的鱼一样被击晕和屠杀，尸骨如同船桨碎片和船体残骸一般”。“所有的灾难，即便我能够详述，讲上 10 天也讲不完。”波斯人比希腊人更快地接受了自己的失败，希腊人急切地准备进行新一轮的攻击，但是在战斗结束 2 天之后，当他们知道波斯舰队已经在夜间放弃了帕勒隆时才醒悟过来。这场战役可能已使希腊人损失了 40 艘三桨座战船，大概剩下 270 艘，而波斯人在战争中损失了约 200 艘战船，其战船总数下降到 250 艘，与战争开始时相比已经大大减少。[55] 由于阿尔泰米西娅曾经警告过，没有战舰就意味着失去了补给，于是薛西斯立即从阿提卡撤退了大批部队。

除了证明地米斯托克利的战略的正确性，萨拉米斯战役迫使波斯人转入守势，为希腊人赢得了难以攻破的爱琴海。战争的结束也宣告希腊进入了古典时代，这一时期与前古典时代既大不相同，又有相似之处。一群拥有共同的语言、宗教及文化观念的人们依然生活在包括今天的希腊、达达尼尔海峡、伊奥尼亚、黑海沿海的部分地区、西西里岛的大部分及意大利南部在内的广大地区。前古典时代的各种争斗造成了希腊政治上的分裂。然而，古典时代与之前的不同则是更为重要的。雅典可能使作为希腊最强大城邦的斯巴达显得稍逊一筹，但这两个城邦至少也是同样重要的。而且，雅典新近获得的权威来自其海军实力，雅典海军的规模、组织和已经被证明的战斗力，与之前任何地方的任何舰队都不同。地米斯托克利对德尔斐神谕的解释，不仅对雅典人和希腊世界，而且对此后直到今天的海洋史都产生了深刻的影响。根据修昔底德的描述，地米斯托克利相信，“如果雅典人成为一个航海民族，那么他们除了自己的权力还将获得一切优势”。[56]“实际上，正是他首次冒险告诉雅典人，他们的未来在于海上。因此，他马上开始为帝国的建立奠定基础。”于是，在历史上人们第一次可以想象一个辽阔而强大的帝国，通过没有中间商的远距离海上贸易获得财富，并凭借海军来保障其优势。

伯罗奔尼撒战争（公元前460—公元前404）

在波斯人撤退后不久，雅典人的机会就来临了。当时，一支希腊联军被派遣去彻底消灭在克里特岛与达达尼尔海峡之间的波斯残余势力。斯巴达与雅典之间保持了良好的关系，当斯巴达人被迫召回自己颜面尽失的将军时，他们将爱琴海上的巡逻职责让给了雅典人。公元前478年，雅典人发起了旨在共同抵御波斯人入侵的提洛同盟，并在同盟中居于首要地位。雅典任命“希腊财政官”在提洛岛（同盟的名称便来源于此）接收贡品，贡品主要是白银和船只。[57]商业的兴旺促使比雷埃夫斯成了爱琴海上的贸易中心，贸易带来的巨大财富和那些贡品不仅供同盟满足防御所需，而且还建造了帕特农神庙等奢侈的建筑，帕特农神庙成为雅典古典时代不朽的地标性建筑。该同盟由170座城市组成，雅典人鼓励它们用白银代替船只作为贡品，雅典人肩负着领导同盟作战的重任，因此组建了一支能够击败任何入侵者的海军。最终，提洛同盟从一个由雅典人及其独立盟友组成的自由联合体，变成了一个高压的雅典帝国。公元前 465 年，拥有丰富银矿的萨索斯岛想退出同盟，而遭到雅典人的镇压。15 年后，当金库从提洛岛迁至雅典时，提洛同盟已经名存实亡了。

海洋城邦也把目光投向爱琴海以外的地方。在公元前 460 年的一块纪念碑上刻有 177 名士兵的名字，反映了这一时期雅典海军势力所到达的范围，“这些人是公元前 460 年在与塞浦路斯、埃及、腓尼基、哈利依斯、埃伊那岛及麦加里德的战争中牺牲的勇士”。[58] 塞浦路斯是希腊人与波斯人长期争夺的一个战场，其主要的吸引力在于丰富的铜矿、谷物和木材，而埃及则拥有谷物贸易的美好前景，以及反抗波斯人统治的有利条件。公元前 450 年，希腊人在萨拉米斯的塞浦路斯人港口发生的一次战役中击败了波斯人。波斯国王亚达薛西（Artaxerxes）决定议和，签订了《卡里阿斯和约》。对于雅典的海上霸权而言，这是一场极大的胜利，和约使波斯人无法从安纳托利亚西南的利西亚西面或黑海南面调动船只，也无法在 3 天之内从伊奥尼亚沿岸调集军队，对此他们宣布放弃所有要求。

在公元前 460 年的一块纪念碑上，也提到雅典人在长达 15 年之久的第一次伯罗奔尼撒战争之初对科林斯的敌意。当雅典后来干涉科林斯与其两块殖民地之间的冲突时，科林斯人请求他们的同盟斯巴达入侵阿提卡，打破雅典人独大的局面。持续时间超过四分之一个世纪的伯罗奔尼撒战争被分为 4 个阶段：阿基达马斯战争（公元前 431—公元前 421）、《尼西亚斯和约》阶段（公元前 421—公元前 415）、西西里远征（公元前 415—公元前 413）和迪塞勒安战争（公元前 413—公元前 404）。战争爆发后，雅典的领袖是伯里克利。他出身贵族，尽管有贵族般的言行举止，却是一位平民主义者。他继续宣扬海上强国的目标（这是地米斯托克利的政治遗产），这也就注定了伯罗奔尼撒战争将比之前的任何战争都更多地依靠舰队。正如修昔底德所说，伯里克利明确地说明了一个海上强国的方方面面：

在我们眼中，整个世界可以被划分为两个部分——陆地与海洋，

> 每一个部分对于人类而言都是有价值的。如果看得更远一些，只要完全控制了其中的一部分，你们就不仅拥有了现有的地区，而且也终将掌控其他地区。今天你们的海军，在世界上没有任何一个国家可与之匹敌——波斯的国王，以及太阳底下其他任何一个民族都无法与之匹敌。他们都无法阻止你们航行到任何想要去的地方。[59]

战争进行到第6年时，斯巴达人把雅典人限制在了雅典、比雷埃夫斯以及连接两地的长城之间的走廊地带中。然而，只要雅典人控制了海洋，能够进口所需的物品，就不存在迫在眉睫的危险。他们主要的战略目标是保证来自黑海的谷物能够自由地进入，为此，他们争取了色雷斯和马其顿的统治者的支持，使得雅典城在一场夺去了四分之一人口（包括伯里克利在内）的瘟疫中得以幸存。公元前427年，战争进一步扩大。雅典派遣一支舰队支援其西西里岛盟国以反对叙拉古，并拦截从西西里岛驶往伯罗奔尼撒半岛的载有谷物的船只。3年后，第一次西西里远征无果而终。更严重的后果则是，雅典失去了位于安菲波利斯的海军基地，该军事基地位于马其顿和色雷斯的边界附近，提供造船所需的木材，战略意义十分重要。斯巴达人向北进军，在雅典将军（兼历史学家）修昔底德到达前占领了那里。

这为之后的和平阶段铺平了道路。和平一直持续到西西里岛西部的厄基斯塔的公民请求雅典人帮助他们抵抗叙拉古为止。西西里远征的领导者十分不幸，机会主义者亚西比德（Alcibiades）在一片对神明不敬的质疑声中出发，后来遭到放逐。尼西亚斯（Nicias）则十分优柔寡断，直到继任的将军提出撤退总比失败要好，当时尼西亚斯对此加以反驳。不久之后，叙拉古舰队于公元前413年9月在海湾内袭击了雅典人。在战斗中大败的40,000名雅典人及其同盟军试图徒步逃跑，但大多数人还是在附近的采石场中被杀死或者被囚禁。修昔底德对这次战役总结道："对于胜利者而言，这是最光荣的战绩；对于被征服者而言，这是最具灾难性的失败……正如他们所说，他们失去了一切——陆军、海军及一切都被毁掉，只有少数人得以逃回。"[60]

修昔底德对战争的描述也于同一年结束，他的定论与雅典人的决心不符。尽管他们的战船只剩下 100 艘，且斯巴达人袭击了阿提卡，再次将他们限制在长城之内，但他们还是于公元前 411 年在爱琴海重新发动了战争。雅典人试图保护黑海上的谷物运输船，以接收来自提洛同盟的进贡物品。他们与伯罗奔尼撒人的舰队交战。雅典人拉长了战线，使斯巴达及其同盟处于防御状态，但是希望依旧渺茫。到公元前 405 年，雅典舰队的船员开始由“所有符合兵役年龄的人，无论是奴隶还是自由民”充任。[61] 一名斯巴达舰队司令发誓，他将“阻止你们与大海乱伦，她属于我”。[62] 次年，雅典人和斯巴达人在达达尼尔海峡最后一次相遇，双方交战了几个小时，雅典人失去了自己的海军、海峡、谷物贸易以及自己的帝国。面对饥饿，雅典人被迫接受了斯巴达人提出的和平条件：将海军战舰减少到 12 艘，加入由斯巴达主导的伯罗奔尼撒同盟，并实行斯巴达式的寡头政治。

希腊古典时代的航海业及其社会

和平是难以获得的。公元前 4 世纪初，斯巴达与波斯频繁交战，而雅典和其他希腊城邦经常站在波斯人一边。在这场混乱中，雅典人从伯罗奔尼撒战争的耻辱失败中恢复了过来，并在公元前 4 世纪 70 年代缔结了许多同盟条约，这些同盟条约在许多方面复兴了雅典人公元前 5 世纪的帝国。保护市场和供给来源依然是他们最主要的目标。黑海的谷物贸易是最重要的并且受到严格控制，但是公元前 4 世纪的文献揭示出了生机勃勃的、多种多样的贸易景象。其中尤为重要的是船舶抵押贷款的发展，这是“当时已知唯一真正有效益的投资模式”。[63] 在这种模式下，商人可以用自己的船或船上的货物或者同时用船和货物进行抵押，以获得一笔贷款，并于出航结束时偿付这笔贷款。利息率是不固定的，但总的来说是比较高的，有的高达 22.5%。利息率有严格的限制规定：提供给常驻雅典的货主的贷款，只能用于驶往该城的谷物运输。这种保护主义措施并非雅典独有。来自萨索斯岛的葡萄酒只能通过萨索斯人的商船出口；尽管雅典的货币在希腊世界流通最广，但是黑海的奥尔比亚港就只承认自己的货币。[64]

公元前 4 世纪时最繁忙的希腊港口依然是比雷埃夫斯，希波战争之后，那里的建设一直充满活力。在前一个世纪由米利都建筑师希波达穆斯（Hippodamus，他的直线街道方案被广泛模仿）设计的比雷埃夫斯，被分成了 1 个军港、1 个市场和 1 个居民区，这里共有 3 个港口，包括半岛西面的康萨罗斯港、东面的齐阿港和曼尼基亚港。公元前 331 年，比雷埃夫斯有可容纳 372 艘三桨座战船的船坞，这些船的设备被储存在长约 120 米、宽 16.5 米、高 8 米的菲隆兵工厂。康萨罗斯港是进行谷物贸易的场所，也是综合性的贸易区，在这里，商人们带来了自己商品的样品，而其余的大部分商品依然留在他们的船上，直到被售出。康萨罗斯港的入口由 2 个人造码头守卫，2 个码头的末端之间装有一条铁链，可以提升到水面以上来阻截袭击者，直到 20 世纪，这仍然是一种典型的港口防御形式。阿里斯托芬（Aristophanes）在喜剧《阿卡奈人》（*The Acharnians*）中描述了该港口生机勃勃的景象，海草的气息，货物和船只的气味、笨重的货物、船桨和绳索等所有在移动的东西的碰撞，还有与之相伴的人声。“船长四周围着叫喊的船员，报酬在分发，船首的雅典娜像镀了金，比雷埃夫斯的谷物市场因定量供应而堆满食物，到处有皮革、桨架皮带、罐子，或者大蒜和橄榄、成网的洋葱、花环、凤尾鱼、吹长笛的姑娘和青肿的眼眶；在下面的码头，充斥着为做桨刨圆木的声音、锤子敲打在木钉上的声音、钻桨孔的声音，竖笛和排箫的声音、水手长的声音和鸟叫声。”[65] 虽然谈不上独特，但这段对比雷埃夫斯海滨的简单描绘是一位古代作家笔下最有感官体验、人口最稠密的情景之一。

尽管雅典人依靠船只和船员来获得从日常的面包、防御到巨大财富这样的一切，但他们和同时代的大多数人仍十分轻视商船水手及其世界。我们难以理解古典时代希腊的水手所面临的敌意。自公元前 6 世纪末起，雅典人对水手、造船者、船主和投资人日益增强的依赖，培育了一个越来越多样化、世界性的社会，这是历史上不断扩大的海上贸易自然的、可能具有革命性的结果。尽管商业是极度重要的，但水手和商人（大多是外国人）都没有受到高度的重视。萨拉米斯战役在确保波斯人从希腊撤出的同时，也使商人 - 水手与土地贵族之间的紧张关系得到了高度缓解。对后者而言，希腊人对波斯人的抵抗的顶点并不是萨拉米斯战役，而是马拉松战役。尽管埃斯库罗斯参加了在阿尔泰米西翁和萨拉米斯的海战，并在其悲剧《波斯人》中写了萨拉米斯海战，但他只想让人们记住他在马拉松战役中的贡献。[66] 但是，萨拉米斯战役帮助证实了雅典民主观念的价值（那里的最后一个僭主政权在仅仅 30 年前被推翻），因为该城的防御包括了出身卑微的公民，而不是仅仅依赖较富有的重装步兵。随着雅典培育了一个不断扩张、通过商船和军舰与母邦之间保持联系的帝国，出身卑微的公民的作用在公元前 5 世纪变成了永久性的。当伯罗奔尼撒战争结束时，贵族们把雅典的失败归咎于其民主政治体制，这丝毫也不令人感到奇怪。

公元 4 世纪时，柏拉图和亚里士多德（Aristotle）对由地米斯托克利释放出来的“海君暴徒”进行了激烈的批评。[67] 柏拉图认为，比起水手的生活方式，比起“他们为丢下武器、‘毫无颜面地逃跑’找到的事先准备好的貌似有理的借口，死亡倒是更可取。像这样的话是在船上雇用武装人员的正常结果，他们所要求的东西并非无限的褒奖，而是恰恰相反”。[68] 他也建议，为了避免海上贸易中必然出现的腐败现象，城市的位置应该选在距离海洋至少 80 斯塔德（合 15 千米）的地方。亚里士多德也没有多宽厚。他认为“拥有一支中等实力的海军对城市无疑是有利的”，但他同时也坚持“国家的人口没有必要增加太多，因为没有必要让水手成为公民”。[69] 考虑到这种鄙视态度，我们已知的古典时代希腊船主中仅有 2 人——福尔弥昂（Phormio）和拉姆皮斯（Lampis），后者是“希腊最大的船主”——拥有 1 艘以上的船，也就不奇怪了。[70]

对水手和商人的偏见绝不仅限于希腊人，希罗多德曾写道：“我注意到，色雷斯人、斯基泰人、波斯人和吕底亚人（实际上是几乎所有的外国人），都认为手工业者（包括商人）和他们的后代在社会等级上比那些与体力劳动没有联系的人要低一些。”[71] 尽管船员们做出了显著的贡献，但他们在许多社会中依然是不可信的、被边缘化的，甚至在商人和其他既依靠他们的劳动又从他们的劳动中获利的人当中也是，不仅在希腊世界是这样，在其他地方也是一样。当然也有例外，“几乎所有的外国人”的列表中明显不包括腓尼基人和迦太基人，他们对海上贸易的接受体现在他们的商业移民活动上，也体现在这样一个事实中：他们信奉的3个神中最重要的神麦勒卡特（Melqart）是贸易和海外殖民地的保护神。由于基本未受到希腊人无休无止的战争的影响，到公元前4世纪初，迦太基已成为地中海地区实力最强、疆域最大的国家之一。更奇怪的是，对其海上优势构成最大挑战的并不是希腊，而是一个非常不可能的地方——罗马共和国，它在此后将把这片海变成自己的领地。

第5章

迦太基、罗马与地中海

尽管拥有共同的历史、语言和宗教，但希腊各城邦之间经常发生摩擦，无法保持长久的和平。2个世纪几乎没有间断的战争状态，已经令其筋疲力尽。随着马其顿的亚历山大大帝（Alexander the Great）骤然崛起，希腊心脏地带的势力衰落了。亚历山大大帝于公元前323年英年早逝，地中海东部遂落入实力强大的军阀手中，他们在波斯帝国的废墟上建立起几个大国。同时，在地中海中部以海洋为导向的国家正在使权力的天平不再偏向东部。腓尼基人的迦太基控制了地中海西部的许多贸易，而意大利南部的希腊城市既相互提防，也提防着迦太基和新兴的罗马。到公元前5世纪末，罗马崛起为拉丁同盟中的支配性城市，但是直到第一次布匿战争（公元前264—公元前241）时，罗马人才开始在海上活动。在之后的5个世纪中，罗马的成长和繁荣与其对地中海航线的控制密切相关。

如果没有其公民利用海洋进行战争和贸易的意愿，罗马共和国是不可能崛起的。只要罗马人对航海一无所知，他们就只是会对意大利半岛上的邻国构成威胁。随着罗马人把自己的军事能力用于海上战争，他们变得不可战胜。通过增强自身及其盟友的海上力量，罗马人能够将自己的统治扩展到伊奥尼亚；能够在叙利亚、巴勒斯坦和埃及正式被罗马人吞并之前的很长一段时期内，对这些国家的对外事务拥有发言权；能够调动这些地方的军队；能够从西西里岛和非洲盛产粮食的地方为其公民获取粮食。到公元初年，罗马成了一个地中海和黑海帝国。尽管之后的几个世纪被称作“罗马和平”（Pax Romana），但也许称这段时期为“地中海和平”（Pax

Mediterraneana）会更准确一些，因为只有在地中海，在被罗马人称为“我们的海”（Mare Nostrum）的地方，他们才是无可争议的主人。

希腊化时代的地中海

公元前371年底比斯对斯巴达的胜利预示着政治权力中心从希腊南部向北部转移。十几年后，腓力二世（Philip II）成为马其顿国王，而同时代的希腊人视这个国家的人为野蛮人。公元前357年，他占领了安菲波利斯港，从而引发了一场与雅典之间持续10年之久的战争。在拿下拜占庭并击败雅典和底比斯之后，腓力二世成立了科林斯同盟，并让希腊人同波斯人交战。但他在这次远征开始之前被暗杀了，他的儿子亚历山大于公元前337年继承了王位。在10年的征战中，年轻的亚历山大带着希腊军事力量和文化的薄薄外衣，穿过广阔的西南亚，一直到达印度河流域。他的战略揭示了他对海军力量的使用及其局限性的强烈认识。尽管波斯人的战舰数量是亚历山大的3倍多，但他占领了伊奥尼亚的港口，使波斯人无法在爱琴海作战，无法威胁他在亚洲和希腊的后方。根据他对一则预言——他将“战胜来自陆地的船只”——的理解，他从陆地一侧占领了米利都，同时160艘船封锁了港口。[1] 亚历山大继续向东进军，在伊苏斯战役中击败了大流士三世，之后向南前往埃及，在途中围困了提尔达6个月之久。亚历山大在埃及并没有遇到太多抵抗，于孟菲斯登上法老之位之后，亚历山大沿尼罗河的一条西部支流向下游航行，直到在“今天的亚历山大城（以他的名字命名）所在的地方登陆。他突然发现，这个位置十分适合建造一座城市，而这座城市将繁荣昌盛”。[2]

亚历山大城的建设一定算得上是其同名者留下的最为有益且最为持久的功绩。[3] 亚历山大由工程师狄诺克莱特（Deinocrates）设计，坐落在由法罗斯岛包围的一处海湾中，通过一道人造防波堤与法罗斯岛相连接，这道防波堤创造出了一个双体港口。东面是古代罗马大港——用于海外航行的主要港口——受保护的锚地。西面是更大但较易受攻击的尤诺斯托斯（Eunostos，字面意思是“丰收”，是磨坊之神），这是来自内陆的货物（尤其是谷物）的主要出口，而这些货物通过一条从马雷奥梯斯湖通向南面的运河到达亚历山大城。公元前 280 年左右，工程师索斯特拉特（Sostratus）设计了一座 140 米高的灯塔，据法罗斯岛命名。据说 35 英里以外的地方也可以看到法罗斯灯塔，它被认为是古代世界的一大奇迹。除了作为一个主要的港口，亚历山大城还是埃及的首都、一个重要的学术中心，也拥有古代最大的图书馆之一。公元前 31 年罗马将埃及吞并后，由于政府支持的谷物贸易（一直持续到 7 世纪），这里继续保持繁荣。尽管亚历山大城的许多古代建筑现今已经被淹没或被劫掠，但这里依然是一个重要的地中海海港，也是亚历山大大帝的海洋战略的持久见证。

亚历山大随后在美索不达米亚和波斯的战役都在陆地上进行，直到他到达印度河，他在那里建立了一支舰队，以便将军队运送到印度洋。在那里，他将他的军队分开，一部分从海路返回波斯湾，而他带领规模较小的那部分从陆路前往美索不达米亚。当 32 岁的亚历山大于公元前 323 年在巴比伦去世时，他并没有指定继承人，直到公元前 3 世纪初，几个主要的权力中心才大体稳定下来，这几个权力中心各由亚历山大手下的某个将军或其后代进行统治。其中主要的权力中心有 3 个：一是埃及，由托勒密王朝（公元前 304—公元前 30）统治；二是美索不达米亚和波斯，由塞琉古王朝（公元前 304—公元前 64）统治；三是安纳托利亚和黎凡特，由安提柯王朝（公元前 279—公元前 168）统治。

据记载，亚历山大在去世之际，正在考虑发动一次针对迦太基的地中海军事行动。考虑到他相对有限的海上作战经验（不同于他对基本战略考虑的掌握），我们很难想象一场全面的海上争夺的结果。在他死后的第二年，一支马其顿舰队在基克拉迪群岛的阿莫尔戈斯岛镇压了企图推翻马其顿统治的雅典人。这一战决定性地标志着雅典权力的结束，如同 250 年前萨拉米斯战役宣告它的开始一样。然而，如果交战，亚历山大不仅会遇到迦太基人——当时迦太基的势力和影响达到了顶峰——的激烈抵抗，还会遇到大希腊和西西里岛的希腊人的激烈抵抗。后者在之前一个世纪与波斯的战争中没有发挥主要作用；对雅典人和其他人来说，他们的缺席是非常引人注意的。甚至在地米斯托克利主张为雅典建立一支拥有 200 艘战舰的海军时，叙拉古的西西里城邦的僭主格隆（Gelon）就已经拥有一支舰队了。[4] 当来自希腊大陆的使者向他请求帮助时，他提出的条件是由自己全权指挥希腊军队。他可能是想通过提出这个不现实的条件来让自己被拒绝，从而得以体面地摆脱，让他可以集中精力对付迦太基构成的迫在眉睫的威胁——迦太基当时正试图在西西里岛扩大其势力。

制造于约公元前 675 年的阿里斯托诺托斯双耳喷口杯，发现于古代伊特鲁里亚的卡勒城(今意大利切尔威特里)。画面中描绘了一艘带有撞角以及搭载战士(左侧)的升高甲板的希腊船，正在追赶一艘伊特鲁里亚的帆船。这是地中海西部最早的关于装配撞角的船只的资料，尚未发现与之相对应的文字记载。背面的图案是奥德修斯正在弄瞎独眼巨人波吕斐摩斯（海神波塞冬之子），这个故事出自《奥德赛》第 9 卷。(Photograph by Faraglia, D-DAI-ROM 8208. Courtesy of the Deutsche Archäologische Institut, Rome.)

公元前 7 世纪亚述对腓尼基的入侵，使迦太基人可以自由地掌握自己的命运了。公元前 535 年，在科西嘉岛的阿拉利亚战役中，迦太基击败了希腊人的殖民地马西利亚的一支舰队。之后，迦太基人及其同盟伊特鲁里亚人使希腊船只无法进入地中海西部。自公元前 9 世纪末以来，伊特鲁里亚人一直是意大利中部一支颇具实力的力量，其势力范围大约在阿拉利亚战役时期达到了顶峰，包括经过意大利半岛，从第勒尼安海（名称来自希腊语中对伊特鲁里亚人的称呼）直到亚得里亚海（名称来自伊特鲁里亚的亚得里亚城）的广大区域。大量的船只模型、雕刻及图像证实了他们曾经驾船航行，证实了他们的城镇靠近地中海，证实了腓尼基人、希腊人和迦太基人影响到了伊特鲁里亚的文化，也证实了伊特鲁里亚的政治势力曾经到达撒丁岛、科西嘉岛和地中海西部的其他岛屿。伊特鲁里亚的造船者是最早在船上装配 2 根桅杆的人，描绘这种船只的最早的图像可追溯到公元前 5 世纪 50 年代，发现于一处墓葬的墙壁上，位于第勒尼安海沿岸的奇维塔韦基亚附近的塔尔奎尼亚。[5] 他们也使用撞角，关于撞角的最早记录（与图像资料不同）出现在希罗多德对阿拉利亚战役的记载中。[6]

公元前 5 世纪是意大利和西西里发生剧变的时期，其中最引人注目的是伊特鲁里亚的衰落。公元前 510 年，他们第一次败于罗马人之手；公元前 474 年，一支库米与叙拉古的联合舰队在库米海战中击败了他们，当时他们依然被视为“地中海的主人”。[7] 在此前的格隆统治时期，叙拉古人进入了一个迅速扩张的时期。当其他西西里城市寻求帮助时，迦太基人派出了 200 艘船和 20 万名船员、步兵和骑兵，他们来自北非、伊比利亚半岛、意大利、撒丁岛和科西嘉岛，“由迦太基国王哈米尔卡（Hamilcar）指挥”。* 在公元前 480 年，即薛西斯入侵希腊的那一年，哈米尔卡驶向西西里岛，但在喜梅拉河便被格隆击败。[8] 尽管如此，迦太基人仍继续向西西里岛扩张其政治势力，而叙拉古人依然拒不屈服，尤其是在僭主狄奥尼修一世（Dionysius I）统治时期（公元前 405—公元前 367）。作为古代西

---

* 注意不要将此处的哈米尔卡与哈米尔卡·巴卡混淆，后者参加了第一次布匿战争，是汉尼拔·巴卡的父亲，汉尼拔参加了第二次布匿战争。古希腊历史学家波利比阿曾提到了 5 位汉尼拔（Hannibal）、2 位哈米尔卡（Hamilcar）、4 位汉诺（Hanno）和 4 位哈斯德鲁巴尔（Hasdrubal）。

西里最有野心、最多才多艺和最为长寿的统治者之一，他阻止了迦太基人在西西里岛的前进步伐，将自己的统治扩张到意大利南部地区。

多桨座战船与双体船

狄奥尼修一世被认为是最早试验多桨座战船（polyreme）的人，这种桨帆船的每支桨都配有不止 1 名桨手。[9] 多桨座战船按照每层桨手的数量命名，关于其人员配备情况，我们所知道的信息比三桨座战船还要少。桨帆船可能拥有不超过 3 排桨，多桨座战船则可能只有 1 排或 2 排桨。后来欧洲人的航海实践表明，每支桨的桨手最多为 8 人，因此最大的多桨座战船可能被命名为“二十四人”战船。四桨座战船（拉丁语中称为 quadrireme，希腊语中则称为 tetrereis）可能分别有一排下层桨手、一排中层桨手和两排上层桨手，而五桨座战船（拉丁语中称为 quinquereme，希腊语中则称为 pentereis）可能在其中一层每支桨配有 3 名桨手，在另一层则每支桨配有 2 名桨手。在第一次布匿战争中的迈利战役中，迦太基指挥官的旗舰是一艘“每支桨配有 7 名桨手的单层甲板帆船”，因此被称为“七人”战船。[10] 亚里士多德认为是迦太基人发明了四桨座战船，而狄奥尼修一世则被认为是五桨座战船的发明者。[11] 多桨座战船不论是否出自叙拉古或迦太基的造船者之手，都是来自地中海中部的一项发明。

我们尚不清楚多桨座战船最初是如何被发明出来的，但更宽的船体所具有的稳定性必然是一个优势。更大的船只能够安装投石机—— 一种大范围在船上安装的最古老的大炮，亚历山大在包围提尔期间便曾使用过船载的投石机，但是直到安提柯国王“攻城者”德米特里乌斯（Demetrius the Besieger）制造出“超级桨帆船”，才真正进入了海上投石机的时代。投石机是十分专业化的装备，在比雷埃夫斯一个公元前 4 世纪的海军仓库的存货清单上便列有投石机。更富有创造性的战略家建议投掷一罐罐的毒蛇和蝎子等能够杀伤敌人的活物，同时，人们也在不断寻求火器的改进方法。在希腊化时代和罗马时代，撞角仍是海战中的一种重要武器，但是强行登上敌船依然是首选的战术。到公元前 3 世纪中叶，罗马人的五桨座战船能够搭载 300 名桨手和 120 名水兵。

多桨座战船的发展导致船只的尺寸越来越大。亚历山大的继承者们的一个主要目标，就是控制由马其顿、奇里乞亚、塞浦路斯和黎巴嫩供给的木材。[12] 因为获得木材对于维持海上贸易的造船业而言是必需的，对于建设一支海军以保护贸易免受竞争对手的攻击也是十分必要的，希腊化时代的海上争斗十分依赖这一资源。对于木材的欲望也因为制造更大的船只而受到进一步的刺激，拥有大量双体船的黎凡特人也不例外。公元前 3 世纪中叶，“爱姊者”托勒密二世（Ptolemy II Philadelphus）的埃及舰队号称有 2 艘“三十人”战船，他的孙子“爱父者”托勒密四世（Ptolemy IV Philopator）的舰队中则有 1 艘“四十人”战船。[13] 历史学家阿特纳奥斯（Athenaeus）记录了后者的尺寸数据：宽 15 米，长 122 米，可容纳 4,000 名桨手、2,850 名水兵、400 名官员和其他人员。理论上，最大的桨帆船也不会超过“二十四人”的规模，即有 3 列桨，每支桨配有 8 名桨手。托勒密四世的“四十人”战船应由 2 组“二十人”桨手构成，即每一个纵列都有 20 名桨手，将上、中、下 3 列加以合并，通过横跨 2 个船体的升高的甲板容纳水兵和其他人员。唯一留下名称的双体桨帆船（catamaran）是“攻城者”德米特里乌斯的“里奥托夫罗斯号”（*Leontophoros*），可搭载 1,600 名桨手，分为 2 组“八人”桨手。[14] 尺寸更大的船只有着明显的战术优势，德米特里乌斯的船“在速度和效率方面拥有明显优势”。然而，建造这些船只的目的是为了赞美统治者的权力，而不是出于其他任何实际的目的。古希腊历史学家普鲁塔克（Plutarch）指出，托勒密四世的“四十人”战船“仅仅是为了炫耀，与那些地面上的建筑相似，它摇摇晃晃地艰难移动着，仅仅是为了展示外观，而不是为了使用”。[15]

这种展示用战船反映了希腊化时代海军及海上强国重要性的提升，但这并不仅限于战船。阿特纳奥斯在其作品中描述了“叙拉古号”（*Syracusia*），这是一艘巨大的用于运输谷物的三桅船，由工程师、数学家阿基米德（Archimedes）为叙拉古的僭主希耶罗二世（Hiero II）建造。造船所需的松木和冷杉木从埃特纳山和意大利南部的森林中获取，绳索从西班牙获取，填塞船缝的纤维植物和树脂从法国的罗讷河河谷获取。船体用重达 7 千克的铜钉固定，船板被涂有焦油并铺上铅片的织物覆盖，这是一种成本较低的接合方式。[16] 与 20 世纪最大的跨大西洋的豪华游轮相似，中层甲板上为 142 位头等舱乘客提供了豪华的客舱，“客舱中的地板全部以彩色马赛克图案进行装饰，图案内容表现的是《伊利亚特》中的故事情节”。[17] 另外，船上也为“船底观光者”（即统舱乘客）提供了住处。下层甲板用于装载货物。头等舱乘客可以使用图书馆和健身房，在花圃成行的走廊中散步，也可以在供奉有阿芙罗狄忒（Aphrodite）神像的小教堂中做礼拜，还可以沐浴。此外，船上还载有 20 匹马，被关在畜栏当中。船上可以供应充足的淡水，并有储存的海鱼以供烹饪。船上载有 400 名水兵，能够从 3 根桅杆的青铜顶端或从升高的甲板上向敌船发动进攻，在升高的甲板上可以使用阿基米德设计的投石机进行攻击。船员的人数尚不清楚，不过阿特纳奥斯记载道：“虽然舱底极深，但是仅有一人使用阿基米德发明的螺旋泵向外排水。”尽管我们尚不清楚其尺寸，但是在该船前往亚历山大港的处女航中，所载货物包括 60,000 个计量单位的谷物、10,000 罐咸鱼、20,000 塔兰特的羊毛制品以及 20,000 塔兰特的其他货物，总重量约 1,900 吨（不包括船只的补给）。对于大多数港口而言，这艘船是过于巨大的。希耶罗二世决定以亚历山大港为他的船命名，并决定将“亚历山大港号”（*Alexandria*）送给他的盟友托勒密三世（Ptolemy III）。

希腊化时代的罗德岛与海盗活动

托勒密王朝的统治者与西边的强国叙拉古结盟，以防备自己的主要对手——安提柯王朝和塞琉古王朝。希腊化时代第一场重要海战是公元前 306 年发生在塞浦路斯的萨拉米斯战役。为了帮助自己的父亲安提柯（Antigonus）成为亚历山大唯一的继承人，“攻城者”德米特里乌斯派出 100 多艘战舰与托勒密一世（Ptolemy I）的一支更加庞大的舰队交战。尽管对方的战舰数量更多，但据说德米特里乌斯在包围罗德岛之前成功俘获了 40 艘战舰和 100 艘运输船。港口被围困了 1 年之久，部分是由于罗德岛上的居民有能力冲破封锁线从亚历山大港获取谷物。通过随后签署的一项条约，罗德岛以永远不发动对托勒密王朝的战争作为条件，与安提柯王朝结盟。为了庆祝解围，罗德岛居民建立了一座太阳神赫利俄斯（Helios）的巨大雕像。作为古代世界的一大奇迹，罗德岛的巨像一直矗立在港口，直到公元前 227 年（或公元前 226 年）该城毁于地震。作为最诚实的商业经纪人，罗德岛居民能够“妥善地处理这次事故”，“这场灾难对他们而言不是一种损失，而是进行改进的一个动机”。[18] 从地中海四周送来的礼物包括：银、投石机、免征叙拉古的关税、可建造 20 艘船的木材、用于重修罗德岛巨像的青铜、450 名石匠和建筑者的贷款、产自埃及的超过 30,000 吨的谷物，以及来自希腊化时代其他国家的大量物品。

罗德岛的成功在很大程度上应归功于其优越的地理位置，它位于爱琴海西南部，距离安纳托利亚西南角约 10 英里。在该岛的北端，罗德城拥有 5 座海港，遍布着船坞、泊船处及供商人使用的设施。罗德岛居民和一系列与之竞争的国家建立起盟友关系，其中最早的一个例子就是在安提柯王朝和托勒密王朝之间起到平衡的作用，他们也运用外交手段和海军力量在爱琴海及其周边的弱小国家中获得了霸主地位。他们也发展了一些规则，并为后来罗马的海商法和拜占庭帝国的《罗德海商法》（*Rhodian Sea Law*）的形成奠定了基础，尽管他们自己的法律的实际内容只能通过后来的文献进行推测。罗德岛居民也反对海盗和那些试图禁止贸易的人，他们被视为“不仅是他们自身自由的永久保护者，而且也是希腊其他地区的保护者”。[19] 雅典人禁止其盟友向提洛同盟交纳货币以外的贡品，并限制对手的发展，而罗德岛居民则不同，他们向盟友提供船只和船员，并以各个岛屿和海港为基础划分为小型船队。罗德岛居民以此组成反海盗的巡逻队，其重要性便体现在各种更小的巡逻船队的发展上。应用最广泛的船只可能是“特里厄米奥利亚”（triemiolia），与三桨座战船相类似，但是其桨手仅有 120 名而非 170 名。[20] 这些船类似于今天的沿海护卫舰，可以打击海盗船和走私船，但是无法对付成熟的战舰。

虽然商人能够在相对安全的情况下经由开放的海上航道航行到埃及，或者从博斯普鲁斯海峡航行到克里米亚半岛，但在小岛遍布的爱琴海、意大利和希腊之间的亚得里亚海和伊奥尼亚海，以及通往达达尼尔海峡和博斯普鲁斯海峡的繁忙运输线上，海盗活动十分猖獗。通往博斯普鲁斯海峡的黑海贸易提供了极其重要的“必需品”和奢侈品：“大量的日用品和最好的牲畜与奴隶从位于本都国（位于安纳托利亚北部）周围的国家运来，这些国家提供给我们的奢侈品还有大量的蜂蜜、蜡和防腐鱼，而他们则获取我们的橄榄油和各种各样的葡萄酒等奢侈品。至于谷物，双方互有交换。”[21] 这个宝库的钥匙由拜占庭人掌管，古希腊历史学家波利比阿（Polybius）称他们“向其他人提供伟大的服务”，“当他们受到野蛮人的威胁时，理应得到广泛的支持”。然而在公元前 220 年，拜占庭人开始对经过海峡的所有船只征收通行费——可能是为打击海盗提供资金，后来，一个国家同盟请求罗德岛帮忙废除这一规定。[22] 罗德岛居民使用的是灵活而多样的外交手段，战争只是迫不得已才会采用的最后方法。

巧合的是，已发掘的当时保存最完好的一艘古代地中海商船，可能正是遭到海盗抢劫的受害者。这艘发现于塞浦路斯北部的凯里尼亚的公元前 4 世纪的船只，船体的大部分是用地中海白松制成的，吃水线以下用铅包裹。在长 14 米的船体中有 20 吨货物，包括大约 400 个双耳细颈椭圆土罐（大多产自罗德岛）和 10,000 棵杏树。产自罗德岛西北的一个岛屿上的 29 担火山岩被用作压舱物。个人物品包括大量的陶盘、陶碗和陶杯，及 4 名船员所使用的木制汤匙。这些被发现的东西表明，水手们的日常生活除了依靠捕鱼，还有橄榄油、阿月浑子果实、杏仁、榛子、小扁豆、大蒜、香草和无花果可供食用。绘有安提柯和德米特里乌斯图案的铜币，表明船难大约发生在公元前 310 年至公元前 300 年之间，不过在那时，这已是一艘经过多次修理的旧船。证明该船曾遭到海盗袭击的证据，是在发掘地点发现的 8 个铁制矛头，其中有一些已嵌入了船板的外层。1986 年，人们按照 1∶1 的比例复制了一艘单桅船，“凯里尼亚 II 号”（*Kyrenia II*）以接近 3 节的航速从比雷埃夫斯驶到 400 多英里外的塞浦路斯。在另一次长达 24 小时的航程中，其平均速度接近 6 节。尽管十分适合进行贸易，但这样的航速很容易遭到海盗的袭击。

海盗为了自己的利益在海上进行抢劫，而且充当外国统治者的雇佣兵，这使得罗德岛打击海盗的行为变得更加复杂。例如在公元前 3 世纪末，克里特岛是由马其顿的腓力五世（Philip V）领导的松散城市同盟的召集地。因此，四处抓捕商人的克里特人可能受雇于腓力五世，所以严格说来，他们并不是海盗。公元前 206 年至公元前 203 年间爆发了克里特战争，在此期间，罗德岛居民面对着来自至少 6 座城市的大量海盗，他们成功地使其中一些海盗宣布中立，并进而组成正式的同盟。当时，合法的海上贸易对于某些城邦和王国的发展是至关重要的。这不再只是一种光荣的谋生手段，正如修昔底德所说，那是荷马时代的情形。对于冒险在海上进行贸易的所有人来说，一切海盗活动都是他们需要密切注意的。尽管如此，如果圣奥古斯丁（St. Augustine）的记录是可信的，那么关于海盗与被承认的统治者之间有何区别的问题便已经广为流传。“这是一名在被抓捕后送到亚历山大大帝那里的海盗的反驳。国王问这名男子：‘你出没于海上的意图是什么？’海盗极其傲慢地回答道：‘与你在这世界上出没的意图一样！只是因为我驾着自己的船只，所以我被称为海盗，而你拥有一支强大的海军，所以你被称为国王。’”[23]

布匿战争之前的罗马（公元前 500—公元前 275）

到克里特战争时，海上活动的中心已经转移到了地中海西部，罗马在那里占据优势地位。罗马人对海上事务的关注相对较晚，尽管古罗马思想家对远洋航行表面上持厌恶的态度，但海上探险在创建和维持帝国的过程中扮演着重要的角色。[24] 在罗马共和国和后奥古斯都两个阶段中，古罗马的政治家和将军们都清楚地意识到远洋航行和海上探险的重要性。罗马人是居住在伊特鲁里亚南部的拉丁平原上的众多部落中的一支，其优势在于其地理位置靠近台伯河上一个重要的渡口。罗马靠近大海，并处于意大利半岛的中心位置，有着 7 座小山丘的保护。在大约公元前 510 年，罗马人推翻了伊特鲁里亚末代国王的统治，建立了共和国。尽管曾出现偶尔的挫折，但到公元前 4 世纪末，罗马已经是拉丁联盟中的主要城市了。到公元前 3 世纪 80 年代，罗马人控制了伊特鲁里亚、翁布里亚和坎帕尼亚，正在把目光投向意大利半岛的更远处。然而在某种程度上，他们已经表现出对航海事业毫无兴趣，反映在其与迦太基之间的长期关系上，而后者是地中海西部的海上强国。

尽管后来的宣传有意地强调罗马与迦太基之间的宿怨，尤其是维吉尔（Virgil）关于狄多（腓尼基人称之为艾莉莎）与埃涅阿斯（Aeneas）之间关系及罗马与迦太基之间关系的叙述，但二者之间并不是一直怀有敌意的。虽然早期罗马人生活的地方距离台伯河河口只有 15 千米，但他们几乎完全无视海洋，很容易与迦太基人建立起友好的关系。早在公元前 509 年（或公元前 508 年），他们就签订了条约，不允许罗马人及其盟友航行进入迦太基在非洲的势力范围，实际上就是禁止贸易；而迦太基在西西里岛拥有霸主地位，不得在拉丁意大利建造要塞。后来，公元前 348 年的条约禁止罗马商人在地中海西部进行贸易，并保护在罗马人控制下的沿海城市免受迦太基人的骚扰。（尽管在此后的半个世纪中，很少有关于罗马海上贸易的证据，而关于罗马海上船只的证据则完全没有。）

对于来自海上的袭击者，无论是敌国还是海盗，罗马人首选的防卫方法是建立海上殖民地，共有 10 处，包括奥斯蒂亚与安提翁（今安齐奥），其他的则位于伊特鲁里业海、塞纳加利业（今塞尼加利亚）以及亚得里亚海北部的安科纳。奥斯蒂亚建立的时间尚不确定，而安提翁是在公元前 338 年被占领后才成为殖民地的，当时罗马人接收了其部分战舰。“其余的则被烧毁，人们决定用这些被毁战舰的舰首或撞角来装饰安放在集会场所中的讲台，这个神圣的地方被命名为‘罗斯特拉’（Rostra，原意为‘鸟嘴’）。”[25]（“rostrum”一词是指演讲者的讲台，源自演讲者站在纪念物旁边向听众发表演说的传统。）海上殖民地是只有 300 户家庭的小型殖民地。对男人们而言，成为一名殖民者的唯一好处就是可以免于在军团中服兵役。而他们需要摧毁来到海滨的任何船只，并阻挡在沿海行军的任何敌人。尽管这些殖民地被称为“海上殖民地”（coloniae maritimae），但这并不代表殖民者必然会造船或进行航海活动；他们贡献自己的才能，大体上类似于独立战争时期的美国民兵或第二次世界大战期间的英国军队。[26] 正式的罗马公民的生活环境被认为是“更危险且不太自由的”，他们远离首都中的公民生活。[27] 总体而言，他们的状况可能并不比那些在罗马军团中服役的人更好。

罗马并不依靠海军而是依靠海上殖民地，但并没有获得成功。在公元前 327 年（或公元前 326 年）包围那不勒斯期间，罗马人没有可用来袭击坎帕尼亚港的船只，而那不勒斯人则可以自由地攻击罗马人沿海的各块殖民地。直到公元前 311 年，罗马人才建立了一支舰队，即驻扎在罗马的 2 支由 10 艘船组成的中队。公元前 282 年，一支中队奉命“沿着大希腊海岸巡航”，从而违反了与他林敦之间签订的条约，“根据这一条约，罗马人不得越过塔兰托湾南端的海角”。[28] 他林敦人怀疑罗马人支持他们的对手那不勒斯和罗德岛，因此他们击沉和俘获了 5 艘罗马船作为回应。随后，罗马军队与以海洋为基地的他林敦人展开了较量。他林敦人请求伊庇鲁斯国王皮洛士（Pyrrhus）穿过希腊西北的亚得里亚海来帮助自己，并扩大战线。皮洛士是一位亚历山大大帝式的扩张主义者，与“攻城者”德米特里乌斯和托勒密一世联姻，并写有一部军事著作。[29] 在对罗马取得了数次胜利后，他接受了保护叙拉古免遭迦太基人侵扰的建议。公元前 278 年至公元前 276 年间，他征服了西西里岛的大部分地区，但是他对希腊城邦的暴虐态度导致了许多城邦的反对，加上意大利南部的反抗以及国内的政治问题，迫使他返回伊庇鲁斯。

皮洛士对西西里人采取军事行动的原因之一，便是想预先阻止罗马与迦太基结盟。公元前 279 年，迦太基舰队司令马戈（Mago）率领大约 120 艘战舰航行到奥斯蒂亚，提议双方签订双边互助条约以共同对抗皮洛士。战争已经使罗马人筋疲力尽，而迦太基人担心如果皮洛士与罗马人达成和解，他便可以在西西里岛任意发动攻击。条约的内容反映出罗马海上实力的不足。无论是迦太基向罗马提供军队还是相反，都要依靠迦太基的船只来运输，迦太基人不得不向罗马提供海上的帮助，尽管条约中并没有这样的要求。考虑到皮洛士十分依赖伊庇鲁斯、他林敦和西西里岛之间的海上航线，那么这支海上军队就显得尤其重要了。尽管皮洛士战争中最具决定性的几次交战都是在陆地上，但战舰和海上的交锋是双方主帅在战略上所需考虑的最重要因素。

这场战争的结束彻底地改变了陆地上的政治版图。此时，罗马的霸权扩张到了整个意大利南部，他林敦成为罗马的海上盟国（socii navale）之一。罗马船只上的大多数船员都是从他林敦下层社会中招募的。在举全国之力与皮洛士及其邻国作战的过程中，罗马通过击败来自海外的敌人而变得繁荣且警惕。马戈的舰队在奥斯蒂亚的突然出现无疑强化了他们对海军潜力的重视，并迫使他们在重归和平局面后重估自己的地位时不得不考虑迦太基的存在。

两次布匿战争（公元前264—公元前202）

在皮洛士从意大利、罗马和迦太基撤退后，10年间一直处于战争状态之中。战争爆发的原因是迦太基人与墨西拿和西西里岛的居民之间发生冲突，并很快演变成一场争夺西西里岛和地中海西部地区控制权的战争，罗马从此踏上了一条控制整个地中海和黑海的道路。罗马和迦太基之间的第一次布匿战争的主战场是西西里岛，那里的陆战酝酿了23年之久，但最终却是海战结束了迦太基在地中海西部长达几个世纪之久的主导地位，也正是海战，将罗马推上了军事和海上的最重要的地位。正如波利比阿所说："那些对安提柯、托勒密或德米特里乌斯的宏大海战留有印象的人，无疑将会惊异于第一次布匿战争中规模巨大的（海上）作战。"[30]

到公元前3世纪中叶，迦太基一直控制着安纳托利亚西部及埃及的广阔领土，包括北非的大片地区、西班牙南部、巴利阿里群岛、撒丁岛、科西嘉岛和西西里岛西部。迦太基城位于突尼斯湾中一处宽5千米的半岛上，在面向地中海的一侧依靠一面单独的城墙作为防卫，而在面向陆地的一侧则由3面高15米的城墙作为防卫。这3面城墙都建有高60米的塔楼，和2个高度不同的马厩——其中较低的一个里面有300头大象，较高的一个有400匹马。营房可容纳24,000名士兵。在公元前2世纪，这种双体港口可能是当时世界上最为复杂的：

> 这些港口之间可以相互联系，有一个宽70英尺的共享入口，用铁链封锁。第一个港口服务于商船……第二个港口内有一个小岛，二者周围建造了多个相互之间有一定间隔的巨大码头。船坞中遍布路

> 堤，能够容纳 220 艘船……在每个码头前面，都矗立着 2 根伊奥尼亚式的柱子，港口和小岛之间有一条连绵不断的柱廊……舰队司令能够从那里观察到海上的情况，同时，侵入海上的敌人则无法看清港口。正在驶入的商人未必都能立即看清码头，因为他们被双层城墙所包围。通过许多道闸门，商船无须穿过修船所，就能够经过第一个港口到达迦太基城。[31]

迦太基人对罗马人构成了持续不断的威胁。根据波利比阿的记载，罗马人“正在积极地准备着军事行动，但是，只要迦太基对地中海的控制未受到挑战，战争结果便依然悬而未决”。[32] 在长达 3 年的僵持阶段中，罗马人依靠盟友的船只前往西西里岛。之后，罗马决定建造“100 艘五桨座战船和 20 艘三桨座战船，他们面临着巨大的困难，因为他们的造船工匠在建造五桨座战船方面完全没有经验，这些船之前从来没有在意大利使用过”。他们俘获了 1 艘迦太基人的已搁浅的巡逻船，从而克服了开始时的困难，“他们正是以这艘船为模型，根据其构造建造了自己的整支舰队”。

即便在最佳的条件下，逆向工程也极为困难，但是根据老普林尼的记载，罗马人从实际上毫无造船业可言的起点开始，“在获得造船木材后的 60 天内”，罗马舰队“就可以下水了”。[33] 在地米斯托克利的影响下，有经验的雅典造船工匠在 3 年内建造了 200 艘船，相比之下，罗马人更是格外地令人惊讶。考古发现表明，罗马人可能早已受益于迦太基人的造船技术。对所谓的“布匿战船”（一种发现于西西里岛的马尔萨拉的公元前 3 世纪时利布尔尼亚人的船只）的检查显示，迦太基的造船工匠已经开始在构成船体的各种船板上标记其各自的位置，而不再采用 2,200 年前制造胡夫船的那种方法。[34]（利布尔尼亚人的船是一种桨船，每侧有 17 支桨，每支桨配有 2 名桨手，用于传递信件及进行侦察。）如果罗马人以这种船作为模板，根据造船工匠在上面留下的标记，建造一支舰队的工作便容易多了。

由于迦太基人的船只造得更好且更易于控制，执政官盖乌斯・杜伊利乌斯（Gaius Duilius）决定通过创造罗马军队得以战无不胜的条件，来抵消迦太基人高超的航海技术的优势，即通过甲板上的战斗击败迦太基人。罗马人的核心战术是“乌鸦”（corvus），即一种长 11 米、宽 1.5 米的四周装有围栏的装置，末端用铰链与可升到船只前方的高 8 米的桅杆的基部相连接。[35] 当“乌鸦”装置落到敌船的甲板上之后，外部的铁钉迅速将其固定，罗马士兵便可冲到敌船上。公元前 260 年，杜伊利乌斯曾在西西里岛东北海岸的迈莱附近俘获了一支迦太基舰队，当时“乌鸦”装置便已体现出其作用了。当罗马水兵蜂拥登上敌船时，“战斗似乎已经被转移到了陆地上”。[36] 迦太基人试图从船尾绕到罗马战船上的计划无法奏效，因为“乌鸦”装置能够通过一根宽阔的拱从左舷落到右舷上。如此一来，罗马人可以确保永远保持其优势。到战争结束时，迦太基人已失去了 130 艘战船中的 50 艘。

西西里岛的战事没有太大进展，罗马人对此十分不满。4 年后，罗马人向北非开战，在迦太基军队被彻底击溃之前，强迫其有条件地接受和解。在一次规模更大的远征中，罗马人俘获了 100 多艘迦太基战船，但是在返航途中遇到暴风雨，损失了 280 多艘战船和 35,000 名士兵及船员。波利比阿把这场灾难归咎于指挥官完全无视引航员针对天气状况提出的建议。“西西里岛南部沿海地区是一片多岩石的海滨，只有极少数区域可以安全泊船。”[37] 他继续描述了罗马人某些整体的观察、他们对力量的依赖及其固执的态度，并解释了为什么这些因素与海上事业的成功是相互矛盾的。在陆地上，罗马人常常击败其敌人及其器械，因为他们能够“运用一种力量去对抗另一种本质上相似的力量”。“但是，当他们面对大海和空气，并试图以武力征服它们时，却遭到了彻底的失败。于是，事实果然如此。这种情况无疑仍将继续，直到他们改正这些关于鲁莽和武力的先入之见。”有人认为，“乌鸦”装置在升高后会使船只上重下轻，从而导致战船倾覆。如果罗马人意识到了这一点，他们可能已经明白“乌鸦”装置是十分危险的，这也解释了为什么在北非的战斗开始后它就再也没有出现。[38]

这场战争又进行了 14 年，不时出现令人鼓舞的胜利和悲壮的失败，但没有一次是决定性的。迦太基人战略的重点是确保利利巴厄姆（今西西里岛的马尔萨拉）的安全，罗马人断断续续地封锁利利巴厄姆近 10 年之久，尽管他们在暴风雨中损失了上千艘战舰。迦太基人本来有能力摆脱封锁，但在公元前 241 年，一支由相对缺乏航行经验的水手和水兵组成的满载谷物的船队，在港口北面的埃迦提斯群岛遭到拦截。迦太基损失了 120 艘战船，上万人被俘。由于无法从国内获得支援，难以继续防守利利巴厄姆，迦太基只得投降。

尽管迦太基人的航海传统更加悠久，但他们在第一次布匿战争中从来没有获得彻底的胜利。其原因是多方面的。迦太基的海军依靠的是身兼商人身份的水手，他们从来没有经历过大型的海战。当然，他们对战争也并不陌生——即使在与罗马人的战争期间，他们仍频繁地与近邻努米底亚人作战。但战争终究不是他们国内生活的特征。罗马人的好战精神和坚韧意志，使他们能够轻松地适应船只和海战。他们一旦学会了尊重大海，就能够控制它。

战后，罗马和迦太基之间的贸易恢复了。尽管已公开宣布不干涉迦太基的事务，但罗马于公元前 238 年占领了撒丁岛；9 年后，撒丁岛和西西里岛西部成为罗马帝国最早的 2 个行省。同时，迦太基人开始在西班牙南部扩展其疆域，他们确实需要西班牙的银矿区来增加收入，以支付给罗马人。他们也可能是想弥补撒丁岛和西西里岛的损失。利用那些因丝毫没有抵抗就被迫放弃阵地的怀有不满情绪的士兵，不失为一个办法，其首领是哈米尔卡·巴卡（Hamilcar Barca）。他征服了瓜达尔基维尔河周围的大片土地，在西南沿海建立了新迦太基城（今卡塔赫纳）。罗马人对伊比利亚半岛的兴趣仅限于同个别的城镇（尤其是萨贡托港市）结盟。公元前 226 年的一项条约规定，以埃布罗河（其入海口大约位于巴塞罗那西南 75 英里处）作为迦太基和罗马势力范围的分界线。

5 年后，哈米尔卡的儿子汉尼拔（Hannibal）成为迦太基人在西班牙南部的最高领袖。公元前 219 年，他夺取了萨贡托，第二次布匿战争随之爆发。公元前 218 年至公元前 216 年间，汉尼拔率军经过今法国南部，翻越阿尔卑斯山脉进军到意大利，并多次击败罗马军队。在亚得里亚海东岸的那不勒斯的坎尼会战中，罗马的 80,000 名士兵中只有不到 15,000 人没有阵亡或被俘。然而，迦太基从来没有在海上对罗马构成威胁，尽管汉尼拔在意大利不受控制地停留了 15 年，他在那里也仍然只有一支舰队，而罗马则可以从西西里岛、撒丁岛甚至埃及获得稳定的谷物供应。[39] 最终，汉尼拔于公元前 203 年离开了伊比利亚半岛。当时他被召回国内，负责抵抗普布利乌斯·科尔内利乌斯·西庇阿（Publius Cornelius Scipio）的进攻。尽管没有发生重要的海战，第二次布匿战争中的海上战略亦与第一次布匿战争中的同样重要，西庇阿比其他任何人都更加重视海上战略。

西庇阿的命运一直同西班牙的战争联系在一起。在那里，他于公元前 212 年夺取了萨贡托，并于 3 年后夺取了新迦太基城。波利比阿认为，西庇阿已意识到海上战略的价值。西庇阿的朋友写道："他最先发现，在西班牙的城市中，能够容纳一支舰队和海军的港口实际上是独一无二的，使迦太基人得以很方便地从非洲直接渡海航行。"[40] 西庇阿进一步认识到，如果夺取港口的计划落空，"他依然能够确保士兵的安全，因为他拥有制海权"。新迦太基城的丢失使迦太基只剩下了一个重要的海外港口——加的尔。西庇阿返回罗马后，开始计划入侵北非，汉尼拔也被召回迦太基。公元前 202 年，西庇阿在扎马战役中获胜，从而获得了"非洲征服者"（Africanus）的称号。汉尼拔催促迦太基人接受罗马的和解条件，随后逃往了塞琉古王朝的安条克三世（Antiochus III the Great，即安条克大帝）的宫廷。

罗马主宰地中海

有人认为，在第二次布匿战争期间，罗马人没有体现出"海军意识"，但事实上，他们的海上战略是量身打造的，正好用来应付迦太基人的威胁。[41] 第一次布匿战争之后，罗马人并没有放弃他们的舰队，但是他们不必花费钱财建造比以前更多的船只并配备船员。由于汉尼拔正在意大利肆虐，罗马人只有一小部分人力被用于舰队，尤其是考虑到在第一次布匿战争中海军的大部分损失都是因为天气，而且，迦太基人在海上的威胁已不复存在。更重要的是，罗马人同时也在进行第一次马其顿战争（公元前 215—公元前 197），在这场战争中，他们的舰队在亚得里亚海和爱琴海上发挥了重要作用。罗马人于公元前 229 年开始卷入亚得里亚海的事务中，这是出于意大利商人的请求，这些商人在巴尔干半岛沿海地区总是遭到伊利里亚船只的骚扰。罗马派遣由 200 艘船组成的舰队远征伊利里亚，并迫使伊利里亚人保证，此后在利苏斯南部（今阿尔巴尼亚西北的莱什）航行的带有轻型武器的“楞波斯战船”（lembus）不得超过 2 艘。（这是一种单排桨或双排桨的桨帆船理论上，这种船适用于快速侦察和突然袭击，后来其他的海上强国也加以采用。）

在汉尼拔入侵意大利的前夕，战斗重新打响了。当时，法罗斯岛（今克罗地亚的赫瓦尔岛）的德米特里乌斯率领一支由楞波斯战船组成的舰队在爱琴海上发动了突然袭击。他被罗马人击败，逃往马其顿的腓力五世处，并鼓动他反对罗马。罗马人并没有指望从亚得里亚海获得大量的资源，但许多人还是能够获得少量的资源。公元前 216 年，罗马人以 10 艘战船击败了由 100 艘楞波斯战船组成的马其顿舰队。之后，罗马人派出 50 艘战船在他林敦与布林迪西之间的沿海地区巡航。罗马人也与埃托利亚同盟结盟，并提供了一支舰队，且有权获得同盟夺取的海上战略要地的任何动产，以及同盟中希腊城邦通过陆上战争夺取的领土。公元前 205 年，第一次马其顿战争结束，但仅仅 5 年之后，由于腓力五世威胁到包括雅典和罗德岛在内的希腊同盟，出于对其可能入侵意大利的担忧，罗马人再次投入战斗。一名执政官指出：“汉尼拔从萨贡托到达意大利花了 4 个月的时间，但如果换成腓力，他将从科林斯出发，4 天后就能够到达。”[42] 提图斯·昆克修斯·弗拉米尼努斯（Titus Quinctius Flamininus）率军前往伊利里亚，于公元前 197 年击溃了马其顿军队。腓力五世交出了全部的常规战舰（只保留了其中的 5 艘及 1 艘“十六人”战船），并将其卫戍部队从希腊周围撤走。弗拉米尼努斯堂皇地宣布希腊人是一个自由的民族，不久之后，这成为他们将要辩论的一个焦点。

在过渡时期，塞琉古王朝的安条克大帝已经穿过达达尼尔海峡对色雷斯行使主权，新来的罗马人对色雷斯的兴趣超过了对希腊或巴尔干半岛的兴趣。公元前 192 年，罗马人在德米特利亚斯城（位于埃维厄岛以北）登陆，这里的居民发现，“他们外表貌似直率，而实际上，每一件事都要经过罗马人同意”。[43] 罗马人在塞莫皮莱击溃了安条克大帝的军队，但是经验迫使他们重估爱琴海世界及与其之间的关系。正如一位现代历史学家所说：“作为一个地缘政治体系的爱琴海地区和欧亚之间的希腊世界，其统一的必要性被极其清楚地揭示出来。”[44] 后来，当罗马人的政治和文化影响从地中海东部的希腊化世界中被移除后，他们才明白了这一点。

被这种新的意识武装起来的“非洲征服者”西庇阿和他的弟弟，接受了声称在爱琴海拥有霸权的罗马的挑战。由于安条克大帝的舰队构成了实际的威胁，因此他们没有穿过爱琴海，而是率领军队北上前往达达尼尔海峡。罗马舰队由马尔库斯·利维乌斯（Marcus Livius）指挥，他从海上殖民地征募船员，尽管他们之前已免除了兵役。虽然规模较小，且船员不愿服役，但罗马海军的实力是连汉尼拔都认可的。汉尼拔向安条克大帝报告说，“罗马军队在海上的战斗力确实与其在陆地上的战斗力相当”。[45] 罗马人及其盟友罗德岛击败了多支塞琉古舰队（包括由汉尼拔指挥的一支）的进攻，似乎证实了这一点。多次的失败使安条克大帝开始感到恐惧，正如古罗马历史学家李维（Livy）所说：“由于丧失了制海权，他开始怀疑自己保卫远方领地的能力了。”[46] 安条克大帝从达达尼尔海峡撤军，西庇阿军团在没有遇到任何反抗的情况下穿过海峡进入亚洲。在最后一场陆地战役之后，罗马人结束了战争，并消除了塞琉古王国对伊奥尼亚的影响。此时，罗马称霸了整个爱琴海，在抵御东方的专制统治几个世纪之后，希腊人最终向西方的专制统治屈服了。

为了保持自身的优势，罗马人开始实行分治政策，第一批受害者之一就是其忠实的盟友罗德岛，其利益多次遭到侵害。第三次马其顿战争（公元前 172—公元前 167）之后，罗马将得洛斯岛转让给雅典，附加条件是得洛斯岛必须建造一个免税港口，这使罗德岛每年至少损失 140 塔兰特（约合 3,500 千克白银）。[47] 更大的打击出现在第三次布匿战争（公元前 149—公元前 146）结束时，迦太基遭到毁灭，而它过去一直是罗德岛的一个重要贸易伙伴。迦太基人请求罗马人保护他们免受近邻努米底亚的袭击，但遭到拒绝；罗马人强迫其军队投降，并坚持要毁灭这座城市，将其居民向内地迁徙 80 斯塔德。巧合的是，柏拉图曾建议，为了确保免受海上贸易的不道德的影响，一座城市与大海之间应该保持的距离也是 80 斯塔德。这些要求是在战争开始前提出的，迦太基人拒绝了这些粗暴的要求，但是在外交和军事上对罗马长达半个世纪的屈服，已经导致他们的舰队人员不足且缺乏训练，装备也十分落后。然而，尽管在战前准备、武器和经验方面有着压倒性优势，罗马人仍花费 3 年时间才赢得了最后一次布匿战争的胜利。迦太基城最终落入西庇阿·埃米利安努斯（Scipio Aemilianus）之手，他听从了拥有清教徒式狂热的元老加图（Cato）的主战呼声。* 加图在演说中提出“迦太基必须被摧毁”，长期以来一直在呼吁发动战争。[48] 事实便是如此，因为迦太基是一个已经繁荣了 7 个多世纪的海上强国。

到公元前 2 世纪末，迦太基被击败，罗德岛被边缘化，没有什么外部势力能够威胁到罗马的地中海贸易，得洛斯岛上的自由港便是其中一个商业中心。公元前 88 年，得洛斯岛的繁荣被粉碎了。当时，本都国王米特里达梯六世（Mithridates VI）下令屠杀安纳托利亚和得洛斯岛上的 10 万名罗马人和意大利人。持续几十年的紧张关系达到顶峰，加上对罗马人在希腊和安纳托利亚统治的敌视，共同导致了第一次米特里达梯战争（公元前 88—公元前 63）的爆发。战争过程中涉及大量海上交战，但事实证明，这并没有加快战争的结束，因为罗马指挥官苏拉（Sulla）是在毫无舰队支持的情况下进入希腊的。结果，当苏拉包围雅典和比雷埃夫斯时，米特里达梯通过海路补充自己的兵力，正如雅典人在伯罗奔尼撒战争中所做的那样。当比雷埃夫斯港在公元前 86 年陷落时，“苏拉烧毁了比雷埃夫斯，因其给他带来的麻烦比雅典城更多，他对军火库、海军船坞及其他任何著名的建筑都没有手下留情”。[49] 正是这些建筑使比雷埃夫斯港得以维持了 4 个世纪的繁荣。关于这些海战的详细记载十分缺乏，尽管我们付出了巨大的努力，仍只能获得模糊的了解。古罗马历史学家阿庇安（Appian）在对这些战争的总结中指出，“（米特里达梯）常常拥有超过 400 艘战船”。[50] 尽管他率军在希腊登陆时拥有战船数量上的优

---

* 西庇阿·埃米利安努斯是普布利乌斯·西庇阿的养子，其父亲是“非洲征服者”西庇阿。

势，却仍无法攻下当时仍是罗马盟友的罗德岛。米特里达梯不仅从本国和邻国抽调部队，而且获得了罗马将军塞多留（Sertorius）的支援，当时塞多留正在西班牙率军反对苏拉，他派遣一支部队经海路前往支援米特里达梯。享有盛誉的将军李锡尼·卢库鲁斯（Licinius Lucullus）吸取了苏拉的教训，事实上，也正是他救了苏拉。在第二次战争期间，虽然他长期在安纳托利亚的腹地行军，但他的成功很大程度上依赖于对黑海地区的锡诺普和阿马苏斯这两个港口的占领，因此当他在罗马庆祝胜利时，他的队伍中包括"110 艘装有青铜尖嘴的战船"。[51]

"伟人"庞培征讨海盗（公元前 69 年）

自公元前 2 世纪下半叶以来，爱琴海上广泛的战斗以及罗马人消除了其潜在对手的舰队的军事行动，导致了海盗活动的再次出现。直到世纪之交，这一状况才引起了罗马官方的注意，但只是加以随意的处理而已。由于海盗团伙机动性强，且建有相互帮助的海上网络，所以一系列打击海盗的军事行动都以失败告终。尽管海盗集中在奇里乞亚和安纳托利亚，但威胁到了整个地中海地区的海上贸易。没有任何人和任何地方是安全的。在海盗被消灭之后，罗马演说家西塞罗（Cicero）在公元前 66 年的一次演说中提醒听众，过去的情形曾经是多么恐怖：

> 我是否需要为那些在前往罗马的路上被俘，必须支付赎金才能赎回的外国使节感到痛惜呢？我是否需要提醒大家，大海对商人们而言是不安全的，曾有 12 名扈从（官员护卫）落入海盗之手呢？我是否需要记住尼多斯、科洛弗恩、萨摩斯岛等无数被侵害的伟大城市，以及那些给你们的生活带来生机的港口已落入海盗之手呢？为什么我会为在奥斯蒂亚的失败——这是我们共和国的一个可耻的污点——以及交由罗马执政官指挥的这支英勇的舰队在你们眼前被海盗俘获和摧毁而感到痛惜呢？[52]

海盗活动最著名的受害者是年轻的尤利乌斯·恺撒（Julius Caesar），他在公元前 75 年冬天前往罗德岛时被海盗俘获，并关押了将近 40 天。在支付了 12,000 枚金币后，恺撒得以脱身并捕获了这些海盗，将其钉死在十字架上。[53] 6 年后，元老院委派“伟人”庞培（Pompey the Great）对海盗发动新一轮的打击。尽管这场战役十分重要，但我们只能从对庞培总体战略的简单描述中找到一些蛛丝马迹。庞培被委派在 3 年之内组织一支大军，集结了 500 艘战舰、120,000 名士兵和 5,000 名骑兵。庞培将地中海划分成 3 个战区，命令各个舰长驱逐他们发现的任何海盗组织，但不要脱离自己的战区。奇里乞亚沿海是一片无人防守的区域，这里迅速成为海盗们唯一的避难所。罗马人用 4 天时间消灭了地中海西部的海盗，7 周之后，庞培在奇里乞亚接受了最后一批海盗的投降。有资料表明，在征讨海盗的战役中，共有 10,000 名海盗被杀，400 ～ 800 艘船被俘。最令人感到意外的是庞培对囚犯的宽大处理，他把其中许多人迁徙到索利附近的港口，并将索利改名为庞贝城。庞培的宽容政策获得了成功，他在第三次米特里达梯战争中获得了他们的支持。

海盗活动长期困扰着罗马人，并在其心灵中留下了深深的烙印。西塞罗便是一个突出的例子，在他看来，海盗就是真正的罗马人的对立面，他们是野蛮、卑鄙、背信弃义的。西塞罗在给其儿子的一封信中说道，对海盗所做的承诺不必履行，“因为海盗不属于（国家的）敌人，而是每一个人的公敌”。[54] 到了 17 世纪，英国法理学家爱德华·柯克爵士（Sir Edward Coke）进一步将海盗定义为“人类之敌”，这一称呼至今仍用于描述那些从事恐怖活动、酷刑和种族灭绝的人。

从恺撒到奥古斯都：罗马内战（公元前 49—公元前 31）

罗马在东方的战争及对海盗的征讨中所取得的成功，反而侵蚀了其共和国制度，原有的制度无法管理如此广阔且相距遥远的行省和殖民地。公元前 2 世纪 30 年代的改革提议被固守特权的元老院断然拒绝了，局势因而开始变得紧张起来。元老院多次颁布戒严法，政治强人开始招募军队，承诺为士兵分配土地和战利品。公元前60年，庞培凭借通过征讨海盗所获得的权力和财富，与克拉苏（Crassus）和恺撒秘密结成“三头同盟”，约定“反对其中任何一人可能不赞成的任何立法”。[55]2年后，恺撒远征高卢，花了9年时间将高卢并入罗马，并入侵日耳曼，先后两次在大不列颠岛登陆。

恺撒凭借连续的胜利获得了人们的支持，同时也受到旧的共和体制的捍卫者们更深的怨恨，并与庞培之间发生争执。公元前52年，庞培被任命为唯一的执政官，这在共和国历史上还是第一次。公元前49年，恺撒率领军团渡过卢比孔河进入意大利，并突然发动了内战，这一行为在当时可被处以死刑。庞培匆忙招募的军队无法与恺撒的老兵们抗衡，庞培遂穿过亚得里亚海去召集军队，恺撒则进入罗马，随后前往西班牙，消灭了庞培在那里的支持者。返回希腊后，恺撒在希腊中部的法萨卢斯战役中击溃了庞培，庞培乘坐一艘商船逃往埃及，他将失败原因归结为“一直被迫与恺撒的地面部队交战”。[56]他的传记作家写道：“同时，他没有使用自己的海军，事实上，那是一支无可争议的优势力量……迄今为止，除了在移动作战过程中没有获得海军的帮助，庞培并没有犯更大的错误，恺撒也没有展现出更多的将才。”但这个错误是不可弥补的。庞培在埃及沿海地区登陆后，被托勒密王朝的侍从所杀。恺撒在到达埃及后，处死了杀害庞培的凶手，并任命托勒密十三世（Ptolemy XIII）的姐姐与妻子克利奥帕特拉（Cleopatra）为埃及女王。

公元前44年，共和体制的捍卫者们刺杀了恺撒，但结果却是“新三头同盟”的出现，即身为恺撒盟友的将军马克·安东尼（Marc Antony）、恺撒18岁的侄子和指定继承人屋大维（Octavian，即后来的“奥古斯都”）及将军雷必达（Lepidus）。公元前42年，在希腊的腓力比战役中，安东尼和屋大维联手击败了他们的对手，但是共和派舰队中的部分船只逃脱了，并在西西里岛与庞培的儿子塞克斯都·庞培（Sextus Pompey，即“小庞培”）联合。1年前，小庞培被元老院任命为舰队与海岸的长官（praefectus classis et orae maritimae），一心寻找恺撒的继承人为父亲报仇。[57]尽管在战舰数量上处于劣势，但他仍于公元前38年在墨西拿海峡击败了屋大维，只是未能获得最后的胜利。2 年后，屋大维任命自己十分信任的将军马尔库斯·维普撒尼乌斯·阿格里帕（Marcus Vipsanius Agrippa）指挥舰队，在普特奥里附近建立了尤利乌斯港，供军队训练使用。阿格里帕在西西里岛周围的水域进行了持续一个夏季的激烈作战，并于公元前 36 年 9 月在瑙洛库斯战役中取得了一场重大胜利。他使小庞培损失了将近 200 艘战舰，可能只剩下 17 艘。在小庞培逃跑的途中，雷必达退出了“新三头同盟”，于是对最高权力的争夺便在安东尼和屋大维两人之间展开了。

在第一次攻打达契亚（位于今罗马尼亚）的战争中，罗马帝国皇帝图拉真及其军队乘坐战舰穿过多瑙河。这件复制品是由大马士革雕刻家阿波罗多鲁斯（Apollodorus）根据雕刻在罗马的图拉真纪念柱（约公元前 113 年）上的船只图案制作的，现保存于德国美因茨的古代船舶博物馆。（Photograph by the author.）

安东尼与克利奥帕特拉结婚后，他和屋大维之间的关系进一步恶化，因为安东尼当时是屋大维姐姐的丈夫。公元前 33 年，安东尼和克利奥帕特拉集结了 8 个中队（每个中队由 65 艘战舰组成）及 300 艘运输船。当时，克利奥帕特拉并不是以一位普通罗马将军的新娘的身份，而是以女王的身份出现的。到公元前 31 年春天，这支舰队中的大部分战舰停泊在科林斯湾北部的安布拉西亚湾的亚克兴半岛，阿格里帕与屋大维在那里将新仇旧恨一起清算。安东尼的军队缺乏粮食且被疾病困扰，并因为指挥官的叛逃而士气愈加消沉，因此安东尼必须利用舰队来作战。9 月 2 日凌晨，他率领 6 支中队正面迎击阿格里帕，克利奥帕特拉的中队负责殿后。战斗打响后不久，3 支中队撤退，2 支中队投降，克利奥帕特拉的战舰向南逃跑，安东尼与她一起带着 40 艘战舰驶向埃及。（当战斗状态紧急时，船帆通常会留在海滩上，而这一撤退方案显然是预先策划好的。）屋大维于次年追击到埃及，安东尼进行了最后一次毫无信心的抵抗，然后自杀身亡。当克利奥帕特拉为避免成为阶下囚而自杀之后，埃及成了罗马帝国的一个行省，并将在此后的 6 个世纪中哺育着帝国。

“我们的海”

屋大维在埃及的胜利，使得整个地中海都处于唯 帝国的统治之下。为了确保帝国及其海上贸易的安全，“奥古斯都”（Augustus，屋大维的头衔）建立了罗马第一支常规海军，以尤利乌斯港正南的米塞努姆和亚得里亚海北面的拉文纳为基地。这些舰队中包括利布尔尼亚人的船、三桨座战船、四桨座战船以及五桨座战船等多种船只。随着帝国的扩张，埃及、叙利亚、北非、黑海、多瑙河与莱茵河（帝国的北部边界）、英吉利海峡等地都建立了行省舰队。在之后的 2 个世纪中，帝国的北部和东部边界经常发生战争，但是地中海地区则经历了一段史无前例的和平与繁荣时期。在此期间，希腊罗马文化在“我们的海”广泛传播。这是地中海在历史上仅有的一次处于唯一强国的保护之下，并对此后所有出现于地中海沿岸的文化都造成了深刻的影响。

由于地中海地区的贸易持续繁荣，罗马人开始以史无前例的速度改造旧港口并建设新港口。奥古斯都之所以选择米塞努姆作为海军基地，很可能是因为它靠近普特奥里，这是罗马共和国时期最重要的贸易港口，手工业者和商人遍布其中，大多来自亚历山大港和黎凡特。这两地的繁荣缘于罗马对埃及谷物和东方奢侈品的巨大需求，来自亚历山大港的谷物运输船队到达的场面，是普特奥里的一大奇观。奥古斯都在其最后一次出巡时顺风航行到坎帕尼亚海岸，穿过普特奥里湾，在那里受到了来自亚历山大港的一艘船上的船员和乘客的热烈欢迎。“这些人身穿白色长袍，头戴花环，焚香祝愿他拥有最好的运气——他们说这无疑是他应得的，因为他们把自己的生命归功于他，把自己的自由归功于向大海航行，总之，他们所有的自由与繁荣都是如此。”[58] 在当地富商和公元 1 世纪的历任皇帝手中，普特奥里经历了无数次的改造。巧合的是，该地区盛产一种最适合建造港口建筑物的原材料——火山灰，与水和石灰混合可以形成水凝水泥，而且能够在水下使用。[59]

那不勒斯湾不仅是一个商业中心和海军基地，也是罗马最富有和最有权势的人的聚集地。在公元前 1 世纪的一份名单中列有在那不勒斯海滨拥有别墅和庄园的人，这些人都是罗马帝国的精英。恺撒的岳父和西塞罗都在普特奥里拥有庄园，西塞罗在庞贝城和库米也有庄园。在退出政坛后，卢库鲁斯将军把自己的时间花在米塞努姆和那不勒斯的庄园中，生活极尽奢华。庞培在库米有一栋别墅，恺撒在巴亚拥有一座庄园，奥古斯都则在卡普里岛有一座庄园。历任皇帝在几个世纪中持续不断地光临那不勒斯湾。公元 5 世纪末，西罗马帝国的末代皇帝被放逐到了卢库鲁斯的庄园。[60] 虽然这些庄园对于普通大众而言是禁地，但是巴亚周围几处较大的庄园中的鱼塘和渔场极其引人注目。（西塞罗十分鄙视那些身为“鱼塘爱好者”的政治对手。[61]）有人认为，奥古斯都之所以把阿格里帕的海军基地从尤利乌斯港迁到米塞努姆，是为了保护当地的牡蛎养殖场。[62] 如果真是如此，这就是已知最早的从环境角度进行海滨发展规划的例子。

那不勒斯湾的大受欢迎，证实了罗马人将海上旅行视作寻常之事。对于来自罗马的游客而言，船只是更理想的交通工具，从奥斯蒂亚到普特奥里只需要一个晚上的时间。[63] 船只的起航时间十分准确，因此尼禄选择在自己的母亲阿格里皮娜（Agrippina）乘船旅行时将其暗杀，她的旅行路线位于她在博里的庄园和尼禄在巴亚的庄园之间。当她正与久未联系的儿子一同进餐时，她的船“意外地”遭到猛撞，尼禄以“一艘可拆卸的有船舱的小船”供其离开，这艘船被特意设计成“会沉入水中或从她的头顶处塌陷”。[64]船果然沉没了，但阿格里皮娜被一艘过往船只救起，不甘心的尼禄遂采取笨拙的方法将她杀死。

接替普特奥里成为罗马最重要港口的是奥斯蒂亚。尽管奥斯蒂亚港位于台伯河河口的重要战略位置上，但直到公元前1世纪才与整个城市的繁荣联系在一起。在内战期间，反对派的军队洗劫了奥斯蒂亚港，独裁者苏拉十分欣赏它的忠诚，而且也意识到它在商业上日益增长的重要性，所以他批准对它进行改造。公元前1世纪中叶，台伯河河口的淤塞迫使克劳狄乌斯（Claudius）在奥斯蒂亚港的正北建造了一个更大的海港，由2道长800多米的防波堤包围。“巨大的防波堤延伸到水底，一道人造的防波堤将意大利远远地抛在后面，任何天然港口都无法与之匹敌。”[65]在入口处有一道用沉船建造的防波堤，从埃及的赫利奥波利斯带回的方尖石塔被放置在沉船中。“先将其沉下去，然后用木桩固定，最后将一座像亚历山大港灯塔一样巨大的灯塔置于其上，在夜间通过光束引导船只进入港内。”[66]半个世纪之后，图拉真（Trajan）下令开凿一个巨大的六角形水坑，并在琴图姆克拉（今奇维塔韦基亚）沿岸建造了一个新的港口。

即便在该港口建成之后，奥斯蒂亚港依然在该地区的商业和文化生活中占有一席之地。其遗址规模与庞贝城遗址相当，表明其居民是普通市民而不是拥有地产的富人及其随从。一条条笔直的街道两边排列着鳞次栉比的三层或四层楼房，其中许多是与街道齐平的商店和办公场所。那里的干道从古代海滨附近的马里纳门一直延伸到通往首都的罗马门。除了房屋、办公场所、手工作坊和洗衣房，市民们还拥有一大批惊人的宗教建筑。这些建筑物反映了居民与罗马东部之间有着密切的联系。在希腊罗马众神的神庙和对抗基督教洗礼池的帝国异教团体旁边，有一个犹太人的教堂和许多供奉近东诸神的神庙。其中包括琐罗亚斯德教的密特拉神（Mithras），他是契约之神，因此受到商人们的尊崇。至于娱乐场所等其他地方，奥斯蒂亚人有许多拥有海景的浴室，以及能够容纳三四千人的剧院。剧院的后面是所谓的“市政广场”。[67]广场上有成行的柱子和开放的房间，房间地

公元前 2 世纪初的一幅浮雕。画面中展现了一艘船用光束照亮远处，穿过灯塔到达奥斯蒂亚港。在甲板上的几个人中，两名男子和一名女子正在船尾的圣坛上祈祷航行安全。罗马的港口生机勃勃，小船上的一名男子在船尾工作着，而右下方的一名男子正在将一个双耳细颈椭圆土罐搬运到一艘船上。画面中央手握三叉戟的巨人是海神尼普顿。（Photograph by Faraglia, D-DAI-Rom 7898. Courtesy of the Museo Torlonia/ Deutsche Archäologische Institut, Rome.）

板上雕刻着图案，包括造船者、码头装卸工、补缝工、制绳工、商人、杂货商、批发商以及他们的目的地或产品，如来自纳博（位于高卢）、毛里塔尼亚（今阿尔及利亚的舍尔沙勒）的恺撒里亚、亚历山大港和迦太基的谷物商人，以及为罗马斗兽场提供野兽的进口商、谷物称量者和制革工等。这些房间一直被认为是商业交易场所，可能是前往剧院之人的聚集地，这些图案也为那些以某种方式为剧院或该城的文化生活做出贡献的人们做了广告。

尽管古代船只的平均载重量大约为 120 吨，但是运往罗马的谷物的规模需要载重量超过 1,000 吨的更大的船只。萨莫萨塔的琉善（Lucian of

Samosata）将一艘公元2世纪时幸存的大船称为“希望之舟”。他将装满谷物、在从亚历山大港驶往罗马途中因遇到大风而被迫在比雷埃夫斯港卸货的船只称为“伊希斯号”（*Isis*）。尽管这段文字出自一篇小说，但“伊希斯号”可能是依照一艘真实的船建造的。这艘巨大的谷物运输船的出现，显然在比雷埃夫斯港引起了小小的轰动。在当时的比雷埃夫斯港，这种巨型船只是十分罕见的：

> 真是少见，这是一艘多么巨大的船啊！造船者说，它有120腕尺长，宽度也超过长度的四分之一，从甲板到船底部最深处有29腕尺。再看，多么高的桅杆啊！多么长的帆桁啊！那是系在桅杆上的前桅支索！弯曲的船尾多么优雅，下面还有一只金色的鹅！与另一端相称，船首正好在前部右侧，船两侧刻有多处女神伊希斯的图案，船只以她的名字命名。其他的装饰图案、绘画和上桅帆像火一样在燃烧。锚在船首，起锚机与客舱在船尾——这一切都非常壮观。船上可以搭载一支军队，据说其运载的（谷物）可供阿提卡人1年的生活所需。[68]

根据琉善的测量结果，“伊希斯号”的载重量约为1,200～1,300吨。船长讲述了这艘船是如何在经历了7天的暴风雨之后停靠在比雷埃夫斯港的。船队在航行途中提供了关于暴风雨的重要信息，从亚历山大港的北方和东北方向驶过塞浦路斯以西，然后沿着安纳托利亚南部沿海向西航行至罗德岛或尼多斯。从那里开始，船长说，“他们一直驶向克里特岛，然后向右转舵驶出马勒亚”，那是一处位于伯罗奔尼撒半岛南端的半岛，“所以现在到了意大利”。[69]在一个类似的事件中，使徒保罗（Paul）在亚历山大港的另一艘谷物运输船上，这艘船向南航行，在马耳他失事，船上276人的补给全部遗留下来。[70]

为了避免食物短缺，政府做了大量的工作来保证每年有150,000～300,000吨谷物运到罗马，其中的15%～30%用来交税。由政府的船只装运的谷物免费发放给民众，但是大多数粮食和其他货物都由商人把持，他们用小型的私人船只运输货物。[71]投资贸易十分普遍，商业贷款的利率是每月 1% 或每年 12%，然而借款的偿还依赖于交易的顺利完成。“海上贸易的贷款能够提供任何利率的利息，因为只要航行仍在持续，对贷方来说就是一种冒险。”[72] 这是一种猜测，托运商可能依赖于某种形式的担保。根据克劳狄乌斯的一部传记中的描述，“他通过担保他们（商人）可能因暴风雨所遭受的任何损失，而获得确定的收益”。[73] 然而，这个措施看起来尤其是针对谷物商人的。[74] 为了他们的利益，克劳狄乌斯也对奥斯蒂亚港进行了改造，为新建造的船只提供奖金，使托运商免于遵守一系列的法律规定。

重要程度仅次于粮食贸易的就是葡萄酒贸易。[75] 据估计，在公元前 1 世纪，每年有 50,000 ～ 100,000 公石（约合 130 万～ 260 万加仑）的葡萄酒从意大利用船运到高卢，它们被装在 350,000 多个双耳细颈椭圆土罐中。由于木制船体日久腐烂，而陶罐则得以保存（尽管罐内液体有所渗出），载有葡萄酒的失事船只的残骸通常是依靠海底的成堆陶罐来确认的。在意大利西部和法国南部海域已经发现了数量可观的遗存，其中包括在法国拉马德拉古发现的一艘长 40 米的船。在公元前 1 世纪，这艘船载着 7,000 ～ 8,000 个陶罐、一批黑釉餐具和粗糙的陶器，总重量超过 300 吨。由于潜水员在附近的日安半岛留下了许多大石块，使得失事地点十分凌乱，这些潜水员找回了一些重要的货物。潜水员们像珍珠采集者一样，在几个世纪中一直在打捞，古代的救援人员曾利用石块加速潜到深 20 米的海床上。他们成功地找回了所有的东西，除了位于船右舷的 1 层双耳细颈椭圆土罐，而其他 3 层则仍在准备卸货的位置。

现代人对罗马航海活动的评价，受到了罗马人自己对大海的矛盾心理的影响。海上贸易和海军力量对罗马人的繁荣而言至关重要，而根据他们自己的建城故事，他们把自己的存在归功于埃涅阿斯通过海路从特洛伊成功逃脱。维吉尔《埃涅阿斯纪》（*Aeneid*）前半部中的海上环境，有意识地呼应了荷马《奥德赛》的海上环境；当维吉尔让埃涅阿斯一到达意大利就烧毁他的船只，这并不意味着罗马未来的统治者必须放弃海洋，而是意味着他们必须为自己的土地而战。然而在维吉尔写作的帝国早期，有一种痛斥海上贸易的倾向，进而痛斥海洋本身，因为贸易是与精英的军事价值观念不一致的。然而，没有什么比据说是庞培——他在公元前56年率领一支船队前往非洲筹措粮食，以缓解罗马的粮荒——所说的一句话更能说明罗马人对航海的重视了。普鲁塔克写道："当他准备起航时，海上出现了大风暴，各船船长犹豫着是否出航，但他带头上船，命令他们起锚，他大声喊道，'航行是必要的，但活着不是'。"[76] 尽管庞培的传记作家是用希腊语写的，但许多中世纪的欧洲商人团体后来一直传诵着这句话的拉丁语版本"Navigare necesse est, vivere non necesse"。

如果声称罗马帝国只是海上力量和海上贸易的产物，那就过分了，但二者对于罗马帝国的创立是十分重要的，正如地中海对帝国本身一样重要。如果罗马的制度或情绪以任何实际的方式与海洋事业为敌，那么罗马帝国就不可能存续下来。也许最后一句话属于塞内加（Seneca），他在公元1世纪时写道："神啊，我们的创造者……他给了我们风，让我们能够了解遥远的地方……他给了我们风，为了让所有人都能知道每一个地区的优势，但不是为了运输军队或武器来摧毁人类。"[77] 虽然罗马人永远都不会把他们的剑变成犁，但是他们确实有助于他们占领之地的经济一体化，他们影响了比地中海远得多的地方——包括印度洋周围地区——的财富，同时也受其影响。

第6章

追逐季风

与地中海世界空间有限的海域的海洋史完全不同，印度洋的海洋史呈现为另一种形式。路程遥远、四周没有对立的沿海国家、连接大陆的岛链十分稀少，这些因素导致了印度洋水手和他们各自的社会之间的相互影响，远不如地中海世界那么强烈和直接。航海活动使运输货物、传播思想成为可能，但并没有产生在地中海的此类交流中伴随出现的暴力对抗和海上冲突。同时，远距离的海上贸易对政治发展的影响更小；航海对于地中海居民而言有着重大的文化意义，但在这里则没有。然而，如果说在这里由海洋驱动的变化比在其他地区更加微妙的话，那么事实证明它的持久性并不弱。

公元前4世纪时，地中海的商人开始直接涉足红海和印度洋；在300年后罗马吞并埃及之后，其间的联系加强了。罗马人抱怨为购买东方的奢侈品而花光了自己的贵金属，在印度和东南亚有大量罗马钱币出土，甚至有关于在公元前2世纪一名罗马商人出现在汉朝宫廷的中国记载，这些都证明了地中海交往的活跃。尽管外来者有兴趣也确实参与了印度洋的贸易，但本土的水手仍是主要的贸易代理人。印度投资人为地中海商人的贷款提供担保，印度商人在埃及的红海各港口从事贸易活动。印度教和佛教的早期经典及世俗法律让我们可以从印度洋的视角一瞥海洋世界；2世纪的泰米尔史诗描绘了一幅给人深刻印象的海上贸易图景——自那以后，南部印度人参与并且常常主导海上贸易。这些贸易网络把红海、波斯湾与孟加拉湾和东南亚连接在一起，并且与南亚次大陆的海上和陆上交通线相交织，从而成了一条条通道，沿着这些通道，从 7 世纪伊斯兰教的诞生到 15 世纪末欧洲贸易者的到来，远距离航海家们源源不断地进入印度洋世界。

古代印度的航海活动

尽管今天的印度是一个民族国家，但在 1947 年之前，它指的是包括兴都库什山、喀喇昆仑山和喜马拉雅山以南，印度河（“印度”之名便来源于此）以东的整个南亚次大陆。因此，它不仅包括今天的印度，还包括孟加拉国和巴基斯坦的一部分。从地理上看，南亚次大陆可分为 3 个主要地区：一是北部的印度河 – 恒河泛滥平原，这个地区从阿拉伯海到孟加拉湾形成一个广阔的弧形；二是德干高原，这是一片位于讷尔默达河与克里希纳河之间的高原；三是半岛南端的尼吉里山区。主要民族是北部的雅利安人和南部的操达罗毗荼语者，后者的主要语言与现代印度最南端的几个邦的语言类似：卡纳塔克邦的埃纳德语、喀拉拉邦的马拉雅拉姆语、泰米尔纳德邦的泰米尔语和安得拉邦的泰卢固语。印度西海岸被分为卡奇沼泽地（从印度河三角洲向南延伸）、古吉拉特邦的卡提瓦半岛、马哈拉施特拉邦的孔坎海岸以及马拉巴尔海岸（包括果阿、卡纳塔克邦和喀拉拉邦）。在东部，孟加拉湾冲刷着泰米尔纳德邦和安得拉邦的科罗曼德海岸、羯陵伽（北安得拉邦和奥里萨邦）和恒河河口。半岛南端的边缘有两道山脉，即西高止山脉（一片狭窄的沿海平原将其与阿拉伯海隔开）与矮一些的东高止山脉。印度的重要河流中只有少数适合通航。西部沿海有印度河、古吉拉特的讷尔默达河和达布蒂河。在现在的孟加拉国，恒河三角洲与雅鲁藏布江三角洲汇合，而在南部，哥达瓦里河、克里希纳河和高韦里河也注入孟加拉湾。

哈拉帕文明结束于约公元前 1700 年，在之后 1,000 年的时间里，印度河 – 恒河平原上出现了许多相对较小的部落。该时期出现了《吠陀》（*Veda*）等印度教经典，一个民族的面貌由其所在的土地造就，《吠陀》中很少提到航海活动的情况，但是南亚地区的宗教与世俗文献中常常涉及海上贸易。这证实了，即使在印度河流域的文明灭亡之后，其与波斯湾之间的远距离联系被打断，但人们为了生活仍继续从事航海活动。《梨俱吠陀》（*Rig Veda*）中一个最古老的故事，详细讲述了医神阿史文（Asvin）是怎样帮助其朋友的儿子布伊宇（Bhujyu）的，当时布伊宇正向一个邻近的岛屿发动进攻。“你用自己的船只把他带回去，漂浮在海上，停留在水面上……你，阿史文，在海上完成了这一功绩。在海上，没有任何可支持的东西，没有任何可依靠的东西，没有任何可依附的东西。”[1] 这种航海活动被更早期的描述伐楼拿（Varuna，在《吠陀》中相当于海神波赛冬或尼普顿）的一段文字进一步证实。“伐楼拿知道空中飞翔的鸟儿的行踪，他居住在海上，知道船只的路线。”[2] 这表明，印度水手在海上是通过跟随海鸟的飞行路线来确定航线的，大洋洲、地中海等其他地区的水手也采用同样的航海方法。

印度商人希望到海外冒险，这被法律史上有关航海的两个最古老、最全面的文本所证实，即《实利论》（*Arthasastra*）和《摩奴法典》（*Manusmrti*）。《实利论》是一本详细的治国指南，一般认为可追溯到公元前 4 世纪末孔雀王朝开国君主旃陀罗笈多（Chandragupta）统治时期。在登上位于恒河下游的摩揭陀王国的王位后不久，旃陀罗笈多将其统治扩展到印度河 – 恒河平原。在西北地区，他把疆界从旁遮普经巴基斯坦推进到阿富汗，并曾与塞琉古一世（Seleucus I）交战。作为和平条件的一部分，塞琉古一世把女儿嫁给旃陀罗笈多的儿子频陀莎罗（Bindusara），任命麦伽斯梯尼（Megasthenes）为使节前往位于恒河河畔的华氏城的孔雀王朝。作为回报，旃陀罗笈多赠送 500 头战象给塞琉古一世，在与托勒密王朝作战时，塞琉古一世利用战象取得了胜利。托勒密王朝发展红海贸易，从西面向印度洋渗透，这种贸易路线的移动是其与塞琉古王朝之间爆发战争的催化剂之一。旃陀罗笈多也向南扩张到德干高原的北部边界线讷尔默达河。接着，频陀莎罗征服了讷尔默达河流域、喀拉拉邦和卡纳塔克邦以及西南地区。

旃陀罗笈多最重要的大臣是考底利耶（Kautilya），人们一般认为他就是《实利论》的作者。航运主管（navadhyaksa）是一种民事公职，其职能类似于现代的沿海巡逻和海事税收，在一部关于航运主管的详细指南中，考底利耶指出，“应该注意航海活动、各大河河口的摆渡情况以及天然湖泊、人造湖泊及大河上的摆渡情况”。[3]航运主管的工作包括向河流沿岸的村庄、城镇、渔夫、商人和采集贝壳与珍珠的潜水者收税，还要向外国商船征收港口税，对偶尔利用大河渡口或法律规定之外的地方的人收取罚款，不必出示官印便可以没收船上的货物。当渔夫或商人使用国有或国王的船只时，他也要收取适当的费用。航运主管也有人道主义救援的职能：“当船只偏离航道或者被暴风掀翻，他要像父亲一样去营救他们。当货物已经落入水中，他应该免征或者只征一半的税。”[4]这种营救工作可能是用渡船来进行的：“大船由船长和引航员控制，上面有独桅纵帆船的操作器、缆绳和水勺。在大河上，（甚至）在冬季和夏季，都必须摆渡营救；小河上的小型船只（只有）在雨季河水泛滥时才进行营救。”[5]

航运主管可能还有军事职能。根据麦伽斯梯尼的描述，旃陀罗笈多的大臣中包括一名海军将领。与考底利耶笔下的航运主管一样，他把船只租给水手和商人。麦伽斯梯尼写道，手工业者、商人和劳动者“按照国家的规定提供服务”，“由于独自为他（指国王）做了这些工作，造船者依据一定的法定比例获得报酬和生活用品”。[6]贸易主管的职位比航运主管更高，负责决定租借船只的费用，通过免征关税和服务费的方式来鼓励对外贸易。[7]此外也负责决定船只起航的时间和货物的价格，以及制定针对危险状况和适用于沿途各类港口的法规。

也许，考底利耶通过揭示人们对航海活动的忽视，打破了关于海上贸易的益处及如何进行管理的流行观念。鉴于大多数人把海上贸易视为更有效率的活动，正如考底利耶所说，“投入不大，费力不多，收获颇丰”，考底利耶坚持认为陆路更加安全，且不易受季节性变化的影响。[8]他进一步指出：“将沿海的航线和远海上的航线进行比较，前者显然更为可取，因为大多数港口都位于沿海；内河航线同样如此，因为可以长年使用，且河流上的危险更容易处理。”[9]然而，河流在干旱季节无法通航。大多数船难都发生在沿海，不仅是因为船只大多集中于此处，而且浅滩和避风港湾比远海给航船带来的危险也更多。

人们常说印度教经典禁止远航，然而其证据只是模棱两可的。一份古代的文献中警告说，人们可能会“因为海上航行”并“交换各种各样的物品”而降低自己的种姓。而在另外一份文献中，则把航海看作假设和建议，并十分理智地指出，“让教导者避免船只遇到难以预料的事故”。[10] 考底利耶虽然属于种姓制度中等级最高的婆罗门，但他对远洋航行和海外贸易的态度并不保守。直到15至16世纪，某些善于观察的印度人才开始避免因纯粹的宗教因素而进行海外航行。尽管如此，航海活动也没有被完全禁止，但是在与非印度人接触后必须进行复杂而昂贵的涤罪仪式。[11] 即使高等级的印度人谢绝出海，他们对投资海外贸易并从中获利也没有感到丝毫不安。

《摩奴法典》比考底利耶的《实利论》更多地阐述了印度人对航海的态度。《摩奴法典》可能写于公元之初，但反映的是相当古老的传统，将“社会的、宗教的责任与人的等级和一生中的各个阶段联系在一起”，并编成法典，这些责任是印度教的本质特征。[12] 其中确定了4个主要的等级：神职人员（婆罗门）、统治者、平民与仆人。[13] 贸易和放贷是平民的职责。海外贸易并没有遭到禁止，商人可以在海上十分自由地进行贸易。大多数商品的价格由国王制定，同时，那些经过远距离海上运输的物品更容易受到放任。“熟悉远洋运输的人能够根据时间、地点和货物，确定一定的利率，即支持特别交易的利率。”而且，《摩奴法典》表明商人可以租借船只，并详述了租借河船的费用是如何计算的。同时，“对于在海上（旅行）没有明确的规定”。对于水上的意外事故，《摩奴法典》将船只的疏忽与神的行为区别开来：“如果船上货物因船员的过错而损坏，将由船员集体赔偿，（每人付）他自己要赔的那一份。当船员在水上出现失误时，这是他的决定……由于神的行为（即意外事故）而造成的损坏，不必赔偿。”而神的行为在河流上并不是未知的，因此这个规定显然适用于发生在海上的意外事故。

《实利论》和《摩奴法典》可能是将旃陀罗笈多的王国不同地区的大量习惯法和航海法规综合而成的，在孔雀帝国于公元前2世纪80年代瓦解后，它们以某种形式流传了下来，反映了印度北部始于公元前6世纪的城市财产转让契约的发展和贸易扩张的过程，并在该时期编纂而成。这一时期也见证了耆那教和佛教的发展，它们起源于印度教，但又不同于印度教。二者的广泛传播既刺激了贸易的发展，又被贸易发展所推动。由于“不准杀生”的极端教义，耆那教教徒的职业受到严格的限制，屠杀牲畜是被禁止的，农耕也一样，因为需要防治虫害。为了生活，耆那教教徒越来越多地转行经商，耆那教在古吉拉特和印度南部的潘地亚、焦拉、切拉诸王国内尤其盛行。这些地区在印度远距离海上贸易的形成过程中起到了重要作用，因为他们依靠救济金建造寺庙，佛教徒同情商人和放贷人，并组织了一支传教僧团。这些僧人经过兴都库什山和喀喇昆仑山进入中亚和中国，沿着丝绸之路继续向东传教，或者乘船穿过孟加拉湾到东南亚一带再进入中国。虽然佛教没有像耆那教那样渗入印度南部地区，但在公元前247年传播到了锡兰（今斯里兰卡）。当时，孔雀王朝的第三代君主阿育王（Ashoka）派遣一位使节去那里当国王。随后，斯里兰卡成为上座部佛教盛行之地，也成为整个亚洲的佛教徒朝圣和从事学习研究之地。

阿育王一朝是孔雀王朝文献最完备的时期，在其统治区域内发现了大量碑文（在恒河平原发现了雕刻在石柱上的敕令），以及次大陆南部远至泰米尔纳德邦、西部远至阿富汗的坎大哈等地的石刻敕令。也许是因为阿育王发动过大规模的征服战争，他被视作一位忏悔的、道德的统治者的典范。这个转变大约发生于他从征服羯陵伽的噩梦中醒来并信奉佛教之后。“15万人被驱逐出境，10万人被屠杀，许多人丧生。此后，既然羯陵伽已被吞并，众神钟爱的人（指阿育王）极其真诚地践行佛法，渴望佛法，传授佛法。”[14] 羯陵伽人以娴熟的航海技术而著称，一份文献中把羯陵伽国王称作“海洋之神”，而另一份文献中则提到了“羯陵伽的海上群岛”——孟加拉湾。[15] 虽然征服活动和萨马帕（今根贾姆）的港口为孔雀王朝打开了通向东方的道路，但他们主要的港口依然是位于羯陵伽北部的德姆拉里普蒂（今德姆卢格）。这里通过恒河与一条官道与首都华氏城相连，这条官道向西延伸的支线通向古吉拉特的临阿拉伯海的港口珀鲁杰。

与印度教不同，佛教较少关注种姓制度和与生俱来的权利等问题。理论上，佛教商人能够比印度教商人获得更高的社会地位，许多商人捐献钱财用于建造和维护佛教寺庙。印度这种最早的宗教建筑最初是为巡回传教的僧人提供饮食等服务的，但是后来成了永久性的寺庙，作为货物的储藏地，也是学术和文化的中心。与埃及人、腓尼基人和希腊人一样，文化因素在印度贸易扩张的过程中也起到了催化作用，促进了各种知识（在大约公元前 4 世纪时发展起来）的传播。[16] 例如，佛教的治疗手法大多依靠进口的香料和药草，主要来自东南亚，从而刺激了对这些物品的需求。

关于印度航海活动的最早记载出现在公元前 3 世纪的《本生经》（*Jataka*）中，其中收录了大约 550 个关于佛陀在其前世作为一名菩萨的故事。故事中的反面人物取材自次大陆各地，但他们总是通过海外航行前往东南亚。《苏帕拉迦本生经》（*Suparaga Jataka*）中把菩萨描写成享有盛誉的船长家族的子孙，船长来自西海岸的珀鲁杰港，后来在其他地方定居。尽管他年幼而体弱（在该故事的另一个版本中，他因溺水而双目失明），一群商人恳求他带领他们航行到东南亚的“黄金之地”（Suvarnabhumi）。《苏帕拉迦本生经》中把菩萨描写成一名水手，“他能够识别发生在自己周围的所有故事……诸如一条鱼、海水的颜色、（水下）地形、鸟类和岩石等线索”，在大洋洲的航海活动中可以发现类似的技能。[17] 在航行途中，暴风雨使船偏离了航线。当商人和船员恳求他提供帮助时，他无视他们的担忧，却说：“如果你们不幸进入大洋的中央，面对洪水般的暴风雨，你们也不必惊讶。”菩萨的美德确保了他们的安全。在经历了一系列死里逃生的经历之后，他们带着装满宝石的袋子返回珀鲁杰。虽然《苏帕拉迦本生经》中说这些宝石是从海底打捞上来的，但这种矿物与斯里兰卡和马来半岛密切相关。

在《儴佉本生经》（*Samkha Jataka*）和《摩诃迦那本生经》（*Mahajana Jataka*）中，菩萨都被描写成一位富人，因其慷慨捐赠济贫院而受到尊敬；他被描写成一位合法的王位继承人，而当时王位已被其叔父篡夺。考虑到他可能花光了赠送的钱财，儴佉（Samkha）决定“乘船去黄金之地”，从那里“带回钱财”。摩诃迦那迦（Mahajanaka）为了击败他的叔父而打算前往“黄金之地”筹集资金，并违背了其母亲的意愿：“我的孩子，航行不一定成功，有许多阻碍，你最好不要去。”[18] 儴佉和摩诃迦那迦的船都沉没了，但是他们都被海神摩尼梅伽莱（Manimekalai）救起，他将他们及其发现的财富一起送回家。

儴佉和摩诃迦那迦的故事的共同之处，便是几乎完全相同地记叙了故事中的主人公是如何在失事后幸存的。《儴佉本生经》中讲述道："王子既没有痛哭，也并不悲伤，更没有祈求任何神灵，但他知道自己在劫难逃。他用一些糖和酥油填饱肚子，用油把自己的两件干净衣服弄脏，把它们紧裹在身上，倚靠桅杆坐着。当船下沉时，桅杆保持直立状态。甲板上的人成了鱼和乌龟的美食，周围的水变成了血色。"[19]据说，儴佉"已经采取措施预防鱼和乌龟造成的危险"，但这些可能发生的事情并没有被揭示。[20]用油把自己的身体和衣服弄脏以应对低温是可行的。摩诃迦那迦遇到的意外也与此类似。摩诃迦那迦"全身都被晒伤，却依然在海上生存了7天"，他准确地总结了自己遭受可怕的脱水，并在太阳和海水中暴露了1周。[21]同时，《本生经》中描述的种种危险基本上都被主人公成功克服了，航海的危险是为了衬托英雄人物（如吉尔伽美什和奥德修斯）。

公元前6世纪以来波斯人在印度洋上的贸易

当生活在古代印度的人们驾船穿过孟加拉湾到达东南亚的"黄金之地"和"黄金岛屿"（Suvarnadvipa）时，阿拉伯海上出现了充满活力的向西的海上贸易。在希腊文和拉丁文文献中，珀鲁杰（又称巴里加扎或布鲁奇）在当时是一个重要的沿途停靠港，位于肯帕德湾（位于古代哈拉帕的洛撒尔港附近）的讷尔默达河河口，已经做好准备来迎接印度河－恒河平原和德干高原的财富。珀鲁杰港建立于公元前一千纪中叶，此后在印度和波斯湾之间的海上贸易中复兴，并在跨越阿拉伯沙漠地带的商队贸易中继续成长，这些商队运载着印度的货物从波斯湾航行到腓尼基和叙利亚的地中海沿岸港口，再从那里前往埃及、希腊等地。无论这里得以复兴的原因是什么，这种海运贸易成功引起了新巴比伦王国、阿契美尼德王朝和希腊化地区的统治者们的兴趣。

公元前6世纪初，新巴比伦王国的一位国王在伊拉克巴士拉附近建造了特勒多恩港。在他去世后的20年内，居鲁士大帝征服了巴比伦，进而拥有了一个从伊朗东部延伸到地中海海滨的大帝国。居鲁士来自伊朗南部高原上的法尔斯（又称帕尔斯或波西斯），高原上的扎格罗斯山脉将波斯湾和阿拉伯海隔开，其沿海地区不适宜人类居住，需要通过运河和沟渠引进淡水。因此，沿海地区的统治者常常独立于内地的王国而生存和发展。生活在波斯湾两岸的居民之间的联系可能与沿海和内陆地区居民之间的联系同样密切，甚至更加密切。居鲁士是一位仁慈的统治者，以宣布统治区域内的人民享有宗教自由而著称。他将整片统治区域描述为“包括从海平面高的海洋到海平面低的海洋在内的整个世界”，在 1,800 年前的萨尔贡时代也出现过同样的说法。[22]

在大约公元前 525 年至公元前 510 年间，波斯帝国在扩张过程中横扫安纳托利亚和近东地区，从西面的伊奥尼亚和埃及一直到印度河流域。在大流士集中精力惩罚参与伊奥尼亚叛乱（导致希波战争爆发的原因）的希腊人之前，他已经开始对帝国的海上边界感兴趣，并在特勒多恩建造了阿吉尼斯港（安佩）。我们很难判断阿契美尼德帝国在最初的几个世纪中在波斯湾地区的海上航道的长度，然而在公元前 4 世纪末，亚历山大大帝的海军将领尼阿库斯（Nearchus）记录了波斯河流域和沿海地区的 16 个港口，以及在一个距离阿拉伯河约 150 英里的岛屿附近提供的海上援助。“两边用插入水底的标杆来标记各处浅滩，正如在莱夫卡斯群岛和阿卡纳尼亚（位于伊萨卡岛正北的伊奥尼亚海）之间的海峡，已经为航行者树立了航标，以防船只搁浅。”[23]

在公元前 6 世纪，波斯湾的海上交通线对阿契美尼德帝国而言不像后来那样重要，也许是因为地中海和红海的商业贸易使之黯然失色。在埃及，大流士可能已开凿了红海与尼罗河之间的运河。[24] 早在一个世纪之前，尼科二世就打算开凿这样一条运河了，他派卡里安达（位于安纳托利亚）的司库拉克斯（Scylax）从印度河出发向红海航行。司库拉克斯沿着巴基斯坦和伊朗的海岸航行，穿过阿曼湾到达阿拉伯半岛。根据希罗多德的记述，“在经历了大约 30 个月的航行后”，他到达了“（尼科二世）派腓尼基人”环航非洲的“起始地点”。[25] 司库拉克斯记录下了他的航行历程，但很可惜，这份对这片水域已知最早的记录并没有留存下来。

大流士显然渴望开辟红海与波斯湾之间的海上贸易，但他在这个目标完成之前就去世了。他的继承者们对此不太感兴趣，下一次努力便是亚历山大大帝的倡议。他继承了大流士的精神，并付诸实际行动。公元前325年，亚历山大发现他的军队不愿继续向东方进军，于是他把军队分成3支，其中的2支经陆路返回波斯的前都城苏萨，而尼阿库斯则奉命率军从印度河前往波斯湾。尼阿库斯记述道："亚历山大强烈渴望从印度经大海航行到波斯，但令人担心的是，他的整个船队可能遭到毁灭；这将是他的伟大功绩中一个不小的污点，可能毁灭他所有的快乐。"[26]希腊人建造了一支由三桨座战船和其他类型的船只组成的舰队，在亚历山大建造于帕塔拉（或者是在海得拉巴附近的巴基斯坦的波塔纳）的城中等候，直到"信风停止"，但是"信风在整个夏季不断从海洋吹向陆地，因此无法起航"。

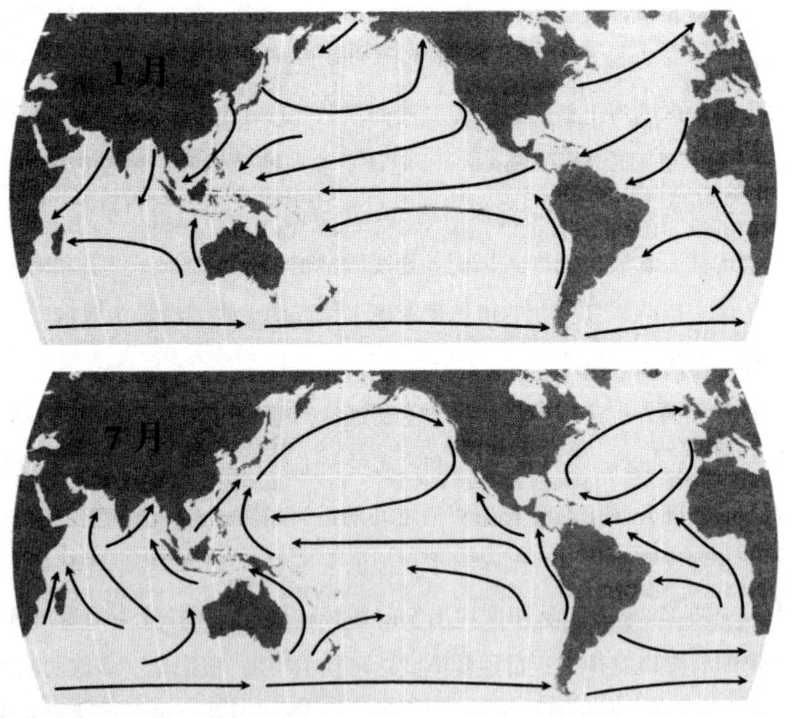

全球的季风在冬季和夏季之间都会发生改变，但是没有哪个地区的季风比印度洋和东亚、东南亚的季风变化更加明显。在东亚和东南亚地区，盛行的季风是从东北吹向西南的。

这实际上是对西南季风的描述，“季风”（monsoon）一词来自阿拉伯语中的“季节”（mawsim）一词。在蒸汽机发明之前，穿过印度洋和东亚、东南亚水域的航行都要依靠季风。季风产生自亚洲大陆和印度洋之间的温差。[27] 在夏季，陆地上的暖空气上升，形成一个高压带，常常从西南方带来暴风雨。高压带季风猛烈地袭击印度次大陆的沿海地区，使船只无法航行。在 10 年之内，孟加拉湾北端曾多次出现时速高达 150 千米的热带旋风。在冬季，陆地温度比海水低，印度洋上空的低压带从中国和日本向马六甲海峡移动，形成东北季风，从南亚向非洲移动，形成东北季风。季风的风向及其强度变化对航海的影响十分巨大。只有在季风有利于航行时，水手们才能够轻松穿过亚丁湾与印度南部沿海地区（或斯里兰卡）之间 2,000 英里的远海区域。*

由 800 艘“战舰、商船和战马运输船”组成的尼阿库斯舰队沿着巴基斯坦和伊朗沿海航行，随后驶入波斯湾。[28] 舰队沿着东部海岸航行，到达波斯湾入口处，并继续航行到帕希提格里斯河，与在苏萨的亚历山大会合。亚历山大在去世前不久派出了另外 3 支探险队伍，目的在于打通波斯湾和红海。其中的 2 支在波斯湾进行探察，而没有到更远的地方去。第三支队伍在阿那克西克拉特（Anaxicrates）的率领下沿着红海航行，到达也门南部海岸，那里盛产芳香的树胶、树脂、乳香以及在宗教仪式中有重要作用的没药。在此后的一个世纪中，红海的贸易迅速增长，但是红海和波斯湾之间的阿拉伯半岛南部长长的海岸线则仍没有被外人所知。

随着亚历山大的去世，从前的波斯帝国最终被塞琉古王朝与巴克特里亚王国（位于阿富汗）和犍陀罗王国（位于巴基斯坦）等印度 – 希腊王国瓜分。塞琉古王朝控制了波斯湾，并与孔雀王朝的旃陀罗笈多和频陀莎罗保持着外交关系，其最著名的使节便是麦伽斯梯尼。从塞琉古王朝在费拉克群岛（今科威特附近）和巴林岛设置卫戍部队的举动中，我们可以

---

* 印度洋上的东北季风的风速很少超过 4 级（11 ～ 16 节），而在赤道与北纬 5 ～ 20 度之间的季风是时常变化的。阿拉伯海西部的西南季风的平均风速是 6 级（22 ～ 27 节），阿拉伯海北部和东部的西南季风的风速则只有 4 ～ 5 级。但是在每年 7 月和 8 月，所有地区的西南季风的风速都高达 7 级（28 ～ 33 节）。

看出波斯湾对塞琉古王朝的重要性。考虑到在波斯湾周围任何地方都没有能够产生威胁的军事力量，其动机可能一直是保护贸易免遭海盗的侵袭，正如《实利论》中提到的航运主管的职责那样。在公元前 288 年（或公元前 287 年）的一封信中，详细描述了塞琉古一世捐赠物品给伊奥尼亚的一座神庙。这说明他从帝国的海外贸易中获得了可观的收入，包括“10 塔兰特（合 300 千克）乳香、1 塔兰特没药、2 迈纳（合 1.8 千克）桂皮、2 迈纳肉桂、2 迈纳闭鞘姜（一种与姜相似的开花植物）”。[29]

与赎金相比，这些物品显得微不足道，但它们却成就了阿拉伯北部的杰尔哈城的繁荣贸易。公元前 205 年，当安条克大帝威胁要从海上发动袭击时，杰尔哈城的居民“用 500 塔兰特白银、1,000 塔兰特乳香和 200 塔兰特所谓的（由没药和肉桂油制成的）‘熏香料’向安条克大帝换取和平”。[30] 塞琉古王朝为数不多的海战中的另外一次发生在波斯湾。当时，“由安条克国王任命的梅塞纳（位于穆桑代姆半岛）的统治者努墨尼乌斯（Numenius）战胜了波斯舰队”。[31]（我们尚不清楚究竟是 10 位安条克国王中的哪一位任命的，一般认为是公元前 175 年至公元前 164 年在位的安条克四世。）尽管他们胜利了，但权力的天平不久就偏向了波斯东北部的帕提亚人。帕提亚人于公元前 247 年从塞琉古王朝中独立出来，并在大约一个世纪之后成为一个帝国，在公元前 2 世纪与波斯和美索不达米亚并立。

塞琉古王朝和帕提亚帝国在波斯湾的影响力似乎都没有转变成实际的政治控制。公元前 141 年，一位塞琉古总督宣布在一个阿拉伯河港口独立，并以自己的名字将其命名为“卡拉克斯 – 斯帕西努”（Charax Spasinou，意为“希斯鲍西尼斯的栅栏”）。[32] 其统治区域向北扩展至巴比伦尼亚，但他去世之后，查拉塞尼王国在被帕提亚人吞并之前，已退到美索不达米亚的最南端。我们不清楚卡拉克斯 – 斯帕西努后来的政治地位如何，但它似乎作为一个半自治的王国幸存了下来。它不仅为印度洋和地中海的商人们所熟悉，甚至也为中国人所熟知，他们称之为“条支”。其名声依赖于在印度洋贸易中与也门的格尔哈和赛伯伊的商人一起扮演中间商的角色。赛伯伊是位于今天的马里卜城附近的一个内陆都城，据说它被芳香的树木散发出来的香气包围，“散发香气的植物使当地居民变得懒散，他们通过熏松香和山羊胡须产生的烟味来医治自己的懒惰”。[33] 强烈的香气来源于阿拉伯半岛南部由没药树、乳香树、香脂树、樟树和肉桂树构成的森林。除了向东航行，赛伯伊人还“使用大竹筏”，“不少赛伯伊人也利用由兽皮制成的船只”与非洲东海岸进行贸易。[34]

赛伯伊的商业寿命是十分惊人的。在《圣经》中，它被称作“示巴”（Sheba），而关于其传奇般的财富的最古老记载出现在《红海》（*On the Erythraean Sea*）一书中。（“Erythraean”意为“红色”，是希腊人对印度洋、波斯湾和红海等广大区域的统称，他们也称之为“阿拉伯湾”。）该书是公元前 2 世纪由尼多斯的阿加塔尔齐德斯（Agatharchides of Cnidus）撰写的一部地理学专著，也是现存最早的记载古代印度洋商业贸易的文献，成书于大约公元前 140 年，并参考了更古老的文献，书中记载了托勒密二世和托勒密三世统治时期有价值的探险活动。[35] 阿加塔尔齐德斯写道：“这个部落的财富和所有的奢侈品之多，不但超过附近的阿拉伯人，也超过了其他地方的居民。”[36] 直到几个世纪之后，他们依然处于领先地位。当时，一位名为法显的僧人到访斯里兰卡并提到了萨薄（赛伯伊）商人，称其“屋宇严丽，巷陌平整”。[37] 同时，赛伯伊的长途贸易满足了托勒密王朝的需求，直到罗马人在公元前 1 世纪试图入侵阿拉伯南部时，他们的繁荣局面才受到了有限的威胁。

托勒密埃及与印度洋

如果说波斯湾是美索不达米亚和印度之间的天然贸易航道，那么红海对长途贸易的贡献则小得多。除了乳香和没药，也门沿海地区的物产很少，不像南亚和波斯湾有那么丰富的物产和奢侈品。海上盛行的北风、数不清的浅滩和暗礁、残酷的海滨环境等因素都阻碍了贸易的发展。北部地区的年均降雨量只有 4 毫米，植物稀少，大多数生活用品必须从尼罗河流域或国外进口。在法老统治时期，这方面的开销太大，商人无力承担，法老甚至试图通过海路从蓬特、俄斐和希巴获取财富。红海与卡拉克斯 – 斯帕西努不同，实际上，用现代考古学家的话来说，“红海港口是肮脏得惊人的地方”，在贫瘠的土地上，其遗迹难以辨认。[38]

在亚历山大去世后，统治埃及长达 3 个世纪的托勒密王朝的国王们是最早对红海贸易感兴趣的人。亚历山大曾命令阿那克西克拉特率领船队航行到红海，目前我们尚不清楚船队中有多少艘船。公元前 287 年，托勒密王朝的一支船队在亚喀巴湾击败了纳巴泰的海盗，当时船上的货物吸引了海盗前来劫掠，因此必须加以保护。在托勒密二世的统治下，埃及人对该地区的兴趣大大增加。托勒密二世希望补充他日益减少的战象。在亚历山大东征时期，希腊人首次遇到战象。在公元前 312 年的加沙战役中，托勒密一世捕获了一些由旃陀罗笈多赠送给塞琉古一世的战象，但这些战象并没有繁殖后代。尽管阿育王与托勒密二世曾互通使节，而且很可能也讨论过战象的问题，但是如果让阿育王用船只载着战象穿过印度洋并包围塞琉古一世，显然有些不切实际（不过包围是有可能的）。作为备选方案，托勒密二世开始从东非进口大象。[39] 即便如此近距离的贸易也需要对海上交通加以改进，也许还包括重新开凿尼罗河与苏伊士之间的运河，以及在红海上建造新的港口。公元前 3 世纪 60 年代，第一批大象从亨茨的托勒密（今苏丹港以南约 50 英里处）被用船运到贝勒尼克港，行程 300 海里。拉斯巴那斯半岛为贝勒尼克港提供了庇护，使其免受北风的影响。托勒密王朝早期的其他港口包括今苏伊士港附近的阿尔西诺伊（以托勒密一世妻子的名字命名）和迈厄斯霍尔莫斯港（古塞尔 - 阿尔 - 盖迪姆），后者位于科普托斯正东，在贝勒尼克港以北约 160 英里和苏伊士以南 270 英里处。[40] 从贝勒尼克港出发，人们带着这些大象经过 12 天的行程，穿过干涸的东部大沙漠到达阿斯旺，然后用船装运大象向尼罗河下游航行到达孟菲斯。虽然古典时期的文献中有一些关于“大象运输船”（elephantego）的记载，但我们目前尚不清楚这些船只与其他商船之间的不同及其建造地。

在环境恶劣的海上，大象贸易是一种危险的交易。在埃及古王国时期的“失事船只上的水手”的残酷故事中，阿加塔尔齐德斯描述了一艘运载大象的船在苏丹港口南面失事的情况：

> 布满浅滩的大海深度不超过 3 英寻（5.5 米），海水颜色碧绿无比……对于有桨船只来说，驶过这一地区并不是问题，因为养育各种鱼类的波涛没有从远处汹涌而至。但是，由于大象运输船的重量过大，导致船只吃水很深，船尾负重过大，这些运输船在此处遭遇了巨大而可怕的危险。这些大象运输船通常整夜航行。由于强烈的海风，它们搁浅在岩石上并沉没。水手们无法上岸，因为水深通常超过人的身高。当他们没法用撑杆来营救失事的船只时，他们把食品以外的所有东西都投入水中。如果用这种办法仍不能逃脱，他们便会陷入极度的绝望之中，因为附近既没有岛屿，也没有海岬，在视线范围内更没有其他船只。因为这些地方完全不适宜人类居住，人类很少乘船穿过这里。[41]

尽管会遇到巨大的危险，但为了获取象牙和进行战争，托勒密王朝仍继续进口大象。从前，由于兽群被屠杀，猎人们向南迁徙，在阿杜里斯（今厄立特里亚的马萨瓦）和曼德海峡南面建造新的港口。到公元前 3 世纪 40 年代，托勒密三世拥有了一支由 300 头战象组成的军队，但是非洲的战象不敌塞琉古王朝的战象。到公元前 3 世纪末，捕猎战象的现象便消失了。

帝国的一个更重要的收入来源，是与阿拉伯半岛南部和印度之间的奢侈品贸易。托勒密王朝牢牢地垄断着这种贸易，其类型已被阿加塔尔齐德斯记录下来。他描述了一个沿红海南下穿过西印度洋的成熟的贸易网络。船只通过曼德海峡之后，有可能在索科特拉岛上短暂停留。这个岛大概位于亚丁湾东面 500 英里处，其名称源自梵语，意思是“幸运的”或“最快乐的”岛屿。阿加塔尔齐德斯描述了繁忙的索科特拉岛，在那里，“人们能够看见众多邻国抛锚停泊的商船，在那里相遇的多数商船来自由亚历山大沿印度河建造的港口（帕特拉），此外也有不少商船来自波斯和卡尔马尼亚（位于伊朗南部）及整个周边地区”。[42] 后来，印度洋上的贸易网络的西端延伸到非洲大陆上的马拉奥（今索马里伯贝拉），或者更远的位于非洲之角东面的一个叫作“莫西隆”的地方。

阿加塔尔齐德斯描述的上述情况发生在印度洋贸易发展的转折时期。

有人认为，当时一位名叫希帕鲁斯（Hippalus）的水手“发现”了印度洋上的季风，尽管对于土生土长的水手而言，季风是习以为常的。在将近200年之前，尼阿库斯便将其从印度河起航的航程的延迟归结为季风的影响。由政府组织的埃及与印度之间的贸易，似乎在公元前3世纪的最后几十年间便已经开始了。之后，一艘失事的印度商船在红海上获救，并被带到亚历山大大帝那里。基齐库斯的欧多克索斯（Eudoxus of Cyzicus）在恢复健康后，“承诺为那些事先由国王挑选的前往印度的人当向导”，他很可能被任命为这次远航中的船长。[43] 据说，他在返航时从印度带回了香料和宝石，但没想到会被托勒密七世（Ptolemy VII）没收。在托勒密的遗孀的支持下，欧多克索斯进行了第二次远航。“然而，在返航的途中，季风使他偏离了航线，向南航行到埃塞俄比亚南部，被驱赶到了某个地方。在那里，他与当地人共享面包、葡萄酒和干无花果（因为他们没有这些东西），以此安抚他们。作为回报，他获得了淡水补给和当地的引航员，他也记录了他们的一些词汇。”

如果欧多克索斯在第二次远航中从盛行东北季风的印度起航，而缺乏一位有经验的引航员，那么他很容易就会被季风吹到目的地的南面。同时，他能够雇用非洲沿海地区的引航员的事实说明，他依然是在一个充满生机的海上贸易圈当中。到达埃及后，他的货物再次被没收，他成功地留下了在非洲沿海发现的一艘船的艏柱。亚历山大港的水手告诉他，它来自一种名叫“希波伊”（hippoi）的船只，为西班牙加的尔的迦太基人所使用。根据这一事实，欧多克索斯得出结论，迦太基人肯定曾经自西向东进行过环绕非洲的航行。因此，他准备自费进行一次远航，经普特奥里和加的尔驶入大西洋。由于大西洋上相反的季风，他并没有成功，而返回了西班牙。在大约公元前100年，他为第二次远航做好了充足准备，但已被人们遗忘。

尽管欧多克索斯得到了王室的赞助，但仍遇到许多困难。当时，埃及已向印度洋的贸易网络开放。在某种程度上，印度洋贸易的繁荣有赖于任命专员防范红海上的海盗。除此之外，至于贸易具体是怎样进行的，我们知之甚少。这一时期的大多数商人是否来自埃及、地中海或者印度洋？

埃及与希腊化地区的商人是使用他们自己的船只，还是使用印度商人或阿拉伯商人的船只？贸易量有多大？个人能得到多大的利润？政府从中能获得多少税收和关税？这些问题中的大多数至今仍没有答案。

公元一千纪初期西印度洋上的贸易

即便在托勒密二世统治时期尼罗河－红海运河开通之后，驶往埃及的商人通常仍只航行到贝勒尼克港，有时会航行到迈厄斯霍尔莫斯港，但是很少沿着苏伊士湾航行到阿尔西诺厄。因此直到公元前 1 世纪中叶，由于长期被忽视，托勒密运河变得无法通行了。如果托勒密运河一直得到维护，那么埃及和罗马的历史发展轨迹很可能会大不相同。亚克兴战役之后，克利奥帕特拉试图穿过苏伊士地峡以躲避追击的敌人，并在红海附近重建托勒密王朝的统治。当马克 · 安东尼在亚历山大港截住她时，“他发现克利奥帕特拉正在进行一次伟大的冒险……她命令舰队离开水面，拖着船只穿过（苏伊士地峡），她的舰队带着大量的钱财和军队，在阿拉伯湾下水航行，在埃及以外的某个地方立足，从而逃脱了战争并免遭奴役”。[44] 罗马的盟友纳巴泰人烧毁了她的几艘战舰，她听信了安东尼的保证而放弃了抵抗。但事实证明安东尼是错误的，在他和克利奥帕特拉死后不久，罗马就吞并了埃及。

罗马人对红海贸易有直接的兴趣。公元前 26 年，埃利乌斯 · 加鲁斯（Aelius Gallus）奉命率领 10,000 名士兵远征也门。罗马人移师到阿尔西诺厄进行必要的补给，包括建筑材料、武器、食物及饮用水，并建造了一支由 80 艘战舰（包括双桨座战船、三桨座战船和驳船）和 130 艘运输船组成的舰队。加鲁斯离开西奈半岛后，由于“航行中的困难，而不是任何敌人”损失了一些战船。[45] 他对也门的远征以失败告终，但是他在返回的路上吸取了教训。他率领部队在迈厄斯霍尔莫斯港登陆，经陆路行军到位于尼罗河畔的科普托斯城。马因、赛伯伊、盖特班、哈德拉毛等阿拉伯半岛南部诸王国的独立状态一直保持到 7 世纪，但是加鲁斯的远征并没有改变罗马人对东方奢侈品的嗜好。当陆地拖车在自东向西的货物运输中扮演着重要角色时，地理学家斯特拉波记录了红海上令人瞩目的贸易扩张。加鲁斯在访问埃及时，“了解到多达 120 艘战船从迈厄斯霍尔莫斯港驶往印度，而以前在托勒密王朝统治时期，只有极少数（不到 20 艘）船只冒险航行和运输印度货物”。[46] 没药和乳香产自阿拉伯半岛南部地区和索马里，多种香料（尤其是胡椒）和宝石产自印度，而某些特殊的衣料（如中国的丝绸）则途经印度到达西方，此外还有相互间的奴隶贸易。欧多克索斯携带“歌伎、医生和其他工匠”到达印度，亚洲奴隶在罗马较为常见，但当时的奴隶贸易量相对较小，且贸易对象是一些掌握专门技术的人才。

对印度洋贸易描述最详细的文献是公元 1 世纪的《红海环航记》（*Periplus of the Erytharean Sea*），由一名埃及土著居民用朴素的希腊文撰写而成。除此之外，作者的名字、背景、经历、年龄，以及是否在商业团体中居于某个等级或位置等情况，我们一概不知。与博学的阿加塔尔齐德斯不同，这位佚名作者并不是将各种人的信息加以汇编。他列举了在印度某两个具体的港口之间运输的物品，相对客观地描述了波斯湾的贸易，并通过对孟加拉湾的猜测性描述，写出了对埃及与印度之间贸易的亲身体验。当他提到船舶操控方面的情况时，他集中描写了贸易中的货物及其在哪个港口进行交易。现存的文献篇幅很小（共约 20 页），是 2 篇旅行日记，其中一篇记录的是从红海北部沿着非洲海岸向南航行至拉普塔（今坦桑尼亚首都达累斯萨拉姆附近）的旅程，另一篇记录的是沿着也门海岸穿过远海到达印度河上的巴巴里孔港和马拉巴尔海岸的穆兹里斯港（今克兰迦努尔）的旅程。

《红海环航记》的作者划分了 5 个主要的贸易区：红海西部、东非、阿拉伯半岛南部、波斯湾东部（几乎被忽视）和印度。货物被划分为 9 大类：饮食、纺织品和服装、日常用品、原材料、宝石、香料和芳香剂、药物和染料、牲畜、奴隶。[47] 埃及最重要的出口产品是实用物品，如金属、工具、毛毯和服装，这些物品与 5 个世纪前哈特谢普苏特女王到访蓬特时所描述的物品相似，此外还有马和骡子。价值最高的进口物品是没药、乳香和印度胡椒，以及产自非洲和阿拉伯半岛的龟甲、象牙、犀角和鹦鹉螺壳，产自南亚的绿松石、青金石、缟玛瑙、玛瑙、珍珠、钻石、蓝宝石以及中国的丝绸等奢侈品。作者提到印度的珀鲁杰港的次数比其他任何一个港口都要多，也列举了印度与其最南端的科摩罗海角之间的 17 个港口，这说明罗马人日益熟悉了孔坎海岸和马拉巴尔海岸。

《红海环航记》中提到了许多可能是为海外的上层客户准备的货物（例如葡萄酒），但也可能是为了满足侨居海外的商人的需要，橄榄油、海芋属植物和地中海鱼酱等物品可能也是如此。贝勒尼克港的考古发掘表明，部分航行到埃及的印度商人也是出于同样的动机。椰子、大米、醋栗、绿豆和薏苡等印度菜肴所需的食材在红海港口都有所发现，尽管古代文献中并没有提到这些物品中的任何一种。[48] 移居海外的贸易殖民地并非完全依赖从母邦进口货物，可能也有产自地中海或印度洋的物品。熟悉的食物对于侨居海外的商人可能是一种安慰，如同今天一样。也有一些零星的证据可以说明当时的贸易状况。公元前 2 世纪初期得洛斯岛上由阿拉伯半岛南部的哈德拉毛地区的某个人所雕刻的碑文，表明印度洋的商人可能到达了地中海地区。[49] 泰米尔史诗《摩尼梅伽拉依》（*Manimekhalai*）中的主人公摩尼梅伽拉（Manimekhala）的塑像从庞贝城的废墟中重见天日。[50] 印度使节发给奥古斯都、斯里兰卡国王婆提迦无畏王（Bhatikabhaya）发给奥古斯都或克劳狄乌斯的宫廷的公告，可能是对商人团体的需求作出的回应。[51]

与印度洋联系最密切的西部港口是亚历山大港。帝国对埃及粮食的需求确保了它在地中海贸易中的首要地位，但它同时也以与希腊 – 罗马世界以外的贸易区的联系而闻名。公元 1 世纪的演说家戴奥 · 赫里索斯托姆（Dio Chrysostom）对亚历山大港在红海与印度洋贸易中的贡献大加赞美："不仅仅是岛屿、港口、某些海峡与地峡，实际上整个地中海世界的贸易都是你们的。因为正如过去一样，亚历山大港坐落在整个地中海世界乃至更遥远的国家的十字路口。"[52] 而且，那里是"一个将所有人聚集在一起并令其相互交流，且能够使他们成为同一个群体的场所"。

上面的叙述表明，亚历山大港并不是徒具其名的，公元 2 世纪的一份文献（用希腊文写成）也证实了亚历山大港确实是名副其实的。该文献详细记录了一份贷款协定的具体内容，签订双方分别是印度穆兹里斯的一名放贷人和一名需要资金用于支付一船运输到亚历山大港的货物的借款人，这种情况可能是十分典型的。[53] 甘松香、象牙和丝织品等货物在担保中被用作有价证券进行贷款，借款人承诺在亚历山大港偿还贷款人或其代理人。货物从穆兹里斯运到贝勒尼克港或迈厄斯霍尔莫斯港，再从那里经陆路运到科普托斯，然后沿着尼罗河向下游航行到达亚历山大港，托运商和借款人承担运输所需的费用。在亚历山大港，对所有货物都要收取25%的税。契约上没有写出借款人、放贷人及代理人的姓名或国籍，但放贷人很可能是一名在穆兹里斯的“罗马人”侨居团体中的一员（但可以确定他是讲希腊语的），他的代理人可能是来自埃及或地中海东部某地的同行。在戴奥对亚历山大港的大都会景象的描述以及我们对印度洋贸易一般情况的了解之外，这份协定表明，当时可能也存在涉及印度和其他地区的借贷双方的借贷协定。正如贸易没有局限于罗马帝国的公民一样，它也并不是男人们专属的。一篇公元2世纪（或3世纪）的碑文中提到了“艾莉亚·伊西多拉（Aelia Isidora）和艾莉亚 · 奥林匹亚斯（Aelia Olympias）等著名贵妇，以及红海上的船主（nauklcroi）和商人”。[54] 但很可惜，我们只知道她们十分富有并曾捐赠钱财给埃及神庙，以及她们曾雇用一位名叫阿波利纳里奥斯（Apollinarios）的船长（或代理商），他的名字出现在她们的名字之后。至于她们其他的业务，我们就不得而知了。

从一开始，就有一部分公民反对罗马在印度洋的贸易中为了东方的物品而不断输出黄金。老普林尼斥责罗马公民为了东方的奢侈品而极度挥霍自己的财富。[55] 为了购买绿宝石、珍珠、象牙、丝绸和胡椒，罗马每年要输出5,000万塞斯特斯。* 这种看法在那些担心罗马将要堕落的保守人士中是普遍存在的。奥古斯都的继承者提比略（Tiberius）试图限制那些最富有、最奢侈的元老的挥霍，因为他们拥有“豪宅、成群的奴隶、笨重的

---

* 塞斯特斯（sesterce）是罗马帝国时期的一种铜币，重约25克。1亿塞斯特斯是相当大的数目，但有许多罗马人的财富是这个数字的若干倍。哲学家塞内加的财富达3亿塞斯特斯，老普林尼至少有40万塞斯特斯。帝国常常拨款50万塞斯特斯给贫困的元老。作为对比，每个奴隶的价值大约为2,000塞斯特斯。公元前2世纪初期，贫穷的儿童每月能收到12～16塞斯特斯的补贴。

金银餐具”，尤其是“那些女性特质，即把我们的货币出口给外国或敌国以换取宝石”。[56] 他考虑强制实行新的禁奢法令，但是未能抵挡巨大的政治压力，只能无果而终。

公元一千纪初期印度南部的海上贸易

地中海的商人、地理学家及政治家关于罗马人的东方贸易的描述，进一步被考古发现和当时印度南部的文献所证实，其中提到了“耶婆那人”（Yavana）。在亚历山大时期，“耶婆那人”指的是伊奥尼亚的希腊人，但后来一般被用来指希腊人、罗马人、阿拉伯人和波斯人，他们在印度南部经商并定居。在孟加拉湾周边发现了罗马的陶器及其仿制品，尤其是在阿里卡梅杜的科拉镇（位于今本地治里附近）。[57] 从大约公元前 3 世纪起，本地治里在长达千年的历史上一直是一个地方性、区域性乃至国际性的贸易中心。这些发现物数量太少，且分散在广阔的区域内，因此难以说明存在一个永久性的侨民团体。这些可能是双耳细颈椭圆土罐的残片，这些土罐经由当地商人控制的沿海水路或者陆路，以及以珀鲁杰等西海岸港口为起点的河上航道运输而至。除此之外，考古学家还发现了刻有奥古斯都和提比略形象的迪纳里厄斯银币，及 1 世纪、2 世纪和 5 世纪时的奥里金币。[58] 在德干高原地区，这些钱币被视为金条和银锭，当地流通的是铜币和铅币，而印度南部则没有自己的货币。

这是印度南部发生重要变化的一个时期。印度南部的经济主要是农业、手工业以及铁矿石和宝石的开采。但是南部各王国的发展与胡椒等农作物及其地理位置相关，它们位于非洲、近东与东南亚、印度、斯里兰卡周边沿海航道的交叉点上。在公元之初的几个世纪内，操泰米尔语的科拉人、潘迪亚人和彻拉人联合成为独立的王国，它们相互之间频繁地交战，并与北方的王国交战。它们突袭了斯里兰卡，这说明它们确实有扩张的倾向。印度东南部的科罗曼德海岸是一个交汇点，不同的种族、宗教和语言在这里混合，远远比与此相似的地中海地区或除斯里兰卡以外的其他任何地方的情况都更为复杂。在距离孟加拉湾 1,500 英里的东南亚，那里的民族和物产与印度东北方向 1,200 英里外的恒河 – 雅鲁藏布江三角洲没有太多的相同之处，印度东北部的居民也不同于波斯湾或红海的居民。波斯湾距离印度西北大约 2,000 英里，红海距离印度西部大约 2,500 英里。为了满足这些到访者的需求，需要多个社群来提供货物、食物和船只以及进行防盗。公元一千纪初期的泰米尔诗人对这些繁忙的港口及与遥远海滨相连的贸易网络十分自豪。他们绝非居住在一块闭塞的次大陆上，而是生活在没有夜晚的城市之中，那里的人们接受并适应了这种世界性贸易的环境。关于货物和目的地的记载，当时的拉丁文、希腊文和中文文献提供了补充。泰米尔文献也不仅仅记载了海上贸易的活力及其所带来的财富，同时也有助于我们了解当时其他港口的繁荣景象。

公元 2 世纪的《脚镯记》（*Cilappatikaram*）是一个爱情故事，作者是伊兰戈 · 阿提卡尔（Ilanko Atikal）。两位主人公甘纳基（Kannaki）和柯伐兰（Kovalan）出身于富商家庭，生活在位于孟加拉湾的科拉王国早期的海港都城普哈尔（亦称加韦里伯提讷姆）。甘纳基是“一位富商的千金”，“那里的商人都是国王”，这是以赛亚对提尔人的一种回忆式的描写。[59] 普哈尔是“一座通过获取海洋上的财富而繁荣起来的城市”，在那里，“高扬的旗帜好像在宣布，财富就在这片白色的沙滩上，远航的人们驾着船，从他们的故乡来到这里生活”。[60] 伊兰戈 · 阿提卡尔描写了普哈尔港的夜晚，来自内陆的工匠、宝石商、鱼贩和不法商贩们点燃了火焰，那是“带着浓重口音的外国人的永恒明灯”，“守护着一堆堆货物的灯火”是那么耀眼。海滨为众多小海湾提供着庇护，此外还有“为成排的船只引航的灯塔”，“船上载满了来自大山和大海的新鲜物产”。

在公元 4 世纪由乌鲁提兰·甘纳纳尔（Uruthiran Kannanar）所写的《帕提纳帕莱》（*Pattinappalai*）中，也描写了加韦里伯提讷姆和那里的商人，这是一个关于贸易的生动故事。除了产自印度南部的鱼、粮食、胡椒和宝石，乌鲁提兰 · 甘纳纳尔还描写了“从海上由船只（带来的）急驰腾跃的马匹”（几百年来，马匹一直是波斯和阿拉伯半岛的主要出口产品），以及产自喜马拉雅山的黄金和宝石，产自东南亚的檀香木、珍珠和红珊瑚，产自缅甸的手工制品和产自斯里兰卡的食物。[61] 乌鲁提兰 · 甘纳纳尔极力强调加韦里伯提讷姆的水手们的道德行为，他写道："在贸易中，他们对其他人的货物与自己的货物一视同仁。他们并没有通过卖出货物大赚一笔，也没有在购买货物时省下多少。他们为所有的货物都制定了十分合理的价格。"在《脚镯记》的续篇中写道，加韦里伯提讷姆的居民是新近才开始进行公平交易的，其最初的繁荣可能是通过十分混乱的争斗而获得的。"过去，我们以那些在附近海面上失事的船只上的幸存者尸体作为饕餮大餐，我们劫掠了他们运输的所有货物，包括整船的珍贵的芦荟、散发着芳香的檀香木、大包的织物以及包括黄金、钻石和红宝石在内的贵重物品。"[62] 从原来的掠夺到富有成效的贸易，这种改变似乎一直令人记忆犹新，但是这让我们想起修昔底德在古代地中海和其他地区的历史中观察到的人们对海盗活动的相似态度。海盗活动的存在意味着出现了有利可图的贸易，但只有在国家合法政权缺乏遏制手段的情况下才能实现繁荣。因此，消灭海盗活动不仅依靠国家拥有制服海盗的能力，而且也需要获得合法利润的能力。到那时，印度南部的贸易已经历了一个关键的开始阶段，促进了对商人和国王有益的海上贸易的发展。

萨珊王朝与拜占庭帝国在印度洋上的竞争

《帕提纳帕莱》中提到的产自斯里兰卡的食物，是当地一种很少见的出口货物。希腊人和中国人对这个进行转口贸易的岛屿最为熟悉，尽管这些斯里兰卡本土的物产与从其他地方运来的并没有太多不同。6 世纪时，一位名叫科斯马斯・因迪科普勒乌斯特斯（Cosmas Indicopleustes，意为"去往印度的水手"）的埃及僧人（原是一名商人）在其个人经历中记录了斯里兰卡及其贸易，那里丰富的商品给他留下了极为深刻的印象。这些商品"来自最遥远的国家，我是指秦（即中国）和其他贸易地区"，包括"丝绸、芦荟、丁香和檀香木等"。[63] 其中丝绸产自中国，芦荟和檀香木产自印度尼西亚，丁香产自香料群岛。

引起科斯马斯注意的斯里兰卡商人都是基督徒（科斯马斯本人可能也是一名基督徒），其中许多人已经从波斯沿着印度海岸迁徙到那里（据说使徒圣托马斯曾在印度南部布道）。随着波斯萨珊王朝（224—651）的缔造者阿尔达希尔（Ardashir）的崛起，波斯湾的商业已经日臻成熟。[64]阿尔达希尔开始注意到边远地区的土著居民，尤其是与波斯湾接壤的省份。他建造或重建了位于大河及沿海的多个港口，包括阿斯塔拉巴德－阿尔达希尔（即原来的卡拉克斯－斯帕西努）和雷夫－阿尔达希尔（今里沙尔）2个港口。今天的布什尔省的部分地区是现代伊朗最早的一个港口，距离阿拉伯河约150英里。自公元前五千纪以来，雷夫－阿尔达希尔港一直断断续续地得到使用。尽管必须通过一条在阿契美尼德王朝时期建造的长达40千米的运河引来海水，但到萨珊王朝时期，这里成了一座面积达450公顷的大都市，是20世纪之前波斯湾地区最大的城市之一。该半岛拥有2个海港，其中一个据说拥有可供眺望的长100米的码头，似乎兼有商业功能和军事功能。阿尔达希尔的儿子沙普尔一世（Shapur I）把波斯人的统治从波斯湾扩张到阿尔巴林湾（从今天的卡塔尔到科威特的阿拉伯半岛沿海地区）。[65]到4世纪初，阿拉伯半岛诸部落趁萨珊王朝的内乱之机穿过波斯湾，占领了波斯沿海的许多港口。尽管出现了暂时的倒退，但在此后的3个世纪中，萨珊王朝通过征服和外交两个手段，沿着印度洋沿岸向东逐步扩张到印度河，向西逐步扩张到红海。一份4世纪时的中国文献中提到了波斯国王曾向一位斯里兰卡公主求婚。[66]到5世纪，一位继任的国王获得了作为一部分嫁妆的代布尔港（今巴基斯坦班博勒）。

尽管波斯商人在斯里兰卡从来没有遇到过严重的威胁，但他们并非毫无竞争对手，其中就包括来自地中海地区的拜占庭商人。科斯马斯提到了一个可能是伪造的故事，讲述了一位斯里兰卡国王想知道波斯和拜占庭帝国的统治者是否比自己“更伟大、更有权力”。[67]希腊商人索帕特鲁斯（Sopatrus）铸造了1枚金币，这位国王认为其质量比波斯银币更好。希腊人铸造金币，而波斯人不铸造金币，但是这个6世纪时的事实并未影响到波斯人在印度洋西部贸易中的优势地位。当时，拜占庭帝国和萨珊王朝在该地区（其面积超过也门的领土）进行了最后的决战。拜占庭帝国皇帝尤士丁（Justin）迫切地想切断萨珊王朝与东方之间的贸易，并在今天的厄立特里亚向阿克苏姆王国的国王（negus）发起进攻。4 世纪时，海上的贸易者已经把基督教引入阿克苏姆王国。阿克苏姆王国和拜占庭帝国之间有着十分紧密的宗教纽带关系，前者甚至被称作“黑拜占庭人”。[68] 信奉基督教的阿克苏姆王国的商人在穆哈和扎拉等港口遭到迫害，从而使国王有了干涉也门的口实。在一支来自克里斯马的拜占庭舰队的支持下，阿克苏姆人于约 525 年推翻了也门的统治王朝，设立了一个傀儡政府并统治了半个世纪之久。[69]

尽管拜占庭人获得了这片领土，但仍不足以打破萨珊王朝的贸易垄断。尤士丁的继承者查士丁尼（Justinian）以共同的信仰为名义，请求阿克苏姆国王和也门国王在斯里兰卡购买货物并直接卖给拜占庭商人，以此削弱萨珊王朝的中间商。阿克苏姆人缺乏资金，因为萨珊王朝的商人“一直定居在印度船只最先停泊的地方（因为他们身在其邻国），那里位置极佳，并往往会购买所有的货物”。[70] 也门人开始对阿克苏姆人的统治感到不满，而萨珊国王库思老一世（Khusrau I）有意派出一支军队支持其由海路发起的入侵。库思老一世只派出了 8 艘战舰，其中有 2 艘载着 800 名战士的战舰不幸沉没，也门的亲阿克苏姆王国的统治者被推翻，一位亲萨珊王朝的统治者登上了王位。到 7 世纪初，波斯商人主宰了包括红海和波斯湾在内的地中海与印度洋之间的贸易通道。

尽管当时的人无法预料，但是在古典时代堕落的末期和在伊斯兰教旗帜下进行宗教、文化和帝国重建的时期之间那个被人们遗忘的时代中，索帕特鲁斯的故事、钱币及对也门的军事进攻只是几个小插曲而已。在科斯马斯描述的历史的不到一个世纪之后，穆斯林军队已经攻占了埃及，切断了拜占庭帝国与印度洋和信仰基督教的埃塞俄比亚之间的联系，并吞并了萨珊帝国。到 7 世纪后期，哈里发阿卜杜勒－马利克·本·马尔万（Abd al-Malik ibn Marwan）已经打破了拜占庭人对金币的垄断，把金、银、铜 3 种金属货币引入伊斯兰国家。到 8 世纪，伊斯兰国家的贸易范围已覆盖了从西班牙到中亚、巴基斯坦和东非的广阔区域。远航的商人因新的信仰而充满活力，因新的忠诚而受到限制，运送货物到达新的港口。尽管这些地区出现了革命性的变化，然而科斯马斯描述的贸易路线不但继续存在，而且进入了一个全新的发展阶段。

印度洋上的船只

我们对于古代印度洋上的远航船只了解甚少，相关的图文资料十分缺乏。实际上，在红海与马六甲海峡之间，人们没有发现任何古代船只的残骸。各个地区的古代文献也只是以最粗略的方式提及了印度洋上的船只。《梨俱吠陀》中有一个关于营救布伊宇的故事，他乘着“一艘有百人划桨的船”回到父亲身边。[71]《本生经》中对船只的描述或是模糊不清，或是千篇一律，但也有一些有价值的信息。儴佉告诉摩尼梅伽莱，他想要“一艘有能够抵挡住海浪的厚船板、借助海风前行的船”，并建造了一艘有桨的三桅船，有着镶嵌蓝宝石的金黄色的绳索和银色的帆。[72]《摩诃迦那本生经》中则只提到船上载有 700 名乘客。

这一人数是否真实值得讨论，但并非完全不可能，尤其是在相当晚近的时期，在印度洋中航行的船上出现了拥挤的人群。1938 年至 1939 年间，具有丰富的商业航行经验的船长艾伦·维里叶尔斯（Alan Villiers）率领 30 名船员驾着一艘载重量约 150 吨的“布姆船”（boom，一种独桅三角帆船），从亚丁湾途经希希尔到达了桑给巴尔岛。在希希尔，“我们载着 200 名乘客，倘若我过去不曾亲眼见到，我会认为这是不可能的”。[73] 由于仅有一块甲板，为了确保船只的操纵不受干预，乘客们不得参与其中。根据维里叶尔斯的记录：“如果他们都不能被安置在船舱内，便只能紧紧抓住船的栏杆了。实际上，他们当中的许多人就是这么做的。他们紧紧抓住船外的装置，因为船上没有足够的空间将船外的装置安放在船舷内侧。”20 世纪中叶的这种船上的住处，可能与 2,300 年前没有什么区别。除了这些具体细节，古代文献中零星提到的以船帆和桨手为动力的适于远航的商船，以及可与同一时期地中海上的船只的载重量媲美的船只，都给我们留下了深刻的印象。

与利用阴阳榫、大木钉或金属扣等技术的地中海和东亚的造船者不同，印度洋的造船者似乎使用的是缝合法，即用椰壳纤维、棕榈纤维或青草制成的绳索捆住船体外表。除此之外，造船者们还采用了许多其他的方法。在用缝合法制造船只方面，各个地区之间有所区别。在印度洋西部，造船者将船板缝合到一起，从船体的里外都能看到缝合的船板。这种船的外观看起来很不牢固，导致西方的观察者对这种船并不了解。公元前 4 世纪时，亚历山大的舵手评论说："他们的船质量较差，结构奇特。"[74] 将近 4 个世纪之后的老普林尼也持同样的看法，尽管这位罗马舰队的司令事实上从来没有见过这种船。由于缺乏直接的观察，导致他对一艘东非船进行了混乱不清的描述。这艘东非船可能安装了一个舷外支架，与在大洋洲发现的船只相似。事实上，印度洋和太平洋上船只的舷外支架似乎来自印度尼西亚群岛的同一个源头。[75] 稍微详细一些的描述来自《红海环航记》，其中提到了"一种巨大的、依靠 1 根横舵柄把 2 只独木舟连在一起的船只"，被称作"桑加拉"（sangara）。[76] 这种船与泰米尔人的一种将 2 只独木舟合而为一的船十分相似，在泰米尔语中被称作"桑加达姆"（sangadam）。不论其外观如何，这种船在印度洋上长期从事远距离的贸易，沿海地区的装卸工能够把商人的各种大宗货物搬运到马背和象背上。

百乘王朝（公元 1 世纪—2 世纪）的一枚钱币，以一艘装有双桅杆和单侧掌舵桨的船只作为装饰。百乘王朝是印度最早铸造钱币的王国，位于北部的印度河 – 恒河平原与南部的德拉威王国之间的交汇处，这里的商人积极参与孟加拉湾的贸易。

《红海环航记》中提到了各种各样的船只，包括综合性的船只（如货轮、小舟和大船）和一般类型的船只（用缝合法制成的船只、"当地一种用皮袋制成的筏"和独木舟），以及各种有着土著名称的船只。一位佚名作者提到了一种"被称作'特拉帕迦'（trappaga）和'科提姆巴'（kotymba）

的长船”，和一种“曾经航行到克利斯（今东南亚）和恒河流域的巨大的‘科兰迪奥丰塔’（kolandiophonta）”。前两种船只可能与公元一千纪初期在一份耆那教文献中提到的“塔帕卡”（tappaka）和“科提姆巴”（kottimba）相同，但我们对这份耆那教文献的情况也并不清楚。在一个3世纪时的古代金德拉科图格尔港（位于今加尔各答附近）的印章图案中有1艘船和1匹马，印章上面的文字可以识别，其中提到了一种名为“特拉皮亚卡”（trapyaka）的船只。[77]“科兰迪奥丰塔”是一种在印度与东南亚之间航行的较大的船只，可能起源于东南亚，并与中国文献中的“昆仑舶”属于同一类型。

亚洲人对印度洋船只最早的文献记载来自3世纪时一位名叫康泰的中国使节的记录。虽然他的行迹似乎没有超过马来半岛的北部，但是他听说了有关印度洋西部的航海活动的情况。他讲述道，在印度河三角洲附近可能有一个地区，一艘庞大的商船展开7面帆，借助海上的季风（印度洋季风），用了1个多月便驶入了大秦（罗马帝国）。[78]这与在亚丁湾和印度南部之间航行所需的时间差不多。印度洋上的商人可能认为亚丁湾就是罗马世界的入口。就目前所知，康泰提到的有七面帆的船桅在古代是独一无二的。船只的图像资料比文字记载更加罕见，最古老的船只图像是在由百乘王朝（又称案达罗国）发行的钱币上发现的。百乘王朝兴起于德干高原西部，其最大疆域曾包括珀鲁杰以西及印度东海岸等地在内的广大地区。这些钱币可追溯到2世纪，其中有许多刻有高船首和高船尾的船体、装有双脚架的桅杆和相互垂直的船舵等图案。

最令人感兴趣的具有代表性的印度洋船只图案，是一幅在阿旃陀（位于孟买东北约350千米处）发现的7世纪的壁画。[79]阿旃陀船大体上与《本生经》中描述的相符合，但《本生经》故事中并没有提供船只的细节。3根桅杆中的每一根上都装有1面主帆，这些主帆像直角帆一样用于确定方向，但是要宽得多，在船首的斜桁上装有1面前桅帆。(《苏帕拉迦本生经》中描述的船在顺风顺水时“就像展开美丽的双翼似的展开白色的帆”，其直角帆的宽度似乎要超过其高度。[80]）阿旃陀船的船首装有一个制作精美的祖先头像，以及一个“鹰眼”（oculus），用于在船上观察逼近的危险物。

舵手们操作着相互垂直的船舵，在船尾下面堆放着一些广口陶罐。船体看起来相当深，但是船舷上缘的船弧与 2 世纪时百乘王朝钱币上的船只相比要更加平直一些。

我们难以了解地中海文化对印度洋船只设计的影响，关于这一时期商业和船只的历史的记载大多来自希腊和罗马的文献，作为船主、租船人、船员和木匠的地中海东部居民，积极地在红海和印度洋从事着商业活动。[81] 他们对海上贸易和航海技术的整体影响是无足轻重的。斯特拉波写道，埃利乌斯・加鲁斯建造了 80 艘三桨座战船和其他地中海类型的帆船，运载着 10,000 名战士前往也门。但他没有提到当时在埃及和印度之间航行的 120 艘船（包括上面的船员）的来源。今天，在航行于印度洋中的以传统方式建造的船上，并没有发现地中海船只独特设计原理的痕迹。确实，由来自东南亚岛屿的水手所引进的船只设计原理，产生的影响要大得多，也长远得多。

至少到公元一千纪初期，印度的贸易和商人已经到达了印度尼西亚。爪哇岛西北和巴厘岛北部的 1 至 2 世纪的考古发现，与在阿里卡梅杜重见天日的发现完全一样。东南亚出土的印度物品并不仅限于爪哇岛和巴厘岛，但这些是仅有的较为集中的材料，说明南亚的商人（而不仅仅是商品）曾在那里活动。虽然没有证据表明印度曾向更远的东方渗透，但当时有可能已经出现了一条贸易链，从印度尼西亚东部的香料群岛（马鲁古群岛和班达斯岛）延伸到印度洋和地中海。在接下来的几个世纪中，人们试图使这些香料从它们的产地流通出去，这将推动国家的形成、航海抱负的出现乃至跨欧亚两洲的国际法的诞生。然而，这一过程并不仅仅是自西向东进行的。在整个印度洋中发现的船只类型包括拥有舷外支架和双船体的船只，可能反映了来自印度尼西亚的影响。在印度沿海地区，单一舷外支架船只在印度洋季风交替出现时沿着海岸航行。在印度尼西亚以西距离遥远的马达加斯加岛上，也发现了在船体上或者船体两侧等距离地安装带有浮板的双重舷外支架的船只，是由印度尼西亚的航海家们带到那里的。

马达加斯加岛距离南非只有 250 英里，对马尔加什语的分析表明，这个世界第四大岛上最早的土著居民来自其东面 4,000 英里以外的婆罗洲。

我们尚不清楚，这些操南岛语的航海家具体是什么时候到达马达加斯加岛的（应该不会早于公元前一千纪后期），也不知道他们为什么会来到这里。有人认为第一次迁徙发生在2至4世纪，随后来自非洲的操班图语的居民到达该岛，之后一拨印度尼西亚人于10世纪时到达。[82]南岛民族有可能也到达了非洲，尽管既没有考古发现，也没有文字记载可以证明。之所以缺乏重要的考古发现，是因为沿海地形发生了变化，而且香料和丝织品等货物极易腐烂而不易保存。伊斯兰时代的铁器中开始掺入其他物质。南岛民族到达沿海，他们因人数太少而被人数更多的非洲居民同化，因此语言学方面的证据也十分缺乏。

如果说耐久性强的物品和语言留下的痕迹很少，那么人类学、植物学、民族音乐学和遗传学的研究则证实了南岛民族迁徙到非洲所造成的永久性影响。[83]在大约2,000年前，芋头、香蕉和水山药从东南亚引入非洲，成为撒哈拉沙漠以南远至大西洋沿岸的塞内冈比亚等地最重要的食物。南岛民族的水手们似乎也带来了用树叶制成的漏斗形的管乐器和用枝条制成的齐特琴等多种乐器。印度尼西亚和非洲大陆的齐特琴之间的关系十分密切，有些人认为，齐特琴可能先被引入东非，再从那里传入马达加斯加岛。另一方面，6世纪时航行到东南亚的非洲人（不论是自愿的抑或是作为奴隶被贩卖的）可能随身携带了木琴。

东南亚的水手也将许多船只构造技术传到东非。“恩加拉瓦”（ngalawa）是20世纪时在拉穆群岛、莫桑比克、马达加斯加岛和科摩罗群岛发现的一种舷外支架独木舟，在许多重要的细节上与爪哇的船只十分相似。“姆特培”（mtepe）是一种沿着斯瓦希里沿海进行海上贸易的采用缝合法制成的灵活小船，被认为是“印度尼西亚早已失传的舷外支架船只的遗迹”，是“印度尼西亚在古代的交通线上”沿着东非海岸航行的大帆船的“直系后裔”。[84]姆特培所具有的与印度尼西亚船只相关的最显著特征就是圆点式的鹰眼（不是自然形成的），按照印度尼西亚船只的传统，船首和船尾都绘有鹰眼，姆特培便是如此设计的。另一个相似点是人们在航行中身披编织的席子而不穿通常的衣服。“在斯瓦希里沿海航行的唯一货船并非源于波斯人或阿拉伯人”，吃水量为20吨的姆特培在19世纪时被记录了下来。[85] 东非和印度尼西亚的船只之间的相似性，表明可能存在一条穿过印度洋的且不受亚洲内陆影响的文化传播通道。公元前一千纪下半叶，这条通道被划分成许多短途的航道，以适应西南亚和印度次大陆重新焕发活力的贸易中心。

在印度河文明衰落、美索不达米亚商人退出波斯湾以外的贸易后的一段长时间的衰落期之后，公元前一千纪初期，印度洋上的航海活动恢复了活力，很快开始包括一些世界上最长的不间断的海上航线（穿过阿拉伯海和孟加拉湾），印度南部和斯里兰卡则处于东西方贸易的十字路口。当地中海水手趋向于考虑位于西方的新边界时，在印度洋上，东方更加诱人。从托勒密时期到罗马帝国时期的希腊－罗马水手，被印度及更远之地的珍奇物产和香料吸引到了堕落的地步，而传说故事与现实世界中的印度商人被东部的东南亚的“黄金之地”和“黄金岛屿”吸引——除了新的货物和手工制品，他们也把自己的宗教、语言带到了那里。由此，他们为欣欣向荣的贸易奠定了基础，这一贸易景象是在伊斯兰教兴起和 7 世纪及之后近东地区随之出现的繁荣以后出现的。他们对东南亚政治版图的影响也是显而易见的；主要是通过佛教纽带的巩固作用，他们对中国、朝鲜半岛和日本也有一定影响。

第7章

东方的大陆与群岛

中国会吸引印度洋上的海上商人，这一点也不令人奇怪，因为这里拥有世界上最古老、最丰富的文化之一。在古代，从印度前往罗马的商人通过中亚的丝绸之路了解中国，并与中国进行贸易（至少是间接地）。由于中国人起源于大陆，因此他们在走向海洋世界时，要比同时代其他地区的居民更加慎重，但他们最终还是走向了海洋世界。首先，他们通过保护土地不受洪水侵害的水利工程来控制并利用纵横交错的河流，提高农业生产力，并促进内陆的交通。之后，他们征服了中国南部的百越——他们操南岛语的祖先于公元前二千纪迁徙到东南亚。这些努力的结果便是，人们在纪元之前可以通过河流与运河，从中国东南部的广州到达西北的古都长安了。

虽然内陆可靠水路的开发和发展对中国国家的形成和维持至关重要，但国内外海上贸易的发展有助于确保中国在其海上邻国之中的优势地位。如果像有些人所说，开展海上贸易是为了绕开以今天伊朗为中心的帕提亚帝国并与罗马帝国之间进行直接贸易，那么这远远没有达到人们的预期。但是，这为中国带来了不少财富，对东南亚的文化和政治也产生了影响。追逐季风的商人水手有助于刺激农业的发展（生产足够吸引、养活这些旅居者的食物盈余），也催生了在越南、柬埔寨、泰国、马来半岛、苏门答腊岛和爪哇岛最早的可识别的国家。外国水手和他们的船只支配着远距离的海上贸易，但中国是海上贸易坚定的行动者，直接推动着各种有形和无形的货物扩散出去。佛教首先经陆路从印度传入中国，但走海路的僧侣增强了在中国的佛教的力量，并且从苏门答腊岛和越南到朝鲜半岛和日本，他们又在这些地方获得接受。

东亚与东南亚的海洋地理

中国南部和东海，从马来半岛到朝鲜半岛，印度尼西亚、菲律宾以及日本群岛的地理环境，要比地中海或印度洋复杂得多。印度尼西亚群岛东西长约 2,000 英里，与地中海相差无几。但是东亚、东南亚的海域南北长度超过 2,000 英里，从爪哇岛到朝鲜半岛之间的纬度跨度达到 50 度（大体上从南纬 10 度到北纬 40 度），相当于从坦桑尼亚到土耳其，或者从安哥拉到葡萄牙，或者从秘鲁到纽约的跨度。这一地区的自然环境包括印度尼西亚沿海的赤道雨林，以及中国、朝鲜半岛和日本北部的大陆性干冷气候。这种多样性的地理环境，决定了那里的商品和手工业品的种类。贸易的节奏由季风和季节的变化控制着，与印度洋的情况大体相似而又略有不同。* 据 13 世纪时一位中国官员的记述，当时远航的船只已经开始利用季风，冬季航行到南方，夏季航行到北方。[1]

日本群岛由九州岛、四国岛、本州岛和北海道岛 4 个主要岛屿以及将近 4,000 个小岛组成。日本的多山地区难以开辟陆上交通线，也不适宜发展农业，因此日本人一直依赖沿海航运。从九州岛穿过朝鲜海峡距离 100 英里处就是多山的朝鲜半岛，曲折的海岸线旁点缀着数百个岛屿，尤其是在朝鲜海峡和黄海一带。中国的海岸线从鸭绿江一直延伸到北部湾，总长超过 7,500 英里。杭州湾北部和长江口的沿海区域海拔很低且多沙，而南方多岩石的海岸则拥有更多呈锯齿状的岛屿。越南的海岸线被划分成 3 个地形各异的地区。北部的红河发源于云贵高原，形成一片夹在群山之间的辽阔的冲积平原。三角洲的北面是下龙湾，以拥有数千个石灰岩小岛而著

* 北纬 10 度以南的东北季风（每年 9 ～ 11 月到次年 4 月）平均风速大约为 4 级（11 ～ 16 节）。菲律宾和台湾岛之间的吕宋海峡的季风风速为 6级（22 ～ 27 节），北方的季风风速为 5 级。每年 12 月到次年 1 月，风速为 7 级（28 ～ 33 节）的季风在从越南到日本之间的地区都十分常见。西南季风（每年 5 ～ 6 月到 8 ～ 9 月）的平均风速是 3 ～ 4 级（7 ～ 16 节），飓风也很常见。

称，这些小岛从大海中凸起，被葱翠的热带丛林所覆盖。在南面，长山山脉一直延伸到顺化海滨，由丛林变成长长的海滩和更辽阔的滨海平原，毗邻湄公河三角洲密集的沼泽地和红树林。

更西面的山脉环抱着柬埔寨西面和泰国东面的海岸，而曼谷湾的入口处则是湄南河三角洲的沼泽地。马来半岛南北长约 1,500 千米，最宽处不超过 300 千米，最窄处位于克拉地峡，仅有 40 千米。然而，除了公元前 1 世纪穿过马来半岛的中国商人的记录，没有任何文字或考古方面的证据可以证明，曾经有人穿过马来半岛茂密的森林和几乎无人居住的群山。由于有着辽阔的冲积平原，东海岸是相对先进的国家的诞生地。西海岸的湿地有着稠密的红树林，受到来自北纬 5 度的苏门答腊岛的西南季风的庇护，其中部分湿地向内陆延伸达 20 千米，群山一直延伸到海边。

马来半岛和苏门答腊岛之间有长达 500 英里的马六甲海峡，是印度洋和中国南海之间最重要的海上通道。海峡的西北通道长约 175 英里，而其东南端是一条穿过廖内群岛和新加坡群岛的错综复杂的通道，其中有些地方的宽度不到 2 英里。与马来半岛一样，东部的苏门答腊岛和爪哇岛海滨的山地难以发展农业，两地之间也很难联合。在密布的河流沿岸，常常出现相互竞争的国家，这些地区之间通过海洋进行交流相对较为容易，但地形状况则使人们难以将陆地上毗邻的区域联合起来，或建立直接的控制。统治者的权威主要依靠条约和威胁，而不是依靠地方控制和军事力量，边缘地区的贡品流向中央王国的事实也证实了这一点。

有时候，东南亚水域被看作亚洲的地中海，二者在地理和文化上有着一定程度的相似性。[2] 由今天的印度尼西亚、东帝汶、菲律宾和马来西亚组成的群岛上的居民有着共同的祖先，操着有亲缘关系的语言。地中海实际上是一片封闭的海域，而这里则只有中国南海的西北部与大陆相接，包括马来半岛、泰国、柬埔寨、越南和中国。中国南海和印度尼西亚以东面积更小的海域与太平洋相通，那些穿过印度尼西亚南部相距数十到数百英里的岛屿之间形成的海峡，将印度洋与太平洋的南面和西面隔离开来。地中海上的岛屿总共有几百个，但是东南亚有超过 26,000 个岛屿，从西南的苏门答腊岛到东面的新几内亚岛，再到北面的中国台湾岛和菲律宾。[3]

与中国、南亚、近东或者地中海地区同等的国家相比，这种分散性妨碍了该地区国家的发展。直到11世纪初，农民和水手在农业和航海技术方面取得了重大进展之后，岛屿帝国的出现才成为可能。

考察这一地区地形复杂性的另一条路径，便是通过其语言方面的多样性来证明。印度尼西亚和日本之间的海域是5个语系的故乡，它们都与印欧语系同源，印欧语系（及亚非语系和阿尔泰语系）分布在从印度到爱尔兰的广大地区。在整个东南亚的岛屿上发现了1,200种南岛语系中的语言，分布在菲律宾、印度尼西亚、马来半岛南部以及越南中部。[4]马来半岛北部和泰国说泰语，越南和柬埔寨的语言属于澳亚语系。[5]汉藏语系包括汉语和朝鲜语，而日语则属于其支系。多种语言的并存引起了可预料的问题，正如3世纪时驻交趾（今越南北部）的中国地方长官所说的，在中国和东南亚之间的这个商业中心，“山川长远，习俗不齐，言语同异，重译乃通”。[6]同样重要的是，这一地区从来就没有出现过某种通用语言，例如西方受过教育和信奉同一宗教的商人所通用的拉丁语或阿拉伯语。

追溯这些语言的分布情况，是了解这一地区早期迁徙模式的一种方式。操南岛语者的祖先来自中国南部，在数千年的时间里跨过台湾岛和菲律宾，向东、南两个方向分散到整个东南亚。东南亚内陆的第一批南岛民族定居者，可能于公元前二千纪后期经菲律宾和婆罗洲迁徙而来。其后裔创造的会安文化（以越南中部的一个沿海村庄命名）出现于约公元前600年，他们穿过东南亚的岛屿和陆地进行贸易，甚至同印度之间都有联系。根据现代发现的史前古器物的分布情况判断，会安文化的贸易范围向北不超过越南中部，这之外的地方属于东山文化。东山文化出现于公元前7世纪至1世纪之间，集中分布在河内附近的红河流域，是从中国南部经陆路迁徙而来的操澳亚语系语言的人所创造的文化。根据当地一个反映他们与南岛民族航海者之间关系的传说，越南北部的居民是海上王国的国君貉龙君及其妻子妪姬的后代。[7]

东山人以其巨大而结实的青铜鼓而闻名，其重量达100千克，高1米。[8]在从东南亚向东远至班达群岛的广大区域内发现了200多件青铜鼓。东山文化是以海洋为导向的，从他们的航海故事和青铜鼓的广泛分布来看，这是显而易见的。在越南，已发现的青铜鼓只有 2 件，在婆罗洲、菲律宾和印度尼西亚东北部则没有发现，这进一步证明，操澳亚语系语言的人和操南岛语的人之间存在严格的界限。我们尚不清楚，会安人是否会选择不与东山人贸易，或者积极地阻止后者前往南方。[9] 虽然在印度尼西亚西部和东南亚大陆的墓葬中已经有青铜鼓出土，但它们可能是经河上贸易从越南北部被运到泰国湾，然后经近距离交通网被运送到南部和东部地区的。

公元前 8 世纪至公元前 3 世纪的中国

东南亚的操南岛语的航海者起源于中国的南方，而北方平原地区的中国人主要是在内河上航行。中国古代文化的核心地带位于今天的山西、陕西、河南及北京西南，距海有 1,000 千米。这一地区靠近中亚和北亚的游牧部落，因而使得如何保持大陆边界的完整性成为一个重要问题。中国南方多山的沿海省份（如浙江、福建和广东）相对比较平静，以农业或航海为导向的越族居住在这里，北方居民进入这些地区是一个渐进而又带有偶然因素的过程，保护热带物产的贸易和进行领土扩张这两个因素同时存在。

保证国家安全和追求新奇商品之间的矛盾关系，使中国海上贸易的发展变得更加复杂。大多数王朝试图通过诸如修建长城这样的措施来抵御来自北面和西面的入侵，而中国人认为自己的国家位于世界的中央。中国东面和南面的海域成为相对容易穿行的边界，外来的思想可能就是由此传播到中国的。这是一个入口，外来者可以由此以“朝贡”的形式运送贸易商品。理论上，中国可以生产自身所需的任何东西，因此并不需要对外贸易。朝贡贸易中获得的物品被视作承认中国地位的进贡者的物质象征，而中国人回赠的礼品则是皇帝仁慈的一种表达。总的来说，中国王朝通过朝贡获得一种满足感，因自己的重要性被承认而感到得意。[10] 中国人通常并不会主动追求和平与认同，对海外国家来说更是如此。在历史上，中国沿海很少被视作一个会遭到袭击的地区。

在不同的历史时期，中国一直有相当一部分官员反对海外冒险及随之而来的奢侈品消费，认为这会危害帝国的安全、经济的稳定以及道德水准（与罗马的情形类似），尤其是在儒家士大夫受到皇帝器重时。儒家士大夫强调“孝”与“信”，主张建立高效的家长制政府，因此他们对商业的鄙视并不令人感到奇怪。他们的基本观点来自在公元前479年孔子去世之后编纂而成的《论语》中的两句话,“君子喻于义，小人喻于利”和“父母在，不远游，游必有方”。[11] 因从事贸易而不在父母身边，未能履行子女的义务是极其可耻的。

持这类儒家观点的代表人物是大臣晁错等人。公元前2世纪70年代，晁错力劝汉文帝让他的子民专注于农耕，以及那些能够把人民束缚在土地和家庭范围内的活动。晁错认为商人犯有囤积居奇、牟取暴利、奢侈和僭越等罪行。他认为“明君贵五谷而贱金玉”，鄙视“周海内而亡饥寒之患”的商人。[12] 对商人的这种态度在中国并不罕见，人们猜测晁错也许会提出像提比略、老普林尼或时下反对经济全球化的激进分子那样的理由，但这只是一种想象而不是现实。此外，在某种意义上，官方政策使中国无法与其边界以外的世界相互交流，中国人的活动主要是由国家命令而不是由文化偏好决定的。

孔子成长于约公元前6世纪中叶，当时，在今天中国的中部、北部和东部地区出现了许多诸侯国。关于中国北方和南方之间海上贸易的最早记录可以追溯到公元前6世纪至公元前5世纪。当时的齐国（位于今河北与山东）与南方的吴国和越国之间进行青铜、铁器和丝绸贸易。除了贸易，也有相当数量的海上作战。公元前549年至公元前476年间，发生了将近25次海战或两栖作战，其中最著名的一次是越国入侵吴国的战争，发生在公元前482年，导致了吴国的衰落。[13] 公元前334年，越国被楚国（主要位于今湖北）灭亡。后来，楚国被短命但产生巨大影响的秦国吞并，中国出现了第一个帝国——秦朝（公元前221—公元前206）。

秦国最终战胜了所有的对手，并于随后向南方扩张，拥有了一条漫长的海岸线，从朝鲜半岛中部直到越南北部。尽管如此，从官方记载来看，秦代航海活动的目的只是为了寻求长生不老的仙药。秦始皇（秦朝的第一位皇帝）曾先后两次派出船队访求神仙，术士们相信神仙居住在渤海中的一个岛上。正如尼阿库斯注意到亚历山大大帝从印度航行到波斯湾时感到惶惑一样，《史记·封禅书》中记载："始皇自以为至海上而恐不及矣，使人乃赍童男女入海求之。"[14] 尽管他们宣称已经看见了仙岛，但因遇到逆风而无法到达目的地，最终只得返回。据说，第二次派出的多达数千人的船队到达了日本的九州岛。正如我们在下文中将要讲述的，这个故事可能有一定的真实性。但是在秦汉时期（乃至其后的时期），中国的海上贸易主要发生在南海。

远征百越（公元前 221—公元前 219）

公元前 3 世纪时，南海的交通掌握在越族（又称百越）的手中。在汉人的眼中，这是一个未开化的民族，占据了长江下游和越南北部之间的沿海地区。秦王朝之所以转向南方，是出于领土扩张和获取物产（尤其是外来的奢侈品与珍奇物品）的目的。公元前 221 年，秦始皇派遣由 50 万名士兵组成的 5 支军队，攻占了今天福建、广东、广西和越南北部的沿海地区。尽管这支军队的规模十分惊人，但复杂的地形使其难以前行，常常遭到敌人的伏击，且补给严重不足。最终，依靠长 5 千米的灵渠的修建，这次远征才取得了成功。作为一条人工水渠，灵渠发挥了极其重要的作用。

与古代世界的其他地区一样，中国的运河被用于灌溉和运输，而最重要的功能则是防洪。然而，由于中国的主要河流的数量、规模和长度，运河的开凿和内河航运发挥了比其他地区更为明显的作用。[15] 治理长江、黄河等河流已经成为整部中国历史中的一个主题，中国人开凿运河的技术是世界上最高明的。* 长江和黄河都发源于海拔约 6,100 米的青藏高原上的昆仑山脉，长江的上游与湄公河并行，然后流向南边的云贵高原，之后再转向东北。在今天的重庆附近，长江流入峡谷，2006 年三峡大坝竣工后，在洪水季节水库的高水位和低水位之间的落差能够达到 60 米。离开群山之后，长江在辽阔的冲积平原上蜿蜒前行，经南京到达上海，最终注入东海。黄河则在北方沿着一个长"S"形路线流动，在进入内蒙古的鄂尔多

---

* 中国人将长江的下游称为"扬子江"。

斯沙漠后向南折行。在秦王朝都城长安以东大约 150 千米的地方转向正东流经开封，并从那里转向东北，最终注入山东半岛和今天的天津之间的渤海。虽然黄河的长度不如长江，且有四分之一的河道会出现断流，但黄河下游的变化比长江更加难以预测。黄河下游长达 700 千米的河道大部分都高于周围的陆地，如同流经新奥尔良的密西西比河那样，这使洪水成为一个长期受到关注的问题。从 13 世纪到 19 世纪，以及 1930 年至 1947 年间，黄河在决口之后形生了新的河道，注入山东半岛以南的黄海。自 1947 年以后，黄河口向东北移动了 250 英里，注入渤海。

在防洪和灌溉之外，运河也有航运的功能。其中最重要的一条运河连接了种植谷物和小米的黄河泛滥区平原和种植水稻的长江下游地区。这种具有灌溉和航运双重功能的运河，最早出现于公元前 4 世纪。通过提供可靠的粮食供应，并将其以税收的形式运送到首都，有助于维持帝国的稳定和统一。另外，运河也可用于输送军队，便于帝国的扩张，一个典型的例子便是秦王朝征服百越的战争。

公元前 219 年，秦始皇“又使尉佗屠睢将楼船之士南攻百越，使监禄凿渠运粮，深入越”。[16] 灵渠位于今广西，连接了向北流入长江的湘江和珠江流域的桂江，狭义的珠江在广州附近注入南海。* 除了开凿灵渠，这位名为“禄”的监御史还对桂江上游长约 25 千米的河道进行了改造，使经内河从广州航行到长安成为可能，两地之间的直线距离超过 2,000 千米。在公元前 3 世纪或其他任何时代，对于世界上的任何地区而言，“这种交通线都是非同寻常的”。[17]

征服百越的战争持续了 10 年，持续的战斗和补给的匮乏令人几乎无法忍受，许多人“自经于道树，死者相望”。[18] 个人的牺牲不应该被忽视，这条运河考验着秦朝工程师的能力和远见，他们用最小的集体力量，建造了连接南北方的水运干道。宋代的周去非对这项工程做出了合理的评价，他写道：“尝观禄之遗迹，窃叹始皇之猜忍，其余威能罔水行舟，万世之下乃赖之。岂唯始皇，禄亦人杰矣，因名曰灵渠。”[19] 依靠灵渠（在 2,200

---

* 珠江既包括流入广州港的干流，也包括西江、北江和东江等支流。

楼船在公元前 3 世纪的中国文献中已经出现。这幅木刻版画出自明版的《武经总要》，该书成书于 1044 年，但可能是以更早期的船只图像为基础的，其造型确实与更古老的船只的文字描述相一致。

年后的今天依然在使用），征服百越的战争变得更加容易，中国人当中包括了一个“以船为车，以楫为马”的民族，到南方进行贸易，这是必不可少的。[20] 此后，南方沿海省份依然是中国通向东南亚和其他地区的主要出口。

秦始皇死于公元前 210 年，尽管他的帝国并没有再维持太久，但是秦朝的基本制度被汉朝继承。在秦末发生的农民起义中，刘邦最终获胜并建立了汉朝，汉朝统治中国达 4 个世纪之久（公元前 202— 公元 220）。* 最初，汉朝占据的领土与秦朝大体相同（除了越族的土地），由叛变的将军赵佗建立的南越王国最终向汉朝称臣。在互利的协定下，汉朝的南部边疆获得了稳定，同时也能获得用来交换北方的铁器和丝绸的珍奇物品，如“白

* 汉代分为西汉（公元前 202—公元 8）和东汉（公元 25—220），中间是由王莽建立的新朝（公元 8—23）。

璧一双，翠鸟千，犀角十，紫贝五百，桂蠹一器，生翠四十双，孔雀二双”。[21] 在汉朝的统治之下，出售这些南方特产以及从更遥远的地方获得的其他物产的市场不断发展。

南方最重要的港口是广州（当时被称作“番禺”），“番禺亦其一都会也，珠玑、犀、玳瑁、果、布之凑”。[22] 合浦位于其西边，是北部湾的一个重要的珍珠养殖场。而南方最富有的地区是红河河畔的交趾郡和九真郡。通过征服九真郡，中国首次将越南北部的东山文化纳入势力范围之内。南越王国逐渐变成亲汉朝的政权，但是在公元前 112 年，年轻的国王和一些汉朝使节被杀。为了进行报复，汉武帝宣布全国大赦，“令罪人及江淮以南楼船十万师往讨之”。[23] 攻陷番禺之后，汉朝将南越的领土划分成南海郡与合浦郡（分别位于今广东、广西）及越南北部的交趾郡、九真郡和日南郡，主要目的是维持南方的贸易，越南人拥有相当大的自治权。[24]

交趾与扶南（公元前 1 世纪—公元 3 世纪）

公元前 1 世纪的文献中并没有记录交趾的贸易情况，但是后来的文献表明，早在汉武帝去世（公元前 87 年）之前，就已经有商人与东南亚和印度等地之间开始交流了。《汉书》中记载了参与贸易的国家、贸易路线及具体商品，如“明珠、璧流离、奇石异物”，及与之进行交换的“黄金杂缯”。[25] 从合浦或日南起程的船只沿着海岸航行，穿过流经今曼谷以南到马来半岛北部之间的昭披耶河（今湄南河）的河口。商人在那里登陆，经过“大约超过 10 天的徒步旅行”，穿过宽 40 千米的克拉地峡。当中国人到达孟加拉湾后，他们乘坐“当地蛮族的商船”到达“黄支”，一般认为这个地方就是泰米尔纳德的帕拉瓦王国的都城甘吉布勒姆。这样一次冒险可能总共花费了“7 年的时间”，当然，这也证实了一个人在“遭遇风浪和溺水的危险”以及在途中遇到“蛮族”的抢劫和屠杀之后仍能幸存。文献中记载了在大约公元 2 年，即西汉和东汉政权更迭时期，汉朝使节携带一头活犀牛，花费了 10 个月的时间，从黄支途经皮宗返回日南郡。如果可以确定“皮宗”就是马来半岛南端附近的一个岛屿的话，那么返航所需的时间可以更短，因为商人们是斜穿过中国南海的，这是一条比沿海航行更为近捷的路线，但直到 5 世纪时这条航线才被其他文献所证实。

在 1 世纪 30 年代末，交趾因一对名叫徵侧和徵贰的姐妹领导的起义而衰落。[26] 经过长达 3 年的镇压，越南被划分成许多个郡，由民事和军事长官管理。当越南人企图独立时，汉朝决定征服越南北部，这是为了保护南方的贸易，而不是出于对国土安全的关心。实际上，在徵氏姐妹起义失败后，交趾依然保持了一个世纪的平静，因为汉朝官员的腐败是慢性的。136 年，爆发动荡的时机成熟了，当时越南中部的少数民族占婆族在日南煽动叛乱，并迅速波及交趾。汉朝由于国内问题无法将兵力转移到南方，便通过谈判让出叛军控制的土地。尽管如此，由于汉朝日益衰落，交趾基本未受损失，并最终成为许多中国北方居民的避难所，从而为当地和外来的商人提供了商机。[27]

在汉朝统治时期，在贸易扩张过程中获利最大的国家是扶南。[28] 它位于湄公河下游，即今天的越南东南部和柬埔寨一带，其繁盛期是 2 至 6 世纪。扶南的成功缘于其优越的地理位置，这里是海洋季风的会合处，也是泰国湾与南海的交汇处，而且有着肥沃的耕地。商人们可以顺着季风自西向北航行到沃澳港，再从那里前往中国。湄公河三角洲的港口能够供这些商人停留好几个月，因为扶南出产的稻米等粮食除自给自足外还可供出口。由于不同风向的季风出现的时间不同，印度商人和中国商人很少同时出现在沃澳港。“扶南”的名称出自中国文献，但是这些文献中并没有指出，对这一地区影响最大的外来者来自南亚。有一个故事讲述了一位名叫柳叶的土著公主，率人袭击过往船只。船上的乘客击退了袭击者，她随后与其中一位名叫混填的印度婆罗门种姓的乘客结婚，并一起继承了扶南国的王位。无论这个故事是否真实，扶南随后向西扩张，以保护和控制贸易。3 世纪初，范蔓将军“袭击并征服了周边的邻国，将其变为藩国……他获得了‘扶南大王’的头衔”。之后，他“建造了很多船只，穿过浩渺的大海，袭击了包括都昆（位于马来半岛的一个小国）在内的十余个王国”。[29]

在汉王朝的废墟上，中国进入了三国时代，吴主孙权在大约 250 年派遣使节朱应和康泰前往了解扶南及其贸易的情况。他们生动地记录了扶南人的文化。扶南人的裸露及文身等习俗令他们感到不适应，但他们十分赞赏地写到扶南人的“城邑宫室”。扶南的官僚机构和经济充满生机，“贡赋以金银珠香，亦有书记府库，文字有类于胡（其文字来自印度）”，印度文化的影响是十分显著的。[30] 吴国的两位使节还遇到了一位来自南亚次大陆某个王国的代表。康泰记录了通过印度的港口运来的来自大秦（罗马帝国）的货物，并描述了马来半岛与印度之间、印度与罗马帝国之间的贸易状况。据说，康泰在一部已亡佚的作品中，记录了一名中国商人途经东南亚到达印度的故事。[31]

在东西方之间的贸易链上，扶南起到了一种枢纽作用，发现于扶南的各种各样的商品就能够证实这一点。考古学家已经发现了 350 多处与沃澳港相连的河畔与海滨的遗址，并在东南亚、中国、印度、波斯和地中海周围发掘出大量的手工制品。在最西边的遗址中出土了 1 枚钱币和 2 枚印章，上面刻有 2 世纪时罗马皇帝安东尼・庇护（Antoninus Pius）和马可・奥勒留（Marcus Aurelius）的形象。在 3 世纪时由鱼豢撰写的《魏略・西戎传》中提到了“大秦”，可能是指罗马帝国或者其在亚洲的行省，其中列出了 63 种大秦的商品，包括黄金、白银、宝石、乳香、没药和芳香植物。[32] 当时通往大秦的路线只有海路，人们尚不知道有陆上通道，这与当时西方文献中记载的通往东方的海上航线完全一致。而且，在泰国中部、越南和爪哇岛周边海域出土的文物表明，扶南吸收了外来的宗教、政治制度和手工业技术，刺激了整个东南亚地区的发展。尽管海上航线的距离更长，但其危险程度可能仍比不上穿过中亚的丝绸之路，它比丝绸之路更便捷，而且付出的关税也更少，因为船只经过的国家中很少拥有收税的权力。

在拜占庭帝国皇帝尤士丁和查士丁尼敦促阿克苏姆王国打破萨珊王朝对印度洋海上贸易的垄断之前的 4 个世纪中，中国人试图绕过帕提亚（安息）的中间商而与罗马进行直接贸易。公元 97 年至 101 年间，一位名叫甘英的使节穿过亚洲，到达波斯湾的卡拉克斯－斯帕西努港（汉语中称为“条支”），希望在红海的港口乘船前往罗马。帕提亚人可能察觉到了他的目的，并对他说："海水广大，往来者逢善风三月乃得度，若遇迟风，亦有二岁者，故入海人皆赍三岁粮。海中善使人思土恋慕，数有死亡者。"[33] 出于某种未知的原因，甘英放弃了这一计划，帕提亚人的目的达到了。即便他完成了这次旅行，新的航线也不太可能极大地改变现存的贸易模式，因为由西方进行的类似尝试也没有取得多大成效。

最著名的事件发生在 166 年。根据《后汉书》的记载，当时一些自称代表罗马皇帝的商人到达汉朝宫廷，这部官方史书详细说明了 3 世纪时 3 个主要的欧亚强国之间的关系：

> 与安息（帕提亚）、天竺（印度）交市于海中，利有十倍。其人质直，市无二价。谷食常贱，国用富饶。邻国使到其界首者，乘驿诣王都，至则给以金钱。其王常欲通使于汉，而安息欲以汉缯彩与之交市，故遮阂不得自达。至桓帝延熹九年（166），大秦王安敦（马可·奥勒留）遣使自日南徼外献象牙、犀角、玳瑁，始乃一通焉。[34]

事实上，这支罗马使团很可能是假的。象牙、犀角和玳瑁并非来自西方，而是东南亚常见的物产。正如史书的作者所说，商人们很有可能是用这些东西来冒充罗马帝国的物产，借以提高自己的地位而已。没有任何证据表明他们在当时被拆穿，即使是关于西方的荒诞谎言，也引起了中国官员的兴趣。

3 至 6 世纪的中国与东南亚

自 1 世纪起，汉王朝就开始与游牧民族匈奴进行交战。3 世纪初，汉王朝灭亡，此后中国进入了长达 370 年之久，以连年的战争和短命的小王朝为特征的时期。汉王朝在其最后几十年中处于曹操的实际控制之下，曹操试图维持帝国的统一，但没有成功。决定性的事件是中国历史上一场著名的战争——赤壁之战。[35] 208 年 12 月，战斗在长江中游（今乌林附近）打响，曹操率领一支舰队及大约 20 万人的军队与孙权和刘备（分别是后来吴国和蜀汉的统治者）的联军作战并被击败。十几年后，出现了三分天下的局面，即由曹操的儿子创立的魏国，定都于黄河边上的洛阳；刘备的蜀汉王朝（263 年为魏所灭），统治区域包括从长江上游到西南地区；位于中国东部的孙权的吴国，定都于长江下游的建康（今南京）。由于魏国和蜀汉阻碍吴国进入盛产良马的中亚地区，吴国遂转向海上贸易。吴国入侵交趾是为了确保在传统贸易中获得热带的物产，也是因为红河流域提供了进入云贵高原牧马草地的入口。[36] 吴国的统治者试图与更远处的统治者进行贸易，并希望得到承认，以强化其正统地位。林邑（建立于 192 年，与交趾南疆接壤）、扶南和堂明（位于今柬埔寨）等王国都派出了使节。对中国海上贸易的发展产生更直接影响的一个事件，便是吴国推动了以前被排斥于汉文化主流之外的长江以南地区的汉化，这为 5 至 6 世纪时北方居民因战乱而被迫大规模涌入南方铺平了道路，这一过程长达一个世纪之久。

吴国的处境一直很不安全。到 3 世纪 50 年代，它几乎一直处于交战状态，抵御内陆的邻国。借助这一时机，在林邑和扶南两国国王的煽动下，交趾发动了叛乱。为了躲避交趾的骚乱，南海的商船开始绕过越南北部而直接航行到广州。尽管处在王朝政府的牢牢控制之下，但广州距离都城太过遥远，“唯贫窭不能自立者，求补长史，故前后刺史皆多黩货”。[37] 被委派到一个依靠异国物产的贸易且远离官场争斗的港口，其好处就是易于通过贪污获取巨额财富。到 4 世纪末，广州作为一个汇聚奇珍异宝，且商人们可以通过贿赂来完成其货物交易的地方而声名狼藉。最终，交趾的贸易恢复了，而广州作为中国最早的港口的历史便可以追溯到这一时期。

280 年吴国的失败和晋朝统治的加强推动了南方贸易的繁荣，因为北方已多年无法购买南方的物产，买卖双方都在尽力利用这一机会。但是当 3 世纪南海的贸易开始扩张时，匈奴在 304 年至 316 年间夺取了中国北方的大部分地区，晋王朝被迫把都城从洛阳迁到南京。异族统治者的到来导致了上百万北方居民的大逃亡，汉人第一次大规模迁徙到南方，同时带去了他们的文化和制度。[38] 中国的对外贸易首次变为以海路为主导的。[39]

这些新来者为了最高权力而互相争斗。在交趾，他们使土著居民与外国商人相互对抗。从短期来看，不稳定导致了大规模的死亡和官员腐败现象的蔓延。在广州，官员的贪婪与日俱增。4世纪初，交趾和日南的海关官员对进口货物按常规征收20%～30%的税。“至刺史姜壮时，使韩戢领日南太守，戢估较太半，又伐船调枹，声云征伐，由是诸国恚愤。”[40]后来出现了“广州刺史但经城门一过，便得三千万”[41]的说法。* 东晋时，朝廷已失去了对广州官员的实际控制。然而，腐败现象最大的受害者是林邑的商人，林邑在向晋王朝进行外交示好失败之后入侵交趾。70年之后，中国人开始把林邑人视作海盗，他们从事合法贸易的机会变得更小了。然而，他们在421年至446年间向刘宋王朝（东晋的继承者）派出了6个使团。据说，他们在445年献给刘宋王朝的贡品包括1万斤黄金、10万斤白银和30万斤铜。然而，刘宋王朝发动了一次残暴的军事行动，在此期间，库图克港口的林邑人遭到屠杀，都城宫殿和寺庙中无数的黄金也被掠夺。[42]

中国南方及其周边的政治形势依然一片混乱，但相对而言仍是一段稳定甚至可谓繁荣的时期，这体现在海外贸易的发展上。4世纪时，晋王朝仅接待了3个来自南方的使团，且都是由林邑派出的。但是从421年到隋朝统一的589年这段时期内，有来自多个王国的64个贸易使团穿过东南亚到达中国。[43]在繁荣期长达3个世纪的唐朝，也将出现如此之多的贸易使团。然而自446年遭到劫掠后，林邑一直没有复兴，扶南也不可挽回地开始衰落。这些变化与中国的政策或官员腐败没有太多的关系，而是与东南亚长途贸易方向的改变有关，即放弃了马来半岛和扶南之间的海上航线，转向穿过马六甲海峡和越南南部之间的一条远海通道。

法显与5世纪的马六甲海峡航线

尽管可能早在1世纪初（甚至更早），就已经有一些船只通过这条航

---

* 当时通用的货币是方孔铜钱，1,000枚铜钱为1贯。

线穿过中国南海，但对于从事长途贸易的商人而言却并不常见。第一位记录这条海上航线的人是法显，他是一名佛家弟子，曾在印度和斯里兰卡经历了一次漫长的旅行，并于413年至414年间经海路返回中国。他在自己的游记中记录了行程中的见闻，包括航行路线、航海方法、水手们在海上遇到的危险及旅行者的一些迷信行为等。法显的行程因为在东南亚的一个岛上停留了5个月而暂时中断，前后可分成两个阶段。他率领的2艘船载有200多人，但他并没有描述这些船只，只记录了他的船拖着一艘小船从斯里兰卡航行到耶婆提（可能是婆罗洲或者爪哇），以防在海上遇到事故。[44]在危急关头，能够得救的人仍然太少了，船员们似乎认为自己的安全比乘客更为重要。（在发生海难时，船员应该牺牲自己而挽救乘客，这种做法是晚近才出现的。）在遇到狂风时，商人们希望登上小船，但小船上的人担心会因人太多而沉没，便迅速砍断了连接2艘船的绳索。大船上的人开始丢弃财物以减轻船的重量，但法显还是保留了自己的书籍和宗教器物。我们不知道小船的命运如何，但是13天后，受损的大船到达了一个岛，可能位于孟加拉湾东面的安达曼群岛或尼科巴尔群岛。船员们在那里修好船只后继续航行。通常，船长通过观察太阳、月亮和星宿的变化情况来指挥航行，但是多云的天气迫使他沿着马来半岛沿岸航行，如此一来航行的速度变得更慢，遇到海盗的风险也更大。3个月之后，他们到达了一个名为“耶婆提”的国家，那里盛行异教和婆罗门教，而佛教信仰状况则很不理想。414年5月，在西南季风出现之际，法显登上一艘驶往广州的船。这段航程将要花费整整50天，但是1个月过后，他们遇到了持续7周的暴风雨。在此期间，船长常常因为天昏地暗而迷失方向，他们无法找到一片熟悉的海岸。船只被吹离正常的航道，可能穿过了台湾岛和菲律宾之间的巴士海峡而进入菲律宾海，随后船长决定转向西北，最终在距离目的地以北1,300英里处的山东半岛登陆。

尽管法显带来的佛教在孟加拉湾并没有引起人们的注意，但船上的耶婆提人指责他的宗教给他们造成了麻烦。他们称法显是一个灾星，导致他们陷入困境，并提出将法显抛弃在某个岛上，不应为了一个人而使所有人的生命遭受威胁。法显的一名同伴挺身而出，威胁要向皇帝告发这些诽谤者，法显才没有被抛弃。后来，法显在回忆他的同伴时，称他是一位虔诚的佛教徒，一位令人尊敬的虔诚的僧人。把麻烦归咎于法显的商人可能来自东南亚，因为法显只是零星地提到了一些中国商人，他们都回到了广州的家中。文献记载的缺乏，表明只有少数中国商人曾直接参与南海的贸易，而船主大多是马来人、印度人、占婆人和扶南人。若事实果真如此，可能是因为中国人认为这种贸易太过危险，或者是因为这是一条相对较新的直接通往南海的航线，尽管法显的记述表明这条航线十分通畅。

马六甲海峡航线的开辟，可能与佛教在东南亚和中国的兴起相关，也与中国人与斯里兰卡和印度北部的佛教中心之间联系的日益增多有关。公元前 1 世纪时，佛教已经通过丝绸之路传入中国，但在此后的 300 年中才逐渐在中国扎根。大约在同一时期，佛教徒也到达了交趾。3 世纪时，商人和佛教徒开辟了一条海上通道，将佛教传入中国。其中最杰出的代表是康僧会，他是一名粟特（位于今乌兹别克斯坦境内）商人的儿子，取道印度和交趾到达中国，并成功地使东吴国君皈依佛教。[45]

中国人对佛教的信奉导致远距离海上贸易的类型及其范围都发生了变化。商人在继续进行奢侈品贸易的同时，也开始销售新的宗教商品，如舍利子和香。学者和译经家沿着法显的路线航行。405 年，斯里兰卡的僧人到达中国。[46] 位于马来半岛东面、克拉地峡南面的盘盘，尤其以藏有宗教器物而闻名。与印度一样，在东南亚和东亚，佛教能够得到所有人的接受，而不仅仅是富人。这使商人拥有了一个更广泛的消费群体，他们将自己的钱财用于扩大经营。刘宋王朝的官方史书中描述了通往印度、波斯和拜占庭帝国的海上航线的作用，包括物质和精神两个方面。“商货所资，或出交部，泛海陵波，因风远至。又重峻参差，氏众非一，殊名诡号，种别类殊，山琛水宝，由兹自出，通犀翠羽之珍，蛇珠火布之异，千名万品，并世主之所虚心，故舟舶继路，商使交属。”[47] 在这种不断增长的东西方贸易中，贸易双方都不是唯一的受益者。尽管南海航线的开辟使扶南等沿海国家遭受了损失，但同时也为其他国家创造了新的机会。例如，干陁利国（位于马来半岛或苏门答腊岛）的国王希望能够“土地丰乐，商旅百倍”，并将与中国进行贸易。[48]

隋王朝

隋文帝时期，佛教的传播得到了官方极大的推动。[49] 隋文帝是隋朝（581—618）的开国皇帝，他清醒地认识到，国家统一的益处不仅体现在军事方面，而且有利于文化凝聚和国内交流。隋文帝既注重实际，也十分虔诚，他利用佛教重新统一了分裂近 4 个世纪的中国。他修建寺庙，向寺院发放补贴，并通过布道来强化自己的正统地位。到 6 世纪末，佛教成为国家宗教生活的全部，尽管当时道教在一定程度上也得到了政府和许多大臣的支持。在促进精神文化复兴的同时，隋文帝也努力恢复国家的基础设施。584 年，他命令宇文恺在长安督造了一座新都城，并改造了在 700 年的历史中一直连接着坐落在变化无常、流浅沙深的渭河河畔的都城与黄河的运河，这条新的水道被称为“广通渠”。在这项工程进展的同时，隋文帝也在制定征服南方最后一个独立的王朝（陈朝）的计划。589 年，隋文帝沿着长江发动了进攻，动用了在长江和汉水流域及山东半岛南面沿海地区建造的 2 支舰队。[50] 而陈朝的舰队由有 5 层甲板的“黄龙”战船组成，每艘可搭载 800 名装备弩箭的水兵。隋军将领巧妙地避开在长江咽喉地区作战，而是发挥自身优势，从陆路越过陈朝的防线。

隋文帝的儿子和继承者隋炀帝也是一名虔诚的佛教徒，既精力充沛又十分残暴。儒士们批评他奢靡无度，建造了东都洛阳和大运河航运网络，为此强征了数百万名劳工。但不可否认，这确实有助于增强刚刚重新统一的国家的国内联系。[51] 大运河北接今北京周边地区，南至杭州，将长安与之联系起来。其中北段最长，约 1,350 千米。南段原为汴水，在隋唐时期最为繁忙，从开封附近的黄河向东南到达淮河和大运河。大运河穿过长江，继续南下至扬州，然后再蜿蜒向南 435 千米到达杭州。

为了纪念洛阳与扬州之间这条水道的开辟，炀帝亲率一支由“龙舟、凤艒、黄龙、赤舰、楼船”组成的船队，沿途雇用纤夫，一路驶往扬州，“舳舻相接，二百余里”。[52] 事实证明，隋朝的君主是杰出的运河建造者，但并不是优秀的统治者。隋王朝存在了不到 40 年，但是在 500 多年后，当宋朝被迫迁都至杭州（被重新命名为临安）时，诗人兼政治家陆游写道：

“朝廷所以能驻跸钱塘，以有此渠耳。汴与此渠，皆假手隋氏，而为吾宋之利，岂亦有数邪！”[53]

隋朝皇帝试图通过巩固对帝国疆域的控制，同时确定与中华文化圈边缘及以外的小国之间的关系，来重建汉朝时的宗主国地位。交趾和林邑都承认隋王朝的地位，并遣使觐见新皇帝。601 年，交趾宣布独立。隋王朝立即做出反应，但并不是经由昔日辉煌的航线穿过广东和广西两省，而是经云贵高原到达红河下游，从西面袭击交趾。交趾不久便投降，隋王朝任命了一位地方官员，负责监督海运贸易。“其海南诸国，大抵在交州南及西南，居大海中洲上，相去或三五千里，远者二三万里。乘舶举帆，道里不可详知。”[54] 自 607 年起，隋王朝开始与更远的东南亚国家互派使节。然而，隋朝君主并没有从中获益，原因之一就是因在朝鲜半岛上的军事行动的失败而造成的沉重损失。

东北亚

中国人与东北亚的民族之间有着漫长而复杂的历史联系。虽然这一地区与中国的西部和南部之间只有间接的联系，但事实证明，中国的中原王朝起到的并不是一种缓冲的作用，而是一种过滤的作用，外来的思想和制度由此从欧亚大陆遥远的角落流入。日本群岛在大约 30,000 年以前开始有人居住，一些先民取道堪察加半岛和千岛群岛到达北海道岛，当时更重要的一条水路是穿过朝鲜海峡到达九州岛和本州岛。中国对日本的影响从公元前 4 世纪时就已经十分明显了，当时中国对朝鲜半岛的兴趣日益增加。那时，北方的燕国（其都城位于今北京以南）入侵了古代的朝鲜（位于今平壤与首尔之间）。遭受袭击的难民向半岛南部迁徙，并越过了朝鲜海峡。这次迁徙似乎促进了日本从狩猎加采集的绳文时代向定居的、更为先进的弥生时代的转变。秦始皇派遣船队去九州岛寻找长生不老药的古老故事，可能会令人回忆起这次从朝鲜半岛向日本迁徙的事件。从这一点来看，弥生时代的文化似乎已经吸收了许多已在朝鲜出现的中国的生产技术，包括冶金术和水稻种植。与中国和朝鲜不同，日本本质上是从新石器时代直接进入铁器时代的，同时吸收了公元前 3 世纪时传入的青铜冶炼技术和冶铁技术。[55]

公元前 2 世纪 80 年代，一位名叫卫满的燕国人夺取了朝鲜的王位，禁止朝鲜南部的弱小王国与中国进行贸易。公元前 109 年，汉王朝出兵征服了朝鲜，将朝鲜半岛划分为 4 个郡。最终，这些辖区演变为高句丽、百济和新罗 3 个王国。百济占据朝鲜半岛的西南部，充当中国和日本之间的媒介。新罗地处半岛的东南部，也与日本进行贸易。高句丽的中心地带横跨鸭绿江两岸，尽管靠近中国的中原王朝，但直到 4 世纪才开始效仿中国的制度、法律、文字和佛教。5 世纪时，高句丽吞并了辽东半岛，成为朝鲜半岛上的强国，而新罗的实力则较弱。出于对高句丽扩张的担忧，百济从日本的大和国招募士兵，大和国在一个世纪之前兴起于本州岛的平原地区，可能处于百济的势力范围之内。

直到公元之初，中文文献中提到日本的次数仍屈指可数。但我们已经知道，公元前 1 世纪时，日本使节曾到达中国在朝鲜半岛北部的一个郡。公元 57 年，日本使节到达汉王朝的朝廷，汉朝皇帝赠送了一枚金印给“倭王”（当时日本被称作“倭奴国”）。到 3 世纪时，中国人已经了解了“在带方东南大海之中，依山岛为国邑”的倭人以及朝鲜半岛的民族和政治情况。[56] 另一段更加离奇的记载，是日本人雇用严守戒律之人来航海，以确保平安：

> 当他们穿过大海来到中国时，总是选择不梳头发、不除掉身上的跳蚤、衣服沾满污垢、不吃肉且不近女色的男子。他们的行为举止像一位忏悔者，被称作“守戒之人”。如果能够幸运地顺利返航，每个人都可以获得自己的奴隶和财富。如果有人生了病，或者发生了不幸，他们就马上杀死病人，并说他不遵守戒律。

人们会将发生在船上的灾难归咎于外国人，或者像法显或《圣经》中的约拿（Jonah）那样虔诚的妥协者，但如果这是真的，那么用宗教理由寻找替罪羊来确保船只安全航行的做法，则显然是日本独有的传统。

中国与大和时代的日本之间的直接联系并不算频繁，但是在人员、商品、文化和宗教方面也有一定的交流，并以朝鲜为媒介。朝鲜深受中国的影响，大和国与朝鲜王国之间的关系更为紧张。新罗使节在 300 年意外摧毁了一支日本船队，随后派遣造船工匠到大和国建造新的船只。[57] 一个世纪之后，高句丽击败了入侵朝鲜半岛的大和军队。[58] 日本人的目的可能是为了阻挠新罗消灭其盟友百济，顺便进行扩张。在百济的伽倻（今釜山附近）聚集了许多日本商人。中国拒绝了大和国王入侵高句丽的请求。512 年，大和国把对伽倻的控制权让给了百济。

15 年后，大和国以 60,000 人的兵力攻打新罗，尽管这次军事行动对百济而言是一种支持，但高句丽仍在不断向百济发起进攻。到 6 世纪末，高句丽成为中国北方邻国中最大的威胁。最终，隋文帝于 598 年发动了报复性的袭击。海陆并进的军事行动以高句丽表面上承认中国的地位而告终，但是到 612 年，隋炀帝又发动了对朝鲜半岛的第二次战争。[59] 当时，隋王朝的 300 艘战舰从山东半岛起航并袭击了平壤。但由于朝鲜建立了海上的防御体系，远征最终失败了。尽管我们可以推断朝鲜已拥有船只，但文献中没有提到任何一次海战。隋炀帝不得不暂缓第四次远征的计划，由于他大兴土木，加上黄河下游的洪水等国内危机，中国正处于内战的边缘。616 年，他把都城迁至扬州，并于 2 年后在那里被谋杀。尽管隋朝的寿命十分短暂，但它为唐朝举世无双的繁荣景象（并超越了亚洲的范围）奠定了基础。

东亚的船只

对东亚造船业的详细研究，因考古文物和文献记载的缺乏而受到限制。发现于越南北部的东山的原木舟残骸，有着横向的隔舱和两侧凸起的船板，这些船板先通过阴阳榫连接在一起，再用绳索牢牢捆住，与在欧亚大陆西部发现的情况相类似。[60] 在许多东山鼓上面，都雕刻着一支运载着弓箭手、持矛者和战鼓的划桨战舰的图案作为装饰。[61] 据推测，击打战鼓有助于桨手们准确地发出信号或者在战斗中鼓舞士气（正如希腊的三桨座战船一样）。在这些画面中，鼓被安放在船只尾部，边舵舵手站在其前面。

船体是新月形的，但没有弯曲的桁架支撑着相互可见的两端。在有些鼓面的图案中，桨手坐在甲板上，表明这种船只可能是竹筏。这种竹筏是通过蒸汽将竹子两端上翻、中间凹陷而制成的，正如在中国所做的那样。也有人认为这种船是一种原木舟。有些图案中的船只有着升高的甲板，上面有弓箭手，这一事实可以支持上述观点。

这些船只图案可以与印度尼西亚中南部的弗洛雷斯岛上的青铜船只模型相媲美，人们认为它大约于1世纪时在越南北部或中国南部铸造而成。[62]这件船模长56厘米，高19.5厘米，宽8.5厘米。3层甲板之上还有一层甲板，其功能尚不清楚。船首和船尾部分处于更高的位置，由4根直柱支撑着，而船中部的甲板更长，有8根直立的柱子。甲板下面有12名桨手，每侧各6名，以双脚前伸的姿势坐着。这艘船似乎也有龙骨，船首明显向前凸出。同时，东山船常常带有一个边舵，而弗洛雷斯船的操舵结构则没有留存下来，舵手（如果有的话）的图像下落不明。对这个古代船模的研究是十分复杂的，因为这是一个受人尊敬的器物，人们只有在仪式上才能接近和研究它，因此依然难以证实东南亚部分岛屿持久的航海传统。

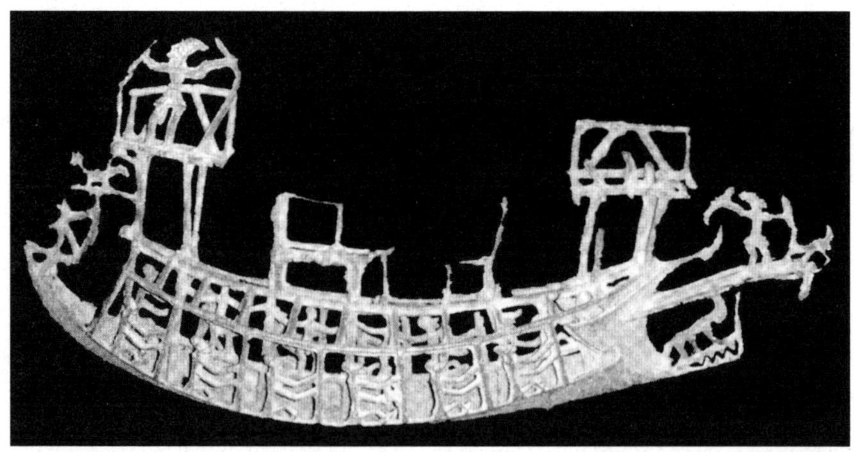

在印度尼西亚东部的弗洛雷斯岛上的多博部落发现的青铜船只模型（1世纪），似乎是一艘远航的战舰。长56厘米，宽8.5厘米，总高度为19.5厘米，两侧共有12名桨手。该模型无疑是以真实船只为基础制成的，船上有超过3名战士和1名舵手（大部分都已损坏）。（Photograph by Herwig Zahorka, Wiesbaden, Germany.）

后来的中国文献提供了一些关于外国船只的信息，包括从林邑、扶南或波西（一般认为位于马来半岛，也可能是波斯）到达中国的船只，以及在 2 个外国港口之间从事贸易的船只。康泰曾写到在西印度洋上航行的一艘装有 7 面帆的船，并描述了 3 世纪时扶南船只的特征："为船八九丈，广裁六七尺，头尾似鱼。"[63] 康泰并没有详细说明这艘船的作用，但是考虑到其极小的长宽比，它可能是在相对隐蔽的水域中用于某种仪式，而不是用于贸易或战争。在另一部 3 世纪时的文献《南州异物志》中，描述了一艘名为"昆仑舶"的船，可能与《红海环航记》中提到的"曾经航行到克利斯和恒河流域的巨大的'科兰迪奥丰塔'"相吻合。[64]"昆仑"这一名称来自中国，也是东南亚一个未知国家的国名。据《南州异物志》记载，该民族将船称为"舶"，较大的船长度超过 50 米，高出水面 4 ～ 5 米，能够搭载 600 ～ 700 人和 10,000 蒲式耳货物（总重量约为 250 ～ 1,000 吨）。[65] 这些船只携带 4 面用树叶编织成的纵帆，与中国和印度洋上的船只不同，这 4 面帆不是朝向前方，而是倾斜的，从而都能够被固定在同一个方向，利用风力航行。类似的船只构造，在 7 世纪时的阿旃陀船和《本生经》中描述的可以搭载 700 名乘客的船上也曾出现过。这种可调节的船帆装置可能与 9 世纪时雕刻在爪哇佛塔上的救援船只相类似，这些浮雕显示，这些方形帆在纵向安置时向前倾斜，当船只顺风航行时，帆便旋转而与船体中心线垂直。《南州异物志》中解释说，装有这种帆的船只比那些装有高帆和固定桅杆的船只更稳定，能够利用高气压保持船身稳定，而其他船只在遇到海上风暴时则只能被迫收起船帆。

东南亚的造船者用绳索系牢船只，但是他们缝合船体的方法与印度洋地区造船者的方法有所不同。造船者并不是直接在船板上凿孔，以便能够从船体外面看到缝隙，而是利用一种被称为"凸耳捆绑与船板缝合"的技术，制成更加完美的船体外表。[66] 即从船体内表面沿对角线向船板边缘凿孔，通过这个孔将船板相互缝合起来，缝合痕迹只能在船体内部看到，如同埃及的胡夫船一样。船板的内表面有若干凸耳，在凸起处凿孔，以便绑紧整个船体。[67] 造船者在船板边缘插入木销，防止船板之间松动，后来，人们在建造更大的船只时便完全放弃了缝合法。在整个东南亚及其北面的交趾、海南岛和广东等地，船板缝合法都十分常见。

就航海活动而言，与中国人相比，古代中国南部地区的越文化圈的居民与操南岛语的民族之间有着更为密切的关系。但是中国船只在外形、动力和船舵装置等许多方面的设计方法上，与欧亚两洲其他任何一个海洋民族都明显不同。[68] 在这一点上，中国人出乎意料地抵制外来的影响，同时，他们的船只设计理念也很少被东北亚以外的地区所采纳。中国人和其他民族在远洋船只设计方法上的差别，可能要归因于淡水航行观念的影响。由于用途和环境各不相同，诸如在三峡的激流险滩中航行，或在平静的运河上航行与捕鱼，内河船只的设计也是多种多样的，正如在任何一个严格意义上的海洋文化中所能发现的那样。同时，与“先造船壳”的传统造船法相似，将船板从边缘处进行连接，小心翼翼地把它们系在隔舱和船架上，这表明船架有所发展。在其他地方的传统造船方法中，船首和船尾逐渐变细，形成一个精巧的边缘；而中国船只则与此不同，其吃水线以下有一个相当尖的船首，而吃水线以上的船体通常做成方形，并以吃水线以下安装的 1 根水平横梁作为船尾。这要用到中心线或轴心上的船舵，这一设计现存最古老的证据是 1 世纪时的一件陶土河船模型，在 1,000 年之后才在其他地区得到应用。[69] 然而直到相当晚近的时期，中国的远洋船只才在中心线上安装船舵。在敦煌石窟中的一幅 5 至 6 世纪的壁画中，展现了一艘安装边舵的中国帆船。现存最早的在中心线安装船舵的中国远洋船只的证据，发现于柬埔寨吴哥通王城巴戎寺的一块浮雕上，而印度洋和北欧最早的此类船只则出现于 12 世纪。

中国建造的两层或多层船板的船体，实际上是由薄片叠成的。[70] 这使船体拥有了巨大的纵向支撑力，如果船只因碰撞或坠落而受损时，外层的船板也可以保护内部，或者在外面再铺上一层船板。船架和隔舱则加强了船体的横向支撑力。[71] 尽管一般来说这些隔舱是不透水的，但船只显然不可能仅仅由于缺乏排水孔而形成大面积腐烂。13 至 14 世纪的考古证据表明，除了最前面和最后面的隔舱，所有的隔舱都有排水孔，水可以在 2 个隔舱之间流动。万一船体出现破损，这些隔舱可以防止大量的水涌入船体的某个部位，从而保护其余的货物，并降低沉没的风险。隔舱的使用中也有着创新的设计。通常，为在长江上游湍流中航行而建造的河船，会有一些防止漏水的隔舱，位于主要防水隔舱的前面。[72] 在这些隔舱内，船体被刺穿，留下许多小孔，当船首降到水面以下时，使船只能够迅速排水，船只的可控性由此大大加强。而这降低了船体的耐水性，在极度危险的环境下，水流速度能够达到 13 节，船员必须保持更快的船速，以便让舵手掌握好方向。渔船在隔舱之间也会采用一些防止漏水的隔舱，同时保证鱼被送到市场上时仍是活的。直到 18 世纪，在英国才出现类似的做法。

内河船只依靠船桨、撑篙、拉纤和帆等动力前行。尽管船桨十分常见，但中国船只是古代和中世纪地中海的靠桨划行的单层甲板帆船所无法相比的。与西方一样，中国船只的桨手不是面朝后的，而是面向前方站立。船桨移动的目的是为了在水中获得更大的动力，以便桨手能够“以最小的力量获得平均速度”来推动船只航行。[73] 通常在船的一侧，相对的桨叶伸入另一侧的水中，桨叶的倾斜角度达到 60 度。除了带有垂直于船体的轴的船桨，更大的帆船和舢板依靠橹驱动。橹是一种略呈弧形的桨，长度通常达到船体的一半甚至更长，依靠安装于船尾（或船首，但比较少见）的一个支点保持平衡。[74] 橹的前部用一根系索系到甲板上，通过同时推动系索和橹柄，使橹叶沿着轴与船体平行移动。更大的橹可能需要多达 6 名男子来操作，其中 4 人操持橹柄，2 人手持系索。

拉纤是中国内河航道上船只航行的常用方法。[75] 拉纤可以使用畜力，但是在长江上游的航道上，被雇用的纤夫（载重 120 吨的船需要多达 80 人）如同牲畜一样辛苦地劳动着。在三峡地区，一艘船需要的纤夫多达 250 名。一些 20 世纪初的照片说明了这种劳动的残酷，纤夫必须逆着汹涌的激流，拖着这些庞大的船只前行。在泥泞的岸边，弯着腰的纤夫被套上纤绳，他们右手抓着身后的纤绳，同时用左手扶着地面以保持身体平衡。在没有河岸的峡谷中，过道又低又窄，纤夫在岩石的缝隙中无法站立。整支队伍努力向前挣扎，经常有纤夫因滑倒或船员操作不当而丧命。

一群纤夫拖着一艘河船沿长江堤坝前行。我们可以看到，在画面的中心位置有16人，他们正在拖第2艘船。尽管这幅照片拍摄于20世纪30年代，但是自8个世纪之前张择端创作《清明上河图》至20世纪初，这种情况就没有发生多少变化。（Photograph by Dmitri Kessel; courtesy of *Life* magazine.）

早在公元前一千纪末，中国便有了帆船，但由于桥梁较多，在用铰链连接的桅杆（被称作“桅座”，非常便于升降）出现之前，帆船并没有在内陆水域中得到广泛应用。最早的帆是正方形的，但是到2至3世纪时，平衡斜桁四角帆开始普遍应用于河船上，这是一种方形纵帆，安装在帆的下桁和上桁之间，前缘在船桅之前。帆的主要原材料是用竹子编织成的衬垫，或者用竹条绷紧的芦苇。[76]这些材料使帆能够保持平衡，因此这种船只比其他类型的船只更适于顺风航行，收帆也更容易，船员可以攀登桅杆。由于平底帆船的帆被分割成更小的几个部分，因此每一部分比整片没有压条的帆所承受的压力更小，船帆便可以用更脆弱的原材料制成。我们尚不清楚平底帆船最早是什么时候下海航行的，不过敦煌壁画中已经出现了带有单横帆的平底帆船。

除了应用于和平年代的贸易及运输，河船也应用于战争。在秦始皇征服百越和一个世纪之后汉武帝攻打交趾的战争中，都以楼船作为战船。根据东山鼓和公元前4世纪的中国青铜器上的船只图像，这些战船有着长20～25米的甲板，依靠站立在甲板下方面朝前方的桨手划桨前进。在甲板上和塔楼内，用短剑、战斧和弓箭武装起来的弓箭手和士兵负责与敌人战斗。对付敌船的主要武器是安装在几个支点上的长 15 米的船梁，这种设计和罗马的“乌鸦”战船相似，但其目的只是击碎敌船，而不是登上敌船。

中国甘肃敦煌石窟壁画中最长的船只，这里距离大海约 2,300 千米。在佛教中，船只从幻想中的海滨航行到极乐世界，这艘船具有唐朝船只典型的方形船尾的特征，但这面方形船帆则来自印度或印度洋中的某地。(Courtesy of the RMN–Grand Palais, Paris/Art Resource, New York.)

我们尚不确定，这种武器是否被应用于攻打交趾和朝鲜半岛的战争，当时的舰队中可能只包括武装起来的运输船。我们无法知道，它们是否会遇到专门为战斗而设计的舰队，因为当新罗王国在 6 世纪时建立“船府署”来管理民用和军事航运时，在朝鲜半岛和日本发现的船只残骸和相关资料十分有限。[77] 根据《日本书纪》(编纂于 8 世纪，其中可能包含一些反映作者经历的时代错乱的事件) 的记载，将造船业引入日本的神指定用日本雪松和樟木建造船只。[78] 由于崎岖不平的地形和可资利用的海岸线，日本人十分需要水上运输工具，但是在早期，统治者可能只会发展贸易船队或用于战争的舰队。据传说，崇神天皇（3 或 4 世纪）主张统治区域内的所有沿海省份都应该建造船只，300 年时被新罗使节意外烧毁的船只，据说是沿海省份为了交换盐而作为贡品献给君王的。在另外一段记载中，提到了一艘船“被登记为一艘帝国的船只”。我们目前尚不清楚这些船有多大，以及它们是如何制造的。《日本书纪》中提到了一艘用一棵大树制造的船，可能是某种原木独木舟，此外还记载了一艘长 30 米的设计更为复杂的船。这些仅仅是关于持续几个世纪之久的航海文化的蛛丝马迹，远远没有形成清晰可辨的图景。

中国国家的内陆起源并没有使其人民倾向于向海上发展，但是河流与运河的开发促进了疆域扩张及国内稳定，而积累的财富使精英阶层可以进口外来物产，其中最不寻常的来自东南亚。儒家憎恶随这些贸易而来的与外来思想的接触，但是佛教的兴起及因之出现的对宗教文献、雕塑、香和其他宗教物品的需求，不仅刺激了中国与东南亚的贸易，还刺激了与朝鲜半岛和日本的贸易——朝鲜半岛和日本的佛教便是经中国传入的。最初，中国、东南亚和印度洋之间的海上航线需要绕过一系列小型的轮廓不太清楚的沿海和岛屿网络，但是当 5 世纪的水手开始经马六甲海峡穿过南海前往越南时，他们开创了在下一个千年中所知的最长的海上航线，并确保了远距离贸易的飞速增长——这些贸易在伊斯兰哈里发国家最初几个世纪和中国的唐朝时期繁荣发展。

第 8 章

中世纪的地中海

中世纪地中海的海洋生活由西罗马帝国的崩溃、拜占庭帝国和伊斯兰哈里发国家的兴起以及在政治冲突中宗教思想体系的出现所塑造。围绕着异端的争论在 7 世纪破坏了拜占庭帝国的凝聚力，随之而来的压力反映在其减小了的活力上，这导致了缩短或者放弃海上航线，船只数量越来越少，船只大小越来越小。在这种虚弱的状态下，拜占庭帝国无力阻止伊斯兰教在黎凡特的扩张，而黎凡特的航海族群促进了新的宗教信仰向西传播。伊斯兰国家对制造业、贸易和艺术的支持，使北非已有的港口城市得以复兴，并催生了一批新的港口城市；8 至 9 世纪的酋长国统治着从塞浦路斯到巴利阿里群岛的大多数重要岛屿。10 世纪时什叶派与逊尼派之间的对立，导致伊斯兰国家的大量领土落入信仰基督教的君主之手。然而最为显著的长时段变化，便是埃及、黎凡特和爱琴海海上优势的逐渐衰落，它们在长达千年的时间里曾一直是地中海的支点。取而代之的是商业和海军强国——伊斯兰让位于基督教——这些强国从地中海中部和西部几乎完全默默无闻的状态中崛起。

与这些发展相伴发生的，是造船技术的巨大转变，地中海的造船者抛弃了“先造船壳”的船体建造方案，改用“先造船架”。新的方案在原材料、劳动力、技巧和时间上更为节省，并最终带来了使欧洲水手进入大西洋及更远海域的船只。不同宗教间的冲突阻碍了贸易的进行，导致了自罗马共和国时期结束以来地中海海战最紧张的时期。尽管如此，商人们调和犹太人、基督徒和穆斯林之间不同的宗教和法律原则的诸多努力，促进了新的商业融资形式的创立，推动了为保护托运商及其投资物而设计的法律的传播，促成了不管其信仰为何的人都能够认可的妥协方案。最终，这个新生的国际法促进了地中海地区以及更远地区贸易的进一步扩张。

“镜中观影”：斯泽·利曼湾沉船与中世纪的地中海

1973 年，考古学家在罗德岛以北约 12 英里处的土耳其斯泽·利曼湾发现了一艘 11 世纪商船的残骸。船上的压舱物包括大约 3 吨碎玻璃以及一大串其他货物、船上装置、工具、武器和个人物品。让考古学家在转向其他已知沉船之前先关注斯泽·利曼的，一方面是这艘船的年代，一方面是这艘船可能显示出了造船者是否已经开始按照“先造船架”而不是古老的“先造船壳”的顺序建造船只，即先将船体板固定到一套预先竖立好的龙骨和肋骨框架上，这种方法在过去 500 年的西方造船业中最为常见。[1] 斯泽·利曼的考古发现恰巧是在土耳其西南部的三艘沉船中时间最晚的一艘，我们通过这三艘沉船可以追溯造船技术从“先造船壳”向“先造船架”的转变。另外两艘船位于亚希阿达岛附近，在东南方向 65 英里外的海上。其中更为古老的亚希阿达 B 船可以追溯到 4 世纪下半叶。这艘船长将近 19 米，有一根不到 7 米长的横梁，属于典型的“先造船壳”建造顺序，即边缘连接的板子通过阴阳榫彼此固定在一起，在船体成型后，再用被插进来的船架进行加固。尽管在船体建造方面并没有什么新颖的地方，但亚希阿达 B 船可能是目前已知最古老的装有纵帆的地中海船。[2]

在该岛的南面，亚希阿达 A 船（之所以这么叫它，是因为它的发现时间早于更古老的亚希阿达 B 船）属于造船过渡阶段。[3] 在船体的下半部分，造船者按照“先造船壳”的方式将一块块船板从边缘处连接起来，但阴阳榫没有固定住，而且空距比较大，与更古老的那些船相比，这是一种不那么精细的细木工。在吃水线以上，造船者只是把船底板钉到已有的船架上——他们在安装板子前先把其中一些船架用铁螺栓固定到龙骨上。几个边舵安装在船尾的 2 根横梁之间，舵手可能在凸起的掌舵甲板上控制着船舵。考古学家已经确认了船只前部和中部的舱口。对于一艘长 21 米、宽 5.2

米的货船而言，其船体出人意料地薄。有人认为，这反映了人们主要是为了让船的速度能超过海盗船，而速度更快的船的经济性也更佳。船桅装置没有留存下来，但是考虑到船体形状、主桅和几个边舵的大概位置，亚希阿达 A 船装配的应该是双桅大三角帆，而不是横帆。

斯泽・利曼湾沉船长 16 米，宽 5 米，货舱深将近 2.5 米，人能够在里面站立，满载吃水线大约为 1.4 米。[4]没有证据能够表明这艘船来自哪里，我们只知道船架是用榆木制成的，船壳是用松木制成的。船只总体构造的一个奇怪之处是，造船者不是用斧头或扁斧（这是全世界造船者普遍选择的工具）把木材制成相应的部件，而是用锯把木材锯成型的。[5]船上有大约 40 个固定位置，造船者先用铁钉把整个或者半个船架钉到龙骨上，再用铁钉和大木钉把船板钉到船架上，船板并不是从边缘处连接到一起的。重达 35 吨的船体又矮又宽，被设计成承载能力最大的形状，船上明显携带有双桅大三角帆的装置。

同时代的任何文献中都没有记载，造船者是何时、何地以及如何学会先在龙骨中心线的位置建造船架并将船板固定到船架上的。[6]现代学者大多把这一技术变化归因于当时经济所受到的突然影响。蛮族入侵罗马帝国以及帝国的分裂，6 世纪时持续几十年的瘟疫，拜占庭帝国和伊斯兰国家之间的冲突，基督教和伊斯兰教内部的宗派暴力事件等，使 3 至 11 世纪的地中海地区一直不得安宁。但这并不是一个持续衰落的时代，而是地中海地区繁荣昌盛的时期。然而，罗马历史上的“地中海和平”是一个反常时期，当时几乎没有发生海上冲突，但那已是陈年往事了。由于只有少数国家支持海上贸易，因此海上贸易内在的不确定性大大阻碍了商人的投资，船主们倾向于使用相对温和的手段运营容易建造的小型船只。这些成本相对较低的船只使意大利的小型城市国家也有机会发展有利可图的贸易，从而与已经存在的海上强国开展竞争。

鉴于“先造船壳”的方法对造船的各个流程都有相当高的技术要求，而“先造船架”的方法则更适合劳动力的分工，掌握技术的造船者负责建造船架、艏柱和艉柱，而将船板固定到船架上则不需要太多经验，至于堵塞船板之间的缝隙则完全不需要任何木工技术。尽管“先造船架”的船只的维护成本更高，但是其制造和修理更加容易，花费也更少，而且更容易进行仿造。另外，船板与船架所需的木材也更少，这降低了造船的材料费用。因此，向“先造船架”的造船方法的转变是一次技术革命，进而导致了制造业的革命。

我们同样不清楚纵向的斜挂大三角帆是如何演变的。所有的帆都是通过空气从一边吹向另一边所产生的压力差而发挥作用的，对于一面方形帆来说，从船尾吹来的风在帆的后面产生高压，在帆的前面产生低压，当帆向低压区域飘去时，船体便向前方移动。这一过程当中的物理现象是很容易理解的，每个人站在强烈的海风面前都可以体会得到。如果将同样的原理应用到纵帆（斜挂大三角帆只是其中的一种）上，纵帆迎风面的下部被稍微地切开，因此在帆的背风面形成了一个低气压区域，将船向这一方向拉动。当船顺风航行时，方形帆的效率最高，不过通过旋转前下方的帆桁，也可将其变得类似大三角帆。在理想的状态下，大三角帆能够更贴近风向航行，即成 45 ～ 66 度角（与约 90 度的方形帆相比）。大三角帆尤其适合载重 30 ～ 60 吨的中小型船，这是当时典型的船只，因为与相同规模的方形帆船相比，其需要的船员数量更少。[7] 大三角帆适合那个动荡的时代，它能够提供必要的机动性和速度，以避开海盗船或敌船。[8]

大三角帆的应用发生在 2 至 6 世纪。人们发现了 2 世纪时最古老的大三角帆的证据，而在 6 世纪之后的好几个世纪中，在地中海地区都没有再发现方形帆船的证据。[9] 人们普遍认为，方形帆船完全被废弃了，直到 14 世纪时北欧人将其重新引入，但事实未必如此。13 世纪的艺术家们描绘的方形帆船上的船帆装置，与古代地中海水手所使用的相类似，但与北欧水手所使用的则不同。这表明水手们继续在使用方形帆，但只有那些很小或者不重要的船吸引了艺术家们的注意力。

斯泽·利曼湾沉船不但向我们展示了造船技术的发展过程和船上的生活情况，而且相关的发现物也推动了对基督徒与穆斯林之间关系的重新研究。[10] 压舱的玻璃碎片表明，该船是载着当地的玻璃制品从叙利亚的某个港口驶向君士坦丁堡而途经此地的，那里可能是世界上最著名的玻璃制造中心。除了玻璃碎片，该地点还发现了 80 个完好无损的玻璃杯及其他玻璃器具，为相关研究提供了重要的实物资料。通过对数以万计的玻璃碎片进行恢复、记录和编目，考古学家复原了数百个高脚杯、盘子、碗、水壶、罐子和灯等玻璃制品，这将彻底改变中世纪伊斯兰艺术研究的面貌。

船上的许多货物似乎都是易腐或易损的，此外还有大约 90 罐葡萄酒和油被用来压舱。其他发现物还包括铜钱罐、挂锁、扁斧、钻头、凿子、梳子、棋子以及 64 支矛。这些罐子和武器表明，船上的人员（可能有 11 人）很可能是希腊化时代君士坦丁堡附近的保加利亚人。[11] 其他个人财物包括 40 枚拜占庭铜币和 3 枚法蒂玛王朝的第纳尔金币。在 9 个锚中的其中一个上面刻有阿拉伯字母，据此推测，船难发生的时间应不迟于 1025 年。[12] 另外一个关于与海外地区的跨文化联系的线索，是近 900 个带有装饰的用来压坠鱼线或渔网的铅坠。这些都是在拜占庭帝国的一个作坊中制造的，作坊可能位于君士坦丁堡，而铅则来自伊朗。

这个历经千年的船舱中各种惊人的物品令我们发现，在十字军东征之前的时代中，地中海是拜占庭商人和穆斯林商人共同开展贸易的活动区域。当时，权力的天平开始迅速向西方倾斜。商人之间的和平关系，可以由同一时期形成的海洋法和商法来证明。这些法律尊重并超越了基督教、伊斯兰教和犹太教之间的区别与分歧，甚至使那些有着不可逾越障碍的宗教国家也通过贸易繁荣起来。因此，这艘失事的玻璃运输船就像一面镜子，我们由此可以了解政治、技术和商业等方面的发展状况，这标志着从古代晚期向现代早期的演进。

东罗马帝国

面对统治扩张的帝国日益增长的问题，戴克里先（Diocletian）于 293 年将帝国的统治分给两个共治皇帝，这最终导致罗马帝国分裂为东部（希腊）和西部（拉丁）两部分。帝国边界很少安宁，“罗马和平”不过是一种幻象。[13]“罗马和平”是通过平定强行实现的，罗马与北面、西面和南面的蛮族部落、与东面更为发达的古代国家进行几乎无休止的战争。罗马的安全依赖于帝国大力驻防的漫长边境的稳固，尤其是沿莱茵河和多瑙河的边境。最终，罗马帝国依赖的军队和官僚机构花费巨大又极不可靠，日耳曼部落的试探在 4 至 5 世纪蛮族大迁徙时达到高潮。

对于保守的当代人而言，对罗马问题一个较好的解释就是基督教的兴起。尽管面临官方的迫害和内部的分裂，基督教还是成长起来了。君士坦丁（Constantine）将基督教和罗马帝国的命运联系到了一起。306 年，君士坦丁的部下拥戴他成为西罗马帝国的皇帝。6 年后，他皈依了基督教。324 年，在达达尼尔海峡战役中，他击败了与之共治的皇帝李锡尼（Licinius）。[14] 这是 350 年来地中海上发生的第一次重要的海战。君士坦丁拥有 200 艘三十桨帆船和五十桨帆船，而李锡尼有 350 艘三桨座战船。君士坦丁的胜利可能是由于他的指挥官更胜一筹，或者是由于李锡尼的舰队遇到暴风雨而搁浅。不久，李锡尼被俘虏并处死。

君士坦丁定都于拜占庭，并于 330 年将其正式改名为君士坦丁堡（今伊斯坦布尔），这里最终成为拜占庭帝国唯一的都城。君士坦丁堡坐落在与马尔马拉海相连的博斯普鲁斯海峡南端的一个半岛上，是欧亚之间以及黑海与地中海之间贸易与交流的一个重要的十字路口，也是第一个建立在港口的重要的欧洲都城。选择君士坦丁堡作为都城的一个重要原因，便是其优越的地理环境，这里为航海者提供了“安静的庇护港湾”。[15] 尤其是金角湾（即哈利奇湾）一带，那里是半岛北面的一条长 4 英里的通道，“整条通道都可以泊船”。同样重要的是，君士坦丁堡的海滨足以容纳众多商船和军舰，是帝国的商业、政治和经济中心。犹如曾经的“条条大路通罗马”一样，此时所有的海上航道都通向拜占庭帝国的都城。君士坦丁堡发展迅速，到 6 世纪的查士丁尼一世统治时期，其人口估计已达到 80 万。在 7 世纪时伊斯兰教的传入和 11 世纪时意大利城市共和国的兴起之前，君士坦丁堡的规模和战略位置保证了其在欧洲和地中海城市中一直位居前列。

在这座新都建成之后的半个世纪内，蛮族部落越过了帝国的莱茵河 – 多瑙河边界，此后西罗马帝国不断丧失疆土，从大不列颠岛到北非之间的广大区域内兴起了众多新国家。410 年，西哥特人越过多瑙河并袭击了罗马。皇帝霍诺留（Honorius）被迫从最后一个罗马行省不列颠撤离，并征募西哥特人帮助自己将汪达尔人赶到西班牙。429 年，该萨里克

（Gaeseric）率领汪达尔人穿过直布罗陀海峡进入北非，他们成为 500 年来第一支在那里与罗马争夺地中海控制权的势力。[16] 在击败了富裕但防御薄弱的迦太基之后，汪达尔人逐渐对海洋产生了兴趣，在巴利阿里群岛、科西嘉岛和撒丁岛建立了自己的家园。他们在这些岛屿上驻扎军队，并袭击意大利本土、伊利里亚王国和希腊。455 年，该萨里克洗劫了罗马城。476 年，西罗马帝国的末代皇帝被放逐到由罗马将军卢库鲁斯在米特里达梯战争之后建造的那不勒斯庄园。

6 世纪初，地中海北部沿海地区被拜占庭人、意大利北部的东哥特人、法国西南部的西哥特人的图卢兹王国和西班牙的汪达尔人控制。拜占庭帝国与东哥特人之间的关系通常很好，但就在查士丁尼试图削弱波斯人在印度洋的贸易优势时，他也热衷于在西方重建帝国权威，以保护海上贸易免遭汪达尔人和西哥特人袭击。533 年，查士丁尼的将军贝利撒留（Belisarius）率 92 艘战舰和 500 艘运输船去夺取北非和撒丁岛，并在一次战斗中让汪达尔人王国灭亡。贝利撒留接着转向东哥特人的意大利，他占领了西西里岛、那不勒斯和罗马，随后因顽强的抵抗和查士丁尼拒派援兵（查士丁尼担心其声望过高）而陷入困境。然而，到 6 世纪中叶，拜占庭人收复了意大利、西西里岛和西哥特西班牙沿海地区，包括瓜达尔基维尔河港口塞维利亚、科尔多瓦和直布罗陀海峡对面的休达。除了北非西部及被法兰克人和西哥特人占领的从萨贡托到意大利边界的沿海地区，地中海沿岸地区再次处于一个势力统治之下。但拜占庭帝国在地中海地区相对强大的贸易和海军实力，不足以抵消其在陆上的虚弱，拜占庭的帝国复兴是短暂的。7 世纪初，中欧的伦巴第人占领了意大利许多地区，阿尔瓦人兵临君士坦丁堡城下，624 年，西哥特人最后一次把拜占庭人逐出西班牙。然而，没有一个新兴西方强国愿意控制、利用其占领领土的海上潜力，这使得拜占庭人能保持与自己的地中海中部领土的海上联系。

意识形态与冲突

正如海上贸易促进了佛教从印度和斯里兰卡传播到东南亚和中国一

样，海上贸易也使犹太教、基督教和伊斯兰教在地中海周边传播开来。当宗教越过区域的界限而将人们统一起来时，宗派主义便往往如影随形。基督教是拜占庭帝国的国教，但是高度政治化的教义差异，导致了对科普特人（埃及的基督徒）和聂斯脱里派基督徒的迫害。结果，当波斯萨珊王朝于7世纪初入侵黎凡特时，科普特人和聂斯脱里派教徒发现，波斯统治者比君士坦丁堡的统治者更能接纳他们。萨珊王朝夺取了大马士革、安条克、耶路撒冷和亚历山大港，并于626年从君士坦丁堡穿过博斯普鲁斯海峡，驻扎在卡尔西顿（今土耳其卡德柯伊）。3年后，拜占庭人夺取了波斯人位于底格里斯河畔的都城泰西封，同时，他们的舰队重新占领了叙利亚和埃及的港口。尽管败给了萨珊王朝，拜占庭帝国仍然是地中海地区面积最大、凝聚力最强的国家。

在帝国之间展开竞争的同时，先知穆罕默德（Muhammad）登上了历史舞台。其信徒在635年夺取了重要的内陆贸易城市大马士革，并在耶尔穆克河（位于约旦和叙利亚之间）的战役中击溃了拜占庭帝国的军队，从此把黎凡特的闪米特人从近千年之久的外来统治下解放出来。随后，阿拉伯人转向东面，夺取了泰西封；642年，阿拉伯军队已经到达印度边境。在西面，阿慕尔·本·阿斯（Amr ibn al-As）在尼罗河三角洲建立了法斯塔特（今开罗），并占领了亚历山大港。

对地中海地区众多港口的占领，使阿拉伯人有机会接触到船只和有经验的水手，从而具备了从海上袭击拜占庭帝国的能力。一开始，哈里发们只是集中征服了拜占庭帝国在地中海东部的领地。通过占领埃及和叙利亚并拥有了其港口和航海人员，阿拉伯军队得以袭击塞浦路斯和君士坦丁堡。[17] 到7世纪末，倭马亚王朝攻占了拜占庭帝国的非洲行省——他们称之为“伊弗里基亚”（Ifriqiya），这里成为其向北非西部地区和伊比利亚半岛扩张的起点。9世纪时，西西里岛被征服。同时，安达卢斯的放逐者在克里特岛建立了一个酋长国。在以上事件中，都是由穆斯林统治者取代了基督教统治者，而基督教世界和伊斯兰世界都因政治争斗和宗教分歧而四分五裂，这为基督徒、穆斯林和犹太教徒之间的合作创造了良好的条件。

穆斯林的海上扩张开始于648年。当时，埃及总督穆阿维叶·伊本·艾比·苏富扬（Muawiya ibn Abi Sufyan）率领着由 1,700 艘战舰组成的舰队，从此不再每年向塞浦路斯人支付赔偿金。7 年后，当塞浦路斯人租赁船只给拜占庭人时，穆阿维叶占领了塞浦路斯，从而引发了拜占庭帝国与哈里发国家之间的第一次海上冲突。在丢掉塞浦路斯之后，君士坦斯二世（Constans II）集结了由 700 ～ 1,000 艘战舰组成的舰队，夺取了位于塞浦路斯北面的利西亚沿海的菲尼克斯港。关于这场战役的现存记载常常出现自相矛盾之处，然而有一点却是一致的，那就是穆斯林军队在马斯特斯（即扎特萨瓦里）战役中大获全胜，基督徒将这次战役称作菲尼克斯战役。[18] 这证实了穆斯林有能力在海上作战，但是哈里发国家的内部争斗阻碍了其前进的步伐，直到穆阿维叶成为倭马亚王朝的第一任哈里发。

678 年，倭马亚王朝开始对君士坦丁堡进行长达 10 年之久的包围。[19] 在此期间，他们占领了马尔马拉海的海军基地，但一直没能夺取拜占庭帝国的都城。终止围城的协定规定，塞浦路斯实现非军事化，且塞浦路斯人在拜占庭帝国和哈里发国家发生冲突时必须保持中立。塞浦路斯遂成为商人、旅客、军舰和间谍的落脚点。尽管塞浦路斯人依然信仰基督教，但理论上必须保持中立，这在战略上对伊斯兰国家十分有利，穆斯林和基督徒都认识到了这一点。拜占庭帝国皇帝利奥六世（Leo VI）在其完成于约 900 年的《战术》（*Taktika*）一书中写道：“来自埃及、叙利亚和奇里乞亚的蛮族正聚集在一起，打算发动对罗马人（即拜占庭人）的远征，海滨行省的将军们必须派遣一支军队前往塞浦路斯。”[20] 一名 10 世纪的阿拉伯学者指出，在穆斯林与拜占庭帝国之间第一阶段的争斗中，所有海上军事行动都是在塞浦路斯水域进行的。[21] 塞浦路斯依然由拜占庭帝国和哈里发国家共同统治，直到 965 年拜占庭帝国重新对其建立完全统治。

早在攻打君士坦丁堡之前，穆斯林军队已经横扫拜占庭帝国的北非行省（伊弗里基亚），他们称这里为“马格里布”（Maghreb），即“日落之地”。* 695 年，迦太基落入一支阿拉伯军队之手，但新的统治者认为，

---

* “马格里布”意为“西方”或“落日”，可能指从利比亚西部到摩洛哥之间的地区，或者专指摩洛哥。伊弗里基亚则包括利比亚西部、突尼斯和阿尔及利亚东部。

该港口太过暴露而易遭袭击，因此决定在突尼斯附近新建一个港口。突尼斯几乎是坚不可摧的，它坐落在湖畔，一条狭窄的地峡把地中海与湖隔开，阿拉伯人在地峡中开凿了一条运河。[22] 拜占庭人并没有试图重新夺回迦太基，因为君士坦丁堡发生了骚乱，在 695 年至 717 年间先后出现了 7 位皇帝。当时，倭马亚王朝发动了一次大规模的入侵。直到利奥三世（Leo III）继位，侵略者才受到阻挡，这位“伊苏里亚人”在君士坦丁堡四周砌起围墙，储存了大量日常用品，在金角湾的入口处安装了铁链——当时人们第一次得知这种御敌方法。[23] 倭马亚王朝动用了 1,800 艘战舰组成的舰队和大规模的军队，仍无法切断君士坦丁堡与黑海粮仓之间的联系，他们被迫放弃了对君士坦丁堡的包围。

包围君士坦丁堡的失败并没有阻止倭马亚王朝进军北非。在建立突尼斯港之后，穆萨·伊本·努赛尔（Musa ibn Nusayr）率领一支由阿拉伯人和柏柏尔人组成的军队进军到丹吉尔。711 年，塔立克·伊本·齐亚德（Tariq ibn Ziyad）率领 12,000 名士兵穿过直布罗陀海峡，并将到达之处以自己的名字命名为“直布罗陀”（来自阿拉伯语词汇“Jabal Tarik”，意为“塔立克之山”）。穆萨和塔立克率军向北推进到塔霍河、托莱多、塔拉戈纳和巴塞罗那，并在塞维利亚建立了安达卢斯的都城，坐落在瓜达尔基维尔河畔，距离大西洋约 85 千米。[24] 尽管 40 年后科尔多瓦成了都城，但塞维利亚依然是穆斯林控制下的重要商港和海军基地。自 13 世纪起，基督徒开始了对这里长达 900 年的统治。由于位置偏远，安达卢斯成为最早推翻哈里发统治的伊斯兰国家之一。当阿布·阿拔斯－萨法赫（Abu al-'Abbas as-Saffah）于 750 年建立阿拔斯王朝时，他屠杀了倭马亚家族的大多数成员，只有阿卜杜勒·拉赫曼一世（Abd al-Rahman I）幸免于难，并在安达卢斯建立了独立的倭马亚酋长国（即后倭马亚王朝）。即便没有这次公开的分裂，安达卢斯也注定是十分重要的，因为它一直是伊斯兰国家与拉丁欧洲之间保持直接联系的媒介，并因其横跨直布罗陀海峡的地理位置而与维京人不期而遇，而且与伊弗里基亚和穆斯林治下的西西里之间一直处于敌对状态。

652 年，穆斯林军队首次袭击了西西里岛，但直到 8 世纪上半叶，该

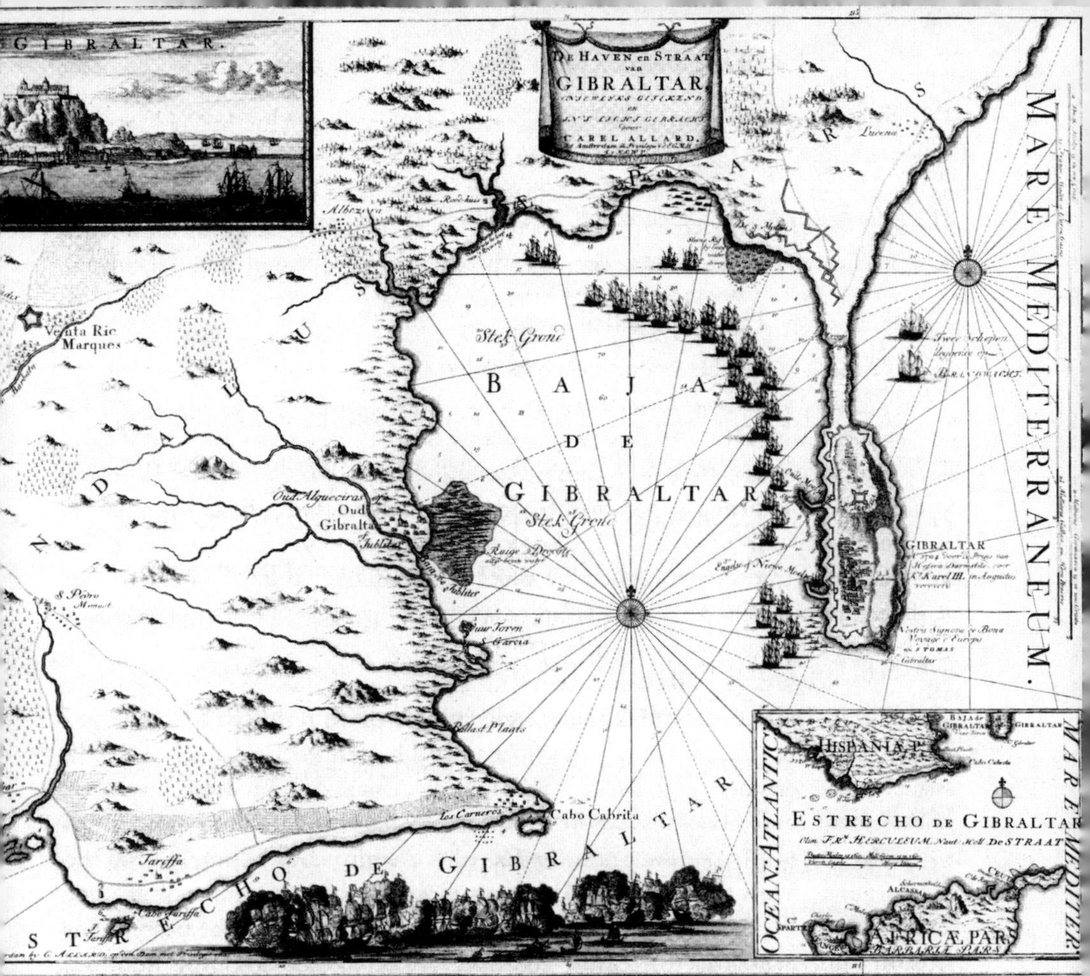

进入 10 世纪之后，以塔立克·伊本·齐亚德的名字命名的“直布罗陀”是从地中海进入大西洋的唯一入口，从卡雷尔·阿拉德（Carel Allard）的这幅地图上便可以清楚地看到其居高临下的战略位置。图中显示，在西班牙王位继承战争时期的 1704 年 8 月，一支英荷联合舰队夺取了该港口。几幅插图则描绘了直布罗陀山（左上角）、西班牙南部和北非（右下角）以及海战的场面（正下方）。（Courtesy of the Rijksmuseum, Amsterdam.）

岛才展开激烈的反抗。当时，伊弗里基亚的战舰开始袭击西西里岛、撒丁岛和巴利阿里群岛。8 世纪末，查理大帝（Charlemagne）收到来自巴利阿里群岛的求助，遂帮助其抵抗摩尔人的袭击，该群岛作为在意大利、撒丁岛、巴塞罗那和法兰克沿海一带巡逻的法兰克舰队的基地达 30 年之久。在推翻伦巴第王国后，法兰克人对意大利北部的兴趣也增加了。[25] 查理大帝试图把威尼斯并入其版图，从而在 806 年与拜占庭帝国发生了冲突。威尼斯商人名义上服从于君士坦丁堡，但十分热衷于与法兰克人进行贸易。

812 年的条约确定了威尼斯属于拜占庭帝国领土的地位，同时允许其市民与法兰克人进行贸易，并规定他们有义务帮助法兰克人打击亚得里亚海北部的海盗。实际上，在两个强国的保护之下，威尼斯的海军与商业实力都在稳步增长。

法兰克王国与拜占庭帝国之间的竞争，以及拜占庭帝国撤回在西部的海军以应对保加利亚在黑海上的威胁，这些形势变化为伊弗里基亚在西西里岛的扩张铺平了道路。800 年，阿拔斯王朝哈里发哈伦·拉希德(Harun al-Rashid) 任命易卜拉欣一世 · 伊本 · 阿夫拉布（Ibrahim I ibn al-Aghlab）为伊弗里基亚的埃米尔（emir，即总督或国王），他是第一位享有自治权的阿格拉布王朝的埃米尔，其统治将持续一个世纪。在威尼斯危机解决之后的第二年，拜占庭帝国在西西里岛的将军与穆斯林使节达成协定，确保商人在各自港口的权利。[26] 不久之后，那不勒斯信仰基督教的统治者要求阿格拉布王朝支持自己，共同反对邻近的贝内文托公国。意大利半岛上的第一支穆斯林军队在两岸袭击那不勒斯的敌人，获得了奥特朗托海峡的控制权，接着派出一支舰队，向北到达波河河口和伊斯特利亚半岛（今斯洛文尼亚）以对抗威尼斯。

8 世纪 20 年代，阿格拉布王朝开始攻打西西里岛，但直到拜占庭帝国的海军军官邀请他们支持自己发动叛乱，他们才在该岛建立了一个据点。[27] 829 年夏，由 70 ～ 100 艘战舰和 10,000 名士兵组成的远征军从突尼斯出发。2 年后，阿格拉布王朝夺取了巴勒莫，并将其改名为迈迪奈，作为新酋长国的都城、海军基地和商业中心。征服该岛花费了该世纪其余的时间——878 年，叙拉古陷落；902 年，陶尔米亚陷落。与此同时，阿格拉布王朝继续向亚得里亚海进军。866 年，他们包围了拉古萨（今克罗地亚的杜布罗夫尼克），被突袭而来的 100 艘拜占庭战舰挫败。这些战舰经科林斯地峡上的迪奥尔科斯古道到达爱琴海，可能是为了避开克里特岛和阿格拉布王朝在爱琴海和奥特朗托海峡的舰队。在此后的 30 年中，拜占庭帝国、查理大帝和阿格拉布王朝 3 支势力争夺对南意大利和亚得里亚海沿岸地区的控制权，到 10 世纪初，墨西拿海峡成为穆斯林治下的西西里岛和基督徒治下的意大利之间的实际分界线。位于阿格拉布王朝和拜占庭帝国之间的那不勒斯、阿马尔菲等意大利南部港口力图避免与穆斯林治下的西西里岛为敌。9 至 11 世纪时，阿马尔菲商人长期在君士坦丁堡享有贸易特权，并一直保持中立，在西欧、穆斯林治下的北非（尤其是埃及）和拜占庭帝国之间作为中间商。阿马尔菲商人“几乎在全世界都享有盛誉”，[28] 而该港口本身则作为“阿拉伯人、利比亚人、西西里岛民和非洲人”的汇聚之地而闻名于世，被称为“伦巴第最繁荣、最尊贵、最卓越的城镇”。[29]

从某种角度来说，地中海的伊斯兰国家的发展在 10 世纪初达到了顶峰。当时，一个个酋长国或哈里发国家占据了塞浦路斯、克里特岛、西西里岛、马耳他和巴利阿里群岛，以及克里特岛以北的基克拉迪群岛中的帕罗斯岛和纳克索斯岛、雅典附近的埃伊那岛和达达尼尔海峡附近的尼阿。在地中海的主要岛屿中，只有科西嘉岛依然处在信仰基督教的君主的控制下，但尽管“伊斯兰之境”（Dar al-Islam）已经壮大，却并不比基督教世界更加统一，而国家的统一与地中海各国海军实力的均势密切相关。在西方，倭马亚王朝统治着西班牙，并通过夺取巴利阿里群岛扩大了其领土。此后，巴利阿里群岛由穆斯林统治了 3 个世纪。若干个较小的酋长国统治着摩洛哥，而阿格拉布王朝的伊弗里基亚总督在北非、马耳他和西西里岛拥有相当大的自治权。在更远的东方，克里特岛上的酋长国不受其他任何国家控制，塞浦路斯则处于拜占庭帝国的控制之下，而在大陆上，图伦王朝从 868 年开始统治埃及，直到 905 年。

在将近半个世纪的时间里，政治版图发生着不可逆转的变化，阿拔斯王朝因宗教争斗而四分五裂。叙利亚在 906 年被伊拉克什叶派的哈姆丹王朝占领，3 年后，伊弗里基亚被什叶派的法蒂玛王朝占领，埃及再次落入短命的伊赫什德王朝（935—969，与阿拔斯王朝同属逊尼派）之手。而在西方，阿卜杜勒 · 拉赫曼三世（Abd al-Rahman III）不满足于埃米尔的身份，自封为哈里发（即穆罕默德的继承者），从而与伊斯兰世界决裂，倭马亚哈里发国家科尔多瓦存在的时日并不比他本人的寿命长多少。到 10 世纪末，安达卢斯和巴利阿里群岛的政权已经分裂成大约 30 个独立的小王国，被称为“泰法”（taifa）。在所有伊斯兰国家的发展过程中，最重要的是法蒂玛王朝的出现，取代了阿格拉布王朝在伊弗基里亚和西西里岛的统治。[30] 法蒂玛王朝于 921 年在突尼斯以南约 90 英里外的马赫迪耶港建立了新都，成为攻击意大利、法兰西、西班牙以及从马耳他到巴利阿里群岛的众多岛屿的中转站。法蒂玛王朝继续征服了埃及和黎凡特的大部分地区，其新都开罗（在阿拉伯语中意为“胜利”，建于 969 年）很快便令伊斯兰世界的商业和政治中心巴格达相形见绌，这对地中海和印度洋的贸易造成了深刻的影响。尽管伊斯兰世界的权力中心从波斯湾和巴格达转移到了地中海东部，而法蒂玛王朝也是以海洋为导向的，但在伊弗里基亚的地中海航线上，法蒂玛王朝的崛起并没有带来胜利，而是导致了灾难。

争夺克里特岛

观察这一时期地中海海上战略的失败的最佳切入点便是克里特岛，足以揭示出当时社会在宗教、政治和军事方面的复杂性。对马格里布和安达卢斯的征服已经消除了罗马帝国和拜占庭帝国对北非和地中海西部的影响。但是在安达卢斯，阿拉伯人、柏柏尔人、叙利亚人以及被称作“穆瓦莱顿”（muwalladun）的皈依伊斯兰教的罗马－哥特人之间紧张的种族关系和宗教关系，阻碍了伊斯兰世界的统一进程。在一系列的血腥屠杀之后，15,000 名穆瓦莱顿和其他人在大约 813 年逃离安达卢斯，其中大约一半的逃亡者迁徙到摩洛哥，他们大多是来自内陆城市托莱多和科尔多瓦的手工业者。尽管这些逃亡者的航海经验十分匮乏，但他们似乎是经西西里岛或伊弗里基亚和爱琴海前往埃及的。“安达卢斯人进入（亚历山大港），随身携带着从希腊诸岛掠夺的赃物。”[31] 由于遭到阿拔斯王朝的埃及总督的驱逐，也无法在其他穆斯林区域定居，这些背井离乡的人在大约 824 年起航前往克里特岛。

克里特岛防御薄弱，岛上居民对拜占庭人已经没有多少好感，其统治以苛捐杂税和贪污腐败著称。安达卢斯人在汉达克（又称乾达克斯，即今伊拉克利翁）建都，成为自治的克里特酋长国充满活力的中心城市。税率被降低到适中的水平，该岛凭借自身的优势，从拜占庭帝国边境一个闭塞的省份，转变成为一个经济繁荣的强国，主要出口葡萄酒、蜂蜜和奶略，尤其是向埃及的造船厂出口木材。[32] 由于其地理位置十分重要，克里特岛成为向伊奥尼亚海和爱琴海中的岛屿、希腊本土及安纳托利亚发动突然袭击的基地。随着埃及、黎凡特和北非相继被穆斯林军队攻占，拜占庭帝国没有认识到地中海东部地缘政治形势的变化，从而丢掉了克里特岛。任何对这一地区不感兴趣的国家可能都会忽视克里特岛，除非是对地中海地区有着绝对的控制权。这种控制权一旦失去，几个强国之间展开对克里特岛的争夺便只是个时间问题。

克里特酋长国的繁荣并不依赖于任何大陆国家。如果基督徒治下的君士坦丁堡成为伊斯兰国家共同的敌人（反之亦然），那么阿拔斯王朝的分裂及西方的新王朝将妨碍任何意义上的合作。一个明显的例子发生在 905 年，当时，的黎波里的利奥（Leo of Tripoli）勇敢地袭击了帝国的第二大城市塞萨洛尼基。[33] 由于克里特人占领着爱琴海周边战略地位十分重要的岛屿，而且与拜占庭人作战的经验相当丰富，因此征求其建议或请求其支持似乎是非常明智的。然而，利奥并没有表明自己的意图，致使当他在返回的黎波里（位于黎巴嫩）的途中靠近克里特岛时，克里特人将他的舰队误认为拜占庭帝国的侵略军。这种混淆是可以理解的，因为君士坦丁堡从一开始就在挑战穆斯林对克里特岛的控制权，曾发动过至少 4 次试图夺回该岛的军事行动，但都以失败告终。

半个多世纪之后，拜占庭帝国征服了克里特岛。该岛最终的命运决定了各个伊斯兰国家之间的矛盾关系，其中包括法蒂玛王朝，试图通过夺取埃及来阻止其他伊斯兰国家发现克里特岛重要的战略位置。正如 9 世纪时拜占庭帝国忽视了克里特岛在地中海上的重要地位，穆斯林统治者没能成功阻止该岛重新落入拜占庭帝国之手，这彻底改变了地中海东部的权力均势。961 年，尼基弗鲁斯·福卡斯（Nikephoros Phokas）夺取了该岛。4 年后，已成为皇帝的他入侵塞浦路斯，从而结束了其与哈里发在 3 个世纪中一直共治该地的局面。[34] 这是尼基弗鲁斯及其继承者共同努力的结果。此外，他们还将大半个叙利亚和黎凡特纳入拜占庭帝国的统治范围之内，这是自 7 世纪 40 年代以来的第一次。然而，重新夺取西西里岛的努力失败了，该岛在卡尔比德王朝一个世纪的统治之下十分繁荣。法蒂玛王朝对意大利很感兴趣，并招募卡尔比德王朝治下的子民与倭马亚王朝治下的科尔多瓦进行争斗。卡尔比德王朝在 9 世纪 50 年代袭击了安达卢斯，但他们不是倭马亚王朝舰队的对手，阿卜杜勒·拉赫曼三世报复性地突袭了伊弗里基亚。

这些伊斯兰国家之间缺乏合作的例子强调了以下事实，即人们习惯性地将地中海划分为基督教和伊斯兰教的势力范围，但事实上，地中海周边的各个强国已分裂成多股世俗的或宗教的势力。关于战争的记载，11 世纪时拜占庭帝国和穆斯林在地中海东部港口的贸易扩张，以及与斯泽·利曼湾沉船有关的原材料和船员的考古发现都能够证明这一点。11 世纪以来的国际关系将变得更加复杂，1054 年发生的基督教大分裂震动了整个欧洲，东部的希腊东正教与西部的拉丁天主教之间的界限被确定下来。在西部的拉丁天主教的世界中出现了新的海上强国，他们将以新的方式彻底重塑海上贸易。

海上强国

与此同时，对拜占庭帝国而言，伊斯兰国家的不断分裂是一件好坏参半的事情。自 7 世纪以来，拜占庭帝国的海军从未遇到过像君士坦丁堡被包围期间在马斯特斯战役中所遇到的那种大型舰队，也从来不曾面对强敌当前的危险处境。然而，由于伊斯兰国家的海军并非一支单一的舰队，因此拜占庭舰队也无法通过集中海军力量在海上获得决定性的胜利。相反，拜占庭舰队常常显得力不从心，例如在丢失克里特岛之后，在重新夺取西西里岛的过程中再度徒劳无功。尽管拜占庭帝国和阿拔斯王朝的海军有能力进行远距离的大规模作战，但是大多数舰队仍只能在距离国内港口不远的小范围内作战。

由于没有十分强大的对手，拜占庭海军一直没有建成一支常规舰队，而只是一支临时拼凑的中队。在需要时，可以将商船、水手和渔民组成另一支舰队，在完成使命后便解散，因为维持舰队的费用太高，在和平时期难以支持。从君士坦丁堡建成到伊斯兰教出现，舰队的规模日益缩小，部分是由于不需要大型船只，部分是由于北方入侵的蛮族所构成的威胁，因此河湖上的交战更受重视，同时由地面军队加以配合。[35] 在必要的时候，例如在 5 至 6 世纪对抗汪达尔人时，帝国的舰队便会出海作战，但尽管如此，当时的战舰已经比古代要小得多。[36]

5 世纪时，拜占庭帝国最出类拔萃的战舰是名为“德罗蒙”（dromon）的单层甲板快船。[37] 最初这些都是小型船只，配备 20 ～ 50 名船员，但随着伊斯兰国家海军的兴起及 7 世纪时海战的重新出现，这种船只开始迅速发展，尽管似乎从来没有超过 2 列桨。德罗蒙战舰上的单层甲板能够保护桨手，并装有 2 ～ 3 根挂三角帆的桅杆。桨手有 100 ～ 120 名，更大的则有约 160 人，最大的超过 200 人。与古代的桨帆船不同，德罗蒙战舰并没有携带水下撞槌，而是装有 1 根重型支柱，与艏柱吃水线以上的部分相连接，用来击碎敌舰的舵和桨。[38] 这根支柱并不是船体必不可少的组成部分，可能是在造船方法由“先造船壳”向“先造船架”转变的过程中出现的，因为通过后一种技术建造的船体无法承受撞槌的震动。（在水战由远海转移到内陆水域的过程中，撞槌可能已经因为不适用而被抛弃了。）穆斯林的战舰与拜占庭战舰之间并没有多少不同，二者毕竟源自同一传统，只不过其船体更大、更重，速度也更慢，反映了船只的速度与尺寸之间的相关性。

除了桨手、船员和士兵，船上还运载马匹。[39] 在多处文献记载中都有对骑士骑着马通过跳板下船的描述，然而我们尚不清楚他们是如何进入低矮而狭窄的隔舱的。尽管拜占庭帝国和伊斯兰国家之间的海上冲突历时已久，新的造船方法和武器也纷纷出现。但除了为准备特殊的军事行动，海上强国通常都十分谨慎，而不会毫无限制地开展海军军备竞赛，以免出现财政危机和军事危机，正如希腊化时代和 20 世纪那样。

与波斯萨珊王朝之间的敌对关系，促使拜占庭帝国建立了常规海军，各个行省从当地招募士兵和水手。[40] 到 7 世纪时，为了应对来自哈里发国家的威胁，海军的重要性日益提升，并建立了一支名为“卡拉比西亚诺伊”（karabisianoi，意为“战舰上的人”）的主力舰队，由主管海上军事行动的指挥官领导。[41] 这支舰队成为一支重要的力量，并参与了数次政变，最终被利奥三世解散。于是，拜占庭帝国便拥有了 3 支海军力量：以君士坦丁堡为基地的帝国舰队、驻扎于各地的行省舰队以及 3 支与海军军区相对应且直接听命于皇帝的舰队。[42] 依靠君士坦丁堡的中央政府的大力支持，行省舰队构成了各行政区军队的海军支队，用小船负责巡逻，防范海盗和敌人的突袭。各个海军军区的战舰由所驻的行政区提供人员配备。爱琴海军区负责保卫达达尼尔海峡，萨摩斯军区负责保卫爱琴海南部，基比尔哈尤特军区以安纳托利亚对面的塞浦路斯的阿塔利亚（今安塔利亚）为基地，负责保卫东地中海。拜占庭帝国的帝国舰队、行省舰队和军区舰队的建制一直持续到 11 世纪中叶。

这些兵力驻扎在规模不同的港口，分布在帝国四周的各个方向。[43]“内里翁”（neorion）是一种人造海港，也可以停泊军舰，同时也是一个军火库。君士坦丁堡的金角湾便因那里的内里翁港而成为有名的军火库，但其实也有一些内里翁港是商业港口，例如君士坦丁堡的普罗斯佛翁港以及马尔马拉海的朱莉娅港（又称索菲娅港）和狄奥多西港。有一种被称为“厄卡提西斯”（exartysis，来自希腊语，意为“装配船只”）的船坞，专门用来建造战舰以及储备海军物资和武器。每个军区都有一个陆上军火库和一个海岛军火库，例如阿比杜斯和利姆诺斯岛的军火库、士麦那和萨摩斯岛的军火库、阿塔利亚和罗德岛的军火库等。重要的行省船坞建在西西里岛、卡拉布里亚、拉文纳、都拉基乌姆（今阿尔巴尼亚都拉斯）、埃维厄岛、黑海上的阿米索斯（今土耳其萨姆松）、阿马斯拉、特拉布宗和赫尔松。

由于帝国有着漫长而繁荣的海岸线，富有经验的水手十分乐意成为船员。在舰队中服役，往往是帝国登记在册的男人们义不容辞的义务。他们的给养从国家税收中拨出，如果不够则需要通过其他人的税收来支持。大多数船员都是在当地服役，而海军军区则偶尔会从其他地区征募人员。海军军区和行省舰队的常备军只是其主力，在需要时还可以通过征兵或者招募雇佣兵来扩充兵力，来源主要是基辅罗斯的瓦兰吉人、法兰克人、威尼斯人、热那亚人和其他定居在君士坦丁堡的商业团体中的人。[44]

尽管海上贸易和海军防御对拜占庭帝国的繁荣而言是至关重要的，但中世纪时人们对水手和海上贸易的态度一直是矛盾的。拜占庭帝国继承了罗马的航海传统，其都城成为当时最重要的海港，并占领了一片布满岛屿的海洋。其地理位置和自然资源，与其祖先阿提卡人和伊奥尼亚人的时代相比并无太大变化。与古希腊一样，轻视那些谙熟海洋的人是十分普遍的。9 世纪时，皇帝塞奥非罗斯（Theophilus）下令将一艘属于皇后的船毁掉，因为这艘船被用来从事贸易，使皇帝觉得有失身份。他斥责自己的妻子说："上帝使我成为皇帝，你却使我成为一名船长。"[45] 在一份 9 至 11 世纪的帝国官位表中，帝国舰队的司令们和基比尔哈尤特军区的长官们从来没有进入前 20 名，萨摩斯军区和爱琴海军区的长官们则处于近乎垫底的位置。[46]

然而像君士坦丁堡这样的城市，依赖于通过海外贸易获取食物、商品和奢侈品。拜占庭帝国在建设海军上的投入，表明其责任就是确保海上航线的安全。因此，拜占庭帝国积极地将港口纳入交通体系，不仅可以保障关税和其他税款的征收，而且可以监督过往的外国商人。政府向他们颁发通行证，并限制其贸易的地点及停留的时间。907 年，与基辅罗斯签订的协定中规定："到达这里的罗斯人应该居住在圣马马斯区，我们的政府将派遣官员登记他们的名字，他们每个月可以收到补贴。首先是基辅当地人，然后是来自其他城市的居民。他们只能通过一座城门进入该城市，进城时要卸下武器，每次 50 人，并由皇帝派人护送。考虑到其请求，他们可以免税进行交易。"[47] 外国商人一直受到提防，航海家们面对来自社会的障碍，导致拜占庭帝国日益依赖外国人来运输其货物。

招募外国人作为战舰上的船员，在海军建设过程中是十分普遍的，然而人们常常忽视这一点。哈里发被认为是天生害怕或者憎恨海洋的。许多人是在宗教背景下，从穆斯林的角度观察海洋的，而另一些人则将伊斯兰教与其起源于沙漠的特点联系起来并得出结论，正如最近一位历史学家所说的："伊斯兰教敌视海洋，至少也是忽视海洋。"[48] 有一个故事常常被引用作为穆斯林反感海上贸易的证据，其中提到穆斯林被教导说："海洋是伟大的创造物，航行在海上的生物是弱小的——就像一块木材上的小昆虫。"[49] 第二任哈里发欧麦尔（Umar）劝告穆斯林"远离远洋航行"，"如果没有欧麦尔的知识，在海上航行的阿拉伯人无法得救，而且会因此而受到惩罚"。麦加和麦地那的商人可能是海上贸易中的新来者，阿拉伯半岛、阿曼、也门和那巴塔亚也有着古代的远航传统。在伊斯兰教的诗歌中，保存有阿拉伯人认识海洋的例子。《古兰经》中常常提到远航和由真主安拉的德行引导的船只："真主为你们而制服海洋，以便船舶奉他的命令而航行，以便你们寻求他的恩惠，以便你们感谢。"[50] 作为在拜占庭帝国和萨珊王朝以及两国之间从事贸易的商人，阿拉伯人对帝国的军事和财政政策更加熟悉。他们很快便采用了被征服地区的行政制度，尤其是在哈里发国家海军的建设过程中，这反映了拜占庭帝国的制度经北非传播到安达卢斯并被模仿。

在穆阿维叶时期，海军对于埃及的安全而言仍然至关重要。在夺取亚历山大港时，他迅速占领了那里的造船厂，阿拉伯人称之为"辛那阿"(dar al-sina'a，意为"作坊")，这个词可能在8世纪初通过到埃及进行贸易的威尼斯商人引入罗曼语族中，意为"军火库"。[51] 在征服埃及之后，船坞的数量大幅增加。然而，拜占庭帝国的影响通过亚历山大港的一个 军火库和苏伊士湾的另一个军火库继续存在。穆斯林在尼罗河三角洲的罗塞塔、达米埃塔、提尼斯以及福斯塔特建造了其他的军火库。[52] 至少从8世纪起，为了确保本地木材的供给，政府开始种植"舰队所需"的阿拉伯树胶。[53]

哈里发在艾加(今阿卡)和安纳托利亚的塔尔苏斯海军基地也分别建有军火库。[54] 突尼斯的缔造者们重建了一家拥有上千名科普特人的造船厂，这些人的家位于亚历山大港。人们相信，他们能够使倭马亚王朝建立一支称雄地中海中部的海军。突尼斯南部的苏萨(今苏斯)是阿格拉布军火库的所在地，后来被法蒂玛王朝的都城马赫迪取代。马赫迪坐落在一个长1.5千米的狭窄半岛上，巨大的城墙将其与陆地隔开。从阿格拉布王朝继承的舰队，能够提供充分的保护。马格里布地区和安达卢斯的港口早在穆斯林到来之前便已存在，但直到9世纪阿卜杜勒·拉赫曼二世(Abd al-Rahman II)创建海军时，才在休达和阿尔赫西拉斯建造了军火库。

8世纪时，哈里发国家沿海省份的总督拥有可自主支配的舰队，其中埃及可能最具代表性，通过现金支付船只保养和船员生活的费用，征用舰队所需的物品，并在全国范围内招募水手。[55] 在穆斯林扩张的早期阶段，船员大多是希腊人和埃及的科普特人，他们生活在拜占庭帝国曾经控制的沿海地区。据说，第三任哈里发奥斯曼（Uthman）曾命令穆斯林不得应征加入海军，水兵的兵源似乎主要是迁徙到埃及的阿拉伯人后裔（迁士）和皈依伊斯兰教的非阿拉伯人后裔（马瓦里）。[56] 柏柏尔人和西哥特人中的水手和渔民、阿拉伯人移民以及科普特人构成了北非舰队的船员。各个村庄、城市和行省希望在进行人口统计的基础上提供水手（及其给养）。为防止水手擅离职守，官方要求他们"以水手的身份完成旅行，不得擅自离开"。[57] 村民也可以选择付钱找其他人代替自己，因此当时的舰队可能主要是由职业水手组成的。

一般来说，远航通常是穷人从事的工作。（在倭马亚王朝统治时期，埃及行省舰队的水手中有三分之一是被人花钱雇来代为服役的，其酬劳是最少的，非阿拉伯裔的水手则稍多，最多的是阿拉伯裔的水手，据说水手们吃的面包也是最劣质的。[58]）尽管如此，有经验的水手数量有限，通常只在危机到来时才进行招募。正如一位穆斯林历史学家在拜占庭帝国于 853 年袭击达米埃塔后写道："从这时起，（政府）开始表现得极其关心舰队，这成为埃及的当务之急。战舰建成后，花在海军身上的钱与花在陆地部队身上的钱数目相当。只有聪明而富有经验的男子才有资格服役。"[59] 在地中海的其他地区，当倭马亚王朝在 9 世纪建立起一支舰队时，阿卜杜勒 · 拉赫曼二世命令，"应该从安达卢斯沿海地区招募水手，他们将得到丰厚的酬劳"。[60] 在紧急情况下，政府便强行征用。[61] 在法蒂玛王朝统治时期，有时会将一些伊弗里基亚人监禁起来，在航行季节开始的时候让他们充当水手，有些法蒂玛王朝的官员对此提出了批评。与拜占庭人一样，西西里岛的穆斯林统治者从奴隶、自由民、犹太教徒和基督徒中招募船员，从自由的或受奴役的斯拉夫人中选拔官员。

穆斯林舰队和拜占庭舰队之间的一个显著不同，体现在对劳力的划分上。穆斯林船员更加专业化，而拜占庭水手则"既是桨手，又是战士"，如果他们碰巧熟悉船只修理，那么他们除了划船和作战也负责修理战舰。[62] 同样地，战舰指挥官理应擅长观察天气和利用天体进行导航，才有资格在战斗中指挥其他船员。从船只建造开始，穆斯林指挥官对于自己的舰队负有广泛的职责："他应该检查船只的构造、零部件和装配件，及需要去除和连接的部分。他必须去寻找最好的桨，认真地挑选，还要选择最好的桅杆和帆。”[63] 在他指挥下的船员中包括补缝工、航海专家、气象学家和军医，下级军官则负责指挥不参与作战的桨手及其他船员。[64]

尽管安达卢斯的统治者依靠水手与马格里布地区保持着联系，但地中海西部的航海社群并没有受到时人关注。其原因在于，伊斯兰国家和基督教国家在控制地中海西部的陆地边疆的同时，并没有努力去控制海上边疆。到 8 世纪末，穆斯林和基督徒都要区分“摩尔人”（来自阿尔及利亚西部和摩洛哥的柏柏尔人）与“撒拉逊人”（来自倭马亚王朝治下的科尔多瓦的阿拉伯人）。[65] 这种粗略的分类掩盖了这些人当中普遍存在杂居现象的事实，并完全忽视了幸存的信仰基督教的莫扎勒布人，西班牙和摩洛哥统治者都对其心存疑虑。在莫扎勒布人自己的记载中，他们突袭了普罗旺斯、科西嘉岛、巴利阿里群岛和西西里岛，并与之进行贸易。随着 844 年丹麦维京人袭来，酋长国对待这些航海社群的漠视态度也有所改变。为了对抗维京人，阿卜杜勒·拉赫曼二世设计了从里斯本到地中海的复杂的沿海防御措施，并在塞维利亚、阿尔梅里亚和托尔托萨建造了军火库。[66]

战略、战术与武器

拜占庭人和阿拉伯人都没有主动寻求在海上进行对战，除非某一方能够稳操胜券，而这种情况是十分罕见的。[67] 使用海军的战略考虑主要涉及空间、资源、费用、政治和地理等因素，而海军作战面临的最大问题便是交流的困难。拜占庭人和穆斯林都对海军战术相当感兴趣，但现存文献的作者大多没有实际的海战经验。[68] 例如，撞槌的使用便与中世纪的战斗毫不相干。除了利用战舰上的支柱撞击敌舰，舰队司令还有许多远程武器，包括投石机、标枪、装满毒虫或生石灰的陶罐及火罐。[69] 当时最著名的武器是一种喷火器，即所谓的“希腊火”。发明者是一名叙利亚难民，名叫加利尼科斯（Kallinikos）。他“制造了一种海上之火”，在 7 世纪 70 年代穆斯林包围君士坦丁堡时，“他用这种火点燃了阿拉伯人的战舰，将战舰与船员一同烧掉”。[70]“希腊火”使用了未加工的或经提炼的原油等可燃液体，将其置于一种加压的青铜容器中进行加热。加热到一定程度时，燃烧的火苗便通过附在某种泵类器械上的喷嘴喷射出来。“希腊火”成为一种战无不胜的武器。除了火焰本身，用于加热的风箱还能发出一种可怕的声音，喷射火焰的喷嘴也被制成野兽的形状，“希腊火不断地从这些兽头中喷射而出”。[71]

“希腊火”是拜占庭人最为重视的机密，由加利尼科斯家族代代相传。在一本 10 世纪的帝国管理指南中，君士坦丁七世（Constantine VII）写道，任何泄露“希腊火”秘密的人都将被剥夺军衔或官职，“并开除教籍，成为永远的反面例子，无论他是皇帝还是元老，任何人都不例外”。[72] 尽管如此，到 835 年，穆斯林舰队也开始使用“希腊火”了，阿格拉布王朝的水手在进攻西西里岛时便曾使用“希腊火”。[73] 在之后的 10 年中，阿卜杜勒·拉赫曼二世用这种武器武装了安达卢斯的舰队。阿格拉布人又将“希腊火”技术传到了法蒂玛王朝，后者以此征服了埃及，之后很快又传到南方。10 世纪的地理学家穆卡达西（al-Muqaddasi）指出，在越过巴布·阿尔·曼德海峡时，“希腊火”是不可或缺的，“每一艘船都需要运载携带武器的士兵和投掷希腊火的人员”。[74] 不过早在穆斯林获得“希腊火”的技术之前，他们就已经发明了抵御它的措施。根据一份 8 世纪的文献，埃及军火库的首领发明了“一种闻所未闻的东西”。“他取一些棉花和矿物质，把它们混合在一起，将混合物涂抹在船上，当希腊人把希腊火投掷到船上时便无法燃烧。我亲眼见到，船只遭到希腊火的攻击，但火焰并没有燃烧起来，而是马上熄灭了。”[75] 另外还有一种防火服，其制造秘诀是把外套浸入由滑石粉、明矾粉、铵、赤铁粉、石膏、陈腐的尿液和蛋白的混合物中。[76] 浸泡过的衣服可以用来保护士兵和战马（“希腊火”也应用于陆战），但我们尚不清楚是否曾应用于海战。不过，为了防御传统的武器，水手们仍需穿着锁子甲和胸甲。[77]

在与穆斯林强国发生冲突的几个世纪中，拜占庭人的巨大优势在于，他们从不缺乏木材、柏油和帆布等海军的基本补给品。[78] 造船所需的木材来自安纳托利亚沿海地区、希腊本土、伊利里亚的亚得里亚海沿岸地区、意大利南部、西西里岛、塞浦路斯和克里特岛。然而，丰富的木材也使得入侵者不论袭击帝国的哪个区域，都能获得建造和修理船只所需的原材料及技术。[79]为了建造船只和建筑物，哈里发和埃米尔一直面临木材和燃料供应的压力，对这些物资的需求无法通过物产匮乏的北叙利亚、马格里布及安达卢斯沿海地区得到满足。马斯特斯战役在阿拉伯人的历史上之所以如此著名，就是因为这次战役是为了获取可用于制造桅木的菲尼克斯的木材。塞浦路斯、克里特岛和西西里岛之所以引人注意，既是由于其森林等自然资源，也是因为其处于东西方贸易的枢纽位置。

商业

考古发现和文献记载都证实了地中海周围交通路线和流通货物的多样化，然而在罗马帝国后期，大量船只都被用来保障供给谷物（annona，即谷物之神阿诺娜），将整船的粮食做成面包免费分发给民众，即所谓的"面包与马戏"。[80]这种情况在4世纪时发生了巨大的变化。当时，驻扎在亚历山大港的舰队被调往君士坦丁堡。随着罗马人口的减少，非洲舰队的重要性也随之下降。6世纪时，大约有1,200～1,800艘船用于谷物贸易，在旺季，大多数船只都要进行两次往返贸易。除了这些得到国家补贴的船只，还有600～900名个体商人在君士坦丁堡登记了船籍。随着617年波斯人夺取了亚历山大港，谷物贸易便中止了；从第二年开始，拜占庭帝国不再免费分发谷物。恢复贸易的希望因阿拉伯人占领埃及而破灭。阿卜杜拉（Abd Allah）重新开放了尼罗河与红海之间的古代运河，运粮船可以驶往建于646年的吉达和延布的港口，这两个港口分别服务于圣城麦加和麦地那。[81]这不仅方便了阿拉伯港口城市的居民，而且促进了前往麦加的朝圣者人数的增加。只有在尼罗河处于泛滥期时，尼罗河与红海之间经过改造的废弃运河才能通航。[82]但是，亚历山大港失去了地中海贸易中最大的伙伴，导致其人口从顶峰时的80万下降到860年时的约10万。[83]不过在北非沿海地区，在伊弗里基亚、西西里岛和意大利南部之间，在马格里布西部和安达卢斯及其之间的沿海地区，贸易都在不断增长。这既是由于伊斯兰国家充满活力，也是因为加洛林王朝扩张到了意大利北部和中欧地区。加洛林王朝的扩张刺激了阿尔卑斯山以北的贸易，以满足北方对地中海物产的需求。[84] 奴隶和木材贸易的增长使亚得里亚海的承运商（尤其是威尼斯商人和穆斯林商人）获利丰厚。[85] 威尼斯商人和穆斯林商人之间偶尔会出现冲突，但通常都以合作为主。

由于相关文献匮乏，我们对这几个世纪的贸易的了解不过是几张剪影而已。在 10 世纪以阿拉伯文写成的《论船舶租赁》（*Treatise Concerning the Leasing of Ships*）中，有一张常见交易商品的详细清单，其中包括生活必需品、奢侈食品、牲畜、纺织品、原材料、奴隶、宝石、黄金和白银。基本的食物包括各种谷物和豆子、食用油、蜂蜜、醋、海枣、橄榄、葡萄干和食盐。奢侈食品则包括大米和可食的羽扇豆，以及"果酱、浓缩果汁、酒、用来制作奶酪的佐料、干奶酪、油菜、奶酪、黄油、干凝乳和松软干酪"，还有"新鲜水果和胡桃、榛子、松子等干果，及油炸的肉、鱼、辣椒、蔬菜、种子和鸡蛋"。[86] 在亚希阿达和斯泽·利曼湾等地也发现了类似清单，其中展示的经济生活比我们平常在文献中见到的要更加丰富。

尽管在中世纪时，航海会遇到种种自然的和人为的困难和危险，但生活在广阔的经济、宗教和地理范围内的人们，仍有许多理由需要驾船航行。商人们运送着商品，使节和权贵往返于君士坦丁堡与威尼斯、波河流域、马赫迪、巴勒摩、休达和塞维利亚之间，教会人员经常出入罗马和君士坦丁堡两地。在经商之外的另一个主要理由就是朝圣，或者收集圣人的遗物，有时也会在普通商品中附带销售。商人们从亚历山大港的福音教堂偷走了圣马可（St. Mark）的遗体，并在威尼斯建造了圣马可教堂来安放。

不论是何种身份的人，都有义务遵守船上的规定。拜占庭帝国的法规规定，男性乘客每人分配长 3 腕尺、宽 1 腕尺的空间（约合 1.1 平方米），而"船上的妇女只有长 1 腕尺的空间，小孩则为半腕尺"，乘客需要自行准备饮食。[87] 我们尚不清楚，在拜占庭船只上妇女是否被允许与男人一起进食，而穆斯林则规定男女之间要严格地分开，男人和女人在不同的甲板上，至少确保妇女有单独的厕所，"以免暴露在外而被人看到"。在海战时，也有妇女驾船的例子。当哈里发奥斯曼命令穆阿维叶袭击塞浦路斯时，他说："如果你带着你的妻子航行，我们就允许你去袭击塞浦路斯，否则便不行。"[88] 因为他认为穆阿维叶不会让自己的妻子冒着生命危险下海，她可能与自己的姐姐一同随舰队起航。此外，据说有一位军官的妻子曾赞扬一名挽救了其战舰的下属。

当然，这些情形并不适用于奴隶，文献中很少会记载他们的苦难。不过，通过由不同背景的人留下的一些证据，我们可以了解那种地狱般的可悲处境。根据约翰·卡米尼亚特斯（John Kaminiates）的记录，在洗劫塞萨洛尼基之后，的黎波里的利奥装载数千名成为奴隶的俘虏到达塔尔苏斯，其规模可以与后来大西洋上的奴隶贸易相比：

> 蛮族人用脚镣铐住了我们所有人。船上塞满了人，如同一些没有生命的东西一样。他们甚至不允许我们自由地呼吸空气，人被塞得满满的，空气无法流通。他们用饥饿、口渴等残忍手段折磨着我们，我们因过度拥挤而遍体鳞伤……但最痛苦的还是饥饿，没有其他的方法可以解决，因为这是自然的规律。许多人选择忍受，但这是徒劳无功的，并面临着丧命的危险。[89]

当时，奴隶制在欧洲普遍存在，但也有许多欧洲奴隶被出口到安达卢斯、非洲和近东地区。威尼斯商人是从事奴隶贸易的先锋，他们早在748年就曾从罗马购买奴隶出口到非洲，尽管当时教皇正试图通过购买奴隶和向奴隶传教来结束这种非法交易。[90]削减奴隶贸易的努力一直在持续，但威尼斯商人（以及其他商人）无视条约和禁止把基督徒卖给穆斯林为奴的教皇敕令，继续从事奴隶贸易长达几个世纪之久。

契约与弃货

同时，宗教对高利贷的严格限制，导致海上贸易发生了重大变化。除了基督徒，穆斯林和犹太教徒也开始投资海上贸易。由于海上航行面临着巨大的风险，拜占庭帝国允许对海上贸易进行贷款，最高利率在6世纪时是每年12%，到9世纪时提高到每次航行为12%，大约是正常贷款的2倍。[91]由于风险巨大，人们很难为从事大规模船舶运输业积累所需的资金。结果，制定日益复杂的商业契约和预防措施的重要性不断提升，正如海上贸易对政治、军事和造船业发展的重要性一样。中世纪的法律在本质上是个人的和宗教的，而不是区域性的和政治的；也就是说，人们被自己所属共同体的法律所束缚，而不受国家法律的束缚。穆斯林和犹太教徒一般由源自宗教传统的各个法律学派进行管理，而信仰基督教的商人则由本国颁布的法典进行管理，这更多地要归功于罗马 – 拜占庭的法律实践。共同体内部的冲突根据商人的宗教法律传统来处理，而共同体之间的争端则由充当东道主的一方的宗教法律进行裁决。不过，犹太教徒、基督徒和穆斯林的商业契约逐渐发展出类似的特征。这丝毫不令人感到奇怪，因为商人之间既竞争又合作，共享信息，善于适应处理交易的不同模式，以免自己的利益受到损害。

拜占庭帝国的海商法便是所谓的《罗德海商法》，可能编纂于 600 年至 800 年间，这个名称令人想起公元前 3 世纪时的海上强国罗德岛。[92] 其中基本的法律原则为这一时期的地中海商人所共享，许多法律条款反映在《论船舶租赁及（契约）双方之权利》（*Treatise Concerning the Leasing of Ships and the Claims Between [Contracting] Parties*）当中，由 10 世纪时安达卢斯的一位法理学家将对海商法的释疑与解答汇编而成。[93] 两部文献都涉及了关于船舶的 5 个方面的内容：船主、船员和商人；货物的运输；关于弃货和共同海损的法律规定；受损船只和货物的营救；商法和契约。

拜占庭帝国和伊斯兰国家的海商法之间只有少数实质性的区别，主要涉及人们如何以及何时获得自己的劳动报酬及责任问题。拜占庭船员倾向于共同分享一次航行中所得的利润（这种情况在意大利成为海上强国时达到全盛），穆斯林水手则依据《古兰经》上的原则支持报酬制：“无论谁雇用雇工，都要在确定的期限内支付固定的报酬。”[94] 这两种法律各有其优缺点。共享收益能够刺激水手们努力确保航行成功，但是在航行失败的情况下则无法提供任何保护。固定报酬则使船员（以及负责测算航行费用的人）更有保障，但他们完全得不到航行的收益。事实表明，水手们逐渐由共享船只收益的“合作伙伴”变成拿固定工资的可怜的“船员”，其劳动受到剥削并常常被欺骗。[95]

通常，契约中会详细规定从事货物运输的船只的名称、船桅、人员和航线。所有的惯例法都强调核实船只的适航状态，在船体上标识负荷线以防止超载，这一做法在近代早期被抛弃了，直到19世纪末才恢复。[96] 穆斯林法律的主要创新之处在于规定货运费用与航行距离相关，如果货物在契约规定之外的港口销售，在价格上则存在差异。[97] 在11世纪，犹太教徒、基督徒和穆斯林商人主要使用3类商业契约来分散风险，即海上贷款、海上协议（societas maris）和“康曼达”（commenda，一种劳资合伙契约）。在通过合法方法纠正不诚信行为的基础上，集中使用投资者的资金，使人们能够从贸易中获利，而无须求助于高利贷。伊斯兰教、犹太教和基督教都正式规定，禁止向本教教徒提供有息贷款，但都没有禁止向其他宗教的信徒贷款索息。[98]

拜占庭帝国的法律规定，贷方可以向那些按照契约规定的固定利息偿还的商人提供海上贷款。[99] 如果船只没有到达目的地，贷方则无法收回其贷款；但如果借方必须亏本卖掉自己的货物，其收益便不会减少。利息在航行完成后才支付，如果货物受损，则不用支付利息。1236年，教皇谴责以这种支付利息的方式为基础的海上贷款是一种高利贷。[100] 海上协议是一种“资本、劳力以及技术、知识或关系等”之间的伙伴关系。[101] 投资者平等地共享利益（包括金钱、工作或货物），也共同承担损失。海上协议被视作一种经双方一致同意的协定，而不是把投资的钱交给其中的某一方。[102] 与之类似的是犹太法律中的“伊斯卡”（isqa），贷款人是唯一的，其投资是“半贷款半信托式”的。[103] 贷款没有附带利息，不论航行结果如何都必须偿还贷款。如果航行成功，受托财产必须偿还，并支付由此所产生的利息；然而如果航行失败，受托财产便受到损失。

与海上协议和“伊斯卡”不同，穆斯林的“奇拉德”（qirad）是与一位雇工之间结成全方位的伙伴关系，但绝非高利贷。[104] 在“奇拉德”中，钱不是以贷款形式提供的，而是从一位“坐贾”投资人转到一位贸易合伙人（被称作“劳力投资者”）那里。投资所得的一切收益，都以预先规定的比例由投资人和商人共享。损失仅由投资人承担，因为如果他没有获利，则劳力投资者同样要损失时间和劳力。人们普遍认为，“奇拉德”是中世纪典型的康曼达契约的前身。

现代历史学家认为，康曼达契约最重要的创新在于，“与陆路贸易中资本主义形式的缓慢发展相比，它大大促进了海上贸易的快速增长”，[105] 也是“11 至 13 世纪地中海商业革命取得巨大成功的关键”。[106] 这种契约一般有两种形式。在单边的康曼达契约中，一位或多位贷方贷款给一位使用该资金进行贸易的行商。如果航行有利可图，贷方和商人将根据预先规定的比例共享利润（通常是贷方四分之三，商人四分之一）。在双边的康曼达契约中，资金涉及贷方和行商。在这种情况下，所得利润双方平分。在双边契约中，双方根据各自的贡献按比例分配利润；而在单边契约中，借方不承担由于船难、海盗或被敌国俘获而造成的任何损失。1253 年的《马赛条例》中规定，如果“商船在航行途中受损、失事或被俘获”，“从那时起，（借方）或者随船前往的同伴或他的继承人，绝不能采取对他不利的行动”。[107] 康曼达契约与“奇拉德”极其相似，犹太商人把康曼达契约视作“根据穆斯林法律形成的伙伴关系”。[108]“奇拉德”可能由穆斯林商人传到了基督徒商人那里，与基督徒商人设计的协定相比，其对欧洲商业契约发展所产生的影响更大。这进一步证实了，在地中海商人之间存在着密切的跨文化联系。

除了契约，在海上贸易中公认最复杂的问题便是弃货，即在遇到暴风雨、船只渗水或者遭到追击时，通过丢弃船上的货物来获救。原则上，弃货的决定是十分慎重的，需要涉及船长、船员和商人。如果时间允许的话，各方之间通过谈判达成赔偿办法。然而在情况紧急时，船长可以在不经商议的情况下决定要抛弃的货物。如果有人反对这个决定，那么船长和船员必须提供证据证明他们的决定是正确的。《罗德海商法》中解决弃货问题的方法十分草率，只是简单地提醒船上的每个人都要共同面对危险，所有人将按照其货物价值的比例来弃货。“如果需要将货物掷入水中以减轻船只的重量，为共同利益而造成的损失将由集体捐献来补偿。”[109] 在《论船舶租赁》的注释中有着更多的细节，损失由那些货物没有被抛弃的物主共同赔付。决定货物价值的基础，就是今天所谓的“共同海损”。* 在现代

* “海损”（average）一词在拉丁语中写作“averia”，来自阿拉伯语词汇“awar”，意为“货物的损失”。

海商法中，这一原则依然没有改变。

穆斯林的这一方法不断传播。《海洋领事之书》(*Libro del Consulado-del Mar*)是一部 14 世纪时在巴塞罗那颁布的海商法汇编，但其来源则要古老得多，其中规定，船长必须解释弃货的必要性以及不这样做会带来的危险。[110] 但是与共同海损相关的更大的问题还包括，损失是按重量还是价值来计算，价值是以购买地还是销售地的标准来计算，船上的装置是否包括在内，商人之外的乘客和船员是否因获救而有责任支付赔偿，以及如何考虑奴隶的问题等。《罗德海商法》规定私人奴隶的价值为 3 迈纳，但“如果船上的所有奴隶都是用来出售的，那么便只值 2 迈纳”。[111] 穆斯林法理学家大多谴责将奴隶作为物品加以抛弃的做法，但也有一些法理学家认为，如果奴隶会游泳，而且能够到达附近的陆地，便可以将其投入水中，还有一些法理学家认为可以牺牲非穆斯林来拯救穆斯林的生命。一位 12 世纪的法理学家提出了一个更为公平的办法，即在必要情况下，可以“通过抽签来选出哪些人被投入水中，不论他们的社会地位如何，是男性还是女性，是奴隶还是自由民，是穆斯林还是契约民(dhimmis，又称受保护者)”。[112] 不过总体而言，这些问题都是次要的，因为自由民的生命是无价的，海商法专注于商业事务，而不关注人道主义问题。[113]

海商法原则的编纂和改进，使人们经商的方式合理化，有助于创造一个扩大的、跨文化的贸易网络，这个网络的利益、管制和惩罚能够被所有参与者轻松理解。当这些形成成文形式时，地中海上的拜占庭帝国和“伊斯兰之境”正处于或者已经过了其商业全盛时期。然而，二者此时没有受到像一个帝国这样的有力挑战。而意大利半岛上的小型城市国家日渐富裕起来，这是以牺牲他们之前的拜占庭霸主以及他们的穆斯林对手、竞争者的利益为代价的。自迦太基时代以来，威尼斯、热那亚、阿马尔菲及比萨市民一直积极地参与海上贸易，加强了商人与国家之间的联系，这种联系使商业成为一种公民道德，并带来了前所未有的意外发展。这些将不仅改变地中海贸易的性质和运行方式，还有北欧新出现的商业飞地的。

第 9 章

维京时代的北欧

直到 12 世纪，北欧许多地区仍是欧亚大陆一个十分落后、偏僻的角落，远离地中海和近东发达的文明。最早的文献记载（由外来者书写，带有偏见、无知和猜测）中并无溢美之词，但是从被考古发现及希罗多德以降的作者调侃的北欧概览中可以看出，北欧各个文化的海上维度是十分明显的。欧洲次大陆居民与咸水、与淡水的关系同样密切，这种现象在其他地方不太有；但是大型河流网络（这些网络今天促进了洲际交流）跟波罗的海、北海、地中海、黑海和北冰洋、大西洋的近海航线、深海航线之间的完全整合，是中世纪才开始出现的。在北欧人吸收异教徒和信仰基督教的罗马的成熟复杂影响时，航海活动从内部发展起来，尤其是在 3 至 8 世纪的盎格鲁 – 撒克逊人、5 至 9 世纪的弗里斯兰人、9 至 11 世纪的斯堪的纳维亚半岛维京人当中。从总量、价值及组织复杂度来看，这一海上活动比地中海或季风海域上的规模要小得多。荷兰的杜里斯特、瑞典的比尔卡、俄罗斯的诺夫哥罗德等贸易港口的出现，反映出地方君主以税收或者免税的方式获取贸易利益的野心；法兰克国王经常通过免除他们的代理人和宗教机构的税款来讨好他们。[1] 当时，人们对外来（尤其是维京人）袭击的防御不到位，这说明海洋贸易此时还没有成为人们优先考虑的事情。

维京人的恶名常常是被夸大了，他们其实并不比同时代的其他人更加暴力。对他们有利的是，他们帮助整合了欧洲的东西两端，并将斯堪的纳维亚半岛拉入欧洲政治发展的主流当中。尽管第一批袭击者来自组织松散、远离帝国或君主国统治影响的异教部落，但他们很快就利用起了采纳基督教和集权政府所提供的机会。然而，一旦斯堪的纳维亚人接受了南方邻国的宗教和治理原则，由于他们人口太少且远离经济、政治活动的主要中心，他们自 11 世纪以后就只能在北欧和不列颠群岛的发展中起到辅助作用而已。

9 世纪北欧的旅行者

9 世纪末，英格兰的阿尔弗雷德大帝（Alfred the Great）命人将《反异教史》（*History Against the Pagans*）翻译成本国语言，这是由保卢斯·奥罗修斯（Paulus Orosius）所写的一部著作，书中反对将罗马帝国的衰落归咎于基督教。该书写于 5 世纪，在一千年的时间里一直是一部权威文献，直到北欧和地中海欧洲的文化和政治整合开始很久之后。为弥补这部著作中关于北欧部分的缺失，古英语译本中增加了描写北欧的段落以及关于在斯堪的纳维亚半岛和波罗的海上的 3 次航行的叙述。更大胆的叙述者是奥特赫勒（Ohthere），他是一名来自哈洛加兰德（位于北极圈以北的一片狭窄海滨平原）的挪威商人 – 地主兼捕鲸人。[2] 出于好奇心而“想要探索这片土地向北会延伸到多远，或者看看在这片荒野的北面是否有人居住”，[3] 他决定航行到比北角远的地方——北角是捕鲸人捕猎活动的边界，在特罗姆瑟以北约 3 天路程的距离。他从北角起航向东航行，随后向南航行 9 天到达科拉半岛南面的瓦尔祖加河河口。这里的“土地上有很多人居住”，他们的语言与“芬兰人”的语言类似，而奥特赫勒是从穿过大山进入哈洛加兰德的商人那里得知芬兰人的语言的。他的勇气收获颇丰，因为科拉半岛盛产海象，海象牙——他将一些海象牙献给了阿尔弗雷德大帝——和海象皮非常珍贵，而海象皮“很适合制成船上的绳索”，尤其是固定索具和升降索。

奥特赫勒第二次航行的路线是从哈洛加兰德向南到考庞（意为“贸易海湾”），那里是奥斯陆峡湾海滨的一个商业中心，接着从那里航行到海泽比，那里是日德兰半岛南部重要的商业中心。[4] 奥特赫勒从哈洛加兰德起航，沿着“北方通道”（即挪威）航行，我们不清楚他究竟花了多长时间，不过他提到，如果只在白天航行而晚上不航行，则大约要花 1 个月的时间。他从考庞南面沿着瑞典海岸航行，穿过丹麦群岛及 22 英里外的施莱弗约德到达海泽比，总共航行了 5 天。海泽比是一个拥有完善保护设施的港口，由丹麦国王古德弗雷德（Godfred）建造。9 世纪末，他将查理大帝挡在了波罗的海贸易圈之外，并将雷里克（位于该港口东南约 120 英里处）的商人社群迁往别处。

海泽比也出现在与奥特赫勒同一时代的伍尔弗斯坦（Wulfstan）的记述之中，他可能是一名盎格鲁－撒克逊人，与在英格兰的斯堪的纳维亚人社群有着密切联系。[5] 根据伍尔弗斯坦的记述，他花了 7 天时间，从海泽比向东穿过文德兰地区（位于德国与波兰之间），航行到维斯瓦河河口，行程共 400 英里。他真正的目的地是埃尔布隆格和维斯瓦河交汇处附近的特鲁索。伍尔弗斯坦并没有提供航船或航线的具体细节，只提到了鱼和蜂蜜等商品，在蔗糖被引入欧洲之前的几个世纪中，蜂蜜一直是主要的甜味剂。

奥特赫勒和伍尔弗斯坦两人的记述中介绍了许多地方，而这些地方并不仅仅引起了同时代人的兴趣。除了已经提到的 4 个主要地区（挪威北部、斯堪的纳维亚半岛南部、日德兰半岛和维斯瓦河河口），两人都了解到不列颠群岛的一些情况。奥特赫勒提到了爱尔兰、奥克尼郡和设得兰群岛。伍尔弗斯坦十分熟悉驶往今斯德哥尔摩以西的梅拉伦湖上的比尔卡港的航线。他向南航行穿过丹麦群岛中的几个主要岛屿和斯科讷地区（位于瑞典南部，后来受丹麦人统治），再穿过博恩霍尔姆岛（意为“勃艮第人的土地”，勃艮第人后来向南迁徙，并将其迁居地命名为“勃艮第”），然后向北途经厄兰岛和哥得兰岛，到达斯德哥尔摩群岛（距离海泽比约 500 英里，距离特鲁索约 350 英里）中的多个岛屿。经过这样的长途航行，才能最终到达比尔卡港。

奥特赫勒和伍尔弗斯坦都没有指明通往阿尔弗雷德宫廷的航线，据推测可能有 3 条。奥特赫勒可能已经从挪威航行到了维京人建立的约克王国（即约维克王国），其都城是一个繁荣的工商业中心，大约有 10,000 ～ 15,000 人，是当时北欧的一个大型城市。[6] 那里有一段适宜航行的航道，可以通往泰晤士河河口。伍尔弗斯坦可能从海泽比出发，经过

12 千米的航程，在注入北海的艾德河登陆，然后沿着弗里斯兰海岸航行到莱茵河河口，最终到达不列颠群岛。在这条航线上，弗里斯兰人成为波罗的海和北海之间贸易的中间商。除此之外，他也有可能是从艾德河河口直接航行到约克的。

这两份文献一份为斯堪的纳维亚人所写，另一份则为与斯堪的纳维亚人关系密切的人所写，而最引人注意的是其中缺乏关于抢劫、袭击或者任何形式的战斗的记载，因为 9 世纪后期毕竟是维京人扩张的高潮时期。大约与此同时，奥特赫勒和伍尔弗斯坦都把自己的报告呈给了阿尔弗雷德；挪威的维京人前往冰岛定居；罗洛（Rollo）正在包围巴黎（他后来得到了诺曼底）；维京人控制的都柏林成为一个繁荣的商业中心；瓦兰吉 – 罗斯人正要将都城从诺夫哥罗德向南迁到基辅，以便靠近拜占庭帝国的财富；阿尔弗雷德的威名令正向盎格鲁 – 撒克逊人的威塞克斯进发的丹麦维京人止步不前。然而，奥特赫勒和伍尔弗斯坦两人所关注的主要都是获取上好的商品。同样令人惊奇的是这些航行是如何实现的，因为在 7 世纪以前，北欧水手尚不知船帆为何物。无论如何，奥特赫勒和伍尔弗斯坦的故事提供了一个很好的切入点，我们可以由此开始探索北欧远距离海上贸易的兴起过程。

罗马帝国终结之前西北欧的海上贸易

考虑到北欧毗邻地中海地区长期存在的文化中心，人们不免会感到奇怪，为何北欧人建立中央政府和开始城市化（更不必说从事航海活动）的时间会相对较晚。而古代近东地区的居民和古希腊人，则将北欧人视作像海上民族那样的野蛮入侵者。关于北欧人的现存资料十分匮乏，希罗多德曾谨慎地提到该地区的地理环境："我不能接受被非希腊人称作'波河'的河流的故事，这条河注入北海，那里出产琥珀。我也不知道被称作'锡岛'的岛屿的存在，我们从那里获取锡矿……我从来不曾发现，有人能够向我提供第一手的资料，证明在欧洲北部和西部以外的地方存在海洋。"[7] 早在希罗多德时代和希腊在黑海殖民时期的许多个世纪之前，就出现了南北贸易的证据，正如公元前 14 世纪时乌鲁布隆的船只残骸证实了在波罗的海出现了琥珀，但目前尚不清楚这种交易是如何进行的。大不列颠岛西南部的康沃尔的锡矿经由比斯开湾、卢瓦尔河与加伦河到达地中海。[8] 公元前 6 世纪时，希腊和伊特鲁里亚之间的贸易开始扩展到法国北部和德国西部，已发现的一件容量为 1,100 升的盛酒的青铜容器可以证实这一点，该容器可能制造于斯巴达。发现于勃艮第的维克斯双耳喷口杯，一直被带到罗讷河和索恩河，然后经过短距离的陆上运输到达塞纳河。[9]

这种跨越半岛的内河航线是欧洲次大陆的一个特征。世界上许多地区的河流都被用于运输和商业，但是穿过大陆内部，并连接不同海洋的可通航的内河航线则相对较少。欧洲可通航的河流数量十分惊人，在南部和东部，地中海、黑海和里海之间有许多可通航的河流；在北部和西部，波罗的海和北海、大西洋之间也有许多可通航的河流。其中拥有最长航线的河流包括多瑙河和莱茵河，它们都发源于阿尔卑斯山脉，源头相距不超过 100 千米；其支流则相距更近，几乎一同连绵不绝地穿过黑海和北海之间的欧洲次大陆。中欧和俄罗斯的欧洲部分也布满了纵横交错的河流。多瑙河、德涅斯特河和第聂伯河向东南注入黑海，其上游则与向西北注入北海的易北河以及注入波罗的海的奥得河、维斯瓦河和西德维纳河相距不远。9 世纪时，诺夫哥罗德及之前的旧拉多加作为贸易中心的成功，便主要取决于其位于沃尔霍夫河畔的位置。沃尔霍夫河经伊尔门湖向北注入拉多加湖，涅瓦河则经拉多加湖注入波罗的海，伊尔门湖则由第聂伯河附近的洛瓦季河滋润着。诺夫哥罗德控制着波罗的海与拜占庭帝国之间的贸易，直到被第聂伯河畔的基辅取代。第聂伯河上的另一条航线包括其支流普利皮亚特河和一小段陆路，一直连接到维斯瓦河的支流布格河。在更远的东部，伏尔加河发源于距离波罗的海 300 多千米的地方（位于西德维纳河和第聂伯河的攻击范围之内），注入里海。由此，北欧商人可以直接接触到中亚的丝绸之路，并与伊朗进行贸易。伏尔加河在下游与顿河相距不到 100 千米，然后它们分道扬镳，顿河向西注入亚速海和黑海。

在由凯尔特人的迁徙所造成的长达 2 个世纪的分裂之后，地中海西部的商人于公元前 4 世纪重新在北部开展贸易。其中较为繁忙的跨半岛航线，是地中海上的纳博讷和比斯开湾的波尔多港之间的奥德河－加伦河－吉伦特河一线，这条航线由来自马西利亚的希腊商人把持。[10] 其中一位名叫皮西亚斯（Pytheas）的商人可能在公元前4世纪20年代沿该航线到达比斯开湾，他创作的游记《论海洋》(*On the Oceans*）只留下了散见于后人引用中的只言片语，但我们能够绘出这段旅程的大概轮廓。皮西亚斯离开比斯开湾后，便向布列塔尼航行。与地中海上最高不超过1米的潮汐相比，大西洋沿岸和英吉利海峡令人惊心动魄的潮汐（在基伯龙达到4.5米，在圣米歇尔山达到16米）一直令地中海的水手们印象深刻。皮西亚斯穿过法国到达康沃尔，并继续从大不列颠岛航行到苏格兰北部的奥克尼郡和设得兰群岛。早在公元前四千纪，设得兰群岛上就已有人定居。最令人感兴趣的是，他声称自己曾航行6天到达了所谓的“天涯海角”(Ultima Thule)。那里的日照时间长达22个小时，一般认为是冰岛（中世纪学者的观点）或挪威。即便他所写的不是自己的亲身经历而是建立在传闻基础上的，也同样可以表明当时西欧的航海家（他们明显不同于斯堪的纳维亚半岛的内陆居民）已经到达北极圈附近。

皮西亚斯转向南面，沿着大不列颠岛航行，他可能穿过了北海航行到荷兰（另一个琥珀产地）。如果他穿过了北海，便需要环绕大不列颠岛才能返航。他认为大不列颠岛的周长为6,860～7,150千米，与实际数字相差3%～7%，这一数字可能是通过航行时间和测量正午太阳的角度来计算纬度而得出的。[11] 大约2个世纪之后，天文学家希帕克（Hipparchus）根据皮西亚斯的估计里程得出，其测量地点很可能包括位于北纬48° 42′的布列塔尼、北纬54° 14′（可能是马恩岛）、北纬58° 13′（外赫布里底群岛中的刘易斯岛）、位于北纬61° 的设得兰群岛等几处。设得兰群岛的日照时间长达19个小时，与皮西亚斯的描述一致。

西北欧居民对地中海开始感兴趣的历史，可以追溯到尤利乌斯·恺撒入侵高卢北部时，在法国西部和比斯开湾与威尼蒂人之间发生了多次海战，并于公元前1世纪50年代两次横渡英吉利海峡入侵大不列颠岛。高卢于公元前51年成为罗马的一个行省，但由于内战的爆发，罗马人没有能够充分利用恺撒提供的入侵大不列颠岛的机会。在国家恢复稳定后，奥古斯都及其继承者经陆路和海路向莱茵河以北地区推进。在大约公元前 10 年，奥古斯都的一支舰队到达了日德兰半岛。2 年后，另外一支舰队（据说由上千艘船组成）到达埃姆斯河，该河是荷兰和德国北部之间的边界。尽管如此，罗马在欧洲大陆上的影响力实际上止步于莱茵河和多瑙河。* 克劳狄乌斯建立了常备行省舰队，并于公元 43 年入侵日耳曼和大不列颠岛。日耳曼舰队（Classis Germanica）负责防止日耳曼部落接近多瑙河，也负责确保莱茵河河口的安全，那里是起航前往大不列颠岛的一个主要出发地。[12] 日耳曼舰队驻扎在莱茵河上的科隆港，各个小型舰队则分布在行省的省会以及美因茨（大概位于北海和瑞士边界的中间）等驻防市镇。不列颠舰队（Classis Britannica）则负责保卫布洛涅、里奇伯勒和多佛之间的交通线，以英吉利海峡的格索里阿库姆（今法国布洛涅）为基地，位于多佛海峡以西约 20 英里处。[13]

罗马治下的高卢的繁荣，继续吸引着莱茵河以外的日耳曼部落。在公元 69 年至 70 年间的一次叛乱中，巴达维亚（位于莱茵河河口地区）的统治者尤利乌斯·希维利斯（Julius Civilis）召集了“所有的双桨座战船和单层甲板战船，加上数量更多的可搭载 30 ～ 40 人的小型船只，还有一些装有由各种颜色的衣服临时凑成的帆的被俘船只”，组成了一支舰队，船员中包括许多在日耳曼舰队中服役的巴达维亚人。[14] 罗马人在数量上占有优势，还有“有经验的桨手、有技术的舵手及规模更大的船只”等有利条件。当两支舰队在瓦尔河和默兹河不期而遇时，它们相互之间保持着安全的距离。日耳曼部落穿过多佛海峡和北海入侵大不列颠岛，罗马人对此做出的反应就是在英吉利海峡两侧建造了一系列沿海要塞，被称作“撒克逊海岸”。高卢不易防守，当罗马军团在 3 世纪中叶为防守其他地区而从这里撤退时，法兰克部落浩浩荡荡地渡过莱茵河，到达西班牙南部。[15] 他们在西班牙的塔拉戈纳强征了一支舰队，并袭击了北非。直到 3 世纪 70 年代的马可·奥勒留·普罗布斯（Marcus Aurelius Probus）统治时期，莱茵

* 阿格里·戴可美特（Agri Decumates）是一个例外，它是罗马的一个小行省，占据了多瑙河和莱茵河的上游以及多瑙河下游北岸的达契亚之间的一块三角地带，是 106 年建立的最后一批行省之一，到 3 世纪时被废除。

河边界才恢复稳定。

这意外地导致了欧洲（或者地中海）的一项最重要的航海技术传播到了那里。在平息了边界的战乱之后，普罗布斯将大量的法兰克部落迁徙到安纳托利亚的黑海沿岸地区。279 年，“其中一些法兰克人起义，用他们庞大的舰队使整个希腊陷入混乱”，他们从当地偷取船只来修补自己的舰队。[16] 昔日的囚徒前往西西里岛，“他们袭击了叙拉古，杀死了许多居民，然后航行到非洲，尽管被迦太基的军队击败，但他们仍穿过直布罗陀海峡返回了家园（北海沿岸）”。2 年后，撒克逊人第一次从海上袭击了高卢，丹麦人和弗里斯兰人也发动了袭击，进一步侵蚀了受到围攻的帝国防御网，这导致了科隆的日耳曼舰队的覆亡。[17]

在整个 4 世纪中，蛮族部落不断越过莱茵河，并于 5 世纪初入侵高卢，终结了罗马在大不列颠岛的统治。410 年，皇帝霍诺留撤走了他的军团，并“送信到大不列颠岛上的城市，鼓励它们自行防御外敌”。[18] 在随后的骚乱中，土著布立吞人的统治者从欧洲大陆征募盎格鲁人、撒克逊人和朱特人的雇佣兵，用于抵抗入侵者及内部争斗。他们在这样做的同时，可能已经为自己播下了灭亡的种子，因为据说撒克逊人已经“送回消息说他们成功地保卫了自己的家园，而布立吞人则胆小懦弱”。[19] 为了保卫领土并获取“确保该岛的和平与安全”所需的资金，新来者不断扩张自己的权威。到 7 世纪中叶，在现代英国的领土上形成了 7 个王国：盎格鲁人的诺森伯利亚、麦西亚和东盎格利亚，撒克逊人的埃塞克斯、苏塞克斯、威塞克斯，以及朱特人的肯特。威尔士和苏格兰依然由布立吞人控制，撒克逊水手也在卢瓦尔河畔建立了家园，并与丹麦袭击者争夺加伦河流域和伊比利亚半岛。随着罗马帝国在高卢和意大利统治的结束，西罗马帝国于 476 年灭亡了。

日耳曼部落被高卢和大不列颠岛的繁荣所吸引，这不仅表现在主要城市和驻防市镇的繁荣上，也体现在海上航线方面。这些航线分布在从莱茵河到加伦河之间的高卢海岸线上，以及高卢与不列颠群岛之间。在罗马控制区内的布立吞人精英阶层和罗马的官员及士兵，进口来自高卢的葡萄酒、橄榄油、玻璃制品、珠宝、陶器和武器，同时，大不列颠岛出口粮食、牛、黄金、锡、铁、奴隶、兽皮和猎狗到莱茵河、塞纳河、卢瓦尔河和加伦河的河口。在伦敦的贝克法亚斯出土的一艘 2 世纪的驳船上，人们发现了许多当时的常见物品，包括一些粗糙的岩石和建筑材料。[20] 这艘船来自肯特，曾到过梅德韦河与泰晤士河，船体上的虫洞说明这艘船已经在海上航行了相当长的时间。发现于海峡群岛的圣彼得港的一艘 3 世纪的船只残骸表明，船上的 3 名船员从伊比利亚半岛前往北海进行贸易，在最后一次航行中，船上的货物包括产自法国南部的莱兰德的成桶的柏油。[21] 罗马时代的贸易路线虽然因蛮族入侵而中断，但并没有完全消失。在最后一批罗马军团撤离大不列颠岛之际，教会的传教士到达了大不列颠岛和北爱尔兰。上等商品继续从地中海最遥远的角落被运到不列颠群岛。在位于英格兰萨顿胡的一艘 7 世纪的沉船中，发现了一位名叫雷德瓦德(Raedwald) 的东盎格利亚首领的物品，包括 1 个东地中海的盘子、1 个埃及的青铜碗和 2 支银匙，上面用希腊文刻着扫罗（Saul）和保罗的名字。[22] 在附近还发现了产自墨洛温王朝的 37 枚金币，时间在 575 年至 625 年之间。雷德瓦德死于 625 年，而巧合的是，船上发现的钱币的年份，与距离土耳其不远的亚希阿达沉船中发现的钱币中年代最近的相同。

弗里斯兰人与法兰克人

西罗马帝国的崩溃打破了自 1 世纪以来沿莱茵河与英吉利海峡一线地区的权力均势。帝国时期主要的海上贸易航线的重要性下降了，并落入了新来者之手，航向也经过了重新调整。弗里斯兰人是北欧人中第一个以海上贸易闻名的民族，他们适应危险的环境而又热爱海洋，并建立了自己的海上贸易网络。在大约 5 世纪初，上升的海平面淹没了荷兰的部分地区和罗马人所谓的“弗莱福湖”（Lacus Flevo），该湖的面积是阿尔梅勒 * 的 2 倍。[23] 弗里斯兰人并没有逃到高处，而是利用他们的水路成为北海地区第一流的商人。6 世纪时，弗里斯兰人与法兰克人和丹麦人之间建

* 12 世纪时，阿尔梅勒被淹没而形成了须得海（Zuider Zee，意为“南海”）。20 世纪时，荷兰工程师围住此处，并将其分隔成艾塞尔湖和马克美尔湖，以免发生洪灾。

立了定期的联系，他们航行到英国的约克港和伦敦港，向北到达日德兰半岛。在这种贸易的刺激下，8 世纪时，在位于半岛西海岸的里伯建成了转口港。[24] 这是由一位佚名的丹麦统治者完成的，他试图在自己的统治区域内建立北海的贸易网络。之所以选择里伯，是由于其优越的条件，由这里经陆路可以穿过日德兰半岛（距科灵岛 60 千米），而不需借道斯卡格拉克海峡、卡特加特海峡和长达上百英里的利姆海峡（位于日德兰半岛和文叙瑟尔岛之间）。[25] 来自北海的弗里斯兰商人和法兰克商人往来于此，同时，在里伯港也发现了许多来自挪威、比尔卡、波罗的海甚至黑海的商品。这说明在当时，当地的贸易已经与斯堪的纳维亚半岛和斯拉夫人的贸易网络相连接。

位于弗里斯兰人南面的萨利克法兰克人，作为渡过莱茵河的实力最强的一支日耳曼部落登上了历史舞台。486 年，克洛维（Clovis）击败了高卢地区的最后一位罗马统治者，但由于他皈依了基督教，因此他和墨洛温王朝的继承者们帮助罗马 – 高卢人对抗图卢兹的西哥特王国和其他信奉异教的日耳曼部落。到 6 世纪中叶，法兰克王国统治了现代法国的大部分地区、低地国家、瑞士和德国南部。由于其辽阔的版图和丰富的资源，法兰克王国漫长的海岸线遭到了撒克逊人和丹麦人的袭击。[26] 其中最著名的一次战役在盎格鲁 – 撒克逊人的史诗《贝奥武甫》（*Beowulf*）和都尔的格雷戈里（Gregory of Tours）所著的《法兰克人史》（*History of the Franks*）中有所记载。在大约 516 年至 534 年间，丹麦国王克洛希莱克（Chlocilaicus，在《贝奥武甫》中被称作“Hygelac”）突袭了弗里西亚北部，并航行到阿尔梅勒。[27] 丹麦人从那里航行到费希特河和莱茵河与瓦尔河的交汇处之后，在距离大海约 100 千米处的奈梅亨被法兰克人追上。克洛希莱克被杀，其军队溃败。据推测，在那附近的某个地方聚集了一支舰队。

弗里斯兰人的扩张计划导致其常常与法兰克人之间处于敌对状态，并于墨洛温王朝时达到顶峰。[28] 在这一过程中，法兰克人试图收复莱茵河北岸的故土。7 世纪初，墨洛温人在乌德勒支建造了一座教堂。他们在北方最重要的港口位于多勒斯塔德附近，尽管其人口从没有超过 2,000 人，但占据了一段长达 1 千米的莱茵河河岸。630 年至 650 年间，铸币厂便坐落于此，在当时落入了弗里斯兰人之手。689 年，丕平二世（Pepin II）将其收复。50 年后，查理·马特（Charles Martel）发动了一次重要的海上扩张行动，为吞并弗里西亚铺平了道路。

丕平二世和查理·马特都并非国王，他们是垂死的墨洛温王朝的世袭宫相，直到 751 年，宫相才登上王位。当时，丕平三世（Pepin III）加冕成为法兰克人的国王，也是加洛林王朝的开国君主。加洛林王朝之名源于其子查理大帝，他将法兰克王国的疆域变得空前辽阔。作为一位卓越的军事家，他有效地利用内河舰队，取得了 4 次重大军事胜利：789 年与沿易北河及其支流生活的斯拉夫人的战争、2 年后穿过多瑙河与匈牙利的阿瓦尔人的战争、797 年经威悉河与易北河与撒克逊人的战争，以及与德国中北部及易北河流域的斯拉夫人的战争。其中，与阿瓦尔人之间的战争是最具决定性的，其残余势力被一举消灭。在多瑙河上作战的经历，令查理大帝萌生了开凿一条运河的想法。这条"加洛林运河"（Fossa Carolina，在德语中写作 Karlsgraben）连接了莱茵河与美因河下游地区的士瓦本的雷扎特河和多瑙河的支流阿尔特穆尔河。[29] 尽管雷扎特河与阿尔特穆尔河之间的距离不到 2 千米，高度差也不超过 10 米，但由于当地的地质状况十分复杂，该工程被迫放弃。直到 1992 年，一条长 171 千米的运河才将莱茵河、美因河与多瑙河连接起来。

维京人的扩张

查理大帝通过战争将法兰克人的统治推进到莱茵河以外的地区，与此同时，斯堪的纳维亚人也开始扩张，当时被称作"维京时代"。"维京"（Viking）一词的词源尚不确定，有人认为来源于古英语单词"wic"，意思是"临时宿营"，拉丁语中表示"村落"之义的单词"vicus"是其同源词。另一种解释认为其来源于维肯（Viken），该地位于奥斯陆峡湾附近，第一批从那里进入英格兰的挪威人可能是为了躲避丹麦人的统治。[30] 这可以说明为什么他们只在英语中被称为"维京人"，而在其他语言中则被称为"北方人”“丹麦人”“瓦兰吉人”“罗斯人”“异教徒”或“蛮族”等。斯堪的纳维亚人并不是一个无差别的群体，他们有着各种各样的宗教和语言。通常，他们的统治者通过错综复杂的亲属关系、义务和责任关系联系在一起。丹麦人向西南到达法兰克帝国、英格兰和西班牙，挪威人向西到达大不列颠岛北部、爱尔兰和冰岛，瑞典人则向东到达俄罗斯、黑海和里海。

793 年，维京人发动了第一次猛烈的进攻，这次突袭在历史上是臭名昭著的。当时，3 艘战船袭击了北海沿岸的诺森伯利亚附近的神圣岛屿上的林迪斯凡修道院。消息迅速传播开来，诺森伯利亚的教士阿尔昆（Alcuin）被查理大帝招募到位于亚琛的王宫担任教师，他写信给威塞克斯的埃塞尔雷德一世（Aethelred I）说：

> 我们和我们的先辈在这片土地上已经生活了近 350 年，大不列颠岛从来没有遭受过如此残暴的对待，我们现在落入了异教徒之手。人们都认为这种航行是不可能的。圣卡思伯特教堂的地上沾满了神职人员的鲜血，里面所有的陈设都被洗劫一空，这个大不列颠岛上最为神圣的地方，就这样暴露在抢劫的异教徒面前。[31]

“这种航行是不可能的”的断言令人难以信服，因为阿尔昆确实知道，盎格鲁–撒克逊人已经由海路到达英格兰，正如当时的弗里斯兰商人一样。如果盎格鲁–撒克逊人的英格兰已经忘记了自己的过去，那么维京人的袭击便是一个尖锐的提醒——大不列颠岛四周的海洋无法阻挡强大的入侵者。

有些人解释说，阿尔昆的意思是指，这种航行在冬天是不可能的，因为西南季风会吹向挪威。[32] 根据一份 13 世纪的文献，挪威正常的航行季节是每年 4 月初到 10 月初。[33] 不过林迪斯凡修道院的袭击发生在中世纪的气候温暖期之初，当时的航行季节可能有所延长，为人们在冰岛和格陵兰岛定居创造了条件，也使在仲冬时节进行远距离航行成为可能。陆地上的居民可能一直在盼望出现坏天气。在一份 9 世纪时的四行诗手稿中，一名抄写员感谢坏天气的到来，因为这可以阻止入侵者出海或者安全上岸：

今夜狂风大作，
海上泛起马鬃般的海浪，
我不害怕在平静的海上，
被洛特伦德（莱特林恩）的强盗追逐。[34]

林迪斯凡修道院的袭击过后，诺森伯利亚的其他修道院和赫布里底群岛中的艾奥纳岛上一所建于 6 世纪的圣哥伦巴修道院也遭到了袭击，但维京人的目标并不仅限于英国的宗教建筑。在袭击林迪斯凡修道院的 6 年后，他们又袭击了法国西南部，查理大帝为此建造了一系列沿海岗哨，并在重要的港口驻扎战舰和士兵。当时人们普遍认为这一措施是很成功的，这也解释了为什么维京人袭击法国的第一波浪潮在 9 世纪初便结束了。在查理大帝统治时期，北方最大的威胁来自丹麦国王古德弗雷德，他于 824 年袭击了弗里西亚，可能是为了先发制人，防止查理大帝进攻萨克森和丹麦南部。古德弗雷德最重要的行动是洗劫了雷里克的斯拉夫人的商业中心。与撒克逊人或丹麦人的港口相比，查理大帝更喜欢斯拉夫人的港口，他把那里的商人迁到了海泽比。加洛林王朝继续向北推进，查理大帝的继承者“虔诚者”路易（Louis the Pious）将基督教传播到易北河以外的地区。

9 世纪 20 年代，一位来自海泽比的名叫哈拉尔·克拉克（Harald Klak）的丹麦人首领请求路易帮助自己御敌，路易说服哈拉尔皈依了基督教，因为“信仰基督教的人将更容易得到他的朋友的帮助，因为两人都崇拜同一位上帝”。[35] 哈拉尔在一位名叫安斯加尔（Ansgar）的神父的陪同下返回海泽比，安斯加尔肩负着多重使命，并赢得了“圣徒安斯加尔”及“北方的使徒”等称号。安斯加尔在海泽比建立了一所学校，随后前往瑞典的比尔卡传教，那里有许多人皈依了基督教。丹麦国王埃里克一世（Eirik I）洗劫了汉堡港口并夷平了大量教堂，安斯加尔当时正是汉堡大主教。不过后来，埃里克一世开始允许他在海泽比建立一座教堂和一所学校，海泽比“尤其合适，其附近是来自各地的商人的聚集地”。[36] 事实证明，皈依基督教是十分有益的，由于安斯加尔的布道，弗里斯兰人、法兰克人及其他地区的商人“让这片土地摆脱了恐惧，而这在之前是不可想象的”。尽管维京人侵扰欧洲达几个世纪之久，但他们最终接受了南方的宗教和商业模式，从而发生了巨大的改变，比他们对欧洲的改变要大得多。

在安斯加尔在斯堪的纳维亚半岛传播福音的同时，挪威和丹麦的海盗们重新开始在西部发动袭击：834 年袭击了杜里斯特，次年袭击了泰晤士河河口和卢瓦尔河的河口。在之后的 15 年中，他们每年都针对战略贸易中心发动袭击，包括伦敦、约克、塞纳河河口的鲁昂和卢瓦尔河畔的南特。直到 9 世纪 40 年代，这些袭击一直是带有季节性的。通常，维京人会利用夏季的晴朗天气航行穿过北海，然后借着盛行的秋风返回家乡。当斯堪的纳维亚水手开始在外地越冬时，就像他们首次在努瓦尔穆捷（位于卢瓦尔河河口的盐和葡萄酒贸易中心）越冬那样，维京时代的整个相互作用方式便发生了巨大的改变。[37] 这为这些北方人提供了一整年的家，其环境也比丹麦、挪威适宜居住，但也让他们处于更便于袭击法国南部和伊比利亚半岛的位置上。阿拉伯语文献记录了在 844 年至 971 年间，维京人曾 6 次远征安达卢斯，其中 2 次到达了地中海。[38] 在第一次袭击中，一支由 54 艘船组成的丹麦舰队袭击了里斯本，之后乘船沿瓜达尔基维尔河向上游去掠夺塞维利亚。遭到科尔多瓦的部队伏击后，丹麦人损失了约 2,000 人。在达成停战协议后，大多数幸存者撤离，只带了 20 艘船回家，但也有一些丹麦人皈依了伊斯兰教并在那里定居下来，其中有许多人成了以制作奶酪闻名的奶农。这次远征遵循了一个在其他地区也反复出现的模式，即控制河口，袭击内河城镇及其腹地，依靠在海上和岸上的快速行动。但是参与此类行动的人太少，因此一个完全斯堪的纳维亚的身份认同难以扎根，即便维京人成为当地的统治者仍是如此。

844 年的袭击造成了一个奇怪的结果，即埃里克二世（Eirik II）请求与阿卜杜勒·拉赫曼二世建立外交关系。阿卜杜勒·拉赫曼二世是科尔多瓦的埃米尔，他派自己最卓越的外交官加扎勒（al-Ghazal）前往日德兰半岛。加扎勒曾参与同拜占庭帝国的谈判，经验十分丰富。他在丹麦受到了热情的欢迎，并停留了 1 年多。我们不清楚丹麦与安达卢斯之间条约的具体条款，但它在埃里克二世去世后并没有维持很久；859 年，丹麦王子比约恩·艾恩赛德（Björn Ironside）和一位名叫哈施泰因（Hastein）的战士率领 62 艘船袭击了安达卢斯。[39] 然而与此同时，阿卜杜勒·拉赫曼二世已经打造了一支舰队，这支舰队在远至比斯开湾的海面上巡逻。安达卢斯军队在西班牙南部沿海俘获了 2 艘丹麦战船，阻止任何战船进入瓜达尔基维尔河。在直布罗陀海峡东面，丹麦人洗劫了阿尔赫西拉斯，后被一支装备"希腊火"的倭马亚王朝舰队打败。在一支小分队袭击了北非海岸后，丹麦人经巴利阿里群岛航行到高卢南部，沿罗讷河向上游进犯，远至瓦朗斯。他们没有遇到阻力，因为法兰克人已经放弃了查理大帝的地中海舰队。4 年后，比约恩和哈施泰因率领 12 艘船及其船员返回故土。尽管没有产生长期的效果，但他们的行动表明了维京人的机动性、打击力和在一次军队规模不超过 4,000 人远征中纯粹的虚张声势。

851 年，维京人首次在不列颠群岛越冬，具体位置是在泰晤士河河口旁的萨尼特岛。不久，他们夺取了坎特伯雷和伦敦。866 年，他们对诺森伯利亚的约克城发起猛攻，该城位于福斯河与乌斯河相交处，距海 120 千米。作为一个基督教中心和弗里斯兰商人的停靠港，约克与欧洲大陆之间有着广泛的联系，并向北欧提供了最早的一批传教士，包括被称作"弗里斯兰人的使徒"的威利布罗德（Willibrord），他于 695 年成为乌德勒支的第一位主教。从 875 年到 954 年，约克一直是北方人的约克王国的中心。盎格鲁－撒克逊人无力抵御北方人的入侵，直到阿尔弗雷德大帝统治时期。阿尔弗雷德于 871 年即位，同年，丹麦国王古特鲁姆（Guthrum）率一支军队在东盎格利亚登陆。丹麦人向威塞克斯进军，但是未能俘获难以抓捕的阿尔弗雷德，他于 878 年在埃丁顿战役中击败了他们。根据双方签订的条约，古特鲁姆及其领头人物接受洗礼（在仪式上，阿尔弗雷德成为古特鲁姆的教父），这使英格兰成为在宗教上影响斯堪的纳维亚半岛的第二个路径。尽管双方之间签订了条约，也有着共同的宗教信仰，但阿尔弗雷德仍不知疲倦地部署威塞克斯的防御，在最重要的十字路口和桥梁建立营地，组织一支小规模的机动部队，并派遣一支舰队对抗丹麦人。埃丁顿战役结束 7 年后，又一个条约规定了丹麦人控制的区域，即所谓的“丹麦区”（Danelaw），主要包括诺森伯利亚和东盎格利亚两个王国。这并没有让双方之间的敌对状态完全终结，但它让威塞克斯的统治者可以与丹麦人平起平坐了。

尽管阿尔弗雷德使威塞克斯免于被丹麦人吞并，但丹麦人在随后的 150 年中在不列颠群岛仍是一支重要力量。他们不单单是定居于此的外来者，因为在 790 年至 825 年，维京人已经在奥克尼郡和赫布里底群岛以及苏格兰沿海地区形成了一个独立的国家，即莱特林王国。这里成为对爱尔兰发动季节性袭击的起点。维京人强迫爱尔兰人进贡，并建造了一座（比喻性的）“从赫布里底群岛到爱尔兰的船桥”。[40]（爱尔兰北部和金泰尔角之间的莫伊勒海峡只有 11 英里宽。）837 年，2 支舰队（包括 60 艘战舰）驶入了博伊奈河和利菲河。尽管被爱尔兰人击败，但 4 年后，莱特林王国的北方人在都柏林加强了一个登陆地点，这是将要在沃特福德、科克和利默里克等地环绕爱尔兰的众多沿海要塞（longphort）中的第一个。然而，都柏林依然是最重要的，它实际上成了北方人在不列颠群岛的都城。[41] 当时，莱特林王国王位继承人、“整个爱尔兰和大不列颠岛的北方人的国王”埃玛尔（Ímar）定居在那里。[42] 爱尔兰人于 902 年将北方人从都柏林驱逐出去，但是 15 年后，埃玛尔的一个孙子重新夺回都柏林，后将约克和诺森伯利亚也纳入了自己的势力范围。

到这时为止，维京人最勇敢的行为便是跨越大西洋前往冰岛、格陵兰岛和北美洲的冒险行动。尽管北方人与冰岛的相遇，只是其向西到设得兰群岛和法罗群岛（他们自 8 世纪起在那里定居）的航行的自然延伸，但他们可能听说过据说在 9 世纪之前在那里寻求隐居之所的爱尔兰修道士。据冰岛的《殖民之书》（*Book of Settlements*）记载，在北方人到来之前，“这里居住着北方人所说的‘帕巴尔人’（papar）。他们是基督徒，人们认为他们肯定来自不列颠群岛，因为他们留下了爱尔兰书籍、钟和权杖”。[43] 这些文献资料尚没有得到考古发现的证实——有人认为苦行的修道士并没有留下什么东西——但没有确凿的理由对这一说法提出质疑。

一般认为，冰岛的开创者是殷格·亚纳逊（Ingólf Arnarson）。他于

874 年在冰岛登陆，他在雷克雅未克（意为“充满蒸汽的海湾”）的居所最终成为冰岛首都的所在地。“萨迦”（saga，北欧英雄传说）把殖民的主要动力归结为“金发王”哈拉尔德（Harald Fairhair）的独裁政策。哈拉尔德首次统一了挪威的许多地区，从而获得了相当大的权力。殖民的进展十分迅速，在若干年中，有多达 2,000 人携带财产、种子和牲畜到达冰岛。[44] 到 930 年“殖民时代”结束时，冰岛的居民已超过 20,000 人，到 1100 年，人口可能成了 3 倍。考虑到他们船只的大小和两地的距离（挪威与冰岛之间相距 900 英里，在条件良好的情况下要用 6 天的航行穿过没有地标的开放水域），这就更引人注目了。

瓦兰吉人、拜占庭人与阿拉伯人

在丹麦冒险家袭击安达卢斯、挪威异见者向冰岛殖民的同一时间，瑞典维京人（被称作“瓦兰吉人”）正在沿着欧洲东部的河流前进，追寻位于地中海东部和亚洲的拜占庭人和阿拉伯人的财富。这种贸易似乎是瑞典比尔卡获得发展的部分原因，而比尔卡的繁荣促进了海泽比和西部其他港口的繁荣。[45] 伍尔弗斯坦给阿尔弗雷德的报告中只提到了 9 世纪后期波罗的海贸易的活力，而尽管当时的文献没有详述他所说的内容，但考古发现详述了。而且，这种贸易并不是全新的现象。在贸易中心比尔卡发展起来以前，附近的黑尔戈就已是一个贸易中心，在那里的考古发现，包括 1 尊来自南亚的 5 世纪或 6 世纪的佛像和 1 根来自爱尔兰的主教权杖。[46] 哥得兰岛位于瑞典和芬兰湾之间，战略位置十分重要，自 5 世纪以来就一直是与波罗的海东部的贸易中心。650 年至 800 年，哥得兰岛的居民控制着拉脱维亚的格罗宾的贸易，并且大量参与了立陶宛内河港口阿普奥雷的贸易。

当伍尔弗斯坦航行向特鲁索时，贸易的增长已经使波罗的海东部和南部的海滨兴起了许多商业中心和港口城镇。其中一些从早期的农耕定居点有组织地成长起来，以适应贸易、发展各种制造业，但许多地方带有丹麦人、哥得兰岛人和瑞典人等外来人的痕迹。港口集中分布在维斯瓦河三角洲以西，包括基尔湾东面的施塔里加德（今奥尔登堡），吕根岛上的拉尔斯维克，奥得河河口的孟兹林、沃林，以及科沃布热格。[47] 特鲁索位于维斯瓦河河口上方（靠近今埃尔布隆格附近），得以不受来自海洋的伤害。伍尔弗斯坦没有提及当地人口的情况，但考古发现表明，丹麦人的影响十分显著。特鲁索似乎一直是一个季节性贸易的中心，直到它在大约 850 年成为永久性的殖民地。在更靠东的地方，在库尔斯潟湖的南端是考普（今俄罗斯莫霍沃耶），它通过与比尔卡之间的贸易繁荣起来。

所有这些港口真正的价值，在于经由它们可以进入跨欧洲的河流走廊；其中最重要的港口不是在波罗的海，而是在东方，这并不让令人感到奇怪。与维京人袭击西方的枯燥冗长陈述相比，关于斯堪的纳维亚人向南穿过俄罗斯、波罗的海国家、白俄罗斯和乌克兰到达黑海与里海的记载，并非关注于对富有修道院的掠夺（基督教到后来才在此扎下根来），而是关注于多个贸易中心的建立。这些贸易中心位于拉多加湖附近的旧拉多加[48]和诺夫哥罗德[49]与以南约 900 千米处的第聂伯河河畔的基辅。据俄罗斯的《古史纪年》（*Primary Chronicle*）记载，这是因为斯拉夫人正在经历内部争斗。“他们对自己说：‘让我们寻找一位能够依法统治和裁判我们的君主。’因此，他们去了国外，到瓦兰吉人那里去了，（并说）‘我们的土地辽阔，物产丰富，但是秩序混乱。来统治我们吧！’”[50] 结果来了三兄弟，其中最年长、活得最长的留里克（Rurik）定居在诺夫哥罗德。“由于这些瓦兰吉人的缘故，诺夫哥罗德地区逐渐被认为是罗斯人的家园。诺夫哥罗德如今的居民是瓦兰吉人的后裔，但他们以前是斯拉夫人。”《古史纪年》中的这一解释并没有完全回答瓦兰吉人当初为什么来到旧拉多加这个问题，但可以想象，正如在后罗马时代的大不列颠岛一样，各部落雇用外国雇佣兵，结果最后臣服于他们。留里克的僚属阿斯科尔德和迪尔从诺夫哥罗德继续向南进军，决定定居到斯拉夫人定居点基辅。因为基辅更中心、可以居高临下地俯瞰第聂伯河，留里克的继承者奥列格（Oleg）把都城从诺夫哥罗德迁至基辅。

拜占庭帝国对罗斯人是最具吸引力的，它不仅富有，而且易于接近。907 年，奥列格入侵拜占庭帝国，破坏了君士坦丁堡周围地区，不仅免于向利奥六世赔偿近 100 万银币，还获得了一项优待罗斯商人的贸易协定。

协定中包含以下条款："任何到来的商人都将获得 6 个月的生活补给，包括面包、葡萄酒、肉、鱼和水果，需要的话还可以沐浴。当罗斯人返回故乡时，他们将得到皇帝提供的食物、锚、绳索、帆以及航行所需的其他物品。"[51] 基辅与君士坦丁堡之间的关系有所改善，尽管偶尔也会出现挫折，尤其是罗斯在 941 年和 970 年先后两次入侵拜占庭帝国。弗拉基米尔大帝（Vladimir the Great）为了将罗斯人与拜占庭帝国的利益连在一起而做了许多工作。以前，曾有斯堪的纳维亚士兵在拜占庭军队中服役，在巴西尔二世（Basil II）的请求下，弗拉基米尔派遣 6,000 名士兵支持他发动内战。这个兵团成为拜占庭皇帝的瓦兰吉卫队的前身，该卫队是一支精英力量，其中有许多斯堪的纳维亚人服役，一直存在到 12 世纪。到 988 年，罗斯人与拜占庭帝国之间的关系得到进一步加强。当年，弗拉基米尔与巴西尔二世的妹妹结婚（尽管她极力反对），她说服弗拉基米尔接受了基督教的洗礼。考虑到拜占庭帝国在政治、军事和贸易方面的重要性，接受洗礼对弗拉基米尔来说并非难事（后来他被教会封为圣徒）。这件事进一步说明，斯堪的纳维亚人能够灵活地适应他们所居土地上的特殊环境。

在更远的东面，罗斯人参与到伏尔加河与里海间的贸易之中。8 世纪时，由可萨人占据统治地位的贵族们已皈依犹太教。可萨人在名义上控制着从伏尔加河三角洲的都城通往里海的通道，而罗斯人在 9 世纪后期到达了里海。在大约 910 年，他们袭击了位于伊朗海滨的阿巴斯昆港。据历史学家麦斯欧迪（al-Masudi）记载，3 年后，"大约有 500 艘船，每艘船载有 100 人"，他们许诺把"他们从沿海民族那里掠夺的一半战利品"送给可萨人，以便让他们进入里海。[52] 这次航行途经了周边沿海地区，远至伊朗内陆西北部的阿尔达比勒。在此之前，罗斯人已经在阿塞拜疆的巴库附近的岛屿上定居了。事实证明，罗斯人是不可战胜的，部分是由于"这个被大海包围的国家……还不习惯越过其他敌人前往大海，只能通过商船和渔船下海"。30 年后，另一支大军进入里海，通过掘开库那河而夺取了阿塞拜疆的拜尔代城。据推测，在穆斯林邻国的压力下，可萨人在 965 年拒绝把通道借给罗斯人。为了报复，罗斯人洗劫了其主要城市，犹太人的统治随之结束。

正如在其他地方一样，在东欧的斯堪的纳维亚人本质上是信奉实用主义的商人。他们往往沿着已建立的航线航行，即便是当时使用较少的航线。在波罗的海与地中海和西南亚之间的古代贸易河道上，斯堪的纳维亚人出口兽皮、蜡、蜂蜜和奴隶，从拜占庭帝国换取黄金、丝绸和白银。穆斯林的土地是大量银币的产地，在波罗的海周围的密窖中已经发现了穆斯林的银币。在吕根岛上的一个农场中出土的一篮银币超过 2,000 枚，时间在 844 年之后。[53] 瓦兰吉商人也倾销来自东方国家的奢侈品，在比尔卡、约克和都柏林都发现了中国的丝绸。罗斯人也有机会接触到亚洲的香料，一位名叫亚伯拉罕・本・雅各布（Abraham ben Jacob）的犹太商人在 10 世纪时曾到访美因茨，他说自己发现了在撒马尔罕铸造的迪拉姆银币，还有“许多通常在远东发现的香料、胡椒、生姜、丁香、甘松、闭鞘姜与和山姜”。[54] 无疑，在东西方之间的贸易中，罗斯商人已经控制了这些商品的运输。

挪威人的大西洋世界

公元 900 年之后的一个半世纪，是斯堪的纳维亚人扩张的高峰期。10 世纪初，维京人的定居地（包括丹麦区、莱特林、爱尔兰、诺曼底和俄罗斯）已成为其所在国的政治版图的一部分。统治者在斯堪的纳维亚半岛征收贸易税，利用新发现的财富获取当地酋长的支持。在这方面丹麦国王尤其成功，因为他控制着途经日德兰半岛的贸易，以及北海与波罗的海之间的海上航线，北海与波罗的海之间的航线穿过日德兰半岛和斯科讷之间的海域。（大贝尔特海峡是北海与波罗的海之间的 3 条通道中最宽的一条，最窄处为 5 英里，而距离最短的一条通道是厄勒海峡，最窄处不足 2 英里。）10 世纪末，“金发王”哈拉尔德统一了挪威，而在瑞典，强势王权的出现则更为缓慢。

哈拉尔德成功地巩固了王权，推动了人们在冰岛定居。斯堪的纳维亚半岛正在走向中央王权的统治，而冰岛依然是一个明显的例外。在冰岛盛行的是更讲求平等主义的“庭”（thing，相当于议会），但这并不意味着法律的缺失，正如挪威国王能够流放任何人那样，“庭”同样拥有这样的权力。10世纪末，“红发”埃里克·索瓦尔松（Eirik “the Red” Thorvaldsson）因谋杀而在挪威被流放，后来又因同一罪行在冰岛被流放。一个世纪之前，一名水手被吹离了航道而途经冰岛，观察到了西边的陆地。由于没有太多选择，被流放的埃里克花费了3年时间，去考察他称之为“格陵兰岛”的沿岸地区，然后率领被自己说服的数百名冰岛人返回。他们分成两组在格陵兰岛定居下来，埃里克在格陵兰岛南面开拓出东、西两块殖民地，西部殖民地距努克（以前的戈特霍布）附近的戴维斯海峡约160英里。格陵兰岛也成为一个跳板，欧洲人由此首次航行到北美洲（这一事件在当时令人不可理解），这同样是一次水手航行到错误目的地的故事。

在这一时期的北大西洋上，错误航行是时常发生的。在北欧周围，大多数航行都是沿海岸进行的，但是斯堪的纳维亚半岛、不列颠群岛、法罗群岛、冰岛和格陵兰岛之间的航行则需要经过至少300英里的远海航道。[55] 当时的航海设备十分有限，测深锤（一端系有秤锤用于测量水深的长线）是常用的设备。挪威人能够通过测量太阳的角度来确定纬度，并借助“日光石”来确定航线。“日光石”的工作原理与日晷相同，中间有一根指针，投影在标有刻度的外圈周围，通过不同的刻度可以计算出太阳在不同季节的高度。[56] 通常，水手们依靠对自然现象的观察，包括鸟的迁徙路线、浅滩、潮水、平流雾、海水颜色、冰（包括“冰映光”）以及冰川的反射光。在远距离航行的过程中，他们利用已掌握的纬度航行，先向北或向南到达与目的地纬度相同的地方，然后再朝正东或正西方向航行。

尽管中世纪温暖期的气候可能比现在更温和一些，但由于白昼短、多云、雾天能见度低等因素，斯堪的纳维亚水手又没有可资利用的工具或技术，尤其是在航行到一个新目的地时。从挪威返回冰岛后，比亚尔尼·霍尔约夫松（Bjarni Herjolfsson）得知自己的父亲已经在格陵兰岛追随埃里克，遂决定到那里去找他。比亚尔尼向南航行了很远，到达一处“森林茂密，小山冈遍布”的海滨，这里与高山耸立、四处荒芜的格陵兰岛大不相同。[57] 比亚尔尼并没有上岸，随后，莱夫·埃里克松（Leif Eirikson）

到这里进行了探险。他先后到达了赫尔吕兰(Helluland，意为“平石之地”，可能是巴芬岛)、马尔克兰（Markland，意为“林木之地”，位于纽芬兰岛南部）和文兰（Vinland，因盛产葡萄而得名)。后来，莱夫的亲戚索尔芬·卡尔塞夫尼（Thorfinn Karlsefni）率领60名男子和包括自己的妻子古德里德（Gudríd）在内的5名妇女在文兰居住了两三年，古德里德的孩子成为第一个在北美洲出生的欧洲人。

《埃里克萨迦》(*Eirik's Saga*）和《格陵兰萨迦》(*Greenland Saga*）中一致认为，格陵兰岛民试图开发这片土地（包括圣劳伦斯湾的海滨，向南远至新不伦瑞克）上的资源，包括木材、兽皮、葡萄和胡桃。但是格陵兰岛太过遥远，岛上居民数量很少(仅有400～500人，从未超过2,500人)，因此无法进行完全开发。[58]“萨迦”中的记载基本准确，并被在纽芬兰岛东北的兰塞奥兹牧草地（位于贝尔岛海峡的入口处）发现的文物所证实。经过约1年时间，开拓出的居住地只能容纳约100人，因此他们没有必要在一个季节内从格陵兰岛出发进行往返。[59]似乎直到1030年，兰塞奥兹牧草地才被人占据，而在那之后，人们继续向文兰航行。[60]11世纪70年代，编年史家不来梅的亚当（Adam of Bremen）描述了一个名为“文兰”的岛屿。“那里有许多葡萄树，结出的野生葡萄可以酿造出优质的葡萄酒。我们不必去看那些让人难以相信的报告，只通过与丹麦人之间值得信赖的关系，便知道该岛上盛产无须播种的农作物。”[61]直到1347年，马尔克兰依然向格陵兰岛民提供木材。根据一份冰岛文献的记载，当时“也有一艘来自格陵兰岛的船”，“它比冰岛的小船还要小一些，没有锚，驶入（冰岛西面的）斯特赖姆约杜尔的外围水域，船上有17人，他们本来想航行到马尔克兰，但是被暴风雨吹到了这里”。[62]挪威人的格陵兰岛似乎已经消失，或者在1410年之后被抛弃。[63]当时，一名冰岛船员在格陵兰岛上的东部殖民地停留了4年，后来返回家乡。之后有关格陵兰岛的另一份文献中有一个关于1497年约翰·卡伯特（John Cabot）的航行的注释，其中并没有提到格陵兰岛民有欧洲人的血统。尽管如此，英格兰的鳕鱼渔民和商人（尤其是来自布里斯托尔的商人）在15世纪就已经以原先的常规航线为基础，开始向冰岛航行。[64]在卡伯特之后，有人曾到达格陵兰岛，很可能也到达了纽芬兰岛沿岸。

英格兰：从盎格鲁 – 撒克逊时代到诺曼时代

直到 9 世纪末 10 世纪初，英格兰人在北大西洋的舞台上仍然只是不起眼的角色。阿尔弗雷德是一代明君，其继承者们在他打下的基础上建设着这个国家。“长者”爱德华（Edward the Elder）扩大了其疆域，到 918 年已统治了亨伯河以南的整个英格兰，并降服了诺森伯利亚、斯特拉斯克莱德行政区、苏格兰和都柏林。这种迅速扩张导致了威塞克斯与其他试图称霸的王国之间的冲突，并在 937 年的布朗南堡战役中达到顶峰。在爱德华的继承者的统治下，盎格鲁 – 撒克逊人拥有数百艘战舰的舰队向北航行，在一次激烈的战役中获得胜利。[65] 据《盎格鲁 – 撒克逊编年史》（*Anglo–Saxon Chronicles*）记载，“自盎格鲁 – 撒克逊人从东方来到这里，寻找大不列颠岛以外更为广阔的海洋……并占领了这个国家”。[66] 这场战役比“自盎格鲁 – 撒克逊人从东方来到这里”之后发生的任何一次战役都要残酷。盎格鲁 – 撒克逊人在埃塞尔雷德二世（Aethelred II）漫长的统治之下缓慢复兴。当时，盎格鲁 – 撒克逊人对定居在英格兰的丹麦人十分不满，且没有向丹麦国王“蓝牙”哈拉尔德（Harald Bluetooth）屈服。哈拉尔德皈依了基督教，因其宗教信仰和治国之道而疏远了许多贵族。10 世纪 80 年代，这些保守的丹麦人航行到英格兰南部。在那里，他们迫使埃塞尔雷德二世每年支付 150,000 英镑的银币和金币（称为“丹麦金”），并持续了超过 20 年，才保证丹麦人没有动武。[67]

在丹麦人入侵英格兰的浪潮中受益的，是越过英吉利海峡的诺曼底公国的商人。[68] 维京人从未直接地威胁到法兰克王国的领土完整，同样，他们也没有威胁到英格兰王国。他们占据了塞纳河河口附近的沿海地区，向上游航行袭击了巴黎。10 世纪初，法国国王以土地换取了他们的忠诚。诺曼底公国成为法国心脏地带和来自远方的入侵者之间的缓冲地带。在埃塞尔雷德二世的时代，诺曼人凭借自身的商业和政治势力，在沿海地区经营渔业（尤其是鲸鱼），并积极与不列颠群岛、斯堪的纳维亚半岛、法罗群岛和冰岛进行贸易。他们的主要出口商品包括粮食、盐、铁和铅，而鲁昂的商人也经营葡萄酒、海豹皮、鲸油、腌制的鲸鱼肉和奴隶。奴隶贸易在中世纪一直存在，在当时主要人物的生活中也一直是重要的组成部分。4 世纪时，年仅十几岁的圣帕特里克（Saint Patrick）在爱尔兰成为奴隶，之后加入教会。[69] 400 年后，比德（Bede）记录了一位诺森伯利亚的同乡被带到南方的伦敦，在那里被卖给一名弗里斯兰商人。[70] 奥拉夫·特里格瓦松（Olaf Tryggvason）是与埃塞尔雷德二世同时代的人，后来成为挪威国王。在他还是孩子的时候，曾被用来换取"一件贵重的衣服"，后来到了基辅。[71] 尽管北欧的奴隶贸易的组织和规模比不上地中海或印度洋的奴隶贸易，却同样充满残忍和屈辱。10 世纪时鲁昂的瓦尔纳（Warner of Rouen）在讽刺诗《莫里乌特》（*Moriuht*）中进行了尖锐的批评，讲述了一名爱尔兰人莫里乌特在自己的妻子格利塞里乌姆（Glicerium）被绑架之后，在寻找妻子的流浪过程中所经历的故事：

> 他被维京人俘虏，被铁链紧紧地捆绑着……他们用鞭子狠狠地抽打他的身体，遍体鳞伤的他被带到船上。维京人悠闲地站着，惊叹于这个有活力的奇才，并朝他的秃头小便……他备受侮辱，然后被带到一名妇女那里，维京人强迫他与这名妇女性交。[72]

维京人在诺森伯利亚将他出售，后来他在萨克森被再次卖掉。一名寡妇买下了他，并给予他自由，然后他前往鲁昂。鲁昂附近有一个港口，"港口内有大量由维京人提供的商品"，在那里，莫里乌特最终用"半便士"赎回了妻子格利塞里乌姆，并用"四分之一便士和半块煮熟的面包"赎回了他们的女儿。为了获得喜剧效果，瓦尔纳把他的同伴写成一个傻子，夸大了其缺点，但是其中对奴隶遭遇的描述则有一定的真实性。俘虏不分男女老幼，都遭到野蛮的对待和侮辱，生命变得无比廉价，无数家庭被拆散，这些都是中世纪奴隶制的典型现象。

埃塞尔雷德二世并不在意这种屈辱，但他极其反感诺曼人与他的敌人进行贸易。他与诺曼底公爵理查（Richard）签订了条约，对外来袭击者封闭了全部港口，但这些条款并未得到实施。1002 年，埃塞尔雷德二世试图通过与理查的女儿埃玛（Emma）结婚来落实这个不起作用的条约。这次政治联姻并没有达到目的，因为在同一年，埃塞尔雷德二世决定屠杀在英国的所有丹麦人（不分男女老幼）。[73] 屠杀只能招致丹麦人更激烈的反抗，最终使英格兰的盎格鲁－撒克逊时代宣告结束。丹麦国王“八字胡”斯韦恩（Svein Forkbeard）为了报复这场屠杀而集结了军队。1002 年至 1013 年间，他曾多次袭击英格兰，当时埃塞尔雷德二世逃到了诺曼底，斯韦恩登上了他的宝座。3 年后，斯韦恩的儿子克努特（Knút）成为英格兰国王。后来，在他的哥哥死后，他也成了丹麦国王；在（圣）奥拉夫·哈拉尔松（[Saint] Olaf Haraldson）死后，他又成为挪威国王。克努特明智而又富有才能，采取灵活的外交政策，包括与埃塞尔雷德二世的遗孀诺曼底的埃玛结婚。持续近 40 年的征战暂时告一段落，丹麦、英格兰和挪威在同一位国王的统治下出现了前所未有的和平与繁荣。克努特创造的北海帝国十分辉煌，但这是由多种机遇共同促成的。丹麦人在英格兰的统治黄金期持续了一代人的时间，标志着维京时代达到了新的高潮。克努特死于 1035 年，7 年后，英格兰再度由本地人“忏悔者”爱德华（Edward the Confessor）统治，而奥拉夫·哈拉尔松之子“好人”马格努斯（Magnús the Good）则成为挪威和丹麦的国王。

马格努斯唯一的重要对手是他的叔叔哈罗德·希古尔德松（Harald Sigurdsson）——即“无情者”哈罗德·哈尔德拉迪（Harald Hardradi the Ruthless），其丰富的经历证实维京人的影响已超出了欧洲。随着其同父异母的兄弟奥拉夫·哈拉尔松的去世，哈罗德逃往基辅的“智者”雅罗斯拉夫（Yaroslav the Wise）的宫廷。作为拜占庭帝国皇帝的瓦兰吉卫队中的一员，他曾先后在保加利亚、西西里岛、安纳托利亚和圣地（耶路撒冷）为拜占庭人卖命，并于 1047 年返回挪威争夺王位。在哈罗德将近 20 年的统治期内，挪威保持了繁荣昌盛，但他对丹麦的斯韦恩三世（Svein III）发动了无休止的战争，直到他于 1062 年取得尼撒大捷为止。斯韦恩三世“从血染的船舷上缘跳起来，离开他那些阵亡的战友”，最终保住了王位。[74] 2 年后，他与哈罗德达成了协议。

哈罗德侵略的脚步因为1066年英格兰的“忏悔者”爱德华的去世而再度启动。爱德华的妻弟哈罗德·戈德温森（Harald Godwinson）成为继承人，但当时却有其他3名王位觊觎者。诺曼底公爵威廉，即后来的“征服者”威廉（William the Conqueror）是埃玛的外甥，他声称爱德华已经选他为继承人，并指出爱德华是在诺曼人的王宫中长大的，声称戈德温森只是自己的奴仆。理论上，斯韦恩三世是他的叔叔克努特曾经统治的所有疆域的继承人，哈罗德·哈尔德拉迪无权争夺王位。但当时有传闻称，爱德华已经许诺把王位传给哈罗德的前任“好人”马格努斯。而哈罗德·哈尔德拉迪被第一个从候选人中排除，他率领由250艘战舰组成的舰队及12,000～18,000名士兵前往乌斯河，逼迫约克投降。[75]但他的胜利只是暂时的。在5天后的9月25日，挪威人在斯坦福桥取得的巨大胜利令哈罗德·戈德温森都感到惊讶，幸存者乘着24艘战舰，带着他们阵亡的国王逃回。

同时，诺曼底的威廉已经花费数月时间计划入侵英格兰。最终，他于9月27日起航，次日在苏塞克斯海岸登陆。哈罗德向南进军，于1周后到达伦敦，并于5天后出发去追击威廉，而诺曼人已建造了壕沟。10月22日，疲惫不堪的军队在距离黑斯廷斯9英里处的森拉克山山顶集结。在那里，威廉的骑兵、弓箭手和步兵发动了持续的攻击，哈罗德的军队大败，威廉一路追击到伦敦。威廉于当年的圣诞节登上王位，但他治下的英格兰仍然面临内部反叛和外部干涉的威胁。只有掌握战舰和军队，他才能够维护自己的权威。据《盎格鲁－撒克逊编年史》记载，这种情况并不常见。当丹麦的克努特和佛兰德斯的罗伯特（Robert of Flanders）在1085年想要发动入侵的时候，威廉“率领一支法国和布列塔尼的骑兵和步兵部队前往英格兰，这支军队比之前曾到过这个国家的任何一支军队都要强大”。[76]为了确保安全，他开始实施焦土政策，“把大海附近的土地烧成一片荒芜，这样一来即便敌人登陆，也没有什么地方可以占领了”。这种铤而走险的政策表明，维京袭击者的后裔诺曼人在很大程度上已经放弃了其海上猎人的角色，而成为大陆上的捕猎者。对北欧人而言，1066年的事件标志着一个新时代的开始，但对于此时的诺曼人来说，英格兰似乎很容易遭到攻击。

在关于 1066 年大规模的舰队远征的记载中，很少涉及哈罗德·哈尔德拉迪、“征服者”威廉和哈罗德·戈德温森是如何集结数量庞大的船只的。通常，北欧舰队所召集的兵力，是以对领主的义务为基础的。让我们把目光拉回 1 世纪，塔西佗（Tacitus）曾提到日耳曼首领从其统治下的各部落中挑选出百人团，在斯堪的纳维亚半岛和不列颠群岛的海军中，可能也存在类似的做法。[77] 根据 7 世纪的《阿尔巴人统计资料（史）》（*Census [or History] of the Men of Alba*），达尔里亚达王国（位于爱尔兰北部和苏格兰南部）在召集军队时，要求每 20 户人家提供 2 艘船和 28 名船员，共征得 177 艘船和 2,478 名船员。[78]

除了专门的人头税，在 9 世纪以前，英国统治者似乎一直不太关心海上事务。阿尔弗雷德大帝常常被认为是英格兰海军的缔造者，而唯一的证据便是文献中简单地提到他曾召集一支舰队抵御丹麦人，至于这些战舰的基地的位置、管理方式、船员配备及其报酬等情况则都不清楚。对于“长者”爱德华在布鲁南伯尔部署的包括上百艘战舰的舰队的情况，我们同样不清楚。10 世纪末，埃德加（Edgar）和埃塞尔雷德二世创立了（或继续采用）一种被称为“船舶辖区”（ship-soke）的制度，为强征船只和人员提供资金，每 300 户人家需要提供 1 艘船和 60 名男子。[79] 至于水手和水兵，则是从每 5 户人家中选出 1 名男子，并由这 5 户人家提供三个半先令来维持其生活，总共持续了 2 个月。埃塞尔雷德二世也雇用英格兰和丹麦的雇佣兵。在挪威也有与“船舶辖区”类似的制度。“金发王”哈拉尔德在 9 世纪首次建立了大规模的船只征集制度。当时，每 3 户人家必须提供 1 名船员并供给其两个半月的生活所需。这种制度逐渐发展成为在整个斯堪的纳维亚半岛通行的舰队征兵制度（leidang）。通过这一制度，可以征集到更好的船只、船员及大量生活用品。

在正常的环境下，似乎任何人都能够在舰队中服役，因此奥拉夫·特里格瓦松被迫在他的“长蛇号”（*Ormr inn Langi*）上设立了严格的船员守则，这艘船是他在斯沃尔德战役中的旗舰。“在这艘船上服役的人年龄不得小于 20 岁，也不得超过 60 岁。船上不允许存在懦夫和胆小鬼，以及不具备某方面特长的人。”[80] 这种严格的守则可能直到 1066 年才真正落实。当时，哈罗德·哈尔德拉迪征集了至少 250 艘战舰，用于入侵英格兰。威廉的舰队则有 700 ～ 3,000 艘战舰(文献记载不同)及 7,000 名船员，运载另外 7,000 名士兵和骑士（包括其装备和战马）。

贝叶挂毯上的刺绣记录了黑斯廷斯战役的过程，并说明这样大规模的海战背后需要复杂而高效的合作。“威廉下令在这里建造船只，并从这里下海。男人们把武器搬到船上，他们拉着装满武器的马车。威廉乘一艘大船航行到佩文西，在那里卸下战马，士兵们则匆忙赶往黑斯廷斯征集食物。”[81] 哈罗德·戈德温森充分认识到诺曼人的威胁，他“征集了舰队和陆上部队，这两支军队比之前这片土地上任何一位国王的军队都要强大”，但是临时征集的军队不可避免地有许多缺点。[82] 威廉拖延了很久才下海，哈罗德·戈德温森被迫放松对沿海地区的监控，因为“士兵们的供给已消耗殆尽，任何人都无法继续在那里停留，随后士兵们获许回家，国王骑马前往内陆，船只被送到伦敦”。解散舰队之后，哈罗德·戈德温森得以自由地对抗哈罗德·哈尔德拉迪，但他的军队的南面侧翼也随之暴露。

只要士兵们能够以某种方式自行获取武器，这种临时的舰队组建方式就可以发挥作用。北欧人没有投石机那样的远距离武器，他们的船只可承受猛烈撞击，这种原本作为运输船的船只，意外地成为肉搏战的平台。奥德尔·斯诺拉松（Oddr Snorrason）在描述斯沃尔德战役（维京时代记载最详细的一场海战）时，有一处关于奥拉夫·特里格瓦松最后站在“长蛇号”上的段落。[83] 在这场战役中，奥拉夫只有 4 艘战舰，而敌人则拥有排列成行的几十艘战舰。奥拉夫把自己的船连接起来，“长蛇号”位于正中间，因为它“有着比其他战舰更长、更高的船舷上缘，形成了一个极好的战斗平台，就像一个堡垒”。而埃里克·哈孔松（Eirik Håkonsson）则有一艘被称为“铁首号”（*Járnbarðinn*）的船，船首和船尾“完全被铁器和刺状物覆盖”，以此来保护甲板，这种设计在当时并不常见。埃里克的胜利既要归功于他接受了基督教，将船首的雷神托尔（Thor）的雕像移除，也要归功于他在“铁首号”上建造的大型塔楼，可以抛下沉重的横梁砸到奥拉夫的船上。对船只进行改装是十分常见的，但这种窍门只是临时性的，因为维京人的船只并不适合进行这样的改装。尽管如此，这种战舰似乎依然发挥了作用，奥拉夫及 8 名幸存的战友最终投海自尽。瑞典人和丹麦人“用小船将大船包围起来，以便营救那些落水者，并将他们带到酋长那里”。直到今天，奥拉夫究竟是被淹死还是得以逃脱，仍然是一个谜。

西北欧的船只

在斯沃尔德战役中出现的维京船只代表了北欧造船业的发展高峰。[84] 北欧造船业的起源至少可以追溯到数百年（甚至数千年）之前。北欧船只与地中海或印度洋上的船只之间关键性的区别在于，是用叠压的船板制成船体，而不是用螺栓把水平放置的船板连接起来，这种方法被称为船壳板叠压法（lapstrake / clinker）。直到维京时代开始前不久，莱茵河以北的大陆尚不知船帆为何物。当时，船帆在高卢被发明（或者传入高卢），不列颠群岛上的居民则尚不知道船帆，但是皮西亚斯声称从设得兰群岛或不列颠群岛航行到“天涯海角”只需 6 天，这一假设是以公元前 4 世纪时船帆就已得到应用为前提的。设得兰群岛距离挪威和冰岛的海岸有 400 英里，因此，如果皮西亚斯和他的船员从设得兰群岛起航，他们必须以每天 70 英里的平均速度航行，而这是以划桨为动力的船只平均速度的 2 倍。[85]

另一个有关大不列颠岛上出现帆船的确切证据，是一个来自北爱尔兰的布罗伊格特的船只模型，长 20 厘米，由黄金制成，时间可追溯到公元前 1 世纪。[86] 船上配备 18 支桨和 1 支转舵橹，与模型相对应的实物船上有一根挂横帆的桅杆和帆桁，长 12 ～ 15 米。我们没有理由相信，皮西亚斯时代（或者更早）的水手能够在他们的兽皮船上安装桅杆和帆。[87] 如果他曾偶然遇到不使用帆航行的远洋水手，那么他必然会提及，这似乎是最有可能的。我们无法得知，船帆是否在整个不列颠群岛上得到应用，或者在使用帆船的地区和不使用帆船的地区之间是否有一条分界线。不管怎样，大型无桅船只的建造一直持续到了 7 世纪。

布罗伊格特船与恺撒在《高卢战记》(*Conquest of Gaul*)中记载的北欧最古老的船只处于同一时代。公元前57年，在与布列塔尼南部沿海的维内蒂人之间的一次海战中，恺撒对其航海技术和能够横渡大西洋的船只印象深刻。“高卢人的船以不同于我们的造船方法建造而成，并装有船帆”，他写道：

> 船的舱底非常平，有助于在浅滩或因落潮而造成的浅水区航行。异常高的船首和船尾，使其适宜在汹涌的海浪和猛烈的暴风中航行。船体完全是由栎木制成的，能够经受任何程度的震动而不影响航行……他们用未加工的兽皮或薄羽毛做成帆，也许是因为他们没有亚麻，不知道它的用途，也可能是因为他们认为普通的船帆无法抵御猛烈的暴风雨和大西洋上的飓风，不适合这种重型船只。与他们相遇时，我们的船只的唯一优势就是更快，以划桨为动力。[88]

恺撒在卢瓦尔河建造装有撞槌的船，但是尺寸较小，不是维内蒂人的船只的对手。维内蒂人“装备完善，可以随时准备战斗”的船只十分高大，以至于当罗马人“试图建造塔楼时，他们发现其高度仍然没有超过敌人那高耸的船尾，由于太低而无法使投射物达到预定的射程，而敌人的投射武器则有着强大的杀伤力”。[89]最终，罗马人使用“固定在长杆两端的刺状铁钩”砍断维内蒂人船上的帆绳而获胜。因为维内蒂人的船上没有桨手，罗马人便可以逐个摧毁失去动力的敌船。

在两次前往不列颠群岛的过程中，恺撒获得了另外的经验，他下令建造适合横渡英吉利海峡的船只。他写道：

> 这种船要能迅速地装载且容易拖上岸，做得比我们通常在地中海上用的船稍微低一些……然而，同时还要能装载包括许多牲畜在内的沉重货物，做得比我们在其他水域用的船稍微宽一些。它们都是适合航行和划行的船——这种设计便于其使用较低的干舷。[90]

在 20 世纪 80 年代修建一家宾馆时，人们发现了莱茵河上最大的罗马时代的船只。[91] 当时，工人们挖掘出 5 艘 4 世纪船只的残骸，与位于美因茨的日耳曼舰队基地相毗邻。其中 4 艘是细长的、开放式的游艇。通常用于运输和巡逻的船长约 21 米，宽 2.5 米，船上有 1 根桅杆，上面装有横帆，共有 30 名桨手。第 5 艘船最小，是一艘视察船，带有一个供官员使用的小客舱。在建造这些船时，造船者先在一个临时船架的周围钉牢船板，然后将临时船架移走，再将真正的船架插入船体当中。这种方法十分适合大规模地建造这类内河船只，在后奥古斯都时代，这类船只在帝国舰队中的比例逐渐提高。

这种建造船体的混合方法十分类似“罗马人 – 凯尔特人”设计的船只，后者在罗马治下的高卢和大不列颠岛都有所发现。这种被称为“船架式”（frame–based）的造船技术，在出土于伦敦的 2 世纪的贝克法亚斯驳船残骸和在圣彼得港（位于海峡群岛中的根西岛）发现的 3 世纪时商人乘坐的帆船残骸中都可以看到。[92] 其船体不是使用在地中海和北欧其他地区发现的“先造船壳”的方法建造的，并不是在建造好船架之后，再将船板固定在船架上。相反，船架是分步建造的，在一部分船架组装完成后，便将船板固定在上面，在船底板完成后船架也随之完成。在这种方法之下，影响船体形状的决定性因素是船架而不是船板。这种船和美因茨船的风格都没有完全进化成“先造船架”的技术，这种技术到中世纪后期才从地中海引入，并得到了进一步发展。

圣彼得港的贝克法亚斯驳船和美因茨船都装有船帆，尽管罗马的巡逻艇对莱茵河 – 多瑙河走廊的居民而言是非常熟悉的（实际上，许多船员就是从土著居民中招募的），但直到罗马在高卢的统治结束相当长时间之后，才出现少量在莱茵河以北地区使用船帆的证据。这一时期，保存最完好的船是在尼达姆发现的一艘 4 世纪的船，位于石勒苏益格附近，基尔以北约 80 千米处。该船船体长 22 米，桨架可放置 30 支桨，并有一个控制方向的边舵，但没有船桅或帆。尼达姆船是用船壳板叠压法建造的，与塔西佗所描述的 1 世纪时的日耳曼船一致：“他们的船不同于在船两端各有一个船首的常见的船（即罗马人的船），因此，他们一直沿右边的航道航行进入港口。他们不用帆作为动力，也不把一排桨固定在船的两侧。桨架是活动的，正如有人在某些河船上发现的活动桨架那样。在需要时，桨架可以旋转到任何方向。”[93]

尼达姆船可以说是这类船只的代表。4 至 5 世纪时，盎格鲁人、撒克逊人和朱特人曾乘这种船穿过北海到达大不列颠岛。尽管许多人质疑在仅依靠船桨的情况下，是否可能进行如此大规模、远距离的迁徙，但是仅依靠船桨为动力的大船在 7 世纪时的英格兰依然在使用，正如我们在萨顿胡船的残骸中所见到的。[94]在 1939 年出土时，这艘长 27 米的船的船体已不复存在，由于在土壤中发生的化学反应，船上木制和铁制的固定装置已经消失，只留下清晰的铸型、绳索及其形状和位置的痕迹，甚至还有船只被修理过的痕迹。[95]该船配备 28 名桨手，尽管没有直接的证据，但船体形状和龙骨的结构表明，船上可能装有桅杆和帆。1993 年，人们制造了只有真船一半大小的模型，证明其航行能力十分出色。不论萨顿胡船上是否装有桅杆和帆，它显然是在西北欧造船业的过渡阶段中建造的，并影响了维京时代的船只。

关于维京时代船只的文字和图像资料与奥德尔・斯诺拉松描述的斯沃尔德战役中的“长蛇号”和“铁首号”的资料同样稀少，但丰富的考古发现则弥补了这一缺憾。至今已有 20 多艘船出土，时间可追溯到 9 世纪末 10 世纪初，出土地点位于从奥斯陆海湾到日德兰半岛沿海地区，以及向东直到维斯瓦河的广阔区域内。[96]维京人有着各种各样的战舰和普通船只，其商船和战舰之间有着许多共同特征。与尼达姆船和萨顿胡船一样，双尾船体是用“先造船壳”和船壳板叠压法建造的，以单一边舵控制方向，舱底相对较平，可以沿海滨快速航行。合并的龙骨使其有可能装配桅杆和横帆，然而帆船适用于远距离航行，而在近海应对变化无常的海风或者投入战斗时，桨船则更加适用。与战舰不同，“诺尔”（knarr）和其他商船的船体通常都是开放式的，船首和船尾都安装了甲板，桨手就坐在上面。船中部有隔舱，乘客和货物位于其中，货物包括食品、器具、商品和牲畜（包括羊、牛和马）。通常，牲畜都是用船来运输的，挪威人曾把马引入冰岛。威廉在入侵英格兰时，船上载着 2,000 ～ 3,000 名骑士，他们也带着相同数量的战马，搭乘相同类型的船只。[97]

迄今为止已发现的最早也是最引人注目的维京时代船只，是挪威人的奥瑟伯格船和戈克斯塔德船。[98]前者长 21.6 米，宽 5.1 米，建造于约 815 年至 820 年间，出土于 1904 年；后者长 23.3 米，宽 5.2 米，建造于约 890 年至 895 年间，于 1880 年在一处墓葬中被发现。它们一开始被认为是维京长船（langskip），现在一般认为属于“卡维”（karvi），是一种比长船和诺尔都要小的船。这 2 艘船上都装有船帆，奥瑟伯格船是斯堪的纳维亚半岛北部最古老的船只，可以确定船上装有船帆。与典型的维京船只一样，在奥瑟伯格船和戈克斯塔德船的船体一侧的单排桨手站立处装有支架，盾牌被固定在支架上。这 2 艘船都发现于墓葬之中，这表明它们可能属于一位酋长或其他重要人物，就像萨顿胡船那样。

在稍晚的哈罗德·哈尔德拉迪与斯韦恩三世交战时，丹麦人在斯库勒莱乌凿沉了 5 艘船，以阻止敌人靠近罗斯基勒。[99]船只残骸已经确认属于 2 艘诺尔（斯库勒莱乌 1 号船和 3 号船）、2 艘战舰（斯库勒莱乌 2 号船和 5 号船）和 1 艘渔船（斯库勒莱乌 6 号船），时间可追溯到 930 年至 1030 年间。*其中最新而且保存最完好的是斯库勒莱乌 3 号船，长 14 米，能够装载约 5 吨货物及 5 ～ 9 名船员。斯库勒莱乌 1 号船的载重量为 15 ～ 20 吨，长 16 米，可能建造于挪威，能够用于海外贸易。斯库勒莱乌 5 号船是一艘“小型战舰”（长 17 米）。斯库勒莱乌 2 号船因其长宽比为 7∶1 而格外引人注意，比其他长宽比为 4∶1 的船要窄很多。在波罗的海、诺曼底和爱尔兰等地，似乎已经仿造出了能与之媲美的船。在这些地方，长 30 米的斯库勒莱乌 3 号船被成功仿造。2 艘战舰被拖到岸上，船底已严重磨损。斯库勒莱乌 2 号船是迄今为止发现的最长的维京船只，但桨手的总人数尚不清楚，其补充人数估计为 50 ～ 100 人。冰岛的“萨迦”故事中指出，携带 13 ～ 23 对桨的船属于长船，则斯库勒莱乌 2 号船可能是其中尺寸较大的。

---

* 一开始，这些船只残骸被确认为 4 号船，但后来发现属于 2 号船。此后人们又发现，4 号船和 5 号船的残骸一直被误当作 5 号船和 6 号船。

戈克斯塔德船（895 年）是一艘巨大的以船壳板叠压法建造的“卡维”，可以用于远洋航行。船体主要用栎木制成，长 23 米，宽 5 米，能够搭载约 65 人。该船发现于挪威桑讷峡湾附近的一处墓葬中，同时出土的还有 3 艘较小的船、一张床、一些烹饪器具以及 12 匹马和 6 只狗等牲畜。（Courtesy of the Vikingskipshuset, Oslo.）

携带超过 25 对桨的船只被称为“大船”，其中最著名的就是奥拉夫·特里格瓦松的“长蛇号”。正如奥德尔在 12 世纪的《奥拉夫·特里格瓦松萨迦》（*Saga of Olaf Tryggvason*）中描述的那样，“大船”建造于特隆赫姆附近，那里的船只到奥德尔的时代依然可见，“不计船首和船尾的凸起部分，其长度已有 74 厄尔（合 36 米）”。[100] 为国王建造的船只装饰十分豪华，奥拉夫有一艘船“涂满了各种颜色并镀金，以银进行装饰，船首有一个龙头”。[101] “八字胡”斯韦恩远征英格兰的战舰则比奥拉夫的船更为豪华。“在船的一侧，黄金铸造的多座狮子像面对着敌舰；在另一侧，各种各样的龙头从鼻孔中喷出火焰。你看！还有纯金或纯银铸造的与真人大小相仿的人像。你看！那昂头抬腿的金银人像似真人一般跳跃和吼叫着。”[102] 这种装饰是为了显示国王的地位并恐吓敌人，更大的作用则是抵御反复无常的海风。在斯韦恩的船上，“在桅杆顶端有许多鸟型雕像，通过观察其移动便可以了解海风的方向”。

在东欧，现存的船只残骸很少。没有证据表明，瓦兰吉人治下的罗斯影响了土著斯拉夫人的造船业。土著斯拉夫人的船只主要用于内河航行而非海上航行。在君士坦丁七世献给其基辅领主的贡品中，有一种斯拉夫人建造的被称作“独木船”（monoxylon）的原木舟，能够在第聂伯河下游长达 70 千米的险滩上轻松航行。斯拉夫人的独木船也可以装配船帆，商人们在每年 6 月乘独木船经内河航行到达黑海，“在需要时可以安装随船携带的帆、桅杆和舵”，然后沿着海岸航行到保加利亚和博斯普鲁斯海峡的港口。[103] 这种船虽足以用于贸易，但无法同拜占庭舰队相比，拜占庭舰队的战舰更大且配有精良的武器。罗斯人从来没有在黑海或波罗的海打造出一支舰队，其在黑海上的影响十分有限，而在波罗的海的贸易则由其他地区的商人负责运输。

随着 11 世纪行将结束，维京时代的自由精神显然已消耗殆尽。除了在冰岛，地方首领无法在日益集权的君主国和城市中心面前保持其自治地位。虽然 1066 年的诺曼征服常常被视作维京时代结束的标志，但这个时间仅适用于英格兰和法国。在东欧，具有同样意义的事件是 1054 年“智者”雅罗斯拉夫的去世，此后，基辅罗斯日趋转向拜占庭帝国。巧合的是，基督教东派、西派之间的分裂也发生在这一年。冰岛在 1000 年至 1264 年间处于独立状态，此后处于挪威国王的统治之下；15 世纪时，奥克尼群岛和设得兰群岛从挪威人手中转到苏格兰人手中，格陵兰岛的定居点消失了。

维京人的贸易尽管范围十分广泛，但实际上其贸易商品都是声望商品、奢侈品或高度专业化的产品，在这一点上，维京人的贸易是与弗里斯兰人和更早的先民相似的。在 11 世纪之前，除了少数例外，北欧几乎没有大宗贸易。农民没有为出口贸易服务的过剩生产力，仅有的频繁用船运的大宗农产品是葡萄酒（勃艮第和塞纳河的葡萄酒经河流和近海海域被运到莱茵河三角洲）和羊毛。[104] 作为中世纪后期海上贸易特征的大宗贸易——商品为葡萄酒、粮食、鱼、木材——这时几乎还不存在。当人口增长且农产品和手工业制品的产量开始增加时，贸易是围绕着行会和商人的自由协会来组织的。而商人使用的设计新颖、尺寸更大的船只，迫使海上运输的组织和海上战争的进行发生了根本改变。这样的变化并非仅仅发生在欧亚大陆的西部，在印度南部也发现了参与长距离贸易的类似方式，并且这些方式从印度南部向季风海域各地传播开来。

第 10 章

海上丝绸之路

欧亚大陆的历史在 7 世纪和之后的几个世纪是由哈里发国家的出现以及中国的再度统一支配的，并且这是可以理解的。在不到百年的时间里，伊斯兰教便成为横跨亚非两大洲的弧形区域（从葡萄牙到哈萨克斯坦及印度河流域）中最重要的宗教。在中亚，它与唐王朝的西部边界接壤，唐王朝的军队此时正将边界向西推进，横跨长达 2,000 英里的沙漠和草原。正在直接接触的时期，由于在“伊斯兰之境”和在唐朝内部的剧变，商人们的注意力从横跨中亚的陆上丝绸之路转移到海上丝绸之路。这条从西南亚至东北亚的海上贸易航线两端繁荣的海上市场，吸引了季风海域的商人和僧人，并且帮助他们各自的帝国实现了世界性的繁荣。这一贸易网络中的各个部分都已存在了数百年，不过到 7 世纪时，季风海域的水手们正获得更多的经验和自信，扩大航行的范围；水手们驻足之地（如室利佛逝和朱罗王国）的当地统治者能够积聚足够的财富和声望，从而建立长久且有影响力的国家。如此形成了一种良性循环：货物与文化的传播使地方和地区统治者获益，反过来，他们更强大、更稳固的国家又吸引了更远处的商人前来。

印度洋上的穆斯林水手

7 世纪初，西南亚由拜占庭帝国和萨珊王朝瓜分。拜占庭帝国控制着安纳托利亚的大部分地区、黎凡特和埃及，而萨珊王朝则统治着波斯、伊拉克以及安纳托利亚东部的部分地区。在阿拉伯半岛上，两大帝国控制着巴林岛及其相邻的陆地、从科威特至卡塔尔的海岸、半岛东南角的阿曼和也门以及阿拉伯海上的亚丁港。阿拉伯半岛的其他地区则不在两大帝国的统治范围之内，包括与红海接壤的汉志地区、圣城麦加和麦地那、也门与阿曼之间的南岸地区的哈德拉毛以及阿拉伯半岛北部的内陆地区雅玛那。伊斯兰教的东进反映出其西扩的速度及效率。634 年，阿拉伯军队占领了叙利亚最大的贸易城市大马士革，该城遂成为此后 100 多年中阿拉伯帝国的首都。在占领亚历山大港之后，阿拉伯军队又征服了波斯。在倭马亚王朝建立时（661 年），伊斯兰教在阿拉伯半岛、美索不达米亚及安纳托利亚东部都占据优势，阿拉伯军队已经推进到高加索山脉。在里海东部，伊拉克总督赫贾吉（al-Hajjaj ibn Yusuf ath-Thaqafi）于 694 年至 714 年间将战线推进至阿富汗，并跨越阿姆河到达锡尔河，河中地区（今乌兹别克斯坦中部）的许多波斯人和突厥人开始放弃琐罗亚斯德教、佛教和基督教而改宗伊斯兰教。河中地区是一个商贸中心和战略要地，由此西去的丝绸之路途经喀什和塔克拉玛干沙漠，并与来自阿富汗和印度的路线汇合。8 世纪中叶，阿拉伯帝国缓慢地向中亚扩张。尽管 751 年阿拔斯王朝的军队在怛罗斯（位于今哈萨克斯坦境内）击败了唐朝军队，但是吐蕃的北扩遏制了其东进的步伐。吐蕃在其扩张的高峰期，与唐王朝和阿拉伯帝国相抗衡。尽管吐蕃最终被阿拉伯帝国和唐王朝的军队所牵制，但是其扩张造成了巨大的破坏，迫使商人们转而利用波斯湾、印度、东南亚及中国之间的海上航线。

635 年，阿拉伯军队抵达波斯湾地区，在巴士拉建立了军营。萨珊王朝在 10 年内便衰落了，到 8 世纪初，阿拉伯帝国向东扩张到印度河流域，许多波斯和阿曼的水手成为穆斯林，并带着他们的新信仰奔走在因阿拉伯帝国的强盛而繁荣起来的商路上。尽管贸易的增长并未伴随着版图的扩张，却导致了印度河三角洲与古吉拉特之间的阿拉伯海上海盗的猖獗。为了重建秩序，总督赫贾吉于 711 年命令阿拉伯军队进入印度次大陆，次年，塔立克·伊本·齐亚德渡过直布罗陀海峡，开始了对伊比利亚半岛的征服。尽管这可以被视为赫贾吉对河中地区及阿富汗的征战的自然延续，然而赫贾吉宣战的原因是十分明确的。据 9 世纪的历史学家白拉左里（al-Baladhuri）记载：

> 红宝石岛（今斯里兰卡）的国王送了几名在本国出生且为穆斯林的女子给总督赫贾吉，这些女子已故的父亲曾是一名商人，国王试图以此获得总督赫贾吉的帮助。但是他们所乘的船遭到一群来自德布尔（今巴基斯坦班波尔）的海盗的袭击，船上人员全部被抓。[1]

赫贾吉下令进行一系列的远征，其中最后一次由穆罕默德·伊本·卡西姆（Muhammad ibn-al-Kasim）率领，此次远征增派了一支满载士兵、武器和补给的船队。[2] 伊本·卡西姆占领了德布尔港，杀死其国王，并迫使信德地区归顺。当地的许多佛教徒改宗伊斯兰教，这次征服也有助于恢复从印度西部的康坎海岸、马拉巴尔海岸到斯里兰卡之间的航线。不过，信德地区已经是 300 年间阿拉伯帝国在南亚东扩的极限。

尽管在传播伊斯兰教方面取得了极大进展，但大马士革的倭马亚王朝哈里发却承受着来自传统派系的压力，以及阿拉伯穆斯林与外来皈依者之间的分歧与矛盾。阿拉伯人与波斯人之间的矛盾尤为尖锐，在阿拉伯人第一次扩张的浪潮中，波斯人的文化与帝国特性远比其他归顺的民族更为深厚。749 年，当穆罕默德的旁系后裔阿布·阿拔斯 - 萨法赫起兵反抗倭马亚王朝的统治时，他得到了来自波斯北部的军队的支持，阿拔斯遂自称哈里发。阿拔斯定都于幼发拉底河下游的库法，而其继承者阿布·加法尔·曼苏尔（Abu Jafar al-Mansur）于 761 年至 762 年间在底格里斯河西岸的巴格达建造了一座新都城。国家行政机构自大马士革东迁 750 千米，这宣告了叙利亚在伊斯兰世界中优势地位的终结，并将伊斯兰世界的注意力从地中海和北非转移到中亚及印度洋，从而对印度洋的贸易产生了巨大的影响。

据 9 世纪的地理学家雅库比（al-Yaqubi）记载，有人曾向曼苏尔展示巴格达的位置，曼苏尔预言巴格达将会成为“世界的海滨”。“沿着底格里斯河，来自瓦西特、巴士拉、阿瓦士、法里斯、乌曼、雅玛那、巴林岛以及邻近地区的所有商船都可以进入这座城市并在此停靠。同样，来自摩苏尔、迪亚拉比耶、阿塞拜疆和亚美尼亚，以及幼发拉底河上来自迪亚穆达尔、腊卡、叙利亚、埃及和北非的所有船只，都能到这里卸货。”[3]巴格达更明显的一大优势是易于防守。在雅库比时代的2个世纪之后，地理学家穆卡达西的记载让人回忆起人们曾提供给曼苏尔的建议，他指出巴格达“位于两河之间的地带，因此敌人在取道底格里斯河或幼发拉底河时除了乘船或过桥别无他法”。[4]

在巴格达建成后的50年中，其人口已经增加至约50万，从而成为除中国的长安以外世界上最大的城市。在西方，与之规模相近的城市有君士坦丁堡、亚历山大港、大马士革及巴士拉。这座城市的迅速发展主要得益于其优越的地理位置，即位于底格里斯河畔，距离幼发拉底河不到50千米。此地位于伊拉克中部，恰好处在东方的波斯、中亚和印度与西方的叙利亚、地中海和北非之间的陆上商道的交会处。巴格达的河道上布满了船只，既有从摩苏尔丘陵地带前往底格里斯河下游的库法（以芦苇制成的圆形船只），也有从波斯湾和印度洋返航的远洋船只。运河为巴格达提供了进入幼发拉底河及与西方进行贸易的通道，同时，巴格达也是从西南的麦加而来的朝圣之路的终点。虽然巴格达距离波斯湾入口仍有近500千米，但是底格里斯河确实为巴格达打开了通往印度洋贸易世界的通道。因此，雅库比宣称：“正是底格里斯河让我们与中国之间不存在任何障碍，海上的一切都能沿底格里斯河到达巴格达。”[5]这段话让人想起了萨尔贡王朝对“阿卡德码头”的夸耀，尽管此时的水手已航行到比迪尔穆恩（今巴林岛）、玛干（今阿曼）和美路哈（位于印度河流域）远得多的地方。10世纪时，巴格达可能是世界上最忙碌的港口，而它的外港则被称为“印度的边界”，其中包括那些伊朗南部的港口及索科特拉岛。[6]

尽管波斯湾的港口乌剌、巴士拉及尸罗夫的繁华在萨珊王朝后期已趋于衰落，但在从萨珊王朝过渡到阿拉伯帝国期间，这些港口仍在长途贸易中保持活力。白拉左里曾指出，在伊斯兰时代到来之前，乌剌是独一无二的。作为倭马亚王朝的伊拉克行省的2个首府之一（另一个是库法），巴士拉很快就令乌剌相形见绌，尽管巴士拉的成功更多得益于政治因素而非地理因素。起初，在卡拉克斯－斯帕西努的旧址上建起了军营，该地距阿拉伯河 15 千米，之所以能成为港口是因为这里与乌剌之间有一条运河相连。*尽管如此，巴士拉仍吸引了来自伊斯兰世界各地及其之外的船只。[7] 在成为巴格达（一个多世纪之后才建城）的入境口岸之前，巴士拉早已蒸蒸日上，并在 8 至 9 世纪时达到巅峰。当时，巴士拉是 20 多万不同信仰、不同种族的居民的聚集地，以其制造业、农业（尤其是海枣）和活跃的文学、艺术及宗教而闻名。

尸罗夫是巴士拉的主要竞争对手，位于波斯沿海地区，距波斯湾入口处 375 英里，4 世纪时由萨珊国王沙普尔二世（Shapur II）所建。尸罗夫拥有一处宽阔的锚泊地，比波斯湾北部的港口更适宜停泊吃水较深的船只，不过其自然环境十分恶劣，常年遭受高温炙烤，且缺乏充足的水源以维持庞大的人口，更不必说从事农业生产了。后来，人们通过修建蓄水池和淡水渠解决了缺水问题，同时也润泽了富商们的花园，他们通过与巴格达和设拉子（今波斯法尔斯省首府）之间的贸易而富裕起来。在整个阿拔斯王朝时期，这个港口倍受地理学家和历史学家的颂扬，因为尸罗夫的商人远航到达中国，同时也从印度和东非进口柚木及其他木材来建造房屋、清真寺、船只及灯塔。10 世纪的波斯地理学家伊斯塔赫里（al-Istakhri）对尸罗夫与设拉子进行了比较："尸罗夫在规模及华丽程度方面几乎与设拉子相同，其房屋用购自辛吉的柚木建造，高达数层，可以俯瞰大海。"[8]

在起义军及哈里发统治边缘地区的自治总督开始挑战巴格达的权威之前，阿拔斯王朝的辉煌继续维持了近一个世纪之久。越是在靠近帝国中心的地区，哈里发政权越要面对从商人到奴隶之间的阶层分歧。在许多行省，由于存在大量奴隶，哈里发政权常常受到奴隶起义的困扰。最早的一次起义是持续 14 年的辛吉起义（869—883）。[9] 一开始，这场起义是因经济上的不满而爆发的，不过很快就转变成对哈里发权威的攻击。在这次起义中，据估计有超过 50 万人死亡。辛吉起义获得了波斯湾商人的支持，后者怨恨哈里发政权干涉其贸易。他们一起占据了乌剌和阿巴丹，并于 871 年占领了巴士拉。巴士拉的失守是哈里发政权的巨大失败，尸罗夫和

* 现代的巴士拉港是 18 世纪时在乌剌的旧址上重建的。

苏法尔等其他港口从中获益，阿拔斯王朝仅在名义上对其实施控制，这些港口很快就利用这一机会发展起来。

10 世纪时，阿拔斯王朝的哈里发沦落为政治傀儡，波斯的什叶派埃米尔（即白益）在巴格达以及波斯湾两岸掌握着绝对权力。在白益王朝崛起的同时，法蒂玛王朝从伊弗里基亚迁至开罗，红海的贸易随之复苏。在拜占庭人占领埃及的后期，红海的贸易发展水平仅次于波斯湾。976 年，尸罗夫因地震而遭到严重破坏，这成为海湾地区商业衰退的一个征兆。[10] 1062 年，来自中亚的塞尔柱突厥人侵占了设拉子，不过他们对海洋贸易毫无兴趣，在尸罗夫以北 750 千米外的伊斯法罕建都。波斯南部发生了骚乱，随后，霍尔木兹海峡的基什岛上出现了海盗。在法蒂玛王朝的统治下，红海港口的贸易不断发展，从而使得波斯湾对商人越发失去了吸引力。

乍看之下，7 世纪时除了前往麦加朝圣及谷物贸易，穆斯林占领埃及并未带来红海交通的发展，这似乎有些矛盾。自古以来，尼罗河与红海一直是地中海与印度洋之间的重要通道，但巴格达的兴起使波斯湾成为西印度洋贸易的中心。在法蒂玛王朝复兴之前，红海的贸易一直由时常出入于吉达和亚丁的波斯水手掌握。到 9 世纪，在吉达和亚丁可以找到来自信德、中国、桑给巴尔岛、阿比西尼亚、法尔斯（波斯）、巴士拉、吉达以及古勒祖姆（今苏伊士）的商品。[11] 646 年，正统哈里发奥斯曼指定吉达作为麦加的港口，该地位于麦加东南约 75 千米处。吉达周围被盐碱滩和暗礁环绕，船只只能经由一条狭窄的通道穿过，但尽管如此，吉达仍是伊斯兰世界最重要的港口之一，尤其是在麦加朝觐期间。每到朝觐时，为朝觐者提供的大量谷物及其他生活用品取道古勒祖姆经海路运来，有时，许多朝觐者也会选择这条路线。印度洋上的船只如果航行到吉达以北，则风险更大且收益甚少，因此吉达遂成为与埃及之间货物运输的主要转口港。11 世纪 60 年代，塞尔柱帝国占领了西奈半岛，之后，红海的贸易随着埃及的恢复与繁荣而增长。由于北非到麦加之间正常的陆路贸易路线无法通行，前往麦加朝圣的穆斯林遂取道埃及，将旅程分成几段，先乘船沿尼罗河到达古斯或阿斯旺，然后在阿斯旺加入穿过北非沙漠的骆驼商队，用时 3 周到达居民不足 500 人的阿伊扎布港，那里的船长对于前往吉达的旅程以及朝觐者所需的食物都会索取高额费用。[12] 不过，在埃及的第一个马穆鲁克苏丹国推翻了巴勒斯坦的十字军国家，并于 1267 年至 1268 年间恢复了从西奈半岛前往麦加的路线之前，阿斯旺—阿伊扎布—吉达这条路线一直发挥着作用。

东非

只要巴格达仍保有西印度洋地区的主要市场，红海就依然是波斯湾航运的重要路线。尽管在亚丁可以找到丰富的商品，但大部分商品是先进入波斯湾港口的，即使是来自东非海岸附近的商品也不例外。波斯湾与东非之间的贸易并非新鲜事物，其开端不迟于 8 世纪。当时，这种区域贸易被推进到非洲之角以南，伊斯兰教开始在那里产生影响，但仍十分有限。在 6 世纪时横跨红海劫掠了也门之后，阿克苏姆的国王已经放弃了海上进取的野心，来自尸罗夫和苏哈尔的阿曼商人逐渐取代了其在非洲之角以北的沿岸贸易中的角色。[13] 到 8 世纪，他们迁徙到索科特拉岛上，并将该岛作为对非洲之角以外地区的贸易及劫掠的集结地。最初，阿曼人及后来的波斯人和阿拉伯人将其活动范围限制在相对安全的群岛海域，以及沿肯尼亚和坦桑尼亚海岸分布的近海岛屿，直到他们进入非洲大陆定居后，也基本没有深入内陆。他们的许多港口都是临时性的，是用易腐材料建造的，在 10 世纪与 11 世纪之交修建的大部分永久城镇距离大海也不过几千米而已。

从穆斯林出现在东非的最初 3 个世纪以来，物质文明的发展或许是暂时的，但尽管如此，许多城市仍然达到了较大的规模，令人印象深刻。[14] 其中有些城市的面积甚至达到了近 20 公顷，并发展成为至今依然繁荣的城市，例如索马里的摩加迪沙，肯尼亚拉姆群岛的港口，坦桑尼亚的奔巴岛、桑给巴尔岛和基尔瓦岛，以及莫桑比克的索法拉。索法拉是始于津巴布韦的黄金贸易的临海终点，实际上也是 15 世纪末葡萄牙人到来之前印度洋航运的西南边界。虽然其海外联系归功于穆斯林商人，但这些城市最初是由操斯瓦希里语的非洲居民勘定并控制的。8 世纪末，这群人已沿着肯尼亚到莫桑比克之间绵延 2,000 千米的海岸向南扩张，于 9 至 10 世纪时在科摩罗群岛定居下来。长期以来，学者们普遍认为斯瓦希里文化很早就被阿拉伯人及伊斯兰教烙下了难以磨灭的印记。[15] 然而，阿拉伯人及伊斯兰教的影响与其说是被吸收，不如说是强加给斯瓦希里人的，斯瓦希里人逐步发展成为调和外来文化与本土传统的复杂社会。“斯瓦希里”（Swahili）一词来自阿拉伯语词汇“sawahil”，意为“海岸”。然而，斯瓦希里语是一种含有少数阿拉伯语词汇（主要是宗教、商业及航海方面的术语）的班图语，大部分阿拉伯语词汇是在 17 至 19 世纪进入斯瓦希里语中的，当时阿曼帝国统治着东非海岸的一部分。

到目前为止，在最早一批斯瓦希里城址中已得到发掘的是位于尚加的城址，在该地发现的波斯瓷器说明 8 世纪末穆斯林水手已经到达这里。[16] 这个城镇曾经十分繁荣，在 11 世纪末，该地有一座星期五清真寺及其他一些建筑物，用珊瑚及石头而非更易腐烂的木头及茅草建成。年代稍晚的是基尔瓦城，位于距离坦桑尼亚海岸一处封闭海湾约 4 ～ 6 千米的一个岛上。[17] 从 12 世纪后期到 16 世纪，基尔瓦的发展达到巅峰，在考古发掘中出土了阿拉伯 - 波斯物品及来自中国的物品，后者由取道波斯湾港口的船运载而来，这些出土物品可以追溯到 9 世纪。据 16 世纪的《基尔瓦编年史》（*The Kilwa Chronicle*）记载，基尔瓦城为设拉子苏丹之子阿里·伊本·哈桑（Ali ibn al-Husayn）所建。哈桑与他的 5 个兄弟以及他们的父亲乘着 7 艘船航行，在科摩罗群岛和拉姆群岛对岸的陆地上的 7 个地方定居下来，这些地方据说是哈桑用布料与一位统治者交换而来的。哈桑的故事让人联想到摩加迪沙建城的传说，以及 8 世纪时波斯人移居印度康坎海岸的传说。无论其真实性如何，这个故事被载诸文字时已有 500 年的历史，在基尔瓦城遗址中发现了 11 世纪的钱币，上面刻有哈桑及其继承者的名字。最先到达科摩罗群岛的人并非哈桑家族的成员，而是来自马达加斯加岛的操马达加斯加语的居民。科摩罗群岛重要性提升的原因在于，群岛散布在莫桑比克北部与马达加斯加岛之间，横跨索法拉与基尔瓦之间的近海航线，该航线的东部延线则由季风风向与洋流决定。除了波斯湾与非洲之间的常规交往，室利佛逝与东非（很可能是马达加斯加）之间也存在直接的贸易往来。据说，室利佛逝的商船曾“受到殷勤款待，并进行了获利颇丰的贸易活动……因为他们彼此之间都能理解对方的语言”，这是因为马达加斯加语源自马达加斯加岛上的首批定居者所带来的属于南岛语系的语言。[18]

东非的出口物产十分多样，不过主要由自然资源构成，其中大多是黄金、红木、玳瑁壳、铁及象牙。至于进口物品则更难确定，到 9 世纪，穆斯林与印度商人的货物清单中出现了中国的瓷器及玻璃制品。[19] 由于这些物品不易腐烂，因此我们更容易追寻其跨越时空的流布踪迹，这也解释了为什么东非的历史到此时才开始变得相对清晰。除此之外，印度洋贸易另一根饱受非议的支柱便是黑奴贸易。7 世纪时，伊拉克的奴隶已经足以发动一场起义，到 9 世纪，奴隶贸易进一步激增。850 年至 1000 年间，奴隶贩子用船运送了约 2,500 万名来自非洲之角以南地区的黑人，非洲之角当时被称为“奴隶之角”。[20] 在 1900 年之前，又有 1,000 万名黑人奴隶被贩卖。与其后的大西洋奴隶贸易相比，对印度洋奴隶贸易的调查并不深入，这部分是由于书面记载相对匮乏，部分是由于人们对亚洲的奴隶贸易及奴隶的不同态度。与欧洲社会不同，伊斯兰世界中的奴隶拥有广泛的合法权利，即便是在作为别人的财产时，奴隶也可以担任高官、赚钱并拥有财产。他们可以赎买自己的人身自由，也可以与其他奴隶或自由人结婚。至少就与奴隶制度相关的种族歧视而言，伊斯兰世界比其他地区要轻得多，伊斯兰教禁止穆斯林及契约民成为奴隶，后者包括基督徒、犹太教徒、琐罗亚斯德教教徒等。尽管如此，黑人穆斯林仍常常受到奴役，这遭到了非洲统治者与穆斯林法理学家的控诉，正如后来非洲基督徒抗议其在欧洲基督徒统治下的遭遇一般。

关于中世纪东非的奴隶贸易，几乎没有文献流传下来，不过有一些地位很高的人和作家无意中记载了奴隶贸易的后果（如辛吉起义），其中一位曾经统治埃及。关于奴隶贸易本身，唯一的资料是关于某位佚名的非洲统治者与阿曼商人伊斯梅尔·伊本·易卜拉欣·伊本·米尔达斯（Ismail ibn Ibrahim ibn Mirdas）的故事。922 年，伊斯梅尔正在前往奔巴岛的路上，被迫朝目的地以南的地方航行。在索法拉附近登陆后，伊斯梅尔及其船员开始与当地人进行交易，他说，“这对我们来说是最好的交易了，没有任何障碍及货物税”，而货物税在印度洋世界的其他地区十分常见。[21]交易完成后，当地国王上船为这些商人送行。伊斯梅尔回忆道：“当我在船上看到他们时，我就告诉自己，在阿曼的市场上，这位年轻国王的售价肯定可达 30 第纳尔，他的 7 名随从则每个值 60 第纳尔，仅他们的衣服就值至少 20 第纳尔。不管怎样，这将为我们带来至少 3,000 迪拉姆的收入，而且唾手可得。”* 因此，他在船上捆绑了这位国王及其随从，连同船上的 200 名奴隶一并运回本国。国王在阿曼被贩卖，这本来可能就是故事的结局，但是数年之后伊斯梅尔再次回到索法拉，却发现面前正是自己曾经的俘虏。

这位佚名国王讲述了自己的奇遇，那位阿曼人感到紧张也情有可原，国王提及他在被贩卖后如何在巴士拉和巴格达生活，他在那里改宗了伊斯兰教。通过加入前往麦加的朝圣者之列，他逃离了自己的主人，并从麦加出发继续前往开罗。他决定返回自己的故乡，遂沿尼罗河溯流而上朝海岸前行，并登上了一艘将其带回故乡的船。由于他一直杳无音讯，他的子民并没有另立新君，于是他重新登上王位。“我的子民听了我的故事后感到十分惊讶，而我的归来也让他们充满了快乐。”更重要的是，他告诉伊斯梅尔：“我的子民和我一样，也改宗了伊斯兰教……而且，我之所以原谅你，是因为你让我获得了纯洁的信仰。”在辞别伊斯梅尔时，国王请他转告其他穆斯林，“他们可以到我们这里来，我们对待穆斯林就像兄弟一般，而我有理由不陪同你上船”。国王没有因为其被绑架的事而向伊斯梅尔报复，这表明他十分重视自己的新信仰。不过正如他所说的，他的子民之所以改宗伊斯兰教，也有出于实用性考虑的一面，他们既可以推广其新的信仰，同时在商业交往中也可以打上一个“此处讲阿拉伯语”的标记。

伊斯梅尔和国王的故事来自《印度奇闻录》（*Book of the Wonders of India*）一书，该书是波斯商人布祖格·伊本·沙赫里亚尔（Buzurg ibn Shahriyar）从朋友和熟人那里收集的 136 个故事的汇编。布祖格列举了 25 名故事的提

---

* 迪拉姆（dirham）是一种重量不足 3 克的银币，第纳尔（dinar）则是重 4.25 克的金币。

供者，他们提供了其中一半的故事，伊斯梅尔便是第 6 个故事的来源。有 26 个可确定年代的故事发生在 908 年至 953 年间，年代最早的故事可追溯到 8 世纪与 9 世纪之交的哈伦·拉希德统治期间。[22] 其中一些故事讲述了十分离奇或被高度美化的事件或奇迹，类似《天方夜谭》（*The Arabian Nights*）中水手辛巴达（Sinbad）的故事，不过很多故事都反映了来自各地的商人们的共同兴趣。布祖格的故事提供者大多来自苏哈尔、尸罗夫及巴士拉，尽管他们讲述了从东非、吉达、亚丁到中国的奇遇和事故，但最常提到的目的地便是印度和斯里兰卡。基于这个原因，这本故事汇编成为中世纪印度洋上阿拉伯与波斯之间贸易的珍贵资料。幸运或不幸的商人、对天气预感精准的航海家以及船难的幸存者，是一些更严肃的故事的主角。例如，伊斯梅尔在一个简短的故事中讲述了自己从马来半岛驶往也门中部的施遏，并在击退 66 艘海盗船后完成了历时 41 天的 3,000 里航程。他的货物价值 60 万迪拉姆，这还不包括阿曼苏丹的免税商品及那些“逃避关税而不会被发现”（即走私）的商品。[23] 布祖格从不进行道德说教，这赋予他的故事以一种惊悚的意味。如遭遇船难的女孩紧紧抓住遇难船只的残骸以求生，却被水手强奸，而讲述者则在一旁围观；又如一名试图自杀的印度人，雇人将自己溺死；还有运奴船上成百上千的奴隶，除了伊斯梅尔提及的佚名国王，绝大多数奴隶都是无人关心的。不过正是这种就事论事的特点，将这些故事与其特定受众（即仅供怀旧的深海水手）的经历紧密联系起来。

通往东方之路

8 世纪初，萨珊王朝的水手驾船航行 6,000 英里到达中国，在伊斯兰时代开始之前，位于波斯湾的乌剌“对巴林岛、乌曼、印度及中国来说都是有名的港口”。[24] 在 3 名曾西行到达印度东海岸的佛教徒的记述中，提到了这些水手在长途贸易中的作用。673 年，中国僧人义净取道海路到达广州，他在广州确定了与航向南方的波斯船主的会面日期。[25] 40 年后，印度僧人金刚智（Vajrabodhi）从印度南部的帕拉瓦王国乘船前往中国。[26]

在斯里兰卡（停留地无疑是曼泰［Mantai］，波斯和中国航程中在南亚最终的停留港）停留期间，他们的船加入了一支有30艘船的波斯船队，每艘船都满载着五六百人及大量货物（包括宝石）。朝鲜僧人慧超也注意到波斯船员的商业目的，慧超于约725年乘船前往印度，他如此描述来自波斯湾的商人：

> 土地人性受与易，常于西海泛舶入南海，向师子国取诸宝物。所以彼国云出宝物，亦向昆仑国取金，亦泛舶汉地，直至广州，取绫绢丝绵之类。[27]

最古老的旅行故事是由来自波斯湾的尸罗夫商人苏莱曼·塔吉尔（Sulayman al-Tajir）提供的，他曾于850年在中国经商。由于最大的船只无法驶入波斯湾的入口，因此在东方之行的第一阶段，"货物从巴士拉、阿曼及其他港口运到尸罗夫，然后在尸罗夫装上中国船，因为海湾内虽然波涛汹涌，但某些地方的水位却很低"。[28]这里提到的"中国船"不是指在中国建造或来自中国的船，而是指那些前往中国进行贸易的船。[29]同样，在19世纪的茶叶贸易中，欧洲和美洲的横帆船也被称为"中国快船"。船只停靠的第一个港口是穆桑达姆半岛上的马斯喀特，在航行到故临（今印度奎隆）之前，船员在这里补充淡水，为之后1个月的航程做准备。在那里，前往中国的船只需要缴纳1,000迪拉姆的税。绕过印度和斯里兰卡后，他们在尼科巴群岛停靠，再次补充淡水。该群岛上有小规模的龙涎香贸易，当地人以此交换铁。接下来，他们将驶往卡剌（可能是塔库巴，位于马来半岛西海岸的克拉地峡以南），然后向南到达苏门答腊岛。在通过马六甲海峡之后，船只可能会在社婆格王国停靠，或者直接穿过南海到达越南南部或广州。[30]在苏莱曼的时代，波斯湾的水手似乎不再仅用一艘船来完成前往中国的长达6,000英里的整段航程，沿海航线上发生的重要变化，使得在南亚的停靠比此前更为必要。[31]

8世纪时，穆斯林在占领德巴尔之后停下了在印度扩张的脚步，原因之一是印度次大陆正在经历一场重要的政治重组。我们可以看到若干强大王国的兴起，其中一些依靠领土扩张，另一些则植根于海外贸易。6 世纪时，印度各地的王国不计其数，即便是存在时间最久的王国，其边界也是不固定的，零星的历史记载显示这些王国大都十分短命。7 世纪初，印度中部和南部由遮娄其王朝统治，该王朝起源于印度西南部的卡纳塔克，印度东南部则由帕拉瓦王朝统治。在补罗稽舍二世(Pulakeshin II)统治时期，遮娄其王朝攻占了坎贝湾与今果阿之间的贡根海岸，并派遣一支由 100 艘船组成的舰队沿着布里（可能是今孟买湾的象岛）航行。遮娄其王朝的军队跨过纳尔马达河进入印度北部，然后向东进军奥里萨和安德拉，已经跨越整个次大陆的补罗稽舍二世被称为“东西诸海之主”。[32] 随后，他袭击了南部的帕拉瓦人，帕拉瓦人大量投资孟加拉湾的长途贸易，并曾与遮娄其王朝多次发生冲突。双方为了争夺印度南部的控制权而反复拉锯，持续了一个多世纪，印度南部的小王国潘地亚、哲罗以及斯里兰卡都卷入了这场纷争。

10 世纪时印度东北部的波罗王朝的石雕船。船尾上翘是印度洋船只罕有的特征，船中央的亭子里可能坐着某个重要的政治或宗教人物。(Courtesy of the Victoria and Albert Museum, London.)

在8世纪中叶阿拔斯王朝兴起的同时，印度北部出现了2个主要政权，一是由遮娄其王朝的将军建立的拉喜特拉库特王朝，另一个则是位于恒河河谷东侧的孟加拉地区的波罗王朝，波罗王朝的统治一直持续到13世纪穆斯林入侵为止。至此，佛教在其发源地实际上已经消失了。不过在此期间，波罗王朝对东南亚和中国的佛教修行产生了显著影响，佛教在东南亚和中国持续繁荣发展。[33] 在西南部，拉喜特拉库特王朝建立了印度最辽阔、最富裕的帝国之一，控制了南亚次大陆的西海岸，向南远至喀拉拉。其财富主要来自古吉拉特和康坎等港口的贸易，这些港口聚集了波斯商人、阿拉伯商人以及犹太人、聂斯脱里派教徒、佛教徒和耆那教徒。[34]

沿着过去萨珊王朝前往印度、斯里兰卡、东南亚及中国的贸易路线，来自阿拉伯半岛和波斯湾的穆斯林商人移植其原来国家（波斯或阿拉伯、阿曼、哈德拉米或也门）及部落中的宗教信仰和习俗，并建立了侨民聚落，与当地统治者和平共处。在坎贝与萨马尔（今孟买以南的焦尔）之间，康坎海岸一线的穆斯林贸易聚落规模相当大，且拥有较大的自治权。10世纪时，萨马尔约有上万人口，包括生于印度且父母均为穆斯林的人，以及来自阿曼、尸罗夫、巴士拉及巴格达的商人和第一代定居者。[35] 聚落领袖服从拉喜特拉库特国王的命令，并有可能负责管理港务局及其他穆斯林事务。这些人中有很多被称作“藏富于船者”（nauvittaka,“nau”意为“船”，“vitta”意为“财富”），一些官员则明确规定豁免关税和通行费，这些费用通常归国王所有。[36]

穆斯林继续南迁，到达卡纳塔克和喀拉拉的马拉巴尔海岸及斯里兰卡。* 种姓制度限制穆斯林商人与印度人之间通婚（低等种姓的妇女除外），穆斯林常常与低等种姓的印度女子缔结“临时婚姻”，其后代被称为“马皮拉”（Mappila，来自马来亚拉姆语，意为“大孩子”）。[37] 这是当时用于

* “马拉巴尔”（Malabar）一词由德拉威语词汇“malai”（意为“山”）和波斯语词汇“bar”（意为“陆地”）组合而成。伊德里西（al-Idrisi）在12世纪中叶曾提及Manibar，地理学家雅库特（Yakut）在1228年曾提及“Manibar”。赵汝适称该地区为“马八儿”（1225年），而孟高维诺的约翰（John of Montecorvino，1293年）和马可·波罗（1298年）皆写作“Malabar”。当地人称该地区为马来亚拉姆（Malayalam）或喀拉拉。

指称穆斯林混血儿聚落的一般称谓，这些聚落一直存在到 16 世纪葡萄牙人到来之时。穆斯林并不是第一批在印度建立移民聚落的人，在他们之前有希腊人和罗马人，其后是犹太人、基督徒以及波斯的琐罗亚斯德教教徒。一名 17 世纪的英国商人留下了一个关于一群波斯难民移居印度以躲避迫害的故事。正如《基尔瓦编年史》所载，据说波斯人组成了一支 7 艘船的舰队从波斯湾出发，在斯瓦利、苏拉特和坎贝湾定居，并与当地酋长签订条约，解释其来到此地的原因，恳求他们允许自己“作为旅居者逗留该地，并应用自己的法律和宗教，但同时也服从当地政府”，即成为酋长治下的自治属民。[38]

注辇王国

穆斯林在科罗曼德海岸的影响则要小得多。在帕拉瓦王朝的影响之下，印度南部逐渐成为印度教地区，婆罗门村落与印度教庙宇的组合体的数量和规模也出现了稳定增长，这种现象在泰米尔纳德的注辇王国时期仍在持续。[39] 9 世纪末，注辇王国对印度洋长途贸易的增长起到了关键作用，其重要性相当于埃及的法蒂玛王朝或中国的宋朝。泰米尔商人掌握了一套完善的贸易方法，其足迹遍及从中国到红海之间的广大区域。商人从 10 岁开始其学徒生涯，随后分阶段进行训练，41 岁时成为独立商人。印度南部的贸易被城镇商人聚落（nagaram）的同步发展所改变，包括建立贸易规范和商人行会（其中许多行会专门负责某一种商品，如布料、油或马匹等）。[40] 到 11 世纪初，行会在卡纳塔克发展起来，并与寺庙之间建立了紧密的联系。寺庙是交换经济的中心，依靠捐款建立钱库，将捐款以每年 12.5% ～ 15% 的利率（在某些情况下会翻倍）借与行会（借与个人的风险则更大）。印度教的扩张导致了佛教徒和耆那教徒数量的减少，而他们长期以来在海洋贸易中发挥了突出的作用。尽管如此，考虑到当时东南亚商人与印度之间联系的增强，注辇王国继续扮演着佛教资助者的角色。[41] 东南亚的统治者同样会捐赠给印度南部的印度教寺庙以及位于其国内和印度的佛教寺院，这或许是出于商业和政治方面的考虑，与信仰方面的因素同样重要。[42]

随着印度教变得日益保守，相关要求越来越严苛，外来商贸团体对于印度南部的海外贸易遂变得尤为重要。8世纪之后，相对于其他聚落，印度教徒开始日益关注如何遵奉纯洁仪式等问题，而减少了对海外贸易的参与。从10世纪时阿布·扎伊特（Abu Zayd）对复杂而昂贵的进食仪式的描述中，便可看出维持种姓制度的难度："有些印度人从不吃同样的菜或在同一张桌上吃饭，如果他们这样做，将被认为是极大的罪恶。当他们来到尸罗夫，受到诸多商人的邀请，无论他们有上百人，还是更多或更少，每个人必须各有一碟菜，且甚少与他人交流。"[43]但这并不是说印度教徒完全放弃了海洋，或完全在海外贸易中缺席。印度教商人（bania）在印度和东南亚之间航行，在之后的几个世纪中也在亚丁停靠。[44]15世纪时，葡萄牙人到达马拉巴尔海岸，他们发现来自科罗曼德海岸以及古吉拉特的印度教商人控制着对外贸易，此外还有马拉巴尔和阿拉伯半岛的穆斯林。

印度南部以其辣椒（辣椒在东西方皆有市场）而闻名，同样，这里也是众所周知的印度尼西亚香料的转运点。印度的传统文化并没有为航海和贸易活动提供良好的基础，不过阿布·扎伊特披露了一种有效的长途航海方法，从而推动了印度洋上的贸易扩张。[45]他写道："在印度人当中有一些人……他们热衷于寻找未知的陆地，或是到那些新近发现之地种植椰树，挖掘水井，以供航行到这些地方的船只使用。"[46]（椰树的用途甚多，可以提供食物和造船用的木材，叶子可制作帆，椰壳纤维可制成绳索。）这些基础设施的建设是有明确目的的，因此只能解释为基于需求的产物。

尽管南亚与东南亚之间的贸易十分繁荣，但二者间的关系并不总是和平的。阿布·扎伊特讲述了印度最南部的科摩罗的一位年轻国王的故事。有一天，这位国王对他的首席顾问说，"我想看到社婆格国王（王公）的头颅盛在我面前的盘子里"。[47]他的话传到了社婆格（苏门答腊岛的室利佛逝王国或爪哇岛的夏连特拉王朝）国王的耳中，国王决定惩罚"这位轻浮的王公"，命令其大臣"准备上千艘中等负重的船只，配备必需品、武器和弹药，并搭载最精锐的军队"。为了隐藏其真实目的，国王宣称他想要拜访其附属国的臣民，船队在经过“十几天的顺风航程”后到达印度。科摩罗国王及其侍臣都是“懦弱无能的人，整日无所事事，只关心自己的外貌和牙齿，常常带着镜子，手拿牙签，或由身后跟随的奴隶带着”。船员们对此感到十分惊讶，那位轻浮的国王（王公）被抓后即被处决。社婆格国王“自出发到返回，无论是国王还是其属下，都没有掠夺科摩罗王国的任何东西”。不过，他送回了那位国王的头颅，以此警示其继承者。“这一事件传到了印度诸王公和中国皇帝的耳中，使得他们对王公更为尊重。”尽管这个故事并不是完全真实的，但对于同时代人而言似乎是有可能的，这个故事也证实了东南亚海上王国的扩张范围。

室利佛逝、马来半岛与爪哇

东南亚存在时间最长、影响最大的国家似乎是室利佛逝，存在于 7 至 14 世纪，其中心位于苏门答腊岛东南部，其影响不时扩展到马来半岛及爪哇岛的部分地区。室利佛逝之所以存在，只因这里是印度洋与东南亚和中国之间船只往来的必经之地。与 5 世纪时的扶南相似（都位于马六甲海峡与南海之间的航线上），室利佛逝的繁荣归因于其丰富的粮食（主要是稻米），足以维持规模较大的聚落，尤其是在 2 次季风时节之间在此地停留的人群。尽管船员是财富的来源，但他们因具有流动性而可能与敌人相联系，因此本土商人与外国商人都十分可疑。7 世纪时，国王认为托运商和商人是最有可能叛乱的人，并警告他们：“如果你们投靠敌人，便将死于诅咒。”[48]

7 世纪以后的几个世纪中，室利佛逝的所在地似乎位于今天的巴邻旁（亦称巨港）附近，即从马六甲海峡东口沿穆西河上溯约 80 千米处。中国僧人义净曾撰写了 37 名僧人（包括他自己在内）航行前往印度并返回的游记，其中也提到了巴邻旁。[49] 义净所乘的船在冬季季风开始出现时出发，经历了“垂玄朔而五两单飞”的海上风暴之后，到达了第一站苏门答腊岛。义净随后前往马来半岛东海岸的羯荼，在横渡孟加拉湾之前，他经安达曼群岛到达了恒河河口的裸人国。“彼见舶至，争乘小艇，有盈百数，皆将椰子、芭蕉及藤竹器来求市易。其所爱者，但唯铁焉。”[50] 义净并没有提到他在此地是否仍搭乘波斯船，他很可能登上了一艘马来半岛或印度的船，之后到达胡格利河畔的耽摩栗底。自孔雀王朝以来，耽摩栗底一直是进入印度北部的主要港口。在7世纪的早些时候，另一名中国僧人玄奘也将耽摩栗底描述为一个繁荣且防卫完善的港口：“国滨海隅，水陆交会，奇珍异宝多聚此国，故其国人大抵殷富。”[51] 义净从耽摩栗底出发，沿恒河溯流而上到达那烂陀寺，当时寺中有3,500多名僧人。他也拜访了其他寺院，在此过程中，他曾多次遇到疾病和盗贼等危险并死里逃生。义净及随行的僧人所遇危险极多，与陆上旅行者遇到的危险相似。义净的遭遇表明，陆上旅行既不比海上航行更安全，也不会更舒服。不论是商人还是僧侣，前往印度的旅程都是十分艰难的。

对东西方之间的贸易而言，马来半岛上的若干城邦国家和停驻地与室利佛逝同样重要，尤其是5至8世纪东海岸的盘盘、狼牙修和10世纪末的单马令，这些国家不时沦为室利佛逝的附属国。[52] 不过在大部分时间里，它们都是独立的势力，至少享有自治权。在西部，山区逼近海滨，不适宜发展农业，而且来自外部（印度、室利佛逝或其他地区）的影响也远没有那么显著。[53] 然而，在阿拉伯语文献中出现更多的是西海岸，其中反复提到的“卡剌”（Kalah），可能是某个停驻地的名称。* 水手们在那里等待顺风出现，获得锡（“黄金之地”的主要出口矿产）并修补船只。

同样所指不明的地名还有“社婆格”（Zabaj），在阿拉伯语文献中指室利佛逝或邻近爪哇岛的夏连特拉王朝（或兼指二者）。爪哇岛与苏门答腊岛之间被宽12英里的巽他海峡隔开，早在公元一千纪就已成为印度商人的目的地。5世纪时，爪哇岛上的呵罗单国向中国进贡。不过，直到爪哇岛中南部的格都平原上的马打蓝王国（732—928）建立后，爪哇的历史方为人所知。[54] 格都平原是印度尼西亚群岛的稻米生产中心，其繁华吸引了许多外国商人、学者和宗教人士，其中来自印度者尤多。马打蓝人吸收了印度文化的诸多方面，尤其是印度教和佛教（其在8世纪夏连特拉王朝

---

* “卡剌”很可能是指马来西亚的吉打港，不过在9世纪，这个地名亦指位于泰国北部的塔古阿帕附近的一个小岛。

统治期间信奉佛教）。9 世纪时，夏连特拉王朝的权力中心移至苏门答腊岛，爪哇岛上的王国所在地则东移至布兰塔斯河河谷。[55] 该地农业发达，且位于前往香料群岛（向东 900 英里）的主要贸易路线上。布兰塔斯河是爪哇岛中部的主要河流，流入爪哇海，靠近今天的泗水（苏腊巴亚），将印度尼西亚群岛的贸易与爪哇岛的农业腹地连接起来。下布兰塔斯河地区之所以能够兴起，原因在于那里是重要的国际航线中途停靠港。9 至 10 世纪的碑刻中提到了来自马拉巴尔、斯里兰卡、羯陵伽、孟加拉地区、吴哥、占婆及今天缅甸的外国商人。[56] 爪哇的繁荣刺激了其扩张的野心，也令其他国家艳羡不已。

当时，在一份碑刻文献中记录了在东爪哇的一个港口曾出现了 135 艘船。[57] 不过，季风导致香料的买家和卖家难以碰到对方。冬季季风将西方的商人带到东爪哇购买香料和木材，同时将这些货物的供应商送回故乡。来自印度洋和中国的商人则借助夏季季风回国，此时，来自印度尼西亚东部的商船运载货物到东爪哇休养，等待下一个季风季节。在时人的印象中，爪哇是世界上最富裕的帝国之一，尽管有些夸张，但在一定程度上也是事实。正如一份 12 世纪后期的中文文献中所说："诸蕃国之富盛多宝货者，莫如大食国，其次阇婆国，其次三佛齐国（室利佛逝），其次乃诸国耳。三佛齐者，诸国海道往来之要冲也。"[58]

室利佛逝和爪哇能够获得世界上最受欢迎的香料（丁香、豆蔻核仁和肉豆蔻皮），这些香料来自印度尼西亚以东的香料群岛（摩鹿加群岛）。这为其带来了巨额财富，亦是其统治权力的重要支撑。香料群岛规模很小，地理位置偏远，且人口稀少，但在塑造世界贸易的过程中却发挥着重要的作用。有一种观点认为，自 15 世纪以来，由于欧洲人受到利益的驱使，香料群岛在世界历史中的地位得到提升，而在此之前的几个世纪中，香料对于亚洲商人并不具有吸引力。丁香是由热带灌木丁香树的花蕾干燥后制成的，丁香树生长在印度尼西亚的北摩鹿加省的几个火山岛上，其中最重要的是德那第岛和蒂多雷岛，其面积共约 220 平方千米，相当于纽约市区面积的四分之一。向南 300 英里是班达群岛，由十几个火山岛组成，面积共约 50 平方千米，如同沧海一粟。这些岛屿盛产肉豆蔻树，其种子、豆蔻核仁及种子干皮（肉豆蔻皮）备受欢迎。丁香树和肉豆蔻树对生长环境的要求十分苛刻，有一种传统的说法是“肉豆蔻必须能够闻到海洋，而丁香则必须能够看到海洋”，且都需要精心培育。[59] 这两种香料既可作药用，亦可用于烹饪。肉豆蔻可以缓解肠胃不适，亦可用作温和的迷幻剂，丁香则有麻醉和催情等功效。种植这两种香料的岛国君主严格限制其移植他地，直到 16 世纪情况才有所改变。对这种香料的垄断使爪哇商人获得了优势地位，也将欧洲人吸引到了亚洲的最远端。由于利益巨大，这也吸引了印度南部、斯里兰卡、苏门答腊岛、爪哇岛、马来半岛以及东南亚大陆上的王国和小城邦，它们同样也在争夺对华贸易中的利润。

当爪哇、室利佛逝和马来半岛的商人正在争夺通过马六甲海峡进行的贸易的份额时，一个新的区域霸主在印度南部出现了。在那里，注辇王国在罗阇罗阇一世（Rajaraja I）的统治下开始进入帝国扩张时期，以 1007 年攻占马尔代夫为起点，随后又征服了斯里兰卡及其重要的港口曼泰。拉金德拉一世（Rajendra I）继续推行其父的政策，兵锋直指孟加拉地区。孟加拉地区以盛产棉花著称，如苏莱曼所说：“在其他地方不曾出现过这样的国家，它所产的布料是如此优质和精美，一块布可以穿过一枚戒指。”[60] 棉织品是其与东南亚及中国进行海上贸易的主要商品。在东南亚，棉纺织业成为一种重要的产业。随后，拉金德拉一世将目光投向东方，于 1025 年发动了对室利佛逝及其附属国的大规模劫掠。其军队从纳加伯蒂讷姆港起航，航行 1,500 多英里横跨孟加拉湾，对苏门答腊岛和马来半岛上的许多地区发起进攻。在注辇王国的都城坦加布尔出土的一块石碑上，记载了拉金德拉一世“派出大量战船进入波涛汹涌的大海之中，俘获了羯荼诃王国的国王”。[61] 之后，他又继续占领或掠夺了 14 个地区（室利佛逝及其半岛属国），其中有 11 处已可以确定，包括巴邻旁（“装饰华丽的大门，镶嵌着宝石”）、狼牙修（“在激烈的战斗中没有被吓倒”）、单马令（“在危险的战斗中行动果敢”）以及吉打（“国力强大，受到深海的保护”）。

关于此次远程军事行动的规模及后勤供应，在中世纪南亚的文献中难以找到线索。关于此次海上战役，现存最完整的记录是 10 世纪时达纳帕拉（Dhanapala）撰写的一部传奇散文集《蒂卡曼贾里》（*Tilakamanjari*）。

其中记载了对斯里兰卡的一次远征，旨在惩罚扣留赋税、拒绝觐见（以及其他冒犯之罪）的藩臣。在战备工作完成之后，举行了向大海献祭的仪式，祭品包括凝乳、牛奶、稻米、食品、油膏、花冠及装饰品。[62]船上装载了各种补给，包括水、印度酥油、油、毛毯、药物及其他在东方群岛无法获得的物品。横跨孟加拉湾的航行十分平静，不过登陆时的大喊大叫和窃窃私语则被记录了下来：

> 周围一片喧哗声，人们开始说话。“先生，请让一下。”“别推我。”“用手肘推别人可算不得勇敢。”……“快跑啊，你的肥腿把整个队伍都挡住了。”……“兄弟，你跌倒时不慎跌断了腿，现在只好让你的仆人带路了。”……士兵们正在互相交谈……于是，在大家到岸上集合后，人人心中都充满了勇气。

船上的人员将物资卸下，营地也搭建了起来。“宫廷仆从清除地上的灌木，并帮助妇女搭建营地。”远征的主要向导是泰拉伽（Taraka），他带着5艘船前去检查近海的浅水区域。达纳帕拉记录的对话听起来十分真实，泰拉伽命令手下避开低洼的红树林，因船只在淤泥中搁浅而指责他人：“不要因为听我说话而走神，集中注意力前进，用盐水洗洗你那昏昏欲睡的眼睛。不论我的指示如何，船都要朝正南方向航行，你是不是分不清方向，连南北都搞不清楚！”这种对海上航行的文学描述缺乏数字及细节，在西方和中国的文献中，常常能够找到类似的记载。而对于战争，这些记载则相对比较客观，不同的记述方式之间可以互补。泰拉伽的恼怒并不是唯一的例子，尽管没有留下记载，但在安达卢斯入侵克里特岛、诺曼人登陆英国及无数类似的事件中，都曾出现过类似的沮丧情绪。与这次远征一样，关于印度洋上的军事行动，现存的文献几乎无一例外地集中在对登陆过程的记述上。相比之下，舰队交战（尤其是海盗与商人之间的交战）则并不为人们所熟知，相关传闻少而不确。

诚然，对于其摧毁室利佛逝14座城市的事件，注辇王国的记载难免是片面的。这些袭击扰乱了正常的贸易，导致在广州停靠的船只大为减少，中国人对此进行了调查。不过，这些影响只是暂时的。1028 年，室利佛逝的使节再次抵达中国。此后直至 11 世纪末，室利佛逝贸易使团的数量比爪哇及印度南部各国的贸易使团的总和还多，仅次于越南南部的占婆和大食（即阿拉伯帝国）。[63] 注辇王国没有如愿利用室利佛逝的弱点，不过，他们的攻击的确动摇了巴邻旁对马六甲海峡及马来半岛上偏远港口的控制。[64] 注辇王国对东南亚事务的干预持续到 11 世纪 60 年代，当时，他们发动了最后一次横渡孟加拉湾的军事行动。此后不久，新兴的缅甸蒲甘王朝帮助锡兰国王毘舍耶婆诃一世（Vijayabahu I）结束了注辇王国对该岛的占领。缅甸可能只是提供象征性的支持，不过注辇王国很快就撤军了。1075 年，毘舍耶婆诃一世邀请蒲甘王朝的僧人再次前来本国寺庙献祭。[65]

印度洋上的船只

我们难以估计中世纪印度造船业的性质。对于印度洋上船只的数目，我们只能进行推测，主要基于一些图像资料（但准确性不高）、一些来自文献资料的引述以及 2 处考古遗址。[66] 印度次大陆上遍布着形形色色的国家，这些国家在文化、语言及技术方面存在着巨大的差异。因此，根据某一份文献或考古发现所得到的信息可能并不具有广泛的适用性。据说，斯里兰卡以建造大型船只而著称，根据一份 9 世纪初的中文文献，在安南和广州停靠的最大船只便来自斯里兰卡，“师子国（斯里兰卡）舶最大，梯而上下数丈”。[67] 考古学家在爪哇海勿里洞岛发现的沉船，是唯一一艘来自印度洋的远航船只。据说，这艘中等尺寸的船于 826 年沉没，很可能建造于波斯湾地区，主要使用来自非洲的桃花心木，龙骨使用喀麦隆缅茄木（必须从非洲内陆的扎伊尔地区进口），支撑船甲板的横梁则使用印度柚木。勿里洞岛沉船长约 20 ～ 22 米，横梁长约 8 米，船体深度超过 3 米。[68] 船体通过缝合船板之间的缝隙来加固，船架与船板直接缝合以防止倾斜，缝合所用的绳索从船体外面可以看到。勿里洞岛沉船使用的木材质量很好，柚木的耐久性尤其突出，不过其他木材也可以用于造船。阿布·扎伊特称

图 1. 绘有纸莎草筏的古埃及彩陶盘。在尼罗河上，筏上一人正在撑篙前行，纸莎草被纵向捆成束。这件彩陶盘的年代为公元前 1400 年至公元前 1200 年间，发现于恩科米（位于塞浦路斯东部的法马古斯塔湾）的一处墓葬中，证实了 3,000 年前东地中海各地之间的联系。（Courtesy of the British Museum, London.）

图 2. 一幅克里特文明晚期壁画的局部，发现于基克拉迪群岛中的锡拉岛（今圣托里尼岛）上的阿克罗蒂里城遗址。船只、船上的人以及周围欢跃的海豚都呈现出一种动态，与同时期埃及和近东地区的艺术风格大不相同。（Photograph by Erich Lessing; courtesy of the National Archaeological Museum, Athens, Greece/Art Resource, New York.）

图3. 在这件基里克斯黑陶酒杯上的图案中，一艘双桨座海盗船正在冲向一艘已收起帆的商船。这件陶杯于公元前6世纪在雅典制造，不久之后，希波战争便将雅典人带上了希腊各城邦的前线。(Courtesy of the Trustees of the British Museum, London.)

图4. 一位艺术家创作的迦太基港的概念图，展现了外部的商港与内部的军港。“其中有一座小岛，岛上和港口内有许多码头，按一定的间距呈环状排列。堤岸上布满了船坞，可以容纳220艘船。”(Courtesy of DeA Picture Library/Art Resource, New York.)

图5. 印度阿旃陀的内陆寺庙建筑群中描绘的三桅商船。除了3面高高的帆，船头还装有1面方形斜桁帆，上面饰有“鹰眼”，用于发现危险。左舷船尾处的舵桨清晰可见，甲板上还有一堆罐子，可能用于盛放饮用水。（Marine Archaeology Centre, National Institute of Oceanography, Goa.）

图6. 一幅6世纪时拜占庭帝国的马赛克镶嵌画，描绘了一名渔民正在收网，而他的同伴则在驾船，可能对应“圣彼得与圣安得烈的召唤”的故事（《马太福音》4∶18）。这幅镶嵌画位于意大利拉文纳的新圣阿波里奈尔教堂。这个亚得里亚海沿岸的港口在奥古斯都时期曾经是罗马帝国的一处海军基地，在它成为拜占庭意大利的都城之前，曾先后作为西罗马帝国的都城（402—476）和东哥特王国的都城（554年之前）。（Courtesy of Art Resource, New York.）

图 7. 821 年，装备“希腊火”的拜占庭帝国德罗蒙战舰正在攻击托马起义军的战舰。“希腊火”由一名叙利亚难民在 7 世纪时发明，用于抵御阿拉伯人。尽管泄露机密会遭到诅咒和刑罚，制作方法还是很快传播到了地中海各地。这幅插图来自 11 世纪时约翰·斯凯里特斯（John Skylitzes）的《史纲》（*Synopsis Historion*）一书在 12 世纪时的西西里抄本。（Courtesy of the Biblioteca Nacional, Madrid/Art Resource, New York.）

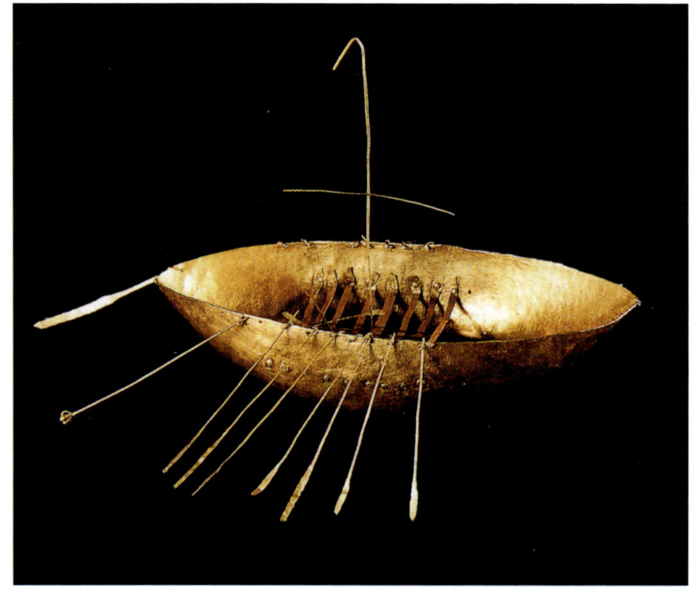

图 8. 公元前 1 世纪的金船，1895 年发现于北爱尔兰的德里郡，并以此命名。这艘金船是献给海神玛纳诺·麦克·列（Manannán Mac Lir）的祭品之一，很可能是一艘木制（而非皮制）远洋船的模型，上面有座椅、桨、桨架、舵桨和桅杆。这件长 20 厘米的模型可能代表了一艘长 12~15 米的船。（Courtesy of the National Museum of Ireland, Dublin.）

图 9. 贝叶挂毯上描绘的造船场景，讲述了 1066 年诺曼底公爵威廉征服英格兰并夺取王位的故事。在画面左侧，一名手持单面斧的工匠正在修整船板。在画面中间，造船师正在检查船体上部的线条，另一人则在处理已完工的船体上的船板。2 名工匠在进行船体加工的收尾工作，一人手持扁斧，另一人手持凿子。在画面右侧，5 件已完工的船体被拖到水边，下面的文字写道："他们从这里将船拖入海中。"（Courtesy of the Musée de la Tapisserie de Bayeux, France.）

图 10. 一艘横渡波斯湾的船，来自巴士拉的哈里里（al-Hariri of Basra，1054—1122）的《玛卡梅故事集》（*Maqamat*）在 13 世纪时由瓦西提（Yahya Ben Mahmoud al-Wasiti）制作的抄本。尽管高度程式化的船桅装置难以为据，这艘船显然有 3 层甲板，并在船首装有爪锚。这幅图最著名之处在于瓦西提对中舵的描绘，这是印度洋地区已知最早的中舵，与欧洲最早的船舵图像大约同时。（Photograph by Gerard Le Gall; courtesy of the Bibliothèque Nationale de France, Paris/Art Resource, New York.）

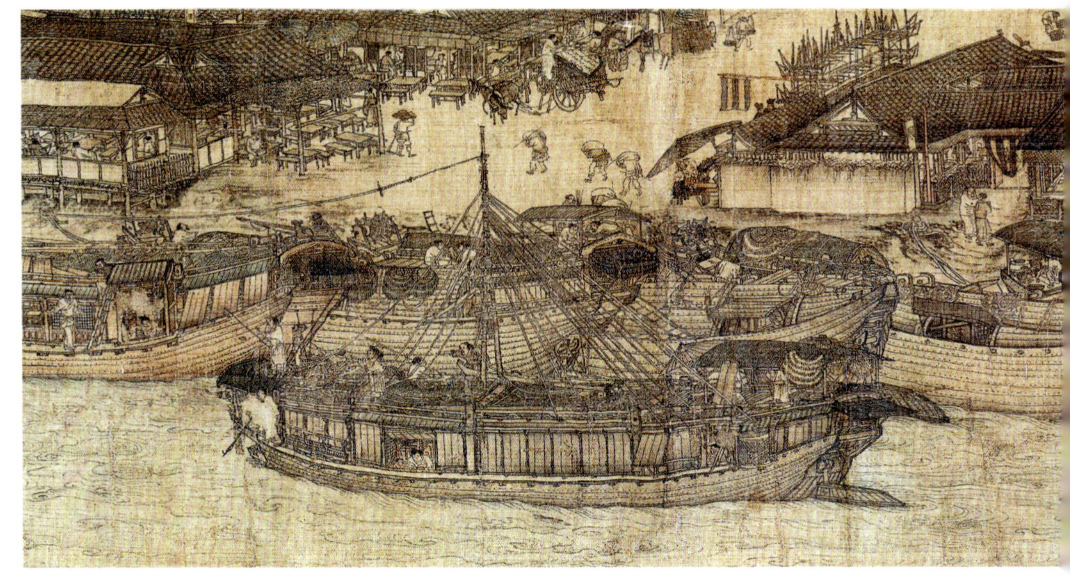

图 11. 中国开封的客运平底帆船，是张择端在《清明上河图》（约 1125 年）中描绘的约 28 艘船之一。这艘船由 5 名纤夫（位于左侧画面之外）拖行，船上的双脚桅由多条绳索固定，巨大的中舵清晰可见。（Courtesy of the Palace Museum, Beijing.）

图 12. 罗德的米迦勒（Michael of Rhodes）的一份造船契约上的威尼斯大帆船，这种大帆船开启了热那亚、威尼斯与西北欧的佛兰德斯之间的定期海上贸易。尽管它们一开始是装配桨的战船，但其主要动力是一面巨大的斜挂大三角帆，桨则作为辅助动力。（Courtesy of David McGee, ed., *The Book of Michael of Rhodes*. Vol. 1, *Facsimile: A Fifteenth-Century Maritime Manuscript*, image from page 236. © 2009 Massachusetts Institute of Technology, by permission of MIT Press.）

图 13. 安东尼奥·卡纳莱托（Antonio Canaletto，1697—1768）的《威尼斯总督在升天节乘游艇前往利多岛》。从 1000 年开始，总督每年都要登上装饰华丽的大型游艇，穿过威尼斯潟湖，完成“婚礼”仪式，以此象征威尼斯对亚得里亚海及其贸易的垄断，并强化其与大海之间的排他性关系。（Courtesy of the British Museum, London.）

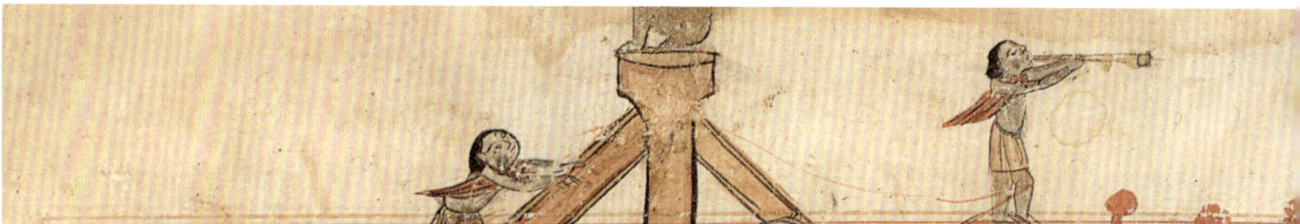

图 14. 竹崎季长《蒙古袭来绘词》局部，描绘了 1281 年元朝远征日本的场景。在画面右侧，小谷野三兄弟正冒着箭雨登上敌船。在画面左侧，竹崎季长杀死了一名蒙古士兵，另有一人躺在甲板上。甲板下的蒙古士兵被描绘为兽面人。尽管船上没有足以挂帆的桅杆，但很可能是为了便于战斗而将帆收起。当时中国战船的主要特征是装有锚绞车和沉重的中舵。（Courtesy of the Imperial Museum, Tokyo.）

图 15. 由非尔多西（Firdawsi）创作于 11 世纪初的伊朗民族史诗《列王纪》（*Shahnamah*）1341 年抄本中的插图。传奇国王凯·库思老（Kay Khusraw）正在渡海追击他的外祖父剌昔牙卜（Afrasiyab），以报杀父之仇。这片海其实是一个盐湖，位于阿富汗与伊朗边界附近，赫尔曼德河汇入其中，横渡所需的时间并不像作者所说的那样长达 7 个月。（Courtesy of the Freer Gallery of Art, Smithsonian Institution, Washington, D.C.: Purchase, F1942.12.）

图 16. 一艘携带测深锤的船，来自一本 15 世纪中叶为约翰·阿斯特利爵士（Sir John Astley）而作的军事技术手册。这是一艘卡瑞克帆船或盖伦船，是装有方形帆、主桅和纵向大三角帆的全桅帆船的先驱。船首有一座艏楼，由护甲保护，2 名船员站在桅杆顶部的瞭望台上。插图上方的文字说明了在进入一定深度的水域后如何驾船。（Courtesy of the Pierpont Morgan Library/Art Resource, New York.）

图 17. 豪尔赫·阿吉亚尔（Jorge Aguiar）的地中海航海图，是葡萄牙最古老的航海图，绘于 1492 年，即哥伦布完成历史性发现的那一年。这幅图绘制在一张羊皮上，颈部即西方，图中标出了马德拉群岛、亚速尔群岛、加那利群岛、佛得角群岛以及从佛得角到埃及和红海的非洲海岸。在伊比利亚半岛上，刚刚从摩尔人手中夺回的里斯本和格拉纳达清晰可见，热那亚和威尼斯则主宰着亚平宁半岛。莱茵河与多瑙河被绘成了一条河，从黑海流向北海。尽管不列颠群岛和黑海沿岸的各个港口都标示清晰，丹麦与波罗的海却是一片空白。（Courtesy of the Beinecke Rare Book and Manuscrip Library, Yale University, New Haven Connecticut.）

图 18. 莫卧儿帝国画家米斯金（Miskin）绘制的细密画中的诺亚方舟（约 1590 年）。诺亚（在阿拉伯语中写作 Nuh）在《古兰经》和希伯来圣经中都是著名的人物，他跪在第三层甲板上，面朝船尾，他的头上环绕着光环，而仅穿一条束腰带的船员们则在驾船。其他人正在努力维持兽群的秩序，包括象、虎、豹、单峰骆驼、猴、鹈鹕和鸽子，其中一人掉到了船外。尽管动物都是成对出现的，船上却显然并没有女性。（Courtesy of the Freer Gallery of Art, Smithsonian Institution, Washington, D.C.: Purchase, F1948.8.）

图 19. 约翰·布鲁恩（Johan Bruun）的《从厄勒海峡眺望克隆堡宫》（1739 年）。厄勒海峡是丹麦与瑞典之间一条狭窄的海峡，所有过往船只都必须支付通行费，这里处于丹麦国王（身居画面中央的王宫中）的监管之下。（Courtesy of the Handels–og Søfartsmuseet på Kronborg, Helsingør, Denmark.）

图 20. 詹姆斯·吉尔雷（James Gillray）的漫画《约翰牛在吃午餐》，绘于阿布基尔湾海战结束后不久，表现了纳尔逊勋爵和英国的海军将领（包括沃伦、豪威、布里德波特、邓肯和圣文森特）向暴食的约翰牛送上一盘盘战舰。约翰牛抱怨道："什么！还有？你们这群臭小子，让我去哪里找地方塞？"（Published October 24, 1798, by H. Humphrey. Courtesy of the National Maritime Museum, Greenwich, England.）

图 21.《巨人恶魔袭击船只》，来自 17 世纪的《斯里帕尔纪》(*Sripal Ras*)。这部史诗讲述了耆那教教徒斯里帕尔·拉伽(Sripal Raja)和他的王后玛亚娜(Mayana)的故事。为了获得声誉，斯里帕尔·拉伽广泛开展陆上和海上贸易。这幅插图将他的船描绘为一艘英国商船，这是 18 世纪 70 年代古吉拉特商人所知的最强大的远洋船只。(Courtesy of the Freer Gallery of Art, Smithsonian Institution, Washington, D.C.: Purchase, F1999.22.)

JOHN BULL taking a Luncheon:— or —British Cooks, cramming Old Grumble-Gizzard, with Bonne-Chère.

图22. 尚・杜帕(Jean Dupas)的壁画《航海通史》，高度超过6米，长9米，是为法国跨大西洋航运公司的客轮“诺曼底号”(*Normandie*，1935—1941)上一流的大厅设计的。这艘船体现了1925年于巴黎举办的国际装饰艺术与现代工业展上的审美观念。这种“远洋客轮风格”风行了数十年，直到远洋客轮的消亡带来了更通用的术语——“装饰艺术”。(Courtesy of the Metropolitan Museum of Art, New York/Art Resource, New York.)

图23. 史蒂芬・博恩(Stephen Bone)的《登上S级潜艇的指挥塔》。作为一名英国皇家海军中的画家，博恩在第二次世界大战期间登上了各类战舰，体验孤独而幽闭的海上生活。(Courtesy ofthe National Maritime Museum, Greenwich, England.)

图 24. 新加坡在过去20年中一直是世界上最繁忙的港口之一，这在很大程度上得益于集装化运输的采用。这种运输方式十分高效，在货轮和码头上看不到任何工人的身影，所有集装箱的运输工作都是由码头上高达50米的起重机完成的。(Courtesy of the Maritime and Port Authority of Singapore.)

图 25. 阿拉斯加湾中一艘拖网渔船上的大丰收。根据船首处的 2 名船员判断，鼓鼓的拖网至少宽 10 英尺。这幅照片展现了现代捕鱼业通过复杂的电子跟踪装置、高效的机械及尼龙渔网等强大的工具，对全球渔业资源构成了巨大的压力。（Photograph by the Alaska Fisheries Science Center, Marine Observer Program; courtesy of the National Oceanic and Atmospheric Administration, Washington, D.C.）

图 26. 美军尼米兹级航空母舰“艾森豪威尔号”（USS *Dwight D. Eisenhower*）与补给船“大角号”（USNS *Big Horn*）。“艾森豪威尔号”是一艘核动力航空母舰，“大角号”伸出的软管向其传输舰载战机的燃料，日用品和信件则由直升机运输。美国海军一直是海上补给的先驱，这对远距离海外作战（如在阿拉伯海）而言是十分重要的。（Photograph by Darien G. Kennedy; courtesy of the U.S. Navy.）

椰棕树是颇受造船者和商人青睐的商品：

> 在阿曼，有些人穿过盛产椰棕树的群岛（可能是马尔代夫），带上木匠和工具，砍伐他们所需的木材。先让其干透，而后削去树叶，用茎皮纺成线，再用线将船板缝合起来，如此制成一艘船。他们将砍好的木头修圆，制成桅杆，用树叶编成帆，用茎皮制成帆索。船造好之后，他们将椰棕树装上船，运到阿曼出售。因此就这种树而言，有如此多的用途，不仅足够建造一艘船，而且当船造好之后，还能用于调整负载以保持船身平衡。[69]

阿布·扎伊特提到，波斯湾的造船者采用一种鲸油作为船体的保护剂。鲸油虽有价值，但捕鲸是一项十分艰巨的工作。捕鲸人用鱼镖刺死鲸鱼，将其拖到岸上。“船员们使用鲸油与另外一种物质的混合物来保护船只，以此固定船板的接缝处并堵塞漏洞。”[70] 鲸油可能是最理想的材料，但并不是唯一的一种。后来到访亚丁的一名游客则注意到，那里的造船者用一种石灰与动物脂肪的混合物（被称作“nura”）来涂抹船体。[71]

印度洋上的造船者使用绳索作为主要的固定工具。11 世纪的印度文献《论造船》（*Yuktikalpataru*）中记载：“在海船上，不应使用绳索来系缚铁，因为海中磁石可能会引发危险。”[72] 对这段文字的一般解释是：“不能用铁支撑或拼接海船底部的船板，因为这会使海船受到海中磁石的影响，将海船带入磁场之中而导致危险。”[73] 其实，磁性吸引可能并没有被当作重要的问题，书中也提到了“用铁制、铜制的箔片或天然磁石制造的特殊船只”。[74] 当然，如果船体外层覆盖铁箔，那么危险便来自“海中磁石”，这与仅用铁质配件加固船体所引发的危险类似。由于铁是印度洋贸易中重要的货物，因此对铁的禁用是没有意义的。[75] 在南亚次大陆、阿拉伯和东非之间，人们常常用船运输铁。12 世纪时，东南亚的铁大部分都来自东非。

在所有已发现的印度船只中，只有 1 艘是中世纪时期的，对我们理解南亚次大陆的造船传统意义不大。2002 年至 2003 年间，在科钦港以南

婆罗浮屠浮雕（9世纪的系列浮雕，长度近5千米）上所绘船只之一。该船最显著的特征是带有舷外托座，可能用作桨手的平台及对抗敌人的障碍物，而非用来稳定船只。双脚主桅与后桅上配有一种特别的帆（被称作“layar tanja”），即某种方形斜帆或斜桁四角帆。在船舷后部，船体两侧伸出的横梁上配有边舵。（Courtesy of Anandajoti Bhikkhu, www.photodharma.net.）

30千米处的海岸（喀拉拉邦的Thaikkal–Kadakkarappally地区）出土了一艘沉船，这是一艘长约21米、横梁长4米的双桅船。[76] 令人意想不到的是，该船船板的年代为11至15世纪，却是用钉子固定的。这艘船有许多不属于印度洋造船传统的特征，例如有两层船板及隔板（插入船架，将船体分为11个隔舱）。这些特征是中国船只所共有的，但造船所用的木材却产自喀拉拉，这艘船很可能在当地使用。如果这些特征不是来自中世纪时喀拉拉当地的造船传统，那么该船很可能是由中国水手引进的，他们自宋代（960—1279）以来便频繁往来于印度南部与中国之间。也许当时最重要的技术进步便是以中舵取代舵桨，以及在船体两侧配备边舵。在关于红海北部复杂航行的记述中，穆卡达西提到了这样一种掌舵系统。在红海北部，船长自己担任瞭望员。“如果看到岩石，他就大喊‘向右’或‘向左’。

以婆罗浮屠的 5 幅浮雕中所描绘的船只为模板，巴厘岛北部的檀金群岛的造船者建造了“诸海守护神号”(*Samudra Raksa*)。2003 年 8 月 30 日至 2004 年 8 月 23 日，这艘船从印度尼西亚的雅加达驶往加纳阿克拉。该船现入藏婆罗浮屠考古遗址公园博物馆。(Courtesy of Nick Burningham.)

船上的两名侍从重复这一命令，舵手双手握绳，向右或向左推动。如果他们稍有疏忽，船只就可能撞到岩石而沉没。”[77] 中舵的出现带来了不少变化，如在孟买附近发现的 4 块 11 世纪的英雄石碑上所描绘的，唯一的问题便是如何将船身与锥形船尾进行缝合。[78] 很遗憾，在图像中无法看到这些舵是如何装配的。石碑上的图像展示了配备单桅的战舰，船板由缝合法相连接，在船中部的平台上，弓箭手与持矛的士兵正在作战。这些船皆未装配帆，没有证据表明，西印度洋在 16 世纪葡萄牙人到来之前已有装配纵帆的船只。

关于东南亚造船与航海的最佳资料，来自 9 世纪的佛教寺庙婆罗浮屠

（Borobudur）中的浮雕。760 年至 830 年间，这座佛塔建于今雅加达附近。佛塔共有 9 层，从最底层（面积为 160 平方米）向上逐层缩小。婆罗浮屠不仅是世界上“最大、最精美的佛教纪念建筑”，也是关于东南亚船只的唯一信息来源。[79] 浮雕中描绘了 7 艘船，其中 5 艘带有舷外托座，另外 2 艘稍小的船则没有。关于船只是如何建造及操纵的，浮雕提供的信息并不是十分详细，但可以给人以整体印象。较大的那 5 艘船上有 2 根双脚桅，每根配有一张方形斜帆。[80] 如浮雕所示，纵帆（与船体平行）的大约三分之一向前伸出桅杆。在顺风行驶时，帆需要张开，向前延伸到垂直于船体的桅杆上，就像装有横帆的船一样。此外，所有船都有船首斜桁，有 3 艘船配有方形艏斜帆，其中之一可能像主帆及前桅帆那样是倾斜的。这些船只最突出的特征是带有舷外托座，这显然是在大型船只的两侧配备的。与其他大多数带有舷外托座的船只不同，这些船上的舷外托座相对较短，大约为船体长度的一半或四分之三。从尺寸来判断，其作用并不是保持稳定，而是作为障碍，防止敌人登船。[81] 船体主甲板的上部结构亦可证实其防御功能，包括斜顶的船中部甲板室和纵向的保护屏障，用于保护船员免受攻击者的伤害。

航海活动的发展

当时出现了关于各种航海活动及航行方法（在印度洋及其周围海域使用）的最早记录。在底格里斯河与幼发拉底河、阿拉伯河的中下游以及波斯湾，都可以发现翔实的相关记录。众所周知，该地区不适宜航行，这已被一系列记载所证实。底格里斯河下游漩涡的填塞以及灯塔的建造，是航海技术最精彩的两大进步，时间可追溯到哈里发时期。1052 年，纳赛尔·凯霍斯鲁（Nasir-i Khusraw）乘船（被称为“busi”）沿幼发拉底河航行，据记载，填塞漩涡的工作是由一名当地妇女主持的，她很可能是一名船主。“他们说，有一次在乌剌运河河口，一个巨大的漩涡使船只无法通行。当时在巴士拉，一位富有的女士组织了一支船队，由 400 艘船组成，可能是小型的库法。这些船上装满枣核，被密封之后沉入漩涡之中，然后船只就可以安全通行了。”[82] 更简易的办法是移除沙洲和浅滩，这些沙洲和浅滩由底格里斯河和幼发拉底河的冲积泥沙形成，只有熟悉当地水域的水手才能避开。10 世纪的地理学家伊斯泰赫里（al-Istakhri）写道："在这片海域，有许多沼泽及难以通过的海峡。其中最令人畏惧的是贾那巴（位于波斯沿海地区）与巴士拉之间一个名为贾那巴湖的地方，船只几乎无法通行。"[83]

在此之后的某个时期，航线上出现了大量人工控制的灯塔(khashab)。在经过阿巴丹岛(一个沼泽中的岛屿)约 1 天后，纳赛尔·凯霍斯鲁写道："拂晓时分，在海上看到了飞鸟，我们靠得越近，它显得越大。"[84] 当风向转变时，船只被迫靠岸，他了解到灯塔的结构十分复杂：

> 它包含 4 根巨大的木柱，由柚木制成，下宽上窄。在水面以上有大约 40 厄尔高，顶部有一个用瓦片和石头建造的顶棚。在顶棚上有 4 个弓形缺口，里面有哨兵驻守。有人说，这种灯塔由富有的商人建造。也有人说，这是一位国王命人建造的。它有 2 个功能：其一，该海域由于淤积而变浅，大船经过时容易搁浅。在夜间，玻璃灯不会被风吹灭，人们从远处就能看到灯光，可以提前采取措施。否则一旦发生意外，就无法实施救援。其二，人们可以由此知道这片海域的面积，如果遇到海盗便可以逃离。

这些灯塔之间可以通视，当一座灯塔离开视线范围后，前面的灯塔就会映入眼帘。灯塔造价昂贵，柚木自印度进口而来，商人和地方当局都十分重视灯塔的建造，以保证航行安全。

当时，尽管吉达、古勒祖姆和艾扎布仍是重要的区域性港口，但红海上的航行却无明显改善。航海者必须了解当地的地理情况，这是一个重要的先决条件。在吉达，从印度洋运到埃及的货物常被装上来自古勒祖姆的船，与较大的尸罗夫船相比，这些船更小也更安全，船长们更熟悉各种风险。阿布·扎伊特写道："整片海岸都没有国王，有人居住的地方很少。总之，为了避免撞上岩石，船只每晚都不得不停泊在一些安全的地方。船只仅在白天航行，整个晚上都停泊在港内。海上常常出现浓雾和狂风，所以只能如此。”[85]

关于航海活动本身的证据，主要来自关于航海者个人及其训练的零星资料，而非实际运用理论和仪器的资料。10 世纪时，达纳帕拉记载了引航员泰拉伽的成就。泰拉伽的父亲也是一名引航员，由于精通航海技术，泰拉伽成了海员行会的领袖。在“学会所有技术”之后，他获得的第一份工作是担任船长，他被人们公认“精通航海技术”。[86] 印度人并不是唯一编写出航海指南的人，已知最早的引航员手册是 1010 年由波斯人编写的。穆卡达西在其《诸国知识的最好分类》（*The Best Divisions for Knowledge of the World*）一书中，曾提及波斯人的著作及其中所附的地图。在阿拉伯语中，波斯人的著作被称为“rahmanis”，这其实是波斯语中“rah nama”（意为“道路之书”）一词的传讹。穆卡达西在从红海到波斯湾的阿拉伯半岛港口的旅程中，采访了许多“船长、货主、海岸警卫、贸易代理和商人，他们都是最聪明的人”。“在其拥有的航海指南（他们共同仔细研究并完全依靠该指南）中，他们根据船只停泊处、风向、水深以及港口之间的路程等情况来开展行动。”[87]

15 世纪时，阿曼航海家艾哈迈德·伊本·马吉德（Ahmad ibn Majid）撰成《航海原理及准则》（*Book of Profitable Things in the Principles of Navigation*）一书，指出航海者应该能够观察日月运行轨迹，确定星辰的位置，知道港口之间的距离和路线，并懂得如何使用各种航海仪器来确定纬度。[88]“你应该知道所有海岸及其登陆地点。对于各种能够提供信息的事物，如淤泥或草、动物或鱼类、海蛇和风，同样也应知晓。你应该熟悉位于每一条路线上的潮汐、洋流及岛屿，确保所有仪器状态良好，并检查为船只、仪器及船员提供保护的装置。”[89] 马吉德关于航海活动的记述只追溯到 15 世纪，但他也提及了许多更早的航海指南，其中最古老的由 12 世纪时的波斯人编写，可与《苏帕拉迦本生经》以及地中海与北欧在公元一千纪中的航海活动相媲美。

7 至 11 世纪间，印度洋水手引领了季风海域不同区域市场（西至东非与红海，东到东南亚与中国）的整合进程。由此，他们为该区域一直延续至今的几乎不间断的海上增长奠定了基础。季风亚洲的海洋贸易显现出了我们今天所说的“全球化”的许多特点，这个进程建立了很多相互依赖的网络，在这些网络中，某个地方的变化会引发从一个区域扩散到另一个区域的连锁效应。一个十分明显的例子，便是阿拉伯帝国与唐宋时期中国的崛起和局势扭转，它们的财富对这两个地域的海上活动，对从东非、印度到东南亚、日本的其他地区都产生了有力影响。由此产生的相互依存关系带来了许多正面效应，促进了商业以及构成其基础的行业（从农业到手工业）的发展，并推动了宗教与技术的传播。同时，某个地方的技术及政治变化也可能对几千里外的另一地方产生负面影响。然而，总而言之，这是一个海洋贸易增长及政治巩固的时期。虽然这在很大程度上是由于当地的主动性，但这也受到了中国在唐宋时期的统一和日益增强的海洋意识的刺激。

第 11 章

中国走向海洋

唐朝（618—907）的建立开启了中国文明的一个黄金时代，兼收并蓄的精神注入了书画、歌舞中，为宗教、哲学及政治话语带来了新的活力，使中国成为在亚洲声名远播、令人神往的国度。唐朝皇帝将中国的影响向西推进得比以往都远，不过到 9 世纪中叶，唐王朝的边界已经有所收缩，比起汉朝的中心，都城长安更靠近外族的领地。从晚唐直至宋代（960—1279），都城不断向东迁移，先是洛阳，后是开封，最终迁到杭州（临安）。* 洛阳和开封位于黄河之滨，更靠近把帝国紧密联系起来的运河系统，而杭州地处海滨。

伴随着朝廷官僚机构的这些变动，人口结构出现了巨大转变，成千上万的人从西部和北部各省迁往相对安全的黄河以南地区，后来进一步迁到长江以南地区。由于陆上边疆地区动荡、陆上丝绸之路缺乏安全保障，朝廷对商人及海外贸易采取了更为灵活的处理方式，力图增加关税及其他税收收入。唐王朝在初期依靠高句丽的中间商与高句丽及日本进行贸易，到 10 世纪，中国商人开始活跃在亚洲的各条航线上，其影响远至印度南部及日本。虽然中国的邻邦采用了与中国相似的政策，但东南亚诸国倾向于自由放任，这主要是由于它们受到了众多文化族群的影响：当然包括中国人；阿拉伯人和波斯人（主要是穆斯林，也包括琐罗亚斯德教教徒、基督教聂斯脱里派教徒以及犹太教徒）；来自印度与斯里兰卡的印度教徒和

* 宋代分为北宋（960—1127）与金人南侵之后的南宋（1127—1279）。

佛教徒；尤其是马来人、爪哇人、缅甸人和高棉人等。

勿里洞岛沉船上的唐朝货物

与勿里洞岛沉船揭示印度洋地区的造船技术同样重要的，是沉船上的唐朝货物为东西方之间的海洋贸易的性质提供了证据。[1] 除了作为压舱物的约 10 吨铅块（亦可在到达目的地后出售），船上绝大多数货物是中国的瓷器，共有 60,000 件，其中很多仍完好无损。这些瓷器大多是长沙（今内陆省份湖南省的省会，位于长江以南）的窑烧制的碗，但还有数百个批量生产的墨水瓶、香料罐及水壶。其中一只瓷碗上印有唐朝的纪年（对应公元 826 年），正好与中国的钱币、对船木及八角茴香（一种产自中国和越南的香料）样品的放射性碳年代测定结果所显示的时间范围相吻合。运输时，这些长沙瓷碗先是套叠在一起，然后用禾秆包裹起来，或者塞入越南产的大罐中。除了这种大众消费品，勿里洞岛沉船上还有许多银器——其中有些是镀金的——和现存最大的唐代金杯，以及产自浙江的带钴蓝装饰的更精美瓷器。

在一艘几乎肯定是在西南亚建造并由来自那里的水手驾驶、沉没在东南亚水域的船上发现中国货物，这本身就表明了 1,300 年前的贸易的国际性质。更加引人注目的是中国陶瓷工所采用的装饰图案，这证明了其对目标市场的敏锐把握。这些瓷碗大多带有红色和绿色的几何图案或者《古兰经》经文，这显然是打算销往阿拔斯王朝的。绿纹瓷碗在波斯很受欢迎，而那些印有莲花图案的瓷碗是为信奉佛教的顾客准备的。从陶瓷工对设计的选择上看，制造者与市场之间的共生关系是显而易见的，但浙江瓷器上明亮的蓝色需要用到钴，在 9 世纪这种材料必须从波斯进口。虽然不难想象，在什么样的情况下品质优异的商品会吸引上层客户，但近东地区并不需要属于自己的陶瓷工。因此，我们不得不好奇，是什么样的社会动力，让中国中南部的一个内陆小镇成为一个日常用品——这些日常用品会装饰着海上距离有几千英里之人的桌子——的生产地。即使我们将此视为因为廉价劳动力和其他投入（其中有些必须进口）而出现的一种早期的全球化，劳动力和其他投入也必须足够低，以抵消相对高昂的运输费用，而低廉的运输费用正是今天全球化的典型特征。此外，我们还要考察生产者、海上贸易商与中国官僚体系之间的相互联系，分析这些关系在唐代及之后如何对远距离贸易产生影响，并观察人们对这种贸易的态度。

隋唐时期的中国

公元前 3 世纪时，短命的秦朝为汉朝的繁荣奠定了基础，无独有偶，隋朝也预示了中华文化在唐朝的兴盛。秦朝和隋朝都是将多个权力中心纳入统一的政权之下，在疆域辽阔、人口众多的帝国重建君主的统治。从一个统治家族到另一个统治家族的权力过渡并非严丝合缝，但其连续性却很强。唐朝承袭了隋朝的大量遗产，尤其是修建大运河和洛阳城的巨大投资（洛阳位于大运河与黄河的交汇处）。在朝鲜半岛上，隋朝军队攻打高句丽的战争连遭失败，不过其庞大的规模仍能保证军事实力的绝对优势。在唐初的一个世纪中，伴随着频繁的外交活动，唐朝的经济繁荣与疆域面积达到了空前的水平，远至中亚、朝鲜半岛及越南北部。

618 年，唐国公李渊占领了大运河沿线的扬州（位于大运河与长江的交汇处）。李渊很快成了唐朝的开国皇帝，即唐高祖。唐高祖经验丰富且擅长管理，通过推广教育、实行科举、统一货币、减轻刑罚等措施，使帝国恢复了稳定。到 7 世纪末，唐朝军队稳定了国内的局势，击败了东、西突厥，将边界推进至阿姆河流域，使长安成为世界上最具国际性的城市。长安的人口约有 100 万，并吸引着来自日本、朝鲜半岛、东南亚、中亚、印度、哈里发国家及拜占庭帝国的商人、使者和僧侣。长安周围有黄河的多条支流（如渭河）及 5 条运河，长江、淮河流域的丝和稻米可以经运河大量运来，而城中建筑所需的木材则从更近的地方运来。[2] 但由于运河时常泛滥，渭河水位较低，黄河在三门山附近水流湍急，为了避开这些不利因素，在运输谷物及其他货物时需要走长约 130 千米的陆路，然后重新装船。对长安而言，最势均力敌的竞争对手是洛阳和扬州。自 7 世纪中叶起，洛阳开始成为唐朝的东都，而扬州则是南方的主要港口。

远征朝鲜半岛

自隋代起，中国便尝试将其影响扩展到朝鲜半岛，唐太宗在其在位末期再次进行了尝试。高句丽在辽河西岸修建了大量防御工事，以防备唐朝军队的进攻。唐太宗决定先发制人，而且很快便得到了机会。高句丽发生了政变，由唐王朝册封的高句丽国王被废黜，篡位者切断了唐王朝与其盟国新罗之间的陆上交通。644 年，唐太宗派出 40,000 多人的军队进逼大同江和平壤。关于此次远征的文献记载较少，据推测，当时有一支从北部由陆路进攻的军队进行协同作战。不过，这次远征最后以失败告终，唐太宗在临终之前放弃了新的远征计划。655 年，唐高宗再次出兵高句丽，并打着为契丹人复仇的旗号。[3] 这场冲突同样涉及朝鲜半岛上的 3 个国家，新罗与唐王朝结为盟友，以对抗得到日本支持的百济。

在东征高句丽时，唐朝皇帝可能没有考虑到日本介入的可能性，而当时日本也在密切关注着朝鲜半岛的局势变化。到 6 世纪末，唐王朝对日本朝廷的影响日益显著，当时，朝鲜半岛的商人和移民将唐王朝的文化和制度传入日本。587 年，佛教得到了日本官方的承认。日本也接受了中国的儒家学说与法律制度，改进了以功勋为基础的政府官员管理体系。日本同时也吸收了中国的文学与艺术风格，中国的城市与庙宇也成为日本模仿的对象。尽管日本竭力模仿中国，但大和朝廷与百济之间建立了正式同盟，百济王子扶余丰曾在日本居住了 20 年。663 年，日本派出一支舰队帮助百济王子继承王位，但在白江口（今韩国锦江入海口）之战中被唐军歼灭，他们损失了 400 艘船，百济王扶余璋与数人乘船逃往高句丽。[4] 3 年后，高句丽被一连串危机削弱，唐王朝趁机出兵，2 年后在一次陆上战役中击败了高句丽。尽管之前的努力皆告失败，但在战术层面上，7 世纪 60 年代唐王朝对高句丽的战争是成功的。唐王朝与新罗结盟，从而可以发动横跨黄海的两栖作战。只要在半岛南部得以立足，唐军就可以对高句丽进行南北夹击。通过海路从南线进军，可能比通过陆路经辽东半岛到达高句丽北部更为容易，花费也更少。

唐王朝将整个朝鲜半岛划分成几个辖区，以缩小其规模，新罗、百济与高句丽三国地位相当。不过，由于三国集体发起反抗，加上严重的国内问题，唐王朝未能长期控制朝鲜半岛。新罗在 10 年之内吞并了百济和高句丽，迫使唐军退回辽东半岛。高句丽王朝的幸存者建立了渤海国，横跨鸭绿江两岸，在 710 年至 934 年间成为新罗、唐王朝以及契丹之间的缓冲地带。[5] 唐高宗因发动战争而付出了惨重的代价，由于干旱和饥荒，国内出现了大规模的移民，纷纷逃避赋税而寻找更好的土地。[6] 由于官僚机构臃肿，加上大兴土木，尤其是唐高宗正式将洛阳定为陪都，王朝财政面临的压力急剧增加，同时也预示着长安及西北各省的衰落。此外，唐王朝还被迫卷入与吐蕃、东突厥及西突厥之间的长期战争。7 世纪 90 年代，吐蕃在距长安仅 300 千米处击败了唐军，东突厥突袭甘肃，契丹入侵河北。

到 8 世纪初，形形色色的威胁得到了遏制。712 年，唐玄宗即位。尽管他长达半个世纪的统治终结于一场灾难，但正是在这位“明皇”的统治下，唐王朝进入了全盛时期。随着唐王朝与陆上邻国开始和平相处，唐玄宗优先考虑的一件事就是恢复长安的主导地位。657 年至 705 年间，朝廷迁至洛阳的时间共计有 23 年。要达成这一整体计划，必须重建运河系统，并改善黄河的状况。[7] 其中最为著名的措施，就是将三门山附近陆路运输的距离缩减至 8 千米，如此一来，便可以确保来自长江下游的稻米有效且可靠地运抵都城。7 世纪时，唐太宗已经允许纳税谷物折算成丝和铜钱，以此减少运送至长安的花费（由地方政府承担）。不过稻米仍是主要的赋税形式，并由朝廷大量储存，以备因干旱、洪水或战争而出现饥荒时使用。

唐王朝在中亚地区也东山再起，中亚的石国（今塔什干）、康国（今撒马尔罕）和安国（今布哈拉）向唐王朝求援，以抵抗从南部入侵的穆斯林军队。[8] 唐玄宗向帕米尔高原、克什米尔以及喀布尔河河谷的统治者赐爵。与此相关，南天竺（帕拉瓦王朝）国王那罗僧诃伐摩二世（Narasimhavarman II）派遣使团前往中国，高僧金刚智随行，此行是为答谢唐朝君主封南天竺国王为“奉化王”。唐王朝在西部、北部以及南部边境遭遇失败的同时，也正处于其全盛时期。751 年，指挥唐军在中亚取得多次胜利的高仙芝因石国国王拒绝臣服而将其处决。石国王子决定为父报仇，并获得了昭武诸胡以及一支大食（阿拔斯王朝）军队的支持。同年 7 月，这支联军在今哈萨克斯坦与吉尔吉斯斯坦边境附近的怛罗斯河击败了高仙芝。同年，新兴之国南诏的军队击溃了一支80,000人的唐军。南诏是唐王朝扶植的地方政权，占据了红河流域的战略要地，并且紧邻长江。[9]两次惨败令唐王朝蒙耻，但更为决定性的失败则是安禄山率领唐军因无端挑衅契丹而落败。[10]

安禄山作战失利，时人多怀疑他有反叛的意图，但安禄山仍然得到擢升。755年，安禄山举兵反叛（史称“安史之乱”），证明了那些人的看法是对的。安禄山占据了河北与河南，接着挥师南下，到达黄河流域。[11]他攻下开封，控制了大运河。随后，他占领了洛阳和长安，唐玄宗被迫出逃。其后，叛军因内讧而陷入混乱，到763年，唐朝军队最终击败了最后一批叛军。几乎与此同时，吐蕃军队占领了长安，尽管次年便撤出，但在其后的十余年间几乎每年都要袭击长安。

唐王朝的西部边境收缩，陆上丝绸之路中断，巴格达兴起，这些变化使得印度洋上的贸易空前繁荣，对南亚、东南亚的商人和国家（包括中国）均影响深远。不过在短时期内，这种影响并不显著。安史之乱不仅在中国的北部和西北造成了极大破坏，而且影响一直蔓延到广州。758年，波斯和阿拉伯商人发动骚乱，“大掠仓库，焚烧房舍”。[12] 2年后，唐军在扬州屠杀“数千波斯胡商”，其目的我们不得而知，不过结果便是波斯和阿拉伯商人从中国撤离到安南的港口。尽管如此，广州的经济在10年内便得以复苏，海外船只的数量从每年5艘增加至40艘左右。[13]

朝廷虽然已迁回长安，但此时的都城更加靠近战火频仍的西部边境。安史之乱已严重削弱了中央王朝的权威，户籍档案严重丢失，大量无主荒地需要重新分配，许多移民南迁至淮河与长江流域相对安宁的省份，种种因素导致原有的财政体系遭到破坏。[14]朝廷试图进行改革，推动用铜钱、谷物以及其他商品来缴税，但无法施行有效的管理。很多人放弃土地，到大庄园中充当佃农，也有一些人进入佛教寺院，这导致贫富分化进一步加剧。

自唐初以来，儒士们就认为佛教对国家造成了双重威胁。佛教无视帝王凌驾于一切之上的权威，与儒家的政治理念相冲突，同时也破坏了国家经济的稳定性，因为寺院的土地和僧侣皆可免缴赋税。唐太宗和唐玄宗都曾禁止非法出家，在9世纪中叶的唐武宗时期，朝廷发动了大规模的灭佛运动。[15]这次运动使25万名僧人还俗，恢复了纳税人的身份，成为农民、手工业者、商人、投资者以及放债人，数千间寺庙被关闭，其中的佛像、装饰品和其他金饰、铁饰及铜饰皆用于铸钱。

日本僧人与朝鲜商人

在官方史书及圆仁的《入唐求法巡礼行记》中，皆记载了唐武宗灭佛的事件。838 年，圆仁随日本遣唐使入唐“求法”。圆仁是一位天台宗大师，并撰述了一部引人入胜的行记，记载其在中国 10 年间的见闻，其中鲜活地描绘了处于历史关键时期的中国佛教，同时也提供了对中国内河航运、东北亚海上贸易网络以及唐朝官场的细致观察。但遗憾的是，圆仁很少提及他所乘的船，仅仅提到了使团中的使节及随行官员。（其船队中共有 4 艘船，搭载 650 人，包括监督船只建造的官员。）在接连两次渡海失败后，遣唐使团从九州岛西北部的博多湾出发，航行了 475 英里，到达中国长江以北的海岸。在旅途中有 2 艘船因搁浅而受损，不过船员已被救出，贡品也被带到了陆地上。

圆仁本打算在中国访问 1 年，结果却逗留了 9 年，延误的部分原因在于 9 世纪时通讯的不完善。不过，相对于唐朝高度完善的政府机构和复杂的要求而言，这只是一个小问题。在扬州，当地政府拒绝圆仁拜访浙江的一所寺院，理由是路途太远，难以在遣唐使前往长安并完成使命的时限内到达，圆仁被迫等到使团从都城返回后才启程。不过他并没有返回日本，而是在山东半岛的新罗商团的帮助下留在了中国。他最终去了长安，不过因害怕在离开时得不到正式许可，于是在 841 年至 845 年间向朝廷申请通行证达上百次。唐武宗灭佛时，所有未登记在案的外国僧人都被驱逐，他到此时才获许离开。

圆仁之所以能够在中国逗留，拜访山西的寺院，并在长安停留，部分要归功于新罗侨民的帮助。当时，新罗商人控制着渤海、黄海及东海（南至明州，即今宁波）的海上贸易，他们将华南港口进口的大量外国产品运送到朝鲜半岛和日本。因为熟悉中日两国的情况，他们在两国之间的商业和外交事务中充当着中间人的角色。在华新罗商人主要聚集在山东半岛和楚州（今淮安，是当时朝鲜半岛和日本来船的主要入境口岸）之间的沿海一带。[16] 在楚州，货物被转移到更小的船上，沿大运河、淮河及其他内河运往各地，当地的新罗人由一名新罗总管和一名官方译员管理。在山东半岛也有类似的官员，圆仁曾在山东的赤山法华院客居了较长时间，在那里可以俯瞰中国最东端的锚泊地。这些管理者并不代表新罗王国，而是代表新罗商人的利益。

在圆仁的时代，最著名的在华新罗商人是张保皋，此人的事迹可从朝鲜、中国和日本的文献中得知。[17] 张保皋出身低微，在 828 年回国之前是唐军中的一名士兵。黄海地区的海盗活动及奴婢买卖十分猖獗，张保皋十分担心，他劝说新罗国王任命自己为西南海岸的莞岛的驻军长官，并有效地打击了海盗。他利用由此得来的稳定局面来建立贸易网络，并辐射到日本和中国的沿海地区。同时，张保皋也以赤山法华院的创建者和资助者而闻名。圆仁曾在一封写给张保皋的信中，感谢他的盛情款待和慷慨资助。大约在圆仁到达中国前后，新罗正卷入一场权力继承的争斗之中。张保皋帮助短命的神武王登上了王位，神武王之前曾许诺自己若能登上王位，就纳张保皋之女为妃。神武王不久去世，文圣王继位，当张保皋提议文圣王纳其女为妃时，大臣们却以岛民不能为王室带来荣耀为托词而拒绝。为防止张保皋因此不满而报复，文圣王将其杀害。845 年，当圆仁返回山东半岛并启程回国时，张保皋的贸易帝国已成为过眼云烟。

新罗朝廷还废除了张保皋在莞岛所建的清海镇，到 9 世纪末，海上贸易因两国政局不稳而衰落。9 世纪 90 年代，朝鲜半岛的农民起义军在弓裔和甄萱的领导下聚集起来，两人建立了后高句丽和后百济。新罗不再是完整的国家，此后朝鲜半岛上的主要争斗就发生在这两个国家之间，而其中的关键便是对沿海地区及海上航线的控制权。凭借从家族生意中获得的航海知识，王建（其祖父是张保皋时代重要的商人）成长为战争中杰出的海军将领。[18] 王建建立了高丽王朝（918—1392），定都开京，新罗和后百济先后臣服，朝鲜半岛由此统一。

11 世纪时，高丽与北宋之间的关系经历了考验，二者都面临来自辽和金的压力。由于陆上交通被辽朝切断，两国商人通过横跨黄海的贸易保持着非正式的接触。正如《宋史》所载："王城有华人数百，多闽人因贾舶至者。"[19] 来自更远的国度的商人通过海路到达高丽，据高丽官方史书记载，1037 年时，穆斯林、印度人以及其他商人经由中国港口自南方而来。[20]

从晚唐到北宋

佛教僧人并非唯一受到唐武宗关注的宗教团体。由于军事防卫、维护运河及其他基础设施建设花费巨大，朝廷依靠已大大减少的税收难以为继，因此也把目光转向穆斯林、摩尼教徒、景教徒（即聂斯脱里派教徒）以及袄教徒（即琐罗亚斯德教教徒）。尽管长安周边的少数民族处境窘迫，但在黄河与长江之间传统的繁荣地区，汉族居民的生活则更为艰难。封闭寺院和迫使僧人恢复缴税等措施无论能够带来多少财政收益，长江下游平原都已无法恢复昔日的平静，上百人的海盗团伙与腐败的官员相勾结而逍遥法外。[21]10 年后，不满情绪在农民与军队之中弥漫，在今天的浙江东部（包括杭州港和明州港）发生了暴动，并持续达 1 年之久。

9 世纪 50 年代的骚乱只是前奏，黄巢起义所释放的破坏力才更具毁灭性。20 年后，黄巢在占据福建大部之后，要求朝廷封他为安南都护。朝廷拒绝了他的这一要求，理由是："南海市舶利不赀，贼得益富，而国用屈。"[22] 之后，黄巢向南进军广州（中国海外贸易的主要港口）。据波斯人阿布·扎伊特记载，在围城将近 1 年后，广州最终投降，随后黄巢的军队洗劫了广州（有诸多伤亡），* 造成了巨大的破坏。[23] 正如 120 年前安史之乱时唐玄宗被迫出逃一样，在黄巢占领了洛阳和长安之后，唐僖宗也被迫南逃。对于起义军与皇帝来说，控制来自南方的补给都是至关重要的。由于长安得不到补给，黄巢的占领是短暂而野蛮的。随着运河运输的停顿，长安的居民无法获得食物，陷入同类相食的境地。正如当时的一首哀诗所言："东南断绝无粮道，沟壑渐平人渐少。"[24] 唐僖宗最终重占上风，虽然朝廷最终击败了黄巢，却无法从财政、权威及国家管理严重受损的局面中

---

* 阿布·扎伊特称，得益于中文档案的完善记录，受害者人数才得以留存下来。

恢复元气。

在对外贸易方面，前景并非完全令人绝望。据印度洋上的商人记载：

> 中国官员开始粗暴对待那些行贩至此的商人，侵犯了阿拉伯船长和船主的利益，并强行剥夺了商人的财产。当时，他们的法律已经许可这一惯例所不允许的行为。而后，真主以其圣名完全剥夺了对他们的赐福。这片海域禁止旅客通行，而且借由以真主的名义发布的法令，悲剧降临到远至尸罗夫和乌曼的船主和向导身上。[25]

事实上，当朝廷拒绝任命黄巢为安南都护时，地方官员的罪行正好制造了借口，朝廷以此对黄巢的要求避而不答。在黄巢起义之后，政治权力落入一些将领手中。907 年，其中一名将领朱温逼迫唐朝末代皇帝退位。此后，中国进入了一段新旧王朝迅速更迭的过渡期。整个帝国分成 3 个独立的区域：一是今北京周围的燕云十六州以及东北与华中之间的通道，二是燕云十六州与长江之间的地区（由 5 个短命的王朝接连统治），三是长江以南地区（分成 10 个延续时间较长的政权）。

与唐代最后的几十年相比，在五代十国时期的半个世纪中，政权更迭相对比较平静。[26] 当五代时期最后一位皇帝意外死亡后，他的继承者年仅 7 岁，其手下的一名将领即位称帝，即宋朝的开国之君宋太祖。宋太祖建都开封，惨淡经营，将仍处于分裂状态的各个政权重新置于新王朝的统治之下。作为中国最重要的交通要冲，开封位于黄河与 4 条运河（包括大运河）的交汇之处，运河及其他内河上的船只停泊在城墙内的大湖之中。作为帝国的都城，稻米、小麦及其他必要的日用品是不可或缺的，相较于长安和洛阳，开封更为接近这些物资的主要产地。在唐代，开封已有繁华的外国人聚居区。在五代时，开封成为都城。到宋代，开封的人口迅速增加至上百万，是当时中国人口最多的城市，而更为重要的是，这表明了城市化对于宋代中国的重要性。[27] 在宋代，据估计有 600 万人生活在城市当中，大约占到当时全世界城市人口的一半。政府鼓励发展交通和商业，而城市化的发展则是主要的推动因素。

北宋通过金钱来维持与其邻国辽及西夏之间的和平，尽管保证了内陆边境的安全，但横跨大陆的贸易却因此而衰落了。[28] 北宋依靠商业税向辽和西夏支付岁币，因此不可能忽视海洋贸易的潜力，它比此前任何一个朝代都更积极地鼓励海洋贸易。唐代的发展已经为这种海外贸易的开放姿态奠定了基础。长安容易受到草原民族的侵袭，其脆弱性早已十分明显，交通系统的缺陷也迫使朝廷在形势严峻时东迁洛阳。最紧急的情况出现在 7 世纪 90 年代，当时约有 10 万户（可能有 50 万人）被迫从长安迁出。[29] 8 世纪时，帝国在西部地区长期受挫，古都遂暴露在吐蕃及中亚军队的锋芒之下，从而导致中国在西北各族中的威望和影响日渐衰落，而自秦代以来这一直是保障中国主导地位的核心因素。相应地，北方居民大量南迁，迁徙到不易受到侵袭的淮河和长江流域。周期性的迁都使中国人开始走向南方和海洋，这些变化对中国海洋贸易的发展具有深刻意义。船只和港口的数量大幅增加，中国人开始直接参与海外探险。同样，这对中国在东南亚的贸易伙伴（从越南到苏门答腊岛、爪哇岛等地的国家）亦具有深刻意义。

中国与东南亚

在北宋时期，中国港口的数量明显增加，原因之一是越南北部的交趾获得独立，建立了大越国。北宋朝廷默认了其独立地位，部分是由于当时需要集中力量应对来自中亚和东北的更为紧迫的威胁，而交趾便显得无足轻重了。在隋代及唐初，朝廷曾巧妙地管理交趾，尽管一时能够找到合适的官员愿意赴任，但终非长久之计。早在唐太宗时期，朝廷在官员选任问题上便出现过不光彩的事例。唐太宗任命卢祖尚为交州（包括今越南北部和华南部分地区）刺史，唐太宗说：“交州大藩，去京甚远，须贤牧抚之。前后都督皆不称职，卿有安边之略，为我镇边，勿以道远为辞也。”[30] 一开始，卢祖尚无疑为这项任命而感到荣幸，但后来却以“岭南瘴疠，去无还理”为由而贸然拒绝，唐太宗下令将其斩首。他之所以拒绝，并非单纯出于对身体健康问题的关注，而是体现出一种儒家士大夫的焦虑，担心将来会远离故土安葬。

作为行政改革的一部分，679 年，朝廷在交趾及其相邻的越南北部建立了安南都护府。仅仅 5 年之后，腐败的广州都督试图侵夺昆仑国商人的货物而被杀，而当时唐王朝不可能为此发动战争。[31] 同时，由于缺乏足以应对内陆威胁的人才，唐高宗被迫撤回了驻扎在该地的军队。不过，保留下来的当地政府将此教训牢记在心，在接下来的 60 年中，在这个中国最繁忙的国际港口很少再出现腐败的现象。约一个世纪之后，梵文碑文中记载了两次对安南南部的环王国（即占婆，今称林邑）的战争。“狂暴无情、深色皮肤的异国人乘船而来，其食物比尸体更令人恐惧……他们袭击了印度教的林伽神庙（位于金兰湾以南，宾童龙附近）并将其焚毁。”[32] 我们不知道这些袭击者来自哪里，但他们显然知道宾童龙、芽庄以及会安（靠近今岘港）是大宗贸易的中心。环王国出产一些上等产品（包括著名的象牙、犀角以及香料）并供应外国市场，但其财富主要来自沿海贸易和长途贸易，并为外国水手提供服务。

8 世纪中叶，在商人暴动发生之后，朝廷禁止外国商人在广州进行贸易。于是商人们迁移到安南，在东南亚和中国之间航行，安南成为最受商人们欢迎的转口港。为了打击安南，792 年，岭南节度使请求朝廷下令剥夺安南准许商人进入的权力。这个请求被否决了，理由是广州的问题在于官员的腐败，正如百年之前一样：

> 远国商贩，惟利是求，缓之斯来，扰之则去。广州素为众舶所凑，今忽改就安南，若非侵刻过深，则必招携失所，曾不内讼，更荡上心。[33]

唐王朝对安南人仍然忠于帝国表示满意，8 世纪 80 年代，朝廷将安南置于当地首领冯兴的统治之下，这一改变标志着越南北部开始掌控其自身事务。随后，当唐王朝试图重新统治安南时，一个反唐王朝的本土派系获得了南诏的支持。南诏将其目光投到红河流域，并大败唐军及其安南盟军。唐军从安南退至广东，等待从福建乘船而来的援军。当地官员征用了大量商船，并侵吞或毁坏船上的货物，目的是腾出空间来运输军队的补给，船主们再次遭受损失和侮辱。865 年，南诏军被高骈率军击败，高骈重建了对安南名义上的控制，而且是一位清廉正直的官员。[34]

高骈在越南颇受尊重，他在河内（该地区传统的权力中心）附近建设了新都，并采取多种措施使安南恢复繁荣。高骈致力于保障都城与大海之间及北部湾内的航行安全，他认为北部湾十分危险，“一旦你登上了该地区的船，就必须放弃生还的希望”。[35] 在安南发现的一篇碑文中歌颂了高骈的功绩：

废厄走食，昌隆驾舡。
我公振策，励山凿石。
洩海成派，泛舟不窄。
溟涨坦夷，得饷我师。[36]

在唐朝灭亡后的 30 年内，安南仍是一个自治省份，处于 10 世纪时更迭频繁的多个王国的名义统治之下。939 年，越南最终获得了独立地位，并出现了持续几十年的统一局面。后来，丁部领凭借其军事外交才能战胜了对手。（当敌人威胁说要处死他的儿子时，他反问道，伟人岂能仅仅因为自己的儿子而危害一项伟大的事业？[37]）在他统治期间，稳定的局面令外国商人获益。据越南史书记载，976 年时，各国商船纷纷越海而至，带来本国的货物。[38] 在独立后的第一个世纪（甚至更久）中，大越国国王致力于巩固其在红河中游及上游的统治，而忽视了沿海三角洲地区，中国甚至都无意为这一区域命名。[39] 在沿海地区和红河上游之间，存在着一定规模的内河贸易。不过直到北宋时期中国的海洋贸易复兴之后，三角洲地区的港口云屯才成为中国人、爪哇人、马来人、高棉人及其他商人的一个主要目的地。[40] 云屯逐渐参与到南诏与云南、柬埔寨吴哥（横跨安南的山区，沿湄公河顺流而下）以及越南沿海地区之间的区域贸易及长途贸易中。从统治方式和文化的角度来看，大越国尽管明显带有中国影响的印记，但除了在 15 世纪曾被短暂占领，一直保持着独立的状态。

海上贸易

大越国、占婆、爪哇以及室利佛逝的繁荣缘于其参与了日益活跃的、有利可图的国际贸易，而这种国际贸易是以中国为中心的。中国对来自这些国家的资源需求量很大。隋唐时期，帝王的关注点集中在如何确保帝国内部的统一上。而随着中国疆域的扩大，越来越多的部落和国家开始派遣使团前往中国，并带去新奇的动植物、织物、奴隶以及艺人，其中甚至有来自帝国直接控制范围之外的热带地区的物产。这些新奇的热带物产刺激着中国精英的感官，使他们对来自印度洋各个角落的活跃商人愈发感兴趣。新的食材改变了中国人的烹饪方式（中国菜肴之前大多由鱼和蔬菜构成），中国君主十分喜爱带有异国风情的礼物。[41] 正如义净所看到的，与中国相比，印度的烹饪方式更为奢华，所有蔬菜皆精细烹制，在享用时会加入阿魏、清亮黄油、油及香料。唐玄宗甚至因为喜好异国事物而遭到保守派大臣的谴责，他们劝皇帝不要接受来自外国的礼物："陛下新即位，固宜昭宣菲薄，广示节俭，岂可以怪奇示四方哉！" [42] 不过，节俭并非大唐盛世的特征，唐玄宗并未理会其劝告，继续接受来自南方国度的大量礼物，包括来自室利佛逝和占婆的乐人与大象，以及来自印度尼西亚东部的珍禽等。

除了外国船只运送主要货物时所附带的牲畜，中国进口的最大宗货物便是外国的木材，尤其是檀香木和沉香木。[43] 产于印度和印度尼西亚东部的檀香木以成品的形式（如木雕、木盒、家具、木器以及佛香的原料）舶来。来自占婆的沉香木和来自苏门答腊岛的樟木因其药用价值（亦可制作佛香）而受到重视，樟木的驱虫特性使之成为制作木箱的绝好材料。在唐代，对于中国南部的贸易复苏而言，人们对佛教经典及佛像的需求是必不可少的。不过相较于西方，人们更大程度地开发了这些香木和油的世俗价值，将其制成香水、空气清新剂和催情剂。直到佛教在中国衰落以后，异国木材的贸易仍在持续。对富人而言，来自海外的木材无疑可以彰显其尊贵的地位。来自爪哇和印度的红木被用于制作家具，例如木枕（人们认为红木能有效缓解头痛）。同时，中国也出口大宗货物，包括丝绸、瓷器、铜钟和纸等，对亚洲沿海诸国（从朝鲜、日本到室利佛逝）施加着强大的政治和经济影响。

唐末五代时期，政府逐渐放松了对商人的控制，这体现在官方对待私有财产和贸易的态度上。[44] 农业产量的增加使农民获得了一定的自由，进而可以种植获利颇丰的经济作物（特别是在浙江），或者转而成为工匠和商人。贸易规模的扩大也促使中国开始试行纸币。8 世纪时，茶商需要将大量铜钱转运回乡，而地方政府也要将货币形式的税收上缴君主。由于大量铜钱运输成本很高且不安全，商人们便开始将钱存进京城的进奏院，进奏院则给商人以凭证，称为“飞钱”。[45] 存入的钱财可以在各州取出，而各州的存款则来自长安进奏院中储存的资金。812 年，朝廷开始采用这种办法来收取各地的赋税，这一做法在北宋时得到沿用。到 11 世纪，这种交易的总额达到每年 300 万贯。严格来说，尽管这是由政府垄断的，但商人在私人贸易中也可以使用飞钱，后来出现了早期的纸币——交子（本质上是一种期票）。政府效仿这一做法，开始发行官方的纸币，不过常常由于储备金不足而导致通货膨胀和纸币贬值。

在 715 年之前，唐朝已设立了市舶司，用于监管广州的贸易并向进口货物征收关税。[46] 8 世纪中叶，僧人鉴真到访广州，看到“江中有婆罗门、波斯、昆仑等舶，不知其数，并载香药珍宝，积聚如山”。[47] 随后，在杭州和明州（靠近长江口）也设立了市舶司。10 世纪时，海外贸易十分繁荣。唐宋之间朝代更迭频繁，沿海的各个势力积极吸引商人，从贸易中获利，并赢得外国统治者的尊敬。随着宋朝政权的巩固，朝廷重设市舶司，其职责包括：检查外国船只；确保官府对所有进口货物拥有优先购买权（这些进口货物只能在朝廷许可的官营商店中出售）；征收关税；接待使团；为灾难幸存者提供食宿。[48] 在出海之前，中国商人必须前往设有市舶司的港口，市舶司会根据其提交的航行行程、船员名单及货物清单出具许可证，作为商人回国时的凭证。这些规定对中国人和外国人一视同仁，马匹和铁器的出口受到严格控制，铜钱则更是如此，因为铜钱外流自唐代以来一直是一个大问题。

这种行政监管并非中国所独有，如果没有政府监管的相应完善，印度尼西亚群岛、朝鲜半岛和日本的海上贸易也不会发展地如此迅速。统治者通过对进口货物征收关税来充分获利，而关税的征收则需要规模庞大的官僚机构。那么，这些官员和机构是如何因地制宜地成功运作的呢？由于相关信息很少能够保留下来，人们对此知之甚少。这些港口为当地的商人、走私者以及滋扰滨海地区和内陆水域的海盗所利用。正如张保皋、王建等人的例子所证明的那样，朝鲜半岛的商人是9世纪时东北亚长途运输的领导者，他们掌控了中日贸易的大部分。为了给这种贸易提供便利，日本人在对马岛派驻了专门的翻译。自7世纪以来，所有的对外贸易都通过博多湾的太宰府（位于今福冈市附近）进行。[49]起初，该机构负责监视官方使团，自9世纪起开始负责检查进口货物，但并没有征收关税和为来访商人提供食宿的职责。大和国政府实行严格的贸易垄断，不仅限制外国人能够前往的地方及停留的时间，也对所有进口货物拥有优先购买权。9世纪后期朝鲜海上贸易的衰落，以及853年至926年间中日贸易的中断，部分原因便在于此。[50]由于担心朝鲜商人是间谍，日本人限制其在博多湾停留的时间，这可能使问题变得更加严重。

在唐代，大部分到达广州港的货物都被运往京师和北方的其他市场，但并不是通过海路，而是经由陆路以及内河与运河网络（以公元前3世纪修建的灵渠为起点）。到了宋代，这种情况发生了巨大的变化。当时，福建的港口的发展最为引人注目。福州位于闽江口，与台湾岛北部隔海相望，这座城市曾十分繁荣。9世纪时的阿拉伯地理学家伊本·克达比（Ibn Khurdadhbih）曾提到，福州是穆斯林水手到访的4个主要港口之一，另外3个港口分别是安南的交趾、广州和扬州。在此之前，福建南部对中国人而言一直是边荒之地，是流放士大夫的地方。819年，韩愈被贬至福建以南的潮州，该地"飓风鳄鱼，患祸不测"，"毒雾瘴氛，日夕发作"。[51] 9世纪后期，许多北方人逃到福建以避战乱。在黄巢洗劫了广州之后，那里的外国侨民被驱散，一些人向南迁徙，大多数人则前往一个曾经微不足道的港口——福建泉州。

在唐末，泉州由王延彬治理。据说，王延彬任泉州刺史时，"每发蛮舶，无失坠者，时谓之招宝侍郎"。[52]王延彬是否曾完全独立仍有待商榷。在11世纪中叶宋朝解除对海上贸易的限制之后，泉州的发展十分引人注目，据一名官员所说，港口中停满番舶，货物堆积如山。[53]泉州的吸引力部分在于，当地方官员涉足非法贸易时，他们的要价是货物价值的 10%，商人便可获得进行贸易的权利。这是一种个人税的形式，且仅为广州官方征税额的三分之二。[54]泉州成了对外贸易的中心，朝廷最终也承认了其地位。1087 年，继广州、杭州和明州之后，朝廷在泉州设立了第 4 个市舶司。[55]福建旧港福州在宋初已经衰落，当时，福州的商业资本和专业人才不断外流，或北至临安，或南至泉州，其地位也从未得到承认。

唐朝灭亡后，所有新兴的滨海政权皆积极与南方进行贸易，宋朝统治者也并没有阻挡这种潮流。[56]11 世纪时，中国承运商充分利用扬州穆斯林商人的专业知识（源自其在广州、泉州等地的贸易活动），足迹远及爪哇。[57]其中，在福建定居的阿拉伯和波斯的穆斯林的后裔占了很大比例，他们相互之间联系广泛。这一点十分重要，以至于广州的外国商人更喜欢与福建的中间商交易，而不选择广州本地商人。作为宋代放宽对外贸易限制的产物，福建商人将成为东南亚贸易世界中一股持久的力量。[58]

东亚的船只

唐代文献中很少涉及船只设计或建造的内容，关于船只最早的详尽描述出现在唐代以后，考古发现也很有限。但在中国人的生活中，各类船只是必不可少的。正如 8 世纪初的崔融所说："弘舸巨舰，千轴万艘，交贸往还，昧旦永日……一朝失利，则万商废业，万商废业，则人不聊生。"[59]为了保证帝国的运转，需要数量惊人的船只。安史之乱结束时，最为迫切的任务之一便是重建被毁的运河船队，朝廷为此在长江两岸至少建造了 10 个船坞。[60]

内河航道的船只通常掌握在大家族的手中，他们赖此营生，船只可以作为浮在水上的居所和工作场所。一个发生在 8 世纪的故事中写道："江湖语云，'水不载万'，言大船不过八九千石（约合 550 ～ 650 吨，这并不包括船上的人员和用品）。"* "有俞大娘航船最大，居者养生送死嫁娶悉在

---

* "石"是重量单位，相当于一个人可以负担的重量，约合 60 千克。

其间。开巷为圃，操驾之工数百，南至江西，北至淮南，岁一往来，其利甚博，此则不啻载万也。”[61] 在唐代，生活在船上者的人数是一个未知数。10 世纪时，泉州是“浮舟之人”的聚集地，他们以打鱼或贸易为生。[62] 在其他内陆地区，多达一半的人口被水域所包围。在船上生活的方式从未消失，尽管今天已十分少见，但在 12 世纪中叶，据估计有 4,000 万中国人生活在“某种形式的水域当中”。[63]

在古代中国的内河航行中确实已出现了帆。不过，当时主要的推进方式仍是划桨（或橹），而当遇到激流或在狭窄的运河中前行时则需要拉纤。圆仁在从海滨沿运河游历到扬州时曾描述道：“水牛二头以系四十余舫，或编三艘为一船，或编二只为一船，以缆续之。”[64] 日本使团每天可以行进 30 千米。运河上来来往往的船只昼夜不停，圆仁在描述一段夜间行程时写道：“盐官船积盐，或三四船，或四五船，双结续编，不绝数十里，相随而行。”[65] 船只在火把的照明下行进。在运河的平顺河段，船员们就自己拖船前行，在危险河段（如长江三峡和黄河三门山）则会雇用熟悉当地情况的纤夫。

这一时期，中国各地造船技术的主要发展便是铁钉和铁钩的出现，时间不晚于 8 世纪。[66] 在中国沿海地区，长江口是北方沙船与福船之间的分界线。北方沙船的特征是无龙骨、吃水浅且为平底，据说在唐代便已出现，通常用于浅水水域。[67] 福船的船体则为深“V”字形，在福建与广州之间多岩石和海湾的沿海地区建造，适用于远洋航行。船上通常没有船舱，往往是在甲板上给乘客及货物分配空间。[68] 为防备海盗袭击，船上有弓箭手负责防御，且常常拖着一只小型的通信快船。我们对朝鲜半岛和日本的船只同样知之甚少，有人认为，在朝鲜半岛和日本的船只中可以看到中国造船技术的影响。

中国文献中保留了东南亚船只的许多信息，根据一份 8 世纪的文献，东南亚船只被称为“昆仑舶”。“用椰子皮为索连缚，葛览糖灌塞，令水不入。不用钉鍱，恐铁热火生，累木枋而作之，板薄恐破。”[69] 东南亚的造船者为什么不使用铁？此处的解释与《论造船》中对印度造船者为何不用铁的解释相似。当时，东南亚航海者经常来往于中国港口之间（作者便是由此了解到东南亚船只的情况的），同样，他们肯定也知道中国造船者用铁钉固定船体，而无须担心火患。自 10 世纪起，由于中国商船航行到海外，因此东南亚造船者也能够看到中国船只是如何建造的。但尽管如此，没有证据表明 16 世纪以前的东南亚船只上有铁制配件，而是用绳索和船板边缘的暗榫来固定的。[70] 由于采用了暗榫这种细木工工艺，船体的结构变得更大。16 世纪初，首次到达东南亚的葡萄牙人发现，东南亚船只比他们所乘的船的船体结构更大。在整个东南亚乃至海南岛和广东，通过缝合法来固定船板是最为常见的。[71] 自公元之初以来，虽然百越地区已被北方人统治，但相对于其汉族君主而言，百越居民与越南北部的东南亚邻国之间有着更多的文化亲和性。或许，我们在 8 世纪的昆仑舶的多层船板上可以看到北方传统的影响。直到 400 年后，华南地区的远洋船只仍采用东

柬埔寨吴哥通王城巴戎寺（约 1185 年）的浮雕中描绘的几艘船之一，呈现了高棉人的日常生活场景。根据桅帆、轴舵以及起锚绞车向前等特征判断，这应该是一艘中国商人的舢板船。不过，船上的乘客和船员（包括在船前部玩棋类游戏的 2 个人）看起来更像东南亚人而非中国人。（Detail of a photograph by l'Ecole Française d'Extréme-Orient in Jean Yves Claeys, Angkor [Saigon: Editions Boy-Landry, 1948].）

柬埔寨吴哥通王城巴戎寺的浮雕中描绘的一艘东南亚桨船。该图案位于舢板船下方，似乎说明这是一种内河船。在湄公河下游，这种内河船十分常见。在这艘船的上方，渔民们正拖着收获颇丰的渔网，舵手正在驾船，三分之一的船员正在整理捕获的鱼。画面下方是岸上的市场。（From a photograph in Jean Yves Claeys, *Angkor* [Saigon: Editions Boy-Landry, 1948].）

南亚各地十分常见的船板缝合技术。

这一时期的中国船只采用了纵帆。所有地区的航海传统似乎都从方形帆开始，各种不同的纵帆都源于方形帆。在3世纪的东南亚船只上已出现双桅，并已经使用形状不明的纵帆，8世纪的婆罗浮屠石雕船上的斜桁四角帆也是纵帆。[72] 如果在东南亚与东亚的航海传统之间存在一定程度的交叉渗透，那么前者便是中国斜桁四角帆的来源。在12世纪的柬埔寨吴哥通王城巴戎寺的浮雕中，出现了在远洋船只上采用中国式斜桁四角帆的最早例证。

海战

考虑到海洋贸易中作为竞争对手的国家的数量之多，爆发海战的可能性是相当大的。关于海战的文献记载十分有限，除了中日两国舰队在白江口的一战，几乎全部属于两栖作战。对于一心发动战争的统治者而言，遥远的距离并不构成障碍。室利佛逝的突袭舰队曾穿过南海，航行 1,200 英里攻打占城的芽庄。而唐朝军队在朝鲜半岛的作战（644 年至 663 年间每 10 年一次），航程也达到至少 300 英里。文献当中很少记载参加这些远征的船只的大小和配置，不过所有文献都表明，在作战及运输中使用的都是相对较小的船只。

当环王国在 10 世纪威胁到安南时，中国地方官员组建了一支舰队，由 35 艘快船组成，每艘船搭载 50 人，包括 23 名桨手、25 名士兵和 2 名弩手。[73]10 世纪 30 年代，南汉在攻打安南时很可能就使用了类似的舰队。安南人为避免与南汉舰队在海上相遇，便在红河北部支流（白藤江）中插入了大量顶端装有铁尖的木桩，在水涨时铁尖便没在水面以下。当南汉舰队航行至白藤江入海口时，安南人乘小船发起佯攻，随后便向上游撤退，南汉舰队紧追不舍。由于当时水面已降低，南汉战船纷纷被木桩刺穿，大约一半士兵被杀。这场战役成为越南历史上的一个转折点。

在中国的编年史料中，一些零散的议论表明，在远征朝鲜半岛的战争中所用的船只也不是很大。在第一次远征中，有 900 艘船和 40,000 名士兵参加，平均每艘船载 44 人。即使考虑到其中部分船只专门用于运输粮草等补给，最大的船只的载员满额可能也不超过 200 人（包括船员）。在 663 年的白江口之战中，日本舰队损失了 400 艘船，而中国舰队只损失了 170 艘船。我们无法判定，这是由于单艘船只尺寸上的差别造成的，还是因为中国舰队在狭窄水域中具有战略优势。据《日本书纪》记载："日本船师初至者与大唐船师合战。日本不利而退，大唐坚阵而守。"[74] 双方将领在交战时间及兵力部署上深思熟虑，这说明他们至少拥有一定的水战经验，不过我们仍无法得知战斗是如何进行的。

中国文明高度发达，是整个东北亚的文化中心。自古以来，在关于贸易和战争的文献记载中，黄海格外引人注目。在发达程度稍逊的朝鲜半岛东部、日本西部与女真之间的相互关系中，日本海（韩国称东海）发挥的作用并不显著。除了朝鲜海峡两岸的港口，朝鲜半岛和日本的主要港口皆朝向南方，在朝鲜半岛东部和本州岛西部则无主要港口。不过，即使是朝鲜半岛东北部和今符拉迪沃斯托克附近的女真也有航海经验。1019年，50艘女真船袭击了朝鲜半岛东部、伊势岛、对马岛以及九州岛博多湾的日本港口。[75]不过，女真并没有充分利用其航海能力，他们向南扩张，关注焦点一直是通向华北的陆路通道。

北宋时期，中国对海上贸易的接受缘于困境与机遇的结合。西部边境的崩溃迫使宋朝皇帝和许多臣民迁居东部，更加靠近精心设计的运河体系的中心，也更加靠近海港——当时国库收入日益依赖这些海港的商业税收。然而，通过这些变化，中国经济持续增长。曾被认为带有异域情调、稀有的进口物产此时逐渐被视为常见的商品，而大规模生产的瓷器和其他货物为一个跨越季风海域的日益增长的出口市场提供了产品。在中国的海上贸易在扩大的同时，朝鲜半岛的海上贸易在衰落，这为中国商人主导东北亚的交通开辟了道路。中国对贸易的接纳对东南亚诸国产生了深远的影响，不仅包括已获得独立的邻国越南，也包括更南边的国度。从占婆到室利佛逝和爪哇，日渐集权的新兴国家发展了自己的制度，以便从贸易中获利并维持贸易。在接下来的几个世纪中，其繁荣不仅引起了在中国和印度洋的传统贸易伙伴的关注，也得到了西方地中海世界的关注。

第12章

中世纪的地中海与欧洲

10世纪时埃及法蒂玛王朝的建立，标志着地中海与欧洲贸易大重组的开始。红海成为印度洋贸易的首选目的地，这对黎凡特各地产生了溢出效应。然而，这个仅有的拥有海洋根基的重要伊斯兰国家的崛起，导致了地中海中部穆斯林运势的衰落。法蒂玛王朝拥有丰富的航海经验，不过，它在尼罗河往上游的开罗建立了新都，且政治现实让它不得不将精力用于来自西南亚的威胁，因此当11世纪末十字军东征开始时，它已失去了在地中海的主动权。同样，政治和宗教上的宗派主义使得北非的酋长国无力对抗热那亚、比萨、阿尔马菲及威尼斯初生的商业和军事力量。意大利的各个城市国家几乎没有形成一个统一的阵线，但在拉丁（天主教）欧洲发生的宗教、政治、经济和商业方面的变化，促使它们接管了穆斯林主导的贸易路线和领地。

拜占庭帝国、哈里发国家以及黎凡特港口的财富继续吸引着西方的商人和统治者，但横跨地中海的东西贸易扩张对来自西欧和西北欧的商人尤其有益，并附带地促成了波罗的海和北海地区完全不同、充满活力的贸易制度的建立。而且随着南北之间贸易的数量和价值增长，掌控地中海与西北欧之间的大西洋航线的动力也在增长。随之而来的北欧和南欧不同的造船方法与航海技术的融合，带来了许多工具的发展，欧洲水手将利用这些工具照亮黑暗之海并为自己发现新世界。

地中海

意大利港口城市的崛起和商人阶层跃升至特权和权威地位，是中世纪欧洲商业革命早期阶段的标志。在腓尼基和迦太基之后的地中海社会中，商人没有像在亚得里亚海沿岸的威尼斯、利古里亚海沿岸的热那亚以及第勒尼安海沿岸的比萨和阿尔马菲那样享有尊重和影响力。尽管人数不多，但威尼斯人和热那亚人在整个地中海世界，向黑海，向欧洲北部（最有影响力），扩展着其商业和政治影响力。首先，他们越过阿尔卑斯山脉到达法国香槟区的市场和德意志的贸易中心，13 世纪之后，经海路穿过直布罗陀海峡，到达佛兰德斯地区和英国。

威尼斯群岛位于一片广阔的潟湖之中，这片水域从南部的波河河口到北部的皮亚韦河河口，绵延约 50 千米，在利多岛和大陆之间，平均宽度约为 11 千米。威尼斯群岛是一个两栖族群的故乡，他们聚集在岛上教区中，这些教区有特色地由俯瞰码头或船坞的教堂管辖。[1] 由于威尼斯人自己无法种植小麦，他们便依靠从意大利内陆购买的小麦为生；早在 6 世纪，威尼斯的平底货船就常常沿波河逆流而上 300 多千米，到达意大利王国的首都帕维亚和米兰。威尼斯人正是通过内河贸易磨炼了其商业技巧、军事技能及外交手腕，这些对他们在亚得里亚海和地中海东部的扩张有用处。[2] 艾格莱卜王朝的侵袭令亚得里亚海在 10 世纪时变成了一片混乱无序的海域，不过威尼斯人变得越来越坚定自信。公元 1000 年，在确立了威尼斯在亚得里亚海北部主导地位的一系列战争中，威尼斯总督佩德罗二世·奥赛罗（Pietro II Orseolo）击败了达尔马提亚的海盗。在外交方面，奥赛罗通过与拜占庭帝国和将被称为“神圣罗马帝国”的政治体的统治家族联姻来获得其支持。在此后的几个世纪中，奥赛罗的统治时期逐渐被认为是“最尊贵的共和国”（即威尼斯共和国）崛起的开端，每年，在奥赛罗出发去参加达尔马提亚战役纪念日活动时，人们都会举办越来越精心准备的仪式，通过该仪式，威尼斯与亚得里亚海在精神上联系起来。“婚礼”（sposalizio）仪式每年在耶稣升天节举行，这一天，威尼斯总督及其随从、神职人员以及驻威尼斯的使节会登上华丽的大型游艇（bucintoro）。总督宣称“亚得里亚海，我们同你结婚，作为我们真正永久领地的象征”，他将经格拉多主教祝圣的金指环投入大海。[3] 威尼斯以此宣告由自己主宰大海，并申明了一种排他性的专属关系。

与拜占庭帝国和哈里发国家相比，意大利海洋城市的海军力量是以完全不同的方式发展起来的。由于缺乏广阔的领土，威尼斯舰队集中于同一个地方，后来，威尼斯确实获得了一些殖民地，而这些殖民地是位于威尼斯人已经十分熟悉的航线上的。因此，对海军力量的运用最初是从商人看重的事项发展而来的。威尼斯海军的组织同样反映了威尼斯的商业基础。商人乘坐武装船只出航是理所当然之事（“武装”船只与“非武装”船只之间的区别是由船员规模决定的），明确规定船员和商人所携带武器的类型及数量的法规也只是将传统惯例编为正式法典。为了安全起见，远航船只通常会一起出行，但是，市政厅在 1308 年要求，前往塞浦路斯、奇里乞亚亚美尼亚王国或者黑海港口塔纳的船只必须结队出行。[4]

在威尼斯，大部分船只都由私人建造和所有，尽管政府规定了船只的规模和装配——这样在发生战争时，政府就可以征用到自己需要的船只。一开始，造船者集中在里阿尔托岛，但在 12 世纪时迁到了威尼斯船厂（Arsenale），那里兼具政府船坞、杂货仓库和武器库的功能。在战时，国家从私人手中购买或租用船只，如果需要更多的船，则从私人船坞那里订购船，或者船工可以被借调到威尼斯船厂。13 世纪时，威尼斯拥有能为第四次十字军东征提供约 300 艘船的产能，包括马匹运输船、圆船及 50 艘大帆船。[5] 一个世纪之后，但丁（Dante）在描述第八层地狱时借用了对威尼斯船厂的回忆：

> 犹如在威尼斯人的船厂里，
> 冬天熬着黏稠的柏油，用于涂抹已经损坏的船只，
> 因为它们已经无法下海了。
> 有的人正在建造新船，有的人正在用麻屑填塞旧船两侧的缝隙；
> 有的正在船首，有的正在船尾钉钉子；
> 有的正在造船桨，有的正在制船索；

有的正在缝补前桅的帆，有的正在缝补主桅的帆。[6]

为了备战，威尼斯共和国要求所有体格健全、年龄为 20 ～ 60 岁的男人在其故乡的教区登记。[7] 所有合格的教区居民每 12 人分为一组，每组通过抽签选出 1 人到某艘船上服役，其他人则每月出资 1 里拉作为船只的维护费用。（在特殊情况下，应征入伍的人会更多。）国家每个月向每位水手提供 5 里拉，水手们也可以通过向政府支付 6 里拉来免于服役，这 6 里拉将付给代役者。

在威尼斯保持着对亚得里亚海的统治时，亦即“征服者”威廉入侵英国的半个世纪之前，诺曼骑士开始在意大利出现，他们自行受雇于某个基督教贵族。在这些外国雇佣兵中，最为臭名昭著的便是罗伯特·欧特维尔（Robert Hauteville），他被称作“吉斯卡尔”（Guiscard，意为“狡诈的”）。1059 年，教皇任命他为阿普利亚、卡拉布里亚和西西里的公爵，准许他从拜占庭帝国和卡尔比王朝的控制下夺取这些领土。2 年后，他和他的弟弟罗杰（Roger）击败了一支前来守卫阿普利亚和卡拉布里亚的拜占庭军队。在雷焦港陷落之后，吉斯卡尔进军西西里岛的道路便畅通无阻了。1060 年，诺曼骑士几乎没有遭到任何抵抗就登上了西西里岛，并与几个相互敌对的埃米尔之一结成了互利的同盟。1072 年，巴勒莫陷落，西西里岛的其他地区也随之陷落，穆斯林在该岛长达 250 年的统治由此终结。在占领巴勒莫的 1 年之前，吉斯卡尔夺取了亚得里亚海的巴里港，这是拜占庭帝国在意大利的最后一个要塞。10 年后，吉斯卡尔率领 150 艘船穿过亚得里亚海到达底耳哈琴，意图进军君士坦丁堡。但由于当时教皇在与神圣罗马帝国的对抗中要求他提供帮助，他便推迟了这一计划。在威尼斯人的帮助下，拜占庭帝国挽回了损失。1085 年，吉斯卡尔再次渡过亚得里亚海。[8] 不过，他的骤然离世消除了诺曼骑士对拜占庭帝国的威胁。于是，拜占庭皇帝阿历克塞一世（Alexius I）便将其注意力转向塞尔柱突厥人构成的威胁。

诺曼人控制了奥特朗托海峡，尽管这对威尼斯人的利益构成了直接威胁，阿历克塞一世也只能通过“承诺和贿赂”来获取威尼斯人的支持。[9] 在 1082 年颁布的帝国法令中列出了种种承诺，其中包括承认威尼斯总督及其继承者为威尼斯、达尔马提亚和克罗地亚的领主，并给予威尼斯人在帝国主要港口进行贸易的特权。[10] 对于作为商业载体的威尼斯，拜占庭帝国第一次做出了重大让步，同时，这也是威尼斯发展的重要一步。威尼斯从盐、鱼和谷物的区域经销商一跃成为地中海地区的一支主要势力。阿历克塞一世则因出卖帝国利益而遭到非议。长年的战争迫使拜占庭帝国采取非常手段，其直接目的是中止经济的恶性循环。在这一点上，阿历克塞一世似乎是成功的。

除了向威尼斯商人开放拜占庭帝国的港口，1082 年的法令还在君士坦丁堡为威尼斯人划出了一个特区：

> 从希伯来人的古码头到维格拉之间的锚泊地，更不用说在首都和底耳哈琴的许多不动产以及其他各处威尼斯人所要求的地方。不过，最主要的酬谢是（阿历克塞一世）在罗马（拜占庭）控制下的所有行省中给威尼斯人提供的自由市场，使他们能够不受干涉地进行贸易，不必缴纳关税或其他任何财政部征收的税种。在罗马主权范围内，他们是完全自由的。[11]

这些从事自由贸易的特权使威尼斯人在地中海东部的贸易中获得了明显优势，但他们无法包揽整个帝国的贸易。在君士坦丁堡的热那亚商人和比萨商人由此获利，填补了空缺，不过他们要缴纳 4% ～ 10% 的关税。[12]

热那亚位于利古里亚海沿岸，在威尼斯以西不到 400 千米处，海岸向西朝法国和伊比利亚半岛延伸。[13] 土地贫瘠的热那亚朝向大海，背靠陡峭的亚平宁山脉。热那亚人没有机会发展农业、矿业和伐木业，进入内陆也受到限制。在临海的一面，热那亚面对的是一片狭窄的大陆架，那里的鱼类资源也很稀少。在巴塞罗那和拉斯佩齐亚之间，热那亚可能是最好的天然港口。热那亚人在海上取得的成功，便缘于他们充分利用了这一点。热那亚是地中海西部最北端的港口，这一位置十分有利。热那亚人与中欧和北欧地区进行贸易，正是由此通过波河河谷和阿尔卑斯山山口的。（帕维亚位于热那亚以北 115 千米处，大部分路程需要穿过山脉；米兰则位于波河的另一侧，距帕维亚35千米。）在热那亚下游约75千米处，便是位于阿尔诺河河口的比萨，因此比萨可以十分方便地获得佛罗伦萨的市场和产品，但同时也很容易卷入托斯卡纳和意大利国内的政治纷争。

为获得地中海西部的贸易利润，热那亚商人与比萨商人展开了激烈的竞争。双方在11世纪的大部分时间里都在争斗，然而到1015年，双方却抛开分歧，共同驱逐了撒丁岛上的穆斯林埃米尔。更值得记住的是，他们共同攻打了马赫迪耶。当11世纪中叶齐里王朝与法蒂玛王朝决裂时，伊弗里基亚已经陷入持续不断的战争泥淖之中，这严重扰乱了马赫迪耶的贸易，而当地贸易是由比萨商人和热那亚商人主导的。为了获取非洲的黄金，意大利人贩卖奴隶、毛皮和锡，同时供应十分紧缺的木材和谷物，然后用黄金购买丝绸、香料、药材及其他奢侈品（来自向东方开放的拜占庭帝国和穆斯林的市场）。[14]1087年，比萨和热那亚的联军利用齐里王朝的弱点攻打马赫迪耶。在一首比萨人的凯歌中，对这次战役进行了最为真实的描述，其中包括实际战斗的少量细节。不过，其浓厚的宗教色彩也表明了第一次十字军东征的性质。[15]威尼斯人未能充分利用1082年法令所赋予的特权。事实证明，马赫迪耶之战的结果也并不具有决定意义，因为无论是比萨还是热那亚都没有资金来占领这片领土。

十字军东征

马赫迪耶战争结束10年之后，拜占庭帝国皇帝阿历克塞迫切要求西方的基督教统治者提供军事援助，以抵御塞尔柱突厥人。之前的一次请求无果而终，1095年，他向教皇乌尔班二世（Urban II）派出使团。教皇积极回应，并极力鼓动了第一次十字军东征。十字军东征是由教皇批准的圣战，目的是为了拯救灵魂，并解救耶路撒冷的教会。教皇允诺，“赦免每个人因罪恶而遭受的所有惩罚，因为他们已经进行了真正的、完全的忏悔”。[16]乌尔班二世承认，部分人可能是出于其他原因参加十字军的。他明确指出，赦免仅限于“那些献身而战的人，而不是那些为了获得荣誉或金钱的人”。对于大多数十字军战士来说，任何精神层面之外的利益都是十分遥远的，大部分人可能都是出于宗教理由而加入了十字军，或至少是"以上帝和利益之名"。[17] 如果十字军不是为了物质利益而战，那么事实证明，商业航运是十字军国家的生命线，并对威尼斯、热那亚和比萨大有裨益。1097 年，第一次十字军东征的军队在君士坦丁堡会合，随后横跨安纳托利亚向西南方向进军。一部分十字军可能渡过幼发拉底河前往占领埃德萨（今土耳其乌尔法），其余则占领了耶路撒冷和安条克。这场胜利有赖于 12 艘热那亚战舰及时到达圣西门港，热那亚人参加了十字军，因其贡献而在港口获得了商业特权。随后，比萨人在 1099 年也获得了特权。到 1100 年，威尼斯人拥有了一支包括约 200 艘船的舰队并前往黎凡特。从长远来看，较之其任何一个海上竞争对手，威尼斯人从十字军国家那里的获益是最多的。

在长达一个世纪的时间里，穆斯林在地中海的海军力量一直在衰落。十字军战士的征战相对轻松，这部分是由于意大利人的保障。到 11 世纪，法蒂玛王朝的舰队估计共有 75 ～ 90 艘战舰，其中 5 艘被派往红海，超过一半的战舰驻扎在开罗和尼罗河三角洲的港口，可能有 25 艘分布在阿什凯隆、阿卡、西顿和提尔。[18] 舰队由"海军统帅"（emir al-bahr，相当于舰队司令）管理，是一支包括约 5,000 名水手和水兵的常备部队。除了战线过长，法蒂玛王朝的军队也在地中海东部受阻，那里淡水资源短缺，尤其是在黎凡特港口落入十字军之手以后，基督徒舰队到来的地点和时间皆不可预测。10 世纪 60 年代，塞浦路斯和克里特岛被拜占庭帝国攻占，埃及海军遂不得不采取防御性战略。

法蒂玛王朝拥有地中海东部唯一一支正规海军，却因此而遭受损失。十字军国家既无船只亦无人力，但在 2 个世纪的时间里，武装船只源源不断地将商人、朝圣者及十字军战士运到圣地。舰队之间很少相互配合，因此法蒂玛王朝面对的并不是一支统一的海军，也无法在一场战役中将其彻底消灭。其所要应对的是众多各式的舰队，它们不仅来自威尼斯、热那亚和比萨，也来自拜占庭帝国、西班牙、法国、西西里岛甚至英国和斯堪的纳维亚半岛。由于这些地理、战略和后勤方面的缺陷，法蒂玛王朝的舰队作用甚微，已无复往日荣光，这一点值得注意。

地处内陆的埃德萨伯国首先落入穆斯林之手，从而引发了第二次十字军东征（1147—1149）。这似乎也再次强调了海军实力对于十字军国家的重要性，且并不仅限于圣地之战，也包括在伊比利亚半岛的战争以及对异教徒文德人（生活在今德国北部的斯拉夫人）的战争。十字军在东线遭遇惨败，在波罗的海情况则稍好一些，但终究开启了长达一个世纪的向东扩张。其中，在安达卢斯地区面临的压力相当大，科尔多瓦的倭马亚王朝已经将疆域扩张至阿斯图里亚斯和莱昂的山区。正是在那里，在阿方索六世（Alfonso VI）的领导下，伊比利亚半岛的"收复失地运动"（Reconquista）已初具规模。[19] 阿方索六世是莱昂和卡斯蒂利亚的国王，并自称"全西班牙皇帝"。11 世纪初，倭马亚王朝在安达卢斯地区失去了控制力，在当地出现了 30 几个穆斯林小王国（泰法），基督教国王则利用了它们之间的分歧。一般认为，收复失地运动的起点是阿方索六世于 1085 年占领托莱多。在第一次十字军东征开始之前，这个消息有助于鼓动基督徒的积极性，号召其从穆斯林的统治下收复圣地。同时，这也迫使各穆斯林泰法的埃米尔向北非的阿尔摩拉维德王朝（即穆拉比特王朝）求援，1086 年，阿尔摩拉维德王朝击败了阿方索六世，巩固了其在安达卢斯地区的管辖权，包括从加的斯到阿尔梅里亚和巴利阿里群岛的主要港口。[20] 此后，其竞争对手是柏柏尔王朝的阿尔摩哈德人，他们曾在摩洛哥的大西洋港口萨累相当活跃，"以所知最完美的方式以及最大的规模来组织他们的舰队"。[21] 到 11 世纪中叶，阿尔摩哈德人已经进入安达卢斯地区。他们在塞维利亚建都，巩固了对北非的控制，并驱逐了来自马赫迪耶、斯法克斯和的黎波里（位于今利比亚）的诺曼人，诺曼人对这些地区的控制还不到 10 年。

由于缺席了第一次十字军东征，西西里的诺曼人统治者十分引人注目，其原因并不是他们想要安抚西西里的穆斯林，尽管穆斯林构成了西西里人口的主要部分。[22] 进入 12 世纪 20 年代后，穆斯林继续侵袭西西里。西西里的诺曼人国王试图将其控制范围延伸至北非的部分地区，遂与阿尔摩哈德人展开交锋。不过，诺曼人对其海外事务采用极为务实的做法。早在侵袭马赫迪耶时，他们就决定放弃占领比萨人和热那亚人的港口，因其已与齐里王朝的埃米尔达成和解。同时，热那亚和比萨的商人也受到欢迎和保护。这一宽容政策使诺曼人的西西里成为欧亚大陆西部最开放、最繁荣的国家之一，其辉煌的文化反映了穆斯林、东正教徒、基督徒以及犹太教徒的和谐统一。

为了响应教皇发出的伊比利亚半岛圣战的号召，热那亚人与卡斯蒂利亚国王达成协议，后者支持其对阿尔梅里亚的战争，热那亚人则承诺该城所得的三分之一归后者所有。[23] 为了占领埃布罗河上的托尔托萨港，热那亚人从加泰罗尼亚伯爵那里获得了相当大的让步。对热那亚来说，这场战争十分重要，因此派出了 225 艘战舰及其他船只和 12,000 名人员（不包括船员）。在 1147 年 10 月占领阿尔梅里亚后，热那亚军队主力留在巴塞罗那越冬，随后占领了托尔托萨。[24] 热那亚无力承担占领如此广阔的领地所需的巨大费用，遂将其在托尔托萨的利益出售给巴塞罗那伯爵。在阿尔摩哈德军队重新占领该港口之前，热那亚将其在阿尔梅里亚所拥有的财产租赁给一位富有的商人。在此后的 3 个世纪中，该港口成为穆斯林西班牙不可或缺的一部分。

海外战争的胜利来之不易，但热那亚参加第二次十字军东征有助于巩固其在神圣罗马帝国中的政治地位。1158 年，神圣罗马帝国皇帝“红胡子”腓特烈一世（Frederick I “Barbarossa”）进军意大利北部，要求意大利城市国家效忠并纳贡。热那亚人请求得到特殊照顾，因其结束了“曾经每天侵扰自巴塞罗那到罗马沿岸的蛮族的攻击与破坏”，使所有基督徒都可以在“他的无花果树下安全地睡觉和休息了”。[25] 如果不考虑这些精彩的措辞，热那亚人的关注点其实并不在宗教方面。在 1152 年和 1160 年，热那亚人分别与北非港口布日伊（今阿尔及利亚北部港口贝贾亚）和休达签订条约，开始与摩洛哥的大西洋港口进行贸易。来自西非的黄金商队在这些摩洛哥港口改道，以避开撒哈拉沙漠以南的非洲与地中海之间的阿拉伯游牧民族贝都因人。[26]

伊比利亚半岛的第二次十字军东征并不局限于西班牙或地中海。在阿尔梅里亚陷落仅仅 1 周之后，在来自欧洲北部的佛兰德斯、诺曼底、苏格兰、英格兰以及莱茵兰的大约 13,000 名十字军战士的支持下，葡萄牙第一任国王阿方索一世（Afonso I）占领了阿尔摩拉维德王朝的里斯本。

这些十字军战士组成约有 165 艘船的舰队，从英格兰航行而来，阿方索一世力劝他们共同攻打里斯本。[27] 里斯本是伊比利亚半岛人口最多的城市之一，也是“在整个非洲及大部分欧洲的贸易中最富裕的城市”。[28] 随着赔偿方面谈判过程的拖延，阿方索一世同意他本人及属下都不分享该城的战利品。同时，他也向盟友及继承者承诺，“从今以后，在所有的领地上永久免除货物及船只的关税”。在长达 4 个月的围攻之后，里斯本最终陷落。同时代人认为，这是第二次十字军东征中为数不多的胜利之一，现代学者则将其视为收复失地运动中的一个关键时刻。

第二次十字军东征在东方的失败，主要原因是在决定攻打大马士革时考虑不周。大马士革是对十字军王国敌意最小的城市，但联合了许多难以对付的穆斯林统治者。努尔丁（Nur al-Din）成为叙利亚的杰出领袖，继 1154 年在大马士革驱逐十字军之后，他召集同一教派的人在其他地方反抗十字军。在开罗，他的副手萨拉丁（Saladin / Salah al-Din Yusuf）继任并创建了阿尤布王朝（1169—1254），成为十字军最强的对手之一。不过，此时埃及海军已经衰弱到无可挽回的地步。萨拉丁将收复黎凡特港口作为优先考虑的任务，但并不是从海上来完成，而是从陆地上进行。由于舰队问题重重，因此在第三次十字军东征时仍没有使用舰队。萨拉丁对封锁提尔时损失了 10 艘船感到绝望，他的传记中写道：“很明显，从这场灾难来看，埃及统治者既没有考虑海军的需求，也没有招募合适的人来服役。相反，他们十分随意地召集了一群无知、软弱和缺乏经验的人。他们在面对危险时便陷入恐惧，且无法遵守命令，这也就不足为奇了。”[29] 萨拉丁向伊比利亚半岛的阿尔摩哈德人请求海军支援，至于对方是否给出了肯定的答复，相关资料的记载却有所不同。正如后来一位作家所说，即使派出 190 艘船也是无济于事的。

这一时期，由于塞尔柱突厥人的入侵、东正教与罗马天主教之间的冲突等一个接一个的危机，拜占庭帝国陷入了混乱。1182 年，未来的皇帝安德洛尼卡（Andronicus）下令屠杀君士坦丁堡中的拉丁人，据估计有 60,000 人被杀。[30] 这个数字可能并不准确，但可以说明这座城市中有大量外国商人，也证明了安德洛尼卡的暴行。屠杀迅速招致了报复，逃离君士坦丁堡的拉丁难民劫掠了拜占庭帝国在整个爱琴海地区的所有港口，而 20 年后，这种报复更是达到了毁灭性的高潮。

1198 年，教皇英诺森三世（Innocent III）发动了第四次十字军东征。十字军计划入侵亚历山大港[31]（目的是解救大量基督徒）或开罗（“因为他们想由此摧毁阿尤布王朝”[32]），而不是直接进军圣地。攻打埃及是出于强烈的商业动机，因为埃及是印度洋贸易的主要终点站，也是地中海地区最富裕的伊斯兰国家。组织者计划招募 35,000 名士兵（包括 4,500 名骑士），由威尼斯提供 300 艘船来运载，费用是 85,000 马克（约合 20,000 千克银），相当于英法两国国王年收入的 2 倍，于 1202 年春季支付。[33] 但到当年秋季，只有三分之一的士兵和资金到达威尼斯。威尼斯人决心收到全额付款，迫使十字军通过劫掠来筹措费用，而第一个受害者便是扎拉城（今克罗地亚扎达尔）。对很多人来说，攻打一座拉丁基督教的城市是会遭到诅咒的，但有 200 艘船跟随恩里科·丹多洛（Enrico Dandolo）前去占领扎拉城。于是，第四次十字军东征偏离了原来的目标。

次年，十字军乘船前往君士坦丁堡，帮助陷入困境的伊萨克二世（Isaac II）。伊萨克二世成功复位，与其子阿历克塞四世（Alexius IV）共治。两人说服法兰克人留在君士坦丁堡，但当他们否认对十字军所欠的债务（包括“20 万银马克以及军队的必需品”[34]）时，法兰克人便向其宣战。* 伊萨克二世及阿历克塞四世被其臣民所杀，法兰克人大肆劫掠君士坦丁堡。“事实上，无人能估计其数量和价值。包括金银、餐具及宝石、缎子及丝绸、松鼠皮斗篷、毛皮、貂皮、白鼬皮以及世上能找到的任何奢侈品（包括威尼斯圣马可教堂中的 4 匹镀金铜马）。”[35] 十字军劫掠所得数量惊人，总价值达到 40 万马克。

佛兰德斯的鲍德温（Baldwin of Flanders）被选为君士坦丁堡的拉丁帝国（1204—1261）的皇帝，其领土约占拜占庭帝国的四分之一。威尼斯总督成为“八分之三个罗马帝国的领主”，其领土包括亚得里亚海沿岸的底耳哈琴、拉古萨和科孚等港口，伯罗奔尼撒半岛的科伦和莫多尼，希腊

---

* 东正教文献中通常将法兰克人称为天主教徒，穆斯林文献中则通常将法兰克人统称为基督徒，而不论他们来自何处。

埃维厄岛的罗德和内格罗蓬特，土耳其的盖利博卢半岛以及马尔马拉海沿岸的拉埃德斯杜和赫拉克莱亚，构成了重要的贸易链条。[36]同样，威尼斯也拥有了君士坦丁堡的八分之三，而且不必像这场战争的其他参与者那样向鲍德温效忠。拜占庭帝国残存的领土被一分为三，即从黑海逃到爱琴海的提奥多雷 · 拉斯卡利斯（Theodore Lascaris）统治下的尼西亚王国、塞尔柱王朝以及特拉布宗的东正教帝国（位于与黑海接壤的安纳托利亚东部的狭长地带）。

威尼斯“最安宁的共和国”垄断了拜占庭帝国的贸易，同时控制了前往黎凡特的海上航线。不过，威尼斯人并非没有竞争对手。拉丁帝国将热那亚商人从君士坦丁堡的传统贸易区中驱逐出去，同时禁止他们从事利润最丰厚的爱琴海贸易。但热那亚的经济仍然十分繁荣。热那亚银行家借钱给十字军国家、教皇和十字军战士，他们在地中海西部的贸易不断增长。1252 年，热那亚和佛罗伦萨的银行家开始铸造金币。[37]除了拜占庭帝国、西西里及伊比利亚半岛（后二者从穆斯林那里继承了铸币的方法），这是欧洲自 8 世纪初以来首次发行金币。金币不仅是拉丁欧洲经济焕然一新的象征，对于未来的繁荣也是至关重要的。

在扩张过程中，热那亚和威尼斯成了竞争对手，两座城市在相互碰撞的过程中不断发展。1257 年，热那亚和威尼斯之间突然开战。一开始，双方之间的对立局限在阿卡和提尔之间的海域。随着热那亚和尼西亚之间签订了《南菲宏条约》（1261 年），局势开始改变。为获得进入黑海的通道，热那亚人同意为迈克尔八世（Michael VIII）对拜占庭拉丁帝国的战争提供 50 艘战船。在这支海军的帮助下，迈克尔八世打破了僵局，成功入主君士坦丁堡。尽管热那亚与尼西亚签订了反对威尼斯的条约，但威尼斯人仍是爱琴海最重要的运营商。不过正因如此，他们也成了海盗的目标。[38]提奥多雷·拉斯卡利斯赞助海盗，令其侵扰威尼斯和拉丁帝国的船只。迈克尔八世占领君士坦丁堡后，局势进一步恶化。威尼斯与拜占庭帝国通过条约处理对帝国利益不利的海盗问题，此外，该条约也涉及拜占庭帝国海关官员滥用职权的问题。不过，拜占庭帝国政策的致命缺陷是没有自己的舰队，因此不得不将镇压海盗的事宜留给外国势力，而这无异于引狼入室。由于受到被驱逐的法兰克人的攻击，这一弱点更是暴露无遗。法兰克人的阴谋导致了西西里晚祷战争的爆发，这是该时期持续时间最久、文献记载最详细的海上冲突，尽管到最后，拜占庭帝国几乎已经与此无关了。

在 12 世纪行将结束之际，西西里的诺曼王国走到了尽头，西西里的控制权最终落入了查理一世（Charles I，即安茹的查理）手中。查理一世希望以西西里作为进军君士坦丁堡的跳板。拜占庭帝国皇帝迈克尔八世获得了阿拉贡王国的彼得三世（Peter III）的支持，彼得三世将查理一世逐出了西西里。（由此，也为西班牙的地中海帝国奠定了基础，其势力范围包括巴利阿里群岛、科西嘉岛、撒丁岛以及西西里岛。西西里国王与阿拉贡王国保持同盟关系，直至 1712 年西班牙王位继承战争的后期。）阿拉贡海军的胜利主要归功于卡拉布里亚舰队司令劳里亚的罗杰（Roger of Lauria），用薄伽丘（Boccaccio）的话来说，这是“一个具有不可估量的价值的人”。[39] 1283 年至 1305 年间，他赢得了 6 次重要海战的胜利，并展现出非凡的战略水平，在中世纪帆船作战的时代是独一无二的。罗杰的管理与指挥方法与同时代的其他人不同，他所指挥的是一群通晓多种语言的战士和船员，其国籍和宗教信仰各不相同，由于来自不同地区，这些人精通不同类型的战争。罗杰的桨手通常是西西里人，弩手通常是加泰罗尼亚人（其名声仅次于热那亚人），步兵军团（almugavars，“擅长使用长矛、标枪及盾牌，可以不分昼夜地迅速行军”，类似于现代的特种部队）及重型骑兵和轻型骑兵则主要是阿拉贡人。[40] 一开始，罗杰依靠阿拉贡王国的义务兵，不过随着舰队规模的扩大和战争的持续，臣民们对国王特权的抵制也日益激烈。[41] 与征兵相比，更好的解决办法是提供奖励，包括在商船上支付可观的报酬、分享战利品以及免除债务等形式。冲突蔓延到了地中海西部，1285 年，阿拉贡王国在抵抗法国安茹王朝的入侵时，海军起到了决定性的作用。当时，法王菲利普三世（Philip III）率领 8,000 名骑士越过比利牛斯山脉，只能依靠海上的援军。在西班牙海岸的一次夜战中，罗杰击败了一支法国舰队并占领了罗萨斯港，法军遂撤退。不过直到 1285 年至 1286 年间查理一世、彼得三世和菲利普三世等人去世后，战争才宣告结束。

地中海的突围

仅仅在10年之前，伴随着地中海与北海之间常规海上贸易的确立，热那亚人已经开启了地中海和欧洲历史上的新时代。已知最早的从热那亚到佛兰德斯的直航，是1277年由尼科洛佐·斯宾诺拉（Nicolozzo Spinola）完成的。热那亚人开辟了这条航线，这是情理之中的事。一个世纪以来，他们活跃在北非的大西洋沿岸，向南远至萨莱和萨非。在比斯开湾的加利西亚港，他们被雇用为造船者和水手。[42] 同时，他们也是欧洲北部陆路贸易的行家。自西向东穿过直布罗陀海峡的风和洋流所造成的障碍越来越多，不过这些障碍被人们夸大了。船只通常会扬帆驶过直布罗陀海峡，在加的斯港之前经过加的尔港。总的来说，进入地中海比离开地中海要容易得多，一年中有5个月（每年的3月、7月至9月、12月）盛行东风，近岸洋流流向大西洋。

1248年，在卡斯蒂利亚的斐迪南三世（Ferdinand III）占领塞维利亚后不久，这个港口便泊满了来自地中海和北欧的船只。据《西班牙史》（*Estoria de España*）记载：

> 每天，各种船只和战舰从海上沿瓜达尔基维尔河溯流而上，停泊在城墙下，带来了世界各地的各种商品，包括来自丹吉尔、休达、突尼斯、布日伊、亚历山大港、热那亚、葡萄牙、英格兰、比萨、伦巴第、波尔多、巴约讷、西西里、加斯科尼、加泰罗尼亚、阿拉贡、法国以及其他地区（既包括基督教地区，也包括伊斯兰教地区）的商品。[43]

也就是说，中世纪的水手认为直布罗陀海峡既不是一种障碍，也不是一条边界。在地中海港口和北欧港口之间，常规航行的主要障碍是商业动机的缺乏，而不是船只数量的不足。伊比利亚半岛和北欧的经济增长，使得海上航线可与威尼斯、热那亚与法国北部之间跨越阿尔卑斯山脉的陆路竞争。不过，黎凡特的贸易机遇已大不如前，商人们被迫另寻出路。

1291 年，统治埃及和叙利亚的马穆鲁克王朝占领了阿卡和提尔，终结了黎凡特穆斯林的收复失地运动，寻找新机遇的投资者也因此获得了额外的动力。为了报复，热那亚人意欲联合蒙古人入侵埃及。自 1259 年以来，蒙古人已经控制了陆上丝绸之路的沿线地区（直至黑海）。1291 年，热那亚人又进行了 2 次尝试，可见热那亚人试图从埃及的战争中寻找新的商业机遇。第一次他们与伊利汗国协商，计划建立一支舰队，目的是将印度洋贸易从红海转移到波斯湾，这一计划因热那亚的内乱而泡汤。[44] 更为人所知的是，乌格里诺・维瓦尔第（Ugolino Vivaldi）和瓦迪诺・维瓦尔第（Vadino Vivaldi）兄弟二人尝试绕过非洲航行到达印度洋。如果这一壮举成功，热那亚人就可以完全绕开埃及，正如 1,500 年前欧多克索斯绕过托勒密王朝那样。维瓦尔第兄弟的表现并不比欧多克索斯更好，根据其穿过直布罗陀海峡后的最后一次报告，他们到达了西非海岸的某个地方，大致位于加那利群岛的对面，然后就在历史上销声匿迹了。直到 2 个世纪后，葡萄牙人瓦斯科・达・伽马（Vasco da Gama）绕过好望角，从大西洋进入了印度洋。

马穆鲁克王朝认识到，保护海岸免受海上袭击的唯一途径，就是把从西奈半岛到亚历山大勒塔（今伊斯肯德伦）之间的所有港口都夷为平地。[45] 于是，意大利人在黎凡特的贸易完全失去了复苏的机会。黎凡特的海上活力被彻底摧毁，就像在青铜时代后期被海上民族摧毁那样，这种破坏并没有伴随着暴力，但影响却更为持久。贝鲁特和提尔最终得以恢复，然而直至 12 世纪，大多数黎凡特港口仍处于停滞状态。上千年海上商业传统的继承人完全错过了海洋贸易最富活力的世纪。

随着黎凡特港口的衰落，印度洋商人开始避开红海，航向波斯湾入口处的霍尔木兹海峡，从那里再向西和向北航行。[46] 其中，一条支线通向地中海港口阿亚斯（属于奇里乞亚亚美尼亚王国），另一条支线则通向黑海的特拉布宗港。自第四次十字军东征以来，威尼斯人已经到达黑海，不过热那亚人才是最早真正从贸易中获利的。热那亚商人环绕从君士坦丁堡到克里米亚半岛的海岸以及锡诺普港一带进行殖民。在当时的世界上，克里米亚半岛是通晓多种语言的居民分布最为密集的地区，突厥人、蒙古人、加泰罗尼亚人、热那亚人、叙利亚人、犹太人、亚美尼亚人、阿拉伯人以及来自中欧的商人汇聚在这里交易各种商品，从谷物、皮革、奴隶到丝绸和香料，不一而足。卡法（今乌克兰费奥多西亚）是一个令人印象深刻的转口港，就像古代的西奥多西亚那样。14 世纪的旅行家伊本·白图泰（Ibn Battuta）评论说："这个神奇的港口中约有 200 艘船，既有战船也有商船，大小不一，这里是世界上最著名的港口之一。"[47] 不过，位置最好的港口是塔纳（今俄罗斯亚速），经由伏尔加河进行的短途运输以及里海、波斯和丝绸之路上的贸易都汇聚于此。

黑海商人不仅从黎凡特港口的衰落中获益，也得益于蒙古人治下的繁荣和稳定。13 世纪中叶，"蒙古和平"（Pax Mongolica）降临中亚。对所有相关的人而言，贸易通常是有益的，但同时也隐藏着危险。1347 年，一艘热那亚船将瘟疫从卡法带到欧洲。瘟疫（在欧洲被称为"黑死病"）在陆地上的传播速度相对缓慢，但一旦进入西方的海上贸易要道，便开始以令人恐惧的速度传播。一位拜占庭编年史家写道："这场瘟疫袭击了世界上几乎所有的海岸，所到之处尸横遍野。它迅速传遍了本都、色雷斯和马其顿，也传遍了希腊、意大利及其所有岛屿、埃及、利比亚、朱迪亚和叙利亚。"[48] 经过了冬季的短暂潜伏期之后，瘟疫继续传播到其他的海上贸易中心，包括热那亚、比萨、威尼斯、马赛、波尔多和巴约讷，从法国南部传播到英国、加莱、科隆、哥本哈根、卑尔根、吕贝克和诺夫哥罗德，并经由河流进入欧洲的心脏地带。如果不是热那亚人在 13 世纪开启了地中海与佛兰德斯之间的定期帆船贸易，那么瘟疫在欧洲的影响将会大不相同。海上贸易并非瘟疫传播的唯一媒介，却是效率最高的。

在欧洲，瘟疫导致了 2,500 万人死亡，约占欧洲总人口的三分之一到二分之一。在个别地区，情况可能更加严重，例如威尼斯的人口减少了 60%。整个欧亚大陆和北非遭受了巨大的痛苦和损失，但欧洲的经济很快得以恢复。劳动力短缺导致工人的工资提高，由于农民离开土地到城市中寻找工作，工人的数量也在增长。更高的工资带来了消费水平和生活水平的提高，而这反过来也刺激了贸易的发展。工业的发展和新设备的出现弥补了人力的短缺，威尼斯、热那亚乃至黑海的商业也恢复了。

汉萨同盟与北欧的贸易

即便没有热那亚的船只，瘟疫也有其他从东方进入欧洲的途径。值得注意的是，瘟疫是沿顺时针方向从地中海向大西洋、北海和波罗的海的港口传播的，这证明了北欧贸易的迅速扩张。这一扩张过程是沿着从地中海到佛兰德斯的海路进行的，这条海路由意大利人开启，那里的贸易由德意志商人组成的汉萨同盟主导。在此之前，北欧的贸易实质上是区域贸易，与地中海内部及周边地区的贸易及文化（该地区的文化得到了充分发展，同时也相互影响和相互竞争）相比，北欧的经济实力是从萧条的基础上发展起来的。高昂的交通费用和小批量的货物，在地中海贸易总额中只占一小部分，在北海和波罗的海所起的作用则更小。欧洲北部相对贫困，南部则较为富裕，但丹麦、德意志、佛兰芒及英格兰等地的商人通过大宗商品的运输和经营逐渐富裕起来，南北差距正在不断缩小。

尽管法国和不列颠群岛最靠近地中海，但这一地区的贸易先驱却不是它们，而是佛兰德斯和波罗的海诸国。1066 年，在英国的王位争夺结束之后，北海成为适宜发展长途贸易的相对和平的地区。当时，商人们在卑尔根、里伯、汉堡、不来梅、乌德勒支和佛兰德斯之间航行，沿莱茵河到达科隆，沿着法国的海岸航行，到达苏格兰和英格兰的各个港口，从北方的贝里克到爱尔兰海的布里斯托尔。到 12 世纪，来自斯堪的纳维亚半岛和佛兰德斯的商人最为活跃。同时，来自莱茵河河谷的德意志商人（尤其是科隆和不来梅的商人）的数量开始增加，并逐渐参与到波罗的海的贸易当中。与此相关，德意志移民越过易北河进入中欧和东欧，这一过程到 10 世纪时开始加速。到 12 世纪，经济机遇、宗教热情及人口增长等因素推动撒克逊人进入梅克伦堡和波美拉尼亚（位于今波兰西部）。1143 年，在特拉维河和瓦柯尼茨河之间的小岛上，“狮子”亨利（Henry III “the Lion”，即萨克森公爵亨利）建立了吕贝克城。[49] 该地距离波罗的海约 20 千米，位于易北河畔的汉堡以东 65 千米处，商人们由此可以轻松到达北海、莱茵兰地区（即德国西部的莱茵河沿岸地区）和德国中部。

实际上，与地中海的情形一样，商业活动和十字军东征之间的界限常常是模糊的。“狮子”亨利的同时代人写道：“他像一个年轻人，进入斯拉夫人的土地（可能是指第二次十字军东征时波罗的海的灾难发生地），在他所进行的所有战争中，从来没有提及基督教，而只是提及金钱。”[50]在宗教方面，利沃尼亚十字军的入侵更为成功，他们在第四次十字军东征时进行布道，主张在西维德纳河畔建立一座教堂。1201 年，主教教区的所在地迁至维德纳河河口新建的里加城，东正教开始向来自吕贝克的军事支持和贸易开放。[51]到 13 世纪 30 年代，德意志十字军的东征开始了，普鲁士沿海地区的殖民活动也拉开了序幕，尽管遭遇了许多挫折，但终究在半个世纪之后完成了。1274 年，一名塔林的商人给吕贝克的同行写了一封信，其中有一句话最能体现十字军东征与贸易之间的关系：“我们的两个城镇彼此相属，就像被钉在十字架上的基督的手臂。”[52]

1280 年以来的吕贝克城市徽章。汉萨同盟中的吕贝克商人明确寻求“穿过沙漠与大海”，将各地的海上和陆上商人联合起来，可以通过其服饰的不同来分辨。双头船体是典型的维京船只，左侧没有桨，说明这艘船完全以帆为动力。不过，其中一人是以“费尔”（firrer）而非中舵来驾船的。（From Ernst Wallis's *Illustrerad Verldshistoria* [Chicago, 1894].）

尤为重要的是，吕贝克的创建表明了北欧贸易的新发展。其目的十分明确，即“穿过沙漠与大海”，将各地的海上和陆上商人联合起来，使其相互关系变得更为密切。[53]海洋贸易或多或少地总是依靠陆路与海路的结合。不过显而易见，吕贝克人最早意识到，通过充分利用当地的知识可以获得更多的利益。现存最古老的吕贝克城市徽章（1224 年）上的图案是一艘中世纪的柯克船（cog，当时常见的货船），船上坐着 2 个人，其中一人穿着陆上旅行者的外套，另一人则穿着海员的服装，负责掌舵。[54]这个图案简洁而清晰，将吕贝克描绘为波罗的海的海上商人和莱茵兰地区的陆上商人的汇聚之地。陆上商人对内陆市场十分熟悉，海员们皆得益于此；水手们了解波罗的海和北海的情况，威斯特伐利亚商人则从中获益。商人们知道哪种商品最赚钱，通过在流通中相互协调以实现利润的最大化。

与许多企业的形式创新一样，事实证明，这种合伙制极具吸引力。1241 年，汉堡与吕贝克订立条约，给予对方商人以互惠特权。吕贝克与其他沿海和内地的城镇也签订了类似的协议，并轻松地说服了德意志商人与他们进行专门贸易。于是，商业行会（hanse）借由横跨德国的交通网络迅速扩展，随着商人和定居者到达普鲁士（位于波兰东北）、立陶宛、利沃尼亚（大致相当于今拉脱维亚和爱沙尼亚）和诺夫哥罗德。在中世纪的欧洲，商业行会中的商人建立了许多贸易中心（kontor），往往选在易于聚集商人和商品的地区。[55] 类似的组织在诺夫哥罗德（约 1200 年）、伦敦的钢院（1281 年）、布鲁日（1252 年）和卑尔根（1343 年）也纷纷出现。到 14 世纪中叶，商业行会已经从"德意志商人共同体"（商人们结伴出行既是为了安全起见，也是为了增强在外国的影响力）发展成为"汉萨同盟城镇的联盟"（个体商人的需求被他们所属城镇的需求取代）。[56] 中世纪的商业行会源于 1356 年召开的商人代表集会，这次集会是为了处理布鲁日贸易中心的商人与佛兰德斯伯爵和英国国王之间签订的协定。贸易特权一直由商人当场协商，不过到 1374 年，汉萨同盟各城镇的代表共同决定，由单个贸易中心作出的所有决定，最终必须得到汉萨同盟各城镇定期全体大会的批准。

在瓦兰吉人时期，波罗的海和黑海之间的贸易往来十分活跃。作为 1240 年蒙古人摧毁基辅的结果，首选路线尽管已经向西转移，但此时既可借道奥得河或维斯图拉河到达克拉科夫，也可借道多瑙河的支流普鲁特河或德涅斯特河。在更远的西部，德意志贸易的主要动脉向北经过文德人的分布地区到达波罗的海，途经吕贝克和施塔加德附近的特拉维河、沃林和什切青附近的佩讷河和奥得河，以及格但斯克附近的维斯图拉河。[57] 吕贝克是同盟的领导者，同盟中的其他城镇（共约 85 个）通常会向吕贝克寻求指导。大部分吕贝克人所讲的德语十分粗俗，却成了波罗的海通用的商业语言。同时，汉萨同盟的垄断有效阻止了竞争者（包括哥特兰岛人、文德人、普鲁士人、爱沙尼亚人和俄国人）进入利润最丰厚的行业。

汉萨同盟商人最有力的竞争者是丹麦人，丹麦人也试图在波罗的海东部确立自己的地位。“狮子”亨利对文德人施加压力，迫使许多文德人成为海盗。文德人对丹麦海岸的侵袭远及日德兰半岛，这迫使丹麦的瓦尔德马一世（Valdemar I）与“狮子”亨利结成同盟。[58] 1169年，丹麦人摧毁了奥得河河口的鲁根岛上的一座文德人的要塞。同时，丹麦人利用“红胡子”腓特烈一世远征意大利的机会，扩展了自己在东方的统治范围。13世纪下半叶，丹麦重新陷入内战，其掌握的贸易大部分都落入德意志人之手。不过，丹麦人已经为贸易的繁荣奠定了基础。在丹麦建立了许多城镇，其中最有名的是位于厄勒海峡的哥本哈根（意为“商人的港口”），靠近拥有丰富渔业资源的斯科讷省（位于今瑞典南部，在当时则属于丹麦）。许多个世纪以来，这些渔场一直是波罗的海经济增长的主要动力。从13世纪的《丹麦人史》（*History of the Danes*）中便可见一斑：“西兰岛与斯堪尼亚之间被一条海峡隔开，每年都能为渔民们带来丰富的收获。整片海域布满鱼群，以至于船只常常无法通行，不必专门去捕鱼，人们可以轻松地徒手来抓。”[59] 在斯科讷，许多买鱼的商人都来自德意志，他们带来了哈尔茨山新开采的银和汉堡以南的吕内堡出产的盐（鱼类贸易中的重要商品）。

汉萨同盟的商人从未以其在挪威采用的方式来统治丹麦（在挪威，卑尔根的贸易中心建于1343年），许多德意志商人在丹麦定居。14世纪60年代，紧张局势的加剧导致了汉萨同盟城镇与丹麦之间的战争。[60] 1370年，《施特拉尔松德条约》的签订巩固了汉萨同盟对斯科讷的控制，恢复了其在丹麦的贸易特权，并进一步降低关税，而且在丹麦国王的选举中获得了发言权。[61] 在波罗的海，这是汉萨同盟政治权力的顶点。20年后，丹麦女王玛格丽特一世（Margaret I）成为丹麦和挪威的共主，她设想建立3个斯堪的纳维亚国家的邦联，并以丹麦为首。为此，她支持了反对瑞典国王（其父为梅克伦堡公爵）的叛乱。而公爵的臣民，包括汉萨同盟中的维斯马和罗斯托克的市民为了报复，发动了针对玛格丽特一世及其盟友的海盗战争。这些海盗被称作“粮食兄弟会”（Vitalienbrüder），这个名称说明他们可以自给自足，而且是一个成员地位平等的组织（陆地上的非法帮会也被称作“兄弟会”）。他们游离在法律之外，以“上帝的朋友和全世界的敌人”自居，这让人想起西塞罗对海盗的咒骂。[62] 粮食兄弟会在整个波罗的海都十分活跃。1392 年，据称利弗尼亚海岸有约 1,500 名海盗。2 年后，丹麦群岛及其周围出现了多达 300 艘海盗船。1395 年，当海盗战争结束时，粮食兄弟会在哥特兰岛上保留了一个基地，继续劫掠商船，并受雇于从加莱到芬兰和俄罗斯的小国君主。他们的恐怖统治一直持续，直到 1401 年普鲁士的条顿骑士团集中处决了数百名粮食兄弟会的成员，并占领了维斯比。

在 4 年之前，挪威的埃里克（Eric of Norway，玛格丽特一世的侄子）被认定为丹麦和瑞典的国王，统治着三国共主的“卡尔马同盟”。[63] 丹麦商人由此在波罗的海确立了地位，如同汉萨同盟的商人一样。到 15 世纪中叶，卡尔马同盟开始弱化，不仅反映了三国内部国家认同的强化，也反映了德意志商人的威胁的减轻。此外，欧洲其他地区的民族国家也开始兴起，汉萨同盟的政治力量逐渐削弱，荷兰竞争者开始威胁到其优势地位。[64] 丹麦人更喜欢与荷兰人交易，因为荷兰不像德意志那样居于文化主导地位，因此不会产生威胁。丹麦人在波罗的海和北海之间航行，这削弱了汉萨同盟的吕贝克 – 汉堡轴心的重要性。1429 年，丹麦国王开始强制船只在经过厄勒海峡时支付通行费，荷兰也成了丹麦的收入来源之一。

从 12 世纪到 15 世纪，由于吕贝克和汉堡掌控着全部的商业、文化及政治力量，布鲁日是北欧最重要的港口，也是佛兰德斯的行政和政治中心，有大量外国人社区。布鲁日之所以能成为一个港口，主要归因于 1134 年的一场风暴，这场风暴冲刷出了茨温水域，使这座城市与 15 千米以外的北海相接。[65] 于是，船主们得以在城中卸货，城中有集市、过磅处和装卸货物用的固定式起重机。不过在当时，由于河道严重淤塞，无法保持长期畅通，因此只有最小的船才能够到达这座城市，以及下游的达默和斯鲁伊斯等港口。

布鲁日的吸引力部分由于来自南欧、波罗的海和不列颠群岛的商人易于到达此地，不过它同时也是一个独立的、充满活力的工业经济中心。

12 世纪时，北欧最好的上等纺织品产自佛兰德斯、埃诺和布拉班特，吸引了热那亚和威尼斯的商人。另外，布鲁日也制作盔甲、泥金写本以及后来的印刷本。14 世纪时，在布鲁日几乎可以找到欧洲任何地方的产品。[66] 在一份作者不明的清单中，列举了来自北欧、南欧、北非、黎凡特、安纳托利亚和黑海的 30 多个地区的进口商品的账目，其中包括食物（如鲱鱼、谷物、奶酪、培根、蜂蜜、酒、香料、枣、杏仁和糖）、纺织品（如羊毛、棉花和丝绸）、禽畜制品（如毛皮、兽皮、皮革脂、羊毛脂和蜂蜡）、金属与矿物（包括贵金属及铜、铁、锡、铅、白镴、煤炭和明矾）以及猎鸟。到 15 世纪末，布鲁日一直是北欧国际贸易的中心。随着船舶技术的迅猛发展，茨温河因水浅而无法适应泊船的需要，于是贸易中心遂向东转移到斯凯尔特河的安特卫普港。

汉萨同盟和佛兰德斯的水手主导着英国的贸易，除了羊毛、锡、煤炭和铅，英国很少生产出口产品，却要依靠欧洲大陆的铁、盐、松脂制品和酒等资源。[67] 为了集中精力巩固其在英国的政权，盎格鲁 - 诺曼贵族已经远离大海，但是，横跨英吉利海峡的王朝政治传统却是更为棘手的问题。在这个传统下，英国国王统治着法国的相当一部分领土。1154 年，当亨利二世（Henry II）登上英国王位时，他在法国的安茹和曼恩（他的出生地）等领地，以及阿基坦和加斯科涅的公爵领地也随之划归英国。[68] 在法国国王命运的低谷时期，英吉利海峡似乎显得触不可及。不过，1203 年至 1259 年间，法王重新夺回了鲁昂、诺曼底以及比斯开湾的拉罗谢尔，并在地中海的艾格莫尔特建造了一个港口。同时，法王迫使英王亨利三世（Henry III）宣布放弃其拥有的所有大陆领地（阿基坦除外）。由于阿基坦地区的波尔多及吉伦特河周围有富饶的葡萄园，因此这是一大笔横财，也是英国海外贸易的一大支柱。[69] "桶"（tun）即容量为 252 加仑（相当于 1,270 瓶）的酒桶，成了衡量船只载重量的标准单位，不仅应用于商业，也应用于军事。[70]（尽管已经有所变化，但船舶规模至今仍使用吨位[tonnage]来表示。）在 13 世纪初，载重量为 80 桶的船只被认为是适合进行海战的，因此必须在国王那里登记。

在中世纪海战的背景下，这是十分必要的。在北欧海域，舰队冲突非常罕见，大部分船只都是用于辅助或运输的普通商船，尤其是在英格兰对威尔士与苏格兰的战争以及英法百年战争（1337—1453）期间。[71] 法国人受到西西里晚祷战争中安茹王朝海战经验的启发，在海战中采取了更为大胆的做法。1293 年，菲利普四世（Philip IV）雇用热那亚顾问在鲁昂修建了“战船之园”（Clos des Galées），这是北欧第一座兵工厂。[72] 菲利普四世雇用热那亚的海军中队及其全体船员作为增援力量，甚至率军攻打英国。法国人对热那亚顾问并非总是言听计从，尤其是在 1340 年的斯鲁伊斯海战中。由于法国指挥官无视热那亚顾问的建议，法军在海战中损失了 200 艘船（共 230 艘）以及 17,000 人。不过，在百年战争中只发生了 4 次海战，即便在海战中损失惨重，其影响也仅限于人员和物资的运输方面。

作为对鲁昂兵工厂的回应，爱德华一世（Edward I）命令 26 个城镇捐献 20 艘战船来保卫王国。英国舰队的船只大部分由强征而来，此外还有五港同盟（11 至 13 世纪间由黑斯廷斯、新罗姆尼、海斯、多佛和桑威奇组成的同盟）捐赠的船只以及雇用的外国船只。[73] 一开始，同盟负责管理雅茅斯每年一次的鲱鱼集市。不过，由于多佛海峡的战略地位十分重要，为了保卫前往大陆的航线，五港同盟成为国王求助的对象，英王对五港同盟的船主们尤为倚重。英王通过特许状规定五港同盟需要提供的船只的数量，并赋予其极大的特权，包括对海岸沉船及其货物的所有权及免税权，这些特权常常被滥用。* 在中世纪的大部分时间里，英国的货物托运商都不受法律的束缚。1297 年，当爱德华一世航向斯鲁伊斯时，五港同盟的船员与其竞争对手雅茅斯的船员之间发生冲突，造成超过 165 人死亡。8 年后，英王授权一艘五港同盟的船“斯纳克号”（*Le Snak*）在英吉利海峡巡逻以打击海盗，结果其船员从伦敦商人的船上偷取了 300 英镑。英王常常拖欠船员的报酬，使用船主的船却分文不付。直到 1380 年议会才施加压力，要求支付合理的船舶设备折耗费用。[74]

---

* 按照惯例，沉船及其货物的所有权归君主所有。这项权利的废除，使沉船上的货物有可能物归原主。

私掠巡航与私掠许可证

直到 1420 年，英国才在南安普敦建立了海军基地和造船厂。不过，这只是一次尝试性的努力，而且很快就放弃了。亨利六世（Henry VI）并没有试图发展正规的海军，而是开始向武装商船的船主颁发“私掠许可证”（letter of marque）。[75] 按照法律条文的规定，船主如果在远海上遭到另一位统治者的臣民劫掠，那么他可以在抢劫者所属国的法庭上提起诉讼并要求赔偿。如果无法起诉或者认为裁决不公，那么受害者可以请求该国君主颁发一张私掠许可证，授权他从该国船只上掠取与其损失价值相当的货物。实际上，这与劫掠之间的细微区别常常被人们所忽视，这种“私掠巡航”（privateering）的行为逐渐为人们所知。私掠巡航不仅在和平时期替代了司法体系，在战争时期，各国君主也以此来扩大自己的舰队。在与安茹的查理的战争中，劳里亚的罗杰为了获得资助而颁发了私掠许可证，从中抽取应缴战利品的 20%。[76] 1292 年，来自私掠巡航的收益占到其舰队预算的一半。在一份英国于 1400 年颁发的私掠许可证中清楚地说明，持证人可以做什么以及不可以做什么，并限定了他可以对谁进行劫掠以及不可以对谁进行劫掠：

> 兹许可阿伦德尔的大型平底货船“克里多弗莱号”（*le Cristofre*）的船主威廉·普林斯（William Prince）及其水手到海上为国王服务，条件是：他或船上任一国王的臣民皆不可劫掠法国、西班牙、葡萄牙或其他地区的任何商船、大型平底货船及其他船只，以及商品、货物或动产，只可针对苏格兰的船只和货物。[77]

换言之，国王授权威廉·普林斯劫掠苏格兰的船只及货物，但不能牵涉其他任何国家的船只及货物。至于普林斯是否遵守国王在许可证中的限制，我们就不得而知了。不过，许多获得授权的私掠船都逾越了其许可证所允许的范围，不仅劫掠同盟者，甚至连本国人也不放过。这种纪律缺失是私掠巡航制度的主要缺陷。此外，即使得到授权的私掠船只针对固定的敌人，他们也没有义务为国王服务。因此，尽管私掠许可证的确扰乱了敌方的贸易，并为那些因战争而影响正常贸易的商人提供了收入，但对于国王而言，私掠船并没有带来任何战略利益。

船只

普通商人愿意得到这样的授权，部分是因为中世纪的海洋贸易是毫无秩序可言的。其次，他们的商船只需稍做改装，便可以成为具有攻击性的私掠船。尽管船只的设计、装备以及建造技术不断发展，但战舰与商船之间的区别仍是微不足道的。船只设计最显著的变化出现在北欧，船身较宽、首尾皆为曲线形的柯克船取代了受维京船影响的流线型的艏艉同形船。柯克船相对较宽，采用“先造船壳”的制造方式，并以船身两侧伸出的横梁来加固。中世纪海船的特征是底部相对较平，两侧高且直，艏柱和艉柱并非曲线形。为了配合中舵（在欧洲的出现可追溯到约 1200 年），艉柱可能是首次采用这种形式。[78] 在中国，中舵有着悠久的历史，10 世纪的文献中曾间接提到在印度洋船只上出现过中舵。但是在北欧，中舵是独立发展的，其安装方式是通过带铰链的“舵栓与舵枢”装置，而非使用绳索。*

柯克船以单面方形帆提供动力，桅杆竖立于船中部的桅座上。除此之外，许多柯克船还在首尾配有船楼。最初，艉楼和艏楼是安装在甲板上的独立结构，后来则完全变成了船体的一部分，在遇到攻击时可以提供保护。而且，船楼并不仅仅出现在柯克船上。对 1150 年至 1300 年间的船只图案的一项研究显示，接近一半的船上都配有船楼。[79] 20 世纪 60 年代在威悉河出土的一艘未完成的不来梅柯克船，便拥有完整的艉楼及艏楼的结构部件。[80] 除了在战斗中提供掩护，艉楼也为主甲板上操纵舵柄的舵手提供保护。在这艘不来梅柯克船上的艉楼附近装有起锚机和绞盘，用于起锚、

* 舵栓与舵枢是船上硬件的组成部分，舵栓的销和舵枢的销孔互相配合。在艉柱（或艉舷板）上有 2 个（或更多）舵枢，在舵的前沿则有相同数目的舵栓，以此将舵固定在船体上，舵手可以通过操作舵来转向。

竖起桅座上的桅杆、装卸沉重的货物以及调整船帆。*

13 世纪末，在地中海与法国、英国和佛兰德斯的港口之间，商业贸易及技术创新通常由意大利人引领，但早在第五次十字军东征（1217—1221）时，柯克船已在地中海首次亮相。14 世纪初，地中海的造船者开始采用柯克船作为设计模型。佛罗伦萨编年史家乔万尼·维兰尼（Giovanni Villani）将这种转变归结为由此带来的经济性优势：

> 当时，一些加斯科涅的巴约讷人驾船通过直布罗陀海峡，他们的船被称为“巴约讷柯克船”（coche Baonesi）。这些人驾着这种船，在这片海域劫掠船只，为害甚大。自那以后，热那亚人、威尼斯人和加泰罗尼亚人也开始使用柯克船。同时，由于柯克船更适宜航行且成本低廉，他们遂放弃使用自己的大船。这一事实推动我们的航海观念发生了重大变化。[81]

维兰尼所说的“大船”（navi grosse）即宽大的高舷船，船上有足够的空间来装载低廉的散装货物（如谷物和酒）。那些普通尺寸的船在建造时主要考虑载重量和经济性，却成为长船易于攻击的猎物（尽管较大的船上也建有船楼）。从 1264 年威尼斯人和热那亚人之间海战的报告中，可以看出长船相对于圆船的优势所在。通常，护送威尼斯商人前往黎凡特的船队都由长船组成。但 1264 年，却出现了一支由圆船组成的船队，其中包括“罗卡福尔特船”（roccaforte，一种大型的国有运货帆船，用于战争和贸易）和若干较小的“塔瑞特船”（tarette，百吨级的圆船），在没有护送的情况下驶往叙利亚。[82] 在当时，罗卡福尔特船实属罕见，该船长 38 米，宽 14 米，从龙骨到艉楼和艏楼的顶端超过 9 米，可能配有 3 根桅杆。其载重量可能达 500 吨，是普通商船（如船队中的塔瑞特船）的 2 倍多。西莫内·格里洛（Simone Grillo）率领一支由 16 艘长船组成的舰队，在阿尔巴尼亚的萨赞岛外伏击了这支船队。长船虽然对高大的帆船无能为力，但在圆船面

* 起锚机和绞盘是用于举起重物的机械装置，二者之间的显著区别在于，绞盘的卷桶是垂直的，而起锚机的卷桶是水平的。

前却是优势尽显。威尼斯人弄沉了 3 艘较小的船，让其余的船漂走，船上的油和蜂蜜等货物遭到了劫掠。不过在此之前，他们已将价值更高的货物从圆船转移到了罗卡福尔特船上。

在劫掠了圆船之后，格里洛坐等罗卡福尔特船上的威尼斯人不战而降。面对船身较低的热那亚长船的攻击，威尼斯人的船几乎是坚不可摧的。威尼斯指挥官用嘲讽的口气说："如果他们是勇敢的人，就让他们来吧，船上满载着黄金和世界上最昂贵的商品。"[83] 最终，格里洛的长船带着掠取的塔瑞特船撤离，任由毫发未损的罗卡福尔特船前往拉古萨。在 13 世纪，像罗卡福尔特船这么大的船可能从未超过 6 艘。因此，普通商船只能任由长船摆布，长船可能比罗卡福尔特船更长。关于当时战舰最早也是最完整的一份记录来自查理一世（即那不勒斯国王安茹的查理，在 1282 年的西西里晚祷战争中被驱逐）的档案。[84] 这些战舰长 40 米，横梁长近 4 米，装有 108 支桨。在古代及中世纪早期，桨手排成纵列，每支桨可能配有多名桨手。而当时的桨手则坐在坐板上，面朝船尾，这种座位配置方式被称作"单人单桨法"（alla sensile，来自西班牙语中的"sencillo"一词，意为"简单的"），每支桨只有 1 名桨手。[85] 除了桨手，这些安茹战船上还有 152 人在编。

到 13 世纪末，威尼斯人已经开发出了"大型长船"。[86] 设计这种船的目的是为了适应他们选择的航线，无论是特拉布宗、亚历山大港还是佛兰德斯。前往英格兰和佛兰德斯的海上航程长路漫漫，约有 2,500 英里。如此漫长的航行需要稳定的大型商船，佛兰德斯长船便是为此而制造的。它比普通的长船更长、更宽也更深，最早的大型长船甲板长约 40 米，支撑甲板的横梁长 5 米，载重量约为 140 吨。到 15 世纪中叶，标准大型长船的长度约为 46 米，载重量为 250 吨，船上有 25 ～ 30 排桨手坐板，每排有 3 名桨手，每人手持一支长 10 米的桨，并用铅块维持平衡。事实上，大型长船在本质上仍是帆船，只有在遭遇危险或进出港口时才使用桨。船员们会留着桨作为保护，但是船长却常常会把大部分桨留在岸上。

北欧和南欧的造船者秉承着不同的传统，尽管他们已经直接接触到了对方的设计和技术，但在造船技术方面至今仍甚少交流。地中海的造船者采用了中舵和柯克船的某些关键技术，北欧的造船者也在地中海建造长船。不过，北欧船只仍是“先造船壳”，并装有单面方形帆；而南欧船只则是“先造船架”，装有大三角帆和 2 根（或更多）桅杆。[87] 另一个区别在于，地中海的商用长船比北欧的船高大得多。不来梅柯克船只是载重量约 50 吨的小船，而最大的柯克船的载重量是其 3 倍以上，达到了塔瑞特船载重量的一半。1439 年，一艘威尼斯大型长船从南安普敦起航，船上载有 2,783 块布和 14,000 吨锡，* 而一艘典型的北欧柯克船只能装载 752 块布。[88]

此时，北欧和南欧的船只出现的相对细微的变化，都足以使区域内及区域间的海洋贸易大为改观。随着载重量的增加、人员的减少以及长途航行不需停靠进行补给，航行成本大幅下降，已明显低于陆路运输的费用。[89] 根据佛罗伦萨商人弗兰西斯科・巴尔杜奇・彼加洛梯（Francesco Balducci Pegolotti）的记载，在 1336 年运送一袋羊毛，既可以选择从伦敦走 700 英里的水路到吉伦特河河口，也可以选择从吉伦特河走 400 英里陆路到艾格莫尔特港，前者的费用只有后者的八分之一。在这个例子中，陆路运输的费用是水路运输费用的 14 倍。到 14 世纪，运费下降了四分之一，到 15 世纪则进一步降低。根据彼加洛梯的计算，在明矾（一种染料稳定剂）的价格中运费占 25%，在靛蓝（一种蓝色染剂）的价格中运费占 30%。不过在不到一个世纪之后，同样的货物其运费仅占到价格的 8%。

然而，船上的生活舒适度则毫无改善。相反，船只规模和载重量的增加反而可能导致条件变得更糟。长船上的船员睡在自己的坐板上，朝圣者和商人则睡在甲板下，痛苦不堪，丝毫不值得艳羡。13 世纪的《马赛条例》中规定，货运商必须为朝圣船上的每位乘客留出至少 1 平方米的空间，这一惯例持续了数百年。[90] 1483 年，费利克斯・法布里（Felix Fabri）的描述可能反映了当时常见的情况：“在朝圣者的船上，铺位安排得十分紧密，就船的长度或载重量而言，铺位一个紧靠一个，中间没有任何空间。朝圣者一个挨一个地躺在船的两侧，头朝两侧，两脚伸出，彼此相

---

* 1块布的尺寸是长24码，宽2码，约合40平方米。［编者按］原文即为14,000吨，疑应为1,400吨。

向。由于船体很宽，铺位之间放着储物箱和朝圣者的行李箱。”[91] 在法布里的船上，甲板之下唯一的光亮来自主甲板上的 4 个舱口，这也是新鲜空气的唯一来源，但船上的环境仍然十分恶劣。“整艘船的里里外外都覆盖着黑漆漆的柏油，连绳索、船板以及其他的东西也不例外，以防因浸水而腐烂。”船底污水的恶臭使条件更加恶化，这些污水积聚在主桅周围的井中。法布里写道：“这口井中并没有人的秽物，但是所有看得到的和看不到的水进入船中，通过过滤器积聚在那口井里，散发出一种极为令人厌恶的气味，那种气味比任何厕所中的人类排泄物的气味都更糟。”圆船上的条件也与此相似，如果能够承担相应的费用，考虑到速度和安全因素，长船是更受人青睐的选择。对于现代人而言，法布里所描述的糟糕状况是难以忍受的。关于船上生活的记录是十分罕见的，尽管商人们长期在海上生活，但他们在通信中对此也很少提及。

贸易

11 世纪时，商人的职业常常是父子相传，不过与非家庭成员的合伙关系也是很常见的。为了确保不相关的商人之间的诚信交易，各种正式和非正式的机制被设计出来。持有不同信仰的商人之间也经常合作，在地中海尤其如此。[92] 但合伙商人大多数是基于共同的宗教信仰，合伙各方也受到本国法律的支配。然而，不管持有何种信仰，商人们在开展贸易时既有合作也有竞争。在条件许可的情况下，商人们相互分享信息，照顾各自的生意。在伊斯兰世界中，商团的领袖被称为“商人代表”（在阿拉伯语中称作“wakil al-tujjar”），在发生法律纠纷时作为其合伙商人的代表，这是其主要但不是唯一的职能。[93] 此外，商人代表的工作也包括作为一名银行家为其委托人转发信件以及维护仓库。[94] 这些仓储设施（在阿拉伯语中称作“fonduk”）在北非和近东地区的城市中皆有发现，在君士坦丁堡为外国商人预留的区域亦用作储存之所。

所有到达穆斯林港口的货主都必须缴纳关税，但具体数额则根据其身份的不同而有所差异：穆斯林缴纳年收益的 1.5% ～ 2%，生活在伊斯兰世界的非穆斯林缴纳5%，伊斯兰世界以外的非穆斯林则缴纳10%。[95]后者在穆斯林港口进行贸易时，按规定要有一张安全通行证（aman），这张通行证在伊斯兰世界的所有港口都是有效的。这张通行证可以保障信仰自由、设立遗嘱、供应补给、修理船只、放弃沉船所有权、治外法权以及致信穆斯林商团领袖等权利，是伊斯兰阿訇与基督教国家之间的协定。有了这张通行证，在基督教国家与伊斯兰国家交战期间，商人也可以进行贸易。[96]1179年至1187年间，埃及阿尤布王朝的萨拉丁与十字军国家之间的海战正值白热化阶段，即便如此，在亚历山大港和杜姆亚特港都能发现基督徒的商船。[97]

这样的措施有助于基督徒进入穆斯林市场，然而尽管基督教国家之间的贸易特权范围在不断扩大，穆斯林在基督徒的土地上却没有得到相应的互惠政策。拉丁欧洲总是敌视持其他信仰的人，穆斯林阿訇也不鼓励在伊斯兰世界以外开展贸易，因为接触异族的法律和宗教会腐蚀精神，至少在地中海是如此。[98]但这一禁令并不严格，在10世纪末的君士坦丁堡就有一个穆斯林商团，而拜占庭帝国的巴西尔二世与法蒂玛王朝哈里发阿布·阿齐兹·曼苏尔（Abu al-'Aziz Mansur）之间也达成过协议，规定君士坦丁堡的清真寺必须为后者祷告。1189年，伊萨克二世签署条约，允许建造第2座清真寺。一名使节、一位阿訇、一名宣礼员以及若干穆斯林乘船前往拜占庭帝国的首都，据萨拉丁的传记作者记载："在伊斯兰教的历史上，他们进入君士坦丁堡的日子意义十分重大，有大量的商人和旅行者出席。"[99]西欧人感到十分惊骇，但拜占庭帝国之所以给予穆斯林这一待遇，部分是出于他们对西方十字军怀有共同的怨恨。

随着私人海上贸易的发展，船只及货物的数量大幅增加，投资者开始通过新的方法来保障投资的安全。借助"康曼达"等各种契约可以分散风险，为人们提供了保障，防止因无法预测的灾难而遭受损失。中世纪后期保险业的发展是一个巨大的进步。尽管某些形式的原始保险（海上贷款就是其中一种）早已存在，但直到14世纪，意大利商人才开始开展付费保险。保险公司从一开始就承担着巨大的风险，根据1397年佛罗伦萨的一份保险合同，投保范围包括"由于上帝、大海、战争、火灾、弃货，以及君主、居民或其他任何人的扣押、报复、抓捕所可能引发的任何损失、危险、不幸、阻碍或不祥，货物包装和关税除外”。[100] 商船的船长或船员的偷盗行为则不在投保范围之内。保险费会根据季节等因素进行调整，如航行时间、船只是否经过海盗活动的海域以及船只类型等（长船比圆船支付的保险费通常要低一些）。[101] 1350 年的一项成文政策规定，在巴勒莫与突尼斯之间往返的船只，投保比例为 14%。同年，在巴勒莫起草的另外 3 项政策规定，货物的投保比例为 15% ～ 20%。随着时间的推移，保险费呈下降趋势。1384 年，从西班牙加的斯到荷兰斯鲁伊斯的航程，投保比例为 8%。15 世纪 30 年代，从君士坦丁堡到威尼斯的航程，投保比例则为 6%。1442 年，从伦敦到比萨的航程，投保比例为 12% ～ 15%。在 1450 年之后的 25 年中，从斯鲁伊斯到比萨的航程，投保比例仅为 5%。尽管这些投保比例都很高（现今的投保比例一般约为 1%），但保险公司仍要承担巨额损失的风险。不过总的来说，在中世纪后期，海上贸易日渐发展且有利可图，商人们急切地寻找新的市场和机遇来获利，而这很快就将彻底地改变世界。

12 至 15 世纪之间，欧洲经历了一次巨变。千百年来，欧洲将地中海与北海和波罗的海隔开，不过到了 14 世纪，海上航线和内河航线的结合连接起了所有的欧洲海岸地带，形成了世界上最具活力的（尽管还不是最富裕的）贸易网络之一。在公元一千纪后期，为了保障地中海与黑海、波罗的海之间贸易的持续进行，瓦兰吉人在东欧开辟了内河航线，13 世纪时，热那亚和威尼斯的商人也开辟了从地中海到北海的西部海上航线。这推动了物品、思想以及疾病（尽管这是人们所不愿看到的）的传播。到 15 世纪，欧洲各地的商业联系已十分紧密，一个人可以在布鲁日从波罗的海来的汉萨同盟商人那里或从黑海沿岸的塔纳新来的威尼斯商人那里买到俄国毛皮。[102]

虽然当时的贸易是变革性的，但 15 世纪时运往威尼斯的全年贸易总量，很可能只相当于 21 世纪一艘货船的贸易量。而现代货船的日常运作只需要不到 30 名船员，而且使用的设施远离港口的中心。在中世纪的欧洲，海洋贸易需要投入巨额资金和大量人力，并且是许多城市公民认同的核心。最终带来了中世纪欧洲商业革命性发展的，是区域间交换及资源分配加快的步伐，以及不断追寻新市场的天赋——无论这些市场是在欧洲人熟悉的地中海与欧洲，还是在神奇而陌生的东方。

第 13 章

海洋亚洲的黄金时代

到 11 世纪时，贸易活动沿着欧亚大陆东西两端之间相互连接的通道（通过海路和陆路）源源不断地进行。目前还没有关于摩洛哥或西班牙大西洋海岸和中国或日本太平洋海岸之间个人货物或人员往来的报告；但这种情况确实发生的可能性很大，而且到 14 世纪我们可以确定发生了。当埃及法蒂玛王朝的崛起吸引商人们到红海进行贸易时，基督徒商人及海军力量在地中海正蒸蒸日上。犹太商人和穆斯林商人被推动着到更边缘的地区进行贸易，或放弃地中海而前往印度洋，在印度洋，他们充分利用了此前几个世纪中被精心营造出的商业关系。通过这样做，他们帮助满足了地中海和北欧对香料及其他东方奢侈品的渴望，并因此与威尼斯、热那亚及其他西方基督徒商人的努力相辅相成。到这时，季风海域的远距离航海和贸易进入了稳定和成熟阶段，但这并不等同于停滞不前。海洋贸易的扩张导致了船舶数量和规模的增长、在更远处发挥海军力量的企图以及助航设备（包括印刷的航海图和磁罗盘）的进步。

南宋与元朝的海上抱负

12 世纪初，东北亚的主要国家是占据中国北部和蒙古东部的辽（契丹）、中国西北部的西夏以及北宋。* 一个半世纪之后，这种权力均势突

---

* “契丹”（Kitan）一词是中世纪欧洲对中国的称呼“Cathay”一词的词源。

然被辽的臣属女真打破。女真建立了金朝，占领了辽的都城，并于1127年占领了北宋的都城开封。宋高宗建立了今日被称为“南宋”的朝代的都城临安（今杭州），该城是中国大一统王朝第一个也是唯一一个海港都城。虽然中国的海外贸易已经增长了几个世纪，但南宋统治者对海外冒险事业的欣然接受，是在有意补偿其在北方和西北损失的有利可图的贸易机会。中国政治中心向东南方向的逐渐移动，是向海洋开放的前奏，但是随着金朝建立，这变得至关重要。当时有40万汉人向南迁徙，其中许多人到达了多山的沿海地区，那里不适宜农耕，因此发展相对缓慢。这种人口分布的调整，促进了持续的城市化进程以及制造业（尤其是瓷器）和贸易的相应发展。

建都临安的决定反映了统治精英意识到海洋贸易对普通市民和政府的重要性。在开封陷落之前，有三分之二的朝贡使团是通过海路到达的。这已经大大多于此前的几个世纪，但是随着都城迁到临安，所有朝贡使团都是通过海路到来的，在南宋开放的年代里，海外贸易收入占到政府岁入的20%。如果没有最高层的正式认可，这是不可能发生的；与皇帝对海外贸易的传统态度完全不同，宋高宗认识到：“市舶之利最厚，若措置合宜，所得动以万计，岂不胜取之于民？朕所以留意于此，庶几可以少宽民力耳。”[1]

这种态度转变对闽南商人尤为有利，其中很多是在10世纪的朝代更迭时期已转向海外贸易的福建商人。随着南宋建立，越来越多的穆斯林商人和泰米尔商人被吸引到泉州，这里成为中国领军的国际港口。更大的长期进口贸易，是福建商人直接参与东南亚的贸易。一开始，福建商人在更有经验且人脉更广的外国人的指导下工作，[2] 随着其航海技能和市场知识增加，他们成了自己的主人，为数众多的个人中国商人第一次开始为了自己进行海外贸易，并且使用自己的船。他们进行贸易的地区远至印度南部，但大部分福建商人的出航范围通常不会超出商业中心爪哇、苏门答腊以及马来半岛，在那里，他们可以获得印度洋商人带来的西方货物。由于中国商人关注相对较近的市场（从泉州到马六甲海峡之间不超过2,000英里的距离），他们逐渐支配了东南亚与中国之间的航路，在这一过程中，他们建立了多个海外移民社区，其中有些延续至今。

不过，西方海员在中国对外贸易中仍占有相当的份额，而且泉州也是众多移民社区的所在地。[3]一位13世纪初的作家写道，在泉州的外国人街区里有两类外国人，一类肤色白皙，另一类肤色黝黑。[4]这种区分较为宽泛，可能是指来自西南亚的阿拉伯人、波斯人与来自南亚、东南亚的印度人和马来人。今天，这座城市拥有大量历史遗存，包括清真寺、印度教神庙以及泰米尔文和阿拉伯文的碑刻。其中，一篇泰米尔文和中文的碑文中提及了一个南印度人的社区，他们来自纳加帕蒂南的朱罗港。13世纪时赵汝适的《诸蕃志》一书证实，泉州与印度马拉巴尔海岸和古吉拉特之间有着直接的贸易关系。[5]

在运往中国新兴消费市场的商品中，随着中国商人获得了更大的份额，旧有的朝贡体系衰落了。东南亚的统治者不需要再到中国推销商品，充足的关税收入以及以优惠价格购买和转售货物的权力，使中国朝廷不需要再为来访的显贵浪费金钱和精力。但贸易开放对中国也并非没有负面影响，1160年至1265年间，中国经历了一次贵金属和铜钱的严重流失。接连几位皇帝均禁止出口贵金属和铜钱，只允许丝绸、粗丝、织锦、印花丝绸、瓷器和漆器的贸易，并制定了禁奢的法律，限制奢侈品（如珍珠和羽毛）的进口。[6]瓷器仍是中国出口贸易的主要产品，瓷器生产集中在明州、温州、泉州和广州等港口附近。较之丝绸及其他容易腐烂的物品，瓷器在中国出口贸易中占有相当的份额。在朝鲜半岛、日本以及东非和黎凡特的陆地及水下考古遗址中，均发现了数量庞大、种类丰富的中国瓷器，这也印证了文献的记载。9世纪时，商人苏莱曼对中国的涂釉瓷器大加赞赏。不过直至11世纪，中国文献中尚未提及瓷器是一种重要的出口产品。200年后，赵汝适列举了各种类型的瓷器，以及从菲律宾到东非桑给巴尔的各个出口国家。[7]

元朝的兴起

南宋时期的汉人不仅向海外世界开放，他们也希望能重新夺回落入金朝和西夏之手的领土。金朝迫切地支持一切潜在的盟友，于1196年任命蒙古部落首领铁木真为“札兀惕忽里”（乣军统领）。[8] 10年后，蒙古人尊铁木真为“成吉思汗”。在巩固了对蒙古高原各部落的统治之后，成吉思汗开始了对其宿敌金朝的战争。到1217年，蒙古消灭了黄河以北的金朝政权，不过黄河以南的金朝军队则仍牢不可破。成吉思汗的儿子及继承人窝阔台与南宋谈判，请求允许蒙古军队借道从南方攻打金朝，南宋朝廷勉强同意了。不过当金朝被击败，南宋试图占领蒙古所据有的领土时，这便为窝阔台攻打长江以南地区提供了充足的理由。蒙古军队可能是世界上最强大的军队，而南宋成功抵御了其超过半个世纪的侵袭。这是因为南宋的人口更多，且蒙古骑兵不适合在河流与运河交错的地区作战。

自11世纪以来，宋朝一直维持着一支常备舰队，其船只及武器比其他任何势力都要先进得多，这成为宋朝的一大优势。宋朝的主要战舰是人力明轮船，装有20多个桨轮，可搭载两三百人。不过后来，桨轮的最大数量固定为7个，多出的单个桨轮安装在船体的中心线上，或者在船中部，或者在船尾。到13世纪，中国人已经生产出真正的炸弹，其中最致命的是“霹雳炮”。[9] 为了与宋朝作战，蒙古也建造了明轮船舰队，由此打开了从汉江到长江和临安的通道。1276年3月，忽必烈的军队占领临安，宋朝皇帝投降。忠于皇帝的大臣秘密带走了2名年幼的皇子，先逃到福州，之后到广州。1279年，元朝舰队到达珠江，宋朝的残余势力被迫逃到海上。据说，为了避免小皇帝被俘，左丞相陆秀夫与之一同跳海自尽。

对宋朝残余势力的赶尽杀绝，显示了忽必烈日益增长的海上抱负。身为成吉思汗之孙和元朝建立者的忽必烈，在更靠近蒙古中心区域的大都（今北京）建都。他发展海上事业的积极性超过了任何一位汉族统治者。忽必烈开凿大运河，发展沿海贸易，并发动了4次海外远征。如果说南宋是出于需要而走向海洋，那么忽必烈似乎将海洋视为蒙古大草原的延伸。在继承了宋朝的造船、航海以及商业组织的遗产之后，蒙古人发动远征的计划便变得可行了。元朝可用的船只数量十分惊人，1257年，有19,000多艘船在明州、温州和台州登记，其中五分之一的船的横梁长度超过3米。[10] 在元军攻占福建时，大约有700艘船在海边航行，有1,400艘船在江上航行。宋朝战败后，蒙古人得到了大量各种用途的船只，不过他们开始了一项更为雄心勃勃的造船计划。1273 年，元朝从全国各地的船坞订购了 2,000 艘船。10 年后，木材资源变得十分紧张，一位僧人感叹道："万树皆倒，青山含悲。"[11] 不过在元代以前，采伐森林的问题就已出现了，自 8 世纪以来一直如此。到 14 世纪末，木材的短缺使得国内造船业的运转难以维持。明清时期，许多商人在暹罗（今泰国）和婆罗洲订购船只，那里的造船费用要比中国国内低 40% ～ 70%。[12]

元朝通过疏浚航道以及建设仓库、码头、锚泊地和灯塔来保证航行安全，接续宋代为改善航行已做出的努力。随着金朝与南宋的对立，在长江三角洲与山东半岛之间的沿海地区出现了粮食走私。随着新王朝的建立，许多一开始就支持元朝的走私者开始转而服务于国家的粮食运输，其路线是绕山东半岛穿过渤海，到达天津的港口（时称直沽）。[13] 传统的做法是紧贴着危险的沙滩海岸航行，在时间、人力和物力上的花费都很高。1293 年，曾经当过海盗的朱清和张瑄开辟了一条深海航线。这条航线与山东半岛之间有一定的距离，他们比通常的航行季节更早起航。以前，这段航程历时 1 个月或更久，且损失惊人。此时的航程则历时 10 天左右，损耗控制在 1%。14 世纪初，常规海运最多时每年可运送超过 200 万石大米，据记载，1329 年运送了 350 万石大米。

忽必烈在大都建都，使这条航线变得十分重要，当时大运河还无法到达大都。1194 年黄河决口，开封以西的河道汇入淮河，最终汇入长江。直到 1855 年，黄河干流才再次流入山东半岛以北的渤海。黄河河道的变动，导致大运河北部河段延误完工。14 世纪 20 年代，大运河的最后一段会通河开始动工。[14] 直到 1417 年，海运仍是漕运的首选方式。1417 年，会通河拓宽加深，此后所有运往大都的漕粮皆可通过内河航道运送。

长途海上贸易的迅速扩张，也带动了航海技术的相应发展，包括早期指南针的发展。[15] 中国人很早就了解到磁针的特性，但一直将其用途局限在风水方面。在 1117 年朱彧所撰的《萍洲可谈》一书中，记载了最早用于船上导航的指南针。朱彧之父在广州港口任职，这使朱彧得以进入海洋世界。朱彧在描述其海外航行时简要提及了当时的航海技术："舟师识地理，夜则观星，昼则观日。"与西北欧浅滩中的水手一样，他们以同样的方式使用测深锤："或以十丈绳钩，取海底泥嗅之，便知所至。"此外，朱彧还提到了指南针——"阴晦观指南针"。[16]

中国的指南针是一根穿入灯芯草茎的针，浮在一碗水上。13 世纪时，在地中海与欧洲出现了旱罗盘（将针装在枢轴上，用罗盘卡校准），并于 16 世纪由欧洲航海者引入亚洲。在印度洋上，已知最早的指南针可追溯到 1232 年，其中东苏伊士的罗盘与中国的相似。在遇到恶劣天气时，罗盘可以代替天文导航，使得航行季节持续更久，这在东方和西方都很常见。[17] 1124 年，徐兢在《宣和奉使高丽图经》中写道："是夜，洋中不可住，惟视星斗前迈，若晦冥，则用指南浮针，以揆南北。"[18] 这部著作于 30 年后印刷出版，据说书中的地图是世界上最早的印刷地图。[19] 到 14 世纪，中国人绘制出了"针路图"，用于展示指南针所指的航线和距离。[20] 关于指南针的知识是否是从中国传到地中海和欧洲的，人们一直争论不休。不过，即便指南针的基本原理来自其他地方，西方旱罗盘的改进仍是独立发展的。

元朝基本没有改变前代的海外贸易赋税制度。当时，拥有市舶司的港口增至 7 个，官员将船只和资金借给外国商人（利润按三七分成，官府占较大的份额）。[21] 13 世纪 80 年代，朝廷在暂时禁止私人海外贸易期间（14 世纪初也有过一次）也实行了这一做法，并且在废止海禁之后继续推行。[22] 13 世纪 90 年代，元朝皇帝颁布了 22 条的《至元市舶法》，用于管理对外贸易。其中规定了进口关税（称为"抽解"，"粗货十五抽一，细货十分抽一"），并涉及对逃税及走私的惩罚。当时，僧人、道士、也里可温（景教教士）和答失蛮（穆斯林教士）常常从事走私，出海进行贸易，秘密逃避抽解。[23] 此外，还规定了商人所能持有的武器，以及船长需要为其船只、船员及所前往的外国港口准备的出海许可证。法则禁止非法交易某些货物，这部分是为了维持经济稳定，部分是出于战略考虑："金、银、铜、铁货、男子妇女人口，并不许下海私贩诸番。"[24]

这些禁令并没有对中国的海事部门及帝国的财源造成损害。威尼斯人马可·波罗（Marco Polo）曾在 13 世纪 70 年代到访泉州，他写道："繁华而壮丽的刺桐（即泉州）是所有来自印度的船只汇聚的港口，这些船上满载着昂贵的商品、贵重的宝石以及品质上好的珍珠。"[25] 马可·波罗将泉州与《马可·波罗游记》的大部分读者所知的最大港口进行比较："我向你保证，刺桐的胡椒出口量非常大，但其中运往亚历山大港以供应基督教世界所需的数量却微乎其微，恐怕还不到总量的百分之一。你要知道，刺桐是世界上商人云集的两个最大的港口之一。"货物运费和关税的支出占商人进口货物价值的一半，而马可·波罗指出："即便在剩余的这一半中，他们也有很大的利润，所以他们往往运载更多的商品回来交易。因此你可以相信，忽必烈汗由此获得了巨额的收入。"考虑到其巨大的收益，也就无怪乎忽必烈会鼓励海上贸易的发展了。

远征日本与爪哇

中国的海上贸易一如既往地主要面向南方，不过元朝对日本产生了新的兴趣。自 11 世纪初以来，高丽的势力退出了海洋，导致朝鲜半岛南部与日本之间的交流十分有限。[26] 于是，重振日本对外贸易的重任就落在了宋朝商人的肩上。12 世纪末，日本经历了一次重大变革，武士阶层开始崛起并将主导日本社会，直至 19 世纪 60 年代的明治维新为止。本州中部的平氏与都城位于镰仓（靠近今东京）的源氏相争了近一个世纪，最后双方在源平合战（1180—1185）中一决胜负。

坛之浦合战终结了双方之间的冲突，此次海战发生于濑户内海西端的本州岛与九州岛之间的下关海峡。14 世纪时的故事汇编《平家物语》中描写了这场战争，称源氏有 3,000 多艘船，平氏则只有 1,000 多艘船，包括一些大型的中国船只，此外还有一些小船。[27] 据说，一名地方官员带着手下的士兵（总数超过 2,000 人，搭乘近 200 艘船）投靠了对方阵营。源氏的武士登上平氏的船，用弓箭和刀剑杀死水手和舵手，战争方告结束。据说，年仅 8 岁的天皇被溺死。当时，他的外祖母把他抱在怀里，安慰他说："波涛之下，也有帝都。"[28] 于是，他们跳进了深达 1,000 英寻的海底。平氏贵族的溃败是不可逆转的，但有人猜测，一些幸存者可能逃到了海外的琉球群岛，甚至可能包括据传已跳海身亡的末代天皇。[29] 在琉球群岛的语言中出现了大量平氏姓名和平安时期的宫廷习语，而且这一时期琉球群岛的海上贸易突然增长，这些事实都可以支持这一假设。琉球群岛的海上贸易有 2 种主要的出口商品，即硫黄（为中国尚未成熟的火药工业所需）和马匹。

坛之浦合战之后，源氏的势力得以发展。源氏幕府将军逐渐篡夺了天皇的许多权力，成为真正的统治者。但天皇和幕府将军仍保持着不同的势力范围，前者以京都为中心，后者则以镰仓为中心。多中心的权力格局促进了日本的国内贸易以及与高丽、中国之间贸易的发展。日本与高丽和中国之间的贸易总量十分巨大，编纂于 1259 年的一部中国地方志中写道："倭人冒鲸波之险，舳舻相衔，以其物来售。"[30] 这种商业复兴在一定程度上是由货币经济的发展推动的，而货币经济的媒介则是从中国进口的铜钱。[31] 直至 16 世纪末，日本才开始发行自己的货币。货币的发展使商人之间的资金转移变得更加便利，而行会组织（如酿酒工、织布工和放债人的行会）则使手工业者和商人获得了一定的地位。到 15 世纪末，日本内海的贸易总量可能与同时期波罗的海的贸易总量相当，尽管波罗的海的面积要比日本内海大 40 倍。

在彻底击溃宋朝残余势力之前，蒙古人已经要求日本承认其宗主地位，但没有成功。1266 年，忽必烈遣使访问日本，以确认其最高权威，却遭到断然拒绝。于是，忽必烈发动了惩罚性的远征，并以朝鲜半岛作为跳板。在 1231 年至 1270 年间的 6 次战争中，蒙古人征服了朝鲜半岛。高丽人无意与日本人作战，但忽必烈无视其建议，下令组建了舰队。[32] 高丽抵抗者请求日本提供援助，但日本人犹疑不决。元朝舰队于 1274 年 11 月起航，一般认为，元朝军队包括 30,000 ～ 40,000 名士兵和水手。[33] 一种更为保守的估计则认为，元军总计只有 2,000 ～ 3,000 人，他们遭遇了兵力约略相当的日本武士军队。元军在九州岛的博多港附近登陆，在进行了 7 次交战之后决定返航。他们在撤退的途中遇到了一场风暴，在中日两国的文献中，对于这场风暴的重要性的描述有所不同。元朝史家强调风暴的威力，将战败归因于上天的干预；日本史家则只是附带提及了这场风暴，而没有将其归结为神灵的行为。

尽管元军来势汹汹，但日本人并没有被吓倒，他们同时开始计划入侵高丽以进行报复。日本军队在沿海地区构筑了一道石墙，以阻止敌军登陆。[34] 他们最终放弃了入侵朝鲜半岛的计划，不过等到 1281 年元军第二次到来时，这面石墙的价值便显现出来了。据说，元朝的舰队载有 10 余万名士兵和水手（但也有人认为这支军队只有 10,000 人），舰队从高丽起航，很快就占领了日本的对马岛和壹岐岛。但在博多港附近，由于石墙的存在，元军没有找到合适的登陆地点。在先遣部队出发约 2 个月之后，第二支舰队也到达了日本。但元军的行动受到了限制，并且不断遭到日本军队从船上和岛上发动的袭击。据中日两国的文献记载，部分元朝舰队在准备撤离时被台风摧毁。日本朝臣将这场台风称为“神风”，而在实际参战者的描述中则并未出现这一说法。[35]

日本战船可能比中国战船小得多，因此在战斗中所发挥的作用相当有限。在坛之浦合战中，据说平氏有几艘中国的大船，但目前为止并未发现具体证据，而且很可能当时大部分日本船只都是只有 10 名船员的小船。[36]《蒙古袭来绘词》中描绘了日本武士竹崎季长参加这场战争的情况，并展现出中日两国的战船之间以及高丽桨手和蒙古战士之间的显著差异。[37] 中国战船装有甲板，下有左舷桨；日本战船则为无甲板的敞舱船，由站立的船员划桨或撑篙。从画面上看，中国战船和日本战船皆没有桅或帆，不过二者的艄艉皆为方形，且都有中舵。我们无法判断《蒙古袭来绘词》中所绘船只的真实大小，不过在 13 世纪中叶之前，日本船只的载重量不太可能超过 30 吨（长约 15 米）。[38] 根据兵库县港口的记录，一个世纪以来，在到访该港的 1,600 艘船中只有 6 艘的载重量超过 100 吨，这大约是 13 世纪时中国商船载重量的三分之一。

忽必烈继续催促自己的军队征服日本，不过，他的注意力很快就转向了东南亚。远征 2,500 英里之外的爪哇，是元朝最大胆的海上事业，而东南亚则成为其舞台。与对待日本、越南及其他东南亚大陆邻国的态度一样，忽必烈意欲成为各国公认的霸主。于是他选中了爪哇，因为那里是印度尼西亚群岛东部香料贸易的主要中心，并对经过马六甲海峡的船只构成了潜在威胁。1222 年，地方领主庚·安洛（Ken Angrok）推翻了谏义里王国（1045—1222），并建立了新柯沙里王国。雄心勃勃的继承者在巩固了国内统治之后，开始推行海外扩张的侵略性政策。在麻喏巴歇王国时期

（1293—1528），这一扩张过程达到高潮。

爪哇的地理位置十分优越，主导着东南亚各岛屿间的贸易。当地盛产稻米，并以此与香料群岛之间进行贸易。爪哇凭借其舰队和商业政策，并借助季风，使外国商人无法前往香料群岛。爪哇并未有效地控制马六甲海峡，使之遭到了攻击，入侵者来自蒲甘王朝与高棉帝国之间的区域。[39]元朝统治者认为，新柯沙里王国野心勃勃的国王格尔塔纳加拉（Kertanagara）严重阻碍了船只自由通过马六甲海峡，并认为爪哇控制了东南亚的贸易，这一点被马可·波罗的记述所证实。马可·波罗的记述并非亲眼所见，而是来自道听途说："岛上的财富数量十分惊人，难以估算，刺桐和蛮族的商人常常从这里获取大量的财富，这里也是世界各地市场上大量香料的来源地。"[40]尽管格尔塔纳加拉不太可能统治附近的苏门答腊岛，但他和元朝统治者一样，迫切地希望压制竞争对手。

1289年，元朝遣使前往爪哇讨论相关事宜，格尔塔纳加拉却将使者黥面逐回。[41]为了报复，据说忽必烈派出了一支20,000人的远征军。格尔塔纳加拉对此早有准备，遂命令其舰队拦截元军，结果遭遇了失败。与此同时，格尔塔纳加拉被谏义里王国的对手所杀。当元军到达爪哇时，其女婿及继承人罗登·韦查耶（Raden Vijaya）表示愿向元朝称臣，以换取元朝的帮助，为格尔塔纳加拉报仇。蒙古与爪哇的联军攻占了谏义里王国，随后，罗登·韦查耶向元军发动攻击，将其驱逐出境。罗登·韦查耶建立了麻喏巴歇王国，建都于特洛武兰，该城位于布兰塔斯河畔（今印度尼西亚东爪哇省泗水市东南约55千米处）。在随后的两个半世纪中，麻喏巴歇王国一直是一个海洋贸易大国，在印度尼西亚海域中占据主导地位，在一定程度上拥有对其他大部分群岛的霸权地位。14世纪的《巴塞列王志》（*History of the Kings of Pasai*，"巴塞"即苏木都剌国，位于今苏门答腊岛北部）[42]中写道："人们大量聚集在麻喏巴歇，海外臣服的领地的使者们往来不绝。他们来自东方的班达群岛和斯兰岛等地，带来堆积成山的物产，如蜂蜡、檀木、马索亚、肉桂、丁香和肉豆蔻。"*麻喏巴歇王国独占

* 斯兰岛（Seram）是位于班达海北部边缘的一个大岛。"马索亚"（massoia）是一种由香厚壳桂树树皮制成的调味品，原产于新几内亚岛。

了前往香料群岛的通道，随着东亚、近东地区和欧洲对香料需求的扩大而繁荣起来。

虽然元军在这次远征中失败了，但留在东南亚的 20,000 名中国人（其中有部分俘虏和逃兵）将铜钱引入了爪哇的经济生活之中。[43] 尽管爪哇早在 8 世纪就已经开始铸造金银币，但直到元朝远征结束之后，铜钱的使用才遍及整个群岛乃至菲律宾。中国对东南亚其他地区的政治和经济发展产生了相当大的影响。在缅甸北部和越南的战争中，元朝削弱了蒲甘王朝、吴哥王朝以及越南的势力，而推动了泰国各王国的发展。泰国吸引了中国商人的注意力，这些商人在阿瑜陀耶王朝（1351—1767，又称大城王国，王国都城大城府位于湄南河中的一个岛上）的建立过程中发挥了重要作用。[44] 阿瑜陀耶王朝凭借杰出的军事和行政管理能力，控制着粗放型农业和来自北方的资源，并拥有发展海洋贸易的商业优势，因而十分繁荣。

元朝发动的战争及其野心颇为引人注目。通常在海战中，远距离输送如此多的人员和船只对后勤保障是一种巨大的挑战，即便未能达到预期目标，也足以令人印象深刻。不过，两栖作战并非元朝开发海洋的唯一表现。1292 年，忽必烈决定通过海路，将一位公主送往波斯与其王子订婚，这是更受瞩目的一件事。在蒙古帝国的鼎盛时期，这位公主可以成为大草原的继承人。远嫁的公主有 14 艘船陪同，随行人员中包括马可·波罗。在中国生活了 25 年后，马可·波罗及其父亲与叔父顺道回国。在《马可·波罗游记》中，有四分之一的篇幅记述了马可·波罗回国的过程。[45] 在 14 至 15 世纪的欧洲，《马可·波罗游记》是最流行的书籍之一，书中记述了印度洋和中国的诸多港口，是当时最详尽的信息来源。因此在欧洲扩张的时代，该书也成为探险者所需的指南。

文献记载中的海洋

在伊斯兰世界崛起的一个世纪之前，科斯马斯·因迪科普勒乌斯特斯到访了斯里兰卡。自此以后，马可·波罗的游记在整个欧洲成为对亚洲和印度洋的最早描述之一，它点燃了欧洲人对东方不可抑制的好奇心。出于其直接经验的局限，欧洲人对遥远的地方（基本上包括黑海和地中海以东及以南的所有海域）存在一种集体无知，而且这种无知比欧亚大陆上其他地区的居民更甚。马可·波罗的好奇心是时代精神的体现，在当时出现了大量关于更广阔的世界的描述，这些作品出自基督教欧洲、摩尔人的西班牙、摩洛哥、波斯和中国等地的旅行者之手。

在宋元时期的 4 个世纪中，中国对海洋亚洲的了解比此前或此后的任何时期都更深入。中国文献中自古以来就有对南海的记载，而宋代与南方的海上贸易的增长，进一步促进了对地理和经济知识系统的采集和整理，[46] 赵汝适的《诸蕃志》（成书于约 1225 年）一书就是最好的例证。[47] 作为泉州市舶司的长官，赵汝适有机会获得早期的地理文献和王朝正史。他任职于世界上最繁忙的港口，负责报告商品进出口情况及其来源地。他是第一个著书描述非洲、西南亚和地中海地区情况的中国人。赵汝适的著作中包括地名索引和商品目录，其中详细列举了 43 类商品，大部分是原材料，包括樟脑、乳香、珍贵木材、香料、象牙、犀角、蜂蜡等。此外还有制成品，例如来自印度和大食（阿拉伯国家）的玻璃以及来自菲律宾的藤席、原棉和棉织物。[48] 棉花最初在印度种植，到 12 世纪末也开始在海南岛、中南半岛、菲律宾和印度尼西亚种植。在《诸蕃志》的地名索引中，共列举了 46 个与中国进行直接或间接贸易的地区，也包括赵汝适以其他方式了解到的地区。其中既包括日本、菲律宾和婆罗洲等“海国”，也有东南亚、印度洋及从巴格达到索马里海岸之间海域的更为偏远的国家，甚至包括一些地中海港口和地区（如亚历山大港、西西里岛和安达卢斯）。

一些基督教传教士和意大利商人沿着横跨蒙古统治区域的丝绸之路进行交易。对于大多数欧洲基督徒而言，向东的旅程面临着难以解决的问题。从海上横跨“伊斯兰之境”时，最大的问题是因宗教和语言的不同而造成的费用和困难。“伊斯兰之境”从大西洋沿岸延伸到印度，而在此之外，所有前往中国的主要陆路和海路通道上都分布着穆斯林社区。摩洛哥旅行家伊本·白图泰于 1325 年至 1354 年间，从摩洛哥港口城市丹吉尔出发前往中国。他经红海到达蒙巴萨，参观了印度西部最重要的港口。他曾在马尔代夫担任哈的（qadi，意为“法官”），那里的人民刚刚由佛教改宗伊斯兰教。他从马尔代夫继续向东前往中国，途经斯里兰卡和马六甲海峡。在一个惊人的“小世界”时刻，伊本·白图泰写道，他在福州的主人请求他接待一名商人：

> 在进行了正式的问候之后，我们开始交谈。我觉得我好像认识他，我看了他很长时间。他说：“我发现你一直在看我，你好像认识我。”我问：“你来自哪个国家？”他说：“休达。”我又问：“你有没有去过印度？”他说：“是的，我曾到过其首都德里。”当他回答我时，我记起了他。我说：“你是布思里！”他说：“是的。”[49]

在近 9,000 海里以外的太平洋沿岸的一个中国港口城市，同样来自大西洋沿岸的摩洛哥的两个人偶然相遇，这证明了航海网络的规模和范围。在欧洲扩张时代的几个世纪以前，这一网络已经沟通了非洲和欧亚大陆的海洋。

伊本·白图泰和马可·波罗等旅行家、地理学家是不亚于麦斯欧迪、伊本·沙赫里亚尔及希罗多德的观察者和记录者，他们很好地适应了不同的文化及其之间的差异。不过，对于深入了解商船海员的日常生活而言，他们的作品却无所助益。13 至 14 世纪时，商船海员保持着沟通渠道，由此连接整个欧亚大陆。我们可以通过开罗的“基尼扎文献”，来了解中世纪印度洋和地中海地区航海商人的思维与商业实践。[50]

禁止销毁含有神名的文件是犹太人的传统。11 至 12 世纪时，犹太人形成了以开罗为中心的贸易网络，其成员留下的大批文件和信件被秘密保存在犹太教堂的“基尼扎”（Geniza，在希伯来语中意为“存放处”）中。这些信件当中偶尔会提到风暴和在旅行中获取食物的经过（直到 19 世纪末，乘客们通常仍需自行准备食物、餐具以及铺盖），但除此之外就很少提及其他的事情了。在某种程度上，这些信件使中世纪早期商人世界支离破碎的画面变得更为生动。其中涉及各种各样的常见问题，而这些问题都是今天以航海为生的人们所熟知的，例如完成计划、在最后关头改变预定行程、意外的横财及错失的机会等。许多信件中处处体现了一种更为永恒和普遍的关注，例如对幸福的家庭和朋友的眷恋，未能如期收到信件的焦虑，以及人们对沉船、海盗和战争等事件的看法。不过，写信者主要的关注点仍集中于商业，包括销售商品的数量，以何种价位卖出，卖给什么人，以及在寄售和信托的复杂网络中产生的纠纷。这些信件中包含丰富的细节，包括通过中间商进行的贸易及其与外国统治者之间的关系。

大部分信件都涉及地中海的商业生活，其中有相当一部分是由来往于埃及与印度之间的商人所写的。长期以来，犹太商人一直活跃在印度洋上。在10世纪末11世纪初，法蒂玛王朝哈里发的财富吸引着各地的商人，使其离开衰退的波斯湾市场而转向红海。在地中海贸易中，基督徒商人日渐获得了主导地位。在双重动机的刺激下，穆斯林商人和犹太商人都将注意力转向印度洋的财富。基尼扎文献中的信件虽然大部分出自活跃在地中海的商人之手，但这些信件也让我们了解到刚刚开始恢复却记载甚少的阿拉伯海贸易的情况。这些信件还表明，类似伊本·白图泰在福州所经历的那种遭遇，即使在200年之前也并非奇事。在基尼扎文献中，有5个印度洋的贸易家族最具代表性，他们来自或活跃在摩洛哥、突尼斯、开罗、也门及印度的马拉巴尔海岸。亚伯拉罕·本·伊聚（Abraham ben Yiju）的生平便十分典型，他生于突尼斯的马赫迪耶，在亚丁开始经营，其后航行前往印度。[51]他在印度的大部分时间都居住在芒格洛尔，在那里经商并铸造青铜。在抵达印度后不久，他买下了一名印度女奴并给予她自由，后来这名女奴成了他的妻子。在印度的18年间，他曾旅居马拉巴尔海岸的其他几个港口，也曾前往亚丁。1149年，他结束了在印度的旅居生涯并定居开罗。

与亚伯拉罕通信的船主麦德姆·本·哈桑–雅弗（Madmun ben Hasan-Japheth）是波斯人后裔，其家族在亚丁已历数代。[52]麦德姆与自己的父亲一样，都是也门犹太人聚落的首领及亚丁港的主管和商人代表，其后代一直把持着这个位置直至13世纪。在一封写给亚伯拉罕的信中（这封信具有基尼扎文献的特征），麦德姆说他发送了一船席子，是从非洲之角进口到亚丁的，随船附有私人礼品，包括“两（套）精美而巨大的纸张、政府债券以及在印度绝无仅有的东西”，此外还有一些糖和葡萄干。[53]他还提到，一艘载有铁和小豆蔻的船已安全抵达，请亚伯拉罕与其他 3 名商人取得联系，这 3 名商人中有 2 个是印度人，另一个可能是犹太人或穆斯林。“如果可以的话，他们可以从芒格洛尔派出一艘船，运送所能获得的胡椒、铁、荜澄茄*和姜。船应在本季之初出发前往马尔代夫。船上可以再带一些椰棕、上好的沉香、杧果和椰子，因为这些都很畅销。”麦德姆还详细列出了这些商品的价格。他主动提出要投资这笔生意：“如果他们在亚丁装备一艘船，并想让我参与，我将与他们分享。如果今年有一艘来自芒格洛尔的船，我会给他们送去黄金、糖、葡萄干和（其他）货物。”

阿拉伯海的商业世界

基尼扎文献的信件中充满了商业合作的实际案例，这些合作跨越了宗教的界限，包括一些“根据伊斯兰法律所建立的合伙关系”（即“奇拉德”）或中世纪欧洲的“康曼达”。[54] 宗教信仰不同的商人之间的借贷并不仅限于犹太人和穆斯林。在印度洋上，信仰不同的人们之间在宗教等方面的界限远比地中海世界更为宽松。另一个例子是“卡里姆”（karim，有人认为这个词来源于泰米尔语中的“karyam”，意为“生意”），即犹太商人所采用的“船长（船主）护送船队”制度，可以在对抗红海海盗方面弥补国家保护措施的不足。[55] 最初，卡里姆似乎是一种非正式的商人组织。到了 13 世纪，在埃及、亚丁和印度之间的贸易中，其重要性日益显现，可以与当时汉萨同盟在北欧贸易中的重要性相媲美，但卡里姆商人从未获得相同的自治权或影响力。

在红海，主要的威胁来自海盗，前往吉达、阿伊扎布、卡迪姆和其他埃及港口的商人和朝圣者都受到影响。法蒂玛王朝并未将政府资源投入整个海域的商业保护之中，而是让当地商人自行保护其自身安全。麦德姆获得了授权，与“大海与沙漠的领主”缔结协议。[56] 实际上就是付钱来保护船队和沙漠商队，同时协调卡里姆的活动。这种方式看似随意，却

* 荜澄茄是一种胡椒属植物的果实。

掩饰了苏丹在红海的双重利益。贸易收入对国库而言至关重要，但是埃及统治者必须控制进入红海的通道，以保护圣地麦加和麦地那免受异教徒侵袭（在这方面他们是成功的）。对埃及而言，来自地中海周围的敌人和对手尽管造成了显著而持久的威胁（尤其是十字军东征开始之后），但是他们只有一次成功到达了红海。1183 年，沙底隆的雷诺（Reynald de Châtillon）派出一支舰队前往亚喀巴湾。[57] 这支舰队的船只零件由雷诺经陆路带来，或许他是受到了《旧约》中约沙王的启发。雷诺俘获和摧毁了大约 20 艘船，之后被法蒂玛王朝的古勒祖姆舰队击败。

法蒂玛舰队主要集中在红海北部。在亚丁湾和阿拉伯海，也门和其他地区的商人只能完全依靠自我保护。出于同样的原因，他们丝毫不畏惧国家支持的暴力行为，尽管基尼扎文献中的确提到了基什的埃米尔曾袭击亚丁，不过，著名商人拉米什（Ramisht）的船只击退了这次袭击。直到祖拉伊德王朝时期（1080—1173），也门的埃米尔才开始对亚丁产生兴趣，进口关税很快成为其收入的重要来源。作为一个港口的亚丁到此时才充分发挥出其潜力。[58] 在祖拉伊德王朝的统治下，亚丁的繁荣在很大程度上要归功于整个阿拉伯海地区所发生的更为广泛的变化。在塞尔柱帝国的统治下，巴格达开始衰落，波斯湾的贸易规模开始缩减。尸罗夫等港口被基什酋长国压制，该国位于霍尔木兹海峡中的一个岛上。图德拉的本杰明（Benjamin of Tudela）曾写道，基什就像一块磁铁，吸引了来自印度、美索不达米亚、也门和波斯的商人前来从事贸易。“（商品包括）各种丝绸、紫色染料、亚麻、棉、大麻、加工羊毛、小麦、大麦、小米、黑麦和各种食物，此外还有各种各样的小扁豆。他们相互交易，印度人则带来大量远方的香料。岛民们充当中间商，以此作为生计。”[59]

尽管亚丁的防御工事颇为完善，但与波斯湾相比仍有一定差距。亚丁拥有巨大的财富，但缺乏海军力量，这使其成为一个诱人的目标，从而吸引了基什的埃米尔。1135 年，基什的埃米尔要求在亚丁的收入中分一杯羹。在遭到拒绝之后，他发动了一次远征，试图占领亚丁港。远征军包括 15 艘船及约 700 人，但规模如此之小的舰队完全无济于事。基什人拦截和掠夺试图进入或通过亚丁港的船只，并持续了 2 个月之久。基尼扎文献中记载："我们与之对峙，他们不敢登陆，而城里的人也没有可以袭击他们的船只。"[60] 当2艘属于商人拉米什的船驶进亚丁港时，僵局才最终被打破。"船只一进入港口，就得到了大量常规部队的配合。于是，敌军被逐出港口，分散在海面上。"

20世纪30年代，阿兰·维里埃（Alan Villiers）与穆斯林水手在红海和印度洋西部航行了1年。在航程的大部分时间里，他都在一艘名为"正义胜利号"（*Triumph of Righteousness*）的帆船上度过。这艘船从亚丁驶向摩加迪沙和巴士拉，途经什尔、蒙巴萨及鲁菲吉三角洲。他写道："为了返航，人们把红木杆装到舷缘上，船员们不得不到其他地方去睡觉。在上千年中，船上的这种生活条件并无改变。"（Courtesy of the National Maritime Museum, Greenwich, England.）

拉米什并非普通的商人，他以在麦加捐赠奢华的礼物而闻名，包括黄金喷水嘴、天房的丝织顶和一家为苏菲派朝圣者所建的招待所。据当时一位了解这个家族的佚名人士记载，拉米什的一位雇员告诉他：

> 20年前，当他从中国回来时，他携带的商品价值50万第纳尔。如果这是其雇员的财富，那么他（指拉米什）自己的财富该有多少

啊！拉米什把天房的银制喷水嘴换成了黄金材质的，还用中国的丝绸覆盖了天房，其价值无法估计。总之，在我们这个时代，我还没有听说谁能与拉米什的财富或声望相埒。[61]

考虑到当时波斯湾贸易的总体情况，拉米什的财富显得非同寻常。据记载，覆盖天房的中国丝绸价值4,000或18,000第纳尔，而在当时，一个中下层阶级的家庭只需24第纳尔就可以在开罗生活1年。[62]不过，虽然拉米什比大多数商人都更为成功，但他并非唯一的一个。1152年，一名亚丁的自由民去世，留下了价值650,000本地第纳尔（合300,000埃及第纳尔）的遗产。[63]此外，还有1,700磅的银饰品以及大量的香水、香料、武器和其他商品。不过，关于亚丁统治者的财富总量，文献中并没有相关记载。

在与印度的贸易中，尽管成功的商人对贸易繁荣十分有益，但后来的埃及统治者似乎将其视为威胁而非资产。任何商人如果被怀疑影响力过大，马穆鲁克便会迅速削弱其地位。因此，卡里姆后来变得更加制度化，其性质可能已经发生了变化，即不再是保护商家免遭海盗的侵袭，而是保护商家免遭统治者反复无常态度的伤害。[64]也门拉苏勒王朝的第一任苏丹马利克·曼苏尔（al-Malik al-Mansur）也许是其中最为肆无忌惮的。他通过扣留商人进口的胡椒来敲诈他们，然后强迫商户回购，并扣留50%的利润。他还规定，当他从商家处购买时，1个重量单位计为170千克，而当他卖出时，却只计为100千克。但也并非所有统治者都会故意损害商家的利益，有些统治者甚至会减免部分商人的进口关税。对港口以及苏丹国而言，这种慷慨做法的好处是显而易见的。14世纪时，一位拉苏勒王朝的苏丹为亚丁的商人授予荣誉，并取消了许多税目，“以此来践行公正的原则，这是非同寻常的”。其结果便是，“在陆路或海路上的各个角落，商人们开始传颂苏丹的正直与慷慨”。[65]

在信奉同一宗教的国家之间进行贸易存在着不确定性，与此相比，穆斯林商人在印度次大陆沿岸似乎得到了更为持久的、令人满意的礼遇。传统观点总是强调印度教徒与穆斯林之间的宗教仇恨，而与此相反，中世纪印度的海上贸易常常超越信仰的分歧。在许多与商业无关的故事中，体现了不同商人群体间的良好关系。一篇 11 世纪初的碑文中记载，在果阿附近发生的一次沉船事故中，一名穆斯林商人救起了一位印度国王。国王为了表达谢意，将穆斯林商人的孙子任命为地区行政官，并允许他在果阿建立一座清真寺，维护费用则由港口关税来支付。其他的碑文文献也揭示出，穆斯林在古吉拉特的主要港口索姆纳特是印度教的圣地，来自康坎海岸的印度教统治者经常通过海路前往该地朝圣。[66] 到 12 世纪，古吉拉特的遮娄其王朝的国王阇耶僧诃二世（Jayasimha Siddharaja）建立了穆斯林社区。有多个教派声称，他们已经使阇耶僧诃二世改宗伊斯兰教。

索姆纳特不仅是印度教的宗教中心，也是印度洋商业网络中不可分割的一部分。在阇耶僧诃二世时期的 100 年之前，一位阿拉伯历史学家写道："索姆纳特之所以变得如此著名，是因为这是一个航海者的港口。同时，对那些来往于索法拉（东非）和中国之间的人们而言，这里也是一个中转站。"[67] 因此，在遮娄其王朝的经济生活中，索姆纳特发挥着重要作用。当时，耆那教商人行使着相当大的权力，他们很可能曾劝说阇耶僧诃二世等统治者，对待穆斯林商人应慷慨一些。[68] 无论如何，印度教徒与穆斯林之间的这种融洽关系得以保持。正如印度注辇王朝的国王为了东南亚佛教商人的利益而捐建寺庙一样，遮娄其王朝的统治者对待穆斯林商人也是如此。一篇 13 世纪的阿拉伯文和梵文碑文中记载，来自霍尔木兹海峡的船主努鲁丁·菲鲁兹（Nuruddin Firuz）出资修建了一座清真寺。菲鲁兹被誉为"伟大而受人尊敬的酋长、海员之王、商人中的诸王之王"。[69] 他在印度教徒的帮助下建造了这座清真寺，他和古吉拉特的印度教统治者都被称为"正直的朋友"。

在南亚和东南亚的伊斯兰教历史中，13 世纪是一道分水岭，这部分是由于蒙古帝国兴起所带来的连锁效应。阿拔斯王朝灭亡后，马穆鲁克作为埃及统治者的地位得到确认，南亚和东南亚再次受到穆斯林的关注。在此前的几个世纪中，穆斯林商人在印度、东非、中国和东南亚内陆建立了规模不同的多块商业飞地，但基本上都是商人社区，这些社区即便拥有政治权力，也是十分有限的。1025 年，穆斯林扩张到印度北部，并攻占了德里。不过，德里苏丹国花了2个世纪的时间才完全独立。1225年和1297年，孟加拉地区和古吉拉特先后遭到围攻。直到此时，在“风下之地”的东南亚岛屿，第一个穆斯林统治的王国已经兴起，且肇始于港口城市，例如苏门答腊岛西北部的苏木都剌国。苏木都剌国成为中国和西方市场上主要的胡椒供应来源。[70]第一批穆斯林统治者究竟来自印度南部的古吉拉特和孟加拉地区，还是来自阿拉伯半岛，对此我们不得而知。但就苏木都剌国及其竞争对手而言，他们都能吸引来自亚洲和东非的穆斯林。这个时期被称为“炽热时期”，当时，伊斯兰教在印度洋的政治世界中面貌焕然一新。[71]自此以后，宗教可以借助现有的贸易网络向东方传播。[72]对于当地人而言，穆斯林商人的财富值得注意，其做法值得效仿。对于商人而言，共同的宗教信仰促进了人与人之间的交流，彼此间的信任也日益增长。许多东南亚统治者纷纷改宗伊斯兰教，以吸引穆斯林商人来到其港口。

作为一个独立的苏丹国，苏木都剌国之所以能迅速发展，是因其与印度洋的穆斯林贸易网络间有着紧密的联系，而与之毗邻的几个大国（室利佛逝、爪哇以及泰国的阿瑜陀耶王朝）一直在相互压制。[73]拜里米苏剌（Paramesvara）在马六甲修建了新港口，化解了阿瑜陀耶王朝与爪哇之间的对立，他与爪哇的满者伯夷王国、室利佛逝的王室以及苏木都剌国的贵族家族均有联系。[74]马六甲位于马来半岛，靠近马六甲海峡中部，在拜里米苏剌或其继承者的统治下，马六甲人接受了伊斯兰教，因此该港口的战略地位得以提高。与室利佛逝相比，马六甲几乎完全依赖对外贸易。海关税收是马六甲主要的收入来源，其制度十分完善，对来自西方的商品进行估价，对来自东方的商品进行复杂的分类，而苏丹则有权以低价购买某些商品。马六甲的苏丹直接参与贸易活动，通过船舶所有权等方式进行投资，并从中获利。

马来群岛上的族群村落（kampong）的存在，证实了马六甲的商业特征。[75]古吉拉特的穆斯林（他们在葡萄牙人到来之前是最具影响力的群体）、科罗曼德海岸的科林人以及来自福州、吕宋岛和孟加拉地区的商人，每一个群体都有代表自己的“沙邦达尔”（syahbandar，意为“港务长”）。东南亚通行的海商法便来源于马六甲。在大约15世纪末，相关法律被编纂成《马六甲海事法典》(*Undang-undang Laut Melaka*)。[76] 这是最古老的、综合性的穆斯林海洋法之一，较之更为杂乱无章的《论船舶租赁》，它更类似于《罗德海商法》。值得一提的是，这部法典中涉及了船上男女之间的关系，反映出妇女在贸易活动中地位较高且参与积极。[77] 此外，该法典也反映了整个东南亚地区公众生活的其他方面（包括伊斯兰教传入之后的情形）。

郑和与中国航海事业的全盛时期

马六甲与中国联系紧密，其最初的繁荣也与此相关。中国的海上贸易扩张开始出现整体性的大爆发，这与拜里米苏剌的统治时期十分相似。自 14 世纪 30 年代起，元朝经历了大量深重的灾难，包括饥荒、瘟疫（在瘟疫传播到地中海之前，已经在中国造成了数千万人死亡）以及黄河的反复泛滥，这些灾难使汉人的反抗更加激烈。1356 年，朱元璋领导义军占领南京（后来成为明朝的都城）。12 年后，朱元璋巩固了其在长江中下游地区的统治，出兵占领大都（朱元璋将其改称"北平"），并建立了明朝。已成为明太祖的朱元璋建立了儒家官僚机构，并致力于改革，设定了一条"中华中心主义"的发展路线。在此后的 6 个多世纪中，中国很少偏离这条既定路线。[78]

作为一个本土的汉人王朝，明王朝集中精力守卫其陆上疆界，从而不得不放弃了海洋。1371 年，朝廷诏令"片板不下海"，充分体现出明王朝对海洋事务的态度。[79] 关于海上贸易的禁令十分严格，这或许源于官僚机构中信奉理学的士大夫。[80] 他们的立场与那些主张鼓励航海活动（包括海上贸易、长途旅行、发展造船与导航技术、建立金融机构以及颁布保护私有财产的法律）的人截然对立。尽管如此，明太祖及其继承者也意识到，针对海盗的沿海防御是十分必要的，因此下令建造 3,500 艘船，以备各种不时之需。其中的 400 艘战船被分配到南京附近的基地，27 艘巡逻船和战船被分配给沿海的卫所，此外还包括 400 艘运粮船，因此这些船并不局限于沿海水域。明太祖指出，在海上驱逐海盗容易，但在岸上搜查他们就很困难了。[81]中国船只曾追击海盗远至琉球群岛和朝鲜半岛，并在越南（明王朝曾于1408年至1428年间控制越南）与海盗进行海战。

1405年至1433年间，针对1371年的“海禁”诏令发生了惊人的逆转。在此期间，明成祖先后派出了6支规模庞大的船队（其继承者则派出了第7支舰队），前往印度、红海、波斯湾和东非。船队由回族宦官郑和率领，在这几次远航中有数百艘船只和成千上万的水手、士兵及商人参加，每次航程达10,000～15,000英里，并留下了相关记录。明成祖的主要动机有3个方面：一是提高中国的国际威望，巩固其皇位的合法性，必要的话甚至可以使用武力；二是鼓励朝贡贸易，以消除华侨贸易的威胁；三是试图寻找前任皇帝建文帝。[82]建文帝早已被废黜，且很可能已经被杀，不过有流言称他仍然活着并流亡海外。在前三次远航（1405—1411）中，船队到达了印度西南的“西洋大国”古里国（今卡利卡特，又译科泽科德）。[83]宝船从长江驶出，在福建略做停留后，驶往占婆、爪哇岛、苏门答腊岛和马来半岛。郑和的船队通过了马六甲海峡，向西穿过孟加拉湾，先后到达锡兰和古里，从南京到古里的航程约为4,500英里。在后四次远航（1413—1433）中，船队到达了更远的地方，包括霍尔木兹海峡、亚丁及阿拉伯半岛的其他港口，还到达了东非港口木骨都束（今索马里摩加迪休）、卜喇哇（今索马里布拉瓦）和麻林（今肯尼亚马林迪）。在最后一次远航中，一支小分队被派往孟加拉地区，一些回族船员（如马欢）乘一艘当地的船从亚丁驶往吉达后到访了麦加。[84]

如果郑和下西洋的主要目的是为了寻求地位和贸易，那么可以说这一目标成功实现了。包括埃及和麦加在内的30个国家和地区遣使觐见了明朝皇帝，马欢在其著作中对此进行了记录。也门的《拉苏勒王朝编年史》（*Chronicle of the Rasulid Dynasty*）中也记载：“中国船只到达了亚丁的保护港，随行的中国皇帝的使节为我们的苏丹马利克·纳赛尔（al-Malik al-Nasir）带来了华美的礼物……这些极好的礼物由各种各样的稀世珍宝组成，包括金线织成的丝绸、优质麝香、安息香及各种瓷器，总价值约为20,000密斯卡尔。”[85]后来，一位也门历史学家做了补充：

纪念郑和下西洋600周年的中国邮票。关于船队中最大的宝船的设计、大小及装配，学者中仍存在争议，不过在出航船只的数目和种类上则完全没有争议。(Courtesy of China Post.)

> 中国使节觐见苏丹马利克·纳赛尔，他们没有亲吻苏丹面前的土地。使节说："中国皇帝向您致以问候，建议您表示臣服。"苏丹对使节说："欢迎，你们能来真是太好了。"苏丹款待了中国使节，将其安置在驿馆。接着，苏丹给中国皇帝写了一封信："我十分尊重您的命令，我的国家就是您的国家。"苏丹把大量野兽和华美的长袍送给使节，同时命人将其护送到亚丁城。[86]

这种交换十分典型，中国船队在访问其他港口时很有可能也是如此行事的。

许多学者都强调，郑和下西洋具有商业及和平的性质，尤其是与一个世纪之后葡萄牙人受意识形态驱使而做出的强制性行为相比。[87]但郑和下西洋的过程中同样有军事活动。在第一次远航时，郑和击败了数千名海盗。这些海盗以巴邻旁为基地，其首领为中国海盗陈祖义，此人后来在南京被审判并处死。[88]斯里兰卡罗伊伽摩王国的国王是苏木都剌国王位的觊觎者，他被郑和打败后得到赦免。在确保贸易自由方面，类似的军事行动甚有裨益。不过，耗资巨大的远航也招致了批评，这种以中国为基础的海洋贸易在进入兴盛期后很快就开始萎缩。明宣宗时期进行了最后一次远航，据说明宣宗在年轻时常常见到舶来物，因此出于怀念而支持郑和继续远航。尽管远航有所复兴，但并没有持续。明王朝摒弃海洋的理由有很多。在国内，黄河泛滥，成百上千的人死于流行病（可能传染自远航归来的水手），货币贬值，军队疲于应付对越南的占领以及对蒙古的防御。[89]1421 年，明成祖将都城从南京迁至北京，部分是为了应对北方蒙古的袭击。都城北迁使朝廷对海洋事务的关注有所减弱，尽管郑和的远航正是由明成祖发起的。

朝廷将目光重新转向中国的北部和西部，其中也有人口方面的因素。14 至 15 世纪之间，大量人口向黄河以北地区迁徙，浙江、福建和广东等沿海省份的人口下降超过一半。关于郑和的远航，文献记载付之阙如，究竟是因为官方档案没有记载，还是由于相关资料被藏匿或焚毁，我们不得而知。当时有人指出："意所载必多恢诡谲怪，辽绝耳目之表者。"[90]15 世纪 30 年代，朝廷颁布了第二条海上贸易禁令，且比明太祖时的禁令更为苛刻。不仅禁止中国的船只和水手出海，而且禁止建造远航船只，战船和相关军备的建造也大幅减少，太祖和成祖时期建立的沿海防御系统遭到废弃。此外，朝廷还禁止外国私商来华参观。这项禁令一直持续到 16 世纪中叶，当时，葡萄牙人获许在澳门进行贸易。1567 年，中国商人获许进行海外贸易。海上主动权的丧失造成了深远的影响，毫无疑问，如果在葡萄牙人到来之前，有大量中国商人活跃在印度洋的贸易中，那么今天的世界肯定会是另一番面貌。

郑和的远航对区域经济、政治联盟甚至宗教发展都产生了巨大影响，在一定程度上刺激了区域商业的扩张，使印度洋吸引了欧洲商人关注的目光。铸币的引入对东南亚的经济增长而言是一个重要的影响因素。通过稳定地注入大量铜钱，中国更多地促进以货币为导向的经济转型，其影响尤其体现在马来半岛、苏门答腊岛、爪哇岛和苏拉威西岛的贸易国家身上。

在最后一次宝船远航之后，当地统治者开始自行铸造货币，一般为锡制而非铜制。如果不考虑货币介质，用于小额支付的流通货币的增加，有利于商业贸易的和谐发展，而由此增加的税收，也为统治者带来了更多可自由支配的财富。

离开船队的水手加入了商人的队伍，商人们有的违抗明太祖的禁令，有的则被迫定居海外，于是海外华商的人数迅速膨胀。马欢曾提及，在爪哇岛北部有 3 个不同的种族聚落，即爪哇本地人、来自西方的穆斯林以及“中国广东及漳泉人流居此地……多从回回教门受戒持斋者”。[91] 郑和与其他参与远航的重要成员都是穆斯林，对马六甲而言，这一事实的影响极其深远。马六甲兴起时恰逢郑和远航开始的 20 年前。拜里米苏剌热情欢迎中国人的到来，并于 1411 年开始向明王朝纳贡。马六甲王国与中国之间形成了朝贡关系，从而免于遭受阿瑜陀耶王朝和满者伯夷王国的侵扰。15 世纪 30 年代，在中国海外贸易的新禁令出台之前，马六甲的人口达 10 万～ 20 万。至少在 1511 年葡萄牙人到来之前，其作为港口的地位是有所保障的。在 6 个世纪之后的今天，马六甲的华人依旧崇拜郑和，也常到郑和的庙里烧香来纪念他。[92] 在由一位信仰印度佛教的国王创建的城市里，在佛堂中供奉着一位中国的穆斯林船长，而国王的继承者却皈依了伊斯兰教。后来，这里很快成了一个伊斯兰教的中心。随后，该地又相继被葡萄牙天主教徒及荷兰和英国的新教徒统治，这成为东南亚文化真正具有适应性的标志之一。

季风海洋上的船只与航运

香料、药材和其他价值高而重量小的货物固然十分重要，但印度洋贸易的重点仍是大宗货物，如印度的铁、木材、杧果和麦德姆・本・哈桑－雅弗订购的椰子，亚麻、棉、大麻、加工羊毛、小麦、大麦、小米和图德拉的本杰明在霍尔木兹发现的黑麦，中国的瓷器、漆器和丝绸，以及来自孟加拉地区、科罗曼德海岸和马尔代夫的棉布。“贝壳和坎巴尔（qanbar）等被制成绳索，用来缝合船只，这些绳索出口到印度、中国和也门，比大麻还畅销。”[93] 随后，印度洋上也出现了马匹贸易，这些马匹由阿拉伯海的船只运载而来。

公元前 6 世纪时，印度统治者开始经由陆路自中亚进口马匹。碑文文献显示，公元前 1 世纪时，斯里兰卡已在进口马匹。3 世纪时，中国使者康泰发现，来自印度北部的商人经常通过海运出口马匹到马来半岛和苏门答腊岛。对于运输途中死亡的马匹，当地的国王也会支付一半的价钱。同一时期的一枚印章证实了康泰的描述，印章上刻有 1 艘船和 1 匹马。4 世纪时的泰米尔语长诗《帕提纳帕莱》中记载，“敏捷而欢腾的骏马”通过海路被运到泰米尔纳德邦。随着德里苏丹国的建立，阿拉伯海地区的马匹交易繁荣发展，而苏丹禁止向印度各王国出售马匹。不久之后，赵汝适写道：“（瓮蛮国）山畜牧马，极蕃庶。他国贸贩，惟买马与真珠及千年枣，用丁香、荳蔻、脑子等为货。”[94] 与马可・波罗同时代的波斯历史学家阿卜杜拉・瓦撒夫（Abdullah Wassaf）讲述了一个贩马人的故事，贩马人与印度南部的潘地亚的国王订立契约，每年向其提供 1,400 匹马。瓦撒夫又引述其他资料称，“每年有 10,000 匹马从波斯湾出口”，运到印度的马拉巴尔海岸和科罗曼德海岸。[95] 据马可・波罗记载：“霍尔木兹海峡、凯斯以及奴发、施曷和亚丁的商人……购买最好的马匹，装船后出口，售与科罗曼德海岸的马拉巴尔国王和他的 4 个兄弟……有些马的价格超过 100 银马克。我向你保证，每年这位国王都要买 2,000 多匹马，他的兄弟所买的数量也与此相当。不过到了年末，存活下来的马不到 100 匹。”[96] 印度进口马匹为何会如此挥霍无度？这些资料将此归因于人们对马匹的虐待。不过除了西北部，在印度次大陆饲养马匹确实不易。不仅牧场有限，草也不适合做草料，而且气候炎热，无法生产足够的草料满足军需。直到 18 世纪，英国东印度公司试图在比哈尔邦建立一个种马场，并由英国专家负责，但同样失败了。

对于正确理解印度洋船只的性质，关于马匹贸易的证据至关重要。目前，可以量化的相关资料十分有限。13 至 14 世纪时，来自欧亚大陆（包括威尼斯、波斯、阿拉伯、土耳其和中国）的一系列著作都认为，印度洋的缝合船十分劣质。之所以会有这种偏见，可能归因于这样一个事实，即这些著作的作者们对其本国的建造技术更为熟悉和满意。或者他们只是纯粹出于怀疑，缝合船究竟有没有出海？文献当中明确提及了马匹运输，但对这些船只的构造却语焉不详，因此我们无法得知这些船与其他船只之间有何不同。伊本·白图泰在描述 1342 年的果阿之战时称："我们有 2 艘'塔里德'（taride），载着马匹，船尾外露。这些船做工精良，身着盔甲的骑手可以骑着马从船里出来。"[97] 汪大渊在《岛夷志略》（1349 年）中写道：

> 其地船名为马船，大于商舶，不使钉灰，用椰索板成片。每舶二三层，用板横栈，渗漏不胜，梢人日夜轮戽水不使竭。下以乳香压重，上载马数百匹。[98]

文中称这些船"载马数百匹"，这是不太可能的，当时地中海的船只载马可能不超过 40 匹。[99] 这一数量相当可观，尤其要考虑到在炎热的气候下，人畜在海上对食物和水的需求量很大。从阿曼到马拉巴尔海岸通常需要航行 1 个月，而 1 匹马在 1 个月内所需的水超过 1 吨。[100] 另外，马匹装载于船上的什么位置？为了稳定和卫生，马匹应装载在船中较低的位置。不过如果将马匹装载于甲板之下，就必须保证空气的流通。如果将乳香装载于马匹之下，对乳香而言是没有什么益处的（即使数量很少）。这些不同的文献似乎都倾向于夸大缝合船发生渗漏的可能性，而缝合法的明显优势则完全被忽视了（伊本·白图泰除外）。尽管这些作者的意见十分一致，但他们当中没有一个人是水手。关于印度洋缝合船的定论出自达·伽马，1497 年至 1499 年间，他开辟了欧洲与印度之间的航线。他自然不会刻意奉承穆斯林造船者，不过他注意到，马林迪的缝合船可以"承受航行中的所有压力"，而椰索缝合板"就像被钉住一样牢固"。[101]

我们对中国的造船业有着更为详尽的了解。马可·波罗在对他曾乘坐过的中国船只的描述中提供了相似的细节，他通过详尽的描述，力求给人们留下关于中国船只的深刻印象。他并没有记录中国船只的具体尺寸，但他指出，最大的船"装载的货物量比我们的船要多得多，一艘船能装载五六千担胡椒”。[102]舱壁将船体分成13个舱，船上有4～6根桅杆，并附带“绑在船两侧的10艘小船”。最大的船由250～300名船员操纵，船上有60个商人客舱。大量其他文献以及从2艘沉船中发现的资料证实了马可·波罗的记述。这2艘沉船一艘在泉州港沉没（时间不早于1273年），[103]另一艘在韩国新安海域沉没（时间为1323年）。[104]

这艘泉州的“香料胡椒船”长约35米，横梁长10米，满载吃水线为3米。船上的货物包括重达2,300千克的降香、檀香、来自爪哇的黑胡椒、来自柬埔寨的沉香、来自印度尼西亚的槟榔、来自阿拉伯半岛中部的乳香、来自索马里的龙涎香和龟壳。这艘泉州沉船可能没有航行到非洲，但这些发现证实了马可·波罗对泉州港的描述，他在这艘船沉没以后的几年内到访了泉州。较之泉州沉船，双桅的新安沉船要稍小一些（长32米，宽10米），但结构大致相似，由冷杉和红松制成。船上载有12,000多件中国瓷器，包括青瓷瓶、青瓷碟、青瓷碗、粗陶器、香炉及瓷片。瓷器是中国最重要的出口商品之一，在印度洋西部周边地区以及红海、波斯湾和东非海岸皆可发现大量中国瓷器。此外还有20,000枚中国铜钱以及1,000多条长达3米的紫檀木。在发掘时，许多物件仍堆放在沉船的货舱里，上面标示的年份是1323年。

巧合的是，在这艘船沉没的仅仅2年之前，伊本·白图泰开始了他的旅程。他在印度的卡利卡特遇到了13艘中国船，新安沉船可能与之类似：

> 中国船只分为3类：大船称“艟”，中等船称“艚”，小船称“舸舸木”。大船上有12面帆，最少的也有3面，这种帆用竹篾编织而成，其状如席……大船每艘载有上千人，仅水手就有600名，还有400名武士，包括弓箭手、身穿铠甲的勇士以及投掷火器的人。每艘大船后面跟着3艘小船，其中一艘的大小相当于大船的二分之一，另一艘相当于其三分之一，还有一艘相当于其四分之一。[105]

如果伊本·白图泰在卡利卡特测量过他所看到的船只，那么他的数据将能帮助历史学家确定郑和船队的船的尺寸，而这正是关于郑和远航最具争议性的问题。如何解释现存资料中提供的测量单位？如何解释木制船身的规模在理论上的极限？这是大部分争论的聚讼纷纭所在。在严格换算长度单位（其实际大小在中国各地有所不同）的基础上，最大的船长度为 117 ～ 135 米，宽度为 48 ～ 55 米。基于已知的木船结构进行保守估计，最大的船长度为 60 米，这似乎是更为合理的猜测。[106] 船上有多达 9 根桅杆，上面装有纵帆。在郑和远航的船只和人员的数量方面则争议较少。[107] 郑和第一次远航的船队由 317 艘船组成，包括 62 艘宝船，全体人员达 27,870 人。第二次远航有 249 艘船参加，第三次远航有 48 艘船和 30,000 人参加，其中大部分都是规模最大的宝船。第四次远航的船队由 63 艘船和 28,560 人组成，第六次远航则有 41 艘船参加，最后一次远航有超过 100 艘船参加（第五次远航的资料没有留存下来）。历次远航中最重要的是宝船，因其装载着数不清的宝物而得名。此外还有各种各样的专业船舶随行，包括补给船、运水船、运兵船、至少 3 种军舰以及特别建造的运马船。

11 至 15 世纪之间，季风海域贸易网络是世界上最具活力的贸易网络，这里的航路最长，港口最繁忙，流通商品也最为多样化。因此，亚洲南部和东部海岸地区涌现出许多具有海洋活力的中心。那里的商人相互之间经常沟通，推动远距离的思想交流、产品交换以及原材料交换，同时促进了独特混合社区的形成——其成员在土著居民和流动商人之间进行斡旋。无论基于传闻还是事实，海洋亚洲的活力吸引了更多来自地中海和欧洲的商人和旅行者。他们撰写的相关报道增强了该区域的吸引力，并帮助促成了一些事件，这些事件以直航亚洲航线的发现以及（附带的）欧洲对美洲大陆的发现为高潮。

第 14 章

世界连成一体

哥伦布横跨了大西洋，达·伽马开辟了欧洲与印度洋之间全部经由海路的路线，麦哲伦进行了从东向西的环球航行，乌达内塔首次自西向东横跨太平洋。凡此种种，不仅是那个时代的航海壮举，事实上也可以说是整个人类历史上的航海壮举。他们令地球上此前没有关联的区域之间建立新的联系成为可能，并为欧洲在世界舞台上逐步崛起奠定了基础。这些成就固然是非比寻常的，但它们必须被视为经过深思熟虑的有目的探索进程的结果，被视为历史事件而非历史的偶然。这些是长期经验的结果，通过这些经验，海员、造船者以及制图者逐渐提高了船舶性能和航海技术，增加了对洋流和风的认知，完善了从对新发现的土地和人民的商业开发中获益的方法。在颂扬这些里程碑式事件时，我们应该时刻记住，这样的进步来之不易。在寻找将船只从亚洲跨过太平洋吹向美洲的风的仅仅 40 年时间里，就有数百名西班牙水手丧命；16 世纪时，寻找从大西洋到东方的西北航线和东北航线的过程是代价高昂的失败，因为在当时的技术、经验及气候条件下，这些航线是无法通行的。最重要的是，我们必须承认，欧洲航海者把欧亚大陆及非洲的疾病带给了美洲易感染的人群，这导致了完全无法预测的灾难性人口损失——超过 80% 的人口死亡（有人估计这一数字高达 95%）——以及随之而来的国家灭亡和文化歇绝。

在开启欧洲扩张时代这一过程中，葡萄牙人和西班牙人功劳相当大，不过，民族主义的功劳分配掩盖了更为复杂的现实。13 世纪末，热那亚人和威尼斯人开辟了地中海与佛兰德斯和英格兰之间最早的在商业上成功的长距离海上贸易，但在当时的大西洋上，这并不是唯一的远距离航线。穆斯林和基督徒航海者长期以来一直参与在伊比利亚半岛与摩洛哥南部（远至萨累）之间的沿海贸易，而伊比利亚半岛与法国的航海者在其沿海水域航行至佛兰德斯和英格兰，英格兰和丹麦的渔民与商人经常航行到冰岛。尽管这些航行大多没有相关文献，但它们促成了水手们给大西洋事业带来的集体知识。

大西洋东部的热那亚人与伊比利亚人

在里斯本与佛得角之间有 4 片主要的群岛，其发现与占有预示着欧洲人开始沿大西洋前往印度洋和亚洲，同时横渡大西洋前往美洲。从开创新前景的角度而言，当时加那利群岛的发现对以后的历史有着巨大的影响。该群岛包括 12 个岛，其最东端距离摩洛哥不足 50 英里，在古代，曾有一些操柏柏尔语的居民在其中一些岛上居住（在穆斯林到达西北非之前）。[1] 文艺复兴时期的欧洲人知道，在公元前 1 世纪的努米底亚，有一位国王曾派一支远征军到达这些岛屿。根据古罗马自然学家老普林尼的记载，努米底亚人没有发现定居的人类，尽管有证据表明，在其中一个岛上有人类居住和野生动物（如体型巨大的狗，在拉丁语中称为“canes”，加那利群岛便得名于此）活动。[2] 1,000 年之后，西西里地理学家伊德里希（al-Idrisi）指出，穆拉比特人曾经远征该群岛。[3] 14 世纪时，加那利群岛被重新发现，这要归功于热那亚人兰萨罗特·马洛赛洛（Lanzarotto Malocello），他奉葡萄牙国王之命进行远航。1339 年，兰萨罗特岛出现在了航海图上，该图由马卡略的制图师安吉利诺·杜尔赛特（Angelino Dulcert）绘制。根据薄伽丘的记载，2 年后，有一支葡萄牙远征船队航行至加那利群岛。不过在 1344 年，教皇将加那利群岛的世俗管辖权授予了西班牙的路易斯（Luis de España），他当时是法国的舰队司令。尽管葡萄牙人以自己先发现为理由提出抗议，但他们并无进一步的举动。10 年后，一支卡斯蒂利亚人的远征船队返回加那利群岛，有一群已经学会加泰罗尼亚语的当地人随行，他们试图使岛民信仰基督教。直到 1370 年，葡萄牙国王才将其中的

2 个岛正式赐予兰萨罗特・达・弗兰卡（Lansarote da Framqua，可能与兰萨罗特・马洛赛洛是同一个人），后来，他被卡斯蒂利亚的对手驱逐。[4]

加那利群岛比马德拉群岛更靠南，因为毗邻非洲而被人们发现。除此之外，东北信风也使欧洲的横帆船更容易驶向西南方。同样，马德拉群岛也受到东北信风的青睐。[5] 不过由于它距离海岸有 300 英里（位于里斯本西南约 500 英里处），因此船只经常远离海岸或被吹离航线，从而要求水手们有极高的技术和坚定的信心。为了寻找有利的西风带，水手们向北航行，以便回到葡萄牙。从加那利群岛返回的途中，可能会遇到马德拉群岛及其更小的邻岛——圣港岛。1351 年，马德拉群岛出现在了美第奇家族的地图集里，被称作"木头岛"。[6]（这是葡萄牙人的叫法，直到 1408 年，"马德拉群岛"和"木头岛"的称呼仍然通用。）

加那利群岛和马德拉群岛的发现要归功于意大利人。事实上，早在 14 世纪，热那亚水手就越来越多地受雇于外国人（尤其是葡萄牙人）。[7] 葡萄牙一直以来都鼓励外国商人前来定居，1317 年，国王迪尼斯（Dinis）任命热那亚人曼纽埃利・佩萨尼奥（Manuele Pessagno）为舰队司令。同时规定，佩萨尼奥及其后嗣必须雇用 20 名富有经验的热那亚长官（马洛赛洛也许就是其中之一）来指挥船只和全体船员（大多为葡萄牙人）。[8] 兰萨罗特・佩萨尼奥（Lanzarote Pessagno）是这个家族的第 4 位舰队司令，一般认为是他发现了亚速尔群岛，该群岛由 9 个岛组成，位于里斯本以西 700 ～ 900 英里外的逆风处。在由马略卡岛的制图师亚伯拉罕・克列斯克（Abraham Cresques）于 1375 年绘制的《加泰罗尼亚地图集》（*Catalan Atlas*）中，有一片群岛可以确定就是亚速尔群岛，这是该群岛第一次以粗略的形式出现。[9] 1276 年至 1343 年间，作为一个独立海洋国家的马略卡岛就像一个资料库，存储了水手们和商人们积累的大量地理知识，把人们已知的世界边界推向了更远的大西洋。安吉利诺・杜尔赛特与亚伯拉罕・克列斯克是当时最出色的制图师。为了驶回故乡，航海家们努力寻找西风带。也许，该群岛是第一次遇到外来访客，岛上杳无人迹，因此开拓也极其困难。在现存的资料中，该群岛直到 19 世纪仍未被命名。意大利语的岛屿名称、葡萄牙和卡斯蒂利亚声称占有大西洋中的这些岛以及马略卡岛制图学的繁荣，都证明了该时期航海探险的国际性。

航海活动

欧洲人对大西洋东部的探索和开发取决于多种原因，我们很难将其中某个原因作为起决定作用的主因。古典地理学的再发现和重新解释，激起了人们对未知世界的好奇心。识字率的提高，使人们突破了教堂和教会大学的传统限制，通俗文学日益世俗化，出现了但丁、薄伽丘和乔叟（Chaucer）等人的文学作品。薄伽丘和乔叟尤其被当时的商业生活所吸引，他们从中汲取写作素材。例如，薄伽丘的父亲就代表了《十日谈》（*Decameron*）中佛罗伦萨的巴迪银行和商人，而乔叟是一名酒商的儿子，《坎特伯雷故事集》（*Canterbury Tales*）显示出他对商业和贸易的了解。书中描写的那位船长有一番描述，这激发了我们的兴趣并促使我们思考，在 14 世纪，从北非跨越到波罗的海的英国水手的心理世界是怎样的：

> 但说到他的本领，比如计算潮位和水流速度，
> 判断逼近的危险，
> 还有泊船、观察月色和引航技术，
> 从赫尔到卡塔赫纳，无人能及。
> 他冒起险来，胆子又大心又细，
> 他的胡须经受过多少次暴风雨的洗礼。
> 从哥得兰到菲尼斯泰尔角，
> 沿途的所有港口，他都一清二楚，
> 布列塔尼和西班牙的每条河流他都熟记于心，
> 他的驳船名为“玛德莱号”（*The Maudelayne*）。[10]

从技术角度来看，活字印刷术的发明促进了识字率的提高和航海技术的发展。在“古腾堡圣经”印刷出版仅 35 年之后的 1490 年，第一部印刷本航海指南就在威尼斯出版了。[11] 这种将航海信息编纂成册的做法并

不新鲜，但早期的指南主要提供各个地区的商业信息（如各类商品的价格及在何处购买等），而此时的航海指南与那些商人手册是有区别的。有时，在《红海环航记》这样的古典作品中也会包含类似的信息。在现代早期，随着新的定向、定位工具和方法的发展，航海资料也开始日益分化。

至于具体的航海方法，我们可以将其分为 4 种：沿岸航行法、航位推测法、纬度航海法和定位法。理论上，在所有航海方法中，沿岸航行是最容易的，但在某些方面也最危险。相较于开阔的海面，在近海航行遭遇的危险会更多。在沿岸航行的过程中，水手基本上一直都可以看到陆地，从而依靠自己熟悉的陆地和水文特征，从一个地方安全航行到另一个地方。无论什么地方的水手，都会从小学习当地水域的陆标和航标，包括浅滩的位置、露出地表的岩石、最佳的锚泊地、盛行风向以及沿岸或靠近海湾、海港与河口的潮水。同样，他们也非常熟悉陆地特征，如海湾、海岬、小山丘、高大的树木或者人造建筑。了解水深非常重要，此外还要熟悉各个地区不同的海床结构。水手们通常会使用测深锤，上面附有带刻度的长绳，在底部的空凹处涂有动物油脂或蜡。当测深锤接触到海底时，海底生物的样本便可附着在动物油脂上。即使是在完全看不到陆地的情况下，也可以通过测量深度和了解海底构造，大概推测自身所处的位置。

不同区域的地理状况千差万别，从而出现了许多独特的航海方法。河流促进了欧洲内陆与英吉利海峡和北海之间的贸易，然而这些河流在浅海沉积了大量的淤泥。同时，浅海强劲的潮汐也在不断改造着海床的外形。对北欧海域的航行而言，水深测量、潮汐和洋流方面的知识是至关重要的。地中海的深度难以测量，而主要河流的三角洲又很少（其中最重要的河流是靠近马赛的罗讷河、威尼斯以南的波河以及尼罗河），几乎不存在使浅海变得浑浊的潮汐。通常，在看不到陆地时，地中海和北欧的水手所采用的办法有所不同。在 13 世纪中叶的《航海手册》（*Lo Compasso da Navigare*）中，提供了通过罗盘确定方向以及在地中海内部测量距离的方法。[12] 在北欧的航海指南中，提供了关于罗盘定向、海潮和水深的信息。[13] 在最早的英文航海指南（可追溯到 15 世纪 60 年代）中可能也包含

14世纪的资料，其中同样提供了测量距离的方法：

> 当你离开西班牙到达了菲尼斯特雷角，之后继续向东北方向航行。当你估计已完成了三分之二的航程，此时已进入塞文河，那你必须向北偏东方向航行，直到进入浅水区……如果你测到水深是100英寻或者80英寻，那么你应该向北航行，直到你在灰白沙层再次测到72英寻的深度为止，那便是海岭了，它横卧在爱尔兰的克利尔海角和锡利群岛之间。[14]

在文艺复兴时期，中世纪航海者所用的航海指南（portolano）日益普及，其传播得益于识字率的提高和航海方法的进步。航海过程中面临的状况千变万化，因此要求水手必须对特定水路极为熟悉，而采用图文记录的方式其实只是权宜之计，直到今天仍是如此。航海指南会根据定期发布的航海通告进行相应的调整。

在引航员的管理方面，中世纪法律会严厉惩罚粗心大意或故意欺骗的引航员。15世纪中叶，《康梭拉多海商法典》（*Il Consolato del Mar*）在巴塞罗那颁布。这是一部法律汇编，囊括了5个世纪中的海洋法及习惯法，其中明确规定：

> 如果一名引航员不了解当地水域，却声称自己非常了解，而又无法提供他所承诺的引航服务，那么他就应该立刻被斩首，对他不需要有任何怜悯和仁慈。如果船只资助人不愿意将此事诉诸法院，他可以下令将引航员的头颅砍下，因为引航员对他说了谎，使其安全毫无保障，也使船上的雇员、船只和船上的每一件东西都失去了保护。
>
> 然而，关于引航员是否应被斩首，并不是由船主独自决定，而应由航海家、商人及其他船员经过讨论和调查之后共同决定。[15]

同样，15世纪时英国的《海事黑皮书》（*Black Book of the Admiralty*）中也规定："如果由于引航员的疏忽造成一艘船迷失方向，那么水手们可以砍下引航员的头颅，而且在任何法官面前，水手们皆无须做出回答。这是因为，引航员在引航工作上犯下了叛国罪。”[16]

除了了解水上和水下的特征及其影响，水手们还必须知道如何控制船只的方向和速度，以及如何估计风压差（以免船只因风或者水流而偏离航线）。利用这些信息，可以通过航位推测法估计船只的位置。[17]善于观察的水手不需要先进的设备也可以做得很好，例如向船外扔一块浮片，通过计算浮片经过船身两点之间所需的时间，便可计算出海水的流速。因此，这类编入中世纪航海指南中的信息是十分有用的。但这无法取代经验丰富的观察，尤其是当船只冒险进入未知水域时，因为之前没有人了解相关的情况。

航海工具

航海指南在当时日益普及，一个可能的原因就是，水手们到访港口的数量不断增加，每个人如果要记住所有的信息则变得更为困难，尤其是在罗盘投入使用以后。欧洲人将磁针应用于航海的最早证据，来自英国博物学家亚历山大·耐克汉姆（Alexander Neckham）于 1180 年左右撰写的一部著作，其中写道：

> 在海上遇到多云天气时，水手们无法再利用阳光。而在夜晚，当世界笼罩在黑暗的阴影之下时，他们也无法知道，船的航线对应罗盘上的哪个点。这时，他们便用针摩擦磁铁，针会在一个圆圈内旋转，停下之后所指的方向便是北方。[18]

目前，并没有证据表明西方的罗盘源自中国，不过这条材料与 10 世纪初朱彧对指南针的描述相呼应。一开始，人们在无法依靠肉眼进行观察的情况下使用磁石来定位北极星。*1250 年，博韦的樊尚（Vincent of Beauvais）写道：“当云层妨碍水手观察太阳或星星时，他们就会拿来一

* 北极星的学名为“小熊座 α 星”，其他名称包括“北星”（North Star）、“极星”（Pole Star）、“海洋之星”（Stella Maris）和“指路星”（Lodestar）。

根尖端压穿在草秆上的针，将针放在一盆水中。然后拿一块磁石绕着水盆旋转，直到针也开始随之快速旋转。此时迅速拿走磁石，针的尖端就会指向北极星。”[19]

很快，认为针是受到北极星吸引的观念就被抛弃了。在几个世纪的时间里，尽管人们仍不了解磁极的原理，但传统星型罗盘的出现体现了当时人们的天体方位观念。同时，顺风而行的传统也体现在罗盘刻度的划分上。古代天文学家将周天分为360度，而地中海的水手则依据8种风向（北、东北、东、东南等）进行划分。随着罗盘的发展，这些“风”又被进一步划分为8种“半风”（东北偏北、东北偏东、东南偏东等）和16种“四分之一风”（北微东、东北微北、东北微东、东微北等），即将整个罗盘分为32个方位，每个占11.25度。[20]

罗盘应用于航海要归因于航海指南（“portolano”一词来自意大利语，原指航海指南手写本的合集）和航海图的发展，这类指南为中世纪地中海的航海者所广泛使用，《航海手册》是现存最古老的航海指南。[21]后来，这些航海指南中皆附有地图，描绘了地中海海岸的轮廓。这种写实的地图与中世纪的“T–O”地图大相径庭，后者是高度程式化且对航海无所助益的。“T–O”地图的目的是为了展现一个有序的世界，在这个世界里，耶路撒冷位于“T”的交叉点，“T”的一横一竖则代表着多瑙河、尼罗河与地中海，欧洲、亚洲和非洲位于这一横一竖之间，整个世界被大洋环绕（也就是“O”）。除了写实性，航海指南还有另一个特点，即风玫瑰图的自由组合。每一幅风玫瑰图皆有呈辐射状的恒向线，延伸至地图边缘，由此形成令人眼花缭乱的相交线。根据通用的约定，这些图是彩色的，黑色或棕色代表风，绿色代表半风，红色代表四分之一风。港口名称通常标在陆地一侧，垂直于海岸，偶尔也会通过旗帜或其他标记来表示。例如，在马略卡的制图师安吉利诺·杜尔赛特于1339年绘制的地图上，便用圣乔治（Saint George，其家乡热那亚的守护者）的十字架来表示兰萨罗特·马洛赛洛与兰萨罗特岛之间的联系。

罗盘提供的是方向，而不是位置。确定船只相对于母港或目的地（如果二者的位置是已知的）的位置至关重要。一种最简易的方式是参照陆地上的固定物，不过当地平线上缺乏地标时，就必须依靠观察天空。在一年当中，月亮、恒星和行星的运行轨迹相对恒定，通过测量地平线与太阳或北半球的北极星之间的角度便可以确定纬度。在测量纬度的仪器中，最古老的是星盘，其起源可以追溯到古典时代。天文学家的星盘太过笨重和复杂，在航海时作用不大。乔叟的《论星盘》（*Treatise on the Astrolabe*）是现存最古老的英文星盘使用手册，篇幅长达 15,000 字。不过到 1481 年，葡萄牙人有了一种适宜航海者使用的星盘，因其更为简易而得到广泛使用，在巴尔托洛梅乌·迪亚士（Bartolomeu Dias）、达·伽马和佩德罗·阿尔瓦雷斯·卡布拉尔（Pedro Álvares Cabral）的航海报告中皆曾提及。在航海星盘出现之前，用于航海的四分仪在约 1460 年已出现在文献记载当中。[22] 导航工具日益丰富，包括直角器（15 世纪末）、戴维斯四分仪（即反向天体高度测量仪，出现于 16 世纪末）、八分仪（1730 年）以及六分仪（1759 年）等。一直以来，这些都是航海者的基本工具，直到电子导航设备出现为止。而在海上确定经度的方法，则要等到 18 世纪时精确计时器发明后才出现。

卡拉维尔帆船和卡瑞克帆船

在航海技术进步的同时，造船业也在不断发展。中世纪时，两种不同的造船传统都日臻成熟。大西洋沿岸、波罗的海的“先造船壳”的柯克船和地中海的“先造船架”的圆船，皆达到了相当的规模。1268 年，在一份热那亚的契约中要求建造一艘长 37 米、宽 9 米的船。[23] 操控如此巨大的船，主要障碍是笨重的大三角帆装置。横帆船最适宜顺风行驶，与之相较，装有大三角帆的船能适应更多的风向，但操控起来也更难。在帆桁或纵帆下桁上直接收卷船帆几乎是不可能的，而是应该降低帆桁，移动较大的帆，而弯曲稍小的帆。抢风行驶是颇有难度的，必须从桅杆上降下长 50 米的帆桁，旋转帆桁和帆使之垂直，并在桅杆的背风面重新调整其位置，而要完成这些工作也需要更多的船员。

地中海的造船者开始模仿北欧的船只原型以建造柯克船。不久之后，他们开始试验新的船帆，将地中海的纵向大三角帆与北欧的横帆相结合。

于是产生了一种新船，装有 3 ～ 4 根桅杆，横帆置于船首，大三角帆置于船尾。哥伦布的“圣玛利亚号”（*Santa María*）上装有 5 面帆，前桅上是一张单桅帆，主桅上是主桅横帆和中桅帆，后桅上是大三角帆以及船首斜桅之下的斜杠帆。后来，地中海的水手只是将这种船统称为“船”（在意大利语中称为“naves”，葡萄牙语中称为“não”，西班牙语中称为“nao”），而在英语中则称为“卡瑞克”（carrack）。[24]

这种船在当时被用作标准的货船，同时，也出现了一种令人生畏的战船。这种船更窄，用途也更广泛，被称作“卡拉维尔”（caravela），[25] 是从“卡里布”（qarib，北非和伊比利亚半岛的一种较小的多用途船）发展而来的。[26] 卡拉维尔帆船最早可追溯到 13 世纪，关于其船桅装置、尺寸大小及随后的发展都缺乏相关记载。15 世纪初的卡拉维尔帆船似乎一般是指多桅三角帆船（caravela latina），而到 15 世纪中叶，当其在葡萄牙和西班牙南部得到广泛使用时也出现了三桅结构，在前桅和主桅上装配横帆，后桅装配大三角帆，即多桅横帆船（caravela redonda）。这种帆船在顺风时航行速度更快，较之卡瑞克帆船也更易于操控。在由葡萄牙的“航海家”亨利王子（Prince Henry“the Navigator”）的资助而开始的大西洋航海探险时期，卡拉维尔帆船与卡瑞克帆船的鼎盛时期是重合的。在哥伦布时代，这种探险活动达到高潮，欧洲航海的黄金时代也随之到来，而这些航海家都是使用横帆船的先驱。

亨利王子及其时代

作为航海活动最早的资助者之一，“航海家”亨利发掘了大西洋的商业潜力。[27] 亨利王子是葡萄牙国王若奥一世（João I）与英国兰开斯特公爵之女菲利帕（Philippa）的第三子，人们通常认为，他在葡萄牙西南部的萨格里什建立了一所航海学校。事实上，亨利王子并不是水手，其航行范围可能也从未超出摩洛哥北部，他也没有在萨格里什或其他地方建立学校。亨利王子的动机是出于对中世纪正义战争的笃信，同时也是为了对抗异教徒和穆斯林，因此出于义务向异教徒和十字军战士宣扬真正的信仰。他坚决拥护教会，在青少年时期就曾劝自己的父亲远征摩洛哥，并于 1415 年参与占领休达。[28] 事实证明，这次胜利在某种程度上成了沉重的负担。对葡萄牙而言，这座城市毫无经济或战略意义，而要维持其现状却花费巨大，如果放弃则有失颜面。此后，葡萄牙军队继续向西行进 30 英里攻打丹吉尔，并再次失败。最后，亨利王子开始转而追求商业发展。

在他的资助下，葡萄牙的卡拉维尔帆船到达了大西洋东部群岛，几内亚海岸（即所谓的“西非”）随之开放，那里盛产黄金、奴隶和马拉盖塔椒（一种姜属香料，用作黑胡椒的替代品）。亨利王子试图确立葡萄牙对加那利群岛的控制，却以失败告终，他对非洲海岸的兴趣也部分源于此。15 世纪初，西班牙的卡斯蒂利亚王国已宣布占有了加那利群岛。亨利王子对商业利益的可能性十分敏感，于 15 世纪 20 年代赞助了一系列沿非洲海岸的航行，他显然希望建立一个属于自己的商业王国，不仅有丰富的奴隶和黄金，还有尚未开发的沿海渔业资源。15 世纪 30 年代，为了获得木材和葡萄酒，他组织了对马德拉群岛的殖民开发。[29] 自 15 世纪 50 年代起，他的目标则是糖（糖料作物最初在新几内亚种植，穆斯林商人将其引入地中海）。到 15 世纪末，马德拉群岛成为世界上最大的糖出口地，每年有超过 1,200 吨糖运往欧洲。1439 年，亨利王子开始对亚速尔群岛进行殖民。两大群岛的人口迅速增加，工农业产品也十分可观。据此判断，葡萄牙从一开始就与这两大群岛之间有着频繁的联系。

到 1434 年，葡萄牙人已了解了非洲海岸及博哈多尔角（位于加那利群岛以南，即今西撒哈拉），当时人们仍普遍认为这是一条安全的南向航线，吉尔·埃阿尼什（Gil Eanes）于该年经过了博哈多尔角。[30] 安唐·贡萨尔维斯（Antão Gonçalves）和努诺·特里斯唐（Nuno Tristão）到达了里奥德奥罗（今西撒哈拉的达克拉），那里有一些摩尔人的村庄。1441 年，该地居民遭到抓捕而沦为奴隶，与此同时，特里斯唐到达了卡波比安科（今毛里塔尼亚的努瓦迪布）。1445 年，据说有一支由 26 艘船组成的探险队到达了里奥德奥罗，其中一些船继续前往塞内加尔河和佛得角。3 年后，葡萄牙人在里奥德奥罗附近和毛里塔尼亚阿尔金湾的阿尔金岛建造了贸易港口。由于该岛可以供应淡水，遂成为一个贸易中心，经营象牙、黄金和奴隶，同时也是沿海渔业的中心。

1454 年，威尼斯商人阿尔维斯·达·卡达莫斯托（Alvise da Cadamosto）前往佛兰德斯。在途经葡萄牙时，亨利王子提出，如果他能自行提供装备，对于其在几内亚的探险所获，可给予他收益的四分之三；如果使用亨利王子的船只，则给予他收益的一半。卡达莫斯托于次年向南航行，并留下了当时最生动的记录。他对贸易和各地居民及其习俗都十分了解，并记录了马德拉群岛、加那利群岛和阿尔金岛的发现与繁荣。在这些岛上，葡萄牙的卡拉维尔帆船来来往往，亨利王子特许的商人在此买卖“斗篷、地毯及类似物品，其中谷物最为重要，因为他们总是缺乏粮食”。[31] 此外，还有几内亚的原始财富，即“（每年）1,000 名奴隶”和金砂。在塞内加尔河以南，他到达了布多迈尔（Budomel）的领地。这位沃洛夫人的国王以 100 名奴隶交换了 7 匹马，同时邀请卡达莫斯托到自己距海岸 40 千米的家中做客。“事实上，通过内陆旅行，我看到了有趣的景象，获得了更多的信息，而不仅仅是获得收益。”他作为布多迈尔的客人停留了 1 个月，之后又继续向南航行。他曾到达了某个地方，在那里，“只有在天气非常晴朗的时候，才能看到北极星……大约在地平线以上三分之一长矛处，忽然，我们看见 6 颗星星向海面下沉，清晰、明亮且硕大”。他描述的是南十字星座，在南半球可以用于定位，正如在北半球以北极星定位一样。[32] 同时，卡达莫斯托也是第一批见到佛得角群岛的人之一。[33] 佛得角群岛距离西非 400 英里，在 1460 年的官方文件中首次出现。到亨利王子去世时，葡萄牙人已经探索了长约 2,000 英里的西非海岸，包括塞内加尔河上游、冈比亚河和其他河流。在之后的 10 年中，探险家们绕过西非之角进入了几内亚湾。

且不论其地理探索上的成就，亨利王子赞助这些航行是为了获得经济收益。不仅如此，他还为他的船长们设定了明确的目标，规定了航行的距离，确保其系统采集关于沿岸航行、地理、贸易、货物及价格、当地语言等方面的信息。一旦进入了受伊斯兰教影响和操阿拉伯语者所在的区域以南，这种信息的获得便因航行困难和沟通不畅而受阻，在这些地区活动必须依靠翻译。[34] 直到 1498 年葡萄牙人绕非洲航行到达东非沿海的阿拉伯人聚居区时，这个问题才得以解决。语言方面的障碍，加上沿海航行时缺乏可资利用的本土传统，这有助于解释为什么葡萄牙人的探险步伐在 15 世纪下半叶显得如此缓慢。同时也可以解释，为什么在他们到达印度洋之后，其前进的步伐又变得如此迅速。

葡萄牙人沿非洲西海岸向南航行，其结果之一就是发现了前往印度的航线。没有任何迹象表明，亨利王子曾经有范围更广的航海计划，超出他反对异教徒和无宗教信仰者的圣战目标。当时没有人考虑过绕非洲南端航行，或寻找一条前往印度的捷径的可能性，后者在 150 年前就是驱动维瓦尔第兄弟远航的动力。[35] 随着亨利王子的去世，对非洲海岸的进一步探索失去了政府方面的支持。他的侄子阿方索五世（Afonso V）更关注在异教徒占据的摩洛哥的收益。对葡萄牙士兵来说，这些残酷的战争是一种艰巨的考验，他们当中的一些人后来曾在亚洲与穆斯林作战。[36]

划定空间

在世界历史上，欧洲的扩张开辟了一个新纪元。其原因在于，此前欧亚大陆的西端相对落后，而到了此时，这个原本寂寂无闻的半岛突然登上了世界舞台。不仅如此，欧洲人还将各种全新的文化和法律带给了整个世界，尽管在今天看来这些都是不足为奇的。其中，有两种新事物的影响尤为深远。其一是统治者与商人之间不断发展的共生关系，如威尼斯、热那亚和佛罗伦萨等意大利城市国家，其影响传播到了伊比利亚半岛和北欧。其二则是一种新的观念，即不仅要对远隔重洋的大陆进行政治控制，同时也要对海洋本身进行控制。许多统治者虽然使用海军来延伸其海外管辖权，包括占领岛屿或控制战略要道，却没有人先发制人，将海洋视为等同于陆地领土的政治空间并加以划分。罗马人称地中海为“我们的海”，但这只不过是对事实的陈述。在古典法理学中，认为海洋是由全人类共享的财产。直到 13 世纪，威尼斯和热那亚才分别宣称对亚得里亚海北部和利古里亚海拥有管辖权，试图确保所有的货物都通过其港口，以便在港口征收关税和其他费用。根据当时法律的解释，他们通过征收关税获得了管辖权，并持续征收关税达上百年之久。[37] 也有人认为，城市国家对海洋的使用权是来自神圣罗马帝国皇帝的礼物，其他人则无权自由航行。

随着一系列教皇敕令的颁布，这一状况开始有所改变，这些敕令确认了葡萄牙对尚未由基督教国王统治的土地的管辖权。在亨利王子的资助下，葡萄牙的探险事业获得了率先发展，1455 年的教皇敕令中声明，葡萄牙的阿方索五世“依法获得和拥有……几内亚的岛屿、土地和海港，阿方索五世及其继承者努力使此地居民改宗基督教，对此，其他任何人不得干预”。[38] 这一敕令不仅适用于休达和几内亚，同时也适用于“所有以阿方索五世及其继承者的名义获得的，原来掌握在无宗教信仰者和异教徒手中的教区、岛屿、海港和海域”。这并不是教会第一次干预世俗事务，不过教皇加里斯都三世（Callixtus III）急于解决西方统治者之间的争端，目的则是为了使他们集中力量组织十字军，对抗刚刚占领君士坦丁堡的奥斯曼人。

25 年后，葡萄牙与西班牙之间签订了《阿尔卡索瓦斯条约》(Treaty of Alcáçovas)，其中有 2 个条款的影响尤为深远。一是确认了伊莎贝拉（Isabella）继承西班牙王位的权力，并以西班牙获益的方式解决了加那利群岛的争端。葡萄牙则保留了对马德拉群岛、亚速尔群岛以及佛得角群岛的所有权，同时被赋予在大西洋探险的自由。二是要求伊莎贝拉及其丈夫阿拉贡的斐迪南（Ferdinand of Arangon）必须禁止其臣民及任何在其港口进行装备或补给的人，驶往葡萄牙的岛屿及几内亚地区已发现或即将被发现的土地。39 因此，该条约给予了葡萄牙人绝大部分的领土收益，而西班牙人若想通过大西洋找到新的土地，就不得不往北或往西走。巧合的是，事实证明在向西航行至美洲的航程中，加那利群岛是理想的出发地点，哥伦布及其后来者很快就得知了这一点。

随着西班牙卡斯蒂利亚王国的干预消失，葡萄牙人再次开始自由进行大西洋贸易。1471 年葡萄牙人转入几内亚湾之后，绕非洲南端前往印度的航路的可能性开始显现。于是，亨利王子的侄孙若奥二世（João II）制定了一项海上扩张计划，该计划以环绕非洲的航行为目的。[40] 他派遣 600 名士兵和工匠在圣乔治（今加纳的艾尔米纳）建立要塞，圣乔治遂成为葡萄牙在西非的奴隶和黄金贸易的中心，同时也成为进一步向南航行的活动基地。在大约 1473 年，葡萄牙人越过了赤道。1482 年，迪奥戈·康（Diogo Cão）到达了刚果河河口。“刚果河入海时水流强劲，以至于在离海岸 20 里格（合 60 英里）的地方水还是淡水。”[41] 几年后，迪奥戈·康又到达了纳米比亚的沃尔维斯湾。除了扩展葡萄牙人对非洲自然地理情况的知识，这些航行也将葡萄牙人带到了刚果王国，刚果王国将成为运往美洲的非洲奴隶的最大供应地之一，而葡萄牙人则是最重要的输送者。

到这时，葡萄牙人通过海路到达印度洋的可能性已经十分明显了，于是若奥二世在 1 年之内派出了 4 支探险队前往东方，其中 2 支走海路，另外 2 支走黎凡特的陆路。他的目的，一是联络埃塞俄比亚的基督教国王，二是确定通过海路到达印度洋 的可能性，并估计随之而来的商业前景。前往埃塞俄比亚的使者死在了途中，不过，佩罗·达·科维良（Pêro da Covilhã）在返回埃及之前用了 5 年时间，到访了亚丁、坎纳诺尔、卡利卡特、果阿和东非海岸。科维良得知了使者的死讯，他很可能向葡萄牙国王发回了一份报告，强调了卡利卡特的贸易，并提及从“几内亚海”到达那里的可能性。[42] 然而在 15 世纪 90 年代末，报告是不可能传回葡萄牙的。之后，他前往埃塞俄比亚，并留在那里直到去世。

在这 4 次远航探险中，巴尔托洛梅乌·迪亚士的远航收获最大。1487 年，他率领 3 艘船起航，首次将欧洲船带入印度洋。1488 年 2 月 3 日，他在距离非洲南端以东 160 英里的莫塞尔港登陆，该地距离非洲最南部的穆斯林商人聚落不足 600 英里。在返航时，迪亚士看到了他称之为“风暴之角”的海角。不过，当他于 1488 年 12 月回到葡萄牙时，葡王若奥二世将此地更名为“好望角”，希望印度的贸易能够触手可及。* 国内问题妨碍了葡萄牙人进一步扩大迪亚士的巨大成就，许多仍然与土地联系紧密的贵族抵制海外冒险，其中不乏一些支持商业的人。[43] 真正涉足印度洋贸易是否属于明智之举，关于这一点存在大量争论，人们对印度洋的贸易也知之甚少。伊比利亚半岛内部和宗教之间存在竞争，在这种复杂的背景下，对

* 好望角（34° 20′ S，18° 25′ E）被普遍认为是非洲最南端的海角，而事实上，非洲最南端的海角应该是厄加勒斯角（34° 50′ S，20° E）。

于非洲沿海贸易机会的增长，海洋世界中知识和技术的发展，以及带来这些历史进步的人们和这个时代最著名的成就，我们理应做出评价。

克里斯托弗 · 哥伦布

大西洋上的探险活动吸引了许多雄心勃勃的航海家，出生于热那亚的克里斯托弗·哥伦布就是其中之一。他设想了一个大胆的计划："他将向南、向西航行，发现肥沃土地的延伸地区。那里既有岛屿也有陆地，那些地方人口稠密，盛产黄金、白银、珍珠和宝石。沿着这个方向航行，他将最终到达印度、日本以及大汗的国度。"[44]他并不是第一个相信这样的航行完全可行的人，但他自然是失败了。[45]哥伦布严重低估了地球的大小，他没有到达亚洲，也没有进入东方巨大的香料市场。尽管如此，在建立欧亚大陆、非洲和美洲之间的完整联系上，他划时代的成就是无法贬低的。如果说他胜过同时代的人，那么他的长处并不在于航海能力或直觉方面，而在于他对希望的执着。同时，他也不懈地追求金钱及政治支持，如果没有这些支持，连接大西洋两岸的荣誉就会属于别人。

哥伦布生于15世纪中叶，他在利古里亚海和第勒尼安海度过了学徒期。[46]他可能在20几岁时第一次驶入大西洋。1476年，他在里斯本工作和生活，并与菲丽帕·莫尼兹（Filipa Moniz）结婚，她的父亲是巴尔托洛梅乌·佩雷斯特雷洛（Bartolomeo Perestrello，里斯本的一名意大利商人之子，由亨利王子的家族抚养成人）。佩雷斯特雷洛参与了前往马德拉群岛的远征，并因此被授予圣港岛总督的职位，于1446年起在圣港岛定居。佩雷斯特雷洛在自己女儿婚礼的20年之前便已经去世，但菲丽帕的嫁妆当中似乎包括他的私人文件，即大西洋的航海指南。巴托洛梅·德拉斯·卡萨斯（Bartolomé de Las Casas）是哥伦布传记的作者，据他描述，在佩雷斯特雷洛的时代：

> 世界上充满了各种新发现，这些发现产生于几内亚海岸和大西洋群岛之间。巴尔托洛梅乌·佩雷斯特雷洛希望能够亲自去探索和发

> 现，遂以圣港岛为基地。事实上，这样的发现是唾手可得的……因此，情况应当是这样：巴尔托洛梅乌·佩雷斯特雷洛拥有仪器、文件和航海指南，后来，哥伦布的岳母将这些交给了他。在对这些物品的思考中，哥伦布感到了极大的愉悦。人们认为，这份礼物……将引领哥伦布进一步探究航海实践的经验和教训，这是从葡萄牙人航行至黄金海岸（艾尔米纳）和几内亚海岸（葡萄牙人在那里十分活跃）的经验中汲取的。[47]

哥伦布从加那利群岛、马德拉群岛和亚速尔群岛之间的航行中，获得了丰富的实践经验。他曾至少两次沿几内亚海岸航行，同时，他也是负责建造艾尔米纳要塞的远航船队中的一员。他还曾经向北航行到爱尔兰的戈尔韦海湾，甚至可能到过冰岛。[48]

除了当时有记载的发现，关于 4 片群岛以西地区的相关知识也在增长。一些中世纪的传说润饰了更加古老的故事，这些传说中谈到了各种西方的岛屿，尤其是圣布兰登岛和安提列亚岛。据说，“七城之岛”是由伊比利亚主教所建，他在 8 世纪穆斯林入侵时出逃。在偶然而计划周全的航行中，水手们关于大西洋的知识得以扩充，尤其是认识到了大西洋的浩瀚无边。[49]1492 年，哥伦布在远航出发之前不久遇到了一个人。此人在 40 年前曾向西航行到达马尾藻海（位于西印度群岛东北，是一片宽阔的海域，海上遍布大片的马尾藻），他告诉哥伦布不必害怕。[50]他还曾见到，陆地上的鸟类为了躲避冬天的风暴而向西飞，他遂让船员转向返航。在属于葡萄牙的群岛上有一些流传的消息，称有来自西方的漂浮物，包括不常见的树木和植物、独木舟和小船、奇异的木雕，甚至还有人的尸体（既不是欧洲人也不是非洲人）。哥伦布在他的一本书上写下了这样一条笔记：“中国人来到西方。我们已经看到，许多事情值得注意，尤其是在戈尔韦和爱尔兰，一个男人和一个女人坐在两根圆木上，以奇迹般的形式被风暴推着前行。”[51]他的儿子也写道：“在亚速尔群岛中的弗洛勒斯岛上，两具尸体被海浪冲上了岸，其脸部较宽，外表看起来不同于基督徒。离开几内亚的韦尔加角及该区域的其他地方，可以再次看到倾覆的小船或独木舟（可能是因纽特人的单人划子)。人们相信，它们正从一个岛横穿到另一个岛，而一场风暴将它们吹离了航线。”[52]

克里斯托弗·哥伦布的画像，由塞巴斯蒂亚诺·德尔·皮翁博(Sebastiano del Piombo)于1519年在他60岁时所绘，当时距哥伦布去世已有13年。图像上方的题词写道：“利古里亚人哥伦布，乘船进入澳大利亚和新西兰世界的第一人，1519年。”(Courtesy of the Metropolitan Museum of Art, New York/Art Resource, New York.)

向西航行可以到达亚洲的可能性，同样吸引了宇宙学家的兴趣，他们以托勒密(Ptolemy)于2世纪所著的《地理学》(*Geography*)一书作为知识基础，该书的拉丁文版本(出版于1476年)得到了广泛传播。佛罗伦萨银行家、地理学家及制图师保罗·达尔·波佐·托斯堪内里(Paolo dal Pozzo Toscanelli)最早提出了这一想法。他写信给葡萄牙国王，称中国位于葡萄牙以西仅5,000英里之外，中途可在安提利亚和日本的岛屿进行停留。这一建议未被采纳，而哥伦布似乎利用了这一理论，并曾与托斯堪内里通信。对托斯堪内里和哥伦布而言，他们共同的问题在于低估了经纬线的长度，从而错误地按照实际长度的约三分之一来计算（在一条笔记中可以找到哥伦布的估算）。根据哥伦布的计算，“地球赤道的周长是20,400 英里”，而 1 英里为 4,810 ～ 4,860 英尺。[53] 但事实上，1 英里等于5,280 英尺，赤道周长为 24,901 英里（合 40,075 千米）。他坚信，亚洲位于他所在的地方以东 30 度之外，他也相信马可・波罗的错误说法（即日本位于中国以东 1,500 英里处），因此错误越来越离谱。总之，哥伦布认为，中国位于加那利群岛以西 3,500 英里处，而实际距离是这一数字的 4 倍多。哥伦布甚至都没有考虑过途中存在其他大陆的可能性。

在葡萄牙人远航的近 10 年之后，哥伦布通过其妻子的家族背景而开始与王室合作。他与葡萄牙国王若奥二世接触，向他兜售西行前往印度的航海计划。在咨询过自己的顾问后，若奥二世拒绝资助他，但委婉地告诉他以后可能会再考虑此事。若奥二世之所以拒绝给予支持，可能有多种原因。或许是顾问告诉他哥伦布的理论有误，或许是哥伦布要求过多的补偿，或许是新恢复的非洲航线取得了令人鼓舞的进展，而若奥二世并不想从中转移资源。[54] 无论如何，哥伦布于 1485 年离开里斯本，前往西班牙。在西班牙，他希望能引起女王伊莎贝拉和国王斐迪南对这次航海冒险的兴趣。尽管他最终成功了，但他游说的结果却是意料之外的。西班牙的专家委员会召开会议审查哥伦布的计划，判定他过于乐观。不过在击败伊比利亚半岛的最后一个穆斯林王国格拉纳达后，伊莎贝拉和斐迪南开始考虑支持哥伦布的航海计划，并暂时付给哥伦布数千西班牙金币的薪俸。（当时船长和引航员的薪俸一般为每月 2,000 金币，海员则为每月1,000 金币。）[55]

获得这些馈赠之后，哥伦布继续执着于自己的梦想。1488 年，他在若奥二世的邀请下回到了里斯本。这是一个极其糟糕的时机，在他到达里斯本时，恰逢迪亚士成功越过好望角之后返航归来。通往印度的海路近在咫尺，因此葡萄牙国王对哥伦布的冒险计划失去了兴趣，哥伦布遂返回西班牙。伊莎贝拉和斐迪南的态度仍是不冷不热，在 1492 年又一次被回绝后，他决定去法国碰碰运气，他的弟弟巴托洛梅（Bartolomé）已经把他的这一想法告诉了英国国王亨利二世和法国王室。西班牙王室在他刚刚出发时将他召回，这多亏了斐迪南的财政顾问路易斯·德·桑塔赫尔（Luis de Santángel）。[56] 桑塔赫尔指出，哥伦布的冒险无论报酬如何，国王的支出都很有限，而由此产生的利润却是相当可观的。他为别人做出了一次有价值的发现，而由此产生的潜在损失却是不可弥补的。结果，哥伦布获得了充分的保证，他将在新发现的一切土地和岛屿上拥有海军司令和总督的世袭职位。同时，他有权自行任命行政长官，并可以获得10%的贸易利润。从这些要求可以看出，哥伦布想方设法挤进上流社会，但是无论他有什么样的错误和缺点，哥伦布都不是一个碌碌无为的人。为了获得贵族封号以及随之而来的特权，从来没有人比哥伦布做得更多、更好。我们必须承认，游说对他的成功起着至关重要的作用。正如亨利王子和哥伦布的故事以及无数其他的故事所证明的那样，资金、荣誉和收益并不是唾手可得的。在持续不断的探险史上，溢美之词和自信常常与正确的判断同样重要（甚至更加重要）。

据估计，哥伦布首次航行时获得的资助多达200万西班牙金币，来自各种渠道。桑塔赫尔通过灵活的手段，使国王所出的资金尚不到总数的一半。哥伦布提供了约四分之一的资金，可能借自佛罗伦萨商人吉安诺多·贝拉尔迪(Giannoto Berardi)，此人于1485年迁至塞维利亚。他是“游说的中心人物”，“通过他的推动，西班牙开始将大西洋扩张作为政策的目标，同时，他也提高了哥伦布在王室中的声望”。[57] 为了还清所欠国王的债务，帕洛斯－德拉弗龙特拉镇负担了小帆船“尼雅号”（*Niña*）和“平塔号”（*Pinta*）及其船员所需的费用，维森特·亚涅斯·平松（Vicente Yáñez Pinzón）和马丁·阿隆索·平松（Martín Alonso Pinzón）兄弟二人分别担任这2艘船的船长。哥伦布则雇用“圣玛利亚号”作为他的旗舰，这是一艘由加利西亚人建造的卡瑞克帆船。“圣玛利亚号”在当时并不算特别大的船，长27米，宽8米。[58] 该船仅有一层甲板和供1年之用的必需品，船上生活条件较差，40名船员的铺位相当简陋。（在哥伦布的船员采用了加勒比海岛民使用的吊床之后，欧洲船只上船员的食宿水准有所提高。）另外 2 艘船则更小，“尼雅号”长不超过 21 米，宽仅 6 米，“平塔号”则长 23 米，宽 7 米。

1492 年 8 月 3 日，船队从帕洛斯起航。9 天后，船队到达加那利群岛。在那里，“平塔号”的舵进行了修理，“尼雅号”由多桅三角帆改为多桅横帆，在前桅和主桅挂方形帆，后桅挂三角帆，使“尼雅号”更适合利用东北信风，从而成为哥伦布船队中速度最快且最受欢迎的一艘船（“平塔号”从一开始就装配了多桅横帆）。9 月 6 日，哥伦布的船队再次起航。10 天后，他们到达了海草密布的马尾藻海。又过了 3 天，他们离开了信风带。随后的 1 周中，风力较小，且风向不定。10 月 2 日至 6 日，条件大为改善，他们共航行了约 710 英里，其中最多的一天航行了 182 英里。此时，他们跟随着朝西南方向飞行的鸟群，距离陆地已经足够近了，其他一些情况也表明船队即将靠近陆地。尽管如此，10 月 10 日，“圣玛利亚号”的船员几乎发生哗变。似乎哥伦布也同意，如果在几天之内没有看到陆地，他们就返航。

第二天晚上，他们已进入巴哈马群岛海域。10 月 12 日，历经 33 天，航行了约 3,000 海里后，他们在瓜那哈尼的泰诺人岛登陆。哥伦布宣布该岛为西班牙所有，并将其命名为“圣萨尔瓦多”。[59] 他们在巴哈马群岛海域穿行了 2 周，并带了 7 名泰诺人上船。他们教这些泰诺人学习卡斯蒂利亚语和基督教教义，以便在返航时帮助这些泰诺人改变宗教信仰。后来，这 7 名泰诺人也随哥伦布返回了西班牙。泰诺人给哥伦布指明了前往古巴的路，“这些人提供了有关该岛的规模及财富的信息，据此看来，我认为该岛应该就是日本”。[60] 然而事实上，日本和中国仍然只是地平线上的海市蜃楼而已。在 10 月 19 日的一则日志（写给他的国王和女王）中，哥伦布已经明显表露出匆忙之中的沮丧情绪：

> 我没有费力去执着于细节，因为我想尽可能多观察，以便在 4 月返回时谒见国王陛下——我们的主上。确实，一旦发现哪里有大量黄金或香料，我将在那里停留，并尽可能多地获得这些资源。为此，我什么事情都没有做，只是一直前行，确定自己能否穿过群岛。[61]

为考察古巴岛的东北海岸，西班牙人用了6周。11月初，哥伦布派出一个使团前往奥尔金的内陆村庄，希望能证明那是一个主要亚洲国家的首都。结果令他十分失望，他的译员（掌握希伯来语、阿拉米语和阿拉伯语）与当地居民接触，情况毫无进展。尽管哥伦布已得知，乘独木舟环绕古巴要花20几天时间，但他坚持认为这不是一个大岛，而是亚洲的一个半岛。11月末，"平塔号"上的马丁·阿隆索·平松未经批准，擅自离开其他2艘船而自行考察去了。12月5日，"圣玛利亚号"和"尼雅号"向东行驶到圣尼古拉斯角，即伊斯帕尼奥拉（今海地岛西北端）。1周之后，他们以斐迪南和伊莎贝拉的名义占领了这片土地。黄金制品的发现和当地酋长的友善令人鼓舞，不过，灾难在圣诞夜降临，"圣玛利亚号"不幸触礁。尽管没有造成人员死亡，但船只已严重受损，而已经超员60人的"尼雅号"则不可能横渡大西洋（当时平松与"平塔号"仍未出现）。于是，有39个人自愿留在用"圣玛利亚号"的船梁搭建的堡垒中，并将其命名为"圣诞城"。1493年1月4日，"尼雅号"起航，2天后在山羊岛与"平塔号"相遇。

返航的过程更为艰难。船上的必需品已经不足，哥伦布坚持认为他们正行驶在来时的路上，并提出各种奇怪的建议，称西侧航道可以利用东风带，但最后他转向了北方。"尼雅号"和"平塔号"进入了吹向亚速尔群岛和葡萄牙的西风带，他们在仲冬时节出发，遇到了风暴。哥伦布一度将一份记述其发现的文件密封在一个木桶里，并将其抛出船外，以防遇到事故。有一种观点认为，15世纪时的航位推测法有不足之处，我们可以从以下事实中一窥究竟。2月15日，船员们看到了陆地，认为可能是马德拉群岛、里斯本、卡斯蒂利亚或亚速尔群岛中的某一处，而实际上是亚述尔群岛中的圣玛利亚岛。3天后，"尼雅号"在此停靠，此前不久，"尼雅号"已经与"平塔号"分开。葡萄牙当局扣押了一批上岸的人，认为他们侵犯了其领土，不过这些人很快被释放。哥伦布继续航行，却再次被风暴所困。1周之后，"尼雅号"离开里斯本。哥伦布被召进宫廷，但他不愿面对葡王若奥二世。根据后来的一份报告，葡王"听到哥伦布提及他所发现的陆地的位置，感到很困惑，他相信根据《阿尔卡索瓦斯条约》，哥伦布发现的陆地应属于他”。[62] 当然，得知哥伦布大概已找到他所说的亚洲之后，若奥二世十分恼怒。葡萄牙人追随迪亚士绕过南非的航线，还要等上 5 年才能继续向东航行。而最重要的是，若奥二世阐明了《阿尔卡索瓦斯条约》中规定的葡萄牙的权利。

1492 年之后的大西洋

哥伦布和他的船员对他们与西方大陆的初次相遇可能会感到失望，因为他们认为自己已经到达了日本和中国的外围地区。不过，正如葡王若奥二世所认为的，他们违反了《阿尔卡索瓦斯条约》中的条款。哥伦布大胆宣称，这些岛屿与加那利群岛处于同一纬度，并称它们实际上是加那利群岛的延伸。但是它们显然并不属于加那利群岛。西班牙国王和女王同样感到焦虑，遂决定实行一项双管齐下的策略，一边为后续探险筹集资金，一边游说教皇亚历山大六世（Alexander VI，曾担任罗马主教的两个西班牙人之一）以获得承认。1493年5月和9月，亚历山大六世发布了4道敕令，重申其对西班牙主张的意见（实际上也是西班牙国王和女王的意见），并在亚速尔群岛至佛得角以西 100 里格处（约西经 31 度）划出一条南北分界线。[63] 前 3 道敕令认可并确定了葡萄牙和西班牙主张的界线，而第 4 道敕令实质上否认了葡萄牙对任何“已发现或即将被发现的土地”的占有权，“而不论我们自己或前人制定的使徒法典和训令是如何规定的”。[64] 与其依靠一位西班牙裔教皇的仲裁来推翻这道敕令，葡王选择直接与西班牙国王和女王进行磋商，澄清各自的主张。1494 年，双方签订了《托尔德西里亚斯条约》，将分界线移至佛得角以西 370 里格（合 1,110 海里）处。这条分界线穿过南美洲东部的凸出部分，靠近亚马孙河河口，从而确立了葡萄牙对巴西的占有权。这条分界线最早出现在 1502 年绘制的著名的“坎迪诺地图”上。

哥伦布的首次远航持续了 7 个月，在随后的 11 年中，哥伦布又进行了 3 次远航，每一次持续时间都超过 2 年，并将探险活动与殖民管理相结合。作为一名领袖，哥伦布的缺点在上岸之后便暴露无遗，在第二次远航

（1493—1496）中表现得尤为突出。由 17 艘船组成的船队从加那利群岛启程，在多米尼加岛登陆。在向北航行的过程中，他们与加勒比人之间发生了一些暴力冲突。加勒比人是一个食人部落，常常奴役阿拉瓦克人（西班牙人在 1 年前曾遇到阿拉瓦克人）。然而返回圣诞城后，眼前所见的情景令哥伦布相信，阿拉瓦克人比他想象的更加暴力和难以驯服，因为没有一名移民存活下来。他们即便不是全部被杀，也很有可能因偷盗黄金和抢占妇女而大部分被杀，而真正的原因始终是一个谜。[65]

哥伦布的首要任务是建立一块能独立生存的殖民地，但自 1494 年 4 月至 9 月，他一直在探索古巴和牙买加，并强迫他的船员发誓承认古巴是亚洲大陆的一部分。回到伊斯帕尼奥拉岛之后，他又无视王室的召唤而擅自返航。不过他仍然得到了西班牙君主的青睐，并奉命领导一次新的远航。船队分成 2 组，哥伦布指挥 3 艘船探索加勒比海地区和南美洲海岸。此次远航所得出的结论，反映出哥伦布对于地理学具有一种很强的灵性，而不仅仅是一种成熟的感觉。沿委内瑞拉的海岸航行时，哥伦布在奥里诺科河附近无意中发现了采珠业。不过，他并没有将这条河流判定为一条巨大的大陆分水岭，而是认为那里是一个“人间天堂”，是“世界上 4 条主要河流的发源地”，正如《旧约·创世记》中所描述的，这 4 条河流是恒河、底格里斯河、幼发拉底河和尼罗河。[66] 重返伊斯帕尼奥拉岛之后，哥伦布发现那里的情况每况愈下。斐迪南和伊莎贝拉源源不断地收到负面报告，遂针对哥伦布兄弟的殖民统治展开调查。调查涉及哥伦布兄弟引发的欧洲移民的起义，以及他们拒绝停止奴役印第安人。1500 年 8 月，王室派出一名官员到该地解决这些问题，哥伦布兄弟戴着镣铐回到了西班牙。[67]

1502 年，哥伦布在获释后进行了第四次远航。不过在此之前，一支由 32 艘船组成的船队已经起航，使新的管理者树立了威望。在最后一次探险远航中，哥伦布的目标是找到通往西方的海峡，同时在洪都拉斯和巴拿马之间的中美洲海岸宣示主权并建立领地。然而这两个目标皆未达成。在巴拿马，2 艘船被抛弃。在一次碰撞事故中，另外 2 艘船遭到了严重损坏，不得不在牙买加搁浅。船上的 6 人乘印第安人的独木舟到达伊斯帕尼奥拉岛，并于 8 个月后返回，援救他们的同伴。1504 年 11 月，哥伦布返回西班牙。在生命的最后 2 年中，哥伦布享受着富有的物质生活。[68]不过，他也因为被剥夺了某些荣誉和合法权利而感到愤愤不平，例如航行至伊斯帕尼奥拉岛的许可证也发放给了其他人，哥伦布为此感到十分不快。

曾经与哥伦布同船出航的水手们也参与了其他的几次远航，对他们而言，当时所有探险者之间多多少少都有一定的联系。1499 年，曾参与哥伦布第二次远航的一名老水手阿隆索·德·奥赫达（Alonso de Hojeda）回到了委内瑞拉的采珠场。亚美利哥·维斯普奇（Amerigo Vespucci）是他在航行中的同伴之一，既是一名银行家、杂货商和探险者，也是哥伦布的密友，并十分偶然地成为美洲的命名者。我们不清楚维斯普奇在加入奥赫达的远航之前掌握多少专门技能，不过令人难以置信的是，他在自己的报告中暗示，是他指挥了这次远航。[69]后来，他进入了葡萄牙的政府部门工作。1501 年，他重返南美洲，以寻找横穿南美大陆的向西的通道。维斯普奇的名望一是源自他关于新大陆探索和开发的数则报告，二是由于他是南美洲的发现者。然而事实上，后者并不符合历史事实。包括德国制图师马丁·瓦尔德泽米勒（Martin Waldseemüller）在内的读者看到了这些报告，瓦尔德泽米勒用“亚美利哥”之名来指称 1507 年版托勒密《地理学》中所说的“南方大陆”（Terra Australis）。[70]6 年后，哥伦布和维斯普奇都去世了，瓦尔德泽米勒将南美洲称为“特拉诺瓦”（Terra Nova），不过当时“亚美利加”（America）之名已经得到广泛使用，并且也用于指称北美洲。

达·伽马与从大西洋到印度洋的首次航行

此时，正如葡王若奥二世自信地预测的那样，葡萄牙在欧亚之间开辟的海上贸易之路利润巨大，令占有美洲的西班牙黯然失色。在 1488 年迪亚士的远航之后，尽管一系列的危机阻碍了立即的跟进，不过“幸运儿”曼努埃尔一世（Manoel I “the Fortunate”）仍然与其前任一样，对印度充满了野心。反对该计划的人指出，印度太过遥远，人力与物力方面花费巨大，这会使葡萄牙王国的实力在其敌国面前暴露无遗。不仅如此，有利可图的贸易也会刺激竞争对手。最终，曼努埃尔一世说服了反对者，于 1497 年“任命王室贵族瓦斯科·达·伽马为舰队司令，起航前往印度”。[71] 船队包括2艘卡瑞克帆船、1艘卡拉维尔帆船和1艘补给船，并备有3年的食物，共有 140 ～ 170 名船员，包括引航员、译员和 10 名被判流放的刑事罪犯。这些犯人将被留在陌生的地方，王室期望他们了解当地的居民及其习俗、贸易和语言。如果他们能生存下来，便可获得自由，而且有机会担任译员和中间商并从中获益。

1497 年 6 月，达·伽马的船队离开了里斯本。在佛得角群岛补充淡水后，船队沿着向西的弧形航线航行，然后转向东南方。11 月初，他们到达了今南非海岸，经过 1 周的休整之后再度起航。11 月 18 日，他们绕过了好望角，然后逆风行驶，1 周后到达莫塞尔湾。他们与土著人相遇，双方相互猜疑。1498 年 1 月，他们在莫桑比克岛南部的某地有了更好的运气，他们将该地称为“好人地”(Terra da Boa-Gente)。在赞比西河三角洲，他们遇到了“一个来自遥远的另一块大陆的年轻人”。“他说他曾见过和我们所乘的船一样大的船，我们非常高兴，因为这说明我们越来越靠近我们想要去的地方了。”[72] 达·伽马船队的下一站是莫桑比克岛，在那里，他们与穆斯林之间的摩擦演变为暴力冲突，正如后来发生在蒙巴萨的事件那样，冲突是由葡萄牙人挑起的。他们与蒙巴萨的对手马林迪国王之间有着亲密的关系，他们在马林迪雇用了一名引航员，指引他们前往印度的卡利卡特港。[73] 在东非，他们几乎每天都与阿拉伯商人接触。4 个月后(4 月 24 日)，葡萄牙人离开了马林迪。他们用时 22 天横穿了阿拉伯海，到达印度的卡利卡特港。最终，葡萄牙人成功开辟了从欧洲到印度的海上航线。

一开始，这个马拉巴尔海岸最大、最开放的贸易中心的萨莫林（卡利卡特国王的称号）对葡萄牙人怀有好感。* 但是，这种印象很快就被葡萄牙人傲慢的态度和老练的穆斯林商人的敌意冲淡了。穆斯林商人对达·伽马献出的二流礼品（如棉布、珠子、锡制装饰品、裤子和帽子）不屑一顾。[74]

---

* 萨莫林（samorin）是“samudriraja”一词的变体，意为“大海之王”。

达·伽马试图在 8 月初离开，但萨莫林要求他们为所购买的肉桂、丁香和宝石缴税。未售出的葡萄牙商品被没收，船员也在岸上被扣留，而达·伽马则抓住了 18 名人质。1 周之后，危机得以解决，但葡萄牙人留下了若干人质，其中的 5 名人质于 1500 年返回印度。葡萄牙人在西南季风结束之前离开，用时 3 个月横穿阿拉伯海。在他们到达马林迪之前，有 30 名船员已经死去。1499 年 7 月到达里斯本时，他们只剩下 2 艘船。达·伽马的远航是葡萄牙航海时代的高潮，并一举改变了欧亚贸易的模式。

随着阿拉伯人和威尼斯人对香料贸易的垄断被打破，里斯本成为欧洲最重要的贸易中心。曼努埃尔一世自封为“非洲、阿拉伯、波斯和印度的征服者、航海者和通商者的领主”。[75] 为了延续达·伽马非凡的成就，他将第二支船队托付给佩德罗·阿尔瓦雷斯·卡布拉尔，该船队由 13 艘船组成。[76] 1500 年 4 月，卡布拉尔在巴西的塞古鲁港登陆，并派 1 艘船回国报告其发现。（曾参加哥伦布首航的经验丰富的维森特·平松在 3 个月前就到达了累西腓以南的海岸，不过一般认为葡萄牙人卡布拉尔是最早发现巴西的欧洲人。）卡布拉尔的远航造成了多重结果。最终只有 6 艘船到达了卡利卡特，葡萄牙人在那里设法对抗萨莫林和当地商人，形势比达·伽马当时更为严峻。他们在城市中成立了代理商行（由中间商或代理商负责管理的商站），不过，由穆斯林商人引起的暴乱造成了 40 名葡萄牙人死亡。卡布拉尔认为萨莫林是此次暴乱的幕后主使，遂炮轰城市，造成四五百人死亡和十余条商船沉没。[77] 尽管这使得葡萄牙人无法在卡利卡特进行贸易，但他们却在卡利卡特以南 100 英里处的科钦建立了商站，科钦的统治者将葡萄牙人视为对抗其领主和对手萨莫林的盟友。而且，科钦是印度基督教会的所在地，其主教在叙利亚得到任命。卡布拉尔了解到，十二使徒之一的圣多默（Saint Thomas）便葬在科罗曼德海岸的麦拉坡。1523 年，葡萄牙人在麦拉坡建立据点，此地遂成为葡萄牙人在孟加拉湾的贸易总部。[78]

部分基督徒返回了葡萄牙，随行的还有 2 名在印度生活了数十年的意大利商人。这些人带去的情报以及从夺取的地图和文件中获取的信息，极大地丰富了葡萄牙人关于印度洋贸易的相关知识，并帮助他们识别出最具战略意义的港口。葡萄牙人巩固了其在印度的地位后，于 1510 年至 1515 年间占领了果阿、马六甲、霍尔木兹和科伦坡，并在这些地方设防（只有亚丁和红海是难以攻取的），同时也在印度洋和远东地区建立了无数商站。

从麦哲伦到《萨拉戈萨条约》

尽管美洲当时尚缺乏商业前景，但西班牙人仍继续在这个新世界开发据点。与此同时，葡萄牙人从持续增长的印度洋和香料群岛的贸易中获利丰厚。1511 年，弗朗西斯科·塞朗（Francisco Serrão）到达香料群岛。[79] 剩下的问题是，香料群岛是否位于《托尔德西里亚斯条约》所界定的西班牙或葡萄牙的势力范围之内？向西的航线是否比绕经好望角的航线更短？第一个试图回答这些问题的人是葡萄牙人费迪南德·麦哲伦（Ferdinand Magellan）。麦哲伦在东方当了 7 年兵，曾经参与占领马六甲。在他与塞朗之间的通信中，塞朗制定的计划鼓舞着他，当时，塞朗是当地苏丹信赖的一名顾问。当葡王曼努埃尔一世拒绝支持其计划时，他与葡王之间发生了争吵。与哥伦布一样，麦哲伦也将其计划呈交西班牙国王。西班牙国王查理一世，即不久之后成为神圣罗马帝国皇帝的查理五世（Charles V）为麦哲伦提供了为期 10 年的航线垄断权。2 年后，麦哲伦率领由 5 艘船和 237 人组成的船队从桑卢卡尔 – 德巴拉梅达起航，并备有 2 年的食物和补给。

西班牙人对于一名葡萄牙人的指挥感到不满，而葡萄牙人又认为他是一个叛徒，因此麦哲伦的处境十分艰难。曼努埃尔一世的一名代理商写道："全能的上帝，请让他们的航行像那些姓柯第里尔（Corte–Real）的人一样（即在海上迷失方向），并让国王陛下如您一般得到安宁，且永远被所有君主艳羡。"[80] 在到达里约热内卢附近的巴西海岸后，船队继续前往拉普拉塔河。其后，船队因时至冬季而进入阿根廷的圣胡利安湾。1520 年 4 月 1 日，由 2 名船长和"感孕圣母号"（*Nuestra Señora de la Concepción*）的船主胡安·塞巴斯蒂安·德·埃尔卡诺（Juan Sebastian de Elcano）酝酿的阴谋行将发难。麦哲伦迅速采取行动，反叛者投降。一名船长被斩首，且被剖尸裂肢。在船队起航时，参与叛乱的另一名船长和一名神父被放逐到岸上。在圣克鲁兹越冬后，10 月 21 日，船队到达麦哲伦海峡的入口，该海峡位于巴塔哥尼亚和火地岛之间。因船队中有 1 艘船已沉没，另有 1 艘船返回西班牙，因此只剩下 3 艘船。麦哲伦海峡被岩石包围，西班牙人用时 5 周才克服了风和洋流穿过该海峡。

麦哲伦的船队横穿太平洋的航线仍是未知的。离开位于南纬 52 度的海峡之后，船队应该进入西风带的逆风区，亦即 19 世纪的水手称之为“狂暴 50 度”的区域。在 1 年的时间里，船队可能向北航行穿过赤道，到达约北纬 10 度的位置，他们在那里发现了有利于西行的东北信风。无论如何，在 14 周内，他们一直没有看到陆地，在此期间有 21 名船员死亡。安东尼奥 · 皮加费塔（Antonio Pigafetta）在回忆录中写道，船员们饱受饥饿的煎熬以及坏血病（维生素 C 缺乏病）的折磨，他们甚至渴望拥有创造食物的魔法，这些可怕的场景在大航海时代中将重复无数次：

> 我们的食物是饼干，其实算不上饼干，而是爬满蛆虫的饼干粉。蛆虫已经把食物吃掉了，而且还发出强烈的恶臭，犹如老鼠的尿液。我们喝的水是黄色的，许多天前就已经发出恶臭。我们也吃一些牛皮，那是覆盖在主帆桁顶部以防止帆桁磨损左右支索用的。由于风吹、雨淋和日晒，这些牛皮已经变得非常硬。我们将牛皮在海水里浸泡四五天，然后再放到余烬上，过一段时间才吃。老鼠以每只一个半杜卡多的价格出售，尽管如此，我们连老鼠也得不到了。不过，在所有的不幸中，接下来的事情是最糟糕的。一些船员上下牙齿的牙龈肿胀，以至于完全无法进食，并因此而饿死。[81]

这是关于坏血病最早的描述之一，这种病因缺乏维生素 C 而引起，通常，在大约 1 个月吃不到新鲜蔬菜时就会出现。因此，在欧洲扩张时代，坏血病成为长途航行中水手碰到的主要问题。坏血病的治疗方法直到 19 世纪才出现。

3 月 6 日，这 3 艘船到达了马里亚纳群岛中的关岛（位于约北纬 13 度），他们称之为“盗贼岛”。因为岛民盗窃他们的东西，作为报复，麦哲伦等人烧掉了四五十座房子，同时杀死了7名岛民。1周之后，他们到达了菲律宾群岛中的萨马岛。在利马萨瓦岛，麦哲伦的马来仆人恩里克(Enrique)终于可以使用其母语了，从而成为首批参与环球旅行的人之一。4月，西班牙人到达宿务岛，麦哲伦使土著人首领及其数千名臣民皈依了天主教。为了令其新盟友对基督徒的武器威力印象深刻，1521年4月27日，麦哲伦领导了一次远征，讨伐不愿归顺这位土著人首领的马克坦岛民。结果，麦哲伦与十几名船员被杀。在损失了24名船员后，幸存者烧毁了“感孕圣母号”，将剩下的船员和补给分配给“特立尼达号”（*Trinidad*）和“维多利亚号”（*Victoria*）。在菲律宾群岛盲目航行了几个月后，埃尔卡诺和贡萨洛·戈麦斯·德·埃斯皮诺萨（Gonzalo Gómez de Espinosa）开始领导之后的远航。

到达盛产香料的蒂多雷岛之后，西班牙人了解到弗朗西斯科·塞朗大约与麦哲伦同时死去。不过，他们受到了当地统治者的热情款待。西班牙人与当地人进行贸易，交换红布、短柄小斧、杯子、亚麻织品以及丁香、肉豆蔻、桂皮、檀香等香料。12月21日，47名欧洲船员和13名马来船员乘“维多利亚号”起航。在帝汶岛稍做停留后，他们横跨印度洋，绕过好望角，共航行了12周。在海上漂泊了21周之后，于6月8日到达佛得角群岛。在此期间有21名船员死去，同时船只也失去了前桅。13名船员上岸加水，却被葡萄牙人扣留。不过，埃尔卡诺决心继续前进，与他同行的是不断减少且身体虚弱的船员。1522年9月6日，18名欧洲船员和3名马来船员在西班牙的圣路卡上岸。第一次环球航行至此结束，历时2年11个月又2周。尽管在人员方面遭遇了灾难性的损失，但麦哲伦的远航仍是航海史上里程碑式的事件。麦哲伦证明了，美洲与“南方大陆”（探险家们直到19世纪仍一直在寻找假想中的“南方大陆”）之间并不相连，因此只要怀着不顾一切的决心，是可以横跨太平洋的。路易斯·瓦斯·德·卡蒙伊斯（Luis Vaz de Camões）在其关于葡萄牙探险时代的长篇史诗《卢西塔尼亚人之歌》（*Lusiads*）中，专门提到了麦哲伦的成就，他称赞麦哲伦是“真正的葡萄牙人”，“如果没有忠诚，就没有麦哲伦的伟大事业”。[82]

埃尔卡诺及其船员尽管遭受了长期的可怕折磨，但比起“特立尼达号”船员的遭遇还是好得多。“特立尼达号”试图向东航行并横跨太平洋，但因遇到逆风而被迫返回蒂多雷岛。在那里，船员们被葡萄牙人俘获，只有 4 人回到了西班牙。查理五世于 1525 年和 1526 年先后派出 2 支舰队，前往营救“特立尼达号”的船员。在第一次远征中，450 人中仅有四分之一到达了香料群岛，他们被葡萄牙人扣留至 1536 年。在第二次远征中则损失了旗舰，舰队在到达太平洋之前便返回西班牙。

“维多利亚号”返航后，西班牙和葡萄牙势力范围的界线问题随之备受关注。1524 年，葡萄牙和西班牙的专家小组召开会议，其成员包括代表西班牙的埃尔卡诺和哥伦布的儿子费迪南德（Ferdinand Columbus），以及代表葡萄牙的胡安·维斯普奇（Juan Vespucci，亚美利哥的侄子）。[83] 大西洋的界线在哪里？如何确定经度？类似的争论使谈判毫无进展。通过 1529 年的《萨拉戈萨条约》，太平洋的界线问题得以解决。基于该条约，查理五世向葡萄牙支付 35 万达卡金币，作为交换，分界线被确定在香料群岛以东 300 里格（合 900 英里）处。但 13 年后，一支西班牙舰队从墨西哥驶往菲律宾（以未来的国王菲利普二世的名字命名），其使命是“发现、征服和殖民向西的南海岛屿和省份”。[84] 这次远航以失败告终，幸存者再次乘葡萄牙人的船回到欧洲。

西班牙对东方的下一阶段关注始于菲利普二世（Philip II）“建立一条从西部群岛到新西班牙（墨西哥）的航线”的计划，这也是一条横跨太平洋的东西航线。[85] 5 年后，由 5 艘船和 350 人组成的船队从墨西哥的圣诞城起航。尽管名义上不是，但事实上的领航员是修士安德烈斯·德·乌达内塔（Andrés de Urdaneta），他是 1525 年救援团队中的退伍老兵，后来成为一名奥古斯丁会的传教士。由于乌达内塔没有资格担任船队的指挥，他被要求指定这次探险的领导者，他选择了米格尔·洛佩斯·德·莱加斯皮（Miguel López de Legazpi）。这支船队在北纬 9 ～ 13 度之间的区域向西航行，在关岛稍停留后，接着占有菲律宾群岛并建立了西班牙在亚洲唯一的殖民地。除了距离遥远，向西横跨太平洋的行动还面临着一些问题。

难题是找到有利于自西向东横渡太平洋的风，这个难题已困扰西班牙水手40余年。1565年6月1日，在西南季风开始时，作为“圣巴布洛号”(San Pablo)盖伦船领航员的乌达内塔开始返航。经过了萨马岛以北的圣贝纳迪诺海峡，乌达内塔保持向东北方向航行，直至他在北纬39度附近发现了西风。这些西班牙人向东航行了15个星期，在靠近北美大陆时转向正南，在洛杉矶附近的圣米格尔岛首次登陆。之后他们继续向南航行，于10月8日到达阿卡普尔科。

西班牙人在菲律宾探险行动的成功，取决于他们是否得到了已在当地站稳脚跟的中国人的接纳。1571年，马尼拉的西班牙水手在民都洛岛附近救了一艘中国船的船员，并因此获得了可观的回报。次年，中国商人返回马尼拉，由此，一个有利可图的商业基础打下了。[86] 为交换美洲的白银，中国人带来了丝绸、“精致的镀金陶瓷和其他瓷器”、安息香、麝香以及澳门的葡萄牙船带来的香料。横跨“西班牙之湖”(太平洋)的贸易的规模受到官方限制，每年仅限2艘载重不超过300吨的船。不过，这种限制常常被藐视，17世纪初有千吨级的船在建。直到1815年，几乎每年都至少有1艘“马尼拉大帆船”在各条航路上横跨太平洋。尽管1565年至1815年这些船携带了惊人的财富，但只有4艘船遭到劫掠——皆是英国袭击者所为。

葡萄牙人就西班牙人对菲律宾的殖民提出过抗议，因为菲律宾显然位于葡萄牙的势力范围之内。不过，由于菲律宾没有贵重的香料，葡萄牙人的抗议就不那么强烈了。尽管如此，争论仍持续到1750年，这一年，两国同意宣告教皇敕令、《托尔德西里亚斯条约》和《萨拉戈萨条约》规定的界线无效。[87] 到18世纪，法国、英国和荷兰的水手早已发展出必要的财力、航海本领以及军事实力来挑战伊比利亚海外帝国，也剥夺了这些文件的效力，这一过程贯穿了16世纪和17世纪大部分时间。

第 15 章

全球贸易的诞生

随着哥伦布发现美洲、达·伽马绕过好望角踏入亚洲，欧洲完全进入了扩张时代。这是一个史无前例的时代，不仅仅因为世界各地释放出大量植物、动物、微生物，以及大量人口、想法、物质财富，还因为欧洲人第一次在世界变革中成为先锋。这并不是说，无论欧洲人走到哪里，都可以引起巨大而显著的改变。在美洲，他们的确产生了这样的影响，但在其他地方，“他们像在亚洲（和非洲）兽皮上的虱子一样爬行”，对古老的贸易模式和政府制度几乎没有影响。[1] 直到 18 和 19 世纪，欧洲人才广泛地控制了印度次大陆、东南亚、中国和非洲。然而，如果没有葡萄牙人取得的航海优势，如果没有意大利、低地国家和英格兰商人完善起来的商业、金融智慧，如果没有从地中海到波罗的海各国的宗教法规专家、民法专家阐明的法律理论，那么这些后来的结果都不可能出现。尽管欧洲各个大国间交替掌握海上主动权，但直到 19 世纪末，海上霸主一直由欧洲垄断。

西班牙、葡萄牙与大西洋

西班牙与葡萄牙之间存在着明显的相似性：在收复失地运动中，两国都塑造了顽强的十字军基督教精神；两国都位于地中海与大西洋欧洲之间的连接点上；两国都对大西洋中的群岛进行过探索。但两国以完全不同的角度开展自己的帝国计划，并由此踏上了不同的历史发展轨道。葡萄牙人发现自己处于一个充满活力、多边、地理范围广阔的亚洲贸易网络中，这个网络非常古老、复杂。就像西班牙人很快意识到的，在海洋贸易方面，美洲如同一张白纸。当哥伦布跨过大西洋时，他没有遇到先前已经存在的海洋贸易体系，港口不存在，造船技艺和航海技术也远不及欧亚大陆沿海的那么复杂成熟。西班牙人可以保持他们的跨大西洋联系不受欧洲竞争对手的阻碍，后者缺乏在跨大西洋舞台上竞争的必要资金与动机。只有葡萄牙人有可以对西班牙的主张提出异议的船舶和经验，但是葡萄牙人没有理由违反《托尔德西里亚斯条约》，尤其是自哥伦布首航以来的 50 年中，西班牙的海外领土几乎没有产生什么价值。上述因素有助于解释，为什么西班牙庞大的美洲帝国以爆炸式又无计划的方式发展起来。

西班牙海外帝国的神经中枢是"贸易署"（Casa de la Contratación），它于 1503 年由卡斯蒂利亚的伊莎贝拉女王在塞维利亚建立。贸易署承担了各种关于美洲贸易和移民的职能，包括控制移民的流动，征收税款，颁发领航员执照，执行殖民地的商法，更新有关新发现的信息，尤其是"皇家海图"（padrón real）上的信息。最后一项职能是"总领航员"（piloto mayor）的职责，即"绘制一张皇家标准航海图，图上标明迄今为止所发现的所有属丁王室的领土"，"只有国王和贸易署差遣的人"才能收到这张图的副本。[2] 不太受欢迎的人除了西班牙犹太人和未改信天主教的穆斯林（他们先后于 1492 年和 1502 年被逐出西班牙），还有英国人、荷兰人、法国人、葡萄牙人。[3]

西班牙探险者虽然在伊斯帕尼奥拉岛和古巴遭遇了打击，但他们没有放弃，而是继续沿着南北美洲的海岸线大胆前进，且进入了美洲的内陆。其中，埃尔南·科尔特斯（Hernando Cortés）的成就最为引人注目，他摧毁了阿兹特克帝国，攻占了其首都特诺奇蒂特兰（今墨西哥城）。而弗朗西斯科·皮萨罗（Francisco Pizarro）则摧毁了印加帝国，那是一个从厄瓜多尔到智利的安第斯山脉绵延上千英里的辽阔帝国。这些国家已经不复存在，其领土分别由新西班牙（从今天的墨西哥到巴拿马）和秘鲁的总督管辖。15 世纪 40 年代，在波托西、玻利维亚、萨卡特卡斯和墨西哥出现了大规模的银矿开采，西班牙货轮运载的大批货物引起了法国、英国和荷兰海盗的注意。1564 年，贸易署出于安全考虑，要求所有横跨大西洋的船只由两支护航舰队之一进行护送。新西班牙舰队通常会在每年 7 月前往圣胡安 – 德乌卢阿（位于墨西哥城市韦拉克鲁斯对面的一个岛），而提艾拉福尔马舰队则在每年 3 月到 5 月间在卡塔赫纳、哥伦比亚、迪奥斯港和巴拿马服务。[4] 这两支舰队穿过加纳利群岛和加勒比群岛（通常是多米尼加岛），大约用时 1 个月。大约 2 周后，提艾拉福尔马舰队到达卡塔赫纳。那些驶往新西班牙的舰队则需要 1 个月或者更长时间，中途在波多黎各停留进行补给。有时，归途中的舰队会在哈瓦那相遇。一般情况下，在每年 8 月的飓风频发季到来之前，舰队就能到达目的地——巴哈马海峡。

西班牙人不得不在新大陆上寻找属于自己的港口，但由于横跨大西洋和太平洋的贸易具有季节性，加上西班牙征服者对内陆地区的探索、开发和掠夺，以及人口稀少、基础设施欠缺等原因，港口的建设逐渐变得毫无计划可言。在大西洋西侧，最重要的港口是哈瓦那和韦拉克鲁斯。哈瓦那地处古巴北岸，战略位置十分重要，遂成为西班牙在美洲最重要的要塞之一，是西班牙护航舰队的主要集结地。据说，韦拉克鲁斯于 1519 年已经建成，但是第二年，有一名商人却写道："这里既没有房子和小木屋，也没有水和柴火，只有沙滩。"[5] 80 年后，韦拉克鲁斯仅有 400 户西班牙居民。[6] 以古代腓尼基城市命名的卡塔赫纳位于一处海湾之中，铁拉邦巴岛的保护使其免受来自海上的侵袭。由于环境相对宜人，且毗邻巴拿马地峡，卡塔赫纳成为提艾拉福尔马舰队理想的母港。

对于西班牙与秘鲁及其银矿之间的联系而言，危险的巴拿马地峡、位于加勒比海沿岸的迪奥斯港（1597 年被波托韦洛港取代）以及太平洋沿岸的巴拿马是极其关键的。尽管这些港口拥有美好的名字，但这些荒凉的地方不过是坟墓而已，只有当船队在这里装卸珍贵货物（包括运往东方的白银和运往西方的欧洲商品）时才活跃起来。1546 年，一名旅行者写道："这两个城镇中疾病肆虐，若有 100 个人来到这个地方，1 个月后，幸免于疾病的人不会超过 20 个。来到这里的人大多因患病而死。"[7] 在返回哈瓦那的途中，这位旅行者有 26 名同伴在海上死去。卡亚俄是巴拿马的主要贸易伙伴，是秘鲁利马总督府的港口，同时瓦尔帕莱索也为其服务。因易于获得木材和柏油，厄瓜多尔的瓜亚基尔成为大西洋沿岸最主要的造船

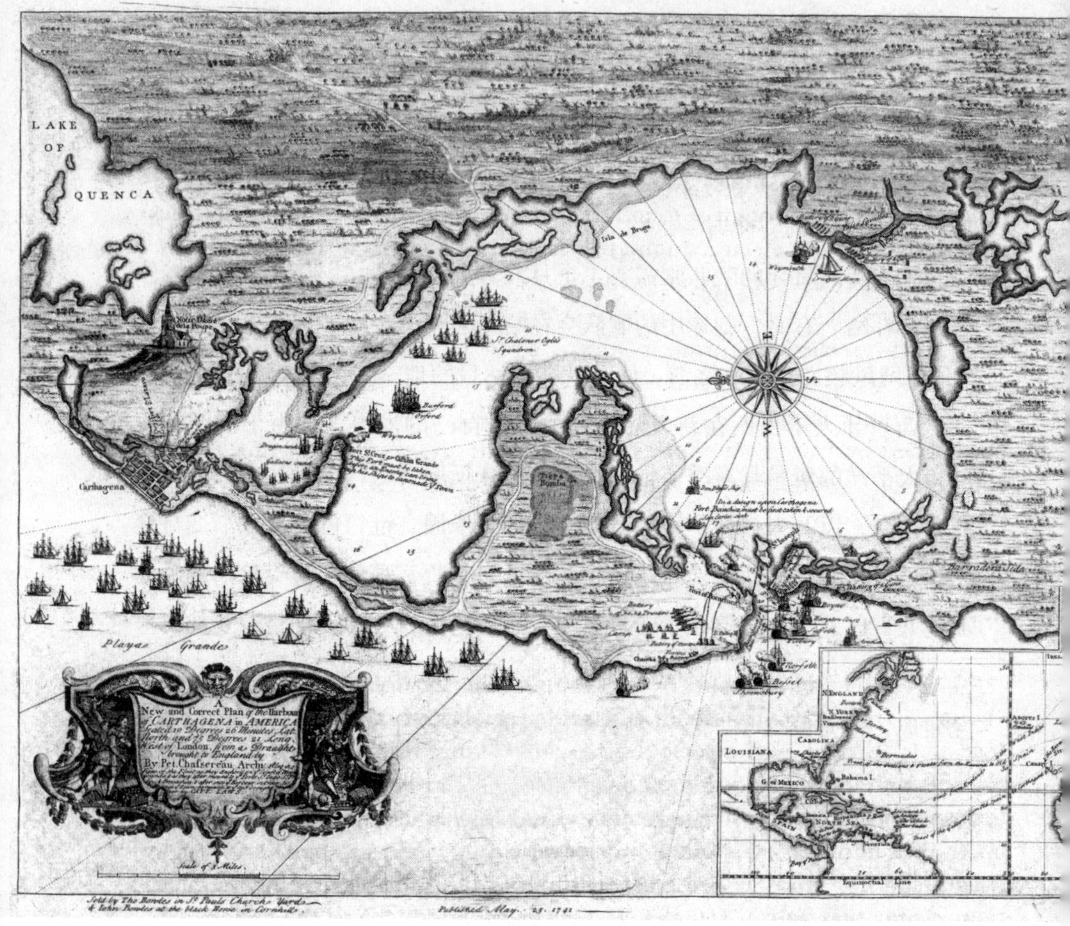

由皮埃尔·沙瑟罗（Pierre Chassereau）绘制的“美洲的卡塔赫纳港（位于哥伦比亚）的全新准确平面图”，这是加勒比海中最佳的天然港。这幅手工上色的铜版图于 1741 年在伦敦出版。（Courtesy of the Smith Collection, Osher Map Library and Smith Center for Cartographic Education, University of Southern Maine, Portland.）

基地，而卡亚俄以南的阿里卡（建于 1545 年）则为波托西的高原矿区服务。之所以通过太平洋和巴拿马运送白银，是出于政治而非后勤方面的考虑。如果将波托西的白银运到布宜诺斯艾利斯，然后从那里横跨大西洋，耗费会更少且更为快捷。[8] 1594 年，来自秘鲁总督辖区的压力导致拉普拉塔河的港口被官方关闭。直到 1776 年，在布宜诺斯艾利斯进行贸易才实现合法化。直到 19 世纪，那里的港口建设才开始进行。

同样，由于塞维利亚商人通过游说从中作梗，墨西哥与秘鲁之间的太平洋沿岸贸易的健康发展受到了阻碍。巴拿马北部只有少数几个港口，其中最重要的是雷阿莱霍（今尼加拉瓜的科林托港），该港口拥有一家造船厂，且可以很方便地穿过玛瑙斯湖、尼加拉瓜河和圣胡安河到达加勒比海。[9] 瓦图尔科也是一个重要的港口，1597 年，该港口遭到托马斯·加文迪希（Thomas Cavendish）洗劫。瓦图尔科被废弃后，阿卡普尔科成为马尼拉大帆船的东端终点站。（根据《托尔德西里亚斯条约》的规定，西班牙船队不能通过印度洋航道在西班牙和菲律宾之间航行。）与迪奥斯港和波托韦洛港一样，在环境极差的海岸地带，阿卡普尔科属于优良的港口，在大帆船到访时，这里变得充满生机。在海上航行了五六个月后，船员们由于营养不良或者疾病而变得十分虚弱，需在镇上简陋的小屋里养精蓄锐，而后开始前往墨西哥城的长达 450 千米的艰难旅程（向西前往菲律宾的旅程则仅需 3 个月）。[10] 离开了马尼拉大帆船，阿卡普尔科就变得毫无意义了。对于所有西班牙的美洲港口来说，宗主国与总督区之间存在着维系的纽带。尽管相隔宽 8,000 英里的太平洋，但菲律宾依旧隶属于新西班牙。几个世纪后，这些美洲港口在欧洲和非洲贸易环境的动态演变中，逐渐发展成为世界性的商业中心。

奴隶、香料与葡属印度

由于西班牙王室禁止奴役土著居民，因此西属美洲的劳动力严重依赖进口。欧洲人带来的疾病造成土著居民的数量大幅减少，而幸存者也不熟悉新引进的作物（如小麦和甘蔗）、家畜（如牛、猪和羊）和工业（如采矿和制糖）等新生事物。《托尔德西里亚斯条约》规定，葡萄牙人在非洲拥有贸易特权。为了保证非洲奴隶的稳定供应，葡萄牙人与许多国家进行商谈，其最早的合作伙伴是刚果。1491 年，刚果国王恩津加（Nzinga）皈依了基督教（并取了一个葡萄牙名字“若奥”），其继承者亦信仰基督教，并继续把奴隶卖给葡萄牙人。1540 年，刚果国王阿方索（Afonso）在写给葡萄牙国王若奥三世（João III）的信中吹嘘道：“如果把所有的几内亚国家置于一边，把刚果置于另一边，您将会发现，刚果所能给予您的，比其他所有国家的总和还要多……没有哪个国家像我们这样珍视葡萄牙的货物。我们支持开展贸易，并努力促进其发展。我们开拓市场，开辟道路，并在市场上交易任何东西（主要是男性奴隶）。”[11]

在整个16世纪中，奴隶贸易的发展十分迅猛。原始数据表明，在16世纪的前25年中，有12,000名奴隶被贩运，在之后的25年中这一数字达到了40,000人，在1550年至1575年间更是超过了60,000人。除此之外，这一时期内共有约24万名欧洲白人移民漂洋过海，这绝对是史无前例的大规模人口迁徙。1530年，第一批奴隶从非洲被直接运往美洲。巴西甘蔗种植业的发展，导致了后来奴隶贸易的激增。1532年，葡萄牙人在巴西的殖民活动以桑托斯附近的圣文森特为起点开始进行。1549年，萨尔瓦多港建成，并成为殖民时期巴西的第一个首都和最主要的港口。在16世纪的最后25年中，又有超过50,000名非洲奴隶被运往巴西。[12]不过到1600年，由于奴役状况和环境极其恶劣，存活下来的奴隶只有15,000人。尽管如此，由于制糖业的迅猛发展，每年来往于累西腓和里斯本之间的船只数量不断激增。[13] 1584年时为每年40艘，到1618年增加到每年130艘。巴西出产的蔗糖价值十分可观，超过从其他葡萄牙殖民地运来的胡椒、香料等特产。葡萄牙人将其遍布印度洋和印度洋之外的所有领地统称为“葡属印度”（Estado da India）。

由于非洲西海岸和美洲没有远航航海传统，西班牙人和葡萄牙人得以建立自己的海运网络，而且几乎将其他人统统排除在外。季风海洋的情况则完全不同，而是处于一个运作正常的贸易网络之中，无数的参与者操着不同的语言，有着不同的宗教信仰和文化背景，这种政治的多元化是欧洲人此前未曾遇到过的。葡萄牙人以惊人的速度发展胡椒和香料贸易并从中获利，不过他们很快意识到，这并不是一个不易受到影响的静态系统。与欧洲之间的直航路线才刚刚开通，相较而言，亚洲的贸易前景要广阔得多，获得利润的机会也超出了葡萄牙人的预期。他们在印度洋的出现，并不会持续不断地干扰或扰乱亚洲传统贸易的模式和商业周期。在亚洲，他们只是这个体系的一部分。不过，由于他们已经触及这个地区的每一个角落，因此通过他们的经历可以很方便地观察 16 世纪全球背景下的海洋亚洲。

在印度洋，葡萄牙人曾一度考虑过适应当地的自由放任模式。由于缺乏资金、货船和劳动力来垄断香料贸易，他们不得不依赖外交和军事手段，向穆斯林、印度教徒以及其他的海上商人收取保护费，同时引导他们在葡萄牙人占有的港口中进行贸易。[14] 在他们侵占敌方领土的过程中，舰载武器至关重要，成为基本配备。在 16 世纪的大部分时间里，只有欧洲人才拥有舰载火炮。印度洋的水手不甘心屈服于葡萄牙人，但他们缺乏舰炮射击的实战经验。葡萄牙人仅靠几艘重型战舰就掌控了印度洋的几个要塞。在亚洲季风区，葡属印度的首任总督弗朗西斯科·德·阿尔梅达（Francisco de Almeida）开始建立葡萄牙人的管理机构。1505 年，阿尔梅达率领一支由 22 艘船组成的舰队，占领了东非的基尔瓦港和蒙巴萨岛，并占领了一个小岛作为攻占印度果阿的基地。此外还在坎纳诺尔（今喀拉拉邦的坎努尔）建立要塞，在斯里兰卡和索科特拉岛以及马六甲附近增建堡垒。

关于何种政策最符合葡萄牙人的利益，存在着不同的意见。阿尔梅达将堡垒视为葡萄牙资源的一种潜在流失。在给曼努埃尔一世的信中，阿尔梅达写道："陛下，您拥有的堡垒越多，您的力量就越弱。您所有的兵力都应该部署在海上，一旦我们不够强大（这也是上帝所不允许的），一切都会对我们不利……只要您的海上力量足够强大，印度就属于您，这是毋庸置疑的。如果您不够强大，那么陆地上的堡垒也起不到什么作用。"[15] 这并不是一个站得住脚的观点。阿尔梅达的继任者阿方索·德·阿尔布克尔克（Afonso de Albuquerque）是葡属印度的主要建设者。[16] 他凭借出众的战略意识、节约贫瘠资源的能力、在摩洛哥战争中 10 年的历练以及做事高效的特点，再加上足够的运气，为葡属印度的发展奠定了基础。尽管以税收的形式进行海洋贸易明显有利可图，且外来商品也易于获得，但由于印度洋沿岸地区土邦统治者的海上力量太弱，他们一心想利用国内政策对葡萄牙人共同进行有效的抵制。葡萄牙虽然人手不足，且远离本土，但是也有一些优势：一是国王的全力支持；二是目标单一，从而可以击败或者削弱潜在的竞争对手；三是拥有炮舰。葡萄牙人在海上遇到了有组织的抵抗，其策划者正是那些明显感受到葡萄牙人对其贸易构成巨大威胁的国家，尤其是奥斯曼帝国和埃及的马穆鲁克王朝。

马穆鲁克王朝虽然没有盟友，但是为了保护麦加和麦地那，奥斯曼帝国苏丹表示愿意提供帮助。1507 年，苏丹送去了技工和炮兵，加强了吉达的防御工事，据说那里将遭到袭击。苏丹还武装了一支舰队，与在印度的葡萄牙人进行了一场战争。1508 年，他们在孟买附近的焦尔取得胜利。次年，这支舰队在古吉拉特的第乌被歼灭。为了反击马穆鲁克王朝与奥斯曼帝国的此次同盟，阿尔布克尔克决定于次年占领果阿。正如后来他在给葡王曼努埃尔一世的报告中所说：

> 我占领了果阿，这是陛下的要求，也是舰队司令的命令。我之所以这样做，是因为已经成立的同盟要把我们赶出印度。如果奥斯曼土耳其人在果阿河集结的人员和武器装备完善的舰队已经起航，如果马穆鲁克王朝的舰队按照预期到达的话，那么所有的人肯定都将丧命。[17]

阿尔布克尔克之所以选择果阿作为其总部所在地，是因为以此为基地，可以派出船只在印度和阿拉伯半岛之间的海上航线巡逻。果阿易于防守，而且控制着德干高原和印度维贾亚纳加尔王国的贸易（特别是马匹贸易）。这场胜利具有决定性的意义，以至于古吉拉特的君主和卡利卡特的萨莫林都愿意满足他的要求，允许他在自己的领土上建立要塞。“这就是我们拥有果阿的结果，我并没有发动针对任何一位君王的战争。”[18]尽管果阿具有战略意义，但许多葡萄牙人还是反对占领果阿，理由是该地区疾病横行，且维护成本高昂。同时，占领行动也会招致更加激烈的反抗。阿尔布克尔克劝说国王应该占领果阿（后来葡萄牙人确实占领了果阿，直到 1961 年），因此，“他常说自己应得到国王曼努埃尔更多的感谢，因为他曾先后两次从土耳其人手中夺回果阿并将其守住，并使国内的反对者缄口”。[19]

在亚洲，葡萄牙人取得胜利的第二个关键是马六甲。1511 年，阿尔布克尔克占领了该城。从表面上看，他是为了报仇，由于古吉拉特和科罗曼德的商人的挑唆（他们向苏丹报告了葡萄牙人在印度的暴行），一些葡萄牙水手被扣留。但事实上，据他自己承认，他曾怀着十字军战士般的狂热攻打果阿。“然后，我放火烧毁了这座城市，用刀杀死了每一个人。连续四天当中，您的士兵们双手沾满了鲜血。无论在哪里，我们只要找到了一名穆斯林，就绝不会放过他。我们用尸体填满了清真寺，然后放火。我下令，放过农夫和印度教祭司。陛下，这是一次非常伟大的行动，部署完善，并圆满完成。”[20] 据他估计，在这场战争中共有约 6,000 名果阿人丧命。不过，马六甲苏丹扣留葡萄牙水手一事有可能是真的。阿尔布克尔克对这座城市志在必得，他在写给曼努埃尔一世的信中提到，穆斯林商人在亚历山大港援助威尼斯的中间商。“可以确定，如果马六甲的贸易已经脱离了他们的控制，罗马和麦加将一败涂地。除了威尼斯人去葡萄牙买的香料，再也没有其他香料会出现在威尼斯。”[21] 正如药剂师兼作家托梅·皮莱资(Tomé Pires)所说：“谁掌控了马六甲，谁就掌握了威尼斯的命脉。”[22] 占领马六甲之后，2 艘葡萄牙船驶向香料群岛。[23] 其中一艘载着丁香、肉豆蔻干皮和肉豆蔻返回果阿，另一艘则迷失方向，其船员在麦哲伦的朋友弗朗西斯科·塞朗的带领下到达了特尔纳特岛，岛上的苏丹雇用他们同蒂多雷岛作战。塞朗在特尔纳特岛度过了余生，他依旧和朋友们保持着联系，也支持麦哲伦的环球航行计划。从 1523 年起，果阿的葡萄牙人每年都会派出船只前往特尔纳特岛。由于香料群岛远远超出了葡属印度的管辖范围，该岛遂成为滋生腐败的温床。在亚洲，有几个地区通过反抗将葡萄牙人驱逐了出去，香料群岛便是其中之一。

如果不考虑地中海政治局势的动荡，奥斯曼帝国和马穆鲁克王朝在印度洋上参与反对葡萄牙人一事就得不到充分的重视。尽管葡萄牙人在征服亚丁时失败了，但他们对红海贸易的干扰沉重打击了马穆鲁克王朝的财政。到 1508 年，亚历山大港运送香料的货船数量只有 10 年前的四分之一，威尼斯的海上贸易也受到了沉重打击。[24] 尽管在宗教、政治等方面存在分歧，但马穆鲁克王朝、威尼斯、奥斯曼帝国以及萨法维帝国却有着共同对抗葡萄牙商业威胁的动机。威尼斯人尝试去讨好穆斯林的三大势力，谋求与波斯结盟以反抗奥斯曼帝国，推动土耳其人支持马穆鲁克，并利用马穆鲁克的焦虑，强行夺取他们在亚历山大港有利的贸易权限。不久，亚历山大港的交通也开始恢复。虽然马穆鲁克王朝和萨法维帝国的海上力量可以忽略不计，不过早在拜占庭帝国被摧毁之前，奥斯曼帝国在进行航海贸易和处理海军事务时，就已经开始采用更为完善的方法了。

11 世纪初，塞尔柱人中的一个分支不断涌入拜占庭帝国治下的安纳托利亚。1352 年，土耳其人首先穿过达达尼尔海峡，于 2 年后占领了加利波利半岛，并在那里建造了一个船坞。[25] 一个世纪之后，穆罕默德二世（Mehmed II）意识到，拥有一支由自己支配的完整的舰队是极其重要的。他在博斯普鲁斯海峡两侧修建城堡，以管理来自意大利的船只。“苏丹命令，海岸地区都要修造战船（帆船）。他清楚地知道，海洋控制权对自己的统治是多么重要……因此，他决定掌握海洋控制权。”[26] 穆罕默德二世于 1453 年征服君士坦丁堡之后，又占领了黑海港口阿玛斯拉和锡诺普（曾经属于特拉比松王朝），此前，两地曾被热那亚人占据。到 1484 年，土耳其人已经掌控了通往摩尔达维亚、匈牙利、多瑙河流域、波兰、俄国、鞑靼和整个黑海海岸的大门的钥匙。[27] 由于控制了主要的河口，土耳其人得以从贸易中获得绝大部分的收入，此前，这些收入都会流入东欧各国的国库。到 16 世纪初，黑海实际上成了奥斯曼帝国的内湖，并与外界隔绝了 250 年。

1510 年，即果阿遭到洗劫的那一年，罗德岛的骑士摧毁了一支奥斯曼帝国的船队，这支船队载着货物准备前往埃及的马穆鲁克王朝。[28] 由于双方信奉同一宗教，威尼斯人遭到了谴责，不过他们之间的关系最终得以恢复。威尼斯使者接到指示：“敦促马穆鲁克苏丹，从土耳其人那里得到火炮、木材、船队以及对抗葡萄牙人所需的所有东西。”[29] 正如一份关于葡萄牙即将和萨法维帝国结盟的报告中所说，卡利卡特、坎贝和马六甲都向马穆鲁克王朝求助，使得苏丹的处境更为困窘。阿尔布克尔克对伊斯玛仪一世（Shah Ismail I）说：“我的陛下，如果您想在陆地上击败（马穆鲁克）苏丹，就必须在海上得到（西班牙）无敌舰队的支持。”[30] 最终，土耳其人的供给到达了埃及，但是第二支红海舰队直到 1515 年才下水。同年，阿尔布克尔克占领了霍尔木兹海峡。仅仅 2 年后，土耳其人颠覆了马穆鲁克王朝。土耳其人接下了保卫这片圣地的重任，遂与葡萄牙人正面相遇。

葡萄牙人暂时占据上风，对土耳其人而言，他们可能在长达 20 年的时间里都需要在印度洋北部保持防御状态，才能安然无恙地航行进入红海。苏莱曼大帝（Suleiman the Magnificent）的维齐尔易卜拉欣帕夏（Ibrahim Pasha）是奥斯曼帝国海洋战略的主要制定者。在前往埃及的途中，易卜拉欣帕夏曾经受到偶遇的船长兼制图师皮瑞·雷斯（Piri Reis）的启发。皮瑞·雷斯以非凡的技巧绘制了世界地图，并广受赞誉，其中吸收并增补了“来自中国和印度洋的新海图”的细节，以及关于新发现的美洲大陆的信息。[31] 同时，他也是《海洋志》（*Book of the Sea*）一书的作者，该书是一部关于地中海的地图册和航海指南。在易卜拉欣帕夏的要求下，皮瑞·雷斯根据二手资料增加了关于印度洋的介绍。1536 年，奥斯曼帝国建立和强化了苏伊士、吉达和靠近曼德海峡的卡马兰岛上的海军基地，并从萨法维帝国手中夺下巴格达，以保障经由巴士拉进入波斯湾的贸易。自阿拔斯王朝以来，奥斯曼帝国成为第一个在波斯湾和地中海都拥有港口的国家。更加深远的影响则在于，马穆鲁克王朝的腐败得到整治，烦琐的海关制度也被废除。尽管葡萄牙人不断封锁海域而且不时发动入侵，但奥斯曼帝国的这些做法对于恢复印度、东南亚与红海之间的贸易将是一种有力的保障。奥斯曼帝国取得了成功，迫使葡萄牙人考虑与其建立友好关系。但他们不接受苏丹的要求，即“给予印度穆斯林以买卖印度商品的自由”，尽管葡萄牙船队获许在奥斯曼帝国的港口停泊。[32] 虽然这些协商都以失败告终，但由于巴士拉仍在奥斯曼帝国手中，奥斯曼帝国和葡萄牙官方毫不犹豫地允许相互间的自由贸易。当然，这些贸易通常都是出于自身利益考虑且自发进行的。到 16 世纪中叶，贸易总额已经占到巴士拉总收入的三分之二。

在接下来的 10 年中，奥斯曼帝国主动与伊斯兰国家（包括从非洲之角到亚丁、阿拉伯海南岸、印度海岸以及苏门答腊岛在内的广大地区）之间建立外交关系。同时，1536 年至 1546 年间，为了争夺印度洋沿岸的港口（包括苏伊士、穆哈、巴士拉、第乌和马六甲），奥斯曼帝国与葡萄牙之间共进行了19次战役，其中有4次战役的涉及范围超出了红海和波斯湾海域。尽管奥斯曼帝国在印度次大陆和东南亚地区都失败了，但仍然控制着也门和哈德拉毛。1548年，由皮瑞·雷斯率领的一支舰队最终将葡萄牙人逐出了亚丁。4年后，这位年逾八旬的印度洋舰队司令带着24艘战舰从苏伊士出发，前往攻击霍尔木兹海峡。这一行动最终失败了，皮瑞·雷斯带着仅剩的3艘战舰前往巴士拉，后来决定返回苏伊士，并被处死。1554年，皮瑞·雷斯舰队中的幸存者接到命令，要求他们从巴士拉驶往苏伊士，但葡萄牙人截获了其中的6艘战舰，剩下的则逃到了古吉拉特。

与此同时，一位有魄力的船长塞费尔·雷斯（Sefer Reis）接到命令，派4艘快船与巴士拉的战舰会合。[33]塞费尔出身于一个犹太商人家庭，一生都在印度洋度过，相较于自己的先辈，他具有更明显的优势。他的先辈们依靠的是在完全不同的地中海环境中得来的经验，而塞费尔没有用他们的方法作战，而是利用季风，使葡萄牙舰队处于自己舰队的下风向，防止葡萄牙的横帆船攻击自己的舰队。在得知葡萄牙舰队战胜了巴士拉舰队之后，塞费尔用4艘战舰封锁了迪乌，并将海战中俘获的5艘葡萄牙战舰带回穆哈。塞费尔凭借丰富的当地经验和多变的策略，曾多次成功伏击或躲避葡萄牙人，葡萄牙人动用了大量资源，在红海击败了塞费尔。1565年，他着手准备一次战役，计划将葡萄牙人逐出东非，却在亚丁病故，这个计划也因此不了了之。

塞费尔取得了成功，因此在1560年，葡萄牙驻罗马的大使力劝其上司与土耳其人达成协议，因为通过红海运到开罗以及经霍尔木兹海峡运到巴士拉的香料数量十分巨大。[34]“尊敬的陛下，您在印度的开销非常巨大，如果没有找到合适的解决方案，那么开销将会更大。”奥斯曼帝国向葡萄牙人提议，允许其商务代办在“信德、坎贝、达布尔、卡利卡特等港口进行贸易”。[35]葡萄牙人则在巴士拉、开罗和亚历山大港始终享有互惠特权，他们也希望奥斯曼帝国能够解散巴士拉的舰队。这项协议将导致所有经由好望角的贸易丧失竞争力，所以葡萄牙人拒绝了这一提议。

尽管如此，大量胡椒和其他香料仍然源源不断地运达亚历山大港，再由威尼斯和其他地方的商人分销到地中海各地。[36] 土耳其人对贸易始终保持着极大的兴趣，截至 16 世纪末，在土耳其人的管理下，穆哈的税收增长了 10 倍。穆哈也是印度洋最重要的港口之一，主要出口从埃塞俄比亚引进的咖啡。另一方面，亚丁也被摧毁了，据说，“当他们（土耳其人）对某个人感到愤怒的时候，就把他安置在这里”。[37] 事实上，奥斯曼帝国并没有限制波斯湾地区的贸易。“这样，来自印度任何地方的所有交易商品（即使是胡椒）都要经过霍尔木兹海峡，尽管这是被严厉禁止的。”波斯湾和红海的贸易拥有不同的渠道，原因之一就是，红海是朝圣者前往麦加的通道。[38] 朝圣按照阴历日期进行，每年都会变化，不过朝圣者会借助季风通过海路前往。他们会顺便携带货物并在麦加出售，以此支付其住宿费用，可以停留 1 个月。而通过波斯湾前往圣地的朝圣者则少得多。

与葡萄牙人协商的失败为奥斯曼帝国提供了一个机会，即推行大维齐尔索科卢·穆罕默德帕夏（Sokullu Mehmed Pasha）提出的更强势的外交政策。他最为雄心勃勃的建议就是开凿一条穿过苏伊士地峡的运河，在顿河和伏尔加河之间也开凿一条运河，旨在建立从里海到红海的贯穿航线。[39] 随着也门暴乱的爆发，加上威尼斯恢复了敌对行动，这些计划遂被搁置。索科卢还提议支持其他反对葡萄牙的亚洲国家。1562 年，为了攻打马六甲，印度尼西亚的亚齐苏丹国试图购买火炮和攻城加农炮。由于距离遥远（从伊斯坦布尔经埃及到亚齐全程超过 5,000 英里），考虑到火炮可能被收缴，奥斯曼帝国对这一计划的热情有所减弱。不过，苏莱曼大帝派出了 1 名使者和 8 名火炮制造者，我们只知道这名使者被称作“陛下的仆人卢特菲（Lutfi）”。[40] 亚齐与奥斯曼帝国之间有长期的贸易往来，但这个城邦国家也向马六甲进贡。至少，亚齐对于加强对穆斯林的控制和与葡萄牙交战都很感兴趣。在前往东方的途中，卢特菲争取到了印度和斯里兰卡的穆斯林商人团体的支持。出于对葡萄牙人共同的敌意，他们的同盟关系十分牢固。德干高原各苏丹国的同盟严重削弱了葡萄牙的盟友（即印度的维贾亚纳加尔王国），葡萄牙人安插在马尔代夫的基督教国王也被废黜。亚齐的大使陪同卢特菲到达伊斯坦布尔，大使带回了“500 名土耳其人、许多大型射石炮、大量弹药以及许多工程师和炮弹专家”，之后包围了马六甲。[41] 尽管最终没有成功，但这的确阻止了葡萄牙人向香料群岛输送援军，并导致葡萄牙人被逐出特尔纳特岛。1579 年，随着索科卢被暗杀，奥斯曼帝国反对葡萄牙人的活动也结束了。10 年后，一支由 5 艘船组成的船队奉命占领蒙巴萨岛。土耳其人成功登陆，但随后遭到了 20,000 名津巴人组成的军队的围攻。[42] 据葡萄牙史料称，这支军队来自非洲，但身份不明。与其说奥斯曼帝国向津巴人投降，不如说是向葡萄牙人投降，奥斯曼帝国试图影响印度洋事务的努力由此终结了。

葡属印度与亚洲的贸易

尽管当地商人声名狼藉，但葡属印度的葡萄牙人依旧照例与他们合作。在葡萄牙人垄断的贸易中，他们的人数通常只占少数，而且从未试图掌控所有航线。印度商人经常租用葡萄牙人的船来运送他们的货物，[43] 而且许多葡萄牙人的船都由亚洲人掌舵。[44] 出现这一现象的原因很简单，1525 年时葡萄牙的人口不超过 140 万，而且大多数人都看不起航海事业。如果能选择更好的前途，很少有人会愿意乘船进行一次历时 6 ～ 7 个月的航行。一位旅客曾写道，这种航行“无疑是世界上最伟大也最危险的事”，况且能够平安返回的概率极低。[45] 每年，大约有 2,400 ～ 4,000 人（其中大多是年轻人）前往非洲、巴西和亚洲，然而到 1600 年，在“黄金果阿”只有 2,000 多名葡萄牙人。在莫桑比克和日本之间的航线上的水手，可能从未超过 10,000 人。最终，只有不到十分之一的人回到了葡萄牙。“其中一些人死在异国，还有的被抛弃（或者死于各种事故），剩下的一些人则因没有足够的钱，被迫留在异国他乡。”[46] 葡萄牙不允许女性移民出国，因此鼓励那些留在亚洲的葡萄牙男人与当地女性结婚，他们通常偏爱穆斯林或印度教上层教徒。[47]

有人认为亚洲人对海上贸易缺乏兴趣，这一成见并不符合事实。同样，认为葡萄牙人是资深的航海家也是一种错觉。在莫卧儿帝国时期（1526—1764）的孟加拉地区和苏拉特，信仰印度教的船主总有一种居高临下的姿态。[48] 作为其他商船的代理商，他们主要为两类客户服务，一类是对海运有兴趣的政府官员，另一类是欧洲人，无论是私商还是 17 至 18 世纪的各种东印度公司（经营亚洲内部贸易或亚欧之间的贸易）。印度商人以节俭和不事张扬而著称，并因其敏锐的商业头脑和严谨的行事态度而受人尊重。17 世纪 80 年代，一名荷兰东印度公司的雇员写道："当他们还在父母的怀抱中，尚且不会走路的时候，就开始被培养成为商人。他们玩进行贸易的扮演游戏，首先要买（货贝），* 再用银子和金子交易。"[49] 除了贸易和放贷，许多商人是"萨拉夫"（sarraf，擅长征税的货币兑换商），也有一些人负责在南亚次大陆之间转移政府资金。在莫卧儿王朝，外国货币并不是法定货币，但人们可以把这些货币或金银送到铸币厂，将其铸成莫卧儿货币。[50] 当然，这样做要花一些时间，而另一种选择就是从萨拉夫手上获得等值的卢比。

在南亚次大陆，东方的香料、宝石、来自马来半岛的锡和来自西南亚的银的消费量很大，尤其是在被称作"莫卧儿王朝的百宝箱"的穆哈。[51] 过去，马匹由阿拉伯半岛和波斯提供，印度、阿拉伯和波斯的商人共享阿拉伯海和孟加拉湾的航道。到 1500 年，居住在马六甲的古吉拉特人可能多达上千人。而且在特定的时间段里，也许曾有更多的人横跨孟加拉湾进行贸易。除了马六甲，他们最主要的目的地包括缅甸的勃固，丹那沙林（墨吉）和吉打的半岛港口，以及苏门答腊岛上的巴塞和亚齐。苏拉特取代坎贝成为古吉拉特的第一大港。苏拉特的朝圣贸易（前往吉达）十分兴旺，这是印度洋最有利可图的贸易，因此吸引了来自皇族、政府官员和大商人的投资。1573 年，古吉拉特被并入莫卧儿王朝，苏拉特也随之连接了印度的中心地带，并得到进一步发展。南方的德哈伯和焦尔与西亚、孟加拉地区和马六甲进行贸易。在马拉巴尔海岸的卡利卡特、坎纳诺尔和科钦等港口，阿拉伯人、波斯人、犹太人和非洲人等外国商人（pardesi）把注意力都集中在与西方的贸易上，而印度喀拉拉的穆斯林商人则主要集中在孟加拉湾和东南亚的沿海港口。

---

* "货贝"是海蜗牛的壳，在印度洋、东南亚和非洲的许多地方用作货币，在林奈双名法中写作"Cypraea moneta"。

在 1433 年郑和的最后一次远航之后，如果不是明王朝放弃了海洋，那么葡萄牙和奥斯曼帝国在东南亚开战（通过代理人）绝对是难以想象的事。由于中国的市场萎缩，船只匮乏，贸易停滞不前，葡萄牙人的确使东南亚恢复了生机。如果说葡萄牙人最初探索通往印度洋的航线的根本原因是为了获得香料，那么亚洲贸易的现状则促使他们开始寻求更为多样化的目标。在马六甲遭到围攻时，一群中国商人与阿尔布克尔克商谈，他们希望于季风出现时起航。阿尔布克尔克迫切盼望与潜在的贸易伙伴建立密切的合作关系，他为这些中国商人提供了安全通道，并将写给阿瑜陀耶王朝国王的信件给了他们。信中写道："现已告知葡萄牙国王曼努埃尔，他是一名异教徒，但并非穆斯林，而且他非常希望双方能够建立和平友好的关系。"[52] 他还承诺为其王国内的商人提供保护。

这种提议是十分虚伪的，因为葡萄牙人正是和平贸易的最大威胁。此时，对亚洲而言，葡萄牙人最主要的出口物可能是火炮和外国雇佣兵，他们以此控制贸易，卖给出价最高者。[53] 葡萄牙人建立了一个通行证（cartaz）系统，其作用是印度洋地区闻所未闻的。所有非葡萄牙商船都必须携带这种通行证，通行费用（其实就是保护费）是象征性的，但持有这种通行证的人必须履行义务，经过葡萄牙控制的港口时须缴纳 5% 的税。[54] 然而，持有有效的通行证并不能使商船免遭葡萄牙人的骚扰，葡萄牙人经常劫掠持有通行证的过往商船。[55]

1513 年，葡萄牙人的船只到达澳门。澳门位于珠江三角洲的一处半岛上，是通往广州和中国南方的门户。葡萄牙人利用中国官方退出海外贸易的机会，希望能够在澳门定居，但遭到拒绝。1521 年至 1522 年间，葡萄牙人再次尝试，但明朝皇帝禁止在广东进行任何海外贸易。[56] 明朝政府不准中国船只出国，目的在于将朝贡贸易聚集到皇家港口内进行。当时，中国最重要的贸易伙伴是日本，日本是白银的主要来源，而白银是当时最流行的缴税形式。1523 年，日本商人在明州与竞争对手之间发生冲突，这导致了中日之间贸易的停滞。但是，由于中国对白银的需求很大，而日本也需要丝绸，结果导致沿海省份的走私和海盗活动十分猖獗。中国商人缺少有利可图的营生，从而使这种状况进一步恶化。许多商人迁徙到日本、东南亚和琉球群岛，在那里与国内进行非法贸易。在日本，被剥夺权利的当地水手加入了他们的行列，一起劫掠大陆沿岸的船只，他们被称作“倭寇”。[57]

葡萄牙人没有利用合法贸易的机会，却加入了活跃在福建和浙江的走私者的行列，利用当地官员的腐败恣意横行。1548 年，提督闽浙海防军务朱纨指出：“佛狼机夷通艘深入，发货将尽，就将船二只起水于断屿洲，公然修理。此贼、此夷，目中岂复知有官府耶！夷贼不足怪也。”[58]当时，明朝政府并没有打算严格执行法律。一位反对朱纨政策的官员虽然承认葡萄牙人是走私犯，但他认为，葡萄牙人作为贸易中间商，为货物付出好价钱，亦使食品和供应品的市场价格上涨了 2 倍，使当地经济从中受益。葡萄牙人始终致力于在中国正式立足，仅仅 10 年之内，他们就在澳门获得了治外法权。到 1583 年耶稣会传教士利玛窦（Matteo Ricci）在广东定居之前，西方人受限于这块飞地而无法进入中国。利玛窦在广东开始对中国的文化和宗教进行深入研究，致力于引介天主教和西方的知识及科技成果（尤其是钟表等机械设备）。[59]他最终得以到达北京，并于 1610 年在那里去世。

葡萄牙人到达中国之后，前往日本对他们而言便仅仅是一个时间问题了。在日本，他们立足于长崎，充当日本和中国的中间商。[60]为了打击倭寇，明王朝于 1548 年与日本断绝关系。9 年后，葡萄牙人在澳门立足，他们选择的时机可谓再完美不过。日本在经历了近一个世纪的内战之后，经济开始复苏，收入归幕府所有，以维持稳定和统一。葡萄牙人进行丝绸和金银的贸易，但事实上除了火绳枪（一种笨重而致命的枪），他们没有出售任何西方货物。[61]日本人很快就学会了如何制造火绳枪，并将其应用于战争中。（火炮于 1551 年引进，但更难制造，其普及也更缓慢。）1549 年，由圣方济各·沙勿略（Saint Francis Xavier）率领的传教团将基督教传入日本。在利玛窦生前，只有 2,000 名中国人皈依了基督教，而到 16 世纪末，日本已有大约 30 万名基督徒。[62]这种成功激起了佛教僧侣的敌意，他们使日本政府相信，基督教对来之不易的政治稳定局面构成了威胁。1565 年，幕府将军开始限制基督徒的活动。1614 年，基督教遭到彻底禁止。[63] 1639 年，葡萄牙人被残酷地驱逐出境。他们唯一真正留下的是一个荷兰小商团，荷兰人跟随葡萄牙人到达日本，由于他们谨慎而谦逊，遂被日本当局接受。

日本入侵朝鲜半岛（1592—1598）

幕府将军不仅限制外国商人的贸易活动，对本国商人同样加以严格限制，禁止他们出航海外。而日本在 16 世纪末积极参与东北亚事务，已难以从中抽身。摄政者丰臣秀吉在结束内战并统一日本之后，便着手侵略朝鲜半岛。他之所以这么做，是想重启日本与中国之间的贸易。1567 年，明王朝放松了对中国人出海的限制，但仍然禁止前往日本。[64] 对丰臣秀吉而言，侵略朝鲜和中国似乎是日本统一之后的自然延伸。[65] 同时，士兵和水手在和平时期无所事事，而战争则是其发泄精力的一种方法。1588 年的一项法令规定，诸道和海岸地区的船长、渔民和那些乘船出海并签署书面誓约的人，自此不得从事任何海盗活动。[66] 日本军队装备精良，经验丰富，而朝鲜则缺乏大规模实战的经验和火器，且对这次突然袭来的入侵毫无准备。1592 年 5 月，约 14 万人的日本军队在釜山附近登陆。10 周之内，首尔、平壤相继沦陷。

朝鲜的得救依赖于明朝军队、朝鲜游击队和李舜臣的水军，尽管三者似乎不太可能合作。朝鲜被划分成 16 个海军军区，8 道中的每个道管辖 2 个军区。担任全罗左道水师节度使的李舜臣，将复杂的战术与严格的纪律相结合，这是转败为胜的必要前提。他所用的武器是装备精良且保护严密的“龟船”（带铁甲的双桅大帆船），据时人描述：

> 其上层甲板装有铁钉，可将跳上船的敌人的脚刺穿。在船的盖板上有一个十字形的狭窄入口，船员们可由此来回自由移动。船首为龙头状，龙嘴是炮口，船尾也有一个炮口。下层甲板的左右舷各有 6 个炮孔。船身的造型像一只海龟，故得名曰“龟船”。当遇到敌方的木船时，上层甲板会覆盖草席以隐藏铁钉。在任何风向中，龟船皆能乘风破浪，船上的炮弹和火箭足以摧毁敌军。在历次战役中，它

都冲锋在前，引领着己方的战舰。[67]

龟船在战船发展史上构成了某种死胡同，供李舜臣使用的龟船从未超过 5 艘。不过，龟船对于朝鲜的胜利仍然起着至关重要的作用。1592 年夏，李舜臣共发动了 10 次进攻，其中发生在 6 月的闲山岛海战最具决定性意义。面对兵力占优势的敌军，李舜臣率军佯装撤退，引诱 80 艘日本战船出港。之后，他以鹤翼阵对日军展开了围攻。日本损失了 60 艘战船，从而无力绕朝鲜半岛前往黄海，向前线运送补给和军队。由此导致的供给延误，加上中国军队的参战，最终迫使日本从平壤和首尔撤军，开始进行和平谈判。谈判持续了很长时间，却最终破裂。1597 年，丰臣秀吉再度入侵朝鲜，并吸取了之前一战中海军作战失利的教训。李舜臣因宫廷阴谋被解除职务，其继任者十分无能，在漆川梁战役中损失了 150 多艘战船，日军则准备进入黄海。朝廷再度起用李舜臣，他重新集结了 12 艘战船。9 月 16 日开始的鸣梁海战使战争陷入了停顿。[68] 鸣梁海峡的宽度只有 300 米，潮水的速度能达到每小时 10 海里。日军的海上后勤补给受阻，其陆军被迫再次采取防守策略。

次年年末，日本军队开始撤退。朝鲜和中国军队从海陆两线展开攻击。1598 年 11 月 19 日夜，在日军撤离朝鲜前 1 周发生的露梁海战中，李舜臣大败日军，日军损失惨重，李舜臣也在激战中阵亡。正如 20 世纪英国的一位将军兼历史学家所言：“对他的职业而言，这是一个恰当的结局。”[69] 他认为，作为海军指挥官的李舜臣，几乎可与英国皇家海军著名的纳尔逊勋爵（Lord Nelson）齐名。不过，东北亚地区在之后很少发生海战，不是因为某一方势力拥有压倒性实力，而是由于中国对海军缺乏兴趣，同时日本和朝鲜也一直对海外投资实行收缩政策。

变化中的地中海

在对抗奥斯曼帝国在印度洋的阴谋方面，葡萄牙人也毫不逊色，他们在从东非到中国的广大地区都拥有战略据点。然而，尽管他们在 16 世纪上半叶已经控制了亚洲对欧洲的贸易，却无法中断波斯湾和红海的贸易。1560 年，在亚历山大港有近 450 万磅香料被交付给威尼斯、拉古萨、热那亚以及法国的商船。5 年后，据称在吉达有 23 艘来自印度和亚齐的船只。[70] 1570 年之后，有少量香料开始通过澳门和马尼拉运抵美洲，葡萄牙人在全球香料贸易中所占的份额再次增加。不过现存的统计数据表明，一个世纪以来，欧洲的人均胡椒消费量呈下降趋势，而其他香料的人均消费量却出现了小幅上升。[71] 而欧洲市场只是众多市场中的一个。这一时期，马拉巴尔海岸的胡椒种植规模很有可能翻了一番，丁香、肉豆蔻和肉豆蔻干皮的产量则增加了 5 倍。[72] 而其原因并不仅仅是葡萄牙人和欧洲人需求的推动。

同样，在 16 世纪初，威尼斯等地的商人没有因为缺乏香料而被逐出地中海地区。尽管历史学家和消费者一样，都容易被带有异国风情的事物吸引，但对大多数地中海的托运商而言，大宗商品往往是更平常的物品，诸如谷物、家畜、酒、鱼、金属、皮革及手工制品等。由于农作物的产量很不稳定，因此较之宗教裁判所本身的事务而言，其间谍活动可能会更多地关注谷物产量的信息。而商人们则更加适应变幻莫测的收成，某地的食物短缺可以通过另一地过剩的食物来补充。[73] 不过，只有赶在价格下跌之前到达，并幸运地逃过海盗的劫掠，商人们才能获得利润。在地中海东部，海盗经常会直接劫掠谷物运输船。[74] 自古以来，意大利的西西里岛一直是一个谷物交易中心，但并没有一直控制着谷物市场。在西班牙，黎凡特的谷物价格比较便宜。16 世纪中叶，土耳其的谷物产量急剧增加，导致了谷物过剩，但只有通过复杂的黑市渠道，谷物方能出口到基督教国家。[75]

尽管地中海的贸易持续增长，但是跨大西洋、跨太平洋以及大西洋与印度洋之间的航运网络的出现，意味着地中海不再是西方海洋贸易的核心地区（最多只是其中之一）。[76] 但尽管如此，地中海航运仍是欧洲经济的支柱。1498 年至 1567 年间，威尼斯的船舶总吨位翻了一番；1540 年至 1570 年间，拉古萨的船舶总吨位增加了 75%。在法国和奥斯曼帝国，政治局势和经济财富的不断变化，见证了极具活力的商业企业的崛起。1568

年，奥斯曼帝国通过向法国商人发放“通商协议”，* 开始向基督教国家开放贸易。[77] 其作用相当于中世纪的安全通行证，在 17 世纪中叶发挥了重要作用。当时，欧洲商人只有在法国国旗的保护下，才能在奥斯曼帝国的港口进行合法贸易。[78] 而基督徒并不是唯一向法国寻求保护的群体。马耳他骑士团和海盗（这些海盗是劫掠船只的水手，但没有经过私掠船委员会的正式许可，不过他们比一般海盗更忠于国家）的袭击十分频繁，迫使许多穆斯林商人在船上安插法国国旗，许多地中海的朝圣者在前往埃及时也选择乘坐法国船只。**

1580 年，英国获得了奥斯曼帝国的通商协议，并于次年成立了利凡特公司，从而在东地中海地区展开了商业活动。英国的优势显而易见，其毛织品的价格比竞争对手更为低廉，奥斯曼帝国对英国商品仅征收 3% 的关税，而对法国和威尼斯商品则收取 5% 的关税。英国商人所乘的大船全副武装，在直布罗陀海峡足以横扫其对手西班牙的船只。[79] 作为清教徒的英国商人可以无视教皇的禁令，毫无顾忌地向奥斯曼帝国提供战争物资（包括铁枪和火药）。[80] 带有讽刺意味的是，利凡特公司最大的威胁竟然是一批英国海盗，他们肆意劫掠各国船只，并将战利品卖给北非的政权。也许，英国商人比其他国家的商人受到的直接伤害要少一些，而打击这些本国海盗的责任，便由利凡特公司的合法商船承担。[81] 荷兰人追随着英国人的脚步进入了地中海，因其擅长从事谷物贸易，意大利人雇用了他们。[82] 1612 年，荷兰人与奥斯曼帝国通过谈判，获得了属于自己的通商协议。

荷兰人的崛起

当西班牙人正在编织绕过非洲，横跨大西洋、太平洋和印度洋的世界贸易网络时，荷兰人正忙于垄断从波罗的海到地中海的大部分欧洲贸

* “通商协议”（capitulation）一词指的是协议中的“章”（capitula），而与其原意“投降”无关。

** 马耳他骑士团源自 11 世纪初的耶路撒冷圣约翰医院骑士团，这是一个为照料圣地的朝圣者而成立的宗教骑士团。1291 年阿卡城陷落后，他们迁往罗德岛，并在那里成了海盗。1522 年，他们被奥斯曼帝国驱逐而迁至马耳他岛，直到 1798 年拿破仑攻占该岛并将其驱逐。

易。葡萄牙人在安特卫普出售他们的胡椒，荷兰人也从中获利。到15世纪，安特卫普已经取代了布鲁日，成为北欧第一大港口。由于葡萄牙人缺乏在亚洲扩张所需的资金，因此只有从零售商那里获得利润，才能维持其船只的运营，而在安特卫普获利是很容易的。[83]德国的商人家族（如富格家族和韦尔塞家族）将大量铜币和白银转移到安特卫普，用于购买亚洲的香料，而葡萄牙人也从中获利。到16世纪20年代，曼努埃尔一世的收入中有一半都来自出口北欧的香料贸易。1516年，勃艮第公爵查理成为西班牙国王（即查理一世）。他控制了荷兰，加强了安特卫普与伊比利亚半岛之间的联系。其后，这个城市的兴衰浮沉遂与西班牙和荷兰之间的紧张关系息息相关。

荷兰人热衷于海洋贸易，这是其本土自然资源匮乏的结果。荷兰地处欧洲西北部最大的几条河流的三角洲之上，三面都被咸水和淡水环绕。为此，荷兰人每年都要“支出高额费用，用于修建堤坝、水闸、水车引水槽、风车和围垦地”。[84]尽管荷兰也有农业，但仅靠农耕是无法支付这些费用的。1543年，荷兰各省向查理一世提交了请愿书：“荷兰居民必须从事手工艺和贸易以自立。他们从外国获得原材料，然后加工制成成品（包括各种衣服和布料），并出口到许多地方，如西班牙、葡萄牙、德国和苏格兰，尤其是丹麦、波罗的海、挪威等地区。从这些地区返回时，则携带产自其他地区的货物和商品，尤其是小麦等谷物。”汉萨同盟的商人控制着波罗的海，并小心翼翼地加以维护。15世纪末，途经厄勒海峡的船只大部分都是荷兰船。[85]每年，波罗的海都会因冰冻而封航5个月，尽管如此，1471年从波兰的格但斯克前往荷兰的谷物运输船仍有1,000艘。一个世纪之后，这一数字翻了一番。到那时为止，大多数荷兰船依旧空载，或者装载来自伊比利亚半岛的廉价的盐（供应作为荷兰经济支柱的渔场）。

波罗的海的贸易不仅提供食物和奢侈品（如俄罗斯的皮草），而且对荷兰的造船业也起着至关重要的作用。荷兰通过海外贸易进口航海所需的几乎所有物品，包括木材、焦油、铁、制造索具所需的大麻以及制帆所需的亚麻。[86]正因为荷兰人十分依赖海外贸易，所以发展出了高度复杂的商业技巧和造船技术。他们用一流的风力锯木技术弥补了劣质木材的不足，并为不同的贸易设计和建造了各种类型的船只。直到荷兰人反抗西班牙统治的八十年战争（1568—1648）爆发之前，在荷兰几乎没有人能够自行承担造船所需的费用。于是，荷兰人发明了一种办法，将造船的投资分成 64 份。[87] 相较于其他地方的投资，这意味着来自社会各个阶层的人在航海贸易上的投资份额要更多。荷兰人将这种分摊风险并扩大财富来源的制度，与当时最高效的商船福禄特帆船（fluit）的发展相结合。[88] 这类商船载重量为 400 ～ 500 吨，长宽比约为 5∶1 或 6∶1。福禄特帆船经常被形容为漂浮的盒子，舱底弯曲角度很大，艏柱和艉柱很尖，艉部向上呈锥形。船上装有多面小型帆，通常，前桅和主桅挂横帆，尾桅则挂三角帆。由于不需要更多的水手去收帆，所以船员数量很少。福禄特帆船的航速较慢，不过由于大多数船只都没有装备武器，因此须由战舰护航。

与其父勃艮第公爵查理不同，菲利普二世在西班牙出生，他试图限制荷兰人长期以来享有的特权。同时，他也试图根除人数不断增长的加尔文教徒（尤其是在北部各省），且对商人实行严苛的税收政策。1568 年，这种状况最终被打破。八十年战争于这一年爆发，并以联省共和国（即现代的荷兰）的独立而告终。安特卫普是战争初期的受害者，被西班牙占领后，其人口数量减少超过一半。[89] 阿姆斯特丹积极吸收南方的商业人才和资金，很快成为各种商品的汇聚之地，例如欧洲南部的酒、水果和糖，亚洲的胡椒、香料和丝绸，以及美洲的银币等。而且，它还蚕食了英国和汉萨同盟在北方的奢侈品、俄国毛皮、皮革制品、蜡和鱼子酱等贸易中的份额，并通过从里海到白海的河流向北推移。[90]

在俄国的渗透与扩张

1533 年 6 月，3 艘英国船驶向白海。虽然船员们的潜在愿望是寻找一条通往中国的东北向航道，但其首要的兴趣则是为英国的羊毛寻找新的市场。其中 2 艘船上的船员在拉普兰海岸被冻死，但理查 · 钱塞勒（Richard Chancellor）最终到达了北德维纳河。他从那里继续前往位于 1,000 千米之外的莫斯科，那里是被称为“伊凡雷帝”的伊凡四世（Ivan IV “the

Terrible”）宫廷的所在地。尽管“在返程时遭到了佛兰芒人的抢劫”，理查·钱塞勒终究完成了使命。[91] 沙皇与玛丽一世（Mary I）之间建立了友好关系。沙皇承诺，在俄罗斯的毛皮贸易中给予英国人以坚定支持。在16世纪，所谓的“俄国”是指莫斯科大公国，以莫斯科（位于基辅东北约750千米处）为中心。尽管坐落在“俄国的美索不达米亚”，伏尔加河、西德维纳河、第聂伯河、顿河和北德维纳河皆发源于此地，但俄国仅在白海有一个出海口。[92] 该港口十分偏远且靠近北极，显然不利于开展长途贸易。不过，莫斯科公司的伦敦商人却察觉到了其商业潜力，后来荷兰人也意识到了这一点。

英国莫斯科公司的印模（1555年）。作为世界上第一家合资公司，其目的旨在开辟对俄国北部的贸易。当时，俄国尚没有其他出海口，英国主要出口织物以换取毛皮。（Courtesy of the British Museum.）

英国商人获得了对俄罗斯的贸易的特许垄断权，也包括以前没有人知道或到过的“向北、东北和西北”的所有俄国领土上的贸易。[93] 莫斯科公司是世界上第一家合资公司，人们可以自由地买卖股份，并获得分红，公司日常事务由专业管理人员负责。股东之间为合作伙伴关系，对公司所有债务负责，但仅限于个人投资，这是所有公开交易公司的基本原则。这种模式成为利凡特公司（1581年）、英国东印度公司（1600年）和荷兰东印度公司（1602年）的范本。莫斯科公司在北方一直遥遥领先，直到17世纪初荷兰使英国失去了优势地位——这是因为荷兰拥有更多元化的商品可供选择。[94] 尽管俄罗斯商人并未涉足海上贸易，但伊凡四世还是在阿尔汉格尔修建了港口。[95] 自1584年起，这是俄国唯一的咸水港，直到 1703 年圣彼得堡建成。

由于西面被立陶宛大公国和波兰所限制，南面被哥萨克人和克里米亚汗国所包围，莫斯科大公国遂转向东方。[96] 为了成为“全俄罗斯之王”，伊凡四世击败了喀山汗国和阿斯特拉罕汗国，打开了进入伏尔加河下游和里海的通道。伊凡四世带领俄国人穿过乌拉尔山脉进入西伯利亚地区，到 17 世纪 30 年代，俄国的东部边界推进至太平洋沿岸。哥萨克人叶尔马克（Yermak）发起了这次扩张运动，此人以“率领许多自由战士袭击里海和伏尔加河上的船只（甚至劫掠皇室的财富）”而闻名。[97] 1579 年至 1584 年间，他入侵了西伯利亚汗国，并借道从伏尔加河到额尔齐斯河的水陆交通线到达鄂毕河。[98] 叶尔马克的手下使用了一种平底河船（被称作“doshchanik”），这种船由单面横帆驱动，配有 20 支桨，载重量为 35 ～ 150 吨，最大长度约为 38 米。此外还有一种双端船（strug），长 6 ～ 18 米。

从事毛皮贸易的商人们继续其横穿西伯利亚汗国的进程，进展十分顺利，沙皇向其发放领土权特许状。如 1558 年的一份契据中所言：“税款没有进入我（指伊凡）的皇室财库，这片土地没有赐给任何人，登记簿、买卖契据和法律文件上也没有登记任何人的名字。”[99] 不过，这只是俄国人对后来被称为“无主地”（terra nullius）原则的一种表述。这种比喻十分牵强，是指非生产用途的（亦即免税的）土地不属于其居民，国家可以任意取得其所有权，并以法律约束该土地上的居民。1584 年，沃尔特・雷利（Walter Raleigh）派一支探险队前往北美。他将北美一块界限不明的领地命名为“弗吉尼亚”，意在颂扬“童贞女王”伊丽莎白一世（Elizabeth I）。在推动前往圭亚那的殖民行动时，雷利更为明确地执行这一原则。他将圭亚那描述为“仍拥有处女地的国家”，“那里的土地没有遭到过洗劫、加工或破坏，肥沃的土壤也没有得到利用”。[100] 较之单纯地宣示主权并象征性地占有土地，这成为一种更加复杂的殖民借口。不过，直到 18 世纪末和 19 世纪，这才成为一个颇具重要性的外交问题。当时，俄国人、西班牙人、英国人和美国人在北美的努特卡湾地区竞相树立界标以宣示主权。[101]

欧洲的海军机构与国家的形成

由于海军组织、造船业和重炮设计的进步，西欧人得以将哥伦布、达·伽马及其他同时代人所取得的开创性成就加以巩固和扩大。不过，变革是缓慢而不平衡的。直到16世纪初（以及之后的几个世纪），海上冲突的主要目的并不是为了推进民族国家的建立。从本质上说，大多数海上暴力行为都是属于商业性质的，是个人为了强化其自身利益而实施的。甚至威尼斯护航制度的建立也不例外，其目的在于保护商人免遭海盗劫掠，同时防范其他国家的敌对行动。很少有人会在无法保护自己免遭侵犯的情况下航行，无论其航程长短。正如一位历史学家所指出的："为了寻找贸易机会，有些人通过海上交通线，并有效地利用暴力，这不过是多种创业技能之一，是获得利润所必需的。"[102]

在建立和维持常备海军方面，大多数统治者都缺乏必要的资金。当君主命令舰队出海时，战舰和船员通常都是临时招募的，通过临时征用和租用船只，来补充那些不完备的小型舰队。16世纪时海军管理机构的特点在于，国家海军的发展处于中央政府的控制之下，海战由个人的、商业性质的战争逐渐向社会、政治性质的战争转变。这意味着，两个（或者更多）国家之间的冲突，将得到其国内公民的物质支持。许多国家开始完全垄断对海上暴力的使用，在某种程度上，这也是一种相辅相成的制度，即国家利用所得税收建立和维持常备舰队，通过实行有效的税收制度，国家在保护其公民贸易方面的能力得到加强，同时也开辟了有利可图的商业渠道。[103]

究其本质，海军管理机构关注的是军事行动和后勤补给（包括建造和修补船只，以及为船员提供必需品）。对于一支正规海军的发展而言，完善的财政体系和基础设施是十分必要的。（在这一时期，捕获法庭也是海军管理机构的组成部分，负责裁定依法捕获的货物和船只的利益分配。）当时，威尼斯人和奥斯曼帝国拥有欧洲最先进的舰队。在苏莱曼大帝统治期间，奥斯曼帝国的海军实力达到了巅峰。16世纪50年代，位于金角湾的皇家兵工厂有120多个双船台，此外在加利波利半岛还有30个。在黑海的锡诺普有一家造船厂，在爱琴海的卡瓦拉、莱斯博斯岛、罗德岛以及埃及的亚历山大港和苏伊士，都驻扎着一些附属舰队。在穆哈，一支海军中队把守着红海的入口。在巴尔干半岛的多瑙河和萨瓦河上，也有一些内河舰队。阿尔及尔的海盗则与此无关，他们不再有义务为奥斯曼帝国而战。不过，其中出现了许多奥斯曼帝国最著名的军官，例如来自莱斯博斯岛的巴巴罗萨・海雷丁（Barbarossa Hayreddin），他和他的哥哥统治着突尼斯和阿尔及尔。

船厂工人按职业分成不同的团队，如木匠、制桨工、补缝工、铁匠和滑轮制造工等。直到 17 世纪，船队仍主要由加莱船（galley）构成，船员则大多从各地征募而来。伊斯坦布尔的一名外交官曾指出，船员们“待遇很好，收入很高”。[104] 而在海盗船上，船员中有很多都是俘虏，其中包括阿尔及尔人和马耳他骑士团的基督徒。船员以基督徒为主，还有一小部分由奴隶和囚犯构成。[105]1562 年，据一名威尼斯官员估计，只有 30 艘奥斯曼帝国的加莱船的船员中有奴隶。9 年后，即勒班陀战役发生时，在 30 艘那不勒斯船的船员中，囚犯占 47%，奴隶占 10%。1584 年，在船员总人数中，囚犯占 47%，奴隶占将近 20%。之所以要依赖这些人身不自由的船员，原因之一是当时采用了新的“多人单桨法”（scaloccio），即由 3 ～ 5 名桨手共同操纵 1 支桨，以此取代传统的单人单桨法。[106] 这种新方法的好处是使蛮力变得比技巧更加重要，每支桨只需 1 ～ 2 名有经验的桨手，其他桨手则只需蛮力即可。而且使用囚犯还有另外一个好处，那就是其报酬只有自由人水手的一半。

在西欧，只有葡萄牙和英国两个国家拥有常备海军，而且只有葡萄牙的舰队部署超出了欧洲水域的范围。关于葡萄牙舰队的管理制度我们知之甚少，不过可以确定的是，由于葡萄牙舰队有权使用从巴西到非洲、印度、东南亚和澳门的基地（最多时曾达到 300 个，包括马六甲、霍尔木兹岛、莫桑比克岛，尤其是果阿和巴西的巴伊亚），其足迹遍布整个东半球。[107] 果阿和巴伊亚建成了著名的造船厂，所造船只与葡萄牙国内所造的水平相当。无疑，船只是成功的必要基础。与同时期的其他国家相比，葡萄牙船只的载重量更大，武器装备也更强。另外，葡萄牙的造船者还会根据具体需要，对船只的设计加以修改。

在通往印度的航线上，商用的卡瑞克帆船、盖伦船（galleon）以及“无敌舰队”中的卡拉维尔帆船（caravela de armada）是葡萄牙最重要的几类船只。[108] 这种卡拉维尔帆船是经过增大的多桅横帆船，葡萄牙人在非洲进行探险和哥伦布横跨大西洋时使用的都是这种船。由于卡拉维尔帆船太小（有 2 层甲板，载重量为 150 ～ 180 吨），因此在长途航行中无法运载货物，不过，作为印度航线上的护卫舰或者承担海岸警卫任务则是十分合适的。一般而言，在 4 根桅杆中，前桅装有横帆，其他 3 根桅杆则装有大三角帆，艏斜杠上装有横帆。船身较之以前更宽，旨在使其成为一个更加稳定的炮座。这种卡拉维尔帆船被视作“首批为欧洲海军的海上作战而专门研发的远洋船只”。[109]（15 世纪时，尽管一些威尼斯造船者已经将设计理念落实到了图纸上，但是直到 1587 年才出现了第一本印刷造船手册，在墨西哥城等地出版。[110] 而此时，卡拉维尔帆船的全盛期已经过去。）盖伦船的尺寸是卡拉维尔帆船的 2 倍，大约在 16 世纪中叶得到发展。“盖伦船”可以泛指从威尼斯到尼德兰的各种类似的船只，而葡萄牙的盖伦船则主要应用于海军舰队。它通常比卡瑞克帆船更长而且更窄，有较矮的艏楼，前面的 4 根桅杆挂横帆，后桅挂主帆和大三角帆，其速度比卡瑞克帆船更快，机动性也更强。

在北欧，英国是第一个尝试建立海军的国家。亨利七世（Henry VII）因下令建造朴次茅斯皇家造船厂而闻名，而其继承者亨利八世（Henry VIII）则是近一个世纪中第一位确立海军发展目标的英国国王。早在他下令建造“玛丽玫瑰号”（*Mary Rose*，于 1510 年下水，1545 年在对法作战中不幸沉没，1982 年被打捞出水）以及“主恩亨利号”（*Henri Graceà Dieu*，于 1514 年下水）时，其雄心就已显露无遗。16 世纪初，在丹麦、法国以及詹姆斯四世（James IV）治下的苏格兰，大型战舰很快被更小、更紧凑的盖伦船取代。[111] 盖伦船的质量更好，更加坚固，功能也更加多样。这令人联想起古代希腊诸王之间的竞争。然而，从根本上说，英国海军的稳定性并不取决于船只本身，而在于建立军需供给、船舶维护以及监督管理的一整套制度。[112]“王室船务文员”是一种古老的职位，此外还有文员管理者和仓库管理员（仓库大多位于泰晤士河畔）。16 世纪 40 年代，亨利八世任命了海军上尉、海军财务官、船只检查官以及海军军需官，并成立了海军部，由此扩大了海军的管理机构。1557 年，亨利将预算费用拨付给海军。次年，伊丽莎白女王即位。当时，英国海军通常有 23 艘可供使用的战舰，驻扎在梅德韦港。

丹麦国王汉斯（Hans）决定，使瑞典继续作为卡尔马同盟中的一员。同时，为了反击汉萨同盟城市的商业和军事野心，丹麦紧随英国之后开始建立海军。其经费来自在厄勒海峡对过往船只收取的费用，这些费用甚至连保护费都算不上。[113] 人们之所以认为这是合理的，只不过是因为丹麦人在其管辖的斯卡格拉克海峡、卡特加特海峡和波罗的海保障航海安全而已。[114] 汉萨同盟的商人对此十分不满。1522 年，波罗的海诸国之间的分歧逐渐显露。未来的瑞典国王古斯塔夫一世（Gustav I）从汉萨同盟城市吕贝克和斯特拉尔松购买了 12 艘武装商船，建立了瑞典海军。[115] 5 年后，古斯塔夫采取了一项十分大胆的行动——解散教会。（1 年后，其对手丹麦也依样行事，而近 10 年之后，英王亨利八世也加以效法。）他用由此得来的收益建立了瑞典的第一支常备舰队，其中旗舰的排水量达 1,700 吨。

在 16 世纪的海军改革中，扩大舰载火炮的使用范围与改进管理同样重要。13 世纪时，火炮的雏形已有所发展，但尚未在海战中得到应用。到 15 世纪 70 年代，威尼斯人开始在加莱船上装备大型主炮，却长期被卡瑞克帆船和柯克船上的高舷遮挡。在船首装配 1 门大炮的加莱船，遂变成了性能卓越的海上战舰。威尼斯人以大型三桅加莱船为基础，发明了当时最大的重装战舰——加莱赛战船（galleass）。[116] 其巨大的船体构成了绝佳的炮台，而且威尼斯人为其配备了最重的火炮。[117] 据记载，有 4 艘那不勒斯的加莱赛战船曾随行西班牙的“无敌舰队”，每艘船携带 5 门大炮（发射重约 25 千克的石制和金属炮弹）和 45 门较小的火炮（发射重 12 千克的炮弹和杀伤力极强的霰弹）。这些火炮足够武装 5 艘普通的加莱船。这些加莱赛战船长 50 米，以桨帆为动力，每侧有 21 ～ 30 支桨，每支桨配有 3 ～ 7 名桨手。由于加莱赛战船造价过高，因此无法取代普通的加莱船而成为常规战船。此外还有稍小一些的小型双排桨船（galiot，每侧有16～20支桨）和小型快速帆船（bergantin，每侧只有8支桨），地中海海盗颇爱使用这两种船。

起初，帆船无法对抗全副武装的加莱船。如果在主甲板上安装重炮，则无法保持船只平衡，且对低矮的战船是无效的。只要是用叠压法制造的船只（直到16世纪，这种方法在北欧仍十分常见），就不可能在船体上留出防水的炮孔。帆船携带的重炮一般被安装在船尾，尽可能接近吃水线，可以通过方形船尾的船板上凿出的炮孔进行瞄准。然而事实证明，实际效果并不理想。战船一般会先用艏炮进行攻击，随风向变化点燃舷侧炮并转动，用艉炮瞄准敌方，然后点燃另一边的舷侧炮。进入17世纪之后，关于战舰的绘画通常会主要表现船尾的重炮（以及丰富的装饰物）而非舷侧轮廓，这反映了船尾重炮的重要性。16世纪70年代，英国开始大量使用加莱船和盖伦船，后者的特征是高高的船尾和圆角的艏楼，基本上是“加莱船的前部加上普通船只的后部”，因此可以在船首装配重炮。[118] 后来，从船首到船尾皆布满了重炮，遂确立了17至19世纪间在舷侧安装炮台的做法。

在武器装备方面，由于英国的铁制品供应充足，因此相较于其他国家拥有明显的优势。尽管铁炮的铸造技术更难，且比铜炮更重，但其造价只有铜炮的五分之一。因此，英国海军开始广泛使用铁炮，并建立起活跃的出口市场。在斯堪的纳维亚半岛的七年战争期间（1563—1570），丹麦是最大的买主，也是第一个被频繁卷入海上战争的国家。[119] 瑞典则似乎更多地依赖国有战船，这些船只是为特定目的而专门建造的。但是，各国舰队之间最大的不公平在于，瑞典人可以获得质量高、射程远的青铜炮，而丹麦人最初是依靠熟铁制成的炮，后来才开始购买更为先进的英国铁炮。关于1563年至1566年间舰队交战的详细记载并未留存下来。由于瑞典海军的火力强大，机动性也更强，因此能够压制丹麦与吕贝克的联合舰队。在1565年7月7日的博恩霍尔姆战役中，实力相当的2支舰队（每支舰队约有27艘船）进行了一场近距离的激战。在失去旗舰之后，丹麦与吕贝克的联合舰队退出了战场。然而，我们尚无法确定舰载火炮发挥的作用。通常，舰载火炮平均每个小时发射一次，而且当时大部分火炮在一段周期内只能发射 25 ～ 30 枚炮弹。[120] 舰载火炮尽管能够阻止敌人靠近，但是尚无法证明其作为反舰武器的价值。

海战：从勒班陀到“无敌舰队”

英国、丹麦和瑞典的成功，已经展示了完善海军管理方法的价值以及现代武器的破坏力。不过直到 16 世纪 70 年代，海洋权力的中心依旧在地中海。然而在将近 25 年的时间里，权力中心就迅速转移到了欧洲西北部。对这一过程，我们可以通过考察 3 次海战（全部涉及西班牙）来加以考察，即 1571 年的勒班陀战役、1582 年的圣米格尔岛战役和 1588 年西班牙“无敌舰队”与英国皇家舰队之间的决战。

1570 年，奥斯曼帝国军队包围了塞浦路斯的尼科西亚港，此地为威尼斯人所占据。威尼斯人急需盟友，他们获得了教皇庇护五世（Pius V，他无视威尼斯共和国是教皇国的宿敌）和西班牙国王菲利普二世的帮助。不过，菲利普二世对威尼斯的麻烦并不关心，而是希望打破奥斯曼帝国对突尼斯、的黎波里和吉尔巴岛的控制（1511—1560）。这次联合军事行动前景渺茫，但在 1571 年 5 月，威尼斯、西班牙和教皇国签订了同盟条约。奥地利的唐·胡安（Don Juan）被任命为同盟联合舰队的司令，他是菲利普二世同父异母的弟弟。威尼斯海军上将塞巴斯蒂亚诺·韦涅罗(Sebastiano Venier）和教皇国的海军将领马卡提尼奥·科隆纳（Marcantonio Colonna）担任副司令。10 月 7 日，舰队在距离勒班陀（即希腊的瑙帕克托斯）以西 40 英里处会合，那里是柯林斯湾的入口。[121] 为了方便基督教国家的舰队进行统一作战，来自不同国家舰队的船只都混合在一起，唐·胡安、韦涅罗和科隆纳的船并排航行。联合舰队由 207 艘加莱船和 6 艘加莱赛战船组成。奥斯曼帝国舰队则由 213 艘加莱船和 33 艘小型双排桨船组成，由米埃津札德·阿里帕夏（Müezzinzâde Ali Pasha）、乌卢·阿里帕夏（Uluç Ali Pasha）和西罗科·穆罕默德帕夏（Şuluç Mehmed Pasha）指挥。

尽管奥斯曼帝国在战舰数量上占据优势，但其加莱船上的武器装备较少。6 艘威尼斯的加莱赛战船装备了重武器，奥斯曼帝国的战舰无法与之匹敌，其火力可能不足前者的一半。联合舰队的战船在侧面悬挂一排盾牌以阻止敌军登船，防御更加完善，可以保护船员免受弓箭和小型武器的攻击。联合舰队携带了大量火绳枪，虽然很笨重，但在近距离作战时却比弓箭更加有效。加莱赛战船的战斗力很早就显现出来，有效地扰乱了奥斯曼帝国舰队的航线。在当天下午的早些时候，米埃津札德·阿里阵亡，奥斯曼帝国舰队陷入混乱状态。奥斯曼帝国舰队损失了210艘战舰，其中有117艘加莱船和13艘小型双排桨船被俘获，伤亡约30,000人，是联合舰队伤亡人数的3倍。这场著名的胜利向基督教欧洲证明，奥斯曼帝国并不是不可战胜的。但是在不久的将来，事实也证明，相较于基督教国家的同盟，奥斯曼帝国恢复的速度更快。正如一名官员对威尼斯人所说的："你们剃掉了我们的胡须，但是不久又会长出来。我们已经切断了你们的手臂，而你们再也无法找到一条新的手臂。"[122]次年，乌卢·阿里督造了一支新舰队，而威尼斯人几乎没有建造任何新的加莱船。当威尼斯商人获许继续在亚历山大港进行贸易时，奥斯曼帝国于1573年完全占领了塞浦路斯。

事实证明，勒班陀海战是奥斯曼帝国与哈布斯堡王朝之间最后一次重要的海上冲突。在这场战役结束后，基督教国家的同盟并没有继续长期存在。1573年，奥斯曼帝国与威尼斯之间的战争结束，并于4年后与哈布斯堡王朝停战。两大帝国由此得以从战争中解脱出来，集中精力解决其他危机。对奥斯曼帝国来说，主要的威胁来自萨法维帝国；对西班牙的哈布斯堡王朝来说，最大的危机则是荷兰人的反叛和葡萄牙的王位继承问题。1580年，葡萄牙国王塞巴斯蒂安（Sebastian）去世，因这没有留下子嗣，西班牙国王菲利普二世提出了继承王位的要求。当时，西班牙缺乏一支强大的大西洋常备舰队，亚速尔群岛拒绝接受菲利普二世为国王，并支持王位觊觎者多姆·安东尼奥（Dom Antonio），且得到了其他欧洲统治者的支持。安东尼奥意识到哈布斯堡王朝扩张政策的威胁，遂将亚速尔群岛视为值得争取的战略要地，以此为基地可以劫掠西班牙的船队。1582年，法国派出了由约60艘战船组成的舰队以支持安东尼奥，由菲利普·斯特罗齐(Philippe Strozzi)率领。西班牙舰队由圣克鲁斯侯爵(Marquis of Santa Cruz）率领，将法国人引到了圣米格尔岛的战场。[123] 关于这场战役的记载表明，在双方战船靠近之前，战斗随着舷侧炮开火而打响。尽管人数只有敌军的一半，但圣克鲁斯侯爵仍然沉重打击了斯特罗齐率领的军队，同时粉碎了亚速尔群岛对西班牙在葡萄牙进行统治构成的威胁。

斯特罗齐的军队中包括一支英国舰队，其中的志愿兵并没有得到伊丽莎白一世的正式认可。在伊丽莎白一世的外交事务中，当务之急是处理与菲利普二世之间的关系，然而她倾向于支持在荷兰的英国新教徒（他们掌握着英国三分之二的羊毛出口贸易），同时也尽力阻止其更加好战的新教徒臣民去掠夺天主教国家。英国海军尚非推行国家政策的有效工具，正如西班牙皇家舰队也只是应战时需要而生。同时，国家事务与个人特权之间的界线并不明确。伊丽莎白一世将其舰队提供给个人用于商业冒险，她认为这样既可从中获利，也能暗中削弱其对手。

1585 年，伊丽莎白一世秘密批准弗朗西斯·德雷克（Francis Drake）率领使团进行环球航行，这是她最为大胆的一个决定。这次远航有着多重目的，一是侦察西属美洲的太平洋沿岸地区，二是与尚未臣服于欧洲国家的部落建立联系，三是劫掠西班牙的船队。1577 年 12 月，德雷克率领 5 艘船和 180 名船员起航。在前往南美洲之前，他们劫掠了 6 艘西班牙船，并在佛得角群岛附近俘获了一名葡萄牙引航员。德雷克在圣朱利安港处死了一名哗变者，而在 1520 年，麦哲伦在其环球航行的过程中也在同一地点处死了一名哗变者。德雷克将他的船重新命名为“金鹿号”（*Golden Hind*）。穿过麦哲伦海峡时，德雷克的船队只剩下了 3 艘船。1578 年 9 月 6 日，英国的旗帜首次飘扬在太平洋上。一场暴风雨导致其中一艘船沉没，另一艘船则在约翰·温特（John Winter）的率领下返回英国。德雷克继续向南航行，证实了他之前的预测，即麦哲伦海峡并没有将南美洲从“南方大陆”中分离出来。同时也证实了，南美洲南部海岸由群岛构成，群岛以南便是今天为人们所熟知的德雷克海峡。

英国人继续向北航行，一路上劫掠了瓦尔帕莱索、阿里卡和卡亚俄。1579 年 3 月 1 日，他们在哥伦比亚沿岸俘获了“感孕圣母号”，并掠夺了船上的货物以及 80 磅黄金和 26 吨银币。在德雷克放弃寻找西北航道之前，他一直沿着北美西海岸航行，也许曾经到达胡安·德富卡海峡。德雷克选择在一个“便利而合适”的港口停泊，后来人们普遍认为那里就是今天的德雷克湾，位于旧金山湾以北约20英里处。[124]他将此地命名为“新不列颠”（Nova Albion），宣布其属于英国。经过12周的航行到达菲律宾后，英国人整修了“金鹿号”，之后在香料群岛购买了香料。他们在亚洲的最后一次停泊是在爪哇岛，之后便开始不间断地航行，航程将近10,000英里。他们一路上并没有遇到什么意外，并曾在塞拉利昂停泊。1580年9月26日，英国人的第一次环球航行结束了。伊丽莎白一世慎重考虑了德雷克的航行造成的后果，并在“金鹿号”上为他颁授了爵位。她还要求将“金鹿号”送到格林尼治附近的兵工厂加以保存，这艘船也是最早成为博物馆藏品的一艘英国船。[125]

各国对德雷克远航的不同反应，揭示了16世纪外交的复杂性。英国和西班牙之间并未开战，但是西班牙人认为，麦哲伦海峡和南美洲的太平洋沿岸为西班牙领土，禁止外国船只擅自通行。尽管面临与菲利普二世开战的风险，但伊丽莎白一世本可以颁发一张私掠许可证。而且，德雷克并不是肆意掠夺财产的普通罪犯或者海盗，况且还有女王的暗中支持。德雷克的行为激怒了西班牙人，从而引起了英国国内的一系列反应。而早在德雷克返航之前，葡萄牙就通过抗议迫使约翰·温特放弃了其在被掠货物中的份额。正如一位海军上将（也是德雷克远航的主要投资人之一）所说，“发生在海上的海盗行为的后果，由弗朗西斯·德雷克和他的同伙承担”。[126]伊丽莎白一世之所以最终接纳了德雷克，很大程度上就是因为这次远航所取得的非凡成就。相关的账目含混不清，其中有264,000英镑（相当于英国王室年收入的一半）被正式交付给英国政府，德雷克的船员则分到了14,000英镑，德雷克本人获得了10,000英镑。不过一些西班牙商人声称，仅“感孕圣母号”上货物的总价值就达330,000英镑。1581年公布的评估结果表明，德雷克的战利品总价值达到600,000英镑，是官方公布数字的2倍。

由于伊丽莎白一世处死了苏格兰的玛丽女王（其信奉天主教的堂姐），同时不断公开支持荷兰人起义，于是英国和西班牙之间的紧张局势进一步加剧。1585 年，菲利普二世开始制定计划，准备入侵英国。他选用了帕尔马公爵（Duke of Parma）麾下的军队，这支军队在西班牙的尼德兰集结。同时，帕尔马公爵也得到了来自西班牙强大舰队的支持。菲利普二世派出的军队包括 130 艘战船以及 28,000 名船员和士兵。在属于皇室的 27 艘战船中，有 19 艘是西班牙和葡萄牙分遣舰队的盖伦船，另有 4 艘那不勒斯的加莱赛战船和 4 艘葡萄牙的加莱船。此外还有从各属地征用或租用的武装商船和非武装军需船。而英国则有近 200 艘战船，其中有 34 艘皇家战舰、105 艘武装商船以及一些运粮船和沿海商船，随行人员达 16,000 人。[127]

1588 年 6 月，西班牙的“无敌舰队”起航，指挥官是梅迪纳·西多尼亚公爵（Duke of Medina Sidonia），自圣米格尔岛的英雄圣克鲁斯侯爵去世后，他便接替了其职位。“无敌舰队”管理不佳，军需供给方面存在腐败，菲利普二世独断专行且毫无航海经验，制定的战略漏洞百出。圣克鲁斯侯爵的辞世虽令人遗憾，但也只是使情况进一步恶化而已。7 月 22 日，“无敌舰队”从拉科鲁尼亚起航，1 周之后到达普利茅斯外围海域。西班牙人知道，他们击败英国人的唯一希望就是登船作战，但他们却无法展开强攻：

> 但是，除非上帝能奇迹般地帮助我们，否则我们不可能击败英国人。他们拥有更快、更灵活的战船，配备更多射程很远的枪炮。与我们一样，他们也明白自身优势所在。他们从来不会靠近我们，而是避开我们，并用他们的重炮和火枪将我们分散，而我们对他们却造成不了什么伤害。因此，我们在海上对抗英国人，只能寄希望于奇迹的出现。[128]

然而奇迹并未出现。不过，英国人的枪炮也没有那么有效，并非如他们自己所希望或者如西班牙人所畏惧的那样。在英吉利海峡发生了小规模的战斗，历时 8 天，直到西班牙舰队在加莱外海抛锚，希望与帕尔马公爵的运输船队会合，但并未做好充足准备。在英国火船的压制下，西班牙战船被迫离开其锚泊地。* 在格拉沃利讷战役中，西班牙损失了 4 艘战船，在 11 天内共损失了 8 艘战船。在风浪和潮汐的作用下，他们被迫向北驶去。8 月 9 日，西班牙指挥官只好选择绕过苏格兰和爱尔兰回国。人们未曾想到，在经历暴风雨的袭击之后，只有 67 艘战船回到了西班牙的港口。有将近 50 艘战船或在海上走失，或沉没在英伦诸岛周围的岩石海岸。

关于西班牙"无敌舰队"的故事版本众多，讲述者几乎都是各执一词。一些英国人对于他们没有取得绝对胜利而感到失望，而"无敌舰队"的失败证明了，天主教西班牙并非不可战胜。在勒班陀战役中取得对奥斯曼帝国的胜利，让整个基督教欧洲都看到了希望。对于荷兰和英国的新教徒而言，击败西班牙"无敌舰队"也有着同样的影响。然而胜利者却未能利用他们的成功，正如在勒班陀战役之后曾经发生的那样。第二年，德雷克率军前往消灭西班牙舰队的残余势力，巩固了多姆·安东尼奥的葡萄牙王位，并占领了亚速尔群岛。但该行动由于计划不周而失败，英国舰队的成员原有 10,000 人，返航时只剩 2,000 人。西班牙"无敌舰队"并没有被完全摧毁，这注定是"无法挽回的失败"。[129] 16 年后，人们开始谴责战争是毫无效果的，而且这也成为之后西班牙创建永久性的大西洋舰队（Armada del Mar Océano）的原因之一。

大到能够进行横跨大西洋、绕非洲到达印度洋、横跨太平洋的长途航行的船，对欧洲人的扩张而言是至关重要的。在 16 世纪的许多时间里，除了时常滋扰其大西洋帝国侧翼的少数海盗，西班牙和葡萄牙在美洲和亚洲几乎没有遇上来自其他欧洲人的竞争。在更远的季风海域，葡萄牙在其资源许可的绝对限度内成功建立了一个商业网络；而直到 16 世纪末，葡萄牙对欧亚之间的海上贸易的独家控制才开始受到有力挑战，这种挑战并非来自愤恨葡萄牙人之傲慢的亚洲人，而是来自荷兰商人，他们嫉妒葡萄牙人的成功，并希望打击自己的西班牙领主。

由于西班牙"无敌舰队"遭受的损失，再加上菲利普二世集中力量

* "火船"（fireship）通常是满载易燃物的旧船，点燃后通过牵引或拖拽向敌船漂移并将其引燃。

支持法国宗教战争中的天主教阵营，荷兰反叛者获得了急需的喘息机会。起到同样作用的，还有菲利普二世解除对荷兰航运禁令的决定——西班牙由此可以继续获得其所需的来自北欧的货物。封锁了安特卫普附近的佛兰德斯海岸之后，荷兰人将更多的贸易引向了阿姆斯特丹——许多安特卫普商人在那里避难。他们的商业专长和国际联系，以及阿姆斯特丹在航运与制造业方面的集中，这些因素的结合令这个港口迅速崛起；并且在此过程中，这种结合帮助了荷兰共和国最终在 1648 年脱离西班牙而独立。届时，荷兰商人已处于世界领先地位，海洋贸易的火炬首次传入北欧，并将在那里熊熊燃烧近 200 年之久。

第16章

欧洲扩张时代的国家和海洋

17世纪是大西洋欧洲的海洋强国时代的开端。此前，经由教会批准，西班牙与葡萄牙两国对非基督教世界进行了划分。但除了伊比利亚诸国，没有人对此表示满意。当时，胡果·格劳秀斯（Hugo Grotius）采用令人信服的论据，清楚地阐述了“海洋自由”的观点。各国民众和政府用机会主义且有时相互矛盾的方式利用了这一论点，但是对这一原则的支持鼓励了人们更广泛地参与洲际贸易。大多数情况下，这些都是私人倡议，通常由具有相当自由行动能力的股份制公司来进行，旨在保卫其生意和旗帜。荷兰人在本国政府的支持下运用武装力量创造了一个“账本与剑”的帝国，这个帝国覆盖了一些古老得多的贸易网络——亚洲商人继续在其中占主导地位。[1]

公司担负起了如此广泛的责任，因为尽管欧洲君主有巴洛克式富丽堂皇的宫廷和舰船，但是他们缺少能够在海外实现其意志的海军。即便如此，英国、荷兰、法国和西班牙之间的竞争，还是将英吉利海峡及毗邻海域变成了17世纪贸易的黑暗小巷，在那里，海盗和私掠船威胁着所有来者，装饰豪华的政府船只偶尔会载着富贵的随行人员大摇大摆地在此区域出现，以提醒人们谁是这里的主宰。但是，在不到半个世纪的时间里5次重大战斗中被俘商船的惊人数量，可以明显看出海军的无能。[2] 从第一次英荷战争到九年战争（1688—1697），据说英国人俘获了3,600～4,300艘敌国商船，他们也损失了5,500～6,300艘商船。这些船只中的许多艘被船主赎回或被夺回。

北欧战船很少在欧洲海域以外的地方行动。17世纪时，船、船队和基础设施的规模和复杂程度不断增长，新的融资和管理方法亦被采纳。再加上法律和外交方面的解决措施，这些逐渐对海上贸易产生了一种稳定的影响，没有得到政治认可的走私者和海盗正日益被边缘化。17 世纪末在加勒比海和印度洋上明显的混战，与其说是不断扩大的混乱的迹象，不如说是更有战斗力的海军的证明，尤其是英国海军，而在下个世纪，英国海军将成为世界上首屈一指的海军。

俘获“圣卡塔琳娜号”

北欧国家在对抗伊比利亚国家的海外势力时，由于缺乏手段和动机而难以发动有效的海战。不过，在亚洲、非洲和美洲，各国政府都对愿意挑战西班牙和葡萄牙贸易主导地位的商人的活动加以纵容。西班牙试图彻底压制荷兰的反叛，1598 年，西班牙国王菲利普三世（Philip III）颁布禁令，禁止荷兰船只进入西班牙的港口以及葡萄牙在亚洲、非洲和美洲控制的地区。[3] 在伊比利亚半岛和波罗的海之间，禁运法令使荷兰在地中海区域的贸易进展不顺，却激起了荷兰对大洋航运的兴趣。为了获得黄金、橡胶、象牙和圣多美岛的糖，航行到西非的船只数量不断增加，此前每年仅有 3 ～ 4 艘，到 1599 年之后的 10 年中则增加到每年平均 20 艘。即便面对菲利普三世的禁运法令，荷兰商人也开始考虑通过东北航道，或者循着葡萄牙人进入印度洋的路线前往亚洲。葡萄牙人严守向东航行的秘密。1504 年，曼努埃尔一世发布皇家敕令，要求按照惯例销毁航海日志和亚洲海域的航海图。[4] 不过，北欧人比照葡萄牙人所付的薪金，请到了一些熟悉季风海洋的人作为船员、商人和探险家。1591 年至 1594 年间，詹姆斯・兰开斯特（James Lancaster）率领 3 艘英国船远航至马来半岛。然而，关于印度洋及更远地区的信息依然十分匮乏，且大多都是传闻。直到 1595 年，荷兰人简・哈伊根・范・林斯霍滕（Jan Huyghen van Linschoten）出版了《路线》（*Itinerario*）一书。在 1583 年成为果阿大主教的秘书之前，林斯霍滕曾在塞维利亚和里斯本与自己的弟弟一起做过几年商人，在印度待了 10 年之后，他回国并写出了《路线》一书。书中记录了：

果阿、南亚和东南亚的礼仪、交通、水果、器物及其他东西，以更好地理解这个国家的位置及其东海岸。最后且最重要的部分涉及中国的边境地区，即葡萄牙人已经游历并发现的地区……（和）对始于阿拉伯海的东方海岸的简要记录……以及对从亚丁到中国之间未命名海岸的描述。[5]

林斯霍滕主要根据二手资料，提供了关于主要港口及其居民、政体和主要商品的详细描述。对于那些一心获取亚洲财富的商人而言，《路线》成为一本旅行指南。1595 年至 1597 年间，科内利斯·德·霍特曼（Cornelis de Houtman）如法炮制，完成了从荷兰到东印度群岛的第一次远航。这次远航勉强实现了收支平衡，240 名船员中只有三分之一生还。不过，霍特曼得到了西爪哇的万丹苏丹的许可，荷兰船只可以在万丹进行贸易。1598 年至 1601 年间，15 个地区商业公司共派出 65 艘船前往香料群岛进行贸易，[6] 并与当地统治者签订了商业条约。[7] 这虽然体现了荷兰人的进取精神，但由于这种竞争造成了亚洲的胡椒等香料成本下降，于是在荷兰国内，这些商品的售价也随之下跌。为了防止利润下降，1602 年，各个公司联合组成了荷兰东印度公司（简称 VOC）。公司的成立"纯粹旨在实现诚信经营与和平贸易，而非出于敌意或恶意"。[8] 荷兰东印度公司既是贸易实体，也是国家工具，经由荷兰议会的特许，被赋予了发动战争、签订条约、修建堡垒、执行法律等权力。在大多数情况下，它就像荷兰政府的一条手臂，实际上也的确如此。在当时的政界要员约翰·范·奥尔登巴内费尔特（Johan van Oldenbarnevelt）的评论中，集中体现了荷兰的国家意志："伟大的东印度公司，凭借 4 年的辛勤耕耘，无论公开还是私下，我已经帮助它建立起来了，其目的是为了对西班牙和葡萄牙造成损害。"[9] 事实上，荷兰东印度公司谋求在东印度群岛建立自己的属地，较之此前的葡属印度，其不同点主要体现在政治控制上，其管理机构为位于荷兰的"十七人董事会"（Heren XVII）和位于巴达维亚（今雅加达）的东印度群岛的总督与理事会。管理机构获得了更大的自由，表现出更多的商业触觉，并充分利用比葡萄牙强大得多的金融资源、分销网络和工业能力（尤其是造船业）。

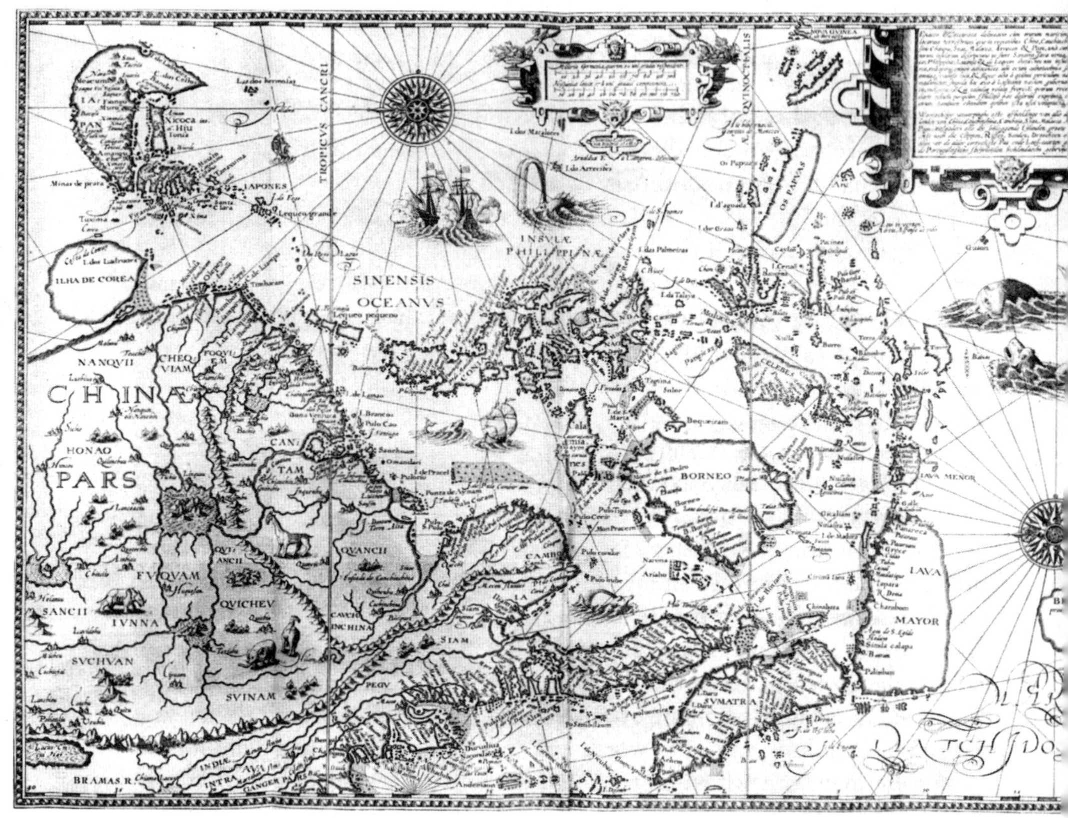

1596年，随《路线》(又名《简·哈伊根·范·林斯霍滕前往葡属东印度的旅行日记，1579—1592》)一书一同出版的东南亚和中国海岸的地图（东方位于地图上方）。林斯霍滕提供了对主要港口及其居民、政体、商品及珍宝的详细描述。在整个16世纪中，这些信息一直是葡萄牙人小心翼翼加以保护的商业机密。对那些一心获取亚洲财富的商人而言，《路线》成为一本旅行指南。1595年至1597年间，霍特曼如法炮制，完成了从荷兰到东印度群岛的第一次远航。(Courtesy of the Osher Map Library and Smith Center for Cartographic Education, University of Southern Maine, Portland.)

2年前，海军上将雅各布·范·内克（Jacob van Neck）率领一支阿姆斯特丹舰队起航，他带领2艘船前去考察在中国建立殖民据点的可能性。荷兰人的船只航行进入珠江三角洲，并在那里靠岸。“在我们面前出现了一座伟大的城市，所有建筑都是西班牙风格的，山上有一座葡萄牙式的教堂，顶部有一个蓝色的大十字架。据哈伊根（即林斯霍滕）的旅行日记记载，这里就是澳门。”[10]范·内克派出 20 人与葡萄牙人进行谈判，葡萄牙人坚决阻止他们与当地官员会晤，以防他们获得中国的贸易特权。葡萄牙人处决了这些人，仅有 3 人逃过一劫。同时，海军上将雅各布·范·海姆斯凯克（Jacob van Heemskerck）已经到达了万丹。他在那里发现了 6 艘船，皆属于荷兰的竞争对手。此外，他还看到无数来自亚洲附近地区的商人。由于胡椒的价格远高于预期，他乘“白狮号”（*Witte Leeuw*）和“阿尔克马尔号”（*Alkmaar*）到达爪哇岛北部港口扎巴拉。在那里，苏丹扣留了他的 12 名船员，并禁止他进行贸易。海姆斯凯克继续向东航行，在锦石建立了一家工厂。他还俘获了一艘葡萄牙船，并获得了船长的信件，其中提及了范·内克的下属在澳门的命运。眼见自己的同胞受到合法但不公正的死刑判决，海姆斯凯克却无能为力。他十分关心被扣留在扎巴拉的船员，以及其他计划留在锦石作为代理商的人，遂乘船前往马来半岛的港口北大年。那里的女王已经允许荷兰人创办工厂，以此抗衡葡萄牙人。在那里，柔佛苏丹的兄弟劝他等候来自澳门的葡萄牙船。

1603 年 2 月 25 日清晨，“白狮号”和“阿尔克马尔号”正停泊在柔佛外的新加坡海峡。此时，在黎明的曙光下，一艘锚泊的葡萄牙船在他们面前暴露无遗，船上载满了货物，这是一艘卡瑞克帆船。正如荷兰人所愿，这艘葡萄牙商船“圣卡塔琳娜号”（*Santa Catarina*）从澳门驶来，正要前往马六甲。在柔佛桨帆船的帮助下，荷兰人发起了长达 10 个小时的持续猛攻，直至该船投降。为了感谢柔佛的帮助，海姆斯凯克送给柔佛苏丹价值 10,000 荷兰盾的礼物，并赔偿了一名柔佛商人的损失（1 年前他曾劫掠过这名商人的船）。当时，在阿姆斯特丹举行的拍卖中，“圣卡塔琳娜号”上残余的丝绸、樟脑、糖、沉香木和瓷器共赚得 30 万荷兰盾。在阿姆斯特丹，这笔钱足够建造五六十间商人住房。“圣卡塔琳娜号”上的战利品固然带来了惊人的财富，但这一事件的重大意义却体现在海姆斯凯克此次行为的长远影响上。

胡果·格劳秀斯与《海洋自由论》

葡萄牙强烈抗议荷兰人以武力强占“圣卡塔琳娜号”，但海姆斯凯克提出，葡萄牙人在澳门对其同胞犯下罪行，他有权为他们报仇。[11] 由于奥兰治的亲王莫里斯（Maurits）已经授权他使用武力，荷兰法庭赞成将战利品判定为合法俘获物。为了向他提供支持，荷兰东印度公司的董事们提出请求，由 21 岁的胡果·格劳秀斯起草一份文件，阐明这一决定的正当性。格劳秀斯为此写就了《捕获法论》（*De Jure Praedae*）一书，但直到 19 世纪都没有公开发表。不过在 1609 年，其中的一章曾经以《海洋自由论》（*Mare Liberum*）的标题发表。格劳秀斯论述的中心就是指出，"任何国家之间的交流与贸易都是合法的"。[12] 葡萄牙人声称，在罗马教皇允许的基础上，他们有权进行垄断贸易，并获得东印度群岛的领土、财产及海关关税。此外，葡萄牙人为阻碍荷兰人的贸易而犯下罪行，由于缺乏可以上诉的法定机构，海姆斯凯克有权为此报复葡萄牙人。即使在荷兰人当中，也并不是所有人都赞成这一论点，并支持使用商业手段达到政治目的的做法。在荷兰，许多商人相信获得利益的最佳途径就是和平贸易。

胡果·格劳秀斯（1583—1645）的半身肖像，由简斯·范·米艾尔维特（Jansz. van Mierevelt）绘制。格劳秀斯时年 28 岁，即完成其著作《海洋自由论》的 7 年之后。在东南亚，他的同胞遭到了葡萄牙商船的攻击，书中为其提供了法律依据。在更广泛的意义上，是为所有荷兰商人提供了法律依据，主张荷兰商人有权到葡萄牙人垄断的地区航行和贸易。其核心论点是"航行和交通自由的权利"，并因此被称为"国际法之父"。（Courtesy of the Museum Rotterdam.）

对于贸易管理法、占领无主领土、劫掠商船、海洋自由以及其他与海上扩张相关的事宜而言，“圣卡塔琳娜号”事件和《海洋自由论》的发表并没有带来任何检视和改进。就格劳秀斯的法学理论而言，其论点几乎都不是全新的，他关于自然法和万国公法的多个观点均来源于古典时代的先例。之所以要再次阐明这些问题，是缘自北欧诸国的需求，它们决心对抗伊比利亚国家在亚洲和美洲的势力。在 16 世纪，这种努力便已十分明显了。西班牙人对北美并没有表现出多大的兴趣。1524 年，乔万尼·达·韦拉扎诺（Giovanni da Verrazano）进行了探险，范围是从北卡罗来纳州到纽芬兰岛之间的海岸。1534 年至 1542 年间，雅克·卡蒂埃（Jacques Cartier）曾 3 次沿圣劳伦斯河溯流而上。两人均是为法国政府进行航行和探险。根据《托尔德西里亚斯条约》的规定，在面对西班牙的垄断性要求时，两人的行为不得不加以合法化。法国国王弗朗索瓦一世（Francis I）认为，不论是西班牙还是葡萄牙，皆无权登陆其并未实际占领的土地。教皇克雷芒七世（Clement VII）重新解释了教皇亚历山大六世的敕令，该敕令“适用于已知的大陆，而不适用于后来由其他势力发现的领土”，这就使法国人得以从中解放，进而开始自己的发现之旅。[13] 卡蒂埃的第三次远航计划令西班牙宫廷焦虑不安。据说，法国国王曾说过，他“并没有派这些船来发动战争，也没有违反和平协定，背叛他与陛下（指查理五世）之间的友谊”。[14] 更确切地说，他轻率地宣称，“太阳给他和其他人带来了温暖，他非常渴望了解……（亚当）是如何划分世界的”。在发现和占有之间，在教皇权力和世俗权力之间，弗朗索瓦一世进一步划出了泾渭分明的界线。他声称，教皇无权分配世俗主权国家的土地。

英国人也提出过类似的观点，以此证明 16 世纪 80 年代，弗朗西斯·德雷克入侵西印度群岛是合法的。在随后的 10 年中，理查德·哈克卢伊特（Richard Hakluyt，此人可谓是英国殖民扩张政策的传教士）注意到，由于“海洋和贸易是由自然法和万国公法共同规定的”，“因此罗马教皇或西班牙国王禁止其他国家交流和参与制定这一法则是不合法的”。[15] 在詹姆斯一世（James I，即苏格兰的詹姆斯六世）统治时期，英国关于“海洋自由”的主张被推翻。相较于英格兰，苏格兰更依赖作为食物的鱼类，以及面向波罗的海的规模适中的海外贸易。因此，苏格兰长期以来一直宣称对距离海岸 28 英里以内的海域享有专有权。詹姆斯一世在成为英国国王之后，开始运用苏格兰的这种领海观念，阻止荷兰人在英国领海捕鱼。还有许多人推测，格劳秀斯撰写《海洋自由论》的目的就是为了维护荷兰人到北海的多格滩捕鱼的权利，正如他试图证明荷兰人在东南亚的活动是正当的。*

1619 年，约翰·塞尔登（John Selden）撰成了《海洋主权论》（*Ownership of the Sea*）一书，亦即所谓的《闭海论》（*Mare Clausum*）。[16] 詹姆斯一世正是以此为理由，要求外国人购买皇家捕鱼许可证。在当时反驳格劳秀斯的论著中，塞尔登的《闭海论》最为著名。当时，由于丹麦渔民也时常出入英国领海，为了避免冒犯丹麦国王，《闭海论》并未发表。塞尔登借助"古今各国的习俗"，证明其对法律的解释是正确的。[17] 他虽然主要关注渔业，但同时也详细描绘了一个荒谬的英国领海范围："大英帝国的领海"向南、向东止于欧洲大陆，但"在北方和西方开放而广阔的海域，其范围包括英格兰、苏格兰和爱尔兰所拥有的最广阔的海洋"。[18] 换言之，英国领海包括从北大西洋一直到北美洲的广阔海域。在北美洲，法国人、荷兰人和英国人已经陆续开始尝试建立属于自己的殖民地。

荷兰人在亚洲：巴达维亚、台湾岛与长崎

格劳秀斯的论著虽然充满争议且极具影响力，却是在政治领袖的命令下撰写的。而随着时势的变化，政治领袖也会改弦易辙。在欧洲海域，荷兰人大力提倡自由贸易，因为荷兰承运商在那里占有优势，任何限制都会威胁到他们的利益。不过，一旦他们将葡萄牙人逐出了东南亚，便放弃主张"海洋自由"，转而维护其垄断权，以此对抗英国人的扩张。他们甚至限制本国船员的贸易地点以及具体商品。[19] 1605 年，荷兰东印度公司将葡萄牙人逐出了香料群岛，并与当地统治者签订条约以加强群岛的防

* 多格滩是北海的一片浅滩，面积为 17,600 平方千米，是著名的渔场，距英国海岸约 100 千米，其名称来自一艘荷兰渔船。

御。不久之后，他们最大的竞争对手变成了其反天主教的盟友——英国。1609 年，荷兰与西班牙通过签订《十二年停火协定》结束了战争。1618 年，战火再度燃起。荷兰议会不愿冒险与英国对峙，遂以英国香料贸易的固定份额，换取英国帮助支付荷兰驻军所需的资金。[20] 荷兰东印度公司总督简·皮特斯佐恩·科恩（Jan Pieterszoon Coen）不愿顺从其上级，一支荷英联合舰队包围了马尼拉的西班牙殖民地，俘获了众多中国帆船，企图将丝绸贸易转移到巴达维亚。[21] 阿方索·德·阿尔布克尔克如同王国缔造者一般建立了葡属印度，与此相似，科恩于 1618 年成为荷兰东印度公司总督。在当地（今雅加达地区）统治者的反对下，科恩于次年修建了巴达维亚城，该城成为日益发展的荷兰亚洲殖民帝国的行政中心和东印度群岛的主要贸易中心。在整个 18 世纪中，巴达维亚被誉为“东方的皇后”和“热带的荷兰”，以此闻名于世。这是一座由砖石砌成的房屋、政府大厦、医院、教堂和运河构成的城市。[22] 少数执政的荷兰人住在城墙里，与之邻近的是繁荣且人口众多的华人社区，来自南苏拉威西岛的布吉人社区和由马都拉岛、巴厘岛以及安汶岛居民组成的社区则较为分散，位于远离巴达维亚城的边缘地带。

明王朝已经接受了葡萄牙版本的“圣卡塔琳娜号”事件，将荷兰人视为海盗，禁止他们前来贸易。1624 年，荷兰人在台湾岛建造了热兰遮城。16 世纪以前，台湾岛时常成为海盗的避难所。1603 年，因岛上多鹿，一小群中国商人被吸引而来，当时日本人热切希望得到鹿皮。台湾岛的战略位置十分重要，对西班牙和日本的商人具有吸引力，不过他们并不想定居于此。荷兰人使热兰遮城成为来自中国、日本、菲律宾、东南亚和巴达维亚的商人的转口港。台湾岛上的商人绝大多数都是中国人，用荷兰官员的话来说，“中国人是福摩萨（即台湾）唯一提供蜂蜜的蜜蜂”。[23] 到 1645 年，岛上的中国人增至 15,000 人，其中许多人从事制糖业，这是由荷兰人从东南亚引进的。

当时，明王朝的处境变得日益凶险。1610 年，满族与明王朝断绝关系，在之后的 25 年中，他们巩固了对蒙古草原的控制，并建立了清王朝。1644 年，农民起义军占领北京，明朝皇帝自缢而死。效忠于明王朝者撤退到南方和东南沿海地区，顽强抵抗清军，尽管他们依赖的是不可靠的军阀和冒险家。其中较为引人注目的是郑芝龙，他控制着杭州和广州之间大部分的海上贸易。1646年，清军占领了杭州，郑芝龙投降。不过，其子郑成功（被称为“国姓爷”*）仍忠于明王朝。[24]郑成功出生于长崎北部的平户港，母亲是日本人。在效忠南明朝廷的过程中，年轻的郑成功不断获得晋升。1659年，他率军攻打南京，但明朝遗民未能支持和响应。郑成功的军队约有5万～10万人，并有1,000艘船。攻城失败后，他沿长江而下，撤退到厦门外海的金门岛。之后，他决定率领追随者前往台湾岛。1662年，他将荷兰人逐出了台湾岛。

同年，郑成功病故。不过，他的追随者对清王朝已经构成了明确而现实的威胁。为了防范郑氏继承者的攻击，清王朝下令，浙江、福建、广东、广西等地的沿海居民至少内迁30千米。[25]数百万人因此流离失所，中国的海外贸易停滞了近20年。1683年，康熙帝下令，由曾效命于郑成功的一名将领率军攻取台湾岛。这支军队由300艘船和20,000人组成，轻易地占领了该岛。为防止外国商人在台湾岛建立定居点，清王朝在台湾岛设立了行政机构，解除海外贸易禁令，允许人们回迁沿海地区。[26]不过，由于缺乏理想的商品，台湾岛再次被置于亚洲贸易网络边缘的次要地位。后来，这里成为福建的水稻产区，并在20世纪后期成为造船业和国际贸易的重要中心。

荷兰人被逐出了台湾岛，这在一定程度上打击了他们的特权地位，即作为唯一获许在日本逗留的欧洲人。在丰臣秀吉的继承者德川家康统治时期，日本商人已开始与东南亚进行贸易。德川家康支持对外贸易，但同时加以严格监管。船只如果没有政府颁发的“朱印”，则无法从日本起航。[27]1604年至1635年间，共有370艘朱印船出航海外。在菲律宾、越南、泰国、缅甸、苏门答腊岛和爪哇岛等地，皆可发现“日本城”。不过，日本海上扩张的命运最终与日本基督徒的命运联系在了一起。17世纪30年代，德川家康的孙子德川家光出台了一系列的“海禁”法令，以

---

* 郑成功由南明隆武帝赐国姓，遂以“国姓爷”（Koxinga）的名号为人所知，“国姓爷”在闽南语中的发音为“kokseng ya”。

限制基督教的传播，不准日本人出航海外，并禁止在国外生活超过 5 年的人回国。继大部分农民基督徒都卷入了岛原之乱后，1639 年，葡萄牙人（长期涉嫌偷渡前往日本的教士）被禁止进入日本。自此，日本只通过 4 个门户与外部世界连接：通过对马岛与朝鲜进行贸易；通过萨摩与琉球群岛进行贸易；通过北海道西南的松前与阿伊努人保持联系；通过长崎与中国和巴达维亚的商人进行贸易。[28]

第一个到访日本的荷兰人是一艘荷兰私掠船上的幸存者，该船在 40 年前曾横渡太平洋。包括英国水手威廉・亚当斯（William Adams）在内，共有 3 名船员获得了海外贸易的通行证，并获准在平户经营。荷兰人希望与到访该地的中国商人进行贸易，并以港口为基地，突袭前往澳门、马尼拉和长崎的葡萄牙船和中国船。[29] 前往长崎进行贸易的船只时常遭到劫掠，导致幕府将军的收益减少。将军遂命令荷兰东印度公司停止这种行为。荷兰人认识到，保证和平贸易是与日本保持有利可图的贸易关系的唯一方法。他们避免攻击西班牙的船只，在荷兰共和国与西班牙交战时亦是如此。为了保证进入日本的通道，荷兰东印度公司可谓是极尽所能。荷兰东印度公司的"十七人董事会"对荷兰商人的行为加以规范，这标志着中世纪的十字军理想与商业资本主义的现代纪元之间彻底决裂，而前者在 16 世纪时西班牙人的意识中仍然清晰可辨：

> 公司官员……应首先具备稳重、谦逊、礼貌和友好的品质。在对待日本人时，我们总是乐于助人。最终，我们赢得了他们的心。稳重包含在所有交易行为中的审慎和细心。谦逊则意味着，面对这个易于被冒犯的民族，绝不会用傲慢的举动来增加猜忌，而是总会把自己表现得低一个等级。服从意味着我们不应该抵制他们的法律，既不是太胆小，也不是太放纵，而总是试图以一种不显眼的方式维护公司的权利。[30]

荷兰人如此迁就日本人，当幕府将军命令荷兰人拆除其在平户的仓库时（因为仓库的门窗横木上标有基督徒的公元纪年），荷兰人便奉命行事。[31]

日本人对荷兰人的表现十分满意，遂允许荷兰人留下来，但将他们迁到了长崎湾中的人工岛——出岛。在200多年中，这里一直是荷兰东印度公司的总部所在地。一直以来，在日本面向东亚以外的世界时，荷兰东印度公司是其唯一的窗口，直到1853年美国舰队的到来，并造成了日本历史上的又一次剧变。

合伙制时代的亚洲贸易

荷兰与日本之间的贸易虽然有限，但荷兰为日本提供了在亚洲内部贸易中的竞争优势。因为除了中国人，荷兰人是日本白银、黄金和铜的唯一运营商。[32]荷兰人可以在印度销售日本的白银、黄金和铜，从而减少铸币数量。之前，他们不得不从欧洲出口铸币，以支付购买亚洲商品所需的费用。由于欧洲商品在亚洲市场上产生的利润不大，大部分亚洲商品不得不通过金银来购买。1600年至1623年间，英国东印度公司共运送了价值110万英镑的金银和货物到亚洲，其中白银占三分之二以上。[33]这一逆差推动欧洲人在亚洲寻求利润丰厚的区域内部贸易，因为当时流行的重商主义学说认为，各国必须持有黄金和白银来支付战争费用，如果这些金银都无法在国内获得，就不得不通过贸易获得或从殖民地收购。为此，各国政府往往通过保护主义政策来促进国内商业和制造业的发展，通过征收高额关税或禁止进口外国商品以及推动殖民地的发展，为国内生产者提供原料和市场。不过，荷兰人早就学会不必完全依赖贵金属来购买商品。海姆斯凯克确信，在东南亚最受欢迎的商品不是白银，而是来自科罗曼德海岸的布。辣椒也并非全部供应荷兰，北大年港口的统治者宣称："只要给我们带来纺织品，我们就对葡萄牙宣战。"[34]

在亚齐和万丹，荷兰人遇到了古吉拉特商人，他们也提出了类似的建议。[35]荷兰东印度公司在东南亚确立地位之前，并没有特别关注印度。不过，他们开始在科罗曼德海岸以及坎贝、布罗奇和苏拉特建立工厂，并专注于纺织品的生产。1620年至1700年间，荷兰东印度公司的贸易额由300万弗罗林增加至1,500万弗罗林，而胡椒和香料的份额却从大约75%

下降到25%，纺织品和丝绸的份额则从16%增至50%以上。英国从亚洲进口货物，其价值则几乎与荷兰货物相等。英国东印度公司对区域内部贸易不感兴趣，将其留给私营商人或无执照经营者。

16世纪末，英国商人活跃在地中海东部，他们密切关注着荷兰人和英国人开辟的前往印度的航线。为了利用新兴的亚洲贸易，包括利凡特公司成员在内的一群商人向国王申请英国东印度公司的特许状，并于1600年获得了特许状。与其对手荷兰人相比，英国商人进一步被排除在政治权力圈之外，英国东印度公司从来没有享受过类似的行动自由。[36]由于缺乏资源，或者因其对手荷兰人在商业方面更有经验，到17世纪末，英国人放弃了其在印度尼西亚群岛的工厂。不过，他们更多地通过印度纺织品的销售来弥补这些损失。在亚洲传统的区域内部贸易的框架下，他们更为倚重低价值、大批量的商品（如印度的棉花、铅、银和胡椒，以及中国的丝绸、瓷器和漆器等），这为他们带来了丰厚的利润。[37]这些利润并未转化为对高价值商品的垄断，即那些对葡属印度和荷兰东印度公司造成负担的垄断商品。

打入印度市场需要外交和海军优势的结合。英国和荷兰俘获了受葡萄牙保护的莫卧儿王朝的商船，并在苏拉特和孟买附近海域的一系列战役中击败了葡萄牙人，以此证明了其海军优势。慑于这些军事行动，印度莫卧儿王朝皇帝贾汉吉尔（Jahangir）允许英国人和荷兰人在苏拉特等地建立工厂，这一明显让步给苏拉特带来了更多的贸易机会，也使莫卧儿王朝在与英国人和荷兰人的谈判中占据了上风。[38]在海上，莫卧儿王朝不是欧洲人的对手，但在陆地上，欧洲人却无能为力。英王詹姆斯一世的大使托马斯·罗伊爵士（Sir Thomas Roe）在阿格拉与贾汉吉尔进行一个商业条约的谈判，便白白花费了3年时间。1634年，英国人要在科罗曼德的马德拉帕斯帕塔姆的一个村庄建造一座要塞，那里正好位于圣多美港的葡萄牙工厂以北。直到17世纪中叶，与英国在印度的统治相关的港口方告建成。1661年，在苏拉特以南约150英里处的孟买被赠送给查理二世（Charles II），作为其葡萄牙新娘嫁妆的一部分。查理二世把这个不起眼的港口租给了英国东印度公司，后来，其总部便从苏拉特转移到了孟买。

虽然欧洲人在亚洲的区域内部贸易中颇为高调，却并未掩盖亚洲商人在季风海洋上的主导作用。17 世纪时，莫卧儿王朝的统治精英在海外商业中投入颇多。[39] 起初，他们的参与仅限于麦加朝圣，但很快他们就开始发展贸易。从 17 世纪 40 年代到 60 年代，莫卧儿王朝的皇室成员、贵族和高级官员一直在资助贸易，建造载重上千吨的商船。[40] 许多印度商人尽管不是贵族或者与政界相关的人，但其利润可能同样相当可观。相关记载十分有限，但 1654 年至 1655 年间，有 12 艘印度船——其中有 5 艘属于沙贾汗（Shah Jahan）[41]——从红海，有 17 艘船从波斯湾回到苏拉特，其中有 19 艘船的载货清单尚存，[42] 其总价值超过 300 万卢比。*

莫卧儿王朝也参与了孟加拉地区的海上贸易。早在 16 世纪末，葡萄牙人已经活跃在孟加拉地区和吉大港，随后活跃在胡格利河畔（即未来加尔各答城址所在的恒河河口附近）。葡萄牙人当中参与海盗活动者甚多，1632 年，沙贾汗将他们逐出了胡格利河，同时邀请荷兰人和英国人到该地进行贸易。孟加拉地区从苏拉特与西南亚不断增长的贸易中获利甚多。不过在西印度洋的贸易中，孟加拉商人更喜欢让默苏利珀德姆和苏拉特的商家担任中间商。[43] 他们的大部分贸易直达从缅甸到马尼拉的东方市场，向东方市场出口纺织品、丝绸、糖和鸦片，锡、宝石、黄金和大象则从南亚和东南亚进口，斯里兰卡、印度南部和马尔代夫则提供肉桂、槟榔、货贝、胡椒、椰油和椰壳纤维。

莫卧儿王朝尽管参与了这一海外贸易网络，却并未承诺为贸易活动提供保护，而且没有海军。他们最有可能和柬吉拉岛上的思迪人建立了一个互利同盟。[44] 思迪人是东非奴隶的后裔，他们定居在柬吉拉岛上，该岛位于孟买以南约 40 英里处。思迪人在印度西部组建了一支以非欧洲人为主的海军，他们在莫卧儿王朝与马拉地帝国的战争中充当先锋，从而陷入与英国人的频繁冲突之中。事实上，马拉地人虽然并没有参与海外贸易，但是马拉地帝国的统治者希瓦吉（Shivaji）创建了一支舰队。在对付思迪人方面，希瓦吉清楚地阐述了一种连贯的海军战略。[45] 不过，由于缺乏有

* 卢比是一种重约 10 克的银币，当时一名仆人每月所得约为 3 ～ 4 个卢比。

经验的官员和船员，希瓦吉无法使之奏效。在争取英国的支持方面，他也并不成功。数十年来，在孟买周围的思迪人和马拉地人之间的冲突中，他一直努力保持中立。

由于所有财富和可利用的商业人才都聚集在苏拉特（据估计有 30,000 名商人常驻苏拉特），因种姓、职业、种族、宗教和语言的不同，这个港口的内部分歧十分严重。[46] 但尽管如此，那里仍是一个充满生机的商业中心，与印度腹地保持着紧密的联系，并提供从水手、脚夫到代理商和放债人的全方位服务。同时，在苏拉特，一个人可以从一贫如洗变成家财万贯。17 世纪末 18 世纪初，穆拉・阿卜杜勒・加富尔（Mulla Abdul Ghafur）是苏拉特最富裕的商人。[47] 这位身为什叶派教徒的古吉拉特商人（bohra），其人生起步于经济梯级的底层，但在红海的贸易中发财致富。在苏拉特多达 100 艘船的整个商船队中，他拥有其中的 17 艘，总载重量达 5,000 吨。在他死后，据估计他的遗产达 850 万卢比之多。但尽管如此，不知是因为顽固的社会风气，抑或因为新富们倾向于回避其背景或语言，他的阿拉伯人、波斯人和土耳其人同行似乎都对他颇为拒斥。

加富尔团结其同行，要求莫卧儿王朝从英国东印度公司和荷兰东印度公司那里赢得欧洲海盗的劫掠赔偿，当时，他最有希望成为他们的领导者。大多数海盗是已经被逐出加勒比海的英国人，其中很多人在马达加斯加岛避难。他们可以从那里攻击印度洋上的商船，尤其是从事利润丰厚的阿拉伯海贸易的商船。1686 年，在红海地区，英国人在双方达成协议之前首次袭击了苏拉特商船，导致莫卧儿王朝与英国之间开始相互报复。17 世纪 90 年代，海盗不断增多，其中以亨利・艾弗里（Henry Avery，可能是其多个化名之一）最为臭名昭著。[48] 1695 年 2 月，他在英国船只的传统停靠港科摩罗留下了一份公告，宣布其目的是劫掠所有未悬挂英国国旗的船只。英国东印度公司的行政人员十分恼怒，他们一直以来不断地尽力向其他贸易商保证，英国人并不都是海盗，海盗也并不都是英国人（这是显而易见的）。[49] 然而，艾弗里的 2 艘船埋伏以待从红海返回的朝圣船，这些船与来自英国北美殖民地的 5 艘船一同返回。艾弗里劫掠了一艘属于加富尔的商船（其货物总价值为 50,000 ～ 60,000 英镑）和莫卧儿王朝最大的商船（其货物总价值达50万里亚尔）。艾弗里的很多船员最后都回到了美国和英国，但英国政府却从来没有逮捕他。

在17至18世纪间的西印度洋地区，阿曼是唯一一个敢在远海上持续抵抗欧洲强国的国家。在16世纪的大部分时间里，葡萄牙人对马斯喀特、苏哈尔和霍尔木兹拥有无可争议的统治权。16世纪末，阿曼人收复了苏哈尔，开始反抗葡萄牙人。不过，葡萄牙人并没有处于守势，直到17世纪20年代初，阿曼人才把他们驱逐出去。在英国人的帮助下，波斯萨法维帝国占领了霍尔木兹海峡。1625年，随着亚里巴王朝的崛起，阿曼人再次收复了海岸地区。[50] 葡萄牙因与英国和荷兰在印度进行争夺而分心，在波斯湾地区的权威遂逐渐下降。25年后，阿曼苏丹伊本·赛义夫一世（ibn Saif I）将葡萄牙人逐出了马斯喀特。

1652年至1665年间，阿曼人在印度和东非地区与葡萄牙人开战。在东非，他们占领了蒙巴萨岛的港口。阿曼舰队由被俘的葡萄牙船只和从英国、荷兰购置的船只组成。对任何削弱其欧洲对手的人，英国人和荷兰人都愿意提供帮助。在葡属印度时代初期，印度洋上大多数欧洲船只的船员都并非欧洲人。对阿曼人来说，为其船只进行人员配备并非一项艰巨的任务，但他们也雇用欧洲人。17世纪60年代，葡萄牙开始重新占据上风。不过，进入18世纪之后，阿曼人仍是其强有力的对手。随着阿曼影响范围的扩大（1698年至1890年间，东非的桑给巴尔岛一直由阿曼统治），伊玛目控制其臣民的能力不断减弱。18世纪时，阿曼人以肆无忌惮地劫掠欧洲人、波斯人、印度人和阿拉伯人的船只而闻名。

南美洲和加勒比地区的欧洲人

荷兰人努力破坏葡萄牙人在亚洲的垄断权，同时也在向西属美洲和葡属美洲进行渗透，尤其是在不发达的加勒比海岛屿和南美洲的海岸地区（即位于奥里诺科河和亚马孙河三角洲之间的圭亚那、苏里南和法属圭亚那）。1598年，西班牙国王菲利普三世开始实行贸易禁运，荷兰人对此视若无睹。每年有100多艘荷兰船航行到委内瑞拉的潟湖，那里为前往加勒比海、圭亚那和巴西的进一步探险提供了跳板。西班牙政府无情地处死非法贸易商，毁坏庄稼，强制搬迁定居点使之远离海岸，从而断绝了无执照经营者的任何诱因或潜在供应来源。不过，荷兰人不顾这些处罚，仍在承运巴西的糖（他们驶往巴西时常常悬挂葡萄牙国旗）以及委内瑞拉的盐和烟草。许多在亚洲进行贸易的独立商人组成了荷兰东印度公司，与此相似，1621 年荷兰西印度公司（简称 WIC）的成立调和了荷兰国内相互竞争者之间的利益冲突。3 年后，荷兰西印度公司舰队夺取了巴西的巴伊亚。后来，一支西班牙军队再次攻占这个城市，不过在 1626 年，皮特·海恩（Piet Heyn）击沉了 26 艘西班牙船。“因为有如此圆满的结果，之前的许多灾难和破坏已然减弱，西印度公司重新恢复了呼吸，并势必重新站立起来。”[51] 海恩回到加勒比海北部，于 1628 年 9 月初率领 31 艘船追击由唐·胡安·德·贝纳维德斯（Don Juan de Benavides）率领的西班牙船队，一直追到哈瓦那以东约 50 英里处的马坦萨斯湾。荷兰人劫掠了 22 艘船，这些船上共载有 46 吨白银和黄金以及价值超过 1,100 万金币的商品，荷兰西印度公司获得了 700 万金币的净利润。贝纳维德斯被西班牙人囚禁，由于“不够谨慎而造成了新西班牙船队的损失”，他受到审判并被处死。[52] 在他死前，海恩已在与佛兰德斯“无敌舰队”的战斗中阵亡，对他来说这可能是一种小小的安慰。[53]

荷兰人在 1630 年至 1654 年间占领了巴西沿海地区，其影响十分重大。对葡萄牙而言，从马德拉群岛引入的糖比其亚洲贸易更有价值，而当下所产生的利润则属于荷兰。[54] 由于未能吸引足够数量的荷兰和德国移民来耕种土地，荷兰西印度公司开始进口奴隶，到 1654 年已进口了 24,000 名奴隶，在之后的 75 年中又进口了 10 万名奴隶。这不仅仅是为了国内的建设，也是为了开辟新的殖民地，自 17 世纪 20 年代以来，荷兰人在加勒比海一直致力于此。同样，英国人在圣克里斯托弗岛（又称圣基茨岛）、尼维斯岛、安提瓜岛、蒙特塞拉特岛和之前无人居住的巴巴多斯岛，法国人在圣克里斯托弗岛、马提尼克岛、瓜德罗普岛及圣巴泰勒米岛，也都在进口奴隶。为了生存和贸易，首批移民和殖民者种植各种作物，但很快就让位于糖类作物的种植，后者以奴隶劳作的种植园为基础。荷兰人被逐出巴西后，遂在小安的列斯群岛中的 6 个岛上定居下来。在这些岛屿中，靠近委内瑞拉海岸的库拉索岛将成为加勒比海地区最繁忙也是最腐败的贸易中心之一。[55]

正当荷兰人被迫离开巴西时，英国的奥利弗·克伦威尔（Oliver Cromwell）正在酝酿一项雄心勃勃的计划，旨在清除加勒比海地区的西班牙人。1655 年初，西班牙人曾两次击退针对圣多明哥的攻击。他们并没有直接返回，西班牙将军罗伯特·维纳布尔斯（Robert Venables）和海军上将威廉·佩恩（William Penn）选择坚定不移地向牙买加的金斯敦港前进。考虑到当时牙买加几乎毫无影响力可言，且当地的西班牙人远少于英国人，西班牙遂将牙买加正式割让给英国。金斯敦港被改名为罗亚尔港（意为“皇家港口”），并成为英国在美洲发展最快的殖民地，其规模堪比波士顿（约有 6,000 人）。[56] 不过，当地人口更加多元化，包括欧洲人、非洲人和美洲原住民。作为一个主要的奴隶与商品的再分配中心，在大约 20 年的时间里，罗亚尔港无疑是英国海盗在加勒比海的聚集地。其中大部分海盗都得到了殖民地总督的公开支持，总督热衷于从海盗的赃物中分一杯羹，却不顾此举对英西两国外交所造成的后果。

1692 年 6 月 7 日，一场大地震造成该城的三分之二被毁，据估计有 5,000 人丧生。在此之前，欧洲各国日益获得合法贸易的成果，各国政府得到了正在兴起的加勒比种植园主阶级的支持，开始打击海盗。英国和西班牙之间签订的《马德里条约》（1670 年）宣布海盗活动是不合法的：“私人不得以任何方式进行劫掠，以破坏两国间的友谊和联盟，亦不得挑起敌意或冲突……任何人不应通过报复或其他恶意手段来惩罚另一人的罪行，除非法律制裁被拒绝或被不公正地拖延。”[57] 1677 年，英国法律规定，船只悬挂非本国旗帜航行属于重罪。1683 年，英国国会通过了一项法令，限制和惩治私掠行为和海盗活动。1686 年，英法两国签订的《白厅条约》也禁止海盗活动。[58] 1697 年的《里斯维克条约》规定，缉拿敌船许可证和报复性拘捕证是无效的。正是在这种法律和秩序的背景下，像亨利·艾弗里这样更有魄力的海盗开始在印度洋和西属美洲的太平洋沿岸这些较为容易劫掠的地区活动。北美洲尽管更近，但自重的亡命之徒却对其鲜有兴趣。

争夺北美

16 世纪时，法国人和英国人挑战了西班牙人在北美的权威，但对于政府或个人为探索性远航提供费用却毫无推动作用，因为这种远航并不仅仅是偶然性的。北大西洋真正的开拓者是渔民，原因很简单，他们驶往北美的唯一目的就是捕鱼。第一次穿越北大西洋的纪录是约翰·卡伯特于 1497 年创造的，而非斯堪的纳维亚半岛的北欧海盗。作为一名威尼斯的商业老手，卡伯特长期从事地中海香料贸易。在哥伦布首次航行之后的几年中，卡伯特一直为其航海事业寻求赞助者。在西班牙和葡萄牙遭到拒绝后，卡伯特转而求助于英王亨利七世，请求他授予特许证，以“搜寻、发现和找到任何异教徒和无宗教信仰者的岛屿、国家、地区或省份，不论它们是什么，也不论它们在世界的哪个位置，尽管在此之前，它们一直不为所有基督徒所知”。[59] 卡伯特从英国最重要的港口之一布里斯托尔起航，他的具体航线我们不得而知，但有人认为，他乘坐的小帆船从爱尔兰朝正西方向航行，到达纽芬兰岛北部并登陆，再从那里转向南方，随后沿着海岸朝普拉森舍湾驶去。同年夏天，卡伯特回到布里斯托尔，并没有带回货物。不过，英王亨利七世授予了他附加的特权。次年，他率领 5 艘船再度出航，最后只有 1 艘船回到了布里斯托尔，其余 4 艘则消失得无影无踪。

虽然卡伯特的航行几乎没有留下记载，不过在布里斯托尔的渔民当中，关于富饶渔场的报道迅速传开。此时，渔民们的航行范围至少已经远及冰岛。而且，他们在欧洲北美殖民地至少一个世纪的发展过程中发挥着主导作用。卡伯特返回后不久，米兰驻英国大使于 1497 年提交了一份快件，其中记载了卡伯特的船员的描述：

> 海面上到处都是鱼，捕鱼不仅可以用网，还可以用篮子。在篮子上绑一块石头，将其沉入水中。我曾听主人（指卡伯特）说过，他的英国同伴说，他们捕获了如此多的鱼，以至于这个王国将不再需要冰岛，尽管冰岛的鱼类资源也十分丰富。[60]

由于鱼类在欧洲人饮食中的地位十分重要，因此长途运输很有吸引力。干鱼、盐腌鱼和盐渍鱼是比肉类更便宜的蛋白质来源。[61] 教会在斋戒日（包括每个星期五和四旬斋）禁止吃肉，这增加了整个基督教欧洲对鱼类的需求。在北欧，最重要的食用鱼是鲱鱼（又称皮尔彻德鱼或沙丁鱼）。到 11 世纪，在波罗的海和北海一直存在大规模的鲱鱼捕捞业。由于鲱鱼含油量高，必须用盐溶液来加以盐渍或腌制，否则很快就会腐烂。在最佳条件下，腌桶中的鲱鱼可以保存长达 10 个月。14 世纪初，由于汉萨同盟的垄断性控制，加上部分鲱鱼种群的消失，英国渔民开始在冰岛附近寻找鳕鱼。鳕鱼是一种大型冷水性底层鱼类，传统的捕捉方法是用带钩和线的拟饵手钩来钓。尽管捕捞鳕鱼需要耗费更多的精力，但一条大型鳕鱼的重量可达 30 千克，而且可以长到这一重量的 3 倍。与鲱鱼不同，鳕鱼几乎不含脂肪，在干燥凉爽的环境下不用盐就可以风干。于是在气候适宜、食盐匮乏的北半球，鳕鱼成为理想的食物来源。

从 16 世纪起，开发和利用北美渔业的国家绝不仅限于英国。1500 年，加斯帕·柯第里尔（Gaspar Corte-Real）和米格尔·柯第里尔（Miguel Corte-Real）兄弟从里斯本起航，前往格陵兰岛、拉布拉多半岛和纽芬兰岛。在第二次航行中，他们到达了新斯科舍。同样，来自葡萄牙、法国和英国的渔民也在向西航行。据 1527 年的一份报告记载，当时，来自布列塔尼、诺曼底和葡萄牙的 14 艘渔船到达了纽芬兰岛的圣约翰斯。[62] 正是在此背景下，雅克·卡蒂埃于 15 世纪三四十年代开始向西航行，并得到了法王弗朗索瓦一世的资助。欧洲人蜂拥而至，不仅造成了一种紧张态势，也导致了对新渔场的不断寻求。由此，欧洲人从纽芬兰岛南部的大浅滩被吸引到了西边的新斯科舍和缅因湾。到 17 世纪初，在新英格兰的北部海岸，据估计有 400 艘不同国籍的渔船。

为确立法国王室的垄断权而出航的塞缪尔·德·尚普兰（Samuel de Champlain），于 1605 年在罗亚尔港（今新斯科舍的安纳波利斯罗亚尔）建立了一块殖民地。[63] 他推动了从罗亚尔港到圣劳伦斯河流域的殖民地的建立。圣劳伦斯河流域土地肥沃，易于进入圣劳伦斯湾的渔场，而且毛皮贸易也有着巨大潜力。因长期缺乏移民，新法兰西备受困扰。部分是由于气候不适和机遇稀缺，另一个原因则是新法兰西公司（成立于 1627 年）禁止国内受到迫害的胡格诺派教徒前往加拿大。[64] 结果半个世纪之后，其人口才刚刚达到 10,000 人。新法兰西公司也没能成功保护哈得孙湾的毛皮贸易。法国人皮埃尔 – 埃斯普瑞 · 拉迪森（Pierre–Esprit Radisson）和梅德 · 德斯 · 葛洛赛耶斯（Médard des Groseilliers）是最早直接开拓哈得孙湾的欧洲人。当他们发现本国政府对此并无反应后，这对连襟遂转而向英王查理二世求助，查理二世特许哈得孙湾公司在哈得孙湾拥有各种特权。这是一个面积将近 400 万平方千米的区域，包括魁北克的一部分、安大略湖、努勒维特和艾伯塔以及整个马尼托巴湖。

可能是由于在此次逆转中受挫，法国人将目光转向了南方。1679 年，法国人热内 – 罗贝 · 卡瓦利尔（René–Robert Cavalier）决定寻找一条水道，由此穿过大陆中部以通往亚洲。在第一次航行时，他已从五大湖到达了格林湾，之后又到了密歇根湖。卡瓦利尔和耶稣会神父路易斯 · 亨尼平（Louis Hennepin）等人沿伊利诺伊河和密西西比河顺流而下，于 1682 年到达河口三角洲。卡瓦利尔代表法国宣布占有“路易斯安那的土地”（即靠近墨西哥湾的密西西比河河口地区）。[65] 他们发现了比洛克西、密西西比河以及莫比尔和阿拉巴马河，此后，让 – 巴普蒂斯特 · 勒莫安（Jean–Baptiste Le Moyne）将路易斯安那地区的首府迁到了新奥尔良，位于从海湾沿密西西比河上溯约 90 英里处。在新港口与伊利诺伊领地之间进行贸易相当困难。最初，法国人依靠当地的小船，如桦皮独木舟以及被称为“牛皮船”的水牛皮皮艇。不过，他们很快就发展出带有锥形艏艉的平底船（bateaux plat）和方端平底船（radeaux），皆以划桨为动力，并在水位较低的时候用杆支撑和牵引。向北航行的平底船只需 3 ～ 4 个月，即可完成从新奥尔良到伊利诺伊河长达 1,200 英里的航程。[66] 这取决于船员的规模，一艘载重量为 40 ～ 50 吨的船通常需要约 24 名船员。如果顺流而下，航行同样的距离则只需要 2 ～ 3 周。在 19 世纪蒸汽时代到来之前，这些航程的用时长期保持不变。

在密西西比河上游和圣劳伦斯河之间进行运输相对容易，且可以借道蒙特利尔或新奥尔良到达法国的北美殖民地。但不幸的是，这两个接入点之间相距 3,000 英里，西班牙的佛罗里达和英国快速发展的北美殖民地位于二者之间。英国对海外殖民地功能的看法明显与法国不同，不仅不会驱逐不受欢迎的人，而且鼓励宗教异端人士、穷人、不满现状者和罪犯移民。1576 年，考虑到殖民地所提供的机会，汉弗莱·吉尔伯特爵士（Sir Humphrey Gilbert）写道："我们也可以占据那些国家的某些部分，并让我国贫困潦倒的人们在那里定居。这些人正在扰乱我们的英联邦，他们在国内被迫犯下残暴的罪行，因此每天都有人被送上绞刑架。与其如此，还不如让他们移居新大陆。"[67] 总之，北美将成为一块上佳的刑罚殖民地。

沃尔特·雷利爵士与吉尔伯特是同父异母的兄弟，他曾两度试图在北卡罗来纳建立殖民地，但都以失败告终。1607 年，弗吉尼亚公司派出两队殖民者西行，其中一队在缅因州的肯纳贝克河上越冬。不过他们很快就遗弃了该定居点，因为那里"既没有发现，也没有希望"，同时他们也害怕"所有的冬季都像第一个冬季这般严酷"。[68] 几个月之前，乘 3 艘船而来的殖民者在北美建立了第一块永久的英国殖民地，即位于切萨皮克湾的詹姆斯河畔的詹姆斯敦。该殖民地饱受分裂和疾病的困扰，切萨皮克湾阴沉的气候造成大量殖民者死亡。1618 年至 1622 年间，共有 350 多名殖民者到达詹姆斯敦，而到 1623 年，人数几乎减少了一半。詹姆斯敦之所以得以幸存，仅仅是由于公司投资者绝望的坚持以及一些年轻人的意愿，他们愿意自行签订合同，以换取美洲可能提供的机会。[69] 1619 年，第一批奴隶乘一艘英国船前来，并在此地登陆，这些奴隶来自一名葡萄牙奴隶主。[70] 最终，自 17 世纪 20 年代起，弗吉尼亚的人口开始增长。那里的殖民者推动了沿海贸易的蓬勃发展，在荷兰的新阿姆斯特丹及英国的普利茅斯和波士顿之间进行。

亨利·哈德逊（Henry Hudson）对美国东北部进行了最为直接且最富成效的探索。他是英国人，1609 年被荷兰东印度公司雇用，前去寻找前往东方的西北航道。哈德逊签订了一份契约，其中禁止他"试图发现除环绕新地岛北部和东北部的航线以外的其他路线或航道"。[71] 但在 1609 年 5 月，哈德逊进入了以威廉·巴伦支（Willem Barentsz，16 世纪 90 年代曾航行至巴伦支海寻找东北航道的荷兰探险家）的名字命名的巴伦支海，并于2周后向西横渡大西洋。哈德逊沿着缅因州和切萨皮克湾的海岸航行，进入了纽约港，并沿哈得孙河（以其名字命名）向上游航行 125 英里，到达了现在的奥尔巴尼。在返回荷兰的途中，哈德逊在英国的达特茅斯港登陆，这导致一些人推测他被英国人扣押。（在他下一次也是最后一次寻找西北航道的航行中，他搭乘的就是一艘英国船，在哈得孙湾度过严寒的冬季后，部分船员哗变，将他和 8 名船员放逐到一艘漂浮的小船上，从此再也没有人见过他们。）哈德逊的航行报告激励着荷兰人沿哈得孙湾在奥尔巴尼和曼哈顿岛建立了贸易站，曼哈顿岛从而成为一块新的殖民地——新阿姆斯特丹。

英国人从未对他们所谓的“北弗吉尼亚”失去兴趣，尤其是在 1614 年约翰·史密斯（John Smith）出版了《新英格兰概览》（*A Description of New England*）一书并吸引了大量潜在移民之后。“在世界的四个部分中，我尚未见过无人居住之地。”这位欧洲战争中的老兵（同时也是地中海贸易中的老练商人，并曾在土耳其沦为奴隶）写道：“如果我能在这里（指詹姆斯敦）建成一块殖民地，那么我宁愿生活在这里，而不是其他地方。”[72] 此书是众多赞美大西洋彼岸殖民地的英文著作之一，并成为脱离国教者及清教徒（新英格兰第一批成为永久居民的英国殖民者，定居在马萨诸塞湾的普利茅斯）的主要文献。清教徒唯一的一艘船“五月花号”（*Mayflower*）上共有 102 人，从英国的普利茅斯起航。按照当时的标准，这次航行平淡无奇，在海上航行了差不多 10 周，在此期间有一名婴儿出生，乘客当中只有一人死去。不过在登陆之后，由于他们对严寒的冬季准备不足，有一半人被冻死。如果没有一位名叫史广多（Tisquantum/Squanto）的原住民的帮助，他们的处境将更加艰难。[73] 17 世纪初，多亏了史广多的善行，横跨大西洋两岸的联系得以加强，新大陆的远景也已浮现。1614 年，史广多被英国探险者俘获并带到了西班牙，后来他从西班牙逃到英国，之后起航前往纽芬兰岛。1619 年，他成功返回了科德角，却发现疾病已经彻底摧毁了他的小村庄。肆虐的疾病折磨着西属美洲的原住民，由于疾病的传播，英国殖民者原本急于开拓的沿海地带成为一片荒野。一个邻近部落的首领看守着史广多，由于他会讲英语，这名部落首领将他送去和最初的移民一起生活。即便在他的帮助下，在10年的时间里，普利茅斯殖民地仍只有300位居民。

早期的北美殖民地尽管生活必需品匮乏，生活条件艰苦，但还是吸引了来自英国、法国、荷兰和瑞典的移民。1629年，一群清教徒创建了波士顿。从英国内战（1642—1646）结束到第一次移民浪潮开始之前，共有23,000人抵达新英格兰。这虽然被认为是一次“大迁徙”，但是在一个世纪的进程中，新英格兰吸引的移民比切萨皮克还少。[74] 与移民北美大陆的人相比，有更多的人移居到了加勒比群岛。不过，由于人口自然增长和惊人的安全航行纪录，新英格兰的人口仍在稳步增长。[75] 17世纪30年代，横渡大西洋而来的198艘船都在海上航行了十周半，但没有一艘在海上迷失。清教徒将他们的好运归结为上帝的眷顾，不过事实上，这应该更多地归功于以下因素：移民们怀有一种共同的使命感，经过深思熟虑的组织，而且尽管他们在海上和岸上（尤其是在热带地区）都备受多种疾病的困扰，但此时的发病率却相当低。新英格兰的殖民者倾向于以家庭为单位，拥有强大的宗教凝聚力，并且是为自己工作，而非作为受奴隶主剥削的契约奴。

马萨诸塞的创建者寻求为拥有土地的贵族及其仆人建造一座加尔文派的圣殿，不过，新英格兰的石质土壤迫使他们出海成了渔民和商人。英国内战造成了混乱，“让我们的人民忙于提供鱼类、隔板和船板，并种植大麻和亚麻……眺望西印度群岛以期进行贸易”，并向加勒比海的糖料作物种植园出口木材和鱼类。[76] 在殖民地之间和大西洋两岸的贸易中，波士顿人占据了相当大的份额。北美殖民地为英国提供了海军军需品和造船用的木材，尽管英国国内的木材资源也很丰富，但是将其运至沿海地区的费用过高。[77] 而且，英国人能否获得来自波罗的海的海军军需品，取决于欧洲国家的政策。16世纪后期，一篇文章在谈及北美殖民地所“包含的重要诱因”时强调：“它可能对英国的德行和安全有很大的影响，除了这些北方地区，我们应能为我们的海军提供该区域的各种军需品，即柏油、缆索、绳子、桅杆等。”[78] 17世纪30年代，一船桅杆被运到英国。事实上，直到第一次英荷战争期间，贸易才真正开始。当时，与荷兰结盟的丹麦人针对英国船只封锁了波罗的海。

新英格兰桅杆（其中最长的长达 35 米）的重要性恰如现今的石油一般。在第二次英荷战争期间，英国海军部长塞缪尔·佩皮斯（Samuel Pepys）在日记中便已暗示了这个恰当的对比：

> 也有一个非常好的消息传来，7 艘英国船安全返回法尔茅斯，为国王带来了桅杆。这是一件极为意外的幸事，若非如此（如果不为别的），来年我们一定会失败。不过，感谢上帝带来了如此好运，且在其他事情上继续给予我们帮助。那么就睡吧。[79]

就海军军需品而言，新英格兰并不是唯一的来源。不过在 17 世纪的大部分时间里，来自美国南、北卡罗来纳的南方的橡树、松树、树脂和柏油无一不是由新英格兰人运来的。[80]

1660 年查理二世复辟后，新的商业中心出现了。[81] 南卡罗来纳的查尔斯顿位于艾什丽河和库珀河的交汇处，于 1670 年建城，吸引了来自北部殖民地的殖民者以及苏格兰和爱尔兰的长老会教徒、德国的路德派教徒，尤其是法国的胡格诺派教徒。17 世纪 80 年代，在法王路易十四（Louis XIV）的迫害之下，胡格诺派教徒纷纷逃离。此后不久，美国的南、北卡罗来纳成了避难地，主要容留加勒比海盗及在加勒比海耗尽其巨大威力的西印度群岛海盗。[82] 查尔斯顿是英属北美在费城以南最重要的城市。1691 年，在特拉华河和斯库尔基尔河之间的一小块土地上，威廉·佩恩（其父曾占领牙买加）建立了费城。威廉·佩恩是宾夕法尼亚贵格会的所有者，他十分欢迎斯堪的纳维亚半岛数以千计的荷兰移民（过去 40 年中他们定居在特拉华河河口）、德国的门诺派教徒及其他移民。在 5 年之内，宾夕法尼亚的人口达到了 5,000 人，但其商船队的规模则比波士顿或纽约稍微小一些。* 相较于这些城市，费城的竞争力在于其宗教宽容、农

* 1637 年至 1655 年间，瑞典殖民者建立了新瑞典（今特拉华州威明顿市）。

业生产力、制造业及其位于殖民地海岸中心的位置。

欧洲各国的海军

欧洲各国政府在美洲缺乏更多的直接参与，这并不完全是因为其对殖民地的命运漠不关心，而是因为缺乏横跨大洋所必需的资本和手段。尽管对管理方式和有关船只、武器和港口的巨额开支皆有密切关注，欧洲各国的海军却很少远离本国活动，几乎从未超出欧洲海域的范围。直到18世纪，大多数战役都以沿海地点命名，这些沿海地点与交战地点间的距离往往在1天的航程之内。当然，西班牙和葡萄牙是例外，西班牙的战舰护送着满载财富的船队往返美洲，葡萄牙则在巴西和亚洲海域保留军队。荷兰的东印度公司和西印度公司的武装商船也出航海外，但这些都不是在国家层面运作的海军。在大西洋沿岸的欧洲海洋诸国之间，持续半个多世纪的战争迫使它们都采用更加审慎的方法处理海军事务，而很少进行远程作战。

在17世纪的前20年中，海军无所作为。1604年，西班牙与英王詹姆斯一世缔结和约，5年后又与荷兰达成停火协议。这段时期中相对和平的局面最终被三十年战争打破。1618年，神圣罗马帝国皇帝与捷克波希米亚的新教国王之间的冲突引发了这场战争。3年后，西班牙和荷兰共和国之间敌意重生，欧洲各国之间的敌意也广泛复萌，这标志着欧洲海军竞争的开始。无论是在和平时期还是战争时期，这种竞争几乎未受抑制，一直持续到20世纪。尽管三十年战争和荷兰的反叛是性质不同的冲突，菲利普四世的首相奥利瓦雷斯（Olivares）却力图将二者联系起来，目的主要是为了从荷兰手中夺回西班牙在波罗的海的贸易。[83]对战争中的西班牙而言，该地区的海军补给品和粮食至关重要，而强夺贸易的目的是为了避免将贸易利润留给荷兰。

奥利瓦雷斯考虑到，尽管天主教法国已同荷兰共和国结盟，但西班牙和奥地利的哈布斯堡王朝与波兰－立陶宛王国（瑞典的敌人，而瑞典支持荷兰）组成的统一战线仍将包围法国。佛兰德斯的西班牙“无敌舰队”

成就不凡，奥利瓦雷斯深受鼓舞。1621 年，除了驻扎在敦刻尔克的 12 艘护卫舰，这支舰队还包括听候调遣的私掠船，它们可以劫掠法国、荷兰和英国的船只。[84] 这些三帆快速战舰相当小，由西属尼德兰的造船工匠改造而成，极其适合劫掠、护航和侦查。在之前的 5 年中，西班牙海军创造了令人印象深刻的纪录。1625 年，菲利普四世在写给西属尼德兰总督的信中说："从现在开始，陆战将处于纯粹的守势，在马尔迪克港，我们将建立一支由 50 艘战舰组成的舰队。"[85] 然而事实证明这是不可能的。不过，在远及设德兰群岛和冰岛的战场上，西班牙的皇家护卫舰和私掠船击沉了大量荷兰渔船和护航战舰。在管理机构方面，1623 年，西班牙设立了北方海军部，以控制西班牙和佛兰德斯之间的贸易。[86] 同时，西班牙迫使中立国的舰队进入敦刻尔克，进行战时禁运品的检查，并实施一系列全面的保护主义政策，向法国商人收取高达 40% 的关税（而西班牙商人在法国只需支付 2.5% 的关税）。[87] 不过，奥利瓦雷斯最终不得不放弃对波罗的海的野心，集中精力同法国作战，并处理荷兰人皮特·海恩在古巴俘获西班牙运银船队事件的余波。

奥利瓦雷斯的对手是法王路易十三（Louis XIII）的首相红衣主教黎塞留（Richelieu），他同样关注着以下情况：荷兰与英国在法国的海外贸易中处于支配地位，地中海地区存在着穆斯林和基督徒的海盗活动，西班牙在发展海军方面的野心日益增长，在法国最繁荣的港口之一拉罗谢尔发生的胡格诺派起义对海军构成了威胁。以上这些问题，其实属于前述西班牙与尼德兰之间敌对行动的延续（这些问题对法国的商业构成了威胁，尽管西班牙对荷兰船只实行禁运也为法国商人提供了机会），同时也来自胡格诺派和英国的海上威胁。1621 年，胡格诺派创建了海军部，并在之后的 4 年中攻击了若干法国港口。法国希望英国能减少对胡格诺派的支持，路易十三通过他的女儿亨丽埃特·玛丽（Henriette Marie）与查理一世联姻。然而，英国人对法国海军复兴的前景感到十分忧虑。而且，尽管斯图亚特王朝与波旁王朝之间私下结成了同盟，但在 1627 年，英国仍占领了拉罗谢尔外海的雷岛。英军被法国人击退，但次年又卷土重来，不过，他们的出现已经无关紧要。当时，经过长达 14 个月的围困，拉罗谢尔向法

《彼得 · 佩特（Peter Pett）与“海洋君主号”》，由彼得 · 莱利爵士（Sir Peter Lely）绘制（约 1645—1650）。图中，佩特手持一副圆规，这是他作为一名船舶设计师和建造师的象征。在画面左侧，是“海洋君主号”（1637 年）布满装饰的船尾。如同希腊风格的古代超级桨帆船那样，在一定程度上，“海洋君主号”是作为展示用的，这在当时几乎是普遍的趋势。一部早期的中国著作中指出，船只如此之大，在恶劣天气中难以操纵。不过，舰队中都会配备这样的船，目的在于起到威慑作用。（Courtesy of the National Maritime Museum, Greenwich, England.）

王投降，从而有效地结束了法国的宗教战争。[88]

自 16 世纪以来，法国虽然一直在进行改革，却始终没有建立国家海军，这一事实助长了胡格诺派的反抗。[89] 法国海军元帅在英吉利海峡的庇卡底、诺曼底、比斯开湾的波瓦图及圣东日拥有权力，而布列塔尼、普罗旺斯和吉耶纳则各自拥有海军和截然不同的海商法。这使得法国王室无法筹集足够的收入来创建一支国家舰队，甚至无法调动各省的舰队。在围困拉罗谢尔的前一年，黎塞留废除了法国海军元帅的职位，呼吁从零开始建设海军，包括 40 艘军舰、30 艘加莱船和 10 艘盖伦船，建成“真正的海上堡垒”。[90] 为了方便海军使用，黎塞留还试图改造法国的港口，但该计划因遭到反对而成为泡影。尽管如此，当 1635 年法国正式与荷兰结盟以对抗西班牙时，法国海军已经整装待发。次年，在比斯开湾的戈特利亚海战中，法国海军夺取了西班牙的 17 艘加莱船和其他船只，并俘虏了 4,000 名水手。[91]

黎塞留确实有理由抱怨：“看到我们的国王——基督教世界最重要的统治者——的海军实力，弱于基督教世界最弱小国家的君主，这是一种耻辱。”[92] 不过，许多英国人也同样轻视英国皇家海军，一名同时代的英国人写道，“从来没有人见过这么虚弱而可怜的舰队出海”，“如果我们的敌人看到它，会嘲笑我们的国家”。[93] 自伊丽莎白一世和德雷克时期开始，英国海军的威望就已下跌。急于恢复海军威望的查理一世决心建立一支海军，此举相当于发表声明，确保约翰·塞尔登《闭海论》一书的出版，并以此重申英国对不列颠群岛周围海域的所有权。这种所有权虽然古老，却是由想象而来的。1629 年解散议会之后，查理一世为舰队筹集资金，他并没有直接征收交付国库的税款（这是议会的特权），而是发布令状，收取实物或现金作为“船只专用款项”，将其交付给海军。[94] 在 6 年内，共筹得超过 80 万英镑的经费。经费在手的查理一世将他“建造一艘新的大船的高贵决议”告知了船舶建造师菲尼亚斯·佩特（Phineas Pett）。[95] 批评者警告说，“人类的才艺或智慧绝对无法建造完备而又适于军用的配有 3 层火炮的舰船”。[96] 不过，他们并没有能够劝阻查理一世和佩特。“海洋君主号”（*Sovereign of the Seas*）的建造成本为 65,586 英镑，相当于 10 艘装备 40 门火炮的战舰的成本之和。顾名思义，“海洋君主号”更多地是一种战争宣传工具，有一本小册子专门用来介绍“用于美化或装饰它的饰物……包括雕刻、图案及上面的格言”。[97] 剧作家、评论家托马斯·海伍德（Thomas Heywood）简要介绍了船上的武器：

> 它有 3 层平甲板、1 座艏楼、1 层半甲板、1 层四分之一甲板和

> 1 层后甲板。下层有 30 个炮口，配备半加农炮（发射重 30 磅的炮弹）和整个伸出去的加农炮（船体足以承载它们）。中层也有 30 个炮口，配备半长管炮（发射重 10 磅的炮弹）和长管炮。第三层有 26 个炮口，配备其他火器。艏楼上有 12 个炮口，半甲板上有 14 个炮口……此外，它还携带 10 门艏炮和 10 门艉炮。

海伍德进一步指出，查理一世对国家荣誉和安全所肩负的责任“应该是对其所有忠诚而充满深情的臣民极大的鼓舞和促进”，“他的臣民是慷慨的，并愿意捐献船只专用款项”。实际上，查理一世过分地关注海军项目，并遭到其“忠诚而充满深情的”臣民的怨恨。从“海洋君主号”便可以看到其不知节制和傲慢自大，这导致查理一世最终被推翻。

如果能够证明海军确实维护了英国沿海水域的和平，那么这样的夸耀可能会被容忍。但在 1639 年，安东尼奥·德·奥肯多（Antonio de Oquendo）率领的西班牙舰队与荷兰海军中将马尔滕·哈珀特松·特龙普（Maarten Harpertszoon Tromp）率领的荷兰海军对峙了长达 1 个月的时间，在僵局中，海军被证明是完全无效的。在 1 年前，奥利瓦雷斯曾注意到，在 17 年间的所有海战中，西班牙共赢得了 82 场胜利。不过形势正在发生改变。同年，驻扎在戈特利亚的西班牙舰队被消灭。次年春天，荷兰舰队俘获了 700 名前往佛兰德斯的西班牙士兵。9 月，奥肯多率领更多的军队前往北部，但遭到了特龙普的持续攻击，于是只得在英国多佛海峡以北的唐斯锚泊地停靠。很明显，那里是英国的领海，但英国舰队却无力维护那里的和平。在经过长期对峙后，10 月 21 日，荷兰军队在佛兰德斯俘获和击沉了 32 艘西班牙战舰和运输船。敦刻尔克的私掠船运送 5,000 名士兵到达佛兰德斯，奥肯多自己也设法到达敦刻尔克，之后返回西班牙。唐斯战役对西班牙而言是一次沉重的打击，同时对查理一世所宣称的海上主权也是一次重挫。[98]

更重要的是，这标志着荷兰共和国步入欧洲海军强国前列的时代最终到来了。荷兰的海军管理制度是法国与英国海军管理模式的混合物。1597 年至 1785 年间，荷兰海军的组织形式基本保持不变，包括弗里斯兰省、荷兰省和泽兰省等沿海省份的 5 个海军部。[99] 海军部通过向商人收税来负担舰队所需的费用，在战时，荷兰议会通过投票来决定增补额外款项。每个海军部都要负责征募船员、维护和建设自己的舰船和仓库以及组织护航舰队。他们还可以发放私掠船的许可证，裁定战利品的归属以及海事法中的其他事项。在 17 世纪与西班牙和英国舰队的对抗中，这一机构发挥了重要作用。不过，到后来高度集权的国家暴力时代需要更大、更重的炮船时，它就显得过时了。

战争中的荷兰（1652—1680）

在唐斯海战中蒙耻的 3 年之后，查理一世与议会和清教徒领袖之间的冲突越来越严重，最终导致了内战的爆发。奥利弗·克伦威尔击败了查理一世，并以叛国罪对其加以审判和处决。英伦三岛以共和政体（1649—1660）取代了君主政体，但这并没有改变英国外交政策的方向。不过在 1651 年，议会通过了《航海条例》。作为此类保护主义措施中的第一个，《航海条例》实施了两个多世纪。在这种保护主义法令的限制下，进口到英国及其海外领地的货物只能用“真实而没有欺诈的，只属于共和国（指英国）或其种植园的人民的船”来运载，“其船长和水手也多半是共和国的人民”。[100] 唯一的例外是运载其他国家本国货物的船只。例如，法国船只可以运载法国的葡萄酒到英国或新英格兰，但不能运载新英格兰的木材到英国。《航海条例》的目的是为了加强英国的航运并削弱荷兰。英国政府还要求，所有国外和国内的船只都要向英国战舰降下旗帜，以表示对英国及其海军的尊重。作为查理一世炫耀行为的重演，克伦威尔授权建造 3 艘大船，其中包括装备 80 门火炮的“纳斯比号”（*Naseby*），其绰号为“伟大的奥利弗”。“在船首……奥利弗骑在马背上，将 6 个民族踏在脚下，即苏格兰、爱尔兰、荷兰、法国、西班牙和英格兰，他们的一些习性可以轻易辨认出来——他的头上戴上了桂冠，上面写着‘上帝与我们同在’。”[101]

1652 年 5 月 8 日，特龙普的舰队正在为荷兰商船护航，当时这些商船正在唐斯锚泊地寻求庇护。13 年前，特龙普正是在此地战胜奥肯多的。特龙普奉命离开并前往法国，却遭到了英国人的追击。特龙普与英国人开战，此战被称为多佛海战（又称唐斯海战）。这也是英国宣战的标志性事件，其中，6月2日至3日的加巴德沙洲海战（又称北福兰角海战）是最具决定性的一场战斗。每支舰队都有上百艘船，不过英国舰船普遍较大，而荷兰舰队的大部分舰船都是租用的商船或由商船改造而成的战船。

此战的重大意义在于，这是第一次双方舰队以战斗阵形进行的海战，战斗历时2天，而且这种经典的舰队阵形一直沿用到20世纪。[102]当时，海军的主要战舰都将最重的火炮架设在船体中部，而不是船首或船尾。可以确定，一旦操纵船只将舷侧炮口高度集中于敌方舰队的特定区域，那么，排成队列就成为舰队交战首选的战术。“T字横头”是首选的战术，即以船首对准敌船的侧面并向其靠近，则敌人只能以架设在船首的少量火炮来攻击。在加巴德沙洲海战中，荷兰损失了19艘船，英国人封锁了荷兰海岸。2个月后，特龙普在斯海弗宁恩（或特塞尔岛）的战役中阵亡。这证明在第一次英荷战争的最后一次主要战斗中，两国舰队皆遭受了沉重打击。

17世纪60年代初，英荷之间的商业竞争再次开始。英国以保护新成立的皇家非洲公司的奴隶贩子为借口，开始袭击荷兰在西非的据点。作为报复，米歇尔·德·鲁伊特（Michiel de Ruyter）到达非洲，他被约克公爵詹姆斯称为“当时世界上最伟大的海军将领”。[103]鲁伊特重新夺回了被英军占领的所有据点（只有一处除外），随后横渡大西洋，袭击了英属加勒比群岛，之后经由纽芬兰岛的渔场回到荷兰。1665年1月，战争正式爆发，两国舰队的实力旗鼓相当。不过，英国的舰船似乎更大，舰载火炮更重，舰队组织也更完善。但在1666年6月历时4天的战斗中，英国舰队的损失却是荷兰舰队的2倍。不过，英国舰队阻止了鲁伊特与法国舰队会合，当时法国也已向英国宣战。英军再次奔赴海上，在圣詹姆斯日海战中在北福兰角的海面上击败了荷军，随后烧毁了弗利兰岛附近的160艘商船。

战争的代价是惨重的。1665年爆发了大规模的瘟疫，加上1666年9月的伦敦大火，英国国库消耗殆尽。以上因素迫使查理二世下令战舰入坞。1667年，英国开始与荷兰进行和谈。当这一切正在进行之中时，鲁伊特渡海到达英格兰。在英荷战争最大胆的一次行动中，鲁伊特沿梅德韦河溯流而上，到达查塔姆船坞，抢夺英国的 23 艘战舰。为了防止“皇家查理号”（*Royal Charles*，即原来的“纳斯比号”）被夺，英国人只得下令将其烧毁。但正如佩皮斯所说：“确实，荷兰人用一艘载有 9 人的小艇就俘获了它。不过在船上，他们一个人都没有发现……在潮位和风向皆有利时，他们带着它沿河而下。此时，即便是查塔姆船坞最好的引航员也做不到。他们让它向一侧倾斜，使它吃水较浅，就这样将它安全地带走了。”[104]由于与荷兰舰队的需求不相适应，这艘英国旗舰作为战利品在鹿特丹进行展出。今天，在阿姆斯特丹的国立博物馆中，仍在展出这艘船的船尾装饰。

《布雷达和约》确认荷兰占有今天的苏里南和班达群岛中的鲁恩岛，英国则获得了北美殖民地新阿姆斯特丹的所有权。在战争初期，查理二世在给他的妹妹的信中写道：“这是一个很好的城镇，不过，我们已经打败了荷兰，所以现在就称它为新约克（即纽约）。”[105] 这是为了纪念他的弟弟约克公爵詹姆斯，即后来的詹姆斯二世（James II）。获得纽约之后，英国在英属北美殖民地便除去了一个对手。不过在当时，班达群岛的香料更有价值，而且，荷兰共和国的财力依然为整个欧洲所嫉妒。在第二次英荷战争结束后不久，威廉·坦普尔爵士（Sir William Temple）写道：“阿姆斯特丹这座城市是著名的银行，是最大的宝库，无论这是真实的还是虚构的，这也正是它闻名于世的原因。不过，这家银行的安全不仅仅取决于它的作用，更取决于整座城市或者阿姆斯特丹州的信用。就其股票和税收收益而言，其财富堪比一些王国。”[106]

在战争初期，征服西属尼德兰的前景曾使法国支持荷兰，但当法国开始对荷兰商品征收双倍进口关税时，法荷关系便趋于恶化。[107] 这是让－巴普蒂斯特·柯尔伯（Jean–Baptiste Colbert）实施的众多重商主义举措之一。1665 年，柯尔伯就任法王路易十四的财政大臣，并于 1669 年至 1683 年间担任海军国务大臣。柯尔伯的其他举措包括补贴法国工业，吸引外国制造商，建立或支持海外殖民地，逐步建立法国舰队和海军（自黎塞留时代以来进展并不顺利）等。柯尔伯还启动了一项雄心勃勃的国内改进计划，包括整修道路，开凿运河，废除或设立内河和道路的通行费，管理森林以保障造船所需的木材等。[108]

尽管英国与荷兰的民众都热爱和平，但路易十四资助查理二世的战争，以此获取其帮助来镇压荷兰共和国。[109] 战争一触即发。荷兰拥有 75 艘战列舰，而法国只有 22 艘战列舰可以投入战场，英国则贡献了另外的 65 艘。尽管如此，1672 年至 1673 年间，鲁伊特面对英法联军仍占据上风。英国已厌倦了与荷兰之间的战争，加上其已与法国结盟，遂与荷兰共和国缔结了和平条约。于是，法国开始独自面对荷兰及其盟友西班牙组成的联军。1676 年，冲突焦点转移到了地中海，法国在地中海击败了西班牙和荷兰的联合舰队，鲁伊特阵亡。法荷战争拖延了 2 年多，在此期间中立的英国商人在欧洲贸易中所占的份额大幅增长。[110]

和平随之到来，但并没有带来裁军。英国与法国的海军扩张，反映出其商业船队和对外贸易皆在增长。从 1661 年到柯尔伯去世的 1683 年，法国海军的规模从 18 艘战舰和少量辅助船只扩大到 276 艘战舰，英国皇家海军也拥有了 173 艘战舰。如果没有舰队管理制度的相应改进，以及官僚机构的系统化，这样的发展是不可能实现的。佩皮斯以舰载火炮的数量和规模为基准，建立了战舰分级标准体系，最为充分地体现出舰队管理制度的改进。“最终，从管理角度来看，战列作战时代已经到来。”[111] 这一体系也涉及官员薪酬、人员配备（每门火炮配备的固定人数）以及给养等方面。小的变化会不时出现，但分级体系却长期保持稳定。1779 年的规定如下：

分级	火炮数量	人员数量
一级	100 ～ 120	850 ～ 875
二级	90 ～ 98	700 ～ 750
三级	64 ～ 80	500 ～ 650
四级	50 ～ 60	320 ～ 420
五级	32 ～ 44	200 ～ 300
六级	20 ～ 28	140 ～ 200

一般认为，配备 60 门以上火炮的军舰才适合位于战列之中，可称为“战列舰”（即后来的战舰）。[112] 一级战舰有 3 层全炮甲板，不过，作战舰队的主力是配备 60 ～ 90 门火炮的双层甲板战舰。在帆船时代，舰载火

炮发射的一般是铁球，最大直径接近 7 英寸，重达 42 磅。纳尔逊勋爵的战舰“胜利号”（HMS *Victory*）便属于一级战舰，于 1765 年投入使用，携带 30 枚重 32 磅的炮弹、28 枚重 24 磅的炮弹、44 枚重 12 磅的炮弹以及 2 门近距臼炮。18 世纪 70 年代，英国卡龙公司的苏格兰铸造厂研制出了近距臼炮，这种炮被称作“船只击碎者”或“魔鬼火炮”，能够发射重 68 磅的炮弹，但射程不超过 375 米，是普通火炮射程的四分之一。这种炮经过专门设计，尽可能对船身和船员造成伤害。炮弹在爆炸时产生大量碎片，船员会因此而丧命或受重伤（由脓毒症导致的感染是造成死亡的主要原因）。炮手也发明了各种特种弹药，用于破坏桅杆、索具（链弹）和船帆（杠弹）。杀伤性武器包括葡萄弹、霰弹（将子弹塞入一个圆柱形的霰弹筒中）和钉弹（装满金属碎片的金属圆罐）。不过，最大的变化是舰载火炮的发射频率变得更高。[113] 在英荷战争期间，英国战舰上的每门火炮通常配备 40 枚球型实心弹。到 18 世纪，法国炮手每小时能够发射 5 ～ 6 枚球型实心弹，而英国船员则可在短时间内达到更快的发射速度。

17 世纪以来，战术相对保持稳定，而战略却变得更加复杂，不仅涉及舰队行动，而且包括商船护航和扩大封锁。护卫舰（在英国的战舰分级体系中属于 15 级或 16 级）通过巡航执行防御敌船、运送急件和外交使团及侦察等任务，而更小型的船则用于各种专门活动。例如，小型双桅炮船就是为了进行海岸炮击而设计的。法国人采用理论方法来解决海战问题，柯尔伯创建了重炮与航海学院；而英国人则采用更具经验性的实践做法，即分发“作战指示”。[114] 这种指示建立在实战经验的基础之上，传授能在未来行动中活学活用的教训。总而言之，英国人的方法产生了更理想的效果，在 18 世纪时表现得尤为明显。

尽管存在宗教、商业或政治方面的差异，但大西洋沿岸的欧洲强国均致力于海洋贸易。正因如此，各国都在努力处理是否接受“海洋自由”原则以及接受到何种程度的问题。到 17 世纪末，海外殖民地以及在美洲和亚洲的商业飞地数量的激增，迫使欧洲强国承认海洋是所有人共有的公地，而不是私人封邑。17 世纪初雅各布·范·海姆斯凯克的例子和 17 世纪末亨利·艾弗里的例子证明了这种转变。在强占“圣卡塔琳娜号”的过程中，海姆斯凯克按照由政府支持的荷兰东印度公司的批准行事。不到一个世纪之后，在对更加稳定和安全的贸易的集体追求中，艾弗里之辈的海盗沦为了牺牲品。如果艾弗里生在 16 世纪，他有可能跻身伊丽莎白一世时代的海盗之中，他们为英国船只开辟航路，在充满敌意的海域中进行贸易。但是，艾弗里没有赶上那个适合他的时代，他的无赖行为威胁到了其同胞（和其他人）利用外交和政治技巧而不是不分青红皂白的武力培养出来的利益。海上暴力并没有过时：18 世纪，海战仍在全球海域中发生。然而，未来的冲突是由越来越中央集权的官僚机构管理的政府的事务，是为了实现更明确的国家利益。

第 17 章

北欧的崛起

18 世纪是帆驱动的船只在世界范围占据主导地位的最后一个世纪。风帆战舰一直建造到 19 世纪，风帆商船建造到 20 世纪，然而是在 18 世纪，帆船的全部潜力释放了出来，世界首次成为一个整体。由于欧洲的主动性，18 世纪也出现了出海人群数量的空前增长，包括商船船员、海军水手、自愿和非自愿的移民及探险者。自由人和奴隶的大规模迁徙始自 16 世纪，到了 19 世纪移民人数更多；但 18 世纪之所以值得关注，是因为在当时，在货物运输中变得完善的商业头脑被用到了人的运载上——结果是人不合适被这么对待。

虽然不一定是最艰苦的，但最长的航行是探险航行，不管是为了寻找新的市场和原料的商人，还是意在兼并新土地的政府推动的探险。形形色色的水手都对航海技术的改进怀有持久的兴趣，这些技术从海图的更精确到更简易、更可靠的确定航线和位置的方法，不一而足。这些需要对物理学有更细致的了解，也需要用来测量角距离、方向和时间的更精确仪器，而探险者们处在测试和改进这些的前沿。人们对动物学、植物学和民族志产生了新的兴趣，也是这个时代的特点。18 世纪后期的探索结果得到广泛传播，并且导致了在跨文化比较方面前所未有的成就。在不断丰富的文献记载和图像资料中，这种跨文化比较在越来越丰富的文字呈现和视觉呈现——这些内容改变了人们对物质世界及彼此之间的认识——中清晰地显现出来。

船上的生与死

在奥地利王位继承战争（1740—1748）之初，英国皇家海军准将乔治·安森（George Anson）率领6艘船从英国起航。他负责侵扰美洲太平洋沿岸的西班牙船只，并捕获马尼拉大帆船。这个任务看似简单，却耗费了4年时间，令人苦不堪言。[1] 此次航行的规划和执行是极其痛苦的，而且揭示出了在欧洲舰队开始海上行动之后的半个世纪中，海军管理者在后勤方面所面临的诸多挑战。不过，这些痛苦并不是海军船员所独有的，尽管平民和奴隶通常在海上度过的时间较少，但是他们所乘的船只较少受官方监督，许多人忍受着比安森的船员更为恶劣的条件。

接到任务后不久，安森发现尚短缺300名水手。他召集了170名水手，其中32人来自查塔姆的海军医院。他还被分配了500名老弱病残，“他们因为年龄、受伤或疾病等原因，无法继续在行军兵团中服役”，[2] 在上船之前，其中超过一半的人擅离部队。在1741年秋绕行合恩角之后，安森船队的船员开始患上了坏血病等疾病。安森的旗舰“百夫长号”（*Centurion*）的海军中尉报告说，他只能“召集到尚且能够工作的2名舵手和6名前桅船员，所以，如果没有高级船员、仆人和见习海员的帮助，即使我们看到了胡安·费尔南德斯岛，可能也无法到达那里”。[3] 另外3艘船在那里加入了他们的船队，其中一艘船“已将三分之二的补给物抛入了大海”。在向北航行至阿卡普尔科之前，英国人烧毁了秘鲁的派塔。在海岸处经过修理之后，“百夫长号”和“格罗斯特号”（*Gloucester*，该船后来沉没）驶向澳门。在菲律宾的海面上航行了7个月后，安森俘获了马尼拉大帆船“科瓦东加夫人号”（*Nuestra Señora de la Covadonga*），船上的货物总价值约250,000英镑。虽然损失了3艘船（另有2艘从南美洲折回）和1,300多名船员（其中只有4人死于与敌人的战斗），但是，安森俘获马尼拉大帆船的光芒超过了战争中的其他任何成就。[4] 根据当时的奖励制度，船员们有权按照其等级分享所俘获敌船的价值。[5] 作为远征的领袖和“百夫长号”的船长，安森获得了约91,000英镑，而幸存的船员每人获得了约300英镑，相当于20年的薪酬。尽管这些成果对这些船员来说十分惊人，但这

4 年的航行对于战争结果的改变于事无补，令人震惊的人员和物资耗费凸显出开展远距离海军行动所面临的巨大困难。

安森的环球航行证明了，由于面临严峻的考验，如果欧洲各国的海军不关照其船员，那么在本国水域之外就无法采取有效行动。航程更长，船型更大，这些变化都将更多水手置于此前罕见或未知的疾病的威胁之下。缺乏关于传染病的知识，对卫生与营养的理解不足，食品保存方式十分原始，凡此种种，皆加剧了这些疾病的危害。由于法国和英国两国政府致力于控制从北美到东南亚的贸易，两国船员深受其害。不过，在奥地利王位继承战争之后，形势的发展十分迅速。“百夫长号”完成环球航行之后不到 10 年，在七年战争（1757—1763）中，欧洲的舰队首次被部署到世界各地，包括美洲、太平洋和印度洋。在舰队中，尽管热带疾病仍在继续肆虐，营养不良却并不是什么大问题。由于更接近本土，新鲜食物能够源源不断地供应到待命船只上，英国海军上将爱德华·霍克（Edward Hawke）由此得以保持对布雷斯特港的有效封锁。英国皇家海军的外科医生詹姆斯·林德（James Lind）写道：“这是一个值得记录的观察，14,000 人被限制在船上，持续了六七个月，却能享有良好的健康状态。相比之下，很容易想象，在世界上最健康的某块陆地上，数量如此庞大的人群，都难以享有这样的状态。”[6] 关注其船员的日常饮食令霍克获益匪浅，他由此得以抑制法国的商业贸易，牵制士气低落的布雷斯特舰队，阻截其海上补给。1759 年 11 月，法国人乘 21 艘船逃出，在基伯龙湾布满暗礁与岩石的海域，他们在与英国人作战及逃跑时损失了其中的 7 艘船，2,500 人因此丧生。[7]

并非所有疾病都是热带气候所特有的，而且船只是传染性疾病的自然孵化器，其成因和治疗方法都是未知的。这些疾病被笼统地称为“船热病”，包括斑疹、伤寒、黄热病和痢疾等。[8] 这些致命疾病的名称是人们耳熟能详的，但其症状则不然。痢疾的特点是混合黏液与血液的腹泻。伤寒由沙门氏菌引起，导致高烧和头痛，以及腹泻等肠道功能紊乱的症状和身心崩溃。18 世纪时，在欧洲或在船上，通过虱子传播的斑疹从未断过，这种病属于与伤寒较为接近的一类疾病，会造成高烧、精神错乱和皮疹。

黄热病以蚊子为主要传播媒介，因此主要流行于热带地区。黄热病发病突然且经常致命，病人在垂死之时会饱受发热、头痛、出血、黄疸等症状的折磨。同样，由蚊子传播的疟疾也会导致发热、发冷、恶心及贫血，如果不及时治疗就会致命。

在海上，营养不良是另一个主要的致死原因。坏血病在船员中十分常见，因为他们被迫长时间靠腌肉、鱼和谷物（主要是硬面包）维持生存。[9] 18 世纪末，英国皇家海军的水手每周可以得到 4 磅腌牛肉、2 磅猪肉、2 品脱豌豆、3 品脱燕麦片、8 盎司酸腐黄油和 12 盎司奶酪。早在 16 世纪，一些水手就已经认识到，新鲜蔬菜（特别是柠檬）对于预防坏血病十分重要。1615 年，英国东印度公司的船长威廉·基林（William Keeling）记录道："在晚上，我开始允许每位船员喝一瓶（半加仑）水，目的是用柠檬水来预防坏血病。"[10] 在安森的航行之后，人们一般认为，林德医生证明了柠檬在预防坏血病方面的功效。不过林德医生在其著作中表示，坏血病的病因和疗法皆具有不确定性。[11] 直到 1796 年，英国皇家海军才授权船只携带抗坏血病剂，而在之后的 50 年中，对于商船仍没有采取类似的规定。

饮水与食物同样重要。当时很难找到干净的水，水的保存则更为困难。大多数的水都从流经港口的河流上游提取，例如伦敦上游的泰晤士河。即使水的来源相对干净，在长途航行中也很难保持水质。1614 年，荷兰东印度公司总督杰拉德·雷恩斯特（Gerard Reynst）在记述其前往东南亚的航行时写道："每天取自船舱的水和酒都是热的，好像在沸腾，大部分食物腐坏的原因就在于此。"[12] 除了水变得肮脏，17 世纪时，在西班牙的船上，每人每天只有 1 升水，这样的用水量不足以维持健康。通常，一个体重 150 磅的人每天消耗 3,500 卡路里的热量，同时需要 2 ～ 3 升水。在炎热的天气里，水的需求量大约为 10 升。[13] 在雷恩斯特为此而抱怨的 10 年中，人们已经掌握了从海水中蒸馏淡水的方法，但其改进却十分缓慢。1762 年，林德医生演示了蒸馏的过程，并建议将蒸馏炉搬上皇家海军的战舰。8 年后，查尔斯·欧文（Charles Irving）设计出了一种设备，在 1 个小时之内可以从 300 升盐水中提取出近 100 升淡水，英国国会为此奖励了他 2,000 英镑。[14] 18 世纪 80 年代，“邦蒂号”（HMS *Bounty*）上携带的蒸馏炉每天只能蒸馏出约 12 加仑的水。对于船上 117 人的补给来说，这不过是杯水车薪。因此，为了寻找果树，他们试图前往西印度群岛。最终，1772 年，英国皇家海军要求，所有战舰都必须携带一台蒸馏炉。相较之下，商船上的船员和乘客就没有那么幸运了。直到 1864 年，英国法律才要求由政府经营的移民船只携带蒸馏炉，而直到那时，这条法律仍不适用于私营船只。

在北欧，水的替代品通常是啤酒。有关“无敌舰队”战役的档案显示，当时，英国船员每天能得到 1 加仑啤酒，并且在 2 个世纪中一直遵循这样的津贴标准。[15] 1598 年，在前往印度和东南亚的首航中，荷兰海军上将雅各布・范・内克曾写道：“喝完了最后一点啤酒，我们第一次开始限额饮水，每天只能喝约 8 盎司水和 3 盎司酒。”[16] 不过，只有在冬季的几个月里才能酿造和携带啤酒，在温暖的气候下，啤酒会很快变酸。当时面临的挑战是开发出一种新的啤酒，可以在长途航行中保存而不会变淡或变酸。这个过程似乎一直持续到 18 世纪中叶，当时，啤酒酿造师开始增加啤酒花的数量，以酿出更稳定的、含酒精的啤酒。虽然有所改进，但当 16 世纪中叶英国皇家海军在西印度群岛开展定期行动时，首选的饮料却是制糖业的副产品——朗姆酒。一个世纪之后，英国海军上将爱德华・弗农（Edward Vernon）确定了朗姆酒的配给量：“每天，在半品脱朗姆酒中加入 1 品脱水……一天两次，一次在早上 10 点至 12 点之间，另一次则在下午 4 点至 6 点之间。”[17] 弗农的这项命令具有革命性的意义，船员们不再喝未掺水的朗姆酒。除了水，在酸橙汁和糖的作用下也能强化朗姆酒，得到被称为“格罗戈酒”的代基里鸡尾酒的雏形。弗农因其标志性的格罗戈斗篷而被称为“老格罗戈”，“格罗戈酒”之名便是为了纪念弗农。1789 年，“邦蒂号”上的叛乱者将其以前的同伴放逐到海上，并给了他们一定量的必需品，其中就有 1 加仑酒，海军上尉威廉・布莱（William Bligh）每天分给每个人 1 茶匙酒。有人认为，正是因为如此，19 名漂流者在一艘长 7 米的小船上航行了 3,600 英里，却无一人丧生。

奴隶贸易中的生与死

在海上，海军船员并非唯一受到疾病或营养不良困扰的人群。相较于奴隶和自由人乘客，海军船员更早从船上生活最为糟糕的境况中得到了立法的保护。视始发港与目的港之间的距离而定，旅客们跨大西洋的航行一般历时 5 ~ 10 周，几乎没有人能想象或预期船上的条件。相较于其他人而言，奴隶的命运则更为悲惨。这部分是由于英国、法国和美国的废奴主义者在辩论中开始切断奴隶制度与奴隶贸易之间的联系，从而使运奴船上的暴行得不到人们的关注。一名劳作中的奴隶的悲惨生活是骇人听闻的，但对于吸引公众的注意力来说，关于运奴船上可怕条件的描述却无法与之相提并论。在 1806 年的国会演讲中，外交大臣查尔斯·詹姆斯·福克斯（Charles James Fox）指出："奴隶制度本身是丑恶的，但奴隶贸易却没有那么糟糕。"[18]

在被运到英属加勒比殖民地和北美殖民地的非洲奴隶中，只有 15 名奴隶的自传性叙述得以留存下来。[19] 其中，只有奥拉达·艾奎亚诺（Olaudah Equiano）的自传性叙述中对跨大西洋的航行进行了详细描述。[20] 艾奎亚诺在其航行结束 30 年后写下了这些叙述，他在航行时大约 10 岁。由于他从其他同胞那里听到了一些相关经历，因此他关于自身经历的叙述受到了一定的影响。而诸如亚历山大·福尔肯布里奇（Alexander Falconbridge，18 世纪 80 年代非洲运奴船上的随行外科医生，他曾记录了亲身体验跨大洋航行者对奴隶贸易的诸多谴责）这样的证人所发表的证词，则更为直接和真实。福尔肯布里奇将船舱称为"奴隶们的坟墓"，他写道：

> 在航行期间，我经常见证缺乏新鲜空气所造成的致命影响。我会提供一个实例，因为这有助于传达一些想法。尽管在那些不幸者的苦难经历中，这只是微不足道的一种而已……某种潮湿且刮风的天气导致该舷孔被关闭，门窗的铁格栅被封上，腹泻（即痢疾）和发烧接踵而至。当黑人奴隶们发生这种情况时，作为医生的我经常到他们中间去。到最后，他们的房间变得非常热，并且只能停留很短

> 的时间。温度太高并非令他们无法忍受的唯一原因。在甲板上，即他们房间的地板上，满是血和黏液，由于腹泻，这些液体不断地从他们的身体里流出来。整个房间就像一个屠宰场，人类的想象力无法想象更可怕或更令人厌恶的情况。许多奴隶变得十分虚弱，他们被搬到甲板上。在那里，其中有几人死去。其余的人被搬离甲板，好不容易才恢复。[21]

分配给每个奴隶的空间只有大约 5 ～ 6 平方英尺（合 0.5 ～ 0.6 平方米），而高度也只是介于甲板之间，人在其中根本无法直立。[22] 1788 年，威廉・多尔宾爵士（Sir William Dolben）提出，应限制每艘船运载奴隶的最大数量，以此减少英国奴隶每年约 10,000 人的死亡人数。3 年后，由于商人们的反对以及废奴运动与法国革命者之间的联系，这条法令失效了。[23]

废奴主义者也在寻求将奴隶贸易的罪孽与船员凄凉的命运联系起来，船员们的待遇并不比奴隶的待遇好多少。由于二层甲板留给了奴隶，于是甲板上破损的防水油布之下就成了船员们的栖身之处。相较于商船或军舰上的船员，运奴船上的船员吃得更少，而且不允许喝任何烈性酒。船长对待船员的行为野蛮而罕见。正如福尔肯布里奇所解释的，因为“这种非法交易的自然趋势便是冷酷无情以及从折磨他人中获得快感”。[24] 福尔肯布里奇描述了“在奴隶贸易中船长如何实施暴行”，包括鞭打、抽打、浸泡和其他羞辱行为，导致了大量逃亡和自杀事件。

禁止奴隶贸易的运动横跨了大西洋，为了确保 1787 年的美国宪法得以通过，美国的废奴主义者不得不将问题摆到桌面上来，并且勉强同意在 1808 年重新讨论这个问题。1808 年，美国政府废除了奴隶制，时为大英帝国禁止奴隶制的 1 年后，却比其他欧洲国家早了 7 年。尽管进口奴隶是非法行为，但美国各州之间的海上奴隶贸易（例如从查尔斯顿到新奥尔良）仍是合法的。基于这一事实，在美国海域落实这项废奴法案的难度变得更大。直到 19 世纪 20 年代，美国政府仍没有积极地努力禁止奴隶贩子的活动。

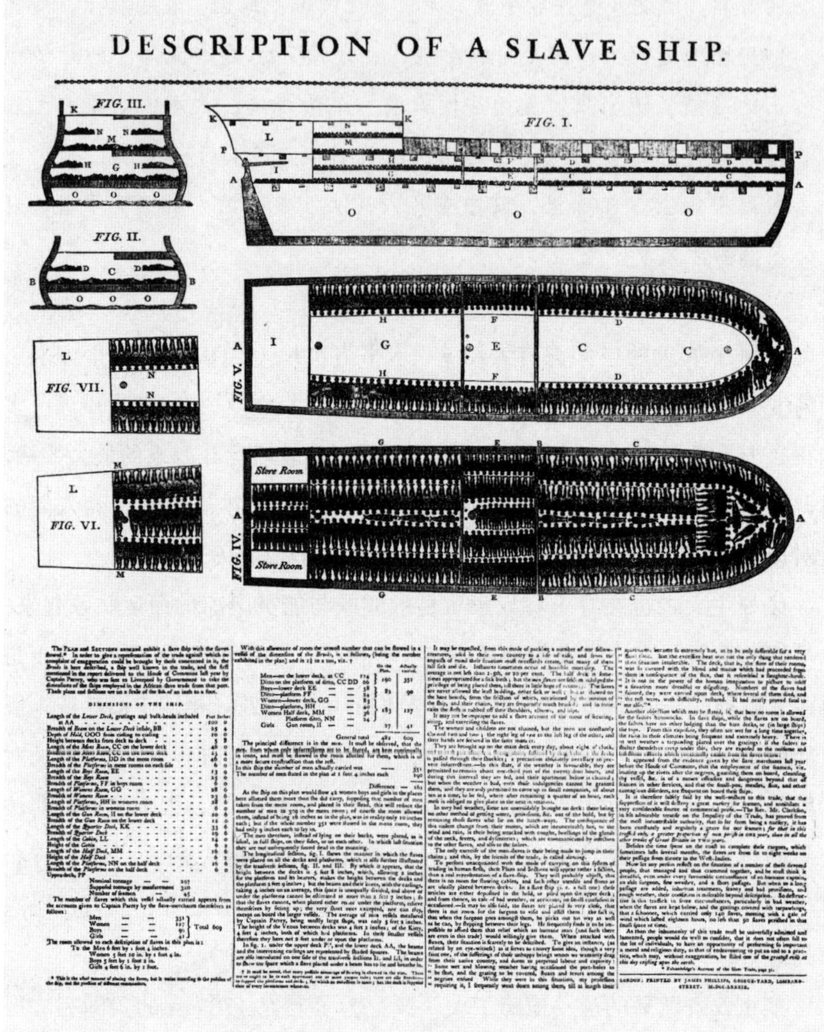

一艘运奴船的结构图。“这幅平面图和附带的截面图展示了一艘载满奴隶的运奴船。参与者对奴隶贸易的抱怨并不夸张，这里以布鲁克斯一家为例……在奴隶贩子给派瑞船长的账目中，记有这艘船实际运载的奴隶数量，具体如下：男人 351 人，女人 127 人，男孩 90 人，女孩 41 人。在这幅平面图中，提供给每个奴隶的空间是：6 英尺高的男人是 1 英尺 4 英寸，5 英尺 10 英寸高的女人也是 1 英尺 4 英寸，5 英尺高的男孩是 1 英尺 2 英寸，4 英尺 6 英寸高的女孩是 1 英尺。”（Printed by James Phillips, London, 1789. Courtesy of the Beinecke Rare Book and Manuscript Library, Yale University.）

殖民地的客运贸易

尽管奴隶的存活率要低于自由人乘客，但其中的差异并没有人们想象的那么大。事实上，这对于奴隶的贩运并没有产生太大影响，但大部分自由人在海上恶劣的生活环境却受到了关注。尽管已有部分北美殖民地对此进行了立法，旨在改善 18 世纪初自由人乘客所须忍受的恶劣环境。不过，相较于那些旨在保证自由人最低标准的法律，第一部针对奴隶贸易中不人道现象的国家法律却率先出台。18 世纪时，英属北美殖民地开始繁荣发展，从而吸引了来自大不列颠岛之外的移民，包括法国的胡格诺派教徒和来自莱茵兰的德国移民。法国移民倾向于通过参与奴隶贸易而前往南部殖民地，而德国移民则倾向于前往费城。一名德国移民记述了自己在 1725 年的经历："我接受乘船航行。我坚持认为，如果能随身携带习惯的食物并控制自己的想象力的话，这将是一艘舒适的船。"[25] 但是，在前往新英格兰的大迁徙中，平静的时光是漫长的。在 18 世纪，可能很少有人会对横渡大西洋的航行持乐观看法，更多的人都同意戈特利布・米特尔贝格（Gottlieb Mittelberger，于 1750 年离开德国，后在宾夕法尼亚担任了 4 年风琴演奏师）的看法。最初，米特尔贝格并无意写下自己的经历，后来他之所以改变主意，仅仅是为了警告那些无辜的旅行者。"从德国迁徙到新世界，旅行途中的条件糟糕而痛苦。荷兰商人及诱拐者（我是指所谓的'新大陆人'）的行径不负责任且冷酷无情。同时，这些人通过各种借口巧妙地赢得了德国人的信任，然后把德国人交到出卖人类灵魂的荷兰人口贩子手里。这些人从中赚取巨额利润。"[26] 他对船上生活的描述由一连串的痛苦经历组成，与福尔肯布里奇对运奴船的描述几乎没有区别：

> 在旅途中，船上到处都是可怜的痛苦迹象：臭味、难闻的气味、恐惧、呕吐、各种各样的晕船症、发烧、痢疾、头痛、发热、便秘、脓肿、坏血病、癌症、口疮以及类似的痛苦。这些都是由年龄、高盐食物（尤其是肉）和污水引起的，导致很多人痛苦地毁灭和死亡。除此之外，还有食物短缺、饥饿、口渴、严寒、酷热、潮湿、恐惧、

痛苦、烦恼、悲伤等其他麻烦。

值得注意的是，随着上述警示性证言的传播，每个人都将考虑离开欧洲前往美洲的前景。不过，他们最终还是离开了欧洲。从1500年到1820年，共有1,140万人乘船前往美国，其中有270万欧洲人，其余超过总数四分之三的都是黑人奴隶。[27]

18世纪欧洲的权力均势

宗教冲突、战争、土地紧张、更多的机会、海盗和私掠的威胁减少，这些都是吸引人们横渡大西洋的诱因。到18世纪，由于各国海军力量的发展，海外领土的安全也逐渐得到保障。英国、法国和荷兰等国政府开始在跨大洋的事务中发挥作用，而在此之前，这种角色都是由私方担当的。不过，在强大的海军和一支大型商船队之间并没有直接的对应关系。即使在海军力量衰落时，荷兰仍保持着充满活力的海外贸易。法国建立了一支庞大的海军，同时也拥有繁荣的商船队，不过法国商人对海军施加的影响相对较小。俄国则是海军建设在先，商船队创建在后。英国则是海军及外交政策与商人的目标相符合的国家。

在地中海地区和大西洋东岸以外，欧洲诸国的舰队不会互相争斗，直到英法两国之间爆发了"第二次百年战争"（1689—1815）。不过，在英荷战争中，各方所有的主要舰队都在英吉利海峡和北海南部展开战斗。从英国1688年的"光荣革命"到拿破仑战争结束，英国和法国及其各自盟国之间的战争历时63年，约有40支主要舰队参战。其中只有2场战斗发生在北欧。这些国家之间发生冲突的直接原因各不相同，不过，所有冲突都是为了阻止某个国家支配整个欧洲，无论是英国、法国抑或西班牙，这也解释了边缘地带国家同盟的变化。在欧洲之外，战争具有巨大的影响。其中最主要的影响就是英国作为第一个真正的全球性大国的崛起，这一结果几乎无人能够预料。毕竟，大不列颠王国直到1707年《联合法案》的颁布才出现，而70年后，美国独立战争也使英国在领土和声望方面付出了巨大的代价。

在海外进行长期战争需要依靠健康的船员、连续作战所需的充足资金以及海外基地。这些问题首先在九年战争（又称英国王位继承战争）中得以解决。*1688 年，当信奉新教的奥兰治的威廉（William III of Orange，即后来的威廉三世）和他的妻子玛丽（Mary）废黜詹姆斯二世（玛丽的父亲，信奉天主教）时，法国正在与荷兰和英国交战。虽然威廉三世统治的这两个国家（荷兰和英国）签有海军协议，但英国人和荷兰人基于不同的动机而与法国人作战，因此无法确保二者之间的协调。许多英国人将威廉视为篡位者，这也是情理之中的事。威廉的支持者也对詹姆斯二世党人的海军心存戒备。在某种程度上，事实的确如此。这或许反映了他们对詹姆斯二世的航海技术的某种尊重，作为最高海军上将的詹姆斯二世曾在英荷战争中战功显赫。当时，一名军官这样描述他："相较于他所在舰队中的很多能手，他更加熟悉海洋，他同时是指挥官、士兵、引航员、技术能手和水手。也就是说，他就是人们都想要成为的那个人。"[28] 无论如何，考虑到威廉曾试图规避英国舰队，而且在他登陆英伦诸岛后海军战绩平庸，尤其是法国人在比奇角海战中击败英荷联合舰队之后，这便成为一个值得关注的问题。

由于政府持续关注海军事务，从来不会有人认为英国舰队已毫无用处。对一场持久的海战来说，法国人的海军管理和战略眼光是不够的。[29] 尽管法国海军国务大臣柯尔伯和他的儿子及继任者塞涅莱（Seignelay）可谓一丝不苟，而且做了很多准备工作，但事实证明，这样仍无法应对实际战争中的紧急情况。当战争来临时，在全面执行方面仍有不足之处：人员配备的要求没有得到满足，船只失修，承诺提供的武器装备被延误，发出恶臭的食物令船员生病。英国人也有自己的问题，即通过强制征兵来填满船员名册。每艘船需要配备 600 多人，其中将近三分之二是普通船员（即"低等水手"，区别于"那些更熟练、更勤奋的水手，他们被记录在海军手册上"[30]），这些人当中有 120 人从未出过海。正如英国海军上将爱德

* 这场战争又称"大同盟战争"或"巴拉丁王位继承战争"，在北美则被称为"威廉王之战"。

华·罗素（Edward Russell）所抱怨的："战斗只是英国舰队中海军上将所遇到的最小的困难。"[31]

另一项当务之急则是为海军的军事行动和基本设施提供资金。17世纪时，英国和法国建造或者重建海军基地、船坞和港口设施，通过为伤者建造医院，为退伍老兵和寡妇发放抚恤金来提高水手们的福利。[32]在帆船时代，战船是高度劳动密集型的机器。在整个19世纪中，保持船员满员一直是一个主要的问题。事实证明，为海军的军事行动和基础设施建设寻求资助，其实是更容易解决的问题。长期以来，预算不足一直阻碍着英国海军的发展，到1694年，这种情况开始有所缓解。当时，苏格兰商人兼企业家威廉·帕特森（William Paterson）筹集了120万英镑，认股人均成为英格兰银行的管理者和股东。[33]英格兰银行成了政府的银行家和债务管理者，同时，在战争及和平时期，这也增加了国家处理金融债务的灵活性。通过管理国家债务和保证获得贷款，银行确保政府可以直接进行战争或者补贴其欧洲大陆的盟友。除了荷兰（荷兰的银行政策被称为"荷兰财政"），英格兰银行远远领先于欧洲其他国家的类似机构，从而使这个岛国拥有了前所未有的外交和军事影响力。

借助稳定的收入和先进的管理，英国海军得以保持更快、更持久的行动速度，胜过此前任何一支海军。同时，英国在本国海域之外开展的军事行动也越来越多。1694年至1695年间的战役已经预示了未来，当时，爱德华·罗素上将率领英国舰队驶入西班牙加的斯，而非从地中海返回英国入坞修理。这是英国舰队首次在外国驻地越冬。在整个18世纪中，这样的长时间远程军事行动成为常态。除此之外，英吉利海峡以西、布雷斯特以北的普利茅斯新皇家船坞也已完工。英国与葡萄牙订立盟约，允许英国船只在里斯本进行再次补给。凡此种种，皆表明了英国海军雄心勃勃的新动向。

九年战争结束4年后，西班牙的查理二世去世，他将王位传给自己的侄孙（也是路易十四的孙子）安茹的菲利普（Philip of Anjou）。出于对波旁王朝同时统治法国和西班牙的恐慌，英国和荷兰共和国对法国宣战。除了政治方面的考虑，荷兰和英国的商人也意识到，以牺牲西班牙为代价，可以增加其在西印度群岛进行贸易的机会。1702 年 7 月，在西班牙王位继承战争的第一场战斗中，乔治 · 鲁克（George Rooke）率领英荷联军，在西班牙的维哥港摧毁了一支西班牙珍宝舰队及其法国护航舰队。虽然袭击发生时大部分船货已经运送上岸，但这次损失打击了西班牙的跨大西洋贸易（其最大份额已落入法国商人之手），同时，西印度群岛也对英国和荷兰入侵者开放，使其得以进一步侵占贸易份额。英国人占领了直布罗陀和西班牙米诺卡岛的马翁港，则是更大的战略成果，但攻打法国土伦的行动最终失败。不过在此之前，法国人为了防止船只被俘获而弄沉了 50 艘船。2 个英国海军基地在地中海西部建成，法国舰队在土伦沉没，由此，英国皇家海军可以保证英国商人参与有利可图的地中海贸易，通过黎凡特骚扰法国的商业，同时密切防范北非的海盗船。虽然英国在七年战争中失去了米诺卡岛，但直布罗陀却将成为英国势力延伸到地中海东部（尤其是埃及）的跳板。直到 20 世纪 50 年代，那里仍是通过马耳他和苏伊士前往红海、印度、香港和澳大利亚的英国港口链中至关重要的一环。

到 18 世纪 30 年代，英国已拥有了世界上最强大的海军，甚至可能相当于法国和西班牙海军实力的总和。[34] 除了本土的海军基地，英国海军在直布罗陀和米诺卡岛，以及加勒比海中的安提瓜岛和牙买加也设有基地。英国皇家海军战舰的分布从巴巴多斯一直延伸到波士顿。自 17 世纪初以来，孟买舰队一直是英国东印度公司的海上武装力量，英国海军亦有权使用该舰队的设施。即便如此，英国仅凭一支由 5 艘船组成的军队就占领了巴拿马加勒比海沿岸的波托韦洛港。除此之外，在奥地利王位继承战争中，决定性的海战仅限于欧洲海域。[35] 不过，对英国人来说，远程作战将证明其无可估量的价值，英国人将从海战中得来的教训用在七年战争之中。[36] 在完全不同的规模和范围之下，封锁并最终摧毁布雷斯特舰队着实令人惊讶，这是在欧洲海域发生的 3 场战役之一。1757 年至 1759 年间，英法两国舰队在印度洋交战，以支持各自的东印度公司及其盟友，其中战列舰多达 11 艘。[37] 西班牙参战后，英国皇家海军战舰从印度航行到菲律宾，目的是占领马尼拉。不过，发生在美洲的军事行动最为广泛且分散。1758 年，20 艘战舰参与了占领新斯科舍东部的法国要塞路易斯堡的战役。

英国舰队从该地沿圣劳伦斯河向上游挺进，同时设法让逆流而上的军队在魁北克登陆，从而得以从背面包抄占领了魁北克，也为占领蒙特利尔和整个加拿大做好了准备。这片领土虽然十分广阔，但人口与南部 13 块殖民地相比却少得多。从商业层面来看，与加勒比海的种植园相比，英国在北美占有的财产也相形见绌。在美国独立战争的白热化时期，英王乔治三世（George III）在写给首席海事大臣的一封信中写道："如果我们失去了蔗糖群岛，就无法筹集资金继续进行战争。入侵这些岛屿可能要冒风险，但即使如此，也必须捍卫这些岛屿。"[38] 在美国独立战争期间，英国从未面临危机四伏的局面，也成功保护了加勒比群岛。不过在克服重重困难之后，北美的 13 块殖民地最终赢得了独立。

美国独立战争

美国独立战争的直接原因可以追溯到七年战争之后英国实施的高压政策，而殖民地开拓者的自信的根源，则可以追溯到之前一个世纪。在 17 世纪 40 年代的英国内战时期，英属北美殖民地的商人和鳕鱼渔民被国王和议会忽视，他们为自己开拓了一处与西印度群岛进行贸易的地方。[39] 为了给甘蔗种植让路，西印度群岛开始砍伐森林，大部分食物和几乎所有木材皆依赖北美。因此在 18 世纪，英属北美殖民地经历了造船业的爆发性增长。在英国的商船队中，约三分之一的船只都在北美建造。在整个 17 世纪中，美洲的造船者造出了上千艘船。[40] 按当时的标准来看，其中大多数船显得相对较小，也无法与英国建造的更大的船竞争。不过，对大西洋西部和加勒比海地区的贸易而言，这已是绰绰有余了。殖民地的海员和造船者得益于《航海条例》，因为他们获得了许可，可以为悬挂英国国旗的船只服务，同时也可以为英国船主造船。不过总体而言，殖民地居民对《航海条例》中的禁令都深恶痛绝。如果有人对《航海条例》抱有期望，则完全是不切实际的，原因很简单，他们没有足够的船只为英国分布广泛的所有殖民地服务。条例还规定，欧洲产品进口到殖民地时须先在英国卸载，再重新装载。这既造成了不必要的延误，也增加了处理成本，导致从英国进出口的一些货物被征收双重关税。越来越多的货物只能出口到英国，而无法出口到其他英国殖民地（更不用说外国的港口）。[41] 到 18 世纪 50 年代，受到限制的货物包括糖、糖浆、大米、铜铁矿石、烟草、棉花及海军补给品（如焦油、木材、柏油和大麻等），遂导致走私猖獗。

尽管英国的金融体系具有灵活性，从而比敌国更容易推行战争政策，但 18 世纪的战争仍非常昂贵。为了降低偿还债务的成本，也为了获得持久防御北美殖民地（包括通过七年战争从法国手中赢得的殖民地）所需的费用，英国政府通过征税，旨在增加收入和规范贸易。为了防止西印度群岛与非英国殖民地之间进行非法贸易，英国人更为严厉地执行《航海条例》。同时，又将走私案件的管辖权从省级法院转移到海事法院，因为在省级法院一层，政府几乎不可能在诉讼中获胜。针对这些政策，殖民地出现了多种形式的抵制措施，并在 1773 年的“波士顿倾茶事件”中达到高潮。1773 年春天，英国东印度公司获得国会同意，其出口到爱尔兰和北美的茶叶可以获得出口退税。他们获得了定价的权利，所定价格削减了走私者的利润，代价则是每年向国库支付约 60,000 英镑。接踵而至的辩论焦点转向了殖民地的征税原则。尽管国会议员威廉·多德斯韦尔（William Dowdeswell）等人已做出了可怕的预测，“现在，让我来告诉尊贵的勋爵，如果他不取消退税，他们就不会收下这些茶”，但首相诺斯勋爵（Lord North）拒绝加以考虑。[42]

当时，3 艘英国东印度公司的船到达波士顿，波士顿市民要求他们将茶运回英国。最后，数十位殖民地当地居民上船将货物倾倒在港口内，这一僵局才得以解决。作为报复，英国国会通过了“不可容忍法令”（即《强制法案》），取消了马萨诸塞的自治权，封闭波士顿港，规定针对国王代理人的司法案件在英国审理，要求市民让英国士兵寄宿家中（最后一条仅适用于马萨诸塞）。[43] 不过，为了声援波士顿市民，许多殖民地都禁止来自英国的船进入港口。1774 年秋天，第一届大陆会议在费城召开。1775 年 2 月，英国国会通过《强制法案》收紧绞索，禁止新英格兰渔民“在纽芬兰岛沿岸……或北美海岸的其他任何地方进行任何捕鱼作业”。[44] 2 个月后，一队英国士兵被派往马萨诸塞的莱克星顿围捕反对派领导人，当地民兵与之展开交火，从而打响了美国独立战争的第一枪。

但爱国者们的前景并不乐观。英国皇家海军在北美海域拥有20艘战列舰，而殖民地却一无所有。17至18世纪间，殖民地虽然建造了数以千计的商船，但在建造战舰方面却毫无经验，所能获得的火炮及弹药也很有限。殖民地居民中很少有人拥有海军经验，而且大多数合作的努力也失败了。在百慕大群岛和巴哈马群岛，他们曾两次试图夺取弹药，但都失败了。对佩诺布斯科特湾的远征则更是灾难性的，在试图占领位于缅因州卡斯汀的一处英国要塞时，此次远征中的39艘船尽数被毁。[45] 在海上少有的几次胜绩，都仰赖于持有大陆会议或单个州发行的许可证的私掠船。法国和荷兰的供应商都对美国独立战争表示同情，并提供战争物资，而美国的私掠船在运输这些物资方面发挥了至关重要的作用。运输主要是通过加勒比海进行的，不过对相关各方来说，这种支持也并非没有风险。作为报复，英国的私掠船和战舰占领了荷兰在加勒比海、西非和南亚的航运站和贸易站。[46]

法国人乐于支持英国的敌人，但并未实际参战。不过，美国外交官仍在为了建立更具决定性的外交关系而继续游说。1778年2月，美国与法国签署了《美法友好通商条约》。当然，如果美国人的内河舰队没有在尚普兰湖的瓦库尔岛战役中取胜，也就不会有这一条约的签订。英国人曾希望通过纽约和佛蒙特之间的尚普兰湖进入哈得孙河流域，通过打通此线来切断新英格兰与其他殖民地之间的联系。[47] 面对这一威胁，本尼迪克特·阿诺德（Benedict Arnold）集合了一小股部队和纽约的史坚尼斯布镇的造船者，并建立了一支舰队，由3艘加莱船、1艘独桅快船和8艘平底炮艇(gundalow)组成。1776年10月，阿诺德的舰队与英军上尉托马斯·普林格尔（Thomas Pringle）的5艘战舰、20艘炮艇和28艘长船交战了4天。对阿诺德而言，这场战役在战术上是一次失败，但在战略上却是一次胜利。因为普林格尔向南行进的计划被迫延迟至次年春天，与此同时，大陆军巩固了在哈得孙河流域的地位。当战争再次爆发时，大陆军在纽约的萨拉托加迫使一支英国军队投降。正是这次胜利，使法国人相信起义者可能赢得这场战争。[48]

1780 年，一支法国舰队运来了由罗尚博伯爵（Comte de Rochambeau）率领的 6,000 名士兵，前来支援乔治·华盛顿（George Washington）将军。次年 3 月，格拉斯伯爵（Comte de Grasse）经由西印度群岛乘船前往北美。1781 年 8 月 30 日，格拉斯伯爵的舰队到达切萨皮克湾，该舰队拥有 28 艘战列舰。另有 3,300 名法国士兵在切萨皮克湾登陆，参加了华盛顿和罗尚博伯爵对查尔斯·康华里（Charles Cornwallis）将军的围攻，之后在约克镇的半岛上开挖战壕。几天后，英国皇家海军少将托马斯·格雷夫斯（Thomas Graves）从纽约乘船前往切萨皮克湾，于 9 月 5 日到达。当时，格拉斯伯爵的战舰正在抛锚，格雷夫斯并没有发动攻击，而是排成战列。法国舰队在慌乱中驶出海湾，格雷夫斯发起攻击，但由于信号混杂，后方舰队险些错过了战斗。[49] 法军损失了约 200 人，是英军伤亡人数的 2 倍。不过，他们将英国军队逐出了切萨皮克湾，并阻止了格雷夫斯与康华里会合。此后，持续数天的海风使双方无法重新开战。9 月 10 日，格拉斯伯爵返回切萨皮克湾。在法国舰队和大陆军的夹攻之下，康华里于 10 月 19 日投降。至此，5 年前宣布独立的美国终于获得了安全。

在加勒比海和印度洋上，法国和英国之间的战争仍在继续。在印度洋上，法国海军中将皮埃尔·安德烈·德·叙弗朗（Pierre André de Suffren）领导了一次令人印象深刻的战役。叙弗朗和格拉斯伯爵同时离开法国，在阻止英国人接管南非的荷兰开普殖民地之后，1782 年 2 月，叙弗朗接过了印度洋上法国海军的指挥权。（这支海军包括 3 艘配有 74 门火炮的战舰、7 艘配有 64 门火炮的战舰以及 2 艘配有 40 门火炮的战舰。）[50] 英国人已从荷兰人手中夺取了斯里兰卡的港口亭可马里，此时，英国人正与迈索尔土邦的苏丹海德尔·阿里（Hyder Ali）作战，他是法国人在印度南部的盟友。尽管叙弗朗寡不敌众，而且在当地没有任何基地（他不得不在苏门答腊岛的荷据亚齐越冬），但他在 1782 年 8 月占领了亭可马里，并于次年阻止了英国人夺取古德洛尔。此战结束 4 天后，和平谈判的消息传来。在归国途中，叙弗朗返回开普敦，在那里，刚刚与之结束战斗的英国军官欣然承认了他在印度战役中的辉煌战绩。叙弗朗写道：“友好的南非荷兰人把我当作他们的救星，但在对我的阿谀奉承中，南非英国人表现出的尊重让我更为愉悦。”[51] 不过，他的成功无法改变印度次大陆的权力均势。在10年后的法国大革命中，他留给下属的战术和战略教训被一扫而空。

法国大革命与拿破仑战争[52]

17世纪时，英国政体由君主制过渡到共和制，之后又恢复了君主制。在此期间，荷兰共和国和英国之间的敌意始终存在。与此相似，1789年至1815年间，在从君主制到共和政体再到帝制的法国大革命时期，法国对英国背信弃义行为的憎恨亦始终存在。1793年，法国向英国宣战。8个月后，英国海军中将塞缪尔·胡德（Samuel Hood）在土伦接受了法国保皇党人的投降。不过如此一来，英国人便可以将军事资源从更紧急的占领法国加勒比海殖民地的战役中转移出来。法国的加勒比海殖民地拥有其对外贸易的40%，以及法国三分之二的远洋商船。虽然英国人占领了若干岛屿，不过他们对法国移民的态度十分傲慢。同时，1793年至1801年间，热带疾病造成了约65,000人死亡（包括20,000名水手），这破坏了英国人最初所取得的胜利。1794年，在“光荣的六月一日战役”中，可以说英国人在战术上取得了胜利（当时，海军出海作战时还无法利用陆标作为指示），但在战略上却是一次失败，因为他们未能阻止一支法国人急需的运粮船队返回法国。

让我们将视线再次拉回1798年的地中海。当时，英国海军上将纳尔逊被派往土伦，监视集结于该地的一支法国舰队，其指挥官是法国海军中将弗朗索瓦－保罗·布吕埃斯（François-Paul Brueys d'Aigalliers）。这支舰队由20艘战舰和300艘运输船组成，船上运载着由拿破仑·波拿巴（Napoleon Bonaparte）指挥的30,000多名士兵。正当布吕埃斯率领一支舰队驶往埃及时，“极其猛烈的大风”迫使纳尔逊离开其驻地。[53] 一开始，他并不知道布吕埃斯的预定目的地，也缺乏用于侦察敌情的合适船只。“如果我在此刻死去，缺乏巡航舰的遗憾将会烙印在我的心上！”[54] 拿破仑的军队刚刚登陆，纳尔逊就在埃及追上了法国人。布吕埃斯的13艘战舰和4艘巡航舰锚泊在亚历山大港东部的阿布基尔湾外。[55] 但是，他犯下了两个关键性的失误，即认为纳尔逊在清晨之前不会发动攻击，而他自己的船不需要为向岸一侧的火炮清除障碍，因为纳尔逊不可能从这一侧展开攻击。然而，他在这两方面都失算了。纳尔逊立刻发动攻击，派出 5 艘战舰插入法国舰队与海岸之间，从而取得了战术和战略上的压倒性胜利，使法国损失了 11 艘战列舰和 2 艘巡航舰，并使法国军队被困在埃及近 2 年之久。

在此期间，拿破仑已返回法国，成为第一执政官，并在对欧陆各国的战斗中取得了一系列惊人的战绩。为了使某些国家可以继续进行战争，英国对其施以援手。不过，英国皇家海军坚持在这些国家的船只上搜查战时禁运物资，从而引起了反抗。1800 年末，俄国、普鲁士、瑞典和丹麦宣布实行武装中立政策，禁止英国船只出入其港口，否认英国皇家海军拥有搜查中立国船只的权力。英国希望通过外交手段改变丹麦的政策，但以失败告终。1801 年 3 月，英国海军上将海德·帕克爵士（Sir Hyde Parker）和纳尔逊率领 39 艘战舰驶往波罗的海。此次先发制人是针对哥本哈根发动的攻击，阻止丹麦转向法国阵营。[56] 丹麦被迫解除了禁运政策（俄国和瑞典随后跟进），英国人还俘获了丹麦的 15 艘战列舰和 15 艘巡航舰。

英法两国均因长期的战争而疲惫不堪。1802 年，两国签订了《亚眠和约》，不过于次年便再次恢复了敌对关系。当英国人风闻拿破仑计划入侵英国时，纳尔逊奉命前去牵制法国海军少将皮埃尔·维尔纳夫（Pierre Villeneuve）驻扎在土伦的舰队。1805 年春天，维尔纳夫摆脱了纳尔逊的封锁，与西班牙舰队在加的斯集结，并横跨大西洋到达马提尼克，这一切皆是为了阻止英国为防御而集结战舰。[57] 纳尔逊一路穷追不舍，当维尔纳夫了解到纳尔逊已到达加勒比海时，他启程返回加的斯港，纳尔逊几乎一路紧随其后。维尔纳夫感到与英国舰队交战的前景并不乐观，因此停留在原处不动，直到他了解到拿破仑意欲免除自己的指挥权。10 月 19 日清晨，18 艘法国战列舰和 15 艘西班牙战列舰起航。在两个半小时内，由巡航舰组成并向西南方向延伸 50 英里的船链，通过信号旗将这一信息传到了纳尔逊那里。[58] 联合舰队耗时 2 天才散乱地离开加的斯港。一开始，维尔纳夫似乎要逃往地中海，不过到了10月21日，他却转而面对特拉法尔加角外的敌人。

在11天前一份提交给海军官员的备忘录中，纳尔逊概述了他的攻击计划：

> 英国舰队必须通过领先于主舰的两三艘战舰来制服敌人，它们本应属于中心舰队或后防舰队……某些方面要碰运气。和其他事情一样，在海战中没有完全确定的事。射击会使友军和敌军的船桅和帆桁失去控制。在敌军的先锋救助其后方之前，我有信心期待胜利……万一信号既看不到，也无法理解，只要船长把船置于敌船旁边，他就不会做出非常糟糕的举动。[59]

纳尔逊将其舰队分成两部分，随着敌我双方舰队逐渐接近，他发出了其最著名的旗语——“英格兰要求每个人都恪尽职守”。[60]这场战役从一开始就是一场恶战，纳尔逊的胜利出现在这场战役最激烈的时刻，即3艘法国战舰一齐纵向射击之时。在当天下午的早些时候，纳尔逊在后甲板走动时被击中。3个小时后，当俘获15艘敌舰的报告送来时，这位曾参加过哥本哈根战役、阿布基尔海战以及特拉法尔加角海战的英雄已经离世了。不过，他并没有白白牺牲，他在特拉法尔加角海战中摧毁了法国舰队。在之后一个世纪的时间里，英国皇家海军再也没有遇到过真正的对手。

在特拉法尔加角海战中共有43,000人参战，伤亡人数约占17%，其中有3,100多人阵亡，4,100余人受伤。[61]法西联合舰队的伤亡人数是英国海军的3倍，阵亡人数则是英国海军的10倍。这种情况并不罕见，英国海军经常比对手表现得更好。据估计，在“光荣的六月一日战役”和特拉法尔加角海战之间的6次主要海战中，英军阵亡人数仅为敌方的六分之一。在七年战争期间的10次单舰作战中，法国军队阵亡855人，是英军的13倍以上。造成这种不对等后果的原因有很多，主要是英国军队基于“战斗的关键是进攻”的信念培养出了一种心理优势。七年战争期间，英国海军上将约翰·拜恩(John Byng)之所以在失去米诺卡岛之后受到审判，不是因为他放弃该岛或表现出怯懦，而是因为“战争法规”中规定的一条死罪——“没有尽全力占领或摧毁敌船”。[62]

彼得大帝与俄国的海上进取计划

17 世纪末，当欧洲强国在争夺大西洋与地中海的统治地位时，俄国在彼得大帝（Peter the Great）的统治下勉强能够跻身海上强国之列。彼得大帝的成就并不是创建了一支强大的舰队，也不是发展海军官僚机构，尽管他设法做到了这两件事，但都无法持久。他真正的功绩是为俄国赢得了波罗的海和黑海的港口，同时推动俄国横跨西伯利亚向太平洋和北美扩张。1683 年，彼得大帝成为首位参观白海阿契安格尔港的沙皇，并下令建造了第一家造船厂。13 年后，彼得大帝向南航行了 2,000 多千米。在一次战争中，他入侵了奥斯曼帝国在黑海的亚速要塞，但由于俄国军队无法阻止该要塞通过海路获得补给，遂以失败告终。[63] 在顿河支流沃罗涅日河的河畔，彼得大帝下令建造 25 艘加莱船和 1,400 艘内河趸船。次年，他的军队占领了亚速。此时，随着黑海已遥遥在望，彼得大帝开始着手实行大规模的造船计划。不过，大部分船只最后都腐烂了，或者根据 1713 年的协定移交给土耳其人。同时，彼得大帝前往西欧进行了为期 1 年的旅行。[64] 他花了大量时间到芬兰和英国的造船厂中工作，以学习造船技术和航海技术，并了解海军组织。同时，他也在为莫斯科的数学与航海学校招收造船者和教员，该学校建于 1700 年，并于 15 年后成为圣彼得堡海军学院。这为俄国的造船者、水手、引航员及工程师前往西方当学徒做好了准备。根据法国、英国、荷兰、丹麦和瑞典等国的先例，他制定了极为详细的“1720 年海军法令”。[65]

俄国海军羽翼未丰，需要借鉴其他海上强国的经验。与此类似，俄国人也从与瑞典及其同盟进行的大北方战争（1700—1721，即第二次北方战争）中获得了实战经验。除了攻占涅瓦河畔的一处要塞（邻近彼得大帝于 1703 年建造的圣彼得堡），战争的第一个 10 年进展缓慢。[66] 8 年后，从维斯瓦河到芬兰边境，俄国人攻占了瑞典人占据的多座城市。1714

年，一支由加莱船组成的舰队运载着16,000人的军队前去攻占赫尔辛基，该城当时属于瑞典。[67]瑞典舰队由28艘战舰组成，撤到了芬兰湾的出口。之后，俄国舰队在芬兰湾的战役中击败了瑞典舰队。彼得大帝的舰队包括11艘战列舰、4艘巡航舰和99艘仿威尼斯型的加莱船。其中部分船只是由俄国自行建造的，另一些则是从荷兰和英国订购的。舰船订购业的发展使瑞典人感到恐慌，他们抱怨这种船只订购违反了英瑞两国之间的协定。在一本题为《北方危机或对沙皇政策的公正看法》的匿名小册子（1716年）中，偏见颇深的瑞典大使卡尔·于伦堡伯爵（Count Carl Gyllenborg）写道："这个粗鲁、残忍而野蛮的人打算成为波罗的海的主人。很快，沙皇的舰队就会比瑞典和丹麦的舰队加起来都要强大……而且会成为波罗的海的主人。很奇怪，我们对他的伟大计划竟然丝毫未察觉。"[68]在伦敦，出于对沙皇"引诱英国造船厂的能工巧匠流向海外"的忧虑，旨在限制俄国招聘工匠的议会法案诞生了。[69]不过，彼得大帝的策略仍取得辉煌成就。通过《尼斯塔德条约》，瑞典将利沃尼亚、爱沙尼亚、英格尔曼兰和卡累利阿（靠近圣彼得堡）的部分地区割让给俄国。许多个世纪以来，俄国一直被隔离在波罗的海之外的格局从此逆转，并成为欧洲事务中的一支主要势力。[70]

在彼得大帝继承者的统治时期，俄国的对外政策虽然发生了急剧转变，但对奥斯曼帝国的敌意仍然存在。1736年，亚速再次落入俄国之手。不过，直到叶卡捷琳娜大帝（Catherine the Great）统治时期，奥斯曼帝国独占黑海的局面才最终被打破。在俄土战争（1768—1774）之初，叶卡捷琳娜大帝派出14艘战列舰和7艘护卫舰从波罗的海前往地中海。英国担心法国与奥斯曼帝国和解，于是帮助俄国整修舰队，并向其提供有经验的军官。奥斯曼帝国拥有的战列舰比俄国多，但1770年6月25日在爱琴海的切达梅湾，在一艘纵火船的攻击下，奥斯曼帝国的舰队几乎全军覆没。这一事件具有划时代意义，彼得大帝对俄国海军的期望最终得以实现。[71]《库楚克-凯纳吉条约》使俄国拥有了亚速海和第聂伯河入海口的若干要塞，2个世纪以来，黑海、博斯普鲁斯海峡和达达尼尔海峡首次向俄国船只和其他国家的船只开放。

理论上，只有俄国商船才能在海峡中航行。其他国家（尤其是法国）的船只为了避开这一限制，则需在船上悬挂俄国的旗帜。1787 年至 1792 年间，由于俄国吞并了克里米亚并在塞瓦斯托波尔建设了海军基地，俄土战争随之爆发，从而打断了尚处于起步阶段的商贸事业。[72] 等到硝烟散尽之时，俄国在黑海的政治经济活动开始以敖德萨（位于今乌克兰）为中心。1794 年时，这个港口只是一个仅有 2,000 人的小村庄。经过连续几任能干的管理者（其中有两位是法国人）的经营，半个世纪之后，该港口已发展成为拥有 75,000 人的繁华城市。在 19 世纪中叶铁路时代到来之前，俄国的黑海诸港口甚少依赖北部的贸易，而是更多地依赖与奥斯曼帝国、爱琴海及其以外地区的港口之间的海上贸易。在这一时期，很多俄国人移居到了敖德萨，这里的商团比俄国境内的其他任何商团都更加国际化，包括亚美尼亚人、犹太人、希腊人、鞑靼人、德国门诺派教徒和来自法国及其他西欧国家的商人。土耳其人也来了，不过直到 1829 年的《亚得里亚堡条约》（亚得里亚堡即今土耳其埃迪尔内）签订后，奥斯曼帝国的港口（不同于黑海的海峡）才对俄国船只开放。[73]

亚洲的贸易

俄国人进入黑海，使沙皇对奥斯曼帝国（从巴尔干半岛到中东）的东正教徒拥有了前所未有的影响力。英国人因此而感到恐慌，他们害怕俄国成为又一个强国，继法国之后威胁其在印度的贸易，尽管这种威胁并非来自其海军。七年战争期间，英国东印度公司的军队（几乎完全由印度士兵组成）击败了莫卧儿帝国的孟加拉自治省的总督，孟加拉从此成为英属印度的基石。莫卧儿帝国皇帝被英国东印度公司的傀儡取代，几年之后，势弱的莫卧儿帝国皇帝被说服，委派英国东印度公司担任孟加拉、比哈尔和奥里萨的底万（diwan，财政长官）。[74] 通过设在加尔各答的胡格利河港口的基地，英国东印度公司迅速使其来自孟加拉这片印度最富裕之地的利润实现了最大化。由于英国东印度公司控制了孟加拉地区的珍贵丝绸和棉纺织业，其出口到印度的银币数量下降幅度超过 90%，从 1751 年至 1752

年间的将近 500 万基尔德降至 20 年后的不到 40 万基尔德，这本是用于购买进口到欧洲的商品的。[75] 1760 年至 1780 年间，从孟加拉地区出口的商品价值增长了近 3 倍，每年达 1,250 万基尔德。[76] 在 18 世纪中，荷兰和英国进口到欧洲的商品总价值增长了 4 倍，不过贸易构成的变化十分显著。17 世纪 30 年代末，香料（包括辣椒）占荷兰东印度公司运载货物的三分之二以上，纺织物所占比例则少于 15%。一个世纪之后，香料所占比例下降至 14%，而纺织物所占比例却增长了 3 倍。英国则空前地依赖香料，这体现在 1731 年至 1740 年间出口商品的比例上，香料只占 4%，而同一时期纺织物所占比例却超过了 75%。

在欧亚之间的贸易中，最大的刺激因素是中国的茶叶。自 17 世纪 60 年代起，中国茶叶就已限量传入欧洲。[77] 第一批进行定期茶叶贸易的商人是荷兰人。到 1715 年，荷兰东印度公司每年为荷兰购入 60,000 ～ 70,000 磅茶叶。到 18 世纪末，这一数字增至 400 万～ 500 万磅。荷兰人的竞争对手英国人的成功则更值得关注。1700 年，英国人购买茶叶的数量是每年 20,000 磅，到 1706 年增至 10 万磅，6 年后达到 600 万磅。到 1784 年，英国政府降低了过高的茶叶进口关税（达到 79% ～ 127%），据估计，每年进入英国的走私茶叶超过 700 万磅，约占通过荷兰东印度公司和其他贸易公司进口到欧洲大陆的茶叶总量的一半。[78] 关税降至 12.5%，这带来了综合效应，茶叶的零售价降低，走私现象逐渐消失，英国茶叶进口量在欧洲所占的比重从 36% 增至 84%。

为限制外国人的有害影响，清王朝（1644—1911）承袭其悠久传统，实行“广州体系”（即行商制度），以此保持其臣民和欧洲人之间的安全距离。[79] 1759 年，清王朝在《防夷五事》中规定了外国船只和人员可以前往的地方及停留时间（欧洲女性及仆人都被限制在澳门），并要求所有贸易只能通过政府批准的“行商”进行，限制欧洲人与中国人接触，以防止外国人学习中文。在 18 世纪，只有几百名欧洲人能随时进入广州。1683 年清王朝放宽对海上贸易的限制之后，数千名福建人和广东人移民到东南亚或与东南亚进行贸易，与此相比，在华欧洲人的数量是微不足道的。

随着没有政府支持的个人探险的发展，中国人对东南亚商业和政治

英国艺术家托马斯·丹尼尔（Thomas Daniell）的蚀刻画《胡格利河畔的加尔各答》，展现了1788年英国在印度的权力中心，此时距英国东印度公司建立威廉堡已将近一个世纪之久。在画面中，胡格利河上有各种船只，从左侧的孟加拉“丁吉船”（dingi，一种有16名桨手的私人游船）到右侧的2艘“屋船”（badgra，装有巨大的三角舵和放低的桅杆）。这幅画中的主角是英国东印度公司的单桅横帆舰载艇（pinnace-budgerow），这种舰载艇大而宽敞，其实就是一艘欧化的屋船，上面有布满窗户的长廊。在印度的内河上，这是东印度公司官员所用的船。（Courtesy of the Arthur M. Sackler Gallery, Smithsonian Institution, Washington, D.C.: Gift of Lee and Roy Galloway, S1999.8.8.）

世界的深入参与也发生了变化。不过，大量海外华人成了“无政权保护的商人”，这与几个世纪之前印度海岸的穆斯林商人有所不同。[80] 唐人街在马尼拉、巴达维亚和马六甲等殖民城市扎下了根，在这些城市中，中国商人和工匠的数量远远超过欧洲定居者。在欧洲势力范围之外的婆罗洲的文莱，来自厦门的载重五六百吨的中国帆船经常出入其间。1776 年，一名英国东印度公司的访客写道，“中国和婆罗洲之间的贸易（在规模上）有些类似欧洲与北美之间的贸易”。[81] 到 18 世纪末，据估计，厦门已成为上千艘远洋帆船的船籍港。[82]

中国人还融入了一些国家当地的行政机构，诸如爪哇的马塔兰王国和泰国的大城府之类。这些国家的统治者委派中国人向农民征税，使其本土竞争对手无法获得这些利润丰厚的差使。在某些地区的当地统治者的保护下，中国人建立了其政体的雏形。随着数量的增长，中国移民越来越多地转向农业（种植粮食和胡椒）。[83] 其他吸引中国移民的因素也有不少，其中包括在马来半岛开采锡矿和在婆罗洲开采金矿（婆罗洲在 18 世纪末出现了淘金热）。在中国商人已经活跃多时的地区，当葡萄牙人、荷兰人以及后来的英国人被吸引而来时，当地的中国人和东南亚人很少依赖欧洲人。最终，来自苏拉威西岛的布吉商人从荷兰人手中夺取了多个马来半岛邦国的控制权，这些荷兰人在马来半岛南部进行殖民，吸引了斯坦福·莱佛士（Stamford Raffles）来到马六甲海峡东端的新加坡。[84] 1819 年，为促进与中国的贸易，同时也为削弱荷兰东印度公司的垄断，莱佛士向柔佛苏丹租借新加坡作为贸易和殖民据点。他的选择可谓明智之极。1867 年，当该岛正式成为英属殖民地时，其人口已达到 10 万。时至今日，独立的新加坡已拥有 500 万人口，是世界上最繁忙的 5 个港口之一。

当莱佛士在新加坡建立殖民据点时，美国商人已参与到印度洋的贸易之中。他们希望在季风海洋和英国人主导的世界里，找到有利可图的贸易机会。美国独立战争之后，英国人使出浑身解数扼杀其前殖民地所进行的贸易。1783 年，“中国皇后号”（*Empress of China*）驶离纽约，满载着人参、葡萄酒、白兰地等各种各样的商品以及价值 20,000 美元的银币。当年共有 34 艘西方商船在广州停泊，“中国皇后号”便是其中之一，此行的利润率超过 25%，返航时则满载着茶、黄金、丝绸和瓷器。不过，与其欧洲同行相比，美国商人并未生产中国人想要或需要的东西。出生于康涅狄格州的约翰·黎亚德（John Ledyard）是一名曾参与詹姆斯·库克第三次远航的经验丰富的老水手，他试图从太平洋西北海岸收购皮草并运到广州出售，以此参与利润丰厚的中国贸易且避免亏损。1787 年 9 月，波士顿的商人、船主和船长们组成财团，派出了由约翰·肯德里克（John Kendrick）指挥的“哥伦比亚号”（*Columbia Rediviva*）和由罗伯特·格雷（Robert Gray）指挥的“华盛顿夫人号”（*Lady Washington*）。他们经由合恩角，到达了英属哥伦比亚的温哥华岛西岸的努特卡湾的西班牙殖民地。在那里，他们发现了 3 艘从事相同贸易的英国船只。格雷在与肯德里克交换船只后驶往广州，在广州，他以毛皮交换茶叶，并经由好望角返回美国，从而完成了首次悬挂美国国旗船只的环球航行。

中国贸易的先锋是来自马萨诸塞的塞勒姆的商人，他们在确立美国人在广州市场中地位的同时，忙着做起了胡椒（来自苏门答腊岛）和咖啡（来自摩卡）的生意。[85] 胡椒的进口额迅速增加，1802 年达到 100 万磅，2 年后则增加了 7 倍多。1795 年法国入侵荷兰后，美国人也开始在日本进行贸易。由于没有荷兰东印度公司的船只可供他们从巴达维亚前往设在日本的工厂，荷兰人遂从中立国（如丹麦和美国）雇船。[86] 1807 年，11 艘悬挂荷兰国旗的美国船到达了日本长崎的出岛。这个开端虽不起眼，但 40 年后，正是美国人率先终结了日本对西方的封闭状态。

18 世纪的海上探险

美国人是跨太平洋贸易的先驱之一，仅次于西班牙的马尼拉大帆船和俄国的皮草商人。其他欧洲国家与太平洋的接触则是零散的，仅限于偶尔的探索之旅以及某些袭击活动，如俘获马尼拉大帆船，以及侵扰西班牙在秘鲁和墨西哥之间的沿海贸易。海洋本身浩瀚无边，在当时由于技术所限，对太平洋的认知仍然超出时人的知识范围之外。因此直到 18 世纪，世界地图的大部分区域仍是一片空白。

尽管在开拓太平洋方面的大部分功劳都要归于英国和法国的航海家，但俄国人却对北太平洋很感兴趣，甚至在彼得大帝带领俄国走上海军强国之路以前就已是如此。到 1619 年，俄国已将其东部边界推进至太平洋沿岸，并沿线建立内河港口，例如勒拿河畔的雅库茨克。1649 年，即第一批俄国人到达太平洋沿岸的10年之后，谢苗·得兹内夫(Semyon Dezhnev)率领100人，乘7艘单桅或双桅横帆船（koche）沿科雷马河到达北极圈，然后绕过楚科奇半岛，向南穿过白令海峡到达阿纳德尔河，行程约1,500英里。[87]在欧洲人第一次穿过白令海峡的航行中，只有十余人幸存，得兹内夫的远征几乎被人们遗忘。不过，人们普遍认为西伯利亚东北部与美洲西北部之间的距离很近。彼得大帝在去世前不久，委派丹麦航海家维塔斯·白令（Vitus Bering）探索楚科奇半岛的东端。白令用时3年，经过穿越西伯利亚的艰难跋涉后，于1728年乘“圣加布里埃尔号”（*Sviatoi Gavril*）从堪察加半岛航行至北极圈。次年，他观测到了阿拉斯加。10年后，白令乘2艘双桅横帆船从鄂霍次克海沿着阿留申群岛航行，到达阿拉斯加半岛。在返航途中，探险队到达了科曼多尔群岛，该群岛距离堪察加半岛不到175英里，白令及其部分船员死于其中的一个小岛上，该岛后来便被命名为“白令岛”。1742年，幸存者带着价值30,000美元的海獭皮到达堪察加半岛，从而在阿留申群岛和阿拉斯加带来了皮草贸易的热潮。[88]1799年，俄国政府成立了俄美皮草公司，垄断了温哥华岛北部的皮草贸易。

此时，英国、法国和西班牙的探险家忙于绘制太平洋地图的工作已超过30年。从国际贸易中产生的财富资助了一批由政府支持的探险活动，这些探险活动由探究自然现象和人类社会的精神动力所驱使。探险家们的主要任务是解决关于太平洋的两个未解之谜：辽阔而富饶的“南方大陆”是否存在于南半球的中纬度地区？西北航道是否存在西端出口？当我们回溯文化和科学成果时，在表达赞誉的同时也不应掩盖奠定其基础的商业和外交活动。刺激这些航行的不仅仅是启蒙时代的所谓“理性”，还有帝国竞争和贸易扩张的欲望，商业优势的潜力对于探险的成功至关重要。1642年，荷兰东印度公司委派阿贝尔·扬松·塔斯曼(Abel Jansen Tasman)“寻找和发现部分已知及尚未到达的南方大陆和东方大陆（澳大利亚），以改善和提高公司的总体福利”。[89]塔斯曼从巴达维亚起航，先后到达塔斯马尼亚岛、新西兰、汤加和澳大利亚北部。不过，此行“没有获得财富或利润，而只有上述陆地，并且显然发现了前往南美洲的上佳通道”。当塔斯曼完成了第二次航行，证实这一航线回报更少后，荷兰东印度公司立刻放弃了努力。

1764 年至 1766 年间，约翰·拜伦（John Byron，乔治·安森的环球航行中“百夫长号”上的老水手）奉命寻找西北航道的西端出口，期望能通过这一发现，最终实现大英帝国“贸易和航海的进步”。[90] 拜伦坚持认为，他的船队无力完成这一任务。他选择横跨太平洋。船队保持在南纬 20 度和赤道之间航行，拜伦认为，大陆就位于地平线上的某处。他的报告使英国海军部将探索焦点转移到了南太平洋上。在拜伦返回之后不久，塞缪尔·瓦利斯（Samuel Wallis）奉命乘“海豚号”（HMS *Dolphin*）去寻找“大范围的土地或岛屿……在南半球的合恩角和新西兰之间……该地拥有适合商品生产的气候，这类商品在贸易中很有用处”。[91] 这次远航最大的收获便是欧洲人发现了塔希提岛，英国人在岛上悠闲地逗留了 6 周。在此期间，患坏血病的船员得以康复，他们对岛上的居民和气候颇感惊奇。

巧合的是，在“海豚号”离开几个月后，法国探险家布干维尔也率领 2 艘船到达塔希提岛。在布干维尔的探险队中，包括博物学家菲利贝尔·肯默生（Philibert Commerson）及其伪装成仆人的助手珍妮·巴雷特（Jeanne Baret）。除了发现和占领有利于贸易和航行的地方，布干维尔也奉命“研究土壤、树木和主要产物，并带回他认为值得关注的每样事物的样品和绘图”，“对于所有可以作为船舶停靠港的地方和一切与航行有关的事物，他将尽可能地加以记录”。[92] 关于“天堂岛”塔希提，这两次探险的参与者提供的报告对欧洲人的想象力产生了深远的影响。肯默生写道：“这是一个处于自然人状态的社会，其生性本善，没有任何成见、怀疑和悔恨，遵循本能的适度冲动，这种冲动总是可靠的，因为它尚未变为理性。”[93]（这是当时流行的“高贵的野蛮人”观念的体现。[94]）随着对大洋洲居民生活状况熟悉程度的加深，这些假设更多地归因于欧洲人（而非波利尼西亚人）表现出的理性缺失。

库克船长的航行

1768 年至 1771 年间，詹姆斯·库克船长乘“奋进号”（*Endeavour*）

进行了首次远航，其主要目的是观察金星凌日，以此“推进航海活动极为依赖的天文学的发展”。[95] 1716年，埃德蒙·哈雷（Edmond Halley）提出了一个想法，即从相距很远的不同地点观测金星凌日。根据瓦利斯的建议，塔希提岛被选为库克的目的地。与库克同行的8名自然学家中包括时年25岁的约瑟夫·班克斯，他当时已是英王乔治三世的顾问和此次探险的赞助者英国皇家学会的会员。正如他的一位同事在写给瑞典自然学家卡尔·林奈（Carl Linnaeus，生物分类双名法的创始人）的信中所言：“从来没有人出于研究自然史的目的，像这次一样以第一流的配备出海。他们拥有一座很好的自然史图书馆，他们有各种用来捕捉和保存昆虫的设备，各种各样的网、拖网、旗子以及钓珊瑚礁鱼类用的钩子……所有这一切都有赖于您及您的著作。”[96] 在此次探险期间，他们收集了数以千计的服饰、装饰、武器及动植物标本，包括此前尚未为科学界所知的800多种植物的标本。

“奋进号”在塔希提岛停留了3个月。在岛上，他们成功观测了金星凌日。在新西兰停留6个月后，库克放弃了其次要目标——寻找“南方大陆”。他向西航行，希望能够经由塔斯马尼亚岛到达印度洋。冬季的来临驱使“奋进号”向北航行，库克驶入了今天悉尼以南的植物学湾，这一名称的由来便是因为他们在接下来的1周中在这里采集到了大量新植物的标本。[97]“奋进号”沿着澳大利亚海岸航行，驶入了大堡礁。经过6周的修理后，在前往巴达维亚的途中，他们穿过了澳大利亚与新几内亚之间的托雷斯海峡。* 严重淤塞的河流和发臭的鱼塘中有大量作为疟疾传播媒介的蚊子，蚊子的侵扰使“东方皇后”（即巴达维亚）获得了一个新绰号——“东方之墓”。[98] 在到达巴达维亚时，库克等人仍是身强体壮的，不过很快就有7名船员死亡，另有23人在印度染病身亡。1771年7月，“奋进号”终于到达英国。

1年后，库克再度起航，此次使用的是“决心号”（HMS *Resolution*）和“冒险号”（HMS *Adventure*）。为了调查“南方大陆”位于非洲以南的

* 托雷斯海峡以西班牙探险家路易斯·德·托雷斯（Luis Baéz de Torres）的名字命名，他曾于1606年航行穿过该海峡。

可能性，“决心号”越过了南极圈。库克考察了南部浮冰的边缘，之后在新西兰与“冒险号”会合。从瓦努阿图航行到复活节岛之后，库克发现了合恩角东南无人居住的南乔治亚岛和南桑威奇群岛。库克对船上的清扫和通风加以严格规定，因此在历时 3 年、长达 70,000 英里的航行中，只有 1 名“决心号”的船员死于疾病，这一点并不亚于此次探险在地理知识方面的非凡贡献。[99]

1776 年 7 月，库克乘“决心号”和“发现号”（*Discovery*）再次起航，此次航行的目的是寻找西北航道，为此，英国国会已经承诺给予 20,000 英镑的奖励。先后在塔斯马尼亚岛、汤加和塔希提岛停留后，1778 年 1 月，库克的船员到达了夏威夷群岛，他们可能是第一批到达该群岛的欧洲人。经过短暂停留后，他们继续驶往诺卡特湾，这一选择反映出欧洲人对西北太平洋表现出了浓厚兴趣。[100] 白令的探险报告已经于 1769 年公布，这促使西班牙政府在加利福尼亚南部建立了使馆，以应对俄国和英国通过派遣探险队在该地实施的计划。由于有人称叶卡捷琳娜大帝正打算扩张俄国在北美的势力范围，1775 年，新西班牙总督派遣一支探险队前往阿拉斯加，尽管其所到之处不会远于温哥华岛。布鲁诺·德·埃塞塔（Bruno de Hezeta）穿过哥伦比亚河（后以罗伯特·格雷的“哥伦比亚号”命名）的河口，后来，唐·亚力杭德罗·马拉斯宾纳（Don Alejandro Malaspina）和迪奥尼西奥·阿尔卡拉·加利亚诺（Dionisio Alcalá Galiano）率领西班牙探险队，乔治·温哥华（George Vancouver）率领英国探险队对该地区进行了进一步的深入探索。温哥华在普吉特海湾和圣胡安群岛遇到了加利亚诺和格雷。

库克继续沿海岸航行至阿拉斯加，并穿过白令海和白令海峡，远至阿拉斯加的冰角。库克踏上了大片新的领地，但他写道：“公正地评价白令的回忆录，我必须说，他已经很好地描绘出这一片海岸的轮廓，并确定了各个点的经纬度，其准确度比他的预期更好。”[101] 之后，库克在夏威夷群岛停留了 6 个月。不过，在起航 1 周后，“决心号”的一条前桅断裂，从而被迫返回。一群夏威夷居民与船员们发生争执，导致了一场小冲突，库克本人及 4 名水手在冲突中被杀。探险队的指挥权最终落入约翰·戈尔

（John Gore）之手，他在放弃寻找西北航道之前返回了冰角。

澳大利亚的第二波移民

当库克开始其第三次远航时，澳大利亚在世界地图上才刚刚开始成型。库克的发现对大洋洲大陆的未来产生的影响十分深远，这一点是毋庸置疑的。1781 年，詹姆斯·马里奥·马特拉（James Mario Matra，一名流亡的效忠派、"奋进号"上的老水手以及约瑟夫·班克斯的通信员）打算在植物学湾周围地区建立殖民据点，以此作为"那些不幸的效忠派的庇护所"，"出于荣誉和感激，大英帝国必将为他们提供保护和支持"。[102] 一旦战争爆发，该据点处于最佳位置，足以威胁荷兰和西班牙在亚洲和太平洋的利益。[103] 在澳大利亚立足的想法很有吸引力，但英国内政大臣悉尼勋爵（Lord Sydney）却对哪些人应该在澳大利亚居住另有打算。英国政府曾经大胆采纳汉弗莱·吉尔伯特爵士的想法，将北美作为罪犯流放地，并在 1717 年的《运输法案》中落实。殖民地立法机构企图阻止罪犯在北美登陆（18 世纪时每年大约有 1,000 人），但直到美国独立战争爆发，英国一直在延续将罪犯流放到北美的做法。此后，英国政府开始让罪犯住在泰晤士河上易于传播疫病的废船中。在悉尼勋爵看来，澳大利亚正是罪犯问题的解决方案。

1788 年 1 月，历经近 36 周的航行之后，载着 780 名犯人的 11 艘船驶入了植物学湾。不久，总督阿瑟·菲利普（Arthur Phillip）将其殖民据点向北迁移了约 10 英里，此即未来悉尼的城址所在。"我们早在下午就进入了杰克逊港，发现这是世界上最好的港口，我们感到很满意，其中可以安全地停泊上千艘船。"[104] 那里的土地也更肥沃，考虑到他所需要的原材料，菲利普对新兴殖民地的潜力感到非常乐观。"今天，我们代表英国人民占领了地球上的第五块大陆，并在这里成立一个国家。我们不仅希望能够占有和统治这个国家，同时也希望它成为南半球所有国家的明灯，这个年轻国家的前景是多么广阔啊！"除了海军士兵及其家人，直到 1793 年，第一批自由人定居者才到达澳大利亚。不过，输送罪犯的做法一直持续到 1868 年，到那时已有超过 16 万名犯人到达澳大利亚。

船只与航海

当时，探险被认为是一门独特的学科，而非商业或战争的附带益处，不过仍没有一艘船是为了指定用途而设计的。大部分航行所用的船都是战舰（如护卫舰或更小一些的战舰），规模适中，适合近岸巡航。不过，这样的船已经足够运送博物学者及其书籍、设备、船只补给和航程中收集的标本了。职业化和专业化的缺失是那个时代的特征，不同地域的传统产生了反映不同环境和职业特点的船（如运煤船、渔船和桅船）。实际上，许多远洋船只都被用于贸易活动。由于没有专门的客轮，乘客过度拥挤及由此产生的疾病仍是一个严重的问题。极少数富人可以付钱住在小舱室中，但大部分人只能如同货物一般挤在船舱里。

外在因素影响着航运业的经济效率，不过，在理论上似乎可行的船体设计和可选路线出现之前，许多港口之间的航行时间几乎保持不变。从 18 世纪初到 80 年代，在新英格兰或纽约和西印度群岛之间大约需要航行 35 ～ 40 天，平均航速不足 2 节。[105] 17 世纪时，数学家和物理学家等科学家开始参与船体设计。[106] 不过除了在法国，他们的工作并没有被广泛接受，船舶建造师（即实际负责造船的人）的教育仍是实用性的、非正式的。直到 18 世纪末，由于正规教育的普及，情况才有所改变。尽管如此，造船工人既不害怕创新，也并非没有能力创新。

新的船具装备（如双桅帆——前桅为横帆，主桅为纵帆 *）使船上需要的船员数量有所减少，因此很快就在欧洲、非洲、加勒比海和北美之间的航线中占据了优势。与三桅全帆装备的船相比，长约 25 米、载重量约 160 ～ 170 吨的船造价更便宜，所需人员也更少。在长度一定的前提下，与北美最卓越的纵帆船（schooner）相比，这种船拥有更强的承载能力。显然，在 19 世纪初，纵帆船在南方殖民地得以发展，当时这种船以“弗吉尼亚制造”而著称。[107] 因船员少，速度快，双桅纵帆船深受商人、走私者、奴隶贩子、引航员和渔民青睐。它们被用作海军通信快船和巡逻

* 最初，“brigantine”和“brig”可以混用，均指双桅帆，现在“brig”则专指双桅皆为横帆。

船，也可用于打击其他纵帆船。在大多数情况下，它们比横帆战舰速度更快。起初，纵帆船的长度不超过 20 ～ 25 米，配备 2 根桅杆。到 19 世纪末，在北美两岸的木材和煤炭贸易中，装有 3 ～ 6 根桅杆的纵帆船已很常见，这种设计在欧洲、非洲和亚洲被广泛仿制。*

18 世纪时，美国船只的平均规模变化很小。不过，海盗的根除意味着不再需要配备额外的持枪船员。[108] 这样一来，在支付船货和提高吨位与船员的比例方面，就留下了更多的可用空间，此即船只经济效率的衡量标准。1716 年时，一艘载重 50 吨的波士顿船只通常搭载 7 名船员，半个世纪之后，船员人数变为 5 名。1716 年时，纽约船只通常搭载 11 名船员，半个世纪后则变为 7 名。1730 年时，牙买加船只每 18 吨（吨位）配备 1 门火炮，40 年后则变为每 162 吨配备 1 门火炮。对于弗吉尼亚船只而言，这一比例从每 29 吨配备 1 门火炮变为平均每 1,000 吨配备不到 1 门火炮。随着针对船只的暴力行为的减少，另一个变化是保险费率的下降。在和平时期，大多数航线的保险费率大约为 2%。更多的经济效益则通过缩短港口周转时间来实现，这一周转时间是由仓储、零售、银行、保险以及供给设施的建设而产生的，在北美殖民地时期尤其如此。集中式仓储省去了商船船长在港口之间航行以寻找货物的麻烦，在 17 世纪，这是一个巨大的进步。以切萨皮克为例，在该地通常需要在沿河码头之间航行来收集一船烟草，而且每到一站都要讨价还价。

在欧洲扩张的几个世纪中，随着科学的进步，工具日趋复杂和精密，读写能力的提高和书本知识的普及，导航技术比船舶设计的进步更加迅速。海员们通过工具来测定航速、纬度、水深和方向。就航向而言，埃德蒙·哈雷关于纠正罗盘磁变问题的解决方法是最重要的一项突破，他在 17 世纪 90 年代进行的 2 次南大西洋的航行中解决了这一问题（第三次在英吉利海峡的航行则带来了第一张海洋潮流图的出版）。尽管随着生产技术的提高，仪器变得更加简易、轻便和精确，但对于测量地平线上不同天体的高度而言，确定纬度仍然有其作用。

---

* 双桅和三桅纵帆船有时在前桅装配横帆，1902 年，曾有一艘七桅纵帆船建成。

而在确定经度方面，则存在不少问题。在海上长达几周或几个月的航行中，采用航位推测法只能得出一个粗略的经度近似值，即位于连接两极的本初子午线以东还是以西，而误算曾导致无数船只蒙受损失。确定经度的早期方法建立在天文观测的基础上，要求精准的计时，因此直到精确计时器得以发展后，这种方法才得到应用。1707 年 10 月，3 艘战列舰和 1,400 名船员在锡利群岛遭遇不测，之后，英国人开始正式寻求更可靠的技术。7 年后，英国国会悬赏 20,000 英镑，以奖励“发现海上经度测量方法的人”。[109] 这是英国第一次实行经济激励政策，早在 16 世纪，西班牙、威尼斯和荷兰的政府就已提出这种激励办法。[110] 法兰西学院也对有利于航海和商业的科学进步进行奖励，而且法国和英国的理论家和仪器制造师之间存在相当多的合作。最初，合作的重点是通过月距来计算时间，即通过测量月亮与一颗恒星或行星之间的角距来确定本初子午线上的时间，并用航海天文历表来检测结果。[111] 真正的突破是由钟表匠约翰·哈里森（John Harrison）取得的。1736 年，他研制的第一台航海钟（后人称之为 H1）进行了海上测试。[112] 这台 H1 重达 32 千克，和后续制造的两台钟（H2 和 H3）都因太大而不够实用。1761 年，哈里森制成了 H4，其直径为 12 厘米，重量刚刚超过 1 千克。[113] 另一名钟表匠拉克姆·肯德尔（Larcum Kendall）则被委任制作 H4 的仿制航海钟，詹姆斯·库克曾带着这台航海钟进行了第二次环球航行。库克船长对这台航海钟不吝赞美之辞，并向英国海军部保证：“肯德尔先生的航海钟超出其最热心的拥护者的预期，通过不时采用月距法来纠正，在任何气候变化的情况下都可以成为我们的忠实指导。”[114] 不过，月距法在确定经度方面仍得到广泛应用，直到 19 世纪，航海经线仪的价格下降到普通航海者所能接受的程度，这种情况才有所改变。

为了确定一个人在地球上的位置，由此产生了另一个问题，即如何将其呈现在一张图表上。一些欧洲的数学家可以理解 2 世纪的古希腊地理学家托勒密提出的经纬度概念，不过直到 1450 年才将其重新介绍给欧洲的制图师。当时，托勒密的作品被翻译成拉丁文。大约一个多世纪之后，杰拉德·麦卡托（Gerard Mercator）出版了一幅世界地图，并定名为“最适合航海家的新世界地图”。[115] 麦卡托的突破在于构想出一个投影，子午线与平行线在投影上相交成直角，两点之间画出的一条直线代表方位不变的线，被称为恒向线或斜航线，同时与所有子午线相交并成同一角度。尽管在地球上，两点之间的最短路线是一个大圆，但这种投影法仍需要不断修正航线。事实上，在 20 世纪电子助航仪器出现之前，这是不可能做到的。尽管略长于最短路线（大圆），但恒向线的优点是便于航海者遵循。在长途航行中，大圆和恒向线之间的区别是很明显的。航程可以被分成一系列更短的恒向线，这会造成罗盘航向的偶然改变。人们无法完全了解麦卡托是如何想出投影法的。1599 年，爱德华·赖特（Edward Wright）对此提出了一个数学解释，这个解释很容易被其他的制图师和航海者采用。但直到 18 世纪，麦卡托投影法才得到广泛应用，并尤为验船师所信奉。[116]

即便没有建立在科学投影基础上的地图，在沿海水域图的绘制方面，安特卫普和阿姆斯特丹的制图师们仍取得了巨大的进步。1584 年，卢卡斯·扬松·瓦赫纳尔（Lucas Janszoon Waghenaer）出版了《航海之镜》（*Spieghel der Zeevaerdt*）一书。[117] 该书是 44 幅北欧水域图的合集，主要包括海岸线（常常为了提供港口的详情而绘制得不成比例）、陆标、从临海位置能看到的海岸轮廓以及水深。瓦赫纳尔的海图集十分流行，以至于英国人采用“waggoner”（瓦赫纳尔名字的变体）一词来指所有描绘海岸内容的海图集。威廉·布劳（Willem Blaeu）改进了瓦赫纳尔的方法，其出版于 1608 年的《航海之光》（*Het Licht der Zeevaerdt*）一书更准确地呈现了海岸和港口的情况。[118] 作为对其成就的承认，荷兰东印度公司任命布劳为首席引航审查员和制图师。其他国家的制图师也扩大了海图集及其他航海指南的范围，尽其所能地吸收关于世界主要航线的信息。不过，学科建制化也在断断续续地进行。1720 年，法国建立了海图与地图资料库。1769 年，英国东印度公司任命亚历山大·达尔林普（Alexander Dalrymple）为水道测量员，自 1795 年以来，他同时在英国皇家海军中兼任同一职务。[119] 这种方法尽管很随意，但是海军、商人和探险者的绘图却在不断进步。除了欧洲海域，七年战争期间，包括詹姆斯·库克和约瑟夫·F. W. 德斯·巴雷斯（Joseph F. W. Des Barres）在内的一群英国测量师绘制了圣劳伦斯河的流域图，这是更为著名的一项成就。[120] 1774 年至 1780 年间，巴雷斯出版了《大西洋海神》（*Atlantic Neptune*）一书，这是北美东海岸的第一部综合海图集。到了 19 世纪，与推动技术进步的全新发明相比，航海仪器的改进便相形见绌了。直到 20 世纪声呐、雷达、陀螺罗经以及全球定位系统（GPS）发明后，航海技术方面才出现了与之相当的进步。

18 世纪时，海上贸易与海军行动的范围急剧扩张。在 18 世纪初，航海被认为是异乎寻常的，或者有可能致人丧命，之后逐渐变成司空见惯之事；探险者们打开了以前偏远的土地和人群与世界其他地区互动的大门。商业和政治权力的新结合显而易见，而像俄国和美国这样拥有以前未开发或发展不完全的海洋资源的国家，此时正在走上世界舞台。影响最为深远的发展之一发生在亚洲。在亚洲，欧洲人最终成功改造了古老的贸易模式和结构。这在以下过程中最为明显：英国东印度公司接管了孟加拉（这预示着英国对印度的统治），美国参与西北太平洋与广州之间的皮草贸易，以及中国茶叶贸易迅速增长。在某些方面，这些仅仅是可以追溯到 15 世纪初的趋势的变体，极少有人能够预见大西洋两岸已在进行的技术革命和经济革命带来的全球力量在均势、覆盖范围以及发展速度方面的巨大改变。

第 18 章

“时间与空间湮灭了”

“时间与空间湮灭了”——在哈得孙河上的定期汽船运输业务开展大约 30 年后的 1838 年 4 月 22 日，当第一艘具有商业可行性的跨大西洋汽船到达纽约时，一份报纸在新闻标题中如此大声地宣称。生活在喷气式飞机和因特网时代的人们很难感受到“天狼星号”（*Sirius*）以及第二天“大西部号”（*Great Western*）的到来（它们横渡大西洋分别用了 18 天和 15 天）所代表的进步有多么令人震惊。帆船自西向东跨越大西洋的海上航行的最短用时是 3 周，自东向西的最短用时则是 6 周。不久之后，汽船将以不到 2 周的用时定期横渡大西洋，到 19 世纪末 20 世纪初，最快的汽船只需不到 6 天就可以轻松横渡大西洋。然而，船用发动机的发明所产生的全球影响远远超出了其具有航海意识的开发者的设想。最初，最大的影响体现在沿海与短途海上贸易上，但是，蒸汽技术对开放大陆的作用与连接大陆的作用一样大：蒸汽航运开启了一个运河开凿及其他内河航行改进活动的时代，这些活动改变了地表景观，为大陆腹地的工业和经济发展创造了各种机遇，并且便利了货物与人员在陆上的移动，从而改变了世界各地人民的生活节奏。

一般而言，蒸汽轮船的发展离不开工业化的兴起。这导致了贸易重组，这有利于拥有灵活的金融市场的国家，从而可以吸引对资本密集型的机械的投资。它还在不断扩大的经济范围一端的实业家、商人、托运商与另一端的劳工、水手之间制造了紧张关系。富人与穷人之间的财富分化不是绝对的，工业化促进了职业中产阶级的成长。这些中产阶级的资产阶级价值观催生了一种人道主义的观念，其特点是相信公平和社会福利。在19世纪的超级强国英国，促进其经济和工业实力增长的商船，既是不受束缚的资本主义的诸多错误的象征，也是缓解其严重过度行为的改革的载体。

蒸汽的降临

17世纪时，英法两国的发明家开始试验在机器上装置蒸汽动力。最重要的实践发展出自18世纪末英格兰的发动机设计师詹姆斯·瓦特（James Watt）及其同事马修·博尔顿（Matthew Boulton）之手。蒸汽明显地吸引着船运商，他们此前一直完全依赖昂贵的人力或者变化无常的风与潮汐。机械动力将使他们从这些自然约束中解放出来，开启新的远景，并将创造诸多新的致富机会。但是，使用蒸汽不仅面临技术上的障碍，而且面临财政与政治方面的障碍。从商业方面看，第一个建造实用汽船的人是彻底失败了。1785年，运气不佳的美国发明家约翰·菲奇（John Fitch）请求诞生不久的美国国会支持他"促进美国内河航运发展的尝试"。[1] 依靠一种仿造自独木舟划桨的装置的推动，菲奇的"汽船"搭载着付费的乘客在费城及其周边水域航行了2,000英里。* 虽然新泽西州和弗吉尼亚州的立法机构授予了他对"所有以火力或者蒸汽为动力的水上船只"的独占权利，但是他仍然无法为自己的工作筹集到资金。[2] 1798年，依旧一文不名的他在绝望中去世了。

直到罗伯特·富尔顿(Robert Fulton)的技术和创业天赋与罗伯特·利文斯顿（Robert Livingston）的财富和政治关系结合在一起时，蒸汽动力的应用才得以成功。1807年，富尔顿制造的长45米的侧轮汽船"克莱蒙特号"（*Clermont / North River Steamboat*）进行了首航，在纽约与奥尔巴尼之间的哈得孙河上航行。在不到一个世纪的时间里，蒸汽动力将在全球海上贸易和海战中占据最重要的位置，尽管直到20世纪，帆船在某些地区仍有一定的竞争力。从"克莱蒙特号"首航到"天狼星号"到达纽约

---

* 按照惯例，美国内陆水运航道的距离是以法定英里而非海里为单位的。

的 30 年间，蒸汽轮船对大陆内部（尤其是美国）的发展产生了巨大的影响。1809 年，利文斯顿和富尔顿获得了在俄亥俄河和密西西比河开展蒸汽轮船航行的垄断权。他们与另一位发明家尼古拉斯·罗斯福（Nicholas Roosevelt）决定，一起研究在相距 19,000 英里的匹兹堡与新奥尔良之间开展蒸汽轮船航行的可行性。2 年后，罗斯福制造的侧轮汽船“新奥尔良号”（*New Orleans*）开始服役。富尔顿曾向一位朋友透露：“正如我之前给你的信中所说，密西西比河被征服了，我所拥有的蒸汽轮船载着货物在新奥尔良与纳齐兹（位于密西西比州）之间进行贸易。船上载有 1,500 桶货物，共计 150 吨，从新奥尔良到纳齐兹逆流航行 313 英里，用时 7 天，汽船工作时间达 84 小时。”[3] 1814 年，当“新奥尔良号”汽船沉没时，在密西西比河上已有多达 3 艘蒸汽轮船（其中 2 艘违反了利文斯顿与富尔顿的航行垄断权）。到达新奥尔良的 21 次航行都被记录了下来。一位早期的挑战者名叫亨利·施里夫（Henry Shreve），他的蒸汽轮船“华盛顿号”（*Washington*）装了双层甲板，吃水线标记在船尾明轮上。这艘船是密西西比河上典型的蒸汽轮船的前身，但直到 19 世纪 60 年代，船尾明轮才得到广泛的应用。420 年后，超过 12,000 航次的港口出现了，1840 年，新奥尔良因其巨大的棉花出口量而成为世界第四大港口。[5] 到 19 世纪末，共有超过 4,000 艘汽船在“父河”（即密西西比河）上航行。

船只绝对数量的增长与航行速度的提升和航行季节的延长同样引人注目。在密西西比河 – 俄亥俄河航运体系中，最繁忙的是新奥尔良与肯塔基州的路易斯维尔之间长达 1,332 英里的航线。1815 年至 1850 年间，向北航行的平均时间从 20 天缩短到 7 天，同时，向南航行的时间缩短了一半，只需 5 天。[6] 人们通过清除河中的树干等障碍物，扩大了航行的空间。19 世纪 30 年代，施里夫设计出了一种双体挖泥船，以蒸汽为动力，装有滑轮、缆绳、锁链等装置，用来清除“大木筏”——灌木丛、泥淖以及红河（密西西比河的一条支流，发源于得克萨斯州的一块狭长地带）中阻塞 200 英里的植物。[7] 美国陆军工程兵团花费了 6 年时间来清除这些阻塞物。1836 年，得克萨斯共和国从墨西哥独立出来，1845 年被美国兼并。而在 1839 年，从密西西比河到俄克拉荷马州与得克萨斯州分界线处的陶森堡之间，红河有长达 1,200 英里适合航行的河道。

在北方，生活在五大湖周围的加拿大人和美国人同样有发展汽船的机会。然而，从海上不可能直接到达位于更高纬度的五大湖区，这限制了西部殖民地的汽船事业及其营利能力。在安大略湖和伊利湖之间开凿一条运河的建议可追溯到 18 世纪初，但是与蒸汽动力一样，人们的视野与相互联系需要克服技术、地理及政治方面的障碍。在美国独立战争期间，一位名叫古吉弗尼尔・莫利斯（Gouverneur Morris）的人首次提出在尚普兰湖附近开凿一条运河的设想。实际上，他直到 1800 年才见到了伊利湖，他在给一位朋友的信中说：

> 超过 1,000 英里的航行以此为起点开始了……我那时才知道，英国人在最近的军事行动中开支的十分之一，便能够使船只从伦敦驶过哈得孙河进入伊利湖。到目前为止，我的朋友，我们只能沿着我们国家的外围缓慢爬行。在 2 个世纪内，欧洲最自豪的帝国与美国相比，将会而且肯定会仅仅成为一个气泡。[8]

联邦政府取消了对开凿西部运河的财政支持。1817 年至 1825 年间，在哈得孙河与伊利湖之间（两地间的落差达 165 米）开凿伊利运河的重担落在了纽约州的肩上。如同密西西比河上的汽船航运一样，利益是立竿见影的。从奥尔巴尼到布法罗的航程为 363 英里，一艘装载 50 吨货物的独桅船所需的时间从 32 天缩短到不超过 6 天。[9] 航运费用减少了 95%，每吨玉米从布法罗运到纽约的费用从 120 美元降低到 6 美元。当联邦政府畏缩不前时，纽约州抓住了主动权，在海外贸易的竞争中拔得头筹。纽约成为移民到达美国的主要港口城市，在整个 18 世纪中一直领先于费城。[10] 与此同时，加拿大也开始进行类似的改进。[11] 长 15 千米的拉欣运河于 1825 年动工，以避开蒙特利尔上游的圣劳伦斯河上落差达 13 米的拉欣急流。4 年后，从圣劳伦斯河和安大略湖航行到伊利湖成为可能，尽管它们之间的落差达 100 米。

如同在密西西比河流域和五大湖一样，内河航行的少量改善有直接而明显的影响，而类似的努力并非仅限于美国。到 1875 年，英国已经拥有总长超过 4,700 英里的运河，在河上生活的人口达到约 8 万～ 10 万人，他们被视为流浪者，生活在 25,000 艘驳船上。[12] 通常，在荷兰、法国和德国，水文科学是针对洪水控制和填海的。在某些情况下，对大多数人而言，航海几乎只是偶然发生的事情。约翰·戈特弗里德·图拉（Johann Gottfried Tulla）雄心勃勃的莱茵河上游取直计划就是其中一例。[13] 他提议，莱茵河应该“与自然的、温和的曲线河道一起引入单一的河床……或者哪里切实可行，哪里就改成一条直线”。[14] 莱茵河的工程与伊利运河的开凿发生在同一年。在随后的 60 年中，图拉的排水系统、河渠开凿以及移除小岛的计划，将莱茵河在巴塞尔到沃尔姆斯之间的距离从 200 英里缩短到 160 英里。这一计划造成了下游的洪水问题。超过一个半世纪以后，建造在莱茵河中游稳定的河岸上的科隆等城市成为周期性洪水袭击的对象，这是由莱茵河上游流速加快造成的。现在，莱茵河是所有通往瑞士的通道中最主要的航道，是连接北海、美因河、多瑙河和黑海的欧洲河流与运河体系中的一个重要组成部分。至于航海则并不在图拉的计划之内，直到 1831 年，蒸汽轮船才在莱茵河上游出现。

“蒸汽动力新时代的开启”

当 1817 年伊利运河破土动工时，一群纽约的投资人宣布开展首个横跨大西洋的定期帆船航运业务：“在一整年中，这些满载（或不满载）的航船在每个月的第 5 天离开纽约前往利物浦，在每个月的第 1 天离开利物浦前往纽约，这就是我们的目的。如果有必要雇用一艘蒸汽轮船将它们拖离大河，我们也会那样做的。”[15] “黑球航线”（Black Ball Line）提供的定期航运业务是一项大胆的创举。由于北大西洋上的航运价格低廉且供过于求，加上从拿破仑战争结束到 1812 年间战争留下的后遗症，所以直到 1821 年才出现了一条与之竞争的航线。而邮船则面临着一个更难以解决的问题，即前往欧洲的航线在往返时间上大不相同。在“黑球航线”第一年的航行中，从纽约前往欧洲平均用时为 25 天，而从欧洲前往纽约则需 43 天。[16] 蒸汽动力的船只可以调整海上航行的时间，尽管在 1819 年蒸汽动力刚开始投入应用时，已有少数船只差不多横渡了大西洋，但是直到19世纪30年代，为此目的而建造汽船的想法才成为现实。美国企业家特别热衷于投资，但是为首次建造跨大西洋的汽船筹措资金的任务，最终落到了英国工程师伊桑巴德·金德姆·布鲁内尔（Isambard Kingdom Brunel）身上。当他的大西部铁路公司在建造一条从伦敦到布里斯托尔的铁路时，据说他已经建议通过“汽船”将业务扩大到纽约。布鲁内尔的汽船“大西部号”长72米，船身为木制，比同时代的其他船只都要大得多，木制和铁制的材料捆绑在船身上。在当时，用于建造船只的铁制材料还是相对较为新颖的，这种内部坚硬的材料有助于容纳船上重达数百吨的锅炉与发动机，并以四桅装置作为动力补充。“大西部号”有一个长34米、宽23米的巨大客厅，可以容纳150名乘客。

与此同时，位于英国第二大港利物浦的公司及布里斯托尔的竞争对手，也开始力争第一个提供跨大西洋的汽船航运业务。英美汽船航运公司意识到自己在“大西部号”首航之前已无法建造一艘新的汽船，于是租赁并改装了爱尔兰海上的“天狼星号”汽船。1838年4月4日，“天狼星号”从爱尔兰的科克港出发，于4月22日驶入纽约港。《纽约先驱报》（*New York Herald*）用令人欢欣鼓舞的大标题加以报道：

> “天狼星号”汽船从科克起航，经过17天的航行终于到达纽约了。
> 蒸汽动力的新时代到来了。
> 广阔的大西洋上终于架起了桥梁。
> 时间与空间湮灭了。[17]

“大西部号”在到达纽约后的第2天，便因火焰点燃汽船烟囱周围的甲板横梁而被迫延误离港。船只受损并不严重，经过修理后，于4月8日从布里斯托尔起航，以平均8.8节的速度横渡大西洋，比“天狼星号”的速度要快2节。对于确立跨大西洋汽船航运业务的可行性而言更为重要的是，它已使用了船载的800吨煤中的将近半数。

1年后，“天狼星号”与“大西部号”之间的竞赛开始了。[18]英国政府决定彻底检查其笨重而昂贵的邮政业务，而这恰好与海军部在战时对远洋汽船的需求及汽船公司对外部投资的需求相一致。在一致的利益之下，政府开始为邮件运输提供补贴。[19] 1837 年，半岛与东方汽船航运公司（以下简称“半岛公司”）接下了英国海军部第一笔有补贴的邮政业务，从法尔茅斯到西班牙、葡萄牙和直布罗陀。3 年后，半岛公司将航线扩展到亚历山大港，乘客在那里“经陆路”到达苏伊士港，再乘坐另一艘船途经斯里兰卡的加勒驶往加尔各答。4 年后，半岛公司的业务进一步延伸到新加坡和中国，1852 年，途经新加坡的一条支航线到达澳大利亚。

英国海军部认识到了“天狼星号”和“大西部号”的成功，于 1838 年开始向新斯科舍省哈利法克斯市的塞缪尔·丘纳德（Samuel Cunard）提供补贴，用于跨大西洋的航运业务。丘纳德的竞争对手对此表示抗议，但是精明的丘纳德做出了一个明智的选择。然而，并不是所有的补贴都能如愿以偿地用来缓解船只的不足。1842 年 1 月，查尔斯·狄更斯（Charles Dickens）和夫人搭载“大不列颠号”（*Britannia*）汽船首次访问美国。在启程之前，狄更斯对他的住所非常不以为然，在一大堆信件中，充满怨气地描绘了其住所。他在给自己的弟弟的信中写道：“我们的船舱大约比你所能想象的要小得多，连旅行箱都无法通过任何机械放进去。当舱门打开时，便无法在里面转身。当舱门关闭时，在里面无法更换干净的衬衫，也无法脱下脏衬衫。客舱里在白天也是黑暗的，到了晚上便十分寒冷。”[20] 狄更斯勉强承认，毗邻的女士客舱是“真正舒适的房间”，“里面光线很好，有沙发和镜子等”。在管理者及所有者的细心经营下，这条航线上的安全纪录十分出色。在头 30 年中，丘纳德仅损失了 2 艘汽船，而且并无人员死亡。

同样，我们也不能不说到其他的航运公司。一直以来，其中最为声名狼藉的就是纽约及利物浦美国邮政轮船公司，该公司以其“柯林斯航线”著称，与丘纳德的公司是竞争对手。在整个 19 世纪 40 年代，美国国会一直在争论通过补贴英国轮船来运输美国与欧洲之间的邮件是否明智。不止一名参议员认为，唯一合理的办法便是美国政府的补贴应提供给美国船只。“我建议无须考虑价钱……我也建议，由国会授权一位谨慎选举出的美国轮船专家，放开手脚无条件地征服丘纳德这个人。”[21] 而最佳人选便是爱德华·奈特·柯林斯（Edward Knight Collins）。柯林斯从纽约、墨西哥和新奥尔良三地之间的包裹运输贸易中获取了经验，于 1837 年随邮船“莎士比亚号”（*Shakespeare*）进入跨大西洋的业务。他引人注目的航线取得了巨大的成功。1846 年，他建议国会出资 385,000 美元用于补贴纽约与利物浦之间每年往返 20 次的航线。[22] 正如在英国，立法规定汽船可以充当海军的辅助工具，“在海军部雇用的军舰建造者的监督下……以及在花费最少的情况下，使它们（汽船）成为一流的战舰”。[23] 手握资金的柯林斯订购了 4 艘三桅侧轮木制汽船。“大西洋号”（*Atlantic*）、“北极号”（*Arctic*）、“太平洋号”（*Pacific*）和“波罗的海号”（*Baltic*）等汽船都长达 85 米，是北大西洋上的先行者，比航速为 8.5 节的“大不列颠号”快了将近 50%。然而，高额的燃料及维修费用迫使柯林斯请求再增加 858,000 美元，肆意挥霍的国会及时批准了这笔费用。

尽管柯林斯的汽船只是海军的附属船只，却因其奢侈的设备而享有盛誉。海军监工马修·卡尔布雷思·佩里（Matthew Calbraith Perry）称它们“极度奢侈”。[24] 约翰·艾伯特（John Abbott）在《哈珀新月刊》（*Harper's New Monthly Magazine*）的文章中写道，“北极号”的主要客舱有着“几乎类似东方风格那样庄重的氛围……每当夜晚这个大厅灯火通明时，真是华丽无比”。[25] “宽阔并通风”的餐厅“拥有与其他任何餐厅一样的面向大海的窗户”，可容纳 200 人就餐。“特等舱实际上就是一间客房，提供人们所能想象得到的任何舒适享受……其中某些特等舱中还有带有法式床架的大双人床，以及华丽的窗帘。”这些描述可能带有新闻工作者的吹捧和夸大，因为一名“大西洋号”上的乘客禁止其他乘客“一个人占据整个特等舱……使旁边的一名同伴无法呼吸属于自己的一半空气”。[26] 不管怎样，对许多出入国会的人来说，船只是美国“民族荣耀”的一种象征。1850 年，有 30,000 人观看了“北极号”客轮的试航仪式。艾伯特宣告：“在欧洲，美国还从不曾贡献诸如开辟柯林斯航线这样辉煌的成绩。我们已经超前在世界上迈出了坚实的一步，在此之前，没有任何在海上漂浮的东西能超过这些船……任何人都不会怀疑它们的优势。”

这证实了一个可悲的疏忽。尽管其他船难造成的伤亡可能更大，但 1854 年“北极号”的船难成为半个多世纪中衡量所有船难的标准。[27] 1912

年，当“泰坦尼克号”（*Titanic*）沉没时，《纽约邮报》（*New York Post*）评论道：“最近几十年来，海上发生了无数次骇人听闻的悲剧。（但是）与本周发生的事故相比……应该需要追溯到‘北极号’的噩运。”[28]“北极号”在浓度不均的雾中向西航行到距离纽芬兰南部大约 50 英里处，不幸与“女灶神号”（*Vesta*）相撞，后者为一艘铁制船身的法国汽船，定期在圣皮埃尔和法国之间航行。“北极号”的船长詹姆斯 · C. 卢斯（James C. Luce）当即判断较小的“女灶神号”已被撞毁，并派自己的大副前去提供帮助。然而，当得知船舱内已大量进水后，他抛弃了那艘法国汽船及自己的救生圈，迅速向纽芬兰岛游去，但是锅炉已因浸水而熄灭，发动机和水泵无声无息地沉入水中。

“北极号”的安全性超过 1852 年颁布的《汽船法》中的要求，该法令规定，吨位达 1,500 吨以上的船只必须携带 6 艘救生船，其中包括至少 1 艘用金属制成的救生船。“北极号”上的 6 艘救生船都是弗朗西斯金属救生船，带有防渗水的小隔舱。正如“泰坦尼克号”船难中所证实的，救生船的数量虽然足够，但质量却是不合格的。除了大副的那艘救生船，只剩 5 艘救生船可以用来搜救船上的乘客，共有 300 多名乘客死于这次船难。同时，在亲眼见到这艘美国超级邮轮驶入雾中的悲剧之后，“女灶神号”的船长发现铁制的船体已经严重受损。他通过支撑住船上的 3 个防水隔舱的最前端而到达纽芬兰，经过大修之后，“女灶神号”成功返回法国。

无论以何种标准加以衡量，“北极号”船难的伤亡都是令人震惊的。它曾是美国商船的骄傲，不过这也加重了其悲剧色彩。然而使“北极号”变得臭名昭著的，是事后对其船员骇人听闻行为的报道——86 名幸存者中有 61 人是该轮船公司的员工。《纽约每日时报》（*New York Daily Times*）报道称：“从他们的行为来看，任何人都无法过于谴责他们的逃离，正如我们不能谴责罹难的人们。”[29]更加令人震惊的是，幸存者中竟然没有妇女和儿童，甚至柯林斯的妻子及其 2 个孩子也都没有得救（柯林斯本人并不在船上），当时的评论家、部长们及其他人都为这一事实而请愿。其中感受最深的是沃尔特 · 惠特曼（Walt Whitman），他写道：

> 五十代人的海洋科学之花……“北极号”正在下沉，裹着面纱的女士们聚集在甲板上，苍白无力而勇敢地等待着缓慢来临的那一刻——哦，那一刻！
>
> 巨大的啜泣声——一些气泡——喷出的白色泡沫——她们死去了，在那里下沉，而无情的雨水滔滔不绝地流淌着——[30]

尽管“北极号”的船员们完全没有受到指控似乎是史无前例的，但是公愤使得议会中邮政补贴的反对派们得到了机会，他们可以对其受益者致命的奢侈指手画脚了。正如一名议员声称，“如果（柯林斯航线）将花在华而不实的船只装饰上的钱用来购买救生船，那么就会有数百人得以生还”。[31]

紧随沉船悲剧而来的是要求改革的广泛呼声。坚固的“女灶神号”的命运解释了，为什么与没有防水隔舱的木制船体相比，带有防水隔舱的铁制船体在事故中幸存的概率会更高。在此之前，西方造船师并没有将船只隔舱与造船原理结合在一起，这似乎无法加以解释。中国人很早就知道了这一理念，并将其应用于中国的船只上。18 世纪时，本杰明·富兰克林（Benjamin Franklin）建议效仿“中国著名的实践”来建造船体，即“将一艘庞大的船分隔成众多相互分离的密闭隔舱……这样即使一个隔舱漏水，其余隔舱也不会受到影响”，“同时，即使隔舱与海水处于同一平面，船只也不会下沉”。[32] 富兰克林相信，无论这需要多少额外开支，都能通过减少保险赔付“及那些非常愿意搭乘这种船出行的乘客付出的高价”而抵消。1855 年，美国海军气象台的上尉马修·方丹·莫里（Matthew Fontaine Maury）作为众多呼吁改革者中的一员，在一本名为《跨大西洋的蒸汽轮船航线》（*Steam-Lanes Across the Atlantic*）的小册子中提议：

> 救生船、救生员、防水隔舱、为乘客与船员安排“救生船”的应变部署表都应列入补救的计划当中。* 同时，其他预防措施还包括雾

* 应变部署表是一种公开的文件，内容包括船员的职责以及遇到紧急情况时应将乘客聚集到何处。

中信号、精确罗盘、航行速度、瞭望台以及大西洋该区域供汽船通行的双倍宽的航道，即为来回出入的汽船留出的航道。[33]

最后一条建议也与莫里的兴趣相吻合。丘纳德的分析和柯林斯航线上的航海日志表明，他们的船员在一条宽约 300 英里的航道上航行。在参阅了由其办公室记录的大量海洋学数据之后，莫里建议西行的汽船保持在北面宽 20 ～ 25 英里的航道上航行，东行的汽船在南面宽 15 ~ 20 英里的航道上航行。[34] 这将降低汽船之间以及汽船与帆船之间相撞的可能性。帆船的船主们被要求尽可能避开汽船航道。纽约保险公司的委员会发表了莫里的建议，莫里在其《风向与洋流海图的解释与航行指南》（*Explanations and Sailing Directions to Accompany the Wind and Current Charts*）一书中绘制了多条汽船航线。虽然美国海军和许多航运公司要求船长们沿着这些航线航行，但船长们是否遵从要求却是自愿的。然而，其中的利益不应被忽视。随后出现的几次意外事件就是由于航船没有在适当的航线上航行而造成的。1889 年，围绕汽船航线问题，在华盛顿召开的一次会议上讨论了“决定定期横渡大西洋的汽船的重大问题”。[35] 但是，莫里的计划直到 1900 年（“北极号”沉没 46 年之后）举行的一次国际海洋会议上才被采纳。

与西北欧和美国东部的精英市场一样，众所周知的跨大西洋航运补贴也服务于其他航线。美国政府以此促进与加勒比海和北美西海岸之间的贸易。与此同时，柯林斯航线的补贴被出租了。斯鲁航线承接了经查尔斯顿和萨凡纳到巴拿马东海岸的业务，W. H. 阿斯平沃尔（W. H. Aspinwall）的太平洋邮船公司承接了从巴拿马西海岸到圣地亚哥、蒙特雷、旧金山和阿斯托利亚的业务。[36] 阿斯平沃尔把握住了极佳的时机，因为次年加利福尼亚金矿的发现吸引了大量人口向西海岸迁徙。当汽船经营者从意外收获中获得了极大利益时，前往加利福尼亚州的 75,000 人中的大多数都搭乘超过 750 艘帆船从东海岸经好望角航行到旧金山，其中多数都是直接到达的。[37] 虽然从纽约或波士顿经好望角到达金门的航程超过 13,000 英里（实际上，某些船只为了寻求有利的风向，总航行里程超过了 20,000 英里），但陆路行程则不到3,000英里。[38]一艘普通的帆船在不到6个月内就能够航行这么远的距离，而快速帆船则只需4个月或更短的时间。相比之下，沿着俄勒冈小道从密苏里州的独立城到俄勒冈州的波特兰的陆路旅行要花费6个月。这增加了到达密苏里州所需的时间、精力和财力，这些因素使得向西迁徙的移民人数不多。1843年至1845年间，只有4,000～5,000名移民出发前往西北海岸地区。加利福尼亚（1846年从墨西哥脱离）的美国居民数量呈爆炸式增长，于1850年成为一个州。由于其与东部海岸之间有着密切的海上联系，加利福尼亚是除路易斯安那外的48个州中唯一一个最初与其他州不接壤的。

海上航路与商业航行的黄金时代

莫里关于汽船遵循规定的航道在远海上航行的建议，是他早期对航海图研究的自然延伸，这反过来促进了自18世纪末开始的真正的海洋研究的发展。在欧洲海外扩张的最初几个世纪中，国家安全和有效航线的知识构成了一个令人嫉妒的贸易机密的保护体。由国家支持的调查形成的惯例，促进了18世纪以来缓慢发展的水道测量相关知识的广泛传播，在毫无正式组织的情况下仍取得了实质性的进步。1768年，有人请求担任北美殖民地副邮政局长的本杰明·富兰克林解释，为什么从殖民地到英格兰的路程要比从殖民地到北美花费的时间更少。在自己的表弟（一艘楠塔基特船的船长）的帮助下，富兰克林描述道，“墨西哥湾流是一种在佛罗里达湾产生的强劲水流，以每小时4英里、3.5英里、3英里、2.5英里的速度自东北方向涌入”，从而使向西航行的船只减速，使向东航行的船只加速。[39]这位邮政官员出版了一幅湾流演示图。1775年至1785年间，富兰克林曾3次横渡大西洋，通过观察改进了上述的湾流演示图。在富兰克林开始研究墨西哥湾流的10年后，东印度公司的测量员乔治·伦内尔（George Rennell）沿着东非海岸绘制出了阿加勒斯海流的演示图。自18世纪末19世纪初以来，亚历山大·冯·洪堡（Alexander von Humboldt）测量出了向北流动的秘鲁海流，不久之后便以他的名字被命名为“洪堡海流”。

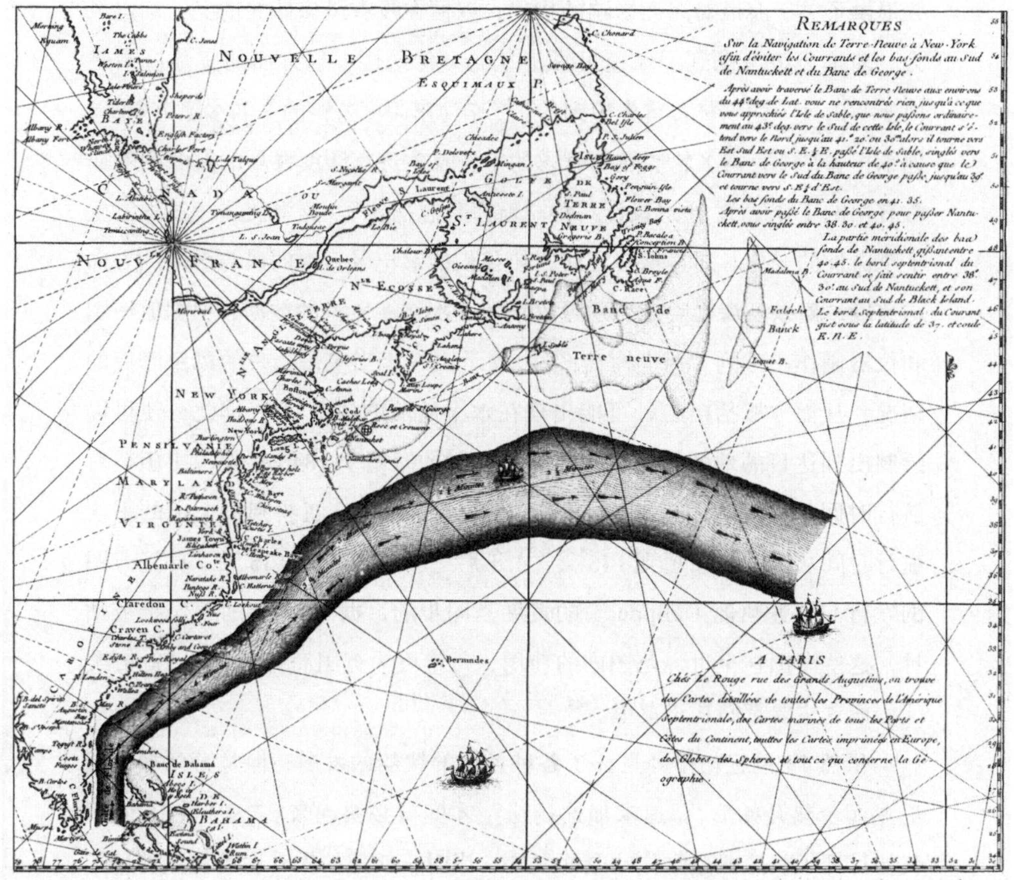

本杰明·富兰克林绘制的墨西哥湾流图，图中标示了墨西哥湾流的宽度、长度及流动过程。它在佛罗里达半岛和巴哈马群岛之间流动，沿着美国海岸流到海特瑞斯角和切萨皮克湾附近，然后从那里岔开，向偏东方向流到位于新斯科舍和纽芬兰下游渔场的南面。这份由富兰克林的表弟蒂莫西·福尔杰（Timothy Folger）绘制的原图的法文复制版，由乔治·路易斯·勒·鲁热（George Louis Le Rouge）于 1780 年至 1783 年间出版。在美国独立战争期间，富兰克林将这些湾流图送给了所有配备武器的法国船只。（Courtesy of the Osher Map Library and Smith Center for Cartographic Education, University of Southern Maine, Portland.）

这种对海洋深处混乱秩序的探索也表现在其他方面。作为英国海军部的水道测量办公室（设立于 1795 年）的主管，海军上将弗朗西斯·蒲福（Francis Beaufort）依据风速制定了一份将各种海风分别加以归类的图表，并提供了关于海风对海面影响的描述，以便在没有风速计的情况下确定风力。蒲福风级考虑到了风速可靠信息的可传送性，这方面的实际应用是由亚历山大·达尔林普首先想到的。[40] 作为东印度公司的一名水道测量员，他承担着“（公司）轮船航海日志的审查及改进东印度群岛的航海图等非常有用的工作”。[41] 通过设计一种“航海日志摘要”，莫里使这一过程发生了革命性的变化。通过这一方法，船长们能够记录日常的风与水流的方向与速度、磁差及海水温度。通过收集数千次航海所得的数据，根据航海图和仪器制作一系列“风向海流图”，展示出一年当中每个月的风及海流的情况，从而“概括出各种可能出现在水手面前的情况”。[42] 据此，便可以绘制出到达目的地的最佳航线。莫里绘制的海图于 1848 年首次出版，对航行时间与航运费用有着惊人的影响。1851 年，从纽约到旧金山的平均航行时间从 188 天缩短到 145 天，4 年后进一步缩短到 136 天。莫里海图的发行与快速帆船（clipper）的发展是同步的，据 1854 年的一份报道估计，这些海图在全世界范围内的使用，每年可为英国商船节省 1,000 万美元，而这主要都归功于莫里。[43]

虽然 19 世纪初已经见证了各种各样的快船的发展，但是直到加利福尼亚淘金热开始后，“追求加速扬帆”才变得必要起来。[44] 19 世纪 50 年代初见证了快速帆船时代的全面发展，当时，航速的提升比载重量的增加带来了更多的利润。1850 年，波士顿的船舶设计师唐纳德·麦凯（Donald McKay）制造了第一艘极速快船“猎鹿犬号”（*Stag Hound*）。随后，被命名为“飞云号”（*Flying Cloud*）、“海上领主号”（*Sovereign of the Seas*）和“伟大共和国号”（*Great Republic*）的几艘船也相继投入使用。“猎鹿犬号”的首航引起了很多人的兴趣，《波士顿图集报》（*Boston Atlas*）对麦凯的成就可谓不吝溢美之词：

> 这艘了不起的船令所有见到它的人都惊叹不已。它不仅是同类船只中最大的，而且据说其造型将开启船舶设计的全新理念。它比世界上其他任何商用船只都更大、更尖，其横梁的宽度和货舱的深度都是为了增强稳定性而设计的。它的每一个部件都是为了更快的速度

而设计，体现了设计者对速度的极致追求，因为在设计过程中，他不受任何船主的干预……其造型绝对是原创的设计，而非对任何一艘帆船或汽船的模仿。[45]

“猎鹿犬号”的航线是加利福尼亚海上贸易的一条典型航线。自独立战争结束之后不久，美国商人就开始与中国进行贸易了，并随着英国在第一次鸦片战争（1839—1842）中的胜利而进一步扩展。除了往返于亚洲，商船也活跃在自东向西经由合恩角前往加利福尼亚、中国和伦敦的环球航线上。普通的快船可以在 120 天之内从纽约航行到旧金山，最快的则可以将时间缩短到 100 天之内。“飞云号”和“安德鲁·杰克逊号”（*Andrew Jackson*）共享最快纪录，均为 89 天，其中“飞云号”曾两次取得这一成绩。在 1989 年之前，没有任何船只能够打破这一纪录，直到采用高科技的赛艇“星期四之子号”（*Thursday's Child*）将用时缩短到 81 天。2008 年，“吉塔娜 -13 号”（*Gitana* 13）进一步将用时缩短到 43 天。不过，它们都没有运载货物。帆船设计师们花费了 130 年，才将速度提升了 10%。

这些快船就像纯种马一样宝贵，难以投入日常使用，而在淘金热最初的兴奋消失之后，一种新的美国横帆船出现了，被称作“中型快船”或“唐伊斯特”（Down Easter），因其主要在缅因州制造，那里位于波士顿的下风口和东部。[46] 尽管这种船的主要特点是载重量大，但也体现了快速帆船时代的技术进步，而且也有几条出色的航线。船只设计方面的这些变化并不仅仅局限于美国，同时也使木制横帆船及后来的钢铁横帆船能够胜任 20 世纪的长途贸易。加利福尼亚的谷物、中国的茶、澳大利亚的谷物和羊毛、英国的煤、印度的黄麻以及秘鲁的钦查群岛的鱼肥，都通过横帆船在全球范围内进行运输。

到 19 世纪 80 年代，深海帆船已经取得了新的进步。该时期许多技术上的发展既得益于以蒸汽为动力的帆船，也得益于帆船自身的某些进步。在英国，1836 年的《商船条例》修改了自 1773 年以来的吨位测量方法，从而克服了一个巨大的困难。因为吨位是征收港口税的标准，不同的测量方法会使人们为了实用目的而造出不同的船只。在早期粗陋的标准下，英国的造船师们造出了“欧洲最丑陋也最难以管理的船只”。[47] 这种船又短又深，船舷和船底都是平的，据说“其实用性远远低于设计标准”。直到1855年，新的规定才得到强制执行。帆船在此期间发展缓慢，但是英国帆船倾向于追求更好的线条，以更快、更灵活地航行。造船师们也开始越来越多地采用钢铁材料建造船体。因为对于规定尺寸的船只而言，钢铁材质的船只可以比相同规模的木制船只拥有更多的货舱。同时，钢制的索链、摇柄及起锚机也可以减少船员的数量。到19世纪70年代，较好的帆船的载重量是古老的木制帆船的2倍，而搭载的船员只有其三分之一。[48] 相对于汽船而言，帆船有3个更具经济性的优势，即不需要机师和司炉工，不需要燃料，建造成本也更低。[49] 总之，1850年至1880年间，英国登记商船总吨位的增幅超过80%，在整个19世纪60年代，帆船的总吨位一直在增加。尽管在之后10年中有所下降，但是在1880年，帆船依然占英国商船总吨位的60%以上。

中国与日本的开放

拿破仑战争的结束使欧洲强国可以发挥其海军和商业优势，并通过彻底断绝16世纪以来与欧亚大多数商人之间形成的和解关系而实现。在印度，这一转变开始于18世纪50年代，在中国则大约开始于18世纪末19世纪初。有两个因素驱动着英国人：一是需要减少因购买茶叶而输出的白银的数额，二是期望取代中国人而成为东亚与东南亚主要的中间商。1805年至1820年间，总吨位达85,000吨的中国船只（相当于大约300艘平底帆船）在东亚和东南亚运营，几乎是悬挂英国东印度公司旗帜的船只数量的3倍。[50]

到19世纪20年代，英国东印度公司从中国进口的唯一产品就是茶叶，贸易额占到英国政府总收入的10%。[51] 由于在中英贸易中，中国人很少需要英国及其他国家的货物，所以英国人被迫为进口中国茶叶而支付白银。英国人急需黄金来应对拿破仑战争以及管理印度殖民地，这迫使东印度公司寻求一种可替代白银的类似于孟加拉鸦片的东西。英国东印度公司种植的鸦片大量输入中国，到1805年，英国已经停止向中国输入白银。

实际上，2 年后中国的白银已开始大量输入英国。与此相关的一个问题就是，鸦片贸易在中国是非法的。第一个关于非医用鸦片的正式规定出现于 1729 年。[52] 吸食鸦片造成了中国人的体质下降和财产流失，日常用品的贸易随之缩减。同时，鸦片吸食者花费越来越多的收入来购买鸦片，中国外流的大量金银直接影响着大英帝国的国库。

1839 年，清朝皇帝的钦差大臣林则徐在广州销毁了约 21,000 箱鸦片。* 为此，英国东印度公司派遣一支由 4,000 名士兵和 16 艘战舰组成的舰队前往中国要求赔偿。在冲突一开始，英国人便封锁了广州及长江沿岸的许多码头。清朝皇帝对林则徐失去了信心，而林则徐的继任者则因将香港岛割让给英国而被免职。然而，英国人凭借其技术优势而难逢敌手。《南京条约》迫使中国赔款 2,100 万银元，向英国商人开放广州、厦门、福州、宁波和上海为“通商口岸”，废除广州一口通商的制度，并割让了香港岛。[53] 法国人和美国人于 1844 年也获得了同样的特权，德国人、俄国人和意大利人也紧随而至。第一次鸦片战争已经证明，清王朝统治下的中国在技术与文化方面已经落后，“不平等条约”逐渐削弱了中国从前那种作为区域霸主的地位，也使之无法在世界舞台上作为一个平等的角色。由鸦片而引发的阵痛最终导致了清王朝的崩溃，紧接着出现了长达数十年的内战，直到 20 世纪下半叶，中国才找到了自己的发展道路。

撬开了中国的贸易大门之后，西方人紧接着就盯上了日本。[54] 当时，日本对官员、外交人员、失事船只上的外国人甚至被遣返的日本漂流者的限制都是十分严格的。在日本海游荡的捕鲸人通常会被围捕并遭到虐待，被风吹离海岸并乘外国船只返回的日本人会遭到监禁。1811 年，俄国测量员瓦西里 · M. 戈洛夫宁（Vasilii M. Golovnin）及其 6 名船员因在国后岛上短暂停留而被监禁了 2 年。[55] 与此同时，在拿破仑战争期间，日本人断然拒绝了斯坦福 · 莱佛士从英占爪哇派遣船只驶入日本的要求。一般而言，由于美国政府担心其捕鲸人的安全及其在太平洋贸易中的利益，因此在敲开日本大门的过程中一马当先。1854 年，一支美国海军中队第三次

* 1 箱马尔瓦鸦片（产自印度西部）重 60 千克，1 箱巴特那鸦片（产自孟加拉）重 73 千克。

到访日本，马修·卡尔布雷思·佩里说服幕府将军签订了《神奈川条约》，向美国船只开放了下田（位于东京西南部）和函馆（位于北海道南部）两个港口。[56] 次年，英国、俄国和荷兰也在沿海一带获得了贸易权。

尽管保守派势力造成了一些阻碍，但日本还是很快地摆脱了德川幕府实行长达 2 个世纪的“锁国”政策。改革派可能在担心，如果不汲取中国的教训，日本也将遭受西方人施加的类似耻辱。在幕府将军被废黜以后，日本进入了明治天皇的统治时期。1868 年，由政治领袖们起草的《五条誓约》中的最后一条为：“求知识于世界，大振皇基。”[57] 虽然美国开启了与日本之间的联系，但不久之后便陷入内战，日本为了经济与军事的现代化转而求助于英法两国。日本的转型令人震惊，其外贸总额从 1859 年的不到 200 万美元，到 7 年后超过了 2,800 万美元。1859 年，半岛航运公司和东方航运公司在横滨和上海之间开展了每两月 1 班的汽船航运业务。[58] 西方侨民社区增加了数千个，尽管中国人的数量比欧洲人要多，正如马尼拉、巴达维亚及其他亚洲港口那样。[59] 1875 年，岩崎弥太郎成立了三菱邮政汽船公司（今三菱集团的前身，现在是日本邮船株式会社的一部分），引进由日本人经营的前往上海的航运业务。岩崎也接管了长崎造船厂（即后来的三菱造船公司），该造船厂是 19 世纪 50 年代在荷兰人的帮助下建成的。长崎造船厂开始制造蒸汽轮船，进而经营全国各地的航线，成为当时世界上造船业的巨头之一。

苏伊士运河、复合式发动机与电报

随着 1869 年苏伊士运河的通航，欧洲与亚洲之间的海上联系变得极其便利。[60] 由于法国人在地中海贸易航线上拥有巨大优势而且邻近埃及，他们很自然地相信，自己将会通过这条通向印度洋的捷径而大大受益。他们希望入股苏伊士运河公司，该公司由费迪南德·德·雷赛（Ferdinand de Lesseps）在其朋友及赞助人奥斯曼帝国埃及总督赛义德帕夏（Said Pasha）的支持下创立。苏伊士运河从塞得港（以该总督的名字命名）到苏伊士港（即古代的克里斯玛）全长 192 千米，底部宽 22 米，河面宽 60 ～ 90 米，深 8 米。* 当法国人将运河视为反击英国海洋贸易优势的一个手段时，英国政府无视本国船主的意见，拒绝了开凿一条运河的计划。苏伊士运河实际上扰乱了所有国家的计划，地中海国家也没有从运河的开通中获得意外的收获。《经济学人》（*The Economist*）杂志在 1869 年准确地观察到，“通过法国的人力和埃及的金钱”，苏伊士运河“削弱了英国的优势”。[61]（实际上，工程是由法国人负责的，但劳工都是埃及人，在开凿运河的 11 年中共有 12 万人死去。正如公元前 6 世纪尼科二世接到的一份神谕中所言——这一工程“将只对野蛮人有利”。[62]）拥有通过造船业获得的巨大资本、建造铁制汽船的丰富经验，以及世界上最好的发动机和煤，这些都是英国的巨大优势。在苏伊士运河通航初期，英国船只的总吨位占到 60%，是法国船只的 3 倍。20 年后，英国船只的占比达到 75%，而法国船只仅占 8%。到 1910 年，英国船只的占比依然超过 60%，而德国船只则占 16%。

到 1875 年，赛义德帕夏的继任者已背负着庞大的债务。英国首相本杰明·迪斯累里（Benjamin Disraeli）认识到了运河对英国的重要性，准备买下苏伊士运河公司中价值 400 万英镑的股票，以控制股权。从次年起，埃及的财政开始由英法两国共同控制。1882 年，英国军队炮轰亚历山大港并占领运河，开始了对埃及长达 40 年的占领。1888 年的苏伊士运河会议在表面上保证，“无论在战时还是平时，运河都应对悬挂任何国家国旗的所有商船和军舰开放……运河的使用绝不应受到限制”。[63] 当然，这些原则性的规定不可避免地成为战争的牺牲品。

苏伊士运河是第一条同时也是第一流的汽船航道。但如果没有由利物浦船主及工程师阿尔弗雷德·霍尔特（Alfred Holt）发明的高气压复合式船用发动机，它可能会成为一大失败。霍尔特是大洋汽船公司的创立者，以其“蓝烟囱航线”而著称。霍尔特开创了从利物浦到西印度群岛、巴西及拉普拉塔河以及牙买加与纽约之间每月 1 班的汽船航运业务，这是他从事航运事业的开端。1863 年，由于大西洋的贸易竞争太过激烈，他

---

* 截至 2010 年，苏伊士运河已延长为 193 千米。目前，运河深 24 米，底部宽 123 米，河面宽 313 米。

和自己的弟弟决定开创前往中国的航运业务。霍尔特称这一想法是受到他的一位同事的启发："'汽船可能占领地中海，可以试探性地前往巴西和拉普拉塔河，但是对于航行而言，至少向中国航行是安全的'，我猜是魔鬼让我说出这样的话，'是吗？'"[64] 19 世纪 50 年代，约翰·埃尔德（John Elder）也发明了一种高气压复合式船用发动机，将煤的消耗量减少了一半以上。[65] 1866 年，霍尔特在 3 艘开往东方的"蓝烟囱"轮船上安装了复合式船用发动机，使其效率得到大幅提升，在毛里求斯加煤之前保持快速航行了 8,500 英里，然后继续航行到槟榔屿、新加坡和中国。* 苏伊士运河的通航使船只不必再无间断地航行 8,000 英里，但是如果没有复合式船用发动机带来的效率提升，任何汽船都无法负担前往印度（更不用说前往中国）的费用（即使是通过苏伊士运河）。[66]

埃尔德的复合式发动机所带来的效益，在 19 世纪 80 年代因三级膨胀式发动机的发明而黯然失色，后者可以分别在高压、中压、低压 3 个层面上利用蒸汽，效率比复合式发动机要高大约三分之一。而蒸汽轮机的效率则更高，查尔斯·A. 帕森斯（Charles A. Parsons）将其更完善地应用在船舶上。帕森斯于 1884 年制造出一种 6 马力的蒸汽轮机，并且很快安装在汽船上，使之成为最适合驱动船只的动力。需要克服的一个问题是气蚀现象，即在高速旋转时螺旋桨旁边形成的真空。最终，帕森斯想出了螺旋桨和传动轴的正确配置方式，经过反复试验，他制造的长 31.5 米的"透平尼亚号"（*Turbinia*）的航速达到了 34 节。

帕森斯仍在努力分析尚不清楚之处，直到 1897 年 6 月，在为庆祝维多利亚女王（Queen Victoria）登基 60 周年而举行的国际海军检阅仪式上，"透平尼亚号"轻而易举地战胜了对手，激动人心地展示了这一新技术。不久之后，他创办了帕森斯船用蒸汽轮机公司，在招股章程中清楚地说明了他的发动机的优势："可以提升速度，提高承载能力，减少蒸汽消耗，降低成本，减轻机器重量，减少机器费用，减少机器保养费用，大幅减轻震动，减小螺旋桨和传动轴的大小与重量。"[67] 英国海军部在 1899 年为

---

* 单缸往复式发动机只有一个压力缸，活塞通过蒸汽在压力缸中移动，而复合式发动机则增加了一个低压缸，可以重复利用来自第一个压力缸的蒸汽额外做功。

鱼雷驱逐舰，在 1903 年为轻型巡洋舰订购了涡轮发动机。1905 年，英国海军大臣约翰·A. 费希尔（John A. “Jackie” Fisher，又称杰基·费希尔）决定将涡轮发动机安装在“无畏号”（HMS *Dreadnought*）战列舰上。商用船只接受这一新技术的过程则稍慢一些，但是在同一年，丘纳德为“毛里塔尼亚号”（*Mauretania*）和“路西塔尼亚号”（*Lusitania*）也配置了蒸汽轮机，其动力达 70,000 马力，是“无畏号”的 3 倍以上。

正如在汽船时代，复合式发动机确保船只成功通过苏伊士运河，海底电报也大大促进了商业航运的发展。[68] 到 19 世纪 30 年代，陆上电报已经成功应用于商业领域。在不到 20 年的时间里，穿过爱尔兰海与英吉利海峡的海底绝缘电缆便铺设完成。1866 年，“大东部号”（*Great Eastern*）将电缆从爱尔兰铺设到纽芬兰，这艘铁制轮船是伊桑巴德·金德姆·布鲁内尔的第 3 艘新技术船只，长度超过 211 米，总吨位近 19,000 吨，在 40 年内新建造的船只中没有一艘比它更长或更大。[69]“大东部号”上装有宽叶桨轮、单螺旋桨、5 根烟囱与 6 根桅杆，它从来不曾驶入大洋洲进行贸易，尽管这正是它最初的建造目的。“大东部号”因过于庞大而不适宜进行跨大西洋的贸易，而是连续铺设了 5 根跨大西洋的电缆，另外在苏伊士、亚丁（英国于 1839 年占领此地作为加煤站）和孟买之间也铺设了 1 根电缆。正如陆上电报线一般沿着铁路铺设，海底电缆也沿着航道铺设。到 19 世纪 70 年代，孟买与澳大利亚之间实现连通，欧洲大陆与美国和巴西之间都建立了直接的联系。直到 20 世纪初，跨太平洋的线路才铺设完成，包括从美国经夏威夷到达菲律宾，以及从加拿大到新西兰和澳大利亚。

电报促进了英国港口的发展，但真正的赢家却是欧洲大陆迅速发展的工业。买家不再仅仅依靠船只，他们已经可以直接从海外供应商那里订购原材料。英国船只在对欧洲大陆港口的贸易中占据着越来越大的份额。[70] 1870 年，英国商船的总吨位占到全世界船只总吨位的 43%（据船只登记数据），30 年后，其在市场份额中所占比例提高到 51%。总体来说，在 19 世纪初的 30 年间，国际贸易总额的年均增长率达到约 30%，达 4 亿英镑，到 1870 年达到 20 亿英镑，到第一次世界大战前夕达到 60 亿英镑。[71] 国际贸易的增长部分与欧洲数百万人的海外迁徙直接相关，另外也与这些移民随后组成的侨民社区与其母国之间日益密切的纽带关系相关。

大规模迁徙与海上安全

人类最大规模的迁徙发生在 1815 年至 1930 年间，共有 5,600 万欧洲人移居国外。移民人数最多的国家包括英国（1,140 万）、意大利（990 万）、爱尔兰（730 万）、奥匈帝国（500 万）、德国（480 万）和西班牙（440 万）。英语国家接纳的移民占据了巨大的份额，有 3,260 万人前往美国，500 万人前往加拿大，340 万人前往澳大利亚。此外还有部分移民前往南美洲，有 440 万欧洲移民前往巴西，650 万人前往阿根廷。据说，“墨西哥人是阿兹特克人的后裔，秘鲁人是印加人的后裔，阿根廷人则是乘船而来的移民”。[72] 19 世纪时，古巴的人口也呈爆炸式增长，从 1763 年的 15 万增加到 1860 年的 130 万，新增人口主要是奴隶、中国劳工以及从西属美洲独立运动中逃离的忠于国王的西班牙人。[73] 除了欧洲人（总体而言是自愿移民），有大约 100 万东印度群岛的苦力被运到加勒比海地区、南非、斐济以及英国的其他殖民地，有 25 万名中国劳工前往古巴和秘鲁。日本政府帮助运输 16.5 万名劳工到巴西，巴西成为世界上日本侨民数量第二多的国家。[74]

在 19 世纪上半叶，诸如限制载客数量方面的改进并不大，大多数长途客运船只的状况变得更差。在爱尔兰因发生大饥荒而出现大量人口迁徙期间，客运船只的状况最为恶劣。在 19 世纪 40 年代，有大约 130 万名爱尔兰人移民到美国，其中大多数人都是搭乘被称作“棺材船”的可怕船只到达美国的。[75] 仅 1846 年一年当中，全部乘客中就有超过 20% 的人在到达北美之前死去。[76] 一位于次年访问“锡兰号”（*Ceylon*）帆船的纽约医生，向美国参议院委员会说明了他在船上所见的状况：

> 我们穿过统舱……但是里面简直污秽不堪，瘦弱、半裸的人蜷缩在铺位里，或分散在甲板上挡住了舷门，许多人因患上疖子和皮疹

而面目全非，此外到处都是破碎的器皿和食物残渣，这样的画面用画笔根本无法描绘。一些人自离开利物浦之后，这是第一次从自己的铺位中起来，在整个旅途期间，他们都痛苦地躺在那里，在自己的污秽中打滚。[77]

英国船只上的发病率是美国或德国船只的 3 倍以上。英国于 1849 年遵循美国的先例在法律中规定，根据甲板高度，每位乘客的最低空间标准为 14 ～ 30 平方英尺（合 1.3 ～ 2.8 平方米）。身处最下层甲板的乘客可获得更多的容身空间，乘客铺位的长度不得小于 6 英尺，宽度不得小于 18 英寸，每层甲板最多设置 2 层铺位。乘客需要准备充足的食物以备为期 6 周的航行。从 1830 年起，这种情况开始有所改变，不来梅市于当年制定了关于船只向乘客提供熟食的法律。1849 年的法律要求乘客每天应获得四分之三的日常用水，每周补贴“2.5 磅面包或饼干（质量不次于海军食用的饼干）、1 磅小麦粉、5 磅燕麦片、2 磅大米、2 盎司茶叶、半磅糖和半磅糖浆”。[78] 到 1872 年，帆船乘客的死亡率下降到 12‰以下，汽船乘客的死亡率更是下降到 1‰，而且在 5 年内又下降了一半。[79] 实际上，当时所有横渡大西洋的乘客都是乘坐汽船的，所有的船上都供应食物，尽管许多乘客仍然需要自备器具和铺盖。[80]

移民船上的乘客如何保持秩序是一个重要问题，这在新南威尔士关于未将男女乘客隔开是否“极大地伤害移民的道德状况”的立法调查中得到证实。[81] 一艘德国船上的二副在报告中写道：“船上有大约 40 个女孩，其中一些年龄只有 10 ～ 12 岁。我确信，对此我可以发誓，她们在下船后都成了妓女……在船舱里，每个水手都有自己的女孩。”防止这种现象的最常见方法，就是根据家庭和性别将乘客隔开——家庭成员集中在某一个区域，单身者集中在另一个区域。早在 1834 年，在从英国前往澳大利亚的长达 3 个月的航程中就曾将男女乘客分隔开，但是直到 1852 年，类似的限制才应用到驶往北大西洋的船只上。

新出现的改革倾向于使欧洲移民们受益，但是其他人却没有这么幸运。在奴隶贸易被废除后，新的劳力剥削形式便是苦力贸易，即以船运送毫无技能的印度与中国劳工，他们所受的剥削一直持续到第一次世界大战结束之后。[82] 英国虽是苦力贸易的始作俑者，后来却被法国与西班牙（此外还有美国）取代。严格说来，苦力属于契约佣工，但实际上与奴隶没有什么区别。他们因被绑架或诱骗而离开故乡，就像之前的英国契约佣工一样，通常在主人的监督下工作，直到死去。（在古巴，有 50% 的苦力在服务期满之前就死去了。）苦力们忍受的环境甚至比穷困的欧洲移民所面临的环境还要恶劣，死亡率大约为 12%，而私人船只上的死亡率则可能高达 40% ～ 50%。苦力贸易就如同奴隶贸易一样不断进行着。弗雷德里克·道格拉斯（Frederick Douglass）本人就是一名奴隶，他生动地描述了这种贸易的状况：

> 伴随着非洲奴隶贸易而来的，几乎都是令人撕心裂肺的事件。就获取苦力的方式，他们遭受的残忍对待，以及与使用廉价劳工相关的一切而言，我们除了向读者们平静地陈述真相，便无能为力了……有一名苦力从“德洛丽丝·乌加特号”（*Dolores Ugarte*）上获救。当船上起火时，船长抛弃了船上的 600 名苦力，他们被大火活活烧死。[83]

运载苦力的船上经常发生哗变，如果苦力们知道自己将被运往远离秘鲁的覆盖着海鸟粪的钦查群岛，则尤其容易发生哗变。由于被限制在船舱中，哗变者通常会纵火，如果能冲到甲板上则会袭击船员。在“德洛丽丝·乌加特号”的事件中，据报道船长曾试图用水熄灭一名哗变者点燃的火，在失败后便决定弃船。虽然有一个船舱被打开，但最终依然只有不到 60 人生还。

这种无情的行为与亚历山大·福尔肯布里奇的观察可以相互印证，“拷打同伴的嗜好”是奴隶贸易中的“一种自然倾向”。这也有助于解释 19 世纪客运贸易中的冷漠与恶行。无论是在“北极号”还是在“锡兰号”上，船员们在对乘客的指责中表现出的轻蔑态度，都可以归因于没有人真正关心水手。1854 年，一份美国报纸估计，在 18 个月的航行中，“平均每 11 个小时就有一艘船失事，每 44 个小时就有一艘船搁浅，每 75 个小时就有一艘船被抛弃，每 10 天就有一艘船失去联系”。[84] 1830 年至 1900 年间，英国水手中有 20% 在大海上丧命。1870 年通过的一项法令规定，受雇的水手如果因担心船只在风浪中失事而企图违反合同，将会遭到为期 3 个月的监禁。[85] 在此后的 2 年中，共有超过 1,600 人因此而遭到监禁。甚至到了北美移民潮的高峰期过后，每 6 艘客运帆船中便会有 1 艘在航行途中沉没。1873 年至 1874 年间，在英国沿海地区有 400 多艘船沉没，造成 500 多人死亡。

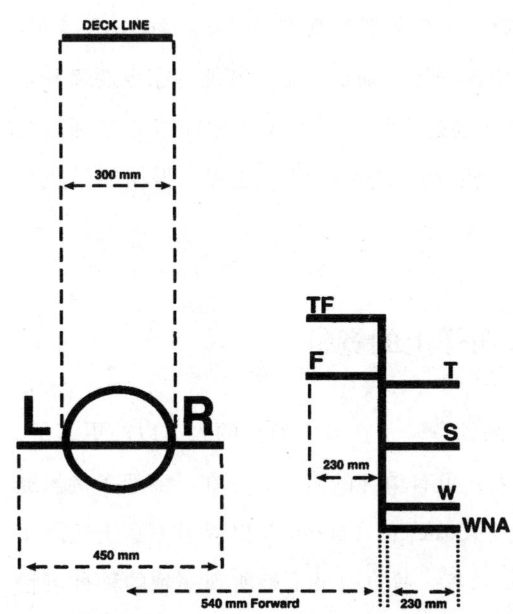

载重线（又称吃水线）。甲板线和船只安全载重线之间的距离称作“干舷”，根据船只航行时间与地点的变化而变化。右侧字母分别表示船只在热带（T）、炎热地区（S）或寒冷地区（W）进行贸易时的吃水线。此外，还为在淡水中（F）、运载木材（L）或在冬季的北大西洋中（WNA）航行的船只指出这些最危险的海域（同时也是最繁忙的海域，通常是商船航线密布之处）。标记中央的圆圈两边的大写字母指的是规定船舶设计和建造的船级社，这里的“LR”代表劳氏船级社（Lloyd’s Register）。

英国船只的事故率在 30 年内提升了 1 倍，遇难者数量之多令人震惊，保险费率也随之上升。[86] 议会终于为船只的安全操作制定了最低法定标准，其中最具深远意义的就是规定了载重线，以标示船只在安全载重状态下的吃水深度。劳氏船级社在 19 世纪 30 年代就曾建议，船上每 1 英尺深的货舱就应留有 3 英寸的净空。劳氏船级社是世界上最早的船级社，于 1760 年在爱德华·劳埃德（Edward Lloyd）的咖啡店中成立，并于 4 年后出版了第一本船舶登记资料。到 19 世纪中叶，这种非强制性的“劳氏规则”已不足以遏制因超载而导致的事故。[87] 英国议员塞缪尔·普利姆索尔（Samuel Plimsoll）指出，由于船只及其货物的价值完全由船主决定，保险公司鼓励船主派老旧而超载的船只出海，而毫不在意乘客或船员（更不用说货物）的安全。[88] 船主们打着“自由贸易”的新旗号反对改革，他们的胜利则是 1850 年《航海条例》的取消。贪婪已经取代疾病，成为乘客和船员的最大威胁。一名无视规章和疏于管理的船主的支持者说：“他们不需要吹毛求疵、爱管闲事的人干涉他们的生意，（也不需要）在对外贸易中使用人为刺激，这对他们陷入困境的贸易而言毫无用处。”[89] 尽管如此，普利姆索尔等人仍是百折不挠。经过长达 20 年的游说，1876 年的《商船条例》得到批准，这是第一个现代船舶载重线法案。直到 1894 年，载重线应被标识在船只的哪个位置才最终确定下来。其他国家也逐渐开始模仿英国的做法，德国于 1903 年通过立法，而美国直到 1924 年才通过此类立法。1930 年的《国际载重线公约》进行了统一规定，根据船只航行的水域及季节来划定其载重线。

北大西洋上的竞争

人们无视在海上旅行所带来的危险，在海上航行的人比以前更多了，不仅有移居国外或者做生意的人，也有单纯的旅行者。在《商船条例》通过后的第二年，凯瑟琳·勒杜（Katherine Ledoux）出版了《女士航海手册》（*Ocean Notes for Ladies*）一书，书中记录了她所观察到的种种可怕之事。“在海上，意外事故及丧失生命都是可能发生的。我常常感觉，被冲到海岸上的身穿漂亮衣服的尸体应该比衣衫褴褛的尸体受到更多的尊重和照顾。”[90] 虽然这种建议在今天听起来令人反感，然而人们确实需要关于乘船航行的实用性指南。在拥挤而枯燥的空中旅行时代，难以祈求大众对远洋客轮产生迷恋，尤其是在 19 世纪 90 年代至 20 世纪 50 年代间。当时，国有商船队的规模被视作一个国家国力的标志，新船只的启用就像今天消费性电子产品的发布一样受到追捧。船舶是一个国家工业和技术先进的证明，在那个占世界商船总吨位 51% 的船只都悬挂英国红船旗（即英国的商船旗）的时代，其他国家不断争夺权利，尤其是争夺跨大西洋的上

1883 年英国制造的三桅客轮“土西塔拉号”（*Tusitala*）与 1913 年德国制造的丘纳德航运公司的客轮“伯伦加里亚号”（*Berengaria*），于 1930 年左右驶离纽约。在深水帆船最后的时代和远洋客轮的全盛时期（二者几乎重合），它们定期穿梭于世界上所有的主要海域（尤其是北大西洋）。（From a Cunard Line brochure for the *Berengaria* in the Norman H. Morse Ocean Liner Collection; courtesy of the Osher Map Library and Smith Center for Cartographic Education, University of Southern Maine, Portland.）

层乘客客运贸易。

到 19 世纪末，英国在北大西洋的首要地位受到了德国和美国的挑战。当时，德国航运业的第一流人物是艾伯特·巴林（Albert Ballin），他最终成为汉堡 – 美国轮船公司的总经理。虽然巴林拥有犹太人血统，但是他对德国航运业的潜力怀着坚定的信念，并因此赢得了与德皇威廉二世（Wilhelm II）之间的友谊。到 1900 年，他已经使汉堡 – 美国轮船公司成为世界上最大的航运公司，拥有 95 艘远洋客轮，航线遍布全世界。[91] 到 1914 年，有多达 190 艘客轮穿梭于 350 个沿途港口。而世界第二大轮船公司是总部设在不来梅的北德意志 – 劳埃德轮船公司，其经营范围遍布全球，在19世纪80年代的北大西洋独占鳌头。1881年至1891年间，该公司在这一区域输送了816,000名乘客，比汉堡－美国轮船公司多50%，超过英国白星轮船公司和丘纳德航运公司之和。1897年，它以“威廉大帝号”（*Kaiser Wilhelm der Grosse*）引领了下一代超级客轮。[92]这是第一批装有4根烟囱的14艘轮船之一，也是自1854年的“波罗的海号”以来第一艘打破航速纪录的非英国船只，并因此赢得了“蓝带奖”，其平均航速超过22节。*

1902年，美国金融家J. P. 摩根（J. P. Morgan）的国际商船队对英国商船构成了更大的挑战。[93]这支国际联合商船队获得了5家主要轮船公司的多数股权，并与汉堡－美国轮船公司和北德意志－劳埃德轮船公司达成了共享收益的协议。针对摩根对白星轮船公司的收购，英国政府向丘纳德提供了260万英镑的贷款，用于建造2艘客轮并且每年提供补贴，条件是该公司在20年内完全由英国人持有，并且公司船只仅在战时才能被征用。于是出现了“路西塔尼亚号”和“毛里塔尼亚号”这两艘当时最大、最豪华的客轮，直到1909年，这两艘客轮一直保持着横渡大西洋的最快纪录。当时，“毛里塔尼亚号”创造了向西航行的航速纪录并维持了20年之久，在向东航行中则曾经7次打破自己的航速纪录。1915年，“路西塔尼亚号”被德国潜艇击沉，而“毛里塔尼亚号”则一直服役到1935年。

时至今日，镀金时代中远洋客轮的豪华装饰已经让位于更加时髦的审美观念。在两次世界大战之间的跨大西洋远洋客轮中，第一艘大规模使用艺术装饰的客轮是1927年法国轮船公司的“法兰西岛号”（*Ile de France*）。船上宽敞的公共空间包括一个3层舱板高的餐厅、一个4层舱板高的大休息厅以及一座用14根立柱装饰的哥特式小教堂。为了处在“禁酒令”之下疲倦的美国乘客，船上在当时所有客轮中最长的酒吧里开展了各种体育运动。到20世纪20年代末，第二次世界大战之前各国在北大西

* 自19世纪末以来，在跨大西洋的航线上创造新的航速纪录的船只将获得“蓝带奖”，但直到1935年才有实物奖励，英国议员罗伯特·K. 黑尔斯（Robert K. Hales）订购了一座银制奖杯，用来奖励保持纪录的船只所属的公司。

洋上的竞争蓬勃高涨。1929 年，北德意志 – 劳埃德轮船公司的“不来梅号”（*Bremen*）和“欧罗巴号”（*Europa*）获得了“蓝带奖”，这一成绩格外引人注目，因为它们是第一批装有球鼻艏的重要的民用船只。这种船最初是由美国海军造船师大卫·泰勒（David Taylor）于 1912 年发明的。虽然这种位于吃水线以下的球鼻艏并不美观，但是可以拨开水流，进而减小阻力，提高航速、燃料利用率以及稳定性。在“不来梅号”投入使用时，这种装有球鼻艏的船只依然是十分新鲜的，直到第二次世界大战之后才成为一种普遍的船体设计特征。

随着“法兰西岛号”的成功，法国轮船公司决定建造世界上最大、最华丽的轮船。这艘船由海军造船师弗拉基米尔·亚克维奇（Vladimir Yourkevitch）设计，他曾是某家汽车制造厂中一名默默无闻的移民劳工，但他主持建造了 1912 年俄国海军最新的“伯罗的诺级”战列巡洋舰。亚克维奇的设计方案在“诺曼底号”（*Normandie*）上得以实现，一名监督这艘由俄国人设计的法国船只试航的德国工程师称其设计“无懈可击”。[94] 除了球鼻艏的设计，“诺曼底号”的船体中部“呈现出那种十分明显的、令人苦恼的梨形”。为了强化船只在吃水线以上的流线型外观，亚克维奇将甲板机械全部包裹起来，并设计出 3 根倾斜度较小的卵形烟囱，尺寸依次缩小。“诺曼底号”无视大萧条时期的经济崩溃，准备进行一次豪华的交易。400 个一等舱中的每一间的装饰都各不相同。正如巴林于 1913 年在“瓦特兰号”（*Vaterland*）——即后来美国航运公司的“利维坦号”（*Leviathan*）——上所做的那样，亚克维奇不允许烟囱妨碍船上宽敞的公共场所，通过分离上升烟道创造出大量的公共空间，装有空调的餐厅比凡尔赛宫的镜厅还要长。站在位于船只前半部分的剧场的中心舞台上，便可以看见船尾 150 米处的一等舱烧烤餐厅走廊上的阳光。“诺曼底号”于 1942 年被改装成一艘军用运输船，在纽约停泊处着火倾覆，依靠其伟大的竞争对手“玛丽女王号”（*Queen Mary*）而得以幸存。丘纳德的这艘“玛丽女王号”虽然速度更快，但装饰略显庸俗，比“诺曼底号”晚一年开始服役。在今天看来，它就像一家漂浮在加利福尼亚长滩的旅馆。

北大西洋上的“摆渡”远远不止这一条客运航线，而是凭借其财富、优势及速度成为商业航运的黄金标准。为了满足世界各国金融与政治精英的需要，商业航运也必须深入最危险的海域，即《国际载重线公约》中所说的“冬季的北大西洋”。尽管太平洋更加温和，但因其辽阔的面积而成为客轮航线最晚开设的水域。横贯大陆的铁路在美国（第一条出现于1869年）和加拿大（1885年）的开通，加速了跨太平洋航运的发展。对处在英国及世界其他地区“遥远的暴政”之下的澳大利亚而言，这开通了一条经太平洋、北美洲和大西洋通往英国的路线。与此同时，日本和远东也开始接触到美国镀金时代的环球旅行者。

旅行者与扒手和骗子一样，容易成为讽刺作家的描写对象（轮船公司的手册定期提醒乘客警惕“职业赌徒”）。20世纪初，英国翻译家奥斯曼·爱德华兹（Osman Edwards）修改了“扬基歌”的歌词，以嘲弄他在日本遇到的贪得无厌的美国人：

> 美国佬将要离开日本，
> 载着数吨货物；
> 人们会凝视着他，当他载着所有的商品，
> 驶向芝加哥，
> 丝绸、割绒、旧锦缎，
> 以及匆忙记下的各种物品，
> 还有新近仿制的古代青铜器，
> 这些都是通过与京都的商人交易获得的。[95]

爱德华兹将“美国佬”描绘成笨拙的暴发户，这体现了当时对旅行者的流行偏见，其实美国人并不比当时的其他人更坏。尽管旅行者很可能会被艺术假象欺骗，但各种旅行者全新的审美觉醒对艺术和文学也产生了影响。现代主义使美国人在1913年举办的军械库艺术博览会中初露锋芒，这次博览会在纽约、波士顿和芝加哥艺术学院举办（尽管受到了爱德华兹的嘲讽）。20世纪初的西方先锋派大大得益于19世纪托运商们建设的

海上航线。

游艇与快艇

1876 年至 1877 年间，安娜·布拉西（Anna Brassey）及其身为铁路大亨的丈夫乘游艇“阳光号”（*Sunbeam*）环游了世界。他们在巴西、智利、塔希提岛、夏威夷和日本短暂停留，然后经香港、澳门、新加坡、槟榔屿、锡兰、苏伊士运河和葡萄牙返回。这艘为远距离巡游而建造的规模巨大的游艇是一艘三桅型上桅纵帆船，能够搭载 9 名旅客及 32 名船员。布拉西的著作《“阳光号”上的旅行：我们 11 个月的海上之家》（*A Voyage in the Sunbeam: Our Home on the Ocean for Eleven Months*）使环球旅行风靡一时。2 年后，一家公司大肆宣传半岛公司的“锡兰号”成功环游世界。“这艘游艇不是运载货物的，而且……极度豪华而舒适……船上有一支优秀的乐队，还有一艘供乘客登陆用的蒸汽小艇。”[96] 尽管看起来颇具吸引力，而且公司也承诺保证“游艇上私人朋友聚会的特征（以区别于普通乘客的恭维）”，但当游艇起航时仍没有满载。不过借助电报，在游艇停靠某个港口时，该公司仍可以宣传和拉拢其他乘客。

不久，面临淡季产能过剩的跨大西洋航运公司纷纷开始试验将轮船改为游艇。1891 年，艾伯特·巴林派出“奥古斯塔·维多利亚号”（*Augusta Victoria*）进行了地中海冬季航行。航行取得了巨大的成功，但是那些为适应北大西洋而设计的封舱游艇，缺乏在温和气候下满足休假者需要的便利设施。10 年后，汉堡－美国轮船公司建造的大型游轮“维多利亚·路易莎公主号”（*Prinzessin Victoria Luise*）开始服役，船上设有 200 个一等舱，可到达地中海、斯堪的纳维亚半岛以及加勒比海。其他公司紧随其后，开辟了多条航线，经主要河流和南北两极的寒冷洋面到达各块大陆。远洋客运航线已成为过去，商业喷气式客机的成功敲响了其丧钟，这一过程始于 1958 年首次跨大西洋的客运航班的开通。尽管如此，每年搭乘游轮的人数仍远远超过轮船运输顶峰时期的运载人数（2010 年全球乘客总人数为 1,400 万～2,000 万[97]）。其中包括在海上旅行超过 60 个小时，且至少到过 2 个港口的游客，到“无名之地”的游客则并未计算在内。“无名之地”起源于美国禁酒时期，是可以免税购物并允许赌博的国际水域。

由于 19 世纪的工业化进程及商业扩张导致大量人口进入城市，汽船便为那些消费能力有限的城市居民提供了享受几个小时水上乐趣的机会。到 19 世纪 60 年代，汽船经营者们正在大量建造游轮，“专门确保其高雅、速度、舒适、充足的住处及豪华的内部船舱”，另外还有合理的安全措施。[98] 人们首次有机会体验一次免于劳累、危险和混杂的水上旅行。对大多数人来说，这样的旅行是“仅有的水上吹风体验”，可以远离“城市的喧闹与闷热”。所以，《纽约时报》（*New York Times*）在 1880 年的一份关于“一种快速增长的贸易”的报道中指出，在 25 年内，这种贸易已经从零发展到每年夏季运输多达 2,500 万名乘客到达纽约湾、哈得孙河、长岛海峡及大西洋海滩附近。许多公司在所在城市购买 10 ～ 30 平方英里的土地，在那里建造野餐郊游公园和小型度假胜地，用于一日游或周末旅游。通过年复一年的轮渡服务，其中大多数地方都发展成为拥有自主权的郊区村镇。

然而，邻近陆地的地方并不能保证通航的安全，只能随着可怕的意外事故而一点一滴地改进。[99] 1878 年，一艘运煤船撞沉了在伦敦附近的泰晤士河上航行的“艾丽丝王妃号”（*Princess Alice*），导致 600 多名乘客溺亡。1904 年，在纽约东河上航行的“斯洛克姆将军号”（*General Slocum*）起火燃烧，造成约 1,000 人死亡，其中多半是参加由教会发起的旅游的妇女和儿童。最令人难以平静的事件，便是 1915 年五大湖游船“伊斯特兰号”（*Eastland*）在芝加哥河上沉没。虽然船体仅有一半被淹没，距离拥有 3 条弓形航线的海滨不到 20 英尺，但还是因迅速撞击到码头而造成 841 人遇难。“艾丽丝王妃号”的失事带来了内陆水域航道规则的修改，而“斯洛克姆将军号”的事故则迫使粗心大意的美国汽船检修服务公司开始彻底检查船只。

尽管发生了这些悲剧，但由于情况逐渐改善和人们日益增长的冒险精神，游艇正在不断普及。人们通常认为，娱乐性的巡航与比赛起源于 17 世纪的荷兰。[100] 查理二世得到了由阿姆斯特丹市赠予的重 92 吨的游艇

“玛丽号”（*Mary*），之后便将这项运动从荷兰引入英格兰。在之后的 20 多年中，有 20 多艘游艇开始在英格兰服役。一开始，小型游艇的名字大多荒唐可笑，例如查理的“蠢笨号”（*The Folly*）、鲁珀特王子（Prince Rupert）的“凡凡号”（*Fanfan*）及由未来的国王詹姆斯二世命名的“吉米号”（*Jamie*）。皇家科克游艇俱乐部是世界上最古老的游艇俱乐部，可追溯到 1710 年，其后是考斯的皇家游艇中队俱乐部和纽约游艇俱乐部，分别成立于 1815 年和 1844 年。游艇业的财富与美国的布拉西 – 摩根家族和范德比尔特家族的财富不分轩轾，英国茶叶大亨托马斯 · 利普顿爵士（Sir Thomas Lipton）与德皇威廉二世之间的竞赛激发了如今天大众对纯种赛马一般的巨大热情。

然而，游艇运动逐渐地向不断壮大的中产阶级人群中扩散。正如埃德温 · 布雷特（Edwin Brett）在 1869 年写道，这被称为“最有难度、最复杂、最综合的运动”。[101]“热爱冒险和户外生活尤其是野外气候的男士们……喜欢考验自己的技能和勇气，与如自己兄弟般的有毅力的运动员一起，从事这项最高雅、最富技巧性的运动。”布雷特相信，“天生的游艇手的数量非常可观”。[102]他的调查涵盖了广泛的信息，从 5 吨重的单人小艇到 300 吨重的汽艇。诸如约书亚 · 斯洛克姆（Joshua Slocum）那样的水手所取得的成就刺激了航海活动的流行。斯洛克姆于 1895 年至 1898 年间完成了单人环球航行，但他的旅行记从未出版发行。在他的带动之下，许多人进行效仿，但是新的时代到 1969 年才开始。当时，6 名男子首次进行了单人划艇环游世界的比赛。只有罗宾 · 诺克斯 – 约翰斯顿（Robin Knox–Johnston）按照游戏规则完成了比赛，他在 313 天内航行了 30,123 英里。在绕过合恩角之后，挑战者伯纳德 · 莫特西尔（Bernard Moitessier）决定向东航行，在 301 天内航行了 37,455 英里，之后到达塔希提岛。这次单人不间断的环球航行一直是远洋水手（包括女水手在内）的最佳成绩。2005 年，艾伦 · 麦克阿瑟（Ellen MacArthur）驾驶一艘三体帆船取得了用 72 天环游世界的新纪录。完成这一壮举的最年轻的人是杰西卡 · 沃森（Jessica Watson），她驾驶一艘长 10 米的单桅纵帆船，在 210 天内航行了近 20,000 英里，当时她尚不满 17 岁。

海上探险

无论是单人环游世界还是乘船前往极地海洋，这些极限航海活动都受到了如布雷特那样对“热爱冒险的”人们的召唤的刺激。在 19 世纪，极地仅对探险家们开放。对英国人、法国人、俄国人以及 19 世纪 30 年代以来的美国人而言，太平洋依然是他们最感兴趣的区域。但是自 1815 年以来，堂吉诃德式的极地探险活动的出现，是被民族自豪感与个人虚荣心以及经济理性或政治算计诱发的。然而，尽管其收益并未立即显现，但这些探险活动为今天的各种海洋学研究奠定了基础。在 1616 年的远洋考察之后，英国人已经放弃了对西北航道的研究。此次考察由威廉·巴芬（William Baffin）和罗伯特·巴洛特（Robert Bylot，亨利·哈德逊手下的反叛者之一）领导，考察巴芬岛北部的兰开斯特海峡和哈得孙湾。在格陵兰岛西部捕鲸人提供的有利信息的鼓舞下，约翰·罗斯（John Ross）于 1818 年重新开始进行一系列的大西洋考察活动，然后逐步渗透到加拿大的北极圈以内地区。7 年后，弗雷德里克·威廉·比奇(Frederick William Beechey）穿过白令海峡，试图自西向东开辟通道。在约翰·富兰克林爵士（Sir John Franklin）率领的“幽冥号”（*Erebus*）和“恐怖号”（*Terror*）消失后的 10 年间，北极探险活动达到顶峰。在此期间，超过 12 艘英美两国船只都在搜寻富兰克林探险队的下落，最终，他们的遗体在 1854 年被人发现。直到 1903 年至 1906 年间，挪威人罗尔德·亚孟森（Roald Amundsen）乘一艘名为“约阿号”（*Gjøa*）的长 21 米的单桅纵帆船开辟出一条航道，西北航道才得以通航。这发生在瑞典人阿道夫·诺登许尔德（Adolf Nordenskiöld）首次开辟从巴伦支海到北太平洋的东北航道的 20 余年之后。

1820 年，俄国探险家法比安·戈特利布·冯·别林斯高晋（Fabian Gottlieb von Bellingshausen）首次发现了南极洲。同年，作为一名英国皇家海军战舰引航员的海豹捕猎者威廉·史密斯（William Smith）和康涅狄格州的海豹捕猎者纳撒尼尔·帕尔默（Nathaniel Palmer）也先后到达了南极洲。此后，一些海豹捕猎者及捕鲸人陆续造访南极洲，但是直到 1895 年才有人踏上这块大陆。当时，第六届国际地理学大会宣布南极洲为“依然需要进行地理勘探的最大的一片地域”。与北极（一片被冰覆盖的海洋）不同，南极洲是一块冰封的大陆，但是沿着海岸航行需要十分高超的航海技术。这集中体现在欧内斯特·亨利·沙克尔顿爵士（Sir Ernest Henry Shackleton）的“坚毅号”（*Endurance*）于 1915 年在威德尔海上撞击冰山之后那段史无前例的航程上。

围绕南极洲及其他新发现海岸的航行，与辛苦而又耗时的沿海勘测同步进行着。英国海军上将蒲福在担任海军水道测量专家的 25 年（1826—1851）中，主持了一次对不列颠群岛的完整的重新勘测，以及对地中海与北极部分地区的勘测。观察对象并不局限于海洋学问题，自库克与布干维尔的时代以来，人种分布以及陆地上的动植物的调查也是例行工作，但主要还是辅助海事勘探和沿海勘测。19 世纪 30 年代，21 岁的植物学家查尔斯·达尔文（Charles Darwin）搭乘“贝格尔号”（HMS *Beagle*），对南美洲水域进行了为期 5 年的调查勘测。达尔文的密友，后来曾担任克佑区皇家植物园主管的约瑟夫·D. 胡克（Joseph D. Hooker）参加了由约翰·罗斯的外甥詹姆斯·克拉克·罗斯（James Clark Ross）领导的探险。他们到达了南磁极，并在塔斯马尼亚岛、新西兰和南极洲及其周围进行了海洋学、植物学和动物学的考察。

19 世纪 70 年代，英国皇家学会将海洋学（这一概念由莫里于 1859 年提出）的研究与不同的调查方法结合起来，试图开展大规模的考察。由乔治·斯特朗·内尔斯（George Strong Nares）率领的皇家海军巡洋舰“挑战者号”（*Challenger*）携带大批用于测量水流、空气与海水温度的设备，收集了深达 3,700 米的水下样本，勘测了深达 11,000 米的水域。[103] 在三个半小时的勘测过程中，“挑战者号”上由 6 名民间科学家组成的团队发现了 4,000 多种未知的海洋动植物物种。到 20 世纪，海洋勘测的范围已经涵盖物理学、化学、生物海洋学、气候学和水产学等多个学科，以及石油勘探和海底采矿等商业行为。

鲸油与石油：从捕鲸船到油轮

尽管各国政府在 17 世纪时已经停止组织前往北极的航行，但是巴斯克、荷兰及英国的捕鲸人仍长期活跃在纽芬兰和北极圈附近海域。最初，捕鲸业与海滨驻点密切联系在一起，鲸脂在那里被提炼成鲸油。[104] 自大约 1750 年起，随着鲸油提炼炉（在船上架设铁锅烹煮鲸脂）的采用，大量捕鲸船常常在海上航行数月之久。这也与捕猎抹香鲸的开始时间相吻合。鲸油可制成一种优质蜡烛，对楠塔基特岛捕鲸业的发展有着相当大的影响。到 1775 年，楠塔基特岛已经有 300 艘捕鲸船远航至巴西及马尔维纳斯群岛（福克兰群岛）。

在美国独立战争期间及之后，楠塔基特岛的捕鲸业大幅收缩。当时，英国政府开始补贴前往南大西洋、印度洋及太平洋的捕鲸人。太平洋上的捕鲸业开始于 1787 年，当时，一位楠塔基特岛船长率领一艘英国船开始在智利沿海捕猎抹香鲸。1788 年至 1812 年间，由于国内缺少机会，美国的船长们指挥着英国三分之二的捕鲸船在南部捕鲸，直到 1815 年以后，没有补贴的美国捕鲸业才失去了活力。6 年间，太平洋洋面上有 120 艘悬挂着美国国旗的捕鲸船，大都来自楠塔基特岛、新贝德福德以及新英格兰南部与长岛的多个港口。在 19 世纪 40 年代捕鲸业的顶峰时期，美国捕鲸船队的船只超过 600 艘。它们定期出航长达 4 年之久，并周期性地在夏威夷、塔希提岛及其他港口卸载鲸油和补给生活用品。到 19 世纪 40 年代，抹香鲸已遭到过度捕猎，但当时出现了一个易受影响的繁荣的鲸须制品市场，包括由鲸须制成的紧身胸衣、雨伞及工业刷子。借助 1848 年托马斯·罗伊斯（Thomas Roys）关于白令海峡中大口鲸和露脊鲸（都属于须鲸）的报道，捕鲸业重新活跃起来。[105] 到当时为止，鲸油一直广泛应用于照明，尽管此外也有许多诸如煤油等更廉价的燃料，煤油在 19 世纪 50 年代的美国和欧洲得到广泛使用。但是，鲸油依然是润滑剂、肥皂、香水和人造黄油的主要成分之一。到 20 世纪，由于更为高效的捕猎方法的发展，鲸鱼已濒临灭绝。1937 年，“希望保护捕鲸业的繁荣，并为此目的而维持鲸鱼数量常态发展”的 9 个国家签署了《国际捕鲸管理协定》，建立了南极鲸鱼保护区。[106] 4 年后，国际捕鲸委员会强制性禁止商业捕鲸。现在，环绕着整个印度洋和南极洲四周的水域都有广阔的鲸鱼保护区。

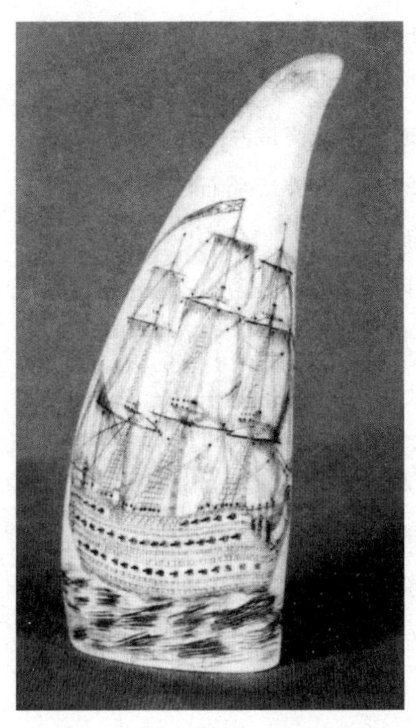

这枚雕刻着帆船图案的鲸鱼牙是一件典型的水手雕刻艺术品（即在骨头或象牙上雕刻和添加漩涡形装饰），由 19 世纪荷兰或德国的一位佚名水手雕刻而成。欧洲捕鲸人经常在北大西洋和北冰洋及其支海（如戴维斯海峡和巴伦支海）上捕鲸。（Courtesy of the Zuiderzeemuseum, Enkhuizen, The Netherlands.）

1859 年，由于人们在宾夕法尼亚州发现了石油，大量的煤油被生产出来。到 19 世纪末，煤油已经是自石油中提炼出的最重要的一种产品了。除了用于照明，煤油也用于早期的内燃机，后来被更优质的汽油（煤油提炼过程中的副产品）取代。石油时代的开端可追溯到 1885 年，当时，卡尔·本茨（Karl Benz）为一辆奔驰牌汽车注册了专利。在数十年间，汽车已经异乎寻常地改变了人类社会，深刻影响到海洋贸易、海战及地缘政治等方面。考虑到工业化的欧洲和北美与世界主要储油区（当时仅在里海和美国大陆发现了石油）之间距离遥远，因此如果没有远洋油轮的发展，私人轿车几乎不可能获得成功。其中一种远洋油轮的雏形就是“好运号”（*Glückauf*），它于本茨获得专利的同一年投入使用。

美国过去一直是煤油输出大国，以桶装油闻名，因其常常通过 2 个油桶中的多个容量为 5 加仑的罐子进行装运。这样不仅成本高，而且效率低下，但是大批量装载石油十分困难，木制桶重量太大，桶与桶之间聚集着易爆气体。解决办法之一就是直接将石油注入船体，这种方法是由里海石油商人路德维格・诺贝尔（Ludwig Nobel）开创的，他是闻名于世的阿尔弗雷德・诺贝尔（Alfred Nobel）的哥哥。1878 年，诺贝尔建造了一艘油轮，即“琐罗亚斯德号”（*Zoroaster*，琐罗亚斯德是古代波斯宗教中的先知，该宗教崇拜在原油渗出处周围建造的火焰圣坛），将石油从巴库经阿斯特拉罕运载到伏尔加河上游，再分装运输到欧洲。[107] 1885 年，威廉・A. 莱德曼（Wilhelm A. Riedemann）与英国阿姆斯特朗公司的米切尔船厂签订合同，建造了“好运号”油轮。这是一艘三桅帆船，长 100 米，整个船体被分隔成 8 个油箱，在首航时装载了“910,221 加仑（即 21,672 桶）原油”。[108] 对新油轮的抵制大多来自自身安全受到威胁的码头装卸工人，德国的码头工人们给“好运号”油轮起了一个“爆炸号”（*Fliegauf*）的绰号，他们担心油轮装载劳动强度的降低会威胁到他们的生存。[109] 尽管如此，从技术角度来看，油轮的设计方案是合理的，利润也十分巨大。到 1906 年，世界上 99% 的石油都是通过油轮运载的。

作为一种燃料，石油与煤相比有着巨大的优势，不仅燃烧更高效，占用空间较少，而且便于操作，也更加清洁。1912 年，新上任的英国海军大臣温斯顿・丘吉尔（Winston Churchill）下令建造 5 艘以石油为燃料的“伊丽莎白女王级”战舰。为了确保海军在与德国之间即将发生的冲突中不至于太过被动，1914 年 6 月，丘吉尔通过谈判，为海军部争取到了英波石油公司（英国石油公司的前身）中 51% 的份额，英波石油公司早在 3 年前就开始在阿巴丹岛开采石油。许多人对此表示怀疑，认为不应放弃英国本土最大的工业优势和舰船发动机的最佳动力——煤。但是，转而使用石油完全是基于军事上的考虑。在第一次世界大战期间，以石油为燃料的英国军舰相较于以煤为燃料的德国军舰拥有更强的续航力。但是英国并不缺乏煤，足以提供每年舰船消耗的 8,000 万吨煤（其中大部分都用于军舰）中的四分之三。[110] 到第二次世界大战结束之际，英国仍保有 181 个海外加煤站。

大北部汽船公司的客轮“明尼苏达号”（*Minnesota*）以三胀式蒸汽机为动力，在西雅图与上海之间开通了跨太平洋的航运服务。船上的司炉工需要长时间不间断地工作。这幅照片拍摄于第一次世界大战期间，当时，这艘船作为运兵舰在美国海军中服役，名为“特洛伊号”（USS *Troy*），因为之前已有一艘美国战舰被命名为“明尼苏达号”。但是船舱内的条件并没有随其使命的改变而发生变化。（Courtesy of the U.S. Naval History and Heritage Command, Washington, D.C.）

以石油为基础的燃料的可利用可获得，也促进了船舶采用柴油机（出现于 20 世纪初）。[111] 尽管 20 世纪 20 年代开发的以柴油为动力的内燃机船比起蒸汽轮船拥有更好的燃料经济性、体积更小的推动装置和更强大的运载能力、更少的船员需求量，但是真正接受这项新技术的只有挪威、丹麦和瑞典。从英国、德国到日本，大多数承运商更愿意购买初始成本更低的蒸汽轮船，而不愿意订购更昂贵的但从长远来看更经济的柴油机船，1935 年，世界上 80% 以上的船依然由烧煤或烧石油的蒸汽机驱动。当时没有人能够预见：虽然丘吉尔的决定将塑造影响直至 21 世纪的国际关系的进程和行为，但在同一时期，英国的商船和皇家海军将几乎从世界舞台上消失。

“天狼星号”和“大西部号”跨大西洋的航行代表了人类运输和交流

史上的一道分水岭。但是正如事件将表明的，在带来海上航行速度和可靠性提高的发展的背后，是变化本身的速度也在急剧加快。结果，海上蒸汽时代仅持续了一个世纪，大量新技术就将其推到一边；自 20 世纪 50 年代以来的几十年，在某些方面甚至比之前一个半世纪更富有革命性。与此同时，哪里有商业利益，哪里就有海军的身影。尽管在 19 世纪 50 年代海军的预算急剧下降，但是海军规划者还是跟上了海洋工程学的发展，并且乐意在这些发展看上去适合军事应用且在谨慎的财政允许的情况下采用它们。然而，这些和其他进步打破了全球的力量平衡，带来了持续半个世纪的战争，而这场战争中的海军战术及武器空前致命。

第 19 章

蒸汽与钢铁时代的海上强国

从 19 世纪中叶到 20 世纪中叶，海军战舰与武器的技术、海军理论与战略思想的分析以及海军力量的战术运用，都经历了比之前 2,500 年更为广泛而深刻的变化。从地米斯托克利所说的“木墙”到温斯顿·丘吉尔提出的“钢铁城堡”，全球海军在战舰及人员的数量上达到了史无前例的规模。[1] 舰载武器能够打击 20 英里以外的移动目标，而且可以在三个维度作战：水面、水下和空中。尽管卫生状况、食品储藏、战舰训练的改善令水兵们不太可能死于疾病、传染病或者营养不良（这些是帆船时代的主要致死原因），但海战变得越来越致命。在 1652 年至 1815 年发生的 10 次重要战争中，英国皇家海军共损失了 1,452 艘战舰。其中只有 204 艘（占 14%）是在战斗中损失的；超过一半的损失是由事故造成的，主要是海难和沉没；有三分之一是被敌人俘获了。[2] 在第二次世界大战期间所有交战方损失的 1,694 艘战舰中，有 81% 因敌舰攻击而沉没，9% 被凿沉，5% 因事故而损失，5% 被俘获。同时，海军想要通过技术改进来提高其袭击和防卫能力的意愿，反过来也需要越来越依赖工业生产，以确保替代舰艇的可靠供应。

与技术方面一样，海战的基本原理及理论也发生了变化。到 19 世纪末，欧洲海上强国已在进行最后一波海外扩张，这部分是由为国内工业获取原材料、开辟新市场的重商主义雄心所驱动的。与此密不可分的是，需要为保护帝国前哨以及通向它们的海上航道而获得海外煤站和海军基地。日益复杂的战舰和武器技术以及更加复杂的外交手段和政务技能，催生了运用海军力量的更科学的方法。训练成了一个学科；未来的海军军官在海军学院接受教育，而国家参谋和战争学院成为海军理论的孵化器。到20世纪50年代，战舰的时代结束了，世界处于又一次海上力量变化的顶端，这一变化将见证配有核武器和核动力海军的兴起，以及非国家行为体参与不对称战争的零星努力。

进入机器时代的海军

在整个19世纪上半叶，最先采用蒸汽和钢铁的依然是托运商。尽管制度方面的落后可以归结为某些海军官员的顽固抗拒，但谨慎地发展而不是立刻抛弃数千年来以帆为动力的木制战舰的传统，也有许多实践方面的理由。当时的蒸汽技术极不可靠，以至于直到19世纪末，准备远洋航行的商业汽船仍需携带辅助性的帆桅装置。在高压复合式发动机发明之前，没有人会考虑让海军舰队以不可靠的高油耗发动机作为动力，像维尔纳夫和纳尔逊乘着帆船那样在大西洋上穿梭。而且从经济性方面考虑，蒸汽技术也不是海军的首选。根据1852年的一项研究，一艘由500马力的发动机驱动并配备90门火炮的螺旋桨汽船的成本，要比一艘相同马力的帆船高40%。[3] 直到1861年，英法两国仍更倾向于为帆船安装发动机，而不是建造新的蒸汽战舰。[4]

新技术的价值在第一次鸦片战争中开始显现出来。尽管铁制的船体和设备相对于木制的船体和设备而言拥有巨大的优势，但也给磁罗盘的读数带来了巨大的灾难。这个问题由乔治·艾雷爵士（Sir George Airey）于19世纪40年代成功解决，当时，英国东印度公司订购了铁壳侧轮战舰“复仇女神号”（*Nemesis*）。[5]“复仇女神号”集中体现了英国海军在军事和技术方面的优势，在虎门炮台、厦门和宁波的战斗中，尽管其船体遭到了炮击，但是破损状况仍比英国或中国的木制战舰要轻微得多。这与墨西哥海军中由英国制造的战舰“瓜德罗普号”（*Guadeloupe*）在打击尤卡坦半岛和得克萨斯的分裂运动时的情况是类似的，其英籍舰长对以下事实尤其有着深刻的印象：当该战舰被敌方火炮击穿时，船体并没有裂成一块块碎片。同时，发现新技术弱点的努力也一直没有中断。铁制结构在很大程度上能够抵挡无膛线炮和膛口炮的攻击，但无法承受拥有膛线炮管和爆裂弹的后膛炮的攻击。改进后的武器也使桨轮最明显的弱点变得更加突出，因为桨轮装置高于吃水线，易受敌人火炮的攻击。直到螺旋桨发明之后，以蒸汽为动力的一级战舰才成为一个现实选择，因为螺旋桨引擎可以安装在吃水线以下。

尽管面临工程方面的困难，英法两国依然在进行海军军备竞赛。到 19 世纪中叶，两国共有 100 艘蒸汽战舰，而当时世界上其他国家的蒸汽战舰总共只有 18 艘。两国决定搁置争议，共同支持奥斯曼土耳其帝国，抵御俄国军队入侵高加索地区、波斯、近东地区和英属印度的多处入口，将俄国战舰拦截在地中海之外。奥斯曼帝国以外的战舰一直被禁止穿行博斯普鲁斯海峡和达达尼尔海峡，直到 1833 年，土耳其人秘密准许俄国舰队自由通航。1841 年的《伦敦海峡公约》援引“古代苏丹的统治”为依据（这位苏丹曾在 1475 年封闭该海峡），重新恢复了这一禁令，从而限制了俄国黑海舰队的活动。[6] 当战争于 1853 年 10 月爆发时，一支俄国舰队航行到锡诺普（从伊斯坦布尔到塞瓦斯托波尔的距离，是从锡诺普到塞瓦斯托波尔的距离的 2 倍），利用由法国海军上将亨利 – 约瑟夫 · 佩克桑（Henri–Joseph Paixhans）改进的新型炮弹，摧毁了一支奥斯曼帝国的护卫舰中队。土耳其人欢迎英法舰队进入黑海，同时，俄土军队在巴尔干半岛和高加索地区交战。英法战舰炮击了克里米亚的塞瓦斯托波尔和第聂伯河河口的金伯尔尼的要塞。虽然汽船在战斗中可以随意进攻和撤退，但其木制船壳易遭受俄军火炮的攻击。这名法国人制造了一系列包裹着厚达 4 英寸的钢板的排炮，在要塞的射程范围之内也足以经受炮击。[7] 克里米亚战争结束后，《巴黎条约》规定黑海向所有国家的商船开放，但是“永久禁止战舰通行，既不向占有其沿岸地区的强国开放，也不向其他任何国家开放”。[8] 俄国于 1870 年拒绝了这一条件，当时俄国开始建造一支新的黑海舰队。

奥斯曼帝国舰队在锡诺普遭受的炮击和法国装甲舰在克里米亚的快速恢复能力，令法国海军测量员斯坦尼斯拉斯 · 迪普伊 · 德 · 洛梅（Stanislas

Dupuy de Lôme）印象深刻。他设计出了“荣耀号”（*La Gloire*）战舰，其船体为木制，覆盖着厚钢板，并使用铁制扣件加固。“荣耀号”战舰仅有单层铁甲板，以及1个螺旋桨和3根桅杆，并配有36门口径为6.4英寸的膛线炮。然而，“荣耀号”并不能使法国海军的实力超越英国，并刺激英国皇家海军制定了发展火力最强的高配置装甲舰的计划。1860年，长128米的英国皇家海军战舰“勇士号”（HMS *Warrior*）正式下水试航，其长度是配备120门炮的一级战舰“豪威号”（HMS *Howe*）的1.5倍。“勇士号”配备的主要武器是30门装填68磅炮弹的后膛炮和10门装填110磅炮弹的后膛炮，其中的26门炮安装在主甲板上的炮廓处（炮廓实际上就是一个有装甲保护的箱子）。“勇士号”的速度能够将当时的其他任何战舰抛在后面，其机动性也更强。虽然被设计成以蒸汽动力进行作战，但“勇士号”上也装配了3根桅杆。其双叶螺旋桨重达10吨，从而在扬帆航行时能够减小水的阻力。作为一艘拥有40门炮的护卫舰，“勇士号”在试航期间获得了嘉奖，这确立了它对现存的海军秩序构成的挑战——“它看起来就像兔群中的一条黑蛇”（这里的“兔群”是指像“豪威号”那样的粗短的高舷战舰）。[9]

美国内战

到19世纪70年代，世界上所有的主要海军战舰都已经变成蒸汽动力的铁甲战舰，配备发射爆裂弹的火炮，并以装甲保护战舰的重要部位，包括发动机、原电池组和弹药库。海军战舰的整个转变过程是由美国内战引发的。美国沿海地区和主要内河上的商业袭击和海军战斗在冲突中扮演着关键角色，但这些都被认为是不重要的，因为战争中最明显的决定性战役都发生在陆地上，而在那里并没有值得提及的战舰。在战争开始之际，美国海军共有大约9,000人、42艘战舰和12支中队，以及分散在地中海、巴西、太平洋和东印度群岛的保护美国商业利益的海军中队及负责巡逻和攻击商船的非洲海军中队。美国当时有5,300艘商船，仅次于拥有5,800艘商船的大英帝国，两国的商船占全世界登记商船总数的

82%。[10] 然而，在商业利益或领土安全没有面临迫在眉睫的威胁时，美国海军的发展并没有强制性地与欧洲最强大的海军保持同步。约翰·埃里克森（John Ericsson）于 1843 年建造的单桅纵帆战舰“普林斯顿号”（USS *Princeton*）是第一艘以螺旋桨驱动的战舰。19 世纪 50 年代，美国海军军需官约翰·A. 达尔格伦(John A. Dahlgren)研制出了新型的滑膛炮。不过，美国海军在其他方面的技术革新就很少了，然而美国内战改变了一切。在内战之前，大多数战舰都是带有少量边轮的桨帆船，而在内战期间服役的 700 艘战舰中，有大约 10% 是铁制战舰或装甲舰，其中许多战舰还配备了监测仪与炮艇，但没有任何帆桅装置，其中大多数战舰都是以螺旋桨（而非桨）为动力的。而南方邦联（即“美利坚联盟国”）的军队则建造尺寸小得多的战舰和无桅装甲舰以及原始的潜艇，在南方邦联的舰队中占有较高的比例。

封锁与偷越封锁线

联邦政府与南方邦联在海战中处于明显不同的位置。北方联邦的海军虽然规模不大（其中有大约 10% 的官兵放弃职位，到南方邦联部队中服役），但拥有造船专家、工业基础设施以及人力，因此相对容易扩充自己的舰队。南方邦联则没有战舰，而且造船能力有限，因其工业和外贸一直以来主要依靠北方。海军冲突将是一场不对称的战争，这一点从一开始就清晰可见。当时，南方邦联总统杰斐逊·戴维斯（Jefferson Davis）向那些试图俘获北方船只的人颁发私掠许可证。联邦总统亚伯拉罕·林肯（Abraham Lincoln）警告称：“如果某人在上述所谓的（邦联）政府授权之下……试图侵扰合众国的船只、乘客或货物，则将以海盗罪受到合众国法律的惩罚（即死刑）。”[11]

英国的反应既迅速又消极。一名英国议员宣称，“在这种环境下将某个人当作海盗加以处置并处以死刑的人”将会“犯下谋杀罪”。另一名议员则强调，“没有必要允许”北方联邦政府“通过法律将私掠巡航变成海盗活动”。[12] 5 年前，英国已经参与了《巴黎海战宣言》的起草，该宣言废除了私掠巡航制度，并澄清了交战国与中立国的权利。宣言中的 4 点内容简明而扼要：

1. 永远废除私掠巡航制度。
2. 不得捕获悬挂中立国旗帜的船只运载的敌国货物（战时违禁品除外）。
3. 不得捕获悬挂敌国旗帜的船只运载的中立国货物（战时违禁品除外）。
4. 封锁须具实效，即必须由足以真正阻止船只靠近敌国海岸的兵力实施。[13]

美国政府考虑到，在与欧洲强国的战争中可能需要通过颁发私掠许可证来强化自身不足的军事实力，因此已经拒绝批准这一协定。作为反对南方邦联的优势力量，林肯政府此时试图在《巴黎海战宣言》上签字，但是英法两国在敌对状态终结之前表示反对。林肯的决定受到了考验，当时，南方邦联的私掠船船员威廉·W. 史密斯（William W. Smith）被逮捕，他因从事海盗活动而受到审判，被判有罪并被处死。南方邦联总统戴维斯声称，史密斯不是一名普通的罪犯，每当一名南方人因海盗罪被处死时，他的政府将会处死一名高级别的北方联邦战犯。此后，美国法院的裁决被推翻，史密斯及其他南方邦联私掠船船员都被视为战犯。

与此同时，林肯总统宣布实施封锁，以阻止南方邦联用棉花换取军火及其他必需品。[14] 如何在不影响外国势力的前提下中止南方港口的贸易，这向林肯提出了一个不寻常的问题。发布行政命令封闭港口，逮捕违反市政法的船员，这样做可以支持林肯政府的态度，即美国面临的只不过是一次国内叛乱，南方邦联并没有被视为一个独立国家。然而，因偷运而被扣押的外国船只将使英法两国成为敌人，它们在当时已经被怀疑同情南方邦联。另一个可选择的方式就是封锁南方，这是一种战争行为，既使南方邦联处于孤立交战的状态中，又要求北方部署大量的封锁战舰。林肯选择了后一种方式。到7月，分布在从弗吉尼亚到得克萨斯长达2,500英里的海岸线上绝大多数主要港口中的海上中队都已离开。偷越封锁线的船只引人注目的冒险行为给人们留下了深刻的印象，证明了封锁是无效的，然而 300 艘偷越封锁线的船只中超过三分之二最终都被逮捕或摧毁。[15] 此外，只有 1,300 次偷越封锁线的尝试。在内战爆发之前，美国除纽约之外最大的出口港是新奥尔良、莫比尔、查尔斯顿和萨凡纳，仅新奥尔良港就有 3,000 多艘船被清除。[16] 封锁提升了物资进口的费用，减少了政府来自贸易方面的收入，不过也阻碍了南方邦联购买或进口外国的军需物资。

南方邦联海军的战斗力依赖 9 艘商掠快船，其中 5 艘建造于英国，共俘获了超过 250 名商人。[17] 内战结束后，美国政府提出，由于南方邦联从英格兰和苏格兰的船坞获得船只，英国违背了其中立的承诺，因此应为由英国建造的商掠快船所造成的损失负责。仅南方邦联战舰“亚拉巴马号”（CSS *Alabama*）造成的损失就高达 500 万美元，“亚拉巴马号索赔案”最终通过 1871 年《华盛顿条约》的签署而获得解决。通过该条约建立的国际法庭发现，英国仍没有履行“尽职调查”的责任，并判美国获得 1,550 万美元的补偿。商船的总体损失因美国船只的保险费用增加了 10 倍而进一步恶化。结果，1,000 多艘船（总吨位超过 80 万吨）被转移到外国（主要是英国）进行登记，悬挂中立国的旗帜以寻求保护。美国的商船队再也未能恢复，这主要归因于以下 3 个因素的结合：保护主义立法禁止购买外国人建造的船只或将在美国登记的任何船只售与外国人；禁止性关税阻碍了铁制船只数量的增长；国内投资方向的转变促进了内陆贸易的发展。

铁甲舰与河上之战

由于缺乏资金建造可与美国北方联邦相匹敌的舰队，南方邦联的海军部长斯蒂芬·马洛里（Stephen Mallory）决定改变竞争方式。他在 1861 年 5 月写道：“我视占有铁甲舰为第一要务，数量上的不均等可以通过固若金汤的铁甲舰来弥补。因此，不仅仅是经济，海军的成功也需要使用铁制战舰与木制战舰作战的智慧与权宜之计。”[18] 于是，南方邦联开启了一场将现存战舰改装成铁甲舰的运动，铁甲舰在与木制战舰交战时可以免受损伤。第一艘铁甲舰就是船体为铁制并安装了螺旋桨的小型护卫舰“梅里马克号”（USS *Merrimack*），于弗吉尼亚州诺福克的戈斯波特海军船厂被俘获，被改造成了带有炮位的装甲护卫舰“弗吉尼亚号”（CSS *Virginia*）。舰上装有一个长43米的炮台，包括由橡木与松木制成的厚61厘米的船壳，外面覆盖厚10厘米的卷成筒形的铁皮，并配备12门炮。

面对由“弗吉尼亚号”带来的威胁，北方联邦海军订购了由约翰·埃里克森设计的带有装甲的蒸汽战舰“莫尼特号”（*Monitor*），舰上装有2门舷侧炮和一个可旋转的炮塔。[19]“莫尼特号”极富创新性，是第一艘没有配备船桅和船桨的战舰。其船体长达55米，船桁长近13米，旁边紧挨着一只铁制的“筏”。该铁筏具有双重功能，既可以保护船体免受敌舰撞击，又能够保证战舰在航道上稳定航行。该战舰依靠单螺旋桨驱动，航速为6节。从外表与技术上看，“莫尼特号”最突出的特征在于其可旋转的炮塔。这种炮塔直径为6米，高近3米，通过一根以蒸汽为动力的转轴抬升，配有2门重7吨的达尔格林式滑膛炮。由此而成的外形，使“莫尼特号”获得了“筏上盒形天线”的绰号。

在1862年3月8日与“莫尼特号”作战之前，“弗吉尼亚号”在诺福克附近轻而易举地击沉了2艘木制护卫舰，造成其三分之一受损。2艘战舰近距离地作战长达4个小时，但是都没能给对方造成致命的伤害，双方的损失都十分轻微：“莫尼特号”上1人受伤，“弗吉尼亚号”上2人死亡，19人受伤。（顺便比较一下，1812年，美国战舰“切萨皮克号”[USS *Chesapeake*]与英国皇家海军战舰“香农号”[HMS *Shannon*]之间发生过一场势均力敌的战斗，虽然仅持续了15分钟，但是共造成78人死亡和超过150人受伤。）最终，南方邦联军队在从诺福克撤退时，被迫将“弗吉尼亚号”毁掉。同年年底，北方联邦的“莫尼特号”在被拖到北卡罗来纳州的威尔明顿的途中沉没。这两艘早产的战舰的生涯就这样结束了，尽管它们没有能够摧毁对方，但已经敲响了木制战舰的丧钟，这是毫无疑问的。

这是发生在河流上的最主要的战役，是联邦军队指挥官温菲尔德·斯科特（Winfield Scott）通过海洋与河流困住南方邦联军队的战略的基石，也是所谓的“蟒蛇计划”的一个步骤。斯科特认为，要想战胜南方邦联军队，就应该“在密西西比河及俄亥俄河（当然也包括其各条支流）的河口处设置封锁岗，（几乎）立刻将他们全部包围起来，将战舰封锁在海面上”。[20] 他进一步指出，“依靠水路运输军队及所有的补给，费用大约是陆路运输的五分之一，并可节省大量的时间”。斯科特的计划被逐个采纳，但是其战略思想明显来自以下事实，即所有的北方联邦军队都是以河流命名的，而南方邦联军队则更倾向于以各州及军区来命名。最重要的河上战役是对密西西比河控制权的争夺。1862 年 4 月，北方联邦舰队司令大卫 · G. 法拉格特（David G. Farragut）溯密西西比河而上，占领了新奥尔良、巴吞鲁日和纳齐兹，同时派炮舰向北保护田纳西河与坎伯兰河的安全。密西西比州的维克斯堡凭借高达 60 米的峭壁，一直坚守到 1863 年 7 月 4 日。随后，路易斯安那州的哈得孙堡也被占领，南方邦联的核心地区遭到了包围。

海军学说与三场短暂的战争

在内战期间出现并得以改进的技术革新，对海军部队的功能、部署与战略，以及看似毫不相关的殖民地扩张的问题都产生了深刻的影响。进入 20 世纪之后，海军战略家们倾向于依靠帆船时代传统的对抗手段，将英国皇家海军采取的行动与军事部署视为衡量战争成败的标准。蒸汽战舰时代的战争要求全新的理论，但其作战经验则来自时间短暂或空间有限的海军作战实践（不涉及英国皇家海军），并发挥着非同寻常的决定性影响。迄今为止，论证最为有力、最能体现爱国主义且影响最为持久的海军学说，是由阿尔弗雷德 · 赛耶 · 马汉提出的。马汉是美国内战中的一名老兵，也是一名精力充沛的美国扩张论的鼓吹者。1886 年，马汉加入了新成立的美国海军学院，从历史中汲取经验教训，形成了自己的海军战略。4 年后，他将自己的演讲稿以《海权对历史的影响》（*The Influence of Sea Power upon History*）为题出版。马汉认为，海军作战的编年史提供了普遍适用的学说，“这一学说能够被提升到一般原则的高度……尽管在海军武器方面发生了巨大的变化……蒸汽被引入并成了战舰航行的动力”。[21]

通过观察从第二次英荷战争到美国独立战争期间欧洲强国舰队的交

战模式，马汉将海权视为打击敌国经济繁荣的能力。他认为，对于保护一个国家的海外商业及其殖民地，以及通过封锁禁止敌国的贸易而言，海军是必不可少的。“那不是引人注目的私人船只或船队，它们或多或少地压制着一个国家的财力。正是这种压倒性的海权，可以迫使悬挂敌国旗帜的船只离开，或者允许其作为一名逃亡者出现，通过控制巨大的公共资源来封闭敌国海岸用于商业贸易的公用通道。”[22] 虽然《海权对历史的影响》中的表述是适当而客观的，但马汉更宏大的目标是促进美国海军的复兴。在同年发表的一篇论文中，他猛烈抨击美国人对于发展一支足以遏制海地、中美洲及众多太平洋岛屿（尤其是“政治形势不稳定”的夏威夷群岛）并从中获益的舰队的冷漠态度。[23] 对于美国而言，他最盼望的就是开凿一条穿过巴拿马地峡的运河（费迪南德·德·雷赛在 19 世纪 80 年代就已尝试过）。他担心欧洲强国已经出现在加勒比海并开始建造堡垒和要塞，“从而使其势力成为不可攻破的”，而当时“我们却没有在墨西哥湾这样做，尽管已经初步拥有了可以作为我们军事行动基础的海军船坞”。同样，他也担心夏威夷王国可能会落入欧洲人或日本人之手。

与马汉的观点针锋相对的是“青年学派”，这是一个在法国发展起来的思想流派，其主要关注点是商业战争。[24] 由于马汉将强大的英国皇家海军作为假想敌，青年学派通常被斥为“弱者战略”，但这一说法并不恰当。在其最初的构想中，青年学派预先考虑到了“总体战争”，即一场反对一个国家的经济和军事资源（包括其压倒性的海权）的战争，并取消关于中立国的运输、禁运及平民权利的国际法。[25] 由于南方邦联突袭舰队在内战期间的成功，部分是依靠发挥鱼雷和潜艇的潜力，青年学派的拥护者们选择回避主力舰队间的战斗，亦即战舰之间规模最大的军事行动。他们辩称，数量众多的鱼雷艇可以通过瞄准敌舰来打破封锁，通过击沉敌方的商船，将战争引向敌方战场。而且，许多鱼雷艇只需花费 1 艘战舰的费用就可建成，它们可以分布在众多较小的港口之中。青年学派的拥护者们只是法国海军当权者中的少数派，他们从来不为主力战舰的损失辩护。他们将鱼雷艇视作对抗意大利的合适武器，意大利的海军规模更小，凭借适度的对外贸易而比英国更少受到商业战争的影响。[26] 3 场相对而言毫无征兆的海上冲突（即 1894 年至 1895 年间的中日甲午战争、1898 年的美西战争、1904 年至 1905 年间的日俄战争）的结果，似乎证明了马汉的结论，即主力战舰不仅能够将敌人“逐出我们的港口”，而且可以令其“远离我们的海岸”。[27] 这些战争有以下几个共同的特征：持续时间较短；交战双方都是首次以现代远洋舰队参战；战争结果都是一边倒式的胜利；对于青年学派的命运而言最重要的则是，其中都没有涉及商业战争。因此，这几场战争对海军战略的演变和 20 世纪两场规模巨大的海上战争产生了巨大的影响。

美国潜艇供应船“布什内尔号”（USS *Bushnell*）抬起“AL–3 号”潜艇的船头来检查其鱼雷发射管。这幅照片于第一次世界大战期间拍摄于爱尔兰的皇后镇（即科夫），在那里，美国海军在对抗德国战舰的过程中保持着优势。（Photograph by Burnell Poole; courtesy of the family of Burnell Poole.）

中国在第一次鸦片战争中的失败，标志着清王朝权威的整体下降。1850 年至 1873 年间，中国接连发生了 4 次相互交错的国内起义，在此期间，清政府还在第二次鸦片战争（1856—1860）中与英法联军交战，并进一步向西方列强妥协和让步。其中一项让步就是由英国、法国和美国领事共同建立总税务司，负责向外国贸易商征收关税。[28] 总税务司被认为是清政府最严谨的分支机构，从 1864 年到 1907 年间由罗伯特·赫德（Robert Hart）领导，其收入占清政府财政收入的四分之一，在通商口岸（到 20 世纪初已超过 40 个）和主要河流的航行方面进行了多次改进。随着太平天国起义在 1864 年遭到镇压，清政府通过"洋务运动"（又称"自强运动"）开启了工业和军事方面的现代化进程。[29] 在这场改革运动中，共创建了 4 支地区性的海军部队，其中最重要的是位于山东半岛的威海卫的北洋水师。不过，改进只是零星的，甚至连最有希望的努力也在一定程度上因官员的贪污而被破坏。

日本与西方列强之间的军事行动进行得则更加顺利。1869 年，日本建立了一所海军军官学校，并在英法两国的帮助下提升了本土的造船能力。同时，日本也开始向海外扩张，短期占领了台湾岛，并于 1879 年吞并了琉球群岛。[30] 而更重要的则是日本对朝鲜的兴趣，中国、日本和俄国等势力在朝鲜半岛相互交织在一起。自 1637 年以来，作为"隐士王国"的朝鲜一直是中国的附属国，其与日本之间的贸易关系由 1609 年签订的条约支配。1875 年，日本迫使朝鲜政府签署了不平等的《江华条约》，获得了贸易优先权，并明确指出朝鲜是一个主权国家，试图以此消除中国在朝鲜事务上的影响力。[31] 而中国的顾问劝说朝鲜政府接受与美国和欧洲主要强国之间的条约，以此作为对日本的还击。

1894 年，朝鲜爆发了一场农民起义，中国和日本都对此加以干预。日本巡洋舰击沉了 2 艘中国船，并在仁川附近俘获了 1 艘中国船。[32] 1 周之后，日本向中国宣战。此后，中国舰队的活动范围向东不超过鸭绿江河口，数千人的日本军队在元山和釜山没有遭到抵抗而轻松登陆。9 月 17 日，一支日本巡洋舰中队击溃了一支因管理不善、训练不足且缺乏弹药而饱受折磨的中国舰队。在 2 个月后的鸭绿江战役中，日军占领了不设防的大连港和旅顺口，后来又夺取了威海卫及停泊在那里的北洋水师战舰。[33] 通过《马关条约》的签订，日本侵占了台湾岛（一直到第二次世界大战结束）和辽东半岛。与此同时，西方列强也利用中国意外的挫败，获得了更多的势力范围。

中日甲午战争的根源便在于中日关系和日俄关系。当西方列强在鸦片战争之后前来蚕食中国的沿海地区时，俄国在外交方面的成功则是更富有成效且更为持久的。[34] 俄国在克里米亚战争中饱受屈辱，未能以一种与欧洲主要强国相媲美的速度实现现代化。但是在 1858 年至 1864 年间，俄国通过条约获得了 170 万平方千米的领土，其面积与阿拉斯加相当（俄国于 1867 年将阿拉斯加售与美国）。其中包括位于朝鲜半岛太平洋沿岸的部分领土，俄国于 1871 年在符拉迪沃斯托克（海参崴）建立了一个海军基地。俄国和日本之间潜在的冲突已经广泛地显露。1895 年春，负责跨西伯利亚铁路的俄国部长观察到，“日本（对中国）的敌对行动主要是针对我们的”。[35] 同时，在《马关条约》签署后不久，日本驻俄公使已注意到，“俄国希望将中国东北地区从东北部到南部沿海地带之间的整个区域都置于自己的势力范围之内”。[36] 俄国积极寻求在太平洋沿岸获得一个暖水港（符拉迪沃斯托克在一年之中有几个月都处于冰冻期），并劝说日本将辽东半岛归还中国，以获得额外的赔偿。[37] 3 年后，俄国获得了对该半岛长达 25 年的租借权，并将跨西伯利亚铁路延伸到大连港及旅顺口。[38] 此时，日本与俄国之间的敌意已是一触即发，日本利用中国的赔偿金，将其海军的规模扩大了 4 倍。作为回应，沙皇则宣称其太平洋舰队的规模要比日本舰队大 30%。

日本人正在等待时机，而当时他们依然是西方列强可靠的盟友。在 1900 年至 1901 年的义和团运动期间，他们在天津帮助西方人的飞地解围。1902 年签署的《英日同盟条约》承认日本“在朝鲜拥有某种程度上的政治、商业及工业利益”，并且，“如果遇到任何国家的侵略性行动，或者由中国或朝鲜发生的骚乱所造成的威胁”，日本有权“采取类似的必要措施以保护这些利益”。[39] 俄国人已经利用义和团运动爆发的机会，派出 10 万人的军队进驻中国东北地区，并一直留在那里。1903 年，俄国军队占领了鸭绿江正南的港口龙岩浦。日本人呼吁进行谈判，但并不起作用，于是，日本海军舰队司令东乡平八郎于 1904 年 2 月 8 日率领一艘驱逐舰袭击了旅顺口，2 天后，战争正式打响。[40] 日本人的 20 枚鱼雷中仅有 3 枚击中了目标，但俄国人从来没能获得主动权。7个月后，俄国舰队试图从符拉迪沃斯托克港驶出时遭到了日本军队的拦截，从而被迫返回旅顺口并一直留在那里，直到日本军队在1905年1月占领了该港。

3个月前，俄国第二太平洋舰队（即之前的波罗的海舰队）在海军副司令辛诺维·彼得洛维奇·罗杰斯特文斯基（Zinovi Petrovich Rozhestvensky）的率领下驶往远东。这是一支混杂的舰队，由4艘新战舰、3艘旧战舰、6艘巡洋舰、1艘装甲巡洋舰、4艘驱逐舰和超过12艘辅助船只组成。长达18,000英里的航程可谓变幻莫测，舰队在途中曾误将英国渔船当作日本驱逐舰并向其开火，之后不得不绕过好望角，以免在苏伊士运河被英国人扣押；而欧洲强国不愿意冒险放弃其中立地位，仅向俄国人提供了装煤设备。[41] 在航行了7个月之后（中途曾在法属马达加斯加岛和中南半岛秘密停留），罗杰斯特文斯基于1905年5月27日到达对马海峡，而东乡平八郎率领的由4艘战舰、8艘装甲巡洋舰、21艘驱逐舰以及44艘鱼雷艇组成的舰队在那里将其拦截。由于日军是在国内水域作战，并拥有速度更快的战舰和训练有素、士气高昂的士兵，共击沉、凿沉、俘获和扣留了34艘俄国战舰，击毙俄军近5,000人，俘虏6,000人，而日军在对马海峡一役中仅损失了100名水手和3艘鱼雷艇。[42] 经过美国的调停，日俄两国签订了《朴次茅斯条约》。[43] 根据该条约的规定，日俄两国从中国东北地区撤军，但日本获许租借辽东半岛，从而获得了对朝鲜的控制权。1910年，日本正式吞并了朝鲜。同时，日本也加强了与英国在1902年结成的同盟，并承认美国在菲律宾的霸权地位（美国在1898年的美西战争中赢得了对菲律宾的控制权）。

19世纪末，西班牙的海外帝国不断缩小。古巴及其他加勒比海地区殖民地的骚乱，导致美国的政策制定者计划与西班牙在加勒比海及菲律宾进行一场战争。1898年2月，美国总统威廉·麦金莱（William McKinley）派"缅因号"（USS *Maine*）前往哈瓦那，以保护美国的利益。2周后，该战舰突然因爆炸而沉没，造成252名船员死亡。该战舰的舰长警告自己的上司："应该暂时控制公共舆论，直到进一步的调查报告出现。"但海军法庭经过调查后判定，此次爆炸事件是由水雷导致的，但"未获得确切证据，以判定哪些个人或集体应为‘缅因号’的事故负责”。[44] 一份西班牙的正式调查报告认为，“缅因号”是因内部爆炸而沉没的，这一观点得到了美国海军蒸汽工程局官员的支持。然而这一发现是无关紧要的。在处于“黄色新闻”全盛时期的沙文主义媒体的煽风点火之下，国会顺应公众舆论，于 4 月 25 日向西班牙宣战。美国军队封锁了古巴，同年 7 月，前往圣地亚哥的 4 艘西班牙巡洋舰和 2 艘鱼雷艇被美军击沉。

尽管古巴毗邻美国，但在美国传统的战略思维中，太平洋隐隐约约地表现出一种更加重要的地位。正如马汉在写给时任海军部副部长的西奥多·罗斯福（Theodore Roosevelt）的信中所说，“我们在太平洋这边遇到麻烦的可能性比在大西洋更大”，也就是说，麻烦更有可能来自日本而不是西班牙。[45] 日本在夏威夷的利益可与美国在夏威夷的利益相媲美。在向西班牙宣战的 6 天后，美国海军准将乔治·杜威（George Dewey）率领 4 艘钢壳巡洋舰和 2 艘亚洲炮艇舰队（基地设在中国）的炮艇驶入马尼拉湾。西班牙落后的木制炮艇中队及 1 艘小型巡洋舰无法与美国舰队的新式战舰相匹敌。双方的火力都令人震惊，杜威舰队使用的近 6,000 枚炮弹中只有不到 3% 击中了目标，但是 2 个小时后，西班牙舰队被击溃。[46] 杜威继续封锁马尼拉，并于 8 月将其攻占。美西战争的结果，是使美国成为太平洋地区的一个主要强国。西班牙割让了菲律宾、关岛和威克岛，美国吞并了夏威夷王国。美国的胜利增进了人们对海军在跨大洋战争中作用的理解。美国战舰“俄勒冈号”（USS *Oregon*）从旧金山经麦哲伦海峡到佛罗里达的航程需花费 2 个月，这刺激了在中美洲开凿一条运河（这一工程始于 1904 年）的想法和兴趣。

第一次世界大战前的海军军备竞赛

当美国和日本分别宣布登上世界舞台时，现存的“不列颠和平”（Pax Britannica）之下的秩序在欧洲受到了挑战。19 世纪 90 年代，各国的客轮公司在北大西洋纷纷抢占有利位置，这反映了德国和英国之间更为严重的竞争，这种竞争是紧随德国在 1871 年的统一而来的。拿破仑战争结束后不久，英国外交大臣卡斯尔雷子爵（Viscount Castlereagh）提出了一项政策，即英国的海军实力应该相当于世界上其他两支最强海军的实力之和（即所谓的“双强标准”）。因为在19世纪剩余的时间里，没有哪个国家拥有能够打破这一不平衡规则的野心或金钱。英国海军建设的速度在1870年的普法战争结束后明显放缓，因为没有人能够决定哪一种新的技术和设计方案是适用的。正如英国首相威廉·格莱斯顿（William Gladstone）所说：“建造战列舰的方式，就如同制造女士帽子的方式那样变化无常。”[47] 随着1889年《海军防卫法案》的通过，优柔寡断的政策被重整军备的坚定决心取代。《海军防卫法案》呼吁在未来5年内建造10艘战列舰、34艘巡洋舰和18艘鱼雷艇。而且，该法案确立了“一项明确的标准”并将其制度化，即英国皇家海军的实力应等于“两支最强海军的实力之和”，“而两强之一应该是法国”。[48]

两强中的另一个国家一开始是俄国，但不久之后，德国开始作为一个更具潜在威胁的国家而出现。德国的国际贸易正在迅速发展，同时也在开拓海外殖民地，并拥有世界领先的舰队。德国海军的造船计划首先集中在鱼雷艇和炮艇方面。在1887年的一次国际海军阅兵仪式上，德国海军派出其鱼雷艇中队作为代表，由阿尔弗雷德·冯·提尔皮茨（Alfred von Tirpitz）率领。[49] 提尔皮茨作为东亚巡洋舰分队的长官进行了一次航行（并在中国青岛建立了德国海军的基地），之后返回德国并担任帝国海军大臣。1898年，他力争通过了一项海军法案，并通过该法案筹措的资金建造了19艘战列舰、8艘沿海防御战列舰、42艘大小不同的巡洋舰以及其他一些战舰。2年后，他利用美国在美西战争中的胜利以及德国在中国的利益可能产生的影响，力争通过了一项将战列舰数量增加1倍的法案。虽然德国官方政策的目的在于缓和与英国之间的紧张关系，但同时也对与法国和俄国之间的冲突心存戒备。提尔皮茨相信，“就德国而言，当前最危险的敌人是英国”。“正是为了对抗这个敌人，我们最急迫地需要获取作为政治权力因素的一支海军力量……我们的舰队必须建造起来，以便能够在黑尔戈兰岛与泰晤士河之间展现其最大的军事潜能……对抗英国的军事形势，要求战列舰的数量应该尽可能地多。”[50] 提尔皮茨不相信德国能够建造一支足以击败英国皇家海军的舰队，但是由于许多英国舰队分布在世界各地，因此德国可以建造一支“冒险舰队”，即一支在国内水域足以挑战英国的舰队。[51] 像保护苏伊士运河这样的海外任务，将迫使英国在与德国谈判时的态度变得模棱两可，因为在假想的英德冲突中，意大利与奥匈帝国可能会对苏伊士运河构成威胁。英国人面临的选择就是，要么打造一个令人难以预测的同盟，要么以“双强标准”继续增强海军实力，然而提尔皮茨与其他人都没有预见到这一点。英国人两者都做到了，并重新评估了对法国与俄国的怀疑，与两国分别在 1904 年和 1907 年签订了外交协定。这开启了一场新的大规模造船运动，并带来了战列舰的革新。

到世纪之交时，世界各国的舰艇上充斥着各种各样的大口径火炮。“爱德华七世级”战列舰（1901 年）装备 4 门口径为 12 英寸、4 门口径为 9.2 英寸和 10 门口径为 6 英寸的大炮。“纳尔逊勋爵级”战列舰（1904 年）装备 4 门口径为 12 英寸和 10 门口径为 9.2 英寸的大炮。当时，海军缔造者们开始考虑建造全重型火炮战舰（all–big–gun ship），这种战舰拥有强大的火力和重型装甲，且速度很快。倘若拥有这样一艘战舰，舰长就能够选择作战的时间和范围，炮手指挥官也更容易判断炮手们射击的准确度（因为所有炮弹都来自相同口径的大炮），生产炮弹的兵工厂也可以更加统一。意大利设计师维托利奥·库尼贝蒂（Vittorio Cuniberti）在 1903 年发布了一份设计此类战舰的计划。美国人设计出了“密歇根号”（USS *Michigan*）和“南卡罗来纳号”（USS *South Carolina*）两艘战列舰，在 4 个中心线塔楼安装了 8 门口径为 12 英寸的大炮。然而，实际的发展是由杰基·费希尔领导的英国皇家海军掌控的，他负责督造在 5 个塔楼安装 10 门口径为 12 英寸的大炮的战舰。该建造计划中的战舰由蒸汽涡轮机驱动，带有防水隔舱，并装有厚 11 英寸的装甲带，以保护战舰免遭鱼雷袭击。这种名副其实的“无畏舰”上也安装了 18 门装填 12 磅炮弹的轻型火炮，用于对付鱼雷艇。费希尔希望自己的海军拥有速度快、攻击力强的战舰，并做出了示范。通常，建造一艘主力战舰需要花费 33 个月，而“无畏舰”于 1905 年 10 月 2 日开始建造，1906 年 2 月 9 日便下水启用，并于 1906

年 10 月 3 日出海作战。

即使全重型火炮战舰的支持者们都乐观地相信，“无畏舰”将使英国在海军建设与战舰设计方面居于不可超越的领先地位，其他人却错误地认为，英国可以通过不建造全重型火炮战舰来避免军备竞赛。这两个群体都忽视了此类战舰发展的总体趋势。对于英国的挑战，德国的反应是订购 4 艘配备 12 门口径为 11.3 英寸的大炮的“拿骚级”战舰。1907 年，意大利建造出了由库尼贝蒂设计的“但丁 · 阿利格伊切里号”（*Dante Alighieri*），这是第一艘装有三方炮塔的战列舰。我们也不应忽略民粹主义势力的支持这一因素。该舰于 1898 年完工（获得了德意志帝国海军的鼎力支持），1 年后，德国的“海军联盟”已有 240,000 名成员，大大超过其他国家，并为提尔皮茨的海军预算提供了充分的支持。[52] 英国皇家海军在国内有着更深刻的根源，但公众只是因为在厄斯金 · 柴德斯（Erskine Childers）的间谍小说《沙岸之谜》（*The Riddle of the Sands*，1903 年）中感受到德国海军的潜在威胁，才变得警觉起来。书中假想德国从弗里西亚群岛发动两栖作战，其中的现实因素是以作者在德国沿海驾驶一艘小帆船的亲身见闻为基础的。柴德斯的创作并不离谱，因为德国总参谋部早在 1897 年就已经提出诸如此类的入侵计划了。[53]

美国海军穿过大西洋，既面临德国和日本的双重威胁，又面临协调两大洋舰队的困难。德国人并没有努力掩饰他们在南美洲和加勒比海的利益。美国海军战争学院的一份研究警告称：“当德国加速的（造船）计划完成时……其在海军力量方面将会超过我们。那时，德国将做好准备反对我们的‘门罗主义’。”[54] 之前，美国一直在“门罗主义”的掩饰下打击欧洲强国在美洲的影响。美国可采用的解决方案之一，就是加强在加勒比海的军事实力，以此终结西奥多 · 罗斯福总统支持巴拿马起义反抗哥伦比亚的政策，承认巴拿马独立并与其新政府谈判，开凿一条从科隆通往巴拿马的运河。经过 10 年的开凿，全长 80 千米的巴拿马运河于 1914 年 8 月开通，从旧金山到纽约之间的航程从之前的超过 13,000 英里缩短为不到 5,300 英里。[55]

虽然美国人在评估德国的威胁时是以计划中的舰队实力为基础的，

但日本则向美国人抛出了一个更为迫在眉睫的问题。英日同盟使英国人可以将其战舰撤离东亚，因为日本人将保护他们的利益。日本已经在与中国和俄国的战争中证明了其海军的实力，而美国则从来没有证明过自己的实力。西奥多・罗斯福总统曾在朴次茅斯主持日俄两国的谈判，部分地摸清了日本人的底细。他决定在 1907 年派出由 16 艘战列舰组成的“大白舰队”进行环球巡航，这被视为美国展示其决心与海军实力的一种证明。美国与日本之间的关系也由于公开的种族仇恨而遭到破坏，在加利福尼亚州发生的反日暴动导致了 1907 年《绅士协定》的签署，限制日本人向美国移民。

虽然海军军备竞赛造成了各国之间互不信任的气氛以及 1914 年 7 月第一次世界大战的爆发，但是海军作战方面的变化远远超出了所有人的预料。在缔造一支强有力的战斗舰队的过程中，德国有能力迫使英国如其计划的那样集中自身力量在国内水域活动，但必须将驻扎在青岛的远东舰队召回。这支舰队在智利的科罗内尔附近击败了一支英国舰队，之后在马尔维纳斯群岛战役中几乎被歼灭。如果说德国公海舰队对英国皇家海军而言太过强大因而无法忽视，但德国最高指挥部却认为其太过弱小而不应冒险投入战斗。除了在 1914 年和 1915 年对英国的北海港口进行过些许警告式的袭击，唯一一次主要的舰队行动是发生在 1916 年 5 月 31 日的日德兰战役，共有大约 150 艘英国战舰和 100 艘德国战舰参战。[56] 这场战役及其结果自从战火散去之后便一直饱受争议。虽然英国人失去了 6 艘战列巡洋舰，而德国人仅失去了 2 艘装甲巡洋舰，但英国人仍保持着战舰数量上的优势。除了一些小规模的突袭，德国公海舰队在战争期间依然局限在港口之中。

德国依靠潜艇和水面舰队突袭同盟国运输船的战争，显然才是更加致命的。[57] 5 艘德国巡洋舰及少量带有武装的改装巡洋舰（即配备火炮并携带假证件的客轮与货轮）共俘获和击沉了总吨位达 620,000 吨的同盟国运输船，当时它们正在转移同盟国的海军资产。德国巡洋舰“埃姆登号”（*Emden*）曾遭到 75 艘船的追捕，最终于 1914 年 11 月被击沉。1917 年春，有 54 艘船奉命搜寻德国货船“狼号”（*Wolf*），但这艘船在历经15个月的航行后仍成功回到德国。然而即使在同盟国的眼中，德国水上突袭舰队的指挥官们通常也被视为一群勇敢的人。第一次世界大战结束后，费利克斯·格拉夫·冯·勒克纳（Felix Graf von Luckner）因其作为三桅帆船“希亚德勒号”（*Seeadler*）指挥官的功绩而成为一位国际名人。该船是战争期间唯一一艘被雇用的帆船，勒克纳曾在双方都没有人员死亡的情况下俘获了16艘敌船。

潜艇的发展

对英国而言，最严重的威胁就是针对开往英格兰的商船的“无限制潜艇战”。制造水下船只的想法在数百年前便已产生，列奥纳多·达·芬奇（Leonardo da Vinci）曾在1500年绘制出一种水下船只的草图。在美国独立战争时期，一艘被称作“乌龟号”（*Turtle*）的原始潜艇被部署在纽约港，但并没有起到什么作用。1801年，罗伯特·富尔顿建造了一艘潜艇，并试图售与法国和英国政府。在美国内战期间，“汉利号”（*H. L. Hunley*）潜艇在查尔斯顿港击沉了螺旋桨动力帆船“豪萨通尼克号”（USS *Housatonic*）。“汉利号”潜艇依靠手摇螺旋桨驱动，其武器是翼梁鱼雷，这是一种附在一根长翼梁末端的炸弹，在碰到船体时就会爆炸。“汉利号”及其他潜水器必须与目标接触以放置鱼雷（现在称为水雷），因此使用受到了限制。潜水器的成功必须等待更加实用和可靠的潜艇与能够自行驱动的鱼雷的发明。

后者首先由罗伯特·怀特黑德（Robert Whitehead）完成。怀特黑德是一名生活在的里雅斯特的英国工程师，他于1866年制造出了“移动鱼雷”，射程为185米，速度为7节。[58] 作为一种廉价的并且能够击沉装甲战列舰的手段，鱼雷的潜能是十分明显的，世界各国的海军纷纷从怀特黑德手中购买鱼雷的制造权。鱼雷很快带来了鱼雷艇及鱼雷驱逐舰的兴起，它们比战列舰和巡洋舰更小、更快且更擅长猎杀，而且不易受到普通火炮的攻击。面对这一新的威胁，人们开始设计鱼雷驱逐舰来保护较大的战舰。最后，各种型号的战舰都用鱼雷武装起来，在20世纪，驱逐舰将成为防卫鱼雷潜艇的主力。

在 19 世纪，潜艇的发展是由几位私人发明家推动的，其中最著名的是爱尔兰裔的美国教师约翰·P. 霍兰（John P. Holland）和英格兰牧师乔治·加勒特（George Garrett），后者后来曾与瑞典武器制造商索斯滕·努登费尔特（Thorsten Nordenfelt）合作。[59] 法国海军官员对潜艇的兴趣十分有限，但还是在 1863 年订购了处在试验阶段的"潜水员号"(*Plongeur*)。20 年后，迪普伊·德·洛梅写道："我们打算重新开始研究潜艇，我们将通过阻止鱼雷艇和战列舰的发展来结束冲突。"[60] 在 1900 年之前，法国试验了若干艘潜艇，其中最有希望的一艘在水下使用电池驱动，当其浮在水面上时则利用蒸汽发动机驱动。霍兰想到的同样构造的潜艇就是使他得名的第 6 次（也是最后一次）发明。

在英国潜艇专家和历史学家理查德·康普顿–霍尔（Richard Compton–Hall）看来，"霍兰号"(*Holland*)可谓是"所有现代潜艇的先驱"，其设计"完全是按照今天（指 20 世纪 80 年代）潜艇制造的框架、电镀金属和总体安排进行的……在今天任何一间潜艇绘图室中，它都不会显得不合时宜"。[61] 其主要的武器是 3 枚长 18 英寸的鱼雷，由位于船头的一根单鱼雷管引爆。时任海军部副部长的西奥多·罗斯福力劝海军购买这艘潜艇，它于 1900 年开始在美国海军中服役，美国海军也订购了剩下的 6 艘同一型号的潜艇。1905 年，已成为美国总统的西奥多·罗斯福与"活塞号"(USS *Plunger*)潜艇的船员们前往长岛海峡潜水。他写道："我下到潜艇中，主要是因为我不希望官员和士兵们认为我在尝试自己所不愿尝试的事情。我相信这些潜艇能够发挥巨大的作用，尽管同时也面临着威胁，即有些人会认为它具有超出实际的作用从而变得忘乎所以。"[62] 迪普伊·德·洛梅的观点被证明是具有先见之明的，但西奥多·罗斯福的观点则更有影响力。

在第一次世界大战期间，鱼雷、潜艇及水雷终结了德国海军对海岸的封锁。而英国人在战前无法预料到这一点，所以海军部选择进行长距离的封锁。大型舰队密切注视着奥克尼群岛和挪威之间靠近北海的北部水域，而其他舰队则在英吉利海峡巡逻和侦察。1914 年 11 月，英国宣布北海为一个战区。3 个月后，德国开始在英国周围水域实行"无限制潜艇战"。

在这片广阔的水域中，所有法国和英国的船只都被视为可攻击的对象，中立国船只也可能遭到袭击。提尔皮茨是这一决定性战略的倡导者，他在一个月前写道："考虑到贸易中断（即英格兰西部的食品补给）的重要性，我可以保证一场巡洋舰战争将获得极大的成功。"[63]这中间存在着双重的反讽。已经造成各大强国之间关系恶化的海军军备竞赛，实际上是一种继续从事海战的昂贵而无效的手段。海战的重担逐渐落在改装商船、拖网渔船（用作布雷艇和扫雷艇）和潜艇等较小的舰艇身上。但是在1914年9月，德国只有37艇潜艇，还不到英国皇家海军潜艇数量的一半。

由于德国采取了"无限制潜艇战"，从战争初期的6个月到1915年年中，同盟国平均每个月损失总吨位达61,000吨的商船。[64]根据国际法当中关于"封锁"的条款，英国的"战区"和德国的"军事区域"都是不合法的。1909年的《伦敦宣言》中明确指出，"封锁不得延伸到属于敌国或被敌国占领的港口和海岸线"。"根据1856年的《巴黎宣言》，为了保证约束力，封锁的维持必须依靠充足的军事力量，阻止船只前往敌国的海岸线。"[65]然而，德国的战略遭到了强烈反对，因其依靠使用潜艇，而潜艇缺乏足够的人力将船员送到敌舰上，而且武装商船很难在战斗中幸存。因此，潜艇的指挥官因资源不足而只能击沉敌舰，而且经常在没有发出警告的情况下这么做。1915年5月，美国客轮"卢西塔尼亚号"（*Lusitania*）被击沉，导致128名美国人丧生，这预示着美国将要被拖入战争。在经过一番争论后，德国于同年9月暂停实施"无限制潜艇战"。

不列颠群岛周围潜艇战的结束，使地中海地区的德国U型潜艇获得了自由，英国、澳大利亚和新西兰的部队被牵制在地中海的加利波利半岛。[66]同时，奥斯曼帝国将与德国结盟。当英国皇家海军征用在英国船坞中建造的2艘奥斯曼帝国的战列舰时，奥斯曼帝国与德国的结盟已成为必然，两国在同一天签署了一个秘密条约。在温斯顿·丘吉尔的推动下，加利波利之战的目的是将奥斯曼帝国军队逐出美索不达米亚的产油区和苏伊士运河。同时，在高加索地区开辟第二条战线以减轻俄国的压力，向盟军发出支援塞尔维亚的信号，并准备攻打伊斯坦布尔。一开始，丘吉尔相信仅凭海军就能够攻下达达尼尔海峡。然而1915年3月，英军的3艘战列舰被击沉，3 艘战列舰遭受重创。丘吉尔到这时才决定在加利波利半岛西面部署地面部队，这一目标在付出了沉重的代价后才达成，这支部队在海滩上被困了近 9 个月之后才撤退。这次冒险的彻底失败使杰基·费希尔被迫辞去第一海务大臣一职，丘吉尔则被免去了海军大臣一职。

到 1916 年末，许多德国人相信“无限制贸易战”的重新开始，到 1917 年秋天就能迫使英国投降。美国有可能加入协约国，但是已经太晚而起不到什么重要作用了。“无限制潜艇战”于 1917 年 2 月 1 日重新开始，当时在地中海和波罗的海共有 120 艘 U 型潜艇参战。在 3 个月内，德国潜艇共击沉了总吨位超过 200 万吨的船只，这几乎是英国船只总吨位的三分之二，而德国仅损失了 9 艘 U 型潜艇。原因部分在于英国皇家海军通过实行护航制度来打击德国潜艇，而不是优先保护商船。虽然英国有 300 多艘驱逐舰，但仍不足以进行有效的护航。唯一的支持来自美国。美国在 1917 年 4 月对德国宣战，随后马上就派海军少将威廉·S. 西姆斯（William S. Sims）作为联络人前往伦敦，西姆斯是护航制度的坚定拥护者。6 艘小型驱逐舰到达了皇后镇（即爱尔兰的科夫），他力劝美国政府“应该尽早地派尽可能多的舰队前来”。[67] 1 周之后，美国军队抵达皇后镇，第一批英国护航舰队从直布罗陀海峡起航。根据战后的一份关于英国皇家海军的研究，第一批英国护航舰队“取得了完全的成功”，“从那一刻起，可以说潜艇的威胁被征服了”。[68] 由于美国海军依然遵循马汉的海权观念，因此一开始也像英国人一样抵触护航制度，但是新的主力战舰的建造让位于反潜艇战舰的建造，到战争结束时共有 400 多艘各类猎潜艇在军中服役。[69] 这为跨大西洋的补给船队提供了足够的安全范围，而这对英国的战争行动而言是至关重要的。

两次世界大战之间的条约

1918 年 11 月 11 日签署的停战协议规定，德国的大部分舰队将被扣留，等待在凡尔赛会议上找到一个永久性的处置方法。10 天后，包括 9 艘“无畏舰”和 5 艘战列巡洋舰在内的 70 艘战舰，驶入了位于斯卡帕湾的英国主力舰队的奥克尼群岛停泊处。德国海军少将路德维希·冯·路透（Ludwig von Reuter）深感投降所带来的屈辱，不愿看到本国舰队被曾经的敌人瓜分，遂命令其下属在1919年6月21日将52艘战舰凿沉，其中包括10艘战列舰和10艘战列巡洋舰。虽然德国舰队被凿沉了，但是令协约国感到不安的是，许多人对此表示安心接受，因为这样一来就解决了这些战舰如何在胜利者之间分配的问题。在美国看来，对德国及其盟国的战舰的任何分配都将造成天然的不稳定，尤其是因为英国皇家海军已经拥有了43艘主力战舰，比美国、日本、法国和意大利等国所拥有的主力战舰的总数还要多1艘。此外，美国总统伍德罗·威尔逊（Woodrow Wilson）呼吁将军备裁减到“能够维持国内安全的最低限度”，这成为《国际联盟盟约》第8条的基础。[70]

20世纪30年代，美国战列舰“亚利桑那号”（USS *Arizona*）穿过巴拿马运河。该舰于1918年下水，巴拿马运河于4年后通航。“亚利桑那号”是一艘配备全重型火炮的战列舰，其前身就是英国皇家海军于1905年建造的“无畏号”战列舰。这些强大的战舰虽然引人注目，但其鼎盛时期十分短暂，潜艇和航空母舰的兴起是与之同步的。1939年，由于美国与日本之间关系紧张，该舰被派往太平洋。日本于1941年12月空袭了珍珠港，“亚利桑那号”在停泊处被击沉，并留在那里成为战争的纪念。（Courtesy of the Library of Congress, Washington, D.C.）

美国拒绝签署《凡尔赛和约》，也没有加入国际联盟，而是召集了一次限制海军军备的会议，目的在于控制当时的主要海军强国。美国海军中的许多人依然将英国视为美国利益和世界稳定的一个潜在威胁。美国人寻求至少能够成为与英国实力相当的世界一流海军强国，而英国人则依然怀疑法国人决心维持其潜艇及巡洋舰力量。美国人和日本人之间相互怀疑，自从日俄战争结束以来便是如此。[71] 甚至早在第一次世界大战之前，日本人就已经开始考虑如何与美国舰队较量了；而美国则制定了“橙色计划”，以应对菲律宾可能面临的威胁。其中提出了一条经马绍尔群岛、密克罗尼西亚群岛和加罗林群岛到达菲律宾的路线，当时，那里之前受德国殖民统治的岛屿正由日本进行委任统治。在 1919 年提交给威尔逊总统的一份备忘录中，美国海军少将威廉 · S. 本森（William S. Benson）直截了当地指出：“除了美国，日本在太平洋没有其他对手。日本建造或获得的每一艘战舰，都是有意地对抗美国在太平洋的海军力量。”[72]

在 1922 年的《华盛顿海军条约》中，规定美国、英国、日本、法国和意大利五国海军主力战舰的吨位比例为 5∶5∶3∶1∶1。[73] 英美两国主力战舰的吨位可以达到 525,000 吨，美国和日本都有资格将 2 艘正在建造的战列巡洋舰改造为航空母舰。该条约限制了新建造的航空母舰的规模。权力分配上的不公平刺激了民族主义的情绪，尤其是对日本而言，它曾于 1914 年 8 月向德国宣战，比美国早了近 3 年。美国人也拒绝将 1902 年的英日同盟作为接受该条约的一个条件，因为正如指导美国谈判人员的备忘录的作者所说的，他们希望将“海上强国明智的管理”置于“一心一意的盎格鲁 – 撒克逊人手中”。[75] 德国和俄国（当时正卷入内战）都没有派代表参加会议。

在 1930 年的伦敦海军会议上，美国、英国和日本三国战列舰的吨位比例被确定为 5∶5∶3（意大利和法国拒绝签字）。会议还对巡洋舰、驱逐舰和潜艇的明确定义与吨位限制做了具体规定，这些在《华盛顿海军条约》中都被忽视了。日本的巡洋舰和驱逐舰的总吨位只有美国和英国的约三分之二，潜艇总吨位则与两国相同。4 年后，日本拒绝接受《华盛顿海军条约》和《伦敦海军条约》的规定。1935 年，英国和德国签署了《英德海军协定》，允许德国建造一支舰队，但总吨位不得超过英联邦海军的35%，这成为一个不祥的预兆。

也许，在两次世界大战之间最引人注目的谈判与海军战略构想，就是拒绝承认第一次世界大战的事实。在给威尔逊总统的备忘录中，威廉·本森建议应该废除德国和奥地利的潜艇：

> 不仅仅是这些潜艇，世界上所有的潜艇都应该被毁灭，应该禁止任何强国在未来拥有潜艇。潜艇在和平时代没有用处，在战争中则不如水上战舰，只是能够诡诈地袭击商船而已。在战争中，99% 的潜艇袭击都是在非法地袭击商船。我们的文明要求海上战争应该处于更高的层面，并局限于战舰之间。

这是一种最坏的一厢情愿的想法，但这不仅反映了人们对德国“无限制潜艇战”的厌恶，也反映了马汉持久的影响力（马汉于 1914 年去世）。马汉在《海权对历史的影响》中承认，“到现在为止，蒸汽海军的历史还没有能够作为其教义中决定性的东西而被援引”，但潜艇军事行动的明显教训却被他的追随者们忽视了。[76] 然而一个令人不安的后果就是，青年学派提出的国际法在“总体战争”中失效的假设是正确的。正如第一次世界大战之前，全世界的海军军官大多都以主力战舰为本位，认为海军强国的实力应该由此来衡量，并据此来调整战略。在美军的军事演习中，潜艇被降级为侦察舰，即使被分配担任“敌舰”的潜艇艇员敢于发动袭击，他们也会受到严惩。关于两次世界大战之间的战略家们的思想，美国潜艇指挥官兼海军史学家爱德华·L. 比奇（Edward L. Beach）后来写道：“处在控制之下的人类思想，无法通过科技的提升来适应正在发生的变化。对那些不能真正理解并甘于不理解的人们来说，马汉那近乎神秘的宣告在他们心里已经取代了现实。”[77]

除了其他的海军及其潜艇艇员同行，“大炮俱乐部”必须与更新的也更难以理解的现象竞争，那就是海军航空兵。1910 年，即莱特兄弟（Wright brothers）进行载人飞行试验的 7 年之后，一名飞行员驾驶飞机从停泊的美国巡洋舰“伯明翰号”（USS *Birmingham*）的甲板上起飞。1917 年 8 月，一名飞行员驾驶飞机成功降落在由巡洋舰改造而成的英国航空母舰“暴怒号”（HMS *Furious*）的甲板上（而且是在航行过程中）。次年，从“暴怒号”上起飞的 7 架飞机成功袭击了德国的齐柏林飞艇基地。1921 年，日本将世界上第一艘真正意义上的航空母舰“凤翔号”（*Hosho*）编入现役海军部队。到 1930 年，全世界正在服役的航空母舰已达 11 艘。与潜艇一样，战略家们最初将航空母舰视为支援舰，直到无线电通信得到改进以及航空母舰的作战半径和有效载荷能力增加之后，人们才意识到其潜力。

第二次世界大战

当 1939 年第二次世界大战开始时，全世界的舰队司令都在因一个共同的问题而忧虑，即可供他们使用的战列舰数量不足。战舰的缺乏是现实情况，但是到 1941 年，战争中将需要一种完全不同于战略家们想象的舰队。战争开始后，战列舰在作战中占据首要地位，但战争结果依赖的却是航空母舰、潜艇、驱逐舰、护卫舰、货船和登陆艇，其数量比任何人所能想象的都要多得多。当时世界上最大的战列舰“大和号”（*Yamato*）和“武藏号”（*Musashi*）的命运，便为理想与现实之间的巨大差距提供了一个例子。20 世纪 30 年代末，航空母舰的倡导者们持着怀疑的态度迎接这些战舰。日本海军上将山本五十六对一名战舰设计师说：“恐怕你在短时间内就要失业了，从现在开始，飞机将成为海军最重要的武器，大型战舰和大炮都将过时。”[78] 当 1945 年 4 月“大和号”上的下级军官们准备执行其最后的使命时，据说他们曾嘲弄地说，“世界上三个伟大而毫无用处的蠢物就是中国的长城、金字塔和‘大和号’战列舰”。在 1944 年 10 月莱特湾海战爆发之前，该舰没有参加过重要的战役，但其武器装备的变化反映出海战中实力均势的变化。“大和号”配备 24 门高射炮，到 1945 年已配备 152 门高射炮，其主炮的口径为 18.1 英寸，是舰载火炮中口径最大的，发射对空的“燃烧霰弹”。[79] 但这些也并不足以挽救它，它在 1945 年 4 月 7 日前往冲绳岛时遭到近 300 架战机的袭击而沉没，造成 2,500 人丧生。[80]

以舰载航空兵对抗主力战舰的可能性，首次在 1940 年 11 月英国军队袭击塔兰托时显现出来。当时，从“暴怒号”航空母舰上起飞的英国战机击毁了 1 艘意大利战舰，并造成其他 2 艘战舰在近 6 个月内无法服役。对塔兰托军事行动的详细研究，可能使山本五十六决定对美国在夏威夷的海军基地发动一次先发制人的打击。[81] 甚至早在此次行动证实这样一次攻击的可行性之前，1938 年一支美国舰队的经历也得出了同样的结论。次年的一份报告警告称，日本人有可能“在毫无警告的情况下摧毁海军主力舰队，或者可能……在珍珠港进行阻截”。[82] 1940 年，美国总统富兰克林 · D. 罗斯福（Franklin D. Roosevelt）将珍珠港作为美国海军太平洋舰队的母港。[83] 次年，当美国禁止向日本出口石油时，两国关系到达了崩溃的边缘。尽管考虑到官方警告、军事演习、日益恶化的外交关系等因素，以及日本曾以出其不意的方式开启侵华战争和日俄战争，面对日本先发制人的攻击而缺乏准备仍是不可原谅的。

航空母舰之战

1941 年 12 月 7 日，在海军上将南云忠一的指挥下，一支由 30 艘战舰组成的日本舰队上的水平轰炸机、俯冲轰炸机、鱼雷轰炸机和歼击机从瓦胡岛以北约 220 英里处发动了 2 次攻击。这次袭击的主要目标是珍珠港的“主力舰碇泊区”，美国海军 7 艘战列舰中的 2 艘被彻底摧毁。幸运的是，当时美国海军的航空母舰全都不在珍珠港。“企业号”（USS *Enterprise*）和“莱克星顿号”（USS *Lexington*）两艘航空母舰正运载飞机前往威克岛（距珍珠港约 2,300 英里）和夏威夷群岛西部的中途岛（距珍珠港约 1,300 英里）。在袭击珍珠港的同时，日军也对位于菲律宾的美军基地以及英国控制下的香港和新加坡发动了突袭。12 月 10 日，基地位于中南半岛的日军轰炸机击沉了离开马来半岛的英国主力战舰“威尔士亲王号”（*Prince of Wales*）和“反击号”（*Repulse*）。

虽然日本和美国的舰队司令往往都将战列舰视为旗舰，但航空母舰编队才是太平洋战争中最重要的海上军事行动的核心。例如，在 1944 年 6 月发生的菲律宾海海战中，第 58 特遣舰队由 4 支航空母舰编队组成，分别相距约 15 英里。每支航空母舰编队由 3 ～ 4 艘航空母舰组成，另有 3 ～ 5 艘巡洋舰和 12 ～ 14 艘驱逐舰环绕在周围。这些巡洋舰和驱逐舰之前已向敌方的潜艇和飞机发出警告，并保护航空母舰编队免遭其攻击。舰载飞机因任务的不同而采取不同的设计。战斗机的目的在于与敌方战机作战，是空中战斗与巡逻的核心力量，用于攻击即将来临的敌机。俯冲轰炸机是从高处向敌舰俯冲，在到达某一尽可能低的高度时向敌舰投掷炸弹。在有效的轰炸瞄准器研发出来之前，这是向战舰这种相对较小的目标投掷炸弹的最精准的方式。战舰甲板大多没有装甲的保护，炸弹能够轻易地穿透，但用这种方法很难将战舰击沉。对战舰而言最致命的是鱼雷轰炸机，能够以不到 30 米的低空飞行接近攻击目标，然后投掷鱼雷，但这种攻击角度也使其容易受到高射炮和空中巡逻机的攻击。

除了大型航空母舰，美国、英国和日本也建造了数量有限的轻型航空母舰，其舰体大多较窄，因为最初是打算建造成巡洋舰的。对美国而言，数量更多且更为实用的则是护航航空母舰，对于保障远距离作战的战机的补给十分重要，部署在太平洋以支援两栖登陆作战。在大西洋，护航航空母舰也可以向舰队提供空中掩护，并与猎潜艇分队相互配合。通常，1 艘护航航空母舰与 4 ～ 5 艘护航驱逐舰进行配合，配备雷达和声呐，以及深水炸弹、刺猬弹和其他反潜艇武器。

潜艇之战

大西洋战役是一场击败德国对同盟国船只的“无限制潜艇战”的大战，使其他所有潜艇作战都显得大为逊色。德国的 U 型潜艇共击沉了超过 2,000 艘同盟国和中立国的船只，主要是在北大西洋及加勒比海和墨西哥湾。[84] 这一数字令人震惊，这些船只是运载食物、军需物资和其他补给品前往英国（以及 1941 年之后的苏联）的商船中的一小部分。令人印象更加深刻的是，共有将近 10,000 名盟军士兵在运兵船上丧生。德国军队的损失和伤亡同样骇人听闻，包括 863 艘参战潜艇中的 754 艘（占 87%）

和 27,491 名官兵（约占潜艇部队人员总数的三分之二）。然而，尽管经历了第一次世界大战，潜艇战在德国的战前计划中依然只是一个不重要的组成部分。1939 年 9 月，德国只有 22 艘 U 型潜艇以及少数用于沿海作战的潜艇参战。[85] 在战争开始的第一年内，只有 3 艘 U 型潜艇参战；在开战后的前 18 个月内，德国最多采用 6 ～ 8 艘 U 型潜艇进行巡逻。德国鱼雷的不稳定性（美国人同样饱受这一问题的困扰）导致这一问题进一步恶化，有四分之一的鱼雷提前引爆或无法引爆，或者无法保持合适的深度。[86]

当法国于 1940 年 6 月 22 日投降时，海军上将卡尔·邓尼茨（Karl Dönitz）将其潜艇转移到布雷斯特、洛里昂（邓尼茨选择在此地建立指挥部）、圣纳泽尔、拉帕利斯（拉罗谢尔）和波尔多。[87] 这些地方都有优良的船坞设施，邓尼茨在此基础上又增加了至今依然存在的防弹隐蔽船坞。更重要的是，这些地方距离大西洋航线要比德军的北海基地近数百英里。1940 年 5 月，德国潜艇在北大西洋击沉了 9 艘战舰，在 6 月又击沉了 53 艘，此后，被击沉战舰的数量稳步增长。在美国参战之前，德国潜艇共击沉了超过 1,100 艘战舰（总吨位超过 500 万吨）。1942 年，在北大西洋有超过 1,000 艘战舰被击沉，其中大多是由被称为“狼群”的德国潜艇编队击沉的，这些所谓的“狼群”的活动依靠潜艇与位于德国或法国的总部之间的无线电通信来协调。[88]

1942 年，被击沉战舰的数量急剧增加，原因之一是美国人没有采用沿海护航及在东海岸实行强制停电的策略，所以战舰在夜间便清楚地暴露在敌人面前。在德国人所谓的“快乐时光”期间（从 1 月到 7 月），U 型潜艇在圣劳伦斯湾与加勒比海之间共击沉了近 400 艘战舰。[89] 美国拒绝对德国潜艇的威胁采取最基本的预防措施，这令人感到费解，尤其是考虑到美国自战争开始以来便已经卷入大西洋的战事之中。为了避开国内的孤立主义者，罗斯福已经策划了许多对英国有利的政策。1939 年 9 月的《中立法案》禁止任何国家的船只进入美洲海岸的 200 英里以内区域，美国通过向英国转让 50 艘旧驱逐舰，换取在纽芬兰、百慕大群岛和加勒比海建造海军基地的权利。1941 年的《租借法案》允许美国向“罗斯福总统认为对于美国的防御至关重要的任何国家”出售武器、弹药、战机和战舰。[90] 同年夏天，美国承担了冰岛的防御，冰岛是大西洋护航舰队重要的中途基地。到 1941 年秋，美国海军舰队已经获许在巡逻时攻击敌舰。1941 年 10 月 31 日，2 艘美国驱逐舰与德国潜艇相互开火，“鲁本·詹姆斯号”（USS *Reuben James*）被鱼雷击中而沉没，舰上 115 名人员丧生。然而，盟军的对策直到 1943 年才真正开始奏效。当时美国开始实行沿海护航，盟军情报机构能够定期拦截敌方的加密无线电（得益于从俘获的“U–110 号”潜艇上获得的一台加密机器），经过改进的声呐和雷达使发现和袭击潜艇变得更加容易。

此外，美国潜艇正在实施针对日本贸易的精确打击行动。在珍珠港遭到袭击后的几个小时内，美国海军作战部主任哈罗德 · N. 斯塔克（Harold N. Stark）便下令“对日本实行无限制的航空战与潜艇战”。[91] 这是一场意外的面对面作战。美国是《伦敦海军条约》的签字国之一，该条约规定，“战舰（包括水面战舰和潜艇）在击沉一艘商船或使之无法航行之前，必须将乘客、船员和船舶文件送达安全地带”。[92] 不到 3 个月后，一艘德国潜艇袭击了一艘美国商船，罗斯福总统称其“违反了长久以来确立的国际法，也与任何一条人性原则相违背”。[93] 虽然美国在战争开始时已有 100 多艘潜艇参战，但其中的 20 艘属于亚洲舰队。战前的海军学说呼吁，将潜艇主要用于战斗舰队的先遣侦察和击沉敌舰，结果造成潜艇指挥官们倾向于胆怯和保守。在日本入侵菲律宾期间，美国潜艇仅击沉了 3 艘日本运输船，而不愿意继续攻击敌方的战舰。这是由于美国鱼雷的不成功，在深水中常常无法引爆，直到 1943 年这些问题才得以解决。[94] 美国人也缺乏贸易战的理念，未能充分利用空中探测来指导潜艇作战或者集中攻击油轮，这是日本海外贸易的致命弱点及其入侵东印度群岛的主要原因。[95]

日本极度依赖商船以进口商品（尤其是食品和燃料），因其国内无法生产，但同时也通过组织护航舰队来缓慢地应对潜艇的威胁，继续将资源花费在航空母舰而不是驱逐舰和其他负责反潜与护航的战舰上。[96] 到 1941 年，据估计日本商船的总吨位已达 60 万吨。在战争期间，日本建造或以其他方式获得了总吨位达 40 万吨的商船。但是到 1945 年 8 月，日本已失去了总吨位近 90 万吨的商船。在 1,300 艘被击毁或无法修复的日本商船中，有大约 55% 是被潜艇击毁的。[97] 战争期间美军共有 288 艘潜艇服役，其中有 52 艘被击毁，共有 3,500 名人员死亡。

战后的一份研究认为，由于美国潜艇击沉了大量日本商船，于是日本因缺乏燃料、物资和食品而被迫投降。然而，被称为“沉默的舰队”的美国潜艇部队在太平洋的军事行动由于多种原因而被忽视了。作为一种隐形和欺骗的工具，从悲惨的受害者的角度比从骄傲的胜利者的角度看待潜艇要更安逸自如。对美国人来说，太平洋上的成功是潜艇艇员冒着将大西洋上的潜艇战合法化的危险得来的，美国和德国的战略之间存在的相似特征令人感到不安，这一问题在纽伦堡军事法庭对海军上将邓尼茨的审判中被提了出来。

1942 年 9 月，德国的“U–156 号”潜艇击沉了一艘被征用的载有 1,800 名意大利战犯及其他乘客的英国客轮“拉哥尼亚号”（*Laconia*）。虽然德国人特意用无线电传出信息，试图护送幸存者的救生船到达安全地带并悬挂红十字旗，但一架美国战机还是攻击了这支德国舰队。当时，这支舰队中包括另外 3 艘德国和意大利的潜艇。为了确保自己的潜艇免于冒险遭受不必要的影响，邓尼茨发出了“拉哥尼亚号命令”，声称“所有试图营救已经沉没的船只上人员的行为……都要停止”。[98] 不过需要为邓尼茨辩护的是，他获得了一份来自舰队司令切斯特 · W. 尼米兹（Chester W. Nimitz）的宣誓口供。尼米兹宣称：“就总的原则来说，如果会增加过度的危险或者因此而无法完成未来的使命，美国潜艇将不会营救幸存的敌人。”[99] 潜艇再次证明了其潜在的危害，正如其批评者一直以来所说的那样。

两栖作战

除了航空母舰、潜艇以及用于保护或者猎杀它们的各类战舰，第二次世界大战还见证了第三类战舰的发展。在第二次世界大战之前，用于两栖作战的登陆艇几乎是不可想象的。长期以来，舷梯和跳板一直用于卸载军队、马匹和装备，但是在 20 世纪 30 年代，两栖登陆仍是比较麻烦的事情。在登陆过程中，士兵们需要吃力地攀过小型战舰的船壳涉水上岸，登陆艇上的舷梯必须与舷墙顶端相齐，以便卸载摩托化运输工具。日本人在 20 世纪 30 年代研发了一种登陆艇，带有可供人员和轻型车辆通过的艏门舷梯，新奥尔良的造船师安德鲁·希金斯（Andrew Higgins）将其应用在适合在路易斯安那海湾工作的一艘小船上。希金斯登陆艇的正式名称是"车辆人员登陆艇"（LCVP），长 11 米，能够搭载 36 名士兵，或者 12 人的骑兵队和 1 辆吉普车，吃水线仅为船尾 3 英尺和船头 2 英尺。[100] 其螺旋桨得到保护，所以能够轻易地回到海滩，并且不需要在冲浪过程中突然横转就能够转动船体。当时盟军建造了 23,000 艘登陆艇，人们普遍认为这是取得胜利的不可或缺的因素。曾指挥过太平洋战场上的两栖作战的美国海军上将霍兰·M. 史密斯（Holland M. Smith）写道，希金斯登陆艇"在赢得太平洋战场胜利上的贡献比其他任何一种设备都要多"。[101] 曾指挥盟军在北非、西西里岛和诺曼底进行登陆作战的美国将军德怀特·艾森豪威尔（Dwight Eisenhower）把希金斯称为"为我们赢得战争的人"，"如果希金斯没有设计和建造这些车辆人员登陆艇，我们就永远无法在一片开放的海滩上成功登陆，整个战略都将变得不同"。[102]

希金斯登陆艇是英美两国 30 多种登陆艇和两栖船中的一种，此外还有两栖吉普车和长 117 米的坦克登陆舰（LST）。[103] 坦克登陆舰的船首装有巨大的双扇门，能够装载 3 艘较小的坦克登陆艇（LCT），每艘坦克登陆艇可装载 5 辆中型坦克或 330 名步兵（包括其装备）。进行海岸登陆作战就如同一种精确的舞蹈艺术。运兵船停留在距离海岸数英里外的海面上，更小的登陆艇环绕在运兵船周围，士兵们通过钢丝梯登上登陆艇，并通过吊车将车辆放入登陆艇。然后，登陆艇一拨接一拨地靠近海滩，士兵们冲上海滩，登陆艇再返回运兵船，将更多的士兵运达海滩。一旦滩头被占领，登陆艇就将物资运到海滩，机械化车辆也开到海滩上。同时，牵引车等车辆将堆集的物资拖上海滩，并由士兵和水手们徒手传递。登陆艇也会将伤员输送到运兵船或医疗船上。

1944年，菲律宾莱特岛上的2艘载有美国海岸警卫队的坦克登陆舰。水手们正将坦克登陆舰上的沙袋堆成堤坝，延伸到海滩上，以便加速下船。他们需要搬运数量巨大的物资，其笨拙的方式解释了为什么坦克登陆舰被人们称为“庞大而缓慢的目标”。(Courtesy of the National Archives, Washington, D.C.)

造船业

希金斯造船厂巨大的产量表明，胜败取决于哪一方能够生产更多的战舰和物资，并获得所需的武器及补给。丘吉尔在大西洋战役后思考并写道：

> 在战争期间，唯一真正使我感到恐惧的就是U型潜艇带来的危险……潜艇战将使我们损失多少进口货物和船只？是否会达到毁灭我们生命的地步？这里没有姿态和感情存在的空间，只有缓慢而冰冷地在航海图上划线，表示潜在的窒息……来自新世界和大英帝国的食

物、补给和武器通过大洋送达我们手中，当然也有一些未能送达。[104]

在这场数字游戏中，美国的工业生产能力为盟军提供了绝对的优势。进入 20 世纪 30 年代，大萧条、孤立主义与和平主义相互交织在一起，阻碍了美国建造一支在各个海军条约允许范围内达到实力极限的舰队。罗斯福总统采取了第一批重整海军军备的措施，依靠 1933 年的《全国工业复兴法》直接拨出资金，建造了 2 艘航空母舰、4 艘巡洋舰、20 艘驱逐舰以及其他战舰。次年，国会议员卡尔・文森（Carl Vinson）促使 4 个扩大海军规模的法案中的第一个顺利通过。[105] 日本无视《伦敦海军条约》并侵略中国，阿道夫・希特勒（Adolf Hitler）在德国的权力不断膨胀，这些因素都有利于美国海军力量的进一步增强，并在 1940 年 7 月《两洋海军法案》(又称《文森 – 沃尔什法案》)的通过时达到顶峰。该法案呼吁建造 13 艘战列舰、6 艘航空母舰、32 艘巡洋舰、101 艘驱逐舰和 30 艘潜艇。

由于英国的造船厂需要同时进行战舰的建造与修理，而且在不列颠空战期间面临德国轰炸机的威胁，因此通过《租借法案》从美国订购了 60 艘海洋级货轮。[106] 同时，罗斯福总统呼吁另外建造 300 多艘油轮和干散货自由轮，作为对英国订购海洋级货轮计划的修改。1941 年，美国联邦海事委员会计划在 1942 年建造总载重吨达 500 万吨的船只，在 1943 年建造总载重吨达 700 万吨的船只。* 到 1942 年 1 月，这些数字分别增加到 800 万吨和 1,000 万吨。[107] 当人们指出这尚不足以运输士兵和物资(1942 年为 180 万吨，1943 年为 350 万吨）到达海外时，需要输送的总重量在 1942 年至 1943 年间已增加到 2,400 万吨。最后，美国造船厂在 2 年内生产出了总载重吨达 2,700 万吨的船只，是最初目标的 125%（而同时期的军火制造和战时建筑物只达到了目标的 60%）。这一产量是由于空前的配件预制和组装水平、新方法的引入以及将包括妇女和少数族裔在内的民众都投入造船业中而实现的。在第二次世界大战期间，美国根据联邦海事委员会的合同，共建造了 5,500 多艘商船和舰艇，其中包括 2,710

* 与总吨位不同，总载重吨是船只装载货物的重量，是通过船只空载及满载时不同的排水体积计算出来的。

艘自由轮和将近500艘胜利轮。胜利轮的规模大约与自由轮相当，但是速度要比自由轮快三分之一以上。

朝鲜战争

当盟军和轴心国在全世界展开激战时，日本和苏联之间的关系却异常平静。1938年，日本和苏联已经在日本的傀儡政权伪满洲国和苏联之间的边界线上发生了冲突。苏联军队在诺门坎的胜利，迫使日本人将目光转向东南亚。但双方在东北亚都需要稳定的边界线，因此在1941年签署了《苏日中立条约》。在德国于同年6月入侵苏联后，美国承诺通过《租借法案》，沿北极地区（最短但最危险的路线）、波斯湾（最长的路线）以及穿越太平洋到达符拉迪沃斯托克等路线支援苏联。由于日苏两国间的这一中立条约，日本允许悬挂苏联国旗的船只安全通过。[108] 尽管只有民用物品才能经过符拉迪沃斯托克被运送出去，但其中也包括像食品、燃料、货车、机车和工程设备等双重用途的物资。因此，尽管北极的护航队最广为人知，但有更多的盟军船只安全地前往符拉迪沃斯托克，而不是苏联的其他地区或波斯湾地区的港口。

美国在广岛投下原子弹的2天后，苏联对日本宣战，苏联军队迅速占领了辽东半岛。美国、英国和苏联的领导人在雅尔塔会议上达成了共识："俄国因1904年日本发动侵略而丧失的权利应予恢复……大连的商港应实现国际化，苏联在该港的现存利益应得到保护，并保留租赁旅顺口作为海军基地的权利。"[109]

在对日宣战后，苏联军队进入朝鲜半岛。1945年8月10日，美国建议以北纬38度线（即"三八线"）划分朝鲜半岛，苏联表示同意。[110] 苏联支持金日成的共产主义政权，而美国则支持李承晚的右翼政府的独裁统治。1948年，苏联和美国从朝鲜撤出了各自的军队，由于苏联在朝鲜已经放弃了被保护人及其飞机、坦克和一支军队，美国也拒绝向李承晚政权提供武装。1950年夏天，金日成的军队跨过"三八线"，迅速将韩国控制的版图缩小到釜山港周围的一片区域。联合国谴责这一行为，并派出了一支由美国领导的多国部队在釜山登陆。驻日盟军最高司令道格拉斯·麦克阿瑟（Douglas MacArthur）建议在距离首尔约 25 千米处的仁川登陆。这次行动是一次冒险，因为登陆地点并不是一片海滩，而是一片有着巨浪、激流且遍布花岗岩壁的潮汐区。此外，该计划要比太平洋战争中所有类似的军事行动都更紧迫，而且参加行动的美国军队缺乏训练。9 月 15 日，由 260 艘战舰（包括由征用的日本渔船改装成的坦克登陆舰）组成的小型舰队运载 13,000 名士兵在仁川登陆，其他部队也于 10 月在东海岸登陆。[111] 之后，中国军队在长津湖发起了大规模的反攻。12 月，一支由 10 万名士兵、17,500 辆车以及 350,000 吨物资组成的海军部队，在“进行了一次持续 2 周的两栖入侵”后从兴南撤离。[112] 除了这些军事行动以及由航空母舰为地面部队提供空中支援，海军在朝鲜战争中的作用十分有限。

尽管朝鲜战争通常被视为西方式民主国家与共产主义政权在冷战时期的一个插曲，但就其地缘政治学的背景而言，与 20 世纪下半叶的冲突相比，朝鲜战争与 20 世纪上半叶发生的冲突之间有着更多的相同特征。雅尔塔会议上对 1904 年现状的明确诉求和两栖作战的作用，将很快在华丽的辞藻和冷战时期的核计划之中被遗忘。但正如一位历史学家所说的：“‘远东全新的战略形势’的形成，并不是因为俄国对朝鲜感兴趣（其对朝鲜的兴趣已经持续了数 10 年），而是因为美国对朝鲜感兴趣。”[113] 这与美国人在战后自我强加的负担是一致的，这种负担始于对德国和日本的占领。不过，尽管美国担心自身卷入冷战时期遏制共产主义国家的各种冲突，以及需要在石油战争中保证中东石油的运输，其战后的负担依然在不断增加。

从克里米亚战争开始到朝鲜战争结束的一个世纪中，海军战争中技术和战术改变的速度和范围令人震惊。在几乎不到三四代人的时间里，自古代以来作为海战特征的木墙完全消失了。取代它们的，是从前难以想象的驱动装置、导航系统、精准而杀伤力强的武器，这些新生事物重新定义了海战的性质，扩展了舰队的作战范围与速度。这一转变既要求船员的招募方式、在岸上和海上的服役准备方式做出大规模改变，也让这些改变成为可能，而且专业化和职业化成为服役的口号。然而，与商船的情况一样，变化的步伐在 20 世纪 50 年代开始加快。到 20 世纪 50 年代后期，在两次世界大战中得到大力改进的战术和战略已变得过时，取而代之的是解决从核力量到不对称战争等新问题的理论。

第20章

20世纪50年代以来的海洋世界

20世纪初，一个国家的商船队与海军的规模是经济与军事声望的晴雨表，但到了21世纪初，情况就不是这样了，这时可以说，“世界航运业越来越多地在不考虑具体国家利益的情况下运作。”[1] 这种趋势出现的原因是多方面的，但简要的解释就是全球化，而航运业既是全球化的助产士，也是全球化的镜子，尤其体现在航运业对集装化运输和方便旗的接受上。本书的目标之一，就是分析在5,000年的文明史上和文明诞生之前的几千年中，航海者是如何培养跨文化相互依赖性的。就像在生活中的所有领域一样，进步是断断续续的，创造性、扩张主义的能量爆发会被较长时间的固定套路或者偶尔出现的收缩所打断。目前，我们正处于一个持续进行、充满活力的变革的时代。海洋技术、海上贸易、海上战争、海上探险以及海洋开发等方面的发展，在两三代人的时间里比有记录以来的任何时候都要多地改变了我们集体与个人跟海洋和海洋事业之间的关系。我们的互动被许多新的、有时还是之前难以想象的因素影响，这些因素包括从技术和法律制度到国际关系和军事力量的应用。

集装化时代的航运、船只与港口

人们对航海及其相关学科的态度发生转变的最明显原因，就是航运业在很大程度上从公众视野中消失了——由于自动化与效率的大幅发展、提高。今天，在全世界的国际贸易中共有约120万名船员，[2] 这也就意味着，占全球人口总数不到0.5%的人，覆盖在地球表面70%的海洋上，运送着全世界90%的货物。考虑到这些，航运业可以说是一种效率极高的产业。19世纪时蒸汽动力与钢铁的出现，极大地提高了经济的效率、可靠性、范围、速度以及武器的杀伤力。尽管船只的外形和船员的分配发生了变化，但无论是商船还是战舰都依然需要大量的人力。他们不再是在绳索上让风帆高挂，而是在甲板下的恶劣环境中担任锅炉工、加煤工和加油工。但船只仍然停靠在相同的港口，船上的船员像一千年来一样涌入水手城镇，世界各地海港的居民仍被来自大海和遥远地方的景象、气味及声音笼罩。现在情况已经不是这样了。

长期以来，船只能够承载的货物远远超过了非机械化或低技术含量的装卸系统能实际负担的，但20世纪50年代的装卸工基本上以与古代装卸工大致相同的方式从事同样的工作。起重机方便了成捆的各种货物在港口和船舱之间的搬运工作，但真正困难的工作是在甲板下摆放货物，这需要耗费体力，而且常常有危险，还总是很费时，这项工作让大多数船只在港口停留的时间与其在海上航行的时间相当。船舱中的货物通过码头所需的时间，通常与其通过大洋所需的时间相当。

1954年对“勇士号”（*Warrior*）货船的研究显示，船上运载了超过5,000吨的货物，共使用了194,582个盒子、纸箱、卷轴、桶等包装以及53辆汽车。[3]这些货物被运到布鲁克林的港口，那里停泊着1,100艘货船。装货共花费了6天时间（每天工作8小时），使用了价值超过5,000美元的绳索与软木，用于在甲板上及船舱中固定货物以保证安全。十天半之后，这艘船到达了不来梅港，那里的装卸工昼夜不停地工作，用了4天时间卸货。最后一批货物在一个多月之后才到达目的地，距离第一批货物从布鲁克林出发已超过了3个月。从布鲁克林到不来梅之间真正的海上航程，其花费只占全部运输费用的不到12%，超过一半的成本都花费在装卸货物上。

面对这种高成本和低效率的困境，美国的货车运输业大亨马尔科姆·麦克莱恩（Malcom McLean）买下了一家航运公司，于是他可以用船将自己的货车运到远方的港口，直到将货物运到最终的目的地。麦克莱恩认为可以通过去掉拖车（或集装箱）的轮子并将其堆叠起来以节省更多的成本，所以他于 1956 年购买了一艘超大型油轮，将其命名为“理想 – X 号”（*Ideal–X*），并将 58 个集装箱从新泽西州的纽瓦克运到得克萨斯州的休斯敦。[4] 每个集装箱装船花费的时间为 7 分钟，航程结束后，麦克莱恩发现货物装船的成本为每吨 16 美分，而同样的货物如果采用分散装运的方式，成本则为每吨 5.83 美元。在 20 世纪 60 年代集装化运输革命真正发生之前，比利时的研究者经过不断试验，发现 20 名工人在集装箱码头装卸 5,000 吨货物（约 165 个集装箱）所需的时间，与分散装运方式之下 100 名工人装卸 1,200 吨货物所需的时间相当。[5] 即便在其起步阶段，集装化运输所需的人力已经仅为分散装运方式的不到二十分之一。

提高货运效率并不是一个新出现的目标。早在 17 世纪，荷兰人就曾

20 世纪 40 年代，在新奥尔良的密西西比河畔，装卸工正在从船上卸货。尽管起重机已经部分实现了自动化，但装卸货物仍然是一项劳动密集型的工作。从画面上可以看到，在这艘并不算大的船旁边共有 13 名工人。在不到 20 年的时间里，商业航运的面貌就发生了令人难以预料的巨大变化，从新加坡码头的航拍照片中便可见一斑。（Courtesy of the Louisiana Digital Library.）

将福禄特帆船的货运加以标准化。200 年之后，短途渡船运载着满载货物的机车车厢穿过河流与湖泊。进一步的发展出现在 20 世纪 20 年代，在新奥尔良与哈瓦那之间的一条轮渡航线上，有 2 艘可以运载近 100 节机车车厢的船，并通过起重机进行装卸，但这种运输方式只存在于这条航线上。麦克莱恩的成功，源于他突破思维定式的创新，即无视所有船主认为自己已了解的船只知识。他本人其实对船只几乎一无所知，而且对其他领域也是一样，尽管这对其想法产生了巨大的影响。“麦克莱恩明白，降低航运成本并不能只靠一个铁箱子，而是需要一种全新的货运方式。这个体系中的每一个组成部分，包括港口、船只、起重机、仓储、货车、火车以及承运商的运作方式，都必须加以改变。”[6] 在不到一代人的时间里，这一切确实都发生了变化。

为了提高效率，必须建造“全蜂窝式集装箱运输船”，货舱中有一排垂直成行的吊窗，以保证集装箱整齐排列。直到许多年之后，才出现了对集装箱标准尺寸的国际统一规定，基本的规格是长 20 英尺，宽 8 英尺，高 8.5 英尺，即所谓的“标准箱”（TEU）。尽管最常见的规格是这一长度的 2 倍，但集装箱运输船的装载量通常是以标准箱为单位来衡量的，长 40 英尺的集装箱一般算作 2 个标准箱。装载量为 9,600 个标准箱的“新洛杉矶号”（*Xin Los Angeles*）的船体长 337 米，宽 46 米，在甲板上可以装载 18 排高 8 层的集装箱，甲板下的空间可以容纳 16 个并排，深度为 10 层的集装箱。（“新洛杉矶号”于 2006 年下水，是当时世界上最大的集装箱运输船，到 2013 年，在建最大的运输船的装载量已达到 18,000 个标准箱。）集装箱通过岸上的门座起重机进行装卸，将货车上运载的集装箱依次堆放到甲板上。在阿鲁巴岛的奥拉涅斯塔德这样的小型港口，那里的起重机每小时可以装卸 20 ～ 30 个集装箱，稍大一些的起重机的装卸效率能达到这一数字的 2 倍。而在一些效率最高的港口，多台起重机同时工作，以保证任何装载量的船只的装卸时间都能控制在 18 个小时之内。

集装化需要全新的岸边船只管理方式，并使得大都会港口迅速消失了。集装箱运输的目的地通常选在开阔而平坦的区域，以便为集装箱存放和货车停留提供充足的空间，并便于与高速公路和铁路连接。其中起到最重要作用的就是紧靠岸边的巨大的门座起重机，可以从宽 50 米的货轮的最远或最深的摆放位置上，装卸重达 30 吨的集装箱。为了保证集装箱的顺利摆放，船只、货车和火车必须进行精巧而适当的排列，使各个集装箱能够按照正确的顺序被放置在正确的交通工具上。船只的稳定性也是至关重要的，人们在运用计算机设计装卸方案时，需要考虑集装箱的重量（最重的一般放在最低处）以及卸货码头的位置，以决定每一个集装箱的排数、层数及位置。[7] 在装载多达 4,000 个集装箱的货轮上，这需要十分复杂而精密的计算。因此，集装箱码头与传统的码头已经完全不可同日而语，在新码头选址时，会避开人口密集的市区而选择相对偏僻的区域。[8] 然而，这些不断蔓延的物资分配中心缺乏城市生活中的便利设施，而且工人们只在港口工作几个小时，他们已经无法获得 20 世纪中叶之前传统港口的那种感觉。亚历山大港、泉州、威尼斯、巴达维亚、旧金山和里约热内卢，这些城市不仅是商业中心，同时也是人口密集之处。即使是那些作为通向更大规模城市的门户的港口，也发展出自身复杂的城市认同感，例如比雷埃夫斯和奥斯蒂亚。像纽约港的纽瓦克码头的伊丽莎白航运枢纽和英格兰北海沿岸的费利克斯托港这样的集装箱码头，其与传统码头之间的关系，十分类似郊区大商场与市区商业区之间的关系。而且二者之间还有着另外一种联系，即商场中的商品正是集装箱中运载的货物。

如果没有航运管理、关税优惠以及保险业当中各项规则与制度的彻底改变，集装化的发展也无法发挥其最大潜力。[9] 在国际联运的环境下，一个集装箱可能在某一个国家“塞满”货物，然后装上汽车或火车，经过一个或几个国家，被运到另一个国家的港口，然后装上货轮，跨海运到另一个国家，最后被车辆运到某个国家卸货。货物在每个国家的海关都要经过检查，从而减慢了运输的速度，这与提高贸易效率的初衷是背道而驰的，所以新的跨境运输方式出现了。如何避免集装箱中的货物出现损耗也是一个问题，由于封闭的集装箱在运输过程中要经过多次转手，因此很难判定谁应该为损失负责。海关人员会对货物进行强制性的检查，以防止走私、偷渡以及恐怖袭击（近几年新出现的现象），而承运商们对由此浪费的时间感到十分不满。这些行政规定看似是无法克服的障碍，但借助计算机的应用以及关于提单和保险的相关法案的修改，这些问题最终还是得以解决了。

尽管基本的延误并不是什么大问题，但由于集装箱时代的货运量十分巨大，因此例行的细致检查便成了一个无法忽视的拖延因素。2007 年，地理位置十分重要的新加坡港的吞吐量为 2,800 万个标准箱，比世界上其他任何港口都要多，其中有许多是由长距离航线（例如从澳大利亚到印度或中国）上的货轮运输的。[10] 这一数字超过了全世界集装箱总数的 10%，相当于欧洲最大的 4 个港口吞吐量之和的近 80%，超过了美国前三大港口吞吐量之和的三分之一。目前，世界上最为繁忙的长距离航线是北美与亚洲之间、欧洲与亚洲之间以及欧洲与北美之间的航线。[11] 由于巴拿马运河船闸的尺寸（长 320 米，宽 33.5 米，深 12.6 米）限制了大多数船只的最大尺寸，到 20 世纪 90 年代末，承运商们意识到，如果让货轮穿梭于大西洋和太平洋之上或来往于亚洲和欧洲之间，则可以获得更多的利润。因此他们开始订购"后巴拿马型"货轮，因为他们已经不再需要经过巴拿马运河了。

苏伊士运河自开通以来经过了多次拓宽，因此可以通行无法通过巴拿马运河的大型货轮。然而到了 20 世纪 60 年代，由于日本经济的发展和中东地区（全球最大的石油来源地）的战乱，新出现的巨型油轮已经无法通过苏伊士运河。从 1900 年到 20 世纪 60 年代，油轮的平均规模不到 20,000 净重吨（dwt），而中东地区与日本之间的原油运输催生了第一艘巨型油轮（简称 VLCC，总载重量最高可达 250,000 吨）。在 1967 年阿拉伯国家与以色列之间的"六日战争"之后，苏伊士运河封闭了 6 年之久，于是从波斯湾前往欧洲与北美的油轮不得不绕道好望角。为了抵消更长的运输距离所增加的成本，承运商们采取了规模效益的策略，开始订购更大的油轮。1968 年，世界上第一艘超巨型油轮（简称 ULCC，总载重量超过 250,000 吨）正式投入使用。有史以来最大的油轮是日本于 1979 年建造的"海上巨人号"（*Seawise Giant*），总载重量超过 555,000 吨，长 458 米，超过了西尔斯大厦的高度。集装化的发展催生了一批位置更为偏僻的新港口，由于巨型油轮与超巨型油轮的吃水线很深（有些要求龙骨以下的水深需达到 26 米），因此所能停靠和进行装卸的港口是十分有限的。[12] 在美国，唯一符合要求的是路易斯安那近海油港（简称 LOOP），位于墨西哥湾中的格兰德岛以南 18 英里处，其吞吐量占美国全国进口原油总量的近 10%。[13]

船只规模的扩大和往返速度的加快，是航运专业化发展趋势之下的必然结果，这一过程的起点便是货轮与客轮的区分。大宗散装货物的运输比分散运输的方式更容易出现创新，自动化设备的引入使散装货物（如谷物、煤炭、铁矿石等）的装卸效率得到巨大提升，而这种趋势早在 19 世纪就已经出现了。1839 年，双桅船"奥西奥拉号"（*Osceola*）第一次将一批散装的谷物从芝加哥运到纽约州的布法罗，并花了 1 周时间卸下了 1,678 蒲式耳的谷物（重约 53 吨）。[14] 今天，谷物通常会采用起重机进行卸货，效率能够达到每小时上千吨。欧洲的人口增长与经济发展，带来了对来自世界各地的农产品的巨大需求。谷物与羊毛的海上运输并不困难，而另一项新的发展则是船载冷藏设备的出现，最早由法国人于 19 世纪 70 年代应用在来自阿根廷、澳大利亚和新西兰的货轮上。船载冷藏设备的应用和逐渐完善，使得肉制品和乳制品可以被运到远在半个地球之外的市场。到 20 世纪初，装有冷藏设备的货轮（即冷藏船）也开始运输水果和鲜花，从其位于加勒比海和西非的产地运到欧洲和北美的市场。[15] 随着油轮的成功应用，承运商们也开始用油轮来运输液体化学品（被称为油罐货轮），随着冷藏设备的完善，也开始运输饮料与食品。20 世纪 70 年代，吉尼斯啤酒酿造公司开始使用一支货轮船队运输啤酒穿过爱尔兰海，"米兰达·吉尼斯号"（*Miranda Guinness*）在退役之后，开始转而在地中海从事酒与橄榄油的运输。[16]

在市场商机的刺激之下，船只的种类不断增多，规模不断扩大，数量也在不断增加。到 2010 年，全世界载重量超过 1,000 吨的货运船只的总数达到了 45,000 艘，是一个世纪之前的 2 倍。然而，航运业作为一个整体，却逐渐淡出了人们的视线，这似乎是十分矛盾的。不仅航运业的基础设施被移出了人口密集的中心城市，从事航运相关工作的人员数量也在减少。码头工人们担心，像“好运号”这种大型货轮的应用会使港口所需的工人数量大幅减少，而这几乎立即就成了现实。在集装化的发展趋势之下，分装运输的从业者们也面临着相似的困境。英国学者在一项研究中发现，截至 1970 年，每名工人每小时的工作效率提升了 18 倍，从 1.67 吨增加到 30 吨。我们无法得出全球的统计数字，但即便考虑到货物规模的急剧增长，各地的具体情况也不会相差太远。港口工人的数量在明显缩减，在美国东海岸，从 1952 年的 51,000 人缩减到 20 年后的 15,000 人；在英国，从 20 世纪 60 年代的 60,000 人缩减到 1972 年的 15,000 人；在澳大利亚，从 20 世纪 50 年代的 30,000 人缩减到 2000 年左右的 2,000 人。[17] 自 19 世纪以来，航运业的工会组织在捍卫工人权益方面曾经是最活跃、最激进也是最成功的。工会发展的巅峰时期也正是集装化趋势兴起之时，而工会所能做的也只是稍稍减慢了工人雇用规模缩减的速度而已。不过这种变化对于工人们留住自己的工作也并非完全没有起到任何积极作用。由于工作技术性要求的提高，工资也出现了一定幅度的提升，原来临时性的工作也被永久性的雇用方式取代。

“好运号”的码头工人如果能够看到“海上巨人号”这种载重量达到之前 200 倍之多的超巨型油轮，他们会很难相信船上只需要 40 名船员，仅比“好运号”上的船员多 10 人。人工需求量的缩减是一种普遍的趋势。在引擎室中以及甲板、帆船和桥梁上，自动化设备的应用导致了员工数量的锐减。通常，现代海船所需要的船员数量平均不超过 17 人，有些船舶设计师甚至在设计不需要任何船员的完全自动化的船只。同时，工会、政府及其他组织开始日益担忧工人失业、环境保护、船员情绪以及安全性等问题，而有些造船商和代理商认为这种用人标准设定得过高。总载重量为 61,875 吨的“杜鲁门总统号”（*President Truman*）集装箱货轮只需要 11 名船员，然而美国的联邦法规规定其船员数量不得少于 21 人。这种人员方面的经济性有利于改善船上的工作环境，降低遇到海盗时的损失，以及改善船员与岸上社群之间的关系。至于他们最终遇到了哪些人，我们就不得而知了。

方便旗

码头工人和水手们的工作条件和工资水平受到各国法规的影响。然而，由于船主们对方便旗日益增强的依赖以及全球劳工市场的出现，越来越多的水手开始在其他国家的船只上为其他国家的雇主工作。一直以来，船只都是靠悬挂国旗来获得所属国家的保护的，悬挂其他国家的国旗以获得外交特权也是一项古老的惯例。16 世纪时，法国允许外国船只悬挂其三色旗，在黑海的奥斯曼帝国的港口从事贸易。到 20 世纪，各国普遍接受了赋予外国船只以法律权利和保护的做法。[18] 船只登记的办法始于英国，最初是为了确定船只的所属地，及其是否符合《航海条例》的规定，能否在英国的各个港口从事合法的商品贸易。其他国家也开始采取这一做法，到 19 世纪，登记的主要目的是记录船只的技术数据以保证安全。登记内容包括船只的建造地点、船体材质、尺寸、动力、是否经过改装以及检验证明。但各国政府的侧重点各有不同，船主们可以利用这一点从中获利。

第一次世界大战之后，商船的数量开始供过于求，美国政府试图在已经饱和的市场上出售过剩的运力，并尽量避免伤害本国公司的利益。1922 年，6 名美国承运商被授予了巴拿马国旗。据曾经参与过这种交易的一名美国人的解释，“在巴拿马登记的主要优势，就是可以免去对锅炉、船体、船员的住宿条件及补给的经常性检查”，“我们几乎不受任何规定的限制，只需向巴拿马政府支付每吨货物 1 美元的登记费用和每年 10 美分的税”。[19] 由于承运商们涉足了跨太平洋的贸易，其主要竞争对手是日本船主，美国船主开始雇用悬挂巴拿马国旗的船只和中国与日本的船员，其工资水平比美国船员要低。通过雇用“德国的管理人员、古巴的消防员、西印度群岛的水手以及来自任何国家的人员”，在巴拿马登记的客轮“里莱恩斯号”（*Reliance*）与“雷索卢特号”（*Resolute*）的运作成本，要远低于雇用美国人所需花费的成本，尽管这是工会的要求。[20]（另一个因素是在禁酒时期，法院规定美国客船即使在国际水域也不准出售酒水。）尽管这两艘船不久之后便出售给了德国船主，不过其做法却成了悬挂方便旗以逃避烦琐的安全法规、国内税收以及劳工法限制的开端。

20 世纪 30 年代，越来越多的船只开始到巴拿马登记，尤其是在第二次世界大战开始之后，由于《中立法案》规定美国船只不得进入交战区域，从而使大量船队只得闲置，船主们想方设法逃避这一限制。到战争结束时，由于巴拿马国内政局的不稳定、美国劳工工会的抗争以及欧洲传统海上强国的反对，在巴拿马登记的船主们开始遭受损失。[21] 富兰克林・罗斯福与哈里・杜鲁门(Harry Truman)时期的美国国务卿爱德华・R. 斯特蒂纽斯（ Edward R. Stettinius ）为了利用这种不满情绪，同时也为了促进利比里亚的经济发展，开始推动在利比里亚建立登记制度，以此与巴拿马竞争。由斯特蒂纽斯的团队负责起草，加上埃索航运公司（埃克森公司的前身，拥有世界上最大的油轮船队之一）的律师们的积极推动，新的登记制度于 1949 年开始实行。悬挂利比里亚国旗的船只能够为船主们带来许多优惠和利益，他们不需要在利比里亚开办公司，也不需要雇用利比里亚的船员，而且所有登记船只都不受强制性的检查与控制。[22] 利比里亚政府还与斯特蒂纽斯建立的一家公司签订了协议，从每吨 1.2 美元的登记费中抽取 27% 的份额。到 1968 年，利比里亚成为世界上最大的船只登记国。

方便旗登记国的增加遭到了劳工工会和传统航运国家的持续反对，它们认为“船只、船员以及港口应遵从其所属国家法规的管理”。[23] 船主们强调，“方便旗”这一称呼容易引起误解，并认为这种登记制度其实是一种“必要旗”，应该以船只登记国家的法律为准。最终，双方达成了妥协。方便旗可以提供避税优惠，并允许船主从空前扩张的全球劳工市场中雇用船员（以发展中国家的船员为主）。[24] 截至 2000 年，菲律宾籍与印度尼西亚籍的船员与水兵（分别为 230,000 人和 83,500 人）占到全世界总数的近四分之一。然而，他们的处境大体相同：较低的工资，未受过良好的培训，很少有假期，长期与社会生活隔绝。[25] 其中最严重的一些问题在国际条约中有所体现，而劳工工会（尤其是国际运输工人联盟）也积极致力于消除虐待现象，并争取更好的工作环境。

方便旗一直很少受到公众的监督，直到一系列的船难造成了严重的经济损失和环境污染，才引起了全世界的关注。1967 年，超巨型油轮“托利·卡尼翁号”（*Torrey Canyon*）在英格兰康沃尔附近触礁沉没，造成 123,000 吨原油泄漏，波及长 120 英里的英国海岸和 55 英里的布列塔尼沿海区域。[26] 在处理事故时，责任追究变得十分复杂。船员来自意大利，这艘油轮则属于一家美国公司的利比里亚分公司，并拥有英国石油公司颁发的执照，而案件的原告则是英法两国。这场灾难也引发了公众的愤怒，然而悲剧于 1978 年再次发生，巨型油轮“阿莫科·加的斯号”（*Amoco Cadiz*）在距离布列塔尼海岸约 1 英里的地方沉没，距离“托利·卡尼翁号”的出事地点不到 100 英里。[27] 这场灾难毁灭了欧洲最大的渔场之一，并使人们开始关注巨型油轮的设计与操作。在 12 个小时之内，用于掌舵、牵引和抛锚的 3 个关键的独立部件便彻底失效，官方的调查显示，船上的结构与安全标准不符合巨型油轮的要求。

为了调节船主、船员、方便旗所属国家与港口之间的冲突，同时吸取相关事故的教训，国际海事组织（简称 IMO）制定了大量公约，涵盖了从船舶设计、安全标准到泄漏污染等几乎所有方面的问题。[28] 作为“托利·卡尼翁号”船难的直接结果，国际海事组织制定了《国际防止船舶造成污染公约》（简称 MARPOL），其中不仅涉及灾难性事故的处理，也包括轻微而慢性的污染，例如海上污水与垃圾的处理以及引擎排放造成的空气污染。《海员培训、发证和值班标准国际公约》（简称 STCW）为各类船员都设立了最低标准，其他公约中还规定了狭窄海域中应实行并遵守分道通航制，正如 19 世纪时马修·方丹·莫里已指出的那样。在 20 世纪 60 年代，英吉利海峡被分割地十分破碎，但随着“阿莫科·加的斯号”船难之后改革措施的推行，阿申特岛以西 30 英里处的三分之一的航道被划出供返航的油轮使用，并强制规定在布里多尼海岸留出宽阔的停泊位，从而使油轮在发生船难时能够拥有更多的“漂航时间”。

最为全面和有效的规定是《国际海上人命安全公约》（简称 SOLAS），最早于 1914 年为了处理“泰坦尼克号”的船难而制定。[29] 至今，该公约已经涵盖了船上作业、职业安全、医疗护理与生还者救助、船舶设计、消防安全、救生设备、无线电通信、航行规则、危险品与有毒物品运输等各个方面，以及针对核动力船只的特别规定。这些技术性极强的法律规定篇幅长达上万页，其作用和效果是十分惊人的。2005 年至 2008 年间，总吨位超过 100 吨的渡轮、游轮及其他商用船只每年平均运送旅客达 17 亿人次，而每年因事故所造成的死亡人数不到 1,000 人，在船上因事故而死亡的概率只有 160 万分之一。[30] 这一数字必定会令 19 世纪的旅行顾问凯瑟琳・勒杜和航海业改革者塞缪尔・普利姆索尔感到难以置信。

渔场与全球公共资源

在以上关于海上人员死亡的统计数字中并不包括渔民，他们当中的绝大多数都在载重量不超过 100 吨的船上工作，从事着世界上最危险的工作之一。19 世纪初，一名渔民的妻子对瓦特・斯科特爵士（Sir Walter Scott）说："你买的不是鱼，而是人命。"[31] 直到 19 世纪，捕鱼业仍是小规模的家庭产业，而且在世界各地分布十分广泛。即使是在美国这种已经实现工业化的国家，情况也是一样。以美国的捕虾业为例，许多独立的小业主以此为生，他们一年四季都会驾着自己的小船出海，有时会带着一两名桨手作为帮手，但大多数情况下都是一个人。在过去的一个半世纪中，捕鱼业经历的变化与其他海上产业一样多。一开始是蒸汽引擎的应用，然后是冰块（用于长期存放鲜鱼）贸易的发展及制冰人的出现，以及全新的、更加耐用的渔具的普及。在 20 世纪中，搜寻设备从声呐发展到探鱼飞机，而可以在海上停留几个月之久的大型捕鲸船的应用，使小型渔船的作用从捕捞变为了加工。在鱼类市场的全球化过程中，另一个同样重要的变化是喷气式飞机的应用，使鲜鱼可以在 24 个小时之内被运送到世界上的任何角落。

商业捕鱼使用的主要工具有多钩长线渔网、网板拖网、桁拖网以及大型围网。[32] 在人工操作的时代，这些工具的使用都需要大量劳力，尽管收获并不算太多，但渔业资源的发展是可持续的。然而，自第二次世界大战结束以来，工业捕鱼的规模迅速扩大，开始威胁渔业资源储量的稳定性。在 1972 年的一份档案中，记录了一名英国退休渔民的观察：

> 到（第二次世界大战）开始时，捕鱼仍是用老办法进行的……其中也出现了一些进步，不过总体而言，与加利利的时代相比并没有太大变化，因为漂网仍然是一种十分原始的捕鱼手段。把网撒出去之后，你只需要等着鲱鱼自己进网就行了……但我们当然不可能把所有的鲱鱼全部捕尽。我们只捕获了其中的一部分，其余的留着第二年再捕，这是个很好的主意……自战争结束以来，破坏性的捕捞开始出现。灾难就是从那时开始的。[33]

其中一项技术创新是尼龙渔具的使用，用尼龙材料制成的渔网和鱼线，可以比用自然纤维制成的长得多。今天的长线渔网的长度已经可以达到100公里，其中均匀地分布着一些短线渔网和饵钩。长线渔网一般是专门用来捕捉目标鱼类的，例如金枪鱼、剑鱼等远洋鱼类或居于海底的鳕鱼、黑线鳕等，但同时也会捕获大量的非目标鱼类及其他动物，包括鲨鱼、海龟和信天翁。对环境破坏更大的是拖网，其尺寸能达到一个足球场的宽度，从海底拖行而过，用于捕捞鳕鱼、扁鲨、青鳕和虾类。拖网通常被认为是破坏性最强的捕鱼方式，对海底环境的影响类似于对森林的彻底砍伐，其对珊瑚礁及其他海底生物的破坏也一直受到广泛关注。[34]

人们对鱼类的需求量的不断增长，成为近年来渔业迅速扩张的主要推动力，捕捞所得的鱼类当中有20%被制成鱼肉，有约7%则是一同被打捞的非目标鱼类，它们会被扔回海里，但往往是濒死状态或已经死亡。[35]自19世纪以来，科学家们一直在对渔业资源进行评估，近几十年来，联合国粮农组织开始牵头对全球的渔场进行监测，制定管理制度，建立禁止捕捞的海洋保护区，以保护濒危的海洋生物，并对可以使用的捕鱼设备加以限制。另一项措施就是严厉制裁非法的、未登记的、不受管理的捕捞，这对许多海洋生物的长期生存而言是最大的威胁。[36]对于商业船只而言，在处理那些渔场及其工作人员最难解决的问题时，最佳办法就是寻求国际合作，并达成了一系列关于公海捕捞的国际公约。例如，在《养护和管理公海跨界鱼类种群和高度洄游鱼类种群协定》中，[37]专门规定了对跨越各国专属经济区（简称EEZ，自海岸起200英里范围内的海域[38]）边界的鱼类，以及在各国专属经济区和公海之间进行季节性迁徙的鱼类的保护措施。这项协定旨在通过完善鱼类资源的统计方式，设定捕捞定额，建立区域性渔业组织以及相关规定的推行保障机制（包括登船检查的权力），来建立鱼类保护的制度基础。

渔业发展所带来的预期之外的结果，不仅仅体现在对环境的影响方面。更大的船只和更先进的设备的应用，使捕鱼业日益成为一种资本密集型产业，而大量个体渔民则逐渐被边缘化了，正如中世纪的水手们从船主的合作伙伴变成其雇员一样。传统的捕鱼业一直是一种家庭产业，各个成员按照固定的份额分配收入，并分担相应的成本投入。[39] 而现在，许多渔民已经变成了船主的雇员，而船主只是以投资者的身份参与而已。捕鱼业从业者的生活十分不稳定，因为政府常常会出台各种规定，对捕鱼设备提出要求（例如要求减少误捕的数量），并限定捕捞量的上限，甚至封闭一整片海域而不准渔民入内，从而导致渔民们失去生计。美国和加拿大的例子可以提供一定的启示。在 20 世纪 60 年代，一些包括捕鲸船在内的外国船队进入了缅因湾，破坏了黑线鳕、鲱鱼和鳕鱼的登陆区域。在美国，国会立法禁止外国渔船在专属经济区内作业，但这只是一种政治的而非科学的解决办法，对于减轻本国渔民对渔业资源造成的压力则起效甚微。同样，加拿大的鳕鱼资源也出现了急剧减少，于是加拿大政府于 1996 年下令禁止捕捞鳕鱼，从而造成了 20,000 ～ 30,000 人失业。[40] 此时距离马修 · 卡伯特（Matthew Cabot）发现北美丰富的鳕鱼资源并引发了欧洲人的开发热潮尚不到 500 年。

美国政府能够规定并推行其在本国专属经济区中的权利，而这是由于美国是世界上的超级强国。而绝大多数中小国家（包括索马里这种失败的国家，其中央政权于 1995 年崩溃）的公民，却没有这样的选择余地。外国船队利用索马里国内出现混乱的这一机会，纷纷前往索马里沿海进行捕捞，甚至进入其领海范围之内，从而侵占了沿海地区居民赖以为生的资源。[41] 当地渔民得不到本国海岸护卫队的保护，也得不到来自国际社会的支持，于是开始劫掠外国船只及其船员并索要赎金。这种惩罚性的海盗活动很快就触及了当地军阀、恐怖组织以及其他在海上肆意劫掠各类船只（包括集装箱运输船、油轮、游轮及私人游艇，且不论其悬挂的是哪个国家的国旗）的势力的利益。这一现象已经明显构成了犯罪，而造成这一现象的原因便是非法捕捞，已经成为危害全球公共资源安全的一大威胁。

核时代的全球舰队

《国际海上人命安全公约》对核动力船只的规定在该公约中的应用范围是最狭窄的，但制定这些规定是对战后时代最先进的技术成果所做出的反应。核动力船只在美国和苏联几乎同步发展，在美国是由海曼 · G. 里科弗（Hyman G. Rickover）推动的。1946 年，美国原子能委员会在田纳西州的橡树岭建立了核反应堆，作为一名海军军官的里科弗最早开始考虑将核动力作为战舰的驱动力。里科弗身兼原子能委员会和海军船舶局两个核动力机构的主管，制定了世界上第一艘核动力船只“鹦鹉螺号”（USS *Nautilus*）核潜艇的建造计划，该潜艇于 1955 年开始服役。[42]

核燃料相对于煤的一个优势便在于，它是通过原子裂变而不是通过燃烧生热再产生蒸汽来提供能量的。核潜艇不需要氧气，几乎可以无限期地潜在水下。1960 年，美国潜艇“海神号”（USS *Triton*）完成了首次环球航行，在不到 61 天的时间里航行了 27,723 英里。核动力也引起了苏联的注意，因其一直依赖海洋运输前往资源丰富但几乎不可逾越的北西伯利亚地区。由于核燃料的效用能够持续 10 年甚至更久，因而可以免于定期提供储存在冰封港口内的燃料，这些港口距离海洋与距离陆地几乎同样遥远。而且，核动力也使更快、更强大的船只的建造成为可能。第一艘核动力水面舰艇是苏联破冰船“列宁号”（*Lenin*），在“鹦鹉螺号”核潜艇出现的 2 年后下水。[43] 1960 年，“列宁号”为定期往返于迪克森和杜金卡两个港口之间的商船开道，使北方海洋航线的航行季节从 2 个月延长到了 10 个月。1977 年，苏联核动力破冰船“北极号”（*Arktika*）成为第一艘到达北极的水面舰艇。19 年后，美国的“鹦鹉螺号”核潜艇穿越了北极。由于气候变化，海洋冰川不断后退，俄国托运商希望在欧亚之间开辟一条更短的东北航道。与经过苏伊士运河的长达 11,000 英里的航线相比，这条东北航道的长度仅为约 6,750 英里。

公众对核动力船只一直心存疑虑。除了苏联的破冰船队，只有 4 艘核动力船只应用于非军事领域，其中有 2 艘是实验船。但是，各国的海军和政府并不受公众感情的控制。1966 年至 1967 年间，一次核事故造成“列宁号”上的 30 名工作人员死亡，这一事实隐瞒了数十年，而苏联在缺乏监督的情况下继续建造核动力破冰船。另外，除了 35 艘核动力水面舰艇（包括 11 艘美国航空母舰），又有将近 500 艘核潜艇已经建成，而且几乎都是由苏联和美国建造的。尽管运营收益与核动力密切相关，但这些舰队之所以更出名，并不是因为其推进装置，而是因为其核武器。这些核武器能够使它们凸显出压倒性的力量，在某些情况下，可对数千英里外的目标进行打击。核时代的海军战略几乎与以前的一切完全背离。当美国和北大西洋公约组织（简称 NATO）在维护世界贸易（尤其是石油贸易）并阻止苏联对欧洲或美国发动袭击时，关注焦点不久便转移到发展常规弹道导弹上面。到 20 世纪 90 年代，常规弹道导弹的射程已超过 6,000 英里，潜艇在本质上已经成为移动的导弹发射基地。

潜艇的功能并不止于此。过去，设计“潜艇”是用来对付其他潜艇和水面舰艇的，但是自第二次世界大战结束以来，在公海上很少发生舰队交战，其中最重要的是 1982 年英国和阿根廷争夺马尔维纳斯群岛的战争。这场战争中最致命的遭遇战，就是二战时代的轻型巡洋舰“贝尔格拉诺将军号”（*General Belgrano*）被英国皇家海军的核潜艇“征服者号”（HMS *Conqueror*）发射的一枚鱼雷击中而沉没。一直以来，大多数海上作战都依赖陆上作战的支持，这一点在越南战争中体现得尤为明显。美国先后在 1990 年和 2003 年入侵伊拉克，在 2001 年入侵阿富汗，在这些战争中，战舰和潜艇发射导弹，航空母舰针对内陆目标发动打击，以支持地面部队。在本质上，这印证了葡属印度的首任总督弗朗西斯科·德·阿尔梅达提出的战略：“您所有的兵力都应该部署在海上……如果您不够强大，那么陆地上的堡垒也起不到什么作用。”[44]

正如 16 世纪的葡萄牙那样，美国舰队的作用在于展现实力与保护贸易，而不是与实力相当的舰队作战，因为不存在能与之相匹敌的舰队。美国海军拥有 11 艘航空母舰，与全世界其他所有国家海军拥有的航空母舰的总数相同。2012 年，美国海军的预算高达 1,760 亿美元，大约是世界第二大军事力量（包括海军、陆军和空军）预算的 2 倍，美国海军比世界上其他任何国家的海军都要强大得多。然而就其海外资产而言，在最近若干年中，事实证明美国海军在发挥历史上与海军相关的力量方面（甚至包括消除海盗活动这类事情）是极其低效的。这部分是由于美国海军的构成不适合这种任务，部分则是因为国际法的变化。后冷战时代的世界不再被双边关系紧张的、具有全球野心的民族国家所包围，与之前 350 年中的情况已经不同。在全新的尊重环境、安全与主权国家权利和责任的多边海上协定的框架下，即使是美国这样的超级大国，也无法通过共同承担责任来保证安全。主权国家这种政体反映了一种不断增长的共识，即海洋是全球公共资源。

国际法框架内的合作得到了许多海军实力不及美国的国家的积极支持，但这并不是马汉的“压倒性海权”与青年学派的“弱者战略”之间争论的翻版，因为这已经超出了海军在传统冲突中的应用。美国海军上将迈克尔·马伦（Michael Mullen）最明确地表达了这种观点，他在 2005 年召开的一次国际海军研讨会上指出：“当我们将优势结合在一起时，我向往一支拥有 1,000 艘战舰的海军，一支正在形成中的舰队，成为世界上所有热爱自由的海军中最强大的一员……这支拥有 1,000 艘战舰的海军将整合海上服务的能力，创造一支完全可以共同操作的力量，即一座海上的国际城市。所以，这需要一种全新的或不同以往的海上强国的形象。”这一点在由美国海军、海岸警卫队和海军陆战队共同达成的一份联合战略文件中得到了进一步表达，该文件集中在“由贸易、金融、信息、法律、民众与治理构成的相互依存的网络”方面，这对于国家利益而言是至关重要的。[45]

美国海军的构成类似于前一个时代的舰队，这部分地反映了这样一个简单的事实，即海军舰艇（以及海军学说）的寿命可以持续数十年。即使国内反对派没有放下这些军事、工业和国家实力的明显标志来支持更适合国家需要的舰队，它们也将存在很长一段时间。马伦的话是否就是要建造 1,000 艘战舰，这依然有待观察。只要美国拥有一支舰队，并能够在展现其军事力量的过程中安然无恙，我们就难以说服其他强国不要与美国海军竞争，不论现在还是未来。美国将接受一个更高水平的竞争平台，这一点同样是不明显的。但这有利于使美国和其他国家考虑打造一支多国的“拥有 1,000 艘战舰的海军”在政治和外交方面的可行性，因为海上最大的威胁（包括走私、海盗活动和过度捕捞）是无国籍的犯罪，而不是政治方面的。不管其来源如何，正如马伦所说：“挑战是多种多样的，因此无法单独解决，而是需要比任何单个国家所能提供的还要多的能力和资源。”[46]

过去半个世纪的世界历史，是由无数力量推动的具有无与伦比活力的历史，各种形式的海洋事业就是其中的一种重要力量。如果我们以经济扩张和机械效率作为衡量标准，那么这个故事提供了一个关于进步的直接叙述。几千年来，海上贸易量从零发展到 1970 年时的每年超过 26 亿吨。在此后的 40 年中，这一数字已经增加了 2 倍多，达到超过 80 亿吨，[47] 同时，船只变得比以前更大、更快，但比以往任何时候都更加安全。在此过程中，海洋事业加速了全球化，而海洋事业自身也实现了全球化。大多数船只及其船员变得几乎都默默无名，被方便旗剥夺了国籍身份，并且因为被转移到了其服务的港口边缘的工业荒地而淡出了人们的视线。

有些人说，这样的变化已经使海上世界的浪漫与诱惑消失了。但对许多人而言，海上经历中从来没有浪漫——有的是或许在一片新土地上获得更好生活的指望，来自海外的好消息，或者仅仅就是收益。然而，海洋对奴隶、苦力、契约劳工以及一无所有的人来说是没有可指望的，来自不同文化的人都会痛斥海上贸易，因为它从海外运来了有害的外来人员、观念、致命的瘟疫以及残忍的敌人。同时我们也逐渐知道，尽管海洋是变化无常、无情的，它还是一个脆弱的环境，容易受到人类掠夺的伤害，其规模之大是我们的祖先无法想象的，就像我们为使海洋变得如此而创造的船只和其他技术一样。

航海是人类最古老的集体追求之一，拜占庭历史学家乔治·帕西迈利斯（George Pachymeres）很好地总结了其益处：

> 航海是一件高贵的事情，对人类而言比其他任何事物都有用。它可以输出过剩的物品，并提供当前缺乏的东西，它使不可能成为可能，它将不同地区的人们连接在一起，它使每一座不适宜居住的岛屿成为大陆的一部分，它将新知带给那些远航者，它改善了举止，它为人们带来和谐与文明，它通过把人们身上最人性的东西聚集在一起来巩固他们的本性。[48]

海洋事业的益处并不像帕西迈利斯所说的那样是平均分布的，但是有充分的证据表明，大多数人都至少对这一乐观的评价表示默许。自他在 8 个世纪之前写下这些话以来，出现了关于海洋的全球意识，而且人们日益认识到，海洋史为我们认识世界历史和我们自己的历史提供了一个宝贵的视角。

注 释

引 言

1 Harding, "Organizational Life Cycles," 7.

2 "古典航海时代"这一说法来自一组论文的标题：John B. Hattendorf 编，*Maritime History*，vol. 2，*The Eighteenth Century and the Classic Age of Sail*（Malabar, FL: Krieger, 1997）。

3 Toynbee, "My View of History," 10, in Manning, *Navigating World History*, 41. 在同一脉络下，尼古拉斯·罗杰（Nicholas Rodger）指出，"海军史是少数几种学者们仍认为成功或失败可以通过明显的或隐晦的证据，以及民族特性的先天优势来解释的历史研究课题之一"。("Considerations," 118)

4 相关研究包括：Mookerji, *Indian Shipping* (1912); G. A. Ballard, *Rulers of the Indian Ocean* (London: Duckworth, 1927); Hadi Hasan, *A History of Persian Navigation* (1928); K. M. Panikkar, *India and the Indian Ocean: An Essay on the Influence of Sea Power on Indian History* (London: Allen & Unwin, 1945); Hourani, *Arab Seafaring in the Indian Ocean in Ancient and Early Medieval Times* (1951); and Needham, et al., *Science and Civilisation in China*, vol. 4, pt. 3, *Civil Engineering and Nautics* (1971).

5 相关研究包括：Neal Ascherson, *Black Sea* (New York: Hill & Wang, 1995); Braudel, *The Mediterranean*; Paul Butel, *The Atlantic*, trans. Iain Hamilton Grant (London: Routledge, 1999); Nigel Calder, *The English Channel* (New York: Viking, 1986); K. N. Chaudhuri, *Trade and Civilization in the Indian Ocean: An Economic History from the Rise of Islam to* 1750 (Cambridge: Cambridge University Press, 1985); Charles H. Cotter, *The Atlantic Ocean* (Glasgow: Brown & Ferguson, 1974); Richard Hall, *Empires of the Monsoon: A History of the Indian Ocean and Its Invaders* (London: HarperCollins, 1996); Peregrine Horden and Nicholas Purcell, *The Corrupting Sea: A Study of Mediterranean History* (London: Blackwell, 2000); Paul Jordan, *North Sea Saga* (New York: Pearson-Longman, 2004); Milo Kearney, *The Indian Ocean in World History* (London: Routledge, 2003); Charles King, *The Black Sea: A History* (New York: Oxford University Press, 2004); Kirby and Hinkkanen, *The Baltic and North Seas*; Matti Klinge, *The Baltic World*, trans. Timothy Binham (Helsinki: Otava, 1995); Predrag Matvejevic, *Mediterranean: A Cultural Landscape* (Berkeley: University of California Press, 1999); Walter A. McDougall, *Let the Sea Make a Noise: A History of the North Pacific from Magellan to MacArthur* (New York: Basic Books, 1993); McPherson, *The Indian Ocean*; Palmer, *The Baltic*; Pearson, *The Indian Ocean*; Pryor, *Geography, Technology and War*; Himanshu Prabha Ray, *Archaeology of Seafaring: The Indian Ocean in the Ancient Period* (New Delhi: Pragati, 1999); Auguste Toussaint, *History of the Indian Ocean* (London: Routledge, 1966); and Villiers, *Monsoon Seas*.

6 In Jay, *Greek Anthology*, 7.639 (p. 195).
7 Quran 32:31.
8 Diamond, *Guns, Germs, and Steel*, 78, and 241, 313, 341–42, 359.
9 Roberts, *History of the World*, xiv.
10 Rodger, "Considerations," 128.

第 1 章 通向海洋

1 Ellmers, "Beginning of Boatbuilding in Central Europe," 11–12.
2 Jean-Louis Caro, *Journal*, in Bougainville, *Pacific Journal*, 200.
3 Cook, *Journals*, vol. 1, *Voyage of the Endeavour*, 154; Irwin, *Prehistoric Exploration*, 13–16.
4 Kirch, *On the Road of the Winds*, 238; Lewis, *We, the Navigators*, 16–17; and Irwin, *Prehistoric Exploration*, 13–16.
5 Kirch, *On the Road of the Winds*, 68.
6 Horridge, "Story of Pacific Sailing Canoes," 541.
7 Kirch, *On the Road of the Winds*, 68–69; Irwin, *Prehistoric Exploration*, 18–23.
8 Kirch, *On the Road of the Winds*, 88.
9 Ibid., 93–95, 209–10.
10 Ibid., 231, and an alternative scenario, 245.
11 Ibid., 170; Irwin, *Prehistoric Exploration*, 126–27.
12 Kirch, *On the Road of the Winds*, 97; Irwin, *Prehistoric Exploration*, 42.
13 Hornell, *Water Transport*, 253.
14 我借用了 Buck 在 *Coming of the Maori* 中的概述（5–7 页）；对这一相关传统的另一种解释，可参看 Walker，*Ka Whawhai Tonu Matou*，34–43 页。
15 Irwin, *Prehistoric Exploration*, 104–10.
16 例如，密克罗尼西亚联邦的 48 个岛屿的平均面积为 14.4 平方千米，但其中位数仅为 1.5 平方千米；面积超过 10 平方千米的岛屿仅有 6 个，超过 100 平方千米的仅有 3 个。
17 McGrail, *Boats of the World*, 342–45.
18 丹尼尔 · 笛福（Daniel Defoe）在《鲁滨逊漂流记》(*Robinson Crusoe*，1719 年）中写道："(在中国海上）似乎出现了持续的逆风，稳定地从东方吹来。"
19 Lewis, *We, the Navigators*, 196.
20 Ibid., 224–61; Genz, "Oceania," 146.
21 Lewis, *We, the Navigators*, 174.
22 Ibid., 173–79
23 Ibid., 312–26. "霍库勒阿" 的字面意思为 "欢愉之星"，即大角星。波利尼西亚航海协会提供了关于太平洋传统航海及船只制造的丰富信息。对太平洋船只制造最完整的介绍仍是 Haddon 和 Hornell 的 *Canoes of Oceania* 一书。McGrail 的 *Boats of the World*（311–345 页）则更易得且较新。
24 "Pius Mau Piailug."
25 McGrail, *Boats of the World*, 324–26.
26 Ibid., 338; Kirch, *On the Road of the Winds*, 109–11.
27 Fladmark, "Routes" ; Erlandson et al., "Kelp Highway Hypothesis."
28 Arnold and Bernard, "Negotiating the Coasts," 110.
29 Carvajal, *Discovery of the Amazon*, 99.
30 Moseley, *Maritime Foundations of Andean Civilization*, 7–17.
31 Moseley, *Incas and Their Ancestors*, 47.
32 Stanish, "Origins of State Societies in Ancient Peru," 45–48.
33 Zeidler, "Maritime Exchange in the Early Formative Period," 252.
34 Mann, 1491, 280–311.
35 Carvajal, *Discovery of the Amazon*, 199.

36 Ibid., 201.
37 Ibid., 218.
38 Callaghan, "Prehistoric Trade Between Ecuador and West Mexico," 798.
39 Coe, "Archaeological Linkages," 364–66; Anawalt, "Ancient Cultural Contacts."
40 Shimada, "Evolution of Andean Diversity," 430–36.
41 Edwards, *Aboriginal Watercraft*.
42 Salazar de Villasante, in ibid., 62.
43 Jorge Juan y Santacilia, *Relación Histórica del Viage a la América Meridionel* (1748), in Edwards, *Aboriginal Watercraft*, 73–74, and n. 33. 桑塔希里亚是西班牙海军的主要缔造者，他的两卷本造船专著 *Examen marítimo, theórico práctico*...（1771）在50 年中曾多次重印。See Ferreiro, *Ships and Science*, 272–75.
44 Callaghan, "Prehistoric Trade Between Ecuador and West Mexico," 801–3.
45 Chapman, "Port of Trade Enclaves in Aztec and Maya Civilization," 131–42.
46 Epstein, "Sails in Aboriginal Mesoamerica."
47 Allaire, "Archaeology of the Caribbean Region," 711–12.
48 Colón, *Life of the Admiral Christopher Columbus*, chap. 89 (pp. 231–32).
49 Wheeler et al., "Archaic Period Canoes."
50 McGrail, *Boats of the World*, 172–80.
51 Fisher, "Northwest from the Beginning of Trade," 120–24.
52 DeVoto, *Journals of Lewis and Clark*, Nov. 4, 1805 (p. 275).
53 McGrail, *Boats of the World*, 172.
54 DeVoto, *Journals of Lewis and Clark*, Nov. 4, 1805 (p. 276); Ames, "Going by Boat," 27–28, 31–32.
55 DeVoto, *Journals of Lewis and Clark*, Feb. 1, 1806 (pp. 316–17).
56 Chapelle, "Arctic Skin Boats," 174–211.
57 Snow, "First Americans," 186–93.
58 Martin Pring, "A Voyage … for the discouerie of the North part of Virginia," in Quinn and Quinn, *English New England Voyages*, 222.
59 Adney and Chapelle, *Bark Canoes and Skin Boats*, 14–15, 29.
60 McPhee, *Survival of the Bark Canoe*, 50.
61 Ibid., 21.
62 Adney and Chapelle, *Bark Canoes and Skin Boats*, 135.
63 Fernando Librado, in Hudson et al., *Tomol*, 39.

第 2 章 古埃及的河流与海洋

1 In Jenkins, *Boat Beneath the Pyramid*, 53.
2 In Lipke, *Royal Ship of Cheops*, 2.
3 Wilkinson, *Early Dynastic Egypt*, 346–60.
4 Montet, *Everyday Life in Ancient Egypt*, 173, note.
5 Wilkinson, *Early Dynastic Egypt*, 58.
6 Ward, *Sacred and Secular*, 12. 现存的古埃及船只包括阿拜多斯的 14 件船体残骸、吉萨的 2 件（其中之一未发掘）、代赫舒尔的 5 件（或 6 件，其中 4 件分别在开罗、匹兹堡和芝加哥展出）、马塔利亚（邻近开罗）的部分船体残骸（公元前 5 世纪）以及利什特的造船木材。
7 Landström, *Ships of the Pharaohs*, 41, 94–97.
8 Hornell, *Water Transport*, 46, 49; Johnstone, *Sea-craft of Prehistory*, 10, 70.
9 Carter, "Boat-Related Finds," 91. 这件瓷盘展示的是双脚桅，而不是帆。
10 O' Connor, "Boat Graves and Pyramid Origins"; Pierce, "After 5,000-Year Voyage"; Ward, "World' s Oldest Planked Boats."
11 14 世纪时，伊本 · 白图泰写道："印度和也门的船只是用（线）缝合的，因为那片海（红海）中遍布暗礁，如果一艘船用铁钉固定，在撞到岩石时便会破碎，而如果它是用线缝合的，则具备一定的弹性而不会碎成片。” *Travels*, 4:827.

12　Ward, *Sacred and Secular*, 140.
13　Ibid., 124.
14　Severin，*Sinbad Voyage*，40 页：“库辛考亚（Kunhikoya）说我需要约 1,500 捆椰树皮绳来制造我所需的船。我计算了一下总长度，竟然达到 400 英里！这是十分惊人的，不过事实证明他说的没错。”
15　In Breasted, *Ancient Records of Egypt*, vol. 1, § 746 (p. 326).
16　Ward, *Sacred and Secular*, 6.
17　Jenkins, *Boat Beneath the Pyramid*; Landström, *Ships of the Pharaohs*; and Lipke, *Royal Ship of Cheops*.
18　In Simpson, *Literature of Ancient Egypt*, 17.
19　In Landström, *Ships of the Pharaohs*, 62.
20　Habachi, “Two Graffiti at Sehel,” 99. 其中一篇碑文中提到了“2 座巨大的方尖石塔，高度为 108 腕尺（57 米）”，每座石塔的重量可能达 2,400 吨，需要长 95 米、宽 32 米、满载排水量为 7,300 吨、吃水线为 3 米的驳船来运输。关于哈特谢普苏特女王的驳船的尺寸，可参看 Landström，*Ships of the Pharaohs*，129–130 页。
21　Pliny, *Natural History*, 36.14 (vol. 10:29).
22　Wehausen et al., “Colossi of Memnon and Egyptian Barges.” 巨像描绘了阿蒙霍特普三世（公元前 1410—公元前 1372），但后来希腊人认为巨像表现的是门农（埃塞俄比亚国王，在特洛伊被阿基里斯杀死）。See Casson, *Everyday Life in Ancient Egypt*, 141.
23　Herodotus, *Histories*, 2.96 (p. 119).
24　Ibid.
25　In Landström, *Ships of the Pharaohs*, 62. 古埃及人使用两种腕尺计量单位，一种为 1 腕尺等于 0.45 厘米，另一种皇家腕尺则 1 腕尺等于 0.525 米。Wachsmann, *Seagoing Ships*, 345n16.
26　In Pritchard, *Ancient Near East*, 1:259.
27　Ward, *Sacred and Secular,* 8–9.
28　In Breasted, *Ancient Records of Egypt*, vol. 1, § 322 (p. 148).
29　“Tale of the Eloquent Peasant,” in Simpson, *Literature of Ancient Egypt*, 25–44, esp. 33, 36. 马阿特（Ma ’at）是代表秩序和正义的女神。
30　In Breasted, *Ancient Records of Egypt*, vol. 2, § 341 (p. 143).
31　例如索福克勒斯（Sophocles）的《俄狄浦斯王》（*Oedipus the King*），ll.27–30（公元前 420 年）；柏拉图《理想国》（*Republic*），6.488（公元前 340 年）；贺拉斯（Horace）的《歌集》（*Odes*），1.14（公元前 23 年）；塞巴斯蒂安·布兰特（Sebastian Brant）的《愚人船》（*Das Narranschiff*，1494 年），以及惠特曼《草叶集》（*Leaves of Grass*）中为纪念林肯总统而作的《哦，船长，我的船长！》（*O Captain! My Captain!*），262–263 页。海洋史学家布雷纳德（Frank O. Braynard）为 1976 年的《航行指南》搜集传统帆船的资料，并以此促进国际亲善，他在解释自己的目的时写道，“我们都是地球这艘船上的海员”。
32　In Breasted, *Ancient Records of Egypt,* vol. 1, § 322 (p. 148).
33　In ibid., vol. 1, § 353 (p. 161).
34　Redford, *Egypt, Canaan, and Israel*, 22.
35　In Wachsmann, *Seagoing Ships*, 9. 巴勒莫石碑记录了一份法老的名单及其主要活动，时间为从前王朝时代到第五王朝中期。
36　Wachsmann, *Seagoing Ships*, 12–18.
37　Casson, *Ancient Mariners*, 17–18; Wachsmann, *Seagoing Ships*, 298.
38　In Wachsmann, *Seagoing Ships*, 238.
39　“The Shipwrecked Sailor,” in Simpson, *Literature of Ancient Egypt*, 52–53.
40　Wachsmann, *Seagoing Ships*, 18–29.
41　El-Sayed, “Queen Hatshepsut ’s Expedition.”
42　In Breasted, *Ancient Records of Egypt*, vol. 2, § § 260–65 (pp. 108–10).
43　Hydrographer of the Navy, *Ocean Passages of the World*, 89.
44　Wachsmann, *Seagoing Ships*, 298; Kuhrt, *Ancient Near East*, 169.

45 In Pritchard, *Ancient Near East*, 2:90–91.
46 Hornung, *History of Ancient Egypt*, 77, 90.
47 Casson, *Ancient Mariners*, 17, 20.

第 3 章　青铜时代的航海活动

1 Kramer and Maier, *Myths of Enki*, 3.
2 Dalley, *Myths from Mesopotamia: Epic of Gilgamesh*, tablet XI, p. 110.
3 Carter, "Boat-Related Finds," 89–91.
4 Agius, *Classic Ships of Islam*, 129–32; Hornell, *Water Transport*, 101–8.
5 Carter, "Boat-Related Finds," 91–99.
6 West, *East Face of Helicon*, 402–17.
7 Ferry, *Gilgamesh*, 62.
8 Ibid., 64.
9 In Potts, *Arabian Gulf in Antiquity*, 1:88.
10 In ibid., 1:183.
11 In Kuhrt, *Ancient Near East*, 48.
12 In Gadd, "Dynasty of Agade," 421.
13 Potts, Arabian Gulf in Antiquity, 1:165–67.
14 Deloche, "Geographical Considerations," 320; Ghosh, *Encyclopedia of Indian Archaeology*, 1:297, 2:257–60. 目前流行的观点认为，这片池塘是饮用水或灌溉用水的蓄水池，这种说法与历史上及当下的实践比较相符，但也存在很多问题。可参看 Leshnik 的 "Harappan 'Port' at Lothal" 一文，作者认定这片池塘是一个港口，从而认为 "洛萨尔是一个国际商业中心"，这一结论稍显草率。
15 Potts, "Watercraft," 135. 阿卡德语中的 "港口" 一词，后来指商业市镇或在域外寻求集体安全的商人团体。See Kuhrt, *Ancient Near East*, 92.
16 Cleuziou and Tosi, "Black Boats of Magan," 750–52. Vosmer，"Ships in the Ancient Arabian Sea"，236 页，及 2005 年 9 月 23 日的私人通信。
17 In Cleuziou and Tosi, "Black Boats of Magan," 747.
18 其尺寸为总长 13 米，吃水线处长 11.1 米，最长的横梁长 3.9 米，排水量为 10.5 吨。帆的面积为 45 平方米。人种学证据表明，古代造船者会根据船只的不同用途，将多种材料混入柏油中。See Vosmer, "Magan Boat Project," 51, 53.
19 Vosmer, "Building the Reed-Boat Prototype," 235.
20 Potts, *Arabian Gulf in Antiquity*, 1:145; Oppenheim, "Seafaring Merchants of Ur," 13.
21 Van de Mieroop, *Ancient Mesopotamian City*, 197–98.
22 Potts, *Mesopotamian Civilization*, 133.
23 In Potts, *Arabian Gulf in Antiquity*, 1:226.
24 Thucydides, *Peloponnesian War,* 1.4 (p. 37).
25 Liritzis, "Seafaring, Craft and Cultural Contact in the Aegean," 237–43; but see Wiener, "Isles of Crete? The Minoan Thalassocracy Revisited."
26 Wachsmann, *Seagoing Ships*, 83.
27 Doumas, *Wall-paintings of Thera*; Sherratt, *Wall Paintings of Thera*. Wachsmann 在 *Seagoing Ships*（86–122 页）中将所有场景都解释为仪式性的。关于 "边舵" 一词，可参看 Mott 的 *Development of the Rudder* 一书（6–7 页）。
28 Bass, "Bronze Age Shipwreck."
29 Pliny, *Natural History*, 5.35.131 (vol. 2:319).
30 Bass, "Cape Gelidonya" ; Bass, "Return to Cape Gelidonya" ; and Throckmorton, *The Sea Remembers*, 24–33.
31 In Breasted, *Ancient Records of Egypt*, vol. 3, §574 (p. 241).
32 In Wachsmann, *Seagoing Ships*, 343–44.
33 In ibid.
34 Sandars, *Sea Peoples*, 50.

35 In Redford, *Egypt, Canaan, and Israel*, 254.
36 Kuhrt, *Ancient Near East*, 387. 也有材料表明，时间为公元前 1191 年或公元前 1186 年。
37 In Redford, *Egypt, Canaan, and Israel*, 256.
38 In Simpson, *Literature of Ancient Egypt*, 142–55.

第 4 章 腓尼基人、希腊人与地中海

1 Aubet, *Phoenicians*, 12–16.
2 Ibid., 35–37.
3 Ezekiel 27:3.
4 Patai, *Children of Noah*, 136.
5 Thucydides, *Peloponnesian War*, 1.7 (p. 39).
6 1 Kings 5.
7 1 Kings 9:27, 22:48–49; 2 Chronicles 8:18, 20:34–37.
8 Isaiah 23:7.
9 Aubet, *Phoenicians*, 187–89.
10 Ibid., 187–89, 247–49.
11 Ibid., 240.
12 Ezekiel 27:12–25. See Tandy, *Warriors into Traders*, 66.
13 Polanyi, "Ports of Trade in Early Societies," 30, 33.
14 Evelyn-White, "Homeric Hymns to Pythian Apollo," l.219 (p. 341).
15 我要在此感谢 Jim Terry 的翻译。See Murray, *Early Greece*, 96; Powell, *Homer*, 31–32; and Tandy, *Warriors into Traders*, 203. 荷马史诗中的相关记载见《伊利亚特》, 11.745–58（317 页）。
16 Isaiah 23:8.
17 Homer, *Odyssey*, 14.321–34 (pp. 310–11).
18 Ibid., 14.512–14 (p. 316). 一般认为，塔弗斯是希腊西海岸外的一个岛。
19 Thucydides, *Peloponnesian War*, 1.5 (p. 37).
20 Casson, *Ancient Mariners*, 41–42, and figs. 11–12.
21 Homer, *Iliad*, 2.584–862 (pp. 115–24).
22 Ibid., 1.514–22 (p. 92).
23 Homer, *Odyssey*, 5.273 (p. 160). See Casson, *Ships and Seamanship*, 217–19, and Wachsmann, *Seagoing Ships*, 227, citing Homer, *Odyssey*, 9.382–88.
24 McGrail, *Boats of the World*, 126, 134–38.
25 Homer, *Odyssey*, 5.303–4 (p. 161). 昴宿星也被称作"七姐妹星"。
26 Ibid., 12.77 (p. 273). 伊阿宋的故事最著名的一个版本，就是公元前 3 世纪的《阿尔戈英雄纪》(*Argonautica*)，由阿波洛尼乌斯（Apollonius）编纂，他当时住在罗德岛，那是罗德岛作为商业和海上强国的巅峰时期。阿波洛尼乌斯后来成为亚历山大港图书馆的一名馆员。
27 一个有说服力的例子是，由于地震，古代的伊萨卡岛现在成了凯法洛尼亚岛上的帕里奇半岛，而现在的伊萨卡岛（伊萨基岛）则是古代的都利琴岛。See Bittlestone, Diggle, and Underhill, *Odysseus Unbound*.
28 Tandy, *Warriors into Traders*, 72.
29 Werner, "Largest Ship Trackway in Ancient Times."
30 King, *Black Sea*, xi–xii.
31 Tsetskhladze, "Did the Greeks Go to Cholcis for Metals?" "Greek Penetration of the Black Sea," and "Trade on the Black Sea."
32 Strabo, *Geography*, 7.4.4 (vol. 3:237).
33 对这条运河是否存在及具体时间的相关争论，可参看 Redmount，"Wadi Tumilat"。
34 Herodotus, *Histories*, 2.159 (p. 145).
35 Ibid., 4.42 (p. 229). See Lloyd, "Necho and the Red Sea."

36 Herodotus, *Histories*, 4.43 (p. 229).
37 Ibid., 4.196（尽管其中并未明确提及汉诺的名字）; Pliny, *Natural History*, 2.67.169 (vol. 1:305); and Arrian, *Indica*, 8.43 (vol. 2:433).
38 Pliny, *Natural History*, 2.67.169 (vol. 1:305); Avienus, *Ora Maritima*, 114–29, 380–89, 404–15.
39 Plato, *Phaedo*, 109b.
40 对此最全面的研究是 Morrison 与 Coates 的 *Athenian Trireme* 一书。对三桨座战船发展过程的另一种观点，可参看 Wallinga，"Trireme and History"。
41 Casson, *Ships and Seamanship*, 77.
42 Morrison and Coates, *Athenian Trireme*, 94–106; Casson, *Ships and Seamanship*, 281–96.
43 Whitehead, "Periplous"；Lazenby, "Diekplous."
44 Thucydides, *Peloponnesian War*, 1.142 (p. 121).
45 Herodotus, *Histories*, 5.97 (p. 317).
46 Ibid., 5.105 (p. 319).
47 Ibid., 6.95 (pp. 355–56).
48 Ibid., 7.49 (p. 391).
49 希罗多德提到的船只数量与我们所知的这些船只的尺寸相符。雅典海军在齐阿（邻近比雷埃夫斯）的战船停泊处能够容纳横梁长 5.4 米的三桨座战船。五十桨帆船更窄，2 艘并排也可以轻松通过达达尼尔海峡的最窄处。See Morrison and Coates, *Athenian Trireme*, 4–5.
50 Herodotus, *Histories*, 7.24 (p. 384). See Isserlin et al., "Canal of Xerxes."
51 Herodotus, *Histories*, 7.44 (p. 390).
52 Ibid., 7.141 (p. 416).
53 Ibid., 8.68 (p. 471).
54 Aeschylus, *Persians*, 316–430 (pp. 62–63).
55 Strauss, *Battle of Salamis*, 78–80, 104, 204.
56 Thucydides, *Peloponnesian War*, 1.93 (p. 90).
57 Ibid., 1.96 (p. 92).
58 In McGregor, *Athenians and Their Empire*, 92.
59 Thucydides, *Peloponnesian War*, 2.62–63 (p. 160).
60 Ibid., 7.87 (p. 537).
61 Xenophon, *History of My Times*, 1.6.24, 31 (pp. 82–83).
62 Ibid., 1.6.15 (p. 81).
63 Austin and Vidal-Naquet, *Economic and Social History*, 148–50, 360.
64 Ibid., 331.
65 Aristophanes, *Acharnians*, 547–55 (p. 34).
66 Pausanias, *Description of Greece*, 1.14.5 (vol. 1:75).
67 Thucydides，*Peloponnesian War*，8.72（579 页），Warner 将"nautichos ochlos"译为"在海军中服役的人"。See also Aristotle, *Politics* (4.1291), and Plutarch, "Themistocles" (19.4).
68 Plato, *Laws*, 706c (p. 1298).
69 Aristotle, *Politics*, 7.6.1327b (vol. 2:2106).
70 Demosthenes, "Against Aristocrates," 23.211 (vol. 3:361). See Millett, "Maritime Loans," 47. 关于法律与民众对雅典海上商人态度的讨论，可参看 Reed，*Maritime Traders in the Ancient Greek World*（43–61 页）。
71 Herodotus, *Histories*, 2.167 (p. 148).

第 5 章 迦太基、罗马与地中海

1 Arrian, *Anabasis of Alexander,* 1.20.1 (p. 85).
2 Ibid., 3.1.5 (p. 225).

3 Fraser, *Ptolemaic Alexandria*, 1:25–27; Strabo, *Geography*, 17.1.6–10 (vol. 8:23–43).
4 Herodotus, *Histories*, 7.158–61 (pp. 424–25).
5 Hagy, "800 Years of Etruscan Ships," 242–43, fig. 38; Casson, *Ships and Seamanship*, 70, and fig. 97; and Brendel, *Etruscan Art*, 271–73.
6 Herodotus, *Histories*, 1.166 (p. 66).
7 Diodorus Siculus, *Library of History*, 11.51 (vol. 4:257).
8 Herodotus, *Histories*, 7.165–66 (p. 426). See Green, *Greco-Persian Wars*, 120–22, 148–49.
9 Casson, *Ships and Seamanship*, 97–116. 关于古代人对桨帆船发展过程的理解，可参看 Pliny the Elder，*Natural History*，7.56.206–9 (vol. 2:645–47)。
10 Polybius, *Rise of the Roman Empire*, 1.23 (p. 66).
11 Ibid., 1.26 (p. 69).
12 Meiggs, *Trees and Timber*, 133–39.
13 Athenaeus, *Deipnosophists*, 5.203e–204d (vol. 2:421–25). 该书写于约公元 200 年，即事件发生 4 个世纪后。关于"四十人"战船的描述和图解，也见于 Casson 的 *Ancient Mariners*（131–133 页）和 *Ships and Seamanship*（108–112 页）。
14 Casson, *Ships and Seamanship*, 112–14.
15 Plutarch, Lives, "Demetrius," 43.5 (vol. 9:109). See Casson, *Ships and Seamanship*, 140n20.
16 Hocker, "Lead Hull Sheathing in Antiquity," 199.
17 Athenaeus, *Deipnosophists*, 5.206d–209b. See Casson, *Ships and Seamanship*, 184–99.
18 Polybius, *Histories*, 5.88 (vol. 3:219). See Casson, "Grain Trade," 73.
19 Polybius, *Histories*, 27.4 (vol. 6:495).
20 Gabrielsen, *Naval Aristocracy of Hellenistic Rhodes*, 86–89.
21 Polybius, *Histories*, 4.38 (vol. 2:395).
22 Ibid., 4.47–48 (vol. 2:415–27).
23 Saint Augustine, *City of God*, 4.4, in Pennell, *Bandits at Sea*, 18.
24 许多现代历史学家都持这种观点，而汤因比（Arnold Toynbee）则是一个例外，他指出："罗马帝国在后人的头脑中留下了这样一种印记，即它是一个通过修建和维持巨大的道路网络，来为其攻无不克的步兵提供机动性的陆权帝国。然而事实上，海权而非陆权，才是罗马帝国从意大利半岛扩张到整个地中海边缘的手段。" *Constantine Porphyrogenitus and His World*, 323.
25 Livy, *Rome and Italy*, 8.14 (p. 179). 关于集会场所中的讲台，可参看 Pliny the Elder，*Natural History*，16.2.8 (vol. 4.391–93)。
26 Salmon, "Coloniae Maritimae"；Thiel, *History of Roman Sea-power.*
27 Gellius, *Attic Nights*, 16.13.9.
28 Appian, *Roman History* (Samnite History), 7 (vol. 1:77).
29 Franke, "Pyrrhus," 475; Thiel, *History of Roman Sea-power*, 29.
30 Polybius, *Rise of the Roman Empire*, 1.63 (p. 109).
31 Appian, *Roman History* (Punic Wars), 14.96 (vol. 1:567).
32 Polybius, *Rise of the Roman Empire*, 1.20 (pp. 62–63).
33 Pliny, *Natural History*, 16.74.192 (vol. 4:513).
34 Frost, "Marsala Punic Ship"；Frost et al., *Lilybaeum (Marsala).*
35 Polybius, *Rise of the Roman Empire,* 1.22 (p. 65). "corvus"是希腊语中"korax"(乌鸦）一词的拉丁语翻译，古代的罗马人和希腊人都以此称呼这种装置。See Wallinga, *Boarding-Bridge of the Romans*.
36 Polybius, *Rise of the Roman Empire*, 1.23 (p. 66).
37 Ibid., 1.37 (p. 82).
38 Goldsworthy, *Punic Wars*, 116.
39 Casson, "Grain Trade," 82.
40 Polybius, *Rise of the Roman Empire*, 10.8 (p. 408).
41 Briscoe, "Second Punic War," 66.
42 Publius Sulpicius, in Livy, *Rome and the Mediterranean*, 31.7 (p. 28).
43 Livy, *Rome and the Mediterranean*, 35.32 (p. 216).

44 Errington, "Rome Against Philip and Antiochus," 284.
45 In Livy, *Rome and the Mediterranean*, 36.41 (p. 275).
46 Ibid., 37.31 (p. 308).
47 Habicht, "Seleucids and Their Rivals," 337.
48 Florus, *Epitome of Roman History*, 1.31 (p. 137).
49 Appian, *Roman History (Mithridatic Wars)*, 12.41 (vol. 2:311).
50 Ibid., 12.119 (vol. 2:471).
51 Plutarch, *Lives*, "Lucullus," 37.3 (vol. 2:595).
52 Cicero, *Pro Lege Manilia*, 12 (pp. 45–47).
53 Suetonius, *Twelve Caesars*, "Julius Caesar," 4, 74 (pp. 11, 40).
54 Cicero, *On Duties* (*De Officiis*, 3.107), in Souza, *Piracy in the Greco-Roman World*, 150; Coke, *Third Part of the Institutes*, 113. 当下使用这一说法的例子可见美国国务院新闻稿，"The Secretary and the Minister Agreed That Terrorism Is a Common Enemy of Mankind"。("U.S., Republic of Korea Hold Security Consultative Meeting," Nov. 15, 2001, http://www.pentagon.gov/releases/2001/b11152001_bt588-01.html.)
55 Suetonius, *Twelve Caesars*, "Julius Caesar," 19 (p. 16).
56 Plutarch, *Lives*, "Pompey," 76.3 (vol. 5:313). 法萨卢斯距爱琴海最近的入口 25 英里。
57 Welch, "Sextus Pompeius and the Res Publica," 37–41.
58 Suetonius, *Twelve Caesars*, "Augustus," 98 (p. 104).
59 Oleson, "Technology of Roman Harbors," 148. "火山灰"（pozzolana）一词来自意大利城市波佐利的现代名称。See Vitruvius, *De Architectura*, 5.12 (vol. 1:311–17).
60 D'Arms, *Romans on the Bay of Naples*, 109.
61 See Cicero, *Letters to Atticus*, 1.19 (p. 87), 1.20 (p. 95), and 2.9 (p. 137).
62 Pliny, *Natural History*, 9.79.168–69 (vol. 3:277–79); D'Arms, *Romans on the Bay of Naples*, 136–38.
63 D'Arms, *Romans on the Bay of Naples*, 134.
64 Suetonius, *Twelve Caesars*, "Nero," 34 (p. 227).
65 Juvenal, *Satires*, 12:75–79 (p. 243).
66 Suetonius, *Twelve Caesars*, "Claudius," 20 (p. 193). 这座方尖石塔现在位于罗马圣彼得大教堂前，重 322 吨（不包括底座）。Casson, *Ships and Seamanship*, 188–89.
67 Scrinari and Lauro, *Ancient Ostia*, 22–24.
68 Lucian, "The Ship or the Wishes," 5–6 (vol. 6:435–37). 其尺寸为长 55 米，横梁长 14 米，舱深 13 米。
69 Lucian, "The Ship or the Wishes," 9 (vol. 6:441). See Casson, "Isis and Her Voyage," 47–48, and *Ancient Mariners*, 208–9.
70 Acts 27–28.
71 McCormick, *Origins of the European Economy*, 87, 104–5, 108–10. 免费发放小麦的做法可以追溯到公元前 2 世纪，"面包与马戏"是由尤维纳利斯（Juvenal）于 1 世纪提出的。
72 Paulus, *Sententiae II*, xiv, 3, in Temin, "Economy of the Early Roman Empire," 144.
73 Suetonius, *Twelve Caesars*, "Claudius," 18 (p. 192). See Longnaker, "History of Insurance Law," 644–46.
74 Temin, "Economy of the Early Roman Empire," 137.
75 Tchernia, "Italian Wine in Gaul," 92.
76 Plutarch, Lives, "Pompey," 50 (vol. 5:247).
77 Seneca, *Natural Questions*, "Winds," 5.18.13–14 (vol. 2:121–23).

第 6 章　追逐季风

1 Rig Veda, 1.116.5 (p. 287).
2 Ibid., 1.25.7 (p. 61). See Hornell, "Role of Birds in Early Navigation."

3 *Kautilya Arthasastra*, 2.28.1 (vol. 2:162).《实利论》一书的作者和时间都存在争议，最早的成文版本可以追溯到约 2 世纪，但很有可能是以 5 个世纪之前的各种文献汇编为基础的。
4 Ibid., 2.28.8–9 (vol. 2:162).
5 Ibid., 2.28.13 (vol. 2:163).
6 Strabo, *Geography*, 15.1.46 (vol. 7:81).
7 *Kautilya Arthasastra*, 2.16.1–25 (vol. 2:127–29) and 3:176–79.
8 Ibid., 7.12.18–21 (vol. 2:360).
9 *Baudhayana*, 2.1.2 (Müller, Sacred Books, 14:217–18).
10 *Âpastamba Prasna*, 1.11.32.27 (Müller, *Sacred Books*, 2:98).
11 Pearson, "Introduction," pp. 17–18; Winius, "Portugal's 'Shadow Empire,' " 255.
12 Manu, *Laws of Manu*, xviii.
13 Ibid., 8.410 (p. 195); 8.157 (p. 169); 8.406–409 (p. 195). 获取利益是否合法，在印度教和佛教的传统中都是一个复杂的问题。一些早期经典认为，这是一种比堕胎和杀死一名婆罗门更为严重的罪恶，尽管平民是可以营利的，但管制直到中世纪才放松。See Sharma, "Usury in Early Medieval Times."
14 Major Rock Edict XIII, in Thapar, *Early India*, 181.
15 In Tripati, *Maritime Archaeology*, 29.
16 Salomon, "On the Origin of the Early Indian Scripts," 278.
17 Aryasura, *Once the Buddha Was a Monkey*, 96, 98. 其梵文版本可追溯到公元之初的几个世纪，据巴利文版《苏帕拉迦本生经》写成。(Cowell, *Jataka*, vol. 4:86–90).
18 In Levi, "Manimekhala," 603–5. See "Mahajana-Jataka," in Cowell, *Jataka*, 6:21–22).
19 In Levi, "Manimekhala," 603.
20 In ibid., 599.
21 In ibid., 603–5.
22 In Pritchard, *Ancient Near East*, 1:208.
23 Arrian, *Indica*, 8.41 (vol. 2:427).
24 Redmount, "Wadi Tumilat." See above, chap. 4.
25 Herodotus, *Histories*, 4.44 (p. 230).
26 Arrian, *Indica*, 8.20–21 (vol. 2:363–67). 阿里安（及斯特拉波）利用了一份尼阿库斯关于印度的已失传的记录。
27 Somerville and Woodhouse, *Ocean Passages for the World*, 82–88, 117–27.
28 Arrian, *Indica*, 19 (p. 363). 在古代，帕斯底格里斯河直接注入波斯湾，而今天的卡鲁恩河则汇入阿拉伯河。
29 In Salles, "Achaemenid and Hellenistic Trade," 260. 最早提及肉桂与桂皮的记载（7 世纪之前）所指的并不是来自印度、东南亚和中国的肉桂与桂皮，而是原产于阿拉伯半岛南部和东非的野生灌木。See Crone, *Meccan Trade*, 253–64.
30 Polybius, *Histories*, 13.9 (vol. 4:427).
31 Pliny, *Natural History*, 6.152 (vol. 2:453). See Potts, "Parthian Presence," 277.
32 Salles, "Achaemenid and Hellenistic Trade," 256; Casson, *Periplus*, 180.
33 Agatharchides, *On the Erythraean Sea*, 101c (p. 164, note "m").
34 Ibid., 103a (p. 167).
35 阿加塔尔齐德斯的著作都没有留存下来，但其中的一部分曾被狄奥多罗斯 · 西库路斯（Diodorus Siculus）、斯特拉波和佛提乌（Photius）转录，并编入《红海》一书。
36 Agatharchides, *On the Erythraean Sea*, 104b (p. 167).
37 法显《佛国记》, chap. 38 (p. lxxiv)。
38 Sidebotham, "Ports of the Red Sea," 27.
39 托勒密的象军使用的是非洲森林象，比印度象和更著名的稀树草原象、非洲象稍小。See Agatharchides, *On the Erythraean Sea*, 10n2.
40 Peacock and Blue, eds., *Myos Hormos-Quseir al-Qadim*, 1–6.
41 Agatharchides, *On the Erythraean Sea,* 85b (pp. 141–42).
42 Ibid., 105a (p. 169).
43 Strabo, *Geography*, 2.3.4 (vol. 1:377–79).
44 Plutarch, *Lives*, "Antony," 69.3 (vol. 9:295–97). 普鲁塔克似乎描述了一条从地中海到

红海的南北通道，长度近 200 千米，而古代东西方之间运河的长度约为 60 千米。

45 Strabo, *Geography*, 16.4.23 (vol. 7:357).

46 Ibid., 2.5.12 (vol. 1:455); 17.1.13 (8:53); 2.3.4 (1:381).

47 Casson, *Periplus*, 39–41.

48 Wendrich et al., "Berenike Crossroads," 70.

49 Sedov, "Qana,' " 26n12.

50 Wheeler, *Rome Beyond the Imperial Frontiers*, plate 15 and p. 163.

51 Weerakkody, *Taprobanê*, 51–63.

52 Dio Chrysostom, *Discourses*, 32.36 (vol. 3:207).

53 Casson, "New Light on Maritime Loans" ; Young, *Rome's Eastern Trade*, 55–57.

54 In Young, *Rome's Eastern Trade*, 58–59. 对这份契约的翻译及讨论见 55–57 页，及 Casson，"New Light on Maritime Loans"。

55 Pliny, *Natural History*, 6.26.101 (vol. 2:417). 关于罗马人的净资产，可参看 Duncan-Jones，*Economy of the Roman Empire*，1–32 页及 146 页。部分奴隶可以卖出远高于平均值的价格，已知最高的价格是用 70 万塞斯特斯购买了一名文学教师。

56 Tacitus, *Annals*, 3.53 (p. 141).

57 Ray, "Resurvey of 'Roman' Contacts," 100–103.

58 Ray, "Yavana Presence," 98–100.

59 Ilanko Atikal, *Tale of an Anklet*, 2.94 (p. 32) ;chap. 4.

60 Ilanko Atikal, *Tale of an Anklet*, 6.148–54 (p. 62).

61 Uruthirankannanar, *Pattinappalai*, 213, 246–53 (pp. 39, 41).

62 Shattan, *Manimekhalaï*, § 16 (p. 66).

63 Cosmas, *Christian Topography*, 365–66. 尽管科斯马斯对印度洋贸易的记载十分宝贵，但他提供了许多奇怪的证据（132 页及 252 页），证明地球并非如异教徒哲学家和许多基督徒所说的那样是一个球体，而是平的。这种观点从未成为主流，中世纪经过思考的人们一般都认为世界是圆的。19 世纪的达尔文主义者宣扬了这样一种观念，即他们持有不同的想法，并揭露基督教会对科学的敌意；但"地球是平的"这一观念对航海、探险等方面的发展并无影响。See Jeffrey Burton Russell, *Inventing the Flat Earth: Columbus and Modern Historians* (New York: Praeger, 1991).

64 Whitehouse, "Sasanian Maritime Activity," 342–43.

65 "阿尔巴林"这一名称在"从科威特的卡兹玛经（沙特阿拉伯的）哈萨省，直到大概通向卡塔尔的某地之间的海岸地区"使用，与巴林岛区别开来，早期阿拉伯作家称巴林岛为"阿瓦尔"（Awal）。See Wilkinson, "Sketch of the Historical Geography of the Trucial Oman," 347n1.

66 Weerakkody, "Sri Lanka Through Greek and Roman Eyes," 168.

67 Cosmas, *Christian Topography*, 368–70.

68 Wink, *Al-Hind*, 1:47.

69 Christides, "Two Parallel Naval Guides," 58.

70 Procopius, *Persian War*, 1.20.1–2 (vol. 1:193).

71 Rig Veda, 1.116.5 (p. 287).

72 In Levi, "Manimekhala," 601.

73 Villiers, *Monsoon Seas*, 82–83. 维里叶尔斯并没有提供他所乘船只的尺寸，但他称自己在桑给巴尔岛见到的一艘长 42 米的布姆船"十分巨大"。

74 In Ray, "Resurvey of 'Roman' Contacts," 100.

75 Johnstone, *Sea-craft of Prehistory*, 214–15; McGrail, *Boats of the World*, 292, 326.

76 Casson, *Periplus*, 15–16; § 7, 27; § 15; § 60; § 44.

77 In Chakravarti, "Early Medieval Bengal and the Trade in Horses," 206. Deloche, "Iconographic Evidence," 208–9, 222; Islam and Miah, "Trade and Commerce" (*trapyaga*); Manguin, "Southeast Asian Shipping," 190 (*Kolandiophonta*); Mariners' Museum, *Aak to Zumbra*, 330–31 (*kotia*), 508 (*sangara*); Ray, "Early Coastal Trade in the Bay of Bengal," 360ff., and *Monastery and Guild*, 117–19 (*kolandiophonta, kottimba, and sangara*).

78 In Wolters, *Early Indonesian Commerce*, 43. 关于航行的时间，可参看 Casson，

Periplus，289–290 页。

79 对该时期及之后关于印度船只匮乏的图像证据的总结，可参看 Deloche，“Iconographic Evidence”。

80 Aryasura, *Once the Buddha Was a Monkey*, 102.

81 Young, *Rome's Eastern Trade*, 63–64.

82 Blench, “Ethnographic Evidence,” 418, 432–33.

83 Ibid., 420–30; Hornell, “Indonesian Influence,” 305–6, 318–19, 327–28.

84 Hornell, “Indonesian Influence,” 319, 321.

85 Hornell, “Boat Oculi Survivals,” 343. 现存最早的鹰眼透视图来自埃及阿布西尔的萨胡雷神庙。Wachsmann, *Seagoing Ships*, 14.

第 7 章　东方的大陆与群岛

1 《廖刚集》，见 Shiba and Elvin, *Commerce and Society in Sung China*，9 页。

2 相关讨论见 Sutherland，“Southeast Asian History”。

3 主要包括印度尼西亚（18,108 个岛）、菲律宾（7,107 个岛）和马来西亚（约 1,000 个岛）。

4 Jacq-Hergoualc'h, *The Malay Peninsula*, 24.

5. Bellwood, “Southeast Asia Before History,” 106–15.

6 《三国志》，53.8b，见 Taylor，*Birth of Vietnam*，75–76 页。

7 Taylor, *Birth of Vietnam*, 1.

8 Bellwood, *Prehistory of the Indo-Malaysian Archipelago*, 269–71.

9 Bellwood, “Southeast Asia Before History,” 129–31.

10 Bielenstein, *Diplomacy and Trade*, 675.

11 《论语》，4.16，19（69–70 页）。

12 《汉书》，24a:10b-12a，见班固《汉书·食货志》，161–162 页。

13 Deng, *Chinese Maritime Activities*, 9.

14 《史记》，6，18a，见 Needham et al., *Science and Civilisation*，vol. 4，pt. 3:551–52。

15 Needham et al., *Science and Civilisation*, vol. 4, pt. 3:220–22; Van Slyke, *Yangtze*, 13, 37.

16 《史记》，2:232。

17 Needham et al., *Science and Civilisation*, vol. 4, pt. 3:306.

18 《史记》，2:201。

19 周去非《岭外代答》，见 Needham et al., *Science and Civilisation*，vol. 4，pt. 3:304。

20 《吴越春秋》卷六，见 Wang, *Nanhai Trade*，2 页。

21 《汉书》，95，9b，见 Wang, *Nanhai Trade*，11 页。

22 《史记》，129:11b，见班固《汉书·食货志》，446 页。

23 《史记》，2:215。

24 Taylor, *Birth of Vietnam*, 70. 在越南语中，“交趾”读作“Giao-chi”，“九真”读作“Cuu-chan”，“日南”读作“Nhat-nam”。“交趾支那”（Cochin China）一词源自葡萄牙人将“Cuu-chan”误作“Cochin”。

25 《汉书》，28.2，见 Wheatley，*Golden Khersonese*，8–9 页。

26 Taylor, *Birth of Vietnam*, 37–41.

27 Wang, *Nanhai Trade*, 24; Taylor, *Birth of Vietnam*, 71–72.

28 Hall, *Maritime Trade*, 21–22, 48–77; Wheatley, *Golden Khersonese*, xix. “扶南”是“Khmer bnam”（意为“山”）一词的中文翻译，现在读作“phnom”，如金边（Phnom Penh）。

29 In Hall, *Maritime Trade*, 64.

30 In ibid., 48.

31 Needham et al., *Science and Civilisation,* vol. 4, pt. 3:449–50.

32 鱼豢《魏略·西戎传》，在线资源。

33 Hill, *Western Regions*, online.

34 《后汉书》, in Wheeler, *Rome Beyond the Imperial Frontiers*, 174. See also Wang, *Nanhai Trade*, 25.
35 Crespigny, *Generals of the South*, 267–75.
36 Elvin, *Pattern of the Chinese Past*, 135–36; Chin, "Ports, Merchants, Chieftains and Eunuchs," 222.
37 《晋书》, 90，见 Wang, *Nanhai Trade*，38 页。
38 Zheng, *China on the Sea*, 26.
39 Ibid., 30.
40 《晋书》, 97，9a，见 Wang, *Nanhai Trade*，35 页。
41 《南齐书》, 32，1a-1b，见 Wang, *Nanhai Trade*，44 页。
42 Wang, *Nanhai Trade*, 49; Taylor, *Birth of Vietnam*, 117.
43 Wang, *Nanhai Trade*, 117–21.
44 In Wheatley, *Golden Khersonese*, 38–39; 法显《佛国记》, lxxix–lxxxiii。See Manguin, "Archaeology of Early Maritime Polities," 238.
45 Grenet, "Les marchands sogdiens," 66; Taylor, *Birth of Vietnam*, 80.
46 Wang, *Nanhai Trade*, 38.
47 《宋书》, 97，12b-13a，见 Wang, *Nanhai Trade*，51 页。
48 《梁书》, 54，16b-17a，见 Hall，"Local and International Trade"，222 页。
49 Wright, *Sui Dynasty*, 126–38.
50 Graff, *Medieval Chinese Warfare*, 129–35.
51 Needham et al., *Science and Civilisation*, vol. 4, pt. 3:269–70, 307–8.
52 《隋书》, 24.686，见 Wright，*Sui Dynasty*，180 页。
53 陆游《入蜀记》, 见 Chang and Smythe，*South China in the Twelfth Century*，48 页。
54 《旧唐书》, 41.43a，见 Taylor，*Birth of Vietnam*，167 页。
55 中国的青铜时代与铁器时代分别始于约公元前 1750 年和公元前 770 年，传入朝鲜半岛的时间分别为约公元前 1100 年和公元前 400 年。
56 《三国志》, 见 David J. Lu，*Japan*，11–12 页。
57 《日本书纪》, "应神天皇"，10.18（300 年）(vol. 1:268–69)。
58 Brown, "Yamato Kingdom," 111–12.
59 Deng, *Maritime Sector*, 11, 22.
60 Bellwood and Cameron, "Ancient Boats," 11–19.
61 Needham et al., *Science and Civilisation*, vol. 4, pt. 3:445–47.
62 Spennemann, "On the Bronze Age Ship Model from Flores."
63 《水经注》, 1.9a，见 Needham et al., *Science and Civilisation*，vol. 4，pt. 3:450。
64 Casson, *Periplus* 60, 230.
65 万震《南州异物志》, 见 Manguin，"Southeast Asian Ship"，275 页。Needham et al., *Science and Civilisation*, vol. 4, pt. 3:600–601. 其中可能描述了越南甚至中国广东的船只。Ray, "Early Coastal Trade in the Bay of Bengal," 360ff.
66 Manguin, "Southeast Asian Shipping," 183–85.
67 McGrail, *Boats of the World*, 354.
68 Ibid., 367, 370–77.
69 Needham et al., *Science and Civilisation*, vol. 4, pt. 3:640–51, plate 975; McGrail, *Boats of the World*, 380.
70 McGrail, *Boats of the World*, 365–70, 372, 375.
71 Ibid., 366–67; Needham et al., *Science and Civilisation*, vol. 4, pt. 3:420–22; Manguin, "Trading Ships," 268.
72 Needham et al., *Science and Civilisation*, vol. 4, pt. 3:422.
73 Worcester, *Junks and Sampans of the Yangtze*, 45.
74 Ibid., 44–50.
75 Ibid., 50–56; Van Slyke, *Yangtze*, 119–26.
76 Needham et al., *Science and Civilisation*, vol. 4, pt. 3:441–48, 595–97; Van Slyke, *Yangtze*, 120–21; and Deng, *Chinese Maritime Activities*, 23–26, 32–33.
77 Kim, "Outline of Korean Shipbuilding History," 5.
78 《日本书纪》, 1.58 (vol. 1:58)；5.16 (1:161)；10.18 (1:268–69)；11.31 (1:297)。

第 8 章 中世纪的地中海

1 Bass et al., *Serçe Limani*, 1:52.
2 Bass and van Doorninck, "Fourth-Century Shipwreck at *Yassi Ada*" ; van Doorninck, "4th-Century Wreck at *Yassi Ada*" ; McGrail, *Boats of the World*, 159.
3 Bass, "A Byzantine Trading Venture" ; Bass and van Doorninck, *Yassi Ada*; McGrail, *Boats of the World*, 159.
4 Bass and van Doorninck, "11th-century Shipwreck" ; Steffy, "Reconstruction of the 11th Century Serçe Liman Vessel."
5 "在检查木制船体的漫长职业生涯中，我从未在船体上见过如此多的锯痕和如此少的斧痕。" (J. Richard Steffy, in Bass et al., *Serçe Limani*, 1:153.)
6 Pryor and Jeffreys, *Age of the Dromon*, 145–52; Unger, *Ship in the Medieval Economy*, 37–42.
7 Pryor, *Geography, Technology and War*, 26; McCormick, *Origins of the European Economy*, 95.
8 Bass et al., *Serçe Limani*, 1:185.
9 Castro et al., "Quantitative Look," 348, 350.
10 Bass et al., *Serçe Limani*, vol. 1.
11 Ibid., 1:4, 425–26, 488.
12 Ibid., 1:8n5.
13 Paine, "A Pax upon You," 92–93.
14 Zosimus, *New History*, 2.23–24 (pp. 34–35).
15 Procopius, *Buildings*, 1.5.2–13 (vol. 7:57–61).
16 Procopius, *Vandalic Wars*, 3.6.17–24 (vol. 2:59–63).
17 Al-Baladhuri, *Origins of the Islamic State*, 1:236–37.
18 Cosentino, "Constans II and the Byzantine Navy," 586–93; Christides, "Milaha" ; and Stratos, "Naval Engagement at Phoenix."
19 Ostrogorsky, *History of the Byzantine State*, 124.
20 Leo VI, *Taktika*, in Jenkins, "Cyprus Between Byzantium and Islam," 1012–13; Hill, *History of Cyprus*, 1:290, which quotes Qudama ibn Ja'far al-Katib al-Baghdadi (ca. 873–948).
21 Jenkins, "Cyprus Between Byzantium and Islam," 1008–9; Pryor and Jeffreys, *Age of the Dromon*, 61–62.
22 Taha, *Muslim Conquest and Settlement,* 71–72; Fahmy, *Muslim Naval Organisation*, 69–71.
23 Pryor and Jeffreys, *Age of the Dromon*, 31.
24 Taha, *Muslim Conquest and Settlement,* 100.
25 Haywood, *Dark Age Naval Power*, 152–63; McCormick, *Origins of the European Economy*, 527–28, 641–44.
26 Aziz Ahmad, *History of Islamic Sicily*, 5; McCormick, *Origins of the European Economy*, 900.
27 Aziz Ahmad, *History of Islamic Sicily*, 5–11; Ostrogorsky, *History of the Byzantine State*, 208; and McCormick, *Origins of the European Economy*, 906–7.
28 William of Puglia, *Gesta Roberti Wiscardi* [Guiscard], in Citarella, "The Relations of Amalfi with the Arab World," 299.
29 Ibn Hawqal, *The Book of Routes and Kingdoms*, in Citarella, "The Relations of Amalfi with the Arab World," 299.
30 Hitti, *History of the Arabs*, 618–19.
31 Severus ibn al-Muqaffa, in Christides, *Conquest of Crete*, 83.
32 Christides, *Conquest of Crete*, 107.
33 Kaminiates, *Capture of Thessalonica*, 70 (p. 115); Christides, *Conquest of Crete*, 6, 40, 167–68; and Makrypoulias, "Byzantine Expeditions."
34 Hitti, *History of the Arabs*, 521.

35 Cosentino, "Constans II and the Byzantine Navy," 578–79, 582–83.
36 Ibid., 581; Pryor and Jeffreys, *Age of the Dromon*, 133.
37 战舰有各种不同的名称，如 pamphylion、chelandion 以及稍小一些的 karabion，但它们之间的区别很难判定。Pryor, "From Dromon to Galea," 94–97; Pryor and Jeffreys, *Age of the Dromon*, 166–70, 260–64; Fahmy, *Muslim Naval Organisation*, 126; and Agius, *Classic Ships of Islam*, 273, 334–48.
38 Pryor and Jeffreys, *Age of the Dromon*, 143–44, 203–10; Cosentino, "Constans II and the Byzantine Navy," 583.
39 Pryor and Jeffreys, *Age of the Dromon*, 307–9, 320–25.
40 Ahrweiler, *Byzance et la mer*, 19–22.
41 Pryor and Jeffreys, *Age of the Dromon*, pp. xlii, 32; Cosentino, "Constans II and the Byzantine Navy," 602. "karab" 意为 "战船"，源自穆斯林埃及，后被拜占庭人采用。
42 Pryor and Jeffreys, *Age of the Dromon*, 32, 46–47, 88.
43 Ahrweiler, *Byzance et la mer*, 422–25; 435–36.
44 Haldon, "Military Service, Military Lands, and the Status of Soldiers," 27–28, 53, 65–66.
45 In Lopez, *Commercial Revolution*, 66. See McCormick, *Origins of the European Economy*, 14.
46 Pryor and Jeffreys, *Age of the Dromon*, 390–91.
47 Cross and Sherbowitz-Wetzor, *Russian Primary Chronicle*, Year 6415 (907 ce), 65.
48 Planhol, *Islam et la mer*, 42.
49 Ibn Khaldun, *Muqaddimah*, 2.33 (vol. 2:39).
50 Quran 45:12.
51 McCormick, *Origins of the European Economy*, 238–39, 526–28.
52 Fahmy, *Muslim Naval Organisation*, 23–50.
53 Lombard, "Arsenaux et bois de marine," 131.
54 Fahmy, *Muslim Naval Organisation*, 51–63.
55 Picard, "Bahriyyun, émirs et califes," 419–20, 425, 433–34, 443–44; Fahmy, *Muslim Naval Organisation*, 88, 95–106; and Christides, *Conquest of Crete*, 51.
56 Fahmy, *Muslim Naval Organisation*, 105.
57 In ibid., 102–3.
58 Christides, "Milaha."
59 In Bury, *History of the Eastern Roman Empire*, 293.
60 Ibn al-Quttiya, *History of the Conquest of Spain*, in Picard, "*Bahriyyun*, émirs et califes," 428.
61 Bramoullé, "Recruiting Crews in the Fatimid Navy," 5, 9, 11–14.
62 Procopius, *Vandalic Wars*, 3.11.15 (vol. 2:105–7).
63 In Christides, "Two Parallel Naval Guides," 56.
64 Christides, *Conquest of Crete*, 53–56.
65 Picard, "Bahriyyun, émirs et califes," 429–31, 437–38.
66 Ibid., 429.
67 Christides, *Conquest of Crete*, 60.
68 Pryor and Jeffreys, *Age of the Dromon*, 175–88. 以及他们的以下译作：*The Naval Battles of Syrianos Magistros*, 455–81; *The Naval Warfare of the Emperor Leo [VI]*, 483–519; the *Naval Warfare* commissioned by Basil, 521–45; Nikephoros Ouranos, *On Fighting at Sea*, 571–605; and Muhammad Ibn Mankali, "Remarks on Sea Warfare," 645–66. See Christides, "Two Parallel Naval Guides."
69 Pryor and Jeffreys, *Age of the Dromon*, 379–83.
70 Theophanes, *Chronicle*, 493–94. 作为罗马帝国的继承者，拜占庭人自称"罗马人"，并称这种武器为"罗马火"，或称"预备火""人工火""液态火"。"希腊火"一词出现于 12 世纪，是十字军对各种引火武器的统称。
71 Anna Comnena, *Alexiad*, 11 (p. 360).
72 Constantine Porphyrogenitus, *De Administrando Imperio*, 13.85–90 (pp. 69–71).

73 Christides, *Conquest of Crete*, 63.
74 Al-Muqaddasi, *Best Divisions*, 11. See Haldane, "Fire-Ship of Al-Salih Ayyub," 139.
75 *Biography of the Patriarch Michael*, in Kubiak, "Byzantine Attack on Damietta," 47.
76 Christides, "Fireproofing of War Machines," 13–14.
77 Pryor and Jeffreys, *Age of the Dromon*, 381.
78 Ahrweiler, *Byzance et la mer*, 427.
79 Pryor, *Geography, Technology and War*, 7; Lombard, "Arsenaux et bois de marine," 132, 136–37.
80 McCormick, *Origins of the European Economy*, 87, 104–5, 108–10; 66.
81 吉达距麦加 70 千米，距麦地那 420 千米，取代了旧的港口。
82 Fahmy, *Muslim Naval Organisation*, 24–25; Fahmy, *Muslim Sea-power in the Eastern Mediterranean*, 23–24, 27.
83 Hourani, *Arab Seafaring*, 60.
84 McCormick, *Origins of the European Economy*, 79.
85 Ibid., 729–32, 761–77; Lombard, "Arsenaux et bois de marine," 133–37.
86 Khalilieh, *Admiralty and Maritime Laws*, 300, 314.
87 Mawardi, *Al-Ahkam al-Sultaniyya* (The ordinances of government), in Khalilieh, *Admiralty and Maritime Laws*, 77.
88 Al-Baladhuri, *Origins of the Islamic State*, 1:235; Fahmy, *Muslim Naval Organisation*, 105.
89 Kaminiates, *Capture of Thessalonica*, 66–67.
90 McCormick, *Origins of the European Economy*, 765–66.
91 Laiou, "Byzantine Traders and Seafarers," 80; Runciman, "Byzantine Trade and Industry," 143–45.
92 Ashburner, *The Rhodian Sea-Law*.
93 Khalilieh, *Admiralty and Maritime Laws*, 21–22. 作者是 Muhammad ibn Umar al-Kinani al-Andalusi al-Iskandarini（卒于 923 年）。
94 *Treatise Concerning the Leasing of Ships*, in ibid., 274.
95 Jackson, "From Profit-Sailing to Wage-Sailing," 605–28; Pérez-Mallaína, *Spain's Men of the Sea*, 195.
96 Khalilieh, *Admiralty and Maritime Laws*, 37.
97 Ibid., 126–28, 148.
98 Goitein, *Mediterranean Society*, 1:255; Lopez, *Commercial Revolution*, 73.
99 Pryor, "Origins of the Commenda Contract," 22–23.
100 Roover, "Early Examples of Marine Insurance," 175.
101 Pryor, "Origins of the Commenda Contract," 19.
102 Byrne, "Commercial Contracts of the Genoese," 135–49.
103 Babylonian Talmud, in Pryor, "Origins of the Commenda Contract," 26.
104 Pryor, "Origins of the Commenda Contract," 29–36.
105 Lopez, *Commercial Revolution*, 76.
106 Pryor, "Mediterranean Commerce in the Middle Ages," 133.
107 Statutes of Marseille, in ibid., 147.
108 In Goitein and Friedman, "India Book," 12.
109 Paulus, *Digest XIV*, in Ashburner, *Rhodian Sea-Law*, pp. cclii, 116–17. 关于弃货，可参看 Khalilieh，*Admiralty and Maritime Laws*，150–194 页，及 *Islamic Maritime Law*，87–105 页。
110 Constable, "Problem of Jettison," 215.
111 Ashburner, *Rhodian Sea Law*, chap. 9 (p. 87). 作者指出，"（迈纳）在这里的价值是多少……是无法确定的"。（p. 90）
112 Qadi Iyad, *Madhahib al-Hukkam*, 235, in Khalilieh, *Islamic Maritime Law*, 97.
113 Constable, "Problem of Jettison," 208–11.

第9章 维京时代的北欧

1 Middleton, "Early Medieval Port Customs," 320–24.
2 Storli, "Ohthere and His World."
3 Bately, "Text and Translation," 44–45.
4 Skre, "Sciringes healh," 150.
5 Jesch, "Who Was Wulfstan," 29–31.
6 Lapidge, *Blackwell Encyclopaedia of Anglo-Saxon England*, 497–99.
7 Herodotus, *Histories*, 3.115 (p. 198).
8 Cunliffe, *Facing the Ocean*, 304.
9 Cunliffe, *Extraordinary Voyage*, 16; Boardman, *Greeks Overseas*, 221–23.
10 Cunliffe, *Extraordinary Voyage*, 55. 斯特拉波如此描述这条路线："从纳博讷经阿泰克斯河（奥德河）向内陆行进一小段路，然后经过漫长的陆路通向加伦河……加伦河也流入大海。" *Geography*, 4.1.14 (vol. 2:211). See Cunliffe, *Facing the Ocean*, 331–32.
11 Cunliffe, *Extraordinary Voyage*, 97; 61, 98–100, 132.
12 Mason, *Roman Britain and the Roman Navy*, 93, 105–6; Starr, *Roman Imperial Navy*, 124–66.
13 Milne, "Maritime Traffic," 82.
14 Tacitus, *Histories*, 4.12 (p. 212), 5.23–24 (p. 285). See Haywood, *Dark Age Naval Power*, 25, 35–39.
15 Haywood, *Dark Age Naval Power*, 30–31.
16 Zosimus, *New History*, 1.71.2 (p. 22). See Haywood, *Dark Age Naval Power*, 41, 48–49.
17 Haywood, *Dark Age Naval Power*, 60.
18 Zosimus, *New History*, 6.10.2 (p. 130).
19 Bede, *History*, 1.15 (p. 56).
20 Marsden, *A Ship of the Roman Period*.
21 Rule and Monaghan, *Gallo-Roman Trading Vessel*.
22 Paine, *Ships of the World*, s.v. *Sutton Hoo*, citing Angela Care Evans, *The Sutton Hoo Ship Burial* (London: British Museum, 1986).
23 Kirby and Hinkkanen, *The Baltic and the North Seas*, 8.
24 Lebecq, "Northern Seas," 649, 652, 654; Skovgaard-Petersen, "Making of the Danish Kingdom," 172.
25 Crumlin-Pedersen, "Boats and Ships of the Baltic Sea," 245–47.
26 Haywood, *Dark Age Naval Power*, 89.
27 Ibid., 114–26; *Beowulf*, ll. 1205–14, 2355–66, 2498–509, and 2912–21.
28 Lebecq, *Marchands et navigateurs frisons*, 105–9.
29 Leitholdt et al., "Fossa Carolina." 对开凿这条运河目的的另一种解释，可参看Squatriti，"Digging Ditches in Early Medieval Europe"。
30 Sawyer, "Viking Expansion," 108.
31 Alcuin of York, *Letter*, 12 (p. 18).
32 Carver, "Pre-Viking Traffic," 122.
33 See Larson, *King's Mirror* (13th century), 158, 161.
34 In Ó Corráin, "Vikings in Ireland and Scotland," 7.
35 Rimbert, *Life of Anskar*, 7 (p. 38).
36 Ibid., 24 (p. 84).
37 Jones, *History of the Vikings*, 211.
38 El-Hajji, "Andalusian Diplomatic Relations," 70–81.
39 这次袭击的目标可能是意大利的鲁尼港，但具体细节不详。
40 *Cath Maige Tuired* (The Battle of Mag Tuired), in Ó Corráin, "Vikings in Ireland and Scotland," 14.
41 "longphort"一词由中世纪爱尔兰编年史家提出，来自拉丁语中的"navis longa"

（意为“长船”）和“portus”（意为“登陆之地”）。Sheehan, “The Longphort in Viking Age Ireland,” 282–83.
42 *Annals of Ulster*, in Ó Corráin, “Vikings in Ireland and Scotland,” 37.
43 Bessason, *Book of Settlements*, § 1 (p. 114).
44 Magnússon, *Northern Sphinx*, 10.
45 Ambrosiani, “Prehistory of Towns in Sweden,” 64–66.
46 Holmqvist, “Helgö.”
47 Jöns, “Ports and *Emporia* of the Southern Coast”；Gimbutas, *The Balts*, 143.
48 Jones, *History of the Vikings*, 250. 这座城镇被称作“旧拉多加”，以此与新拉多加区分开来，由彼得大帝建于 1703 年。
49 Birnbaum, *Lord Novgorod the Great*.
50 Cross and Sherbowitz-Wetzor, *Russian Primary Chronicle*, Year 6368–6370 (860–862 ce), 59–69. “瓦兰吉人”可能来自古斯堪的纳维亚语中的“同盟”一词，在希腊语中写作“barangoi”，在阿拉伯语中写作“varank”。Jones, *History of the Vikings*, 247. 关于“陌生人做国王”的讨论，可参看 Fernández-Armesto，“Stranger-Effect in Early Modern Asia”，181–185 页，188–192 页。
51 Cross and Sherbowitz-Wetzor, *Russian Primary Chronicle*, Year 6412–6415 (904–907), 64–65.
52 Al-Masudi, in Dunlop, *History of the Jewish Khazars*, 209–10.
53 Jöns, “Ports and Emporia of the Southern Coast,” 173.
54 In Brutzkus, “Trade with Eastern Europe, 800–1200,” 33. 关于本 · 雅各布（在阿拉伯语中写作 Ibrahim ibn Yaqub al-Tartushi）的记载，保存在一部 13 世纪的天文志中，作者是 Zakariya al-Qazwini。
55 Marcus, *Conquest of the North Atlantic*, 114–16.
56 Seaver, *Frozen Echo*, 16–18.
57 *Greenland Saga*, 2, in Magnusson and Pálsson, *Vinland Sagas*, 52–54.
58 Wallace, “L'Anse aux Meadows and Vinland,” 233.
59 Ibid., 224; 228. 兰塞奥兹牧草地这一名称是“L'Anse au Méduse”的讹误，意为“水母海湾”，是 17 世纪时法国渔民对这一区域的称呼。
60 Ibid., 226, 230; Seaver, *Frozen Echo*, 23–24.
61 Adam of Bremen, *History of the Archbishops*, § xxxix (38) (p. 219).
62 *Skálholtsannáll hinn forni*, in Magnusson, *Vikings*, 173–74.
63 McGhee, “Epilogue,” 243.
64 Seaver, *Frozen Echo*, 181.
65 Rodger, *Safeguard of the Sea*, 18–19.
66 Swanton, *Anglo-Saxon Chronicles,* Year 937 (pp. 109–10).
67 Magnusson, *Vikings*, 186–88.
68 Flodoard of Reims, *Annals*, pp. xx–xxii.
69 De Paor, *Patrick*, 22–26, 221, 227.
70 Bede, *History*, 4.23 (pp. 244–45).
71 Oddr, *Saga of Olaf Tryggvason*, 7 (pp. 44–45).
72 Warner of Rouen, *Moriuht*, 65–76 (p. 77); 271–72 (p. 91); 279 (p. 95).
73 Magnusson, *Vikings*, 188.
74 Snorri Sturluson, *King Harald's Saga*, § 63 (p. 114).
75 De Vries, *Norwegian Invasion*, 241–42.
76 Swanton, *Anglo-Saxon Chronicles,* Year 1085 (pp. 215–16).
77 Tacitus, *Germania*, § 6, 12 (pp. 106, 111).
78 Haywood, *Dark Age Naval Power*, 91; Rodger, *Safeguard of the Sea*, 5.
79 Rodger, *Safeguard of the Sea*, 19–20; Hollister, *Anglo-Saxon Military Institutions*, 10–11, 38–39, 85, 115; and Jones, *History of the Vikings*, 93.
80 Oddr, *Saga of Olaf Tryggvason*, 53 (p. 104).
81 贝叶挂毯，关于造船场景并无文字资料。
82 Swanton, *Anglo-Saxon Chronicles,* Year 1066 (pp. 194–96).
83 Oddr, *Saga of Olaf Tryggvason*, 67–75 (pp. 118–34); 70 (p. 124); 72 (p. 126); 74 (p.

132).
84 Christensen, "Proto-Viking, Viking and Norse Craft," 72–75.
85 Carver, "Pre-Viking Traffic," 121; Haywood, *Dark Age Naval Power*, 107. 从设得兰群岛到冰岛为期 6 天（144 个小时）的航程平均航速为 2.9 节。
86 Cunliffe, *Extraordinary Voyage*, 103–5.
87 McGrail, "Boats and Boatmanship," 46; Cunliffe, *Extraordinary Voyage*, 119.
88 Caesar, *Conquest of Gaul*, 3.1 (p. 98).
89 Ibid., 3.1 (p. 99).
90 Ibid., 5.2 (pp. 128–29).
91 Höckmann, "Late Roman Rhine Vessels"; Höckmann, "Late Roman River Craft"; and Haywood, *Dark Age Naval Power*, 70–75.
92 McGrail, "Romano-Celtic Boats and Ships," 141.
93 Tacitus, *Germania*, 44 (p. 138).
94 Haywood, *Dark Age Naval Power*, 108–9.
95 Paine, *Ships of the World*, s.v. *Sutton Hoo*, citing Angela Care Evans, *The Sutton Hoo Ship Burial* (London: British Museum Press, 1986), and Edwin Gifford and Joyce Gifford, "The Sailing Performance of Anglo-Saxon Ships as Derived from the Building and Trials of Half-Scale Models of the *Sutton Hoo* and Graveney Ship Finds," *Mariner's Mirror* 82 (1996): 131–53.
96 Crumlin-Pedersen, "Boats and Ships of the Baltic Sea," 235–42. 2011 年 10 月，考古学家在苏格兰西部的阿德纳默亨半岛的维京人墓葬中发现了一艘长 5 米的船。
97 Bachrach, "On the Origins of William the Conqueror's Horse Transports."
98 Sjövold, *Oseberg Find*; Brøgger and Sheltig, *Viking Ships*; and Christensen, "Proto-Viking, Viking and Norse Craft."
99 Crumlin-Pedersen, "Skuldelev Ships"; Olsen and Crumlin-Pedersen, *Five Viking Ships from Roskilde Fjord*.
100 Oddr, *Saga of Olaf Tryggvason*, 53 (p. 103). 在冰岛早期历史上，1 厄尔约合 49 厘米，但后来变为 54 ～ 57 厘米。See Dennis, *Laws of Early Iceland*, 244.
101 Oddr, *Saga of Olaf Tryggvason*, 53 (p. 103).
102 Campbell, *Encomium Emmae Reginae*, § 4, 13.
103 Constantine Porphyrogenitus, *De Administrando Imperio*, 9 (p. 61).
104 Wickham, *Inheritance of Rome*, 547.

第 10 章 海上丝绸之路

1 Al-Baladhuri, *Origins of the Islamic State*, 2:215–17. See Hitti, *History of the Arabs*, 207–8. "Barks" 译自 "barija"，是 "海盗船" 一词的通用术语。See Agius, *Classic Ships of Islam*, 328–30.
2 Al-Baladhuri, *Origins of the Islamic State*, 2:217.
3 Al-Yaqubi, in Hourani, *Arab Seafaring*, 64.
4 Al-Muqaddasi, *Best Divisions*, 100.
5 Al-Yaqubi, in Hourani, *Arab Seafaring*, 64.
6 Wink, *Al-Hind*, 1:53.
7 Hitti, *History of the Arabs*, 241.
8 Al-Istakhri, in Hadi Hasan, *History of Persian Navigation*, 115n3.
9 Al-Tabari, *History of al-Tabari*; Wink, *Al-Hind*, 1:30–31; and Wilkinson, "Suhar," 893.
10 Wink, *Al-Hind*, 1:58.
11 Ibn Khurdadhbih, *Book of Roads and Provinces*, in Wink, *Al-Hind*, 1:29.
12 Peacock and Peacock, "Enigma of 'Aydhab"; Brett, *Rise of the Fatimids*, 273; and Nasir-i Khusraw, *Book of Travels*, 85–87.
13 Risso, *Merchants and Faith*, 14; Wilkinson, "Oman and East Africa," 278.

14 Blench, "Ethnographic Evidence," 439–41.
15 Spear, "Early Swahili History," 271–75.
16 Ibid., 261–63. 星期五清真寺（jama'a）是一个城市中主要的清真寺，有别于较小的当地清真寺（masjid）。
17 Chittick, *Kilwa*, 13–17 and passim.
18 Al-Idrisi, *The Delight of Him*, in di Meglio, "Arab Trade," 113. 有人认为，东南亚与非洲之间的贸易是"不太可能的"，例如 Chittick，"East African Trade with the Orient"，103 页。
19 Rougeulle, "Medieval Trade," 159.
20 Davis, *Slavery and Human Progress*, 42–46.
21 Buzurg ibn Shahriyar, *Book of the Wonders of India*, 32 (pp. 31–36).
22 Ibid., xvii–xviii.
23 Ibid., 83 (p. 76).
24 Al-Baladhuri, *Origins of the Islamic State*, 2:53. See Wink, *Al-Hind*, 1:97.
25 义净，《大唐西域求法高僧传》，xxviii。
26 Chou, "Tantrism in China," 274–75; Sen, *Buddhism, Diplomacy and Trade*, 26–27.
27 慧超，《往五天竺国传》，见 Hadi Hasan，*History of Persian Navigation*，103–104 页。
28 Sulayman, *Account of China and India*, 13 (p. 38).
29 Hourani, *Arab Seafaring*, 75.
30 许多个世纪以前，阿拉伯文献中就已提及"Kalah"和"al-Zabaj"。11 世纪以前，"Kalah"指马来半岛西海岸的塔库巴，此后则指马来半岛南部的吉打。860 年以前，"Al-Zabaj"可能指爪哇。860 年，爪哇夏连特拉王朝的一位年轻王室成员在苏门答腊岛的巨港即位。到 10 世纪，爪哇夏连特拉王朝衰落，其后提及"al-Zabaj"之处可能是指苏门答腊岛。See Hall, *Maritime Trade*, 200; and Tibbetts, *Study of the Arabic Texts*, 107, 118–28.
31 Wink, *Al-Hind*, 1:225, 230, 256.
32 Keay, *India*, 170. 关于中世纪的印度，可参看 Keay，*India*，160–174 页；Thapar，Early India，328–330 页。
33 Wink, *Al-Hind*, 1:270.
34 Ibid., 1:304–6.
35 Ahmad, "Travels of … al-Mas'udi," 511; Wink, *Al-Hind*, 1:68–72, 76.
36 Chakravarti, "Nakhudas and Nauvittakas," 37, 39–40.
37 Wink, *Al-Hind*, 1:72. 关于"临时婚姻"，可参看 Shahla Haeri，*Law of Desire: Temporary Marriage in Iran*（London: Tauris，1989）。
38 Lord, *Display of Two Forraigne Sects*, 3 (with modernized spelling).
39 "Naval Expeditions of the Cholas," 2.
40 Mukund, *Trading World of the Tamil Merchant*, 25–41; Guy, "Tamil Merchant Guilds," 295–302; Clark, "Muslims and Hindus in Quanzhou," 63–65; and Wade, "Early Age of Commerce," 236–37.
41 Spencer, *Politics of Expansion*, 144–45.
42 Sen, *Buddhism, Diplomacy and Trade*, 220.
43 Abu Zayd, *Concerning the Voyage*, 98–99.
44 Wink, *Al-Hind*, 1:75.
45 Jacq-Hergoualc'h, *The Malay Peninsula*, 270.
46 Abu Zayd, *Concerning the Voyage*, 89.
47 Ibid., 64–68.
48 Telaga Batu inscription, in Casparis, *Selected Inscriptions*, 37, 39. See Hall, *Maritime Trade*, 98–99; and Hall, "Economic History of Early Southeast Asia," 201.
49 Jacq-Hergoualc'h, *The Malay Peninsula*, 194.
50 义净，《大唐西域求法高僧传》，xxx。
51 玄奘，《大唐西域记》，2:200–201。玄奘是一名中国求法僧人和译经家，曾在印度游历 17 年（630—647）。
52 Jacq-Hergoualc'h, *The Malay Peninsula*, 107–16; 161–66; 339–40, 350, 399–402.
53 Ibid., 337, 347.

54 Hall, "Economic History of Early Southeast Asia," 202–4.
55 Hall, *Maritime Trade*, 110–13, 120–27.
56 Wade, "Early Age of Commerce," 251.
57 Hall, "Economic History of Early Southeast Asia," 208–15.
58 周去非,《岭外代答》(1178 年), 见赵汝适,《诸蕃志》, 23 页。See Hall, *Maritime Trade*, 195.
59 In Hall, "Economic History of Early Southeast Asia," 209. See Boomgaard, *Southeast Asia*, 182. "clove" 来自拉丁语中的 "clavis" 一词，指干丁香花苞。
60 Sulayman, *Account of India and China*, 28 (p. 44).
61 In Spencer, *Politics of Expansion*, 138–39. 对这些港口的分析，可参看 Christie, "Medieval Tamil-Language Inscriptions", 254n56。关于此次行动的动机，可参看 Kulke, "Naval Expeditions of the Cholas", 1–2 页。
62 In Chandra, *Trade and Trade Routes in Ancient India*, 214–21.
63 Wade, "Early Age of Commerce," 227.
64 Kulke, "Naval Expeditions of the Cholas," 10; Lieberman, *Strange Parallels*, 2:776; and Zhao Rugua, *On the Chinese and Arab Trade*, 23.
65 Hall, *Maritime Trade*, 199; Aung-Thwin, *Mists of Ramañña*, 257–58, 300–306.
66 McGrail, *Boats of the World*, 272. "印度制造的缝合船可以追溯到 16 世纪初。既然在公元前一千纪后期至公元一千纪初期，东非、阿拉伯地区及东南亚已经使用缝合船，那么可以合理推断出，这种船在印度亦有类似的早期应用，但缺乏相关证据。" See also Tomalin et al., "Thaikkal-Kadakkarappally Boat," 257.
67 李肇,《唐国史补》, 见 Gunawardana, "Changing Patterns of Navigation", 65 页。
68 Flecker, "A Ninth-Century ad Arab or Indian Shipwreck in Indonesia." 关于缝合船板，可参看本书第 6 章。关于所用木材，可参看 Flecker, "A Ninth-Century ad Arab or Indian Shipwreck in Indonesia: Addendum"。
69 Abu Zayd, *Concerning the Voyage*, 89.
70 Ibid., 95. 译者用的 "caulking" 一词即 "保护" 之意。
71 Margariti, *Aden*, 56–57, 161.
72 In Chaudhuri, "Ship-Building in the Yuktikalpataru," 140.
73 Mookerji, *Indian Shipping*, 21. See Tomalin et al., "Thaikkal-Kadakkarappally Boat," 257–58.
74 In Chaudhuri, "Ship-Building in the Yuktikalpataru," 140–41.
75 McPherson, *Indian Ocean*, 115–18.
76 Tomalin et al., "Thaikkal-Kadakkarappally Boat," 259–62.
77 Al-Muqaddasi, *Best Divisions*, 11. See Agius, *Classic Ships of Islam*, 204–5, 282–83; and Mott, *Development of the Rudder*, 121.
78 Tripati, "Ships on Hero Stones from the West Coast of India" ; Mott, *Development of the Rudder*, 106–19. 英雄石碑上的图案已经难以辨认，没有人知道碑上描绘的动作。
79 Miksic, *Borobudur*, 18, 40.
80 2003 年 8 月至 2004 年 2 月，"诸海守护神号" 从爪哇岛出发，途经马达加斯加以北的塞舌尔群岛和开普敦到达加纳，全程用时 151 天。这艘船就是根据婆罗浮屠浮雕上带有舷外托座的船只而设计和建造的，并结合了考古发现及现代人类学研究成果。
81 Burningham, "Borobudur Ship," and personal communication.
82 Nasir-i Khusraw, *Book of Travels*, 121.
83 Al-Istakhri, al-Aqalim, in Naji, "Trade Relations," 432. 贾那巴是法尔斯海岸的里格城（29° 28′ N, 50° 37′ E）的一个港口。12 世纪的波斯地理学家巴尔希（Ibn al-Balkhi）在 *Despcription of the Province of Fars* 一书中写道："在波斯，他们称之为 'Ganfah'，意为 '发出恶臭的水'。现在，一个城市以 '浊臭之水' 为名，肯定是描述其充满邪恶臭气的特性，因此没有必要提及其环境。"
84 Nasir-i Khusraw, *Book of Travels*, 122–23.
85 Abu Zayd, *Concerning the Voyage*, 93.
86 In Chandra, *Trade and Trade Routes in Ancient India*, 217, 221.

87 Al-Muqaddasi, *Best Divisions*, 9.
88 Tibbetts, *Arab Navigation*, 7–9. 对这一时期阿拉伯航海及航海指南的概述，可参看 Agius，*Classic Ships of Islam*，187–202 页。
89 Ahmad ibn Majid, in Tibbetts, *Arab Navigation*, 77.

第 11 章 中国走向海洋

1 Flecker, "A Ninth-Century ad Arab or Indian Shipwreck in Indonesia"; Zheng, *China on the Sea*, 1, 6, 33; and Worrall, "China Made."
2 Xiong, *Sui Tang Chang'an*, 205–7.
3 Twitchett and Wechsler, "Kao-tsung and the Empress Wu," 282–85; Lee, *Korea and East Asia*, 17, 66–68; and Graff, *Medieval Chinese Warfare*, 198–200.
4 《日本书纪》，"天智天皇"，27.7–8（663 年）vol. 2:280。See Mitsusada and Brown, "Century of Reform," 207.
5 Twitchett, "Hsüan-tsung," 430; Lee, *New History of Korea*, 71–73.
6 Twitchett and Wechsler, "Kao-tsung and the Empress Wu," 277–79.
7 Twitchett, *Financial Administration Under the T'ang*, 87–89; Pulleyblank, *Background of the Rebellion of An Lu-shan*, 34–35, 183–87.
8 Grousset, *Empire of the Steppes*, 114–20; Twitchett, "Hsüan-tsung," 444.
9 Taylor, *Birth of Vietnam*, 195.
10 Pulleyblank, *Background of the Rebellion of An Lu-shan*, 97–99.
11 Dalby, "Court Politics in Late T'ang Times," 562; Twitchett, "Hsüan-tsung," 457.
12 Clark, "Frontier Discourse and China's Maritime Frontier," 27.
13 Wang, *Nanhai Trade*, 76.
14 Peterson, "Court and Province," 484–86.
15 Wechsler, "T'ai-tsung the Consolidator," 218.
16 Reischauer, *Ennin's Travels*, 281–87. 虽然新罗商人主导着贸易，但是山东半岛北岸的登州港为从渤海国和新罗跨海而来的旅客提供单独的客栈服务。圆仁在其书中亦曾提及，839 年，有一艘来自渤海国的船到达山东半岛。See Lee, *New History of Korea*, 94–95.
17 关于张保皋的生平，相关细节不甚清晰，关于张保皋如何被杀以及何时被杀（可能是在 841 年至 846 年之间）亦存在争议。据《入唐求法巡礼行记》记载，圆仁于 840 年 2 月 17 日给张保皋写了一封信，感谢他帮助自己前往扬州。圆仁，《入唐求法巡礼行记》，840-2-17（166–167 页及 p. 100n438）；Reischauer，*Ennin's Travels*，287 页；Lee，*New History of Korea*，95–97 页；Henthorn，*History of Korea*，79–81 页。
18 Lee, *New History of Korea*, 91, 95–96, 100–103. 王建的名字写作"Chakchegon"和"Wang Kon"。
19 In Shiba and Elvin, *Commerce and Society in Sung China*, 187.
20 Henthorn, *History of Korea*, 100.
21 Peterson, "Court and Province," 555; Somers, "End of the T'ang," 684–85, 689–91.
22 欧阳修，《新唐书·黄巢传》，3a（18 页）。
23 Abu Zayd, 41–42. See Clark, "Muslims and Hindus in Quanzhou," 55.
24 韦庄，《秦妇吟》，ll. 127–31。
25 Abu Zayd, *Concerning the Voyage*, in Levy, *Biography of Huang Ch'ao*, 117, 119–20. See Wang, *Nanhai Trade*, 78–79.
26 Mote, *Imperial China*, 8–14.
27 Ibid., 164–65.
28 Ibid., 116, 369.
29 Benn, *China's Golden Age*, 46.
30 《旧唐书·卢祖尚传》，见 Taylor，*Birth of Vietnam*，183 页。
31 《新唐书》，4.1b，见 Wang，*Nanhai Trade*，73 页。

32 In Hall, *Maritime Trade*, 179. 在 774 年的这次袭击之后，787 年还有一次袭击。宾童龙位于湄公河三角洲东北 150 英里处，芽庄则距宾童龙 50 英里。
33 司马光,《资治通鉴》, 234, vol. 12:596, in Taylor, *Birth of Vietnam*, 208.
34 Taylor, *Birth of Vietnam*, 245.
35 In Li, "View from the Sea," 84n2.
36 黎崱,《安南志略》, 见 Taylor, *Birth of Vietnam*, 252 页。
37 In Taylor, *Birth of Vietnam*, 280.
38 In ibid., 287.
39 Whitmore, "Rise of the Coast," 105.
40 Ibid., 109–10.
41 义净,《大唐西域求法高僧传》。关于唐代的烹饪，可参看 Schafer，*Golden Peaches of Samarkand*，139–154 页。
42 In Kuwabara, "On P'u Shou-keng," 6.
43 Schafer, *Golden Peaches of Samarkand*; 100–102; 140; 81–84; 157–62; 56; 134–38.
44 Shiba and Elvin, *Commerce and Society in Sung China*, 127–29.
45 Lien-sheng, *Money and Credit in China*，51–56.
46 So, *Prosperity, Region and Institutions*, 36. 市舶司的译法包括："bureau of the *maritime trade* superintendent" (Chin, "Ports, Merchants, Chieftains and Eunuchs," 236)、"superintendent of the trading ships" (Kuwabara, "On P'u Shou-keng")、"superintendent of the shipping trade" (Wang, *Nanhai Trade*, 94)、"trade superintendency" (Clark, *Community, Trade and Networks*, 169) 和 "maritime trade bureau" (Zheng, *China on the Sea*, 32)。
47 In Schafer, *Golden Peaches of Samarkand*, 15. 此时正值鉴真六渡日本中的第 5 次，鉴真于 763 年在日本辞世，死后被尊称为"过海大师"。
48 So, *Prosperity, Region and Institutions*, 42–49.
49 Verschuer, *Across the Perilous Sea*, 34–35.
50 Bielenstein, *Diplomacy and Trade*, 106, 124, 138, 144; Verschuer, *Across the Perilous Sea*, 34.
51 韩愈,《潮州刺史谢上表》, 见 Schafer，*Vermilion Bird*，128 页。
52 吴任臣,《十国春秋》, 2.10a，见 So，*Prosperity, Region and Institutions*，25 页。
53 In Clark, "Muslims and Hindus in Quanzhou," 60.
54 Clark, "Muslims and Hindus in Quanzhou," 58.
55 Kuwabara, "On P'u Shou-keng," 2–3, 19–20; So, *Prosperity, Region and Institutions*, 48–49.
56 Wang, *Nanhai Trade*, 79–81.
57 Clark, *Community, Trade and Networks*, 124.
58 Chang, "Formation of a Maritime Convention," 148–50; Gladney, *Muslim Chinese*, 262.
59 《旧唐书·崔融传》, 见 Shiba and Elvin, *Commerce and Society in Sung China*, 4 页。
60 Benn, *China's Golden Age*, 185.
61 李肇,《唐国史补》, 见 Shiba and Elvin, *Commerce and Society in Sung China*, 5 页。
62 Clark, "Frontier Discourse and China's Maritime Frontier," 17–18.
63 Worcester, *The Junkman Smiles*, 10.
64 圆仁,《入唐求法巡礼行记》, 838–7–21（19–20 页）。
65 Shiba and Elvin, *Commerce and Society in Sung China*, 5.
66 Manguin, "Southeast Asian Ship," 272.
67 McGrail, *Boats of the World*, 348.
68 Wang, *Nanhai Trade*, 100.
69 《一切经音义》, 见 Manguin，"Trading Ships"，275 页。
70 Manguin, "Trading Ships," 268–69.
71 McGrail, *Boats of the World*, 354.
72 Ibid., 159, 309, 357.
73 Taylor, *Birth of Vietnam*, 226, 231.
74 《日本书纪》, "天智天皇", 27.7–8（683 年）, vol. 2:280。See also Mitsusada and

Brown, "Century of Reform," 207.
75 Verschuer, *Across the Perilous Sea*, 41. See Lee, *New History of Korea*, 517.

第 12 章 中世纪的地中海与欧洲

1 Lane, *Venice*, 11.
2 Ibid., 7–8.
3 Senior, "Bucentaur," 135.
4 Spufford, *Power and Profit*, 400.
5 Pryor, "Venetian Fleet for the Fourth Crusade," 115.
6 Dante, *Inferno*, Canto 21, ll. 7–15 (p. 319).
7 Lane, *Venice*, 13–14, 48–51.
8 Frankopan, "Byzantine Trade Privileges," 143.
9 Anna Comnena, *Alexiad*, 4.2 (p. 137).
10 Frankopan, "Byzantine Trade Privileges," 152–53. 作者认为是在 1092 年。
11 Anna Comnena, *Alexiad*, 6.5 (p. 191). 威尼斯人的总部位于金角湾，在尼奥里昂以西，希伯来古码头与维格拉之间。
12 Lane, "Economic Meaning of War and Protection," 387.
13 Epstein, *Genoa and the Genoese*, 11–14.
14 Cowdrey, "Mahdia Campaign," 8–10; Abulafia, "Trade and Crusade," 6.
15 Cowdrey, "Mahdia Campaign," 6.
16 Urban II, in Riley-Smith, *Crusades*, 12–13.
17 In Pryor, "Venetian Fleet for the Fourth Crusade," 121.
18 Hamblin, "Fatimid Navy," 77–78.
19 Reilly, *Medieval Spains*, 92–93.
20 Lewis, "Northern European Sea Power," 141–43.
21 Ibn Khaldun, *Muqaddimah*, 2:43; Lewis, "Northern European Sea Power," 150.
22 Matthew, *Norman Kingdom of Sicily*, 72–75.
23 Williams, "Making of a Crusade."
24 Epstein, *Genoa and the Genoese*, 49–52.
25 *Annali Genovesi*, 30, in Williams, "Making of a Crusade," 44.
26 Lewis, "Northern European Sea Power," 147.
27 David, *The Conquest of Lisbon*, 53.
28 Ibid., 91.
29 Al-Kitab Imad ad-Din al-Isfahani, in Ayalon, "Mamluks and Naval Power," 4.
30 Choniates, *O City of Byzantium*, 250–51. 作者指出，有 4,000 名幸存者被卖为奴隶。See William of Tyre, *History of Deeds Done Beyond the Sea*, 22.12–13 (pp. 464–67).
31 Riley-Smith, *Crusades*, 151.
32 Villehardouin, *Conquest of Constantinople*, in Pryor, "Venetian Fleet for the Fourth Crusade," 114.
33 Lane, *Venice*, 37.
34 Villehardouin, *Conquest of Constantinople*, 50.
35 Ibid., 92.
36 In Ostrogorsky, *History of the Byzantine State*, 376.
37 Lopez, "Back to Gold," 219–20, 229–30.
38 Charanis, "Piracy in the Aegean," 135–36.
39 Boccaccio, *Decameron*, Day 5, Story 6 (p. 447).
40 Ramon Llull, *Liber de Fine*, in Pryor, "Naval Battles of Roger of Lauria," 199. See Mott, *Sea Power*, 151–75; Lane, "Crossbow in the Nautical Revolution" ; and Pryor, "From Dromon to Galea," 111.
41 Mott, *Sea Power*, 175–77.
42 Lopez, "Majorcans and Genoese," 1164.

43 *Primera Crónica General de España*, in Constable, *Trade and Traders*, 244.
44 169n18; Lopez, "European Merchants in the Medieval Indies," 169–70.
45 Ayalon, "Mamluks and Naval Power," 8–12.
46 Pryor, "Maritime Republics," 440.
47 Ibn Battuta, *Travels*, 2:471.
48 Nicephorus Gregoras, *Ecclesiasticae Historiae*, in Herlihy, Black Death, 24.
49 Gläser, "Development of the Harbours," 79–81.
50 Helmhold von Bosau, *Chronicle of the Slavs*, in Schildhauer, *Hansa*, 19.
51 Henricus Lettus, *Chronicle of Henry of Livonia*; Riley-Smith, *Crusades*, 131.
52 In Lopez, *Commercial Revolution*, 117.
53 In Ellmers, "Cog as Cargo Carrier," 38.
54 Ellmers, "Cog as Cargo Carrier," 37–38.
55 Dollinger, *German Hansa*, 27–50.
56 Ibid., 62–64.
57 Thompson, "Early Trade Relations," 551.
58 Oakley, *Short History of Denmark*, 55.
59 Saxo Grammaticus, *Gesta Danorum*, Preface, in Gade, *Hanseatic Control of Norwegian Commerce*, 17. 西兰岛是丹麦第一大岛。
60 Sicking, "Amphibious Warfare in the Baltic," 76–81.
61 Bjork, "Peace of Stralsund, 1370."
62 In ibid., 60. See Dollinger, *German Hansa*, 79–82.
63 Oakley, *Short History of Denmark*, 78–80, 87.
64 Dollinger, *German Hansa*, 81–82.
65 De Witte, "Maritime Topography of Medieval Bruges," 141–43.
66 Spufford, *Power and Profit*, 113, 232, 266, 278, 319–20, 330.
67 Friel, *Maritime History of Britain and Ireland*, 62–66.
68 Ibid., 49.
69 James, *Studies in the Medieval Wine Trade*, 9–10, 35.
70 Friel, *Maritime History of Britain and Ireland*, 64. 关于吨位计量的历史，可参看 Lyman，"Register Tonnage"。
71 Friel, The Good Ship, 139.
72 Rose, Medieval *Naval Warfare*, 61–62.
73 Sylvester, "Communal Piracy," 170–73; Rodger, "Naval Service of the Cinque Ports," 646–47.
74 Sherborne, "Hundred Years' War," 164ff.
75 Rodger, *Safeguard of the Sea*, 128; Petrie, *Prize Game*, 2–3; and Spufford, *Power and Profit*, 221–22.
76 Mott, *Sea Power*, 124–32.
77 *Calendar of the Patent Rolls ... Henry IV*, April 23, 1400 (vol. 1:271).
78 Mott, *Development of the Rudder*, 106–19.
79 Friel, *The Good Ship*, 79.
80 Paine, *Ships of the World*, s.v. Bremen Cog, citing Gardiner and Unger, *Cogs, Caravels and Galleons*, and Werner Lahn, *Die Kogge von Bremen—The Hanse Cog of Bremen* (Hamburg: Deutsches Schiffahrtsmuseum, 1992).
81 Giovanni Villani, *Florentine Chronicle*, in Mott, *Development of the Rudder*, 138–40. See Ellmers, "Cog as Cargo Carrier," 39.
82 Lane, *Venice*, 46; Spufford, *Power and Profit*, 398.
83 Martino da Canale, *Cronaca veneta*, in Lane, *Venetian Ships and Shipbuilders*, 5. See Dotson, "Fleet Operations," 168–75.
84 Pryor, "From Dromon to Galea," 110–11.
85 Bondioli et al., "Oar Mechanics," 173–83.
86 Lane, *Venetian Ships and Shipbuilders*, 16–29; Casson, "Merchant Galleys," 123–26.
87 "法国鲁昂的皇家造船厂，即'战船之园'……是北欧唯一建造船舶框架之地。" (Friel, *The Good Ship*, 172)

88 Holmes, "The 'Libel of English Policy,' " 199–200.
89 Spufford, *Power and Profit*, 399–404.
90 该条例规定的空间为 24.75 英寸乘以 64.35 ～ 69.3 英寸，约合 11 平方英尺。Berlow, "Sailing of the St. Esprit," 350n1.
91 *The Book of Wanderings of Brother Felix Fabri in Palestine and Arabia*, in Lane, *Venetian Ships and Shipbuilders*, 21; Casson, "Merchant Galleys," 125.
92 Constable, *Trade and Traders*, 68–70; Goitein, *Mediterranean Society*, 1:72; and Goitein and Friedman, "India Book," 25, 133–34.
93 Goitein, *Mediterranean Society*, 1:186–92.
94 Ibid., 1:349–50; Constable, *Trade and Traders*, 119–21.
95 Khalilieh, *Islamic Maritime Law*, 82–83.
96 Wansbrough, "Safe-Conduct," esp. 32–34; Khalilieh, *Islamic Maritime Law*, 125.
97 Ehrenkreutz, "Place of Saladin," 110.
98 Khalilieh, *Islamic Maritime Law*, 126–27.
99 Beha ed-Din, *Life of Saladin*, in Reinert, "Muslim Presence in Constan-tinople," 141.
100 Roover, "Early Examples of Marine Insurance," 188–89.
101 Ibid., 190.
102 Spufford, *Power and Profit*, 336.

第 13 章　海洋亚洲的黄金时代

1 李心传，《建炎以来系年要录》。Kuwabara, "On P'u Shou-keng," 24n22.
2 Chang, "Formation of a Maritime Convention," 147–49.
3 Ibid., 151.
4 In Guy, "Tamil Merchant Guilds," 297.
5 赵汝适，《诸蕃志》，88–93 页。
6 Guy, "Expansion of China's Trade," 14.
7 赵汝适，《诸蕃志》，259 页，s.v. "Porcelain"。
8 Peterson, "Old Illusions and New Realities," 218–31.
9 Needham et al., *Science and Civilisation*, vol. 5, pt. 7:163, 170–79.
10 Lo, "Chinese Shipping," 171.
11 In Deng, *Chinese Maritime Activities*, 83.
12 Deng, *Chinese Maritime Activities*, 161.
13 Lo, "Controversy over Grain Conveyance" ; Sung and Schurmann, *Economic Structure*, 108–30.
14 Lo, "Controversy over Grain Conveyance," 285; Needham et al., *Science and Civilisation*, vol. 4, pt. 3:306–20.
15 Lo, "Chinese Shipping," 171.
16 朱彧，《萍洲可谈》，见 Needham et al., *Science and Civilisation*，vol. 4，pt. 1:279。
17 Needham et al., *Science and Civilisation*, vol. 4, pt. 1:279–92; Lane, "Economic Meaning of the Invention of the Compass." 关于波斯及阿拉伯文献中的参考资料，可参看 Tibbetts，*Arab Navigation*，290 页；Needham et al., *Science and Civilisation*，vol. 4，pt. 1:245–51。
18 In Needham et al., *Science and Civilisation*, vol. 4, pt. 1:280.
19 Needham et al., *Science and Civilisation*, 3:549 and fig. 227.
20 Deng, *Chinese Maritime Activities*, 55.
21 Sung and Schurmann, *Economic Structure*, 223–25.
22 Ibid., 224–25.
23 In ibid., 226.
24 《元史》，25b1，in Sung and Schurmann，*Economic Structure*，232。
25 Polo, *Travels*, 237. "刺桐"是波斯人和阿拉伯人对泉州的称呼，可能是因为其发音接近中文中的“刺桐”一词。刺桐树的果实可榨桐油，桐油因其保护作用而对造船业颇有价值。泉州在 10 世纪时遍植刺桐树。See Schottenhammer, “Transfer of Xiangyao from Iran and Arabia to China,” 144–45.

26 Verschuer, *Across the Perilous Sea*, 47.

27 《平家物语》, 11.7（134 页）。

28 Ibid., 11.9 (pp. 142–43). 琉球群岛在台湾岛北部和九州岛南部之间延伸约 570 英里。冲绳位于该岛链中部，福州以东约 425 英里处。

29 Sakamaki, “Heike,” 115–22.

30 《开庆四明续志》卷八《蠲免抽博倭金》, in Verschuer, *Across the Perilous Sea*, 77。

31 Verschuer, *Across the Perilous Sea*, 10, 33–47, 79–80, 151–52; Souyri, *World Turned Upside Down*, 2–5, 154–55, 158–60.

32 Lee, *New History of Korea*, 147–52.

33 Conlan, *In Little Need of Divine Intervention*, 255–64; Rossabi, *Khubilai Khan*, 99–102.

34 Conlan, *In Little Need of Divine Intervention*, 214–15, 234–39.

35 Ibid., 254–55.

36 《平家物语》, 11.7（134 页）。

37 Conlan, *In Little Need of Divine Intervention*, 1–17.

38 Souyri, *World Turned Upside Down*, 150–51.

39 Hall, *Maritime Trade*, 210–12.

40 Polo, *Travels*, 251.

41 Rockhill, “Notes,” 15 (1914): 442, 444–47; Hall, *Maritime Trade*, 212; and Rossabi, *Khubilai Khan*, 219.

42 *Hikayat Raja-Raja Pasai*, 161, in Reid, “Rise and Fall,” 62.

43 Reid, *Expansion and Crisis*, 95–96; Wicks, *Money, Markets, and Trade*, 291.

44 Taylor, “Early Kingdoms,” 168–73; Reid, *Expansion and Crisis*, 205; and Lieberman, *Strange Parallels*, 1:245.

45 Polo, *Travels*, 241–312.

46 Deng, *Chinese Maritime Activities*, 57–58.

47 参看 Hirth 和 Rockhill 为赵汝适《诸蕃志》写的导言，36–38 页。

48 赵汝适《诸蕃志》, 227; 220; 217–20; Rockhill, “Notes,” pt. 1:419.

49 Ibn Battuta, *Travels*, 4:899. 伊本 · 白图泰曾描述东南亚的情况及其自广州到杭州的旅程，描述颇为混乱，这令人怀疑他是否曾到达那么远的地方。《马可 · 波罗游记》的真实性也存在类似问题。See Ross E. Dunn, *The Adventures of Ibn Battua, a Muslim Traveler in the 14th Century* (Berkeley: University of California Press, 1986), 252–53, and Frances Wood, *Did Marco Polo Go to China?* (Boulder: Westview, 1996).

50 Goitein, *Mediterranean Society*, 1:1–23; Goitein and Friedman, “India Book,” 3–6.

51 Goitein and Friedman, “India Book,” 52–58, 69–70.

52 Ibid., 37–47.

53 Ibid., 313–17.

54 Ibid., 12.

55 Goitein, “Beginnings,” 353, 360. See Goitein and Friedman, “India Book,” 483n28; Margariti, *Aden*, 152–53. 但同时也应参看关于“阿卡德码头”的注释（第 3 章注释 15）。

56 In Goitein and Friedman, “India Book,” 38.

57 Ibn Jubayr, *Travels*, 52; Ehrenkreutz, “Place of Saladin,” 109–10.

58 Margariti, *Aden*, 43; 94.

59 Benjamin of Tudela, *Itinerary*, 119.

60 Goitein, “Two Eyewitness Reports,” 256; Goitein and Friedman, “India Book,” 342, 337–47.

61 In Stern, “Ramisht of Siraf,” 10.

62 Goitein, *Mediterranean Society*, 1:359.

63 Goitein, “Two Eyewitness Reports,” 247.

64 Goitein, "Beginnings," 351; Serjeant, "Yemeni Merchants," 69; and Goitein and Friedman, "India Book," 260n6.
65 In Serjeant, "Yemeni Merchants," 70.
66 Chakravarti, "Nakhudas and Nauvittakas," 42–43.
67 Al-Biruni, in ibid., 52.
68 Wink, *Al-Hind*, 2:273–75.
69 In Chakravarti, "Nakhudas and Nauvittakas," 53–55.
70 Hall, *Maritime Trade*, 225.
71 Johns, "Islam in Southeast Asia," 39.
72 Hall, "Upstream and Downstream Unification," 202–3.
73 Hall, *Maritime Trade*, 226.
74 Taylor, "Early Kingdoms," 175–76; Hall, *Maritime Trade*, 227–28.
75 Subrahmanyam, "Of Imarat and Tijarat," 756–57.
76 Winstedt and Josselin De Jong, "Maritime Laws of Malacca," 27; Reid, *Expansion and Crisis*, 110; and Hall, "Economic History of Early Southeast Asia," 190–91.
77 Reid, *The Lands Below the Winds*, 146–53, 163–65; Reid, *Expansion and Crisis*, 49, 91–93, 124.
78 Fairbank, Reischauer, and Craig, *East Asia*, 180–82.
79 In Blussé, *Visible Cities*, 15.
80 Wang, " 'Public' and 'Private' Overseas Trade," 138–39.
81 Lo, "Decline of Early Ming Navy," 149–50, 157–63.
82 Dreyer, *Zheng He*, 33–34.
83 马欢，《瀛涯胜览》，137 页。
84 Ibid., 173–78; Dreyer, *Zheng He*, 158.
85 *Chronicle of the Rasulid Dynasty*, in Serjeant, "Yemeni Merchants," 74–75. 密斯卡尔（mithqal）是一种第纳尔金币，标准重量为 4.231 克。安息香（storax）是一种芳香树脂，用于制作熏香和焚香。
86 Ibn al-Dayba, *Bughyat al-mustafid fi tarikh Madinat Zabid*, in Serjeant, "Yemeni Merchants," 75.
87 Dreyer, *Zheng He*, 28–30.
88 Ibid., 55–60, 66–73, 79–81.
89 Lo, "Termination of the Ming Naval Expeditions," 129–31; Lo, "Decline of Early Ming Navy," 163.
90 顾起元，《客座赘语》，见 Duyvendak，"True Dates"，395–396 页。See Dreyer, *Zheng He*, 173–75.
91 马欢，《瀛涯胜览》，93 页。See Reid, *Expansion and Crisis*, 204–7; Wang, "Merchants Without Empires," 404–5.
92 Needham et al., *Science and Civilisation*, vol. 4, pt. 3:494.
93 Ibn Battuta, *Travels*, 4:827.
94 赵汝适，《诸蕃志》，133 页。
95 Wassaf Abdu-llah, *Tazjiyatu-l Amsar Wa Tajriyatu-l Asar* (A Ramble Through the Regions and the Passing of Ages), 33.
96 Polo, *Travels*, 264.
97 Ibn Battuta, Travels, 4:820. 在最初的翻译中，我用"taride"来代替"tartan"。不过，阿吉厄斯（Agius）在 *Classic Ships of Islam* 一书第 342 页指出："伊本 · 白图泰是否准确记录了印度洋此类船型的名称，笔者并不确定。无疑，他所见过的'tarida'，似乎很可能在结构上与地中海的船型相同。"
98 汪大渊，《岛夷志略》，见 Rockhill，"Notes"（1915），623–624 页。See Chakravarti, "Overseas Trade in Horses," 351–52; and Deng, *Maritime Sector*, 112–13.
99 Agius, *Classic Ships of Islam*, 340–41. 在不同的条件下，马匹每天需要 18 ～ 45 升水。据普赖尔（Pryor）估计，在夏季的地中海，运载 1 匹马在 30 天中需要 36 升（1.1 吨）水。Pryor and Jeffreys, *Age of the Dromon*, 327–29; 330–31.
100 Sulayman, *Account of China and India*, 14 (p. 38).
101 *Three Voyages of Vasco da Gama* (1869), 239–40, in Agius, *Classic Ships of Islam*,

163–64. 关于船板缝合法的优势，可参看第 2 章以及第 2 章的注释 11。

102 Polo, *Travels*, 242.

103 Green, "Song Dynasty Shipwreck" ; Keith and Buys, "New Light on Ship Construction;" Li Guo-Qing, "Use of Chu-Nam" ; and Merwin, "Excavation of a Sung Dynasty Seagoing Vessel."

104 Green and Kim, "Shinan and Wando Sites" ; Kim and Keith, "14th-Century Cargo."

105 Ibn Battuta, *Travels*, 4:813. 在宋代，中文文献中首次提及喷火器，或某种猛烈喷射可燃油料的装置。

106 Sleeswyk, "Liao and Displacement," 12. 在建造这样的巨轮方面，中国人显然并非唯一的例子。法国旅行家比尤略（Augustin de Beaulieu）称，"1629 年，亚齐人建造了一艘长约百米的巨轮"。See Reid, *Expansion and Crisis*, 42, citing *Mémoires d'un voyage aux Indes orientales,* 1619–1622*: un marchand normand à Sumatra.* 中国人采用多重船板，实际上建成了叠层船体，从而使船体纵向上的强度及长度形成显著差异。

107 马欢，《瀛涯胜览》，10 页。Dreyer, *Zheng He*, 104–5. 郑和组织了第二次远航，但并未随行。

第 14 章　世界连成一体

1 Abulafia, "Neolithic Meets Medieval," 255, 259.

2 Pliny, *Natural History*, 6.37.202–5 (vol. 2:489–91).

3 Picard, *L'Océan Atlantique Musulman*, 34.

4 Fernández-Armesto, "Medieval Atlantic Exploration," 46–51.

5 Fernández-Armesto, *Before Columbus*, 153.

6 Verlinden, "European Participation," 73; 这幅地图由帕斯夸林（Nicolo de Pasqualin）绘制。据卡达莫斯托记载，在马德里群岛，首批移民通过焚烧树林来开辟耕地。"第一场大火是如此猛烈，以至于这名总督 Zuanconzales 以及所有的男人、妇女和儿童都被迫逃离，到海上避难，他们在海上只露出脖子以上部位，而且两天两夜不吃不喝。" (Crone, *Voyages of Cadamosto*, 9)

7 Epstein, *Genoa and the Genoese*, 202; Fernández-Armesto, "Spanish Atlantic Voyages and Conquests," 138.

8 Verlinden, "European Participation," 71–73.

9 Woodward, "Medieval Mappaemundi," 315. See Fernández-Armesto, *Before Columbus*, 156–57.

10 Chaucer, *Canterbury Tales*, "Prologue," ll. 401–10 (p. 30).

11 Jonkers, "Sailing Directions," 460.

12 Campbell, "Portolan Charts," 382.

13 Unger, *Ship in the Medieval Economy*, 175.

14 In Taylor, *Haven-Finding Art*, 135. "2 parts over the sea" 指三分之二的路程。

15 Jados, *Consulate of the Sea*, § 251 (p. 157). See *The Customs of the Sea*, in Twiss, *Black Book*, 3:433–34.

16 *Black Book*, in Twiss, *Black Book*, 1:129. 一般认为，英国《海事黑皮书》编于爱德华三世统治时期（1327—1377）与亨利六世统治时期（1422—1461）之间。

17 这一观点可追溯到 17 世纪，关于它来自"航位推测法"的观念，是 20 世纪中期的一种虚构。

18 Neckham, *De Naturis Rerum*, book 2, chap. 98, in C.N.B., "Alexander on the Compass Needle," 64.

19 Vincent of Beauvais, in Taylor, *Haven-Finding Art*, 94.

20 Taylor, *Haven-Finding Art*, 100, 111.

21 Campbell, "Portolan Charts."

22 Paselk, "Navigational Instruments."

23 Friel, "Carrack," 78.

24 Ibid., 79.
25 Elbl, "Caravel" ; Phillips, "Iberian Ships," 220–28.
26 Agius, *Classic Ships of Islam*, 271–74. 伊本 · 白图泰将"qarib"作为波斯湾渔船和采珠船的通称。
27 Russell, *Prince Henry*, 8–9.
28 Ibid., 31–34.
29 Ibid., 88–99.
30 "一名聪明的引航员将……在 8 里格之外绕过博哈多尔角……因为博哈多尔角最为危险，该海域露出海面的珊瑚礁绵延超过 4 ～ 5 里格，已有数艘船在此失踪。这一海岬非常低洼，且被沙子覆盖……由于它过于低洼，在 10 英寻以内都看不到陆地。" Duarte Pacheco Pereira, *Esmeralda* de situ orbis: (1506–1508), in Diffie and Winius, *Foundations*, 69.
31. In Crone, *Voyages of Cadamosto*, 17–18.
32 卡达莫斯托提到的 6 颗星可能是南十字座的 4 颗主星和半人马座的 2 颗主星。
33 Diffie and Winius, *Foundations*, 103–7; Crone, *Voyages of Cadamosto*, xxxvi–xlii. Russell, *Prince Henry*, 342.
34 Ibid., 314.
35 Winius, "Enterprise Focused on India," 90–92.
36 Diffie and Winius, *Foundations*, 110, 144–45, 213–14.
37 Perruso, "Development of the Doctrine of Res Communes," 74–85.
38 *Romanus Pontifex*, in Davenport, *European Treaties*, 23.
39 Treaty of Alcáçovas, in Davenport, *European Treaties*, 44.
40 Verlinden, "Big Leap Under Dom João II," 70.
41 Barros, *Asia*, dec. 1, book 3, chap. 3, in Diffie and Winius, *Foundations*, 155.
42 Barros, *Asia*, dec. 1, book 3, chap. 5, in Diffie and Winius, *Foundations*, 164.
43 Subrahmanyam, *Career and Legend*, 43–57.
44 Las Casas, *Las Casas on Columbus*, 43. 关于哥伦布航行的方向，可参看 Wey Gómez，*The Tropics of Empire*，37–45 页。
45 Fernández-Armesto, *Columbus*, 192.
46 Phillips and Phillips, *Worlds of Christopher Columbus*, 87–99; Fernández-Armesto, Columbus, 18–19.
47 Las Casas, *Las Casas on Columbus*, 31.
48 Fernández-Armesto, *Columbus*, 6, 18.
49 Fernández-Armesto, "Medieval Atlantic Exploration," 65.
50 Phillips and Phillips, *Worlds of Christopher Columbus*, 140. 马尾藻海是大西洋中的一大片海域，周围有数股洋流环绕，但内部却没有洋流，通常也没有风。经过马尾藻海的航路，因海中漂浮的大量马尾藻而变得极为复杂。该海域位于北纬 20 ～ 35 度和西经 30 ～ 70 度之间。
51 In ibid., 105.
52 Colón, *Life of the Admiral Christopher Columbus*, 24. 韦尔加角位于北纬 10 度的非洲海岸。
53 Phillips and Phillips, *Worlds of Christopher Columbus*, 110.
54 Nader, *Rights of Discovery*, 63–64.
55 Phillips and Phillips, *Worlds of Christopher Columbus*, 143.
56 Ibid., 132.
57 Fernández-Armesto, *Amerigo*, 52.
58 关于哥伦布船队中船只长宽的推测，专家们给出了不同的意见。尺寸最小的是"尼雅号"，长 15 米，宽 5 米；"平塔号"长 17 米，宽 5 米；"圣玛利亚号"则长 18 米，宽 6 米。See Elbl, "Caravel" ; Pastor, *Ships of Christopher Columbus*; and Phillips, "Iberian Ships."
59 哥伦布首次登陆的确切位置乃是根据经验得出的臆测。主流观点认为是圣萨尔瓦多岛，也有人认为是巴哈马群岛中的某个岛屿。学者们提出的各个地点之间相隔 250 海里，即凯科斯群岛、塞马纳岛和卡特岛。英国人称圣萨尔瓦多岛为"瓦特林岛"，后因该岛强烈坚持其历史传统才改名。

60 In Phillips and Phillips, *Worlds of Christopher Columbus*, 163.
61 In ibid., 163.
62 Barros, *Asia*, dec. 1, book 3, chap. 11, in Diffie and Winius, *Foundations*, 171.
63 *Inter Caetera*, in Davenport, *European Treaties*, 74n18, 76. 关于划分海洋的更深远的影响，可参看 Mancke，“Early Modern Expansion”。关于敕令发布的时间，可参看 Linden，“Alexander VI”，3–8 页。
64 “The Bull Dudum Siquidem,” in Davenport, *European Treaties*, 82.
65 Phillips and Phillips, *Worlds of Christopher Columbus*, 199; Fernández-Armesto, *Columbus*, 104.
66 Columbus, “Letter of Columbus to Their Majesties,” in Jane, *Select Documents*, 2:34.《圣经 · 创世记》中提到的 4 条河流是比逊河（一般认为是恒河）、基训河（尼罗河）、西底结河（底格里斯河）和幼发拉底河。
67 Fernández-Armesto, *Columbus*, 153.
68 Ibid., 177–84.
69 Fernández-Armesto, *Amerigo*, 67.
70 Ibid., 185–91; Meurer, “Cartography in the German Lands,” 1204–7.
71 Barros, *Asia*, dec. 1, book 4, chap. 1, in Subrahmanyam, *Career and Legend*, 54.
72 In Subrahmanyam, *Career and Legend*, 93.
73 长期以来，人们一直认为这名引航员是航海家伊本 · 马吉德，不过现在已经证明是错误的。See Winius, “Enterprise Focused on India,” 115.
74 Subrahmanyam, *Career and Legend*, 136, 142.
75 In Radulet, “Vasco da Gama,” 137.
76 Subrahmanyam, *Career and Legend*, 174–84; Greenlee, *Voyage of Pedro Alvares Cabral*.
77 Winius, “Estado da India on the Subcontinent,” 193.
78 Winius, “Portugal's Shadow Empire,” 248.
79 Barbosa, Magalhães, and Dames, *The Book of Duarte Barbosa*, 200.
80 Sebastian Alvarez to Dom Manuel, in Stanley, *First Voyage Round the World*, pp. xliv–xlv. 一般认为，科尔特 · 雷亚尔兄弟（加斯帕与米格尔）为葡萄牙发现了纽芬兰，两人分别于 1501 年和 1502 年在海上失踪。
81 Pigafetta, *Magellan's Voyage Around the World*, 1:83–85.
82 Camoens, *Lusiads*, book 10 (p. 246).
83 Bourne, “Demarcation Line of Pope Alexander VI,” 209.
84 In Schurz, *Manila Galleon*, 21.
85 In Schurz, *Manila Galleon*, 21.
86 Martin de Zuñiga, in Schurz, *Manila Galleon*, 27. See Spate, *Spanish Lake*, 161.
87 Davenport, *European Treaties*, 170–71.

第 15 章　全球贸易的诞生

1 Blussé and Fernández-Armesto, *Shifting Communities and Identity Formation*, 2.
2 In Fernández-Armesto, *Amerigo*, 180.
3 Elliott, *Empires of the Atlantic World*, 51.
4 Phillips, *Six Galleons*, 11–13; Pérez-Mallaína, *Spain's Men of the Sea*, 9–11.
5 Hernando de Castro, writing from Santiago de Cuba to his partner in Seville, in Lockhart and Otte, *Letters and People of the Spanish Indies*, 26.
6 Pérez-Mallaína, *Spain's Men of the Sea*, 13.
7 Juan Cristóbal Calvete des Estrella, in Cook, *Born to Die*, 105–6.
8 Rocca, “Buenos Aires,” 323–24.
9 Radell and Parsons, “Realejo.”
10 Spate, *Spanish Lake*, 106.
11 In Thomas, *Slave Trade*, 110. “这些印度人（peça de Indias）是最好的男性奴隶，

其他所有男女奴隶加起来也比不上。因此，'peça'一词可能指 2 ～ 3 个人。"(Boxer, *Portuguese Seaborne Empire*, 100).

12 Thomas, *Slave Trade*, 134; Boxer, *Portuguese Seaborne Empire*, 104.

13 Boxer, *Portuguese Seaborne Empire*, 104.

14 Russell-Wood, *World on the Move*, 15, 21–22.

15 In Earle and Villiers, *Albuquerque*, 10.

16 Ibid., 1–3.

17 In ibid., 16, 201. See Albuquerque, *Commentaries*, 3.258; and Diffie and Winius, *Foundations*, 250–51.

18 Albuquerque, *Commentaries*, 3:260.

19 Ibid., 3:264.

20 In Earle and Villiers, *Albuquerque*, 17.

21 In ibid., 81.

22 Pires, *Suma Oriental*, 2:287.

23 Diffie and Winius, *Foundations*, 296–300.

24 Lane, "Venetian Shipping," 11.

25 Imber, *Ottoman Empire*, 287–92.

26 In Kortepeter, "Ottoman Imperial Policy," 89.

27 Sultan Bayezid II, in Kortepeter, "Ottoman Imperial Policy," 92.

28 Brummett, *Ottoman Seapower,* 69, 116–17.

29 In ibid., 43.

30 Albuquerque, *Commentaries*, 2:111–18, in Brummett, *Ottoman Seapower,* 45.

31 In Casale, *Ottoman Age of Exploration*, 25.

32 In Casale, *Ottoman Age of Exploration*, 68.

33 Casale, *Ottoman Age of Exploration*, 100–101, 110–14.

34 Da Silva, *Corpo Diplomático Portuguez*, 9:136, in Casale, *Ottoman Age of Exploration*, 115.

35 Diogo do Couto, *Década*, 8a, in Casale, "Ottoman Administration," 180.

36 Braudel, *Mediterranean*, 1:550.

37 In Casale, "Ottoman Administration," 185–86.

38 Casale, *Ottoman Age of Exploration*, 143–45.

39 Ibid., 135–37.

40 Ibid., 123–29.

41 Ibid., 133.

42 Ibid., 174–76.

43 这些印度商人以多种不同的名称为人们所知，这些名称取决于他们的宗教和出生地。印度教商人（bania）来自古吉拉特邦、泰米尔纳德邦和奥里萨邦，朱利亚人（Chulia）则是泰米尔的穆斯林。See McPherson, *Indian Ocean*, 155; Prakash, "Indian Maritime Merchant, 1500–1800," 436, 440–41.

44 Boxer, *Portuguese Seaborne Empire*, 57.

45 Gemelli Careri (1584), in ibid., 205.

46 Linschoten, *Voyage*, 2:230.

47 Mathew, *Portuguese Trade with India in the Sixteenth Century*, 215–16.

48 Subrahmanyam, "Note on the Rise of Surat," 32; Prakash, "Indian Maritime Merchant, 1500–1800," 444, 448, 451; and Chaudhuri, "Surat Revisited," 18.

49 Inspector Hendrik Adriaan van Reede tot Drakenstein to the Dutch factors, Feb. 21, 1687; in Prakash, "Indian Maritime Merchant, 1500–1800," 435.

50 Prakash, "Indian Maritime Merchant, 1500–1800," 442.

51 Ibid., 444–46.

52 In Earle and Villiers, *Albuquerque*, 79.

53 Glete, *Warfare at Sea*, 72.

54 Prakash, "Asian Merchants and the Portuguese Trade in Asia," 133. 税率约为 3.5% ～ 8%，取决于各个港口的规定以及是否对进出口货物征税。See Diffie and Winius, *Foundations*, 321.

55 Mathew, *Portuguese Trade with India in the Sixteenth Century*, 210.
56 Wills, "Relations with Maritime Europeans," 339–40.
57 So, *Japanese Piracy*, 1.
58 《明经世文编选录·阅视海防事》。1548年2月5日朱纨的记录见So,*Japanese Piracy*,55页。
59 Zheng, *China on the Sea*, 141–47.
60 So, *Japanese Piracy*, 69.
61 Brown, "Impact of Firearms on Japanese Warfare," 236–39.
62 Sansom, *History of Japan*, 1334–1615, 372; Massarella, "Jesuits and Japan."
63 Sansom, *History of Japan*, 1615–1867, 39–45.
64 Sansom, *History of Japan*, 1334–1615, 176; Elisonas, "Inseparable Trinity," 262–63.
65 Elisonas, "Inseparable Trinity," 265–70.
66 In ibid., 264.
67 Yi Pun, "Biography of Yi Sun-sin," in Yi Sun-sin, *Imjin Changch'o*, 210.
68 Elisonas, "Inseparable Trinity," 287.
69 Ballard, *Influence of the Sea*, 66.
70 Lane, "Mediterranean Spice Trade," 30–31.
71 Wake, "Changing Pattern," 392–95.
72 Mathew, *Portuguese Trade with India in the Sixteenth Century*, 213.
73 Braudel, *Mediterranean*, 1:572.
74 Brummett, *Ottoman Seapower,* 135.
75 Braudel, *Mediterranean*, 1:591–94; Imber, *Ottoman Empire*, 300.
76 Braudel, *Mediterranean*, 1:616, 622.
77 Inalcik, "Ottoman State," 188–95, 188, 374.
78 Faroqhi, *Ottoman Empire and the World Around It*, 60–61, 144–47.
79 Andrews, *Trade, Plunder and Settlement*, 99.
80 Inalcik, "Ottoman State," 370, 374, 380.
81 Wood, *History of the Levant Company*, 25–26, 30–31.
82 Braudel, *Mediterranean,* 1:599–602; Inalcik, "Ottoman State," 375–76.
83 Paviot, "Trade Between Portugal and the Southern Netherlands," 26; Wee, "Structural Changes," 28–29; and Braudel, *Civilization and Capitalism*, 3:144–46.
84 In Boxer, *Dutch Seaborne Empire*, 6.
85 Palmer, *The Baltic,* 64; Barbour, "Dutch and English Merchant Shipping," 267.
86 Barbour, "Dutch and English Merchant Shipping," 272.
87 Israel, *Dutch Primacy,* 21. 在1823年12月11日英国船东总会的一份备忘录中，解释了平均划分一艘船投资的原则，“根据均分船只的双重原则，每一份的比例均分直至六十四分之一”，即1份、2份、4份、8份、16份、32份和64份。Lloyd's Register, "Infosheet No. 25: 64 Shares," online at LR.org.
88 Unger, "Fluit," 115–23.
89 Wee, "Structural Changes," 30.
90 Israel, *Dutch Primacy,* 46–48.
91 Purchas, *Hakluytus Posthumus*, 12:50.
92 Kerner, *Urge to the Sea*, 35.
93 In Willan, *Early History of the Russia Company*, 6.
94 Israel, *Dutch Primacy,* 44.
95 Kerner, *Urge to the Sea*, 179.
96 Ibid., 41–43.
97 *Remezov Chronicle,* 3, in Armstrong, *Yermak's Campaign in Siberia*, 91.
98 Armstrong, *Yermak's Campaign in Siberia*, 18–19; Hellie, *Economy and Material Culture of Russia*, 479–81.
99 Charter from Tsar Ivan Vasil'yevich to Grigorey Stroganov, Apr. 4, 1558, in Armstrong, *Yermak's Campaign in Siberia*, 281. See Kerner, *Urge to the Sea*, 73.
100 Raleigh, *Discoverie of ... Guiana* (1596), 96.
101 Simsarian, "The Acquisition of Legal Title to Terra Nullius," 111, 121–28.
102 Glete, *Warfare at Sea*, 60.

103 Rodger, “New Atlantic,” 233–36.
104 Antonio Barbarigo, in Capponi, *Victory of the West*, 199.
105 Capponi, *Victory of the West*, 196–98; Imber, *Ottoman Empire*, 302–7.
106 Capponi, *Victory of the West*, 194–99. “Scaloccio” 一词的来源尚不确定，可能与意大利语中的 “scala”（意为 “梯子”）一词相关。
107 Domingues, “State of Portuguese Naval Forces,” 191–92.
108 Ibid., 195. See Elbl, “Caravel,” 97–87; and Phillips, “Galleon,” 100–102.
109 Domingues, “Portuguese Naval Forces in the Sixteenth Century,” 195. See also Elbl, “Caravel,” 97–87; Phillips, “Galleon,” 100–102.
110 帕拉西奥（Diego García de Palacio）的航海手册规定了如何合理利用和管理船只，以及船舶的设计方法、如何根据墨西哥的纬度操纵船只等，在墨西哥城出版。See Ferreiro, *Ships and Science*, 47.
111 丹麦的 “恩格伦号” 和 “玛丽号” 的排水量约为 1,500 ～ 2,000 吨。“伟大的弗朗索瓦号”则太过巨大，不适合航行。《苏格兰编年史》中将詹姆斯四世的“米迦勒号”称为 “曾经在英格兰或法国航行的最大、最强的船”。 (Macdougall, “ ‘Greatest Scheip That Ewer Saillit’ ”)
112 Rodger, *Safeguard of the Sea*, 221–37.
113 Glete, *Warfare at Sea*, 114–15.
114 Brand, “Habsburg Diplomacy During the Holland-Wend War,” 122–23.
115 Glete, “Naval Power and Control of the Sea,” 220–23.
116 Capponi, *Victory of the West*, 191–92; Guilmartin, *Gunpowder and Galleys*, 246; and Martin and Parker, Spanish Armada, 271–73.
117 Rodger, “Guns and Sails,” 82–85; Guilmartin, *Gunpowder and Galleys*, 107–9.
118 Rodger, “Development of Broadside Gunnery,” 306.
119 Glete, “Naval Power and Control of the Sea,” 217–32; Glete, *Warfare at Sea*, 116–24.
120 Rodger, *Command of the Ocean,* 17.
121 Capponi, *Victory of the West*, 253–57.
122 In Parker, “Lepanto,” 263. See Capponi, *Victory of the West*, 296–313; and Lane, *Venice*, 374.
123 Glete, *Warfare at Sea*, 155–56; Padfield, *Tide of Empires,* 129–30. 这次战役也被误称为 “蓬塔德尔加达战役” 和 “特塞拉岛战役”。
124 Drake, *World Encompassed*, 64.
125 西班牙驻伦敦大使门多萨（Bernardino de Mendoza）写给菲利普二世的信（1581 年 1 月 9 日），见 Sugden，*Sir Francis Drake*，150 页。
126 In Sugden, *Sir Francis Drake*, 145.
127 Rodger, *Safeguard of the Sea*, 259, 269.
128 一位佚名船长写给一名教皇外交官的信，同上，259 页。
129 Corbett, *Successors of Drake,* vi; Thompson, *War and Government,* 185–97.

第 16 章 欧洲扩张时代的国家和海洋

1 “账目与武力”（Ledger and Sword）是贝克尔斯 · 威尔逊（Beckles Willson）的两卷本著作的标题，又名 *The Honorable Company of Merchants of England Trading to the East Indies (*1599–1874*)* (London: Longmans, Green, 1903)。
2 Davis, *Rise of the English Shipping Industry*, 51.
3 Israel, *Dutch Primacy,* 56–73.
4 尽管我们可以从欧洲旅行者和地理学家的记述中了解到东南亚本土地图的存在，但没有一幅东南亚本土地图留存至今，这也许就是原因之一。这些欧洲旅行者及地理学家包括意大利波伦亚的商人瓦塞马（Ludovico de Varthema，在葡萄牙人到达东南亚之前不久已经先到达那里）、威尼斯外交官拉穆西奥（Giovanni Ramusio）等。此外，在阿尔布克尔克写给葡王曼努埃尔的信中亦有所提及。See

Gelpke, "Afonso de Albuquerque's Map," 76–77.

5 Linschoten, *Voyage*, 1:42.

6 Gaastra, *Dutch East India Company,* 17.

7 Parry, *Establishment of the European Hegemony,* 88.

8 In Steensgaard, *Asian Trade Revolution,* 132. 早期的公司可能会寻求和平贸易，但商船在航行时仍携带武器。尼德兰北部 7 省中的荷兰和泽兰皆在船上装备枪炮等武器。See Israel, *Dutch Primacy,* 67.

9 In Steensgaard, *Asian Trade Revolution,* 128n41.

10 In Blussé, "Brief Encounter at Macao," 651–52.

11 Ittersum, "Hugo Grotius in Context," 518.

12 Grotius, *The Free Sea,* chap. 1 (p. 10). 格劳秀斯后来进一步完善了对海姆斯凯克行为的辩护。(*On the Law of War and Peace,* 1625)

13 In Knecht, *Renaissance Warrior and Patron,* 375.

14 Cardinal of Toledo to the Emperor, Jan. 27, 1541, in Biggar, *Collection of Documents,* 190.

15 Hakluyt, "Whither an Englishman May Trade into the West Indies with Certain Answers to the Popes Bull," in Armitage, *Ideological Origins of the British Empire,* 108. 哈克卢伊特的主要著作是 *The Principal Navigations, Voiages, Traffiqves and Discoueries of the English Nation (*1598–1600*)* 一书。在他死后，塞缪尔 · 珀切斯（Samuel Purchas）扩充了这部颇具影响力的著作，出版了 *Haklvytvs posthumus*（Pvrchas his Pilgrimes, 1625）一书。哈克卢伊特的最后一部著作是格劳秀斯《海洋自由论》的英译本。

16 Armitage, *Ideological Origins of the British Empire,* 108–9; Berkowitz, *John Selden's Formative Years*, 52.

17 Selden, *Of the Dominion,* 44, in Thornton, "John Selden's Response," 112.

18 Selden, *Of the Dominion,* 459, in Thornton, "John Selden's Response," 121–22.

19 Knaap and Sutherland, *Monsoon Traders,* 20–22.

20 Marshall, "English in Asia," 271.

21 Israel, *Dutch Primacy,* 172–73.

22 Blussé, *Visible Cities*, 37–40.

23 In Andrade, "Rise and Fall of Dutch Taiwan," 431, 441; Ts'ao, "Taiwan as an Entrepot," 96–100; Blussé, "Brief Encounter at Macao," 663; and Reed, "Colonial Origins of Manila and Batavia."

24 Struve, "Southern Ming," 666–67, 710–25; Wills, "Maritime China," 215, 226–28.

25 Antony, *Like Froth Floating on the Sea,* 35–36.

26 Ts'ao, "Taiwan as an Entrepot," 103.

27 Blussé, *Visible Cities*, 20–21.

28 Tsuruta, "Establishment and Characteristics," 30–31; Shapinsky, "Polyvocal Portolans," 19.

29 Blussé, "Divesting a Myth," 396.

30 F. Valentijn, *Van Oud en Nieuw Oost-Indiën* (Dordrecht, 1724–26), vol. 5b, p. 165, in Blussé, *Visible Cities*, 21.

31 Blussé, *Visible Cities*, 22.

32 Arasaratnam, *Maritime India,* 79.

33 Marshall, "English in Asia," 269.

34 Van Heemskerck to the Directors of the United Amsterdam Company, Aug. 27, 1603, in Ittersum, "Hugo Grotius in Context," 534.

35 Arasaratnam, *Maritime India,* 58.

36 Steensgaard, *Asian Trade Revolution,* 120.

37 Marshall, "English in Asia," 274–75.

38 Arasaratnam, *Maritime India,* 61–64; Furber, *Rival Empires of Trade,* 40.

39 Arasaratnam, *Maritime India,* 76.

40 Barendse, "Shipbuilding in Seventeenth-Century Western India," 179; Qaisar, "Shipbuilding in the Mughal Empire."

41 Prakash, "Indian Maritime Merchant, 1500–1800," 446.
42 Haider, "Structure and Movement of Wages," 305.
43 Arasaratnam, "India and the *Indian Ocean*," 121.
44 Ali, *African Dispersal in the Deccan,* 157–92.
45 Kulkarni, "Marathas and the Sea," 210. 我们可以从希瓦吉的财政大臣阿马提亚（Ramchandra Pant Amatya）的皇家敕令（Adnyapatra）中了解到这一海军战略（该敕令起草于 1717 年之前，不过是在希瓦吉死后）。
46 Das Gupta, "Maritime Merchant of India," 99.
47 Ibid., 94–100.
48 Ritchie, *Captain Kidd,* 85–89; Das Gupta, *Indian Merchants,* 98–99.
49 Furber, *Rival Empires of Trade,* 40.
50 Ames, "Straits of Hurmuz Fleets" ; Bathurst, "*Maritime Trade* and Imamate Government," 96–103.
51 Ioannes De Laet, *Historie ofte Iaerlijke Verhael van de verrichtinghen der Geoctroyeerde West-Indische Compagnie* (History, or the True Story of the Operations of the Honorable West India Company), 2:4–5, in Goslinga, *Dutch in the Caribbean,* 168.
52 In Phillips, *Six Galleons*, 5.
53 Stradling, *Armada of Flanders,* 78–79.
54 Padfield, *Tide of Empires,* 162.
55 Klooster, *Illicit Riches,* 41, 64, 73–74.
56 Lane, *Pillaging the Empire,* 103–9, 169.
57 Treaty of Madrid, § 14, in Davenport, *European Treaties*, 2:195–96.
58 Lane, *Pillaging the Empire,* 125–27; Davenport, *European Treaties*, 2:321–22, 363.
59 In Morison, *European Discovery of America,* 159.
60 Raimondo di Soncino, Dec. 18, 1497, in Hoffman, *Cabot to Cartier,* 11.
61 Fagan, *Fish on Friday,* 54–55. See Unger, "Netherlands Herring Fishery," "Dutch Herring, Technology, and International Trade" ; and Kowaleski, "Commercialization of the Sea Fisheries."
62 Morison, *European Discovery of America,* 235.
63 Morison, *Samuel de Champlain,* 71–77.
64 作为商人公司和蒙特默伦西公司的继承者，新法兰西公司的正式名称是"百人合股公司"（Compagnie des Cent-Associés）。
65 In Murat, *Colbert*, 240. 卡瓦利尔以柯尔伯之子、海军大臣继任者塞涅莱（Seignelay）为伊利诺伊河命名。
66 Surrey, *Commerce of Louisiana,* 58–74.
67 Gilbert, *Discourse of a Discouerie for a New Passage to Cataia,* in Quinn, *Voyages and Colonising Enterprises,* 1:160–61.
68 "Davies Journal of the 1607 North Virginia Voyage," in Quinn and Quinn, *English New England Voyages,* 415.
69 Bergquist, "Paradox of American Development," 158–59.
70 Heywood and Thornton, *Central Africans, Atlantic Creoles,* 27–28.
71 In Johnson, *Charting the Sea of Darkness,* 87.
72 Smith, *Description of New England,* 6.
73 Humins, "Squanto and Massasoit," 58–59.
74 Horn and Morgan, "Settlers and Slaves," 24; Games, "Migration," 38–42.
75 Cressy, "Vast and Furious Ocean," 516. 其中记录了一次船难，即在 1635 年的飓风中，"天使加百利号"（*Angel Gabriel*）被毁，当时它已完成航程，正停泊在缅因州的沛马奎特河。See Riess, *Angel Gabriel,* 44–46.
76 Winthrop, *Journal of John Winthrop,* June–August 1641, 353.
77 Rodger, *Command of the Ocean,* 192.
78 M. Edward Hayes, "A Treatise, conteining important inducements for the planting in these parts, and finding a passage that way to the South sea and China" (1602), in Quinn and Quinn, *English New England Voyages,* 176.

79 Pepys, *Diary*, Dec. 3, 1666 (vol. 7:397). 关于与石油的对比，可参看 Albion, *Forests and Sea Power*, xi, 164 页。此书写于 1926 年，当时石油的消费量与 90 年后的今天相比实在是微不足道。
80 Malone, *Pine Trees and Politics,* 24, 33–36.
81 Lane, *Pillaging the Empire,* 168.
82 Morison et al., *Concise History of the American Republic,* 34–35.
83 Stradling, *Armada of Flanders,* 60–62.
84 Glete, *Navies and Nations,* 1:61; Thrush, "In Pursuit of the Frigate."
85 In Stradling, *Armada of Flanders,* 54; also 46–47, 58, 75.
86 Almirantazgo de los Países Septentrionales, in Stradling, *Armada of Flanders,* 42; James, "Development of French Naval Policy," 386.
87 O'Connell, *Richelieu,* 145.
88 Burckhardt, *Richelieu,* 1:244–79.
89 Ibid., 2:41; James, "Development of French Naval Policy," 387–88.
90 Burckhardt, *Richelieu,* 2:29–30.
91 Stradling, *Armada of Flanders,* 104–8; Glete, *Warfare at Sea*, 181–82.
92 Burckhardt, *Richelieu,* 2:32.
93 J. Ashburnham to E. Nicholas, Oct. 26, 1627, in Rodger, *Safeguard of the Sea*, 363.
94 Sharpe, *Personal Rule of Charles I,* 554–55; Cust, *Charles I,* 191; and Rodger, *Safeguard of the Sea*, 381–82.
95 Pett, *Autobiography,* 156.
96 In Heywood, *His Majesty's Royal Ship,* xiv.
97 Ibid., xxx.
98 Rodger, *Safeguard of the Sea*, 413.
99 Bruijn, *Dutch Navy,* 5–11, 145–46.
100 In Aughterson, *The English Renaissance,* 554.
101 Evelyn, *Diary*, Apr. 1, 1655 (vol. 3:149–50).
102 Rodger, *Command of the Ocean,* 17; 14–18.
103 In Rodger, *Command of the Ocean,* 85.
104 Pepys, *Diary*, June 22, 1667 (vol. 8:283).
105 Charles to Henriette Anne, in Fraser, *Royal Charles*, 232.
106 In Hart, "Intercity Rivalries," 196.
107 Murat, *Colbert*, 148.
108 Ibid., 159–60.
109 Ibid., 208.
110 Rodger, *Command of the Ocean,* 86.
111 Ibid., 220.
112 Lavery, *The Ship of the Line*.
113 Rodger, *Command of the Ocean,* 74, 540.
114 Benjamin and Tifrea, "Learning by Dying," 987.

第 17 章 北欧的崛起

1 Walter, *Voyage Round the World*.
2 Anson, *Voyage Round the World*, 23.
3 Ibid., 102.
4 Williams, *Prize of All the Oceans*, 202.
5 Ibid., 217–18. 对奖励制度更为完整的记载见 Petrie，*Prize Game*。
6 Lind, *An Essay on the Most Effectual Means of Preserving the Health of Seamen* (1779), in Rodger, *Command of the Ocean,* 281; Baugh, *The Global Seven Years War,* 429–31.
7 Baugh, *The Global Seven Years War,* 436–43.

8 Duffy, “Passage to the Colonies,” 23.
9 Lloyd, “Victualling of the Fleet,” 10.
10 In Strachan, *East India Company Journals,* Apr. 7, 1614 (p. 69).
11 Rodger, *Command of the Ocean,* 307–8; Bartholomew, “James Lind and Scurvy” ; and Duffy, “Passage to the Colonies,” 31, 38.
12 In Boxer, *Dutch Seaborne Empire*, 74.
13 Pérez-Mallaína, *Spain's Men of the Sea*, 144.
14 Gratzer, *Terrors of the Table,* 24.
15 Lloyd, “Victualling of the Fleet,” 10.
16 In Sail Training Assoc. of Western Australia, *Duyfken* 1606.
17 Pack, *Nelson's Blood*, 22–23.
18 Fox to the House of Commons, June 10, 1806, in Thomas, *Slave Trade*, 493.
19 Handler, “Survivors of the Middle Passage,” 25–30.
20 Ibid., 50–51n10. 艾奎亚诺曾受雇于查尔斯·欧文多年，帮助他进行蒸馏海水的实验。
21 Falconbridge, *Account of the Slave Trade,* 24–25.
22 Garland and Klein, “Allotment of Space,” 240–41.
23 LoGerfo, “Sir William Dolben,” 450.
24 Falconbridge, *Account of the Slave Trade*, 46.
25 Christopher Sauer, letter of Aug. 1, 1725, in Wokeck, *Trade in Strangers,* 132.
26 Mittelberger, *Journey to Pennsylvania,* 12.
27 Horn and Morgan, “Settlers and Slaves,” 20.
28 Narborough's journal, in Rodger, *Command of the Ocean,* 82.
29 Pilgrim, “Colbert-Seignelay Naval Reforms.”
30 Falconer, *Universal Dictionary of the Marine,* s.v. “ordinary.”
31 Russell, National Maritime Museum mss., SOU/13, in Aubrey, *Defeat of James Stuart's Armada,* 84.
32 Glete, *Navies and Nations,* 187–88; Murat, *Colbert*, 237; Rodger, *Command of the Ocean,* 105–6; and Kennedy, *Rise and Fall of British Naval Mastery,* 65–66.
33 Brewer, *Sinews of Power,* 42, 133 (“Dutch finance”); Padfield, *Maritime Supremacy,* 194–96; and Rodger, *Command of the Ocean,* 198–99.
34 Rodger, *Command of the Ocean,* 234; Harding, *The Emergence of Britain's Naval Supremacy,* 39–46.
35 Harding, *The Emergence of Britain's Naval Supremacy,* 68.
36 Ibid., 341–48.
37 Baugh, *The Global Seven Years War,* 462–83; 338–48; 404–20, 483–92.
38 George III to Sandwich, Sept. 13, 1779, in Padfield, *Maritime Supremacy*, 250.
39 Magra, *The Fisherman's Cause*, 130–32.
40 Davis, *Rise of the English Shipping Industry*, 67–68.
41 Nester, *Great Frontier War,* 76.
42 William Dowdeswell, in Labaree, *Boston Tea Party,* 71.
43 Leamon, *Revolution Downeast,* 50–51.
44 In Magra, *The Fisherman's Cause,* 149.
45 Leamon, *Revolution Downeast,* 107–19.
46 Klooster, *Illicit Riches,* 96.
47 Hagan, *This People's Navy,* 6–9.
48 Dull, *The French Navy and American Independence,* 89–91.
49 Ibid., 239–49.
50 在 17 世纪第一次英荷战争之初，荷兰东印度公司在南非的开普敦建立了一个船只补给站。那里最初的居民是荷兰东印度公司的雇员，随着马达加斯加的奴隶及荷兰、法国的胡格诺派教徒前往定居，其居民人数得以增长。Thompson, *History of South Africa,* 31–45.
51 In Mahan, *Influence of Sea Power,* 465.
52 Rodger, *Command of the Ocean,* 427–30, 436.
53 Knight, *The Pursuit of Victory,* 272.

54 Nelson to Earl Spencer, first lord of the admiralty, in Coleman, *The Nelson Touch,* 154.
55 Knight, *The Pursuit of Victory,* 288–98; Coleman, *The Nelson Touch,* 156–60.
56 Knight, *The Pursuit of Victory,* 371–84; Coleman, *The Nelson Touch,* 251–58. 据传说，独眼的纳尔逊无视帕克的信号，并声称“有时我有权视而不见”。这个传说是很可疑的。
57 Knight, *The Pursuit of Victory,* 480.
58 Schom, *Trafalgar*, 311; Knight, *The Pursuit of Victory,* 511.
59 In Schom, Trafalgar, 292; Knight, *The Pursuit of Victory,* 505–8.
60 In Knight, *The Pursuit of Victory,* 514; Schom, *Trafalgar*, 320.
61 Rodger, *Wooden World,* 56–59; Knight, *The Pursuit of Victory,* 521.
62 In Rodger, *Command of the Ocean,* 267; Baugh, *The Global Seven Years War,* 229–35. 拜恩由于政治原因被判死刑，从而成为伏尔泰描写的对象。伏尔泰在《戆第德》（*Candide*）中解释称，在英国，“不时地杀死一名海军上将，对于鼓励他人而言未尝不是一件好事”。
63 Phillips, *Founding of Russia's Navy,* 37–44.
64 Ryan, “Peter the Great and English Maritime Technology,” 138–39; Hughes, *Peter the Great,* 44–48, 52, 65–66, 75.
65 Hughes, *Peter the Great,* 141.
66 Israel, *Dutch Primacy,* 43.
67 Phillips, *Founding of Russia's Navy,* 123–24, 200; Woodward, *Russians at Sea,* 22–25. 这些加莱船被称作“skampavei”，长 18 米。
68 Count Gyllenborg, in Warner, “British Merchants and Russian Men of War,” 109.
69 An Act to Prevent the Inconveniencies Arising from Seducing Artificers in the Manufactures of Great Britain into Foreign Parts, 1718, 5 Geo. 1, c. 26.
70 Hughes, *Peter the Great,* 158–59.
71 Madariaga, *Catherine the Great,* 45.
72 King, *Black Sea*, 156.
73 Esmer, “Straits,” 292; King, *Black Sea*, 162.
74 Ray, “Indian Society and British Supremacy,” 511.
75 Habib, “Eighteenth Century in Indian Economic History,” 227.
76 Prakash, “Trade and Politics,” 228, 248.
77 Zhuang, “Impact of the International Tea Trade,” 196–97.
78 Keay, *Honourable Company,* 391.
79 Hsü, *Rise of Modern China,* 150–54.
80 Wang, “Merchants Without Empire.”
81 Forrest, *Voyage to New Guinea,* 381.
82 Marshall, “Introduction,” 25.
83 Blussé, “Chinese Century,” 113–29.
84 Lee, *Singapore*, 5–8.
85 Morison, *Maritime History of Massachusetts,* 91.
86 Blussé, *Visible Cities*, 92.
87 Haycox, *Alaska*, 44–46; Frost, *Bering*, 50–51.
88 Miller, “Maritime Fur Trade Rivalry,” 395, 401. 毛皮贸易的垄断区域为北纬 55 度以北。
89 In Paine, *Ships of the World*, s.v. *Heemskerck*, citing J. E. Heeres, ed., *Abel Janszoon Tasman's Journal* (Amsterdam, 1898) and Andrew Sharp, *The Voyages of Abel Janszoon Tasman* (Oxford: Clarendon Press, 1968).
90 Instructions of June 17, 1764, in Hawkesworth, *An Account of the Voyages,* 1:7.
91 *Byron's Journal of His Circumnavigation,* lix, note 1.
92 *Memoir from the King to Serve as Instructions to Mr de Bougainville,* in Bougainville, *Pacific Journal*, xlv.
93 Philibert Commerson, “Post-Scriptum sur l'île de la Nouvelle-Cythère,” in Bougainville, *Pacific Journal*, lvi.
94 Smith, *European Vision and the South Pacific,* 41–51.

95 Feb. 15, 1768, Memorials of the Royal Society, in Cook, *Journals*, vol. 1, *Voyage of the Endeavour*, 604.
96 John Ellis to Linnaeus, in O'Brian, *Joseph Banks*, 65; 169–71.
97 Cook, May 6, 1770, *Journals*, vol. 1, *Voyage of the Endeavour,* 247.
98 Blussé, *Visible Cities*, 43.
99 Beaglehole, *Exploration of the Pacific,* 284.
100 Olsen, *Through Spanish Eyes,* 6–10; Miller, "Maritime Fur Trade Rivalry," 396–97.
101 Sept. 4, 1778, *Voyage of the Resolution and Discovery,* 433.
102 Matra, "A Proposal for Establishing a Settlement in New South Wales," in Hoffman, "Australia's Debt," 151.
103 Frost, "James Mario Matra."
104 Phillip to Lord Sydney, May 15, 1788, in Hoffman, "Australia's Debt," 156.
105 Walton, "Sources of Productivity Change," 73. 然而也有例外，如纳尔逊在追击维尔纳夫时，其舰队中的 13 艘船保持 6 节的平均航速航行了超过 15 天。Knight, *The Pursuit of Victory,* 489.
106 Ferreiro, *Ships and Science*, 96, 282.
107 Chapelle, *History of American Sailing Ships,* 222.
108 Walton, "Sources of Productivity Change," 69–70; 71–72; 76–77; 71. See Shepherd and Walton, *Shipping*, *Maritime Trade* and the Economic Development, 49–72.
109 Taylor, *Haven-Finding Art*, 253.
110 Turner, "In the Wake of the Act," 122.
111 Howse, "The Lunar-Distance Method of Measuring Longitude," 150–61.
112 King, " 'John Harrison, Clockmaker at Barrow,' " 168–87; Andrewes, "Even Newton Could Be Wrong," 190–233.
113 Randall, "The Timekeeper That Won the Longitude Prize," 236–54.
114 Cook to the Admiralty Secretary, Mar. 22, 1775, in *Journals*, vol. 2, *Voyage of the Resolution and Adventure,* 50.
115 Koeman et al., "Commercial Cartography and Map Production in the Low Countries," 1323–28.
116 Tyacke, "Chartmaking in England," 1743–45.
117 Schilder and van Egmond, "Maritime Cartography in the Low Countries," 1393–97.
118 Ibid., 1398–1401, 1422–26.
119 Ritchie, *Admiralty Chart*, 18–19.
120 Morgan, "Des Barres."

第 18 章 "时间与空间湮灭了"

1 Fitch to Congress, Aug. 19, 1785, in Flexner, *Steamboats Come True,* 79.
2 New Jersey state legislature, Mar. 18, 1786, in Flexner, *Steamboats Come True,* 94.
3 Fulton to Joel Barlow, Apr. 19, 1812, in Sutcliffe, *Robert Fulton and the Clermont,* 221.
4 Hunter, *Steamboats on the Western Rivers,* 167–75.
5 Carter, *Lower Mississippi*, 221.
6 Mak and Walton, "Steamboats and the Great Productivity Surge," 630; Hunter, *Steamboats on the Western Rivers,* 22–25.
7 Hunter, *Steamboats on the Western Rivers,* 196–99.
8 Morris to John Parish, Dec. 20, 1800, in Rubin, "Innovating Public Improvement," 26–27.
9 Bernstein, *Wedding of the Waters,* 327.
10 Page, "Transportation of Immigrants," 736.
11 Desloges and Gelly, *Lachine Canal,* 21.
12 MacLeod, "Social Policy and the 'Floating Population,' " 105.
13 Blackbourn, *Conquest of Nature*, 97–119.

14 In ibid., 91.
15 Jeremiah Thompson et al. to Cropper Benson & Co., and Rathbone Hodgson & Co., in Albion, "Planning the Black Ball Line," 107.
16 Butler, *Sailing on Friday*, 36.
17 *New York Herald,* in Penrose, 1838 *April Fourth* 1938, 18.
18 Sheppard, "Sirius" ; Griffiths, *Brunel's Great Western,* 32–44.
19 Bacon, *Manual of Ship Subsidies,* 17–18.
20 Dickens to Frederick Dickens, Jan. 3, 1842, in *Letters*, 3:7.
21 James Ashton Bayard (Delaware), in Butler, *Atlantic Kingdom*, 101.
22 Bacon, *Manual of Ship Subsidies*, 75–77.
23 In Morison, "Old Bruin," 256.
24 Ibid., 259.
25 Abbott, "Ocean Life," 62.
26 In Brinnin, *The Sway of the Grand Saloon*, 172.
27 *New York Daily Times*, Oct. 13, 1854, p. 4.
28 In Brown, *Women and Children Last,* 10.
29 *New York Daily Times*, Oct. 13, 1854, 4.
30 Whitman, *Leaves of Grass,* 345.
31 William T. S. Barry (Mississippi), in Brown, *Women and Children Last,* 181.
32 Franklin to Julien-David Le Roy, "Maritime Observations," August 1785, in *Writings*, 381. See Chaplin, *First Scientific American,* 317–18.
33 Maury, *Steam-Lanes Across the Atlantic,* 5.
34 Ibid., 6.
35 *New York Herald,* editorial, Oct. 26, 1889, in Williams, *Matthew Fontaine Maury,* 267.
36 Bacon, *Manual of Ship Subsidies,* 71–72.
37 Schultz, *Forty-niners 'Round the Horn,* 264n3.
38 Ibid., 10.
39 Chaplin, *First Scientific American,* 196–200, 289–91, 304–5, 310–11.
40 Huler, *Defining the Wind,* 109–10.
41 Dalrymple (1779), in ibid., 104–5.
42 Maury to John Quincy Adams, Nov. 14, 1847, in Williams, *Matthew Fontaine Maury,* 178.
43 Williams, *Matthew Fontaine Maury,* 190–92.
44 这句话出自 Howard I. Chapelle, *The Search for Speed Under Sail,* 1700–1855（New York: Norton, 1967）。
45 Duncan McLean, "The New Clipper Ship Stag Hound, of Boston," Boston Atlas, Dec. 21, 1850, in Howe and Matthews, *American Clipper Ships,* 2:619.
46 Paine, *Down East,* 76–78.
47 Graham, "Ascendancy of the Sailing Ship, 1850–1855," 78.
48 Ibid., 81.
49 Kaukiainen, "Aspects of Competition Between Steam and Sail," 114–15.
50 Viraphol, *Tribute and Profit,* 180.
51 Keay, *Honourable Company,* 452.
52 Hsü, *Rise of Modern China,* 168–73.
53 Ibid., 184–91.
54 Sansom, *History of Japan*, 1615–1867, 232.
55 Golovnin, *Memoirs of a Captivity in Japan.*
56 Lee, *New History of Korea*, 281–82, 288–89.
57 In Tsunoda et al., *Sources of Japanese Tradition,* 2:137.
58 Fox, *Britain and Japan,* 317.
59 Barr, *Deer Cry Pavilion,* 101; Murphey, *Outsiders*, 107.
60 Schonfield, *Suez Canal in Peace and War,* 41.
61 In Fletcher, "Suez Canal and World Shipping," 564.

62 Herodotus, *Histories*, 2.159 (p. 145).
63 Convention Respecting the Free Navigation of the Suez Maritime Canal, Article 1.
64 In Jones, *Pioneer Shipowners,* 119. See Smith et al., "Imitations of God's Own Works," 405.
65 Smith et al., "Imitations of God's Own Works," 406, 415.
66 Fletcher, "Suez Canal and World Shipping," 560.
67 In Paine, *Ships of the World*, s.v. *Turbinia*, citing Alex Richardson, *The Evolution of the Parsons Steam Turbine* (London: Engineering, 1911).
68 Clarke, *Voice Across the Sea*, 69–89, 96.
69 Dugan, *Great Iron Ship.*
70 Roland, Bolster, and Keyssar, *Way of the Ship,* 419.
71 Røksund, *Jeune Ecole,* 9.
72 Míguez, "Introduction," xxii. See also Moya, "Spanish Emigration," 10, 14.
73 Moya, "Spanish Emigration," 15–17.
74 Masterson and Funada, "Japanese in Peru and Brazil," 123–25.
75 Hale, *Letters on Irish Immigration,* 23, 59.
76 Page, "Transportation of Immigrants," 739.
77 "Communication from John H. Griscom, M.D., of New York," in U.S. Senate, *Report ... on the Sickness and Mortality on Board Emigrant Ships*, 54.
78 New Passenger Act, 1849, 12 & 13 Vict., c. 33. 关于空间标准，拜占庭帝国法规要求每位乘客占有 1.1 平方米，《马赛条例》的规定则不足 1 平方米，运奴船上则每人仅 0.68 平方米。
79 Page, "Transportation of Immigrants," 740–42.
80 Ibid., 738.
81 In Charlwood, *Long Farewell,* 122, quoting New South Wales, Legislative Council, *Report from the Select Committee of the Legislative Council to Inquire into the Present System of German Immigration into this Colony,* Sydney, Aug. 11, 1858.
82 Yun and Laremont, "Chinese Coolies and African Slaves," 102–3, 110–11.
83 Douglass, *The New National Era, Aug.* 17, 1871.
84 "Why Are So Many Ships Lost?" *New York Daily Times,* May 23, 1854.
85 Jones, *Plimsoll Sensation,* 12–13.
86 National Maritime Museum learning team, "Ships, Seafarers and Life at Sea—Load Lines."
87 Jones, *Plimsoll Sensation,* 266.
88 Ibid., 14.
89 Lord Eslington, Feb. 2, 1876, in ibid., 232.
90 In Maxtone-Graham, *Only Way to Cross,* 2.
91 Bonsor, *North Atlantic Seaway,* 1:368, 378.
92 Ibid., 1:354.
93 Navin and Sears, "A Study in Merger."
94 In Maxtone-Graham, *Only Way to Cross,* 273. See also Maxtone-Graham, "Normandie."
95 Edwards, *The Globe-Trotter at Kamakura,* in Barr, *Deer Cry Pavilion,* 171.
96 Williams, "Extent of Transport Services' Integration," 138.
97 *Cruise Baltic Status Report*, 9.
98 "Steam Excursion Boats," 2.
99 Kemp, "The COLREGS and the Princess Alice" ; O'Donnell, *Ship Ablaze;* and Hilton, Eastland: *Legacy of the* Titanic.
100 Paine, *Ships of the World*, s.v. Mary, *Meteor, and Shamrock* V; Ross, "Where Are They Now? The Kaiser's Yacht."
101 Brett, *Notes on Yachts,* 1–2.
102 "International Geographical Congress of 1895," 292.
103 Buchanan et al., *Report of the ... Exploring Voyage of the H.M.S.* Challenger.
104 抹香鲸及其他齿鲸都是有牙齿的，须鲸则属于另一亚目。

105 Bockstoce, "From Davis Strait to Bering Strait," 529–30.
106 International Whaling Commission, "Whale Sanctuaries."
107 Frear, "History of Tankers," 135; Watson, "Bulk Cargo Carriers," 63.
108 *New York Maritime Register,* Aug. 11, 1886, 3.
109 Frear, "History of Tankers," 136.
110 Fletcher, "From Coal to Oil," 2–3.
111 Ibid., 10–11.

第 19 章 蒸汽与钢铁时代的海上强国

1 Churchill, *World Crisis,* 1:212.
2 Hepper, *British Warship Losses,* 211–13; Brown, *Warship Losses*, 229, 236.
3 Brodie, *Sea Power in the Machine Age*, 118n27.
4 Lambert, *Battleships in Transition,* 38–40, 58–59, 111.
5 Brown, "Nemesis," 283–85; Brown, "Paddle Frigate Guadeloupe," 221–22.
6 Esmer, "Straits," 293.
7 Lambert, *Battleships in Transition,* 51; Lambert, *Warrior*, 11.
8 In Esmer, "Straits," 293.
9 关于这句话究竟是谁说的可谓众说纷纭，包括帕默斯顿勋爵（Lord Palmerston）、拿破仑三世和一名法国海军军官等多种说法。"勇士号"现藏于英国朴次茅斯博物馆。
10 Roland, Bolster, and Keyssar, *Way of the Ship,* 419.
11 In Gordan, "Trial of the Officers."
12 In ibid. See Lowe, "Confederate Naval Strategy."
13 Declaration of Paris, Apr. 16, 1856, in Lambert, *Crimean War*, 333.
14 Symonds, *Lincoln and His Admirals,* 39–49, 59–62.
15 Wise, *Lifeline of the Confederacy,* 221.
16 Surdam, *Northern Naval Superiority,* 11.
17 Gibson and Donovan, *Abandoned Ocean*, 66–78; Dalzell, *Flight from the Flag,* 238–40, 246.
18 Mallory to chairman of the House Committee on Naval Affairs, in Still, *Iron Afloat*, 10.
19 Symonds, *Lincoln and His Generals,* 132–42.
20 Scott to Lincoln, May 2, 1861, U.S. War Department, *War of the Rebellion,* ser. 1, vol. 51/1, p. 339.
21 Mahan, *Influence of Sea Power*, 2.
22 Ibid., 138.
23 Mahan, "United States Looking Outward," 818, 820.
24 Røksund, *Jeune Ecole*.
25 Ibid., 24–51, 98–100.
26 Ibid., 60–62.
27 Mahan, *Influence of Sea Power,* 87.
28 Hsü, *Rise of Modern China,* 271–74.
29 Ibid., 278–91; Paine, *Sino-Japanese War,* 32.
30 Hsü, *Rise of Modern China,* 314–17.
31 Paine, *Sino-Japanese War,* 32–34, 38, 52.
32 Ibid., 132–33; *Japanese troops,* 157.
33 Paine, *Sino-Japanese War,* 179–85.
34 Ibid., 69–71.
35 Sergei Iul'evich Witte, Apr. 11, 1895, in Paine, *Sino-Japanese War,* 104.
36 Nishi Tokujiro, May 8, 1905, in Paine, *Sino-Japanese War,* 321.
37 Paine, *Sino-Japanese War,* 308.
38 Ibid., 68. 这条铁路于 1891 年动工。

39 Anglo-Japanese Alliance, 1902, Article 1.
40 Evans and Peattie, *Kaigun*, 97.
41 Warner and Warner, *Tide at Sunrise,* 403–4, 415–25; Cecil, "Coal for the Fleet That Had to Die."
42 Warner and Warner, *Tide at Sunrise,* 481–520; Evans and Peattie, *Kaigun*, 116–24.
43 Warner and Warner, *Tide at Sunrise,* 530–74.
44 In Rickover, *How the Battleship Maine Was Destroyed,* 127–28.
45 Mahan to Roosevelt, May 1 and 6, 1897, in Spector, "Triumph of Professional Ideology," 179.
46 Beach, *United States Navy,* 394.
47 Gladstone (1882), in Angevine, "Rise and Fall of the Office of Naval Intelligence," 296.
48 Lord Charles Beresford, in Sondhaus, *Naval Warfare*, 161.
49 Kelly, *Tirpitz.*
50 In Craig, *Germany*, 309.
51 Kelly, *Tirpitz*, 185–86, 195–202; Halpern, *Naval History of World War I,* 2–4; and Kennedy, "Development of German Naval Operations Plans," 176–77.
52 Kelly, *Tirpitz*, 166–69; Halpern, *Naval History of World War I*, 3.
53 Kennedy, "Development of German Naval Operations Plans," 175. See also Kelly, *Tirpitz*, 266.
54 Naval War College report (1904), in Hagan, *This People's Navy,* 237.
55 Ameringer, "Panama Canal Lobby."
56 Halpern, *Naval History of World War I,* 310–29; Kelly, Tirpitz, 412–15.
57 Halpern, *Naval History of World War I,* 70–83, 370–75.
58 Fryer and Brown, "Robert Whitehead" ; Briggs, "Innovation and the Mid-Victorian Royal Navy," 447–55.
59 Maber, "Nordenfelt Submarines."
60 In Røksund, *Jeune Ecole*, 193.
61 Compton-Hall, *Submarine Boats,* 96–97.
62 Roosevelt to Brander Matthews, July 20, 1907, in Roosevelt, *Works*, 23.514.
63 Tirpitz memorandum, Jan. 24, 1915, in Halpern, *Naval History of World War I,* 47.
64 Davis and Engerman, *Naval Blockades in Peace and War,* 169.
65 Declaration Concerning the Laws of Naval War (1909), Articles 1–2.
66 Halpern, *Naval History of World War I,* 117. 第一海务大臣当时是（后来也一直是）英国海军的总司令，而海军大臣则是内阁中的职位。
67 in Halpern, *Naval History of World War I,* 359.
68 Naval Staff, *Home Waters—Part VIII*, in Halpern, *Naval History of World War I,* 361.
69 Hagan, *This People's Navy,* 255.
70 Wilson, "Fourteen Points," para. 2 and 4.
71 Hagan, *This People's Navy,* 238–39; Evans and Peattie, *Kaigun*, 151, 187–89; and Miller, *War Plan Orange,* 76.
72 Baker, *Woodrow Wilson and World Settlement,* 3:301.
73 Ibid., 3:203.
74 Capt. William V. Pratt, memorandum for Charles Evans Hughes, Aug. 8, 1921, in Hagan, *This People's Navy*, 264.
75 Benson to Wilson, Mar. 14, 1919, in Baker, *Woodrow Wilson and World Settlement,* 197.
76 Mahan, *Influence of Sea Power*, 2.
77 Beach, *United States Navy*, 443.
78 In Agawa, *Reluctant Admiral*, 93. See also Yoshida, *Requiem for Battleship Yamato,* 77.
79 Skulski, *Battleship Yamato*, 18–19.
80 Spector, *Eagle Against the Sun*, 538.
81 Evans and Peattie, *Kaigun*, 475.
82 Report of Joint Planning Committee, Apr. 21, 1939, in Major, "Navy Plans for War," 245.

83 Murfett, *Naval Warfare*, 135–40.
84 关于来自 5 个不同机构的数据的比较，可参看 American Merchant Marine at War, “Battle of the Atlantic Statistics”。
85 Murfett, *Naval Warfare*, 34; Terraine, *Business in Great Waters,* 218.
86 Murfett, *Naval Warfare*, 53; Terraine, *Business in Great Waters,* 231–41.
87 Terraine, *Business in Great Waters,* 244–57, 354; Murfett, *Naval Warfare*, 86–87, 97n82.
88 Terraine, *Business in Great Waters,* 767–69.
89 Ibid., 410; Lane, *Ships for Victory,* 138.
90 Lend-Lease Act, 3(1).
91 In Spector, *Eagle Against the Sun,* 480.
92 Treaty for the Limitation and Reduction of Naval Armament, 1930, pt. 4, art. 22.
93 Roosevelt, Fireside Chat 18 (Sept. 11, 1941), in Smith, *Voyages*, 2:242.
94 Spector, *Eagle Against the Sun,* 484–85.
95 U.S. War Dept., *United States Strategic Bombing Survey*, 12.
96 Morison, *Two-Ocean War,* 496–97.
97 Spector, *Eagle Against the Sun,* 487; *United States Strategic Bombing Survey,* 11.
98 In Miller, *War at Sea,* 320; Murfett, *Naval Warfare*, 226–27.
99 International Military Tribunal, *Trial of the Major War Criminals,* 17:380.
100 Spector, *Eagle Against the Sun,* 232–33.
101 In Smith and Finch, *Coral and Brass,* 72.
102 In Ambrose, *D-Day*, 45.
103 Leighton and Coakley, *Global Logistics and Strategy*, 2:826–28.
104 Churchill, *Second World War*, 2:529.
105 Hagan, *This People's Navy,* 284–90; Lane, *Ships for Victory,* 36–37.
106 Lane, *Ships for Victory,* 55, 68. 战前标准船型包括C-1、C-2和C-3型干散货轮及T-1、T-2 和 T-3 型油轮。
107 Lane, *Ships for Victory,* 144, 202.
108 Leighton and Coakley, *Global Logistics and Strategy*, 1:113–14, 541, 564; 2:683, 731. 共有 1,332 艘船前往苏联远东地区，其中绝大多数在符拉迪沃斯托克登陆；有 538 艘前往苏联北部地区，541 艘前往波斯湾，120 艘前往苏联控制的北极地区（通过白令海峡），以及 1945 年 1 月起，有 76 艘船前往黑海。
109 Protocol of Proceedings of Crimea Conference, Agreement Regarding Japan, para. 2; Heinzig, *Soviet Union and Communist China*, 65, 203–5.
110 Hastings, *Korean War,* 15–16.
111 Ibid., 116–33.
112 “One for the Book: An Invasion in Reverse,” *Life*, Jan. 8, 1951, p. 18.
113 Bruce Cumings, in Hastings, *Korean War*, 15.

第 20 章　20 世纪 50 年代以来的海洋世界

1 Gibson and Donovan, *Abandoned Ocean*, 239.
2 国际航运协会圆桌会议，http://www.marisec.org/shippingfacts/worldtrade/world-seafarers.php.
3 Levinson, *The Box*, 32–34.
4 Ibid.; Broeze, *Globalization of the Oceans,* 32–33.
5 Broeze, *Globalization of the Oceans,* 19.
6 Levinson, *The Box,* 53.
7 Ibid., 6, 247.
8 Broeze, *Globalization of the Oceans,* 20–21, 172–74.
9 Ibid., 23–25.
10 UNCTAD, *Review of Maritime Transport,* 95.
11 Ibid., 85.

12 Stopford, *Maritime Economics*, 22. “海上巨人号” 于 1979 年下水，后来先后更名为 “亚勒维京号”（*Jahre Viking*, 1991—2004）和 “诺克 · 耐维斯号”（*Knock Nevis*, 2004—2009），于 2010 年报废。
13 Louisiana Department of Transportation, LOOP Program.
14 Havighurst, *Long Ships Passing,* 81.
15 Greenway, “Cargo Ships,” 43–50.
16 Yenne, *Guinness*, 167.
17 Broeze, *Globalization of the Oceans,* 231–38; National Research Council, *Crew Size and Maritime Safety*, 1–12.
18 Carlisle, *Sovereignty for Sale*, 154.
19 *New York Herald,* Oct. 1, 1922, in ibid., 10–11.
20 *New York Times*, Dec. 6, 1922, in Carlisle, *Sovereignty for Sale*, 17.
21 Carlisle, *Sovereignty for Sale*, 111–14.
22 Ibid., 115–33.
23 Ibid., 152.
24 Dimitrova, *Seafarers' Rights,* 28, 128.
25 Ibid., 27–46.
26 Chelminski, *Superwreck*; Cowan, *Oil and Water.*
27 Petrow, *In the Wake of the* Torrey Canyon.
28 International Maritime Organization, “List of IMO Conventions.”
29 International Maritime Organization, *SOLAS* 1974: Brief History.
30 IMO, *International Shipping and World Trade,* 20.
31 Scott, *The Antiquary*, 1:252.
32 Smith, “Fishing Vessels” ; Grescoe, *Bottomfeeder*, 199.
33 In Donnellan, *The Shoals of Herring,* adapted by Philip Donnellan from the radio ballad “Singing the Fishing,” by Ewan McColl, Peggy Seeger, and Charles Parker. Birmingham BBC Colour, 1972. Available at http://www.youtube.com/user/RadioBalladsFilms.
34 Grescoe, *Bottomfeeder*, 27.
35 FAO, *The State of World Fisheries*, 4, 12.
36 Ibid., 79–83.
37 United Nations, “Agreement … Relating to the Conservation and Management of Straddling Fish Stocks and Highly Migratory Fish Stocks.”
38 根据《联合国海洋法公约》的规定，“专属经济区” 是指 “沿海国在其领海以外邻接其领海的海域所设立的一种专属管辖区”，沿海国享有 “勘探和开发、养护和管理海床和底土以及上覆水域的自然资源，利用海水、海流和风力生产能源的主权权利”，以及 “对建造和使用人工岛屿、进行海洋科学研究和保护海洋环境的管辖权”。其他国家在专属经济区内仍享有 “航行和飞越、铺设海底电缆和管道的自由”。See United Nations, Law of the Sea, Part V, “Exclusive Economic Zone.”
39 Paine, *Down East*, 121; Kalland, *Fishing Villages in Tokugawa Japan,* 141–45.
40 Paine, *Down East*, 132–33.
41 Hansen, “Piracy in the Greater Gulf of Aden,” 8–13; Weir, “Fish, Family, and Profit,” 16–21.
42 Beach, *Around the World Submerged.* 2007 年至 2008 年间，弗朗西斯 · 茹瓦永（Francis Joyon）驾驶一艘长 30 米的三体快艇（名为 *Idec II*）完成了一次单人环球航行，用时 57 天，比 “海神号” 潜艇还要少 4 天。
43 Paine, “Lenin,” in Hattendorf, ed., *Oxford Encyclopedia of Maritime History*, 2:354–55.
44 Mullen, “Remarks.”
45 U.S. Navy et al., “A Cooperative Strategy.”
46 Mullen, “Remarks.” See Ratcliff, “Building Partners' Capacity,” 49–50.
47 UNCTAD, *Review of Maritime Transport,* 6.
48 Pachymeres, *Historia*, in Browning, “The City and the Sea,” 110.

参考文献

缩略语

IJNA	*International Journal of Nautical Archaeology*
JAOS	*Journal of the American Oriental Society*
JESHO	*Journal of the Economic and Social History of the Orient*
JSEAS	*Journal of Southeast Asian Studies*

Abbott, John S. C. "Ocean Life." *Harper's New Monthly Magazine* 5:25 (1852): 61–66.

Abu Zayd Hasan ibn Yazid al-Sirafi. *Concerning the Voyage to the Indies and China.* In *Ancient Accounts of India and China by Two Mohammedan Travellers, Who Went to Those Parts in the 9th Century.* Trans. Eusebius Renaudot. 1733. Reprint, New Delhi: Asian Education Services, 1995.

Abulafia, David. "Neolithic Meets Medieval: First Encounters in the Canary Islands." In *Medieval Frontiers: Concepts and Practices,* ed. by David Abulafia, 173–94. Burlington, VT: Ashgate, 2002.

———. "Trade and Crusade, 1050–1250." In *Mediterranean Encounters, Economic, Religious, Political,* 1100–1550. Aldershot, UK: Ashgate, 2000.

Adam of Bremen. *History of the Archbishops of Hamburg-Bremen.* Trans. Francis J. Tschau. New York: Columbia Univ. Press, 1959.

Adney, Tappan, and Howard Chapelle. *The Bark Canoes and Skin Boats of North America.* Washington: Smithsonian, 1964.

Aeschylus. *Lyrical Dramas.* London: Dent, 1940.

Agatharchides of Cnidus. *On the Erythraean Sea.* Trans. Stanley M. Burstein. London: Hakluyt, 1989.

Agawa, Hiroyuki. *The Reluctant Admiral: Yamamoto and the Imperial Navy.* New York: Kodansha, 1979.

Agius, Dionisius A. *Classic Ships of Islam: From Mesopotamia to the Indian Ocean.* Leiden: Brill, 2008.

Ahmad, S. Maqbul. "Travels of Abu 'l Hasan 'Ali b. al Husayn al Mas'udi." *Islamic Culture* 28 (1954): 509–24.

Ahrweiler, Helene. *Byzance et la mer.* Paris: Presses Universitaire de France, 1966.

Albion, Robert G. *Forests and Sea Power: The Timber Problem of the Royal Navy,* 1652–1862. 1926. Reprint, Annapolis: Naval Institute, 2000.

———. "Planning the Black Ball Line, 1817." *Business History Review* 41:1 (1967): 104–7.

Albuquerque, Afonso de. *The Commentaries of the Great Afonso Dalboquerque, Second Viceroy of India.* Trans. Walter de Gray Birch. 4 vols. London: Hakluyt, 1880.

Alcuin of York. *Alcuin of York, c. A.D. 732 to 804: His Life and Letters.* York: Sessions, 1974.

Ali, Shanti Sadiq. *The African Dispersal in the Deccan: From Medieval to Modern Times.*

New Delhi: Orient Longman, 1996.

Allaire, Louis. "Archaeology of the Caribbean Region." In *The Cambridge History of the Native Peoples of America*. Vol. 3, *South America,* ed. by Frank Salomon and Stuart B. Schwartz, 668–733. Cambridge: Cambridge Univ. Press, 1999.

Ambrose, Stephen E. *D-Day, June 6, 1944: The Climactic Battle of World War II.* New York: Simon & Schuster, 1994.

Ambrosiani, Björn. "The Prehistory of Towns in Sweden." In *The Rebirth of Towns in the West ad,* 700–1050, ed. by Richard Hodges and Brian Hobley, 63–68. Oxford: Council for British Archaeology, 1988.

American Merchant Marine at War. "Battle of the Atlantic Statistics." http://www.usmm.org/battleatlantic.html.

Ameringer, Charles D. "The Panama Canal Lobby of Philippe Bunau-Varilla and William Nelson Cromwell." *American Historical Review* 68:2 (1963): 346–63.

Ames, Glenn J. "The Straits of Hurmuz Fleets: Omani-Portuguese Naval Rivalry and Encounters, ca. 1660–1680." *Mariner's Mirror* 83:4 (Nov. 1997): 398–409.

Ames, Kenneth M. "Going by Boat: The Forager-Collector Continuum at Sea." In *Beyond Foraging and Collecting: Evolution and Change in Hunter-Gatherer Settlement Systems,* ed. by Ben Fitzhugh and Junko Habu, 19–52. New York: Kluwer Academic/Plenum, 2002.

Anawalt, Patricia Reiff. "Ancient Cultural Contacts Between Ecuador, West Mexico and the American Southwest: Clothing Similarities." *Latin American Antiquity* 3:2 (June 1992): 114–29.

Andrade, Tonio. "Rise and Fall of Dutch Taiwan." *Journal of World History* 17:4 (2006): 429–50.

Andrewes, William J. H. "Even Newton Could Be Wrong: The Story of Harrison's First Three Sea Clocks." In *The Quest for Longitude*, ed. by Andrewes, 190–233.

Andrewes, William J. H., ed. *The Quest for Longitude: The Proceedings of the Longitude Symposium, Harvard University, Cambridge, Massachusetts, November* 4–6, 1993. Cambridge: Collection of Historical Scientific Instruments, Harvard University, 1996.

Andrews, Kenneth R. *Trade, Plunder and Settlement: Maritime Enterprise and the Genesis of the British Empire,* 1480–1630. Cambridge: Cambridge Univ. Press, 1985.

Angevine, Robert G. "The Rise and Fall of the Office of Naval Intelligence, 1882–1892: A Technological Perspective." *Journal of Military History* 62 (1998): 291–313.

Anglo-Japanese Alliance. Jan. 30, 1902. http://www.jacar.go.jp/nichiro/uk-japan.htm.

Anna Comnena. *The Alexiad.* Trans. E. R. A. Sewter. Harmondsworth: Penguin, 1969.

Anson, George. *A Voyage Round the World in the Years MDCCXL, I, II, III, IV*, ed. by Glyndwr Williams. London: Oxford Univ. Press, 1974.

Antony, Robert J. *Like Froth Floating on the Sea: The World of Pirates and Seafarers in Late Imperial South China.* Berkeley: Institute of East Asian Studies, 2003.

Appian. *Roman History.* Trans. Horace White. 4 vols. Cambridge: Harvard Univ. Press, 1913.

Arasaratnam, Sinappah. "India and the Indian Ocean in the Seventeenth Century." In *India and the Indian Ocean,* 1500–1800, ed. by Ashin Das Gupta and M. N. Pearson, 95–130. Calcutta: Oxford Univ. Press, 1987.

———. *Maritime India in the Seventeenth Century*. New Delhi: Oxford Univ. Press, 1994.

Aristophanes. *Lysistrata and Other Plays.* New York: Penguin, 2002.

Aristotle. *The Complete Works of Aristotle*. Trans. Jonathan Barnes. 2 vols. Princeton: Princeton Univ. Press, 1984.

Armitage, David. *The Ideological Origins of the British Empire.* Cambridge: Cambridge Univ. Press, 2000.

Armstrong, Terence. *Yermak's Campaign in Siberia: A Selection of Documents*. London: Hakluyt, 1975.

Arnold, Jeanne E., and Julienne Bernard. "Negotiating the Coasts: Status and the Evolution of Boat Technology in California." *World Archaeology* 37:1 (March 2005): 109–31.

Arrian. *Anabasis of Alexander; Indica.* Trans. E. Iliff Robson. 2 vols. New York: Putnam's, 1929–33.

Aryasura, and Peter Khoroche. *Once the Buddha Was a Monkey: Arya Sura's Jatakamala.* Chicago: Univ. of Chicago Press, 1989.

Ashburner, Walter. *The Rhodian Sea-Law.* 1909. Reprint, Aalen, Germany: Scientia Verlag, 1976.

Athenaeus. *The Deipnosophists.* Trans. C. B. Gulick. 7 vols. Cambridge: Putnam's Sons, 1927–41.

Aubet, Maria Eugenia. *The Phoenicians and the West: Politics, Colonies and Trade.* New York: Cambridge Univ. Press, 1996.

Aubrey, Philip. *Defeat of James Stuart's Armada.* Totowa, NJ: Rowman & Littlefield, 1979.

Aughterson, Kate, ed. *The English Renaissance: An Anthology of Sources and Documents.* New York: Routledge, 2002.

Aung-Thwin, Michael. *The Mists of Ramañña: The Legend That Was Lower Burma.* Honolulu: Univ. of Hawai'i Press, 2005.

Austin, M. M., and P. Vidal-Naquet. *Economic and Social History of Ancient Greece: An Introduction.* 2nd ed. Berkeley: Univ. of California Press, 1973.

Avienus, Rufus Festus. *Ora Maritima; or, Description of the Seacoast from Brittany Round to Massilia.* Trans. J. P. Murphy. Chicago: Ares, 1977.

Ayalon, D. "The Mamluks and Naval Power: A Phase of the Struggle Between Islam and Christian Europe." *Proceedings of the Israel Academy of Sciences and Humanities* 1 (1965): 1–12.

Aziz Ahmad. *A History of Islamic Sicily.* Edinburgh: Edinburgh Univ. Press, 1975.

Bachrach, Bernard S. "On the Origins of William the Conqueror's Horse Transports." *Technology and Culture* 26:3 (1985): 505–31.

Bacon, Edwin M. *Manual of Ship Subsidies: An Historical Summary of the Systems of All Nations.* Chicago: McClurg, 1911.

Baker, Ray Stannard. *Woodrow Wilson and World Settlement, Written from His Unpublished and Personal Material.* Vol. 3, *Original Documents of the Peace Conference.* Garden City: Doubleday, Page, 1922.

Baladhuri, Ahmad ibn Yahya al-. *The Origins of the Islamic State.* Trans. Philip Khuri Hitti. 1916. Reprint, Piscataway: Gorgias, 2002.

Ballard, G. A. *The Influence of the Sea on the Political History of Japan.* New York: Dutton, 1921.

Ban, Gu. *Food and Money in Ancient China: The Earliest Economic History of China to A.D.*25. Trans. Nancy Lee Swann. 1950. Reprint, New York: Octagon, 1974.

Barbosa, Duarte, Fernão de Magalhães, and Mansel Longworth Dames. *The Book of Duarte Barbosa: An Account of the Countries Bordering on the Indian Ocean and Their Inhabitants.* London: Hakluyt, 1918.

Barbour, Violet. *Capitalism in Amsterdam in the 17th Century.* Ann Arbor: Univ. of Michigan Press, 1963.

———. "Dutch and English Merchant Shipping in the Seventeenth Century." *Economic History Review* 2:2 (1930): 261–90.

Barendse, René. "Shipbuilding in Seventeenth-Century Western India." *Itinerario* 19:3 (1995): 175–95.

Barr, Pat. *The Deer Cry Pavilion; A Story of Westerners in Japan,* 1868–1905. New York: Harcourt, Brace & World, 1969.

Bartholomew, Michael. "James Lind and Scurvy: A Revaluation." *Journal for Maritime Research*, Jan. 2002. http://www.jmr.nmm.ac.uk/server/show/conJmrArticle.3.

Bass, George F. "Bronze Age Shipwreck at Ulu Burun (Kaş): 1984 Campaign." *American Journal of Archaeology* 90 (1986): 269–96.

———. "A Byzantine Trading Venture." *Scientific American* 224.2 (1971): 23–33.

———. *Cape Gelidonya: A Bronze Age Shipwreck.* Philadelphia: American Philosophical Society, 1967.

———. "Return to Cape Gelidonya." *INA Newsletter* 15 (1988): 2–5.

Bass, George F., and Frederick H. Van Doorninck, Jr. "An 11th-Century Shipwreck at Serçe Limani, Turkey." *IJNA* 7 (1978): 119–32.

———. "A Fourth-Century Shipwreck at Yassi Ada." *American Journal of Archaeology* 75 (1971): 27–37.

———. *Yassi Ada*. Vol. 1, *A Seventh-Century Byzantine Shipwreck*. College Station, TX: IJNA, 1982.

Bass, George F., et al. *Cape Gelidonya: A Bronze Age Shipwreck.* TAPA New Series 57:8, 1967.

———. *Serçe Limani: An Eleventh-Century Shipwreck*. Vol. 1, *The Ship and Its Anchorage, Crew, and Passengers*. College Station: Texas A&M Univ. Press, 2004.

Bately, Janet. "Text and Translation." In *Ohthere's Voyages,* ed. by Bately and Englert, 40–50.

Bately, Janet, and Anton Englert, eds. *Ohthere's Voyages: A Late 9th-Century Account of Voyages Along the Coasts of Norway and Denmark and Its Cultural Context.* Roskilde: Viking Ship Museum, 2007.

Bathurst, R. D. "Maritime Trade and Imamate Government: Two Principal Themes in the History of Oman." In *The Arabian Peninsula: Society and Politics,* ed. by Derek Hopwood, 89–106. London: George Allen & Unwin, 1972.

Baugh, Daniel. *The Global Seven Years War,* 1754–1763*: Britain and France in a Great Power Contest.* London: Pearson, 2011.

Beach, Edward L. *Around the World Submerged.* New York: Holt, 1962.

———. *The United States Navy:* 200 *Years.* New York: Holt, 1986.

Beaglehole, J. C. *The Exploration of the Pacific.* 3rd ed. Stanford: Stanford Univ. Press, 1966.

Bede. *A History of the English Church and People.* Trans. Leo Sherley-Price. New York: Penguin, 1968.

Bellwood, Peter S. *Prehistory of the Indo-Malaysian Archipelago*. Honolulu: Univ. of Hawai'i Press, 1997.

———. "South*east Asia* Before History." In *The Cambridge History of Southeast Asia*, ed. by Tarling, 1.1:55–136.

Bellwood, Peter, and Judith Cameron. "Ancient Boats, Boat Timbers, and Locked Mortise-and-Tenon Joints from Bronze/Iron-Age Northern Vietnam." *IJNA* 36:1 (2007): 2–20.

Benjamin, Daniel K., and Anca Tifrea. "Learning by Dying: Combat Performance in the Age of Sail." *Journal of Economic History* 67:4 (2007): 968–1000.

Benjamin of Tudela. *The Itinerary of Benjamin of Tudela: Travels in the Middle Ages.* Introduction by Michael A. Signer, M. N. Adler, and A. Asher. Malibu, CA: J. Simon, 1983.

Benn, Charles. *China's Golden Age: Everyday Life in the Tang Dynasty*. New York: Oxford Univ. Press, 2002.

Bergquist, Charles W. "The Paradox of American Development." In *Labor and the Course of American Democracy: U.S. History in Latin American Perspective.* New York: Verso, 1996.

Berkowitz, David Sandler. *John Selden's Formative Years: Politics and Society in Early Seventeenth-Century England.* Washington: Folger Shakespeare Library, 1988.

Berlow, Rosalind Kent. "The Sailing of the Saint Esprit." *The Journal of Economic History* 39:2 (1979): 345–62.

Bernstein, Peter L. *Wedding of the Waters: The Erie Canal and the Making of a Great Nation.* New York: Norton, 2005.

Bessason, Haraldur, Paul Edwards, and Hermann Pálsson. *The Book of Settlements*. Winnipeg: Univ. of Manitoba Press, 1972.

Bielenstein, Hans. *Diplomacy and Trade in the Chinese World,* 589–1276. Leiden: Brill, 2005.

Biggar, Henry Percival, compiler. *A Collection of Documents Relating to Jacques Cartier and the Sieur de Roberval.* Ottawa: Public Archives of Canada, 1930.

Birnbaum, Henrik. *Lord Novgorod the Great: Essays in the History and Culture of a Medieval City-State*. Columbus: Slavica, 1981.

Bittlestone, Robert, with James Diggle and John Underhill. *Odysseus Unbound: The Search for Homer's Ithaca.* Cambridge: Cambridge Univ. Press, 2005.

Bjork, David K. "The Peace of Stralsund, 1370." *Speculum* 7 (1932): 447–76.

———. "Piracy in the Baltic, 1375–1398." *Speculum* 18:1 (1943): 39–68.

Blackbourn, David. *The Conquest of Nature: Water, Landscape, and the Making of Modern Germany.* New York: Norton, 2006.

Blench, Roger. "The Ethnographic Evidence for Long-Distance Contacts Between Oceania and East Africa." In *The Indian Ocean in Antiquity*, ed. by Reade, 417–38.

Blussé, Leonard. "Brief Encounter at Macao." *Modern Asian Studies* 22:3 (1988): 647–64.

———. "Chinese Century: The Eighteenth Century in the China Sea Region." *Archipel* 58 (1999): 107–29.

———. "Divesting a Myth: Seventeenth Century Dutch-Portuguese Rivalry in the Far East." In *Vasco da Gama and the Linking of Europe and Asia*, ed. by Anthony Disney and Emily Booth, 387–402. New Delhi: Oxford Univ. Press, 2000.

———. *Visible Cities: Canton, Nagasaki, and Batavia and the Coming of the Americans.* Cambridge: Harvard Univ. Press, 2008.

Blussé, Leonard, and Felipe Fernández-Armesto, eds. *Shifting Communities and Identity Formation in Early Modern Asia.* Leiden: CNWS, 2003.

Blussé, Leonard, and Femme Gaastra, eds. *On the Eighteenth Century as a Category of Asian History: Van Leur in Retrospect.* Aldershot, UK: Ashgate, 1992.

Boardman, John. *The Greeks Overseas: Their Early Colonies and Trade.* 4th ed. London: Thames & Hudson, 1999.

Boccaccio, Giovanni. *Decameron*. Trans. G. H. McWilliam. Harmondsworth: Penguin, 1972.

Bockstoce, John R. "From Davis Strait to Bering Strait: The Arrival of the Commercial Whaling Fleet in North America's Western Arctic." *Arctic* 37:4 (1984): 528–32.

Bondioli, Mauro, René Burlet, and André Zysberg. "Oar Mechanics and Oar Power in Medieval and Later Galleys." In *The Age of the Galley,* ed. by Gardiner and Morrison, 172–205.

Bonsor, N. R. P. *North Atlantic Seaway.* 5 vols. Jersey: Brookside, 1980.

Boomgaard, Peter. *Southeast Asia: An Environmental History.* Santa Barbara: ABC-CLIO, 2006.

Bougainville, Louis-Antoine de. *Pacific Journal of Louis-Antoine de Bougainville,* 1767–68. Ed. by John Dunmore. London: Hakluyt, 2002.

Bourne, Edward Gaylord. "The Demarcation Line of Pope Alexander VI." In *Essays in Historical Criticism.* 1901. Reprint, Freeport, NY: Books for Libraries Press, 1967.

Boxer, C. R. *The Dutch Seaborne Empire,* 1600–1800. New York: Penguin, 1965.

———. *The Portuguese Seaborne Empire,* 1415–1825. New York: Knopf, 1969.

Bramoullé, David. "Recruiting Crews in the Fatimid Navy (909–1171)." *Medieval Encounters* 13 (2007): 4–31.

Brand, Hanno. "Habsburg Diplomacy During the Holland-Wend War." In *Trade, Diplomacy and Cultural Exchange: Continuity and Change in the North Sea Area and the Baltic, c.* 1350–1750, ed. by Hanno Brand, 113–35. Hilversum: Uitgeverij Verloren, 2006.

Braudel, Fernand. *Civilization and Capitalism,* 15*th*–18*th Century.* Vol. 3, *The Perspective of the World.* New York: Harper & Row, 1985.

———. *The Mediterranean in the Age of Philip II.* 1949. Trans. Siân Reynolds. 2 vols. New York: Harper & Row, 1973.

Breasted, James Henry. *Ancient Records of Egypt: Historical Documents from the Earliest Times to the Persian Conquest.* New York: Russell & Russell, 1962.

Brendel, Otto J. *Etruscan Art.* Harmondsworth: Penguin, 1978.

Brett, Edwin. *Notes on Yachts.* London: Low, Son & Marston, 1869.

Brett, Michael. *The Rise of the Fatimids: The World of the Mediterranean and the Middle East in the Fourth Century of the Hijra, Tenth Century* CE. Leiden: Brill, 2001.
Brewer, John. *Sinews of Power: War, Money, and the English State,* 1688–1783. New York: Knopf, 1989.
Briggs, M. "Innovation and the Mid-Victorian Royal Navy: The Case of the Whitehead Torpedo." *Mariner's Mirror* 88 (2002): 447–55.
Brinnin, John Malcolm. *The Sway of the Grand Saloon: A Social History of the North Atlantic.* New York: Delacorte, 1971.
Briscoe, John. "The Second Punic War." In *The Cambridge Ancient History. Vol.* 8, *Rome and the Mediterranean to* 133 *B.C.,* ed. by A. E. Astin et al., 44–88. 2nd ed. Cambridge: Cambridge Univ. Press, 1989.
Brodie, Bernard. *Sea Power in the Machine Age.* Princeton: Princeton Univ. Press, 1941.
Broeze, Frank. *The Globalisation of the Oceans: Containerisation from the* 1950*s to the Present.* St. John's, NL: International Maritime Economic History Assoc., 2002.
Brøgger, A. W., and Haakon Shetelig. *The Viking Ships: Their Ancestry and Evolution.* Trans. Katherine John. Los Angeles: Mogensen, 1953.
Brown, Alexander Crosby. *Women and Children Last: The Loss of the Steamship* Arctic. New York: Putnam, 1961.
Brown, D. K. "*Nemesis*: The First Iron Warship." *Warship* 2:8 (1978): 283–85.
———. "The Paddle Frigate *Guadeloupe.*" *Mariner's Mirror* 58 (1972): 221–22.
Brown, David. *Warship Losses of World War II.* Rev. ed. Annapolis: Naval Institute, 1990.
Brown, Delmer M., ed. *The Cambridge History of Japan.* Vol. 1, *Ancient Japan.* Cambridge: Cambridge Univ. Press, 1993.
———. "The Impact of Firearms on Japanese Warfare, 1543–98." *Far Eastern Quarterly* 7:3 (1948): 236–53.
———. "The Yamato Kingdom." In *The Cambridge History of Japan*, ed. by Brown, 1:108–62.
Browning, Robert. "The City and the Sea." In *The Greeks and the Sea,* ed. by Speros Vryonis, 97–110. New Rochelle: Caratzas, 1993.
Bruijn, Jaap R. *The Dutch Navy of the Seventeenth and Eighteenth Centuries.* Columbia: Univ. of South Carolina Press, 1993.
Brummett, Palimra. *Ottoman Seapower and Levantine Diplomacy in the Age of Discovery.* Albany: State Univ. Press of New York, 1994.
Brutzkus, J. "Trade with Eastern Europe, 800–1200." *Economic History Review* 13:1/2 (1943): 31–41.
Buchanan, J. Y., H. N. Mosley, J. Murray, and T. H. Tizard. *The Report of the Scientific Results of the Exploring Voyage of the H.M.S.* Challenger *During the Years* 1873–1876. Vol. 1, *Narrative of the Voyage.* London: 1885–95.
Buck, Peter (Te Rangi Hiroa). *The Coming of the Maori.* Wellington: Whitcombe & Tombs, 1950.
Burckhardt, Carl J. *Richelieu and His Age*. 3 vols. New York: Harcourt Brace and World, 1940.
Burningham, Nick. "The Borobudur Ship—Design Outline." www.borobudurshipexpedition.com/design-outline.htm (June 26, 2006).
Bury, J. B. *A History of the Eastern Roman Empire from the Fall of Irene to the Accession of Basil I.* 1912. Reprint, New York: Russell & Russell, 1965.
Butler, John A. *Atlantic Kingdom: America's Contest with Cunard in the Age of Sail and Steam.* Dulles: Brassey's, 2001.
———. *Sailing on Friday: The Perilous Voyage of America's Merchant Marine.* Dulles: Brassey's, 2000.
Buzurg ibn Shahriyar of Ramhormuz. *The Book of the Wonders of India: Mainland, Sea and Islands.* Trans. G. S. P. Freeman-Grenville. London: East-West, 1981.
Byrne, Eugene H. "Commercial Contracts of the Genoese in the Syrian Trade of the Twelfth Century." *Quarterly Journal of Economics* 31:1 (1916): 128–70.

Byron, John. *Byron's Journal of His Circumnavigation,* 1764–1766. Ed. Robert E. Gallagher. Cambridge: Hakluyt, 1946.

C.N.B. "Alexander on the Compass Needle." *Geographical Journal* 104:1 (1944): 63–65.

Caesar, Julius. *The Conquest of Gaul*. Trans. S. A. Handford. New York: Penguin, 1981.

*Calendar of the Patent Rolls Preserved in the Public Record Office. Henry IV. A.D.*1399–*[*1413*]*. London: HMSO, 1903–9.

Callaghan, Richard T. "Prehistoric Trade Between Ecuador and West Mexico: A Computer Simulation of Coastal Voyages." *Antiquity* 77:298 (2003): 796–804.

Camoens, Luis Vaz de. *The Lusiads*. Trans. William C. Atkinson. 1952. Reprint, Harmondsworth: Penguin, 1973.

Campbell, Alistair, ed. *Encomium Emmae Reginae*. New York: Cambridge Univ. Press, 1998.

Campbell, Tony. "Portolan Charts from the Late Thirteenth Century to 1500." In *The History of Cartography*. Vol. 1, *Cartography in Prehistoric, Ancient, and Medieval Europe and the Mediterranean,* ed. by J. B. Harley and David Woodward, 371–463. Chicago: Univ. of Chicago Press, 1987.

Capponi, Niccolo. *Victory of the West: The Great Christian-Muslim Clash at the Battle of Lepanto.* New York: Da Capo, 2007.

Carlisle, Rodney. *Sovereignty for Sale: The Origins and Evolution of the Panamanian and Liberian Flags of Convenience.* Annapolis: Naval Institute, 1981.

Carter, Hodding. *Lower Mississippi.* The Rivers of America. New York: Farrar & Rinehart, 1942.

Carter, Robert. "Boat-Related Finds." In *Maritime Interactions in the Arabian Neolithic: Evidence from H3, As-Sabiyah, an Ubaid-related Site in Kuwait,* ed. by Robert Carter and Harriet Crawford, 89–104. Leiden: Brill, 2010.

Carvajal, Gaspar de. *The Discovery of the Amazon According to the Account of Friar Gaspar de Carvajal and Other Documents.* Trans. Bertram T. Lee. New York: American Geographical Society, 1934.

Carver, M. O. H. "Pre-Viking Traffic in the North Sea." In *Maritime Celts, Frisians and Saxons,* ed. by McGrail, 117–25.

Casale, Giancarlo. "The Ottoman Administration of the Spice Trade in the Sixteenth-Century Red Sea and Persian Gulf." *JESHO* 49:2 (2006): 170–98.

———. *The Ottoman Age of Exploration*. New York: Oxford Univ. Press, 2010.

Casparis, J. G. de. *Selected Inscriptions from the 7th to the 9th Century A.D.Prasasti Indonesia* 2. Bandung, Indonesia: Masa Baru, 1956.

Casson, Lionel. *The Ancient Mariners: Seafarers and Sea Fighters of the Mediterranean in Ancient Times.* 2nd ed. Baltimore: Johns Hopkins Univ. Press, 1991.

———. *Everyday Life in Ancient Egypt.* Baltimore: Johns Hopkins Univ. Press, 2001.

———. "The Grain Trade of the Hellenistic World." In *Ancient Trade and Society*, 70–95. Detroit: Wayne State Univ. Press, 1984.

———. "The Isis and Her Voyage." *Transactions of the American Philological Association* 81 (1950): 43–56.

———. "Merchant Galleys." In *The Age of the Galley*, ed. by Gardiner and Morrison, 117–26.

———. "New Light on Maritime Loans: P. Vindob. G 19792 (=SB VI 9571)." In *Studies in Roman Law in Memory of A. Arthur Schiller*, ed. by Roger S. Bagnall, A. Arthur Schiller, and William Vernon Harris, 11–17. Leiden: Brill, 1986.

———, trans. *The Periplus Maris Erythraei*. Princeton: Princeton Univ. Press, 1989.

———. *Ships and Seamanship in the Ancient World.* Baltimore: Johns Hopkins Univ. Press, 1995.

Castro, Filipe, N. Fonseca, T. Vacas, and F. Ciciliot. "A Quantitative Look at Mediterranean Lateen- and Square-Rigged Ships (Part 1)." *IJNA* 37:2 (2008): 347–59.

Cecil, Lamar J. R. "Coal for the Fleet That Had to Die." *American Historical Review* 69:4 (1964): 990–1005.

Chakravarti, Ranabir. "Early Medieval Bengal and the Trade in Horses: A Note." *JESHO* 42:2 (1999): 194–211.

———. "Nakhudas and Navittakas: Shipowning Merchants in the West Coast of India (c. AD 1000–1500)." *JESHO* 43:1 (2000): 35–64.

———. "Overseas Trade in Horses in Early Medieval India: Shipping and Piracy." In *Praci-prabha: Perspective in Indology,* ed. by D. C. Bhattacharyya and Devendra Handa. New Delhi: Harman, 1989.

Chandra, Moti. *Trade and Trade Routes in Ancient India*. New Delhi: Abhinav, 1977.

Chang, Chun-shu, and Joan Smythe. *South China in the Twelfth Century: A Translation of Lu Yu's Travel Diaries, July* 3–*December* 6, 1170. Hong Kong: Chinese Univ. Press, 1981.

Chang Pin-Tsun. "The Formation of a Maritime Convention in Minnan (Southern Fujian), c. 900–1200." In *From the Mediterranean to the China Sea: Miscellaneous Notes,* ed. by Claude Guillot, Denys Lombard, and Roderich Ptak, 143–55. Wiesbaden: Harrassowitz, 1998.

Chapelle, Howard I. "Arctic Skin Boats." In *The Bark Canoes and Skin Boats of North America,* by Tappan Adney and Howard Chapelle, 174–211. Washington: Smithsonian, 1964.

———. *The History of American Sailing Ships*. 1935. Reprint, New York: Bonanza, 1982.

Chaplin, Joyce E. *The First Scientific American: Benjamin Franklin and the Pursuit of Genius.* New York: Basic Books, 2006.

Chapman, Anne C. "Port of Trade Enclaves in Aztec and Maya Civilization." In *Trade and Market in the Early Empires: Economies in History and Theory,* ed. by Karl Polanyi et al., 114–53. Glencoe, IL: Free Press, 1957.

Charanis, Peter. "Piracy in the Aegean During the Reign of Michael VIII Palaeologus." In *Social, Economic and Political Life in the Byzantine Empire: Collected Studies*, ed. by Peter Charanis. London: Variorum, 1973.

Charlwood, D. E. *The Long Farewell: The Perilous Voyages of Settlers Under Sail in the Great Migration to Australia.* Victoria: Penguin, 1983.

Chau Ju-kua. *Chau Ju-kua: His Work on the Chinese and Arab Trade in the Twelfth and Thirteenth Centuries Entitled Chu-fan-chi*. Ed. by Friedrich Hirth and W. W. Rockhill. 1911. Reprint, Amsterdam: Oriental Press, 1966.

Chaucer, Geoffrey. *Canterbury Tales*. Trans. Nevill Coghill. New York: Penguin, 1975.

Chaudhuri, K. N. "Surat Revisited: A Tribute to Ashin Das Gupta." *JESHO* 43:1 (2000): 18–22.

Chaudhuri, Mamata. "Ship-Building in the *Yuktikalpataru* and *Samarangana Sutradara*." *Indian Journal of History of Science* 1:2 (1976): 137–47.

Chelminski, Rudolph. *Superwreck*: Amoco Cadiz—*The Shipwreck That Had to Happen*. New York: Morrow, 1987.

Chin, James K. "Ports, Merchants, Chieftains and Eunuchs: Reading Maritime Commerce of Early Guangdong." In *Guangdong: Archaeology and Early Texts,* ed. by Shing Muller, Thomas O. Höllmann, and Putao Gui, 217–39. Wiesbaden: Harrassowitz, 2004.

Chittick, Neville. "East African Trade with the Orient." In *Islam and the Trade of Asia*, ed. by D. S. Richards, 97–104. Oxford: Bruno Cassirer, 1970.

———. *Kilwa: An Islamic Trading City on the East African Coast. Vol.* 1, *History and Archaeology.* Nairobi: British Institute in Eastern Africa, 1974.

Choniates, Nicetas. *O City of Byzantium: Annals of Nicetas Choniates.* Trans. Harry J. Magoulias. Detroit: Wayne State Univ. Press, 1984.

Chou Yi-liang, "Tantrism in China." *Harvard Journal of Asiatic Studies* 8:3/4 (Mar. 1945): 241–332.

Christensen, Arne Emil. "Proto-Viking, Viking and Norse Craft." In *The Earliest Ships: The Evolution of Boats into Ships,* ed. by Robert Gardiner and A. E. Christensen, 72–88. Annapolis: Naval Institute, 1996.

Christides, Vassilios. *The Conquest of Crete by the Arabs (ca. 824): A Turning Point in the Struggle Between Byzantium and Islam.* Athens: Akademia Athenon, 1984.

———. "Fireproofing of War Machines, Ships and Garments." In *Sailing Ships of the Mediterranean Sea and the Arabian Gulf,* ed. by Christos G. Makrypoulias, 1.11–17. *Graeco-Arabica*, Supplement 1. Athens: Kuwait F.A.S., 1998.

———. "Milaha." In *Encyclopaedia of Islam,* New Edition, ed. by C. E. Bosworth, E. van Dozel, W. P. Heindrichs, and Ch. Pellat, 7:40–76. Leiden: Brill, 1993.

———. "Two Parallel Naval Guides of the Tenth Century: Qudama's Document and Leo VI's *Naumachia*: A Study on Byzantine and Moslem Naval Preparedness." *Graeco-Arabica* 1 (1982): 51–103.

Christie, Jan Wisseman. "The Medieval Tamil-Language Inscriptions in Southeast Asia and China." *JSEAS* 29:2 (1998): 239–68.

Churchill, Winston. *The Second World War.* 6 vols. Boston: Houghton Mifflin, 1948.

———. *The World Crisis.* 4 vols. New York: Scribner, 1923.

Cicero. *Letters to Atticus*. Trans. E. O. Winstedt (Vol. 1). New York: Macmillan, 1912.

———. *Pro Lege Manilia*, etc. Trans. H. Grose Hodge (Vol. 9). Cambridge: Harvard Univ. Press, 1929.

Citarella, Armand O. "The Relations of Amalfi with the Arab World Before the Crusades." *Speculum* 42 (1967): 299–312.

Clark, Hugh R. *Community, Trade and Networks: Southern Fujian from the 3rd to the 13th Centuries*. Cambridge: Cambridge Univ. Press, 1991.

———. "Frontier Discourse and China's Maritime Frontier: China's Frontiers and the Encounter with the Sea Through Early Imperial History." *Journal of World History* 20:1 (2009): 1–33.

———. "Muslims and Hindus in the Culture and Morphology of Quanzhou from the Tenth to the Thirteenth Century." *Journal of World History* 6:1 (1995) 49–74.

Clarke, Arthur C. *Voice Across the Sea.* New York: Harper, 1958.

Cleuziou, Serge, and Maurizio Tosi. "Black Boats of Magan: Some Thoughts on Bronze Age Water Transport in Oman and Beyond from the Impressed Bitumen Slabs of Ra's al-Junayz." In *South Asian Archaeology* 1993, ed. by A. Parpola and P. Koskikallio, 745–61. Helsinki: AASF Ser. B 271, 1993.

Coe, Michael D. "Archaeological Linkages with North and South America at La Victoria, Guatemala." *American Anthropologist*, n.s., 62 (1960): 363–93.

Coke, Edward, Sir. *The Third Part of the Institutes of the Laws of England: Concerning High Treason, and Other Pleas of the Crown.* London, 1797. Eighteenth Century Collections Online, Gale Group.

Coleman, Terry. *The Nelson Touch: The Life and Legend of Horatio Nelson.* New York: Oxford Univ. Press, 2002.

Colón, Fernando. *The Life of the Admiral Christopher Columbus by His Son Ferdinand.* Trans. Benjamin Keen. New Brunswick: Rutgers Univ. Press, 1959.

Compton-Hall, Richard. *Submarine Boats: The Beginnings of Underwater Warfare.* London: Conway Maritime, 1983.

Confucius. *The Analects of Confucius (Lun Yu).* Trans. Chichuang Huang. New York: Oxford Univ. Press, 1999.

Conlan, Thomas D., trans. *In Little Need of Divine Intervention: Takezaki Suenaga's Scrolls of the Mongol Invasions of Japan*. Ithaca: Cornell East Asia Series, 2001.

Constable, Olivia Remie. "The Problem of Jettison in Medieval Mediterranean Maritime Law." *Journal of Medieval History* 20 (1994): 207–20.

———. *Trade and Traders in Muslim Spain: The Commercial Realignment of the Iberian Peninsula,* 900–1500. Cambridge: Cambridge Univ. Press, 1994.

Constantine VII Porphyrogenitus. *De administrando imperio*. Trans. R. J. H. Jenkins. Washington: Dumbarton Oaks Center for Byzantine Studies, 1985.

Cook, James. *The Journals of Captain James Cook on His Voyages of Discovery,* ed. by J. C. Beaglehole and R. A. Skelton. 4 vols. Cambridge: Hakluyt, 1955–74.

Cook, Noble David. *Born to Die: Disease and New World Conquest,* 1492–1650. Cambridge: Cambridge Univ. Press, 1998.

Corbett, Julian S. *The Successors of Drake.* London: Longmans, Green, 1916.

Cosentino, Salvatore. "Constans II and the Byzantine Navy." *Byzantinische Zeitschrift* 100:2 (2007): 577–603.

Cosmas Indicopleustes. *The Christian Topography of Cosmas, an Egyptian Monk.* Trans. J. W. McCrindle. London: Hakluyt, 1897.

Cowan, Edward. *Oil and Water: The Torrey Canyon Disaster*. Philadelphia: Lippincott, 1968.

Cowdrey, H. E. J. "The Mahdia Campaign of 1087." *English Historical Review* 92 (1977): 1–29.

Cowell, Edward B., trans. *The Jataka; or, Stories of the Buddha's Former Births.* 1895–1907. Reprint, London: Routledge & Kegan Paul, 1973.

Craig, Gordon A. *Germany,* 1866–1945. New York: Oxford Univ. Press, 1978.

Crespigny, Rafe de. *Generals of the South: The Foundation and Early History of the Three Kingdoms State of Wu.* Canberra: Australian National Univ., Faculty of Asian Studies, 1990.

Cressy, David. "The Vast and Furious Ocean: The Passage to Puritan New England." *New England Quarterly* 57:4 (1984): 511–32.

Crone, G. R., trans. *The Voyages of Cadamosto and Other Documents on Western Africa in the Second Half of the Fifteenth Century.* London: Hakluyt, 1937.

Crone, Patricia. *Meccan Trade and the Rise of Islam*. Princeton: Princeton Univ. Press, 1987.

Cross, Samuel Hazzard, and Olgerd P. Sherbowitz-Wetzor, trans. *Russian Primary Chronicle: Laurentian Text.* Cambridge: Mediaeval Academy of America, 1953.

Cruise Baltic. *Cruise Baltic Status Report.* 2007. http://www.cruisebaltic.com/media(636,1033)/Cruise_Baltic_status_report_Jan_07.pdf.

Crumlin-Pedersen, Ole. "Boats and Ships of the Baltic Sea in the 9th and 10th Centuries: The Archaeological and Iconographic Evidence." In *Wulfstan's Voyage,* ed. by Englert and Trakadas, 235–56.

———. "The Skuldelev Ships." *Acta Archaeologica* 38 (1967): 73–174.

Culavamsa: Being the More Recent Part of the Mahavamsa. Trans. C. Mabel Rickmers. London: Pali Text Society, 1973.

Cunliffe, Barry W. *The Extraordinary Voyage of Pytheas the Greek*. New York: Walker, 2002.

———. *Facing the Ocean: The Atlantic and Its People* 8000 *bc–ad* 1500. New York: Oxford Univ. Press, 2001.

Cust, Richard. *Charles I: A Political Life*. New York: Pearson/Longman, 2005.

Dalby, Michael T. "Court Politics in Late T'ang Times." In *The Cambridge History of China*. Vol. 3, *Sui and T'ang China,* 589–906, ed. by Denis Twitchett, 561–681. Cambridge: Cambridge Univ. Press, 1979.

Dalley, Stephanie, trans. *Myths from Mesopotamia: Creation, the Flood, Gilgamesh, and Others.* Oxford: Oxford Univ. Press, 1989.

Dalzell, George W. *Flight from the Flag: The Continuing Effect of the Civil War upon the American Carrying Trade.* Chapel Hill: Univ. of North Carolina Press, 1940.

Dante Alighieri. *The Divine Comedy of Dante Alighieri*. Vol. 1, *Inferno*. Trans. Robert M. Durling. New York: Oxford University Press, 1996.

D'Arms, John H. *Romans on the Bay of Naples: A Social and Cultural Study of the Villas and Their Owners from* 150 *B.C. to A.D.*400. Cambridge: Harvard Univ. Press, 1970.

Das Gupta, Ashin. *Indian Merchants and the Decline of Surat: c.* 1700–1750. New Delhi: Manohar, 1994.

———. "The Maritime Merchant of India, c. 1500–1800." In *The World of the Indian Ocean Merchant,* 1500–1800*: Collected Essays of Ashin Das Gupta*, 88–101. Compiled by Uma Das Gupta. New Delhi: Oxford Univ. Press, 2001.

Davenport, Frances Gardiner, ed. *European Treaties Bearing on the History of the United States and Its Dependencies to* 1648. Washington: Carnegie Institution of Washington, 1917.

David, Charles Wendell, trans. *The Conquest of Lisbon*. 1936. Reprint, New York: Columbia University Press, 2001.

Davis, David Brion. *Slavery and Human Progress*. New York: Oxford University Press, 1984.

Davis, Lance Edwin, and Stanley L. Engerman. *Naval Blockades in Peace and War: An Economic History Since* 1750. Cambridge: Cambridge Univ. Press, 2006.

Davis, Ralph. *The Rise of the English Shipping Industry in the Seventeenth and Eighteenth Centuries*. London: Macmillan, 1962.

De Paor, Máire. *Patrick, the Pilgrim Apostle of Ireland*. New York: Regan, 2002.

De Vries, Kelly. *The Norwegian Invasion of England in* 1066. Woodbridge, UK: Boydell, 1999.

De Witte, Hubert. "The Maritime Topography of Medieval Bruges." In *Maritime Topography and the Medieval Town: Papers from the 5th International Conference on Waterfront Archaeology in Copenhagen,* 14–16 *May* 1998, ed. by Jan Bill and Berthe L. Clausen. Copenhagen: Nationalmuseet, 1999.

Declaration Concerning the Laws of Naval War, 208 Consol. T.S. 338 (1909). Univ. of Minnesota, Human Rights Library Online. http://www1.umn.edu/humanrts/instree/1909b.htm.

Deloche, Jean. "Geographical Considerations in the Localization of Ancient Sea-Ports of India." In *Trade in Early India,* ed. by Ranabir Chakravarti, 312–25. New Delhi: Oxford Univ. Press, 2001.

———. "Iconographic Evidence on the Development of Boat and Ship Structures in India (2nd C. B.C.–15th C. A.D.)" In *Tradition and Archaeology: Early Maritime Contacts in the Indian Ocean,* ed. by Himanshu Prabha Ray and Jean-François Salles, 199–224. New Delhi: Manohar, 1999.

Demosthenes. *Against Meidias, Etc*. Trans. J. H. Vince. Cambridge: Harvard Univ. Press, 1935.

Deng, Gang. *Chinese Maritime Activities and Socioeconomic Development, c.* 2100 *B.C.–*1900 *A.D.* Westport: Greenwood, 1997.

———. *Maritime Sector, Institutions, and Sea Power of Premodern China*. Westport: Greenwood, 1999.

Dennis, Andrew, Peter Foote, and Richard Perkins, trans. *Laws of Early Iceland—Grágás: The Codex Regius of Grágás with Material from Other Manuscripts*. Winnipeg: Univ. of Manitoba Press, 1980.

Desloges, Yvon, and Alain Gelly. *The Lachine Canal: Riding the Waves of Industrial and Urban Development,* 1860–1950. Sillery: Septentrion, 2002.

DeVoto, Bernard, ed. *The Journals of Lewis and Clark*. Boston: Houghton Mifflin, 1997.

Di Meglio, R. R. "Arab Trade with Indonesia and the Malay Peninsula from the 8th to the 16th Century." In *Islam and the Trade of Asia,* ed. by D. S. Richards, 105–36. Oxford: Bruno Cassirer, 1970.

Dickens, Charles. *The Letters of Charles Dickens*. Ed. by Madeline House and Graham Storey. Oxford: Clarendon Press, 1965.

Diffie, Bailey W., and George D. Winius. *Foundations of the Portuguese Empire,* 1415–1580. Oxford: Oxford Univ. Press, 1977.

Dimitrova, Desislava Nikolaeva. *Seafarers' Rights in the Globalized Maritime Industry.* Alphen aan den Rijn: Kluwer Law International, 2010.

Dio Chrysostom. *Discourses*. 5 vols. Cambridge: Harvard Univ. Press, 1932–51.

Diodorus Siculus. *Library of History*. Trans. C. H. Oldfather. 12 vols. Cambridge: Harvard Univ. Press, 1933–67.

Dollinger, Philippe. *The German Hansa*. Trans. D. S. Ault and S. H. Steinberg. Stanford: Stanford Univ. Press, 1970.

Domingues, Francisco Contente. "The State of Portuguese Naval Forces in the Sixteenth Century." In *War at Sea in the Middle Ages and Renaissance,* ed. by John B. Hattendorf and Richard W. Unger, 187–98. Rochester, NY: Boydell, 2003.

Donnellan, Philip. *The Shoals of Herring.* Adapted by Philip Donnellan from the radio ballad "Singing the Fishing," by Ewan McColl, Peggy Seeger, and Charles Parker. Birmingham: BBC Colour, 1972.

Dotson, John E. "Fleet Operations in the First Genoese-Venetian War, 1264–1266." *Viator* 30 (1999): 165–80.

Douglass, Frederick. *The New National Era,* Aug. 17, 1871.

Doumas, Christos. *Wall-Paintings of Thera*. Athens: Thera Foundation, 1992.

Drake, Francis, and Francis Fletcher. *The World Encompassed.* 1628. Reprint, Ann Arbor: University Microfilms, 1966.

Dreyer, Edward L. *Zheng He: China and the Oceans in the Early Ming,* 1405–1433. New York: Pearson-Longman, 2007.

Duffy, John. "The Passage to the Colonies." *Mississippi Valley Historical Review* 38:1 (1951): 21–38.

Dugan, James. *The Great Iron Ship*. New York: Harper, 1953.

Duncan-Jones, Richard. *Economy of the Roman Empire.* Cambridge: Cambridge Univ. Press, 1974.

Dunlop, D. M. *The History of the Jewish Khazars.* Princeton: Princeton Univ. Press, 1954.

Duyvendak, J. J. L. "The True Dates of the Chinese Maritime Expeditions in the Early Fifteenth Century." *T'oung Pao* 34 (1938): 341–412.

Earle, T. F., and John Villiers, eds. and trans. *Albuquerque: Caesar of the East—Selected Texts by Afonso de Albuquerque and His Son*. Warminster, UK: Aris & Phillips, 1990.

Edwards, Clinton R. *Aboriginal Watercraft on the Pacific Coast of South America.* Berkeley: Univ. of California Press, 1965.

Ehrenkreutz, A. S. "The Place of Saladin in the Naval History of the Mediterranean Sea in the Middle Ages." *JAOS* 72:2 (1955): 100–116.

Elbl, Martin. "The Caravel." In *Cogs, Caravels and Galleons*, ed. by Gardiner and Unger, 91–98.

El-Hajji, A. A. "The Andalusian Diplomatic Relations with the Vikings During the Umayyad Period." *Hesperis Tamuda* 8 (1967): 67–110.

Elisonas, Jurgis. "The Inseparable Trinity: Japan's Relations with China and Korea." In *The Cambridge History of Japan*. Vol. 4, *Early Modern Japan*, ed. by John Whitney Hall, 235–300. Cambridge: Cambridge Univ. Press, 1991.

Elliott, J. H. *Empires of the Atlantic World: Britain and Spain in America,* 1492–1830. New Haven: Yale Univ. Press, 2006.

Ellmers, Detlev. "The Beginning of Boatbuilding in Central Europe." In *The Earliest Ships: The Evolution of Boats into Ships*, ed. by Robert Gardiner, 11–23. London: Conway Maritime, 1996.

———. "The Cog as Cargo Carrier." In *Cogs, Caravels and Galleons*, ed. by Gardiner and Unger, 29–46.

El-Sayed, Sayed Z. "Queen Hatshepsut's Expedition to the Land of Punt: The First Oceanographic Cruise?" *Quarterdeck* 3:1 (Spring 1995). www-ocean.tamu.edu/Quarterdeck/QD3.1/Elsayed/elsayed-hatshepsut.html.

Elvin, Mark. *The Pattern of the Chinese Past.* Stanford: Stanford Univ. Press, 1973.

Englert, Anton, and Athena Trakadas, eds. *Wulfstan's Voyage: The Baltic Sea Region in the Early Viking Age as Seen from Shipboard.* Roskilde, Denmark: Viking Ship Museum, 2009.

Ennin. *Ennin's Diary: The Record of a Pilgrimage to China in Search of the Law.* New York: Ronald, 1955.

Epstein, Jeremiah F. "Sails in Aboriginal Mesoamerica: Reevaluating Thompson's Argument." *American Anthropologist* 92:1 (1990): 187–92.

Epstein, Steven A. *Genoa and the Genoese*, 958–1528. Chapel Hill: Univ. of North Carolina

Press, 1996.

Erlandson, Jon M., et al. "The Kelp Highway Hypothesis." *Journal of Island and Coastal Archaeology* 2 (2007): 161–74.

Errington, R. M. "Rome Against Philip and Antiochus." In *The Cambridge Ancient History*. Vol. 8, *Rome and the Mediterranean to* 133 *B.C.*, ed. by A. E. Astin et al., 244–89. 2nd ed. Cambridge: Cambridge Univ. Press, 1989.

Esmer, Ahmed Sükrü. "The Straits: Crux of World Politics." *Foreign Affairs* 25 (1947): 290–302.

Evans, David C., and Mark R. Peattie. *Kaigun: Strategy, Tactics, and Technology in the Imperial Japanese Navy,* 1887–1941. Annapolis: Naval Institute, 1997.

Evelyn, John. *The Diary of John Evelyn; Now First Printed in Full from the Manuscripts Belonging to Mr. John Evelyn.* Ed. by E. S. de Beer. Oxford: Clarendon Press, 1955.

Evelyn-White, H. G., trans. *Hesiod, the Homeric Hymns and Homerica.* London: Heinemann, 1914.

Fagan, Brian. *Fish on Friday: Feasting, Fasting and the Discovery of the New World.* New York: Basic Books, 2006.

Fahmy, Aly Mohamed. *Muslim Naval Organization in the Eastern Mediterranean from the Seventh to the Tenth Century A.D.* 2nd ed. Cairo: National Publication & Printing House, 1966.

———. *Muslim Sea-Power in the Eastern Mediterranean: From the Seventh to the Tenth Century A.D.* London: Luzac, 1950.

Fairbank, John King, Edwin O. Reischauer, and Albert M. Craig. *East Asia: Tradition and Transformation*. Boston: Houghton Mifflin, 1973.

Falconbridge, Alexander. *An Account of the Slave Trade on the Coast of Africa.* London, 1788.

Falconer, William. *An Universal Dictionary of the Marine.* London, 1780.

FAO Fisheries and Aquaculture Department. *The State of World Fisheries and Aquaculture,* 2010. Rome: Food & Agriculture Organization of the UN, 2010.

Faroqhi, Suraiya. *Ottoman Empire and the World Around It.* London: Tauris, 2005.

Faxian. *The Travels of Fa-hian*. In Xuanzang, *Si-yu-ki*.

Fernández-Armesto, Felipe. *Amerigo: The Man Who Gave His Name to America.* London: Weidenfeld & Nicolson, 2006.

———. *Before Columbus: Exploration and Colonization from the Mediterranean to the Atlantic,* 1229–1492. Philadelphia: Univ. of Pennsylvania Press, 1987.

———. *Columbus*. New York: Oxford Univ. Press, 1991.

———. "Medieval Atlantic Exploration: The Evidence of the Maps." In *Portugal, the Pathfinder*, ed. by Winius, 40–70.

———. "Spanish Atlantic Voyages and Conquests Before Columbus." In *Maritime History.* Vol. 1, *The Age of Discovery,* ed. by John B. Hattendorf, 137–47. Malabar, FL: Krieger, 1996.

———. "The Stranger-Effect in Early Modern Asia." In *Shifting Communities and Identity Formation in Early Modern Asia,* ed. by Blussé and Fernández-Armesto, 181–202.

Ferreiro, Larrie D. *Ships and Science: The Birth of Naval Architecture in the Scientific Revolution,* 1600–1800. Cambridge: MIT Press, 2007.

Ferry, David, trans. *Gilgamesh: A New Rendering in English Verse*. New York: Farrar, Straus & Giroux, 1993.

Fisher, Robin. "The Northwest from the Beginning of Trade with the Europeans to the 1880s." In *The Cambridge History of the Native Peoples of the Americas.* Vol. 1, *North America*, ed. by Bruce G. Trigger and Wilcomb E. Washburn, 117–82. Cambridge: Cambridge Univ. Press, 1996.

Fladmark, Knut. "Routes: Alternate Migration Corridors for Early Man in North America." *American Antiquity* 44:1 (1979): 55–69.

Flecker, Michael. "A Ninth-Century ad Arab or Indian Shipwreck in Indonesia: First Evidence for Direct Trade with China." *World Archaeology* 32:3 (2001): 335–54.

———. "A Ninth-Century ad Arab or Indian Shipwreck in Indonesia: Addendum." *IJNA* 37:2 (2008): 384–86.

Fletcher, M. E. "From Coal to Oil in British Shipping." *Journal of Transport History* 3 (1975): 1–19.

———. "The Suez Canal and World Shipping, 1869–1914." *Journal of Economic History* 18:4 (1958): 556–73.

Flexner, James T. *Steamboats Come True: American Inventors in Action*. New York: Viking, 1964.

Flodoard of Reims. *The Annals of Flodoard of Reims,* 919–966. Trans. Steven Fanning and Bernard S. Bachrach. Peterborough, ON: Broadview, 2004.

Florus, Lucius Annaeus. *Epitome of Roman History*. 1929. Reprint, Cambridge: Harvard Univ. Press, 1960.

Forrest, Thomas. *A Voyage to New Guinea and the Moluccas,* 1774–1776. Kuala Lumpur: Oxford Univ. Press, 1969.

Fox, Grace Estelle. *Britain and Japan,* 1858–1883. Oxford: Clarendon Press, 1969.

Franke, P. R. "Pyrrhus." In *The Cambridge Ancient History*. Vol. 7, pt. 2, *The Rise of Rome to* 220 *B.C.*, ed. by F. W. Walbank et al., 456–85. 2nd ed. Cambridge: Cambridge Univ. Press, 1989.

Franklin, Benjamin. *The Writings of Benjamin Franklin:* 1783–1788. Ed. Albert Henry Smyth. New York: Macmillan, 1906.

Frankopan, Peter. "Byzantine Trade Privileges to Venice in the Eleventh Century: The Chrysobull of 1092." *Journal of Medieval History* 20 (2004): 135–60.

Fraser, Antonia. *Royal Charles: Charles II and the Restoration*. New York: Simon & Schuster, 1979.

Fraser, P. M. *Ptolemaic Alexandria*. Oxford: Clarendon Press, 1972.

Frear, Hugo P. "History of Tankers." *New York Maritime Register* (1886): 135–44.

Friel, Ian. "The Carrack." In *Cogs, Caravels and Galleons*, ed. by Gardiner and Unger, 77–90.

———. *The Good Ship: Ships, Shipbuilding and Technology in England,* 1200–1520. Baltimore: Johns Hopkins Univ. Press, 1995.

———. *Maritime History of Britain and Ireland, c.* 400–2001. London: British Museum, 2003.

Frost, Alan. "James Mario Matra: Voyager with Cook." *Commonplace* 5:2 (2005), www.common-place.org.

Frost, Honor, et al. *Lilybaeum (Marsala): The Punic Ship, Final Excavation Report.* Rome: Notizie deglie scavi di antichità, 1976.

———. "The Marsala Punic Ship: An Obituary." *Mariner's Mirror* 83:2 (1997): 207–11.

Frost, O. W. *Bering: The Russian Discovery of America.* New Haven: Yale Univ. Press, 2003.

Fryer, S. E., and David K. Brown. "Whitehead, Robert," *Oxford Dictionary of National Biography*, ed. by H. C. G. Matthew and Brian Harrison. 58.670–71. 2nd ed. Oxford: Oxford Univ. Press, 2004.

Gaastra, Femme. *The Dutch East India Company: Expansion and Decline*. Zutphen, Netherlands: Walburg Pers, 2003.

Gabrielsen, Vincent. *The Naval Aristocracy of Hellenistic Rhodes*. Aarhus, Denmark: Aarhus Univ. Press, 1997.

Gadd, C. J. "The Dynasty of Agade and the Gutian Invasion." In *The Cambridge Ancient History*. Vol. 1, pt. 2, *Early History of the Middle East*, ed. by I. E. S. Edwards et al., 417–57. 3rd ed. Cambridge: Cambridge Univ. Press, 1971.

Gade, John Allyne. *The Hanseatic Control of Norwegian Commerce During the Late Middle Ages*. Leiden: Brill, 1951.

Games, Alison. "Migration." In *The British Atlantic World,* 1500–1800, ed. by David Armitage and Michael J. Braddick, 31–50. London: Palgrave Macmillan, 2002.

Gardiner, Robert, and Alastair Couper, eds. *The Shipping Revolution: The Modern*

Merchant Ship. London: Conway Maritime, 1992.

Gardiner, Robert, and Ambrose Greenway, eds. *The Golden Age of Shipping: The Classic Merchant Ship,* 1900–1960. Annapolis: Naval Institute, 1994.

Gardiner, Robert, and John Morrison, eds. *The Age of the Galley: Mediterranean Oared Vessels Since Pre-Classical Times.* Annapolis: Naval Institute, 1995.

Gardiner, Robert, and Richard W. Unger, eds. *Cogs, Caravels and Galleons: The Sailing Ship,* 1000–1650. Annapolis: Naval Institute, 1994.

Garland, Charles, and Herbert S. Klein. "The Allotment of Space for Slaves Aboard Eighteenth-Century British Slave Ships." *William and Mary Quarterly*, 3rd Ser., 42:2 (1985): 238–48.

Gellius, Aulus. *Attic Nights*. Trans. John C. Rolfe. Cambridge: Harvard Univ. Press, 1927.

Gelpke, J. Sollewijn. "Afonso de Albuquerque's Pre-Portuguese Javanese Map, Partially Reconstructed from Francisco Rodrigues' Book." *Bijdragen tot de Taal-, Land- en Volkenkunde* 151 (1995): 76–99.

Genz, Joseph H. "Oceania: Polynesian and Micronesian Navigation." In *The Oxford Encyclopedia of Maritime History,* ed. by Hattendorf, 3:144–54.

Ghosh, A., ed. *An Encyclopedia of Indian Archaeology.* Vol. 2, *A Gazetteer of Explored and Excavated Sites in India.* Leiden: Brill, 1990.

Gibson, Andrew, and Arthur Donovan. *The Abandoned Ocean: A History of United States Maritime Policy*. Columbia: Univ. of South Carolina Press, 2000.

Gimbutas, Marija Alseikaite. *The Balts*. New York: Praeger, 1963.

Gladney, Dru C. *Muslim Chinese: Ethnic Nationalism in the People's Republic*. Cambridge: Harvard Univ. Press, 1996.

Gläser, Manfred, "The Development of the Harbours and Market Places of Lübeck." In *Maritime Topography and the Medieval Town*, ed. by Jan Bill and Birthe L. Clausen, 79–86. Copenhagen: National Museum, 1999.

Glete, Jan. "Naval Power and Control of the Sea in the Baltic in the Sixteenth Century." In *War at Sea in the Middle Ages and Renaissance*, ed. by John B. Hattendorf and Richard W. Unger, 217–32. Rochester, NY: Boydell, 2003.

———. *Navies and Nations: Warships, Navies, and State Building in Europe and America,* 1500–1860. Acta Universitatis Stockholmiensis. Stockholm Studies in History, 48. Stockholm: Almqvist & Wiksell International, 1993.

———. *Warfare at Sea,* 1500–1650*: Maritime Conflict and the Transformation of Europe*. London: UCL, 2000.

Goitein, S. D. "The Beginnings of the Karim Merchants and the Nature of Their Organization." In *Studies in Islamic History and Institutions*, 351–60. Leiden: Brill, 1966.

———. *A Mediterranean Society: The Jewish Communities of the Arab World as Portrayed in the Documents of the Cairo Geniza.* 6 vols. 1967. Reprint, Berkeley: Univ. of California Press, 1999.

———. "Two Eyewitness Reports on an Expedition of the King of Kish (Qais) Against Aden." *Bulletin of the School of Oriental and African Studies* 16 (1954): 247–57.

Goitein, S. D., and Mordechai A. Friedman. *India Traders of the Middle Ages: Documents from the Cairo Geniza, "India Book."* Leiden: Brill, 2008.

Goldsworthy, Adrian. *The Punic Wars.* London: Cassell, 2000.

Golovnin, V. M. *Memoirs of a Captivity in Japan During the Years* 1811, 1812, *and* 1813*; with Observations on the Country and the People.* 3 vols. London: Henry Colburn, 1824.

Gordan, John D., III. "The Trial of the Officers and Crew of the Schooner Savannah." *Supreme Court Historical Society* 1983 *Yearbook.* http://www.supremecourthistory.org.

Goslinga, Cornelis Ch. *The Dutch in the Caribbean and on the Wild Coast,* 1580–1680. Gainesville: Univ. of Florida Press, 1971.

Graff, David A. *Medieval Chinese Warfare,* 300–900. London: Routledge, 2002.

Graham, Gerald S. "Ascendancy of the Sailing Ship, 1850–1855." *Economic History Review*, n.s., 9:1 (1956): 74–88.

Gratzer, W. B. *Terrors of the Table: The Curious History of Nutrition*. New York: Oxford Univ. Press, 2005.

Green, J. N. "The Song Dynasty Shipwreck at Quanzhou, Fujian Province, People's Republic of China." *IJNA* 12 (1983): 253–61.

Green, J. N., and Zae Geun Kim. "The Shinan and Wando Sites, Korea: Further Information." *IJNA* 18 (1989): 33–41.

Green, Peter. *The Greco-Persian Wars*. Berkeley: Univ. of California Press, 1996.

Greenlee, William Brooks, ed. *The Voyage of Pedro Alvares Cabral to Brazil and India, from Contemporary Documents and Narratives*. London: Hakluyt, 1938.

Greenway, Ambrose. "Cargo Ships." In *The Golden Age of Shipping*, ed. by Gardiner and Greenway, 38–50.

Grenet, Frantz. "Les marchands sogdiens dans les mers du Sud à l'époque préislamique." *Cahiers d'Asie centrale* 1/2 (1996): 65–84.

Grescoe, Taras. *Bottomfeeder: How to Eat Ethically in a World of Vanishing Seafood*. New York: Bloomsbury, 2008.

Griffiths, Denis. *Brunel's* Great Western. Wellingborough: Patrick Stephens, 1985.

Grotius, Hugo. *The Free Sea*. Trans. Richard Hakluyt; ed. by David Armitage. Indianapolis: Liberty Fund, 2004.

Grousset, René. *The Empire of the Steppes: A History of Central Asia*. New Brunswick: Rutgers Univ. Press, 1970.

Guilmartin, J. F. *Gunpowder and Galleys: Changing Technology and Mediterranean Warfare at Sea in the Sixteenth Century*. Cambridge: Cambridge Univ. Press, 1975.

Gunawardana, R. A. L. H. "Changing Patterns of Navigation in the Indian Ocean and Their Impact on Pre-Colonial Sri Lanka." In *The Indian Ocean: Explorations in History, Commerce and Politics*, ed. by Satish Chandra, 54–89. New Delhi: Sage, 1987.

Guy, John S. "The Expansion of China's Trade with South-*East Asia*." In *Oriental Trade Ceramics in South-East Asia, Ninth to Sixteenth Century*, 13–22. New York: Oxford Univ. Press, 1986.

———. "Tamil Merchant Guilds and the Quanzhou Trade." In *The Emporium of the World: Maritime Quanzhou,* 1000–1400, ed. by Angela Schottenhammer, 283–306. Leiden: Brill, 2000.

Habachi, Labib. "Two Graffiti at Sehel from the Reign of Queen Hatshepsut." *Journal of Near Eastern Studies* 16 (1957): 88–104.

Habib, Irfan. "The Eighteenth Century in Indian Economic History." In *On the Eighteenth Century as a Category of Asian History*, ed. by Blussé and Gaastra, 217–36.

Habicht, C. "The Seleucids and Their Rivals." In *The Cambridge Ancient History. Vol.* 8, *Rome and the Mediterranean to* 133 *B.C.*, ed. by A. E. Astin et al., 324–87. 2nd ed. Cambridge: Cambridge Univ. Press, 1989.

Haddon, Alfred C., and James Hornell. *Canoes of Oceania*. 2 vols. 1936–38. Reprint, Honolulu: Bishop Museum, 1975.

Hadi Hasan, A. *A History of Persian Navigation*. London: Methuen, 1928.

Hagan, Kenneth J. *This People's Navy: The Making of American Sea Power*. New York: Free Press, 1991.

Hagy, James W. "800 Years of Etruscan Ships." *IJNA* 15:3 (1986): 221–50.

Haider, Najaf. "Structure and Movement of Wages in the Mughal Empire, 1500–1700." In *Wages and Currency: Global Comparisons from Antiquity to the Twentieth Century*, ed. Jan Lucassen, 293–321. Bern: Lang, 2007.

Haldane, Douglas. "The Fire-Ship of Al-Salih Ayyub and Muslim Use of 'Greek Fire.' " In *The Circle of War in the Middle Ages: Essays on Medieval Military and Naval History,* ed. by Donald J. Kagay and L. J. Andrew Villalon, 137–44. Woodbridge, UK: Boydell, 1999.

Haldon, John. "Military Service, Military Lands, and the Status of Soldiers." *Dumbarton*

Oaks Papers 47 (1993): 1–67.

Hale, Edward Everett. *Letters on Irish Emigration*. Boston: Phillips, Sampson, 1852.

Hall, Kenneth R. "Economic History of Early South*east Asia*." In *The Cambridge History of Southeast Asia*, ed. by Tarling, 1.1:183–275.

———. "Local and International Trade and Traders in the Straits of Melaka Region: 600–1500." *JESHO* 47:2 (2004): 213–60.

———. *Maritime Trade and State Development in Early Southeast Asia*. Honolulu: Univ. of Hawai'i Press, 1985.

———. "The Upstream and Downstream Unification in Southeast Asia's First Islamic Polity: Changing Sense of Community in the Fifteenth Century *Hikayat Raja-Raja Pasai* Court Chronicle." *Journal of Southeast Asian Studies* 44 (2001): 198–229.

Halpern, Paul G. *A Naval History of World War I*. Annapolis: Naval Institute, 1994.

Hamblin, William James. "The Fatimid Navy During the Early Crusades: 1099–1124." *American Neptune* 46 (1986): 77–83.

"The Hamburg-American Yacht Prinzessin Victoria Luise." *Scientific American* 84:6 (Feb. 9, 1901): 86.

Handler, J. S. "Survivors of the Middle Passage: Life *Histories* of Enslaved Africans in British America." *Slavery & Abolition* 23:1 (2002): 25–56.

Hansen, Stig Jarle. *Piracy in the Greater Gulf of Aden: Myths, Misconception*s *and Remedies*. Oslo: Norwegian Institute for Urban and Regional Research, 2009.

Harding, Richard. "Organizational Life Cycles, the SNR and Maritime History." *Mariner's Mirror* 97:2 (2011): 5–20.

Hart, Marjolein 't. "Intercity Rivalries and the Making of the Dutch State." In *Cities and the Rise of States in Europe, A.D.* 1000 *to* 1800, ed. by Charles Tilly and Wim P. Blockmans, 196–217. Boulder: Westview, 1994.

Hastings, Max. *The Korean War*. London: Pan, 1988.

Hattendorf, John B., ed. *The Oxford Encyclopedia of Maritime History*. 4 vols. New York: Oxford Univ. Press, 2007.

Havighurst, Walter. *The Long Ships Passing: The Story of the Great Lakes*. Reprint, Minneapolis: Univ. of Wisconsin Press, 2002.

Hawkesworth, John. *An Account of the Voyages Undertaken by the Order of His Present Majesty for Making Discoveries in the Southern Hemisphere*. 4 vols. 3rd ed. London, 1785.

Haycox, Stephen W. *Alaska: An American Colony*. Seattle: Univ. of Washington Press, 2002.

Haywood, John. *Dark Age Naval Power: A Reassessment of Frankish and Anglo-Saxon Seafaring Activity*. Rev. ed. Norfolk: Anglo-Saxon, 1999.

Heinzig, Dieter. T*he Soviet Union and Communist China,* 1945–1950*: The Arduous Road to the Alliance*. Armonk, NY: M. E. Sharpe, 2003.

Hellie, Richard. *The Economy and Material Culture of Russia,* 1600–1725. 2nd ed. Chicago: Univ. of Chicago Press, 1999.

Henricus Lettus. *The Chronicle of Henry of Livonia*. Trans. James A. Brundage. 1961. Reprint, New York: Columbia Univ. Press, 2003.

Henthorn, William E. *A History of Korea*. New York: Free Press, 1971.

Hepper, David J. *British Warship Losses in the Age of Sail,* 1650–1859. Rotherfield, UK: Jean Boudriot, 1994.

Herlihy, David. *The Black Death and the Transformation of the West*. Ed. by Samuel K. Cohn, Jr. Cambridge: Harvard Univ. Press, 1997.

Herodotus. *The Histories*. Trans. Aubrey de Sélincourt. 1954. New ed., New York: Penguin, 1996.

Heywood, Linda M., and John K. Thornton. *Central Africans, Atlantic Creoles, and the Foundation of the Americas,* 1585–1660. New York: Cambridge Univ. Press, 2007.

Heywood, Thomas. *His Majesty's Royal Ship: A Critical Edition of Thomas Heywood's A True Description of His Majesties Royall Ship*, ed. by Alan R. Young. New York: AMS

Press, 1990.

Hill, George. *History of Cyprus*. Cambridge: Cambridge Univ. Press, 1940.

Hill, John E., trans. *The Western Regions According to the Hou Hanshu: The Xiyu Juan*. From *Hou Hanshu* 88. 2nd ed. 2003. http://depts.washington.edu/uwch/silkroad/texts/hhshu/hou_han_shu.html.

Hilton, George W. *Eastland: Legacy of the Titanic*. Stanford: Stanford University Press, 1995.

Hirth and Rockhill, see Chau Ju-kua.

Hitti, Philip K. *History of the Arabs from the Earliest Times to the Present*. 10th ed. New York: St. Martin's, 1970.

Hocker, F. "Lead Hull Sheathing in Antiquity." *Tropis* 3 (1995): 197–206.

Höckmann, Olaf. "Late Roman Rhine Vessels from Mainz, Germany." *IJNA* 22 (1993): 125–35.

———. "Late Roman River Craft from Mainz, Germany." In *Local Boats, Fourth International Symposium on Boat and Ship Archaeology, Porto* 1985, ed. by O. L. Filgueiras, 23–34. Oxford: British Archaeological Reports, 1988.

Hoffman, Bernard G. *Cabot to Cartier*. Toronto: Univ. of Toronto Press, 1961.

Hoffman, Philip G. "Australia's Debt to the American Revolution." *Historian* 17:2 (1954): 143–56.

Hollister, C. Warren. *Anglo-Saxon Military Institutions on the Eve of the Norman Conquest*. Oxford: Clarendon Press, 1962.

Holmes, G. A. "The 'Libel of English Policy.' " *English Historical Review* 76:299 (1961): 193–216.

Holmqvist, Wilhelm. "Helgö, an Early Trading Settlement in Central Sweden." In *Recent Archaeological Excavations in Europe*, ed. by Rupert Bruce-Mitford, 111–32. London: Routledge, 1975.

Homer. *The Iliad*. Trans. Robert Fagles. New York: Penguin, 1990.

———. *The Odyssey*. Trans. Robert Fagles. New York: Penguin, 1996.

Horn, James, and Philip D. Morgan. "Settlers and Slaves: European and African Migration to Early Modern British America." In *The Creation of the British Atlantic World*, ed. by Elizabeth Mancke and Carole Shammas, 19–44. Baltimore: Johns Hopkins Univ. Press, 2005.

Hornell, James. "Boat Oculi Survivals: Additional Records." *Journal of the Royal Anthropological Institute of Great Britain and Ireland* 68 (1938): 339–48.

———. "Indonesian Influence on East African Culture." *Journal of the Royal Anthropological Institute of Great Britain and Ireland* 64 (1934): 305–32.

———. "The Role of Birds in Early Navigation." *Antiquity* 20 (1946): 142–49.

———. *Water Transport Origins and Early Revolution*. Cambridge: Cambridge Univ. Press, 1946.

Hornung, Erik. *History of Ancient Egypt: An Introduction*. Trans. David Lorton. Ithaca: Cornell Univ. Press, 1999.

Horridge, Adrian. "The Story of Pacific Canoes and Their Rigs." In *From Buckfast to Borneo: Essays Presented to Father Robert Nicholl on the 85th Anniversary of His Birth, 27 March* 1995, ed. by Victor T. King and A. V. M. Horton, 541–58. Hull: Centre for South-East Asian Studies, 1995.

Hourani, George F. *Arab Seafaring in the Indian Ocean in Ancient and Early Medieval Times*. Revd. by John Carswell. Princeton: Princeton Univ. Press, 1995.

Howe, Octavius T., and Frederick C. Matthews. *American Clipper Ships*, 1833–1858. 2 vols. Salem: Marine Research Society, 1927.

Howse, Derek. "The Lunar-Distance Method of Measuring Longitude." In *The Quest for Longitude*, ed. by Andrewes, 150–61.

Hsü, Immanuel C. Y. *The Rise of Modern China*. 4th ed. Oxford: Oxford Univ. Press, 1990.

Hudson, Travis, Janice Timbrook, and Melissa Rempe. *Tomol: Chumash Watercraft as Described in the Ethnographic Notes of John P. Harrington*. Socorro, NM: Ballena,

1978.

Hughes, Lindsey. *Peter the Great: A Biography.* New Haven: Yale Univ. Press, 2002.

Huler, Scott. *Defining the Wind.* New York: Three Rivers, 2004.

Humins, John H. "Squanto and Massasoit: A Struggle for Power." *New England Quarterly* 60:1 (1987): 54–70.

Hunter, Louis C. *Steamboats on the Western Rivers: An Economic and Technological History.* Cambridge: Harvard Univ. Press, 1949.

Hydrographer of the Navy. *Ocean Passages for the World.* 2nd ed. London: Hydrographic Department, Admiralty, 1950.

Ibn Battuta. *The Travels of Ibn Battuta, A.D.* 1325–1354. Trans. H. A. R. Gibb. 5 vols. London: Hakluyt, 1958–2000.

Ibn Jubayr. *The Travels of Ibn Jubayr*. Trans. R. J. C. Broadhurst. London: Jonathan Cape, 1952.

Ibn Khaldun. *The Muqaddimah: An Introduction to History*. Trans. Franz Rosenthal. 3 vols. New York: Pantheon, 1958.

Ilanko Atikal. *The Tale of an Anklet: An Epic of South India. The Cilappatikaram of Ilanko Atikal.* Trans. R. Parthasarathy. New York: Columbia Univ. Press, 1993.

Imber, Colin. *The Ottoman Empire,* 1300–1650*: The Structure of Power.* New York: Palgrave Macmillan, 2002.

Inalcik, Halil. "The Ottoman State: Economy and Society, 1300–1600." In *An Economic and Social History of the Ottoman Empire,* 1300–1914, ed. by Halil Inalcik with Donald Quataert, 1:9–410. Cambridge: Cambridge Univ. Press, 1994.

"The International Geographical Congress of 1895." *Geographical Journal*, 8 (1896): 290–94.

International Maritime Organization. *International Shipping and World Trade: Facts and Figures*. London: IMO Maritime Knowledge Centre, 2009.

———. "List of IMO Conventions." http://www.imo.org/About/Conventions/ListOfConventions/Pages/Default.aspx.

———. International Maritime Organization. *SOLAS* 1974: *Brief History—List of Amendments to Date and Where to Find Them.* http://www.imo.org/KnowledgeCentre/ReferencesAndArchives/HistoryofSOLAS.

International Military Tribunal. *Trial of the Major War Criminals Before the International Military Tribunal, Nuremberg.* Vol. 17, Proceedings, 25 June 1946–8 July 1946. Nuremberg: n.p., 1948.

International Whaling Commission. "Whale Sanctuaries." http://iwcoffice.org/conservation/sanctuaries.htm.

Irwin, Geoffrey. *The Prehistoric Exploration and Colonisation of the Pacific.* Cambridge: Cambridge Univ. Press, 1992.

Islam, Sirajul, and Sajahan Miah, eds. "Trade and Commerce." http://banglapedia.search.com.bd/HT/T_0204.htm.

Israel, Jonathan Irvine. *Dutch Primacy in World Trade,* 1585–1740. Oxford: Clarendon Press, 1989.

Isserlin, B. S. J., et al. "The Canal of Xerxes: Investigations in 1993–4." *Annual of the British School at Athens* 91 (1996): 329–40.

Ittersum, Martine Julia van. "Hugo Grotius in Context: Van Heemskerck's Capture of the *Santa Catarina* and Its Justification in *De Jure Praedae* (1604–1606)." *Asian Journal of Social Science* 31 (2003): 511–48.

Jackson, Richard P. "From Profit-Sailing to Wage-Sailing: Mediterranean Owner-Captains and Their Crews During the Medieval *Commercial Revolution.*" *Journal of European Economic History* 18:3 (1989): 605–28.

Jacq-Hergoualc'h, Michel. *The Malay Peninsula Crossroads of the Maritime Silk Road (*100 *BC*–1300 *AD).* Leiden: Brill, 2002.

Jados, Stanley S. *Consulate of the Sea and Related Documents*. University: Univ. of Alabama Press, 1975.

James, Alan. "The Development of French Naval Policy: Richelieu's Early Aims and Ambitions." *French History* 12:4 (1998): 384–402.

James, Margery Kirkbride, ed. by Elspeth M. Veale. *Studies in the Medieval Wine Trade*. Oxford: Clarendon Press, 1971.

Jane, Cecil, ed. *Select Documents Illustrating the Four Voyages of Columbus*. 2 vols. London: Hakluyt, 1930–33.

Jay, Peter. *The Greek Anthology and Other Ancient Epigrams*. Harmondsworth: Penguin, 1981.

Jenkins, Nancy. *The Boat Beneath the Pyramid: King Cheops' Royal Ship*. New York: Holt, Rinehart & Winston, 1980.

Jenkins, R. J. H. "Cyprus Between Byzantium and Islam, A.D. 688–965." In *Studies Presented to D. M. Robinson,* ed. by G. E. Mylonas, 2:1006–1014. St. Louis: Washington Univ. Press, 1953.

Jesch, Judith. "Who Was Wulfstan." In *Wulfstan's Voyage*, ed. by Englert and Trakadas, 29–36.

Johns, Anthony H. "Islam in South*east Asia*: Reflections and New Directions." Indonesia 19 (1975): 33–55.

Johnson, Donald S. *Charting the Sea of Darkness: The Four Voyages of Henry Hudson*. New York: McGraw Hill, 1993.

Johnstone, Paul. *The Sea-craft of Prehistory*. London: Routledge & Kegan Paul, 1980.

Jones, Clement. *Pioneer Shipowners*. Liverpool: Journal of Commerce and Shipping Telegraph, 1935.

Jones, Gwyn. *A History of the Vikings*. New York: Oxford Univ. Press, 1968.

Jones, Nicolette. *The Plimsoll Sensation: The Great Campaign to Save Lives at Sea*. London: Abacus, 2007.

Jonkers, A. R. T. "Sailing Directions." In *The Oxford Encyclopedia of Maritime History*, ed. by Hattendorf, 3:457–63.

Jöns, Hauke. "Ports and Emporia of the Southern Coast: From Hedeby to Usedom and Wolin." In *Wulfstan's Voyage,* ed. by Englert and Trakadas, 160–81.

Juvenal. *The Sixteen Satires*. Trans. Peter Green. Harmondsworth: Penguin, 1967.

Kalland, Arne. *Fishing Villages in Tokugawa Japan*. Honolulu: Univ. of Hawai'i Press, 1995.

Kaminiates, John. *The Capture of Thessaloniki.* Trans. D. Frendo, A. Fotiou and G. Böhlig. Perth: Australian Assoc. for Byzantine Studies, 2000.

Kaukiainen, Yrjö. "Coal and Canvas: Aspects of the Competition Between Steam and Sail, c. 1870–1914." In *Sail and Steam: Selected Maritime Writings of Yrjö Kaukiainen*. Compiled by Lars U. Scholl and Merja-Liisa Hinkkanen, 113–28. St. John's, NL: International Maritime Economic History Assoc., 2004.

Kautilya, and R. P. Kangle, trans. *The Kautiliya Arthasastra,* pt. 2. 2nd ed. Bombay: Univ. of Bombay, 1972.

Keay, John. *The Honourable Company: A History of the English East India Company*. London: HarperCollins, 1995.

———. *India: A History*. New York: Grove, 2000.

Keith, Donald H., and Christian J. Buys. "New Light on Medieval Chinese Seagoing Ship Construction." *IJNA* 10 (1981): 119–32.

Kelly, Patrick J. *Tirpitz and the Imperial German Navy*. Bloomington: Indiana Univ. Press, 2011.

Kemp, John. "The COLREGS and the Princess Alice." *Journal of Navigation* 61 (2008): 271–81.

Kennedy, Paul M. "The Development of German Naval Operations Plans Against England, 1896–1914." In *The War Plans of the Great Powers*, 1880–1914, ed. by Paul M. Kennedy, 171–98. London: Unwin Hyman, 1979.

———. *The Rise and Fall of British Naval Mastery*. London: Ashfield, 1987.

Kerner, Robert J. *The Urge to the Sea: The Course of Russian History—The Role of Rivers,*

Portages, Ostrogs, Monasteries and Furs. Berkeley: Univ. of California Press, 1942.

Khalilieh, Hassan S. *Admiralty and Maritime Laws in the Mediterranean Sea (ca. 800–1050): The Kitab Akriyat Al-Sufun Vis-à-Vis the Nomos Rhodion Nautikos*. Leiden: Brill, 2006.

———. *Islamic Maritime Law: An Introduction*. Leiden: Brill, 1998.

Kim, H. Edward, and Donald H. Keith. "A 14th-Century Cargo Makes Port at Last." *National Geographic* 156:2 (Aug. 1979): 230–43.

Kim, Zae-Geun. "An Outline of Korean Shipbuilding History." *Korea Journal* 29:10 (Oct. 1989): 4–17.

King, Andrew L. " 'John Harrison, Clockmaker at Barrow; Near Barton upon Humber; Lincolnshire' : The Wooden Clocks, 1713–1730." In *The Quest for Longitude*, ed. by Andrewes, 168–87.

King, Charles. *The Black Sea: A History*. New York: Oxford Univ. Press, 2004.

Kirby, David, and Merja-Liisa Hinkkanen. *The Baltic and North Seas*. London: Routledge, 2000.

Kirch, Patrick Vinton. *On the Road of the Winds: An Archaeological History of the Pacific Islands Before European Contact*. Berkeley: Univ. of California Press, 2000.

Klooster, Wim. *Illicit Riches*. Leiden: KITLV, 1998.

Knaap, Gerrit J., and Heather Sutherland. *Monsoon Traders*. Leiden: KITLV, 2004.

Knecht, Robert Jean. *Renaissance Warrior and Patron: The Reign of Francis I*. Cambridge: Cambridge Univ. Press, 1994.

Knight, Roger. *The Pursuit of Victory: The Life and Achievement of Horatio Nelson*. New York: Basic Books, 2005.

Koeman, Cornelis, Günter Schilder, Marco van Egmond, et al., "Commercial Cartography and Map Production in the Low Countries, 1500–ca. 1672." In *The History of Cartography*. Vol. 3, *Cartography in the Renaissance*, ed. by David Woodward, 1296–383. Chicago: University of Chicago Press, 2007.

Kortepeter, Carl M. "Ottoman Imperial Policy and the Economy of the Black Sea Region in the Sixteenth Century." *JAOS* 86:2 (1966): 86–113.

Kowaleski, Maryann. "Commercialization of the Sea Fisheries in Medieval England and Wales." *International Journal of Maritime History* 15:2 (2005): 177–231.

Kramer, Samuel Noah, and John R. Maier. *Myths of Enki, the Crafty God*. New York: Oxford Univ. Press, 1989.

Kubiak, Wladyslaw B. "The Byzantine Attack on Damietta in 853 and the Egyptian Navy in the 9th Century." *Byzantion* 40 (1970): 45–66.

Kuhrt, Amélie. *The Ancient Near East*. 2 vols. New York: Routledge, 1997.

Kulkarni, A. R. "Marathas and the Sea." In *Maritime Heritage of India*, ed. by K. S. Behera, 206–13. New Delhi: Aryan Books, 1999.

Kulke, Hermann. "The Naval Expeditions of the Cholas." In *Nagapattinam to Suvarnadvipa*, ed. by Kulke, Kesavapany, and Sakhuja, 1–19.

Kulke, Hermann, K. Kesavapany, and Vijay Sakhuja, eds. *Nagapattinam to Suvarnadvipa: Reflections on the Chola Naval Expeditions to Southeast Asia*. Singapore: ISEAS, 2009.

Kuwabara, Jitsuzo. "On P'u Shou-keng, a Man of the Western Regions, Who Was Superintendent of the Trading Ships Office in Ch'uan-chou Towards the End of the Sung Dynasty." *Memoirs of the Research Department of the Toyo Bunko* 2 (1928): 1–79.

Labaree, Benjamin Woods. *The Boston Tea Party*. New York: Oxford Univ. Press, 1964.

Laiou, Angeliki E. "Byzantine Traders and Seafarers." In *The Greeks and the Sea*, ed. by Spyros Vryonis, Jr., 79–96. New Rochelle: Caratzas, 1992.

Lambert, Andrew. *Battleships in Transition: The Creation of the Steam Battlefleet*, 1815–1860. London: Conway Maritime, 1984.

———. *The Crimean War: British Grand Strategy Against Russia*, 1853–56. Manchester, UK: Manchester Univ. Press, 1990.

———. *Warrior: Restoring the World's First Ironclad.* London: Conway Maritime, 1987.

Landström, Björn. *Ships of the Pharaohs: 4,000 Years of Egyptian Shipbuilding.* New York: Doubleday, 1970.

Lane, Frederic C. "The Crossbow in the Nautical Revolution of the Middle Ages." In *Economy, Society, and Government in Medieval Italy: Essays in Memory of Robert L. Reynolds,* ed. by David Herlihy, Robert S. Lopez, and Vsevolod Slessarev, 35–41. Kent: Kent State Univ. Press, 1969.

———. "The Economic Meaning of the Invention of the Compass." *American Historical Review* 68:3 (1963): 605–17.

———. "The Economic Meaning of War and Protection." In *Venice and History: The Collected Papers of Frederic C. Lane,* ed. by Fernand Braudel et al., 383–98. Baltimore: Johns Hopkins Univ. Press, 1966.

———. "The Mediterranean Spice Trade: Its Revival in the Sixteenth Century." In *Venice and History: The Collected Papers of Frederic C. Lane*, 25–35. Baltimore: Johns Hopkins Univ. Press, 1966.

———. *Ships for Victory: A History of Shipbuilding Under the United States Maritime Commission in World War II.* Baltimore: Johns Hopkins Univ. Press, 1951.

———. "Venetian Shipping During the *Commercial Revolution.*" *American Historical Review* 38:2 (1933): 219–39.

———. *Venetian Ships and Shipbuilders of the Renaissance.* 1934. Reprint, Baltimore: Johns Hopkins Univ. Press, 1992.

———. *Venice: A Maritime Republic*. Baltimore: Johns Hopkins Univ. Press, 1973.

Lane, Kris E. *Pillaging the Empire: Piracy in the Americas,* 1500–1750. Armonk, NY: M. E. Sharpe, 1998.

Lapidge, Michael, ed. *Blackwell Encyclopaedia of Anglo-Saxon England.* Oxford: Blackwell, 1999.

Larson, Laurence Marcellus, trans. *The King's Mirror*. New York: American-Scandinavian Foundation, 1917.

Las Casas, Bartolomé de. *Las Casas on Columbus: Background and the Second and Fourth Voyages*. Trans. Nigel Griffin. Repertorium Columbianum 7. Turnhout, Belgium: Brepols, 1999.

Lavery, Brian. *The Ship of the Line: The Development of the Battlefleet,* 1650–1850. London: Conway Maritime, 2003.

Lazenby, J. F. "Diekplous." *Greece and Rome*, 2nd ser., 34:2 (1987): 169–77.

Leamon, James S. *Revolution Downeast: The War for American Independence in Maine.* Amherst: Univ. of Massachusetts Press, 1993.

Lebecq, Stéphane. *Marchands et navigateurs frisons du haut Moyen Age*. Lille, France: Presses universitaires de Lille, 1983.

———. "The Northern Seas (Fifth to Eighth Centuries)." In *The New Cambridge Medieval History*. Vol. 1, *c.* 500–*c.* 700, ed. by Paul Fouracre, 639–60. Cambridge: Cambridge Univ. Press, 1995.

Lee, Edwin. S*ingapore: The Unexpected Nation*. Singapore: Institute of South*east Asia*n Studies, 2008.

Lee, Kenneth B. *Korea and East Asia: The Story of a Phoenix*. Westport: Praeger, 1997.

Lee, Ki-baek. *A New History of Korea*. Trans. Edward W. Wagner. Cambridge: Harvard-Yenching Institute, 1984.

Leighton, Richard M., and Robert W. Coakley. *Global Logistics and Strategy*. 2 vols. 1955. Reprint, Washington: Center of Military History, 1995.

Leitholdt, Eva, Christoph Zielhofer, Stefanie Berg-Hobohm, et al. "Fossa Carolina: The First Attempt to Bridge the Central European Watershed—A Review, New Findings, and Geoarchaeological Challenges." *Geoarchaeology* 27:1 (2012): 88–104.

Lend-Lease Act. Public Law 77–11, 77th Cong., 1st sess. (Mar. 11, 1941).

Leshnik, Lawrence S. "The Harappan 'Port' at Lothal: Another View." In *Ancient Cities of the Indus,* ed. by Gregory L. Possehl, 203–11. Durham: Carolina Academic Press,

1979.
Levi, Sylvain. "Manimekhala, a Divinity of the Sea." *Indian Historical Quarterly* 6:4 (1930): 597–614.
Levinson, Marc. *The Box: How the Shipping Container Made the World Smaller and the World Economy Bigger*. Princeton: Princeton University Press, 2006.
Levy, Howard S. *Biography of Huang Ch'ao*. Trans. Howard S. Levy. Berkeley: Univ. of California Press, 1955.
Lewis, Archibald R. "Northern European Sea Power and the Straits of Gibraltar, 1031–1350 A.D." In *Order and Innovation in the Middle Ages: Essays in Honor of Joseph R. Strayer,* ed. by William C. Jordan, Bruce McNab, and Teofilo F. Ruiz, 139–64. Princeton: Princeton Univ. Press, 1976.
Lewis, David. *We, the Navigators: The Ancient Art of Landfinding in the Pacific*. 2nd ed. Honolulu: Univ. of Hawai'i Press, 1994.
Li Guo-Qing. "Archaeological Evidence for the Use of 'Chu-nam' on the 13th Century Quanzhou Ship, Fujian Province, China." *IJNA* 18:4 (1989): 277–83.
Li Tana. "A View from the Sea: Perspectives on the Northern and Central Vietnamese Coast." *JSEAS* 37:1 (2006): 83–102.
Lieberman, Victor. *Strange Parallels: Southeast Asia in Global Context, c.* 800–1830. 2 vols. Cambridge: Cambridge Univ. Press, 2003–9.
Lien-sheng Yang. *Money and Credit in China: A Short History*. Cambridge: Harvard Univ. Press, 1952.
Linden, H. Vander. "Alexander VI and the Demarcation of the Maritime and Colonial Domains of Spain and Portugal, 1493–1494." *American Historical Review* 22:1 (1916): 1–20.
Linschoten, Jan Huygen van. *The Voyage of John Huyghen van Linschoten to the East Indies*, ed. by Arthur Coke Burnell and P. A. Tiele. 2 vols. London: Hakluyt, 1885.
Lipke, Paul. *The Royal Ship of Cheops: A Retrospective Account of the Discovery, Restoration and Reconstruction. Based on Interviews with Hag Ahmed Youssef Moustafa*. Oxford: British Archaeological Reports, 1984.
Liritzis, Veronica McGeehan. "Seafaring, Craft and Cultural Contact in the Aegean During the 3rd Millennium bc." *IJNA* 17:3 (1988): 237–56.
Livy. *Rome and Italy: Books* 6 *to* 10. Trans. Betty Radice. New York: Penguin, 1982.
———. *Rome and the Mediterranean: Books* 31–45. Trans. Henry Bettenson. New York: Penguin, 1976.
Lloyd, Alan B. "Necho and the Red Sea: Some Considerations." *Journal of Egyptian Archaeology* 63 (1977): 142–55.
Lloyd, Christopher. "Victualling of the Fleet in the Eighteenth and Nineteenth Centuries." In *Starving Sailors: The Influence of Nutrition upon Naval and Maritime History,* ed. by J. Watt, E. J. Freeman, and W. F. Bynum, 9–15. London: National Maritime Museum, 1981.
Lo Jung-Pang. "Chinese Shipping and East-West Trade from the Tenth to the Fourteenth Century." In *Sociétés et compagnies de commerce en Orient et dans l'océan Indien: actes du huitième colloque international d'histoire maritime* (Beyrouth, 5–10 septembre 1966), ed. by Michel Mollat, 167–75. Paris: S.E.V.P.E.N., 1970.
———. "Controversy over Grain Conveyance During the Reign of Qubilai Qaqn, 1260–94." *Far Eastern Quarterly* 13:3 (1954): 262–85.
———. "The Decline of the Early Ming Navy." *Oriens Extremus*. 5 (1958): 149–68.
———. "The Termination of the Early Ming Naval Expeditions." In *Papers in Honour of Professor Woodbridge Bingham, a Festchrift for His Seventy-Fifth Birthday*, ed. by James B. Parson. San Francisco: Chinese Materials Center, 1976.
Lockhart, James, and Enrique Otte. *Letters and People of the Spanish Indies, Sixteenth Century*. Cambridge: Cambridge Univ. Press, 1976.
LoGerfo, James W. "Sir William Dolben and 'The Cause of Humanity' : The Passage of the Slave Trade Regulation Act of 1788." *Eighteenth-Century Studies* 6:4 (1973): 431–51.

Lombard, Maurice. "Arsenaux et bois de marine dans la Méditerranée musulmane (VIIe-XIe siècle)." In *Le navire et l'économie maritime du Moyen-Age au XVIIIe siècle principalement en Méditerranée*, ed. by M. Mollat, 53–106. Paris: S.E.V.P.E.N., 1958.

Longnaker, J. L. "History of Insurance Law." *Insurance Law Journal* 477 (1962): 644–46.

Lopez, Robert S. "Back to Gold, 1252." *Economic History Review*, n.s., 9:2 (1956): 219–40.

———. *The Commercial Revolution of the Middle Ages,* 950–1350. Cambridge: Cambridge Univ. Press, 1976.

———. "European Merchants in the Medieval Indies: The Evidence of Commercial Documents." *Journal of Economic History* 3:2 (1943): 164–84.

———. "Majorcans and Genoese on the North Sea Route in the 13th Century." *Revue belge de philologie et d'histoire* 29 (1951): 1163–79.

Lord, Henry. *A Display of Two Forraigne Sects in the East Indies: Vizt: The Sect of the Banians the Ancient Natiues of India and the Sect of the Persees the Ancient Inhabitants of Persia*. London: Francis Constable, 1630.

Louisiana Department of Transportation and Development. LOOP Program. http://www.dotd.louisiana.gov/programs_grants/loop/.

Lowe, William C. "Confederate Naval Strategy: Letters of Marque." http://ehistory.osu.edu/uscw/features/articles/0005/privateers.cfm.

Lu, David J. *Japan: A Documentary History.* Armonk, NY: M. E. Sharpe, 1997.

Lucian. "The Ship or the Wishes." In *Lucian*. Trans. K. Kilburn (Vol. 6). Cambridge: Harvard Univ. Press, 1959.

Lyman, John. "Register Tonnage and Its Measurement." 2 parts. *American Neptune* 5 (1945): 223–34, 311–25.

Ma Huan. *Ying-yai Sheng-lan: The Overall Survey of the Ocean's Shores [*1433*]*. Trans. J. V. G. Mills. 1970. Reprint, Bangkok: White Lotus, 1997.

Maber, John M. "Nordenfelt Submarines." *Warship* 8 (1984): 218–25.

Macdougall, Norman. " The Greattest Scheip That Ewer Saillit in Ingland or France." In *Scotland and War, AD* 79–1918, 36–60. Savage, MD: Barnes & Noble, 1991.

MacLeod, Roy M. "Social Policy and the 'Floating Population' : The Administration of the Canal Boats Acts, 1877–1899." *Past and Present* 35 (1966): 101–32.

Madariaga, Isabel de. *Catherine the Great: A Short History*. New Haven: Yale Univ. Press, 1990.

Magnusson, Magnus. *The Vikings*. Stroud, UK: Tempus, 2000.

Magnusson, Magnus, and Hermann Pálsson, trans. *The Vinland Sagas: The Norse Discovery of America* (Graenlendinga Saga and Eirik's Saga). Baltimore: Penguin, 1965.

Magnússon, Sigurdur A. *Northern Sphinx: Iceland and the Icelanders from the Settlement to the Present.* Reykjavik: English Bookshop, 1977.

Magra, Christopher. *The Fisherman's Cause: Atlantic Commerce and Maritime Dimensions of the American Revolution.* New York: Cambridge Univ. Press, 2009.

Mahan, Alfred Thayer. *The Influence of Sea Power upon History,* 1600–1783. 5th ed. 1894. Reprint, New York: Dover, 1987.

———. "The United States Looking Outward." *Atlantic Monthly* 66 (Dec. 1809): 816–24. http://www.theatlantic.com/doc/189012/mahan-outward.

Major, John. "The Navy Plans for War." In *In Peace and War: Interpretations of American Naval History,* 1775–1984, ed. by Kenneth J. Hagan, 237–62. 2nd ed. Westport: Greenwood, 1984.

Mak, James, and Gary M. Walton. "Steamboats and the Great Productivity Surge in River Transportation." *Journal of Economic History* 32:3 (1972): 619–40.

Makrypoulias, Christos G. "Byzantine Expeditions Against the Emirate of Crete, c. 825–949." *Graeco-Arabica* 7–8 (2000): 347–62.

Malone, Joseph J. *Pine Trees and Politics: The Naval Stores and Forest Policy in Colonial New England,* 1691–1775. Seattle: Univ. of Washington Press, 1964.

Mancke, Elizabeth. "Early Modern Expansion and the Politicization of Oceanic Space."

Geographical Review 89:2 (1999): 225–36.

Manguin, Pierre-Yves. "The Archaeology of Early Maritime Polities of South*east Asia*." In *Southeast Asia from Prehistory to History*, ed. by Ian C. Glover and Peter Bellwood, 282–313. London: RoutledgeCurzon, 2004.

———. "The South*east Asia*n Ship: An Historical Approach." *JSEAS* 11:2 (1980): 266–76.

———. "Southeast Asian Shipping in the Indian Ocean During the First Millennium A.D." In *Tradition and Archaeology: Early Maritime Contacts in the Indian Ocean*, ed. by Himanshu Prabha Ray and Jean-François Salles, 181–97. New Delhi: Manohar, 1999.

———. "Trading Ships of the South China Sea." *JESHO* 36:3 (1993): 253–80.

Mann, Charles C. 1491*: New Revelations of the Americas Before Columbus*. New York: Knopf, 2005.

Manning, Patrick. *Navigating World History* (Historians Create a Global Past). New York: Palgrave Macmillan, 2003.

Manu. *The Laws of Manu*. Trans. Wendy Doniger and Brian K. Smith. Harmondsworth: Penguin, 1991.

Marcus, G. J. *The Conquest of the North Atlantic*. Woodbridge, UK: Boydell, 1980.

Margariti, Roxani Eleni. *Aden and the Indian Ocean Trade:* 150 *Years in the Life of a Medieval Arabian Port*. Chapel Hill: Univ. of North Carolina Press, 2007.

Mariners' Museum. *Aak to Zumbra: A Dictionary of the World's Watercraft,* ed. by Beverly McMillan, Susannah Livingston, and Susan Beaven Rutter. Newport News, VA: Mariners' Museum, 2000.

Marsden, Peter. *A Ship of the Roman Period: From Blackfriars, in the City of London.* London: Guildhall Museum, 1967.

Marshall, P. J. "The English in Asia to 1700." In *The Oxford History of the British Empire*. Vol. 1, *The Origins of Empire*, ed. by Nicholas Canny, 264–85. Oxford: Oxford Univ. Press, 1998.

———. "Introduction." In *Oxford History of the British Empire*. Vol. 2, *The Eighteenth Century*, 1–27. Oxford: Oxford Univ. Press, 1998.

Martin, Colin, and Geoffrey Parker. *The Spanish Armada.* Manchester, UK: Manchester Univ. Press, 1999.

Mason, David J. P. *Roman Britain and the Roman Navy*. Stroud, UK: Tempus, 2003.

Massarella, Derek. "The Jesuits and Japan." In *Vasco da Gama and the Linking of Europe and Asia*, ed. by Anthony Disney and Emily Booth, 233–47. New Delhi: Oxford Univ. Press, 2000.

Masterson, Daniel M., and Sayaka Funada. "The Japanese in Peru and Brazil: A Comparative Perspective." In *Mass Migration to Modern Latin America*, ed. by Samuel L. Bailey and Eduardo José Míguez, 113–36. Wilmington: Scholarly Resources, 2003.

Mathew, Kuzhippalli Skaria. *Portuguese Trade with India in the Sixteenth Century*. New Delhi: Manohar, 1983.

Matthew, Donald. *The Norman Kingdom of Sicily*. Cambridge: Cambridge Univ. Press, 1992.

Maury, Matthew Fontaine. *Steam-lanes Across the Atlantic*. Washington, D.C., 1872.

Maxtone-Graham, John. *Normandie: France's Legendary Art Deco Ocean Liner.* New York: Norton, 2007.

———. *The Only Way to Cross.* New York: Macmillan, 1972.

McCormick, Michael. *Origins of the European Economy: Communications and Commerce, AD* 300–900. Cambridge: Cambridge Univ. Press, 2001.

McGhee, Robert. "Epilogue: Was There Continuity from Norse to Post-Medieval Explorations of the New World?" In *Contact, Continuity, and Collapse: The Norse Colonization of the North Atlantic,* ed. by James H. Barett, 239–48. Turnhout: Brepols, 2003.

McGrail, Sean. "Boats and Boatmanship in the Southern North Sea and Channel." In *Maritime Celts, Frisians and Saxons*, ed. by Seán McGrail, 32–48. London: Council for British Archaeology, 1990.

———. *Boats of the World from the Stone Age to Medieval Times.* Oxford: Oxford Univ. Press, 2001.

———. "Romano-Celtic Boats and Ships: Characteristic Features." *IJNA* 24:2 (1995): 139–45.

McGregor, Malcolm F. *The Athenians and Their Empire*. Vancouver: Univ. of British Columbia Press, 1987.

McPhee, John A. *The Survival of the Bark Canoe.* New York: Farrar, Straus & Giroux, 1975.

McPherson, Kenneth. *The Indian Ocean: A History of People and the Sea.* New Delhi: Oxford Univ. Press, 1993.

Meiggs, Russell. *Trees and Timber in the Ancient Mediterranean World.* Oxford: Clarendon Press, 1982.

Merwin, Douglas. "Selections from Wen-wu on the Excavation of a Sung Dynasty Seagoing Vessel in Ch'üan-chou." *Chinese Sociology and Anthropology* 9 (Spring 1977): 3–106.

Meurer, Peter H. "Cartography in the German Lands, 1450–1650." In *The History of Cartography.* Vol. 3, *Cartography in the Renaissance*, ed. by David Woodward, 1172–245. Chicago: University of Chicago Press, 2007.

Middleton, Neil. "Early Medieval Port Customs, Tolls and Controls on Foreign Trade." *Early Medieval Europe* 13:4 (2005): 313–58.

Míguez, Eduardo José. "Introduction: Foreign Mass Migration to Latin America in the Nineteenth and Twentieth Centuries." In *Mass Migration to Modern Latin America*, ed. by Samuel L. Bailey and Eduardo José Míguez, xiii–xxv. Wilmington: Scholarly Resources, 2003.

Miksic, John N. *Borobudur: Golden Tales of the Buddha.* Singapore: Periplus, 1990.

Miller, David E. "Maritime Fur Trade Rivalry in the Pacific Northwest." *Historian* (1959): 392–408.

Miller, Edward S. *War Plan Orange: The U.S. Strategy to Defeat Japan,* 1897–1945. Annapolis: Naval Institute, 2007.

Miller, Nathan. *War at Sea: A Naval History of World War II.* New York: Oxford University Press, 1996.

Millett, Paul. "Maritime Loans and the Structure of Credit in Fourth-Century Athens." In *Trade in the Ancient Economy,* ed. by Peter Garnsey, Keith Hopkins, and C. R. Whittaker, 36–52. Berkeley: Univ. of California Press, 1983.

Milne, Gustav. "Maritime Traffic Between the Rhine and Roman Britain: A Preliminary Note." In *Maritime Celts, Frisians and Saxons,* ed. by McGrail, 82–85.

Mitsusada, Inoue, with Delmer M. Brown. "The Century of Reform." In *The Cambridge History of Japan,* ed. by Brown, 1:163–220.

Mittelberger, Gottlieb. *Journey to Pennsylvania*. Cambridge: Belknap, 1960.

Montet, Pierre. *Everyday Life in Egypt in the Days of Ramesses the Great*. Trans. A. R. Maxwell-Hyslop and Margaret S. Drower. 1958. Reprint, Westport: Greenwood, 1974.

Mookerji, Radhakumud. *Indian Shipping: A History of the Sea-Borne Trade and Maritime Activity of the Indian from the Earliest Times.* London: Longmans, Green, 1912.

Morgan, Robert J. "Des Barres, Joseph Frederick Wallet." *Dictionary of Canadian Biography Online.* www.biographi.ca/009004-119.01-e.php?BioId=36955.

Morison, Samuel Eliot. *The European Discovery of America: The Northern Voyages, A.D.* 500–1600. New York: Oxford Univ. Press, 1971.

———. *Maritime History of Massachusetts,* 1783–1860. Boston: Houghton Mifflin, 1941.

———. "Old Bruin," *Commodore Matthew C. Perry,* 1794–1858. Boston: Little, Brown, 1967.

———. *Samuel de Champlain: Father of New France*. Boston: Houghton Mifflin, 1972.

———. *The Two-Ocean War: A Short History of the United States Navy in the Second World War*. Boston: Little, Brown, 1963.

Morison, Samuel Eliot, Henry Steele Commager, and William Leuchtenberg. *A Concise*

History of the American Republic. New York: Oxford Univ. Press, 1979.

Morrison, J. S., and J. F. Coates. *The Athenian Trireme: The History and Reconstruction of an Ancient Greek Warship*. New York: Cambridge Univ. Press, 1986.

Moseley, Michael Edward. *The Incas and Their Ancestors: The Archaeology of Peru*. London: Thames & Hudson, 1992.

———. *The Maritime Foundations of Andean Civilization*. Menlo Park, CA: Cummings, 1975.

Mote, F. W. *Imperial China*: 900–1800. Cambridge: Harvard Univ. Press, 1999.

Mott, Lawrence V. *The Development of the Rudder: A Technological Tale*. College Station: Texas A&M Univ. Press, 1997.

———. *Sea Power in the Medieval Mediterranean: The Catalan-Aragonese Fleet in the War of the Sicilian Vespers*. Gainesville: Univ. Press of Florida, 2003.

Moya, José C. "Spanish Emigration to Cuba and Argentina." In *Mass Migration to Modern Latin America,* ed. by Samuel L. Bailey and Eduardo José Míguez, 9–28. Wilmington: Scholarly Resources, 2003.

Mukund, Kanakalatha. *Trading World of the Tamil Merchant: Evolution of Merchant Capitalism in the Coromandel*. Chennai, India: Orient Longman, 1999.

Mullen, Michael. "Remarks as Delivered for the 17th International Seapower Symposium, Naval War College, Newport, RI, September 21, 2005." http://www.navy.mil/navydata/cno/mullen/speeches/mullen050921.txt.

Müller, F. Max, ed. *Sacred Books of the East*. 50 vols. Oxford: Clarendon Press, 1879–1910.

Muqaddasi, Muhammad ibn Ahmad al-. *The Best Divisions for Knowledge of the Regions: A Translation of Ahsan al-Taqasim fi Marifat al-Aqalim*. Trans. Basil Anthony Collins. Reading, UK: Centre for Muslim Contribution to Civilisation/Garnet, 1994.

Murat, Inès. *Colbert*. Charlottesville: Univ. Press of Virginia, 1984.

Murfett, Malcolm. *Naval Warfare,* 1919–1945*: An Operational History of the Volatile War at Sea*. London: Routledge, 2009.

Murphey, Rhoads. *The Outsiders: The Western Experience in India and China*. Ann Arbor: Univ. of Michigan Press, 1977.

Murray, Oswyn. *Early Greece*. 2nd ed. Cambridge: Harvard Univ. Press, 1993.

Nader, Helen. *Rights of Discovery: Christopher Columbus's Final Appeal to King Fernando. Facsimile, Transcription, Translation and Critical Edition of the John Carter Brown Library's Spanish Codex I*. Providence: John Carter Brown Library, 1992.

Naji, Abdel Jabbar. "Trade Relations Between Bahrain and Iraq in the Middle Ages: A Commercial and Political Outline." In *Bahrain Through the Ages: The History,* ed. by Abdullah bin Khalid al-Khalifa and Michael Rice, 423–44. London: Kegan Paul, 1991.

Nasir-i Khusraw. *Book of Travels [Safarnama]*. Trans. Wheeler M. Thackston. Costa Mesa, CA: Mazda, 2001.

National Maritime Museum learning team. "Ships, Seafarers and Life at Sea." http://www.nmm.ac.uk/explore/sea-and-ships/facts/ships-and-seafarers/load-lines.

National Research Council. *Crew Size and Maritime Safety*. Washington: National Academy, 1990. http://www.nap.edu/openbook.php?record_id=1620&page=R1.

Navin, Thomas R., and Marian V. Sears. "A Study in Merger: Formation of the International Mercantile Marine." *Business History Review* 28:4 (1954): 291–328.

Needham, Joseph, with Wang Ling. *Science and Civilisation in China*. Vol. 3, *Mathematics and the Sciences of the Heavens and Earth*. Cambridge: Cambridge Univ. Press, 1959.

Needham, Joseph, with Wang Ling and Kenneth Robinson. *Science and Civilisation in China*. Vol. 4, *Physics and Physical Technology*. Pt. 1, Physics. Cambridge: Cambridge Univ. Press, 1962.

Needham, Joseph, with Wang Ling and Lu Gwei-djen. *Science and Civilisation in China*. Vol. 4, *Physics and Physical Technology*. Pt. 3, Civil Engineering and Nautics. Cambridge: Cambridge Univ. Press, 1971.

Needham, Joseph, Ping-Yü Ho, Gwei-djen Lu, and Ling Wang. *Science and Civilisation in China*. Vol. 5, *Chemistry and Chemical Technology*. Pt. 7, *Military Technology: The Gunpowder Epic*. Cambridge: Cambridge Univ. Press, 1986.

Nester, William R. *The Great Frontier War: Britain, France, and the Imperial Struggle for North America,* 1607–1755. Westport: Greenwood, 2000.

New York Maritime Register.

Nihongi: Chronicles of Japan from the Earliest Times to A.D. 697. Trans. W. G. Aston. 1924. Reprint, Rutland, VT: Tuttle, 1972.

Oakley, Stewart. *A Short History of Denmark.* New York: Praeger, 1972.

O'Brian, Patrick. *Joseph Banks: A Life.* Boston: Godine, 1993.

O'Connell, *D. P. Richelieu*. Cleveland: World, 1968.

O'Connor, David. "Boat Graves and Pyramid Origins: New Discoveries at Abydos." *Expedition* 33:3 (1991) 5–17.

Ó Corráin, Donnchadh. "Vikings in Ireland and Scotland in the Ninth Century." *Peritia* 12 (1998): 296–339.

Oddr Snorrason, and Theodore Murdock Andersson. *The Saga of Olaf Tryggvason*. Ithaca: Cornell Univ. Press, 2003.

O'Donnell, Ed. *Ship Ablaze: The Tragedy of the Steamboat General Slocum.* New York: Broadway, 2003.

Oleson, John Peter. "The Technology of Roman Harbors." *IJNA* 17:2 (1988): 147–57.

Olsen, Olaf, and Ole Crumlin-Pedersen. *Five Viking Ships from Roskilde Fjord.* Copenhagen: National Museum, 1978.

Olsen, Wallace M. *Through Spanish Eyes: The Spanish Voyages to Alaska,* 1774–1792. Auke Bay, AK: Heritage Research, 2002.

Oppenheim, A. Leo. "The Seafaring Merchants of Ur." In *Ancient Cities of the Indus*, ed. by Gregory L. Possehl, 155–63. Durham: Carolina Academic Press, 1979.

Ostrogorsky, George. *History of the Byzantine State*. New Brunswick: Rutgers Univ. Press, 1957.

Ouyang Xiu. *Biography of Huang Chao*. Trans. Howard S. Levy. Berkeley: Univ. of California Press, 1955.

Pack, James. *Nelson's Blood: The Story of Naval Rum.* Stroud, UK: Sutton, 1995.

Padfield, Peter. *Maritime Supremacy.* Woodstock, NY: Overlook, 2000.

———. *Tide of Empires: Decisive Naval Campaigns in the Rise of the West*. Vol. 1, 1481–1654. London: Routledge & Kegan Paul, 1979.

Page, Thomas W. "The Transportation of Immigrants and Reception Arrangements in the Nineteenth Century." *Journal of Political Economy* 19:9 (1911): 732–49.

Paine, Lincoln P. *Down East: A Maritime History of Maine*. Gardiner, ME: Tilbury House, 2000.

———. "A Pax upon You: Preludes and Perils of American Imperialism." *Clio's Psyche* 10:3 (Dec. 2003): 91–97.

———. *Ships of the World: An Historical Encyclopedia.* Boston: Houghton Mifflin, 1997.

Paine, S. C. M. *The Sino-Japanese War of* 1894–1895*: Perceptions, Power, and Primacy.* New York: Cambridge Univ. Press, 2003.

Palmer, Alan. *The Baltic: A New History of the Region and Its People.* New York: Overlook, 2005.

Parker, Geoffrey. "Lepanto." In *The Reader's Companion to Military History*, ed. by Robert Cowley and Geoffrey Parker. Boston: Houghton Mifflin, 1996.

Parry, J. H. *The Establishment of the European Hegemony,* 1415–1715*: Trade and Exploration in the Age of the Renaissance*. New York: Harper & Row, 1961.

Paselk, Richard A. "Navigational Instruments: Measurement of Altitude." In *The Oxford Encyclopedia of Maritime History*, ed. by Hattendorf, 3:29–42.

Pastor, Xavier. *The Ships of Christopher Columbus:* Santa María, Niña, Pinta. Annapolis: Naval Institute, 1992.

Patai, Raphael. *The Children of Noah: Jewish Seafaring in Ancient Times.* Princeton:

Princeton Univ. Press, 1998.
Pausanias. *Description of Greece*. Trans. W. H. S. Jones. 5 vols. Cambridge: Harvard Univ. Press, 1918–71.
Paviot, Jacques. "Trade Between Portugal and the Southern Netherlands in the 16th Century." In *Rivalry and Conflict: European Traders and Asian Trading Networks in the 16th and 17th Centuries,* ed. by Ernst van Veen and Leonard Blussé, 24–34. Leiden: CNWS, 2005.
Peacock, David, and Lucy Blue, eds. *Myos Hormos-Quseir al-Qadim: Roman and Islamic Ports on the Red Sea*. Vol. 1, *Survey and Excavations*, 1999–2003. Oxford: Oxbow, 2006.
Peacock, David, and Andrew Peacock. "The Enigma of 'Aydhab: A Medieval Islamic Port on the Red Sea Coast." *IJNA* 37:1 (2008): 32–48.
Pearson, Michael N. *The Indian Ocean*. London: Routledge, 2003.
———. "Introduction." *In India and the Indian Ocean,* 1500–1800, ed. by Ashin Das Gupta and M. N. Pearson, 1–24. Calcutta: Oxford Univ. Press, 1987.
Pennell, C. R., ed. *Bandits at Sea: A Pirates Reader.* New York: New York Univ. Press, 2001.
Penrose, Charles. 1838 *April Fourth* 1938*: A Century of Atlantic Steam Navigation*. Princeton: Newcomen Society, 1938.
Pepys, Samuel. *The Diary of Samuel Pepys: A New and Complete Transcription,* ed. by Robert Latham and William Matthews. 11 vols. Berkeley: Univ. of California Press, 1970–83.
Pérez-Mallaína, Pablo E. *Spain's Men of the Sea: Daily Life on the Indies Fleets in the Sixteenth Century*. Trans. Carla Rahn Phillips. Baltimore: Johns Hopkins Univ. Press, 1998.
Perruso, Richard. "The Development of the Doctrine of Res Communes in Medieval and Early Modern Europe." *Tijdschrift voor Rechstgeschiedenis* 70 (2002): 69–93.
Peterson, C. A. "Court and Province in Mid- and Late T'ang." In *The Cambridge History of China.* Vol. 3, *Sui and T'ang China,* 589–906, ed. by Denis Twitchett, 464–560. Cambridge: Cambridge Univ. Press, 1979.
———. "Old Illusions and New Realities: Sung Foreign Policy, 1217–1234." In *China Among Equals: The Middle Kingdom and Its Neighbors,* 10*th*-14*th Centuries,* ed. by Morris Rossabi, 204–39. Berkeley: Univ. of California Press, 1983.
Petrie, Donald A. *The Prize Game: Lawful Looting on the High Seas in the Days of Fighting Sail.* Annapolis: Naval Institute, 1999.
Petrow, Richard. *In the Wake of Torrey Canyon*. New York: David McKay, 1968.
Pett, Phineas. *The Autobiography of Phineas Pett,* ed. by W. G. Perrin. London: Navy Records Society, 1918.
Phillips, Carla Rahn. "The Galleon." In *Cogs, Caravels and Galleons*, ed. by Gardiner and Unger, 98–114.
———. "Iberian Ships and Shipbuilding in the Age of Discovery." In *Maritime History*. Vol. 1, *The Age of Discovery*, ed. by John B. Hattendorf, 215–38. Malabar, FL: Krieger, 1996.
———. *Six Galleons for the King of Spain: Imperial Defense in the Early Seventeenth Century.* Baltimore: Johns Hopkins Univ. Press, 1986.
Phillips, E. J. *The Founding of Russia's Navy: Peter the Great and the Azov Fleet,* 1688–1714. Westport: Greenwood, 1993.
Phillips, William D., Jr., and Carla Rahn Phillips. *The Worlds of Christopher Columbus*. Cambridge: Cambridge Univ. Press, 1992.
Picard, Christophe. "Bahriyyun, émirs et califes: l'origine des équipages des flottes musulmanes en Méditerranée occidentale (VIIIe-Xe siècle)." *Medieval Encounters* 13 (2007): 413–51.
———. *L'Océan Atlantique Musulman de la conquête arabe à l'époque almohade: Navigation et mise en valeur des côtes d'al-Andalus et du Maghreb occidental*

(Portugal-Espagne-Maroc). Paris: Maisonneuve & Larose/Editions UNESCO, 1997.

Pierce, Richard. "After 5,000 Year Voyage, World's Oldest Built Boats Deliver: Archeologists' First Look Confirms Existence of Earliest Royal Boats at Abydos." www.abc.se/ ~ m10354/mar/abydos.htm.

Pigafetta, Antonio, and James Alexander Robertson. *Magellan's Voyage Around the World.* Cleveland: Clark, 1906.

Pilgrim, Donald. "The Colbert-Seignelay Naval Reforms and the Beginnings of the War of the League of Augsburg." *French Historical Studies* 9:2 (1975): 235–62.

Pires, Tomé. *The Suma Oriental of Tomé Pires: An Account of the East, from the Red Sea to Japan, Written in Malacca and India in* 1512–1515. Trans. Armando Cortesão. 2 vols. London: Hakluyt, 1944.

"Pius Mau Piailug, Master Navigator, Died on July 12th, Aged 78." *The Economist* (July 24, 2010): 84.

Planhol, Xavier de. *L'Islam et la mer: La mosquée et le matelot VIIe-XXe siècle.* Paris: Perrin, 2000.

Plato. *The Collected Dialogues of Plato*. Ed. by Edith Hamilton and Huntington Cairns, 1225–513. New York: Pantheon, 1961.

Pliny the Elder. *Natural History*. Trans. H. Rackham. 10 vols. Cambridge: Harvard Univ. Press, 1938–63.

Plutarch. *Plutarch's Lives*. Trans. P. Bernadotte. 11 vols. Cambridge: Harvard Univ. Press, 1967.

Polanyi, Karl. "Ports of Trade in Early Societies." *Journal of Economic History* 23:1 (1963): 30–45.

Polo, Marco. *The Travels*. Trans. Ronald Latham. New York: Penguin, 1958.

Polybius. *The Histories*. Trans. W. R. Paton. 6 vols. Cambridge: Harvard Univ. Press, 1975.

———. *The Rise of the Roman Empire.* Trans. Ian Scott-Kilvert. New York: Penguin, 1980.

Polynesian Voyaging Society. http://pvs.kcc.hawaii.edu/index.html.

Potts, D. T. *Arabian Gulf in Antiquity*. 2 vols. New York: Oxford Univ. Press, 1991.

———. *Mesopotamian Civilization: The Material Foundations*. Ithaca: Cornell Univ. Press, 1997.

———. "The Parthian Presence in the Arabian Gulf." In *The Indian Ocean in Antiquity,* ed. by Reade, 269–85.

Powell, Barry B. *Homer*. Malden: Blackwell, 2004.

Prakash, Om. "Asian Merchants and the Portuguese Trade in Asia." In *Rivalry and Conflict: European Traders and Asian Trading Networks in the* 16*th and* 17*th Centuries,* ed. by Ernst van Veen and Leonard Blussé, 131–41. Leiden: CNWS, 2005.

———. "The Indian Maritime Merchant, 1500–1800." *JESHO* 47:3 (2004): 436–57.

———. "Trade and Politics in Eighteenth-Century Bengal." In *On the Eighteenth Century as a Category of Asian History,* ed. by Blussé and Gaastra, 237–60.

Pritchard, James B. *The Ancient Near East.* Vol. 1, *An Anthology of Text and Pictures.* Princeton: Princeton Univ. Press, 1958.

Procopius. *History of the Wars; The Secret History; Buildings*. Trans. H. B. Dewing. 7 vols. Cambridge: Harvard Univ. Press, 1924–40.

Protocol of Proceedings of Crimea Conference, Agreement Regarding Japan, February 1945. Avalon Project, Yale Law School. http://avalon.law.yale.edu/wwii/yalta.asp.

Pryor, John H. "From Dromon to Galea: Mediterranean Bireme Galleys, ad 500–1300." In *The Age of the Galley*, ed. by Gardiner and Morrison, 101–16.

———. *Geography, Technology and War: Studies in the Maritime History of the Mediterranean,* 649–1571. Cambridge: Cambridge Univ. Press, 1988.

———. "The Maritime Republics." In *The New Cambridge Medieval History: c.* 1198*–c.* 1300*,* ed. by David Abulafia and Rosamond McKitterick, 5:419–57. New York: Oxford Univ. Press, 1999.

———. "Mediterranean Commerce in the Middle Ages: A Voyage Under Contract of Commenda." *Viator* 14 (1983): 133–94.

———. "The Naval Battles of Roger of Lauria." *Journal of Medieval History* 9 (1983): 179–216.

———. "The Origins of the Commenda Contract." *Speculum* 52:1 (1977): 5–37.

———. "The Venetian Fleet for the Fourth Crusade and the Diversion of the Crusade to Constantinople." In *The Experience of Crusading*. Vol. 1, *Western Approaches*, ed. by M. Bull and N. Housley, 103–23. Cambridge: Cambridge Univ. Press, 2003.

Pryor, John H., and Elizabeth M. Jeffreys, with Ahmad Shboul. *The Age of the Dromon: The Byzantine Navy, ca* 500–1204. Leiden: Brill, 2006.

Pulleyblank, Edwin G. *The Background of the Rebellion of An Lu-shan*. London: Oxford Univ. Press, 1955.

Purchas, Samuel. *Hakluytus Posthumus; or, Purchas His Pilgrimes*. 20 vols. 1625. Reprint, Glasgow: James MacLehose & Sons, 1905–7.

Qaisar, A. Jan. "Shipbuilding in the Mughal Empire During the Seventeenth Century." *Indian Economic and Social History Review* 5 (1968): 149–70.

Quinn, David B., ed. *The Voyages and Colonising Enterprises of Sir Humphrey Gilbert*. London: Hakluyt, 1940.

Quinn, David B., and Alison M. Quinn. *The English New England Voyages,* 1602–1608. London: Hakluyt, 1983.

Radell, David R., and James J. Parsons, "Realejo: A Forgotten Colonial Port and Shipbuilding Center in Nicaragua." *Hispanic American Historical Review* 51:2 (1971): 295–312.

Radulet, Carmen. "Vasco da Gama and His Successors." In *Portugal, the Pathfinder,* ed. by Winius, 133–43.

Randall, Anthony G. "The Timekeeper That Won the Longitude Prize." In *The Quest for Longitude,* ed. by Andrewes, 236–54.

Ratcliff, Ronald E. "Building Partners' Capacity: The Thousand-Ship Navy." *Naval War College Review* 60:4 (2007): 45–58.

Ray, Himanshu Prabha. "Early Coastal Trade in the Bay of Bengal." In *The Indian Ocean in Antiquity,* ed. by Reade, 351–64.

———. *Monastery and Guild: Commerce Under the Satavahanas*. New Delhi: Oxford Univ. Press, 1986.

———. "A Resurvey of Roman Contacts with the East." In *Athens, Aden, Arikamedu: Essays on the Interrelations Between India, Arabia, and the Eastern Mediterranean,* ed. by Marie-Françoise Boussac and Jean-François Salles, 97–114. New Delhi: Manohar, 1995.

———. "The Yavana Presence in Ancient India." In *Athens, Aden, Arikamedu: Essays on the Interrelations Between India, Arabia, and the Eastern Mediterranean,* ed. by Marie-Françoise Boussac and Jean-François Salles, 76–82. New Delhi: Manohar, 1995.

Ray, Rajat Kanta. "Indian Society and British Supremacy." In *The Oxford History of the British Empire.* Vol. 2, *The Eighteenth Century,* 508–29. Oxford: Oxford Univ. Press, 1998.

Reade, Julian, ed. *The Indian Ocean in Antiquity*. London: Kegan Paul, 1996.

Redford, Donald B. *Egypt, Canaan, and Israel in Ancient Times*. Princeton: Princeton Univ. Press, 1992.

Redmount, Carol. "The Wadi Tumilat and the Canal of the Pharaohs." *Journal of Near Eastern Studies* 54 (1994): 127–35.

Reed, C. M. *Maritime Traders in the Ancient Greek World*. Cambridge: Cambridge Univ. Press, 2004.

Reed, Robert R. "The Colonial Origins of Manila and Batavia: Desultory Notes on Nascent Metropolitan Primacy and Urban Systems in Southeast Asia." *Asian Studies* (Quezon City) 5 (1967): 543–62.

Reid, Anthony. "The Rise and Fall of Sino-Javanese Shipping." In *Charting the Shape of Early Modern Southeast Asia*, 56–84. Chiang Mai, Thailand: Silkworm Books, 1999.

———. *Southeast Asia in the Age of Commerce,* 1450–1680*: Expansion and Crisis.* New Haven: Yale Univ. Press, 1993.

Reilly, Bernard F. *The Medieval Spains*. Cambridge: Cambridge Univ. Press, 1993.

Reinert, Stephen W. "The Muslim Presence in Constantinople, 9th–15th Centuries: Some Preliminary Observations." In *Studies on the Internal Diaspora of the Byzantine Empire,* ed. by Hélène Ahrweiler and Angeliki E. Laiou, 125–150. Washington: Dumbarton Oaks Research Library and Collection, 1998.

Reischauer, Edwin O. *Ennin's Travels in T'ang China*. New York: Ronald, 1955.

Rgveda Samhita, vol. 1. Trans. H. H. Wilson and Bhasya of Sayanacarya. New Delhi: Parimal, 1997.

Rickover, Hyman George. *How the Battleship Maine Was Destroyed.* Washington: Naval History Division, Dept. of the Navy, 1976.

Riess, Warren C. Angel Gabriel: *The Elusive English Galleon*. Bristol: 1797 House, 2001.

Riley-Smith, Jonathan. *The Crusades: A History*. 2nd ed. New Haven: Yale Univ. Press, 2005.

Rimbert. *Anskar, the Apostle of the North*. Trans. Charles H. Robinson. London: Society for the Propagation of the Gospel in Foreign Parts, 1921.

Risso, Patricia. *Merchants and Faith: Muslim Commerce and Culture in the Indian Ocean*. Boulder: Westview, 1995.

Ritchie, G. S. *The Admiralty Chart: British Naval Hydrography in the Nineteenth Century.* London: Hollis & Carter, 1967.

Ritchie, Robert C. *Captain Kidd and the War Against the Pirates*. Cambridge: Harvard Univ. Press, 1986.

Roberts, J. M. *History of the World*. New York: Knopf, 1976.

Rocca, Edgardo José. "Buenos Aires." In *The Oxford Encyclopedia of Maritime History,* ed. by Hattendorf, 1:323–24.

Rockhill, W. W. "Notes on the Relations and Trade of China with the Eastern Archipelago and the Coast of the *Indian Ocean* During the Fourteenth Century." *Toung Pao* 15 (1914): 419–47.

Rodger, N. A. M. *The Command of the Ocean: A Naval History of Britain,* 1649–1815. New York: Norton, 2005.

———. "Considerations on Writing a General Naval History." In *Doing Naval History: Essays Toward Improvement*, ed. by John B. Hattendorf, 117–28. Newport: Naval War College Press, 1995.

———. "The Development of Broadside Gunnery." *Mariner's Mirror* 82 (1996): 310–24.

———. "Guns and Sails in English Colonization." In *The Oxford History of the British Empire.* Vol. 1, *The Origins of Empire*, ed. by Nicholas Canny, 79–88. Oxford: Oxford Univ. Press, 1998.

———. "The Naval Service of the Cinque Ports." *English Historical Review* 111:442 (1996): 636–51.

———. "The New Atlantic: Naval Warfare in the Sixteenth Century." In *War at Sea in the Middle Ages and Renaissance*, ed. by John B. Hattendorf and Richard W. Unger, 233–48. Rochester, NY: Boydell, 2003.

———. *The Safeguard of the Sea: A Naval History of Britain,* 660–1649. New York: Norton, 1998.

———. *The Wooden World: An Anatomy of the Georgian Navy.* New York: Norton, 1996.

Røksund, Arne. *The Jeune Ecole: The Strategy of the Weak.* Leiden: Brill, 2007.

Roland, Alex, W. Jeffrey Bolster, and Alexander Keyssar. *The Way of the Ship: America's Maritime History Reenvisioned,* 1600–2000. New York: Wiley, 2008.

Roosevelt, Theodore. *The Works of Theodore Roosevelt*. New York: Scribner's, 1923.

Roover, Florence Edler de. "Early Examples of Marine Insurance." *Journal of Economic History* 5:2 (1945): 172–200.

Rose, Susan. *Medieval Naval Warfare,* 1000–1500. London: Routledge, 2002.

Ross, Lillian. "Where Are They Now? The Kaiser's Yacht." *The New Yorker* (June 22,

1946): 66–80.

Rossabi, Morris. *Khubilai Khan: His Life and Times*. Berkeley: Univ. of California Press, 1988.

Rougeulle, Axelle. "Medieval Trade Networks in the Western Indian Ocean (8th–14th Centuries): Some Reflections from the Distribution Patterns of Chinese Imports in the Islamic World." In *Tradition and Archaeology: Early Maritime Contacts in the Indian Ocean*, ed. by Himanshu Prabha Ray and Jean-François Salles, 159–80. New Delhi: Manohar, 1999.

Rubin, Julius, "An Innovating Public Improvement: The Erie Canal." In *Canals and American Economic Development,* ed. by Carter Goodrich, 15–66. New York: Columbia Univ. Press, 1961.

Rule, Margaret, and Jason Monaghan. *A Gallo-Roman Trading Vessel from Guernsey: The Excavation and Recovery of a Third Century Shipwreck.* Candie Gardens: Guernsey Museums & Galleries, 1993.

Runciman, Steven. "Byzantine Trade and Industry." In *The Cambridge Economic History of Europe.* Vol. 2, *Trade and Industry in the Middle Ages,* ed. by M. M. Postan, 132–67. Cambridge: Cambridge Univ. Press, 1987.

Russell, P. E. *Prince Henry "the Navigator."* New Haven: Yale Univ. Press, 2001.

Russell-Wood, A. J. R. *World on the Move: The Portuguese in Africa, Asia, and America,* 1415–1808. New York: St. Martin's, 1992.

Ryan, W. F. "Peter the Great and English Maritime Technology." In *Peter the Great and the West: New Perspectives,* ed. by Lindsey Hughes, 130–58. Basingstoke, UK: Palgrave Macmillan, 2000.

Sail Training Assoc. of Western Australia website. *Duyfken* 1606 Replica Foundation. http://www.stawa.org.au/linksmain.html.

Sakamaki, Shunzo. "The Heike: From Defeat at Dannoura to a Golden Age in Ryukyu?" *Journal of Asian Studies* 27:1 (1967): 115–22.

Salles, Jean-François. "Achaemenid and Hellenistic Trade in the *Indian Ocean*." In *The Indian Ocean in Antiquity*, ed. by Reade, 251–67.

Salmon, E. T. "The Coloniae Maritimae." *Athenaeum* 41 (1963): 3–38.

Salomon, Richard. "On the Origin of the Early Indian Scripts: A Review Article." *JAOS* 115:2 (1995): 271–79.

Sandars, N. K. *The Sea Peoples: Warriors of the Ancient Mediterranean,* 1250–1150 *B.C.* London: Thames & Hudson, 1978.

Sansom, George B. *A History of Japan*. 3 vols. Berkeley: Univ. of California Press, 1958–63.

Sawyer, Peter. "The Viking Expansion." In *The Cambridge History of Scandinavia.* Vol. 1, *Prehistory to* 1520, ed. by Knut Helle, 104–20. Cambridge: Cambridge Univ. Press, 2003.

Schafer, Edward H. *The Golden Peaches of Samarkand: A Study of T'ang Exotics.* Berkeley: Univ. of California Press, 1963.

———. *The Vermilion Bird: T'ang Images of the South*. Berkeley: Univ. of California Press, 1967.

Schilder, Günter, and Marco van Egmond. "Maritime Cartography in the Low Countries During the Renaissance." In *The History of Cartography.* Vol. 3, *Cartography in the Renaissance*, ed. by David Woodward, 1384–432. Chicago: Univ. of Chicago Press, 2007.

Schildhauer, Johannes. *The Hansa: History and Culture.* Leipzig: Edition Leipzig, 1985.

Schom, Alan. *Trafalgar: Countdown to Battle,* 1803–1805. New York: Oxford Univ. Press, 1990.

Schonfield, Hugh J. *The Suez Canal in Peace and War,* 1869–1969. Coral Gables: Univ. of Miami Press, 1969.

Schottenhammer, Angela. "Transfer of Xiangyao from Iran and Arabia to China—A Reinvestigation of Entries in the Youyang zazu (863)." In *Aspects of the Maritime*

Silk Road: From the Persian Gulf to the East China Sea, ed. by Ralph Kauz, 117–49. Wiesbaden: Harrassowitz Verlag, 2010.

Schultz, Charles R. *Forty-niners' Round the Horn.* Columbia: Univ. of South Carolina Press, 1999.

Schurz, William Lytle. *The Manila Galleon.* 1939. Reprint, Manila: Historical Conservation Society, 1985.

Scott, Walter. *The Antiquary.* 3 vols. London: 1816.

Scrinari, V. Santa Maria, and Giuseppina Lauro. *Ancient Ostia: Past and Present.* Rome: Vision, 1981.

Seaver, Kirsten A. *The Frozen Echo: Greenland and the Exploration of North America, ca. A.D.* 1000–1500. Stanford: Stanford Univ. Press, 1996.

Sedov, A. V. "Qana' (Yemen) and the *Indian Ocean*: The Archaeological Evidence." In *Tradition and Archaeology: Early Maritime Contacts in the Indian Ocean,* ed. by Himanshu Prabha Ray and Jean-François Salles, 11–35. New Delhi: Manohar, 1999.

Selden, John. *Of the Dominion; or, Ownership of the Sea.* New York: Arno, 1972.

Sen, Tansen. *Buddhism, Diplomacy, and Trade: The Realignment of Sino-Indian Relations,* 600–1400. Honolulu: Assoc. for Asian Studies and Univ. of Hawai'i Press, 2003.

Seneca. *Natural Questions.* Trans. Thomas H. Corcoran. 2 vols. Cambridge: Harvard Univ. Press, 1972.

Senior, William. "The Bucentaur." *Mariner's Mirror* 15 (1929): 131–38.

Serjeant, R. B. "Yemeni Merchants and Trade in Yemen, 13th–16th Centuries." In *Society and Trade in South Arabia*, ed. by G. Rex Smith, 1.61–82. Brookfield, VT: Ashfield, 1996.

Severin, Timothy. *The Sinbad Voyage.* London: Hutchinson, 1982.

Shapinsky, Peter D. "Polyvocal Portolans: Nautical Charts and Hybrid Maritime Cultures in Early Modern East Asia." *Early Modern Japan* 14 (2006): 4–26.

Sharma, R. S. "Usury in Early Medieval Times." In *Trade in Early India*, ed. by Ranabir Chakravarti, 370–95. New Delhi: Oxford Univ. Press, 2001.

Sharpe, Kevin. *The Personal Rule of Charles I.* New Haven: Yale Univ. Press, 1992.

Shattan, Merchant-Prince. *Manimekhalaï (The Dancer with the Magic Bowl).* Trans. Alain Danielou. New York: New Directions, 1989.

Sheehan, John. "The Longphort in Viking Age Ireland." *Acta Archaeologica* 79 (2008): 282–95.

Shepherd, James F., and Gary M. Walton. *Shipping, Maritime Trade and the Economic Development of Colonial North America.* Cambridge: Cambridge Univ. Press, 1972.

Sheppard, Thomas. "The Sirius, the First Steamer to Cross the Atlantic." *Mariner's Mirror* 23 (1937): 84–94.

Sherborne, J. W. "The Hundred Years' War—The English Navy: Shipping and Manpower 1369–89." *Past and Present* 37 (1967): 163–75.

Sherratt, S., ed. *The Wall Paintings of Thera: Proceedings of the First International Symposium.* 2 vols. Athens: Thera Foundation, 2000.

Shiba, Yoshinobu, and Mark Elvin. *Commerce and Society in Sung China.* Ann Arbor: Center for Chinese Studies, Univ. of Michigan, 1970.

Shimada, Izumi. "Evolution of Andean Diversity: Regional Formations (500 B.C.E.–C.E. 600)." In *The Cambridge History of the Native People of the Americas.* Vol. 3, *South America*, pt. 1, ed. by Frank Salomon and Stuart B. Schwartz, 350–517. Cambridge: Cambridge Univ. Press, 1999.

Sicking, Louis. "Amphibious Warfare in the Baltic: Holland, the Hansa and the Habsburgs (Fourteenth–Sixteenth Centuries)." In *Amphibious Warfare,* 1000–1700*: Commerce, State Formation and European Expansion,* ed. by Mark Charles Fissel and D. J. B. Trim, 69–101. Leiden: Brill, 2006.

Sidebotham, Steven E. "Ports of the Red Sea and the Arabia–India Trade." In *Rome and India: The Ancient Sea Trade*, ed. by Vimala Begley and Richard Daniel De Puma, 12–38. Madison: Univ. of Wisconsin Press, 1991.

Sima Qian. *Records of the Grand Historian of China*. Trans. Burton Watson. 2 vols. New York: Columbia Univ. Press, 1961.
Simpson, William Kelly, ed. *The Literature of Ancient Egypt: An Anthology of Stories, Instructions and Poetry*. Trans. R. O. Faulkner et al. New Haven: Yale Univ. Press, 1972.
Simsarian, James. "The Acquisition of Legal Title to Terra Nullius." *Political Science Quarterly* 53:1 (1938): 111–28.
Sjövold, Thorleif. *The Oseberg Find and the Other Viking Ship Finds*. Oslo: Universitets Oldsaksamling, 1966.
Skovgaard-Petersen, Inge. "Early Political Organisation: The Making of the Danish Kingdom." In *The Cambridge History of Scandinavia*. Vol. 1, *Prehistory to* 1520, ed. by Knut Helle, 168–83. Cambridge: Cambridge Univ. Press, 2003.
Skre, Dagfinn. "The Sciringes healh of Ohthere's Time." In *Ohthere's Voyages*, ed. by Bately and Englert, 150–56.
Skulski, Janusz. *The Battleship Yamato*. Annapolis: Naval Institute, 1989.
Sleeswyck, André Wegener. "The Liao and the Displacement of Ships in the Ming Navy." *Mariner's Mirror* 82:1 (Feb. 1996): 3–13.
Smith, Bernard. *European Vision and the South Pacific*. New Haven: Yale University Press, 1985.
Smith, Crosbie, Ian Higginson, and Phillip Wolstenholme. " 'Imitations of God's Own Works' : Making Trustworthy the Ocean Steamship." *History of Science* 41 (2003): 379–426.
Smith, Hance. "Fishing Vessels." In *The Shipping Revolution,* ed. by Gardiner and Couper, 167–76.
Smith, Holland M., and Percy Finch. *Coral and Brass*. New York: Charles Scribner's Sons, 1949.
Smith, John. *A Description of New England*. London, 1616.
Smith, Joshua M. *Voyages: Documents in American Maritime History*. 2 vols. Gainesville: Univ. Press of Florida, 2009.
Snorri Sturluson. *King Harald's Saga*. Trans. Magnus Magnusson and Hermann Pálsson. New York: Penguin, 1966.
Snow, Dean R. "The First Americans and the Differentiation of Hunter-Gatherer Culture." In *The Cambridge History of the Native Peoples of the New World,* ed. by B. G. Trigger and W. Washburn, chap. 4. Cambridge: Cambridge Univ. Press, 1996.
So, Billy K. L. *Prosperity, Region and Institutions in Maritime China: The South Fukien Pattern,* 946–1368. Cambridge: Harvard Univ. Asia Center, 2000.
So, Kwan Wai. *Japanese Piracy in Ming China During the Sixteenth Century*. East Lansing: Michigan State Univ. Press, 1975.
Somers, Robert M. "The End of the T'ang." In *The Cambridge History of China*. Vol. 3, *Sui and T'ang China,* 589–906, ed. by Denis Twitchett, 682–790. Cambridge: Cambridge Univ. Press, 1979.
Somerville, Boyle G., and A. F. B. Woodhouse. *Ocean Passages for the World: Winds and Currents*. London: The Admiralty, 1950.
Sondhaus, Lawrence. *Naval Warfare,* 1815–1914. London: Routledge, 2001.
Southworth, William A. "The Coastal States of Champa." In *Southeast Asia from Prehistory to History,* ed. by Ian Glover and Peter Bellwood, 209–33. London: RoutledgeCurzon, 2004.
Souyri, Pierre François. *The World Turned Upside Down: Medieval Japanese Society*. Trans. Kathe Roth. New York: Columbia Univ. Press, 2001.
Souza, Philip de. *Piracy in the Graeco-Roman World*. Cambridge: Cambridge Univ. Press, 1999.
Spate, O. H. K. The *Spanish Lake*. 2nd ed. Canberra: Australian National Univ. Press, 2007.
Spear, Thomas. "Early Swahili History Reconsidered." *International Journal of African Historical Studies* 33:2 (2000): 257–90.

Spector, Ronald H. *Eagle Against the Sun: The American War with Japan.* New York: Free Press, 1985.
———. "The Triumph of Professional Ideology: The U.S. Navy in the 1890s." In *In Peace and War: Interpretations of American Naval History,* 1775–1984, ed. by Kenneth J. Hagan, 174–85. Westport: Greenwood, 1984.
Spencer, George W. *The Politics of Expansion: The Chola Conquest of Sri Lanka and Sri Vijaya.* Madras, India: New Era, 1983.
Spennemann, Dirk R. "On the Bronze Age Ship Model from Flores, Indonesia." *IJNA* 14.3 (1985): 237–41.
Spufford, Peter. *Power and Profit: The Merchant in Medieval Europe*. London: Thames & Hudson, 2002.
Squatriti, Paolo. "Digging Ditches in Early Medieval Europe." *Past and Present* 176 (2002): 11–65.
Stanish, Charles. "The Origin of State Societies in South America." *Annual Review of Anthropology* 30 (2001): 41–64.
Starr, Chester G. *The Roman Imperial Navy:* 31 *B.C.–A.D.* 324. 3rd ed. 1941. Reprint, Chicago: Ares, 1993.
"Steam Excursion Boats." *New York Times. Mar.* 21, 1880.
Steensgaard, Niels. *The Asian Trade Revolution of the Seventeenth Century: The East India Companies and the Decline of the Caravan Trade.* Chicago: Univ. of Chicago Press, 1974.
Steffy, J. Richard. "The Reconstruction of the 11th Century Serçe Liman Vessel. A Preliminary Report." *IJNA* 11 (1982): 13–34.
Stern, S. M. "Ramisht of Siraf: A Merchant Millionaire of the Twelfth Century." *Journal of the Royal Asiatic Society of Great Britain and Ireland*, 2nd ser. 99:1 (1967): 10–14.
Still, William N. *Iron Afloat: The Story of the Confederate Ironclads*. Columbia: Univ. of South Carolina Press, 1988.
Stopford, Martin. *Maritime Economics.* 2nd ed. New York: Routledge, 2003.
Storli, Inger. "Ohthere and His World." In *Ohthere's Voyages*, ed. by Bately and Englert, 76–99.
Strabo. *The Geography of Strabo*. Trans. Horace Leonard Jones and J. R. Sitlington Sterrett. London: Heinemann, 1917–32.
Strachan, Michael, compiler. *The East India Company Journals of Captain William Keeling and Master Thomas Bonner,* 1615–1617, ed. by Michael Strachan and Boies Penrose. Minneapolis: Univ. of Minnesota Press, 1971.
Stradling, R. A. *The Armada of Flanders: Spanish Maritime Policy and European War,* 1568–1668. Cambridge: Cambridge Univ. Press, 1992.
Stratos, Andreas N. "The Naval Engagement at Phoenix." 1980. In *Studies in 7th-Century Byzantine Political History*, 230–47. London: Variorum, 1983.
Strauss, Barry. *Battle of Salamis: The Naval Encounter That Saved Greece—and Western Civilization.* New York: Simon & Schuster, 2004.
Struve, Lynn A. "The Southern Ming, 1644–1662." In *The Cambridge History of China.* Vol. 7, The Ming Dynasty, 1368–1644, pt. 1, ed. by Frederick W. Mote and Denis Twitchett, 641–725. Cambridge: Cambridge Univ. Press, 1988.
Subrahmanyam, Sanjay. *The Career and Legend of Vasco da Gama.* Cambridge: Cambridge Univ. Press, 1997.
———. "A Note on the Rise of Surat in the Sixteenth Century." *JESHO* 43:1 (2000): 23–33.
———. "Of Imarat and Tijarat: Asian Merchants and State Power in the Western *Indian Ocean*, 1400 to 1750." *Comparative Studies in Society and History* 37:4. (1995): 750–80.
Suetonius. *The Twelve Caesars.* Trans. Robert Graves. Harmondsworth: Penguin, 1957.
Sugden, John. *Sir Francis Drake*. New York: Simon & Schuster, 1990.
Sulayman al-Tajir. *Account of India and China.* In *Arabic Classical Accounts of India and*

China. Trans. S. Maqbul Ahmad. Shimla: Indian Institute of Advanced Study, 1989.
Sung, Lien, and Franz Schurmann. *Economic Structure of the Yüan Dynasty.* Cambridge: Harvard Univ. Press, 1956.
Surdam, David G. *Northern Naval Superiority and the Economics of the American Civil War.* Columbia: Univ. of South Carolina Press, 2001.
Surrey, Nancy Maria Miller. *The Commerce of Louisiana During the French Régime,* 1699–1763. New York: Columbia Univ. Press, 1916.
Sutcliffe, Alice Crary. *Robert Fulton and the Clermont.* New York: Century, 1909.
Sutherland, Heather. "Southeast Asian History and the Mediterranean Analogy." *JSEAS* 34:1 (2003): 1–20.
Swanton, Michael James, trans. *The Anglo-Saxon Chronicles.* London: Phoenix, 2001.
Sylvester, David G. "Communal Piracy in Medieval England's Cinque Ports." In *Noble Ideals and Bloody Realities: Warfare in the Middle Ages,* ed. by Niall Christie and Maya Yazigi, 164–76. Leiden: Brill, 2006.
Symonds, Craig L. *Lincoln and His Admirals: Abraham Lincoln,* the U.S. Navy and the Civil War. New York: Oxford Univ. Press, 2008.
Tabari, al-. *The History of al-Tabari.* Vol. 36, *The Revolt of the Zanj, A.D.* 869–879/*a.h.* 255–265. Trans. David Waines. Albany: State Univ. of New York Press, 1992.
Tacitus. *The Agricola and the Germania.* Trans. H. Mattingly and S. A. Handford. Baltimore: Penguin, 1970.
———. *Annals of Imperial Rome.* Trans. Michael Grant. Rev. ed. New York: Penguin, 1956.
———. *The Histories.* Trans. Kenneth Wellesley. New York: Penguin, 1972.
Taha, Abd al-Wahid Dhannun. *The Muslim Conquest and Settlement of North Africa and Spain.* New York: Routledge, 1989.
The Tales of the Heike. Trans. Burton Watson, ed. by Haruo Shirane. New York: Columbia Univ. Press, 2006.
Tandy, David W. *Warriors into Traders: The Power of the Market in Early Greece.* Berkeley: Univ. of California Press, 1997.
Tarling, Nicholas, ed. *The Cambridge History of Southeast Asia. Vol.* 1, *pt.* 1, *From Early Times to c.* 1500. Cambridge: Cambridge Univ. Press, 1999.
Taylor, E. G. R. *The Haven-Finding Art: A History of Navigation from Odysseus to Captain Cook.* New York: Abelard-Schuman, 1957.
Taylor, Keith W. T*he Birth of Vietnam.* Berkeley: Univ. of California Press, 1983.
———. "The Early Kingdoms." In *The Cambridge History of Southeast Asia,* ed. by Tarling, 1.1:137–82.
Tchernia, André. "Italian Wine in Gaul at the End of the Republic." In *Trade in the Ancient Economy,* ed. by Peter Garnsey, Keith Hopkins, and C. R. Whittaker, 87–104. Berkeley: Univ. of California Press, 1983.
Temin, Peter. "The Economy of the Early Roman Empire." *Journal of Economic Perspectives* 20:1 (2006): 133–51.
Terraine, John. *Business in Great Waters: The U-Boat Wars,* 1916–1945. London: Leo Cooper, 1989.
Thapar, Romila. Early *India: From the Origins to AD* 1300. Berkeley: Univ. of California Press, 2002.
Theophanes, the Confessor. *The Chronicle of Theophanes Confessor: Byzantine and Near Eastern History, AD* 284–813. Trans. Cyril Mango and Roger Scott. New York: Oxford Univ. Press, 1997.
Thiel, Johannes Hendrik. *A History of Roman Sea-power Before the Second Punic War.* Amsterdam: North-Holland, 1954.
Thomas, Hugh. *Slave Trade: The Story of the Atlantic Slave Trade,* 1440–1870. New York: Simon & Schuster, 1997.
Thompson, I. A. A. *War and Government in Habsburg Spain,* 1560–1620. London: Athlone, 1976.

Thompson, James Westfall. "Early Trade Relations Between the Germans and the Slavs." *Journal of Political Economy* 30:4 (1922): 543–58.

Thompson, Leonard Monteath. *A History of South Africa*. New Haven: Yale Univ. Press, 1990.

Thornton, Helen. "John Selden's Response to Hugo Grotius." *International Journal of Maritime History* 18:2 (2006): 105–28.

Throckmorton, Peter, ed. *The Sea Remembers: Shipwrecks and Archaeology*. New York: Smithmark, 1991.

Thrush, Andrew. "In Pursuit of the Frigate, 1603–40." *Historical Research* 64 (1991): 29–45.

Thucydides. *The Peloponnesian War*. Trans. Rex Warner. New York: Penguin, 1954.

Tibbetts, G. R. *Arab Navigation in the Indian Ocean Before the Coming of the Portuguese*. London: Royal Asiatic Society of Great Britain and Ireland, 1971.

———. *Study of the Arabic Texts Containing Material on South-East Asia*. Leiden: Brill, 1979.

Tomalin, Victoria, V. Selvakumar, M. V. Nair, and P. K. Gopi. "The Thaikkal-Kadakkarappally Boat: An Archaeological Example of Medieval Shipbuilding in the Western Indian Ocean." *IJNA* 33:2 (2004): 253–63.

Toynbee, Arnold J. *Constantine Porphyrogenitus and His World*. London: Oxford Univ. Press, 1973.

———. "My View of History." In *Civilization on Trial*. New York: Oxford Univ. Press, 1948.

Treaty for the Limitation and Reduction of Naval Armament, 1930. U.S. Treaty Series, No. 830, pt. 4, art. 22.

Tripati, Sila. *Maritime Archaeology: Historical Descriptions of the Seafarings of the Kalingas*. New Delhi: Kaveri, 2000.

———. "Ships on Hero Stones from the West Coast of India." *IJNA* 35:1 (2006): 88–96.

Ts'ao Yung-Ho. "Taiwan as an Entrepot in East Asia in the Seventeenth Century." *Itinerario* 21:3 (1997): 94–114.

Tsetskhladze, Gocha R. "Did the Greeks Go to Cholcis for Metals?" *Oxford Journal of Archaeology* 14 (1995): 307–31.

———. "Greek Penetration of the Black Sea." In *The Archaeology of Greek Colonisation: Essays Dedicated to John Boardman*, ed. by Gocha R. Tsteskhladze and F. de Angelis, 111–35. Oxford: Oxford Univ. Community for Archaeology, 1994.

———. "Trade on the Black Sea in the Archaic and Classical Periods." In *Trade, Traders and the Ancient City*, ed. by H. Parkins and C. Smith, 52–74. New York: Routledge, 1998.

Tsunoda, Ryusaku. *Sources of Japanese Tradition*. New York: Columbia Univ. Press, 1964.

Tsuruta, Kei. "The Establishment and Characteristics of the 'Tsushima Gate.'" *Acta Asiatica* 67 (1994): 30–48.

Turner, A. J. "In the Wake of the Act, but Mainly Before." In *Andrews*, ed., The Quest for Longitude, 115–31.

Twiss, Sir Travers, ed. *Monumenta Juridica: The Black Book of the Admiralty*. London, 1871–76.

Twitchett, Denis. *Financial Administration Under the T'ang*. 2nd ed. Cambridge: Cambridge Univ. Press, 1970.

———. "Hsüan-tsung (reign 712–56)." In *The Cambridge History of China*. Vol. 3, *Sui and T'ang China*, 589–906, Part I, ed. by Denis Twitchett, 333–463. Cambridge: Cambridge Univ. Press, 1979.

Twitchett, Denis, and Howard J. Wechsler. "Kao-tsung (reign 649–83) and the Empress Wu: The Inheritor and the Usurper." In *The Cambridge History of China*. Vol. 3, *Sui and T'ang China*, 589–906, Part I, ed. by Denis Twitchett, 242–89. Cambridge: Cambridge Univ. Press, 1979.

Tyacke, Sarah. "Chartmaking in England and Its Context, 1500–1660." In *The History of*

Cartography. Vol. 3, *Cartography in the Renaissance*, ed. by David Woodward, 1722–53. Chicago: University of Chicago Press, 2007.

Unger, Richard W. "Dutch Herring, Technology, and International Trade in the Seventeenth Century." In *Ships and Shipping in the North Sea and Atlantic,* 1400–1800, 18:253–79. Aldershot, UK: Ashgate, 1997.

———. "The Fluit: Specialist Cargo Vessels, 1500–1650." In *Cogs, Caravels and Galleons,* ed. by Gardiner and Unger, 115–30.

———. "The Netherlands Herring Fishery in the Late Middle Ages: The False Legend of Willem Beukels of Biervliet." In *Ships and Shipping in the North Sea and Atlantic,* 1400–1800, 17:335–56. Aldershot, UK: Ashgate: Variorum, 1997.

———. *The Ship in the Medieval Economy,* 600–1600. London: Croom Helm, 1980.

United Nations. "Agreement for the Implementation of the Provisions of the United Nations Convention on the Law of the Sea of 10 December 1982 Relating to the Conservation and Management of Straddling Fish Stocks and Highly Migratory Fish Stocks." http://www.un.org/depts/los/fish_stocks_conference/fish_stocks_conference.htm.

United Nations. Law of the Sea, Part V, "Exclusive Economic Zone." http://www.un.org/Depts/los/convention_agreements/texts/unclos/part5.htm.

United Nations Conference on Trade and Development. *Review of Maritime Transport,* 2009. New York: United Nations, 2009. http://www.unctad.org/en/docs/rmt2009_en.pdf.

U.S. Navy, U.S. Coast Guard, and U.S. Marine Corps. "A Cooperative Strategy for 21st Century Seapower." http://www.navy.mil/maritime/Maritimestrategy.pdf.

U.S. Senate. *Report of the Select Committee of the Senate of the United States on the Sickness and Mortality on Board Emigrant Ships: August* 2, 1854. Washington: 1854.

U.S. War Dept. *United States Strategic Bombing Survey Summary Report* (Pacific War). Washington: 1946.

———. *The War of the Rebellion: A Compilation of the Official Records of the Union and Confederate Armies.* Washington: 1880.

Uruthirankannanar. *Pattinappalai*. In *Pattupattu: Ten Tamil Idylls*. Trans. J. V. Chelliah. Thanjavur: Tamil Univ. Press, 1985.

Van de Mieroop, Marc. *The Ancient Mesopotamian City*. Oxford: Clarendon Press, 1999.

Van Doorninck, Frederick H., Jr. "The 4th-Century Wreck at Yassi Ada: An Interim Report on the Hull." *IJNA* 5 (1976): 115–31.

Van Slyke, Lyman P. *Yangtze: Nature, History and the River.* Stanford: Stanford Alumni Assoc., 1988.

Verlinden, Charles. "The Big Leap Under Dom João II: From the Atlantic to the Indian Ocean." In *Maritime History.* Vol. 1, *The Age of Discovery,* ed. by John B. Hattendorf. Malabar, FL: Krieger, 1996.

———. "European Participation in the Portuguese Era of Discovery." In *Portugal, the Pathfinder*, ed. by Winius, 71–88.

Verschuer, Charlotte von. *Across the Perilous Sea: Japanese Trade with China and Korea from the Seventh to the Sixteenth Centuries.* Trans. Kristen Lee Hunter. Ithaca: Cornell *East Asia* Series, 2006.

Villehardouin. *Conquest of Constantinople*. In Joinville and Villehardouin. *Chronicles of the Crusades*. Trans. Margaret R. B. Shaw. Harmondsworth: Penguin, 1963.

Villiers, Alan. *The Monsoon Seas: The Story of the Indian Ocean*. New York: McGraw-Hill, 1952.

Viraphol, Sarasin. *Tribute and Profit: Sino-Siamese Trade,* 1652–1853. Cambridge: Council on *East Asia*n Studies, Harvard Univ., 1977.

Vitruvius. *De Architectura*. Trans. Frank Granger. 2 vols. Cambridge: Harvard Univ. Press, 1962.

Vosmer, Tom. "Building the Reed-Boat Prototype: Problems, Solutions, and Implications for the Organization and Structure of Third-Millennium Shipbuilding." *Proceedings of the Seminar for Arabian Studies* 31 (2001): 235–39.

———. "The Magan Boat Project: A Process of Discovery, a Discovery of Process." *Proceedings of the Seminar for Arabian Studies* 33 (2003): 49–58.

———. "Ships in the Ancient Arabian Sea: The Development of a Hypothetical Reed Boat Model." *Proceedings of the Seminar for Arabian Studies* 30 (2000): 235–42.

Wachsmann, Shelley. *Seagoing Ships and Seamanship in the Bronze Age Levant*. College Station: Texas A&M Univ. Press, 1998.

Wade, Geoff. "An Early Age of Commerce in Southeast Asia, 900–1300." *JSEAS* 40:2 (2009): 221–65.

Wake, C. H. H. "The Changing Pattern of Europe's Pepper and Spice Imports, ca. 1400–1700." *Journal of European Economic History* 8 (1979): 361–404.

Walker, Ranginui. *Ka Whawhai Tonu Matou: Struggle Without End*. Auckland: Penguin, 2004.

Wallace, Birgitta Linderoth. "L'Anse aux Meadows and Vinland." In *Contact, Continuity and Collapse: The Norse Colonization of the North Atlantic*, ed. by James H. Barrett, 207–33. Turnhout, Belgium: Brepols, 2003.

Wallinga, H. T. *The Boarding-Bridge of the Romans: Its Construction and Its Function in the Naval Tactics of the First Punic War*. Groningen, Netherlands: Wolters, 1956.

———. "The Trireme and History." *Mnemosyne* 43 (1990): 132–49.

Walton, Gary M. "Sources of Productivity Change in American Colonial Shipping, 1675–1775." *Economic History Review*, New Series, 20:1 (1967): 67–78.

Wang Gungwu. "Merchants Without Empire: The Hokkien Sojourning Communities." In *The Rise of Merchant Empires: Long-Distance Trade in the Early Modern World,* 1350–1750, ed. James D. Tracy, 400–21. Cambridge: Cambridge Univ. Press, 1990.

———. *The Nanhai Trade: The Early History of Chinese Trade in the South China Sea.* 2nd ed. Singapore: Times Academic Press, 1998,

———. " 'Public' and 'Private' Overseas Trade in Chinese History." 1970. Reprinted in *China and the Chinese Overseas*, 129–43. Singapore: Eastern Universities Press, 2003.

Wansbrough, John. "The Safe-Conduct in Muslim Chancery Practice." *Bulletin of the School of Oriental and African Studies* 34:1 (1971): 20–35.

Ward, Cheryl A. *Sacred and Secular: Ancient Egyptian Ships and Boats*. Boston: Archaeological Institute of America, 2000.

———. "World's Oldest Planked Boats: Abydos Hull Construction." In *Boats, Ships and Shipyards: Proceedings of the Ninth International Symposium on Boat and Ship Archaeology, Venice* 2000, ed. by C. Beltrame, 19–23. Oxford: Oxbow, 2003.

Warner, Denis Ashton, and Peggy Warner. *The Tide at Sunrise: A History of the Russo-Japanese War,* 1904–1905. New York: Charterhouse, 1974.

Warner, Richard. "British Merchants and Russian Men-of-War: The Rise of the Russian Baltic Fleet." In *Peter the Great and the West: New Perspectives,* ed. by Lindsey Hughes, 105–17. Basingstoke, UK: Palgrave Macmillan, 2001.

Warner of Rouen. *Moriuht*. Ed. by Christopher J. McDonough. Toronto: Pontifical Institute of Medieval Studies, 1995.

Watson, P. B. "Bulk Cargo Carriers." In *The Golden Age of Shipping*, ed. by Gardiner and Greenway, 61–80.

Wechsler, Howard J. "T'ai-tsung (Reign 626–49) the Consolidator." In *The Cambridge History of China*. Vol. 3, *Sui and T'ang China,* 589–906, pt. 1, ed. by Denis Twitchett, 188–241. Cambridge: Cambridge Univ. Press, 1979.

Wee, Herman van der. "Structural Changes in European Long-Distance Trade, and Particularly the Re-Export Trade from South to North, 1350–1750." In *The Rise of Merchant Empires,* ed. by James Tracy, 14–33. Cambridge: Cambridge Univ. Press, 1990.

Weerakkody, D. P. M. "Sri Lanka Through Greek and Roman Eyes." In *Sri Lanka and the Silk Road of the Sea,* 163–72. Colombo: Sri Lanka National Commission for UNESCO, 1990.

———. *Taprobanê: Ancient Sri Lanka as Known to Greeks and Romans.* Turnhout,

Belgium: Brepols, 1997.

Wehausen, J. V., A. Mansour, and F. Stross. "The Colossi of Memnon and Egyptian Barges." *IJNA* 17 (1988): 295–310.

Wei Zhuang [Chuang]. "The Lament of the Lady of Ch'in." In *Sunflower Splendor: Three Thousand Years of Chinese Poetry,* ed. by Wu-chi Liu and Irving Yucheng Lo, 267–81. Garden City: Anchor, 1975.

Weir, Gary E. "Fish, Family, and Profit: Piracy and the Horn of Africa." *Naval War College Review* 62:3 (2009): 15–30.

Welch, Kathryn. "Sextus Pompeius and the Res Publica." In *Sextus Pompeius,* ed. by Anton Powell and Kathryn Welch, 31–64. Swansea: Classical Press of Wales, 2002.

Wendrich, W. Z., R. S. Tomber, S. E. Sidebotham, et al. "Berenike Crossroads: The Integration of Information." *JESHO* 46:1 (2003): 46–88.

Werner, Walter. "The Largest Ship Trackway in Ancient Times: The Diolkos of the Isthmus of Corinth, Greece, and Early Attempts to Build a Canal." *IJNA* 26:2 (1997): 98–119.

West, M. L. *The East Face of Helicon: West Asiatic Elements in Greek Poetry and Myth.* Oxford: Clarendon Press, 1997.

Wey Gómez, Nicolás. *The Tropics of Empire: Why Columbus Sailed South to the Indies.* Cambridge: MIT Press, 2008.

Wheatley, Paul. *The Golden Khersonese: Studies in the Historical Geography of the Malay Peninsula Before A.D.* 1500. Kuala Lumpur: Univ. of Malaya Press, 1961.

Wheeler, Mortimer. *Rome Beyond the Imperial Frontiers.* Harmondsworth: Penguin, 1954.

Wheeler, Ryan J., et al. "Archaic Period Canoes from Newnans Lake, Florida." *American Antiquity* 68:3 (2003): 533–51.

Whitehead, Ian. "The Periplous." *Greece and Rome* 34:2 (1987): 78–85.

Whitehouse, David. "Sasanian Maritime Activity." In *The Indian Ocean in Antiquity,* ed. by Reade, 339–49.

Whitman, Walt. *Leaves of Grass.* Philadelphia: David McKay, 1891.

Whitmore, John K. "The Rise of the Coast: Trade, State and Culture in Early Dai Viet." *JSEAS* 37:1 (2006): 103–22.

Wickham, Chris. *The Inheritance of Rome: A History of Europe from* 400 *to* 1000. New York: Viking, 2009.

Wicks, Robert S. *Money, Markets, and Trade in Early Southeast Asia: The Development of Indigenous Monetary Systems to AD* 1400. Ithaca: Southeast Asia Program, 1992.

Wiener, M. H. "Isles of Crete? The Minoan Thalassocracy Revisited." In *Thera and the Aegean World.* Vol. 1, Archaeology, ed. by D. A. Hardy, 128–61. London: Thera Foundation, 1990.

Wilkinson, J. C. "Oman and East Africa: New Light on Early Kilwan History from the Omani Sources." *International Journal of African Historical Studies* 14:2 (1981): 272–305.

———. "A Sketch of the Historical Geography of Trucial Oman Down to the Beginning of the Sixteenth Century." *Geographical Journal* 130 (1964): 337–49.

———. "Suhar (Sohar) in the Early Islamic Period: The Written Evidence." In *South Asian Archaeology* 1977, ed. by Maurizio Taddei, 888–907 (1–21). Naples: Istituto Universitario Orientale, 1979.

Wilkinson, Toby A. H. *Early Dynastic Egypt.* London: Routledge, 1999.

Willan, Thomas Stuart. *The Early History of the Russia Company,* 1553–1603. Manchester, UK: Manchester Univ. Press, 1956.

William of Tyre. *A History of Deeds Done Beyond the Sea.* Trans. Emily Atwater Babcock and A. C. Krey. 2 vols. 1941. Reprint, New York: Farrar, Straus & Giroux, 1976.

Williams, David M. "The Extent of Transport Services' Integration: SS Ceylon and the First 'Round the World' Cruise, 1881–1882." *International Journal of Maritime History* 14:2 (2003): 135–46.

Williams, Frances Leigh. *Matthew Fontaine Maury: Scientist of the Sea.* New Brunswick: Rutgers Univ. Press, 1963.

Williams, Glyn. *The Prize of All the Oceans: The Dramatic Story of Commodore Anson's Voyage Round the World and How He Seized the Spanish Treasure Galleon.* New York: Viking, 1999.

Williams, John Bryan. "The Making of a Crusade: The Genoese Anti-Muslim Attacks in Spain, 1146–48." *Journal of Medieval History* 23:1 (1997): 29–53.

Wills, John E., Jr. "Maritime China." In *From Ming to Ching: Conquest, Region, and Continuity in Seventeenth-Century China*, ed. by Jonathan D. Spence and John E. Wills, Jr., 201–38. New Haven: Yale Univ. Press, 1979.

———. "Relations with Maritime Europeans, 1514–1662." In *The Cambridge History of China*. Vol. 8, *The Ming Dynasty,* 1368–1644, pt. 2., ed. by John King Fairbank, Denis C. Twitchett, and Frederick W. Mote, 333–75. Cambridge: Cambridge Univ. Press, 1998.

Wilson, Woodrow. "President Woodrow Wilson's Fourteen Points, 8 January, 1918." Avalon Project, Yale Law School. http://avalon.law.yale.edu/20th_century/wilson14.asp.

Winius, George D. "The Enterprise Focused on India: The Work of D. João II." In *Portugal, the Pathfinder,* ed. by Winius, 89–120.

———. "The Estado da India on the Subcontinent: Portuguese as Players on a South Asian Stage." In *Portugal, the Pathfinder*, ed. by Winius, 191–212.

———. "Portugal's Shadow Empire in the Bay of Bengal." In *Portugal, the Pathfinder*, ed. by Winius, 247–68.

———, ed. *Portugal, the Pathfinder: Journeys from the Medieval Toward the Modern World,* 1300–*ca.* 1600. Madison: Hispanic Seminary of Medieval Studies, 1995.

Wink, André. *Al-Hind: The Making of the Indo-Islamic World.* 3 vols. Leiden: Brill, 1996–2002.

Winstedt, Richard, and P. E. De Josselin de Jong. "The Maritime Laws of Malacca." *Journal of the Malayan Branch of the Royal Asiatic Society* 29:3 (1956): 22–59.

Winthrop, John. *The Journal of John Winthrop,* 1630–1649, ed. by Richard S. Dunn, James Savage, and Laetitia Yeandle. Cambridge: Harvard Univ. Press, 1996.

Wise, Stephen R. *Lifeline of the Confederacy: Blockade Running During the Civil War.* Columbia: Univ. of South Carolina Press, 1988.

Wokeck, Marianne Sophia. *Trade in Strangers: The Beginnings of Mass Migration to North America.* University Park: Pennsylvania State Univ. Press, 1999.

Wolters, O. W. *Early Indonesian Commerce: A Study of the Origins of Srivijaya.* Ithaca: Cornell Univ. Press, 1967.

Wood, Alfred Cecil. *A History of the Levant Company*. New York: Barnes & Noble, 1964.

Woodward, David. "Medieval Mappaemundi." In *The History of Cartography*. Vol. 1, *Cartography in Prehistoric, Ancient, and Medieval Europe and the Mediterranean,* ed. by J. B. Harley and David Woodward, 286–370. Chicago: Univ. of Chicago Press, 1987.

Woodward, David, ed. *The History of Cartography*. Vol. 3, *Cartography in the Renaissance.* Chicago: University of Chicago Press, 2007.

Woodward, David. *The Russians at Sea: A History of the Russian Navy.* New York: Praeger, 1966.

Worcester, G. R. G. *The Junkman Smiles*. London: Chatto & Windus, 1959.

———. *The Junks and Sampans of the Yangtze*. Annapolis: Naval Institute, 1971.

Worrall, Simon. "China Made: A 1,200-Year-Old Shipwreck Opens a Window on the Ancient Global Trade." *National Geographic* 215:6 (2009): 112–22.

Wright, Arthur F. *The Sui Dynasty.* New York: Knopf, 1978.

Xenophon. *A History of My Times*. Trans. Rex Warner. New York: Penguin, 1979.

Xuanzang. *Si-yu-ki: Buddhist Records of the Western World.* Trans. Samuel Beal. 1884. Reprint, New Delhi: Oriental Books, 1969.

Yenne, Bill. *Guinness: The 250-Year Quest for the Perfect Pint*. New York: Wiley, 2007.

Yijing [I-Tsing]. *A Record of the Buddhist Religion as Practised in India and the Malay Archipelago (A.D.* 671–695*)*. Trans. Junjiro Takakusu. 1896. Reprint, New Delhi:

Munshiram Manoharlal, 1966.

Yi Sun-sin. *Imjin Changch'o: Admiral Yi Sun-Sin's Memorials to Court*. Trans. Tae-hung Ha and Sohn Pow-key. Seoul: Yonsei Univ. Press, 1981.

Yoshida, Mitsuru. *Requiem for Battleship Yamato*. Trans. Richard H. Minear. Seattle: Univ. of Washington Press, 1985.

Young, Gary K. *Rome's Eastern Trade: International Commerce and Imperial Policy,* 31 *BC–AD* 305. New York: Routledge, 2001.

Yu Huan. *The Peoples of the West: From the Weilue, a Third Century Chinese Account Composed between* 239 *and* 265 *CE*. Draft English translation by John E. Hill, Sept. 2004. http://depts.washington.edu/uwch/silkroad/texts/weilue/weilue.html.

Yun, Lisa, and Ricardo René Laremont. "Chinese Coolies and African Slaves in Cuba, 1847–74." *Journal of Asian-American Studies* 4:2 (2001): 99–122.

Zeidler, James A. "Maritime Exchange in the Early Formative Period of Coastal Ecuador: Geopolitical Origins, Uneven Development." *Research in Economic Anthropology* 13 (1991): 247–68.

Zhao Rugua. See Chau Ju-kua.

Zheng, Yangwen. *China on the Sea: How the Maritime World Shaped Modern China*. Leiden: Brill, 2012.

Zhuang Guotu. "The Impact of the International Tea Trade on the Social Economy of Northwest Fujian in the Eighteenth Century." In *On the Eighteenth Century as a Category of Asian History*, ed. by Blussé and Gaastra, 193–216.

Zosimus. *New History*. Trans. Ronald T. Ridley. Canberra: Australian Assoc. for Byzantine Studies, 1982.

Zurara, Gomes Eanes de. *The Chronicle of the Discovery and Conquest of Guinea*. Trans. C. Raymond Beazley and Edgar Prestage. 2 vols. London: Hakluyt, 1896–99.

图书在版编目（CIP）数据

海洋与文明 /（美）林肯·佩恩著；陈建军，罗燚英译. -- 天津：天津人民出版社，2017.4（2024.3重印）

书名原文: The Sea and Civilization

ISBN 978-7-201-11457-6

Ⅰ. ①海… Ⅱ. ①林… ②陈… ③罗… Ⅲ. ①海洋－影响－世界史－文化史－研究 Ⅳ. ①K103

中国版本图书馆CIP数据核字（2017）第037875号

本书中文简体版由后浪出版咨询(北京)有限责任公司出版。

著作权合同登记号：图字02-2016-292号
地图审图号：GS（2018）5387

海洋与文明

HAIYANG YU WENMING

［美］林肯·佩恩 著；陈建军 罗燚英 译

出　　版	天津人民出版社	出 版 人	刘锦泉
地　　址	天津市和平区西康路35号康岳大厦	邮政编码	300051
邮购电话	（022）23332469	电子信箱	reader@tjrmcbs.com
出版统筹	吴兴元	编辑统筹	张　鹏
责任编辑	金晓芸	特约编辑	陈顺先
营销推广	ONEBOOK	装帧制造	墨白空间·陈威伸
印　　刷	北京盛通印刷股份有限公司	经　　销	新华书店经销
开　　本	655毫米×1000毫米　1/16	印　　张	46.5印张　插页24
字　　数	690千字		
版次印次	2017年4月第1版　2024年3月第14次印刷		
定　　价	128.00 元